AN ANALYTICAL APPROACH TO EVIDENCE
Text, Problems, and Cases
Sixth Edition

"十三五"国家重点出版物出版规划项目

法学译丛·证据科学译丛／丛书主编　张保生　王进喜

证据法的分析进路
文本、问题和案例

（第六版）

［美］罗纳德·J. 艾伦（Ronald J. Allen）
［美］埃莉诺·斯威夫特（Eleanor Swift）
［美］大卫·S. 施瓦茨（David S. Schwartz）　著
［美］迈克尔·S. 帕尔多（Michael S. Pardo）
［美］亚历克斯·斯坦（Alex Stein）

张保生　王进喜　汪诸豪　译
满运龙　校

中国人民大学出版社
·北京·

编 委 会

前 言

本书第六版，我们依然将证据法的学习集中于《联邦证据规则》文本以及构成其基础的理念和原则。本书以一以贯之的系统化体例，介绍这些规则。这种体例为学生提供了规则文本、规则条文的解释和例证，用以解释和说明这些规则的原则和政策详述，来自最近判例法的例证，以及要求在最基本也最富挑战性的时境中适用每项重要规则的思考题。

我们恢复了本书之前的名字——证据法的分析进路，因为我们认为它体现了本书的独特贡献之一。这是一部问题导向的案例教科书，旨在于对这些规则之潜在理论和观点进行阐释的语境中，引发对《联邦证据规则》的批判性考察。我们鼓励学生进行分析，这一点贯穿于本书的解释性文本、资料摘录、案例概要和思考题中。活跃的讨论和有趣味的思考题能使学生们参与到对证据法相关原则、政策和争论的探索之中。虽然我们都是从基础知识开始讲授，但每一次我们都会将分析深入到对证据法特定方面之概念性基础的讨论中，甚至将分析延伸至整个证据法领域的概念基础。

尽管本书进行了全面修订，新增了来自判决书法官意见和学术著作的摘录，更新了阐释证据规则适用的案例引文，并添加了新的思考题，但大部分内容依然是人们熟悉的。我们一如既往地力求按照"易—中—难"的递升顺序设置每一组思考题的难度。本版在连续章节中依旧保留了情节不断发展的"长篇故事"（saga）思考题。伴随着学生的证据规则知识的不断增长，这些独特的思考题以层层递进的方式展现了证据规则如何实际被适用于个别证据。

本书新增的内容包括：

● 对基本道德问题的探索性讨论〔例如，性政治学规则（sexual politics rules）〕；

● 更加关注证据法不仅具有认识论功能，而且涉及审判法院与上诉法院之间、审判法官和当事人之间以及他人之间重要的职权分配；

● 强调证据法另一个日益重要的方面，即其对非诉讼（"主要"）行为和诉讼行为的影响；

● 不同证据规则的经济学正当理由；

● 每章的自测题，附有答案和解释；

● 补充的教学元素，重新设计的版式和更加舒缓的注释/问题，使讨论不那么死板（但又不失睿智）。

和此前的版本一样，我们并不一味追求堆砌大量的教义和案例。反之，通过发散性的文本和思考题，我们致力于揭示潜藏在规则背后的理论与这些规则本身之间的关系。这种对内在理论的强调，反映了我们这样一种观点，即任何法学领域的学习，都不应该是对庞杂学说之"炖菜"式的浅尝辄止。相反，我们追求的目标应当是，获得对证据规则内含的裁决机制之构成条件的理解。

从一开始，另一个因素就对本书产生着重要影响。我们相信，证据法领域总体上是一个和谐的有机整体，而不是由各种互不相关的成分凑成的拼盘。因此，与其他传统的证据法著作不同，我们在本书中展现了一种解析性基调，试图揭示各种普通法证据范畴间的基本联系。这个基调就是相关性，以及以相关性为基础的证明制度所固有的关于裁决之假设。我们以此为主线，探讨了所有主要的联邦证据规则，我们要求学生在证据的可采性问题上开发一种系统化方法，以证据性事实与案件要件之间的关系为起点。只有以此为起点，才能适当地理解各种规制证据选择的原则及其司法解释。

我们还强调事实在法庭中被证实的过程，以及每位参与者在法庭中的角色。第一章以一个真实案件的庭审笔录为学习起点。这是要向学生介绍按照法律争端的要件来分析证据的过程，并感受在表面上波澜不惊的审判中有着得失攸关的事情。我们相信，这份庭审笔录对后续大部分课程可以起到有效的导言作用。虽然，准确的事实认定是审判的主导目标，但证据规则还受到其他目标的制约，比如效率、公正和对法庭外行为的激励。该笔录有效地介绍了这些因素，我们会在全书的相关节点不时回到本案。我们还根据该庭审笔录设计了一系列思考题，以便学生在对孤立的证据问题不断产生又得到解决的语境中获得更深刻的理解，因而从阅读这个笔录的投入中获得回报。

第二章提供了关于审判过程和策略的补充性背景信息，从而使证据法课程具有了生动性。在简要介绍学生如何将本书融入其证据法学习的建议之后，本章描述了审判的构造方式、证人如何被询问，由此开始了我们对事实认定者所采用的推论性推理和审判中所呈现的证明过程之间的关系的探索。

第三章考察了在证据法学习中独一无二最重要的概念——相关性，并向学生介绍了审判法官排除即便相关且具有证明力的证据之"自由裁量权"。一些法官意见，包括美国最高法院在老首领诉合众国案（Old Chief v. United States）中的多数法官意见，可以使学生对"案件"整体情况可能影响法官自由裁量权的方式有更加具体的了解。

　　第四章讨论了潜藏于证据法中的基础铺垫原则：必须先证明证据提出者所主张的是什么，然后才有证据可采性。本章分析和阐释了源自这一原则的规则的复杂性，并将这一原则具体适用于证言和各种形式的展示件。鉴于最佳证据规则与书面证据关系密切，第四章也包含了该规则。

　　第五章聚焦于品性和倾向规则。我们先介绍了主要的排除规则、使排除证据具有正当性的政策，以及禁止使用"品性"和允许特定行为的"非品性"使用之间的政策性界限。然后，我们讨论了允许品性作为证明主题的实例。

　　第六章包含其他相关性规则。这些规则决定着事后补救措施的证据、和解和辩诉交易讨论、保险的可用性以及提议支付对方医疗费用的可采性。我们以允许使用和不允许使用的证据为标准分别对这些规则进行分析，并解释了这些规则如何影响当事人的诉讼行为和主要行为。

　　第七章在学习传闻证据规则之前，介绍了对证人进行弹劾与正誉的原理。我们认为，对询问证人的关注，有助于学生更好地理解第八章探讨的传闻证据规则。

　　第八章对传闻的危险性和传闻学说展开综合分析。本章包含了对"默示断言"（implied assertions）问题的修订文本，我们认为，这一修订在简化表述的同时并未减损其准确性。本章还提供了对于美国最高法院近来的对质条款之法理的最新讨论。

　　第九章聚焦于规制外行证人和专家证人意见证言的规则，包括美国最高法院关于《联邦证据规则》702 的主要判例，以及 2000 年《联邦证据规则》修正案。本章进而详细阐述了专家证言在实践中和理论上产生的问题，并将对法庭科学现状主要持批评态度的美国《国家科学院报告 2009》专题摘要作为实质反思部分而结束本章的论述。

　　第十章以民法和刑法的不同视角，重新编排了对证明责任和推定的介绍。

　　第十一章精简了司法认知的研究。

　　一如既往，本书以第十二章对特免权规则的考察结束，对该部分我们进行了全新修订。本章包含了新近《联邦证据规则》502 关于放弃律师—委托人特免权内容的资料。

　　尽管教科书内容浩繁，但本书并非一部证据法专论。我们并不想"面面俱到"。相反，我们是要把那些对证据法教学有所裨益的材料组织在一起。我们依独立的标准来对资料进行拣选。在我们看来，本书所选资料是最有效的教学手段。

　　本版最重要的变化大概是补充了一位新的共同作者——亚历克斯·斯坦

（卡多佐法学院）［Alex Stein (Cardozo)］。斯坦教授是在证据法、侵权法、医疗事故法、刑法和法学理论领域的一位杰出权威，并为第六版注入了丰富的专业知识。我们十分高兴他能加入我们团队。令人惋惜的是，斯威夫特（Swift）教授已经退休且未参与本版修订工作。对于她的退出，我们感到非常遗憾。由于她对先前各版所作的巨大贡献依然留存在本版中，斯威夫特教授的名字仍保留在作者栏中。她的深沉与博学令人起敬，我们祝愿她的新事业一切顺利。

罗纳德·J. 艾伦

大卫·S. 施瓦茨

迈克尔·S. 帕尔多

亚历克斯·斯坦

2016 年 1 月

鸣　谢

　　本书作者诚挚感谢下列作者特许我们转摘他们的有关著述：

　　罗纳德·J. 艾伦：《传闻证据规则向可采性规则的进化》，载《明尼苏达法学评论》，第 76 卷，1992 [Allen, Ronald J. , The Evolution of the Hearsay Rule to a Rule of Admission, 76 Minn. L. Rev. 797 (1992)]。特许转摘。

　　罗纳德·J. 艾伦等：《律师－委托人特免权的实证理论与工作成果原则》，载《法学研究杂志》，第 19 卷，1990 [Allen, Ronald J. , et al. , A Positive Theory of the Attorney-Client Privilege and the Work Product Doctrine, 19 J. Legal Stud. 359 (1990)]。特许转摘。

　　纽厄尔·H. 布莱克利：《第四章：相关性及其限制》，载《休斯敦法学评论》，第 30 卷，1993 [Blakely, Newell H. , Article IV: Relevancy and Its Limits, 30 Hous. L. Rev. 281 (1993)]。特许转摘。

　　艾布拉姆·蔡斯：《法官在公法诉讼中的作用》，载《哈佛法学评论》，第 89 卷，1976 [Chayes, Abram, The Role of the Judge in Public Law Litigation, 89 Harv. L. Rev. 1281 (1976)]。特许转摘。

　　塞缪尔·R. 格罗斯：《专家证据》，载《威斯康星法学评论》，第 1991 卷，1991。威斯康星大学董事会 1991 年版权所有 [Gross, Samuel R. , Expert Evidence, 1991 Wis. L. Rev. 1113 (1991), Copyright @ 1991 by the Board of Regents of the University of Wisconsin System]。《威斯康星法学评论》特许转摘。

　　卡罗尔·卡拉夫卡等：《法官和律师的经验、实践以及联邦民事审判对专家证言的关注》，联邦司法中心出版物，2002 [Krafka, Carol, et al. , Judge and Attorney Experiences, Practices, and Concerns regarding Expert Testimony in Federal Civil Trials, Federal Judicial Center（2002）]。

查尔斯·T. 麦考密克等：《麦考密克论证据法》（肯尼斯·S. 布朗编），第 6 版，2006 [McCormick, Charles Tilford, et al. , McCormick on Evidence （Kenneth S. Broun ed. , 6th ed. , 2006）]。威斯特集团特许转摘。

罗杰·C. 帕克：《传闻证据改革的主旨进路》，载《密歇根法学评论》，第 86 卷，1987 [Park, Roger C. , A Subject Matter Approach to Hearsay Reform，86 Mich. L. Rev. 51（1987）]。特许转摘。

理查德·A. 波斯纳：《经济学专家证人的法律和经济学》，载《经济视角杂志》，第 13 卷，1999 [Posner, Richard A. , The Law and Economics of the Economic Expert Witness, 13 J. Econ. Perspectives 91（1999）]。特许转摘。

南希·彭宁顿和里德·黑斯蒂：《陪审团成员裁决模型：概括缺口》，载《心理学报》，第 89 卷，1981 [Pennington, Nancy, and Reid Hastie, Juror Decision-Making Models：The Generalization Gap, 89 Psychol. Bull. 246（1981）]。特许转摘。

麦克尔·L. 西格尔：《传闻证据之合理化：关于最佳证据传闻规则的建议》，载《波士顿大学法学评论》，第 72 卷，1992 [Seigel, Michael L. , Rationalizing Hearsay：A Proposal for a Best Evidence Hearsay Rule, 72 B. U. L. Rev. 893（1992）]。特许转摘。波士顿大学《波士顿大学法学评论》1992 年版权所有 [Copyright @ 1992 by Boston University Law Review, Boston University]。原版论坛。波士顿大学对转载、转译和编辑中的任何错误不承担责任。

致学生前言：为什么学习证据法？

证据法，在某种意义上说，是你们将在法学院学到的最富实践性的课程之一。这是对诉讼活动规则的学习，这些规则经常在激烈的对抗制诉讼语境中得到诠释和适用，而这些诉讼涉及生与死、个人权利（与义务）、财产权利、人身关系，甚至涉及诸如政府结构和宪法含义等事项。在阅读本书中的文本、法官意见和思考题时，你们就会对证据法之于诉讼当事人及其诉讼结果的巨大影响力作出分析和评价。证据法最重要的表现形式之一，是证据规则。我们在本书中全神贯注于《联邦证据规则》。《联邦证据规则》由国会于 1975 年正式颁布。自那时起，有 40 多个州或多或少采纳《联邦证据规则》，修订了自己的证据规则，在许多情况下实际上是逐字逐句采纳了《联邦证据规则》。初读《联邦证据规则》时，你们许多人会认为，其是用抽象的概念术语写就的生硬乏味的信条，但你们不久就会发现，其间浸透着法庭上的人间戏剧。在法律面纱的背后，是被传唤而来为有关重要的个人和社会事项作证的真实人物，以及诉讼成败依赖这些证言的当事人。

然而，证据法学习不仅仅是学习证据规则，它还是对蕴含在诉讼过程中浩瀚复杂的理念、原则、惯例和价值的学习。证据规则对这个过程赋予了形式和内容——它们决定着证据的可采性，定义了审判活动中所有参与者（法官、陪审团、律师和证人）的角色，塑造了这些各色人等之间的关系。这些关系反映了我们这个社会对许多问题的观点，其中包括：（1）解决争端的适当方式；（2）知识的性质，"知道"（know）某件事情意味着什么，以及知识传达给他人的方式；（3）小群体决策动因，以及我们对于由普通人对其同胞作出生死攸关之理智和明达判决的信任；（4）道德和伦理关怀，比如，检控方在刑事案件中要获得有罪裁判该有多难，或者，特定个人（配偶、子女和朋友）是否应当拥有避免作出反对关系密切之人的证言的特免权；（5）正义理想和效率价值的关系。证据规则正是以这些各式各样且常常相互冲突的观念为基础，是这些观念的结晶。要理解这些规则，就需要理解它们在相互竞争的信念与利益之间所作出的妥协；因此，要学会这些规则，你们就必须领会其中所隐含的信念基础。

任何法律专业人士都会通过学习证据法而受益，无论其从事什么具体的专业领域。显然，诉讼律师为了有效运用证据规则，必须了解并理解它们。无法忽略的是，尽管事实上诉讼总是任何法律事务中最糟糕的情况，但称职的律师必须随时准备应对诉讼，无论其从事的碰巧是何种性质的法律活动。如果某项契约关系失败，或者，某项并购没有完成而导致了诉讼，至关重要的就是，各方当事人如何能为各自的立场进行辩护。在很大程度上，这将取决于证据规则在审判过程中的应用以及贯穿于审前程序的影响，包括导致和解的谈判。

为了有效运用这些规则，你们必须理解它们的含义、渊源和目的。要做到这一点，就需要将这些规则置于其据以产生的假设、价值和关切关系中来进行探讨。即使——事实上，尤其是如果——有人想成为一名诉讼律师，那就更不能满足于对各种规则文字的浅尝辄止。你们必须和这些规则打交道，并根据相关法条的内在目的来为自己的立场进行辩护。

无论学生计划从事何种法律职业，对证据法及其概念基础的透彻把握，都是有责任感的律师培养教育的一个关键组成部分。知识探究的价值并不只在于未来的某种实用，还在于我们从文明社会的争端应有解决方式的共同看法中获得启迪。对这种启迪，可能有——我们希望将有——不同的见解。你们也许并不喜欢自己所见到的一切，如果不喜欢，你们将更有动力通过立法和规则制定过程来谋求变革。

我们试图通过这些资料，促进对证据规则的含义、运用以及其潜在基础的探究。有时候，我们将注意力广泛地——实际上几乎是专一地——集中于规则本身；有时候，我们又在明确地讨论创设这些规则的假设和价值。在完成这种探究之时，你们应该对证据规则有一个通透的理解，对形成这些规则的关切也有相当程度的提升。

关于引文的特别说明

　　一般情况下，一些引文和脚注未经指明便从被引用的资料中省略了。脚注的序号在每一章中是连续的，就是说，引用资料中原有的脚注编号未予保留。由本书作者所写的引用资料脚注，被标记为"编者注"（EDS.）。此外，全书中对《联邦证据规则》和该规则立法史的引用，未特别标明具体引用出处。本书所引《联邦证据规则》为自 2011 年 12 月 1 日起生效的重塑版。这些规则可从以下网址下载：http://www.supremecourt.gov/orders/courtorders/frev11.pdf 和 https://www.law.cornell.edu/rules/fre。

　　由最高法院任命的《联邦证据规则》起草咨询委员会，在起草这些规则时作的注释，对重塑后的规则依然适用。咨询委员会注释是在《联邦规则决定》第 56 卷（56 F.R.D. 183）中公布的。众议院司法委员会和参议院司法委员会就《联邦证据规则》举行了听证会。众议院司法委员会报告是《众议院报告》第 650 号〔H.R. Rep. No. 650, 93d Cong., 1 Sess.（1973）〕，发表在《美国法典国会注释通报》第 1974 卷（1974 U.S.C.C.A.N. 7075）；参议院司法委员会报告是《参议院报告》第 1277 号〔S. Rep. No. 1277, 93d Dong., 2d Sess.（1974）〕，发表在《美国法典国会注释通报》第 1974 卷（1974 U.S.C.A.N. 7051）。司法会议顾问委员会报告是《众议院报告》第 1597 号〔H.R. Rep. No. 1597, 93d Cong., 2d Sess.（1974）〕，发表在《美国法典国会注释通报》第 1974 卷（1974 U.S.C.A.N. 7098）。

　　我们在全书中删除了驳回调卷令的参考文献。

简　目

目 录

第一章

人民诉詹森案

我们以一个经过编辑的真实案件——人民诉詹森案（People v. Johnson）——的庭审笔录来开始论述。① 有多个理由使庭审笔录成为阐述问题的最佳起点。你们中的大部分人并没有经历过诉讼，庭审笔录可以使你们了解一个完整的庭审过程，获得有关其结构和动态程序方面的感性知识，即一项庭审活动是如何组织、如何展开的。庭审笔录将向你们展现庭审过程的各主要阶段，使大家能够开始了解一个案件的组成结构，谁在对谁做什么，以及为什么这样做。庭审笔录还将向你们介绍《联邦证据规则》②，并就本教材后续各章节的主要内容提供一个概览。我们希望你们能对实际操作中的证据规则有所感悟，并对现实生活中的规则与其理论根据之间的区别有所认识。

我们以庭审笔录作为开篇的另一个原因，是为了加深你们对人的因素在证据法中作用的理解。詹森案涉及现实生活中真实的个人，在身处危境时面临的一系列得失攸关的问题。该案涉及针对一名加利福尼亚州监狱犯人所提起的殴打伤害罪刑事指控。但是，鹈鹕湾监狱（Pelican Bay）并非一所普通监狱，而是以"尖端"高科技装备起来的监狱，用以关押该州最具暴力倾向的犯人。鹈鹕湾监狱的高戒关押区（SHU）专门用于防控犯人拉帮结伙而非供其反省图新。曾有人根据《联邦公民权利法案》（the federal civil rights act）提起过集体诉讼，诉称该高戒关押区的隔离环境构成了残酷与非常规的惩戒。在该监狱普通监区内关押的犯人们，也曾抱怨过狱警们滥用武力，拒绝提供基本医疗及犯人与律师接触的条件。1995 年 1 月，美国联邦地区法院法官塞尔顿·亨德森（Thelton Henderson）判定，鹈鹕湾监狱工作人员对犯人经常施用法律所不允许的暴力（根据一份 105 页的有关暴力事件的文件，这些暴力包括：突袭、殴打、在气候恶劣的季节将狱犯裸体关押在牢笼中，此外，还有数量非同

---

① 涉案的所有参与者姓名均为化名。此外，我们还加了些脚注，作了些微小的编辑性改动，并删除了本质上重复的证言。

② 詹森案由加利福尼亚州法院审理，因此适用《加利福尼亚州证据法典》。《加利福尼亚州证据法典》制定于 1965 年，其对七年后《联邦证据规则》的起草产生了极大影响。该法典与《联邦证据规则》之间只有微小的实质差别。我们将在本庭审笔录的脚注中提及所适用的联邦规则。

寻常的致死性枪击事件）。他还判定，鹈鹕湾监狱所实施的医疗及精神健康关怀项目严重不完善。该法官勒令监狱管理人员停止将患有精神疾病的犯人关押在高戒关押区内，但拒绝判定该监狱的关押状况对所有犯人都构成了残酷与非常规惩戒。亨德森法官的意见详见于马德里诉戈麦兹案［Madrid v. Gomez，889 F. Supp. 1146（N. D. Cal. 1995）］判决书。

你们在开始阅读以下庭审笔录时，请注意，詹森案诉讼程序已全面展开。控辩双方已经选定了陪审团成员，参与了预审，相互进行了证据开示，并提出了审前证据动议（motions in limine）。正如你们会看到的，这些审前事件框住了所要证明的问题。而且，其还会直接影响到审判参与者对案件的看法：法官因审前阶段的所见所闻知晓了有关情况，或许还受到了影响；陪审团成员们在"陪审团遴选审查"程序中受教；律师们则进一步掌握了本方和对手在本案中的优势和弱点。的确，对于最后这一点无论如何强调也不过分。在成功的诉讼中，成功的最重要的因素就是准备。如果你能从本课程中学到一种证据"规则"的话，那就是"准备，准备，再准备"。当你阅读这份庭审笔录时，尝试判断一下这些办案律师对案件的准备情况。

一、加利福尼亚州人民诉詹姆斯·詹森

加利福尼亚州德尔·诺特县（Del Norte County）高等法院

时间：1992 年 7 月 27 日，周一，下午 1 点 45 分

开 庭

检控方： 威廉·卡明斯（William Cummings II）先生，地区检察官

辩护方： 马克·迪莫（Mark Deemer）先生，律师

法官： 人民诉詹森一案现在开庭，请法庭记录反映所有陪审团成员、律师和被告均已到庭。我现在要向你们宣读对被告提起的指控。再次提醒各位，我将宣读的检察官控状不是证据，而是检控方指控③：

"加利福尼亚州德尔·诺特县高等法院。原告加利福尼亚州人民诉被告詹姆斯·詹森（C‑66125）检察官控状，案号：92‑190‑X。

"加利福尼亚州德尔·诺特县地区检察官，在此起诉詹姆斯·詹森（C‑66125）在德尔·诺特县犯有如下罪行：

---

③ 法官的作用，包括就陪审团裁决所适用的实体法对陪审团进行告知。在加利福尼亚州，检察官控状（an information）是针对重罪在高等法院提起的诉状。为什么法官要向陪审团宣读检察官控状，而不是简单地宣读被告所涉嫌违反的法条？法官为什么没有试着把深奥的法律术语翻译为日常语言？

"罪状一：殴打管教员，违反《刑法典》第 4501.5 款，重罪。

"1992 年 3 月 28 日或临近日期，被告作为本州州立监狱的一名在押犯人，对一名非该监狱在押犯人——休斯顿（Huston）狱警——犯有蓄意和非法殴打其人身的罪行。

"罪状二：殴打管教员，违反《刑法典》第 4501.5 款，重罪。

"1992 年 3 月 28 日或临近日期，被告作为本州州立监狱的一名在押犯人，对一名非该监狱在押犯人——范·贝尔格（Van Berg）狱警——犯有蓄意和非法殴打其人身的罪行。

"地区检察官：威廉·卡明斯，1992 年 6 月 23 日。

"威廉·卡明斯代表地方副检察官理查德·戴维斯签准。"④

迪莫先生： 此刻我有一项排除证人的动议。我看到法庭里有两名证人。

法官： 在听审结束之前，本案中所有作为证人出庭的人，都必须在法庭外等候，且不得与其他任何证人讨论本方证言。⑤ 律师有责任对己方证人强制执行这一命令。

现在，在听审证据之前，还有其他几件事要做。第一件事，我将向你们宣读一项指示，涉及你们应该如何处理在审判过程中可能发生的某些事情。因为你们必须仅根据证据来确定本案中的事实，你们必须遵守以下原则⑥：第一，你们不得将律师的任何陈述或论证作为证据，除非律师们认可或约定你们必须将某些事实视为得到了最终的证明。

第二，你们不得将任何被我驳回或从笔录中排除了的证据视为证据。

第三，在（一方）针对任何（另一方）询问所提出的异议得到（法官）支持的情况下，你们不得去揣测（这些问题的）回答本来可能是什么，或者去推测提出该异议的理由。

第四，由于提问不是证据，你们不得揣测该提问所给的暗示就是真实的。换句话说，你们仅可将这些提问视作为回答提供了载体。因为，例如，除非你知道问题是什么，否则，"是"或"不是"的回答没有任何意义。但是，提问

④ 实体法规定了检控方为获得有罪判决所必须证明的要件。被告人詹森被指控罪行的要件有哪些？殴打（battery）一词在检察官控状中并没有被界定，但下文第 64 页，在法官给陪审团的指示中给出了殴打的要件。在民事案件中，原告诉讼的要件源自规制该争端的普通法或成文法。

⑤ 为了防止证人受到"污染"（contaminating），《联邦证据规则》615 允许法院在证人作证时从法庭上撤离其他证人。其目的是防止证人为了对其他证人的证言加以解释或呼应，而变更或修改自己的证言。

⑥ 当你们读完这份指示的时候，请考虑一下，该指示在多大程度上有效传达了陪审团成员们将要承担角色的最重要方面。应特别注意，法官就本次审判的有关法律标准仅作了极为有限的说明。你认为这样做是为什么？

本身不是证据。只有来自证人的证据才是证据。因此，提问中的任何叙述不应被你们假定为真或被你们考虑为事实。

在审判过程中还会发生一种情况，实际上这种情况已经发生过两次，正如你们所见，我们将会举行所谓法官席会议。举行这种会议时，律师们会走到法官席前，在你们听不到的情况下，我们就一些事项进行讨论。这样做是因为审判过程中时常会发生一些状况。有时与证据可采性异议有关，有时与律师提交法庭审议的动议或其他不应该被陪审团听到的事项有关。如果这种法官席会议持续的时间过长，我们或许会让你们休息一会儿，让你们步出法庭。但如果占用的时间很短，为了节省时间，我们就会在法官席前讨论，我们会尽量压低声音来交谈。而且，因为这个特别的原因，你们应该尽量克制不要去偷听我们所谈内容。当然，如果有帮助的话，你们之间可以自由地交谈任何不涉及本案的事情。如果你们想要站起来在原地活动一下，伸伸腰，使自己感觉舒适些，你们也可以自由地去做，等我们事情谈完了，会及时招呼你们恢复庭审。⑦

如果陪审团中任何人由于任何原因感到需要休息一下，请毫不迟疑地提出来，不要感到尴尬。如果你们想去洗手间或者做些别的事情，我会尽量给予考虑，花几分钟时间休息一会儿，使你们能够处理一下这些事，以免你们心烦意乱，在法庭上听取证据的时候去想别的事情。

此外，如果你们当中任何人想要做笔记，尽可以去做。一般来说，你们自己做笔记是不必要的。我预计本案的审理会很短，只持续两三天时间，所以，你们大概能把几乎所有的事情都记住。我们的法庭记录员会逐字逐句地将所有事情都记载下来。所以，在最后陪审团评议的过程中，如果你们需要确切地了解某位证人到底说了什么，其证言记录是可以调取出来的，记录员也可以向你们回读该证言。有些陪审团成员喜欢做笔记，如果你也想做笔记的话，那就悉听尊便。⑧

---

⑦　为使审判能顺利进行而需要解决某种争议或程序问题时，可由双方律师或者法官发起"法官席会议"（bench conference）或"即席磋商"（sidebar）。大多数法官席会议都记录在案——也就是由法庭记录员加以记录——但该会议需要在陪审团听力范围之外进行，以防止陪审团听到所讨论的内容。更长时间的有关证据可采性问题听证，也可以在陪审团不在场的情况下举行。参见《联邦证据规则》104。

⑧　陪审团成员自己做笔记的优缺点可能各是什么？一项经典的研究表明，做笔记既不会带来巨大好处，也没有很大坏处。拉里·豪雅和史蒂芬·彭洛德：《提升陪审团成员在庭审中的参与度：一次陪审团成员做笔记和提问的现场体验》，载《法律与人类行为》第 12 卷，1988 年［Larry Heuer & Steven Penrod, Increasing Jurors' Participation in Trials: A Field Experiment with Juror Note Taking and Question Asking, 12 Law and Human Behavior 231 (1988)］。

豪雅和彭洛德还检验了陪审团成员被允许在庭审中提问的情况，通常是由法官来代为提出陪审团的问题。虽然律师和法官往往对鼓励这种行为表现出警惕，但有理由相信，陪审团在一定程度上参与证据出示环节会带来有益的效果。允许陪审团提问或许能帮助厘清关键模糊点，并能够使陪审团成员保持专注。总体而言，律师们是应该积极接受来自陪审团成员的提问，还是应该排斥？

5

需要告诫你们的是，在证人作证的时候，你们需要特别注意，不要因为做笔记而干扰了自己对证人的密切注视和观察。因为某位证人要证明某件事情，而另一位证人所要证明的却与前者截然相反，这种情况在审判过程中会经常出现，同样也可能出现在本次审判中。仅仅从证人所述内容上，你们也许无法判断该相信谁。你们也许必须借助诸如面部表情、说话的声调或者被我们称为肢体语言的信息，这是我们在日常生活中判断是否该相信某个人正在对我们所讲述的内容时所采用的基本方法。因此，在证人作证时，不要让做笔记影响到你对作证时的证人的密切注意和观察。

还有一点，你们不得自行就本案事项开展任何调查活动。⑨ 你们不得尝试与任何证人私下面谈，不应试图造访任何现场。你们自己不得去查阅任何参考书，也不得试图开展任何试验。那是因为，本案的证据——严格来说是来自证人的证据——才是你们在做出陪审团裁决时唯一可以参照的信息。所以，除证人之外，不要试图从任何其他来源收集事实的证据或者信息。⑩

我已经告诉过你们，你们应该非常注意，当在休息时间里碰到律师们或牵涉本案的其他人时，切记不要与他们进行交谈。⑪ 我们在午餐前已经提到了这一点。

最后一件事情，那就是，你们不应该把被告人正处于狱警的人身监禁之中的事实考虑为证据。你们不应该把他是否正处于人身监禁状态、他的穿着、法庭在审理本案时也许提升了安保措施，考虑为对他有利或者不利的证据。在证明被告人有罪还是无罪方面，这些都不是应该考虑的事实。请忽略那些事情，要严格依照证据来裁决本案。

在我们开始听审证据之前，最后需要强调的是，律师们将有机会向陪审团作开审陈述。如果律师想要向你们表明，他们期望本案的证据将要证明什么，律师可以向你们做简明陈述。当然，有时候发生的情况是，证据所呈现的有别

6

---

⑨ 为什么陪审团成员不得通过自己的调查，来了解本案的更多具体事实？陪审团成员们带着他们自己的背景知识和一般经验来到法庭，他们用这些知识来解释自己所听到的证言。让他们自己研读那些与争议有关的事项不是更好吗？

⑩ 在本份庭审记录的后续部分，你将会读到书面展示件也被列为证据。此处为何不对展示件进行解释呢？口头证言和展示件是证据的唯一来源吗？此处法官就是在告诉陪审团，要密切关注证人的行为举止，并运用常识。基于常识，陪审团成员们也可以从证据中得出推论。"证据"与从证据中得出的"推论"之间是否有明显区别？思考一下某样东西是"证据"意味着什么。

⑪ 为什么陪审团成员不得和包括其他陪审团成员在内的任何他人讨论本案？陪审团成员正在经历一个学习过程。像这个指示对陪审团成员所要求的那样，让学习者被动地坐在那里，是最有效的学习方式吗？在一个教育过程中，讨论有何抵消其价值的可能风险？为什么法院要将这种决策过程强加于陪审团？

于他们的期望。证人记住的事情，也许不同于一方或另一方律师认为该证人想要证明的东西。但通常而言，律师们对诉讼中将要发生的事情，以及预料将会出现的争点，可以给出一个适当的概述。当然，在他们所言证据将是什么与实际上证据是什么之间，如果存在着任何区别的话，你们当然应该以证据为准。

由于检控方负有证明责任，且要首先出示证据，所以，先由检察官作开审陈述。在其作完陈述后，辩方律师可以选择接着马上作本方开审陈述，也可选择等到检控方出示完证据之后，再作本方的开审陈述。卡明斯先生，你准备好了吗？⑫

卡明斯先生：谢谢你，法官阁下。⑬ 女士们，先生们，我们现在开始进行陈述，我开审陈述的目的主要是要向你们说明，这是我认为我方证人证言所要证明的事项。证人是在证人席上而非其他任何地方作证的人。换句话说，正如法官所告诉你们的，律师们所说的不是证据，而且你们也注意到了，双方律师都没有举手宣誓说他要说实话、除实话外别无其他。所以，你们的证言来自证人席。

作为本案公诉人，我准备传唤三位证人，也可能是四位。我亦可传唤更多的证人。我有增加反驳证人的选择权，如果我打算行使该权利的话。一旦发生这种情况，你们就会看到。目击证人的出场将从休斯顿狱警开始，他一直在鹈鹕湾州监狱工作，我们把他叫做感知证人（percipient witness）。也就是说，1992 年那次事件在鹈鹕湾州监狱的某个部门发生时，他在现场看到了该事件发生的过程。他们把那个地方称为 B 监区。我也将安排证人就 B 监区的功能以及什么类型的犯人被关押在 B 监区提供证言。

被告詹森先生与一名叫巴特勒的犯人被关在同一间牢房里，不知出于什么原因，他们拒绝交回一些餐盘。那一天，即 1992 年 3 月 28 日，巴特勒和狱友詹森在他们的牢房里。他们在自己的牢房用餐，并如我所指出的，出于某种未知的原因，他们不打算交回自己的盘子。

当时，几名狱警被召集派往这间牢房，试图说服他们交出盘子。送餐和收

---

⑫ 法官在其指示中对陪审团角色的论述集中在什么方面？该指示为陪审团发挥其决策作用做了准备吗？该法官是否就法庭或对抗双方的角色，给陪审团作了充分的告知？

⑬ 开审陈述的主要目的是陈述出庭律师期望在庭审中提出的事实；在一个故事或主题框架下有说服力地提出这些事实，并作为结审辩词的基础；使委托人个性化。关于从证据中可以得出何种推论的辩词，应该在结审辩词中作出，而非在此处。开审陈述还被用来向陪审团介绍本案的薄弱环节。对陪审团所作的调研表明，开审陈述在陪审团裁决中所起的作用非常重要，而且，陪审团成员最终的投票结果，常与其在开审期间形成的看法一致。参见第二章第七节"关于自然推理和对抗制的反思"的讨论。

回盘子是他们的主要工作之一，也就是说他们要送饭、收回盘子，还要照管许多人。休斯顿狱警将证明，基本来说是有两只盘子在牢房里，他和其他狱警，还有其他一些人，走进了詹森的牢房，与他们谈交回盘子的事情。

休斯顿狱警将告诉你们——而且我预计范·贝尔格狱警也会告诉你们基本同样的案情——詹森先生扣留了盘子，他站在牢门内拒不交回盘子。实际上，牢门上有一个很小的送餐口，你可以从那里一次递出一个盘子。但你不能同时递出两个盘子，你也不能递出上面堆满残羹剩物的盘子，那个送餐口一次只够递进或递出一个盘子。

出于某种原因，本案被告人狱犯詹森，手里拿着盘子站在牢房内，而且，他还和狱警们就一个包裹问题进行了讨论。他在索要某个包裹。他并不打算交出那两只盘子。所以，正如狱警休斯顿和范·贝尔格以及沃克将会证明的，本案的基本情况是，某位警官派了狱警中的某些人，去与狱犯詹森讨论这件事情，并试图就用言辞说服他们交回盘子。用这些狱警的话说："我们不得不尽我们的职责，执行日常公务。"

他当时请求要见一位警官。狱警们将证明，他们当时告诉詹森的是："我们会为你安排一位警官；我们将安排一位警官来见你并与你谈话，但我们现在做不到。我们手头还有工作要做。我们必须先把正在做的事情做完。"

那一刻，詹森想要交回盘子了。他没有言语粗野的表现。在那一刻，他也没有激烈的动作——没有表现出肢体暴力方面的危险。他只是站在那里手里拿着盘子。警察也站在那儿——离牢门不远。接着，其中一名狱警——史密斯狱警发信号给控制牢门的工作人员——操控电动或液压牢门的狱警，他们是在别的位置进行操控——打开了牢门。

接着，牢门被打开了一大截，距离宽得足够让一个人走出去。詹森此时正端着两个盛满垃圾的盘子站在门后。而且，当时基本情况是沃克站在前面，史密斯、范·贝尔格和休斯顿都在那里。他们将作证，是詹森摔掉了盘子，低头冲向狱警沃克，而沃克狱警当时站在可以完成取盘子任务的警戒线上。

当时，狱警们迎住了他。大约是在牢房过道的位置。在他试图迅速逼近他们的时候，他被阻挡在了门口。他当时紧攥着右拳，挥舞着拳头，狱警们基本上是把他推回到牢房里的。牢房不是很大。他被按在桌子上，被制伏了。一个狱警给他一只手戴上了手铐，而此时詹森先生还在挥舞拳头，还在挣扎。他还试图打伤别人，而他们也在试图制伏他。所以，此时四或五名狱警上前试图制伏他并给他戴上手铐。

在这场格斗中，两名狱警受伤。其中一位骨折——我想是拇指骨折——在一段时间里无法工作，饱受伤痛之苦。另一位狱警胫骨受伤被送进了萨特海岸医院（Sutter Coast Hospital），他的胫骨出现了骨裂。

我要提请你们考虑两项殴打罪状。检控方将提供的最后一位证人大概是一位名叫亨德森的狱警，他将对有关 969B 程序包的问题作证。这是一个来自监狱的经过认证的文件包，证明那个人当时是被合法关押在鹈鹕湾州监狱的。我确实要证明他当时正被监禁。而且，该证据基本上还证明了他正处于我们的监狱系统中这样一个事实，那是我必须证明的另一个要件。

以上便是此时我方想要呈示的主要案情。根据辩方提出证人的方式和内容，我接下来可能还会传唤反驳证人，可能是狱警或实际上是两名助理——福斯特和库尔兹。我将传唤他们作为反驳证人出庭。谢谢。⑭

迪莫先生：保留。⑮

法官：第一位证人。

卡明斯先生：我相信休斯顿狱警已经在外面等候了。

法官：请举起你的右手。

乔治·休斯顿

人民方传唤的证人，在宣誓“只说实话、除实话外别无其他”之后，受到了询问并作证如下：

法院书记员：请入座，并报上你的姓名和住址，以便记录。

证人：乔治·休斯顿，鹈鹕湾州监狱。

直接询问

卡明斯先生问：谢谢你，法官阁下。先生，你的职业？⑯

答：管教员。

问：你做管教员有多长时间了？

答：六年。

---

⑭　检控方达到了脚注 13 所讨论的开审陈述的主要目的吗？一个故事或主题浮现出来了吗？是否可以做得更生动一些？生动性对于开审陈述来说重要吗？请比较一下检察官和辩方开审陈述的有效性，辩方的开审陈述于检控方主诉结束之后进行。

⑮　辩方律师保留了他作开审陈述的权利，留待检控方主诉之后进行。他是否应该像这样推迟，还是应该现在就作陈述？大多数辩方律师在原告或检控之后立即作他们的开审陈述，目的是对案件故事或主题的版本提出挑战，确保陪审团听到了来自双方的声音。否则就存在一种风险，即当辩方开始陈述时，陪审团已经对某些事情深信不疑了。

⑯　在阅读检察官的直接询问时，对你认为有助于证实检控方对被告人主诉要件的证言做好记录。例如，休斯顿狱警在哪一点上提供证言表明，被告对一个未被关押在州监狱的人实施了被指控的殴打？

问：你现在何处供职？

答：鹈鹕湾州监狱。

问：你在鹈鹕湾监狱工作多长时间了？

答：从 1989 年 11 月开始。

问：那基本上就是这个监狱刚建立的时候？

答：是的。

问：所以你是这个监狱最初的工作人员之一？

答：是的，先生。

问：先生，1992 年 3 月 28 日，你是以管教员的身份在值勤吗？

答：是的。

问：你是否曾与坐在这张桌子另一端的名叫詹森的狱犯接触过？

答：是的。

问：你今天认出他了吗？

答：是的，我认出他了。

问：你知道他当时被关押在什么监房吗？

答：B 监区。

问：B 监区是什么意思？

答：是普通关押区。

问：与此相对的监区叫什么，先生？

答：高戒关押区。

问：有没有把狱犯从一个监区如高戒关押区转移到比如说普通关押区的情况？

答：有。

迪莫先生：反对。我看不到相关性。⑰

法官：支持异议。

卡明斯先生问：狱警先生，被关押在 B 监区的一般是什么类型的人——什么类型的狱犯？

⑰ 有两种一般类型的异议。第一种是针对提问形式的异议。例如，提问可能具有诱导性，可能具有辩论性，假设不在证据中的事实，复合的（就是在看似一个问题中询问两个或多个问题），或者寻求叙述性回答。第二章对这些问题进行了讨论。另一种类型的异议是针对可能获得的回答。回答可能不相关，是传闻，违反"逝者条款"（dead man's statute），违反口头证据规则（parol evidence rule）或最佳证据规则，缺乏充分的基础，或者涉及特免权。在每一种情况下，恰当的程序均为，在提问后插话反对。证人应当允许对手在自己回答之前及时插话反对。有时候，这种程序也有不足之处，例如，有时提问本身和要获得的回答一样具有破坏性。（"B 监区难道不是将高戒关押区的暴力犯人转移到普通犯人监区之前的中转过渡监区吗？"）

10　　**迪莫先生**：再次反对。我认为没有相关性。[18]

　　法官：请你们到法官席前来。

　　（下面的法官席会议是在陪审团不在场情况下举行的。[19]）

　　法官：相关性在哪里？

　　卡明斯先生：相关性在于这样一个事实，即 B 监区是一种从高戒关押区到普通监区的过渡性监房，而且与普通监区相比，在 B 监区总体而言有更多的暴力事件和暴力报告。相反，在高戒关押区则少得多。[20]

　　迪莫先生：什么少得多？

　　卡明斯先生：报告的暴力事件少得多，并且，高戒关押区的暴力事件确实比 B 监区的少。B 监区是一种过渡性监房，那里接收从高戒关押区转移的人员，停留一段时间后再送到普通监区。

　　法官：这些信息对陪审团会有什么用？

　　卡明斯先生：我认为，如果你被诉称殴打了狱警，我认为重要的一点是，他们理解关押这个人的监房是这样一种设施，即在该设施里关押的人是过渡性的。我不想说，是从什么向什么过渡。事实上，你已经作出了这些初步的裁

　　[18]　请考虑《联邦证据规则》103。迪莫的反对是否满足了为上诉保全争点？频繁的"不相关"或"不相关、不适格、不重要"异议，除传达异议者希望排除所提供的证据的意愿外，几乎与法官没有什么交流。除非那个证据就任何目的而言显然都没有可采性，否则，异议者必须向审判法官陈述提出异议的具体根据。《联邦证据规则》103（a）（1）。如果异议者在提出异议时未做到清晰、直接、正确，且有任何理由支持庭审法官驳回异议，压制异议而采纳证据的裁定几乎从不会被作为上诉撤销原裁定的根据。如果证据被排除了，为了给上诉保全争点，败诉方必须确保在庭审记录中有关于该证据内容及其可采性理由的明确描述。《联邦证据规则》103（a）（2）。出庭律师有责任创建一个充分反映该异议、任何相关回应和法官的裁定的记录。这称为"完善庭审记录"和"为上诉保全争点"。在决定是否反对对方提问时，有多种战术性问题需要考虑。首先，如果提问不会引出具有破坏性的信息，就没有理由用微不足道的异议来拖累庭审程序。律师们还要谨防给陪审团留下这样的印象，即自己对他们隐瞒了某些事情。其次，一项异议往往会凸显一个可异议的问题的破坏性方面，此时聪明的做法或许是刻意保持沉默，以期陪审团会遗漏掉这一点。最后，有异议的提问有时会对本方的诉讼有帮助，或是因为具体回答有帮助作用，或是因为该提问将为原本可能不可采的本方证言"敞开大门"。

　　[19]　这里，法官席会议由法院记录员作记录。如果会议的举行没有记录，律师们必须记住总结会议内容，以便复审法庭记录时将其补充进去。没有"补充完整记录"，可能会造成无法对审判法官的错误裁定提起上诉的后果。

　　[20]　如果因缺少必要的情景而导致审判法官无法判断所提供的证据是否可采时，出庭律师便有责任提供证明。律师要向法官介绍所期待提出的是什么证据，以便法官有鉴于此而能对异议进行分析。参见《联邦证据规则》103（a）（2）。证明的提供可以多种不同方式做出。律师可以向审判法官简单地描述证据将是什么。或者，法院可以要求律师把相关的证人都带上法庭，并向证人们询问适当的问题。需要再次强调的是，确保记录的完整充分，以便为上诉保全任何声称的错误，这是律师的责任。乔恩·华尔兹（Jon Waltz）和约翰·卡普兰（John Kaplan）所著《记录的制作》（1982）一书中有关于补充完整记录过程的实用简短描述。

定，即打算允许迪莫先生细究"你知道沃克狱警的倾向吗"，或者，"你了解他在犯人中有暴虐的名声吗?"㉑ 我认为，在你允许这种证言出来的情况下，我 *11* 认为它与下述问题相关，即在 B 监区关押的人事实上更具暴力倾向，被证实了更具暴力倾向，并且事实上正处在设法返回主流普通监区的过渡阶段。

法官：我会允许你证实这是一个最安全的部门，但我认为，如果允许你进一步证明下去，陪审团从这一证言可能得到的暗示是，他实际上是因高戒关押区发生的事情而受审。我认为，不应该允许你那么做，因为这涉及不被容许的品性证据。㉒ 所以，如果你想要具体描述 B 监区的情况，如果你想要描述在 B 监区会采取什么样的防范措施，你可以那么做。但是，你不能探究他在监狱里也许已经做了什么，除非它在别的方面变得具有相关性。在这一点上，我不认为它有相关性，所以我准备支持该异议。

（以下程序是在法庭上公开进行的。）

卡明斯先生问：休斯顿狱警，你可以告诉我 B 监区的构造吗? 是单人牢房，还是双人牢房?

答：它们是双人牢房。

问：它们是怎样一种布局呢?

答：每个关押单元关押 128 名犯人，一共 8 个关押单元。

问：这也是最高戒备的四级监狱设置，这样说正确吗?

答：是的。

问：先生，1992 年 3 月 28 日，你在或正在 B 监区工作吗?

答：是的，我正在 B 监区工作。

问：你的职位是什么，或者你在 B 监区做什么?㉓

　　㉑　如果出庭律师知道在庭审中可能出现证据性问题，该律师可尝试在审前解决该问题。阻止非法获得的证据的动议，就是这种审前解决问题的例子。一种更普通的程序涉及提交审前证据动议。审前证据动议（意思是开始之时）可以用来获得实际上关于任何证据问题的审前裁定。此处辩护方已从法官那里获得了一项裁定，即法官将采纳有关某位狱警的声誉证据。在审前证据动议中提出证据性异议，是否就足以为上诉保全异议，在本书第二章进行了讨论。

　　㉒　为什么法官准备采纳关于沃克狱警的声誉证据，而不准备采纳有关被告的品性证据? 要对此作出回答，需要对品性证据为何相关进行分析。关于沃克有暴虐名声的证言与证明被告具有害怕沃克的心态是相关的，而关于被告具有暴力品性的证言，在证明其行为与其品性一致即他是攻击者方面是相关的。正如你将在下文第五章所看到的，根据《联邦证据规则》404，品性证据通常不能用来证明一个人的行为与其品格一致。相关性是可采性的必要条件而非充分条件，这是总的原则，这就是个例子。

　　㉓　注意检察官对休斯顿狱警，就他在 B 监区的工作和涉及被告事故的提问方式。检察官使用了"谁、什么、何处、何时、为什么及如何"的提问法。直接询问通常采取这种简短、非提示性的问题方式，在有序的问答过程中，使证人有效地讲出案情。

答：庭院狱警。

问：什么是庭院狱警？

答：庭院狱警在庭院里负责普通监区犯人的警戒和保安。作出第一反应，紧急反应。

问：你说到了"第一反应"，你的"第一反应"是指什么？

答：在紧急状态下，我会被派往监区的任何地方作出反应。

问：所以，如果在 B 监区出现了意外事件，你就应该作出反应，是这样吗？[24]

12　　**答**：是的。

问：你知道在这一年 3 月 28 日发生的涉及狱犯詹森的意外事件吗？

答：那算不上意外事件。

问：那是什么？

答：就是一次拒交早餐盘子的事。狱犯清晨用餐后，应该在早餐后交回自己的餐盘和餐具。那天值班的楼层狱警说，狱犯詹森和他的狱友——同室犯人巴特勒，扣留了他们的早餐盘子。

问：随即有人召唤你，是这样吗？

答：是的。

问：那是谁，你知道吗？

答：我不记得那天的情况了。我们有几个人，我们被告知去那里，看看我们是否能够取回早餐盘子。

问：你打算那天去做什么，你当时知道吗？

答：去那儿跟狱犯说"给我们盘子"，就这么简单。

问：先同他们谈话？

答：是。

问：你是那样做的吗？

答：我自己没那么做。命令他交回盘子的狱警对他直截了当地下了命令。

问：哪位狱警命令他交回盘子？

答：史密斯狱警。

问：交出盘子的命令发出了一次还是多次，你知道吗？

---

[24]　检察官在这里以及后面的三个问题中，正在使用"诱导性问题"的常用形式，即出庭律师在寻求自己所明确提示的答案。其结束语"不是这样吗？"或者"不是真的吗？"，只允许"是"或"不是"的回答。这样一来，陪审团所听到的信息，实际上是由律师的问题提供的；证人的回应，就是在简单地肯定或否定律师的提法。

答：两次以上。

问：你能从你当时所处的位置看到牢房里的狱犯詹森吗？

答：是的。

问：给我们具体讲一讲，在他被命令交回盘子时，他的表现。

答：很平静。除了要求见领班警官，他什么都没说。

问：他有没有说明为什么要见领班警官？

答：没有。

问：你记得他当时手里拿着什么东西吗？

答：在那一刻，他手里没拿着东西。送餐口打开后，他拿起了他的盘子，动作像是要交给我们盘子。

问：你说送餐口，送餐口位于何处？

答：在牢门中间，齐腰高的地方。

问：你能为我们描述一下吗？

答：这是一个 4 到 5 英寸的开口。上面有一个小门，大约有 12 英寸宽。

问：是铰链式转门吗？

答：是的。

问：那扇小门可以开关？

答：是的，不用的时候它是锁着的。

问：它不用的时候是锁着的？

答：当它不用的时候。

问：通常情况下，一个人可以通过打开的送餐口传递几个盘子？

答：一个。

问：当时狱犯詹森手里拿着多少个盘子？

答：他拿着两个盘子，上面装满了要丢弃的残羹剩菜。

问：那两个装着残羹剩菜的盘子，可以通过送餐口传递出来吗？

答：不行。

问：通常情况下一个人怎么能把盘子从送餐口递出来，就是把它推出来吗？

答：是的。狱警会打开送餐口，它是由另一把锁锁着的。当你拉开它的时候，他们把餐盘递出来，狱警接过来拿走。

问：在当时的某个时刻，你开始清楚，狱犯詹森并不打算将盘子从打开的送餐口推出来。⑤

_13_

---

⑤　此处又是诱导性问题，将证人的注意力直接导向该检察官认为重要的事项。

答：不。当他拾起盘子，拿着它们走到送餐口的时候，并没有什么微妙之处，我觉得。他什么也没说，很平静，走到门口，手里拿着盘子。

问：随即有人命令把门打开吗？

答：是的。是史密斯狱警。

问：那是收回盘子的适当方式吗？

答：是的。

迪莫先生：请原谅。第一，缺乏资格；第二，缺乏基础；第三，是诱导性提问。㉖

法官：你正在寻求一位专家的意见吗，卡明斯先生？

卡明斯先生问：休斯顿狱警，你说你作为管教员已经在鹈鹕湾监狱工作了六年？

答：是的。

问：在这六年期间，你接受过与工作有关的特殊教育和职业训练吗？

答：是的。

问：是什么？

答：我参加了全州管教员训练手册教育和实地训练课程。

问：这种训练包括处理狱犯有时引发的具体问题吗？

答：是的，包括。

问：基于这种训练，你对处理像狱犯詹森这些情况的适当方法是否有自己的看法，即打开牢门是否适当？只需告诉我们，你是否有自己的看法。

答：是的，我有。

卡明斯先生：基于休斯顿狱警在鹈鹕湾监狱的特殊经历和训练，我现在打算让他提出自己的看法。

法官：你可以回答。

卡明斯先生问：打开牢门是收回餐盘的一种适当方式吗？

答：是的，在普通监区这是一种适当的方式。如果狱犯是普通监区的犯人，他们大部分时间是在牢房外活动。如果他们像我说的那样在牢房外被安排活动和所有别的事情，并且他们看起来是平静的，别的事情也一样。喔，我们——嗯，

㉖　关于缺乏资格和缺乏基础的异议，实际上是一样的。该证人拥有回答这个问题的充分知识吗？实际上，证人正在被要求提供关于监狱系统适当运作的意见。要回答这个问题，他应该是一位适格的专家，即依据证据规则的授权，因其具有专业技能而提供证言的有特殊资格之人。参见《联邦证据规则》702。在某些有限但是非常重要的情况下，非专家的意见也具有可采性。参见《联邦证据规则》701。

我们就会那样收回盘子，特别是当他们拿着两个以上盘子，或者两个盘子上面都有残羹剩菜的时候。

问：我想弄清这里的区别，高戒关押区狱犯和普通监区狱犯之间的区别。狱犯詹森当时是普通监区的犯人吗？

答：是的，他是。

问：假如该事件发生在高戒关押区，监狱的另一个区域，牢门是否还会以这种方式打开呢？

答：绝对不会。

问：所以，根据你的经验，一个人是关在普通监区还是高戒关押区，其程序是不同的？

答：的确如此。

问：那就是说，对于关押在普通监区的狱犯詹森来说，这是一种取回盘子的适当方式，如果有必要的话？

答：是。

问：牢门被打开了吗？

答：是的，牢门被打开了。

问：当牢门被打开时发生了什么事情？

答：狱犯詹森——在牢门被打开的时候，狱犯詹森立即摔掉了餐盘。他站在门里面，紧挨着门。立刻摔掉餐盘，弓着他的头，挥着他的拳头，试图冲出牢门，并击打了沃克狱警的胸部。

问：沃克狱警是在什么地方和詹森发生接触的，或者詹森是在什么地方和沃克发生接触的？

答：在门那儿。门被打开之后在门的过道那儿。沃克狱警是在牢房外面一侧。

问：你能回忆起其他在场的狱警吗？

答：我知道在场的其他狱警有：史密斯狱警、沃克狱警和范·贝尔格狱警。

问：还有其他你想不起名字来的狱警在场吗？

答：是的，狱警怀特也在，但我是在事件之后才得知他也在场。

问：当狱警们到普通监区去收回剩饭、盘子等杂物的时候，他们会带防护装备吗？

答：不会。

问：当詹森冲向狱警并与沃克发生接触时，发生了什么？

答：沃克狱警立即抓住了他并把他推进牢房里，狱犯詹森跌倒在牢房里的桌子旁，那儿离牢门大约有 3 英尺远。

问：狱犯詹森那时做了什么？

答：摆出要打架的架势。

迪莫先生：请等一下，法官阁下。我想对这条证言的用词提出异议。这是结论性的描述。⑰

法官：驳回异议。

卡明斯先生问：请为我描述一下，你说的"摆出要打架的架势"是指什么？

答：挥动着他的手臂，反抗、拒不服从命令。

问：当时给詹森下了什么命令？

答：上铐。

问：什么是上铐？

答：戴上手铐。

问：这是标准程序？

答：是的。

问：牢房里还有一个同室犯吧？

答：是的。

问：你记得他的名字吗？

答：狱犯巴特勒。

问：狱犯巴特勒有什么举动吗？

答：史密斯狱警当即叫狱犯巴特勒在牢房里趴下。

问："趴下"是什么意思？

答："趴下"就是以卧姿趴在地上。

问：他服从了吗？

答：是的，他立即服从了。

问：他也被上铐了？

答：是的，史密斯狱警给他戴上手铐。

问：为什么要将狱犯詹森和狱犯巴特勒都擒服，都戴上手铐？目的是什么？

---

⑰　对要求结论性答复的提问提出异议，换句话说就是其在要求证人提供意见。这里的意见是外行意见，而非专家意见。但是，"摆出要打架的架势"是一个事实还是一种意见？其区别是什么？尽管异议被驳回了，但请注意检察官是如何通过让证人解释"摆出要打架的架势"的含义来建立庭审记录的。

答：因为如果他们摆出要打架的架势或拒绝服从命令，这是出于惩戒的原因，你懂的。

问：出于狱警安全的原因？

答：是的，狱警安全和保安。

问：狱犯巴特勒基本上严格按照命令去做了？

答：是的，他照办了。

问：在牢房里是否有扭打、推打或推搡，或者某种冲突发生？

答：是的。狱犯詹森当时拒绝服从命令。他挥舞着拳头，乱踢，并对我们极力反抗。事实上，在我们把他逼迫到桌角后，我们仍无法在牢房里给他戴上手铐。所以我们把他带出了牢房，让他趴在牢房外面的地面上。他趴在地上。他拒绝束手就擒。我好不容易才铐住了他的右手腕。几次给他下命令——他都拒绝伸出左手。他把手压在身子下面。当我把他的手从身子下面拽出来时，他用力挣扎，他憋着劲不让我抓住他的手腕。制伏他确实花费了我一些时间，最后才给他左手也戴上手铐。他一直在反抗。

问：他手脚并用？

答：手脚并用。

问：在反抗过程中，他说了什么吗？

答：没有。

问：先生，在扭打的过程中你受伤了吗？

答：是的，我受伤了。

问：请向我们描述一下你受伤的情况。

迪莫先生：稍等。现在我们可以到法官席来吗？

（以下程序是在法官席进行的，在陪审团的听力范围之外。）

迪莫先生：我的理解是，证人想要作证他身上有个很深的伤口。然而他在预审时已经作证说自己并不知道是如何受的伤——而我认为他的证言今天不会改变，因此，我认为，该证言在此刻变得不相关了。

卡明斯先生：我认为，这是一个很不恰当的概括。证人将要作证的是，他受伤是这场格斗的结果。他不能作证的是，狱犯詹森对他的拳打、脚踢直接造成了这个伤口。如果没有这场格斗，他当然不会以那种方式受伤。显然，证人可以作证说他对自己身体的观察。在作证说自己身体所受的伤时，他不必非得是医生、护士或别的什么身份。这些正是我准备查明的，他是去了医院还是回家了，或是回去工作了。

法官：如果你试图传唤医生，我可能会以某种方式阻止或限制你。

卡明斯先生：我没有打算那么做。

法官：他可以基于对自己身体的观察而获得的亲身知识作证。我不会阻止他对此作证。

（以下审理程序是在公开法庭上进行的。）

卡明斯先生问：休斯顿狱警，你哪个部位受伤了？

答：我的左胫骨有个一英寸长的伤口。

问：你曾经为此寻求过医治吗？

答：是的，他们给我作了伤员鉴别分类。然后，我被送到萨特海岸医院。

问：你在萨特海岸医院接受的治疗？

答：是的。

问：这整件事持续了多长时间——或多短时间？

答：事情发展得很快。我无法告诉你时间长短。从盘子被摔掉开始，到詹森先生试图冲出牢门，所有的事情就在一瞬间发生，我真的无法告诉你多长时间——几秒，大概就几秒钟。当人处在亢奋状态时，你就没有时间长短的概念了。

问：先生，那天当你以狱警的身份执行公务时，你是否携带了警棍？

答：是的，我佩戴着警棍。

问：在涉及狱犯詹森的事件中，你是否曾被迫——或者你曾有时间摘下警棍？

答：我没有摘下过警棍。当时我没有时间那样做。

问：那么，我猜想，当牢门被打开的时候，你没有预见到会遇上麻烦。

答：绝对没有。

问：你吃了一惊？

答：是的，我感到吃惊。

卡明斯先生：谢谢你，先生。没有进一步的问题了。

交叉询问

迪莫先生问：休斯顿狱警，当时是谁打开的送餐口？

答：史密斯狱警。

问：那么，在门被打开之前，关于送餐口，发生了什么事情吗？

答：你的意思是问，有没有任何事情发生——它在牢门打开之前就打开了——

问：但之后是不是又被关上了？

答：我无法说是还是不是。

问：如果被告将向你递送餐盘，他会从送餐口一个一个递出来？

答：是的。

问：那是递送餐盘的常规方式，对吗？

答：是的。

问：狱犯一般不在牢房里进食，不是吗？

答：并非每次都在牢房里。

问：这次事件中，狱犯们都在牢房里进食，是因为他们在禁闭中吗？⑳

答：我不清楚该次事件的具体情况。他们可能是在禁闭中。

问：通常来说，只有当狱犯在禁闭时，你们才让他们在牢房内进食，不是吗？

答：通常是这样，除非是厨房或食堂运行出了故障，或是我们有保密信息等情况。

问：那好，其他狱警，当你们全站在牢门口时，我猜想，有 8 位或者 10 位狱警在门口；是这样吗？

答：我不知道有 8 位或 10 位。我只能说，就我所知有四位狱警。

问：但实际上不止 4 位。还有些其他狱警——

答：我知道有其他狱警，但我无法辨认，也不知道那些狱警是谁以及有多少人。

问：嗨，我并不想为难你。我只是想查明包括你在内，当时是不是有四位你认识的狱警在场？

答：是。

问：有一些狱警你不认识？

答：是的。

问：你不记得在场的其他狱警总数了？

答：不记得了。

问：可能是 8 位或 10 位狱警？

答：我猜也许是。

问：那么，在牢门被打开之前的那一刻，有没有狱警戴上了某种手套？

答：我没有印象。我自己没戴任何东西，没有。

问：你是否能回忆起，是否有狱警拿出——拔出了 PRC24 警棍，或者类似的器械？

_18_

⑳　什么是禁闭（lock-down）？这位律师充分照顾到陪审团了吗？

答：不，我记忆里没有。

问：那么，当门被打开时——首先，在门被打开之前，被告人绝对没有任何侵犯性行为；是这样吗？

答：是的，在他摔掉盘子之前，没有任何侵犯性行为。

问：那好。门被打开的时候，沃克刚好站在他面前？

答：是的。

问：当时，被告人就站在那儿，他手里拿着两个盘子，他就像这样摔掉盘子，是这样吗？

答：顷刻间摔掉了盘子。

问：接着，他把手举到了头顶？

答：他举起了手，嗯。

问：他把手举过头时，手型是什么样子？

答：攥着拳头。

问：你当时看到沃克推他了吗？

答：我，在当时——他打在了沃克的胸部。

问：用什么？

答：用他的拳头。

问：于是，沃克把他推了回去？

答：沃克把他推回了牢房里。

问：紧接着这场格斗就发生了？

答：是的。

19

问：你现在经常搜查犯人的牢房，是吗？

答：以我的职责，有时会那么做。

问：那么，当你搜查一间犯人的牢房时，无论他是在普通监区还是在高戒关押区，你做的第一件事，就是把犯人带出牢房；是这样吗？

卡明斯先生：反对！相关性。

法官：驳回异议。你可以回答。

证人：是的，如果你打算搜查牢房，你就把犯人带出去——带出牢房。

迪莫先生问：在你的职业训练中，除非你是清牢队的，否则你就不应该和犯人待在同一个房间，如禁闭室、牢房或控制出入口等地方，是这样吗？㉙

　　㉙ 什么是清牢队（cell extraction team）？什么是控制出入口（a sally port）？同样的问题，这位律师照顾到陪审团了吗？

答：不要和犯人一同待在牢房内。在控制出入口，是的，你是和普通监区的犯人在一起。

问：我们就说牢房。你不进牢房与犯人独处的原因，是因为害怕某些事情可能发生，是这样吗？

答：是有安全问题。

问：所以，取回这些盘子的正常程序，应该是命令犯人在牢房戴上手铐，并将其带出牢房，对吗？

答：那取决于具体情况。

问：好的。你认识沃克狱警多久了？

答：大约一年半。

问：你没有和他一起在福尔松（Folsom）监狱共事过？

答：没有。

问：如果要强制从狱犯那里拿走什么东西，或者要强制带走狱犯，通常应该出动清牢队，对吗？

答：你是说要强制性地将狱犯移出牢房？

问：如果要从囚犯那里强制性地拿走什么东西，或者要把他从牢房里强制带出去，在任一种情况下——且当狱犯在牢房内时，出动清牢队是常规的做法吗？

答：如果他不服从戴手铐等类似情况下，是的，就可能动用清牢队。

问：在牢门打开之前，你并没有要求狱犯戴上手铐，是吗？

答：不，我没有——不是我要求，不。

问：那么，当你打开牢门时——不，请原谅，当牢门被打开时，你预期盘子会被顺利交出来给你们吗？

答：是的，是的，我确实以为他会把盘子交给狱警。

问：你是否就本案准备了一份报告？

答：是的，我准备了一份 115，CDC* 115 报告。

问：一份有关违反规则的报告？

答：是一份有关违反规则的报告。

问：那是一份关于如何采取行动达到惩戒目的的报告，是这样的吗？

答：是的。

问：你手里有这份报告的副本吗？

20

---

* CDC 为"加利福尼亚州管教局"的缩写。——译者注

答：是这样，是的，我有。

问：你能不能看看这份报告？你带着它吗？

答：是的。

问：在 CDC115 报告上——我现在请你，往下看第一、二、三行，开始一句："给狱犯反复下了命令。"你能自己读一下吗？

答："给狱犯……"

问：你自己读就行了。你不必读给陪审团听。

答：好。

问：好。在那份报告里，你大致说史密斯狱警指示控制室的狱警"打开牢门，让工作人员进去收回盘子。"是这样吗？

答：你念的是哪一行？

问：往下一、二、三、四、五、六行，我想那是下面第五行。"狱警史密斯指示控制室的狱警打开牢门"。你找到了吗？

答：是的。

问：所以，史密斯指示——至少当时你是这么认为——监狱工作人员要进入牢房取回盘子；是这样吗？

答：嗯，当你说"进入"时，如果我正把手伸进门，就算我正进入牢房。

问：但是，早先你作证说，他正打算交出——你认为盘子会被交出来；是这样吗？

答：是的，就在门口把它们交出来，是的。

问：现在，再往下一行，你指出，詹森冲向了管教员沃克；是这样吗？

答：是的。

问：攥着拳头想要打他；是这样吗？

答：是的。

问：但报告中没有任何一处表明，他的确用紧攥的拳头打了他，对吗？

答：我们读到哪一行了？是的。

问：报告中并没有那么说，是吧？

答：没有说。

问：并且在你的报告里没有提到关于打开的送餐口一事，是这样吧？

答：是的，没有说。

问：在你的报告里也没有提到关于是谁打开了送餐口，是这样吧？

答：没有说。

问：先生，你还记得自己在预审时作证所说的吗？

答：是的，我记得。

问：这么说对不对——你曾有机会审阅你的预审笔录，不是吗？

答：是的，我读过那份笔录。

问：顺便问一句，你是否曾与其他狱警讨论过你的证言？

答：没有。

问：这么说对不对，根据你在预审笔录中的证言，你并不知道你腿上负的 *21*
伤是如何造成的？

答：是的，我不知道。

问：而且，先生，由于你是在工作中受伤，你得到了某种职工补偿金，是
这样吗？

卡明斯先生：反对！相关性。㉚

迪莫先生：我应在陪审团面前提供证明，还是到法官席来提供证明？

法官：驳回异议。你可以回答。

证人：是的。是的，我确实得到了职工补偿金。

迪莫先生问：如果狱警是被犯人所伤，与其在某种意外事故中受伤相比，
得到的职工补偿金水平是不同的，是这样吗？

答：是的。

问：如果你是被狱犯所伤，你可以得到相当于基本工资 3/4 的补偿金。如
果你在工作中只是意外受了普通伤，就只能得到基本工资 1/2 的补偿金；是这
样吗？

答：不是。如果受到犯人袭击，前三天我可以休病假。所以，换句话说，
如果我请病假是由于被犯人致伤，嗯，那么，我不会损失那三天的病假时间。
它不会出现在我的考勤簿上，带薪，不会扣工资。

问：但是，如果你在一次普通事故中受伤，那将出现在你的考勤簿上吗？

答：是的，前三天会是病假。前三天我会有所损失，接下来会开始获得职
工补偿金。

问：还存在职工补偿金比例上的差别，是那样吗？

卡明斯先生：反对，基于相同理由。相关性。

法官：驳回异议。

㉚　相关性是指一项证据是否有助于证明它被提供去证明的主张，以及该主张对于诉讼是否具有重
要意义——是否具有实质性。这里，异议在于，职工补偿金的支付对该诉讼并无重要意义——没有
"实质性"（material）。相关性将在第三章予以考察。

证人：补偿金就是工资的 2/3，无论是不是一处受伤，无论是否为狱犯致伤，还是——

迪莫先生：没有进一步的问题了。

再直接询问[31]

卡明斯先生问：根据你的知识，对于普通监区的人来说，以本案这种方式收回餐盘是否适当？换句话说，要把牢门打开一点儿吗？

答：是的。

问：没有什么地方做得不妥吗？

答：没有。我在普通监区的一个关押区和狱犯们接触了一年半时间。他们是程序化的狱犯。

问：请告诉我们"程序化"的含义。

答：程序化就是他们去工作，他们通常对监狱职员没有攻击性，很少受到惩戒。我不知道该怎么说明这种情况。他们是那种安稳的狱犯。他们循规蹈矩地过着监狱生活，就像是编好的程序那样。

问：那么，对于那些关押在监狱另一部门，即高戒关押区的犯人来说，情况就有很大的区别了，是这样吗？

答：噢，是的。高戒关押区的情况大不相同。

问：假定同样事件发生在鹈鹕湾监狱的高戒关押区，而不是该事件的实际发生地，如果管教员命令打开牢门取回盘子，是否适当？

答：不。

问：为什么不是呢？

答：因为那里的犯人对其他狱犯或监狱职员具有攻击性，他们是被严加管制的。

问：如果他们关在别的地方，关在高戒关押区，你们基本上是随时准备应付麻烦，这样说没错吧？

答：是的。

问：而对普通监区的犯人，你们期望麻烦少一些或者期望完全没有麻烦？

答：是的，期望如此，是的。

---

　　[31] 直接询问方在交叉询问完成后可以进行再直接询问。再直接询问的范围限于交叉询问提及的事项；这意味着，直接询问方通常不被允许去证明之前忽视掉的案件要件，虽然法官执行这项限制时的严格程度差别很大。《联邦证据规则》对这个具体主题没有规定。参见《联邦证据规则》611。本案中，可以看到双方翻来覆去地再直接询问和再交叉询问，以期自己掌握最后发言权。这是令陪审团相当厌烦的，而且通常得不出什么新的信息。该庭审笔录中大部分重复的证言在编辑时已作了删节。

问：如果狱犯詹森是在高戒关押区，你们会怎么做呢？怎么操作才是适当的？

答：我会穿上一种防护背心。在去牢房之前，我会找一位同伴陪着我去。在收早餐盘子的时候，我会打开送餐口。只允许一名狱犯、走到送餐口，他应该把盘子从那里递过来，而我将避免站在送餐口正前面。

问：你们格外谨慎？

答：噢，是的。

问：尽管问这个问题令你难堪，但我还是要问一下，你是否从工伤中获得了金钱上的好处？

答：天呀，没有。我只得到了一块伤疤来证明它，我可不喜欢身上的伤疤。

问：那个伤疤是由这次事故造成的？

答：是的，是由这次事故造成的。

卡明斯先生：谢谢你，先生。没有进一步的问题了。

迪莫先生：没有问题。

法官：谢谢。你可以退席了。你可以离开法庭，如果你愿意也可以留在这里。下一位证人。

卡明斯先生：范·贝尔格狱警。

法官：请到前面来，举起你的右手。

理查德·范·贝尔格　　　　　　　　　　　　　　　　　　　*23*

人民方传唤的证人，在进行了"说实话、除实话外别无其他"的宣誓之后，受到了询问并作证如下：

法院书记员：请在证人席就座，报上你的姓名、办公地址，以便记录。

证人：理查德·范·贝尔格。

直接询问

卡明斯先生问：你的办公地点是在鹈鹕湾州监狱吗？

答：对。

问：警官，你的职业？

答：管教员。

问：你被聘任多久了？

答：六年。

问：你现在的岗位？

答：请原谅，什么？

问：你在监狱被分派的工作岗位是什么？

答：鹈鹕湾监狱的 B 监区。

问：你在鹈鹕湾监狱有多长时间了？

答：两年半。

问：自该监狱启用起，你就在那儿？

答：是的。

问：先生，1992 年 3 月 28 日，你是作为一名管教员在那儿工作吗？

答：是的，我在。

问：那天你曾与一位名叫詹森的狱犯发生过接触吗？

答：是的，是这样。

问：是坐在律师席末端的那个人吗？

答：是的，是他。

问：你能回忆起他当时在什么位置吗？

答：他在自己的牢房里。

问：牢房里有同室犯人吗？

答：是的，有一个。

问：你能回忆起他的名字吗？

答：一下子记不起来了。

问：你在 B 监区的例行公务是什么？

答：我是一名巡逻和押送狱警。

问：你可以告诉我们，巡逻和押送狱警的工作是什么吗？

答：巡视监房、押送犯人、防范违反 115 规则的行为、协助内务警官等，有广泛的职责。

问：那天，你参与了一项尝试从狱犯詹森那儿收回一些盘子的行动，是吗？

答：是的，我参与了。

24　　问：那天你是被指派过去的，还是你的日常职责？是有人让你去协助吗？

答：我是接到命令去 A 区协助收盘子。

问：你以前与狱犯詹森有过接触吗？

答：没有。

问：你根本不认识狱犯詹森？

答：不认识。

问：当你赶到那儿的时候，狱犯詹森的牢房前有哪些狱警？

答：我只能回忆起两位，狱警史密斯和沃克。

问：除了这两位，是否还有你无法回忆起名字的其他狱警？

答：是的。

问：你听见史密斯狱警对狱犯詹森下了任何命令或指令吗？

答：是的。

问：他命令詹森做什么？

答：他几次命令詹森从送餐口交回餐盘。

问：我猜想两次或者两次以上？

答：是的。

问：从你所在的位置，你能观察到狱犯詹森当时正在做什么吗？

答：我所看到的情况是，他当时正站在门后，手里拿着餐盘。

问：牢门当时是关着的？

答：是的。

问：我现在问的是整个牢门，而不是送餐口的小门。

答：对。送餐口的小门是开着的。

问：你能回忆起送餐口的小门是开着的？

答：是的。

问：你能看清楚牢门后面人的情况吗？

答：是，看得相当清楚。

问：我认为，你能告诉我们，他们当时是否挥舞着手臂，或者他们看起来是否摆出要打架的架势？

答：是的。

问：你看见狱犯詹森当时摆出打架的架势了吗？

答：没有，他只是捏着那两个盘子站在那里，要求和领班警官谈话。

问：你听到任何人回答说，要尽快让领班警官来见他之类的话吗？

答：他被告知，他可以见领班警官，但必须先交回餐盘。

问：他说了些什么吗？

答：没有。

问：他按照命令拿起一个盘子，并将其从送餐口递出来了吗？

答：没有。

问：他只是站在那儿，手里拿着两个盘子？

答：是的。

25　　　问：随后某时刻，史密斯狱警命令打开牢门？

　　　　答：是的。

　　　　问：牢门被打开了？

　　　　答：是的，被打开了。

　　　　问：牢门被打开得足够宽，狱犯詹森能冲出来，如果他想要那么做的话，对吗？

　　　　答：是的。

　　　　问：你当时预料到这种情况会发生吗？

　　　　答：没有。

　　　　问：狱犯詹森——当时他有没有任何言辞冒犯或言语上的威胁？

　　　　答：没有。

　　　　问：那他有肢体上的攻击性吗？他表现出任何肢体上的危险性吗？

　　　　答：没有，当时没有。

　　　　问：当牢门被打开时，发生了什么？

　　　　答：狱犯詹森摔掉了盘子冲过来，你知道，一个箭步冲向门口。

　　　　问：他手上有什么举动吗？

　　　　答：我看到一只手伸出了牢门。我认为，那是他的右手而且攥着拳头。沃克狱警当时正站在门口，所以当门打开时，他试图攻击沃克狱警。

　　　　问：让我把这一点弄清楚。狱犯詹森向前作出了冲向管教员沃克的动作？

　　　　答：是的。

　　　　问：还是沃克狱警作出了冲向詹森的动作？

　　　　答：不，是狱犯詹森冲击沃克狱警。

　　　　问：所以，他向前移动了？

　　　　答：是的。

　　　　问：他看起来试图攻击或击打沃克？

　　　　答：是的。

　　　　迪莫先生：等一下。那是诱导性问题。

　　　　法官：驳回异议。你可以回答。

　　　　卡明斯先生问：你是否看到狱犯詹森殴打了沃克狱警？

　　　　迪莫先生：以相同理由反对。

　　　　法官：驳回异议。

　　　　证人：没有实际上的肢体接触。

　　　　卡明斯先生问：是否由于你所处的位置导致你无法看清楚？

答：是的。

问：当狱犯詹森向沃克狱警冲过来时，你看到沃克狱警在做什么？

答：他们俩拧在了一起。沃克狱警按住了狱犯詹森，他们在往牢房里面移动。

问：这样做恰当吗？在那种情况下，管教员应该那样做吗？

答：是的。

问：在某个时间点上，你和其他狱警一起上去按住詹森了？　　　　*26*

答：是的。

问：是在牢房里面，还是牢房外面？

答：在牢房外面。

问：为什么你那时卷入其中？

答：我在协助沃克狱警，而且我相信，休斯顿当时试图把狱犯詹森的手背到后面去，以便我们能给他戴上手铐。

问：那时候，狱犯詹森是不是摆出要打架的架势？

答：是的。

问：他反抗了吗？

答：是的，绝对反抗了。

问：他当时服从给他下的命令吗？

答：没有。

问：你受伤了吗，先生？

答：是的，我受伤了。

问：何处受伤？

答：我的左手大拇指。

问：怎么伤的？

答：我不清楚是怎么弄伤的。

问：你是在冲突过程中受的伤，我认为。

答：是的。

问：你寻求医治了吗？

答：是的，我去治病了。

问：你去了哪儿？

答：萨特海岸医院。

问：他们告诉你，你的手出了什么事？

答：是的，我的手骨折了。

问：你手上有一根骨头骨折了？

答：是的，先生。[32]

卡明斯先生：谢谢你，先生。没有进一步的问题了。

交叉询问

迪莫先生问：在法庭内外我一直在看着你。那双牛仔靴不是本州产的，对吧？

答：不是。

问：先生，你就该事件写了一份报告，不是吗？

答：是的，我写了。

问：你现在带着那份报告的副本，不是吗？

答：不，我没带着。

27　　**迪莫先生**：我可否走近证人，法官阁下？

法官：可以。

迪莫先生问：请原谅我在你的报告上画了线，不过，我是想让你看看自己的报告，看看是否能刷新你的记忆。[33]

卡明斯先生：我不认为，刚才有什么问题表明该证人有回忆不起来的迹象。

迪莫先生：如果他能重新看一遍，我会很感激。

证人：是的，我已经做了。

迪莫先生问：在该份报告中，没有任何地方提到送餐口被打开，对吧？

答：没有提到。

问：送餐口距离地面有多高？

答：我猜，大概有 3.5 英尺。

问：那么送餐口是足够高了，例如，你想要移送狱犯，或者给狱犯戴上手铐，你就可以让他背靠到送餐口，像这样铐上他的双手；是这样吗？

答：是的。

问：所以，一般来说，送餐口对于绝大多数人来说，比腰部的高度低

　　[32]　范·贝尔格狱警对他大拇指的骨折有亲身知识吗？他的确知道医院对他的伤说了什么，但是，如果他作证说"他们告诉我，我骨折了"，那么，根据《联邦证据规则》801，这是传闻证据；而且，除非符合《联邦证据规则》803 或 804 所规定的某种例外，这类传闻证据是不可采的。

　　[33]　这份报告被采纳为证据了吗？它应该被采纳为证据吗？通常情况下，律师可以法官允许的任何方式，为证人"刷新记忆"。如果一方以某份文件刷新证人的记忆，对方当事人就可以审阅该文件，就此询问证人，并在许多情况下将其采纳为证据。参见《联邦证据规则》612。

一点？

答：是，大概很接近腰的高度。

问：那么，谁打开的送餐口？

答：我认为，是史密斯狱警。

问：他是怎么打开送餐口的？

答：拿出钥匙，打开送餐口上的挂锁，然后打开送餐口。

问：你的报告中也没有提到，要求被告把盘子从送餐口递出来的事情，是吧？

答：没有。

问：那么，实际情况是，被告人当时就站在门前端着那些——他手里拿着两个盘子站在那儿；是这样吗？

答：是的。

问：如果送餐口打开了，盘子刚好能从那里递过来，是这样吗？

答：一次递一个，是的。

问：当然，如果门——在送餐口的小门被打开的情况下，如果某人把盘子递出给他们，人们可以十分容易地接住盘子，是这样吗？

答：如果盘子被递送出来给你。我不会建议任何人把手贴在那儿的。

问：是不是可以这么说，大多数狱犯都怕沃克狱警？㉞

答：什么？

问：狱犯们都怕沃克狱警？

答：没有这回事。

问：而且你不知道你如何受的伤，你是怎么受伤的？

答：不知道。

迪莫先生：没有进一步的问题了。

卡明斯先生：沃克狱警。

布莱登·沃克

布莱登·沃克被人民方传唤为证人，在宣誓"说实话、除实话外别无其他"之后，受到询问并作证如下：

法院书记员：请在证人席入座，报上你的姓名和办公地址，以便记录。请拼一下你的名字，可以吗？

㉞　证人何以知道这件事？对这个问题可以提出什么异议？为什么没人提出这样的异议？

证人：布莱登·沃克，我在鹈鹕湾州监狱工作。

直接询问

卡明斯先生问：谢谢你，先生，你的职业？

答：管教员。

问：你做管教员有多长时间了？

答：刚过五年。

问：你现在什么监狱供职？

答：鹈鹕湾州监狱。

问：你在鹈鹕湾州监狱作管教员有多长时间了？

答：从1991年4月开始。

问：你是从哪儿调来的，什么单位？

答：福尔松（Folsom）。

问：先生，1992年3月28日，你作为管教员在值勤，是吗？

答：是的，我正在值勤。

问：那天你有机会和狱犯詹森发生接触，是吗？

答：是的。

问：你今天还能认出狱犯詹森吗？

答：是的，我认识，先生。他就坐在那边，挨着迪莫先生。

问：1992年3月28日以前，事件发生那天之前，你认识狱犯詹森吗？

答：不，我不认识。

问：你记得，你与狱犯詹森在鹈鹕湾监狱之前有过接触吗？

答：不记得了。

问：在福尔松呢？

答：我也不记得。

问：在鹈鹕湾监狱，你的任务是什么，或者说3月28日你的任务是什么？

答：B监房7区，楼层狱警。

问：楼层狱警做什么？

答：我们只是巡视牢房。我们得押送狱犯去收发室领包裹，或制作带照片的身份证，我们负责押解他们到那里。基本上就是一个押监工作。

29　问：供餐是你的日常职责吗？

答：噢，是的，先生。

问：要花费很多时间吗？

答：嗯，向牢房供餐大约要花费一个小时，供应两座楼的餐食。如果我们在餐厅供餐，大约要花费一个半小时到两个小时。

问：你说，你通常在7区工作，那就是狱犯詹森所在的狱区吗？

答：不，先生。

问：我认为，他是在8区，是这样吗？

答：对。

问：那天，你被派往狱犯詹森的牢房，是吗？

答：是的。

问：谁派你去的？

答：领班警官库尔兹。

问：他告诉了你什么？

答：我被告知，他扣着两个餐盘拒不交回。我们要去收回那些盘子。

问：你当时知道被期望该怎么做那件事吗？

答：嗯，理想的办法是打开送餐口，让他把盘子递出给我们。

问：3月28日，当你到达现场的时候，在詹森的牢房外面还有哪些狱警？

答：我的搭档，他来了。两名庭院狱警，史密斯和休斯顿，他们来了。还有范·贝尔格狱警。所以，我们一共有五个人。

问：你知道不知道，那些狱警当中哪些人通常是在8区工作，还是说，他们全是被临时派来的？

答：他们全是从庭院派来的。

问：当你们到达后，你是否下达了让狱犯詹森交回盘子的命令？

答：没有。

问：你听到别人这么做了吗？

答：是的。

问：谁？

答：史密斯狱警。

问：大约多少次？

答：三或四次。他一直坐在床上。然后，当史密斯叫他交回盘子时，他站了起来，站在牢门口。所以，三四次。

问：狱犯詹森当时对狱警们说了什么吗？

答：没有，他只是表示自己有一份602表，那是一份由狱犯填写要交给领班警官的申诉表，然后他就要求见领班警官。

问：你听到，有人对他见领班警官的要求作出回应了吗？

答：是的，史密斯狱警作了回应。

问：他说了什么？

答：他说，会允许他去见领班警官，但我们需要马上收回餐盘。

问：为什么你们不能停止整个行动，立即找领班警官来见他呢？

答：因为领班警官们正在庭院里执行其他公务，如果我们每遇到一点儿小麻烦就破例去呼叫领班警官过来，那么，当庭院里只有一位领班警官的情况下，我们就不能正常工作了。

问：有人命令打开牢门，是吗？

答：是的。

问：谁？

答：史密斯。

问：当史密斯狱警命令打开牢门的时候，通常情况下，不管是谁在门后面，你都是第一个与狱犯接触的人，是吗？

答：对的，由于牢门打开时我的站位，所以牢门打开后，我是第一个。

问：你当时预料会发生什么事？

答：我只想着拿到盘子，然后就离开。

问：我猜想，那天你还有自己的工作要做？

答：是的。

问：你那天佩带了一支警棍？

答：每天都佩带警棍，是的。

问：在此事件中，你拔出警棍了吗？

答：不，我没有。

问：你以任何方式使用警棍了吗？

答：没有，先生。

问：狱警，如果你预料到会有麻烦，通常情况下当你预感到麻烦时，会拔出自己的警棍吗？

答：如果我预感到这一点的话，是的。

问：那天在该事件中，你预感到会有麻烦吗？

答：不，我没有根据——他并没有表现出任何紧张、愤怒或不正常的迹象。他仅仅是站在那里，拿着两个装满剩饭的盘子而已。

问：那是我接下来想要细究的事情。他对任何人有言语辱骂行为吗？

答：丝毫没有。

问：他以任何肢体语言向你表明，他想进行攻击或施暴吗？

答：没有。

问：牢门打开了。接着发生了什么？

答：他摔掉了餐盘。

问：然后，发生了什么？

答：他冲向我。

问：他与你发生接触了吗？

答：是的，他做了。

问：他身体的什么部位，冲击了你身体的什么部位？

答：他试图用他的拳头打击我的面部，但是，你知道，当他朝我冲过来要抓住我肢体的时候，我借着力量把他的身体转了过去，把他推回牢房里面，并试图将他按倒在地板上。 *31*

问：你受的训练就是这样吗？

答：是的。

问：这是你们控制局势所要求的方式吗？

答：是的。

问：当你的手触到他后，他退缩了吗？还是发生了什么？

答：他并没有就此打住。我们差不多像是在跳舞。我们像是在站着摔跤，我试图把他按在地板上，在这个过程中，他还在一直试图打我。你知道，他想从侧面打我。

问：你们两人基本上是面对面地扭在一起？

答：对。彼此扭在一起。

问：你在尽力擒住他，而他却在试图打你？

答：是的。

问：他在打你吗？

答：是的，他一边打还一边踢我。

问：还踢你？你后面有其他狱警吗？

答：是的，有狱警。

问：他们几个人也进了牢房？

答：是的。

问：那时，你实际上已经将其制伏在地板上了？

答：是的，我制伏了他。

问：有人给他戴上了手铐？

答：在离开牢房之前，他已被戴上了手铐。

问：一只手还是两只手，你记得吗？

答：他双手被铐。

问：在他离开牢房之前？

答：嗯。

问：戴手铐的时候，他反抗了吗？

答：他一直在反抗——从向我猛冲过来的时候开始。你知道，当我们被攻击时，我们有责任尽可能地告诉他，我们要他做什么。当时，我们全都在告诉他趴下，而他的同室犯人可能是个麻烦。所以，其中一个狱警进来告诉他退后，而他在整个过程中都在反抗。

问：当你说"他"的时候，是指詹森。

答：狱犯詹森，是的。

问：你受伤严重到必须接受外部医疗的程度吗？

答：不，我没有。

卡明斯先生：谢谢你，先生。没有进一步的问题了。

交叉询问

迪莫先生问：先生，关于这件事你准备了一份报告，是吧？

答：是的，我做了，先生。

32　问：你带在身边吗？

答：是的。

问：那你今天有机会重温这份报告，是吗？

答：是的。

问：这份报告从未提到过送餐口，是吧？

答：嗯，或是牢门。

问：我正在谈你的报告，你签字的那份报告。

答：是的，先生，我现在正在翻阅。没有，里面没提到。

问：当牢门打开的时候，你说被告人摔掉了盘子；是这样吗？

答：是的，是的，他摔了。

问：当盘子摔掉的时候，他离牢门大约有多远？

答：一英寸。嗯，盘子——我们不得不计算一下加上盘子的距离，大约是12英寸，再加两三英寸。他在距牢门一英尺半以内。

问：牢门一打开，盘子就摔了；是这样吗？

答：没错。

问：你能回忆起，他低着头吗？

答：不，我回忆不起来了。

问：你能回忆起，他用头做什么动作吗？

答：不，我记不得了。

问：你说，詹森的手挥舞着；是这样吗？

答：对不起，什么？

问：詹森的手挥舞着吗？

答：他在冲向我的时候，同时挥舞着手臂，是的。

问：他冲出牢门有多远？

答：即将——他没有完全冲出牢门。

问：而且，你告诉我，詹森在牢房里已经完全上铐了；对吗？

答：是的，他已被上铐。

问：在牢房里的某个时刻，你令他——我不是完全确定你在说什么。但你就是向陪审团简单地做了演示。⑤ 你令他手靠背转过身去，将他推向某处？

答：将他推向桌角。

问：他是在那一刻被上铐的吗？

答：是的。

问：然后，他被带出了牢房？

答：是的。

问：你是从福尔松监狱转职到这里来的，对吗？

答：对。

问：不论你自认为你的行为如何，据说犯人们普遍害怕你，是不是可以这么说？

卡明斯先生：反对。缺乏基础。

法官：驳回异议。你可以回答。

证人：我不知道有犯人怕我这件事。他们为什么要害怕我？⑥

迪莫先生问：嗯，我再说得清楚一些。你是否意识到这样一个事实，即犯人们怕你，是因为你对他们所使用的武力比他们想的要多一些？

答：不，我认为，那样说不准确。

迪莫先生：我没有进一步的问题了。

⑤　假设你是一名上诉法院法官，在上诉审时读到这份记录。你会明白该律师在谈论什么吗？通过阅读该庭审记录，你真会注意到证人何时向陪审团做了某种演示吗？审阅者必须牢记，法庭记录员是用耳朵而非眼睛在记录。无论证人做了何种演示，律师都应该做充分详细的描述。

⑥　证人何以知道这个问题的答案？为什么会允许这样提问？

再直接询问

卡明斯先生问：先生，你为什么从福尔松监狱调到鹈鹕湾监狱？

答：因为地域的原因。

问：我猜想，那是你自己的选择？

答：噢，是的。

问：你知道什么是 602 表吗？

答：噢，是的。

问：它是什么？

答：是一种狱犯申诉表。

问：是狱犯通常可以写下对某位狱警不满的上诉表？

答：没错。

问：当狱犯用 602 表来表示对某位狱警的不满时，那就成了一份归档文件，对吗？

答：对，是这样。

问：你被告知有这么一份文件吗？

答：我想是的。如果它是有关我的，是的。

问：按照 CDC 的政策，你需要对此作出回应吗？

答：在 5 天之内。

问：作出实际的书面回应？

答：是的。

问：在你的记忆中，在这一年 3 月 28 日之前，在 CDC 系统内以及 CDC 系统之外，你与詹森在任何地方有过任何其他的接触吗？

答：在他拒绝交回餐盘那天之前，我认为，我从未见过那个人。

卡明斯先生：谢谢你，没有进一步的问题了。

再交叉询问

迪莫先生问：情绪很激动吧，不是吗？

卡明斯先生：反对！相关性。

法官：驳回异议。你可以回答。

34　**迪莫先生问：**当你卷入一场冲突时，情绪会很激动，不是吗？

答：嗯，受害者情绪会激动吗？

问：嗯，当你赢了，情绪是激动的，不是吗？

卡明斯先生：反对，因为提问具有辩论性。

法官：支持异议，确实具有辩论性。⑤

迪莫先生问：当你与狱犯陷入这样一场争执时，你体内的肾上腺素会直线上升，这么说合适吗？

答：噢，绝对是这样。那是事后才意识到这一点的，到那儿去并陷入肢体冲突并非我愿，不仅因为那并不是我的任务，而且我还可能会受伤。所以，当我被派去做某些可能会付出体力才能把东西收回或制伏狱犯的事情时，我就有可能会受伤，那并不是我愿意去做的事情。

问：在你去——在你那天到达牢门的时候，你并没有穿着现在这身衣服，对吗？

答：噢，不是。

问：你穿了某种叫做行动服的衣服。让我重新措辞一下。某种装备型的工作服；是这样吗？

答：我有可能穿了。如果我们不是处于特别防范状态，我就无权穿行动服。

问：当时你是否穿了行动服或装备型工作服，你能回忆起吗？

答：我没穿装备型工作服，没有。

问：那天你穿的具体是什么？

答：我回忆不起来了。

问：但不论你穿了什么，当你到达那里的时候，衣服上有你的名签或某种标有姓名的东西。

答：没错。

问：你的衬衣上？

答：那是制服的一部分，是的。

问：那些牢门上面都开了小孔，是不是？

答：是的。

问：当你站在紧贴牢门的地方，就可以往外看，可以看到外面发生的情况？

答：我确信，我并不非得站在离牢门很近的地方。如果我正带着名签站在活动室，你大概就可以看见我。

迪莫先生：没有进一步的问题了。

（法庭在下午 4：05 休庭，1992 年 7 月 28 日星期二上午 9：00 继续开庭。）

---

⑤　虽然所有的司法辖区都认可对具有辩论性提问的异议，但该概念的界限难以界定。如果提问在本质上就是在向陪审团争辩，而无法引出任何新信息，这种提问就具有辩论性。就像诱导性提问，它只是在陈述某种结论，并请证人予以同意。此处，被告律师的提问看起来实际上是在和证人争辩，招致证人与其争辩的反应，因而辩论性也可予以反对。

35

加利福尼亚州克里森特市（Crescent City，CA）
1992 年 7 月 28 日周二，上午 9 时

（以下程序有录像。）

法官： 我们现在法官办公室，陪审团不在场。双方律师均在场。被告人不在场。你放弃他在场的权利吗？

迪莫先生： 是的。

法官： 卡明斯先生，你已表明，你希望作出陪审团不在场动议。

卡明斯先生： 是的，法官大人。是有关提供来自狱犯格兰特（Grant）的证言，我相信其已被移送，今天可以作证。狱犯格兰特大约在一周前，也许最早十天前，被认定处于 1368* 状态。

事实上，我认为，这是双方约定的 1368。他在自己的案件中没有能力受审，不能协助律师，也不明白审理程序的性质。我觉得不可思议的是，这样一个人却被认定为处于 1368 状态，并被作出了待移送至阿塔斯卡德罗作为某种证人的命令。如果我没记错的话，这就是那位想要谈论一次追溯到 1991 年 12 月事例的人。换句话说，他并未请求在本案中作为一名感知证人。他称自己过去曾与一两名狱警打过交道，但与本次特定的事故并无瓜葛。

迪莫先生： 我希望对格兰特进行直接询问——我同意，他是合格的 1368，而我所不确定的是，当他作为证人时我能得到这些。他会漫无边际地瞎扯。格兰特将被通过直接询问提供证言，即他与沃克狱警过去有过瓜葛，沃克狱警有一种名声，他知道沃克是谁，以及在狱犯中具有过度使用武力和暴力的名声。

法官： 有能力受审与有能力宣誓并非一回事。⑱ 如果非要说的话，我会

---

　　* "1368" 指《加利福尼亚州刑法典》（California Penal Code）第 1368 节 "受审能力"（compentency to stand trial）。——译者注

　　⑱ 根据《联邦证据规则》，规则 601 规定了作证能力的一般规则，即 "所有人都有能力作为证人"。根据这一标准，有任何理由排除格兰特的证言吗？法官与律师之间继而发生的讨论表明了哪些风险？

　　在普通法上，存在很多关于作证资格的规定，会将某些人完全阻挡在法庭之外。在普通法中，配偶没有资格出庭提供支持或反对彼此的证言；利害关系人，包括当事人，不得作证；无神论者、儿童和精神病患者无作证资格。《联邦证据规则》在很大程度上把作证资格问题从作为证据可采性的一个单独限制给消除了。《联邦证据规则》601 规定，每个人都有能力作为证人，"法律另有规定"的除外。除在跨州案件（diversity cases）中，《联邦证据规则》602 就是唯一一留下的一般作证能力的规则了，将证言限于那些拥有亲身知识的人。《联邦证据规则》605 和 606 规定了很窄的例外，出于显见理由，法官和陪审团成员没有资格就当前审理的案件作证。当我们考察第七章时，对专家证人证言也有一些限制，类似于《联邦证据规则》602 的一手知识 "作证能力" 限制。在跨州案件中，《联邦证据规则》601 规定，由州法来决定作证能力。除此之外，"无能力"（incompetency）一词在今天仅指，证据因某条具体的排除规定而被排除。这些问题将在第三章中作更充分的讨论。

说受审包含了更多的考虑因素。如果在询问程序中格兰特看起来是理性的，他就能够作证。当然，如果他说出来的证言是胡扯，我们可以终止该证言。

迪莫先生：我坦率地承认可能会有胡言乱语，因为他注意力的持续很短暂，我不认为他能够，你知道的，此刻他无论如何也没有撒谎能力。

卡明斯先生：你怎么知道？

迪莫先生：你不知道。换句话说，我的意思是，他的注意力持续非常短暂，你无法告诉他"我要你就一个如此这般的事情作证"，而他就乖乖地站到证人席就此作证。我承认那是他的问题，并且我认为，地方检察官可以就此向陪审团作出评论。我认为这是陪审团应该注意的问题。

卡明斯先生：这是你能告诉他应该说什么的问题吗？

迪莫先生：我向你保证，你不能告诉他应该说什么。

法官：你今天早上和他交谈了吗？

迪莫先生：我今天早上没有和他交谈过。我想将证人名单大幅压缩。我还没有看。我想做的是，传唤两名狱犯，其中一人目睹了沃克与格兰特的事故——在厨房外面，将要作证的内容基本上是，事情的经过和其基于什么，他们怕沃克什么，为什么害怕，以及在这个事件中在牢房里大致发生了什么。我可能不再传唤其他警官，因为经过与他们简短交流后，很明显他们都（互相）支持，你懂的——这是狱警与狱犯或者狱犯与狱警之间的对决，所以他们不会削弱他们的狱警同事。……

（以下程序在法庭上公开进行。）

加利福尼亚州克里森特市（Crescent City, California）

1992 年 7 月 28 日，星期二，上午 9 点。

法官：请记录，所有陪审团成员、律师和被告均已到庭。你可以传唤下一位证人了。

卡明斯先生：史密斯狱警。

斯蒂芬·史密斯

人民方传唤的证人，在宣誓"说实话，除实话外别无其他"之后，受到询问并作证如下：

法院书记员：请入座，报上你的姓名和办公地址，以便记录。

证人：斯蒂芬·史密斯，鹈鹕州监狱。

直接询问

卡明斯先生问：先生，你的职业？

答：管教员。

问：你做管教员多久了？

答：八年。

问：你曾经在什么机构工作过？

答：我曾在爱达荷州监狱工作过两年，在圣昆廷工作了三年半，我目前已在鹈鹕湾监狱工作了大约三年。

问：你是这儿最早的工作人员之一吗？

答：是的，先生。

问：先生，1992 年 3 月 28 日，你受雇作为管教员在此供职吗？

答：是的，先生，我是。

问：那天你曾经与狱犯詹森和詹森同室犯人巴特勒发生过任何接触吗？

答：是的，发生过。

问：在什么情况下？

答：我是——我是一名庭院狱警。那天我正在一个院子里值勤，我的领班要求我去 A 区收一个盘子。显然，詹森先生那天上午不想把他的餐盘交出他的牢房。所以，我到那儿去收回盘子。

问：当你第一眼看见他时，狱犯詹森在牢房的什么位置？

答：他正坐在床铺的里角，下铺。

问：盘子在什么位置，如果你记得？

答：盘子大约放在距牢门不足一英尺靠墙的地板上。

问：那里有几个盘子？

答：有两个盘子，上面堆着残羹剩菜。

问：那些盘子可以通过送餐口的小门递出来吗，如果他们想那样做的话？

答：如果你拿着盘子，倒掉上面的残羹剩菜和所有弃物，每次可以递出一个盘子。

问：如果你想把它从送餐口的小门递出来，你必须把它竖着递出来，还是可以横着递出来？

答：竖着。

问：所以，我猜想，送餐口的小门有点窄。

答：我真无法告诉你它的确切宽度。我从未测量过。但把盘子从那儿递出来有点难。

问：你当时命令狱犯詹森要具体做些什么？

答：嗯，如果是这样的话，我起初并未命令他。我所做的只是走上前去。他正坐在铺位的里角，手里拿着一张纸。我一到他的牢房前就说："你好吗？怎么样？今天过得不顺吗？"詹森先生当时站起来。他跟我说："我需要见领班警官。"我说："嗯，你之后可以去见领班警官。现在我是来收那些盘子。领班警官要求我来把盘子取走。"

当时，他朝牢门走过来。他手里拿着一张表格，一张 602 表，一张绿纸。往牢门走过来的时候，他没再说话。他弯下腰，拾起盘子，两个装满垃圾的盘子。他两手拿着它们，像这个动作。他把手里的那张纸压在盘子下面。他走到门边。作为一个常规程序——我走到门那儿并且把送餐口打开——

问：送餐口的小门？

答：是的，先生。我把它打开了。在这个宽度、高度上，它有点儿窄。我一走到牢门那儿，就把它打开了。而他站在牢门前面。他没有再说话，一句话也没说。

问：你问了他别的事情吗？

答：是的，那时我问他："我可以拿走盘子吗？"他站在那儿看着我。

问：没有回应？

答：没有回应。就是站在那儿看着我。我又问了他第二次："你是否会把盘子交给我？"

问：我让你看看这张标着"第 1 号辨认展示件"的照片。你可以告诉我，那是一张什么照片吗？

答：那是送餐口的小门。

问：你是说送餐口的小门，就像狱犯詹森牢房门上的送餐口小门一样？

答：是的。

问：你怎么知道？

答：它看起来正像 B 监区所有牢房的送餐口小门。

问：它是一张关于送餐口小门的确实、准确的照片吗？

答：是的。

卡明斯先生： 我申请采纳检控方的第 1 号展示件。㊴

迪莫先生： 法官阁下，这张照片也许会产生误导，因为它并没有显示牢门的宽度。它也没有在任何尺度上显示送餐口小门的宽度。

卡明斯先生： 已经有送餐口小门是 12 英寸宽的证言了，对盘子来说是足够宽的。陪审团了解这一点，所以，照片没有误导性。

法官： 在这种情况下，我将采纳第 1 号展示件，因为已经有关于其宽度的证言。第 1 号展示件被采纳为证据。

卡明斯先生问： 狱警先生，如果送餐口的小门是打开的，而你站在小门前面，你能把你的盘子从这里递出去吗，哪怕是勉强塞出去？

39　　**答：** 一次能塞一个盘子。显然，他手里拿着一堆东西，那就不能把它们从送餐口都递出来。

问： 在你看来，狱犯詹森当时正准备对管教员采取袭击行动吗？

答： 嗯，我们刚到的时候不是，先生。他是一副十分温顺的态度。他没有攻击性。那就是为什么我们照章办事。没有粗野的行为，所以你也要按规范的——通常的做法处理："嗯，我要见谁或谁，你没有做这做那。"他一点儿也没有进行争辩。当我向他解释："你给了我盘子，就可以见到领班警官，我会告诉领班警官到这里来与你谈话。"他站起来，以非常温顺的样子走过来。

问： 如果一名狱犯表现出行为粗暴，语言粗野，乱踢、乱叫，唾沫四溅，那么，打开牢门还会是适当的方式吗？

答： 不会是。

问： 有什么区别呢？

㊴　证据法有一条普适的原则，即证据提出者只有在证明该证据是其提出者所主张的东西之后，证据才具有可采性。有形证据，包括实物、照片以及文件必须被证明具有"真实性"（authentic）。参见《联邦证据规则》901 和 902。鉴真通常要求证人证言，该证人能够提供满足这些规则之必要事实。对照片而言，证人必须熟悉照片上的主体；对该主体进行辨认；并陈述该照片是否为该主体的适当、准确的描绘。鉴真的过程被称作为采纳证据"奠定基础"（laying the foundation）。你将在第三章进一步学习这个过程。关于基础铺垫这个主题的一部非常有用的著作，参见爱德华·伊姆维克里德《证据性基础》[Edward Imwinkelreid, Evidentiary Foundations (3d ed. 1995)]。一般而言，要使展示件被采纳为证据，律师必须首先请法院记录员在该展示件做上辨认标记。通过给展示件做辨认标记，在使用该展示件时，律师就可以通过提及编号或者编码，确保记录准确地反映正在讨论的是哪个展示件。然后，律师还必须提供必要的铺垫性证言，以表明该展示件正是律师所主张的东西。然后，证据提出者将该展示件提出作为证据（"法官阁下，我们现在提出第 1 号展示件作为证据"），并确保审判法院对其可采性作出裁定。鉴真的要求是证据可采性的一个必要条件，对法官来说，要根据《联邦证据规则》901（a）来判定可采性的条件是否已得到满足。各种展示件的鉴真将在第四章讨论。

答：嗯，如果狱犯的行为粗暴，我们就不能打开牢门，让他来攻击我们。所以，你知道，如果他已经在牢房里面了，我们将不会只为了拿盘子而打开牢门，以免惹来一堆麻烦。

问：你知道狱犯詹森为什么要见领班警官吗？

答：我后来才知道。我那时不知道。但是，显然他有一份602表，涉及一些财物的事情。他想要立即得到他的财物，或者某些东西。我不在该监区工作，所以我不了解那件事情。我是后来才知道的。

迪莫先生：反对。这是传闻证据，且不是最佳证据。如果想要关于该份602表的证言，应该走单独的证据采纳程序。

卡明斯先生：法官阁下，有关602表的事情在本案中并不是重点。我们只想证明詹森当时有一个投诉。

法官：有关该投诉的一般性证言是允许的。有关该内容的细节不重要。

卡明斯先生问：请告诉我们，一般来说什么是602表。

答：602表是犯人使用的上诉程序，如果存在某些偏差，任何种类的偏差。如果他们没有得到足够的牙膏，想再要一些牙膏，就可以使用它。如果有狱警粗暴无礼，他们就可以用一份602表，那是一种上诉程序。关于上诉程序，我们有四个不同的级别。直接找你，那是一个非正式的级别，对此，你直接回应犯人。如果他对我提出投诉，我就要提交或给他一份书面答复，那就是一个经过狱政部门的程序。我们还有一个将其记入监狱日志的制度。最后，一旦——如果他不满意我的回应，他就要把602表送到上面去。有四个不同的级别。

问：所以，有一个完整的上诉程序，来让犯人提出他们的不满？

答：是的，先生。

问：目的是减少管教职员之间的摩擦吗？

答：很对。602程序的主要目的，是在较低的层面上缓和问题。

卡明斯先生：谢谢你，没有进一步的问题了。

交叉询问

迪莫先生问：先生，是不是可以这么说，有一些犯人对狱警使用武力和暴力至少有一定的恐惧，无论狱警的做法是否合法？

答：我确信，他们可能有那种感觉。

问：是不是也可以这么说，即如果一名狱警和其他狱警一起进入一间牢房，这间牢房的狱犯就有理由感到，某种武力和暴力就要落到他的头上了？

卡明斯先生：反对。缺乏基础。[40]

法官：驳回异议。你可以回答。

证人：我并不这么认为。我们是在普通监区。

迪莫先生问：你是在哪儿？

答：在普通监区，我们经常走进牢房和狱犯在一起。

问：但是，基本上狱警越多——就我们所谈的这种情况而言，牢门外的狱警越多，狱犯就越有可能相信，由于他的拒绝，当牢门被打开时可能发生什么事情？

答：无论我们何时遇到问题，我们总会派许多狱警过去。那并不是非同寻常的事情。而且我们并不打开牢门，冲进去做任何事情。我在 B 监区工作的三年里，我从未把任何人从牢房中押走进行监视，除了这一次。

迪莫先生：请等一下。没有进一步的问题了。

卡明斯先生：没有问题。

法官：谢谢你，你可以退席了。你可以离开法庭，如果愿意的话也可以留在这里。下一位证人。

卡明斯先生：是。鲁丝·泰勒。

法官：请到前面来，举起你的右手。

鲁丝·泰勒

被人民方传唤为证人，在宣誓"说实话，除实话外别无其他"之后，受到询问并作证如下：

法院书记员：请在证人席入座，报上你的姓名和办公地址，以便记录。请为我们拼一下你的名字。

证人：好的。我的名字是鲁丝·泰勒。我的办公地址在鹈鹕湾州监狱。

法官：你可以提问了。

直接询问

卡明斯先生问：谢谢你，法官阁下。泰勒小姐，你的职业？

答：我是一名管教案件档案专员。

问：告诉我们，你的工作大致都包括哪些内容。

[40]　根据《联邦证据规则》701，外行证人的意见必须合理地基于亲身知识。史密斯狱警知道对狱犯来说，哪些假设是合理的吗？事实证明，他确实是基于自己的亲身知识在发表意见，辩方律师很可能为问这个问题而感到后悔。

答：分析监禁情况，计算释放日期，以及有关狱犯的例行专案工作。

问：在他们被关押后，追踪他们应服刑和已服刑的天数，何时释放？

答：是的，先生。

问：你今天带 C 案卷了吗？我一会儿想问你什么是 C 案卷。不过，你有狱犯詹森的 C 案卷吗？

答：是的，我带了。

问：什么是 C 案卷？

答：那是他被管教部门关押期间，存储在中央数字计算机中有关他的全部档案。由管教部门保管，包含除医疗病历外关于监禁情况的全部原始记录，包括判决信息、诉讼分类、惩戒听证、投诉以及假释。有关犯人进出监狱系统的信息，都被摘要记载于案卷封皮上面贴的一张单子上。

问：我想问——你知道什么是 969B 程序包吗？

答：是的，我知道。它是经过认证的 C 案卷文件复本汇编，包括判决摘要和按时间顺序编写的案件历史。

问：这已被标记为检控方为辨认所做的第 2 号展示件，如果你可以的话，请你作出辨认。

（第 2 号展示件被标记。）

答：可以。

问：它展示了摘要，法院摘要？

答：是的。

问：什么是摘要？

答：那是法院向管教部门提供的对一个人收监的文件。

问：那些是真实拷贝，经认证其中每一件都是原始 C 案卷的真实拷贝？

答：是的。

问：就你所知，它们每一件与 C 案卷中的都相同？

答：是的。

卡明斯先生：谢谢你，女士。我们申请将检控方第 2 号展示件采纳为证据。

迪莫先生：反对，先生。考虑到封页说明函第一页上，不，应该是第二、三页上按照时间顺序所列的清单，事实上有大量不可采的传闻证据。

法官：为什么那几页不应该包括在内，理由是什么？

卡明斯先生：在任何情况下，都会约定他是一名州犯人。

迪莫先生：我们可以约定他是犯人。

法官：双方现在约定，在发生于 1992 年 3 月 28 日所诉的不法行为中，被告是一名州犯人。[41]

42

卡明斯先生：在有了这个约定的前提下，我将撤回第 2 号展示件。

法官：女士们，先生们，由于这个约定，对该事实无须再作任何进一步的证明，你们应该将被告人于 1992 年 3 月 28 日系州监狱的一名犯人这个事实，视为结论性的真实。

卡明斯先生：谢谢你，没有进一步的问题了。

迪莫先生：我没有问题。

法官：你可以退席了。你可以离开法庭，如果你愿意的话也可以留下。

卡明斯先生：没有另外的证人了，法官阁下。

法官：人民方静候处理吗？

卡明斯先生：我方静候处理。[42]

（以下程序是陪审团不在场的情况下进行的。）

法官：请在庭审笔录中记明陪审团已经离开法庭。我们留下了律师们和被告。

迪莫先生：现在我们提出撤销指控动议。[43] 起诉书所指控的是殴打休斯顿和殴打范·贝尔格。殴打，被定义为一个人对另一个人非法使用武力。范·贝尔格不知道他是如何受的伤。休斯顿也不知道他是如何受的伤。没有证言——没有任何人提供这些伤是由被告人造成的证言。没有关于他的脚与其接触的证言。没有关于他穿着什么鞋的证言。没有他的拳头与其发生接触的证言。而

---

[41]　当事人可以约定，就其案件的裁断而言，某些事实不存在争议。由于这样一份协议使得当事人无须提交证据来证明已约定的事实，从而解除了当事方的证明负担。而且，对方也许乐于就那些无可争议的事实，或者如要求作证据性证明可能对其案件更有害处或者令其感到窘迫的事实作出约定。因为约定解除了必要的证明，其执行可以从效率角度证明是正当的。

最近的权威观点是，在对案件中其他事实或争点的证明缺乏价值时，法院可以要求刑事案件中的检控方接受被告方提出的约定，因而免除对约定事实的证明。但是，当这种做法会有损于一方当事人陈述立场或与其他争点相关时，就不得要求该方当事人放弃证明。约定对于适用《联邦证据规则》403 的影响将在第三章中进行讨论。

[42]　现在，检控方已经完成其主诉。法院将接受辩方律师提出的各种动议；之后辩方将提供其选择的案情。在阅读本庭审笔录其余部分之前，请思考，检控方在多大程度上证明了其案件，如果你是辩方律师，你可能做什么？

[43]　在检控方主诉结束时，辩方可基于支持定罪的证据不足，而提出无罪判决动议。在加利福尼亚州有一套完善的标准，检验是否有"实质性证据"（substantial evidence）——证据是否合理、可信且真有证明力——使一个理性的事实裁判者能够认定，构成被告犯罪的每一个要素都达到"确信无疑"。人民诉詹森 [People v. Johnson, 26 Cal. 3d 557, 606 P. 2d 738（1980）]。上诉法院裁决所称证据不足的上诉，也适用同样的检验。

且，坦白地说，我甚至从未觉得有足够的证据能让这个案件通过预审阶段。法官斯科特却这样做了。

但是，我们现在是在法庭审理阶段，陪审团面前并没有充分的证据，能令其确信无疑地得出这些狱警遭到殴打的结论。他们可能是在通过牢门时自己擦伤的。任何事情都可能发生。然而，绝对没有任何证据证明：被告人袭击了范·贝尔格狱警或休斯顿狱警。我认为，你们现在不能把这个案子提交给陪审团。你们不过是在要求他们完全推测发生了什么事情。

卡明斯先生： 有时候，我怀疑迪莫先生和我是否真的坐在同一个审判庭里 *43* 听取了相同的证据。当他说没有任何直接殴打的证据时，我觉得有点儿令人惊异。说没有证据，而直接的殴打又真实发生了。没有人真能证明正是这次来自右面的击打造成了我的左手受伤，等等。然而，来自多位证人的证言都非常清楚地证明了，冲突在持续、反抗在持续。他当时在踢打。多位狱警证明了他当时在踢打。多位狱警证明了他一而再、再而三地挥舞着紧攥的拳头。

狱警们对事件的观察有些许不同。一位狱警看到他弯着腰、低着头。而另两位狱警未看到这种情况。那只不过是不同狱警对同一事件的感知有轻微的差别，这说明他们对事实作了诚实的叙述。

你们面前有一个体格健壮、身材结实的人，他出于某种原因铤而走险，并且干了他想要说服别人同意自己想法的事情。摔掉那些盘子，并迅速向前冲。多位狱警证明，他是以一种攻击性的方式向前冲。辩方律师想让你相信，沃克走进牢房，是要制服他。可那并不是证言的内容。

沃克的证言是："他压着我把我往后推；我压着他把他往后推。"他甚至说，当时的扭斗有点"像是在跳舞"，而且，基本上全程就是在命令他"趴下"，然而这些命令都没有得到遵从。我的意思是：我们应该给一名监狱的管教员设定什么样的标准？我们难道要说："除非你能够说明，这个人踢中了我的左手拇指，因此我才知道自己受伤了？"这些狱警知道，他们是因狱犯詹森制造的无端事故而受了伤，事态加剧造成了两人受伤的恶性伤害事件，两人不得不在医院接受了治疗。我们要求法院裁决。

法官： 否决辩方的动议。我同意本案有些薄弱，特别是两项指控的罪状。若是提出一项侵害沃克狱警的控告，那差不多就是一件板上钉钉的事。④ 有许多证据向陪审团表明该罪行。但是，该罪行却没有被指控。关于那两项被提起的指控，我认为陪审团可以作出推论，因为有充足的证言证明，被告人在这场

---

④ 那么，为什么被告人没有被指控侵害沃克？

冲突中有踢打行为。他们可以作出推论，即被告人的踢打或殴打造成了狱警休斯顿和范·贝尔格的受伤。因此，该动议被否决了。⑮

卡明斯先生：法官阁下，检控方现在提出一项动议，主要是修改检察官控状，并使审判过程中得出的事实与其相符。那就是罪状三，违反《刑法典》第4501.5款，受害者是沃克。

迪莫先生：法官阁下，我认为，该动议提得未免有点儿晚了。第一，地方检察官已宣布静候处理。在此之前，他或许还可以提出这样的动议。第二，真正的问题在于，确实没有任何证言支持在995中的主张。卡明斯先生参与了本案预审，是他提出的指控动议。我认为，在这一点上，如果他能及时觉察到那种情形——我的意思是，他当时就可以直接提出指控——他此时想要再增加或补充罪状三，显然不应获准。

法官：嗯，没有表明为什么不可能以及时的方式这样做。显然，这些事实最初至少在预审时已被披露。所以，否决该补充罪状的动议。在我们听取被告方主辩之前，还有任何进一步的问题吗？

卡明斯先生：没有了，法官阁下。

迪莫先生：没有，法官阁下。

法官：请陪审团回到法庭。

（陪审团被唤回法庭。）

法官：陪审团已经回到法庭。双方律师和被告均已在场。现在是辩护方主辩，迪莫先生。

迪莫先生：谢谢你。陪审团的女士们、先生们，我现在有机会向你们作被告方的主辩，我期望你们对辩方的案情主张有一个基本的了解。此外，你们永远不知道证人有时将要证明什么，所以，我可能是在始料不及的错愕之中结束我的主辩。然而，我相信所发生的事情基本上是这样的。⑯那就是，被告得到一个包裹送达的通知——他通过某种方式知道了那个包裹是从家里送来的。这时，已经耽搁了很长一段时间。

发生的第一件事情，显然是另一名叫詹森的被带去拿包裹。为了拿到包

---

⑮　请考虑控方和辩方各自关于殴打罪定罪之必要证据的说法。在这个问题上，难道没有判例法可以对法院起到帮助作用吗？为什么双方律师都没有援引任何判例法理论？在你阅读法官给陪审团的最后指示时，请注意法庭在回答"什么是殴打"的问题上，是否给陪审团提供了任何有用的指示。

⑯　对一位律师来说，表达一个关于实际上发生了什么的信念，实际上是不适当的。为什么会这样表达？不管怎样，为什么检控方对此没有提出异议？

裹，普通监区的犯人必须去一个他们称为收发室（R and R）的地方，我理解那是类似发放和接收或者接收和发放的地方。我不知道是否有某种与管理办公室类似的服务功能。

所以，大约在3月12日，显然另一名叫詹森的狱犯赶到收发室去取这个包裹。第二天——你们大多数人可能记得这一天，那是3月13日——那天停电，有些事情被耽搁了。那天负责收发室日常工作和押送犯人去取包裹的警官，不得不继续休假。所以，他在领班警官办公室或该关押区办公室留了一张便条，被告看见这张手写的便条，夹在一叠小报事贴中间，要他到收发室去取包裹。

这位狱警继续休假，这件事一再拖延。被告说："我想见到一名中尉或领班警官，拿我的包裹。"但事情如石沉大海。最后，到了28日，他扣留了盘子，我同意那是一件违规的事情。他被要求交回盘子。 45

现在，你们所听到被告摔掉盘子之前的几乎全部事情经过与被告的回忆基本是一致的。只有一两处情况不同。第一处，被告不记得还盘子的通道当时被打开了，他一直站在那里等待还盘子的通道被打开，以便能够把盘子从那个通道递送出去。

第二处不同是，他记得沃克狱警在牢门打开之前就戴上了防护手套。第三件事情，正如你们已经听到的，被告自从大约1983年或1985年起就被监禁了，而且他认识沃克狱警，知道谁是沃克狱警。沃克狱警是从福尔松监狱调到这里的，他知道沃克的名声。至少在犯人当中，沃克狱警有打犯人的名声。

所以，当他手里拿着盘子站在那里的时候，沃克站在另一边。他显然能够认出他，因为胸牌上写着沃克的名字。这时候门打开了，不是递送餐盘的小门被打开了，而是牢门被打开了，他觉得自己就要挨打了。于是他摔掉盘子，低下头，如狱警们所证明的，将手举过自己的头顶，格斗便发生了。

被告证明，就他所知，他从未与休斯顿狱警或者范·贝尔格狱警发生过肢体接触。这真是奇怪了，因为到目前为止他们都一口咬定发生了接触——而我的怀疑将会再回到这个问题上来，但这两位狱警当中没有一个人作证说，在使用武力方面他们和被告有过武力性接触。直到他把詹森押出牢房，唯一和他发生接触的狱警，就是这位沃克狱警。在那个位置还发生了一些其他状况。但是，没有任何一位狱警在当时遭到殴打。

有另外两名犯人，可能是另外三名犯人作为证人。其中一位是被告的同室犯人，他对该事件的回忆与狱警们的回忆有些不同，我相信他的证词基本是：沃克狱警推门进来，结果以被告挨打告终。另一位是住在隔壁牢房的犯人，他看到有一群人，他相信有八到十位狱警站在门外，并且看到了事件发生的经过。这两名狱犯中有一位，我不能确定是哪一位，在这次事件发生前的某个时候和被告在一起，他们看到过沃克在厨房区外面对另一名犯人有某种——我们称之为——攻击性的行为。沃克，或者沃克和范·贝尔格接着还说过一些话。所以，当牢门被打开的时候，他觉得接下来会发生的事情基本也是这样的。现在，我想让你们理解这样一点，即：在本案中，我并不打算证明沃克是个坏人或者是名好斗的狱警。关键之处在于，如果你有理由相信自己马上将要受到人身威胁，你就可以做一些自我保护的事情。而且我确实相信，该证言将表明，被告在牢门被打开的时候有这个思想准备。他摔掉了——我的意思是他当时完全没有攻击性地站在那里，摔掉了盘子，不错，低着头，并做了我们所有的人在那种情况下都会做的最正常的动作，将手举过头顶，以避免挨打。[47]

乔治·巴特勒

作为被告方的证人，在宣誓"说实话、除实话外别无其他"之后，受到询问并作证如下：

法院书记员：请报上你的姓名，以便记录。

证人：乔治·巴特勒。

直接询问

迪莫先生问：巴特勒先生，你是一名被关押在鹈鹕湾监狱的狱犯，对吗？

答：是的。

问：陪审团不管怎样总会知道的。你被关押在那儿是因为你被判犯了某种重罪？[48]

答：是的。

问：你被判哪种重罪？

答：抢劫罪。

问：还有呢？

答：殴打罪。

47　你认为这份开审陈述的风格和效果如何？辩方律师把他的委托人人性化了吗？他是否有效地概括了被告正当防卫的辩护事实，并将其表述为一个令人难忘的故事或主题？

48　《联邦证据规则》609 规定，重罪定罪可用来弹劾作证证人的诚实品格，狱犯巴特勒所犯的抢劫罪和殴打罪，与其站在证人席上的诚实性有任何关系吗？辩方可以提出一项审前证据动议，寻求法院裁定，根据规则 609，巴特勒的定罪不得被采纳作为证据。若动议不成功，辩方常常就会在直接询问中带出这个问题——像这里所做的那样——以使其对陪审团的影响最小化。

问：你认识詹森先生？

答：是的。

问：你怎么认识他的？

答：他是我的同室狱友。

问：他和你做同室狱友有多长时间了？

答：三个月。

问：他是你在何处的同室狱友？

答：鹈鹕湾8区B监区。

问：你记得大约3月底的某个时间发生的一次与他有关的事件吗？

答：是的。

问：那次事件发生在什么地方？

答：在他的牢房。

问：你能回忆起——我猜想，那天你们是在牢房里进餐；是这样吗？　　47

答：是的。

问：为什么你们在牢房进餐？

答：因为那时正值全监关闭。

问：全监关闭？

答：是的。

问：那是什么意思？

答：监狱的主要公共设施出了毛病，为监狱安全考虑，他们感到最好让我们在牢房里用餐。

问：那天早晨你们是在自己牢房里领取的早餐？

答：是的。

问：有人来收盘子吗？

答：有。

问：你知道盘子是否交还给狱警了吗？

答：是的。

问：交了，还是没交？

答：没有交。

问：你知道盘子为什么没有交还给狱警？

答：知道。

问：你能告诉法院——或者告诉陪审团为什么吗？

答：因为我们有个问题。我们与监狱方有个问题，我的同室狱友感到需要和领班警官谈一谈，你知道，是需要和更高级别的管教人员，而不是楼层狱警谈。

问：要谈什么问题？

答：我的同室狱友有一个包裹在收发室。他们不断地捉弄他，不把他的包裹交给他。大家知道的一个办法，是去找指挥系统中级别更高的人。他不断请求楼层狱警，他想和领班警官谈一谈，而那位楼层狱警不断地回绝他，无视他的请求。

问：这个关于包裹的问题耽搁了多长时间？

答：大约 30 天了。

问：你可以告诉陪审团什么是收发室吗？

答：它是收取和散发的意思。在那个地方，如果你要收取邮包就要到那儿去，他们需要对所有的东西进行检查。当轮到你的物品检查完毕后，他们会把你叫到那儿去取。

问：你知道——你知道詹森是怎么得知有包裹寄给他的吗？

答：我知道。月初，他们告诉他，他有一个包裹到了，但他们想要把它退回去，因为在盒子上面缺一个适当的表格。所以，他们告诉他把地址和所有的东西送回收发室。但是，大约 20 天后，他填写了 602 表——那是一种在你投诉管教当局时递交的文件。他们回复了他，并说他们想跟他谈谈那件事。他们还告诉他，他的包裹可能一直要在那儿放上二三十天，而他们又说愿意把它交给他。他不断地向管教员们求问包裹的事情。而他们对他的请求根本无动于衷。

48

问：多长时间，你们才被允许取一次包裹？

卡明斯先生：反对！相关性。

法官：驳回异议。⁴⁹

证人：我认为每隔 90 天……90 天到 6 个月。

迪莫先生问：90 天到 6 个月？

答：是的。

⁴⁹ 这个问题的确很可能是在寻求不相关的信息。为何此时法官允许这样提问？证据规则仅为实际发生的审判提供了最基本的架构。自然的日常推理过程构成了事件的核心。陪审团自然会倾向于想要了解事件的全部细节，即便那些细节对于诉讼案件来说在形式上并不相关或者实质上不重要。在这种情况下，证据规则几乎总会被忽略掉，当事人会被允许提供事件的信息，而不顾其在技术层面上的可采性。事实上，有一条未正式定义的证据规则，被称为"发生的事情规则"（res gestae rule），以照应这种活动。常言道，陪审团可以了解事件"发生的事情"，即其所有细节，无论可采与否。

问：什么种类的包裹？这些包裹是从你们家里寄来的吗？

答：是的。

答：他们寄给你们什么东西？

答：鞋子，汗衫和带热量的东西，你知道，吃的零食。

问：什么零食？

答：食品、小饼干和薯片、酷乐爱*。

问：事发那天，是不是先有一名狱警来要求你们交回盘子？

答：是的。

问：接着发生了什么事情？

答：他让我们把盘子交出来。我的狱友说："我想和一位领班警官谈谈。"而这位狱警说："把盘子交给我们。"这位狱警没有说"好，我将去叫一位领班警官来。"他只是说："给我盘子。"我的同室狱友接着说："我想要和一位领班警官谈。"而这位狱警只是关上了牢门，并说："你们这帮家伙会为此事后悔的"，说完扭头就走了。

问：后来，一些其他狱警就出现了，是吗？

答：是这样。大约 20 分钟后，我们正坐在牢房里，大约有——大约有 7 至 12 名狱警，你知道，戴着防护手套，全副武装地走进我们的监区。

他们走到牢门前说："把盘子交给我们。"我的同室狱友，他走到门前。谁知他们破门而入，冲了进来。

问：你能回忆起当狱警们来到牢门前时，你记得，他们说了几遍让你们交出盘子？

答：那句话他们只说了一次。

问：你能回忆起在那时，牢房小口是开着还是关着的吗？

答：牢房的门？

问：那个小门。

答：关着。

问：你曾经看到牢房的小口打开过吗？

答：没有。

问：牢门打开的时候发生了什么？

答：他们冲进来，一下子冲了进来。

问：你的同室犯人做了什么？

49

---

* Kool-Aid，一种汽水饮料。——译者注

答：他好像是——他们摁住了他——好像有三四个人摁住了他。他们冲向我并把我推到墙边，要我趴下。

问：后来，你看到发生了什么事情吗？

答：没有。后来，他们把我揪起来。他们说："把他带出去。"他们就给他上了手铐。抓着他的胳膊并说——我想他脸的一侧划了一道口子或什么的。他们说："这一定是件凶器。"而 MTA* 当时听了大笑。在走廊里，他们把他往墙上撞，一名狱警也摁着我的头贴着墙面，然后押着我们到了外面——管教办公室的门口。

问：好的。在你的记忆中，詹森是在哪儿被铐上的？

答：在牢房里。

问：现在你还认识沃克狱警吗？

答：对不起，什么？

问：你认识谁是沃克狱警吗？

答：不。我觉得他是一个高个儿的狱警。我并不真——

问：当你看到——你曾经——请原谅。当你看到那么多狱警站在门外，你认为会发生什么事情？

卡明斯先生：反对！相关性。这是在要求推测。

法官：驳回异议。你可以回答。

证人：我知道他们将会冲进来。

迪莫先生问：那是你当时脑子里想的吗？

答：是的。

迪莫先生：没有别的问题了。

交叉询问

卡明斯先生问：巴特勒先生，你和你的同室狱友詹森先生一起住了多长时间？

答：我想大约三个月了。

问：你和他是要好的朋友？

答：嗯，他人不错。

问：你知道詹森先生有没有加入任何帮会？

答：不知道。

迪莫先生：反对。那是不相关的。极易引起偏见。

---

* 指值班警官。——译者注

法官：证人的回答"不知道"，记入笔录，但这是不相关的。

卡明斯先生问：先生，你参加了任何帮会吗？

答：是的。

问：那是什么帮会？

答：我是瘸子会（Crips*）的。

迪莫先生：嗯，同上，最近有一些判例法刚生效。律师知道在这些情况下那是根本不可采的。

卡明斯先生：要么我在这里问，要么我在法官席问。

法官：请到法官席来。

（以下程序是回避陪审团进行的。）

50

卡明斯先生：我相信斯托克斯中尉是了解并可以证明该事实的人。我今天发现，詹森先生也是瘸子会的。把同一帮会的成员关在同一牢房里，也是很常见的做法。

法官：他怎么会承认，他是瘸子会成员？

卡明斯先生：用情报搜集技巧吧，我不知道具体是怎样做到的。

迪莫先生：在证据开示时，你并未向我提供有关这个情况的任何信息。

卡明斯先生：我今天刚发现的。

法官：传闻证据之外的情报搜集技巧吗？⑩

卡明斯先生：嗯，如果他问了那个人，而其又承认了，那当然就是自认。此处适用传闻证据的例外规定。⑪

迪莫先生：但问题是，他们是不是帮会成员，在审讯程序进行到这个阶段真是完全不相关的，而且极易引起偏见。

卡明斯先生：不，不会。并非不相关，因为我相信，帮会问题专家斯托克斯中尉会证明，帮会成员会采取一种对帮会其他成员有利的方式作证，而那也是陪审团的常识。⑫ 甚至很可能无须这方面的专家来证明这一点。

迪莫先生：首先，如果你要问我的委托人，他是否是一个帮会成员，他

---

* 发源于洛杉矶地区的街头帮会，后来发展成美国最大规模的街头帮会之一。——译者注

⑩ 斯托克斯中尉对狱犯詹森是帮会成员的说法似乎没有一手知识，而这正是《联邦证据规则》602所要求的。因此，如果他陈述说是其"情报来源"（intelligence sources）告诉他，詹森是瘸子会成员，他就是在叙述传闻证据。

⑪ 正如你们在第八章将会看到的，根据《联邦证据规则》801，由当事人所作的陈述，在本案中由詹森所作的陈述，是豁免于反对传闻证据一般性禁止规定的。因此，如果是詹森自己告诉斯托克斯，他是瘸子会成员，斯托克斯可以就此陈述向陪审团作证。

⑫ 你认为，帮会成员的行为是公众所周知的吗？本案陪审团为什么就会清楚地知道这一点？

会断然否认。其次，假如你是帮会成员，你凭借什么和其他帮会成员进行联系——就我所知，他们有充分的秘密信息来确立——就我所知，在普通监区不可能处理这些问题。他将会在高戒关押区。

卡明斯先生：纯粹是推测。

迪莫先生：这不是推测，因为那是他们的政策，我的意思是——

卡明斯先生：这位先生已经承认了他的帮会身份，而且他就在普通监区。

法官：如果你能证明，该被告人已向某位狱警承认了他与这位证人是同一帮会的成员，你或许可以说得通这不是传闻证据。但是，当然，如果以通常的方式，即只能通过秘密"线人"来确定他们是帮会成员，他们可以据此作出行政性决定，但那在法庭上是不可采的。所以，你需要证明，该被告是一名帮会成员，而且被告是——

迪莫先生：如果他打算跟着别人——而不是自认，如果是基于某种保密安排——

51　　**卡明斯先生：**那已经有规定了。我清楚有关规则。

法官：那好。

（以下审理程序是在公开法庭上进行的。）

卡明斯先生问：巴特勒先生，你已经说明，你是或者至少曾经是瘸子会的成员；是这样吗？

答：是的。

问：什么是瘸子会？

答：洛杉矶的一个组织。

问：什么类型的组织？

答：一种邻里保护组织。

问：用"帮会"一词形容该组织恰当吗？

答：不，不恰当。

问：先生，顺便问一句，当你在牢房里的时候，能回忆起这件事发生在什么日子吗？

答：星期六。发生在星期六。

问：你知道是几月份吗？

答：是 5 月或者 3 月 28 日。

问：日期是 3 月 28 日。在 3 月 28 日，当这次事件开始发生时，你是在自己的牢房里吗？

答：我正坐在桌旁。

问：一位狱警早些时候证明，你正坐在——我认为你作证称，自己正坐在桌旁或者坐在铺位上。这听起来可能吗？

答：是的，因为我就是坐在桌旁。

问：所以，狱警所讲的情况应该是真实的；是这样吗？[53]

答：是的。

问：其中一位狱警还证明，当事件实际开始时，你站起来了一会儿；是这样吗？

答：是的。

问：所以，狱警讲的这一点，应该是真实的；是这样吗？

答：是的。

问：其中一位狱警证明，当时给你下了一个命令，同样你说你曾经趴着；狱警还作证说你完全服从了命令。你是那样做的吗，完全按照命令去做的吗？

答：是的。

问：准确吗？

答：是的。

问：所以，狱警讲的这一点是真实的；是这样吗？

答：是的。

问：狱警作证称，他们是按照培训程序所要求的那样去做的，要警戒你们或给你们戴上手铐，但事件过后就给你们松开了。所发生的情况是这样吧？

答：对我是这样。

问：对你，是这样做的？

答：是的。

问：所以，狱警在接受询问时所述是真实的；是这样吗？

答：是的。

问：你指出，你听到你的同室犯人要求拿到一个包裹；是这样吗？

答：他要求和领班警官谈话。

问：谈包裹的事情。

答：是的。

问：在那一刻，狱警们的反应是什么？

答：他们来到牢门前，都戴着防护手套，全副武装。他们走上前，他们说

52

⑬ 你认为，这一问题和接下去的提问中反映了什么样的交叉询问技巧？请注意，检察官对诱导性问题的运用，如何使得他能对信息进行逐一讲述——"旋律"——以他想要陪审团听到的方式。

"把盘子交回给我们"。我的狱友说："我可以和领班警官谈谈吗？""把盘子交给我们。"我和我的同室狱友向牢门靠过去。没人说话，接着他们就冲进来了，大声喊着"趴下，趴下"。

问：你的同室犯人，在接下来的某个时刻摔掉了手中的盘子吗？

答：他没时间去动那些盘子。当他俯身的时候，牢门就打开了。

问：他手里拿着盘子？

答：我不这么认为。

问：是不是因为你在牢房的后面，无法看到全部情况？

答：不，我站着——我站起来是因为，当他们说"把盘子交给我们"的时候，我正想把盘子交给他们。他是在前面。所以，当他俯身而我站着的时候，牢门突然打开了。

问：你看到，你的同室犯人抬起了一只或两只手臂吗？

答：没有。

问：你看到，你的同室犯人攥着拳头吗？

答：没有。

问：你看到，你的同室犯人向任何一位狱警挥舞拳头吗？

答：没有。

问：先生，从你在牢房里的位置，你的室友，你的朋友詹森先生，他有没有稍微低头的动作？

答：当然，他弯腰去捡盘子。

问：你是说他手里没有拿着盘子；是这样吗？

答：是的。

问：在他面前的地板上有多少个盘子？

答：两个。

问：有一些残羹剩菜堆在盘子上面？

答：不，是食物。

问：食物或者别的什么。上面是否有一堆什么东西？

答：没有。

问：你们能同时把两个餐盘从牢门的送餐口小门递送出来吗？

答：是的。

问：你不用非得一次递一个盘子出来？

答：不用。

问：如果有一些残羹剩菜堆在上面，一些废纸、包装纸、一些准备倒掉的残羹剩菜等什么东西在盘子上面，你也能把它们从送餐口的小门送出来？

　　答：是的，只是你得把它们压一压罢了。　　　　　　　*53*

　　卡明斯先生：谢谢你，先生。没有进一步的问题了。

　　迪莫先生：没有问题。

　　法官：你可以退席了。谢谢你。下一位证人。

　　迪莫先生：传狱犯格林。

迈克尔·格林

　　被传作被告方的证人，在宣誓"说实话、除实话外别无其他"之后，受到询问并作证如下：

　　法院书记员：请你报上你的姓名，以便记录。

　　证人：迈克尔·格林。

直接询问

　　迪莫先生问：格林先生，你是鹈鹕湾监狱的一名狱犯，是吗？

　　答：是的。

　　问：你因被判了重罪而被关押在那里。反正陪审团总会知道此事的，所以说吧，告诉他们是什么重罪。

　　答：谋杀。

　　问：还有别的吗？

　　答：（听不见回答。）

　　问：你认识詹森，詹森先生吗？

　　答：认识。

　　问：你大约是在 1992 年 3 月底的时候认识他的吗？

　　答：是的。

　　问：你能回忆起所发生的一次事件——哦，请原谅，你所住的地方和他住的地方有什么关系？

　　答：我住在他隔壁的牢房。

　　问：你能回忆起，某个时间发生的一次与从他那里收餐盘有关的事件吗？

　　答：是的。

　　问：你能回忆起那是哪一天吗？

　　答：不能。

　　问：你能回忆起是一天中的什么时间吗？

　　答：上午。

问：你能回忆起是一周中的哪一天吗？

答：不能。

问：首先，你能回忆起，你见到有多少狱警在他的牢房外面吗？

答：大约八位。

问：你看见那些狱警在干什么？

卡明斯先生：反对。时间模糊。⑤

54　　**迪莫先生问**：嗯，当你第一眼见到那些狱警的时候，你看见狱警们在干什么？

答：来到詹森的牢房。

问：在牢房的前面，是吗？

答：他们正在和他对话。

问：你能回忆起他们说了些什么吗？

答：不能，我在通风口。

问：你在干什么？

答：我正在通风口聆听。

问：你听到什么了？

答：他们让他把盘子交出来。

问：他说了些什么？

答：是这样，他正想把盘子交给他们。

问：那么，狱警们在门外如何——你看到他们穿着什么服装？

答：他们穿着——

问：他们穿着什么？

答：警服。

问：在他说了关于交出盘子的一些话之后，发生了什么？

答：其中一位警察，他们根本不理，他们还是进去把盘子拿走了。

问：你认识沃克狱警吗？

答：是的，我认识他。

问：你那天看见他在那儿吗？

答：看见他了。

问：你认识他有多长时间了？

⑤　偶尔，律师提出异议是为了理清对方的提问，此处看起来就是这样。这或许可以解释，为什么看起来没人在意法官是否对该异议作出裁定。

答：从他在那儿起，我就认识他了。

问：在哪儿，鹈鹕湾监狱？

答：是的，自从我到了鹈鹕湾监狱。

问：他在福尔松监狱时，你认识他吗？

答：我没到过福尔松监狱。

问：你害怕沃克狱警吗？

答：是的。

问：为什么害怕？

答：你知道，因为我听说他是一个坏警察。⑤

问：当你说他是个"坏警察"时，你是指什么？

答：他不好，你知道，他整治犯人，他不按鹈鹕湾监狱的政策办事。

问：我不太理解你的意思。

答：他不按鹈鹕湾监狱的政策办事。

问：好的。那么你知道——你曾经看到他整过什么人吗？

55

答：没有。

问：那么范·贝尔格狱警呢，你认识他吗？

答：是。

问：你了解他在犯人中的名声吗？

答：名声也不好。

问：你能回忆起狱警们和狱犯詹森所讨论的，涉及一位领班警官的事情吗？

答：是的，他要求——他为了要取回自己的包裹一直想见领班警官，在那次事件发生之前的几天，事件发生当天以及事件发生之前。但他们一直不予理会。

问：那么，从狱警们进入牢房后，到他们又从牢房出来这段时间里，你看到了什么事情吗？

答：是这样，他们给他戴上了手铐，揪住他的头发。他们让他弯着腰，揪着他的——他们拧着他的手。

---

⑤　在询问狱犯格林时，辩方律师是在寻求证明，沃克狱警事实上是一个粗暴对待狱犯的"坏警察"吗？或者，还是在试图证明沃克有个坏名声，无论是真是假，这个坏名声导致狱犯们都害怕他？第一个目的应该是证明沃克具有攻击性，而且行为与其品性相一致，根据《联邦证据规则》404，这是不可采的。第二个目的，应该是用声誉证据来证明其对詹森心态的影响。在你稍后阅读庭审笔录中狱犯詹森和斯托克斯中尉的证言时，请记住这种区别。

问：他们押着他经过了你的牢房，还是朝别的方向押走了？

答：直接往前走的。

迪莫先生：没有进一步的问题了。

交叉询问

卡明斯先生问：格林先生，你说，你先前被判了谋杀罪；是真的吗？

答：是。

问：一级，还是二级？

答：一级。

问：你说，那是你唯一的一次重罪判决？

答：是这样，唯一的一次。

问：你接受了审判，还是进行了辩诉交易？

答：我接受了审判。

问：你同时接受的审判，还包括对你指控的第二项罪状。你用致命武器，即用枪械攻击他人。

答：那全在谋杀的范围内。

问：但你也因此被判了罪，不是吗？

答：是这样，都包括在内。

问：你还被判了一级入室盗窃罪。

答：是。

问：这些都是同一次吗？

答：都在一次犯罪过程中。

问：你服的是什么刑，先生？

答：无期徒刑。

问：你说——让我们回溯一下——你说你听到狱警要求收回盘子；是这样吗？

答：是的。

问：他们要了多少次？

答：我记不得了。

56　　问：一次，两次，三次还是四次？

答：我不记得了。

问：是不是不止一次？

答：我不记得了。

问：你在那个通风口竖着耳朵听的时候，在你所处的位置上，听得有多清楚？

答：我跳到水槽上面，把我的耳朵贴在通风口上，我可以听到隔壁牢房里发生的事情。

问：非常清楚？

答：非常清楚。

问：你刚才说，你个人有某种顾虑，对沃克狱警的某种恐惧；那是真的吗？

答：没错。

问：你基于什么这样说？

答：我基于什么？

问：对。你刚才作证说，你从未看到过他整任何人；是这样吗？

答：对。

问：所以，这件事——

答：但我经历过警察做那种事情。

问：但是，你说的不是沃克狱警，对吧？

答：不是。

问：你说的是其他警察。

答：是的。

问：你基本上是对许多警察都感到害怕或有顾虑，好多警察整人，是吗？

答：谁都怕？

问：我认为，你对这个问题的回答，可能取决于你如何回答那个问题？是这样吗？

答：我的意思是，如果我听到你用"违反职业道德的警察"这样的词，情况当然就是这样。

问：当你被大多数警察包围时，出于对你自己安全的顾虑，你个人会感到恐惧吗？

答：不，并不涉及大多数警察。

问：一定百分比的警察在周围时？

答：就是我所知道的那几个不按规矩办事的警察。

问：你曾被范·贝尔格狱警整过吗？

答：没有，但是，我看到过他有这种行为。

问：你知道范·贝尔格的长相吗？

答：不，我知道他的长相。

问：高还是矮？

答：矮。

卡明斯先生：谢谢你，先生。没有进一步的问题了。

再直接询问

迪莫先生问：但是在黑人狱犯当中，沃克狱警打你们是家常便饭，这事众所周知；是这样吗？

57   答：嗯。

迪莫先生：没有进一步的问题了。

卡明斯先生：没有问题。

法官：对该证人还有无提问事项？

迪莫先生：没有了，先生。

法官：你可以下去了。下一位证人。

迪莫先生：传被告人。

詹姆斯·詹森

被传作被告方的证人，宣誓"说实话、除实话外别无其他"之后，受到询问并作证如下：

法院书记员：请报上你的全名，以便记录。

证人：詹姆斯·詹森。

直接询问

迪莫先生问：詹森先生，你是鹈鹕湾州监狱的一名狱犯？

答：是的，先生。

问：你在那里，显然是因为你被判了一项重罪，是吗？

答：强奸罪。

问：多少次？

答：一次。

卡明斯先生：再说一遍。

被告人：一次。

迪莫先生问：让我们回到2月或者3月的某个时间，是不是有过一次关于某个包裹的问题？

答：是的，有过。

问：你可以向陪审团解释一下是什么问题吗？

答：好的，2月份，我家人给我寄了一个包裹。这个包裹——我一直不知道那个部门有我的包裹，直到后来那个部门给我送了一张表格，让我知道他们拿着我的包裹。但是，他们说，把这个包裹发给我是不适当的，因为包裹上面少一种表格。所以，他们不让我领那个包裹。为了尽快解决问题，我给在那里工作的狱警写了一张 602 表，他给了我回复，告诉我可以到他那儿去，我们可以解决包裹上缺少适当表格的问题。他将此事通知了楼层值勤的狱警，让他带我过去。但是，楼层狱警并没带我过去，却带了另一名也叫詹森的去了，因为他们没有查看我们所佩带的编号，C 号、D 号等在监狱里诸如此类的编号。

　　由于他们没有查编号，只是看了后面的姓，所以就弄错了。他们把一个不是我的人送到那儿。我将此事与同楼层狱警谈了，楼层狱警告诉我，包裹仍在，他会尽力把我按时带到那里。那是在星期五。但是真到要去的时候，他们又不能带我去了，因为有许多别的事情要做。星期五他写了一张便条并把它粘在窗子上。我当时正在他的办公室，他把它粘在窗户上。他在便条上说，让下一班的狱警带我去收发室。

　　我问了这栋楼里所有的狱警，他们都知道他在那儿留了便条，让我到那儿去领我的包裹。但现在，他们告诉我："我们现在不能带你去那儿了；我们正忙着别的事情；我们不能带你去那儿。所以，我们下周五再试试。"到了下一周的星期五又是这一套，又说下周星期五，结果等了好多个星期五。

　　在这种情况下，我开始请求楼层狱警要见一位领班警官。他们也不让我见领班警官。我一次又一次地请求他们让我见领班警官，而领班警官从未出面见我。哦，后来我发现，我的包裹在那里已经放了 27 天。你明白我的意思吗？现在没有任何人想办法，让我领回我的物品，你明白我的意思吗？

　　所以我做的是，在那个星期五，8 号楼里出了一起事故。在那里，一个犯人用剃刀割了另一个犯人，他们在那儿处理事故。所以，我们的牢房都被锁了起来。我们哪儿都不能去。我们什么事情都不能做。不能动，也不能做任何事情。

　　现在又到了星期六。那天在那个事件发生之前，我请求他们让我见领班警官，狱警告诉我不行。所以，那天恰好是星期六。那天早晨，我请求楼层狱警，我要见领班警官。他说不行。我拿着盘子，扣了盘子。

　　卡明斯先生：反对，法官阁下。在这一点上，不存在待决问题。㊶

　　㊶　你对被告这段冗长的叙事如何评价？正如之前所解释的，直接询问通常以简短、非暗示的形式提问，依序一问一答，有效地讲述证人的故事。叙述性回答，就是证人以自己的语言和顺序进行说明，这无益于询问律师的方向。让詹森继续讲述自己的故事，是直接询问方的有效手段吗？

　　你认为，检察官为何在此处提出反对？从直接询问者的角度看，叙事式询问的好处在于，当证人以叙事性语言自由发挥作证时，往往能提供更多信息；不利之处在于，其往往更为无序，也许会传递更多会遭到反对或不具有可采性的信息。没有禁止以叙事形式提供证言的证据规则，但根据《联邦证据规则》611，审判法官拥有自由裁量权，以确保对抗方不因无法预判的有异议材料而处于不利境地。

迪莫先生问：所以，星期六上午，你扣留了盘子，对吗？

答：没错。

问：你们什么时间领取早餐？

答：我们大约在 7 点进餐。

问：是不是有人来收盘子？

答：是。

问：谁来收盘子？

答：楼层狱警。

问：你们用餐时，他们怎么收盘子？

答：他们来的时候，你可以从打开的送餐口让他们把盘子收走。

问：当他打开送餐口的时候，你跟他说了什么？

答：我告诉他，我很想见领班警官。他说："不行，你现在不能见领班警官。"所以，我说："见不到领班警官，我就要扣留这些盘子。"

问：那么，他接着是怎么处理送餐口问题的？

答：他锁上了送餐口，他说我会有麻烦的，他走到隔壁牢房去收他们的盘子，接着就走出了这个通道。然后，他大约在 20 分钟或 30 分钟之后返回来，这时候他带着至少 12 名狱警回来。当他们走进这座楼的时候，沃克走在所有狱警的前面。

问：他们走过来的时候，沃克走在什么位置？他们朝牢门走来？

答：是。

问：谁领头？

答：沃克。

问：你认识他？

答：是的，我认识。

问：你认识他有多长时间了？

答：自从福尔松监狱开始，我就认识他了。

问：你在那儿就和他打过交道？

答：我和他打过交道，而且我知道，其他一些狱犯也和他打过交道。

问：是不是这——这使你对他产生了某种恐惧？

答：是的，就是。

问：你能向陪审团解释一下，你以前与沃克的关联和了解，使你对他产生了怎样的恐惧？

答：这位狱警，正如人们所说的那样，不是——根本不是——好狱警。他给你看他的这一面。他这次给你看他的这一面。下次，你看到的是他的另一面。他很粗暴，他是一个野蛮的狱警。⑤

问：当沃克出现的时候，你认为会发生什么事情？

答：我认为——我认为会发生的事情确实发生了。他打开了牢门，冲了进来，他对我动了武。

问：狱警们都进了牢房？

答：沃克是唯一进来的狱警。没有史密斯，没有休斯顿，也没有范·贝尔格。他们当中没有任何人进来。沃克是冲进牢房并下命令的唯一家伙——他们说，史密斯命令狱警打开牢门。史密斯没有命令狱警打开牢门。是沃克命令他们打开牢门的。

问：有没有任何人和你对话——在他们打开牢门之前，有没有人和你说过交出盘子的事情？

答：沃克问我——他问我和我的同室狱友——我们两人在牢房里。他说："你们打算交回盘子吗？"我从床边站起来，走过去捡盘子。正当我准备捡起盘子的时候，牢门"哗"地打开了，沃克向我冲过来。

问：牢门的送餐口曾经打开过吗？

答：没有。

问：当沃克进来冲向你的时候，你干了什么？

答：我能做的只是把自己护住，因为我已经意识到接下来会发生什么。

问：发生了什么？

答：沃克冲过来，用他戴着防护手套的手重击我。

问：持续了多长时间？

答：持续了大约两秒钟。

问：然后发生了什么？

答：然后，其余的狱警全进来了，他们进了牢房，他们抓住我推向这边，又推向那边。他们把我按倒在地，给我戴上了手铐，我没有对狱警进行反抗。我对狱警没有丝毫的反抗。

卡明斯先生：反对。

迪莫先生问：在某个时刻，他们把你按倒在地上了？

答：是的。

60

⑤ 请再次考虑一下辩方想要证明什么：沃克狱警实际上是一名暴虐的狱警，还是想要证明狱犯詹森有理由相信他是一个暴虐的狱警，因而害怕他？

问：他们说你反抗了。

答：不，没有反抗。

问：发生了什么？

答：沃克一冲进牢房，就冲向我，把我按在桌子上，我摔下了桌子，他又把我按在地板上，立即给我戴上手铐。他们所做的这一切，不超过三秒钟。

问：然后，发生了什么？

答：他们把我押出楼房。范·贝尔格从后面像这样抓住我的头发，揪住我的头发。我被拖到楼外，我们这个楼的入口处。范·贝尔格抓住我的头，往墙上撞。

问：他说了些什么？

答：他说，他早就想教训我了。

问：他当时用了你可能觉得在陪审团面前不堪启齿的表达吗？你记得吗？

答：（听不见的回答。）

问：如果你不记得，那没关系。你曾与休斯顿狱警有过任何接触吗？

答：我从未和休斯顿狱警有过接触。

问：除了抓住你脑袋的范·贝尔格先生——

答：我从未和范·贝尔格狱警打过交道。

问：你踢了范·贝尔格狱警吗？

答：不，我从未碰过他。我也从未碰过休斯顿狱警。

问：你曾说——你说，你已认识沃克很长时间了。

答：是。

问：你认识他多长时间了，在福尔松监狱？

答：是在新福尔松监狱。他来这儿之前一直在那儿，那是在两年前。他在那儿的时候，和在这里是一样的脾气。

61　　问：他来到这里以后，你曾经见过他，他或者范·贝尔格，你曾目睹过他动手打犯人吗？

答：是的，我见过。

问：事情发生在什么地方？

答：在厨房。

问：那么，发生了什么？

答：他把一个拉美小伙子从座位上揪起来，拖出厨房，揪着他的头发拖出厨房，拖到走廊尽头，把他暴打一顿。

问：他们回来的时候，你记得他们说了什么？

答：是的，范·贝尔格说，那个家伙自找没趣，竟敢攻击监狱职员，而实际上并不是那么回事。

问：听了这话——你当时做何感想？

答：当时看到这种情况我就想：如果他们可以像这样整治他，谁知道下一个被整的是谁？你知道我说的意思吗？他显示出——在那次行动中他是要表示出，任何人都有可能成为下一个，你知道吗？那是家常便饭。这不过是在杀鸡给猴看。这并非"我今天一时冲动，心血来潮，明天我就不会这么做了。"他们每天都可以这么做。

问：这件事情使你开始害怕沃克狱警？

答：是的，是这样。

问：其他狱犯呢，例如，除了你自己和在这里的狱犯格林，别的犯人向你表露过他们害怕沃克先生吗？

答：我遇到的许多人都有同样的感觉。

问：那种恐惧是不是在黑人狱犯中更强烈，还是所有的狱犯都有这种感觉？

答：所有狱犯都有这种感觉，不只是黑人狱犯。

迪莫先生：没有进一步的问题了。

交叉询问

卡明斯先生问：詹森先生，你曾说在因强奸被判刑前你还被判过一次刑？

答：是的。

问：听起来，你个人好像对沃克狱警对你的态度很不满；是吗？

答：不，不是因为他对我的态度。

问：那是什么？

答：我了解他所做的事情。

问：所以，那不是他实际做的，而是你认为他准备要做的。

答：不是我想象的事情——不是我认为他准备要做什么事。是就我所知，他会那么做。我一看到他走在队列前面，我就知道他要做什么。

问：换句话说，沃克狱警并非要做什么事情。正如你所说：当你看到他出现在队列面前时，你就在脑子里确定了他要做什么。我敢肯定，你知道什么事情要降临。

答：是的。

问：现在，基于这种心态，先生，你的心态，你想要保护你自己？

答：不，我当时没准备自我保护。

问：为什么不？

答：没有必要保护我自己。

问：没有任何必要？

答：不，没有保护自己的必要。

问：让我看看，我是否说得够直接。你肯定在脑子里想，你所害怕的沃克走在队列前面，你看到牢门打开了，你就知道什么事情要发生了，是不是这样？

答：是的。

问：你并不恐惧？

答：我不会束手就擒。

问：所以，你没有自卫行为。

答：我一点儿都没有。⑱

问：你尊重他人的权利吗？

答：是的，我尊重。

问：而你也要他们尊重你的权利？

答：是的，我要。

问：早些时候你曾说，你被判了一次强奸罪，先生？

答：是的，我是。

问：是在洛杉矶长滩 1981 年的定罪吗？

答：不，是 1985 年。

问：让我们回到再早一些的年代。你的犯罪前科档案好像表明你在 1981 年曾被判暴力强奸罪。

答：我没有——你是说定罪？你的意思是什么？

问：档案里说被定罪，被判重罪。

迪莫先生：抱歉，法官阁下。我将对该询问提出异议，我认为律师已经同意要基于他之前提供给法庭的信息，我认为他已经提供的，有一项 1983 年的定罪。我不知道他现在说的 1981 年定罪从何而来。

卡明斯先生：律师手上的犯罪前科记录，和我的一样。

迪莫先生：那份犯罪前科记录明显是存在错误，因为摘要上说的是 1983 年。

---

⑱　该证言是否与狱警们的证言——他们看见被告向沃克狱警举起拳头——相冲突？举起拳头的行为是否可以用正当防卫理论（必要合理地使用武力，以防止被告方合理相信的迫在眉睫的伤害）来解释？从被告方的观点出发，根据这样的证言，辩方律师应该向陪审团讲述怎样的事件经过？在阅读辩方结审辩词时请记住这一点。

卡明斯先生： 我们会谈到摘要的，律师。

法官： 你可以询问他。陪审团毫无疑问已经被提醒过，这些询问不是证据。证人的回答才是证据。[59]

卡明斯先生问： 先生，你否认你曾于 1981 年在洛杉矶长滩法院被定罪，63 因为暴力强奸重罪被判吗？

答： 我明白一项陪审团定罪，被陪审团定罪。我以为辩诉交易——

问： 那次是辩诉交易？

答： 是的。

问： 你认为，那与定罪不同吗？

答： 是的。

问： 你从管教部门得到了假释？

答： 是的。

问： 在 1984 年的某个时间？

答： 1984 年 8 月 31 日。

问： 1984 年 8 月 31 日，那确实是正确的日期。回家住了一段时间？

答： 是的。

问： 后来你的刑满了？

答： 是的。

问： 结果，你 1985 年在长滩再次被判刑，根据罪状二，你被判使用暴力或恐吓实施了强奸？

答： 是的。

问： 还被判了一级入室盗窃罪？

答： 是的。

问： 判处在州监狱服刑 23 年？

答： 是的。

问： 先生，你加入了任何帮会吗？

答： 没有。

问： 你的证言是，沃克狱警站在牢门前面，而且你认识他。

答： 是。

问： 至少你认识他。

答： 是的。

[59] 一名陪审团成员能够成功地区分该询问中的暗示和证人回答吗？谁人能做到？

问：史密斯没在那儿？

答：史密斯在那儿，史密斯在那儿，但是，史密斯不像史密斯自己说的那样站在牢门边。史密斯是站在后面，他站在沃克后面。沃克是唯一站在门前的狱警。沃克是唯一的一位。在这个事件发生时，其他狱警不但事实上没有冲在沃克前面，而且——我甚至不能想象任何其他狱警可能在沃克前面。确实没有其他狱警在沃克前面，在牢房门前的只有沃克。

问：现在，狱警们几乎全体一致地作证——而且你听到了他们的证言——实际上是异口同声地说，在牢门打开的时候，你采取了攻击性的行动，而且你摔掉了盘子。

答：不，我没有对任何狱警采取任何攻击性行动。

问：先生，你曾经有过攻击性行为吗？

答：你什么意思？

问：你是一个有攻击性的人吗？

答：我认为，任何人身体里都潜藏有攻击性。

64　　问：我知道你对辩护律师说，你没有反抗。但请告诉我们，你当时做了什么？

答：我什么也没做——当时我没什么能做的，完毕。

问：沃克狱警作证说，他是第一个走进去的，和你发生了接触——或者实际上，是你和他在牢门附近发生了接触。是不是真的？

答：不是。

问：接触是在什么地方发生的？

答：接触是在牢门被打开，沃克冲进牢房，并冲向我的时候发生的，那是接触发生的地方，唯一的接触。

问：多位狱警作证，他们看到一只攥紧的拳头，很可能是你的右拳，朝着最前排的狱警挥过去。是不是真的？

答：不是。

问：狱警们是在说谎吗？

答：狱警们是在说谎。

问：狱警们作证说，他们看到你在踢打。是不是真的？

答：不是。

问：狱警们是在说谎吗？

答：狱警们是在说谎。

问：他们全都在说谎？

答：他们全在说谎。

问：狱警们作证说，你让他们很难给你戴上手铐。是不是真的？

答：不是。

问：狱警们也是在说谎？

答：是的，先生。

问：狱警们作证说，你是被从牢房里面弄到牢房外面的，以便完成他们必须做的事，也就是给你戴上手铐，制伏你。

答：我是在牢房门外被戴上手铐的，是的。他们把我带出牢房，到了牢房外面，那是给我戴上手铐的地方。

问：你被铐住了？

答：是的。

问：所以，狱警对此讲的是真话？

答：他们务必要铐住我。

问：你对沃克狱警有多了解？

答：我了解他——我很了解他——我认为，我对他的了解非常充分。

问：你们有过多少次接触？

答：我和沃克狱警这次在这里接触过，还有一次是他在新福尔松监狱的时候。

问：所以，三年前或更久之前有过一次，还有一次是在这里？

答：是的。

问：两次接触之间间隔三年？

答：是的。但是，除了我和他打交道的这几次，他做其他事情的时候也在我眼皮底下。

卡明斯先生：没有进一步的问题了。

证人：他和范·贝尔格，一样。

再直接询问   65

迪莫先生问：你是惯用右手，还是惯用左手？⑥

答：我是左撇子。

迪莫先生：没有进一步的问题了。

卡明斯先生：没有问题。

（同一天，从中午 12 点到下午 1 点 38 分，为午餐休息时间。）

---

⑥ 为什么要问这个问题？更重要的是，请注意就其回答是否作了进一步推断。

法官： 地方检察官现在在场，迪莫先生，你说过不打算传唤任何其他证人了？

迪莫先生： 不了，先生。

法官： 辩方主辩完毕。检控方有反驳性证据吗？

卡明斯先生： 是的，法官阁下。斯托克斯中尉。

迪莫先生： 法官阁下，在他传唤斯托克斯中尉之前，我们可以进行一次关于提供证明的法官席会议吗？

法官： 可以，请到法官席来。

（以下程序是避开陪审团进行的。）

卡明斯先生： 我打算传唤斯托克斯，问他是否了解管教员沃克在职场的声誉。

迪莫先生： 你可以问他的唯一事情是——他在狱犯中的声誉。他在监狱职员中的声誉，我不认为那么相关。

法官： 我准备驳回这个异议。因为，尽管狱犯和监狱职员是不同的群体，但在监狱内他们都是这个共同体的组成部分，并且连续不断地彼此进行交流。所以，声誉是某种传来传去、为众人所周知的东西。而且这个问题仅关乎声誉，与狱警个人档案中的先前事件无关。所以，我认为，所有皮彻斯（Pitchess）* 问题都要回避，你可以严格地询问有关声誉的问题。

卡明斯先生： 既包括在狱犯中的声誉，也包括在监狱管教职员中的名声？

法官： 是的，如果他知道的话。当然，首先要进行基础铺垫。

卡明斯先生： 我想在庭审记录中清楚地载明，我们此时处在反驳阶段。

法官： 没错，辩方已经主辩完毕。[61]

卡明斯先生： 正是如此。

（以下程序是在公开法庭上进行的。）

罗伯特·斯托克斯

人民方传唤为证人，在宣誓"说实话、除实话外别无其他"之后，受到询问并作证如下：

---

* 这是指对涉及先前恶行的加利福尼亚州案件实质采纳（而不是为弹劾目的）的一个提法。意思是"对先前恶行的实质采纳"，源自皮彻斯诉高级法院案［Pitchess v. Superio Court，11 Cal. 3d 531 (1974)］。——译者注

[61] 反驳证据是由检控方在辩护方主辩完毕之后提出的。它只限于因辩护方的主辩而有必要提出的证据——例如对无辜之新证据或新理由作出回应——而不应该包括检控方在本方主诉时本该证明的证据。

反驳询问

卡明斯先生问：谢谢你，法官阁下。中尉，我们知道你现在受雇为一名中尉，你以中尉供职，而且你在 1992 年 3 月 28 日也是鹈鹕湾州监狱的一名管教中尉，是这样吗？

答：是的，先生。

问：在这一年的 3 月 28 日，你的职责是什么？

答：我是警戒指挥官，第二班警戒，从早晨 6 点到下午 2 点。

问：中尉，作为一位警戒指挥官，你在监狱负有何种具体的职责，还是在那个班次上负全责？

答：我主要负责整个监狱的安全。作为警戒指挥官，我要协调处理在一个监房发生且需要另一个监房协助的任何问题。

问：当你值班时，你对 B 监区负有直接责任吗？

答：不，先生，我不负直接责任。

问：你是不是有时要与其他管教员一起工作，或者指挥其他管教员的工作？

答：是的，先生。

问：先生，你了解某些管教员在犯人中的声誉吗？

答：是的，我了解。

问：那种信息来源于何处？

答：来源于——

问：你怎么知道那种信息的？

答：具体而言，先生，我们现在是正在谈论监狱职员，B 监区的特定监狱职员吗？

问：是的，特定的监狱职员。你在工作中是否有机会，以你的工作身份知道某一监狱职员在犯人中的声誉？

答：是的，先生，我知道，主要通过上诉程序。

问：你可以解释一下上诉程序吗？

答：上诉程序是狱犯进行投诉的一种方式。它一般是记录在 CDC602 表上。

迪莫先生：请原谅，法官阁下。如果这是他的知识基础，我认为，不应该允许他就此作证。而且，那些只是狱犯的传闻陈述。

法官：请到法官席来，律师们。

（以下程序是避开陪审团进行的。）

法官：嗯，我不会允许鲍勃*细究具体事例，去证明具体情况下的行为。

但是，我将允许他像他已经做的那样，例如，证明那是他把握事情发展脉搏的一般方式。不过，重要的是，我们必须确定底线问题，即什么样的声誉，如果的确有的话。

卡明斯先生：那好。这是个预备性、铺垫性的问题。就这样。

67　　**法官**：请记录我以下说明，由于我每年处理几百件人身保护令争议，而且，其中大多数争议在上法庭之前都履行过 602 程序，通常情况下 602 表都是作为附件。我自己读过数以百计的 602 表，我深知它们对什么是——什么是监狱中的流言蜚语提供了一个极好的观察视角。所以，对我来说，这是他关于一般声誉知识的适当来源，而不是具体事例。

卡明斯先生：那好。

（以下程序是在陪审团在场情况下进行的。）

卡明斯先生：先生，以你鹈鹕湾州监狱中尉的身份，你是否有机会确定，什么是你所相信的沃克狱警在狱犯中的声誉？

答：是的，先生，我有机会。

问：关于他在狱犯中的声誉，你的看法如何？

答：就他在狱犯和监狱职员中的声誉，以及他为我工作了 13 个月而言，他是一位优秀的狱警；他非常公正，而且非常体谅人，办事非常干练。㊵

问：你根据什么这样说呢？

答：根据我对 B 监区 13 个月的监管工作。

问：在你监管 B 监区期间，沃克狱警是你麾下的狱警之一吗？

答：是的，先生，他是。

问：而且，那是为期 13 个月的期间？

答：对沃克狱警来说大约 11 个月。他离开过 2 个月，然后又回来了。

卡明斯先生：谢谢你，先生。没有进一步的问题了。

交叉询问

迪莫先生问：你最近一次讨论沃克狱警在犯人中的声誉，是在什么时候？

答：对不起，我没听明白。

问：你曾经讨论过沃克狱警在狱犯中的声誉吗？

答：不，先生，我没有。

* 鲍勃（Bob），是卡明斯的昵称。——译者注

㊵ 这个关于沃克狱警在狱犯中名声的证言，可能是仅仅基于 602 表而作出的吗？602 表中包含这种对狱警的肯定性评价吗？

问：好的。作为一个中尉，你实际上和狱犯没有很多的接触，是吗？

答：不像领班警官和狱警接触得那么多。

问：你真正熟悉的，基本上是在其他管教员中的声誉，这样说公平吗？

答：不，我熟悉他做自己本职工作的行为，因为那段时间里他在我手下工作。

问：你知道这样的事实吗，即由于一些问题，至少有一位中尉拒绝沃克狱警在他的/她的警戒时间值勤？

答：我不熟悉那些情况，不，先生。

答：你认识罗德里格兹（Rodriguez）中尉吗？　　　　　　　　　*68*

问：我认识罗德里格兹中尉，是的。

问：她做某些与 B 监区有关的工作吗？

答：我相信她做夜班警戒工作，从下午 2 点到晚上 10 点。

答：你知道这样的事实吗，即她拒绝与沃克狱警一起做警戒工作？

答：我不知道那件事，不，先生。

答：没有进一步的问题了。

卡明斯先生： 没有进一步的问题了。

法官： 他可以退席了？

迪莫先生： 是的。

卡明斯先生： 是的。

法官： 你可以退席了，如果你愿意也可以留在法庭。公诉方有没有进一步的证据？

卡明斯先生： 没有，人民方静候处理。人民方已静候处理。

法官： 辩方呢？

迪莫先生： 我有一位证人。但她大概不会到这里来，法官阁下，所以，此刻除了静候处理，我别无选择。

法官： 那么，双方静候处理？

卡明斯先生： 是的。

法官： 女士们，先生们，现在剩下的事情，就是把他们的陪审团指示最后定稿。在此之前是无法完成这件事情的，尽管此前已经零星地做了一些。

因此，我宣布暂时休庭。

（以下程序是在陪审团在场的情况下进行的。）

法官： 让庭审记录反映所有陪审团成员、律师和被告均在场。陪审团的女士们、先生们，你们已经听取了全部证据，现在我的职责是就法律在本案适用的问题向你们作指示。

法律要求我向你们宣读这些指示，而且你们在陪审团室将得到这些指示的书面版本，以便你们在对本案深思熟虑时参考。

你们必须根据事实和法律作出自己的决定。你们要履行两个职责：第一，你们必须根据审判中接受的证据，而不是任何其他信息源来判定事实。事实是由证据或约定直接或间接证明了的事情。约定，是双方律师对事实的一种协议。第二，在你们对事实作出判定时，你们必须适用我向你们陈述的法律，以这种方式得出你们的陪审团裁决，以及根据指示应包括在裁决中的事实认定。

你们必须接受和遵循我向你们陈述的法律，无论你们赞同这些法律与否。律师们在他们的辩词或在审讯的任何其他时候所说的任何有关法律的事情，如果与我关于法律的指示相冲突，你们必须遵循我的指示。

你们不能为对被告的怜悯或反对他的偏见所影响。你们不得因为被告因这些犯罪而被捕，受到刑事犯罪的指控或送交法庭审判，而对他抱有偏见。这些情况中没有一种是有罪的证据，而且你们不能从其中任何一种情况或全部这些情况中推断或假定，他更可能有罪而不是无辜。你们不能仅因为感情、推测、同情、激情、偏见、公众意见或者公众感情而被影响。人民方和被告方都有权期望你们凭良知进行思考和掂量证据、适用法律并达成公正的陪审团裁决，不论结果如何。⑥③

律师在审讯中所作的陈述不是证据，当然，如果律师们已经约认或一致同意了一件事实，你们就必须把该事实视为已证明了的结论性事实。

如果对一个问题的异议得到支持，不能猜测可能的答案，也不能推测异议的理由。

不要假定询问证人的问题中所含任何暗示是真的。问题不是证据，只有当它有助于使你们理解回答的时候才可予以考虑。

不要因任何理由而考虑被法庭否决的证据，或任何被法庭删掉的证据，对待它应该像你们从未听到过它一样。⑥④

证据由证人的证言、文字材料、实物或者任何可以呈现于感官的东西所组成，用于证明一个事实的存在或不存在。

---

⑥③　法官为什么要作出这项指示？它描述了一个人汲取信息的常规方式吗？如果不是这样，为什么要求陪审团采用一种人工决策过程？

⑥④　这种指示在审判过程中是常见的。尽管法官做了这样的指示，你认为陪审团成员受到了被否决和被删除证据的影响吗？

证据有直接的和间接的两种。直接证据是直接证明一个事实的证据，没有必要作出推论。直接证据如果被认定是真实的，自身即可确证事实。

间接证据，如果被认定是真实的，证明一个事实可以从另一个事实的存在中推论出来，它就是间接证据。

推论是对事实的一种推理，该事实可以从被证据确证的另一事实或一组事实中合乎逻辑地、合理地推断出来。

事实不一定只被直接证据证明。它们也可以被间接证据证明，或者被直接证据和间接证据的组合所证明。直接证据和间接证据都是可以接受的证明方法。两者的分量无轻重之分。

然而，关于任何犯罪之有罪认定不得基于间接证据，除非已证明的情况不仅（1）与被告有罪的理论一致，而且（2）与其他理性的结论都不符合。如果该间接证据可以有两种合理的解释，一种指向被告有罪，而另一种指向其是无辜的，则必须采纳被告是无辜的解释，否定有罪的解释。

进而言之，每一个对构成确证被告犯罪之必要条件至关重要的事实，必须 70 被确信无疑地加以证明。换言之，在一个确证犯罪的推论被确信无疑地加以证明之前，该推论赖以建立的每一个事实或条件必须被确信无疑地加以证明。[65]

每一位宣誓后作证的人是证人。你们是判断证人可信性和每一位证人所提供证言的分量的唯一法官。

判定一位证人的可信性时，你们可以考虑在证明或者反驳证人证言的真实性方面有合理性倾向的任何事情，包括但不限于如下各项[66]：

证人看到、听到或以其他方式感知认识其所证明之任何事件的机会或能力范围；

证人对自己所要证明的任何事件之记忆能力或表达能力；证言的特征和质量；

证人作证时的行为和风度；是否存在偏见、利益或其他动机；

被证人证明的任何事实有没有证据；

证人对待这场诉讼的态度，以及对要求其提供证言的态度；

证人以前所作的陈述与该证人的证言是否一致，或该证人先前的重罪定罪。

　　⑥　该指示可能的含义究竟是什么？参见第三章"间接证据"（circumstantial evidence）的讨论。
　　⑥　这个指示带有《加利福尼亚证据法典》第780节的语言特征，其例述了可允许的弹劾事项。你们将在第七章学到规制交叉询问和弹劾的《联邦证据规则》有关规定。

如果在证人的证言中或者在他/她的证言与其他人的证言之间存在差异和矛盾，并不一定意味着该证人是不可信的。回忆失灵是一个正常现象，而无害的记忆不准确也不足为怪。两个人目击了同一事件或同一事变，而他们的所见所闻却常常不同，这也是一个事实。一个出入或矛盾，是关涉重要事实还是仅涉及细枝末节，在权量其意义时应该予以考虑。

一位在他/她的证言中故意捏造某个实质性部分的证人，在其他问题上也是不可信的。如果一位证人在一个实质问题上故意作伪证，你可以拒绝接受一个证人的全部证言，除非你们从全部证据的考察中相信他/她的证言在其他具体问题上具有真实性。

71　　你们在决定一个有争议的事实问题时，不要受一致提供某个证言的证人数量的束缚。它不足以说服你确信什么，也不足以说服你反对少数人的证言或其他证据。请开动你们自己的头脑来确定更令人信服的东西。

你们不可以仅仅从任性、奇想或偏见出发，或者从偏爱一方、反对另一方的意愿出发，而无视大多数证人的证言。你们不得用简单计算站在对方作证证人数量的办法，来决定争议问题。最后的检验不是证人的相对数量，而是证据的说服力。

关于一位证人已被判了重罪的事实，如果这是一个事实，只可被你们以判定该证人的可信性为目的而加以考虑。这样一个定罪事实，并非必然摧毁或削弱了一位证人的可信性。它只是你们在权衡这样一位证人的证言分量时，可以考虑的诸多因素之一。

刑事诉讼中的被告，在被证明有罪之前被推定为无罪。如果对其是否有罪的判断被有效地证明存在合理怀疑，他就有权得到一个无罪裁决。这种无罪推定要求公诉方承担确信无疑地证明他有罪的证明责任。

合理怀疑被定义如下：它不是一种仅仅可能的怀疑，因为每一件与人类事务有关并依赖于道德证据的事情，都向某种可能或假想的怀疑敞开了大门。它是这样一种状态，即陪审团成员对全部证据作了全面比较和周密考虑之后，认为他们还不能说自己坚信一项定罪，或感到该指控之真实性具有一种道德上的确定性。[67]

在检察官控状的刑事控诉中，行动或行为的实施与一般犯罪意图之间必须存在一种统一或共生的关系。就构成一般犯罪意图来说，其中不一定存在着违法动机。当一个人故意从事一件法律宣示为犯罪的行为时，他所从事的行为就

---

[67]　任何一方的出庭律师，在其结审辩词中应用了这项关于合理怀疑的指示吗？

带有一般犯罪意图，尽管他也许不知道他的行动或行为是非法的。

任何人，在他被关押在州监狱期间，殴打一个未被关押在州监狱的人，是重罪。

一个人对另一个人蓄意和非法使用武力或暴力，是殴打罪。

在上述指示中，"武力"（force）和"暴力"（violence）这两个词是同义词，是指对另一个人非法使用肢体力量，即使并没有引起疼痛或肢体伤害或没有留下疤痕，以及即使该行为仅是伤害了该人的感受。即使最轻微的非法接触，如以无礼、粗鲁或愤怒的形式施行，均在其列。

所施接触不必是在实际愤怒或者实际恶意的情况下发生；只要它是无端和无理的，就在其列。

构成殴打之核心的接触可以是接触到该人、该人的衣服或连接于或紧密接合于该人的某种东西。

一个人正在受到攻击时，如果作为一个理性人，他有理由相信并且相信他会受到肢体伤害，其对攻击进行自我防卫是合法的。在从事自我防卫的时候，此人可以使用其认为是合理必要的所有力量和手段，以及任何一个理性人在相同或相似情况下都会采取的防止即将来临之伤害的所有力量和必要方法。⑧

我没有意图以我所说所做的任何事情、以我所问的任何问题以及我所作出的任何裁定，来隐指或暗示你们应该认定的事实是什么，或者我相信、不相信哪位证人。

人民方和被告方都赋予了每一位陪审团成员发表个人意见的权利。你们每一个人必须以达成一项陪审团裁决（如果你们可以这样做的话）为目的而考量证据。你们每一个人必须自己来决定本案，但应该在同其他陪审团成员讨论了证据和我给陪审团的指示之后再自己决定。

如果你们确信意见错误的话，就毫不犹豫地改变它。然而，不要因为大多数陪审团成员或他们当中的任何人喜欢一个决定，而就任何问题采纳该决定。

不要凭运气，譬如，以抽签或其他概率决定方法，来决定本案中的任何争议问题。

陪审团成员的态度和行为始终是非常重要的。对一个陪审团成员来说，在深思熟虑之前对该案表达一个断然的意见，或者宣布一个代替陪审团裁决的决定，都是于事无补的。人们对起初的作为也许会唤起一种自尊心，即使后来表

---

⑧　任何一方出庭律师，在结审辩词中应用了这项关于正当防卫的指示吗？在这个问题上，哪一方承担着证明责任？法官把这一点讲清楚了吗？

明它错了，人们也会为改变立场而犹豫不决。请记住，你们在这个事件中既不是当事人也不是出庭律师。你们是关于事实的不偏不倚的法官。

在你们审议过程中，不要讨论或考虑处罚或者惩罚的议题。该议题不应该以任何方式影响你们的裁决。

现在，律师们将作他们的结审总结，就像开审辩词一样，它们不是证据。对律师们来说，它们是一个向你们概括他们认为证据证明了什么的机会。[69] 在他们作结审总结时，我设想他们会讨论你们听到的证言以及我向你们所作的一些指示。当然，如果你们注意到，在他们告诉你们证据是什么，与我给你们的指示是什么，这之间存在着差别，你们必须自己决定证据是什么，并遵循我给你们的指示。

由于检控方负有证明责任，由检察官先作结审总结，接着是辩方律师的结审总结。然后，为了使每一方都有机会回应另一方，允许检察官作一次反驳辩词。

卡明斯先生：谢谢你，法官阁下。女士们，先生们，正如法官刚才向你们解释的那样，这是我来总结概括我所相信的证据是什么的机会。如果你们从我这里听到的任何事情不同于你们自己回忆的内容，不同于你们记忆中证人在证人席上宣誓后对你们所讲的事实真相，那你们就应该追随自己的回忆，你们应该依照你们自己的记录。任何一位律师都不想故意误导你们，有时候，当我们解释自己案子的时候，我们同时在思考一位或两位证人所讲的内容，有时候我们不能确保全部细节都没有疏漏。

我一开始就告诉你们，我预料本案主要涉及鹈鹕湾州监狱的狱警们。情况确实是这样。我曾告诉你们，本案将会涉及两项殴打罪。实际上，它涉及三项殴打罪。稍后我会就此进行解释。它涉及一批狱警的可信性。就本案而言，我认为关键情节是第一位狱警，休斯顿狱警，几乎要把它概括为起初是一件无关紧要的琐碎小事，因为实际情况就是那样，狱犯本人对该事有控制力。

无论出于什么理由，狱犯反正是做了那些你们和我都不理解的事情，我们将来也永远不会理解，因为我们不那样思考，我们也没有身临其境。但是，由

---

[69] 结审辩词是出庭律师向陪审团直接陈述案情的最后机会。许多结审辩词包含着对证据的概括，这意味着要复述关键证人和关键证言。但本案不长、不复杂，没有许多证人出庭作证，陪审团也许不需要很多帮助来保持事情的清晰性。对证据的概括，应与对证据的辩论形成鲜明对照，出庭律师总是寻求用争议性事实以及他/她的委托人为何在本案占优势，来说服陪审团。这种辩词应该简明扼要，清楚易懂，使其能够经受住陪审团的详细审查。在读检控方和辩方的结审辩词时，请考虑它们是否符合这两个标准。

于某种原因，狱犯詹森采取了下最后通牒的办法，他声称的或真或假的原因是没有拿到一件包裹。就我所了解的全部情况看，这也许百分之百是真实的。完全有可能。然而，正如狱警们在法庭上向你们所说明的，以及在詹森先生牢房里向他说明的那样，这不是解决问题的办法。

鹈鹕湾州监狱和加利福尼亚州不能停下所有的事情来伺候这个人，一位领班警官也不能只为他拿到包裹而奔忙。那简直是不可能的。他们要维持整个系统的运转，要处理主要的工作任务，的确如此。你们当时正在为大批狱犯供餐，需要把盘子取回来，你们取了这个牢房取完还要去下一个牢房取，干完这件事情还有另一项任务等着你们。那就是这些狱警们必须做的。

有趣的是，本案的主要证据问题并非攻击行为不存在，尽管被告否认做了那些事情——他当然承认这些事情发生了，但这都是狱警们的错。当然，那绝不是他们的错。错的另有其人。但是，我们在这里所听到的以及辩方所描绘的画面是，有错误的是沃克，正在受审的是沃克狱警。[70] 看啊，沃克狱警应该坐到狱犯詹森所坐的地方，因为他们真正想做的事情就是指控沃克狱警，而我要恳请你们，法律也告诫你们注意，一定要分清是谁在接受审判。本案接受审判的人是狱犯詹森。没有别人。正是狱犯詹森引发了打斗。正是狱犯詹森下了最后通牒。正是狱犯詹森决定在那天挑起事端而且确实挑起了事端，而这一切当然和他没有关系。

所以，人民方出庭的证人，像休斯顿狱警，当我问他："你能为我们描述一下在 1992 年 3 月 28 日那场事故中发生了什么事吗？"他这样回答："我以为，起初并不是一场真正的事故。"它本不是一场事故。它逐步升级为一场事故，造成两名狱警受伤的严重事件。

在这种情况下，重要的是要记住，当时到过牢房并出庭作证的这些狱警们，实际上都不是被派去照料詹森先生的。他们是在巡逻。

他们是庭院狱警。他们是来自别的监区的狱警，是被领班警官调遣过来和詹森谈交盘子的事情，和他谈收回盘子等必要的事情，收回盘子，然后继续去做他们自己的工作，那正是他们试图做的。

三位狱警分别给你们讲述了典型的情况，他们在那儿看到了什么，他们感知的确实发生的事情。而且我确信你们都注意到了，休斯顿狱警的描述，与范·贝尔格狱警和沃克狱警的描述存在着一些差别。那三个人从头到尾都在牢房处

---

⑦　这里，检察官似乎正在挑战辩护方的案件理论，即沃克狱警是最先攻击者。正如你将会看到的，这就迫使辩护方采取守势。

理那件事，但三个人对事件的描述因视角不同而有轻微的差异。⑦

一个人说狱犯端着两个盘子。请不要混淆了。他是用两只手端着两个盘子，还是用一只手拿着两个盘子，那并不重要。重要的是，狱警对你们讲的是实话，因为三种说法并非完全相同。这三位狱警或四位狱警或五位狱警，并没有在一起商量后决定说："好的，我们告诉大家这件事情的经过是该如何如何。"你们显然不打算去纠缠一些细微的差别，因为法官在对陪审团的指示中说，看到和听到同一事件的人，其所见所闻常常有所不同，而且对所见所闻的报告也有所不同。这个指示法官刚向你们宣读过，你们在回到陪审团室的时候也会看到包括这个指示在内的文件包。那并不意味着他们没有讲实话。相反，如果那五个人几乎一字不差地告诉你们发生了一件什么事情，大家众口一词，那么人民方所采取的立场倒更值得怀疑了。如果那样的话，常识就会告诉你们可能出问题了。

在本案中，他们轮番作证，对案情谈得最多的是史密斯狱警。史密斯在法庭上告诉你们他说了什么。他解释说，他提了一个要求，开始的时候基本上就是一个要求。而后逐步升级为一个交还盘子的明确要求或把盘子交出来的命令。他评论说："你这家伙今天过得不顺吧？"以及类似的话，无非是想开导那个家伙，让他交出盘子。他们还有自己的工作要做。他们不是对看管詹森负日常责任的管教员，没有宿怨。唯一声称有宿怨的人是詹森。

你们听到沃克狱警说："我不认识狱犯詹森。"我回忆不起任何狱警先前曾与这位狱犯打过任何交道。当他说"沃克和我有过某些过节"的时候，倒不一定意味着狱犯在对你们说谎。他完全可能由于某种你们和我都不理解的原因而相信存在这些过节。在他的脑子里，他也许自认为是在讲真话。不幸的是，这种情况经常发生。

所以，案情的来龙去脉似乎与他的看法基本上是一致的：这个人，狱犯詹森在牢房里站起来。他端着盘子，他站在离牢门大约一英尺或一英尺半的地方，反正是站在牢门里面。然后，史密斯通知控制室的狱警去打开牢门。

当牢门刚打开到足够一个人如果他想要通过就可以通过的时候，盘子当即被摔掉了，被告否定这一点，但狱警们对此众口一词。即刻——一些狱警看到他迅速低下头，一些狱警没有看到。对此你们应当理解，他们因为站在不同的位置而有不同的视角。那是常识。他们全因自己所处的位置不同而有不同的观

---

⑦　检察官通过强调几位狱警介绍的案情具有一致性，可以总结概括他们的证言。争辩事实，比引用证言要复杂；这就要求对各种事实及推论进行选择，并通过整合，创造一个应该能赢得本案的故事。

察角度。

离得近的人大约比后面的人看得清楚一些。一个狱警不得不闪到一边，通过窗户之类的设施查看牢房内的情况，所以，他可以看到詹森是否有武器，因为他关心其他狱警的安全。他实际上走开，闪到另一侧去了。

所以，你们看到一个人，他刚摔掉盘子，此前他并未显出任何攻击的迹象。他当时没有露出要施暴，所有的人都这么说，没有攻击的信号。如果他们想要把詹森说成是个坏人，他们应该把他描绘为兽性大发，他们应该把他描绘为言语粗野，他们应该把他描述为暴跳如雷，说他行为异常或怒火冲天。但他们不约而同地提到这个家伙没有暴发的迹象，不幸的是这些人立即领教了这场暴发。犯人在监狱里发飙是常事，在本案中就发生了。

于是，他摔掉了手中的盘子，狱警们所看到的情况确实不完全相同，但关于威胁的描述惊人地相似。他们看到狱犯詹森向站在前面的狱警、向沃克冲过来。沃克碰巧在前面。他自然成为首当其冲与其发生接触的对象。这是唯一合乎逻辑的结论。

沃克基本上是按他平时训练所做的那样，和这个家伙缠斗了一会儿。他甚至说，那场面有点儿像是在跳舞。但最后把他推进了牢房，在这个过程中他一直在喊："趴下，趴下，住手，停止进攻"，那是为了所有人的安全，包括犯人。被告的狱友巴特勒，他牢房里的同室犯人，严格按照命令去做了，基本上服从了所有指示。他被戴了几分钟手铐，局面得到了控制，事件就结束了。

那么，这位先生的情况是否也如此呢？不是，完全不是。他在继续搏斗。每位狱警在这个问题上的看法都非常一致，攻击在继续，搏斗在继续，拳打脚踢在继续。然后，那位狱警，我想那是范·贝尔格试图给他戴上手铐。他说："我无法铐住他的第二只手。"所以，他们采取了迫不得已的办法。他们最终把他铐了起来。在一个最高戒备的监狱，这是完全合理的、完全负责的处理办法。你们不是在克莱森特市的街道上执行公务。你们也不是在戴尔·诺特高中执行公务。你们是在一个最高安全级别的监狱里执行公务。

每位狱警都有稍稍不同的说法，但每位狱警的角色有点儿不同，而且由于他们所处位置不同而有一点儿不同的视角和看法。

我开始就说，这是一个可信性问题，你们应该把它作为一个可信性问题来考虑，并且按照法官在其指示中向你们解释的那样，考虑一下在本案中谁有一种动机。让我们说，一种说谎的动机。你们可以考虑一下这个问题。谁有对你们少讲实话的动机?⑦ 四位管教人员出庭并宣誓后向你们讲出了全部实情，他们是在危险状态下从事其执法职业。如果他们说谎而被捉住，他们就会失去自己的工作。我确信，他们在加利福尼亚州管教系统中所做的贡献，是有目共睹的。

而被告呢？你们听到被告正在服 20 年以上或者 20 年徒刑。他的一些证人，其中一个因犯一级谋杀罪而服无期徒刑，他要说几句谎话则什么也不会失去。一无所失。我们不能把他怎么样，而他也知道这一点。而且，每个人基本上都在这样或那样的程度上承认他们是朋友。其中一名狱犯承认他加入了瘸子会。被告否认和瘸子会有任何关系，但他们是一个牢房的狱友。在他们整个群体中存在某种程度的友谊。我认为，那是相当明显的。

请公正地看一看，在本案中，谁有跟你们讲真话的动机，谁有说谎的动机。管教员们没有说谎的动机，他们出庭并尽其最大努力来回忆，告诉你们当时所发生的基本情况。在本案中，人民方所需证明的要件之一——我必须证明的，是他在案发时系一名州监狱的犯人。这是一件小事儿，但它已得到证明。那是由双方约定所证明的。这意味着，辩方律师和我都同意他在案发时是一名州监狱的犯人。法官接受了这一约定，在这一点上那是一个已被证明了的事实。无须再提供书面证据或任何别的必要证据。

本案中，陪审团的裁决表格基本上是三份相对独立的文件。第一份裁决表格上将写上罪状一，将宣告有罪，罪名为殴打，受害者是休斯顿狱警。休斯顿狱警是第一位作证的先生，他作证称因为这场打斗，若没有这场搏斗他就不会受伤。他胫骨上受了伤，去了萨特海岸医院并得到了医治。那是一次受伤。不仅仅是殴打，不是吗？但肯定符合殴打罪的条件。那是罪状一。我想请求你们对罪状一回应作出有罪的裁决。

另一份独立的文件是罪状二。还是殴打罪，在本案中是对范·贝尔格狱警的殴打。范·贝尔格狱警是第二位作证的狱警。就这场打斗的结果而言，他不能确切地告诉你们殴打的经过，但那不是他们注意力集中的地方。他们的注意力集中在使那个人平静下来并结束那次事件。作为这场打斗的一个直接结果，这场搏斗以他的手骨折而告终，他手上一根骨头基本上是粉碎性骨折，他因此去了萨特海岸医院，并在那里接受了医治。以上是两次殴打。

让我们稍微谈谈有关的法律条款，该条款的规定一目了然。《刑法典》第

⑦ 你发现该辩词是如何循循善诱地，把人们的注意力引向狱警和狱犯的说谎动机吗？辩方可以怎样辩作答？你认为，哪一方有最强烈的理由在这个事件上说谎？

4501.5款是有关殴打罪的条款，该款规定："任何人被关押在州监狱期间"，我们对此已作了约定，他是被关押在州监狱，"犯有殴打一名未被关押在州监狱的人的罪行"，那就是监狱职员、管教员、平民工作者，"是重罪"，句号。就是一句话的规定。并不是很复杂的法律。"任何人被关押在州监狱期间，犯有殴打一名未被关押在州监狱的人的罪行，是重罪。"

早些时候我曾告诉你们，我也要为你们定义一下殴打罪，尽管这是一件令人心烦的事情。殴打罪有个一句话的定义："任何人对另一个人蓄意和非法使用武力或暴力，是殴打罪。"句号。就是这样。[73]

早些时候我还告诉你们，本案中有第三项殴打罪，从法律上说本案存在着第三项殴打罪，而我不打算请求你们对其也作出一项有罪裁决。对你们来说，可以先不考虑这个问题。但是，构成殴打并不需要受伤。从法律上说，不必非要使人实际上受伤。

法官对陪审团指示的有关部分说到，即便是最轻微的非法接触，如果所作所为粗野无礼，那么，粗鲁或愤怒的行为也应纳入殴打之列。所以，不需要有受伤的结果。所以，你们实在可以确定另一项殴打罪的存在，它没有被指控，而受害者就是沃克狱警。因为基本上当那个人冲到门前时，他就受到攻击了。那没有被指控。谢谢你们，女士们，先生们！

迪莫先生：我不想让人听起来好像我正准备逃走。当我打开那扇门去找什么的时候，我想起许多年前有一次，那时我还是一名康普顿的地方副检察官，有一次在那儿碰到一位律师。他在一天开庭后遇到了难题，他说："法官阁下"，他说："我想出去找个证人，来解决我的案子并证明我的委托人是无辜的。"然后，他就走出门去。我们大家都坐在那里等了又等，证人和律师都没回来。我们等了又等，什么也没有等到。最后，他们派一个法警去找他。他却完全忘记了审讯这码事儿，他正坐在自己的办公室里和客户聊天。[74]

卡明斯先生总是喜欢取笑我的图示，我承认我经常用图示。我应该停止挥手，所以我就用挥指示棍来代替挥手。本案基本上是一类间接证据的案件，而我知道有许多关于人们观察的直接证言。但不幸的是，当你们评价该证言时，你们不得不做的一件事情就是要决定，人们的确看见了他们自称真正看见的东

---

[73]　出庭律师在结审辩词中常常谈及法官给陪审团的指示，特别是其中那些关键性法律术语的定义。此处，检察官宣读了殴打罪的定义，但并未就证明对被告不利的事实是否符合该定义进行争辩。

[74]　陪审团的注意力，在辩论的前几分钟处于高度集中的顶点。辩方律师的这个开场白，达到了何种效果？

西。就是说，你们不得不去评价证言中的某些情节，因为有许多引起人们去感知的事情——这也许导致了詹森是以一种方式感知事物，而狱警们在以另一种不同的方式感知事物。⑦

你们需要处理的事情是，考虑一下什么是这个人头脑里想的事情，什么是他做的事情。而其中一件事情——是你们会从法官对陪审团的指示中得到的三个规则。首先，情节必须与理论相一致。不仅要与辩方有罪的理论相一致，而且不能与任何其他理性结论相调和。全部情节中的每一个必要事实的环节都必须得到确信无疑的证明。

当然还有一件事，我把它记在这张纸的背面——我仅此附带提请法庭注意的是——无罪推定。你们应该记住，是地方检察官，而不是我，负有证明责任。我没有任何证明责任。詹姆斯·詹森没有任何证明责任。如果在詹森有罪还是无罪的问题上存在着一种合理怀疑，你们就有道德义务和法律义务以一项陪审团无罪裁决来恢复其清白。你们应该记住这一点。那是非常重要的。

所以，在你们考虑那个问题时，我将简要回顾一下卡明斯先生的辩词。首先，请你们考虑和讨论一下讲真话的动机。没错。这些狱警没有说谎的动机。你们知道，嗯，我发现有些事情真是很有意思，他们把斯托克斯中尉请到证人席，就是要我们确信，这些狱警们记录了每一个重要细节。那么，什么是他们报告中没有承认的重要细节呢？那就是，没有任何人在报告中提到任何关于牢房送餐口的事情，但多位证人被问到这一点。没有人报告谈及。甚至斯托克斯中尉，对此也缄口不提。

毫无疑问。我认为，斯托克斯中尉对此说得很清楚，在他的证言里清楚地说明，这些报告起初是在低层级拟定的，然后一级一级向上呈送。我认为，在79　这种一致对外的气氛中，不为自己遮羞是不太可能的。这倒不是因为他们故意想要保护自己，而置狱犯于不利的地位。

我认为，你们需要斟酌的是这样一种意见，即他们是——差不多是这样——在使事情看起来很好。我认为那是一种很正常的事情，上级要看到下级在做正确的事情。换句话说，报告走得越远，人们越想确保没有那种会一究到底的批评。所以，动机是有的，有一种无视一些事情的动机。⑦

我在考察本案的环境时，第一件触动我的事情是，三位狱警全都——全以

⑦　辩方律师是基于狱犯詹森如何实际感知事物的事实，进行了辩护吗？

⑦　关于狱警们对那次事故不讲真话的动机，这是一个有效的争辩吗？它回应了检察官辩词中关于动机的论点吗？

一种方式作证，你们可以觉察出像是一个证人似的。三位狱警在证明那种攻击行为时，全都表现出一种样子——对不起，我不知道如何措辞——全都表现出一副牛仔的样子。他们的行为，他们的服装，他们的靴子，所有一切都让人产生这样的联想。他们是牛仔。而我怀疑，他们在那个监狱工作的时候恐怕也是这副样子。那是第一件令我不安的事。⑦

　　第二件事情，一个非常重要的事项是牢房的送餐口。⑧ 第三件事情是被告——顺便提起，对被告动机的评论是："噢，我不想承担责任；一切都是别人的错。"我再次认为，同样的问题也出现在狱警们的书面报告中。我的意思是，我敢说，任何人在遇到交通事故之后给自己的保险公司写报告时，都会在某种程度上试图减少自己的过错。我们当中很少有人会在恢复知觉后说："是这样，我在那个家伙前面打方向盘左转弯，就撞上他了，就是这样。"

　　狱警们有同样的动机。他们想要人们确信一切都是别人的错，而且，那是不可避免的。那影响到他们的评价——请原谅，影响了他们的感知能力。但是，你们去想想，看看当时的情况，詹森显然是要就见领班警官的事情做个了结。虽然这个问题自从该月上旬开始似乎就一直飘忽不定，但他听到许多人说："嗯，领班警官不是谁想见就能见到的。"而卡明斯先生却说，詹森选择了划定解决问题的最后期限。我同意，他是划定了期限，但那是："我想了结某件事情；我想要见领班警官。"

　　显然从证言来看，他不断地划定期限，到某个时候他就能见到一位领班警官。但那不等于说，詹森作出了选择，要冲出牢门并开始殴打一名或更多狱警。⑨ 当你们围绕整个事件而考察案情时，可以看到詹森是平静的，他没有粗野的表现，而且所有的证言都是说，取决于谁有正确的观察——显然有一些不同的观察——他站在那里。当牢门打开时，他并没有把盘子摔向狱警。他只是扔掉了它。⑩

　　大致的证言是，他的头低着，我收集了有关他用拳头做着什么的所有说法，有的说是在推挡狱警或是别的说法，但证言中都没有提及——我觉得狱警们的证言本身在这个问题上就存在分歧，即是否攻击或试图攻击狱警——或沃

⑦　辩方律师有没有把关于狱警们是第一攻击者与其他事实编在一起，因而能够支持辩方的案情？

⑧　如果牢房送餐口是重要的，为什么辩方律师不在此处谈及它呢？

⑨　这显然是对检察官关于狱犯詹森选择时机对狱警发动攻击之辩题的回应。辩方律师从詹森的观点提供了一些讲述案件的事实。不过，请注意，在几个关键点上，他并未强有力地争辩詹森证言的真实性。

⑩　被告作证说，他当时弯腰去捡盘子。

80

克狱警。㉛ 可是，你们知道，我被指责使沃克狱警卷入了审判，我对此道歉。但是，你们知道，你们所面对的是在最高戒备监狱——四级监狱中的人物，而我，正如一开始就告诉你们的，我并非真正关心沃克是不是个坏家伙。你们知道，这里有许多检控方提供的证言，都把沃克描述为出色的狱警，他很棒。我料想，加利福尼亚管教局的监狱职员们在那些问题上官官相护。你们注意到，他们当中没有一个人是走到犯人当中去问："嘿，你们谁同沃克有过麻烦"，或"在使用武力和暴力方面，你们对沃克有什么看法？"

我认为，重要的是，这名狱犯对他感到恐惧，而且至少还有两名犯人看起来也这么认为——或者更确切地说，另一名犯人说过："你知道，我以前曾经看到他有过这种行为。"你们总是对那边那些警察表现出宽容。请注意，你们现在可不是在大街上。

所以，他就站在这里，他正等着送餐口的小门打开。现在，牢门上送餐口的小门可能是打开的。㉜ 我怀疑，送餐口的小门是关着的。但即使它是开着的，你们也能注意到没有任何人说过："将盘子从送餐口递出来。"而都是这样说的："给我们盘子，把盘子交回给我们。"

你们知道，如果说这个送餐口基本上和腰一样高，或者再低一点儿——有人说它是有点低，它有 12 英寸宽，6 英寸高，4 英寸深——我能以他的感知方式理解，即使狱警们关于送餐口小门一直开着的说法是正确的——我质疑过这个问题——我能从他的角度理解，站在那儿，怎么能注意到送餐口的小门是开着的。

发生了什么事情呢？牢门打开了，沃克出现了。他脑子里闪过了什么？"我将会受到你们有准备的惩罚。"他丢掉盘子，急忙躲闪，而搏斗接着就发生了。我确实认为，那是对所发生的事情的诚实解说。显然，在诸如此类的对峙中，狱警们打算看到并相信事实上他们所假定的攻击已经发生，而且，显然是想当然地把犯人视为应该受到责备的人。㉝

81　　　 我认为，真实发生的情况是，狱警们也许充分意识到要有一场殴斗；但事实上詹森先生觉得："我正面临着你们要把我踢出去的厄运"，因此他丢掉盘

㉛　辩方律师没有提到，被告作证说他是左撇子；而范·贝尔格和史密斯狱警却证明，詹森是用右拳伸出牢门去打沃克。

㉜　被告作证说，送餐口的小门是关着的。

㉝　每一个人都可能在讲实话吗？被告大概因为害怕而丢掉盘子、低下头，甚至举起拳头来保护自己，但他的行为也可能被解释为同样令狱警们害怕的攻击性行为。对辩方律师来说，在这份辩词中，这不正是一个提醒陪审团注意法官关于正当防卫指示的良机吗，不正是一个适用正当防卫之辩的良机吗？不正是一个甚至把正当防卫理论与合理怀疑的指示联系起来的良机吗？

子，低下身子。现在，不论你们如何看待那场最初的对峙，卡明斯先生是对的。对沃克狱警的殴打问题并不在今天审讯之列。列入审讯的争点是对范·贝尔格狱警的殴打以及对休斯顿狱警的殴打。

你们知道吗？如果你们坐下来好好想一想证言，我敢打赌，你们的回忆和我是一样的。没有一丁点儿证言可以证明这名被告殴打了任何其他狱警。事实上，没有任何狱警——那两名狱警没有作证说被告打了他们。他们在预审中也没有就此作证。他们在这里也没有就此作证。

我和所有这些其他狱警们一同假定："噢，是这样，我看到他打了范·贝尔格"，或者，"我看到他用脚踢了别人"或诸如此类的事情。没有人——没有任何人作证被告打了除沃克之外的任何人，而有关殴打沃克的争点又不是本案审讯的事项。休斯顿和范·贝尔格两人都陈述了——我打算在我的笔记中复述他们的证言——但是我相信有一个问题大意是：你们知道，在询问休斯顿狱警的问题中："你明确地知道自己怎么受的伤吗？""不知道。"而在询问范·贝尔格的问题中："你知道自己怎么受的伤吗？""不知道。"

我不知道他们的腿是不是撞到了牢门上。我不知道是不是范·贝尔格在把我委托人的头往墙上撞的时候，他们也碰伤了自己的腿，是不是同时也弄伤了他自己的拇指。我不知道发生了什么。你们也不知道发生了什么。问题在于，由于本案缺乏以某种方式呈现在你们面前的证据，你们不能猜测究竟发生了什么，形成或产生我的委托人踢了他们、打了他们或做了某种类似事情的结论，地方检察官没有诉由。就殴打范·贝尔格和殴打休斯顿而言，绝无半点证据呈现在法庭上，我认为你们需要认真考虑此事，进入陪审团室仔细讨论，然后带着无罪裁决回到这里。

这个案子绝对没有浪费你们时间和金钱。如果被告获得陪审团的无罪裁决，就不会有这样的浪费。绝对不存在被告行使武力的接触。倒是有大量的武力被施加在被告身上。但是，绝对没有一片儿证据证明，被告对休斯顿或者范·贝尔格使用了武力。[84] 谢谢你们。

卡明斯先生： 我怀疑，迪莫先生这两天晚上一直在看电视转播的奥林匹克运动会比赛，他看到一些裁判如何给那些拳击比赛打分，好的，一个人制造了接触，得分。那个人没有得分，这个人得了分。女士们，先生们，这整

82

---

[84] 法官对陪审团的指示中，难道不应该包括殴打是否需要直接接触的证据问题吗？指示中包括了吗？要求法官对事实所提出的法律问题作出指示，这正是出庭律师的职责。如此，出庭律师就可在结审辩词中，向陪审团宣读那些指示。

个辩词都在说，没有一丁点儿证据，这些狱警中也没有一个人实际证明了殴打给他们造成了伤害，且地方检察官没有诉由，这真是一派胡言。实在荒谬绝伦。

法律中没有要求任何狱警到这里来的规定，也没有任何人告诉你或别人，"是他的第三记快拳，使我的拇指磕到地板上从而受伤骨折。"这真是荒谬可笑。请按正常的逻辑思考一下这些话。

法律要预防和惩罚的是行为及其所造成的伤害。你们让诚实有余的狱警到这里来说："我们不能向你们讲述殴打的确切情况，我不能向你们确切地讲述事件发生时的情况，因为我们正要履行的职责是去制伏一个人，把他按倒，让他安静下来，给他戴上手铐。这样做是为了所有人的安全，狱警的安全，这位被告先生的安全，他的室友、同室犯人的安全，每个人都包括在内"，那是他们应该做的事情。那是加利福尼亚州雇他们去做的事情。

所以，所谓由于他们不能真实地向你们讲述殴打造成伤害的确切情况，人民方便没有诉由的观点是不正确的。在法律上它只是一个虚构，一个谎言。像迪莫先生和辩方似乎是——他们真正想说的是沃克把事情弄糟了——至少这个家伙（詹森）相信沃克厌恶他。请回忆一下被告自己的证言，说他们先前有过两次接触。但沃克一次也回忆不起来了。他在自己的职业生涯中很可能接触过数以千计的人。而詹森说先前与他有两次接触，一次在福尔松，一次在这里。基于此以及他从别人那里得来的一些其他感觉，他把一位没有常规接触的狱警说成是让自己怕得要死的人，怕得要死。

女士们、先生们，那类辩词，如果那是正当防卫在法律上有充分依据的辩词，那便是他真正想的，他真正想要说的是：在本案中，詹森的所作所为完全适当。现在，辩方当然是想把他所做的事情大事化小，小事化了。辩方想让你们相信："嗯，你们知道，他当时正想抱着自己的头，所以他当然不得不丢掉盘子；而且，尽管他可以把盘子扔向狱警，但因为他没有那么做，那就不可能是真正的攻击。"

那真是荒谬可笑。他选择丢掉盘子，也许低头，也许没有低头。在那个问题上，证据是 50 对 50。但在任何情况下，很清楚的是，他紧握右拳并向前移动，是攻击者。我甚至问一位狱警，有没有任何——问这些问题几乎令我感到难堪——有没有任何可能性，即你们可能误解了他低头并向前移动的行为。他说没有。他的行为有攻击性吗？他的行为粗暴吗？当时他的行为就是那样。那才是全部事情的关键所在。②

因为詹森首先发难，狱警们以一种职业性的、适当的方式作出了回应，因为他们当中有两人受伤了，这就是我们的所有请求，即请你们对这两项罪状作出裁决。没有更多的请求。真正重要的是，人民方意识到，证明责任是在人民方，而我义不容辞地要证明我的案子，把我的案子证明到确信无疑的程度，排除合理怀疑。

正如法律所说，它不仅仅是可能的怀疑，因为一切事情都向怀疑敞开着大门。换句话说，你可以持某种怀疑，你们依然可以宣告詹森先生犯有罪状一和罪状二。你们可以有某种怀疑。我不能也不可能，而且没有一位检察官可能证明自己的案子完全排除了任何怀疑的阴影。这不是佩里·梅森（Perry Mason）*在打官司。我们没人能排除任何可能的怀疑。我做不到那一点。我不相信任何人能做到那一点，因为我们正在论及的是人的恐惧和人类生灵，你们总会有不同的感知。总会有的。

它只是心底的感觉，同胞们。确信无疑，四位管教员出庭作证，告诉你们在 1992 年 3 月 28 日发生了什么。你们确信无疑地相信他们所述发生的情况确实发生了，达到了这个程度；如果你们可以相信这一点，你们就可以认定詹森先生犯有罪状一和罪状二所列的罪行。非常感谢你们！

法官：你们现在就要退席了，从你们陪审团成员的号码中选出一个来担任陪审团主席。他或她将主持你们的陪审团审议。为能达成一项陪审团裁决，全部 12 名陪审团成员必须一致同意这项决定，按照我给你们的指示，陪审团裁决中应包括对事实的认定。只有在你们全体一致地通过一项裁决，也就是参加投票的每个人都说该裁决真正表达了他/她的决定的时候，你们的陪审团主席要在陪审团裁决上签名并签署日期，然后你们一起回到法庭上来。请交还未签署的陪审团裁决表。

罪状一必须与休斯顿狱警有关。同样，罪状二必须与范·贝尔格狱警有关。写明有罪还是无罪，在陪审团裁决书上签署姓名和日期。

（法警已经宣过誓。）……

（下午 6 点 37 分，重新开庭。）

* 一部律师题材的美国电视剧中的主人公。——译者注

② 正当防卫理论主张，被告在对身体伤害有合理的害怕时，就有权以合理的武力作出反应。因此，狱犯詹森的攻击性移动如确有发生，可被视为因害怕一群全副武装的狱警攻击而做出的合理反应。这一点曾向陪审团解释过吗？

法官： 请在笔录记录下出庭被告、双方律师和陪审团全都到庭。贝克先生，陪审团已经达成了一项陪审团裁决吗？

贝克先生： 是的，先生。

法官： 请把陪审团的裁决交给法警。

法院书记员： 加利福尼亚州德尔·诺特县高等法院，加利福尼亚州人民诉詹姆斯·詹森。我们，组成上述案件陪审团成员者，认定被告詹姆斯·詹森，犯有殴打管教人员（休斯顿狱警）罪，违反《刑法典》第 4501.5 款，罪状一成立。

我们，组成上述案件陪审团成员者，认定被告詹姆斯·詹森犯有殴打管教人员（范·贝尔格狱警）罪，违反《刑法典》第 4501.5 款，罪状二成立。

84

二、注释和问题

1. 被告詹森把对他的定罪上诉到加利福尼亚州地区上诉法院。上诉法院指出："上诉人案件中的唯一真正争议点是，谁挑起了这一事端。"在结审辩词中，本案是以这种方式向陪审团展示的吗？辩方律师是否提出了这样的观点，即管教人员挑起了这场格斗？请考虑一下，本案的证据是支持了这样一个观点，还是支持了另一个有关的观点即各方打斗者都把彼此的行为误解为攻击行为。思考一下，你若给陪审团讲述案情，如何可以使其对詹森的定罪产生合理怀疑。

2. 发生在鹈鹕湾监狱的其他事件之证据，对詹森案的结局有没有影响？这里有一份亨德森法官对鹈鹕湾监狱集体诉讼案——马德里诉戈麦兹案 ［Madrid v. Gomez，889 F. Supp. 1146，1162，1199 - 1200（N. D. Cal. 1995）］意见的摘录：

> ……出于对一名给他和其他犯人起侮辱性绰号的管教员表示不满，卡斯特罗拒绝交回他的餐盘。在将盘子放在牢房前部后，卡斯特罗退到牢房后部，他藏在床垫下以求自保，预见到会被从牢房里清理出去……卡斯特罗身材矮小，也没有作出口头威胁或攻击性姿态……
>
> 为了把他弄出来，管教员用 38 毫米气体自动枪向牢房里进行了两轮发射。他们还用一支泰瑟枪*开了火，并击中了卡斯特罗的胸部和腹部。然后……一些狱警冲进牢房……他们不是试图收回盘子。卡斯特罗后来证

---

* 一种发射带电镖箭，使人暂时不能动弹的武器。——译者注

明，一名狱警用气体自动枪的枪柄猛击他的头部，把他打昏。当他苏醒后，他脸朝下趴在地板上。一个狱警正用脚踩着他的手，并用警棍抽打他的小腿……当他再次苏醒时，他的脸擦着地面被拖出牢门；他的头鲜血淋漓，他的一块头皮被撕裂或剥落了……他被送进医务室，然后被送进了医院……

基于这次和其他的事件，法官亨德森得出结论说：

> 我们同意，就鹈鹕湾监狱中滥用武力而言，再加上在人犯管理制度武力控制使用上恶名昭著、无所不在的失控……暴露了一种纵容性的管理策略……所有这些（证据）集合起来描绘出一幅过度使用武力的监狱图画，武力不仅被善意地用来恢复和维持秩序，而且以施加惩罚和痛苦为目的。

你认为，在詹森案中，辩方律师为何没有把鹈鹕湾监狱的"管理策略"在审判中提出来？如果律师试图这么做，法官会允许吗？在这样的诉讼中，必须审理多少起这种事件？检控方对此会如何回答？如果在审判中要探讨别的事件，詹森案审理将会耗费多长时间？

第二章

85

证明过程：审判构成方式

　　本章从两个方面为证据规则的学习提供了背景知识。首先，我们向你们简要介绍了我们的研究方法论和《联邦证据规则》，并提供了一些学习技巧。其次，我们为你们提供了一个对抗制审判制度之证明过程结构的概览。这是证据规则的运行环境。

第一节　证据法学习引论

1. 如何使用本书

　　本书采用了问题教学法。我们介绍证据规则，并以直白的文字对其进行解释，这在某种程度上使它有点像一部专著或入门书，而不是要求你们从法官意见中提炼出学理要点。为了使你能够将这些规则运用于实务，并探究其限制和适用，我们依靠的是仿真思考题。我们的方法反映了一个经过考虑的判断，即就学习证据法而言，问题教学法优于案例教学法。既然你们的教授已指定本书作为教材，她或他对此无疑是赞同的。我们在本书中只收录了少量案例节选，只有在某个案例对充分阐释一个重要原理至关重要之处，或者某个事实样本对于论证某项规则的特定适用特别有用之处，才这样去做。

　　我们在本书中覆盖了《联邦证据规则》的绝大多数条款，但经过筛选省略了一些不太重要的条款。各节论述的基本方式是，以复述规则文本开始，并在下一节解释其核心要义和适用。在后续各节，在有该规则保证的情况下，我们讨论更难的规则适用、思考题及围绕该规则的疑惑、其潜在政策以及与实务有关的问题。这些思考题从第三章开始分布于全书，在翔实的规则解释资料（通常为 5-12 页）之后。在每一章末尾（也是自第三章起），我们提供了"自测

86 题"，通常是测试规则核心适用的多项选择题或是非题。所有自测题的答案都可以在末尾找到。

2. 证据法学习

　　证据法学习的技巧，在很大程度上取决于教师如何来讲授这门课程。但是，我们能够提供一些在大多数课堂上行之有效的一般理念。法学院的学生们

喜欢将课程提纲作为最有效的学习工具，无论是商业机构制作的，还是自己或同学们制作的。商业机构制作的课程提纲或许对读案例书有帮助，因为从特定案例而来的学理也许很隐晦，但我们认为，那些商业机构制作的提纲在与本书的联系上用处不大。我们在讲述白纸黑字的学理时并无任何隐藏；将规则适用于具体问题的挑战性已经足够了。

就你们自己准备的课堂提纲而言，我们的建议是，你们要讲策略。如果你们写的课堂提纲仅仅是在总结证据法条文，你们或许能从自己的努力中有所收获，但它也许没什么效率。你们最终会制作出一份像是带微注释的《联邦证据规则》副本。不过，请考虑如下方法。就每一个小时的任务而言，写下你们学习的规则编码（如《联邦证据规则》602）以及能抓住其主旨的简述（如"一手知识"）。如果你们喜欢，复制一个要点列表式规则版本——我们在本书中就是这么做的，而且，《联邦证据规则》中的许多条文本身就是要点列表式的。更重要的是，要把那些隐含在规则文本背后的学理要点，以要点列表的方式列出来——例如，司法解释中增加的要点。

至此，我们的建议与一份普通课堂提纲并无区别。这里，我们要给出一些特别的建议，而这关系到问题教学法。针对每一条规则，你们还应该做另外两件事。首先，写一段能抓住你们对该规则之关键适用之理解的简短事实样式。接着再写至少一两个能举例说明该规则适用的问题或不确定性的事实样板。你们可以从本书思考题中，或从你们授课教师提供的思考题中，或者（甚至更好）从你们自己编写的思考题中提取出这些事实样板。当你们在撰写事实样板时，关键是你们要用自己的语言来描述该规则如何适用，或是该规则适用于该事实样板时的支持和反对论点。这种方法将有助于你们的学习和考试准备。

3. "重塑后"的《联邦证据规则》阅读

《联邦证据规则》的写作方式虽非完美无缺，但与许多其他联邦法典和一些诉讼方面的规则相比，是更为简约和条理化的。为了给自己一个概览，你们应尝试熟悉《联邦证据规则》目录。《联邦证据规则》有11个主要部分（被称作"条"），每个部分论述一个独立主题。大部分规则都试图以直白的语言解释自己，这为你们学习其适用和难点提供了一个好的起点。

你们应该了解的另一件事，是《联邦证据规则》2011年年底进行的"重塑"（restyled）。就是说，2011年前的《联邦证据规则》版本被重新编辑，以更直白的语言来表述这些规则。此外，多条规则子项的编码被调整，以期使其表达更加清晰和规整。这些改动均须经过修法程序：联邦证据规则起草咨询委员会向联邦最高法院提交了修改建议，最高法院对其审查和批准后，再提交国

87 会最后核准。然而，这次修订被称作一次"重塑"，是为了厘清其意图并非是对任何规则的含义或解释作实质性改变，而只是要使其更易于阅读和理解。在个别情况下，重塑试图用与通行的司法解释相一致的新措辞来厘清过去含糊不清的措辞。

在本书中，我们当然要再现《联邦证据规则》的当前"重塑"形式。我们使用现在的措辞和子项编号进行解释和讨论。我们在此提及这些，是要提醒你们注意该变动的事实。依据 2011 年前（重塑前）版本裁决的案件，可能会使用略微不同的语言和子项编号，所以，我们要确保你们不会对此感到无所适从。你们现在就可以理解本书后面文字中时而会提到的"重塑"的明确含义了。

第二节　对抗制/陪审团审判制度：概述

当你们开始证据法学习时，把自己置于诉讼律师的角色，正试图向陪审团有说服力地陈述案件，这会是有益的。这要求你同时设想一下，在陪审团成员看来，审判过程是个什么样子。人们熟悉和不熟悉的东西，令人困惑地搅在一起。首先，大多数诉讼事件都涉及人类的日常事务。尽管在詹森案中，监狱场景超出了大多数人的个人经验，但对裁决来说，关键问题仅仅是打斗如何发生，而在这里的典型情况下，就变为该相信谁——狱犯还是狱警——的问题。虽然典型的诉讼问题通常都在人们的一般经验范围内，但司法裁决方法论与普通民众作出日常决定的方式有根本区别。审判场景非同寻常，有时还让人感到迷惑不解，常常也令陪审团成员生畏。的确，你们也许已经发觉，贯穿审判过程的一个主题，是把陪审团与审判过程中发生的许多事情隔绝开来。尽管从历史上看，曾经有过允许陪审团既决定法律问题又决定事实问题的情况——在美国甚至一直延续至 19 世纪末，而当代陪审团只决定事实问题。因此，实际上所有法律讨论——包括对案件适用适当的实体法和程序法，以及证据应该被采纳还是排除——都发生在陪审团听审之外，或是在陪审团不在场的情况下。在审判进行中，相对简短的法律讨论可以法官席会议方式进行，其间律师和法官低声交谈，为的是不让陪审团成员们听到交谈内容。更长时间的讨论，可以在法官议事室举行，或者在法庭上，当陪审团成员们不在场的时候举行。

这个将陪审团隔绝的主题，也贯穿于证据法课程中。因为，在很大程度上，证据规则直接关注的就是允许陪审团听到什么证据的问题。因此，大多数证据规则的政策含义是基于人们对如下问题的回答：允许陪审团考虑这种类型的信息，会对争端的准确解决产生什么影响？

一、对抗制

对抗制是这个国家占统治地位的争端解决理论，构建诉讼规则包括证据规则，就是源自并贯彻这个理论。对抗双方各自向假定没有利害关系的事实认定者——法官或陪审团，介绍有利于己方的真相版本，法官或陪审团听审各方当事人提出的证据，并以一种无利害关系的方式来决定实际上发生了什么，什么样的裁决才是适当的。反过来说，这种对抗制程序，源自在私人个体之间、国家和个人之间的争端解决过程中政府适当角色的概念。政府有义务为争端不偏不倚的解决提供一个公平且公正的论坛（forum）；而且，一般而言，所有政府均有义务或权利这样做。甚至在刑事案件中，法院独立于检控方的立场，将主权国家的代表和私方代表同等对待。各方当事人都对案件的调查负有责任，都要为案件审判做准备，并都在很大程度上控制着审判中的证据出示。在这个国家里，有许多人相信，与法院起支配作用的审判相比，对抗性调查和证据出示更可能生成与事实真相一致的裁决。

二、陪审团审判制度概述

（一）审判参与者的角色

虽然你们通过观看虚构的和真实生活的法庭剧，可能对审判中参与者的确切角色已经很熟悉了，但还是有必要做一个简要回顾：

1. 证人

证人是对庭外发生的事件拥有知识，被传唤到法院，宣誓后在法官、陪审团和诉讼当事人面前披露该知识的人。

2. 陪审团

陪审团（指其中的每一成员）运用其感官来感知法庭中的信息，运用其推理能力去评估该信息并作出推论，从而得出争议事件的哪一个版本是（或更接近？）事实真相的结论。人们期望陪审团成员在不受任何外部知识或自己拥有的亲身知识影响的情况下，对案件中的争议事实达成一个结论：一般情况下，他们事先对该案件一无所知，并且（如在詹森案中，第一章）根据法官的指示，不自行调查事实。然而，人们并不期望陪审团成员无视自己拥有的概括性背景知识和经验，的确，他们被假定，将运用自己的知识和经验对面前的证据进行推理并作出推论。如同在詹森案中那样，一般情况下，陪审团指示并未给陪审团关于推理过程应该如何进行的任何指导，只是界定了"推论"（inference）

和"间接证据"（circumstantial evidence），并要求其不要考虑特定"非理性"（ir-rational）因素：情绪、某一方证人的数量、运气或抽签。上文第 68 - 72* 页。

3. 律师

律师通过运用证人、文件和其他展示物，向陪审团提供信息。[①] 因为陪审团是被动的，诉讼律师的角色是去调查、访谈、选择、准备，以及提供律师认为对他们各自案件最有利的信息源。这种竞争过程处于对抗式证明的核心，并在事件之相互竞争和矛盾的版本的出示中产生结果。诉讼律师还向陪审团争辩其推论和结论，但陪审团得到的指示是：律师的陈述不是证据。

4. 法官

法官主要依据证据规则，通过对诉讼律师的证明设立限制而控制审判过程，以利于实现结果的合理性、当事人间的公平、社会和道德价值及效率。法官有权令审判活动的所有参与者在法庭上的行为举止与其角色要求相一致。另外，法官可以传唤证人，并可询问证人，无论其是否为法院所传唤。参见《联邦证据规则》611 和 614。但法官不应该控制诉讼律师的案件内容和整体展现。因此，一份标准的陪审团指示陈述道，任何一方都不必提供所有可能了解该事实的证人，也不必提供所有可能被提到的物品或文件。通过本课程的学习，你们应该问，法官是否应该有权不让陪审团知道有关争议事实的知识。

（二）陪审团审判与法官审判

将陪审团视为事实认定者的信念，是多年来证据规则得以建立和形成的基础。然而，许多审判是在没有陪审团的情况下举行的。在大多数刑事案件以及许多请求损害赔偿的民事案件中，当事人都有要求陪审团审判的宪法权利，但当事人有时候放弃这种权利，而同意尝试由法官在没有陪审团的情况下进行审判。另外，许多民事案件——主要是那些寻求衡平法救济（equitable relief）的案件，如法院禁令——由法官在没有陪审团的情况下审理。在这种"法官审判"（bench trials）中，法官不仅在法律问题和证据采纳或排除的问题上发挥着裁决者的作用，而且是考量证据的唯一事实认定者。相似的情况出现在"证据听证"（evidentiary hearings）中：在审前程序（如刑事案件的预审）中，证人被传唤作证。证据规则一般适用于法官审判和证据听证，但由于没有陪审团

---

　　* 本书中所注本书（上文、下文）页码，均为英文原版书页码，即本书边码。——译者注
　　① 法官在詹森案中指示陪审团："证据由证人的证言、文字材料、实物或者任何可以呈现于感官的东西所组成，用于证明一个事实的存在或不存在。"上文，第 69 页。

出席，这些规则的适用可以在一定程度上放宽。其理论根据是，法官由于拥有经验并受过专业训练，因而能比陪审团更易于且更有效地摒弃不可采的证据。因此，证据的错误采纳或排除被认为问题相对较少；法官在措辞调查结果时可以宣称，其裁决未受到特别可疑的证据裁定影响。

第三节 对抗性证明：竞争性叙事理念和"案件理论"

在对抗制审判中，对抗当事方对民事责任或刑事犯罪，或各自的否认（无责或无罪），分别提供一个叙事或故事。正如托马斯·A. 马沃特（Thomas Mauet）教授所说："陪审团审判，本质上是一场看哪一方的案件理论，陪审团将选择为更可能真实的竞赛。"托马斯·A. 马沃特：《审判技巧》［Thomas A. Mauet, Trial Techniques 62 (8th ed. 2010)］。审判（1）提供一个导致国家强制力实施的最终且具有约束力的裁决，并且（2）仅从对抗方的举证来收集事实。请考虑一下，这与许多其他调查形式的事实认定探询有何区别。许多调查程序，像审判一样，试图重建过去的事件。但对事实调查采用了不同的途径。调查人员检验似真的假设，考虑那些被认为可能真实但也许又可能不真实（至少在早期阶段）的"线索"（leads）。在调查中，推测是生成线索和进一步调查路径的有用工具。调查不需要得出结论。一个国会（调查）委员会可能无法形成结论或立法建议；一位警局探员可能无法辨认犯罪嫌疑人，而将案子归类为"未决"（unsolved）。

因此，审判与调查有两个显著的区别。首先，审判必须得出结论。其次，证据被出示而非收集。这意味着，各方当事人并非在探究事实可能是什么，而是在主张事实是什么。

从一个调查阶段可能存在几个似真的假设来看，审判中的当事人各方被要求提交自己特有的事件版本。我们司法制度的公理是，仅当一项主张是真实的，才有权得到救济。我们的审判制度和证据法，旨在迁就（accommodate）重建过去事件过程中固有的不确定性，这是通过允许各方当事人将自己的主张奠定于可能发生了什么的证明基础上而实现的；但它不允许当事人提出"可能真实"（possibly-true）的多项选择性主张。大卫·S. 施瓦茨：《证据法基础理论》［David S. Schwartz, A Foundation Theory of Evidence, 100 Geo. L. J. 95, 126 (2011)］。

为了阐明这一点，请考虑在该原则缺失的情况下，一次医疗过失审判中的一段开审辩词：

　　　被告在重新缝合切口时，可能在原告体内遗留下一块手术海绵——我们不确定。如果情况不是这样，那就可能是，他割到一条神经而使原告受到伤害。又或者，这与手术完全无关；可能是他为其开了非必要的心脏类处方药物。我们所知道的就是，他以某种方式存在过失。

　　这个例子有些极端，但你们能从中看到一点。如果当事人一方"可依据诉讼事件可能发生的种种方式……任务就变成，以一切可以想象的证据为条件，来确定一种可能性。这显然是任何一方当事人都无法承受的负担"。罗纳德·J. 艾伦：《司法证明的性质》[Ronald J. Allen, The Nature of Juridical Proof, 13 Cardozo L. Rev. 373，378（1991）]。如果主张方不知道对他来说发生了什么，他就不能主张自己有权获得救济。

　　这意味着，为了进行审判，各方当事人必须提交自己具体的案情。而且，该案情必须遵循一个特定结构：它必须包含实体法所规定的"要件"（elements）。合同索赔的要件包括：（1）一份合同（由要约、承诺和对价组成），（2）违约，（3）因果关系，（4）损害赔偿。思考要件的一种好的方法，是将法律主张思考为一种不断重演的故事体裁或类型。你能够将一个案件认作"过失案件"的方法，类似于你能够将一部电影认作浪漫喜剧的方法。一部电影如果具有以下元素就是浪漫喜剧：（1）男孩遇见女孩，（2）双方坠入爱河，开始恋爱，（3）情侣开始不和，（4）他们重归于好——通常是以蒙太奇手法，在音乐伴奏下展现他们在一起的凄美时刻，接下来的场景是，男孩在城市街道上飞奔，或高速飙车，从而阻止了女孩去做那种会导致他们分手的事情。故事的细节不同，但这些元素的展现界定了它是一部浪漫喜剧。对于过失责任、合同违约或者你们有的其他案件而言，亦是如此。

　　提出请求的一方当事人在审判中讲述案情，必须做两件事情。必须提交一个具体的事件版本。这并非意味着一定要知晓每一处细节。但是，当事人必须满足第二项要求：所讲述的故事必须包含这样的事实，即对于那种（或那类）法律诉求而言，其是实体法所要求证实的要件之一。上句所说的证实一个要件，是指履行证明责任。案件具体事实必须有分量并足够详细，以至于一位事实认定者能被该要件可能属实所说服。可能性的程度取决于所适用的说服责任，我们将在第十章考察这个问题。

　　符合上述两个标准的请求方当事人所讲述的案情，称为"案件理论"（theory of the case）。案件理论，"是'实际上真正发生了什么'的己方版本。……它必须具有逻辑性，符合诉求或辩护的法律要求，简单易懂，并与陪审团成员的常识一致"。马沃特，上文，第 62 页。一些审判实务工作者和审判实务手册给"案件理论"赋予了更宽泛的含义，指审判策略和有说服力的故事讲述。我们则在更严格意义上使用这个概念，用它指称一个隐性要求。它是一个叙事，包含证实其诉求之要件的可能真相所需要的全部事实。从这个角度来看，案件理论对于确定相关性也是必需的：一个相关性论证表明，一个证据何以融入提供方的案件理论。

至此，我们给"案件理论"下的定义都聚焦于请求方（原告或检控方）。就民事被告而言，案件理论的要点，同样适用于其积极抗辩（因为被告方负有证明责任）。从被告方可以基于对请求方诉求提出质疑来主张无责或无罪来看，案件理论对被告方略有区别。从这个意义上说，案件理论对被告方也许具有更多的策略性，而非一项形式要求。不过，如果被告方提出了一个相反的案件理论，包含请求方案件理论遗漏的事实，其效果将会扩大该诉讼中什么将被当作相关证据的范围。

第四节　审判的结构

一、审前动议

审判通常以"审前证据动议"（motions in limine*）（发音是"in lim-in-ay"，意思是"在门槛上"）开始。这些是各方当事人提出的对预期证据难题要求获得法院裁定的动议。一方当事人如果预料对抗方会提出有问题的证据，便可以提出排除那个证据的审前证据动议，当然，审前证据动议可被用于获得对任何证据问题的审前裁定。审前证据动议通常以书面形式提出，辅之以支持性的简要说明，并在陪审团不在场的情况下进行辩论。

战术上的考虑，通常会驱使律师对是否提出审前证据动议作出决定。例如，像詹森这样的刑事被告，也许只有在确知陪审团将不会知晓他先前刑事定罪的情况下，才想要出庭作证。为了作出是否出庭作证的明智决定，被告方可以提出审前证据动议，请求把先前定罪从证据中排除出去。这将消除被告先前重罪是否将暴露在陪审团面前的不确定性。如果未提出该审前证据动议，辩方律师就不得不等到检察官在交叉询问该被告时发问："詹森先生，你在 1981 年

92

---

* 《元照英美法词典》将"motion in limine"译为"防止偏见动议"。——译者注

被判强奸罪，这不是一个事实吗?"然后再提出异议。即使该异议得到法官的支持，已听到这个问题的陪审团，可能仍会相信检察官有真诚的根据宣称该被告曾被定此罪。但是，辩方律师如果成功地提出了一项审前证据动议，检察官就会事先从法官那里得到指示，不得再问这样一个问题。

二、陪审团遴选

审前证据动议之后，陪审团遴选程序开始。根据不同的案件类型和司法辖区，陪审团遴选在遴选程序和被选任陪审团成员数量上有所不同；陪审团成员人数一般为 6－12 人。在联邦法院，刑事审判要求有 12 名陪审团成员出席，民事审判为 6 名。

奠定陪审团遴选程序的信念根据是，由认知能力健全、无利害关系的陪审团成员——仅凭事实来问责或归罪——审判更可能产生一项准确的裁决。因此，该程序允许各方当事人对候选陪审团成员提出异议，防止无行为能力人、与本案有经济或情感利益的人或不能撇开对本案已有任何先入之见的人成为陪审团成员，以便根据审判中提出的证据来进行裁决。

遴选陪审团的主要方法，是对陪审团"遴选群"——陪审团全体成员将从该群体中遴选——进行询问，以便为剔除他们发掘缘由。这个被称为"陪审团遴选审查"（voir dire）② 的询问过程，可由审判法官进行，也可由律师进行，或通过书面问卷方式进行，也可以是这三种方式的任意结合。（在联邦法院，最常见的做法是由法官进行询问，律师的参与仅限于对要询问的问题提出建议。）问题可以直接向个体陪审团成员提出，也可以向整个陪审团遴选群提出。

93　法官可以"有因（for cause）"（如对某方当事人持有支持或反对的成见）或实际原因（如无法参与审判全过程）剔除候选的陪审团成员。律师可以要求有因剔除，也可以提出所谓的"无因回避"（peremptory challenges）。因为并不要求律师为无因回避的请求提供任何理由，从实践来看，它们可以因任何理由被使用，或者仅凭直觉或心血来潮而行使。对无因回避请求的唯一约束是，每一方只被给予一定的次数，而且它们不可以仅仅因为候选陪审团成员的种族或性别而加以使用。参见巴特森诉肯塔基州（1986 年）（关于种族）[Batson v.

---

② "Voir"发音为"vwahr"，"dire"通常发音为"deer"，在南方流行的发音为"dire"（像在"dire straits"中的发音一样）。"voir dire"这个词不仅在陪审团遴选过程中适用于陪审团成员，而且适用于出庭证人。对后者的询问，是在陪审团不在场的情况下进行，以便确定其证言的某些方面是否能在陪审团面前被采纳为证据。（Voir dire，又称"一切照实陈述"或"讲出真相"。这一术语来源于诺曼底法语，意为"讲出实话"，是证人或陪审团成员在接受询问或审查时的誓语。——译者注）

Kentucky，476 U. S. 79（1986）（race）]；J. E. B. 诉亚拉巴马州（1994 年）（关于性别）[J. E. B. v. Alabama *ex rel*. T. B.，511 U. S. 127（1994）（sex）]。

适当操作陪审团遴选审查，对旨在获得理性陪审团裁决的审判来说，是一种有益的方式。尽管人们一般来说都是理性、称职的行为者，但有时一些人还是不能把可能影响他们裁决的利益和成见抛开（法官亦是如此，他们也会因相似的原因丧失审判资格）。投入一些时间和精力将这些人移出审判，显然具有重要意义。像许多审判程序一样，这个值得赞赏的社会目标是通过利用各方当事人的利己行为来实现的，他们各自都想要组成最青睐本方的陪审团，这种努力相互抵消，结果是形成了一个公平合理的陪审团。

三、初步指示

一旦陪审团组成并进行了宣誓，法官一般情况下将对陪审团作出某些初步指示。在这个问题上，不同法院和不同法官的做法也有所不同：这些指示或许只是告诫，在陪审团审议之前不要谈论案件的情况；或许包括某些考量证据或证人可信性问题的一般准则；在特定情况下，甚至会包括规制该案的实体法方面指示。在詹森案中，法庭向陪审团宣读了一系列一般性指示，以及"检察官控状"（information），即提起指控的书面刑事起诉状，其陈述了所控犯罪的法定要件。

四、开审陈述

现在，该轮到律师们向陪审团介绍他们各自的案情了，他们将按照以下顺序来提供证据：首先是原告（民事诉讼）或检控方（刑事诉讼），然后是被告。开审陈述既不是证据也不是辩论，而应该是该律师真诚地相信证据将表明什么的简洁叙事。其"正式"意图是让陪审团对该案有一个整体了解，使陪审团成员们更容易透彻理解他们接下来会听到的证言，这些证言可能会以一种支离破碎、不按时间先后顺序的方式来讲述案情。

开审陈述中不允许展开辩论，辩论会引起得到法官支持的异议。一般来说，根据证据得出的结论或推断，关于法律规则的争论以及关于证人可信性的评论，都被认为是"辩论"（argument）。例如，指出你对手案情中的弱点，显然构成一个会招致异议的辩论。然而，事实性陈述与辩论之间的界限并非总是十分清晰，这很像事实性新闻报道与编者按语之间的区别，同样难以划清界限。许多情况是处于"证据"和"辩论"之间的灰色地带。看一看人民诉詹森案中的事实：比如在开审陈述中，"被告暴力袭击沃克狱警"，就比"被告用拳

94

头猛打沃克狱警"的说法更接近于"辩论"，然而，二者都可能被认为是对证据的陈述。律师能够有多大回旋余地，主要取决于审判法官的自由裁量权。评估证据与辩论之间区别的一种有效方法是问：证人是否能在证人席上说这番话——如果是，那么它大概就是证据。

尽管规则上不许辩论，但律师们就是辩护士，他们将会以最有利于本方诉讼的方式来介绍事实。即使没有编者按语，精彩的开审陈述也可以为一方提供强有力的辩论，而且许多诉讼律师认为，陪审团在听取开审陈述时就已经开始在做决定了。（有实证研究支持这个观点。）

诉讼律师们常把开审陈述描述为，律师"与陪审团的誓约"（covenant with the jury）。关于"证据将表明"（the evidence will show）之类的陈述，最好是被看作承诺，因为陪审团也许会厌恶或不信任这样的律师，他们在开审陈述中的主张得不到审判中可采证据的支持。这意味着，在开审陈述中强调那些可采性存疑的证据，是有风险的。

五、证据出示和举证责任

证据出示阶段，显然是审判的核心。各方当事人提出证据的方式将在下文讨论。（见下文第四节。）这个部分讨论各方陈述自己案情的顺序，以及与之相关的举证责任这一关键问题。

（一）各方案件出示顺序

开审陈述之后，原告/检控方开始其主诉（case-in-chief）。这意味着传唤一系列证人到证人席作证。原告/检控方主要通过对这些证人进行直接询问③，必须提供足以证明——足以支持一项由陪审团确定的认定——其案由（或指控的犯罪）中每一要件的证据。例如，在詹森案中，检控方必须证明构成殴打罪（针对詹森多项指控中的一项）的每一个要件：（1）故意和违法；（2）使用武力或暴力；（3）对另一个人。

在原告或检控方"静候处理"（rests）其案件，且所有撤销指控的动议均已提出（并被否决）之后，被告方主辩（defendant's case）开始。像原告一样，被告方对证人进行直接询问，但被告方主辩的重点是质疑原告方的证据，

③　在许多情况下，有两种重要手段，使得在审判中通过证言或其他证据去证明事实变得不必要：二者被称为"约定（stipulation）"（由各方当事人协议约定的事实）和"司法认知（judicial notice）"（参见《联邦证据规则》201，在第十一章讨论）。

并提出足以证明积极抗辩每一要件的证据。

在辩方静候处理其案件时，原告/检控方有一个在反驳之诉（rebuttal case）中传唤所有证人的机会。[主诉（case-in-chief）一词，通常用来区分原告的主诉与其反驳之诉。]除了反驳证据的范围受到限制，反驳证据的出示与主诉程序相同。反驳证据必须对以下两个问题之一作出回应：（1）作为被告积极抗辩部分提出的有关事项；或（2）被告方主辩过程中对原告/检控方证据可信性的抨击。通常情况下，不允许原告或检察官重复其主诉中提出过的证据，或提出本应作为其主诉内容的证据。被告方可以有权进行"再反驳"（对反驳的反驳），但这并不常见。反驳之诉必然要比主诉简短得多。

（二）举证责任

"举证责任"（第十章详细讨论）是指，提出足够的证据，以便"理性的"（reasonable）事实认定者能够对民事诉求或刑事指控中每一个要件作出支持原告或检控方的认定。"事实认定者"（factfinder），也就是陪审团审中的陪审团（或法官审中的法官）。其中的"认定"（finding），是对证实该诉求或指控中那些要件之必要事实的认定，且必须满足所适用的"说服责任"（burden of persuasion）——在刑事案件中"确信无疑"（beyond a reasonable doubt），在民事案件中是"可能（概率）高于不可能（概率）"（more likely than not）[也称"优势证据"（a preponderance of the evidence）]。

因此，在民事案件中，原告要以足够的证据使理性的陪审团认定，原告诉求之每一要件的事实已被证实更可能为真，来满足其举证责任。比如，在侵权案件中，原告必须提出足够的证据，使陪审团对责任、违约、因果关系和损害赔偿作出认定。在刑事案件中，检控方如果提供了足够的可采证据，使理性的陪审团能够认定所指控犯罪的每一要件都已"确信无疑"地得到证实，就满足了其举证责任。例如，在詹森案中，这意味着提出足够的证据，使陪审团确信无疑地认定，除了其他事情，詹森还以给陪审团指示中所描述的方式"接触到"（touched）休斯顿狱警或范·贝尔格狱警。

注意：在民事案件中，被告对其积极抗辩负有举证责任。但在刑事案件中，检控方对否定任何抗辩负有举证责任，如詹森案中的"正当防卫"（self defense）。

如果原告或检察官不能对诉求的每一要件都履行举证责任，就会导致一项支持辩方胜诉的法官据法判决（judgment as a matter of law）。据法判决动议，可以在诉讼过程的几个不同节点提出。在民事案件中，简易判决动议（审前），诉讼不立/指令裁决/撤销指控动议（原告主诉之后），指令裁决动议（举证结束之后）或弃用陪审团裁决之判决（JNOV*）动议（陪审团裁决之后），所有这些动议都是在争辩，由于并不真正存在争议的事实，所以动议提出方胜诉。[在联邦民事案件中，这种在审判期间和审判结束之后提出的动议，如今通称为据法判决动议。参见《联邦民事诉讼规则》50（Fed. R. Civ. P. 50）]。在刑事案件中，只有被告方可以提出据法判决动议，可在检控方主诉之后、举证结束后或陪审团裁决之后提出。

96

所有这些根据事实记录来寻求据法判决的动议，都有一个基本相似点，即在每一种情况下，法院都不应该取代陪审团的角色。这意味着，法官不应该去解决证据冲突或证人可信性的问题。此外，如果负有举证责任的当事方提供了足够的证据支持理性陪审团的一项认定，法院就不得基于法官自己关于陪审团应当如何裁决案件的观点而作出判决。换句话说，法官做的全部推论，都必须有利于反对据法判决的当事方。

在语言表述形式上，据法判决与简易判决及后裁决动议（post verdict motion）相比，也许有所不同；而在民事和刑事案件中的表述也有所区别，但它们在本质上是相同的：是否有充分的证据使理性的陪审团作出有利于检控方或原告（积极抗辩的民事被告）的认定。辩方律师在民事案件中可能会辩称：

> 法官阁下，原告的证据不足以支持理性的陪审团认定其事实版本更可能为真。一些必要的事实明显缺少证据，另一些事实的证据所依据的推论过于薄弱。原告方的案件不应该提交给陪审团，而应该由法官据法判决。

在刑事案件中，将"原告"（plaintiff）替换为"检控方"（prosecution），并将"可能高于不可能"（more likely than not）替换为"确信无疑"（beyond a reasonable doubt）。

举证责任，以及由此产生的失去法官据法判决的可能性，对于当事人提供证据的顺序具有重要影响。即使在被告方主辩过程中出现的证据最终可能被原告或检控方用来作为其要件的证明，原告或检控方这么做也是极不明智的，因为辩方可以在原告（或检察官）主诉结束后提出法官据法判决动议，而不需要传唤任何己方证人。在人民诉詹森案中，辩方正是这么做的，其辩称并无充分证言表明，被告詹森实际上曾接触到所称的殴打罪被害人休斯顿和范·贝

---

* JNOV 是拉丁语 Judgment non obstante veredicto 的缩写，意为：尽管陪审团已作出一项支持一方的裁决，但法官仍作出支持另一方的判决。参见 Black's Law Dictionary, Seventh Edition, Bryan A. Garner, Editor in Chief, West Group（1999）。——译者注

尔格。

六、举证后事项

举证结束之后，法院与律师们可以避开陪审团处理某些法律问题。被告方可以"理性的陪审团均不"（no reasonable jury）可能作出支持原告的认定为由，提出要求"指令裁决"（directed verdict）动议，因为作为法律事项，原告诉求中的一个或多个要件没有得到证据证明；或者，原告没有提出充分的证据来对抗一项积极抗辩。同样，原告可以被告没有提出足够的证据来对抗其诉求为由，提出法官据法判决动议。检控方不能提出有罪指令裁决动议，因为那会被认为侵犯了刑事被告宪法第六修正案的陪审团审判权利。

在这个阶段，各方当事人还要对陪审团指示进行辩论。大多数法院要求诉讼当事人提交陪审团指示建议稿。这些都是为了协助法院，而法院在决定如何对陪审团作出指示方面负有最终责任；其实，审判法院可以自行作出指示，不必采纳任何一方当事人的提议。陪审团指示中的许多内容都是标准化的（而且可以在陪审团指示"样本"书或手册中查阅到）。通常，各方当事人对于那些在所有案件中都会作的一般性指示，会迅速达成一致意见——例如，关于说服责任的指示。争论通常出现在如何就实体法问题向陪审团作出指示，特别是在法律正在发展或尚未定型的领域。如果一方当事人不同意法院决定给出的指示，就可以提出反对，并将该指示性错误的争论作为上诉的理由。由于这个原因，希望减少上诉因由的审判法官，也许会设法迫使或劝勉各方当事人，在争议点上达成折中性指示的一致意见。

在给陪审团的最终指示打印成文期间，为了避免让陪审团等候，法院可以在举证结束前就召开关于陪审团指示的会议；然而，绝大多数法官愿意等到举证阶段接近尾声时再举行这种会议，因为一些重要的陪审团指示问题将取决于实际上提出了什么证据。一旦这些法律问题得到解决，陪审团就会被唤回法庭，进入证据出示的最后阶段——结审辩词和给陪审团指示。

七、结审辩词

与开审陈述禁止辩论和讨论法律问题不同，在结审辩词中这两者都是允许的。在结审辩词中，律师们"辩论"（argue）事实。重要的是，他们只能根据审判中采纳的证据来讨论事实。"就事实进行辩论"（arguing the facts），不仅是对证据进行总结；律师们在结审辩词中还应该分析证据，鉴别和论证他们认为应该从证据中得出的推论和结论。结审辩词的一个关键特征，应该是向陪审团解释推论链条，把陪审团听到的证据性事实与案件要素性事实联系起来。如果你觉得詹森案审判中辩方律师迪莫的结审辩词无法令人满意，其中一个重要原因，或许是他没能给自己的诸多关键证据建立起这种推论链条。贯穿本书，我们都用图示来阐明这种推论链条，你们将会看到，推论链条的必不可少，不仅体现在向陪审团辩论证据的重要性时，而且体现在决定诸如相关性和传闻证据等规则适用的过程中。

一份有力的结审辩词，为证明本方诉讼的事件提供前后一致的案情，并试图表明，在支持该案情的证据中，每一个冲突点或模糊点如何得到了最可能的解释。律师们应该强调，他们案件关键点的证据，以及因其证言与这些关键点相矛盾而削弱证人可信性的证据，都得到了确证。

98　　最后，把关键的陪审团指示编入结审辩词也很重要：律师们可以这种方式向陪审团表明，他们是多么相信证据与控制本案的实体法对应——他们如何证明了己方案件的要件，而对方如何未能对该证明提出质疑，或如何未能证明自己的案子。结审辩词把要素性事实与实体法所要求的要件连接起来的这个方面，是我们贯穿全书图解说明的一个要点。

结审辩词在给陪审团指示之前还是之后，各法院在实践中做法不一。重点在于，关于陪审团指示的分歧要在结审辩词之前得以解决。那样的话，即使结审辩词是在陪审团实际得到指示之前，律师们也可以在他们的结审辩词中提及给陪审团的指示。

八、陪审团指示和说服责任

给陪审团的指示经常被败诉方作为"错误"（error）之源在上诉中提出，鉴于此，大多数审判法官只会简单向陪审团逐字逐句地宣读书面指示。尽管即兴演讲或自由发挥比逐字逐句沉闷朗读更能提起陪审团的兴致，但审判法官们通常选择谨慎（刻板）不脱稿的指示方式。（这种情况的一个例外或许是开审陈述前给陪审团的模版式指示和告诫。）给陪审团的指示可能会十分冗长、烦琐难懂，人们仅听一遍很难记住。因此，在许多司法辖区，法院都会给陪审团提供一份该指示的书面副本，可以带入陪审团评议室供他们审议时使用；然而奇怪的是，许多法院并不允许那样做，最多是在陪审团成员有请求时，只对那些指示做口头重复。

在每一个案件中，以给陪审团指示的形式，向陪审团解释的一个重要概念是说服责任（律师们在结审辩词中通常也会对此作出解释）。早些时候我们曾把举证责任解释为，要求当事人一方对特定争点提供足以支持一项认定的证据。说服责任明确规定了，陪审团对特定争点作出认定必须达到的确定性程度。这个概念将在第十章作进一步解释。在民事案件中，陪审团必须通过优势证据标准，认定原告的诉求是真实的。优势证据意味着可能性大于 50%，或"可能（概率）高于不可能（概率）"（more likely than not）。在刑事案件中，说服责任是有罪"确信无疑"。

九、陪审团审议和裁决

结审辩词和陪审团指示结束后，陪审团成员们便进入陪审团室进行审议。陪审团成员们被允许把所有展示件——文件和被采纳为证据的物品——带进陪审团评议室。他们还可以请求向其复读证言的某些部分（而且通常会得到指示说他们可以这样做）。这种"复读"（read-backs）包括把陪审团成员们带回法庭，于律师在场情况下，听取法院记录员朗读速记笔记中的证言（通常是以单调的方式）。有些法院允许陪审团成员在审判中做笔记，并携带自己的笔记进行审议。在审议过程中，陪审团成员们可以就事实或法律问题提问（以让法警给法官带便条的方式），得到的答复往往不会提供什么信息。除非各方当事人一致同意某种答复，法官不愿意招致对一个问题作出有信息量却是错误答复的争论，因为这可能会为上诉制造理由。

再者，依案件类型不同，陪审团裁决可以必须是也可以不必是意见一致的。虽然在联邦刑事案件中达成一致是必需的，但许多司法辖区在民事案件甚至某些刑事案件中，允许陪审团作出非一致同意的裁决。除非各方当事人同意，联邦民事案件的陪审团裁决必须是一致同意的。《联邦民事诉讼规则》48（Fed. R. Civ. P. 48）。

在刑事案件中，陪审团裁决采取了这样一种形式：对每一项被指控的犯罪作出有罪或无罪的裁决。民事裁决则呈现出更多的可能性。在一些审判中，陪审团只被要求作出一般性裁决（a general verdict）——"我们认定原告胜诉"（we find for the plaintiff），另加上有关损害赔偿金数额——如果赔偿金是争议点，或者仅是"我们认定被告胜诉"（we find for the defendant）。在许多案件中，特别是在法律问题更为复杂的案件中，法院可以采用"特殊裁决表"（special verdict）或"陪审团询问书"（jury interrogatories）。在后一种情况下，陪审团被要求回答一系列问题，判决则可能从对这一系列问题的回答中得出。这些问题可能会要求陪审团，对一项诉求或抗辩的每一个要件分别作出认定。由于证明责任要求原告证明其案件的每一个要件，特殊裁决表或陪审团询问书可能会对被告有利，因为对几个问题中任一问题的"错误"回答，都可能

99

导致辩方胜诉的判决。另一方面，如果将一般性裁决用于法律上复杂的案件，陪审团也许无法沿着正确道路作出最终裁决。这种在陪审团推理过程中发生的错误，不会被考虑为上诉的适当理由。确实，在大多数司法辖区，证据规则都禁止以任何方式过问陪审团的思考过程或审议活动。例如，参见《联邦证据规则》606（b）。一旦陪审团递交了最后裁决并在法庭上予以宣布，陪审团便被解散。

一些审判活动为"两段式"甚至"三段式"——分成两个或三个独立的阶段进行，每个阶段各有一套陪审团指示和结审辩词，以及各自独立的陪审团裁决。例如，涉及惩罚性损害赔偿的民事案件和涉及死刑的刑事案件。在这两类例子中，逻辑上的先决问题是责任或罪行——被告究竟是否有责任？——而惩罚问题，也许（至少部分）是基于与本案所称侵权或犯罪分离的其他恶行，这需要与责任或罪行无关但可能促使陪审团反对被告的证据。因此，这些类型的案件分为"两段式"："责任"（liability）或"罪行"（guilt）阶段——被告是否有侵权或犯罪行为——以及"惩罚"（penalty）阶段。如果陪审团在责任阶段裁决辩方胜诉，那么惩罚阶段便无须启动了。

十、审后动议

一旦陪审团递交了裁决而完成使命被解散，陪审团审判从严格意义上说就

100 结束了。需要注意的是，"陪审团裁决"（verdict）不同于案件"判决"（judgment）。陪审团裁决是陪审团的最终决定。判决则是终结案件的司法行为。陪审团审理之后，审判法官要根据陪审团裁决作出最终判决。判决通常是由审判法官签署的一两页纸的简短文件，也许只是对陪审团裁决的重述。然而，有时候判决可以包括未经陪审团决定的进一步问题——例如禁止令救济（injunctive relief）。只有判决，而非陪审团裁决，才具有诸如既判力*的法律效力，才可受到上诉审查。此外，例如，法院如果准许了一项推翻陪审团裁决的审后动议，判决就可能与陪审团裁决不同。

审后动议构成了一个重要的审判后果。它们并不立刻发生，而是在陪审团裁决之后、案件作出判决前的几周时间里（由成文法或法院规则而定）。有两种类型的审后动议：要求作出弃用陪审团裁决之判决动议，以及重新审理动议。败诉方（或至少在某个最终争点上落败的一方）可以提出其中一种动议，而且，通常会同时提出这两种动议。从本质上来看，审后动议是针对陪审团裁

---

* Res judicata，亦可译为"已决事项不再审理"或"一事不二理"。——译者注

决的"上诉"（appeal），只不过这是向审判法官而非上诉法院提出的。而且，一项因陪审团裁决而向上诉法院提起的上诉，确实要求这些动议已被提出过；从技术角度看，对陪审团审判的上诉复审，实际上是对审判法院否决一项重新审理动议或弃用陪审团裁决之判决动议的复审。

一项弃用陪审团裁决之判决动议［拉丁同义语称为"judgment *non obstan-te veredicto*"，或简称"JNOV"（尽管陪审团已作出支持一方的裁决，但法官仍作出支持另一方的判决）］，寻求的是法官据法判决，所基于的理由是（这同样要求按照最有利于未提出动议方的方式考量证据），法院可能认为，理性的陪审团不可能作出这一特定裁决。如果该动议获准，法院便会撤销陪审团裁决并作出截然相反的判决：辩方胜诉的裁决被推翻，判决原告获胜；反之亦然。

一项弃用陪审团裁决之判决，实际上允许法院推迟那种关于指令裁决动议的决定。例如，由于原告证据明显不足，法院可能倾向于作出一项被告胜诉的指令裁决。然而，如果把这个问题的裁定推迟到陪审团递交陪审团裁决之后，法院就给了陪审团认定原告败诉的机会，从而避免了法院必须自己作出可能会受到上诉复审的具有结果决定性的裁定。在联邦法院，要求弃用陪审团裁决之判决动议，只有在动议方已经提出过指令裁决动议的情况下，才能提出。《联邦民事诉讼规则》50（b）。

各方当事人可以根据以下几种理由中的任何一种，提出重新审理动议：错误的陪审团指示，陪审团裁决的损害赔偿金过多或不足，审判或陪审团审议违规，或者——对我们来说最重要的——证据的采纳或排除有错误。这些重新审理动议辩称，重大错误破坏了审判，因此必须推倒重来。

败诉方还可以陪审团裁决"有违证据分量"（against the weight of the evidence）为由，提出重新审理动议。与要求获得法官据法判决相比，这是一个较低的标准。换言之，JNOV（弃用陪审团裁决之判决）动议，实际上是在争辩，未提出动议一方未能履行举证责任；而重新审理动议争辩的是，未提出动议一方未能履行说服责任。与法官据法判决动议相比，审判法官在考虑是否准许重新审理时，要权衡互相冲突的证据，并评估证人可信性。需再次强调的是，准许重新审理动议的效果在于案件重审，而非决定案件的结果。

101

第五节 证人询问和《联邦证据规则》611

如上所述，证人的询问（或"盘问"），以及证人的回答——他们的证言——构成了审判的核心。大多数审判中的大多数证据，是以证言形式出现的。当然，文件、照片、示意性和其他有形物体亦可被引入为证据。然而，正如我们将在本课程中看到的，证据规则要求就书证或实物证据提供证言，以确立其可采性，并常用来解释其重要性。（书证和有形证据都要求证人提供基础证言，除非各方当事人约定可以放弃这种形式要求。）因此，一般而言，证人证言是最重要的证据形式。

在审判过程中的证据出示阶段，对证人的询问采取轮流方式。传唤证人的当事方进行直接询问。对抗方进行交叉询问，交叉询问被限制在直接询问所提问题的范围内。传唤证人的当事方可以进行再直接询问，对交叉询问的要点作出回应。再交叉询问和进一步的再直接询问也是允许的。

关于提供证言的规则，包括询问顺序，在证据规则或任何诉讼法典中都没有明确规定。不如说，它们源于多年发展而形成的不成文的审判实践传统。《联邦证据规则》中直接论及证人询问的唯一规定是规则611，该规定似乎理所当然地秉承了现行的直接和交叉询问方式，仅规定了些许限制，而对询问证人的"方式和顺序"（the mode and order），则赋予了审判法官宽泛的自由裁量权。

一、《联邦证据规则》611

规则611　询问证人和出示证据的方式与顺序

（a）法院控制；目的。法院应对询问证人和出示证据的方式与顺序予以合理控制，以做到：

（1）使其成为确定事实真相的有效程序；

（2）避免浪费时间；及

（3）保护证人免受骚扰或不当困窘。

102（b）交叉询问的范围。交叉询问应限于直接询问的主题及影响证人可信性的事项。法院可允许像直接询问那样对附加事项进行询问。

（c）诱导性问题。在直接询问中，非为展开证人证言所必需，不得使用诱导性问题。通常，法院应该允许提出诱导性问题：

（1）在交叉询问过程中；以及

（2）在当事人一方传唤敌意证人、对抗方当事人或对抗方认同的证人时。

二、《联邦证据规则》611（a）和（b）的解释

1. 法院权限

《联邦证据规则》611（a）在广义上认可了法官在审判中控制证人询问的

决定性权威。确实，即便是两项旨在限制交叉询问范围［规则 611（b）］和使用诱导性问题［规则 611（c）］的专门规定，也可由审判法官的自由裁量权操控，以符合规则 611（a）的要求。该原则反映在规则 611（b）和（c）中"应该"（should）一词以及联邦证据规则起草咨询委员会《联邦证据规则》611（a）注释中，其言道：

> 制定详细规则以控制询问证人和提出证据的方式与顺序，既不可取也不可行。对抗制有效运行的最终责任由法官承担。证据规则所提出的目标，法官应当设法达到。

因此，下述《联邦证据规则》611 和证人询问的讨论，不应看作是对约束性规则的概括，而应该理解为对法官们倾向于遵循长期传统之一般审判实践的描述。

2. 直接询问

审判的输赢通常取决于当事方主诉的实力，而非对抗方主辩虚弱与否。直接询问——询问己方主诉中传唤的证人——是证明己方案件最直接和最有效的方法。的确，每一方当事人都必须设法通过直接询问发掘的证据，来履行其举证责任。民事被告不能仅仅通过提出合理怀疑而胜诉，他们通常也必须通过直接询问将己方案件呈现给陪审团。依靠交叉询问引出所需证据，既不可行，从策略上看亦非明智。因此，直接询问是极其重要的，而且很可能是审判中取得成功的显著特征。

《联邦证据规则》611 对直接询问未正面谈及，只是假定了直接询问将会进行。正如我们下面所讨论的，《联邦证据规则》611（b）规定，直接询问应当对交叉询问的范围进行限制，而规则 611（c）规定，除了有限的例外，不应在直接询问中使用诱导性问题。

3.《联邦证据规则》611（b）：交叉询问的范围

交叉询问是对抗制的规定性特征之一。"两个世纪以来，普通法的法官和律师们，一直把交叉询问的机会视为证言准确性和完备性的一种基本保障。他们坚持认为，这种机会是一项权利（right），而不仅仅是一项特权（privilege）。"④ 直

103

---

④ 约翰·W. 斯特朗等：《麦考密克论证据法》［John W. Strong, et al., McCormick on Evidence 34（5th Ed. 1999）］。威格莫尔说："滥用和幼稚常常与交叉询问联系在一起"，但却并不能掩盖其价值。"至少从某种意义上来讲，其取代了我们在中世纪占统治地位的刑讯制度……无论如何，不容置疑的是，其乃迄今为止人类发明的发现事实真相之最伟大的法律引擎。"约翰·亨利·威格莫尔：《论普通法审判中的证据制度》［2 John Henry Wigmore, A Treatise on the System of Evidence in Trials at Common Law 1697,（1904）］。这后一段话被人们反复引用。参见加利福尼亚州诉格林案［California v. Green, 399 U. S. 149, 158（1970）］。

接询问一般反映着询问者和证人之间某种程度的合作，因此产生了这样的危险性，即证人将被允许（如果不是被鼓励的话）对事件提供一种利己的版本。交叉询问是检验证人可信性并揭示该故事可能有另一面的有效方式。它还为审判提供了某些更扣人心弦的时刻。

作为一项指导准则，《联邦证据规则》611（b）规定，允许在两个常规的询问领域进行交叉询问。第一，允许探究证人在直接询问中已作证的有关事项。例如，在詹森案中，辩方律师对管教人员的交叉询问就探究了证人在直接询问中所作证的争执细节。

第二，总是允许询问可弹劾证人可信性的问题，即使直接询问中也许没有涉及这些事项。例如，在詹森案中，检察官对詹森狱友乔治·巴特勒的交叉询问，就问到詹森和巴特勒的帮会从属问题，尽管这个主题不是直接询问的内容（上文，第51页、第76页）。这些提问的目的，就像法官席会议上所解释的，是要通过揭示他偏向詹森的成见或偏见，来削弱巴特勒的可信性。同样，对詹森案检察官来说，询问辩方证人在直接询问中未提及的先前定罪是适当的，因为，对先前定罪的证明是弹劾证人诚实品性的惯用方法之一。

同样的原则适用于交叉询问中为证人正誉*。因此，如果直接询问者弹劾了一位敌意证人，那么，在交叉询问中，通过询问与可信性有关而在直接询问中又未涉及的事项来给证人正誉，就是适当的。

除非法院根据《联邦证据规则》611（b）最后一句来行使其自由裁量权，否则，在交叉询问中探究直接询问中未涉及且与证人可信性无关的主题，就是不适当的。例如，考虑一下詹森案中档案专员鲁思·泰勒的证言（上文，第40页）。她的直接询问证言，限于詹森犯罪记录方面的问题。因此，即使泰勒在牢房突发事件中是一位目击证人，在未经法院特许的情况下，在交叉询问中询问她有关该突发事件的情况，也是不适当的。如果辩方想要探问泰勒有关情况，适当的方式将是在辩方举证期间传唤她作为证人。

104
4. 再直接询问和再交叉询问

直接询问者可以在交叉询问完成后，进行再直接询问。再直接询问的范围限于交叉询问中提及的问题；这意味着，一般不允许直接询问者证明一个被忽略掉的案件要件，尽管法官们在如何严格执行该限制方面有很大差异。

再交叉询问和进一步的再直接询问，有时候是允许的。由于被限制在回应刚刚进行的再直接或再交叉询问，每一次这样后续的询问，在范围上都更小。

---

* Rehabilitation，亦可译为"恢复名誉"。——译者注

虽然传唤证人的当事人一方，在理论上有权发"最后一言"，但法官们不会让这个过程持续到令人厌烦的地步。这种以再直接和再交叉询问来回拉锯而设法强辩到底的做法，会惹恼法官和陪审团，而且通常不会获得什么新信息。（这种情况在詹森案审判中曾多次出现，但在第一章审判笔录的编辑时已被移除了。）

三、《联邦证据规则》611（a）和（b）与证人询问：实际应用

（一）直接询问

直接询问的目的，是让证人用他/她自己的话来提供叙事片段，向陪审团构建一个总体"案情"（story）。由于证人将支持你的诉讼，帮助你的证人表现得尽量可信，是十分重要的。而且，你将在审判中提出的大多数证据，都要通过直接询问来实现。尽管你还可以通过交叉询问来引出证据，但依赖交叉询问（按定义，就是询问对抗方传唤的证人）引入关键证据的危险在于，你无法控制对方将传唤什么证人；如果对方选择不传唤你所指望引出某些关键证言、文件或其他证据的证人，你就会发现自己无法证明本方诉讼的某些要件。

有效地进行直接询问，可能比你想象的更富有挑战性。一般而言，证人将描述一次或多次意外或实际发生的事件，该证人从事过或感知的事情。你作为询问者，一般要扮演一个娴熟、富有同情心的访谈者角色。设想你认识某人，其有一个非常有趣的故事要讲，而你想让别人也听到这个故事。尽管你可以用自己的语言来讲述这个故事，但你相信，由那位有亲身经历的人来讲，会有更好的效果。应该允许证人以叙事方式作证，随着律师的询问而使案情逐渐展开，防止证人跑题，并帮助其适时变换节奏，以使证人的故事不会变得乏味。

大多数提问应该是开放式的："接着发生了什么？""你看到了什么？""为什么你要那样做？"应该让证人去解释他们的行为。一种提醒证人集中精力与陪审团交流的方式，是时常以一种告诫方式开始询问："告诉陪审团……"作为直接询问者，你还不得不注意调整证言节奏，先问几个简短问题，待其回答后，接着问一个需要更长叙述性回答的问题，再问几个简短的问题。考虑一下叙事的种类，如果律师不能以询问方式来调整证言节奏，诸如被告詹森在直接询问一开始时的述说方式，那会发生什么情况。这是对詹森案情的一种有效呈现方式吗？应该让证人以那种方式作证吗？

作为一般规则，你在本方诉讼中传唤的证人，将与你充分合作，能和你预先会面。〔这有一项重要例外。参见下文"（三）对'对方'和'敌意'证人的

105

直接询问"。〕这意味着，你可以并且应当通过向其提供一些自己计划问及的主题，使证人"有所准备"（prepare）。许多律师对直接询问进行排练，询问计划好的问题，并就如何回答它们加以提示。这样做的目的，并不是要把一些话强加给证人，而是要帮助证人有效地讲述案情，并避开那些会过度损害其可信性的陷阱。让证人有所准备固然必要，但也会带来额外的挑战。在与合作的证人排练了直接证言并做到十分熟练后，你仍须对所问的问题表现出真诚的兴趣，并尽可能确保证人不是仅仅在背诵排练好的脚本，而是真诚地在与陪审团交流。

（二）交叉询问

与英国审判制度所采用的完全开放式交叉询问规则相比，《联邦证据规则》611（b）体现的是"美国式"或"限制性"交叉询问规则。英国交叉询问规则，允许对方询问证人与案件相关的任何事情。美国规则的主要优点在于，允许各方当事人来控制己方案件的进展。例如，原告也许想在审判早期就提出一份文件作为证据，并且，或许需要传唤被告或与被告关系密切的人，来对这份文件进行鉴真。尽管该证人拥有本案其他方面的知识，原告方出于策略考虑，也许并不想在此时，或者不想与这位证人来查究那些事项。如果原告方把直接询问限制在鉴真问题上，那么，限制性交叉询问规则的适用，将阻止被告方在交叉询问中探问该证人关于本案其他方面的知识。

英国规则的主要优点在于，允许交叉询问者直指任何相关事实，促使各方当事人谨慎选择证人。该规则还避免了必须对直接询问的范围加以限定。英国规则还避免了对案件中若干问题或许都有证言的证人进行反复传唤，《联邦证据规则》611（b）为审判法官保留了允许对直接询问范围之外的问题进行提问的自由裁量权，以期达到同样的效率，在这种情况下，该询问应该"像在直接询问中那样"进行。这实际上意味着，该证人已经变成交叉询问者的证人，因此，"非为展开证人证言所必需，不得使用诱导性问题。"《联邦证据规则》611（c）。

106　　1. 交叉询问的策略和目标

作为交叉询问者，你的一个重要策略性目标，是要利用这个微妙的机会来为己方案件争辩。一连串的询问可以展开你能反复强调的主题，然后在结审时向陪审团争辩。交叉询问可以提出诱导性问题，也给你提供了一个申明自己主张的机会，即强调你想要陪审团从证据中得出的推论或解释。

交叉询问的第二个目标是要填补己方证据的缺口，或者获得有利的自认。

有时候，为了证实你的诉求或抗辩中的某个要件，对方证人是能够提供所需可采性证言的唯一证人，或者是讲出你想传达给陪审团部分案情的唯一证人。在许多情况下，你也许不得不亲自传唤这样一位证人作为"对方证人"（adverse witness）。除填补缺口外，一些对方传唤的证人也会（自愿或不自愿地）作出有利于你方的自认。这种有益的证言出自对抗方或对抗方证人之口时，会特别具有说服力。

最后，你可以运用交叉询问的问题来控制损害，即通过两种询问方法 * 并用，或运用其中一种询问方法，使得对方证言的影响最小化。在不对该证人可信性提出质疑的情况下，你可设法表明，该证人关于事实的说法与你方的案件理论是多么一致，或至少并非不一致。或者，你可以通过攻其一点或全面出击，对他/她的可信性提出质疑。一般情况下，证人不会被对方传唤来作证，除非其证言有助于对方的诉讼。（如果情况不是这样，你便可不必为交叉询问而烦心。）有几种质疑或攻击证人可信性的技巧。这些统称为"弹劾"（impeachment）的技巧，将在第七章中予以讨论。

2. 交叉询问的技巧

交叉询问的方式，通过与直接询问相比较大概最容易理解。因为直接询问寻求通过证人自己的话来展开案情，并支持证人的可信性，直接询问者想要陪审团把注意力集中在证人身上。因此，从证言中产生的事实信息应该来自证人的话，而不是来自询问者。问题应该比回答简短；并且一般应该是开放式的。询问"为什么"，在直接询问中常常奏效。

相比之下，在交叉询问中，律师想要（有效地）提供给陪审团听到的大多数信息，是通过询问诱导性问题，试图控制证人实际上所说的内容。这通常意味着，提出一个事实主张，而证人的完整回答只是简单同意"是"或"不是"。娴熟的交叉询问者设法构思出无须解释的精密、狭窄的问题，尽量少向开放式问题。特别是像"如何"和"为什么"之类的询问，一般来说应该像躲避瘟疫那样加以避免；这类问题会让交叉询问者失去对向事实认定者信息流的控制，而将其让渡给证人。提出这类问题即允许了证人任其自圆其说地解释事实，并允许其论证对你诉讼不利的推论。在提出"为什么"之类的问题后，你也许就会陷入一种被动状态，任由证人在那里长篇大论，而你却没有理由让证人住口。

---

* 此处指：（1）探究证人在直接询问中作证的有关事项；（2）询问可以弹劾证人可信性的问题。——译者注

107　　　关于交叉询问的一句古老格言是：不要"画蛇添足"。这通常是指，当某个结论或者推论构成了你将在结审辩词中阐述的要点时，就不应再要求证人同意该结论或推论了，即使你感到该结论可以合乎逻辑地从证人已同意的一系列主张中得出。证人总是会进行争执并试图给出利己的解释，为他/她自己的诉讼争辩。要想知道你何时已到达再问就是"添足"的临界点，可能是困难的。如果像"因而"（thus）、"因此"（therefore）这样的字眼似乎已成为问题的成分时，那就是一个不要再问下去的危险信号了。

（三）对"对方"和"敌意"证人的直接询问

《联邦证据规则》611（c）规定，在两种情况下，对"对方"和"敌意"证人进行的直接询问，可以按照交叉询问的方式进行，使用诱导性问题并遵循交叉询问的策略。

"对方证人"（adverse witness）是一个通用法律术语，在《联邦证据规则》611（c）中的含义，是指"对抗方或对抗方认同的证人。"这个概念不仅包括对方当事人，而且包括他/她/它的代理人、雇员，以及通过法律或其他联系受到对方当事人强烈认同的人。在你方主诉时，传唤这样一位对方证人的情况并非罕见。在有些情况下，一些证明你方诉讼的必要证据仅为对方证人所知晓，你通常就得传唤其作证；或者，如果有理由相信，陪审团将对一位对方证人感到厌烦或不信任，其证言将注定有助于而不是有损于你方诉讼时，你通常也会传唤其作证。举个例子，传唤被控性骚扰者站上证人席，向陪审团表明他是一个多么坏的家伙，从而达到支持原告可信性的目的。如果对方证人对你方诉讼必不可少，或者在策略上有帮助，你也许不想冒险等到交叉询问时才询问该证人。你的对手也许不传唤该证人；或者，也许传唤了，却把直接询问限制在很小的范围内，使你不能触及你想在交叉询问中涉及的主题。参见《联邦证据规则》611（b）对交叉询问范围的限制。

在直接询问环节中询问对方证人时，你可以使用诱导性提问，而且作为一个策略，你应该运用交叉询问的全部技巧。虽然是在运用交叉询问的技巧，你却不会像在实际交叉询问中那样受到询问范围的限制。在你完成直接询问后，你的对手有权进行"友好的交叉询问"（friendly cross-examination），但仿佛就像是一场直接询问，诱导性问题通常被禁止。参见联邦证据规则起草咨询委员会对《联邦证据规则》611（c）的注释［在"交叉询问时通常应该允许诱导性问题"这句话中，"通常"（ordinarily）一词旨在鼓励法官禁止在"友好的交叉询问"中提诱导性问题］。

"敌意证人"（hostile witness）是这样的证人，即在被传唤到证人席时被假定为是友好或中立的证人（例如，非对方证人），但在接受询问的过程中，该证人表现出一种对询问者完全怀有敌意的态度，导致对询问者之委托人不利的推论，或是对对方当事人的认同。在这种情况下，进行询问的律师便会请求法院宣告该证人"怀有敌意"（hostile）。如果法院这么做了，询问者则可以进行诱导性提问，而且可以运用想用的其他交叉询问技巧。

除了提问诱导性问题，传唤对方证人或敌意证人的一方当事人还可以弹劾该证人，即运用第七章所讨论的技巧和规则抨击该证人的可信性。根据《联邦证据规则》607，"任何一方，包括传唤该证人的一方，可以对证人的可信性进行抨击。"确实，该规则表明，当事人可以在直接询问环节弹劾证人，即使该证人并非正式的对方证人或敌意证人。《联邦证据规则》607废除了普通法上的"担保规则"（voucher rule），根据该规则，传唤证人的当事人一方被认定要为该证人的可信性担保。参见约翰·亨利·威格莫尔：《证据法》第896节，第658-660页［3A John Henry Wigmore，Evidence § 896，at 658-660 (James Chadbourn rev. 1970)］。尽管《联邦证据规则》607使用了绝对化的语言，但一些法院仍然认为，如果这种弹劾被用作向陪审团传达获得不可采证据的花招，则不允许弹劾己方证人。为弹劾目的之证据，作为"实体性证据"（substantive evidence）是不可采的，其可采性问题在第七章进行讨论。

四、《联邦证据规则》611（c）的解释：诱导性问题

诱导性问题是暗示了询问者所求答案的问题。典型的诱导性问题表现为：在一个陈述句的开始或末尾伴随一个简短的质问附加语，比如："你看见被告詹森挥舞着拳头冲出牢房，不是吗？"《联邦证据规则》611（c）确认了——再次以审判法官指导原则的形式——该惯例，即诱导性问题在直接询问中通常被禁止，但允许在交叉询问中使用。因此，这个规则说明了进行直接询问与交叉询问在模式上的最明显的区别。（就诱导性提问规则之目的而言，"再直接询问"被视同于直接询问，再交叉询问被视同于交叉询问。）《联邦证据规则》611（c）包含的假定是，证人对传唤其出庭作证的当事人一方很可能是友好的或至少会与其配合，但不会以同等方式配合交叉询问者。这种不利于交叉询问者的假定成见，可使诱导性问题在获得事实真相方面发挥重要作用。如果不允许律师问一个非常明确、只要求回答是或否的问题，如"……这不是真的吗？"要探究证人知识的详情和玄妙以及证言品质，几乎是完全不可能的。反之，因为假定证人愿意配合直接询问者，人们认为存在这样一种风险，即直接询问中

诱导性问题所包含的暗示，也许会诱使证人为了迎合直接询问者而歪曲事实真相。

五、《联邦证据规则》611（c）与诱导性问题：实际应用

（一）什么是诱导性问题？

诱导性问题的最佳定义是，提问中暗示了询问者想要证人所给答案的问题。这个定义大概过于宽泛；在某种程度上，直接询问中的许多（即使不是绝大多数）问题，都以某种方式暗示了询问者想要证人说的内容。如果他们不那样做，就没办法把证人的注意力引至询问者正在寻求的特定信息上来。因此，许多或大多数符合该定义的提问最终是被允许的，因为法官（或对方律师）相信其为非诱导性问题，或是不值得提出异议，或是会招致提出或者支持一项异议的麻烦之类的"临界"（borderline）或擦边问题。最终，对诱导性问题的"检验"（test）可能常常归结为程度问题——该问题暗示程度有多大？——这主要取决于语境。你必须培养一种辨别它们的直觉：这些"临界"问题何时具有诱导性，何时是非诱导性的。

一种常见的误解，是把所有要求"是或不是"答案的问题都看作是诱导性问题；实际上，这种形式的问题有些是诱导性的，而有些则不是。例如，"你住在芝加哥吗？"就不是诱导性问题。

诱导性问题常常表达为某种事实断言，在问题的结尾以询问语调作出暗示，或以实际动词形式要求证人附和。

> 谋杀发生的那个晚上你在家里，不是这样吗？（……那不是真的吗？……对吗？……不是你吗？）
> 谋杀发生的那个晚上，你不在家里吗？
> 谋杀发生的那个晚上你在家里，是吗？
> 谋杀发生的那个晚上你在家里，这不是事实吗？

这种形式的提问显然是诱导性的。但没有采用这种形式的询问，也有可能是诱导性的。使得一个问题具有诱导性的关键所在，是暗示想要的答案。一种典型的诱导性问题，发生于询问者向证人暗示其似乎忽视了的事实之时。请考虑詹森案中对休斯顿狱警直接询问的以下片段（上文，第 15 页）。

> 问：为什么要将狱犯詹森和狱犯巴特勒擒服，都戴上手铐？目的是什么？

答：因为如果他们摆出要打架的架势或拒绝服从命令，这是出于惩戒的原因，你懂的。

问：出于狱警安全的原因？

答：是的，狱警安全和保安。

检察官想要证人以"安全"（safety）作为给这些狱犯戴上手铐的理由，但证人说出的却是"惩戒"（discipline）。设想出现了这样的情况，在"问：出于狱警安全的原因？"之后，辩方律师立即提出了异议，且该异议得到了法官支持（其应当得到支持）。该提问的问题出在其诱导性形式上，而不在于答案将不可采的事项摆在陪审团面前。〔这将在我们专门论述"异议"（objections）问题时作进一步解释。〕此处，检察官当时只需改变措辞重新发问。

卡明斯先生问：好的，休斯顿狱警，"狱警安全"是铐住这些狱犯的进一步理由吗？

迪莫先生：反对。那还是诱导性问题。

法院：支持异议。

这个问题表达得更像一个普通问题，而不像陈述，但其实际上与第一次所问的并没有区别：它还是暗示了想得到的答案。

卡明斯先生问：（大声叹息。）除了惩戒，你们还有任何别的理由给这些狱犯戴上手铐吗？ *110*

这个问题也许是临界性的。它可能在严格意义上被解释为是诱导性的，因为在当时语境中，该问题暗示了休斯顿应该说"是"。一个问题是否不适当地暗示了想要的答案，也许往往取决于语境。然而，法官此刻完全可能驳回关于"诱导性"的异议；陪审团也将开始想：提出异议的律师不想公开该信息。

答：是的。

问：有什么其他理由吗？

答：狱警的安全。

固然，"诱导性"异议并未阻止该证人按照询问者暗示的方式补充其回答——一位专注的证人从诱导性问题的最初措辞就明白了他被期待要说些什么。然而，该异议可用来向陪审团强调，这个最终回答是"律师的答案"，而非证人的答案，而且——天知道——在首次异议得到法官支持后，没有得到该答案的询问者可能已经转到别的问题上去了。

（二）诱导性问题：策略性考虑

在直接询问中提出诱导性问题，多大程度上会"侥幸成功"（get away with），在实践中差异很大。如果对方律师未提出异议，法院便不太可能会自己主动阻止你。即使提出了异议，审判法官在允许诱导性提问方面也有实际上不受复审的自由裁量权。在詹森案中，检察官"侥幸成功"地问了大量当真会引起异议的诱导性问题，因为辩方律师并没有费心提出异议（大概因为他提过的一项"诱导性"异议被法官驳回，使他气馁了）。例如，参见上文，第 11 - 12 页，第 13 页，第 25 页。

然而，询问大量的诱导性问题也有不利的方面。因为直接询问的焦点应该集中于证人，而不是询问者，诱导性问题作为一种直接询问技巧可能会事与愿违。一位证人在直接询问中以回答诱导性问题的方式来提供关键证词，会给人留下律师想要什么就说什么的印象，从而会失去可信性。当然，以这种方式进行直接询问，询问者很容易受到异议："法官阁下，是律师而不是证人在作证。"另一方面，如果证人显得虚弱、说话模棱两可，或者难以用他自己的话说出证言，那么，权衡之下也许还是诱导比不诱导更好——如果你能侥幸成功的话。

第六节　异议和为上诉所作的错误保全：《联邦证据规则》103

证据的实体法规则，最明显的是围绕审判过程中有待考察的两大特点：审判异议（trial objections），以及为上诉复审保全证据性争点"制作记录"（making a record）。这两个主题紧密缠绕在一起。在审判记录中如果没有清楚、直接和正确的异议，那么驳回异议而采纳证据的证据性裁定，实际上就将永远无法构成撤销原裁定之上诉的根据。如果证据被排除了，败诉方为了给上诉保全争点，一定要做到让该证据的实质内容及其可采性的理论在审判记录中显而易见。《联邦证据规则》103（a）（2）。创建充分反映异议、对异议的所有回应以及法官裁定的审判记录，是诉讼律师的职责。这被称作"完善记录"（perfecting the record）和"为上诉保全争点"（preserving the issue for appeal）。在本节，我们将先讨论提出异议的原则和机制，然后转入审判记录的上诉复审问题。

_111_

一、《联邦证据规则》103

规则 103　证据的裁定

（a）对错误裁定之请求权的保全。只有在该错误影响到当事人实质权利并符合下列情形时，该当事人才可以主张一项采纳或者排除证据的裁定为错误：

（1）如系采纳证据之裁定，当事人以载入审判记录的方式：

（A）及时提出异议或者申请删除证据；并且

（B）陈述具体理由，除非该理由在该语境中显而易见；或者

（2）如系排除证据之裁定，当事人通过提供证明的方式告知法院该证据之要旨，除非该要旨在该语境中显而易见。

（b）无须重新提出异议或提供证明。无论审判前还是审判中，一旦法院以载入审判记录的方式明确裁定，当事人无须为保全基于错误裁定提出上诉的请求权而重新提出异议，或者提供证明。

（c）法院关于裁定的陈述；对提供证明的指示。法院可以就证据的特性或形式、有关异议及其裁定，作出任何陈述。法院可指示以问—答的方式来提供证明。

（d）防止陪审团听取不可采的证据。在可行的范围内，法院必须掌控陪审团审判，以使不可采的证据不会以任何方式暗示给陪审团。

（e）对显见错误进行司法认知。法院可以对影响实质权利的显见错误进行司法认知，即使该错误裁定之请求权未经适当保全。

二、《联邦证据规则》103（a）和（e）＊的解释：异议、提供证明以及为上诉保全证据争点

异议是律师据以打断审判来反对证据提出的手段。虽然异议最常在证人证言的提问或回答过程中运用，但其可用于任何类型的证据：实物证据、示意证据或证言。异议有双重目的：（1）如果异议获得法官的支持，就可以把有害的证据从事实裁判者的考量事项中排除出去，从而增加你方赢得审判的机会；（2）如果异议被驳回，依据《联邦证据规则》103（a）（1），可以为上诉保全你方提出的关于该证据应予以排除的论点。

112

＊ 本目下的《联邦证据规则》103（e），英文版均笔误为 103（d），已做更正。——译者注

异议提出后，通常会发生以下三种情况之一。法院将"支持"（sustain）（同意）该异议，"驳回"（overrule）（不同意）该异议，或者要求律师作进一步的详述或论证，这通常要避免陪审团听见，比如在法官席进行。如果法官对该异议立即作出裁定，被否定的律师也许感到在审判继续进行之前有必要再做进一步论证，便可以请求到法官席来争辩其观点。当法官裁定采纳明显带有偏见的证据，或者剥夺了当事人在审判关键时刻提出证据的机会时，诉讼律师通常就会请求举行这样的法官席会议。

此外，在异议得到法官支持的情况下，对提供该证据的律师来说，到法官席来提供证明可能是必要的。《联邦证据规则》103（a）（2）规定，为上诉保全排除证据的错误裁定（一项得到法官不正确支持的异议），当事人必须"（使）该证据之要旨……为法院所知晓"，除非其要旨"在该语境中显而易见。"以上告知法院被排除证据之要旨的程序，称为"提供证明"（offer of proof）。上引。提供证明可以采取载入审判记录的陈述形式，由律师概述被排除的证据将表明什么。（例如，"法官阁下，证人将作证说，史密斯狱警曾告诉他，因沃克狱警殴打了一名狱犯，该监狱处于禁闭期。"）

《联邦证据规则》103（a）规定，只有在两个条件得到满足的情况下，一项证据性裁定才能成为上诉撤销原判的理由。该错误必须"影响到当事人实质权利"，意思是该裁定对审判的结果产生了影响。第二，当事方必须已经提出了及时的异议，并且如果是对排除证据的裁定，要"提供证明"以提醒法院注意这一被排除证据的要旨。未能提出异议将很有可能意味着，法官的裁定或对抗方的行为就不能作为撤销原判的理由。这个一般规则有一项例外。《联邦证据规则》103（e）提到的"显见"（plain）错误，意味着一个错误是如此严重、明显，以致它可以作为撤销原判的理由，即使在审判过程中未曾对其提出过异议。审判法官本应注意到这一点，并且其极有可能影响到审判的结果。这个原则最初是在刑事诉讼中发展起来的，目的是保护被告免受指定辩护律师所犯错误的影响。根据《联邦证据规则》103（e），其同样适用于民事案件。

三、《联邦证据规则》103（a）（1）和（2）异议：实际应用

（一）异议的两种类型

异议有两种基本类型：对不适当提问形式的异议，以及对回答之可采性的异议。

针对回答的可采性而提出的异议，旨在排除不可采的证据。即使是措辞讲究的提问，只要其寻求为证据排除规则所禁止的证据，或者，其相关性或基础没有得到确证，就可以提出这种异议。你们将从这门课学到的大多数证据实体法，都涉及这些可采性问题，对异议作出裁定的理由绝大部分都包含在证据规则中。

针对提问形式的异议，旨在规制提问的方式和询问者的行为。与针对可采性的异议相比，有关形式方面的异议，受制于传统的审判惯例和审判法官专有的自由裁量权，而不是正式的证据规则。⑤针对提问形式而提出异议的例子包括："具有诱导性"（leading），"具有辩论性"（argumentative），或"寻求叙事答复"（calls for a narrative response）。其他针对提问形式提出异议的例子包括："复合（问题）"（compound），"模糊（问题）"（vague），"模棱两可"（ambiguous），"曲解证言"（mischaracterizes the testimony）。（参见下文"审判异议速查表"，第 120 - 122 页。）

针对提问形式的异议，可能得到审判法官的支持，即使其所寻求的证据最终具有可采性。考虑一下人民诉詹森案中，对范·贝尔格狱警直接询问的开篇（上文，第 23 页）：

问：那天（3 月 28 日）你曾与一位名叫詹森的狱犯有过接触吗？

答：是的，是这样。

问：是坐在律师席末端的那个人吗？

答：是的，是他。

最后一个问题是诱导性的，将被告的身份与肇事者画等号是有争议的，对此可以提出异议。其提问的形式是可以提出异议的，而非回答。同样的信息可以通过一种适当的非诱导性提问来获得：

问：你今天在法庭上看到那个人了吗？

答：是的。

问：在哪儿？

答：就坐在辩方律师旁边。

---

⑤　或可构成对有关形式的异议进行裁定的一个权力"来源"是《联邦证据规则》611（a），该规则要求审判法官"对询问证人和出示证据的方式与顺序进行合理控制"。然而，法院很少为这些问题或其他原因援引《联邦证据规则》611（a）。实际上，即使有什么规定，该规则对其他规则中所明示或暗示的规定并没有增添什么新内容。例如，《联邦证据规则》403 规定了排除重复证据的权力，而《联邦证据规则》102 告诫法院在解释本证据规则时"应确保公正执法，消除不合理的费用和拖延，促进证据法的成长和发展，以实现查明事实真相，使诉讼程序得到公正判决"。

缺乏经验的律师犯的一个共同错误是，在针对提问形式的异议——诸如"具有诱导性"——得到法官支持后，就转向下一个问题的提问。

提问可能违反的并不只是一条与形式有关的规则，因此，在一项异议中可以提到多个理由。

　　问：你看到被告先冲向沃克狱警，然后又打了休斯顿狱警？

114　　辩方律师迪莫：反对，具有诱导性、复合问题。

　　法官：支持异议。

除了其诱导性的形式，该问题还存在复合问题，因为它要求证人描述对本案重要但却在逻辑上分离的两件事实。如果第一个异议被驳回，还可以接着提出另一项异议。

　　辩方律师：反对，复合问题。

　　法官：反对无效。

　　辩方律师：具有诱导性。

　　法官：支持异议。

当然，以一种会引起异议的形式来提问并寻求很可能是不可采的事项，也是可能的。考虑一下詹森案中对休斯顿直接询问中有关"B监区"（Facility B）的讨论。假定卡明斯检察官以这样的提问来引出该主题：

　　问：B监区是来自高戒备关押区（SHU）的暴力型犯人，被安排进普通监区之前居住的过渡性监区，不是吗？

这个问题不仅具有诱导性（一种针对形式的异议），而且在谋求很可能是不可采的品性证据，以产生被告詹森是位暴虐之人的效果，因为他居住在B监区。这个例子也说明，为何一项及时提出的异议并不总是足以防止陪审团听到不可采的事项——此处，它就埋藏在检察官的诱导性问题中。

（二）提出异议的时机

及时提出异议，大概是最难学到的审判技巧。在非常短的时间内——常常是在证人回答问题之前的一两秒钟内——你必须决定对该问题是否可提出异议，根据是什么，在策略上是否值得提出该异议，特别是当异议就到嘴边的时候，你是否能够实际上喊出"反对"（objection）。这是很有难度的。但未及时提出异议，可能就会导致异议之双重目的全部丧失。未提出异议——甚至包括未及时提出异议——不仅不能阻止陪审团听审这个证据，而且通常就丧失了就该证据性错误上诉的机会。对这个所谓"同期异议规则"（contemporaneous-objection rule）存在一个有限的例外：根据《联邦证据规则》103（e），尽管缺少同期异议，上诉法院仍可纠正"显见错误"。显见错误例外规定的使用是"很少"（sparingly）的，并且只用于纠正那些如不纠正就会产生错判的"特别过分的错误"（particularly egregious errors）。合众国诉杨案［United State v. Young，470 U. S. 1，15（1985）］。

　　一项对提问形式的及时异议，必须在该问题被回答之前就提出。这一点是容易理解的。在詹森案中，辩方律师对检察官的提问提出异议一向表现迟缓（例如，参见第 9 页，第 25 页，第 39 页）：

　　　　问：他看起来试图攻击或击打沃克，或其他狱警吗？
　　　　答：是的。
　　　　迪莫先生：等一下。那是诱导性问题。

　　如果证人在异议提出之前已经作答，法官通常将允许答辩有效并驳回异议，或者就说"证人已经作答"（the witness already answered）或"答辩有效"（the answer stands）。但证人也被期待不应抢答。如果在律师说出反对之后或法官作出裁定之前，证人回答了有异议的问题，法官可以指示从审判记录中删掉该回答，并告诫证人：不要在异议提出后或裁定作出前回答问题。

　　对回答内容不具有可采性而及时提出的异议，必须在其不具有可采性变得明显时马上提出。这可能会非常棘手。一般情况下，一个问题是否会招致有异议的回应是显而易见的，比如："他们当时告诉你，你的手出了什么事吗？"一听就像是要寻求不可采的传闻证据。或者假定，一位领班管教警官要作证说，他派了管教人员去詹森牢房收盘子，而他自己并未亲自去。如果向这样一位证人询问詹森是否打了或踢了休斯顿或范·贝尔格，这个问题显然就是在寻求推测，或者缺乏亲身知识方面的基础要求。如果问题中明显隐含着不可采的答案，异议就应该在回答之前提出。然而，与对提问形式的异议（法官不可能从审判记录中删除该回答）相比，如果未能及时对不可采的回答提出异议，你还可以迟后提出该异议，并请求法官从审判记录中删除该回答。

　　有时候，从提问中无法预见到会引起异议的事项。"告诉我们接着发生了什么事情"（tell us what happened next），这一般是不会引起异议的提问，但证人可能会说出各种不具有可采性的证言。例如，考虑一下，被告詹森就辩方律师的提问——"你能向陪审团解释一下（关于包裹）是怎么回事吗？"——所作的冗长叙述回答。这个随之作出的冗长回答，包含着一些很可能会引起异议的传闻证据和不相关的事项。一旦该回答的可异议性变得明晰，便可尽快提出异议和证据删除动议，打断证人继续作证，这是公平的竞赛；在此情形中，即便在可能的第一时间里你未投入反击，大多数法官对于清除回答中不可采部分的动议也会更为宽容。例如：

> 问：告诉我们接着发生了什么事情。
> 答：好，那位领班警官告诉我，我们正处于禁闭期，因为——
> 律师：反对。传闻证据。提出证据删除动议。
> 法院：支持异议。删除该回答。

在不可采事项已经暴露在陪审团面前，而你又未提出异议（假定是因为你未能从提问中预见到会有引起异议的事项）的情况下，适当的反应是，提出一项删除该违规证言动议，并可请求法官告诫陪审团不去理睬该证言。

> 问：告诉我们接着发生了什么事情。
> 答：好，那位领班警官告诉我，我们正处于禁闭期，因为另一名狱犯被沃克狱警暴打了一顿。
> 律师：（迟后才引起注意。）我提出删除最后这个回答的动议。其为不可采的传闻证据。
> 法院：删除最后的回答。陪审团将忽略这个回答。

116　　　（三）阐述异议

除非"审判记录中有一个及时异议或删除记录显示的动议，并陈述异议的具体理由"[《联邦证据规则》103（a）（1）]，否则，一项异议不得为上诉保全。

在实践中，你会遇到乃至提出特定异议和一般异议。一般异议是指，没有陈述理由的异议表达。在提出异议的依据看起来很明显的情况下，律师除了说"反对"（objection），无须再多说什么——或者，法官不用等律师具体说明理由，就可对其作出裁定。你也许听到过，诸如"提问形式不当异议"（objection to the form of the question）等使用未说明理由的模式化用语的"一般"（general）异议，或像"不相关、无效力和无关紧要"（irrelevant, incompetent, and immaterial）等，仅以笼统和结论性词语来表达的异议。如果你提出一般异议并得到了法院支持，这不会有损你的诉讼，因为你已实现了排除该证据的目的，而且，你没有根据再为自己成功的异议上诉。然而，如果一般异议被法院驳回，就可能会被认为，由于未能陈述理由而放弃了就该争点进行上诉的权利。因此，在提出异议时，具体说明你的理由是更好的做法。

　　陈述异议的正确依据是至关重要的。法官只被要求对所陈述的异议理由作出裁定。如果你就一项本来适当的异议陈述了一个无效的依据，那么，即使它基于其他理由可以得到支持，你所提出的异议也可能被驳回。法官们通常并不指点律师何为正确的异议，也不会主动提出自己的正确异议。法官只会驳回不正确的异议。

　　特定异议（specific objections）只需传达该异议的基本理由。"反对，传闻证据"（Objection，hearsay），对于为上诉保全争点而言可能就是充分的；无须详细说明你的理论，即庭外陈述的唯一相关用途，就是证明所主张事项为真的传闻目的。的确，大多数法官讨厌"雄辩异议"（speaking objections）——在阐述异议的过程中加以论证——甚至会在审判开始时明确告诫律师们不要这么做。因而，基本的礼仪规则是，尽可能简洁地阐述异议理由；如需做进一步论证，提出异议的律师应该请求一次法官席会议。

　　正如你可从下文第120-122页"审判异议速查表"中所能看到的，提出某些常规异议时，会经常用到某些词汇或短语。但这些词汇并没有魔力；任何切中要点且简洁的陈述都会奏效。"反对，要求不可采的品性证据"（Objection，calls for inadmissible character evidence）和"反对，规则404"（Objection，Rule 404），二者都足以表达同样的要点。另外，常用或模板化异议一览表不应混淆这样的事实，即一项异议可以基于排除证据的任何规则或原则而提出。其中，某些原则或许并未在常用模板化术语中充分地表述。

　　一些经验丰富的出庭律师建议，要设法使用直白的语言而非法律行话来提出异议。由于异议往往会给陪审团传递一个信号，即你想要抑制他们听到某些事情，而当异议以法律术语来表述时，只会强化这种印象。因此，相比于"反对——缺乏基础"，更好的提法也许是"反对——这位证人根本无法知道是谁写了那份文件"。另一方面，使用直白的语言，可能会触犯法官不要"雄辩异议"的警告。但有时候，你可能就是想向陪审团淡化提出异议的理由。到底该怎么做，你得自行判断。

117

　　如果违规事项已为证人所陈述，适当的程序是：提出证据删除动议。你需要阐述提出该动议的理由（与提出异议的理由相同），以及你认为证言应该被删除的部分。"我提议删除证人的全部回答。那是传闻证据。"或者"证据删除动议，因为答非所问。我提议删除证人'是的'之后的回答。"当然，作为一种补救措施，删除证言的效果，远不如防止它在陪审团面前被载入审判记录。如谚语所说："覆水难收"。然而，就为上诉保全争点而言，应该这么去做。而且，在陪审团审议期间，如果陪审团要求"复读"（read-back）审判笔录，这种补救措施可起到一种实际效果：被动议删除的证言部分，在复读时被删去了。

（四）策略性考虑

许多本会引起异议的问题免遭反对，乃因对方律师决定不值得提出异议。而且，一项异议给陪审团成员释放的信号是，律师不想让他们听到某些信息。这可能会给人造成一种想要隐瞒某些事情的印象，提出异议的这种弊端可能给己方诉讼造成的损害，必须与因该证据进来而造成的损害进行权衡。提出异议的其他弊端包括，可能令法官或陪审团感到厌烦，或者（如果在对方律师交叉询问你方证人时提出异议）可能会令证人不知所措。针对提问形式的异议，也许仅会起到提醒你的对手措辞更清楚、提问更有效的作用。此外，一项异议常常会强化可异议问题的有害方面，而智者的做法是，用保持沉默的方式，来淡化陪审团对这些方面的注意。最后，会招致异议的问题有时将对你的诉讼有益，或是因为特定的回答对己方有利，或是因为，该问题可能为其他场合不可采的有利证言"敞开大门"。

另一方面，提出异议也有策略上的优势。陪审团成员们会预期律师们提出一些异议，这给你的异议提供了一些空间，只要不超过其可容忍的限度。此外，在你的证人被似乎不公正的提问所折磨时，若仍默默无声，会传递出一种你在偷懒、对自己的案子漫不经心和漠不关心的信号。最后，异议——尤其是在得到法院支持的情况下——可以打乱对抗方询问的节奏或流程，或在如何适当提问以获得某些重要证据片段的问题上，把对手难住。

当然，这些有利于异议提出的策略性考虑——尤其是那些关于干扰对抗方提问的考虑——并不能替恶意提出异议的行为开脱。无疑，有些诉讼律师会跨越这条界线，仅仅出于搅乱对抗方律师的目的而提出异议；但人们希望恶有恶报。你所提出的任何异议，都应当有真诚、可论证的根据。

118　**四、《联邦证据规则》103（a）和（d）：为上诉复审所作的错误保全**

上诉法院对人民诉詹森案被告定罪进行复审后裁定，检察官在询问狱犯巴特勒和詹森时，以及在对陪审团的结审辩词中，提及詹森所谓帮会成员问题，属于检控不当行为（prosecutorial misconduct）。（参见上文，第 49-51 页，第 76 页。）上诉法院认定这属于不当行为，因为，所举的证据并未给检察官相信詹森实际上是帮会成员提供合理根据。然而，上诉法院认为该错误是无害的，因为：

> 在本上诉案件中，附带提出的帮会问题是个边缘事项。陪审团知道，辩方的证人们是一所最高戒备监狱中的同狱犯，（而且）上诉人是强奸犯，巴特勒是盗贼，而格林是谋杀犯。在这些情况下，认为若是没提过帮会问题，陪审团对其可信性的评价就会有本质上的不同，这是没有合理可能性的。

这类涉及证据错误采纳（或排除）的问题，如何被提出以及如何为上诉复审而保全呢？

（一）备档——概述

就一项基于陪审团审或法官审而作出的判决而言，任何上诉都最可能聚焦于"载入审判记录"（in the record）的证据。实体法的上诉问题会着眼于，是否有充分的证据支持法律上规定的诉求或辩护要素。证据问题的上诉将考虑，上诉人的权利是否因排除掉了本应采纳的证据，或采纳了本应排除的证据而受到不当损害。典型情况下，只有对审判"记录"复审后，才能作出这种决定。

"档案"（the record）一词，常泛指审判法院有关案件的归档资料。它包括各方律师呈递给法院的所有文件，由法院举行的任何审判或证据性听证笔录，以及在审判、听证或动议中提交的任何证据。审判"记录"是法院案卷的一个子集，包括审判笔录和展示件。关键之处在于，档案代表着事实的全部和审判法院的所有裁定，上诉法院只能在档案所及范围内对上诉作出裁定。上诉法院不被允许"超出档案范围"去考虑事实或未曾在审判法院出示的法律论据。

因此，对于律师来说，关注档案，确保其在证据、法律论据和裁定方面的完整性，是极为重要的。"备档"（making the record）通常就意味着，记录（典型情况下是速记）所述内容，既不添枝加叶，也不缺斤少两，而且，最终要由法院记录员誊写为官方审判笔录的部分。有时候，法官在经意与不经意间，可能会在审判过程中法院记录员缺席的情况下处理一些重要法律论据，或作出裁定——例如，在法官议事室或法官席进行的辩论，可能未作记录，因而成为"未载入审判记录"（off the record）事项。在这种情况下，让这些事项"载入审判记录"（on the record）就成为律师的职责——在法院记录员重新就位后概述所发生的事情，而且要逐字逐句地加以记录。否则，发生于档案记录之外的事项，就会被有效地阻隔于上诉复审之外。例如，在詹森案中，涉及是

119

否采纳有关"B监区"证据的法官席会议，恰好被载入审判记录了。如果没被载入审判记录，与作为该笔录的读者一样，上诉法院并不比你们更能复审该讨论中出现的争议。

同样，律师们必须对发生歪曲或混淆的档案保持警觉。缺乏经验的诉讼律师常犯的错误，其中很多都可以通过密切关注审判中发生了什么而加以避免。请考虑以下问题：（a）交叠——如果审判中是由一位法院记录员作记录，这种情况在今天还是很典型，法院记录员在两人或多人一齐讲话时，就不能准确记录所发生的事情。在这种情况下，细心的律师要确保进行复查，并为"载入审判记录"解释当时的发生情况。（b）拼写——名字常常造成问题，因为发音相似的名字常常有完全不同的拼法（例如，怀特可以拼写为 White，Whyte，Wite，Wyatt）。（c）数字——当一位律师说"thirty-one-o-four"时，这是指3104，31.04，30、104，还是别的什么意思？应该把它确认清楚。（d）手势——要确保手势得到了解释（"让审判记录表明，证人的手指向了被告"）。

（二）为证据裁定的上诉备档

就证据裁定而上诉时，"备档"意味着遵循《联邦证据规则》103。上诉方必须已经提出了一项（"载入审判记录的"）具体异议，或者已经提供了证明，这取决于争议中的证据被采纳还是被排除了。参见《联邦证据规则》103（a）（1）和（2）。《联邦证据规则》103（a）的这个要求，是对抗制的一个支柱。法官并不负责操控一场无误差的审判。相反，这个责任落在了各方当事人身上，他们通过及时的辩论，来纠正对其权益有重要影响的错误，以保护己方利益。诉讼律师必须因此主动采取行动，就对方不适当的证据使用，或其他不适当的庭上行为提出异议。另外，诉讼律师必须明示他们提出异议的理由，并且总要给对抗方回应的机会。直到那时，才要求掌握更多情况的法官就影响了审判进程的行为作出裁定。这个要求增加了律师关于何时提出或不提出异议的战术性决策风险。

审前证据动议和《联邦证据规则》103，在某些重要方面是互动的。过去在许多联邦法院（且至今仍在若干州法院体系内），如果一项排除证据的审前证据动议被驳回，为了保留上诉争点，诉讼律师被要求在审判中对该证据重新提出异议。然而，自2000年12月1日生效的《联邦证据规则》103（a）修正案规定，任何"载入审判记录中的关于采纳或排除证据之最终裁定，无论审判前还是审判中"，现在"为上诉对错误裁定之请求权的保全"而言都是充分的。该修正案专门意在适用于"所谓审前证据裁定"（so-called in limine rulings）。

联邦证据规则起草咨询委员会《联邦证据规则》103 注释。

（三）证据性错误的上诉复审标准

从分析角度看，上诉法院通过两个步骤，来考虑一个审判判决是否应该因一项错误的证据裁定而被推翻。第一个分析步骤，是要问："有没有错误？"上诉复审大多数（但非全部）关于采纳或排除证据的审判法院裁定时，是基于"自由裁量权滥用"（abuse of discretion）标准。这意味着，上诉法院将不"以其判决来取代"审判法院的判决——上诉法院将不像最初的裁决者那样重新决定争点。［后一种上诉复审被称为"独立"（independent）或"重新"（de novo）复审。重新复审适用于被认为有"法律问题"（questions of law）的审判法院裁定，例如，法院是否选择了正确的法律规则或对其作了适当解释。这是第三章第二节三进一步讨论的内容。］依据自由裁量权滥用标准，要认定错误确凿，上诉法院必须得出结论：审判法院的决定不仅错误，而且是近乎不合理的决定。

第二，如果有错误，该错误是"无害的"（harmless）吗？《联邦证据规则》103（a）规定，基于审判中一项采纳或排除证据的错误裁定进行的上诉，只有在该错误影响到当事人"实质权利"的情况下，才能赢得撤销原判。在大多数情况下，"实质权利"由法院援引"无害错误"标准加以解释。一个错误如果对审判结果没有造成影响，就是无害的。本应采纳的证据被错误地排除了（或本应排除的证据被错误地采纳了），陪审团是否会得出同样的结论？如果是这样，该错误就是无害的。《加利福尼亚州证据法典》第 353 节，詹森案上诉中对其进行了解释，同样要求错误导致了"审判不公"*的结果。因此，《联邦证据规则》103 和《加利福尼亚州证据法典》都要求上诉法院回答同样的问题——该错误在多大程度上实际影响到了审判结果？

对假设事态（假若没有发生错误，审判结果会如何）的评估，必须达到何种确定性程度？在这方面，不同法院的尺度存在着差异。例如，美国第九巡回上诉法院将"无害错误"（harmless error）标准阐述为，审判法院的证据性错误只有在"无害的可能性高于不可能"（more probably than not was harmless）的情况下，或存在该错误无害的"合理保证"（fair assurance）时，才准许上诉法院维持审判法院的原判。例如，合众国诉希特案［United States v. Hitt, 981 F. 2d 422 （9th Cir. 1992）］。第三巡回上诉法院对这个标准则作了不同的诠

---

* Miscarriage of justice，也可译为"错判"。——译者注

释：只有在证据性错误未影响到实质权利"具有高度可能性"（highly probable）的情况下，才可以维持审判法院的原判。例如，麦奎尼诉威尔明顿信托公司案〔McQueeney v. Wilmington Trust Co., 779 F. 2d 916（3d Cir. 1985）〕。人民诉詹森案上诉审中适用的加利福尼亚州标准则主张，只有当错误"有合理的可能"（reasonably probable）影响到审判结果的情况下，判决才应该被撤销。

以上所假定的是可能被认为是"屡见不鲜"（garden variety）的——非宪法性的——错误。有些错误的证据裁定，被认定违反了宪法性权利——例如，传闻证据的错误采纳，可能会侵犯刑事被告与对方证人对质的宪法第六修正案权利。当发生宪法性错误时，只有在该错误的"无害性确信无疑"（harmless beyond a reasonable doubt）的情况下，审判法院的判决才可得以维持。

审判异议速查表

请注意：本异议列表并不追求详尽无遗。用逗号分开的异议表示措辞可以互换；用分号的则表示不同却有密切联系的异议。

121　　　针对提问形式的异议

具有辩论性（Argumentative）	问题极力要证人必须同意一个有争议的推论，其构造好像是对陪审团作的结审辩词，或寻求与证人作对，或令证人难堪。这种异议，经常被用于（并得到法院支持）对适当却过于激烈的交叉询问而提出，像"反对，法官阁下，粗暴的问题！"（Objection, your honor, tough question!）
已问已答（Asked and answered）	问题先前已由同一询问者向同一证人问过。（不适用于被对方律师问过的问题。）从技术上看，重复提问没有什么错，但法官如果感到证言具有重复性，或是询问过于冗长或可能失去控制，可能就会支持这项异议。
假设不在证据中的事实（Assumes facts not in evidence）	问题被设计成这样，证人如回答，就不得不含蓄地接受一个指称的事实，而该事实属于争议事实，尚未被证明。
寻求叙事（Calls for narrative）	问题要求证人非常宽泛或笼统地描述事件。从技术上看，以"叙事"（narrative）方式回答没有什么错误，而且许多问题只能以开放式提问表达出来，以避免诱导性；但危险在于，这样的问题将允许证人长篇大论，而且可能会突然插入不可采的证据。该异议也可表述为："太宽泛"（too general）。
复合的（Compound）	问题要求证人对多个而非一个分开的事实作证。

续表

具有诱导性 （Leading）	问题向证人暗示了想要的答案；这在对友好或中立的证人进行直接询问时是不适当的，但在交叉询问或对方证人、敌意证人的直接询问中可用。
误述证据；曲解证言 （Misstates the evidence；mischaracterizes the testimony）	问题的前提，歪曲了已出示过的证据，或误引了证人的证言。
难以理解；模糊 模棱两可；令人困惑 （Unintelligible；vague；ambiguous；confusing）	问题该如何回答，不够清楚。"难以理解"是指混乱不清；"模糊"是指不够具体；"模棱两可"是指容许作出两种或更多的不同解释。

针对回答（或所提供的展示件）可采性的异议

传闻（Hearsay）	对问题的回答将需要（或证据中包含）一个陈述，该陈述并非由审判中作证的证人作出，用以证明所主张事项的真实性。
不相关（Irrelevant）	答案对于与本案有关的任何要素性事实，没有证明力。
缺乏基础 （Lack of foundation）	未确立充分的事实根据，以表明证人具有提供可采性证言所必要的知识（个人感官知觉或经历、专家意见、外行意见、品性知识）；或表明，展示件的确是证据提出者所主张的东西。
缺乏鉴真 （Lack of authenticity）	缺乏充分的事实根据，以表明展示件的确是证据提出者所主张的东西。
寻求推测，猜测 （Calls for speculation，speculative）	要求证人对有关超出证人实际知识范围的事项，以推测或猜测的方式回答问题；这是一种"基础"（foundation）异议形式。
寻求意见；寻求结论 （Calls for opinion；calls for conclusion）	回答将违反限制外行（非专家）意见的规则，即限制在那些基于证人对事件的感知且有助于陪审团理解事实的意见和推论。
不可采的品性证据 （Inadmissible character evidence）	违反《联邦证据规则》404。
超过证明力的偏见/ 误导/等等，规则403 （More prejudicial/misleading/etc. than probative，Rule 403）	证明力在实质上被一个或多个规则403危险性所超过。

122

续表

重复（Cumulative）	回答将重复早先的证言。这从技术上看并非不适当，但发生在法官依据规则 403 行使自由裁量权的范围内，便不适当。这种异议常被表述为"已问已答"（Asked and answered）。
答非所问 （Nonresponsive）	证人作出了一个不触及问题实质的"闪烁其词的"（evasive）回答。
超出提问范围 （Beyond the scope of the question）	回答超出了问题的范围（例如，证人"自愿提供了"未被问及的信息）；这假设已经给出了答案，因而构成了证据删除动议的根据。
超出直接/交叉/ 再直接等询问的范围 （Beyond the scope of direct/cross-/redirect/ etc. examination）	问题所寻求的证言，不是对刚进行询问的回应。证言应该是对刚进行询问中出现的事项的回应（例如，交叉询问是对直接询问的回应，再直接询问是对交叉询问的回应，再交叉询问是对再直接询问的回应，等等）。
非最佳证据 （Not the best evidence）	回答将违反最佳证据规则，该规则要求使用原始的书写文件、录制品或照片来证明其内容。

第七节　关于自然推理和对抗制的反思

一、对抗制反思

在美国，对抗制一直是居于主导地位的诉讼理论。争端在很大程度上是在相对消极的法官面前由私人个体掌控之私人事务的观念，似乎尚未在广义上得到认真反思。然而，至少出于两个理由，人们大概应该对此进行反思。

首先，对抗制是基于这样一个假设，即一方当事人将有效地被代理，这意味着，各方当事人起码拥有诉讼的必要资金来源。这个假设常常是错误的，并会导致对争端一方或另一方（或双方）的低劣代理。这种财富上的差距反过来可能产生严重后果，拥有资源的诉讼当事人常比贫穷的对抗方处于更有利的诉讼地位，有时这种优势甚至是压倒性的。

反思我们痴迷于对抗制的第二个理由，是提起诉讼的案件，其性质可能正在从两极假设的传统模式，即两名私人诉讼当事人之间本质上属于私人事务的争端，向一种呈现出很大差别的"公法模式"（public law model）转变。请思考以下观点：

　　公法模式的性质特征与传统模式的性质特征相比有很大差别。随着诉讼过程的变化，当事人结构不断演变和难以名状。传统的对抗关系，在每一个基点上都弥漫和交织着谈判和调解过程。在组织和引导诉讼方面，法官是起支配作用的人物，他不仅从各方当事人及其律师那里获取支持，而且受益于众多局外人——名师、专家和监管人员。最重要的是，审判法官越来越多地成为不断发展的复杂救济形式的创造者和管理者，这些救济形式对未出庭的人们有广泛影响，并且要求法官持续地介入管理和执行。学校取消种族隔离、雇佣歧视以及囚犯或同狱犯权利案件，是人们容易认同的这种新型诉讼的典型代表。但如果认为它局限于这些领域，那是错误的。反垄断、证券欺诈和公司业务行为的其他方面，破产和重组、工会治理、消费者欺诈、居住歧视、重新分配议席的选举、环境管理——所有这些领域的案件，都在不同程度上展示出了公法诉讼的特点……

（作为这种诉讼模式变化的一个结果）法院……继续主要依靠诉讼当事人提供和发掘事实材料，但许多因素使其完全掌控审判的组织活动变得不再可能。随着当事人结构的扩散，事实问题不再尖锐地体现在对抗双方的对质中，一方表示肯定而另一方否定。诉讼常常极其复杂且耗费时日，并在事实和法律因素之间伴有持续不断和错综复杂的相互影响。留出一整块时间作为提出所有重要事实问题的"审判阶段"（trial stage），既不可行，在没有陪审团参与的情况下也无必要。事实调查的范围和证据开示过程所能发掘出的卷帙浩繁的事实材料，提出了大量的组织和吸收同化问题。所有这些因素都迫使审判法官在塑造、组织和促进诉讼方面发挥一种积极作用。我们也许尚未达到大陆法系调查型法官的程度，但我们已经把传统的消极裁判者模式远远地抛在了身后。*艾布拉姆·蔡斯：《法官在公法诉讼中的作用》*[Abram Chayes, The Role of the Judge in Public Law Litigation, 89 Harv. L. Rev. 1281, 1282 - 1283, 1284, 1297 - 1298, 1302 (1976)]。

财富差别和正在变化的诉讼性质，这两个问题使人们对于对抗制诉讼的基础产生了一些疑问，尽管这些疑问绝非反对对抗制的决定性论点。随着你们学习的不断深入，请考虑，一方面，至少对一方当事人资源相对稀缺的简明案件而言，证据规则中充分展开的对抗性诉讼，是否太过复杂、繁重了；另一方面，对抗制程序和严格的证据规则，是否过于刚性和粗暴，而不能适应复杂的现代诉讼。同时也考虑一下，可能存在哪些替代性的方案。

请回忆一下本章第二节开头关于对抗制与有限政府角色之间关联的论述，政府在争端解决中的这个角色概念，并不被普遍认同。在西欧实行"纠问制"

(inquisitorial system) 的许多国家，与美国不同的是，争议并非"私人"事务，而且，裁判型法庭常常自行主动进行调查，对审判进程的控制远超诉讼当事人。那些支持大陆法系的人们倾向于认为，由无利害关系的法庭来掌控，将导向更少的证据滥用和操纵，从而增加判决与所显露出的事实真相一致的概率。对于这些及有关事项的讨论，参见约翰·朗本：《民事诉讼的德国优势》；罗纳德·J. 艾伦、史蒂芬·库克、库尔特·瑞彻博格和 D. 托比·罗森：《民事诉讼的德国优势：比较学术研究中多些细节讨论少些泛泛而谈》；米尔建·达马斯卡：《漂移的证据法》[John Langbein, The German Advantage in Civil Procedure, 52 U. Chi. L. Rev. 823 (1985)；Ronald J. Allen, Stefan Köck, Kurt Riechenberg, and D. Toby Rosen, The German Advantage in Civil Procedure：A Plea for More Details and Fewer Generalities in Comparative Scholarship, 82 Nw. U. L. Rev. 705 (1988)；Mirjan Damsaka, Evidence Law Adrift (1997)]。

然而，从詹森案审判笔录中浮现出的另一个问题也值得思考。在一场审判中，证据规则并非处处都被严格遵守；在许多特殊情况下，它们要么被严重忽视，要么在很大程度上因宽松的自由裁量权而被变通适用。另一方面，在审判的某些关键场合，证据规则似乎又至关重要并导致尖锐的争论。例如，在詹森案审判中，在为了防止行为与品性一致的推论而不允许使用品性证据的问题上，这种情况就发生了。参见上文，第 11、55 页。为什么会这样？这是良性表现，还是值得忧虑的信号？你认为这份审判笔录在这方面有多少典型性？

正如你们还将会看到的，每年有越来越多的案件涉及各式各样的专家证言，这种情况表明，诉讼的一方或双方当事人认为，案件只有凭借超越常识和普通人经验的专门知识，才能受到公正的裁判。随着你们学习的深入，探问一下法律制度在多大程度上有效利用了其他学科的知识和专门技能，又在多大程度上有效利用了普通公众的知识？这个问题引出了下一个有争议的问题。

二、为什么要有证据规则？

要解决关于过去事件的争端，我们不得不对实际发生了什么作出判断。这是指认定事实，而这又反过来需要关于那些事实的证据。证据法构建审判的证明程序，但在该构建过程中受到一种有趣的限制。在许多情况下，决定事实的个人，是从社区中挑选出来担任陪审团成员的普通人。他们在法律上的事实认定方面是外行。然而，陪审团成员们在一般性事实认定方面并非外行。每个有能力的社会成员从小就开始收集和完善事实认定的方法，以更好地适应外界环境，而且我们大多数人在这方面都具有非凡的成效。在很大程度上，法律依赖于事实认定者（陪审团成员或法官）所掌控的这些自然推理过程。甚至，法律可以完全依靠它们。它可以让当事人提出他们想要提供的一切证据，让事实认定者们做他们想要做的一切调查，并且让事实认定者的自然推理过程引导其作出他们认为适当的一切决定。这是一种自由证明制度，而不是一种受复杂证据法束缚的证明制度。

显然，法律制度没有采用自由证明制度的形式，否则，以往的判决就会终结你们的证据法课程。相反，法律制度以各种理由，采取各种方式对证明过程进行规制。其中一些方式及其深层次理由，是完全可以理解、无可争议的。另外一些则存在更多的问题。请思考下述对证明过程加以规制的理由，并考虑一下其说服力如何：

（1）效率。诉讼当事人支付的仅仅是维持司法制度运转的一小部分成本。司法资源是免费提供给诉讼当事人的，其构成大笔的诉讼补贴。诉讼当事人实际上缺乏节约司法资源的动机；然而他们有无尽的动机去挥霍这些资源，以努力赢得自己的诉讼。经济学家将这一问题称为运用法律制度的个人动机与社会福利之间的根本失调。参见斯蒂文·萨维尔《运用法律制度私人动机与社会动机的根本分歧》[Steven Shavell, The Fundamental Divergence Between the Private and the Social Motive to Use the Legal System, 26 J. Legal Stud. 575 (1997)]。自由证明制度允许诉讼当事人为所欲为，这会造成司法资源的巨大浪费。而且，有钱的诉讼当事人只要就一些琐事无休止地举证，就会拖垮更为贫穷的对方当事人。出于这两个原因，审判要由法官们来组织，将不相关、多余和无关紧要的争议问题排除在审判过程之外。这样做，既可使解决争端的可用资源价值最大化，又提高了由事实真相决定结果的可能性。参见《联邦证据规则》403。

此外，经验通常允许立法者识别出"有噪音的"（noisy）证据：即那些证明力的检验成本过高而难以检验和确定的证据。这种证据——例如，传闻证据或被告犯罪记录——有时也许具有证明力，但在大多数案件中，事实认定者无法将其有效地作为裁决的根据。制定全面抑制这些证据的规则，消除了许多成本大于产出的事实认定程序和审议活动。参见亚历克斯·斯坦：《低效的证据》[Alex Stein, Inefficient Evidence, 66 Ala. L. Rev. 423 (2015)]。这种类型化的排除规则还消除了事实认定者对"有噪音"证据的不当依赖所可能产生的错误。这一双重优势，抵消了事实认定者因不能妥善运用"有噪音"的证据所造成的错误社会成本。因此，排除"有噪音的"证据推动了法律制度的基本经济目标：它减少了错误成本以及避免错误所耗费的总成本。参见理查德·A. 波斯纳：《证据法的经济分析》［Richard A. Posner, An Economic Approach to the Law of Evidence, 51 Stan. L. Rev. 1477, 1522 - 1530 (1999)］。

126　　　（2）错误分配。允许事实认定中的错误对裁判决定产生随机影响，也许是不公平的。一些裁判错误（如对无辜被告人的定罪），比其他错误（如对有罪被告人宣告无罪）更为有害。为此，立法者将努力创设为当事人一方（刑事被告）减少错误风险，同时增加对抗方（检控方）错误风险的证据规则。但即使利害关系相当——通常在民事诉讼案件中，使错误随机化也可能不是一项好政策因为各方当事人置身于错误风险的潜在不平等。例如，一方当事人提出支持其诉讼的证据，而该证据却不能被对方当事人公开审查，采纳这种证据（如庭外陈述），就会造成错误风险分配的不平等。证据提出者会降低其遭受错误之风险，同时对方会不公平地面临败诉可能的增加。无疑，要避免这种结果，立法者就应该制定使当事人双方面临错误风险概率均等的证据规则。参见亚历克斯·斯坦：《证据法的根基》［Alex Stein, Foundations of Evidence Law 118 - 140 (2005)］。

　　　（3）政策。各种与诉讼制度本身无关的政策会受到诉讼的影响。来看两个普通的例子。第一个例子，强迫证人对他们曾有过的某些特定种类的交流作证，可能对多种人际关系产生破坏性影响，包括职业上和个人之间的社会关系。维系这些关系中的隐私，与准确的裁判同样重要，甚至比其更重要，因此，诉讼被构造为通过各种特免权规定——如律师—委托人特免权、精神诊疗师—患者特免权或夫妻特免权——来保护它们，即在特定情况下豁免特定的个人作证。参见《联邦证据规则》第 5 条（Article V of the Federal Rules of Evidence）。

　　　外部政策考量的第二个普通例子，是要鼓励那些出自秘密交流的对社会有益的活动。假设一座桥上发生了意外事故，这座桥的所有者对该桥做了一些维修，以减少类似意外事故发生的可能性。这种维修行为也许表明，该桥过去是危险的，因而成为该桥所有者一方有过失的证据。在审判中，如果把该维修行为采纳为证据以证明过失，将对桥梁所有者以后维修其桥梁产生抑制作用。为了鼓励社会风险的减少，事后维修的证据在审判中被排除了。参见《联邦证据规则》407。还有许多类似的例子。参见《联邦证据规则》408 - 410。

　　　（4）准确。另一个支持对证明过程进行规制的论点是，这样做是要帮助陪审团成员避免达成错误的结果。弗里德雷克·肖尔：《证据法中应有的陪审团依赖》［Frederick Schauer, On the Supposed Jury-Dependence of Evidence Law,

155 U. Pa. L. Rev. 165，199－202（2006）]。制定传闻规则的一个理由（《联邦证据规则》第8条），是认为陪审团成员不能准确地评价传闻证据。《联邦证据规则》403允许法官使陪审团避免接触"不公正偏见的"（unfairly prejudicial）证据，理由是采纳这类证据有诱导陪审团成员背离合理性的风险。这个论点令人匪夷所思地提出了有关陪审团裁决制度的核心问题。该论点的实质在于，为了把令人分心、具有偏见和难以评价的事实材料移出陪审团的视线，证明过程必须得到控制，因为这类材料会使陪审团成员以情绪或任性来取代理性，从而增加错误结果的风险。在学习下一节时请考虑，审判过程如何在适应法律所假定的陪审团成员推理和行为的情况下，又试图对其进行调整。

127

（5）公正。规制证据采纳和排除的规则，也可从其促进各方当事人的公正趋向来证明其具有正当性。公正的一个方面，与实现实际上准确的结果之制度目标有关。《联邦证据规则》403，允许法官排除可能对异议方当事人造成"不公正偏见"（unfair prejudice）的证据，就是这种基于公正规则的一个显见例子。限制使用一方当事人的"品性"（character），或限制使用其在案件相关事件前后行为的证据规则（参见《联邦证据规则》404），在某种程度上旨在防止陪审团因所控不法行为之外的事项而对其惩罚。与公正有关的另一个价值在于，该制度视诉讼活动参与者为完全自治的个体，其选择控制着诉讼程序的许多方面，例如，自行负责准备并为其诉讼举证，自行负责向对手不适当的证据提出异议（参见《联邦证据规则》103）。最后，给证据提出者施加负担，要求其履行提供己方经基础铺垫之证据的责任，以辅助陪审团裁决（根据《联邦证据规则》901对展示件进行鉴真，并根据《联邦证据规则》1002提供原始文件），可被视为防止证据提出者以不公正的证据性负担压制对方。

三、自然推理和审判过程

正如我们前面所指出的，从陪审团成员的角度看，审判看起来注定有些奇怪。典型情况下，陪审团成员都是被动地坐在法庭里，耐心听完不连贯的证据出示，尽管目前有一些允许陪审团成员在证据出示期间进行提问的试验表明，陪审团提问可以促进陪审团成员对事实和争点的理解，减少对审判证据的怀疑。史蒂文·D. 彭洛德和拉里·霍耶尔：《扭转常识：对陪审团裁决之辅助评估》[Steven D. Penrod & Larry Heuer, Tweaking Commonsense: Assessing Aids to Jury Decision Making, 3 Psychol. Pub. Pol'y & L. 259（1997）]；另见弗兰克林·斯特里厄：《改革之路：陪审团和律师的法官》[Franklin Strier, The Road to Reform: Judges on Juries and Attorneys, 30 Loy. L. A. L.

Rew. 1249（1997）]。特别是由于陪审团成员的被动性，法官对陪审团的最初指示和当事人的开审陈述是至关重要的——它们是为陪审团创建语境的唯一信息源。正如詹森案中所发生的，通常只有在证据出示结束后，法官才会就法律问题作出全部指示。这种指示通常并不十分清楚，尽管在詹森案中，法官所作的指示大部分是清楚的。请思考一下上文第 71 页关于合理怀疑的指示：

> 合理怀疑被定义如下：它不是一种仅仅可能的怀疑，因为每一件与人类事务有关并依赖于道德证据的事情，都向某种可能或假想的怀疑敞开了大门。它是这样一种状态，即陪审团成员对全部证据作了全面比较和周密考虑之后，认为他们还不能说自己坚信一项定罪，或感到该指控之真实性具有一种道德上的确定性。

该指示能起多大帮助作用？难道不能阐述得再清楚一些吗？该指示多少有些模糊，是因为隐含在该指示背后的理念多少有些模糊。然而，在许多案件中，给陪审团的指示都是模糊的，因为其中充斥着令人费解的深奥法律术语，留给陪审团的只是困惑。许多陪审团指示，因缺乏可理解性而实际上没起到什么帮助作用，这在一个致力于既要外行裁决者又要合理性的制度中，简直是件丑事。然而，尽管如此，你能想出这种丑闻要继续保持下去的任何理由吗？陪审团指示，不只是审判法官控制陪审团成员的手段。它们也是上诉法官借以控制审判法官的重要手段之一。陪审团指示具体表述了审判法官在审判中所适用的实体法，而上诉法院会不留情面地对这些指示进行复审。此外，与证据性错误相比，指示性错误几乎从不被上诉法院视为"无害"。这一点可能暗示了什么？不管怎样，你应当自问，事件的这种顺序是否合理，陪审团是否应该在审判过程的更早阶段，得到审判法官更好的指示。

菲比·埃尔斯沃思（Phoebe Ellsworth）教授曾耗费大量时间研究了陪审团成员的审议过程。尽管困难重重，她的研究证实了前人的工作和许多充满轶事趣闻的经验，即陪审团擅长事实认定。她的研究也证实了早先的一些发现，即陪审团成员们处理案件中的法律问题确实不太熟练。她最近对自己的发现作了总结，栩栩如生地捕捉到了作为一名陪审团成员的难处：

> 没有理由相信，陪审团成员对法律的误解是由于他们智力上的问题。看来更可信的是，制度设计方面的原因加剧了这种误解。阻碍严肃的陪审团履行其职责的因素包括：令人费解的技术性语言；伴随生动、具体且经常是冗长的证据出示的，是枯燥且抽象的法律介绍；在陪审团成员了解裁决选择是什么之前，要求他们解释证据；陪审团成员通常无法得到陪审团

指示的副本，并将其带进陪审团室；没有把对陪审团成员的法律训练作为其陪审团职责的组成部分；在发现和纠正陪审团成员对法律的先入之见方面，普遍无所作为；没有告知陪审团成员，允许他们以获得陪审团指示的方式来寻求帮助；以及如下事实，即那些寻求帮助的陪审团成员，得到的常常是令人失望的对费解段落的简单重复。菲比·埃尔斯沃思：《12 个头脑胜过 1 个头脑？》[Phoebe Ellsworth, Are 12 Heads Better Than 1?, 38 Law Quadrangle Notes 56, 64 (1995)]。

陪审团成员的任务包括，认定事实并将法律适用于那些事实。我们说，我们想让审判具有理性审议的特征，包括准确的事实认定和对法律的充分理解。然而，审判的结构与陪审团成员有效的学习模式不太一致，也许还大相径庭。为什么会出现这种情况？如果审判以其他方式建构，权力将会如何转移？你见过主要由律师掌控审判的制度结构吗？由审判法官掌控呢？那是明智的吗？

迄今为止，我们的讨论都集中于陪审团成员对诉讼事件的获知方式。在证据出示和律师结审辩词之后，陪审团成员退庭评议，并达成一项陪审团裁决。法律的触角也延展到审判过程的这个环节。因为确定性在审判中永远不可能达到，陪审团成员们得到的指示是：在面对不可避免的不确定性时，他们不得不紧紧抓住的稻草，就是适用适当的裁决规则。这便是来自关于说服责任的指示。在民事案件中，正常的说服责任是以优势证据来证明；在刑事案件中则是确信无疑的证明。陪审团成员被告知，相应的说服责任适用于案由中的“每一要件”（every element）。这些事项将在第十章*详细讨论。

把说服责任与“每一要件”联系起来，从表面上看似乎不成问题，但这里隐藏着一个难题。这种联系把一种反常的裁决过程推荐给陪审团成员。如果严格遵守其字面意思，陪审团成员就不得不去分析要件的各种排列组合，以及在该过程中始终适用适当的说服责任。这么做有两个难点。第一，这个程序很快就会变得异常复杂；第二，人们一般不是以这种方式对日常事务进行推理。以下图表表明，所推荐的裁决过程是多么复杂和不合常规。由南希·彭宁顿（Nancy Pennington）和里德·黑斯蒂（Reed Hastie）教授汇编的这个表格，显示了在一个相对简单的、涉及正当防卫辩护的凶杀案中对陪审团的指示。

129

---

* 英文版笔误为第十一章。——译者注

陪审团成员裁决

裁决可选方法及其属性：谋杀案

裁决可选方法	属性				裁决规则
	1. 身份	2. 精神状况	3. 环境	4. 行为	
无罪	并非此人	不适用	不适用	未杀人	1 或 4
正当防卫（无罪）	恰是此人	a. 害怕对生命的威胁 b. 害怕身体受到严重伤害	遭到迫在眉睫的攻击	a. 杀人 b. 竭力逃脱 c. 进行防卫 d. 合理报复	1 和（2a 或 2b）与 3 和 4a 与（4b 和 4c 和 4d）
过失杀人	恰是此人	a. 情绪突发 b. 能力减弱	a. 巨大挑衅 b. 威胁到生命，但非迫在眉睫	a. 未竭力逃脱 b. 变成攻击者 c. 过度使用暴力	1 和（2a 或 2b）与（3a 和 3b）与（4a 和 4b 和 4c）
二级谋杀	恰是此人	故意造成可能导致死亡的伤害	缺乏足够挑衅	a. b. c. 类似过失杀人 d. 使用致命武器 e. 故意、残忍的行为	1 和（2 或［3 和 4d］和 4e）和（4a 或 4b 或 4c）
一级谋杀	恰是此人	a. 故意杀人 b. 犯罪意图已形成（动机）	a. 缺乏足够挑衅 b. 计划与杀人之间的时间间隔	a. b. c. 类似过失杀人 d. 形成杀人计划 e. 按照计划杀人	1 和（2a 和 2b）与（3a 和 3b）与（4a 或 4b 或 4c）与 4d 和 4e

资料来源：南希·彭宁顿和里德·黑斯蒂：《陪审团成员裁决模型：概括的缺口》[Nancy Pennington & Reed Hastie, Juror Decision-Making Models: The Generalization Gap, 89 Psychol. Bull. 246, 251 (1981)]。

　　如果你在一部化学分析或医学诊断著作中看到这样的图表，大概不会感到陌生；但作为一份陪审团成员裁决规程，它大概就显得完全离谱了。该图表及其所贯穿的指示表明，审判焦点集中在被确定为"要件"的离散问题上；但正如我们已经评论过的，陪审团成员在退庭评议之前，并未得到关于这些要件的充分指示。例如，在詹森案中，直到法院作结审指示时，才给"殴打"下了定义。审判焦点因而没有集中在一些常规要件真实与否的问题上；而是集中在关于事实的竞争性说法上——在詹森案中，谁挑起了殴斗及为什么？在詹森案中，连律师们也或多或少在他们的结审辩词中忽略了要件，而是一再把注意力集中在关于事实的两种竞争性说法上。确实，关于事实的竞争性说法包含着不同的要件。陪审团一旦对"发生了什么"（what happened）作出认定，就必须参照法官指示去决定谁获胜，而这恰恰就是从南希·彭宁顿和里德·黑斯蒂的实证研究所得出的结论。

　　审议过程包含对发生了什么的各种冲突说法进行调和，而不是对其他考虑因素所支持的诉由之各个要件进行详细解析。任何可能应用诸如上述图表的裁决方法，都必须涉及有比较清晰答案的问题。化学分析就是一个很好的例子。

石蕊试纸在浸入酸性或碱性溶液时会变成蓝色或红色；一种溶剂能或不能溶解一种物质。审判中所涉及的问题很少能回答得如此明确。到了最后一天，詹森案陪审团将不得不决定，是谁挑起了殴斗以及为什么会挑起殴斗，但为了做到这一点，陪审团成员们将不得不仔细审查大量模棱两可和自相矛盾的证言。

考虑到审判的结构，审判中的智力性工作不可避免地包括，把所提供的证据按照似真的竞争性说法组织起来。案件具有模糊性，因其需要组织大量数据（证据复杂性），需要解决矛盾和不一致的证言问题（证据张力），还需要填补在审判中未得到出示证据支持的中间前提（证据漏洞）。在一般情况下，审判中的信息出示显然注定是不完整的（休斯顿狱警和范·贝尔格狱警都没能说出他们怎样受的伤），并且，常常会有不一致的信息被提出（关于沃克狱警操行的各位目击证人证言迥然不同）。证人只对他们所观察到的情况作证，而且，一位证人很难观察到与特定诉讼争点相关的所有事情。 *130*

即使在有单一证人的情况下，仅因记忆会随时间而逐渐消逝，所见之事就必定比所述之事更加丰富。此外，人的修辞技能总是不如观察技能发达。举个简单例子——一个有关故意伤害的案子，部分证明来自有关被告对原告做了"恐吓"（threatening）姿势的证言。对于看似简单的姿势作定性描述的证言，常常是对具有丰富特征之人类行为的概括，这些特征虽然易于观察，却总是难以叙述，这就是诸如此类的外行意见常常得到允许的原因。要理解这样的证言，陪审团成员必须去重构这种具有丰富特征的事件。当然，在这种重构过程中，陪审团成员也许不得不去分析，未以恐吓方式作出的姿势会是什么效果。随着案件复杂性的上升，陪审团成员不仅需要不断往数据库里添加信息，而且需要对这些数据进行组织和简化，说到底，这也是人们应对复杂日常生活的方式。一个人会记得昨天到访过一家商店；而不是走到车库，推开门，进入车库，又打开车门，寻找车钥匙，检查点火装置，等等。 *131*

上述图表还强调了陪审团裁决的另一个有趣的方面。该图表揭示了一个有序的演绎法裁决途径：提出假设并演绎正确的结果。在某一时刻，陪审团成员们确实将以这样一种方式"演绎"（deduce）其裁决，但这大概要等到所有艰苦的工作完成之后。这些艰苦的工作包含查明究竟发生了什么事情。在那种努力中，演绎法作为在几乎所有其他领域都发挥了杰出作用的法律工具，屈居归纳推理之后。让我们再来回顾一下詹森案结审辩词。没有任何一方当事人试图对有罪或无辜的问题作出正式证明；取而代之的是，他们都用证言编织出一个故事，希望基于他们（陪审团成员）的常识和经验，对陪审团成员来说看上去具有似真性。

四、事实认定者的行为

审判中，诉讼律师们试图对发生了什么作出似真性解释，以此来说服事实认定者，但对一个人来说"似真的"（plausible）东西，是由那个人的知识和经验之总和所决定的，而不是由形式逻辑操作的结果。就你们自己的经验而言，这是件再明显不过的事情。思考一下，你如何评价自己所看到的事情。尽管人们总是认为自己能够接受近似的两种可能性，即某件事情根据观察是独特的，或者你以前信以为真的事情实际上是错误的；但你仍然在寻找其中的模式，探求共同的线索，特别是那些你正在观察之物与以前所见之物的联系。人们从事各种各样的类比推理，其中包括因果推理，以及填补正在观察之物未被观察之方面的推理，这种推理在你坚信之事与正在观察之事之间建立起普遍联系；人们依赖于先前经验基础上形成的概括，等等。这些都是人类用以理解、驾驭和控制外界环境的手段，无疑也是陪审团成员们用来解决自己面前历史性事实争端的手段。到最后，当一种基于审判中所出示证据的合意，从陪审团成员们的叠加经验中涌现出来时，陪审团成员们就要考虑谁赢谁输的裁决选项了。有时候，在他们这样做并看到彼此的态度暗示时，他们会重新审议。从这个意义上说，主要体现为（但并不全是）归纳过程的证据理解和审议，与实际上几乎完全是演绎过程的陪审团裁决选择，二者之间存在着密切联系。

简而言之，关于要件的指示仅仅是为陪审团裁决提供了选项。相比之下，对于如何推理或审议却鲜有指示，因为陪审团成员作为其所在社区的合格成员，被假定为知道该如何去做这两件事，这无疑是正确的假定。法官们通常会对陪审团推理作一项指示，即在詹森案中所作的——"运用你们的常识"。如果更为详尽的指示是必要的，裁决案件的论证就会发生变化，即以其他方式作出。

最后一点。在詹森案审判笔录的开头，法官对陪审团作了什么是"证据"的指示。请考虑一下"证据"的性质：它到底是什么？在阅读这些内容之前，你很可能会认为这是个傻问题——"证据"，显然就是审判中的证言和展示件。对这个问题的回答，现在还那么显而易见吗？审判中的证言和展示件在被观察者——法官或陪审团成员——了解之前，是没有任何意义的。而且，对任何一份证据的理解都不能预先决定，因为这是事实认定者的背景阅历和经验要发挥的作用。如果"证据"就是审判中所出示的东西，何以一位事实认定者认为该"证据"证明了有罪，而另一位却认为其证明了无罪呢？这个教室里的每一个人，是否都同意被告詹森犯有殴打罪？还是说，有些人认为他应当被宣判无罪？我们想要你们思考的要点，就是审判和"证据"的动态性（dynamic nature）。对"证据"来说，存在着一个关系面；它（证据）是某人信以为真的东西，而该人所相信的证据内容又不能预先由一套规则来加以确定。如果其可以被预先决定的话，事实认定大概就能实现从主要进行归纳推理向主要进行演绎推理的转变；但如果能有这一转变，陪审团成员们（和法官们）就会成为多余。考察这个问题的另一种方式是，对于历史事实的认定不仅需要逻辑，而且需要判断——这不是否定逻辑的作用，而是说，除了逻辑，还需要加上判断。

对判断的必要信赖，是人类制度特有的区别性特征之一，证据法不论多么强调严密分析，都要依赖于判断。这些问题，是我们鼓励你们在本课程学习过程中始终要思考的问题。它们不仅仅是学术性问题。你们即将要转入相关性概念的学习。我们在此讨论的许多问题，都涉及这一核心概念。

第三章

相关性、证明力和规则 403 危险性

相关性是所有现代证据法律制度的基本原则。只有相关的证据才有助于陪审团基于陪审团成员的推理能力而获得理性的结果。早在一个世纪前，詹姆斯·布拉德利·塞耶（James Bradley Thayer）就清楚地说明了该原则的基本宗旨：

> 有一个原则——与其说是一条证据规则，不如说是构成理性证据制度概念本身的前提性预设——这个原则禁止接受任何无相关性、逻辑上不具有证明力的东西。我们何以知道什么是被禁止的东西？不是凭借任何法律规则。法律并未提供相关性的检验标准。因此，人们默认借助逻辑和一般经验，正像许多别的事情被假定已为法官和牧师们所充分知晓那样，我们假定推理原则也为他们所知晓。

> 在证据法的阐述中，还有一条应当预设的准则，即除非被一些规则、原则或法律所排除，所有在逻辑上具有证明力的证据都是可采的。然而，这种对逻辑上具有证明力的证据之一般可采性与前一原则一样，不是理性证据制度中的必要预设；它有很多例外。然而，为了厘清法律的概念，需要注意这也是一个基本命题，这一点非常重要。从历史意义上讲，排除并不是基础的事情，其中不同的排除是例外。事实上，现实中法官不时地将一个和另一个事情排除在外；也因此，现实中逐渐地通过规则承认了这种排除。这些排除规则有其自身的例外规定；因此，法律已经形成一套主要的证据排除规则；然后是这些规则的一系列例外。

> 因而，在阐述我们的两大基本概念时，我们不应陷入这样的错误，即认为相关性、真实或假定的逻辑联系是可采性的唯一检验标准；因为如此我们就会无法把握证据法的主要内容。当我们说：（1）无一例外，不具有或假定不具有逻辑相关性的东西，都不具有可采性；以及（2）在有许多例外和限制条件的情况下，只要逻辑上具有相关性的东西都具有可采性；显然在现实中，除了逻辑相关性，还有其他的可采性检验标准。一些事情因为其意义微乎其微而被排除，或由于具有太多的推测性和遥远的联系而被排除；有些事情是因为它们对陪审团有影响而具有危险性，而且可能被

那个群体误用或高估而被排除；有些事情，由于不合时宜，或因公共原因不安全而被排除；还有些事情，完全是因为没有先例而被排除。正如我前面所说，正是这一类事情——实际上具有证明力的东西基于这样或者那样的实际理由而被排除——构成了证据法的典型内容；使其打上陪审制度之子的烙印。詹姆斯·布拉德利·塞耶：《普通法证据初论》[James Bradley Thayer, A Preliminary Treatise on Evidence at the Common Law, 264 - 266 (1898)]。

塞耶的分析提供了在分析证据问题时必须牢记的两个基本理念。第一，证据是否相关，将主要取决于法官和陪审团的"常识"推理（有时是专家证人的推理），而不是法律规则。这就是塞耶所说的"法律并未提供相关性的检验标准"，而是依赖于"逻辑和一般经验。"第二，对于证据的可采性而言，相关性是必要但不是充要的条件。换句话说，即使在证据实际上具有相关性的情况下，许多规则也排除证据。我们在第二节讨论这样的规则，即《联邦证据规则》403。

第一节　相关性——基本概念

依据《联邦证据规则》而进行的相关性讨论，是你们学习证据法的基础。它为你们在任何事实争议中开发、表达和辩护自己关于证据为何具有相关性的理论，提供了分析工具。这种分析对于理解相关性是根本性的，是你们作为证据可采性的支持方、反对方或法官所必须掌握的工具。而且，你们很快将会看到，所有证据规则的适用都源于一个初始问题：为什么该证据具有相关性？

一、《联邦证据规则》401 和 402

规则 401　相关证据的检验

下列情况下，证据具有相关性：（a）与没有该证据相比，它具有使一个事实更可能或更不可能的任何趋向性；并且（b）该事实对于决定该诉讼是要素性的。

规则 402　相关证据的一般可采性

相关证据具有可采性，除非下列任何一项另有规定：

● 《美国宪法》；

● 联邦法令；

● 本证据规则；或

● 最高法院制定的其他规则。

不相关的证据不可采。

二、《联邦证据规则》401 与 402 的解释

根据《联邦证据规则》401，在决定一项证据是否具有相关性时，法官必须考虑两个问题：（1）该证据是被提供用以证明该案的一个"要素性"（of consequence）事实吗？（2）理性的陪审团会认为该证据具有一种使该要素性事实更可能（或更不可能）的趋向性吗？普通法把这两个问题理解为两个不同的概念——实质性（是指与该案要素性事实有联系）和相关性（是指这种联系具有逻辑上的证明力）。尽管实质性（materiality）一词在《联邦证据规则》中并未使用，但其依然是法官和律师们的常用语，也是你们应该熟知的用语。如果提出了适当的异议，法官将根据《联邦证据规则》401 和 402 排除所有不相关的证据。

（一）相关证据是被提供用以证明一个要素性事实

一般来说，在法律争端中，如果一个事实主张对该争端的法律解决至关重要，它就是"要素性的"（如实质性）。如果陪审团（或法官审中的法官）在决定罪行或责任存在与否时可以合理地使用一个事实，该事实对于争端的法律解决就是重要的。为了确定在特定法律争议中哪些事实是要素性的，人们必须依赖提供方当事人的"案件理论"（或该方当事人在审判中争论的内容）以及构成实体法（争议中罪行、民事诉因或积极抗辩）的要件。这些要件由可适用的刑法或民法界定，也是负有证明责任的一方当事人在审判中必须证明的事实。这种从证据到要素性事实的推论性推理过程可用一个简单关系图（见图 3-1）来说明：

证据————→要素性事实（要件）

Evidence　　　FOC　　　（EE）

图 3-1

"证据"是指证人证言和法庭上出示的展示件。要素性事实（FOC）是陪审团根据从证据所得出的推论，能够决定予以相信的事实主张。箭头表示陪审团能够作出的一个推论。为了具备"要素性"，推断性事实（inferred fact）必须（1）本身是一项要件，或者（2）是陪审团通过一次或多次进一步的推论，在确定一个要件更可能或更不可能时，可以合理使用的事实。

一个要素性事实可能如何需要进一步的推论而与一个要件相联结，请考虑

以下这个例子（见图 3-2）：

证据 ⟶ 要素性事实 ⟶ 要素性事实（要件）
目击证人作证， 被告刺了 被告造成了
该被告拿刀对 被害人。 被害人死亡。
着被害人。

图 3-2

　　该证据是一位证人的证言，她看见被告拿着一把刀对着被害人。根据这个 136
证言，陪审团可以推断，该被告事实上确实刺杀了被害人。被告人的行为是一
个要素性事实，因为陪审团可以据此推断，造成该被害人死亡之人的身份，这
就是一个要素性事实，因为它是凶杀法上的一个要件。

　　实体法决定着每个案件的要件。例如，在詹森案中，詹森被控犯罪的要
件：（1）由一个被监禁在州监狱的人，（2）对一个未被监禁的人，（3）违法使
用武力或暴力。检控方出示了几位目击证人的证言，表明詹森在其牢房内外与
管教人员进行了挣扎和厮打。该证言对证明詹森使用了武力和暴力是相关的，
这是上述所列第三项要件要求的。现在请考虑，辩方律师向狱犯巴特勒的提
问，即关于鹈鹕湾监狱囚犯被允许接收家里包裹的频度（上文第 48 页）。这个
信息有助于证明詹森案的一个要素性事实吗？你能辨别出它与某个要件具有任何
联系吗？如果不能证明，那么，该信息也许是无关的——用普通法用语说，是
"非实质性的"（immaterial）——依据《联邦证据规则》401 和 402，将被排除。

　　一些证据的相关性需要多次推论，才能与一项要件合理地联系起来。例
如，检控方提供的休斯顿狱警左腿胫骨受伤的证言（上文第 16 页）。图 3-3
表明，该证言何以能被用于证明詹森对休斯顿动武和施暴，而这是詹森案第二
项和第三项要件所要求的：

证据 ⟶ 要素性事实 ⟶ 要素性事实 ⟶ 要素性事实（要件）
休斯顿作证， 休斯顿的胫骨 詹森的搏斗 詹森对休斯顿
其胫骨在扭打 在扭打后确实 造成了该伤 动武和施暴。
后出现了伤痕。 出现了伤痕。 痕。

图 3-3

　　第一个推论是，休斯顿的证言是真实的——他确实在与詹森搏斗后受了伤。
根据这个推断性事实，多个要素性事实包括要件，方可被证成（identified）*。

---

　　* 这个词的原形 identify 有识别、确认和确定之意，这里译为"证成"，指经过一系列推论过程得
出结论而完成证明。证成一词更常译自 justify 及其各种变形。——译者注

有时候需要更长的推理链条。例如，狱犯巴特勒作证说，管教们在走向詹森牢房时佩戴着防护手套（上文第 48 页）。该证言与狱警们先动手殴打詹森的辩方理论相联系。狱警佩戴防护手套的事实所引出的推论是，狱警准备与狱犯发生接触，而不仅仅是去收餐盘；而如果狱警准备进行接触，他就企图打人；而如果他企图打人，那么他就先动手开打；而如果狱警们先动手开打，那么，詹森使用武力是正当防卫而并不违法。这个推论链条由图 3-4 所示。

137

证据 →	要素性 事实 →	要素性 事实 →	要素性 事实 →	要素性 事实 →	要素性 事实 →	要素性事实 （要件）
巴特勒作证，狱警们佩戴着防护手套。	狱警们佩戴着防护手套。	狱警们准备进行接触。	狱警们企图打人。	狱警们先动手开打。	詹森作了自卫性还击。	詹森使用武力并不违法。

图 3-4

每个箭头都代表了从证据开始的链条中的一个推论，推导出一系列要素性事实，包括该案的一个要件。无论该推理链条是长是短，重要的是记住，在不了解规制该争端之实体法要件的情况下，一个案件的要素性事实是不能确定的。

（二）相关证据必须使一个要素性事实更可能或更不可能

一旦证据提出者（proponent）* 确定了要素性事实，该证据提出者就必须准备证明，与没有该证据相比，该证据的提出如何使该要素性事实更可能或更不可能。"更可能或更不可能"这一短语意味着，如果该证据能够对陪审团对于要素性事实的看法产生任何合理的影响，它就是相关的。证据可能使得该事实稍微更可信（更可能），或者可能使得该事实稍微不那么可信（不太可能）。在上述任何一种情况下，它都是相关的。只有当证据不能在任何一个方向上产生任何合理的影响时，它才是不相关的。

1.《联邦证据规则》401 "任何趋向性"的最低标准

《联邦证据规则》401 把相关证据界定为，具有使一个要素性事实的存在更可能或更不可能的"任何趋向性"（any tendency）。从所提供的证据到一个要素性事实的推论，这是其具有逻辑可能性的一个最低检验标准。例如，在詹森案中，要确定狱犯巴特勒"狱警们佩戴着防护手套"的证言的相关性，只需确定"狱警们佩戴防护手套，与其不佩戴防护手套相比，至少略微更可能与狱

---

* 指通过运用证人、文件和其他物证，向陪审团提供信息的当事人或其代理律师。——译者注

犯们有预期的接触"。如果与不知道该证据相比，理性的陪审团能认为，它使一个要素性事实略微更有可能或更不可能，法官就将认定该证据具有相关性。

> 当（且仅当）有没有该证据……可能性都是相同的，该证据才没有相关性……如果这些可能性是不同的，该证据就是相关的。从各方面来说，（可能性）变化的程度在确定相关性方面并不重要。相关性不存在程度问题。……相关一词是指，某种证明力和毫无证明力之间的区别……可能性发生某种变化和没有变化之间的区别。沃恩·C. 鲍尔：《有条件相关性之谜》［Vaughn C. Ball, The Myth of Conditioned Relevancy, 14 Ga. L. Rev. 435, 446 (1980)］。

但在具体情况下，证据提出者如何表达它使一个要素性事实更可能或更不可能？如果对方提出异议，法官如何裁定规则 401 是否得到满足？对这些问题的回答，要求理解从证据到要素性事实的推理需要运用常识和经验。

138

2. 推论性推理是基于从知识和经验所作出的概括

推论性推理需要概括性知识和经验，以及第二章第 127－132 页中所讨论的各种智力工具，从而实现从证据到要素性事实推理。我们大家都有健全的概括性知识体系，用于自己的推论性推理：

> 我们大家都……对在我们社会中人物和事物之一般行为方式的普遍持有的观念，积累了浩瀚的知识库。人们从这个知识库得出关于典型行为的概括。反过来，这种概括又成为使我能够把具体证据与人们希望证明的一个要件联系起来的前提。戴维·A. 宾德和保罗·伯格曼：《事实调查》［David A. Binder & Paul Bergman, Fact Investigation, 85 (1984)］。

联邦证据规则起草咨询委员会的《联邦证据规则》402 注释将这些概括称为："由经验或科学演化而来，合乎逻辑地应用于手头情况的原则。"

为了检验证据是否对于一个具体要素性事实有逻辑上的证明力，法官要考察证据提出者的推理链条中每一推论潜在的概括。例如，从"狱警们佩戴着防护手套"到"狱警们准备打人"的推论性跳跃，要求一个关于狱警行为的概括。这个概括可表述如下："狱警们收餐盘时大概不佩戴防护手套，但当他们准备与狱犯发生肢体接触时很可能戴防护手套。"你对这个概括有什么看法？它支持了必要的推论吗？它使该推断性事实更可能吗？因为这样的概括只是对人类行为（以及其他种类的事件）的粗略评估，它们不能确切证实一个推论是真实的。不过，这些概括在逻辑上确实发挥了作为三段论推理进程的作用：从大前提（概括）和小前提（证据）到结论（所得出的推论）。这种基于知识和经验之概括的推理形式，还可用图 3-5 来表示：

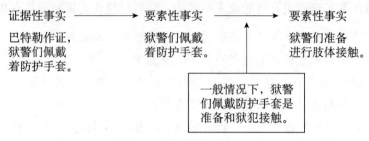

图 3-5

139　　　3. 相关性要求合理的概括

　　法官们在认为存在着基于常识和经验的合理概括，而其将支持推理链条中的每一个推论时，便会采纳可使一个要素性事实更可能或更不可能的证据。换言之，相关性的检验标准是："一个理性人如果知道所提出的证据，那个人认为该要素性事实为真的概率是否会有所不同。"杰克·B. 温斯坦和玛格丽特·A. 伯杰：《温斯坦联邦证据法》[2 Jack B. Weinstein & Margaret A. Berger, Weinstein's Federal Evidence §401.04 [2] (b), (Joseph M. Mclaughlin, ed., Matthew Bender 2d ed. 2001)]。因此，法官站在一名理性陪审团成员的角度，来评估这些潜在概括的合理性。当相关性存在争议时，证据提出方必须准备好向法官解释和证成该潜在的概括。

　　4. 概括可成为证明主题

　　如果反对方就一项证据的相关性所必需的概括提出异议，称其不为陪审团所知或不合理，且法官也有同样的疑虑，那该怎么办？在这种情况下，法官可以要求该证据的提出者就这个概括本身提供证据。例如，在詹森案中，法官可能问："陪审团何以知道，狱警们佩戴防护手套就是准备与狱犯进行肢体接触？"法官可以要求辩方，就鹈鹕湾监狱 B 监区佩戴防护手套的惯例提供证言。那样，该证据就会成为推理链条中的一部分：

证据 ——→	要素性事实	＋	证据 ——→	要素性事实
巴特勒作证，狱警们佩戴着防护手套。	狱警们佩戴着防护手套。		一位证人作证，当狱警们在 B 监区期待与狱犯发生身体接触时，就佩戴防护手套。	狱警们准备进行肢体接触。

图 3-6

如果法官要求证明的话，证据提出者将不得不就一个潜在的概括提供证明。当然，为了说服陪审团相信该概括具有特别强的证明力，证据提出者也可以主动就潜在的概括提供证明。

5. 对合理概括的限制

概括性知识有很多种类，全都可以包含于事实裁判中：

> 概括的范围十分宽泛。一端是科学定律……有根据的科学意见……基于共同经验而被广泛认同的结论（例如，每个人都知道司机遇到红灯必须停车）。中段是人们普遍持有但尚未证明或无法证明的信念（例如，逃离犯罪现场是一个罪犯心虚的证据）。另一端是人们可能强烈持有却与可获得的数据无关的成见或偏见……以及虽不被人强烈持有但依然有效的信念（例如，人们制定了计划就可能实施）。特伦斯·安德森和威廉·特文宁：《证据分析》［Terence Anderson and William Twining，Analysis of Evidence 68 (1991)］。

法官并不要求对大多数听起来合理的概括进行客观证明。这样做是不切实 *140* 际的，因为常识的许多方面尚未通过严格的实证研究得到验证。如果诉讼当事人必须提供关于人类行为和物质世界的每一种概括的正式证明，审判将陷入停滞。不过，在"理性陪审团成员"（reasonable juror）检验标准中包含两个限制：必要的概括不能为法官周知为虚假（"人可以看穿砖墙"）[1]，而且它们不能过度推测（"长着红头发的人似乎比黑头发的人更具有侵犯性"）[2]。基于这种概括的相关性理论应该被摒弃。一些概括表达了基于如性别、民族、种族、宗教信仰、年龄以及性偏好等因素之令人生厌的范型化。这样的概括一旦说出来，大概其中许多是属于"虚假"（false）或"臆测"（guesswork）等不可接受的种类，或者与个案没有任何联系。真露美洲公司诉安全投资公司案［Jinro America Inc. v. Secure Investments，Inc.，2001 U. S. App. LEXIS 25987，at *37 (9th Cir. 2001)］［多数意见认为，根据规则 403，"（a）韩国企业一般是腐败的；（b）真露是一家韩国企业；（c）因此，真露是腐败的"，这样的三段论是不允许的；一致意见认为，关于韩国企业的概括，与证明真露的行为是

---

① 在一架客机即将坠毁前发生在驾驶员座舱的谈话，与乘客们的精神状态和精神损害不相关，因为乘客们不可能听到该谈话。普里吉安特诉泛美航空公司案［Pregeant v. Pan Am. World Airways，Inc.，762 F. 2d 1245，1249 (5th Cir. 1985)］。

② 根据规则 401，由一位专家提供的关于被告耐克鞋是一个可归罪的脚印来源之"可能"又几乎"不可能"的证言，由于"缺乏证明力"而被排除了。合众国诉费雷拉案［United States v. Ferreira，821 F. 2d 1，5 (1st Cir. 1987)］。这个裁定是否为一个根据《联邦证据规则》401 而正确作出的决定，取决于该专家据以认定一种"可能性"之概括的性质。

不相关的]。当然，在陪审团秘密评议期间，如果有触发范型和成见所必需的背景事实，它们也可能浮现出来。《联邦证据规则》对其中一些成问题的成见作了明确的辨别和处理。例如，规则610禁止可信性问题上的宗教信仰或意见证据；规则412限制在不端性行为案件中，使用被害人性行为或性癖好的证据。其还假定，多样化的陪审团在评议期间将表达各种观点，从而将纠正这种范型化。

6. 法官不自行评估证据

在确定证据与要素性事实之间是否存在合理联系时，法官并不评估他们自己是否相信该证据。当证据是证人证言时，法官并不评估该证人是否可信。当证据是证物*时，法官不评估该展示件是否真实。相反，就确定相关性而言，法官将假定陪审团认定证人的可信性或证物的真实性，然后审查其是否与要素性事实有合理的联系。证言和展示件的基础可采性要求是在第四章讨论的。

7. 规则401支持可采性的政策

最小相关性检验服务于《联邦证据规则》最重要的目标之一：通过向陪审团提供尽可能多的相关信息（受制于排除其他相关证据的规则），促进理性决策。规则401实现这一目标的方法，是通过阻止法官以自身对证据重要性的信念去扭曲理性陪审团可能认为相关的信息流。相比之下，假设法官可以根据自身对概括似真性的评估来否决证据提出者的概括。例如，一位法官可能认为："我并不认为，狱警们佩戴防护手套是因为预期要与狱犯进行肢体接触。我认为狱警们佩戴防护手套是为了保持自己手的清洁。"基于法官个人对证据的信念及其潜在概括来排除狱警们佩戴手套的证据，就会阻止陪审团听取到这一证据，而陪审团可能合理地认为这个证据对于确定谁先开打具有相关性。

这就提出了一个问题：审判法官必须在多大程度上确定，该证据与案件有最小相关性联系。规则401确立的最小相关性检验意味着，如果法官相信相关性联系存在任何的可能性，法官就应该认定证据具有相关性。因此，即使对于鹈鹕湾监狱狱警们佩戴防护手套的做法有其他解释，只要证据提出者的潜在概括是合理的，该证据就是相关的。关于"支持可采性并依靠全部有用信息……的强势联邦政策"潜在的哲学、学术和法学上的争论概述，参见联邦地区法院法官杰克·B. 温斯坦（Jack B. Weinstein）在合众国诉肖纽比案的意见［United States v. Shonubi, 895 F. Supp. 460, 492 (E. D. N. Y. 1995), 103 F. 3d 1085 (2d Cir. 1997)］（判决被撤销）。

---

*　Exhibit，通常译为"展示件"，亦可译为"证物"。——译者注

在法官根据规则 401 最小相关性检验采纳证据后，最终将由陪审团来决定证据的相关性和重要性。即使法官采纳了存在相关性异议的证据，陪审团也可以在他们的审议过程中以该证据不相关为由而予以拒绝。

（三）相关性不是充要性

《联邦证据规则》401 的可采性与证据是否足以证明要件是不同的问题。可采性问题关切的是逻辑效果，而规则 401 的"任何趋向性"只要求最低限度的逻辑效果。充要性问题涉及第二章第 95 - 96 页所讨论的举证责任；即一个理性人是否能被该证据说服到适用说服责任所要求的程度。这两项责任将在第十章作进一步的讨论。通常情况下，一方当事人的案情将需要许多证据，以满足足以支持一项裁决的举证责任。正如联邦证据规则起草咨询委员会对规则 401 的注释所言，其援引麦考密克（McCormick）的论述"一块砖不是一堵墙"。"砖"是每一个相关证据；"墙"是满足证明责任的证据整体。

此外，大多数证据都不会只引发一个推论，或仅引发一个潜在的解释概括。证据通常可以几种不同的方式进行解释，因而引发竞争性的并且经常相互矛盾的推论。例如，对于为什么狱警在詹森案中佩戴防护手套（如果是这样的话），你可能已经形成过几种相互矛盾的解释。这些竞争性的解释可能成为对方的证明主题，并可能在结审辩词中对陪审团加以论证。对陪审团来说，通常在其最终审议时从中进行选择。为了依据规则 401 采纳证据，一项证据需从其提出者的角度予以审查。与不了解该证据相比，证据只需使一个要素性事实在某种程度上更可能或更不可能。

（四）直接证据与间接证据

普通法区分了两种类型的相关证据：直接和间接的。直接证据通常被定义为，一旦相信，就能证实某个要件的证据，无须任何额外的中间推论。例如，在詹森案中，如果管教人员作证说詹森踢打了休斯顿狱警和范·伯格狱警，该证言一旦被相信，就成为詹森犯有殴打罪的直接证据。目击证人指认银行抢劫犯的证言，一旦被相信，就会成为身份要件的直接证据。在这两个例子中，要素性事实本身与要件是一致或基本一致的，差别仅在于，要件是以法律术语表达的。

然而，在大多数情况下，一个证据和一项要件之间的联系并非如此直接，而是可能要求许多中间推论。这种类型的证据被称为"间接的"（circumstantial）。假定一位证人作证说，一家银行刚被抢劫后，他看见被告（被控犯有抢劫银行罪）从银行跑向了一个街区。这就会被视为被告有罪的间接证据，因为这一证言并没有直接证明身份要件。要把被告同抢劫联系在一起来解释被告的这种行为，还需要一些补充性推论——他在犯罪后试图逃跑，以免被抓。而且，因为对被告跑动行为存在许多别的解释，关于身份的推论并不能自动得出。

尽管如此，直接和间接证据二者都要求陪审团运用推论性推理。只有在陪审团相信目击证人的情况下，直接证据才能证实一项要件，而这要求对目击证人的能力进行推论性推理，包括其正确观察该事件的能力，记忆它的能力，以及准确地对其加以描述的能力。这些可信性标准问题，必须由事实认定者来解决，以便评价任何证言证据，而它们属于人们经常在日常生活中运用自然推理所解决的问题。因此，一般而言，间接证据与直接证据的区别在于其推论链条的长度。

然而，"直接"（direct）和"间接"（circumstantial）的标签并不能反映证据的证明力，理解这一点很重要。间接证据可能常常比直接证据更可靠。正如第九章将讨论的，一个留在谋杀武器上的血痕，经脱氧核糖核酸（DNA）检测认定为被告的，这是间接证据可能非常准确的一个例子，而且或许比许多目击证人更可靠。

143　　　几乎所有诉讼案件至少都依靠一些间接证据，而且，通常许多要件（例如，意图）只能以这种方式被证明。就像在詹森案中所做的那样，一些司法辖区在给陪审团的指示中会对间接证据和直接证据进行区分——在间接证据链条中，每一个对证明犯罪所必要的事实都必须以确信无疑为标准加以证明（上文，第70页）。这项指示大概不能适用于推理链条中的每一个中间步骤，而且给予这样的指示会使陪审团陷入极度的困惑。一般情况下，一个刑事案件的最终定罪推论，将依靠一连串的中间步骤，其中每一项都要由许多个别证据来证明。仅凭此类中间要素性事实本身就能证明犯罪的情况，是罕见的。正如澳大利亚高等法院所述：

> 确定那些构成有罪推论之推理链条中必需环节的中间事实，有时也许是必要或值得做的。并非每一种可能的中间性事实结论都具有这种性质。如果确认一个中间性事实之必不可少为适当的，那么，告诉陪审团，在最终推论可以得出之前，该事实必须被确信无疑地认定，这或许是完全适当的。但是，在证据的组成犹如一条电缆中的数股绞线而非一个链条中的不同环节时，给出这样一种告诫是不适当的。在这样做不必要或者会混淆争点的情况下，不管怎样都不应给出这样的告诫。告诉陪审团，被告的罪行

必须被确信无疑地证实，这通常就足够了，在有所裨益的情况下，告诉他们，只要存在与无罪一致的任何其他推论，他们就必须对该证据抱这样一种合理开放的怀疑态度。······

检控方承担着确信无疑地证明犯罪之全部要素的责任。这意味着，每一要件中的关键成分都必须得到如此程度的证明。它并不意味着，通过推断来证明一个要件所依据的所有事实——每一件证据——本身都必须证明达到确信无疑。······确实，大量证据的证明力也许是累积的，这使得单独考虑每一件证据的可能性程度变得没有意义。《澳大利亚刑法评论》[51 A. Crim. R. 181, 184 - 185 (1990)]。

（五）背景信息

在大多数情况下，法官们会采纳一些看似与案件任何要素性事实都无任何明显联系的证言。关于正在作证证人的合理背景信息，"总是可采的······它使陪审团能够对证人的可信性和证人观察的可靠性作出更为明智的判断。"合众国诉麦克维案[United States v. McVeigh, 1531 F. 3d 1166, 1201 (10th Cir. 1998)]。而且，在证人描述行为或事件时，他们常常被允许对其进行一些详细描述，这只是为了帮助陪审团了解和理解其没有或者不能亲眼所见的事情。上文第136页提到的狱犯巴特勒关于狱犯如何从家里收取包裹的解释，就是这种细节的一个实例。拉丁语 res gestae——意思是"所发生之事"——常常用于证明就某个重要事件采纳更为广泛的背景情况是正当的。当事人还运用各种展示件，这样做不是要证明任何要素性事实，而是要向正在听审的陪审团说明该故事的某些部分。

联邦证据规则起草咨询委员会对《联邦证据规则》401的注释，明确地赞成对这种背景证据的采纳，尽管它对案件缺乏直接影响：

　　性质上本为背景的证据，很难说涉及争端事项，但常常被提供并采纳作为有助于理解案情的证据。

　　图表、照片、不动产的视图、杀人凶器以及许多其他证据，都属于此种证据。

三、《联邦证据规则》401 和 402 的适用

两个司法意见，尽管相隔了一百多年，例证了相关性概念所要求的证明力联系的低门槛。

纳普诉州政府案

(Knapp v. State)③

---

168 Ind. 153，79 N. E. 1076（1907）

上诉人对上述案件的判决提出上诉，在该判决中他被判一级谋杀罪。上诉理由是，要求重新审理的动议被错误地驳回了。

上诉人，作为一位为自己辩护的证人，提供了表明杀人属于正当防卫的证言。大概为了表明他有理由害怕死者，他事后作证说，杀人之前他听说过，死者作为哈格斯顿市的执法官，曾用棍棒殴打并重伤了一位其正在拘捕的老人，这位老人事后不久便死了。当该上诉人在交叉询问中被问及，谁告诉他这件事情的，他回答说："一些哈格斯顿人。我现在不能说出他们的名字了。"在反驳询问时，法院驳回了辩方的异议和例外，允许检控方由一位内科医生证明，该老人是死于年迈多病和酒精中毒，而且在他身上没有发现瘀肿或伤痕。上诉人律师争辩说，采纳这份证言是错误的；实际上，问题是他是否听到过这个故事，而并非它是真是假。在所询问的事实与所寻求证实的证据之间，必须有一种公开和看得见的联系，这是有明文规定的；然而，所要求的这种联系只存在于逻辑过程之中，因为要证明两个事实之间的实际联系，就要排除所有推定性证据。在现行规则中，证言品质在很大程度上取决于它说服人们作出判断的趋向性。如沃顿所说："相关性在于其有助于一个有关假设的证明。"沃顿：《证据法》（1 Wharton, Ev. §20.）。在史蒂文森诉斯图亚特案（Stevenson v. Stuart, 11 Pa. 307）中，法院指出："被用作合法论证之根据的间接事实之适格性，并不是由推断的结论所决定的，尽管它可以就有关诉讼事实提供这种推论。如果这些有助于阐明调查事项，或对调查有所帮助，即使对事实真相的认定所起的作用微乎其微，也就足够了。"

我们的意见是，所提到的证言具有适格性。上诉人的律师主张，问题是上诉人是否听到过一个大致该死者对那个老人严重施暴的故事，这个主张是正确的；然而，由此不能得出结论说，遭到异议的证言并不能否定上诉人关于他听到什么的主张。人性的首要原则是讲实话的冲动。格林利夫（Greenleaf）教授在其证据法著作（第1卷 §7n）中引用里德博士（Dr. Reid）的话说："这个

---

③　对纳普案及所提问题之适当分析方法的一个有趣的讨论，参见理查德·弗里德曼：《可信性和传闻证据的路径分析》［Richard D. Friedman, Route Analysis of Credibility and Hearsay, 96 Yale L. J. 667, 679 (1987)］。——编者注

原则，即使在最大的谎言家中也有强大作用；因为他们讲一次假话，就要讲100次真话。"讲真话是普遍的倾向，这表明，对于上诉人声称听到了该陈述，即其证言在这一点上为真而言，实际上没有什么根据，其具有更不可能的趋向性。确实，在正当防卫被主张为导致凶杀之正当理由的案件中，由于该法院没有把关于死者的证据局限于品性证据，在没有颠倒是非可能性的情况下，我们不知道如何可以剥夺检控方这样的机会，即如此回应被告关于他听到该陈述之效果的证据。在此，他大概狡猾地否认了他还记得谁告诉了他那个信息。检控方所证明的事实，倾向于败坏上诉人的名声，因为它表明，在事实和证言之间有一个未讲真话的人，且上诉人不能指出其信息提供者；至少该说，遭到异议的证言有这样的趋向性，即其提供的关于他听到什么的主张，是更不可能的……

维持原判。

合众国诉斯蒂弗案
(United States v. Stever)

603 F. 3d 747 （9th Cir. 2010）

[被告人斯蒂弗对两项定罪提起上诉，一项为合谋种植1 000株或以上大麻植物罪，一项为违反《美国法典》第21编第841节（21 U.S.C. sec. 841）规定的大麻经营罪。] 斯蒂弗寻求辩护，理由是在其母亲的400亩土地上一个偏僻角落发现的大麻经营活动，是最近渗入东俄勒冈州地区的一个墨西哥贩毒组织（DTOs）所为。斯蒂弗寻求对政府方掌握的有关东俄勒冈地区贩毒组织的资料进行证据开示，并在审判中为以下目的提供了证明：（1）反驳土地所有者必然卷入大麻经营活动的推论，因为墨西哥DTOs已在所有者不知情的情况下擅闯大片公共和私人土地种植了大麻；（2）展示了墨西哥DTOs共性经营活动的几个不同特点，以支持本次特殊的大麻经营为某个墨西哥DTOs成员所为的推论；以及（3）表明墨西哥DTOs是秘密和家族制的，因此，当地白种人不可能卷入他们的经营。

政府方争辩说，上述推论与斯蒂弗有罪或无罪并无相关性。地区法院对此予以认同。法院拒绝强制证据开示，并驳回了斯蒂弗提供的证明，反复坚持说，任何其他人对大麻经营负有责任的证据，与评估斯蒂弗卷入该经营的可能性不相关。上诉中，上诉法院根据以下相关性分析，驳回了地区法院的上述两项裁定。

地区法院的结论是不合逻辑的。如果它具有"与没有该证据相比，使决定该诉讼的任何要素性事实之存在更可能或更不可能的任何趋向性"，证据就具有相关性。**《联邦证据规则》401**（黑体为作者所加）。此处的证据，如果它存在的话，就有助于表明，一个墨西哥 DTO 组织种植了这些大麻。它还有助于使斯蒂弗未卷入该经营更可能，因为一种替代性解释是，连该种植都未征得斯蒂弗家的同意，就更别提参与经营了。

　　政府方为支持地方法院的裁定提出了几个论据。首先，政府方认为，证据必须与特定的墨西哥 DTO 相关，才能证明斯蒂弗的无辜。这个论据是站不住脚的。使一个墨西哥 DTO——任何墨西哥 DTO——对这个经营活动负责更可能的证据，就使斯蒂弗对此负责变得更不可能了。

　　其次，政府方认为，即便显示此处大麻种植是一个墨西哥 DTO 所为，也无助于为斯蒂弗开脱，因为斯蒂弗有可能是与该 DTO 合谋。虽然这种合作肯定有可能，但斯蒂弗正确地争辩说，他与墨西哥 DTO 一起犯罪的可能性要比没与它一起犯罪的可能性小，因为没有墨西哥 DTO 参与，陪审团会自然地假定，对这片土地拥有合法权利的人至少负有部分责任；还因为斯蒂弗提供了墨西哥 DTO 独家性经营的证据……

　　最后，政府方认为，该证据将引导陪审团对墨西哥 DTOs 及其"与斯蒂弗地产增长的关联"产生不被许可的推测。但是，地方法院不得随意把逻辑上具有相关性的证据作为推测而拒斥："如果（他人犯罪的）证据真会导致陪审团产生怀疑，法院不得试图代陪审团裁定这种怀疑纯粹为推测和离奇的事情，而应为被控方提供每一种制造怀疑的机会。"合众国诉瓦列霍案［United States v. Vallejo，237 F. 3d 1008，1023（9th Cir. 2001）]［引用约翰·亨利·威格莫尔《普通法审判中的证据》§139（1983）一书中的话]（改动为原引文所做）。陪审团仍将被指示去决定由该证据所导致的怀疑是否为一种合理怀疑，如果认为不存在合理怀疑就作出有罪裁决。以此观之，政府方所指的危险，仅仅是陪审团将不遵守法官指示的危险，但根据"我们宪法允许的陪审团审判制度包含的核心假定，陪审团成员会认真遵守给他们的指示"（引用省略），因此这是一种我们并不接受的风险。

　　而且，如政府方所承认的，针对斯蒂弗的指控是间接的。检察官要求陪审团主要基于该经营活动位于斯蒂弗的场地，以及斯蒂弗与普利多（其员工，有物证表明其与该经营有关）的各种互动，而推断斯蒂弗卷入了该经营活动。斯蒂弗却可得出与政府方相反的推论且逻辑上相关的情况，寻求反驳政府方要求陪审团以其他证据所作的间接推论。因此，地方法院关于证据开示为不相关的结论，是基于对逻辑相关性原则的错误适用而作出的，对斯蒂弗动议的否决

147

因而是一种自由裁量权的滥用。

（以斯蒂弗的宪法第六修正案的抗辩权被否定为由——属于一种并非无害的错误，撤销原判。）

——注释和问题——

1. 法院在纳普案中虽然没有阐述该案的实体法要件，但你们自己大概可以从詹森案中推导出那些要件。它们是什么？在该案中，内科医生的证言如何与一个要素性事实联系起来？你们能绘制一张这种联系的图表吗？在法院意见中所阐述的相关性检验，与《联邦证据规则》401 和 402 如果不完全一致的话，是否类似？

2. 法院说明了其据以证实该内科医生的证言具有相关性的推理链条。它要求一个关于人们具有说实话倾向的概括。这个概括合理吗？该法院为何认为合理？你认为合理吗？

3. 请注意法院强调，被告不能回忆起是谁告诉了他关于那位老人的事件。法院的观点是什么？读完下文第二节关于《联邦证据规则》403 的论述之后，再考虑一下这个观点。

4. 根据《联邦刑事诉讼规则》16（a）（1）（E）（i）的规定，政府方必须披露全部"其拥有、保管或控制的……准备作为应诉资料的……文件"，斯蒂弗请求对东俄勒冈州地区与墨西哥 DTOs 有关的政府方报告、培训材料以及其他文件进行证据开示。政府方从未否认其拥有这些资料，只是认为它们不具有相关性，因而拒绝向斯蒂弗披露任何事情。

5.《联邦证据规则》所采用及本章所描述的逻辑相关性概念，源自如下经典文章：乔治·F. 詹姆斯：《相关性、可能性和法律》[George F. James, Relevancy, Probability and the Law, 29 Calif. L. Rev. 689（1941）]；赫尔曼·C. 特劳特曼：《逻辑或法律的相关性——理论上的冲突》[Herman C. Trautman, Logical or Legal Relevancy—A Conflict in Theory, 5 Vand. L. Rev. 385 (1952)]。另参见杰克·B. 温斯坦和玛格丽特·伯杰：《温斯坦联邦证据法》(2 Jack B. Weinstein, Margaret Berger, Weinstein's Federal Evidence § 401 Joseph M. Mclaughlin ed. , Matthew Bender 2d. 2001)；《威格莫尔论证据法》[1A Wigmore on Evidence § 37 (Peter Tillers rev. 1983)]。

6.《联邦证据规则》路径与威格莫尔路径恰恰相反，后者主张在法律上区分"逻辑上"和"法律上"的相关性。约翰·亨利·威格莫尔：《普通法审判中的证据》[1 John Henry Wigmore, Evidence in Trials at Common Law § 28, at 409 - 410 (3d ed. 1940)]："法律上的相关性是指……某种高于最小证明力的东西。"想必威格莫尔是在尝试区分仅有微小证明力的证据和说服力大得多的证据。《联邦证据规则》中不存在"法律上的相关性"的概念，但一些执业律师和法官仍在使用该术语。

148

要　点

1.《联邦证据规则》402 要求，审判中所采纳的证据必须是相关的，除非另有规定，所有相关证据都具有可采性。

2.《联邦证据规则》401 要求，一个证据性事实必须通过一个推论性推理过程与本案的一个"要素性事实"（fact of consequence）联系起来，才是相关的。规制本案的实体法要件决定什么事实是"要素性的"（of consequence）。

3.《联邦证据规则》401 要求，证据必须使一个要素性事实"更可能或更不可能"（more or less probable），才是相关的。法官依据"任何趋向性"（any tendency）标准，通过考察必要的推论及其潜在概括之合理性，来裁定这个问题。

思考题

3.1. 请思考詹森案的下列证据。根据《联邦证据规则》401，它们是相关的吗？请陈述支持该证据提出者的理由：提出该项证据是要证明什么要素性事实（和要件）？为什么该证据使这个事实更可能或更不可能？然后请陈述支持对方的理由。

（a）检控方问休斯顿狱警："被关押在 B 监区的一般是什么类型的狱犯？"（上文，第 9 页，第 27 行）为什么这个信息具有相关性？

（b）几位管教人员作证说，他们在该事件发生后所写的报告并未说，在牢门被电动打开之前，他们打开了送餐口小门。

（c）检控方问狱犯巴特勒，他是不是一个帮会成员，被告詹森是不是一个帮会成员。巴特勒回答，他本人是"瘸子会"成员，然而，他并不知道詹森是否有任何帮会关系。（上文，第 49 页，第 33—40 行）

3.2. 2010 年 9 月 15 日下午 2 点，丹尼斯·德里弗把校车停在惯常停靠的雪松街上。几个 8—12 岁的少年学童走下校车，站在沿雪松街一侧的砂砾路肩上。当校车向前启动时，撞到一个 10 岁儿童——保罗·佩德罗苏。保罗自从这次意外事故后一直住在医院。

保罗的父母代表保罗对德里弗和德里弗的雇主——圣雷蒙学区提起过失诉讼。他们诉称，司机未能保持适当的注意，致使汽车偏离路面驶入保罗站立的砂砾路肩，当时他正安静地站在那里等待校车从身边开过。德里弗和学区辩称，德里弗保持了适当的注意；保罗并未安静地站在那里，而是与几个孩童沿着马路边在玩捉迷藏游戏；而且，当时保罗出人意料地跑入了车道，德里弗没有机会及时停车以避免撞上他。

在佩德罗苏诉德里弗案（Pedroso v. Driver）审判中，丹尼斯·德里弗在自我辩护中作证。我们假定，她是有作证能力的证人。在对德里弗的直接询问中，发生了以下询问和回答。

1　问：你现在仍被雇为一名校车司机吗？

2　答：不，事故发生后，我就辞职了。

3　问：为什么？

4　答：就像在承运一卡车钻石。（声音哽咽）

5　那些孩子每一个都很珍贵，想起来真是

6　让人感到后怕。

7　问：你想喝杯水吗？

8　答：不用，我还好。

在原告律师对司机的交叉询问中，发生了如下问答：

9　问：在本案事故发生前一个月，你曾驾驶满载儿童的校车以 70 英里

10　时速在限速 45 英里/小时的路段行驶，因而收到一张超速罚单。

11　这是真的吗？

12　答：是真的。

作为被告方律师，你关于第 4—6 行证言的相关性理论是什么？

作为原告方律师，你关于第 9—12 行问答的相关性理论是什么？就每一项，请阐述证据和要件之间的联系。

3.3. 在合众国诉雷案（United States v. Ray）中，朗唐（Rundown）公司首席执行官伯纳德·雷（Bernard Ray），被指控犯有联邦内幕交易罪。检控方必须证明，雷通过故意使用"内部"（inside）信息——朗唐公司所

149

掌握但不为公众所知的信息——从证券买卖中获利。具体而言，检控方诉称，基于其关于朗唐公司将于 2015 年第二季度（4～6 月）面临灾难性损失的"内部"信息方面的知识，雷于 2015 年 3 月 16 日抛售了 10 万股朗唐公司股票；而且，雷故意从这次出售中获利。实际上，朗唐公司确实在 2015 年 4～6 月遭受了严重的财务损失，导致该公司于 2015 年 12 月申请破产。

早在 2015 年 3 月，这些损失就已经被朗唐公司的外部审计事务所预测到。外部主审计师阿瑟·安德鲁斯，3 月 14 日上午向朗唐财务总监朱·雅各布斯作了关于这些损失预测的汇报。之后，同日下午，主审计师安德鲁斯还向雅各布斯发送了一封电子邮件，建议她将这些预测告知雷。雷声称，直到 3 月 18 日即朗唐执行委员会每周例会召开之前，他才被告知该项预测损失。如果被传唤作证，雅各布斯将主张其宪法第五修正案特免权，拒绝对这些事件作证。政府方持有安德鲁斯 3 月 14 日发给雅各布斯的电子邮件副本，准备将其作为证据提出，以证明雷 3 月 16 日之前便知晓该项预测的损失。

根据《联邦证据规则》401，该电子邮件有相关性吗？为什么？

3.4. 在州诉布莱尔案（State v. Blair）中，一位名叫诺玛·韦茨（Norma Waits）的 35 岁女性，2010 年 9 月 14 日在其公寓遭到暴力攻击。

没有强行入室的迹象。次日早晨诺玛的管家发现诺玛失去知觉，然后打 911 报警。

诺玛是本地歌剧院一名受欢迎的成功歌手。在大量调查后，警方逮捕了一位名叫吉米·布莱尔（Jimmy Blair）的著名娱乐业律师，并指控他犯有严重侵犯罪、殴打罪、谋杀未遂罪。诺玛不记得受攻击的情况了，且不能辨认攻击者。

诺玛和吉米 2007 年开始约会。他们的关系起于歌剧院一次筹款晚会上的相识。诺玛的朋友们报告说，吉米很迷人且乐于助人。没人怀疑他们的关系会有任何麻烦，尽管大家未注意到诺玛在遭受袭击前两年的时间里变得越来越离群索居。诺玛最好的朋友称，她在 2010 年一年都很少见到诺玛，尽管多次试图安排见面。此外，诺玛的事业开始走下坡路，她长时间以不明健康问题为由不来歌剧院上班。在检控方为指控吉米做诉讼准备时，许多潜在的可采证据进入其视线。请考虑下列各项证据，你认为根据《联邦证据规则》401 和 402，每一项证据是否具有相关性，为什么？找出会使要素性事实更可能或更不可能的证据，以及需要支持任何推论的概括。是否还需要其他证据来判定相关性？

　　（a）诺玛的一位朋友说，该攻击发生前一个月，诺玛告诉这位朋友，她计划告诉吉米，她打算和他分手并尽快离开湾区。诺玛还说，她怕吉米会怒不可遏。

　　（b）一位警察证人将作证，在袭击发生后那天早上，警察在诺玛的公寓发现了一只收拾整理了一半装有她私人物品的行李箱。警察还发现了一张诺玛当天飞往洛杉矶的机票。这张机票被撕成了两半。

　　（c）展示件包括诺玛的一些照片，显示她身体多部位严重瘀青，这些伤平时被衣物遮盖着。这些照片的显示时间为 2009 年 7 月 25 日。一位警察证人将作证，她是在诺玛公寓内一个上锁抽屉里发现这些照片的，她从诺玛的一堆私人物品中找到钥匙打开了抽屉。

　3.5. 在一场美国职业足球联赛中，开拓者队球员鲍勃·布罗德柏克遭到对手雄猫队队员托尼·特拉普的肘击。该伤害是在开拓者队得分并基本锁定胜局后立即发生的。就在得分前，布罗德柏克和特拉普冲撞到一起，两人都摔倒在地。正当布罗德柏克打算爬起来时，特拉普肘击了布罗德柏克脑后部和脖子，布罗德柏克颈部受了重伤。

　　布罗德柏克以殴打罪向特拉普提起人身伤害诉讼。布罗德柏克必须证明特拉普的打击致其受伤。如果布罗德柏克还证明，特拉普攻击他时"具有致其重伤的具体故意"，那么，布罗德柏克就可以主张惩罚性损害赔偿。在他的询证存录中，特拉普作证说，他与布罗德柏克的接触仅仅是"拍打"（slap），那是"比赛中时常发生的事情"，而且，布罗德柏克肯定是在他们撞到一起倒地时受的伤。 *151*

　　（a）在审判中，布罗德柏克提供的一段当时足球比赛的电视录像片段，显示了事件发生的顺序，包括特拉普击打布罗德柏克脖子的情况。该录像还显示，一位裁判立即把特拉普罚出赛场。特拉普以相关性为由提出异议。该如何裁定，为什么？

　　（b）布罗德柏克还提供了一份美国足球联盟《比赛行为官方规则》第 5 条 A 节第（3）款的副本，内容如下：

　　禁止所有球员以手、腕、前臂、肘或拳头，击打其他球员的头部、脸部或颈部。

这条规则具有相关性吗？要证明什么？

152

第二节　证明力和规则 403 危险性

《联邦证据规则》403 赋予了审判法院这样的权力，即排除那些根据《联邦证据规则》401 和 402 无疑具有相关性，但法官认为可能导致陪审团偏离理性裁决角色的证据。当你们阅读规则 403 时就会发现，该规则为法院行使排除证据的自由裁量权提供了指南。法官并非不受确定原则的限制而在采纳和排除之间自由选择。相反，法官虽有一定灵活性，却受到该规则所述标准的限制。规则 403 不允许审判法官"仅因他认为该证据没有说服力便将相关证据排除在陪审团世界之外；证明之说服力的最终裁决人必须是事实认定者，而非立法者"。布莱克诉佩莱格里诺案 [Blake v. Pellegrino, 329 F. 3d 43, 47 (1ˢᵗ Cir. 2003)]。法官根据规则 403 所拥有的排除权意味着，出庭律师无法向陪审团出示他们想要提出的全部相关证据，而陪审团将看不到、听不到某些可采的相关信息。

一、《联邦证据规则》403

规则 403　以偏见、混淆、费时或其他原因排除相关证据

如果下列一个或多个危险在实质上超过相关证据的证明力，法院可以排除相关证据：不公正的偏见，混淆争点，误导陪审团，不当拖延，浪费时间，或者不必要地提出累积证据。

二、《联邦证据规则》403 的解释

相关性证据，仅当其证明力被该规则所表述的危险性之一实质上（substantially）超过时，才需要被排除。当对方以该规则所阐述的任何理由反对证据的采纳时，法官必须仔细评估所提供证据的证明力，并估计其所产生的规则 403 "危险"（danger），然后，适用该规则所设置的平衡检验条款。该规则本身及其联邦证据规则起草咨询委员会注释，在解释该条款的含义时并未给法官提供多少指导。法官该如何测量证明力？"混淆争点"（confusion of the issues）、"误导陪审团"（misleading the jury）和"不公正的偏见"（unfair prejudice）之间有什么区别？我们将以更详细的方式发掘这些术语的含义。我们相信，对规则 403 危险性的仔细分析，可能对审判法官的裁定具有极其重要的影响。

请考虑一个出现规则 403 危险性的证据实例。在詹森案中，被告詹姆斯·詹

森作证说，他看到过沃克狱警无缘无故地对另一名狱犯进行暴力攻击："他把一个拉美小伙子从座位上揪起来，拖出厨房，揪着他的头发拖出厨房，拖到走廊尽头，把他暴打一顿。"（上文第 61 页，第 7—19 行）此证言是被提供用以证明，当沃克走到他的牢门口时，詹森有充分的理由惧怕沃克狱警。但证据呈现出一个问题：这个关于沃克狱警在另一场合下行为的证言，还可能引发陪审团对沃克而非对詹森精神状态的思考。陪审团可能认为，沃克是一个坏人，并据此而反对检控方；此外，陪审团可能认为，因为沃克有暴力倾向，他才攻击了詹森。正如我们在下文第 156 页所解释的，这些是该证据可能对检控方案件产生不公正偏见的两种方式。因此，检控方可能会根据相当于《联邦证据规则》403 的州法对詹森的证言提出异议④，而法官必须对这些不公正的偏见风险与该证据的证明力进行权衡。

（一）证明力

要裁定一项规则 403 异议是否得当，法官必须首先分析该证据的说服力，即该证据很可能将对陪审团思考其所证明的要素性事实产生的影响。这就是它的证明力（probative value*）。请记住，如果证据具有使要素性事实更可能或更不可能的"任何"（any）趋向性，它就是相关的；证明力测量证据的强度，即使其只用了像"很高"、"有些"或"微乎其微"这样一般的词汇。被告詹森关于沃克狱警行为的证言，对于表明詹森有理由惧怕沃克显然是相关的，但其证明力如何？在合众国诉布坎南案［United States v. Buchanan, 964 F. Supp. *153* 533 (D. Mass. 1997)］中，地区法院提出了如下问题：

　　　　在评估证明力方面，我有责任首先考虑，诉讼中所提供用于证明要素性问题的证据之"趋向性有多强"。……其次，证据提出者对该证据的需求。

为了检验证据的强度和证据提出者对证据的需要程度，法官需要对案件中的其他证据有所了解。

1. 潜在推论的强度

大多数法院和评论者都认同，证明力的首要测量，是把证据与要件联系在

---

* 该词也可译为"证明价值"。——译者注

④ 《加利福尼亚证据法典》第 352 节——《联邦证据规则》403 之基础——包含了基本相同的平衡检验标准：

法院在其自由裁量权范围内，可以排除如果采纳该证据将会实质上超出其证明力的证据：(a) 必然过分浪费时间，或者 (b) 产生不当的偏见、混淆争点或误导陪审团的实质性危险。

一起的推论强度。该强度取决于蕴含于那些推论中的概括的强度。若如詹森所述，他看到过沃克狱警在没有受到挑衅的情况下把另一名狱犯暴打一顿，那么，詹森惧怕沃克之推论所蕴含的概括可以表述如下（见图 3-7）：

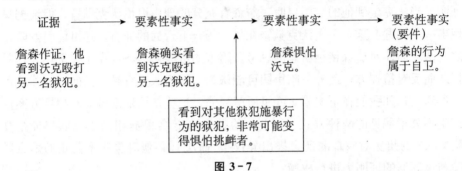

图 3-7

法官对这个概括所表达的概率之粗略评估——在这里，就是狱犯会变得害怕的频度，被估计为"非常可能"（very likely）——是法官对詹森证言之证明力评估的主要成分。表达这个概括的唯一"正确"（correct）的方式是不存在的，也没有评估其频度是否精确或准确的方式。此外，所提供的证据细节会影响该概括的构成，诸如，怎样打人属于极端暴力？它会对其他狱犯的内心造成严重的还是轻微的恐惧？补充证据也可能增加或减少已提出的证据的证明力。这种殴打，是家常便饭还是罕见情况？詹森与沃克之间，或拉美裔狱犯与沃克之间，是不是素有"积怨"？这些事实中，有一些可能成为詹森或补充证人进一步证言的主题。如果该证据被采纳，陪审团成员们将基于他们自己的背景知识和经验，从这些事实进行推论。你们会看到，法官的评估只是——粗略尝试把一种价值附加在一个理性的陪审团可能作出的推论之上，而不可能精确量化。

154　　　2. 起点的确定性

推论链条起点的证言，其确定性也可能影响证明力。例如，如果詹森作证，他"认为"（thought）就是沃克狱警打了另一位狱友，但他"无法确定"（wasn't sure），那怎么办？如果证人们承认，他们对自己实际上感知到什么事实都不能确定，或者如果一份文件包含模棱两可的语言，法官们也许就会根据规则 403，降低对该证据证明力的估计。合众国诉罗德里格斯—卡布雷拉案〔United States v. Rodriguez-Cabrera, 35 F. Supp. 2d 181, 184（D. P. R. 1998）〕（被告点头的含义含混不清，导致偏见在实质上超过证明力）。

3. 法官并不掂量可信性

法官在评估证明力时，并不考虑证人的可信性。例如，当被告詹森说他看到过沃克攻击过其他狱犯时，他应当被人们相信吗？对詹森可信性的怀疑，可能减少他所作证之事实的证明力。但在评估证明力时，并不考虑证人的可信性。查尔斯·阿兰·赖特和亚瑟·R. 米勒：《联邦实务和程序》[22 Charles Alan Wright and Arthur R. Miller, Federal Practice and Procedure Section 5214 at 265 - 266]；合众国诉华莱士案 [United States v. Wallace, 124 Fed. Appx. 164，167 (4th Cir. 2005)] （"证人的可信性与其证言是否具有所要寻求证明之事实的证明力毫无关系"）。法官的角色，是在证言被相信的情况下评估其证明力。

4. 推论链条的长度

推论性推理链条的长度，并不必然降低一项证据的证明力。例如，DNA 证据的确要求复杂的推理链条，并能产生很高的概率。确实，虽说有的推理链条长一些，有的短一些，但重要之点是，一些因更具说服力而（证明力）更强，一些则因不是很有说服力而（证明力）更弱。争点是证据与结论之间联系的强度，而非得出该结论所必须采取的推理步骤的数量。这主要是每一推理步骤潜在概括的强度在起作用。

5. 需要

联邦证据规则起草咨询委员会对《联邦证据规则》403 的注释，提到法官在适用该规则平衡检验时可以考虑的另外两个因素。首先，该注释建议，法官应当在"证据的证明力、对该证据的**需要**和避免因采纳该证据而可能造成的损害"之间进行权衡（黑体字为原文所有）。其次，该注释在结束语中提及，在以不公正偏见为由而作出排除证据的决定时，"其他证明手段的可用性"也可加以权衡。对于这些术语，既未作出解释，也未建议法官如何去考量这些因素。判例法表明，法官确实通过许多途径来对需要问题进行考量。提供证据所要证明之要点的核心性，对方对这个要点的争议程度，以及该证据对该要点予以证明的强度，都能表明一方当事人对证据的需要。合众国诉德劳伦蒂斯案 [United States v. DeLaurentis, 83 F. Supp. 2d 455, 467 - 468 (D. N. J. 2000)] （在被告袭击后，被告与检控方的主要证人从事了一项先前犯罪图谋的证据，是给该证人可信性正誉的必要证据，而且对于该证人诚实性有特别的证明力）。

由于缺乏证明一个要素性事实的替代手段，对某一特定证据的需要也可能影响《联邦证据规则》403 裁决。一些法院认为，这种对证据的需要，"应当与其证明力一起加以权衡，以决定是否应当根据规则 403 予以采纳，（但）需要……并不会使该证据更可能证明其被提供以证明的东西。"合众国诉斯托特案［United States v. Stout, 509 F. 3d 796, 800（6th Cir. 2007）］。因此，如果不公正的偏见实质上超过其证明力，法院仍可排除该证据，即使缺乏其他证明手段。

或者，如果在同一要点上已有实质证据，对于一项补充证据的需要就会降低。弗兰克诉哈得逊郡案［Frank v. County of Hudson, 924 F. Supp. 620, 626（D. N. J. 1996）］（在一起性骚扰和歧视案中，与被告儿童性虐待不相关的证据被排除了，尽管根据《联邦证据规则》413 - 415 其具有可采性，这是因为四位原告对被告的工作场所骚扰均提出了相似指控，从而使所提供的儿童虐待证据"降低了其相对分量"）；合众国诉贝尔案［United States v. Bell, 516 F. 3d 432, 445（6th Cir. 2008）］（所持有的非法毒品数量、毒品克秤、切板和其他毒品工具，实质上降低了检控方为证明被告"故意"销售而对过去的毒品销售定罪的需要）。

你们可以看到，规则 403 的这种微调，要求法官在审判中熟悉已被采纳的证据，以及预期被采纳的证据。法官也许还需要了解，诉讼各方还能获得其他什么证据。在合众国诉贡萨尔维斯案［United States v. Gonsalves, 668 F. 2d 73, 75（1st Cir. 1982）］中，尽管有不公正偏见的风险，但被告针对一位将提供对其不利证言的目击证人的恐吓证据是可采的，因为该证据对犯罪意识具有证明作用。检控方目击证人的辨认证据对被告人极其不利，而被告不在场的证据也同样很强；上诉法院部分维持原判，因为检控方没有其他方法来补强其目击证人，且其需要是"实质性"的。如果法官不能在当时作出这种背景判断，一项规则 403 异议就会产生，法官可以把决定推迟到审判后期，等到更多的证据背景被提供出来后，再运用附条件的采纳技术作出决定，这将在下文第四章第五节讨论。

（二）规则 403 危险性

对法官来说，解决规则 403 异议的第二个步骤是，评估所提出的证据对陪审团理性裁决过程的危险，以及对该司法制度有效裁决利益所造成的危险。《联邦证据规则》403 区分了两类风险。一类是有关陪审团推理过程中错误风险的主要来源。引起不公正偏见的证据，混淆争点或将误导陪审团的证据，都可以被排除。另一类涉及审判效率的危险。如果证据的提出将会造成过分拖延，浪费时间，或者不必要的累积，可以被排除。无论是哪种危险，法官都将试图对出现的危险作出现实的估计。这将包括：该危险的性质，陪审团将受到消极影响的可能性，以及有害影响的可能程度。而且，当单一证据导致多项证明危险时，危害的可能程度也许会大大增加。

1. 不公正的偏见

不公正的偏见（unfair prejudice）一词是指这样一种危险，即该证据可能会暗示陪审团据以定案的一个不适当的根据。仅仅因为证据对一方的诉讼不利，并不属于不公正的偏见。

> 如果所有不利于被告的证据都要依据《联邦证据规则》403 而排除，那么，检控方的证据就都会被认为没有可采性了。该检验标准……并不在于该证据是否有害，而在于它具有的不公正的偏见是否在实质上超过其证明力。合众国诉温斯托克案［United States v. Weinstock, 153 F. 3d 272, 278（6th Cir. 1998）］。

在《联邦证据规则》403 范围内，存在着两种不公正偏见的主要风险。第一种风险是，一方的证据可能触发一种反应，而该反应与一个要素性事实之间毫无逻辑联系。这种反应可能使陪审团反对该当事人（或支持该当事人），从而不适当地影响陪审团的裁决。联邦证据规则起草咨询委员会对《联邦证据规则》403 的注释指出，这种不适当的反应，"尽管不一定产生，但一旦产生通常就是一种情绪化的反应。"威格莫尔将这种危险描述为，当证据"很可能刺激一种极端的情绪或唤起一种固有偏见……因而支配法庭意志并妨碍对事实真相的理性决定"之时发生的危险性。约翰·亨利·威格莫尔：《证据法典》［John Henry Wigmore, Code of Evidence 355（3d ed. 1942）］。

例如，回忆一下上文第 152 页所讨论的被告詹姆斯·詹森关于沃克狱警攻击另一名狱犯的证言。沃克的攻击，可能触发一种愤怒或厌恶反应，使陪审团对沃克产生偏见。存在这样一种风险，即这种偏见可能以一种不公正的方式影响詹森案审判结果，比如，陪审团把支持詹森胜诉的裁决视为对沃克的一种惩罚。如果一项规则 403 异议被提出，审判法官就不得不通过确认该危险的性质及可能的影响，来评估这种不公正偏见的危险。合众国诉贝尔案［United States v. Bell, 516 F. 3d 432, 445（6th Cir. 2008）］（"贝尔先前犯罪的证据，塑造了其作为一名毒品累犯的形象，从而大大增加了陪审团惩罚他的机会，不是因为他卷入了当前争议中的犯罪，而是因为他看起来像一个'坏蛋'"）。对当事人一方可能产生过分同情的证据，也可能因不公正的偏见而被排除。路易斯诉芝加哥城警察局案［Lewis v. City of Chicago Police Dept., 590 F. 3d 427, 440（7th Cir. 2009）］（在一起强行入室案中，原告被意外击中头部而致颈部损伤的证据，由于在诉称雇佣报复的语境中过于煽情，而被排除了）。

　　不公正偏见的第二个主要风险是，以适当目的被采纳的证据，也可以被陪审团以其他证据规则所禁止的方式使用。例如，沃克狱警对其他狱犯的攻击，引发了一个允许的推论，即被告詹森害怕沃克。它还引发了一个关于沃克狱警的不被允许的推论，即他具有惯于对狱犯使用暴力的倾向，因而对詹森使用了暴力。根据《联邦证据规则》404（b），这是不被允许的，正如我们将在第五章所看到的，该规则禁止用先前具体行为——如沃克的攻击行为——去证明行为与品性具有一致性。陪审团将以这种不适当的目的来使用詹森证言的风险，就属于《联邦证据规则》403 规定的不公正偏见的危险。因此，詹森的证言有一种适当的相关运用——去证明他害怕沃克，以及一种不适当的运用——去证明沃克的暴力品性。如果检控方对詹森的证言提出异议，《联邦证据规则》403 就要求法官对该证言所允许的证明力与其被不适当使用的危险进行平衡。在史密斯诉奥克兰城案［Smith v. City of Oakland，538 F. Supp. 2d 1217（N. D. Cal. 2008）］中，原告以侵犯其宪法权利为由，起诉两名奥克兰警官为陷害他而在其住所安放了一支半自动步枪。警官们则寻求对史密斯进行交叉询问，以证明他持有该步枪便是加州"三次犯罪加重量刑"（three-strikes）刑罚的对象，这使他具有一个很强的说谎动机。法院根据《联邦证据规则》403 裁定：

157

　　　　史密斯先生已拥有很强的说谎动机……因为他的假释会因非法持有枪支而被撤销。而且，"重罪加长刑"证据的任何证明力，已被不公正偏见的危险实质上超过。只有严重的重罪才会被判处长刑，因此，存在着陪审团将推断史密斯先生为一名暴力罪犯，以及不适当地将该证据考虑为品性证据的重大风险。

　　在评估不公平的偏见时，法院考虑是否给陪审团一个指示对证据允许和不允许的使用加以解释，这很可能是有效的（《联邦证据规则》105）。我们下面更详细地讨论《联邦证据规则》105。

　　2. 混淆争点

　　当证据将陪审团的注意力过分聚焦于对诉讼结果并非重要的事实争议时，该证据就会混淆争点。这种争点被称为"次要的"（collateral），通常意味着，它们与要件的联系微不足道，而且可能是建立在复杂或弱化的相关性理论基础上。因此，通常情况下，次要争点的证明将要求使用多位证人，或在法庭上耗费大量时间。如果陪审团陷入次要争点，醉心于决定一个次要争点，就会使其注意力无法集中于重要问题。倒不是说这些次要争点是不相关的；而是说，它们太令人分心并且会混淆争点。例如，在鹈鹕湾监狱，存在着几个针对狱犯的暴力事故的证据，这些证据由辩方提供用以证明被告詹森有理由对狱警心存恐惧，这就要求几位证人来提供证言，从而可能造成与检控方的激烈争论。陪审团可能会被这些争点搞糊涂，将其注意力集中到那些其他事故是否发生过的问题上，而不是詹森是否犯有被指控的殴打行为。霍尔沃森诉贝尔德案 [Halvorsen v. Baird, 146 F. 3d 680（9th Cir. 1998）]（证据来自六位证人，每位证人都没有酗酒却碰巧被拘禁在同一个戒酒中心，每位证人的证言都未被允许用来支持原告关于他受到类似对待的诉讼；让陪审团陷入这六个人是否酗酒之争，会使陪审团发生混淆争点的风险）。

在詹森案中，另一个混淆风险在于，其他暴力事故证据可能使陪审团的注意力集中于一个不属于要求陪审团在诉讼中裁决的争点——如鹈鹕湾监狱对待犯人的监狱政策。相比之下，在合众国诉克罗斯拜案 [United States v. Crosby, 75 F. 3d 1343, 1348（9th Cir. 1996）] 中，上诉法院判定，审判法院在排除所谓"令人混淆的"证据上有错误，该证据表明被害人自己的丈夫可能犯有使其被诉上法庭的侵犯人身罪。上诉法院指出，这个证据并不令人混淆，因为它"并未给该案添加新的争点，它与被告关于是别人犯有该罪的说法完全吻合。"

3. 误导陪审团

法院常常称证据"既混淆争点又具误导性"（confusing and misleading），却并未试图区分这两种危险性。然而，具有误导性危险通常涉及这样一种风险，即一个证据将使陪审团得出一个错误推论。在琼斯诉福特汽车公司案 [Jones v. Ford Motor Co., 320 F. Supp. 440（E. D. Va. 2004）] 中，原告诉称，福特汽车巡航控制系统的一个设计缺陷使她的汽车突然提速，造成了对她的人身伤害。为证明福特公司事先了解该缺陷情况，原告提供了从加拿大和日本获得的关于通用汽车巡航控制系统存在突然加速问题的政府报告。地区法院根据规则 403，以潜在误导性为由排除了这些报告，因为福特汽车巡航控制系统与其没有功能上的相似性，而陪审团可能误将它们与通用汽车系统等同起来。脱离背景情况或以虚假暗示方式举证的事实，也可能触发这种危险。

法院通常并不认可这样的论点，即陪审团将被误导，而赋予证据不应有的更大分量。陪审团被假定拥有可靠的常识和经验，能够评估大多数在审判中作为证据的人类事务。然而，高估的风险偶尔能提升"误导"陪审团的程度。例如，事故或其他事件的录像再现已被判定具有误导性，因为陪审团成员可能将其视为实际事件文档。许多法院拒斥刑事被告测谎仪证据，理由是陪审团也许

158

因其具有科学性而将测谎结果高估为诚实与否的指示器。合众国诉考尔案
[United States v. Call，129 F. 3d 1402，1406（10th Cir. 1997）]。但是，法院不
应仅仅依据陪审团深受科技光环支配的理论而排除这种证言。合众国诉韦斯特
案 [United States v. West，962 F. 2d 1243，1248（7th Cir. 1992）] [以使用令
人混淆的精神病学术语将误导陪审团为由，错误地排除了精神病学家的证
言——"本案（医生的）证言并不比大多数案件中的精神病学证言更技术化或
更令人混淆"]；关于 Paoli R. R. Yard PCB 诉讼案由 [35 F. 3d 717，746（3d
Cir. 1994）] （"就特定科学技术而言，诸如其神秘的绝对正确之说，使其特别
无法抗拒"）。

　　复杂的统计学和概率证据，诸如 DNA 鉴定证据、中毒侵权案中的流行病
学研究以及歧视案件中的雇主雇用惯例，对陪审团也具有挑战性。在 DNA 配
对是联系被告和所指控犯罪之唯一证据的情况下，对于"冷撞（cold hit）"* 案
件中的 DNA 匹配概率的适当计算和解释，即便是专家也不能达成一致。戴维·
H. 凯耶：《围捕嫌犯：DNA 排查案件的法律与逻辑分析》[David H. Kaye，
Rounding Up the Usual Suspects：A Legal and Logical Analysis of DNA
Trawling Cases，87 N. C. L. Rev. 425（2009）]。即使在概率数据具有经验有效
性的情况下，也存在一种风险，即当统计概率转换为陪审团可以理解的"实际
数字"（real numbers）时，陪审团的理解也会受到误导或令其感到困惑："统
计学证据的明显精确性，常常与其他证言的不确定性形成鲜明对照……其危险
在于，这种证据将使虽具同等证明力却是非科学性、轶闻性的非统计学证据黯
然失色。"《统计学评估作为法院证据的进化作用》（The Evolving Role of Sta-
tistical Assessments as Evidence in the Courts 150）[斯蒂芬·E. 菲恩伯格编：
《统计学评估作为法院证据的专家组报告》（Report of the Panel on Statistical
Assessments as Evidence in the Courts，Stephen E. Fienberg，ed. ，1989）]。
"其危险……在于，对于人群中特定血型组合出现频率的统计，将被陪审团理
解为，是拥有该血型特性组合的被告有罪可能性的量化。"州诉金俊圭案
[States v. Joon Kyu Kim，398 N. W. 2d 544，548（Minn. 1987）]。

　　尽管存在过分强调其重要性的风险，这类证据的证明力以及对其的需要，
都是非常高的。各州均对亲子案件中血液检验和概率估计的使用有成文法规

160

---

　* "冷撞"，指在检视 DNA 数据库过程中发现与嫌疑人之外的他人 DNA 分型相配的情况，这种情
况发生的可能性随着 DNA 数据库体量的增大而增加。——译者注

定，而且很多法院都批准采纳了有关 DNA 检验的概率证言。

4. 不当拖延、浪费时间和不必要的累积证据

这些危险中的每一种，都是对相同潜在问题的某个不同方面的例证：证据的提出总是占用法院的时间，给对方和国家司法系统造成耗费，并消耗陪审团的精力。拖延和浪费时间的危险性是容易计量的。例如，如果为了提供证据或运送陪审团去查看犯罪现场而要求延期审理，审判就会被拖延。而如果审判法官对审判的时间长短设定了严格限制，那么，对于为提供反驳证据而延长时间的请求，便可根据《联邦证据规则》403 平衡检验而作出决定："作为一般规则，不能仅仅为了避免拖延而排除证据……根据规则 403，法院应当考虑所提出证据的证明力，并与拖延所造成的损害进行平衡。"通用信号公司诉 MCI 电信公司案 [General Signal Corp. v. MCI Telecommunications Corp. , 66 F. 3d 1500，1509 - 1510 (9th Cir. 1995)]。法院判定，如果证据是提供用以证明约定、次要或背景性的事实，也许就是在浪费陪审团的时间。而且研究表明，"审判时间拖得越长，陪审团遗忘的东西就越多，其裁决也会变得更不准确。"美国证券交易委员会诉柯尼希案 [Securities and Exchange Commission v. Koenig, 557 F. 3d 736，739 (7th Cir. 2009)]。

不必要出示累积证据的潜在危险性是不易计量的。它包括耗费在重复证言上的审判时间，以及耗费陪审团精力的风险。在詹森案中，史密斯狱警为检控方描述当詹森牢房门被打开时沃克狱警与被告詹森之间发生了什么，休斯顿狱警、范伯格狱警和沃克狱警已经就此事作过证了。因此，辩方可以根据《联邦证据规则》403 提出异议，即史密斯狱警的证言是一个不必要出示的累积证据，应当被排除。在此，法官必须评估该证言实际重复的程度。欧布瑞诉詹森案 [Obrey v. Johnson, 400 F. 3d 691 (9th Cir. 2005)]（在一个诉称歧视性促销惯例模式诉讼中，三位证人分别讲述各自遭受歧视性经历的证言，不属于累积或重复性证据，因为它有助于支持该模式或惯例存在的论断）。也许还需要说明重复的理由——诸如，被证明的要素性事实之核心性，该事实之争议程度，以及该确证事实本身之证明力。在詹森案中，史密斯狱警的证言被认为"不必要"(needless) 是不可能的，因为，詹森的行为是该争端之核心焦点，双方都提供了几位证人来证明该事件。科尔斯诉詹金斯案 [Coles v. Jenkins, 1998 WL 964506 (W. D. Va. 1998)]（法院否决了阻止被告方用三位专家对州高速公路的危险性作证的审前动议，因为每位专家的专业领域都稍有不同）。

160

（三）证明力被《联邦证据规则》403 危险性之一实质上超过的情况

对审判法官来说，最后一个步骤是根据《联邦证据规则》403，将所提供证据的证明力与该证据所造成的危险性进行权衡。规则 403 规定，只有在其证明力 被规则 403 的一项或多项危险"实质上超过"时才应排除证据。该规则没有提供关于如何确定危险何时实质上超过证明力的进一步解释。然而，通过使用"实质上"这一术语，该规则清楚地表明这架天平倾斜于支持采纳证据。

1. "实质上超过"的含义

似乎并不存在一个尺度——通用的测量尺度——用来比较证明力与规则 403 危险性对陪审团推理过程造成危险的程度。如是说，不存在校准哪一个分量更大的手段。对一个证据来说，无法设计一种"影响合理性的量化标准"。法官们考虑平衡检验的一种可能方式是，预测一项证据对陪审团的总体影响：该证据"恶的"方面将压制其"好的"方面，从而严重支配陪审团思考的可能性有多大？如果这种可能性似乎很高，采纳该证据就会导致"恶的"事实认定，从而对该证据"恶的方面"起到助纣为虐的作用，根据《联邦证据规则》403 对该证据加以排除便是正当的。

然而，我们可能问，为什么在证据"恶"的方面看起来是超过"好"的方面时，哪怕超过的程度很少，该证据还应当被采纳？这种证据不总是会污染陪审团的事实认定吗？该规则关于证明力被"实质上"超过的要求，似乎要求对一些消极影响的风险加以容忍。这是明智的，因为法官对这种影响的预测能力是很不精准的。

思考实质性要求的另一种方式，是测量法官的置信程度：只有在法官对证据有害方面超过其证明力的情况十分自信时，证据才应当被排除。换言之，这个要求可以这样考虑，即根据《联邦证据规则》403，它对证据的采纳规定了一种证明责任。规则 403 的这种证明责任，倾向于宽容采纳证据的错误决定，而非排除证据的错误决定。这与《联邦证据规则》起草者们所持的强烈信念是一致的，即这些规则中潜在的原则——真相和正义——只有在更多而不是更少的证据具有可采性的情况下，才将得到最佳促进。

在实践中，法官如何执行《联邦证据规则》403 平衡检验？一位评论者认为，下表反映了规则 403 的适当操作方式：

所提出的相关 证据的证明力	规则 403 所列因素 的消极影响	审判法院是否 排除证据
高	高、中或低	否
中	高	否（也许是）*
	中或低	否
低	高	是
	中	否（也许是）*
	低	否

纽厄尔·伯克利：《第四章：相关性及其限度》〔Newell Blakely, Article IV: Relevancy and Its Limits, 30 U. Hous. L. Rev. 281, 317 (1993)〕。

2. 限制性指示对平衡过程的影响

证明力与规则 403 危险性的平衡，还受《联邦证据规则》105 如下规定的影响：

> 如果证据对于一方当事人或一种目的具有可采性，而对另一方当事人或另一种目的不具有可采性，当该证据被采纳时，法院根据请求，应将该证据限制在适当范围内，并对陪审团作出相应指示。

联邦证据规则起草咨询委员会对《联邦证据规则》403 的注释指出："在以不公正偏见为由而作出一项是否排除证据的决定时，应该考虑一项限制性指示可能的效力或缺乏效力。"

这意味着，如果一项证据对于证明一个要素性事实具有适当的相关性，但也造成一种不适当使用的风险时——一种不允许的推论或不公正偏见的影响——法官便可作出限制性指示，以指导陪审团仅为其适当使用而考虑该证据。在詹森案中的一个例子，詹森关于沃克狱警攻击了另一个狱犯的证言，可能会引出一项限制性指示，即陪审团只能在其对詹森精神状态的影响上考虑这个证言，而非出于其他目的。如果法官相信陪审团将很可能遵循该指示，那么，法官就会认为不公正偏见的危险很低，从而采纳这个证据。法官也可以作出其他指示，以减少所采纳的证据造成混淆争点或误导陪审团的风险。法官关于陪审团可能并且将会遵循限制性指示的信念，可能降低法官对规则 403 危险性之风险的估计。

然而，不清楚的是，陪审团能否或将会遵循这样一种限制性指示。社会科

---

* 如果证明力接近"中"等范围的下限且消极影响极高，或者，如果证明力极低且消极影响接近"中"等范围的上限，规则 403 可能允许排除证据。

学研究者们已试图调查这个问题。许多实证研究的调查结论，已被概括在利伯曼和阿恩特的《理解限制性指示的限度》［Lieberman and Arndt, Understanding the Limits of Limiting Instructions, 6 Psychol. Pub. Pol'y & L. 677 *162* (2000)］一文中。其中一些研究得出结论说，给出一项指示也许会强化不可采的证据或不适当的推论，这也许比让该事项不引人注意更有害。其他的研究表明，陪审团成员们会有选择地遵循限制性指示，而且只有在法官对陪审团成员为什么应该无视该证据的特定使用作了解释时，才更可能遵循它们。对于陪审团成员不遵循限制性指示的做法，最常见的解释是，陪审团成员对在履行"自由行为者"（free behaviors）能力上强加于他们的限制有消极反应——特别是当他们被指示无视在其看来显然有很高相关性的证据时。但是，一项最新研究发现，在可怕的犯罪照片披露之前作出的限制性指示，在调查反馈中形成了一种亲被告成见。作者们假设，披露前的指示"对潜在成见发挥着预警功能，并允许避免或纠正成见的尝试"；而在审判结束时证据已被编码或判断后才给出限制性指示的话，"陪审团成员已无法移除灌输处理过程的情绪性影响"。古实和达哈行蒂：《限制性指示对情绪上唤起情感证据之处理过程和判断的影响》［Cush and Delahunty, The Influence of Limiting Instructions on Processing and Judgments of Emotionally Evocative Evidence, 13 Psych. , Psychol. & Law 110, 120 (2006)］。总之，限制性指示的效力会因陪审团对排除规则背后的政策缺乏理解而受到妨碍，也会因陪审团对该指示本身缺乏理解而受到妨碍。参见皮特·梅杰斯·蒂斯玛：《陪审团指示语言的改革》［Peter Meijes Tiersma, Reforming the Language of Jury Instructions, 22 Hofstra L. Rev. 37 (1993)］。利伯曼和阿恩特就减轻这种无效性问题提出了许多策略，包括"劝诱推销"（soft sell）对陪审团的限制，并强调程序公正问题。《心理学公共政策和法律》［6 Psychol. Pub. Pol'y & L. at 704 - 705 (2000)］。

然而，作为一般性规则，法院总是假定，给陪审团的指示有效地把不适当的证据从陪审团考虑中排除出去了。美国最高法院提供了下述理论根据：

> 陪审团被假定遵循了给他们的指示，这是一个实用主义的规则，与其说它根植于对该假设为真的绝对确信，不如说根植于这样的一种信念，即它代表国家和被告人在刑事司法程序中利益之间理性与实际的安排。里查森诉马什案［Richardson v. Marsh, 481 U. S. 200, 211 (1987)］。

一位富有经验的审判法官支持给出限制性陪审团指示：

> 在录像带可能被陪审团不适当使用的情况下，对陪审团作出的关于他们

可以使用该录像带之明确目的的限制性指示——在这里被反复地作出——足以保证不会对被告产生不公正偏见……

　　总是存在一些危险，即陪审团会无视法院关于证据应当被以有限的方式加以考虑的指示。参加本法院产品责任案件审理的陪审团是有责任感的。"失控的陪审团"的担忧并没有事实根据。冈萨雷斯诉数码设备公司案［Gonzalez v. Digital Equipment Corp. 8 F. Supp. 2d 194, 198（E. D. N. Y. 1998）(Weinstain, J.）］。

　　司法界对于通过用限制性指示来解决《联邦证据规则》403 问题的信赖，将贯穿本书始终而得到证明。合众国诉坎德拉里亚林区案［United States v. Candelaria-Silva, 162 F. 3d 698（1st Cir. 1998）］（被告的逃离被采纳为刑事犯罪指控的证据；陪审团会赋予其不适当分量的危险被法院指示所消除。法院认为，逃离并不总是犯罪感的反映，许多无辜者逃离，而逃离本身不足以支持一项定罪）。然而，在一些情况下，法院认为，"限制性指示对于治愈由于没有必要采纳（偏见）证据而引起的偏见而言，并非灵丹妙药"。合众国诉海伍德案［United States v. Haywood, 280 F. 3d 715, 724（6th Cir. 2002）］。在合众国诉加西亚·罗莎案［United States v. Garcia-Rosa, 876 F. 2d 209, 222（1st Cir. 1989）］中，法院判定，证据的偏见性影响非常严重，以至于"无法仅仅通过限制性指示来补救……如果限制性指示可以补救所有这种错误，检控方便可轻易地规避规则 403。"而在斯托克曼诉奥克兰牙科中心案［Stockman v. Oakland Dental Center, 480 F. 3d 791, 804（6th Cir. 2007）］中，法官直到陪审团裁决之前才给出限制性指示，"使得不受影响更难……被告的主张完全暴露在受伤血淋淋的阴影下"。

　　限制性指示是解决规则 403 问题的最佳办法吗？一些评论者主张，对限制性指示不是改不改革的问题，而是应当废除的问题，而这将要求审判法官在作出《联邦证据规则》403 裁定时，更加小心地权衡证明力与不公正偏见的风险。

三、规则 403：具体问题和适用

（一）触目惊心的展示件和其他潜在煽动性证据

　　在许多案件中，联邦法院对检控方使用照片、录像带和其他展示性证据而使暴力犯罪和意外事故产生可视效果的做法，适用规则 403。这种展示件的煽动性，要求对它们的证明力和它们的使用限度进行认真分析。

在合众国诉亚韦案［United States v. Yahweh, 792 F. Supp. 104（S. D. Fla. 1992）］中，联邦地区法官在"所谓联邦法院审理过的最具暴力性的案件"中，采纳了可怕的验尸照片作为证据。被告方依据《联邦证据规则》403，对这些照片的采用，特别是其放大版的采用，提出了异议。为了确定证明力，法官仔细复查了每一张照片的相关性，指出放大的尺寸对于提供确证证人关于死亡发生前的事件细节描述是必要的。法官要求验尸官选择那些支持他们证言的照片，并且解释对每一张照片在内容和尺寸方面的需要。此外，法官发现，放大后的照片的展示，使所有陪审团成员立刻理解了证人证言。法官还把自己的背景知识和经验公开如下：

> 20 年来，在证人面对陪审团而就呈现给陪审团的展示件作证的时候，本庭一直在陪审团席旁加以观察。在本庭看来，30 英寸×40 英寸的照片对于证明和澄清证人证言是合适的尺寸；实际上，16 英寸×20 英寸的尺寸与其相比，应该说是太小了。（同上，第 108 页。）

关于不公正偏见的争论，该法官判定，放大后的照片并未扭曲伤口性质，该法官承认这些照片的恐怖性，并指示将最令人作呕的照片缩小至 16 英寸×20 英寸，以供陪审团评议使用。在该法官看来，这些照片并未公然或故意渲染犯罪的血腥场面。该法官还"仔细观察了陪审团成员以及他们对这些照片的反应。……陪审团成员没有表现出受到展示件干扰的迹象。"（同上，第 168 页。）最后，该法官根据《联邦证据规则》403 对可知的不公正偏见性质作了评论：

> 相关性证据具有内在偏见；但根据规则 403，只有实质上超过证明力的不公正偏见，才允许被排除出相关事项。除非审判是根据临时剪裁和净化的虚幻事实，按照脚本进行的，否则规则 403 的适用必须是谨慎和保守的……它并不允许法院"平衡"证据的分量，去减轻罪行……（同上，第 106 页。）

在限制潜在偏见证据的数量和影响方面，上诉法院也很可能尊重审判法院尽职尽责的努力。在一起涉及对证券市场"卖空"而展开的政府机密信息泄露案件的刑事调查中，有证言表明，一些泄露的信息涉及其中一被告可能参与了 2011 年"9·11"袭击。该被告根据《联邦证据规则》403 提出了异议。上诉法院裁定：

> 该记录因而证明，该地区法院切实履行了我们先例中所要求的"尽职

尽责的评估",从未滥用自由裁量权⋯⋯其认真权衡了检控方希望提供的与"9·11"有关的证据之证明价值,排除了潜在偏见大于证明力的证据(如涉及"基地"组织的内容),在多个场合向陪审团发出了限制性指示(大意是,该被告并未卷入恐怖主义或"9·11"事件),一直对此类证据的引入严格把关,即便(一位其他)被告的证言明确涉及"9·11"的话题。合众国诉罗耶案[United States v. Royer,549 F. 3d 886,903(2d Cir. 2008)]。

在死刑案件中,被害人和被害人家属关于被告行为后果的陈述,在罪行已被确定之后的审判量刑阶段是可以采纳的。但在俄克拉何马城联邦大楼爆炸案对蒂莫西·麦克维(Timothy McVeigh)的指控中,被害人关于自己和他人受到可怕伤害的陈述,在审判的定罪阶段被采纳了。上诉法院承认:"对爆炸所造成的毁灭和血腥场面的描述是定罪阶段所提供的最情绪化的有力证据。"合众国诉麦克维案[United States v. McVeigh,153 F. 3d 1166,1202-1203(10th Cir. 1998)]。然而,对罪行发生方式的证明,被判定对所指控的犯罪要素具有证明力——使用大规模杀伤武器,并怀有杀戮的恶意。(同上。)同时,关于爆炸之长期影响的证言,诸如就业损失、葬礼的出席人数、重伤后持久的精神伤害,被认为在定罪阶段是"不那么特别相关的"。不过,在采纳这种证言方面的任何错误都被判定是无害的。(同上,第1203-1204页。)

(二)毁灭证据

在许多案例中,当事人——而且有时候包括他们的律师——以各种方式试图毁灭、改变或扣压在诉讼中对他们不利的证据。这种"毁灭证据"(spoliation)的例子有多种形式——贿赂他人作伪证、对证人进行威胁和恐吓、教唆谋杀证人、篡改或销毁文件等等。关于毁灭证据行为的证据,通常可以采纳来反对证据毁灭者——缘于由其得出的推论:该证据对证据毁灭者是不利的,或者当事方通常知道其罪行或责任。参见凯瑟琳·凯迪:《毁灭证据:起于疏忽,终于毁坏》[Kathleen Kedigh, Spoliation: To the Careless Go the Spoils, 67 U. Mo. (K. G.) L. Rev. 597 (1999)](描述了毁灭证据行为的证明标准,以及其他可行的补救方法,包括在证据开示程序中进行制裁、排除毁灭证据者提出的证据,以及对毁灭证据者单独提出侵权诉讼)。

对我们来说,在审判中提出的关于毁灭证据行为的证据,产生了相关性循环的问题,以及规则 403 规定的不公正偏见问题。在一个涉及间接证明

165

（circumstantial proof）的民事案件中，原告试图唆使一位证人提供对自己有利的伪证证言，第三巡回法院在引用威格莫尔论文的分析以及现行判例法和《联邦证据规则》401 条文的基础上，对相关性理论作了如下阐述：

> 一个认为自己在诉讼中理亏的人，比一个认为他在诉讼中理直气壮的人，更可能唆使别人作伪证。当事人自己比其他任何人对自己案件的真相更加清楚。因此，诉讼一方教唆他人作伪证，是该方在诉讼中理亏的有力证据。诚然，这样的结论并不是必然的：各当事方也许会对案情的是非曲直或力度产生误解。但证据无须不可避免地导向一个单一的相关性结论。……在这里，教唆他人作伪证的证据，确实使人对（原告）诉求的是非曲直产生怀疑，即使它并没有使这种诉求的是非曲直失去效力。麦奎因诉威明顿信托公司案 [McQueeney v. Wilmington Trust Co., 779 F. 2d 916, 921 (3d Cir. 1985)]。

毁灭证据的行为通常是违法的，也许还会包含暴力或更坏的恐吓。因此，根据规则 403，在激起一种把当事人当作"坏人"之不利情绪反应的意义上，这种行为证据产生了一种不公正偏见的危险。在麦奎因案中，上诉法院撤销了审判法院排除原告证据的决定，该证据断言被告试图唆使别人作伪证。上诉法院对该证据的证明力和不公正偏见的可能性作了如下分析：

> 评论家们和许多法院对这个问题的直觉知识和一致意见认为，贿赂他人作伪证不仅是相关的，而且确实是有力的证据……该法院并未就其对偏见的认定阐述任何理由，对我们来说，这并不是那种具有显而易见的或绝对可能的不公正偏见证据。在不能证明存在不公正偏见特定危险的情况下，证据必须被采纳。若不这样裁定，证据就可能以没有理由的偏见担忧而被排除，而我们事实上会排除贿赂他人作伪证的所有证据。（同上，第 922-923 页。）

思考一下，在麦奎因案中，第三巡回法院是否实际上就毁灭证据行为的强势证明力和不公正偏见影响的一般性缺乏，创造了一种先例性的法律裁定。我们会在下文第 169-171 页再回到关于规则 403 上诉裁定的问题。

（三）矫枉可采性

矫枉可采性原则（doctrine of curative admissibility）允许诉讼一方引入一般情况下不可采的证据，以回应对方之前已经引入的具体证据。该原则与《联邦证据规则》403 有关，因为需要该证据来有效回应对方先前的证据提交。有关矫枉可采性原则最宽泛的阐述如下：

> "打开一扇门"或"矫枉可采性"规则，给予审判法院允许诉讼一方引入原本不可采证据的自由裁量权，其条件是：(a) 当对方已经就同一争点引入了不可采的证据时，且 (b) 当需要引入该证据来反驳对方证据所造成的错误印象时……当被告提供一项无罪解释时，他就为质疑自己证言的真实性"打开了一扇门"，而检控方就有权在交叉询问中攻击其可信性。被告无权回避对其直接询问中证言之真实性进行交叉询问，即使是那些与针对其指控的是非曲直本质上无关的事项。合众国诉艾弗吉案 [United States v. Elfgeeh, 515 F. 3d 100, 128 (2d Cir. 2008)]。

正如你们可见，该原则允许法院为了防止对方取得不公正的优势，而搁置一项对方的证据性异议。

在艾弗吉案中，被告被指控经营一家非法钱庄。有证据表明，被告将一些资金从纽约转移至也门，支付给也门境内与"部落战争、黑帮大厮杀和暴力"有关的多个团体。审判法院裁定，根据《联邦证据规则》403，这个证据不可采，但认为，如果被告们自己作证说他们汇款仅仅是为了帮助也门移民将资金寄回家乡给其家人和朋友，"这将允许检控方尝试去证明（被告）汇款实际上是出于好战目的而打开一扇门。"上引案例，第 128 页。当多位被告所作的三次不同陈述均声称他们的汇款是给其委托人的家人和朋友时，检控方便被允许询问一名被告"他是否知道，他汇出的钱已被用于购置武器和弹药，并被允许为了弹劾（该被告人的）可信性而提交拐弯抹角涉及这种用途的文档证据"。上引案例，同页。

大多数但并非所有的司法辖区都认可某种版本的矫枉可采性原则，虽然《联邦证据规则》并未涉及这个主题。伯德诉马里科帕县警署案 [Byrd v. Maricopa County Sheriff's Dept., 565 F. 3d 1205 (9th Cir. 2009)]（原告方的录影带最初根据《联邦证据规则》403 被排除了，但在被告律师提及录影带并指出它已被编辑或损毁后，根据矫枉可采性原则该证据后来又被采纳了）；亨德森诉乔治·华盛顿大学案 [Henderson v. George Washington University, 449 F. 3d 127, 139 (4th Cir. 2006)]（在一起医疗过失案中，原告关于另一患者类似治疗程序的报告的证据，根据《联邦证据规则》403 因混淆陪审团而被排除了，但当被告依据对原告专家交叉询问的报告的排除，运用法院"既保护自身免受潜在损害证据的影响，又直击原告案件的基础"的裁定时，根据矫枉可采性原则，该证据又被采纳了）。

167

> ### 要　点
>
> 　　1. 根据规则 403 而对某个证据提出的异议，要求审判法官判定该证据的采纳是否会对陪审团的裁决过程造成任何规则 403 危险；如果确有危险，这种危险是否实质上超过了该证据的证明力。
>
> 　　2. 证明力是指证据证明案件中某项要件的强度。这主要是由法官对把证据和争议事项联系在一起的概括之强度的估计所决定的，也是由证据提出者对该证据的需要所决定的。
>
> 　　3. 法官通过预见陪审团对证据之反应的性质、反应的程度以及有害反应发生的可能性，来评估证据承受的规则 403 有害风险。
>
> 　　4. 因为《联邦证据规则》403 的平衡检验要求这种危险**实质上**超过证明力，如果在证明要素性事实上没有可替代的或危险性比较低的方法，即使发生危险的风险非常大，也可以不排除该证据。为了采纳该证据，法院还将使用对陪审团的限制性指示来减少危险。

> ### 思考题
>
> 　　3.6. 回到第 148 页思考题 3.1 州诉詹森案*。在（a）中，向休斯顿警官提出的问题存在规则 403 的任何危险吗？你将如何裁定一项《联邦证据规则》403 异议？
>
> 　　3.7. 回到第 148 页思考题 3.2 佩德罗索诉德里弗案。在（a）**中，德里弗的证言证据存在规则 403 的任何危险吗？你将如何裁定一项《联邦证据规则》403 异议？
>
> 　　3.8. 在思考题 3.2 中，如果原告请求陪审团去事故现场查看雪松街和沙砾路肩，情况会怎样？根据《联邦证据规则》401 和 403，如果要支持或反对这个请求，能够做什么论证？
>
> 　　3.9. 回到第 149 页思考题 3.3 合众国诉雷案。检控方提出下列证据：

　　*　应为"人民诉詹森案"——译者注
　　**　思考题 3.2 原文没有（a）。此为笔误。——译者注

（a）2013 年 10 月，雷在朗唐公司股价突然大跌的前一周，出售了 25 000 股朗唐公司的股票。

（b）2014 年 5 月，雷购买了 30 000 股朗唐公司股票，30 天后，公司即宣布以优惠价格收购了一家竞争对手，这个事件使公司股票大涨 25%。

如果被告依据《联邦证据规则》403 对这个证据提出异议，法官会支持吗？

3.10. K 和 G 因烧毁了他们拥有的位于纽约格利特奈克区的一个小餐馆而被指控犯有纵火罪。消防局事故报告所得出的结论是，这个小餐馆的火灾系人为造成。检控方诉讼证据包括，K 和 G 拥有两个小餐馆：位于康涅狄格州维斯伯里区的小餐馆，经营状况较好，是赢利的；而位于纽约格利特奈克区的小餐馆，几年来亏损严重。检察官想要提出记录在案的证据证明，为了收回大笔尚未支付的税款，已经针对格利特奈克区餐馆采取了税务留置措施；检控方还想提出一位在维斯伯里区餐馆工作的厨师证言，该证言证明，K 和 G 曾问他是否认识任何乐意"放火"的人。这些证据可采吗？它们是否足以支持将这个诉讼案件呈送陪审团审理？如果 K 和 G 作证说，他们正打算转让格利特奈克区的餐馆而有所获利，情况会怎样？

3.11. 卡尔·史密斯在华盛顿国际机场被捕，当时安检 X 光机显示他提的纸袋中有一件可疑金属物品。这是一支包着红布裹在一条裤子里子弹上膛的贝雷塔手枪。史密斯被指控试图携带藏匿武器登机。史密斯称，这把手枪是他人在机场塞进他购物袋的，他并不打算登机，因为他没有机票和行李。

为了支持史密斯明知持有枪支的主张，检控方提供了史密斯身为牙买加公民、他持有 450 美元现金以及他裤兜里有大麻残留物等证据。检控方诉称，这些事实表明，史密斯符合"毒贩"的特征，即虽未被正式编入各册却被认为是典型携带非法毒品者的特征，用于争辩对支持制止贩毒（drug trafficking stops）的合理怀疑；检控方进一步诉称，毒贩为自我保护常常携带枪支。地区法院法官应该采纳这个证据，并允许联邦调查局探员作为专家对毒贩特征及其与所指控犯罪的相关性作证吗？

3.12. 辛西娅·理查兹（Cynthia Richards）宣称，她在科玛特商场"季节性商品"区滑倒在一件万圣节服装上。她以科玛特未在事故发生前适当收拾衣服、保持商场清洁而具有过失为由，请求损害索赔。柯玛特商场否认存在过失，声称其保持商场清洁的政策和措施都是合理的。

在证据开示期间，科玛特一位主管作证说，该商场没有巡视清洁商场的特定时间表，但所有员工都被要求随时捡拾地上的杂物。在理查兹滑倒当晚正在科马特商场值班负责客服的雇员肯·凯撒作证说，他负责照看整个楼层，在过道上走动，并捡拾那些"他一发现马上就"捡拾的不应该掉在地板上的物品。他对当天晚上出现的问题没有特别的记忆。

科玛特商场提出审前证据动议，要求排除一盘由理查兹的调查者在该商场秘密制作的录像带。该录像带制作于那场事故发生后一年内，也是在万圣节期间的情况。录像带是原始录像，没有经过任何修改和剪辑。录像显示，在两个无法辨认的走廊里，货物散落在地板上；录像还显示，凯撒先生对散落在地的货品视若无物，一踏而过，而不是迅速将其移除。请就该审前动议，为科玛特商场和理查兹各准备一份辩词。

3.13. 丹尼斯·麦卡勒姆被指控持枪威胁武装抢劫便利店。警方在距离便利店一个街区的垃圾箱中发现一把0.38口径"短管"左轮手枪。该便利店收银员告诉警方，抢劫犯的枪"看起来很像这一把"。对于该检察官在审判中提供的以下证据，请考虑支持和反对一项《联邦证据规则》403异议的论据：

169

（a）麦卡勒姆室友的证言：在抢劫发生两个月前，她看见麦卡勒姆卧室里有一把0.38口径"短管"左轮手枪。

（b）麦卡勒姆在抢劫发生前6个月失业的证据。

作为对上述（a）项的回应，对于被告方提供的以下证据，考虑支持和反对一项《联邦证据规则》403异议的论据：

（c）官方统计报告称，该市已知的个人持有这种手枪的至少有25 000人。

四、《联邦证据规则》403 司法自由裁量权的上诉复审

《联邦证据规则》403的适用，要求行使司法自由裁量权，就是说，法官适用的标准和准则并非是机械的，而是要求运用判断。审判法院要作出的判断包括：估计推论的概率；评估给陪审团裁决带来危险的性质、可能性和危险程

度；将证明力与那些危险性进行比较。在上诉审中，这些判断将根据滥用自由裁量权标准进行复审，这是一种遵从标准很高的上诉复审标准。它意味着，上诉法院会容忍审判法院的"如果是上诉法官就不会作出"的决定。撤销原判只有在审判法院"滥用"（abuse）其自由裁量权的情况下，才是正当合理的：

> 如果我们当中任何一个人可以行使授予审判法官的自由裁量权……我们就会毫不犹豫地说，我们不会这样决定；但是，作为上诉法官，我们不能认为地区法官的行为总的来说不合理或武断到带偏见滥用自由裁量权的程度，因为这种自由裁量权需要置于审判法官的审判活动过程中。**纳波利塔诺诉南美蒸汽公司案** ［Napolitano v. Compania Sud Americana De Vapores，421 F. 2d 382，384（2d Cir. 1970）.］

关于上诉法院为什么要尊从审判法院根据《联邦证据规则》403 的裁判，有许多理由。其中一些理由如下：

（1）复杂性和不确定性。规则 403 平衡检验要求针对独特个案作出基于事实的复杂裁判。关于证明力和规则 403 危险性的裁判，正如我们上面刚刚讨论的，最多就是关于其对陪审团裁决产生影响的粗略估计和预测。这种在一个案件中作出的估测，与下个案件中的估测几乎毫无联系。"实质上超过"的最终标准，还要求在对权衡过程没有校准的情况下进行平衡，并且该标准在精确性上并不作要求。什么是"实质上"（substantial），在不同的法官看来可能会有很大差别："因为它是一种'无形价值的比较'，所以地区法院所作出的规则 403 平衡检验受到特殊程度的尊从。"**莫兰房地产诉迪特儿案** ［Estate of Moreland v. Dieter，395 F. 3d 747，755（7th Cir. 2005）.］

（2）作证资格。在作出这种裁判方面，审判法官比上诉法官有更多的经验。审判法官在特定案件中与证据也有着更密切的接触，这意味着法官在整个审判背景下观察了该证据的举证过程，并观察了其对特定陪审团的影响："只有在极端情况下，上诉法官才有能力对在现场的人——审判法官——所作的裁判进行事后评价。"（同上。）

（3）对看上去不一致结果的容忍。根据滥用自由裁量权的复审标准，上诉法院将维持审判法院可能看上去不一致的原判结果，即使所判案件与上诉法院曾处理过的案件明显相似。这就是上诉法院要"尊从"（defer）审判法院裁判的意思，即使上诉法院（或另一家审判法院）可能在规则 403 问题上作出不同的裁定。在很大程度上是由于资格、复杂性和不确定性等因素，上诉法院也许不能知道裁判结果是否实际上不一致，而且，大概不可能在所有审判法院的范

170

围内有效地建立起为取得相同和一致裁判结果所必需的详尽先例。规则 403 裁定的背景事实极大地影响着权衡过程。⑤ 滥用自由裁量权的上诉复审标准，是对外来复审者知识有限性的承认。

大多数上诉法院裁定都会维持地区法院关于规则 403 的裁定，无论这些是采纳还是排除争议证据的裁定。巡回上诉法院定立的自由裁量权滥用复审标准，常常有所不同。这里有一份适用原则的清晰阐述："根据此标准，我们将保持（地区）法院关于证据可采性的裁定不受干扰，除非我们明确且肯定地认定地区法院在权衡相关因素时作了明显错误的裁判，或者不适当地适用法律或使用了错误的法律标准。"合众国诉卢卡斯案 [United States v. Lucas, 357 F. 3d 599, 608 (6th Cir. 2004)]。因此，上诉法院将把一些适用规则 403 的错误视为法律错误，比如未对规则条款给出法律上正确的含义，布莱克诉佩莱格里诺案 [Blake v. Pellegrino, 329 F. 3d 43, 45 (1st Cir. 2003)]（"当证据的采纳或排除涉及一个法律问题时，如对《联邦证据规则》某一规定的适当解释时……我们给予重新复审"），或者侵犯刑事被告人提供证人进行辩护的宪法权利，合众国诉旋转熊案 [United States v. Turning Bear, 357 F. 3d 730, 734 (8th Cir. 2004)]（不适当地根据规则 403 排除了关于一位证人可信性的意见证言，被认定为侵犯了被告人的宪法第五和第六修正案提供证人进行辩护的权利）。

当结果是"显见裁判错误"（clear errors of judgment），完全违背了案件事实的逻辑和效果时，一些平衡检验裁定被认定为自由裁量权的滥用。麦奎因诉威明顿信托公司案 [McQueeney v. Wilmington Trust Co., 779 F. 2d 916 (3d Cir. 1985)]（上文第 165 页所讨论的）。上诉法院还试图确保地区法院充分考虑规则 403 所有因素的自由裁量权。例如，参见证券交易委员会诉彼得斯案 [Securities and Exchange Commission v. Peters, 978 F. 2d 1162, 1172 (10th Cir. 1992)]（与联邦证据规则起草咨询委员会规则 403 注释的主张相悖，未对限制性指示的可能性予以充分考虑，被认为在自由裁量权滥用认定中具有重要意义）；合众国诉麦卡伦案 [United States v. McCallum, 584 F. 3d 471, 477

----

⑤ 检控方称，第九巡回法院在从前一个案件中的意见完全确立了规则 403 平衡检验的方式。为了反驳这一论点，第九巡回法院回答道：

（先前的意见）无助于检控方，因为它并没有为基于规则 403 的证明力问题规定最低标准。它也不能做到这一点，因为证明力必须与每个案件都有所不同的诸如拖延等抵消因素相权衡。此外，证明力本身只能根据特定案件的证据和论据来决定。合众国诉克罗斯比案 [United States v. Crosby, 75 F. 3d. 1343, 1348 (9th Cir. 1996)]。

(2d Cir. 2009)〕（地区法院对其基于《联邦证据规则》403 的裁定未给出任何 *171*
解释；上诉法院认定，"在其推理过程不明的情况下，我们无法假定，该法院
在这些定罪将破坏公正审判的风险严重性问题上有足够的重视"）。

　　有时，上诉法院对地区法院规则 403 裁定的复审，创造了地区法院所要遵
循的先例。考虑一下上文第 165 页注释 4 所讨论的麦奎因案。阅读以下两份上
诉法院意见书，这将使你们在评估证明力和规则 403 危险性以及适用该规则的
平衡检验方面得到训练。你们应当问自己，为什么上诉法院认定存在自由裁量
权的滥用，其裁定是否将具有先例效力。

合众国诉希特案
United States v. Hitt

---

981 F. 2d 422 (9th Cir. 1992)

科津斯基（Kozinski），巡回法官：

　　戴尔·李·希特（Dale Lee Hitt）被控违反《美国法典》第 26 编第 5861
(d) 节的规定，犯了持有未登记自动步枪罪。检控方指控他改造了一支半自动
步枪，能够每次扣动扳机时发射多枚子弹，这是自动步枪的规定性特征。《美
国法典》第 26 编第 5861 (b) 节。这支步枪的确像检控方所说的那样被改造
了，尽管希特的律师说它是被以前的持有者改造的。在希特房间的一只枪械箱
中发现了一些自动步枪上使用的零件（这些零件本身并非不合法），但希特的
律师说，它们极有可能是该步枪前主人留下的。

　　显然，关键问题在于，这支步枪是否实际上具有了速射功能。检控方和希
特都聘请了自己的专家对其进行了火力检测：在检控方的检测中，该步枪每扣
动一次扳机射出了一发以上的子弹；但在希特的专家检测时（有两位警官在场
作为目击证人），并没有得到这种结果。希特的专家认为，该枪在检控方检测
过程中连续自动发射也许是由于故障所造成的，大概是因为内部零件不干净、
过旧或有毛病。作为回应，检控方提交了一张步枪照片，声称照片显示该步枪
既不脏，也不陈旧或有毛病。

　　遗憾的是，照片对该枪内部结构没有任何显示。陪审团所能看到的只是枪
的外部构造，而且由于这支枪在 4 英寸×6 英寸的照片上占很小的部分，所以
显得很不清楚。其余所展示的是十几支其他武器照片——9 支其他枪支，包括
3 支看起来像是狙击步枪，几把匕首——全都属于希特的房友。希特根据《联
邦证据规则》403 对采纳这些照片提出异议，但地区法院驳回了他的异议。

分析一：

A. 根据《联邦证据规则》402，除非另有规定，"所有相关性证据均具有可采性"。我们让陪审团成员看到和聆听哪怕是边际相关的证据，因为我们相信他们可以适当地考量这些证据。不过，当这些证据的证明力"被不公正偏见……或误导陪审团的危险所实质上超过"时，则该证据就必须被排除。

172

B. 该照片的证明力非常小。辩方的理论是，该枪之所以自动发射，是由于内部零件肮脏、陈旧或有毛病。诉方也理解这一点：当检控方对辩方专家进行交叉询问时，他问过这支步枪是否"异常肮脏"，其机械部分是否"陈旧或有污垢"。

但是，这支枪的外观对于揭示其内部状态毫无帮助。枪械内部构造的设计，主要是承受发射时产生的大部分张力。影响内部机械运动的磨损、肮脏和毛病，一般对枪械外观没有影响；对于枪支来说，外观清洁却由于内部肮脏或毛病而造成卡壳的情况并非罕见。在这里，希特的专家所谈到的磨损、陈旧或毛病的问题，通过枪支外观的检查完全无法揭示。

而且，即使步枪内部情况在某种程度上与其外观有关，实际上也不可能根据照片来说明该枪的清洁或肮脏，因为照片是离步枪几英尺远拍摄的。如果根据规则402提出了异议，完全可能因为该照片不相关而根据规则402将其排除。

C. 同时，该照片有双重危险，即对被告不公正的偏见和误导陪审团。它呈现了十几支看起来很肮脏的武器，陪审团必定会假定这些武器属于希特。照片看起来像在希特住所里拍摄的：枪支放在一间显然有人居住的房间内；陪审团知道希特是在家里被捕的，该照片是与其他两张在审判时经确认是在希特卧室中拍摄的照片一同被谈论的。而且，没有其他人可以让陪审团怀疑为是这些枪支的持有者。希特的房友实际上持有所有其他武器，但在希特的审判过程中甚至连提都没有提到他。关于所有武器都属于希特的推断，不仅是一个貌似合理的推论，而且是唯一似是而非的推论。

一旦陪审团被误导而认为所有武器都是希特的，他们完全可能得出结论说，希特是非法持有自动步枪的人；或者认为他是一个如此危险的人物，不论他是否从事了这种非法行为都应该将其拘押起来。不论对错，总是有许多人是带着恐惧和不信任的态度看待武器，特别是枪支。像同性恋证据【例如，参见合众国诉吉莱斯皮案［United States v. Gillespie, 852 F. 2d 475, 478（9th Cir. 1988）］；科恩诉帕普克案［Cohn v. Papke, 655 F. 2d 191, 194（9th Cir. 1981）】或以往犯罪的证据【例如，参见合众国诉布兰德案［United States v. Bland, 908 F. 2d 471, 473（9th Cir. 1990）】一样，火器照片常常有一种超出其证明力的对内心深处的冲击。例如，参见合众国诉格林案［United States v. Green, 648 F. 2d 587, 595（9th Cir. 1981）］（法院意见*）。这种偏见在照片上不是只有一支枪而是有许多枪的情况下更甚。

但照片可能比唤起非理性的恐惧和偏见所起的作用更大。它还可能使陪审团得出一些合乎逻辑的——尽管是错误的——推论。希特的主要辩护理由是，他运气差，持有一支有毛病、肮脏的步枪，或者这支步枪大概被前主人改造过。一个认为希特持有近乎一打枪支的陪审团，可能会非常合理地持怀疑态度看待这个辩护理由。陪审团成员可能推断，一位像希特这样的枪支爱好者，应该可以讲出这支枪是否被别人改造过，或者他自己能够对其进行改造。或许，他们可能认为，爱好枪支的某些人自然应该保持枪械清洁并使其处于良好的保养状态。当然，陪审团不应该得出这些推论，因为其他枪支中没有一支是希特的。然而，一旦陪审团得出希特拥有整个军械库的结论，这个推论就完全似真了。

D. 地方法官在作出规则 403 裁定时有很大自由度。但这种自由度并不是无限的。在证据的证明力十分微弱的情况下（如果有任何证明力的话），即使不公正偏见的存在只有一定程度的可能性或误导陪审团的风险很小，采纳该证据也是一种对自由裁量权的滥用。

在这里，该证据不仅有很大偏见性和几乎不沾边的证明力——它还有误导性。让陪审团不适当地受到被告所做某些事情的影响，是一件很糟的事情；受到他似乎已经做了但实际上没做的某些事情影响而产生偏见，则是完全不可接受的。采纳该照片，而且在避免陪审团受到误导方面未采取任何措施（没有对陪审团作出限制性指示，没有采取遮隐** 措施），违反了规则 403。

分析二：

在确定有错误之后，我们接下来必须判定该错误是否无害。在我们巡回法院有关无害错误的复审标准中有一个冲突。一些案件要求，只有在我们可以说"公正确保"（fair assurance）该错误无害时，才维持原判。这个标准似乎已得到最高法院的青睐。参见科迪克欧斯诉合众国案［Kotteakos v. United States, 328 U. S. 750, 764 - 65, 90 L. Ed. 1557, 66 S. Ct. 1239（1946）］。第九巡回法院的其他判例则要求，当该错误无害的"可能的概率大于不可能"时只

173

---

*　"法院意见"（per curiam）：未签名的法院意见。法院意见用于对判决作简短而不对法院的推理作深入展开的总结。彼得·G. 伦斯特洛姆. 美国法律辞典. 北京：中国政法大学出版社，1998；301 - 302.——译者注

**　"遮隐"（redaction）：指基于特种原因（如隐私、商业机密、其他保密考虑等），对提交的文档部分内容进行遮盖、涂抹等技术处理。——译者注

能维持原判。例如，参见合众国诉吕案［United States v. Lui，941 F. 2d 844，848（9th Cir. 1991）］……⑥

我们无须在本案中解决这个冲突，因为无论依据哪个标准，该错误都不是无害的。这是一场势均力敌的较量：一方的专家证人称一次扣动扳机将射出多发子弹；另一方的专家证人（联合两名警察）则称事实并非如此。照片也许对到底无罪释放还是定罪有很大影响。我们无法说在没有该照片的情况下，希特被定罪的可能概率高于不可能。更何况我们无法"公正确保"地说，在没有该照片的情况下希特将被定罪。

─── 注释和问题 ───

1. 在希特案中，在评估证明力和不公正偏见危险时，科津斯基法官的意见是立足于多个概括。它们是什么？科津斯基法官何以知道它们是有效的？它们在审判过程中是待证明的主题吗？就此能提出什么正当理由吗？

2. 在希特案中，检控方需要用该照片来反驳关于希特步枪内部零件是肮脏或陈旧的主张吗？有无其他偏见性较小的证据可用？例如，这支枪放在哪里？谁有义务去提出降低该照片误导性影响的问题？

3. 科津斯基法官还为实施规则 403 平衡检验陈述了一个一般规则："在证据的证明力十分微弱的情况下（如果有任何证明力的话），即使不公正偏见的存在只有一定的可能性或误导陪审团的风险很小，采纳该证据也是一种对自由裁量权的滥用。"这种表达是否与上文第 161 页所摘录的图表相符？它与《联邦证据规则》403 关于危险性"实质上"超过证明力的要求相抵触吗？

174

"老首领"诉合众国案
（Old Chief v. United States）

519 U. S. 172（1997）

苏特大法官（Justice Souter）

上诉人"老首领"约翰尼·林恩，1993 年在涉嫌至少一次枪击的斗殴后

⑥　这不仅仅是文字游戏：错误无害的可能性为 55％，就符合"可能的概率大于不可能"，但却达不到"公正确保"无害。科迪克欧斯案将"公正确保"定义为无"重大怀疑"（grave doubt）（328 U. S. at 765），有 45％的概率被告人会被无罪释放，但该错误显然已达到了"重大怀疑"的程度。我们显然不会如此精确地计算概率，"可能的概率大于不可能"和"公正确保"在有些案件中会导致相互冲突的结果。

被捕。他被指控使用了危险武器进行袭击，即在有关暴力犯罪中使用枪械，违反了《美国法典》第 18 编第 922（g）（1）节。此条款规定"已在任何法院被判可处一年以上监禁犯罪"的任何人，"持有任何枪械或涉及枪械交易的活动"⑦ 为非法。在起诉书中，"老首领"被指控以前因殴打他人造成严重身体伤害而被定过罪。审判前，他要求审判法院命令检控方，对于这次先前定罪不要提及任何细节，只能说明被告因一次可判处超过一年监禁的罪行而被定过罪。这被视为"老首领"作出了一个自认，并且同意陪审团可以得到一项指示，即他曾因第 922（g）（1）项所要求的那样以这种罪行被定过罪。"老首领"主张，规则 403 规定了有关他先前犯罪的罪名与性质具有不公正偏见，因为陪审团很可能把他早先的坏行为概括为恶劣品性，并且以他这种品性来增加其从事了现在被指控之坏行为的概率。检控方拒绝加入任何自认并坚持以自己的方式证明其诉讼的权利。地区法院同意并裁定，如果检控方不想作出承认，就不必一定这么做。在审判中，检控方提出了一份有关"老首领"先前定罪的文件，该文件表明，在 1988 年 10 月 18 日，他故意和非法侵犯罗里·迪安·芬纳（Rory Dean Fenner），这次侵犯造成了"严重的身体伤害"，"老首领"因此被判 5 年监禁。

苏特大法官的意见指出，陪审团可能运用该先前定罪而作出一种将违反《联邦证据规则》404（b）的倾向推论，因此，对"老首领"特定先前定罪的采纳，产生了一种必须根据规则 403 进行分析的不公正偏见的风险。

就规则 403 平衡检验所使用的分析方法而言，其本身存在两种基本的可能性。一项证据可能被视为一件孤立的事物，关于其本身的证明力和不公正偏见风险的评估，在决定该危险是否实质上超过其证明力以及该证据是否应该被排除的问题上，它是唯一参照点。或者，在需要法院必须作出裁定时，可采性问题可以被视为在考虑本案全部证据背景的情况下，要求作进一步的比较。第二种方法在起点上和第一种方法一样，但却准备进一步深入。对于所提出的异议，法院要决定某项特定证据是否会产生不公正偏见的危险。如果是这样的话，法官就要继续对证明力和不公正偏见的程度进行评估，这种评估不仅是针对有异议的证据，而且包括一切实际上可得到的替代证据。如果发现某个替代证据具有实质相同或更大的证明力，而且不公正偏见的危险较低，合理的司法

---

⑦　"可处一年以上监禁的犯罪"被规定为，不包括"任何有关违反反托拉斯法的行为、不公平的贸易活动、贸易限制或其他与商务活动监管有关的类似犯罪的联邦或州的犯罪"，以及"任何被划分为轻罪并且可处两年或两年以下监禁的⋯⋯任何州犯罪"。《美国法典》第 18 编第 921（a）（20）节。

自由裁量权就会给最初所提证据的价值打折扣，并在打折的证明力实质上被不公正偏见的风险所超过时将其排除。正像我们稍后所要解释的，法官必须进行这种计量，并就证据提出者关于本案所需的证据丰富性和叙述的完整性作出估计，当然，仅仅是两件证据可能证明同一问题这样一个事实，并不必然意味着只有其中一件可以收入证据。其仅仅意味着，法官在适用规则 403 时，在证明同一问题面临风险较小的替代证据的情况下，可以对某件证据的证明力合理打折。正如我们下面所要说明的，即使按照第二种方法，被告提供承认一项规则 403 异议，一般也不能压制检控方在提供表明有罪以及关于该犯罪的全部情况的证据时所作出的选择。⑧ ……

对该规则的第一种理解，会招致非常有力的异议。这种解读会给提供证据一方留下选择权，使其能够以一种与相关性一致却又使不公正偏见最大化的方式来构建审判。他可以选择带有不适当影响之最大威胁的其他证据，而无视偏见较少却具有同等证明力的证据。他为之害怕的最糟糕的事情不过是一项支持规则 403 异议的裁定，即使这种情况发生，他也只需退而提供替代性证据。这将是一个奇怪的规则。承认不公正偏见的危险，同时竟又会赋予受诱惑控制的当事人以这样程度的自治，对证据法来说这是非常古怪的，然而，《联邦证据规则》并非如此古怪。

相反，与之相伴也是与之一起到达国会的规则 403 注释表明，与规则 401 "相关性"不同的是，规则 403 规定的证据"证明力"可以通过替代证据的比较而加以考虑。联邦证据规则起草咨询委员会对规则 401 的注释明确地说，一方的让步与法院在得到让步的问题上排除证据之自由裁量权有关。

176　　　……联邦证据规则起草咨询委员会对规则 403 的注释则进一步指出，法院在考虑"是否以不公正偏见为由排除证据"的时候，"其他证明方法的存在可以……是一个适当的因素"……

事实上，所提供的"老首领"自认不仅是相关的，而且显然是要件的要素性证据。先前定罪这一要求所使用的制定法语言表明，除了必须将先前犯罪界定在宽泛的重罪范畴中，国会并未关注先前犯罪的具体罪名或性质；而"老首领"通过明确承认"检控方已经证明了该犯罪的要件之一"，他的重罪确实属于重罪。（App. 7.）因此，尽管先前犯罪的罪名也许具有技术上的相关性，但

---

⑧　虽然由于规则 403 的泛泛言辞，我们的讨论也是一般性的，我们的裁定仅限于涉及重罪犯身份证明的案件。在对规则 403 裁定的上诉审查中，被告必须证明存在自由裁量权的滥用，仅仅证明存在某些其他的证明手段，但是检控方根据其广泛的判断选择权而没有依赖这些手段，并不能满足这一标准。

它并未涉及先前定罪要素界定的细节，该要素并未被那个自认或供认所涵盖。因此，逻辑上似乎应该站在"老首领"一边……

然而，在确定"老首领"提出的自认要求之证据价值是否至少与检控方自己的证据所传达的信息等值这一问题之前，还有一些问题要考虑。检控方主张，该自认并不具有同等价值，为此检控方援用了人们熟悉的标准规则，即检控方有权以自己选择的证据来证明其诉讼，或者更确切地说，刑事被告不可以脱离检控方选择提出的案件全部证据性材料来作出约定或采取自认的方式。

一般而言，这无疑是正确的。表明涉罪之个人思想和行为的常规证据的"公正与合法的分量"（fair and legitimate weight），反映了这样一个事实，即，将一个案件与用证言和有形物联系起来不仅满足了犯罪的形式规定性，而且以叙述的丰富性讲述了一个有血有肉的故事。与其力量取决于在推理过程中准确遵循特定步骤的抽象前提不一样，一件证据可能涉及许多震撼力很强的孤立因素，这恰恰是因为它能在一瞬间展现颇多；对枪击事件的描述，如果能证明枪手的行为能力和因果关系，则恰好可以说明枪手的动机和目的。因此证据具有超越任何线性方案和推理的力量，当证据残片拼合在一起组成一个叙述时就获得动量，其力量不仅支持结论而且使得陪审团成员自愿得出一项诚实的陪审团裁决所必需的推论，无论这些推论是什么样的。具体化和特定性所具有的说服力，对于陪审团成员履行法律所赋予其义务的能力而言，常常是至关重要的。陪审团的职责通常是不邀而至的，有时候还受到抵触，对一位陪审团成员来说，突然面对可能把一个人送进监狱的事实认定也许是件很为难的事情，就像另一个陪审团成员凭良心坚持认为应该无罪释放一样。在陪审团成员履行职责似乎困难的情况下，关于被告所思所做的所有事情之证据总和，可能达到一堆抽象陈述所不能达到的效果，即它不仅是证明一个事实，而且建立其人类意义，并因此唤起法律的道德基础和陪审团成员达成判决的义务。因此，检控方可以在陪审团面前提出其证据，讲述支持一个犯罪推论所必需的有罪说法，以便使陪审团成员相信一项有罪的陪审团裁决就像指出被告之法律过错的各个要素一样，在道德上是合情合理的。

但是，对检控方的利益来说，在抵制用自认和承认来取代其选择的证据方面，还不止于此。因为常规证据的力量除了支持指控并给法律请求的道德基础赋予生命，还需要从证据的特定性方面来满足陪审团成员们关于适当的证明应该是什么样的期待。他们把某些这样的要求带到了法庭，例如，假设指控被告使用枪械犯罪，则应当通过提出一支枪作为证据而加以证明。一位不能提供枪支或不能为其无法提供枪支而提供一些充分理由的检察官，就会有所担忧。

177

"如果（陪审团成员的）期待不能得到满足，事实裁判者也许就会对令他们失望的当事方作出否定性推论，从而处罚该当事方。"萨尔茨伯格：《相关性的一个特殊方面：抵消因缺乏证据而作出的不利推论》［Saltzburg, A Special Aspect of Relevance: Countering Negative Inferences Associated with the Absence of Evidence, 66 Calif. L. Rev. 1011, 1019 (1978)］（脚注省略）。陪审团成员对审判本身的体验也可能在他们心中唤起期待。传唤证人来描述自然联系的一系列事件，可以同样方式唤起这样的期待，即以同样方式来了解某一自然顺序中的每一个因素。如果检控方以宣布一项承认或自认的方式，突然提出某些不按顺序发生的事件，那效果也许就像是在说"不要理睬门后的东西"，而陪审团成员们也许就会特别想要知道究竟还有多少事情瞒着他们。表面上要对掩饰某些事情负责的当事方有理由为此忧虑，而负有举证责任的检控方，可能会对辩护方以不同寻常的方式打断证据流程而讲述内情的要求谨慎地提出反对。

总之，检控方有权不受任何被告方约认舍弃证据之选择权的约束，而独立地证明自己的案件，这是一个被广为接受的规则，这一规则取决于良好的判断力。一个三段论推理不是一个故事，而在法庭上提出的一个赤裸裸的主张也许无法同用于证明该主张的强有力的证据相比拟。听到一个被抽象概念的缺口打断报道的人，也许会对遗失部分感到迷惑，而被要求以该报道之事实真相为据作出重大决定的陪审团成员们，可能感觉受到愚弄，因为对他们的要求是，他们有了解比听到的东西更多的职责。一个令人信服的故事可以用简洁方式来讲述，然而，在叙述性证据的自然顺序因简洁而造成中断时，保证缺失的环节确实得以弥补，从来就不是可以等闲视之的事情。

然而，负有说服责任的检控方需要在证据深度上来讲述一个连续的故事，这样一种共识在被告的法律身份成为争点时，实际上没法适用，因为被告的身份取决于已经作出的、完全独立于后来指控他的犯罪行为的具体事件的判决。就像在本案中一样，就这样一种要件所进行的证据选择，通常并不是在事件性叙述和抽象的主张之间进行的，而是在略有不同的抽象概念之间进行的，这或者是一份记载了某个时间作出的某种犯罪的定罪档案，或者是一份没有提到特定罪名但却承认了相同事情的陈述。用一项陈述代替他者的问题，通常出现在定罪档案由于超出了证明被告身份之外的某种原因而不可采的情况之下，在这种情况下，排除它不会使检控方失去以多种用途使用该证据的机会；的确，如果有正当理由在不涉及法律地位的某些问题上［如证明"动机、机会、意图、预备、计划、知识、身份，或缺乏过失，或意外事故"《联邦证据规则》404

(b)]，采纳具有先前行为性质的证据，规则 404（b）便保证了寻求其得以采纳的机会。不容争论的是，先前定罪背后的事件对于培育陪审团成员维护公共利益的义务感而言，是合适的营养。问题并不在于先前犯罪的具体细节是否应当进入陪审团成员的注意范围，而在于，所谓犯罪的罪名或一般特性是否应当披露。然而，国会已经清楚地说明，一般重罪之间的差别并不因此而显得那么重要；本案所据立法只关注存在定罪判决这一事实。……陪审团最需要了解的是，被告所承认的定罪处于国会确定的犯罪等级之内，即国会认为这些级别的犯罪应当禁止罪犯持有枪支，而这一点也许在被告自认中已经明确了，并在法院给陪审团的指示中得到了强调。最后，关于检控方可以选择远不能在这里适用的证据之一般假定的最明显的理由是，对被告身份的证明所涉及的要件，与被告现在被控的当前犯罪中所思所做的自然后果完全无关。证明身份却没有确切地说明为什么要证明这种身份，这在关于被告随后犯罪的故事中并没有留下缺失环节，而由承认或自认所得到的证明，既没有取代常规证据之连续故事章节中的一章，也不能作为一种非正式替代物而产生混淆、违反或招致责备的影响。

考虑到重罪犯身份这一要件，以及用于证明这一要件的自认和其他类似东西的这些特性，在自认的证据性价值和检控方偏爱的在证据中置入官方档案所具有的合法证明要素的证据性价值之间，没有可以觉察的区别。就规则 403 要就证明力与偏见进行权衡之目的而言，竞争性证据在作用上的区别，仅仅在于一个证据中固有着某种风险，而在其他证据中则完全没有这种风险。本案中，就像在任何其他先前犯罪有可能在某种不适当的程度上支持对罪犯定罪的案件一样，唯一合理的结论是，不公正偏见的危险确实在实质上超过了有罪记录的、打了折扣的证明力，在一项自认已经存在的情况下，采纳该记录就是对自由裁量权的滥用。我们所说的这些表明，为什么在罪犯身份成为争点的情况下，这将成为一般规则，就如在被告寻求强制性地以其自认（该自认可连贯叙述关于他正在受审犯罪的思想和行为）来替代证据的情况下，公诉人的选择一般将经受得起规则 403 的检验。

撤销原判，该案件发回到第九巡回法院，按照与本意见一致的刑事程序进一步审理。

——注释和问题——————————————————————————

1. 苏特大法官关于证明力组成部分之"证据丰富性"（evidentiary rich-ness）和"叙述完整性"（narrative integrity）的讨论，反映了我们第二章第 *179*

131 页注释的陪审团推理理论——审判中陪审团成员的注意力集中于竞争性事实版本，而非一个正式法律要件是真是假。大量研究表明，陪审团对证据的评估是在一个与案件中心事件相关的故事或叙述框架内进行的。陪审团成员自审判开始就开始建构一个故事，然后接受或拒绝与审判中他们所听到的叙述有关的证据。在该过程结束时，陪审团成员通常将接受一个作为"发生了什么"之"最佳"解释的故事，并将其与对陪审团指示中的裁决定义比照。这种陪审团裁决的"故事模型"见于社会科学家的实证作品中。一部典型作品是南希·彭宁顿与里德·黑斯蒂的《陪审团成员裁决的认知理论：故事模型》[Nancy Pennington and Reid Hastie, A Cognitive Theory of Juror Decision Making: The Story Model, 13 Cardozo L. Rev. 519 (1991)]。证据丰富性和叙述完整性可被视为出庭律师对故事品质的主要贡献。

在根据《联邦证据规则》403 作出或复审这些裁决的过程中，这些因素的运用似乎并不限于 § 922 (g) (1) 的案件。例如，在合众国诉瓦尔乔案 [United States v. Vallejo, 237 F. 3d 1008 (9th Cir. 2001)] 中，被告瓦尔乔被控驾车从墨西哥进入美国非法携带大麻入境。瓦尔乔辩称，他不知道装大麻的袋子藏在他汽车里。第九巡回法院判定，地方法院排除瓦尔乔指认将其毒品藏在他车上并打算偷渡美国之人的证据是错误的。该法院指出，满足陪审团成员期待的需要增加了该证据的证明力。该法院写道："瓦尔乔未被允许回答陪审团成员的以下疑问：'如果被告不知道有毒品放在车上且不知道放在何处，那是谁干的？'"上引案例，第 1023 页。

2. 苏特大法官的意见认为，审判法院应该"贬损"所提供的"老首领"实际重罪定罪证据的证明力，因为其他证据——关于其重罪犯身份的承认——具有同等的证明力，且实质上降低了偏见性。"贬损"（discount）是什么意思？这是检控方不"需要"（need）证明实际定罪的另一种说法，缺乏需要是这种情况下根据《联邦证据规则》403 进行权衡的决定性因素吗？

3. 尽管有"老首领"案的法院意见出台，一些检察官仍在根据《美国法典》第 18 编第 922 (g) (1) 节立案的案件中继续提供被告人先前重罪性质的证据，一些地方法院也仍在继续采纳这样的证据而不理会被告方提供的被告曾为重罪犯身份的约认。当先前重罪将产生不公正偏见风险时，上诉法院常常判定为错误，但在很多案件中，由于被告非法持有枪支的"压倒性证据"（overwhelming evidence）而使这种错误被判定为无害错误。例如，参见合众国诉哈里斯案 [United States v. Harris, 130 F. 3d 829, 830 (8th Cir. 1998)]（"在被告的有罪证据为压倒性时，'老首领'案式违规是无害的"）；《评论 老首领案之消解：无害错误和持有武器案中的重罪》[Comment，The Undoing of Old Chief：Harmless Error and Felon-in-Possession-of-Firearms Cases，48 Kan. L. Rev. 431，457 (2000)]认为，用无害错误"对裁决之影响"(effect-on-the-verdict) 标准来取代"证据分量"(weight of the evidence) 标准，要求"法官从诉讼的整体考量来决定该错误是否对陪审团裁决具有实质性影响"。

4. 继"老首领"案后，当事人提出了各种各样的承认来避免采纳带有不公正偏见危险的证据。在大多数情况下，审判法院都不接受这种承认，而上诉法院也都拒绝把"老首领"案裁定扩展到《美国法典》第 18 编第 922 (g) (1) 节规定的"身份"(status) 问题以外的问题上。例如，参见合众国诉霍尔案 [United States v. Hall，152 F. 3d 381，401 (5th Cir. 1998)]（被告提议对一位谋杀被害人的身份和死因作出约定，并没有消除经被告掩埋后的被害人呈腐烂状态的尸体照片的相关性）；合众国诉克劳德案 [United States v. Crowder，141 F. 3d 1202 (D. C. Cir. 1998)]（被告人提议对故意销售持有毒品罪的故意要件作出约认，这并不导致检控方用于证明该故意的相似犯罪证据不可采）；合众国诉哈穆德案 [United States v. Hammond，381 F. 3d 316，342 (4th Cir. 2004)]（向陪审团播放从他家中发现的录音带节选没有错误；被告关于该录音带是由一个恐怖组织制作的承认，并未解除检控方证明被告人知道该组织从事恐怖活动的证明责任；录音带播放了一些崇尚暴力的组织头目的演讲）。但是，参见合众国诉梅里诺—鲍尔德拉马案 [United States v. Merino-Balder-rama，146 F. 3d 758 (9th Cir. 1998)]〔在一项关于持有儿童色情录像带的指控中，审判法院允许陪审团观看了这些录像带；被告人已提议对其色情内容作出约认，但否认曾经看过它们，因而否认了知道这些录像带内容的要件。该上诉法院认为审判法院错误，因为这些录像带极具偏见性，同时这些录像带盒的封面包装对知识问题同样具有证明力（因为这些包装上描绘着儿童色情画面），而被告承认他看到了这些封面〕。

第三节 关于相关性、证明力和司法自由裁量权的反思

《联邦证据规则》的核心目标是在事实上准确解决提交至联邦法院的争议。这并不意味着其他价值对这些规则没有影响，正如规则 102 中所明示的，也不是说对真相的追求无法与其他价值追求共存。然而，这是说，《联邦证据规则》、联邦证据规则起草咨询委员会注释、司法解释以及专业和学术的评论均

明确表示了占主导地位的政策是追求真实准确的结果。

该政策是基于一种信念，即无利害关系的事实认定者，如陪审团成员们，有能力运用其推理能力来重建过去的事件——凭借在法庭上向他们出示的证据，并基于他们自身的常识和经验，作出推论。在这个意义上，只要出示的证据是准确且完整的，陪审团的概括是准确的，该推理过程就能产生出准确的结果。所不能忽视的是，相关性要求对于这一推理过程准确性的促进作用。正如我们在本章开篇中所讨论的，陪审团成员们在决定罪行或责任存在与否时，理性使用的任何证据都具有相关性且可能可采（除非另一项规则要求对其予以排除），不相关的证据——就是那些对罪行或责任存在与否没有任何影响的证据——不可采。[⑨]

审判制度，简而言之，追求从知识符合论的角度来寻求真相。其假定事件发生以及所发生的情况是可以为人所知的。该制度还假定，准确的知识产生于人的推理——人们（证人）可以融贯地就所发生的事件与无利害关系第三方（陪审团成员）交流信息，后者随之基于这些信息作出准确的推论。你们会发现，上文（第 88 页）关于证人角色和陪审团角色的描述正是基于这些假设。

在你们学习证据法的过程中，这些假设产生了三个供你们思考的问题：第一，证据的相关性和证明力特征是可知且可测量的吗？第二，陪审团是理性的吗？第三，法官在采纳或排除证据过程中行使的自由裁量权该如何被规制？我们针对这些问题逐一提供了一些简要的思考。

一、能对相关性和证明力进行测量吗？

《联邦证据规则》对待相关性的态度，从本质上说就是，证据如果能够对一位没有利害关系之人关于要素性事实的看法产生影响，就是相关的。虽然在该语境中，"影响"（influence）的含义有些模糊。我们知道自己何时会因一个论证或因证据而产生一种"确信"感或"被说服"，或者被一种"怀疑"感所笼罩。然而，对证据影响力的分析必须停留在这样一个短暂的时间点吗？一些

---

⑨ 《联邦证据规则》中的相关性要求或与一些大陆法系的法定证明正式制度形成鲜明对比。例如，一项严重罪行定罪的作出，只能根据两名目击证人的陈述或嫌疑人招供。间接证据不行。但是，强有力的间接证据构成合法使用拷问以便令嫌疑人招供的"一半证明"。相关讨论参见约翰·朗本：《拷问与证明规则：旧制度时代的欧洲与英格兰》[John Langbein, Torture and the Law of Proof: Europe and England in the Ancien Regime (1977)]；L. 乔纳森·科恩：《事实与法律中的自由证明》（威廉·L. 特文宁编辑，1983）[L. Jonathan Cohen, Freedom of Proof, in Facts in Law (William L. Twining, ed., 1983)]；米尔建·达马斯卡：《合法拷问的消亡》[Mirjan Damaska, The Death of Legal Torture, 87 Yale L. J. 860 (1978)]。

人主张必须这样。例如，参见小亨利·M. 哈特和约翰·T. 麦克诺顿：《法律中的证据和推论》 ［Henry M. Hart, Jr. and John T. McNaughton, Evidence and Inference in the Law, 87 Daedalus 40, 44 (Fall 1958)］:

> 与法律关联的裁判性事实，作为历史性事实，将难以由自然科学实验方法加以判定。……在很大程度上，法律必须依赖不可替代的"印记"（traces）——在人们头脑中和纸张上留下的印记以及实物独特排列方式里的印记——之模糊含义来解决裁判性事实的争端问题。

哈特和麦克诺顿也许是正确的，法律必须以"人们头脑中的印记"之证据形式来满足。但这些印记的含义必定是模糊的吗？近来，人们对一种以更严谨的方式来努力阐述何为具有说服力的证据表现出极大的兴趣。这些努力主要体现在一种被称为贝叶斯定理（Bayes Theorem）的数学定理含义上，该定理提供了一种严格方法，即把某人对一个事件的概率评估与有关该事件的新证据结合起来，以对该事件的概率形成一个新的评估。[⑩]

182

英国数学家托马斯·贝叶斯（Thomas Bayes, 1702—1761）验证了以下公式是从传统概率公理中推导出来的：

O_G＝有罪或有责任的几率（odds）

$O_{G/E}$＝已知有新证据（E）的情况下，有罪或有责任的几率

⑩　以下论述我们要感谢理查德·伦珀特教授关于贝叶斯定理的论著，参见理查德·伦珀特：《模拟相关性》［Richard Lempert, Modeling Relevance, 75 Mich. L. Rev. 1021 (1977)］。该著作深受约翰·卡普兰教授一篇文章的影响，题目是《决策论与事实认定过程》［John Kaplan: Decision Theory and the Factfinding Process, 20 Stan. L. Rev. 1065 (1968)］，而其本身又深受另一篇沃恩·C. 鲍尔文章的影响，题目是《真相的时刻：概率论与证明标准》［Vaughn C. Ball, The Moment of Truth: Probability Theory and Standards of Proof, 14 Vand. L. Rev. 807 (1961)］。一些评论家则提出了替代贝叶斯定理的方法，参见乔纳森·L. 科恩：《可能与可证》［Jonathan L. Cohen, The Probable and the Provable (1977)］，另有一些评论家则对贝叶斯定理在陪审团推理中的应用提出了批评，这其中就包括了威廉·L. 特文宁和亚历克斯·斯坦：《证据与证明》［William L. Twining and Alex Stein, Evidence and Proof, The International Library of Essays in Law and Legal Theory (1992)］；罗纳德·J. 艾伦：《理性、算法与司法证明：一种初步分析》［Ronald J. Allen, Rationality, Algorithms, and Juridical Proof: A Preliminary Analysis, 1 Intl. J. of Evidence and Proof 253 (1997)］；罗纳德·J. 艾伦和迈克尔·S. 帕尔多：《证据数学模型中成问题的价值》［Ronald J. Allen and Michael S. Pardo, The Problematic Value of Mathematical Models of Evidence, 36 J. Legal Studies. 107 (2007)］；克雷格·R. 卡伦：《一个大错觉的注释：在证据法中使用贝叶斯理论的一些限制》［Craig R. Callen, Notes on a Grand Illusion: Some Limits on the Use of Bayesian Theory in Evidence Law, 57 Ind. L. J. 1 (1982)］；大卫·凯耶：《赤裸裸的统计证据》［David Kaye, Naked Statistical Evidence, 89 Yale L. J. 601 (1980)］；南希·彭宁顿和里德·黑斯蒂：《陪审团成员决策的一种认知理论：故事模式》［Nancy Pennington and Reid Hastie, A Cognitive Theory of Juror Decision Making: The Story Model, 13 Cardozo L. Rev. 519 (1991)］。

　　　　$P_{E/G}$＝假设该人有罪或有责任，获得问题中的证据的概率（probablity）

　　　　$P_{E/not\ G}$＝假设该人无罪或者无责任，获得问题中的证据的概率

该公式为：

$$O_{G/E} = \frac{P_{E/G}}{P_{E/not\ G}} \times O_G$$

　　该公式表明，收到证据后有罪或负有责任的几率，是由假设该人有罪或有责任情况下获得证据的概率，与假设该人无罪或者无责任情况下获得证据的概率之间的关系所决定的。换句话说，从先前的责任几率评估演进到一个根据新证据进行的评估，要求先前的评估受到以下因素的修正，即对假设该人有责任所提供证据的可能性与假设该人无责任所提供证据的可能性进行比较。

　　在这里，不要让概率论的讨论模糊了一个重要见解。使证据具有“相关性”的，是其对事实认定者的影响力。反过来说，那是假设该人有责任而接受该证据的概率，与假设该人无责任而接受该证据的概率之比，呈函数关系。举个简单例子。假定，在入室行窃案中，检控方想要提出被告不喜欢芝加哥熊队（Chicago Bears*）的证据。如果被告有罪，接受该证据的概率是入室行窃者中芝加哥熊队球迷所占比例的函数，我们假定是 0.95（至少在芝加哥是如此）。如果被告无罪，接受该证据的概率就是非入室行窃者中芝加哥熊队球迷所占比例的函数，没有理由认为，那个比例会与入室行窃者中熊队球迷的比例有什么不同。因此，这个概率比（0.95/0.95）是 1.0，而 1.0 乘以先前犯罪几率的结果将不会改变那些几率。所以，这个证据是不相关的，因为它没有对有罪几率的评估产生影响。与之相反，假设从犯罪现场发现的一滴血液与入室行窃者的相吻合，但也与 20%民众的相匹配。该证据的概率比（1.0/0.2）是5。该结果，当乘以先前犯罪几率，使得看起来更可能是有罪，因此该证据是相关的。

　　我们认为，这种检视证据相关性的方式，除了能够解释部分人如何评价证据，没有其他任何价值。但即使作为一种解释尝试，它也存在严重的局限性。该公式要求，裁决者在接收一项经贝叶斯分析的证据之前，就要对有罪或有责任的几率作出初步评估，而在我们的审判（尤其刑事审判）制度中该几率应为多少，是不清楚的。戴维斯诉州政府案 [Davis v. State, 476 N. E. 2d 127, 138 (2d Dist. Ct. App. Ind. 1985)]［为了从血检证据中得出具有亲子关系概率而作证的专家证人们，在应用贝叶斯定理时，适当地使用了一个中间性预先概率

---

　　* 芝加哥的橄榄球队。——译者注

(50/50)，而不是一个基于间接的、未经检验的被告亲子关系证据的预先概率变量]。另外，与大多数证据相联系的概率，实际上将总是难以量化的。更棘手的问题还有，贝叶斯定理要求裁决者随证据的引入而评估其每个片段，而不允许裁决者听审完所有证据并在审判过程结束后再深思熟虑地作出评估。相比之下，陪审团成员们在审判中被明确告知的是，在全部证据出示完之前不要得出任何结论。这样做的理由是基于一种信念，即一旦意见形成了就很难改变。每个人会自然而然地用自己的先入之见来整合他们所听到的新证据，使之与其先入之见保持一致。从某种程度上说，情况确实如此，先提供证据一方在审判中将占有很大优势，因为想必该证据将有助于确立该方的案情主张。而且，如果说在所获得的证据之概率正确性问题被询问后似然比是 1（这么说可能是正确的），我们还是不清楚，能否在诉讼中得到对那些问题的正确答案。考虑相关性和贝叶斯定理，必须采取审慎态度。

假设证据表明，被告（被控抢劫银行）正从紧靠火车站的银行抢劫案现场跑开。逃走可能表明，该被告抢劫了银行且正试图逃脱。它还可能意味着，她正试图赶一趟火车。假定，70％逃离犯罪现场的人是因为有罪而逃，这可以确立为一个经验性有效命题。那么，得到被告有罪逃跑之证据的概率是 0.7；得到被告无辜之证据的概率是 0.3。到这种程度，检控方就能够说明飞奔证据的相关性。现在假定，那个被告证实，火车站附近正在飞奔的人 70％都是在赶火车。现在，得到被告系无辜而奔跑的证据之概率也是 0.7 吗？如果是，根据贝叶斯定理的似然比是 1 吗？在诉讼过程中，依赖这个比率所带来的麻烦在于，对陪审团来说，关于人们飞奔的解释不只这两种，而对此所作的其他解释可以改变这个比率。在本案中，许多其他证据性事实，比如，被告跑得多快、多慢，他们的穿着打扮，对奔跑意味着什么的每种解释的可能性也将产生影响。当然，如此精确地确定人类行为概率的论述目前还少得可怜。在大多数情况下，可能性的比率不能非常准确地加以确定，法官将采纳该证据，而把它留给陪审团进行解读或解释。

有关概率概念的另一个限制是，审判中所采纳的一些相关证据与各方提供的案件理论或故事有所重叠。这种"重叠"（overlapping）证据将符合每一方对所发生案情的解释，即使证据本身可能无法在两种解释之间进行概率上的区分。例如，考虑一下詹森案中关于被告家人发送给被告的包裹以及被告未能收到该包裹的证据。这个证据构成了每一方对所发生情况及原因解释的一部分，双方律师各自利用这一证据来争辩本方的事件版本更具有似真性。

简而言之，贝叶斯定理尽管并不完全与审判过程兼容，但它是思考相关性理念的一种有趣方式。它也许还对思考证明力与《联邦证据规则》403 提供了一种有用的方式：当陪审团形成的似然比与"真实的"似然比有很大差别时，证据便具有误导性。

二、陪审团是理性的吗？

无论相关性和证明力是否可以被精确计量，假设你信服一些更为根本的见解，即存在一个现实，而且你可以通过证据来认识这个现实。你是否可以同样信服于你的同胞们能够认识这个现实，还是说，你对人类理性存有怀疑？即便你是与事件无利害关系的观察者，其他人亦是如此吗？你是否常看到某人对某个事件的看法取决于其观念或一厢情愿？观众对于同一事件的看法可能会有巨大差别。如果那并非罕见之事，那么，它对审判中基于证人证言（其感知可能会受非理性因素影响）来对现实进行社会性重构暗示了什么？

此外，你对由无利害关系的第三方，如陪审团成员，基于所出示的证据得出发生了什么的适当推论有多少信心？你们班上同学对于第一章詹森案审判记录里证人可信性的看法分歧有多大？人们是在使用相同的常识和经验体系来评价这些数据吗？还是说，你印象更深的是向一群人介绍信息后似乎总会产生的明显意见分歧？再则，这增加还是减少了你对于审判过程合理性的信心？

已有实证研究对人们（单一或群体）就争议事实得出结论所使用的智力策略进行了探索。该领域对陪审团裁决应用具有里程碑意义的作品是：*迈克尔·J. 萨克斯和罗伯特·F. 基德：《人类信息处理与司法裁判：启发法审判》*[Michael J. Saks and Robert F. Kidd, Human Information Processing and Adjudication: Trial by Heuristics, 15 Law & Socy. Rev. 123 (1980—1981)]，以及*阿摩司·特维斯基和丹尼尔·卡内曼：《不确定情况下的判断：启发式和成见》*[Amos Tyersky and Daniel Kahneman, Judgment Under Uncertainty: Heuristics and Biases, 185 Science 1124 (1974)]。有关陪审团审议"叙事理论"的近期作品包括：*南希·彭宁顿和里德·黑斯蒂：《陪审团成员裁决的认知理论：故事模型》*[Nancy Pennington and Reid Hastie, A Cognitive Theory of Juror Decision Making: The Story Model, 13 Cardozo L. Rev. 519 (1991)]，以及*丹·西蒙：《黑匣子的第三种看法：法律裁决中的认知一致性》*[Dan Simon, A Third View of the Black Box: Cognitive Coherence in Legal Decision Making, 71 U. Chi. L. Rev. 511 (2004)]。以下作品是有关陪审团实证研究文献的良好综述：*维德马和汉斯：《美国陪审团：裁决》*[Vidmar and Hans, American Juries: The Verdict (2007)]；*莎丽·戴蒙德：《幻想和梦魇之外：陪*

审团画像》〔Shari Diamond, Beyond Fantasy and Nightmare: A Portrait of the Jury, 54 Buff. L. Rev. 717 (2006)〕。这些文献为执业律师们提供了一个理解陪审团成员裁决策略的机会，也为法律改革者们提供了一个改进我们审判制度的潜在程序和证据性政策的机会。

有关理性陪审团假设之正确性问题非常重要。陪审团事实认定的结果往往具有不确定性。在审判制度中，没有检验陪审团对最终事实是否作出正确决定的方法或客观见解。[11] 若某人对于陪审团理性存有疑问，那么，其对继续我们现行的审判制度就应该有严肃保留。另一方面，若某人对我们以理性方式理解和交流我们关于世界知识的能力有更大的信心，那么，其对陪审团推理模式可能就会感到更为乐观。无论你持有何种程度的怀疑，你都必须思考，在我们依仗的此种方式之外还有哪些替代性方案。[12]

三、如何规制司法自由裁量权？

《联邦证据规则》403 所要求的司法自由裁量权之行使，允许审判法院自由地斟酌采纳还是排除证据。上诉法院对下级法院的规则 403 裁定有相当的尊重，上诉法院对自由裁量权滥用的认定并不常见。在学习本教科书中关于证据排除的主要规则时，你们将看到，这些规则——品性规则、其他相关性规则、传闻证据规则、最佳证据规则以及特免权规则——并未把这种明确的自由裁量权赋予审判法院。相反，这些排除规则以及它们的例外，是所谓鲜明界线规则。其中一些规则，如禁止使用外源证据去证明用于弹劾证人诚实性具体行为的规则，确为"鲜明界线"（bright line）。其他规则以学理定义和分类的形式，控制着采纳/排除裁定。

186

---

⑪　DNA 检测结果可能接近于我们制度所能提供的"客观确定性"。基于对受害人身体上找到的样本，如头发和精液，所进行的后续 DNA 检测（庭审时尚无可用的技术），大量被判强奸或谋杀罪的人得以从监禁中释放出来。该检测基本上将被告排除出了样本源。

⑫　关于《联邦证据规则》背后假设和政策的更多批判性视角，参见：肯尼思·W. 格兰汉姆：《那里总会有个英格兰：证据的工具说》〔Kenneth W. Granham Jr., There'll Always Be an England: The Instrumental Ideology of Evidence, 85 Mich. L. Rev. 1204, 1219 - 1220, 1227 - 1234 (1987)〕；露丝玛丽·C. 亨特：《证据中的性别：男性的标准 VS 女性主义改革》〔Rosemary C. Hunter, Gender in Evidence, Masculine Norms vs. Feminist Reforms, 19 Harv. Women's L. J. 127 (1996)〕；吉特·肯伯特：《证据性别化》〔Kit Kinports, Evidence Engendered, 1991 U. Ill. L. Rev. 413〕；迈克尔·L. 西格尔：《对现代证据学问的实用主义批判》〔Michael L. Seigel, A Pragmatic Critique of Modern Evidence Scholarship, 88 Nw. U. L. Rev. 995, 998 (1994)〕；费德里克·肖尔：《关于假定的陪审团对证据法之依赖》〔Frederick Schauer, On the Supposed Jury Dependence of Evidence Law, 155 U. Pa. L. Rev. 165 (2006)〕；托德·E. 潘提司：《情绪化的陪审团成员》〔Todd E. Pettys, The Emotional Juror, 76 Fordham L. Rev. 1609 (2007)〕。

　　分类规则（categorical rules）以两种方式发挥着作用。例如，传闻证据规则确立了需要司法事实认定的类别；品性规则确立了允许使用的具体行为类别，这要求审判法官辨别相关性的特定非品性理论。根据这两种类型的分类规则，审判法官的任务是确定所提供的证据是否符合某种学理分类。这种关于证据是否"相符"（fits）的裁定，通常是采纳还是排除证据之决定性因素。因此，自由裁量权——证明力与对陪审团裁决之危险性的评估和平衡——并不根据这些分类规则而行使。这不是因为分类词语是被机械应用的；它们要求审判法官非常仔细地进行思考。但它是一种不同种类的思考，而且，如果上诉法院把分类词语的应用视为法律适用问题的话，就可能不会受到那么尊重的对待。

　　在学习这些主要排除规则时，你们应该考虑一下，与规则 403 的自由裁量权标准相比，它们的鲜明界线或分类性质之正当理由何在。请思考该规则之排除政策如何能得以最佳执行；哪种规则最佳地服务于准确的结果、对当事人的公正以及有效率的司法体制之目标；哪种规则是法官最胜任去裁定和评论的规则。

自测题

　　A-3.1. 规则 401-402。被告因入室行窃而受审。一位目击证人作证称，她看见有个戴着芝加哥小熊队棒球帽的人，在入室行窃发生当晚飞奔出犯罪现场。检控方试图提供证据证明，被告是一位芝加哥小熊队忠实球迷。被告反对，称该证据不相关。法院应如何对该异议进行裁决，理由是什么？

　　A. 驳回。一个理性的陪审团可能会认为，芝加哥小熊队球迷比非球迷更可能拥有小熊队的帽子，因此被告更可能就是被看到飞奔出犯罪现场的那个人，这使得他犯了该罪更可能为真。

　　B. 驳回。关于刑事被告的背景信息总是可采的。

　　C. 支持。仅因被告是芝加哥小熊队球迷，这并不意味着他有一顶小熊队的球帽。

　　D. 支持。这种想法是不合理的，即认为小熊队球迷与非小熊队球迷相比更可能实施了入室行窃。

　　A-3.2. 规则 401-402。被告因殴打而受审。检控方试图提供所称被害人的证言：他在一场户外音乐会上被被告推倒而受伤。被告提出异议，称该证言不相关，因为受伤并非殴打罪的要件，因此不是检控方必须证明的事情。在辩论可采性时，什么是检控方的最佳辩词？

A. 受伤在刑事案件中总是具有相关性。

B. 该证据具有相关性，因为受伤使得被告看起来更可能实施了殴打行为（对被害人非法使用了武力或暴力）。

C. 该证据具有相关性，因为它将使被害人成为更令人同情的证人。

D. 规则 401 - 402 允许采纳不相关的自发性（res gestae）证据。

A - 3.3. 规则 403。正确或错误：当审判法官认为某项证据的证明力与其不公正偏见势均力敌时，法院应该排除该证据。

A - 3.4. 规则 403。原告诉被告有过失责任，称原告在被告商行外面的台阶上摔倒受伤。审判中，原告试图提供一位证人（原告朋友）的证言作证说，在原告出意外 6 个月之前，他也在同一台阶处摔倒过。该证据被提供用来证明被告应该已知该台阶存在潜在危险。审判法官在得出两次事故的差别很可能使陪审团混淆争议且因证人与原告的友谊而证明力较低的结论后，排除了该证言。审判法院评论道："我怀疑，这个先前的意外事故根本就没发生过。"在复审审判法院排除该证据的裁定时，上诉法院可能会如何裁定该问题呢？

A. 不存在错误，因为审判法院从事的是适当的规则 403 平衡检验。

B. 不存在错误，因为上诉法院必须以遵从方式审查所有审判法院的规则 403 裁定。

C. 审判法院滥用了其自由裁量权，因为它在评估证明力时权衡了证人的可信性。因为这个错误，该判决必须被推翻。

D. 审判法院滥用了其自由裁量权，因为它在评估证明力时权衡了证人的可信性。只有在上诉法院得出该错误并非无害的结论时，该判决才将被推翻。

A - 3.5. 规则 403。哪一个陈述最准确地描述了美国最高法院在"老首领"案中的意见？

A. 当事方必须接受另一方提出的任何合理的约认要求。

B. 检控方必须接受刑事被告提出的所有约认要求。

C. 当刑事被告的重罪犯身份是犯罪要件时，检控方必须接受对该问题进行约认的要求。

D. 在审判中对于他们讲述的故事之道德力量很重要时，当事人可以采纳不相关的证据。

答　案

A - 3.1. 最佳答案是 A。因为陪审团认为球迷至少比非球迷更有可能拥有帽子，这是合理的，因此被告至少稍微更可能是有罪的，证据通过了规则401的最小相关性检验。B是错误的，因为并非所有关于刑事被告的背景信息都具有可采性。这种证据可能因不相关，或是根据规则403，又或是我们将在后续章节中讨论的多项其他规则而被排除。C是错误的，因为作为相关性理论基础的概括，并未确定性地得出结论：证据必须使其稍微更有可能拥有小熊队帽子（而非确证他的确拥有小熊队帽子）。D是错误的，因为相关性理论不依赖这种概括。

A-3.2. 最佳答案是B。尽管伤害并非要件，但发生伤害的证据使得被害人遭受武力或暴力侵害的情况更有可能，并因此导致殴打事件发生。因此，该证据是相关的。A是错误的，因为有时受伤的证据也许是不相关的（例如，有关向卧底警察出售非法毒品的案件）。C是错误的，因为使证人面对陪审团时看起来值得同情的证据并不必然是相关的。规制与证人可信性有关的证据规则将在第七章讨论。D是错误的，因为规则402规定"不相关的证据不可采"。法院可以自发采纳证据，但只有在其具有相关性（通常是为了理解其他证据）并根据证据规则具有可采性时方可采纳。

A-3.3. 错误。规则403规定，仅当证明力被一个或多个规则403危险性"实质上超过"时，才应该排除证据。因此，当天平的两端相当时，应该采纳该证据。

A-3.4. 最佳答案是D。尽管上诉法院尊从式审查了规则403平衡检验，但审判法院通过权衡证人的可信性而滥用了其自由裁量权。在为规则403目的而评估证明力时，审判法院应当先假定陪审团认定证人证言具有可信性，然后再估计其证明力。因此，A和B不正确。即使审判法院犯了错误，上诉法院也只有在得出结论认为该错误影响到审判结果（并非无害）时才可撤销原判。因此，C错误。

A-3.5. 最佳答案是C。在"老首领"案中，法院认为，为《美国法典》第19编第922（g）（1）节之目的，检控方必须接受被告对该问题进行约认的要求。然而，一般而言，最高法院解释道，当这样做会打乱其证据出示时，包括检控方在内的当事人各方可以拒绝此等要约。因此，A和B错误。D是错误的，因为"老首领"案并未断定，当事人可以因叙事考量而提出不相关的证据。该意见的这一方面所顾及的是，在当事人就同一要素性事实有多项相关证据时，该如何评估证明力。

第四章

基础铺垫

189

证据法有一个普遍原则，即首先要证明有关证据就是证据提出者所主张的证据，然后才有该证据的可采性问题。这个普遍要求有时被称为"基础铺垫"（foundation）。除了涉及专家证人证言的情况（参见第九章），基础铺垫原则要求证据提供方必须表明，该证据源自（1）一个具体事实的（2）直接知识，且（3）该具体事实与证据提供方的案件理论之间具有逻辑联系。在詹森案中，法官给陪审团的标准化指示是："证据是由证人证言、文字材料、实物或者任何可以呈现于感官并用于证明某事实存在或不存在的事物组成。"通常而言，在所提供的一项任何类型的证据被采纳之前，证据提供方必须积极地展现其基础铺垫，除非该基础显而易见。

执业律师、法院和评论者们一致认为，基础铺垫是证据法的一项基本原则，并使用"基础铺垫"一词来描述其各个方面。奇怪的是，基础铺垫这个词并未出现在任何一条《联邦证据规则》中。相反，基础铺垫原则隐含在一系列规则之中，主要是《联邦证据规则》602、901、902、701 和 104（b）。

本章涵盖了为采纳各种类型证据所要求的基础铺垫规则。第一节讨论了从证人获取证言所需的必要基础铺垫，《联邦证据规则》602 的直接知识要求。第二节介绍了针对文件和其他实物（统称为"展示件"）的各种基础铺垫要求。这些规定载于《联邦证据规则》901 和 902。第三节聚焦于《联邦证据规则》104，该条规定区分了基础铺垫问题与会触发证据排除规则的预备性事实问题。第四节涉及通常被称为"最佳证据规则"的一组规定（《联邦证据规则》1001－1008）。

第一节　为证人奠定基础：可信性和直接知识要求

190

我们的诉讼制度有一项基本属性，即争议案件中的事实，必须主要通过证人叙述其相关直接知识而提供证言的方式来确定。此外，通常要求这些证人本人出庭，在庭上事实裁判者——陪审团审的陪审团或法官审的法官——能够对其可信性进行评估的情况下，吸收他们所提供的事实信息。这些关于现场的、第一手证言以及由事实认定者控制可信性问题的基本属性，体现在《联邦证据规则》601 和 602 中。

一、《联邦证据规则》601

规则 601   作证资格之一般规定

除本证据规则另有规定外，人人都有作为证人的资格。但在民事案件中，如果州法就起诉或者辩护规定了适用的裁决规则，则证人资格应按照州法规定。

二、《联邦证据规则》601 的解释

《联邦证据规则》601 的第一句话，废除了允许证人作证的有资格和无资格的所有类型的情况。普通法证据规则以及许多州法规定，先前对"作证资格"有严格规定，把某些类别的人从证人席上完全排除了。法官和立法者们过去认为，不值得信赖的人是"无能力"在审判中作证的。与本诉讼有利害关系的人，包括各方当事人，不得作证。配偶无资格就支持或反对另一方配偶作证。像重罪犯、幼童、精神病患者以及许多司法辖区的非白种人一样，无神论者也被归入无作证资格之列。这是在假定，他们要么具有按照对自己有利的方式粉饰事实之动机，要么具有造成不诚实风险的品格、年幼无知或心智等方面的缺陷。

作为现代证据法的一项基本原则，规则 601 极为重要：决定证人可信性的主要权力和责任落在法庭事实裁判者身上。这一政策的核心关注是，使陪审团角色免受司法侵害，以确保当事人获得陪审团审判的权利。根据《联邦证据规则》601，默示不再允许法官因可信性顾虑而制定证人无能力作证的分类规则。（同样地，通过允许证人就说真话作出某种世俗的"承诺"，《联邦证据规则》603 废除了宣誓在先要求——向上帝发誓——的内在道德条件。）在对证人进行询问的过程中，可以提出可能对证人证言品质产生疑虑的问题，如弹劾。你们将在第七章学习证人弹劾。《联邦证据规则》以及多数州的现代证据法典，都允许由陪审团对这种身份或利益是否会影响证人的可信性进行裁决。

191

1. 例外规定

《联邦证据规则》601 第二句话认可了一项例外，即在联邦法院审理的州法诉求中，以州内创设的无作证能力类别为准。《联邦证据规则》605 和 606 在证人资格一般规则下认可了一项范围狭窄的例外，即禁止主持审判的法官和坐在陪审团席的成员就本案的争点作证。确立这些禁令，非因怀疑此类证人的诚实性，而是程序上的复杂性以及此种证言对（其他）陪审团成员可能产生潜

在不公正偏见的影响。但是，除法官和陪审团之外，目睹了相关事件的人不能仅因他们的身份或与本案有利害关系而被阻止作证。

2. 作证能力可因个人原因受到异议

虽然联邦证据规则起草咨询委员会在《联邦证据规则》601 注释中表示"对于证人作证，在心智或道德资格方面没有特别规定"，但联邦判例法已认可审判法官有权受理针对证人心智能力方面的个别异议，前提是这些证人"在某些方面严重受损，无法提供有意义的证言"或其无法理解诚实作证的义务。例如，参见合众国诉拉米雷兹案〔United States v. Ramirez, 871 F. 2d 582, 584 (6th Cir. 1989)〕；另参见《加利福尼亚州证据法典》第 701 节〔Cal. Evid. Code § 701〕。儿童证人在有关其记忆事件能力以及准确、诚实地讲述这些事件的能力等方面，可能引发棘手的资格问题。一项联邦法令确立了这样的推定，即作为虐待罪被害人的儿童和目击了对他人实施犯罪的儿童，均具有作证资格。《美国法典》第 18 编第 3509（c）节。仅当有强有力的理由，且只有当对方当事人提出动议并提供了无能力之证明的前提下，有关作证资格方面的审查才有可能开展。参见合众国诉艾伦案〔United States v. Allen J., 127 F. 3d 1292, 1296 (10th Cir. 1997)〕。

三、《联邦证据规则》602

规则 602　需要亲身知识

只有举出足以支持一项认定的证据，即该证人对该事项拥有亲身知识，该证人方可就该事项作证。证明亲身知识的证据，可以由该证人自己的证言构成。本规则不适用于规则 703 规定的专家证人证言。

四、《联邦证据规则》602 的解释

《联邦证据规则》602 规定了审判中对证人亲身知识的要求。第一句陈述了该要求并描述了为满足该要求所必要的证据证明。第二句告诉我们如何能容易地满足该要求。第三句告诉我们该规则不适用于专家证人。

1. 亲身知识

192

亲身知识是指直接从五种感官之一感知的直接知识。通常来说，其会涉及视觉或听觉方面的感知，但理论上，五种感官的任何一种皆可成为对某一相关事件观察的基础。因为亲身知识是基于感知，提供此类证言的证人通常被称为"感知证人"（percipient witnesses）。

亲身知识或直接知识，是与推测和传闻相比较而言的。推测是指证人基于归纳概括而非直接感知提供的或多或少似真的理论或假设。例如，位于某个十字路口交通事故现场的证人，目睹了一辆红色轿车前部成直角与一辆蓝色轿车的后门相撞。在审判中，该证人可以基于对这两辆车的相对位置及外在损坏的直接知识作证。这就可以达到《联邦证据规则》602 亲身知识的要求。但假设该证人接着作证说："这辆红色轿车一定是闯了红灯——否则我不会从一边看到它这样撞上那辆蓝色轿车。"这个证言就会成为可反驳的推测——也许合理，但并非是证人基于实际观察到的事情。换句话说，这是该证人基于关于车辆和交叉路口的常识所作的推测。

传闻证据则更为复杂一些。从他人陈述或报告获得的二手信息，即便其可靠性很高，亦不是亲身知识，无法满足《联邦证据规则》602 的要求。提供这种二手信息的证言将触发传闻证据规则。排除传闻证据的一般规则（《联邦证据规则》802）可被视为直接知识要求的近亲。不过虽然传闻证据受一般排除规则的约束，但仍存在许多例外规定；结果是，许多看似二手的信息在审判中能够被采纳。这是否意味着传闻例外也是《联邦证据规则》602 的例外？这种说法并不准确。通常来说，就他人的陈述或报告作证的证人，必须对该言论或报告有直接知识，即便其并非是该陈述或报告所含的信息。但你们现在可以暂时将该问题搁置一旁，因为这是你们将在第八章传闻证据规则学习的内容。

2. 足以支持一项认定的证据

《联邦证据规则》602 第一句告诉我们，一名证人必须对其作证事项拥有亲身知识。但是，证人的亲身知识本身是一个证据问题。换句话说，必须有一些证据表明，该证人的确对其作证事项有直接感知。这句"足以支持一项认定的证据"，为那种情况设立了证据标准。

什么是足以支持一项认定的证据（为方便援引，我们将使用缩写"ES-SF"）？它意味着，一个理性的陪审团能够基于足够的证据认定待决事实为真的可能性较大。同样的标准适用于民事诉讼的简易判决动议。理性的陪审团能否以优势证据认定该事实？换句话说，理性的陪审团能否认定，该证人拥有第一手知识更可能为真？如果理性的陪审团能够基于证据相信，证人见到了他所称见到的东西或听到了他声称听到的事情，那么，这项要求就满足了。

193

是否存在足以支持一项关于直接知识认定的证据的问题，应由法官以类似于对待简易判决问题的方式来处理。因为该项认定最终是为陪审团而做，ES-SF 必须由可采证据构成。法官不该去决定证人可信性或解决证据中的冲突。即便是与民事简易判决标准相同，ESSF 标准在民事和刑事案件中均适用于规则 602。在直接知识的问题上是否有"ESSF"，应该交给陪审团来决定。陪审团可以相信证人拥有直接知识，但不必非得相信。

证人断言自己有直接感知的证言，就可采性目的而言，通常就足以证实其亲身知识。法官不得基于可信性判断，或因该法官认定相反的证据更有说服力，而无视该证人关于自己有直接感知的证言：可信性和事实争议解决的问题属于陪审团。（就内在不可信的证言而言，或许存在非常有限的例外。例如，法官可以正当理由排除某位自称拥有 X 射线视觉的证人的证言。）在此问题上接受证人自己的说法，还有一个实践维度。如果第二名证人——"证人2"——不得不证实或补强证人 1 的亲身知识主张，那么，证人 2 就必须对证人 1 的直接感知拥有直接感知；而第三名证人将不得不就证人 2 的直接感知作证，从而创造一个无限回归。因此，作为一个实践问题，如果一名证人就其拥有直接知识提出一个似真主张，就可采性目的而言，法官在绝大多数情况下必须假定为真。

最后，重点是注意，《联邦证据规则》602 实际上并不要求陪审团就证人的直接知识作出明确而具体的"认定"。该规则针对的是当事人和法官，以确保足以支持一项（假设）证人拥有直接知识之认定的证据得以出示。如果陪审团最终决定相信某位证人的直接证言，就是"默示"该证人拥有直接知识。如果陪审团未被说服该证人实际上拥有亲身知识，并不会就此作出具体的认定或声明——而只是在评议期间权衡所有证据时，对该证人证言打上折扣。如果陪审团相信，该证人实际上拥有该事件的直接知识，但在证人席上作了不正确的描述——由于记性不好或者撒谎——陪审团将对该证人证言打上折扣，而是否直接知识的问题将会失去实际意义。

3. 专家证人例外

《联邦证据规则》602 及其亲身知识要求，对专家证人明确给予豁免。正如你们将在第九章读到的，在审判中，专家证人被传唤提供信息和意见，常常不是基于对诉讼事件拥有直接知识。回到交通事故的例子，一位没有直接观察到汽车相撞的专家证人，很可能被允许基于专业知识和相撞后两车位置的分析，提供意见称，那辆红色轿车很可能闯了红灯。

五、《联邦证据规则》602：实际适用

194

在实践中，依据《联邦证据规则》602 为直接知识基础铺垫是非常直截了当的。基于对争议事项的直接感知，证人要么有亲身知识，要么没有。若证人对该事项并无直接感知，那就没有任何问答结构能够补足该证人达到亲身知识

要求的能力。

另一方面，如果证人的确直接感知了该事项，需要做的全部事情，就是让证人解释，他是如何感知它的。只要让证人明示或默示回答问题——"你是怎么知道的？"，就可以达到亲身知识的 ESSF 标准。证人的回答仅需说明或暗示："因为我自己的感官感知到它。"一句简单的"我看到它了"，或许便可解决问题。甚至从证言——例如，"当事故发生时，我正好站在交叉路口"——也能够推断出直接知识，对于证实直接知识的 ESSF 标准也是充足的。陪审团最终可以决定不相信证人所说的"我看到它了"，但是，采纳该证据意味着，陪审团将听到它并对该证据予以考虑。大多数情况下，无须什么特殊的形式，便可满足《联邦证据规则》602 的要求。一次好的直接询问，会让证人讲述一个连贯的故事，将其置身于一个能观察到相关事件位置的现场。那些因忽视了《联邦证据规则》602 基础铺垫要求而陷入困境的诉讼律师，本可以通过简单询问"你是怎么知道的？"或"你看到（听到）了什么？"，来完成基础铺垫工作。

为了清晰地阐释这个问题，我们将亲身知识要求描述为，适用于感知证人对事件或发生的事情（如汽车交通事故）的观察。诚然许多证言都采用了对此类事故进行描述的形式，但那并非唯一形式。任何可被感官感知的相关事实，均可作为感知证人证言的主题。例如，在某合同纠纷中，如果一个口头陈述是相关的——如"我们达成了协议"——任何听到该陈述的人均可作为感知证人就其作证。

规则 602 的直接知识原则，为你们在审判、审前调查或证据开示中，如何把一个案件组合起来提供了一个重要见解。在许多案件中，你将通过二手资源知道，或至少猜想，与你的案件有关的特定事实的存在。在这些情况下，《联邦证据规则》602 告诉你，你的任务是要找到一位对该事实有直接知识的证人——某个以其感官感知到该事实的人。否则，你们就没有可采的证据去证明该事实。

《联邦证据规则》602 的直接知识要求，还解释了审判中的一个一般问题的基础。正如第二章中所讨论的，在审判中，每一方当事人将试图提出对刑事或民事指控担责或不担责的融贯的且有说服力的叙事。融贯的叙事通常是在开审陈述中传达的。但是，一旦证据出示阶段开始，叙事便会被割裂为片段，通常是没有时间顺序的，一位证人接着另一位证人，各自讲述完整故事中的一个片段。这种碎片化的事实陈述，是直接知识要求的一个必要结果：每位证人只能讲述自己有亲身知识的故事成分。通常在诉讼案件中，没有一位证人知道案件的所有事实。因此，《联邦证据规则》602 解释了对审判开审陈述之需要。

开审陈述由律师以关于案情的二手知识来讲述，且不被视为证据，是为了方便事实认定者通过连贯的故事来理解事实的一种途径，与此同时，审判制度对基于直接知识的证据仍然保持着强烈的偏爱。

要　点

1.《联邦证据规则》601 废止了先前禁止某些类型的人作为证人作证的规定。有关证人可信性的问题，将交由事实裁判者在个案中判定。

2.《联邦证据规则》602 要求，证人必须对自己作证的事实拥有亲身知识。亲身知识是指，通过五大感官之一的知觉而直接获得的直接知识。（此种证人常被称作"感知证人"。）亲身知识不包括通过他人陈述（传闻）所做的推测，以及所获得的二手消息。专家证人不受本规则限制。

3. 引出证言的当事方，必须出示足以支持一项该证人亲身知识认定的证据。足以支持一项认定的证据（ESSF）是指，理性陪审团据此能够认定该证人比不可能更可能拥有直接知识的充足证据。并不要求陪审团作出一项具体认定：它仅仅是评议过程中予以考虑的事项。

4. 通过让证人明示或暗示地陈述，他看到或听到了争议中的事情，便可表明直接知识的 ESSF。通常，这通过直接询问证人引出明确的证言便可做到。

5.《联邦证据规则》602 告诉你，你在审前证据开示或调查阶段，也许常常需要去认定一个对你想要证明的事实拥有直接知识的证人，即使你可能已通过二手来源知道了该事实。

思考题

4.1. 再考虑一下思考题 3.13（第 168 页）以及希特案提供的证据。根据《联邦证据规则》602，谁拥有这些证据的直接知识，从而能够就其作证？找出一位证人并起草一系列直接询问（如非诱导性）的问题，以证实那个证人的亲身知识。

4.2. 重温詹森案中休斯顿和范·贝尔格狱警关于他们诉称自己在与詹森搏斗时受伤的证言（上文，第 8 页和第 23 页）。这两位狱警说的是源自亲身知识吗？如果你是辩方，你会对他们证言中的任何内容提出异议吗？如果你是检察官，你能依据规则 602 为其进行适当的基础铺垫吗？

第二节 展示件的基础铺垫

除证人证言外，当事人还可以通过出示文件和其他有形物，统称为展示件，向陪审团传递事实。有关展示件的基础铺垫要求规定于《联邦证据规则》901 和 902。

本节将主要聚焦规则 901。如上文所注，"基础铺垫"一词并未出现在规则 901（或其他任何证据规则）中。但该规则大谈"鉴真"或"辨认"。此外，《联邦证据规则》901 并未提及"展示件"（exhibits）一词。取而代之的是，该规则对"一件证据"的鉴真和辨认作了详细的规定。这种语言表明，《联邦证据规则》901 确立的原则，超越了展示件而延伸到其他基础铺垫问题。但就现在而言，我们关注的是《联邦证据规则》901 对展示件基础铺垫进行规制的范围。

一、《联邦证据规则》901

规则 901　对证据的鉴真或辨认

（a）一般规定。为满足对一项证据进行鉴真或辨认的要求，证据提出者必须提出足以支持一项认定的证据，即该物件系证据提出者所主张之物。

（b）例证。以下例证（不是完整的清单）为满足本规则要求的证据：

（1）知情证人的证言。关于某物件系其所主张之物件的证言。

（2）关于笔迹的非专家意见。认为笔迹为真的非专家意见，该意见基于并非为当前诉讼目的而获得的对笔迹的熟悉度。

（3）由专家证人或事实裁判者所做的对比。由专家证人或事实裁判者对经过鉴真的样本所做的对比。

（4）与众不同的特征及类似因素。结合所有情况，考察该物件的外观、内容、实质、内在式样或其他与众不同的特征。

（5）关于声音的意见。辨认某人声音的意见，无论是直接听到，还是通过机械、电子传输或录音听到的，均应基于在任何时间将其与所称说话者联系在一起的环境中听过该声音。

（6）关于电话交谈的证据。对电话交谈而言，显示特定时间对该号码通话的下列证据：

（A）就特定个人，情况（包括自我辨认）表明，受话人是通话对

象，或

（B）就特定单位，通话是对一个单位，且该通话与合理的业务交易有关。

（7）关于公共档案的证据。下列情况的证据：

（A）法律授权的公共机构记录或归档的文件，或者

（B）据称来自专门保存此类物证的机构的公共档案或陈述。

197

（8）关于陈年文件或数据汇编的证据。对文件或数据汇编而言，符合下列情况的证据：

（A）其真实性处于不容置疑的状况；

（B）就其真实性来说，处于其理所当然的存放地点；并且

（C）在提出时已保存了至少20年。

（9）关于过程或系统的证据。描述一个过程或系统，并表明其产生了准确结果的证据。

（10）法条或规则规定的方法。联邦法律或最高法院制定的规则所允许的任何鉴真或辨认方法。

二、《联邦证据规则》901 的解释

《联邦证据规则》901（a）规定了一个展示件得以采纳为证据，必须满足的基础铺垫要求。提出证据的当事人一方必须提出这样的事实：（1）指明所主张的展示件，系证据提出者所主张之物；以及（2）确为证据提出者所主张之物的展示件，"足以支持一项认定"。规则901（b）列举了反复出现的基础铺垫问题，其中大多数（但并非全部）与展示件相关，并举例说明了至少在一定程度上将满足该基础铺垫要求的事实。

《联邦证据规则》901（a）的核心内容在表述上略显抽象。为了帮助你们理解，我们将对其进行分解并举例说明。

1. 展示件系所主张之物

虽然该规则的标题谈的是"辨认"和"鉴真"证据，但规则正文使用了"主张"（claims）这个关键词。这指的是一种非常特殊的"辨认"形式。当一个展示件被提供作为证据时，仅辨认其是"一把枪"或"一罐啤酒"是不够的。展示件不是简单的任意物，而是在本案背景下具有特定含义之物。换句话说，证据的提出者必须提出一个主张，即该展示件如何与本案基础事件相适应。"这正是被告在实施抢劫时用的那把枪。""这正是被告在发生车祸前几分

钟喝的那罐啤酒。"规则 901 所指关于一项证据的"主张"，实际上是一个表明该展示件具有相关性以及为何具有相关性的陈述。

2. 足以支持一项认定的证据

根据《联邦证据规则》602，为展示件奠定基础的标准，是足以支持一项认定的证据或 ESSF。必须有 ESSF 表明，证据提出者关于该展示件的主张（比不可能更可能）为真。对该展示件的这个支持性证据，可以在该展示件被提供为证据时提供，也可以来自本案已被采纳的其他证据。支持基础铺垫的证据必须具有可采性，因为该检验标准要求，是否有充足的证据支持事实裁判者作出一项认定。因此，举例说，一方当事人依据不可采的传闻证据，是不能为一个展示件奠定基础的。如任何其他种类的证明一样，作为基础铺垫的证据可以是直接或间接的。例如，被提供作为证据的枪就是被告在持械抢劫中使用的那把枪的证据，可以由这把枪上有被告指纹的证言构成，也可以由它是在抢劫发生后的早晨距犯罪现场一个街区的一个垃圾箱中被找到的证言构成。

198

如何判定证据足以支持一项认定？该过程与根据《联邦证据规则》602 判定一位证人的直接知识 ESSF 相同，又与民事案件简易判决标准类似。ESSF 意味着，关于某个事实的证据足以令理性的陪审团认定该事实可能为真。法官在作出这个决定时将不去评估可信性问题，而是假定提供基础铺垫事实的证人在如实作证。（陪审团有权另做决定，从而无视被采纳为证据的证言。）因此，在刚讨论过的假设情况中，如果法官认为理性的陪审团可以基于（基础铺垫）证言，即枪上有被告人指纹以及该枪是第二天早晨在附近一个垃圾桶里找到的，认定该枪就是被告在抢劫中使用的凶器，那么，ESSF 标准就得到了满足，对于采纳该枪作为证据而言，已经做了充足的基础铺垫。

像民事简易判决的情况一样，ESSF 在理论上是一项举证责任——意味着提出一个展示件的当事人，对该展示件可能为真的主张之举证证明负有明确责任。对方当事人可以反驳说，所提供的证据缺乏基础铺垫，并采取如下两种不同方式之一提出异议。第一，对方当事人可以简单辩驳说，该基础铺垫证据不足以支持所要求的认定（如那把枪是被告的）。第二，对方当事人可以提出相反的证据（此操作程序将在后面讨论）。但是，如同简易判决一样，如果相反证据的提供产生了一个事实争端，是事实认定者可以合理解决的，该展示件就必须被采纳，而将该基础铺垫问题最终交由事实裁判者来解决。换句话说，一旦提供方已经提供了该展示件可能为真的主张 ESSF，该展示件就应当被采纳（假定没有排除规则适用于该展示件，如传闻证据规则）。但是，该展示件的采纳，并不禁止对方当事人提供证据并向陪审团争辩该展示件并非证据提出者所主张之物（例如，该枪并不是被告的）。此外，法院一直认为，充分性标准"并没有设置一个特别高的障碍……实际上，证据提出者并未被要求排除掉与真实性不一致的所有可能性，也未被要求去证明该证据旨在证明什么达到了排除任何怀疑的程度。相反，法院可以仅仅根据一位理性陪审团成员能够作出真实性或同一性认定的证明，而认定适当的鉴真"。CA 公司诉 Simple 公司案〔CA，Inc. v. Simple，Inc.，2009 U. S. Dist. LEXIS 25242，at *49（E. D. N. Y.）〕。

三、《联邦证据规则》901——实际应用：基础铺垫不足的问题

我们已经看到，《联邦证据规则》901 关于证明一项证据"系证据提出者所主张之物"的要求，要求证明该事实与证据提供方的案件理论之间具有逻辑联系。《联邦证据规则》901 的基础铺垫规则可用如下术语重述为：一项证据之完整的基础铺垫，由证明所提供的证据具有相关性之所有必要事实构成。这个基础铺垫定义在理论上是正确的，并且对于理解其潜在含义有帮助作用。但是，理论上完备的基础铺垫会产生实际的问题，即执业律师和法官在实践中常常跳过基础铺垫环节。理解这种情况发生之事实，以及发生这种情况的原因，都是很重要的。在本节，我们将考察这些问题，与此同时，解释为展示件奠基的程序。

199

（一）基本程序：通过基础铺垫证人提出展示件

关于为展示件奠基的证明程序，首先需要明白的是：你们从电视和电影里看到的处理展示件的法庭场面基本都是错的。法庭剧《好人寥寥》（A Few Good Men）是个典型。在剧中，汤姆·克鲁兹是两名被指控犯杀人罪的海军陆战队士兵的代理人，他在军事法庭（理应遵守《联邦证据规则》的特别法庭）上挥舞着一张纸。他说在他的两位委托人被捕后，被害人二等兵圣地亚哥（Santiago）的营房就被查封进行搜查。他告诉我们，这张纸是圣地亚哥营房壁柜里的物品清单，接着他开始大声念起一长串的衣物清单——一大堆裤子、衬衣、靴子、袜子等。

但是在实际的法庭上，律师是不被允许仅凭他们自己的说法，来提供信息对展示件进行辨认的。必须有"足以支持一项认定的证据"，即该展示件系证据提出者所主张之物——是二等兵圣地亚哥营房壁柜里物品的准确清单，还是别的东西。而且，正如在美国所有司法辖区的每个审判中，法官都会向陪审团指示的："辩护律师的陈述不是证据。"（例如，参见詹森案审判笔录，第 69 页）。

这意味着基础铺垫事实的 ESSF，必须以与其他任何证据一样的方式在法

庭上举证，即凭借对作证事实拥有直接知识的证人。虽然《联邦证据规则》认可特定的例外规定（参见下文讨论的规则 902），但一般规则是：展示件必须通过感知证人证言的方式提出。你们或可将基础铺垫证人视作展示件的某种证据"担保人"。因此，例如，凯菲（Lt. Kaffee）* 应该需要传唤一位证人，如实际目睹过圣地亚哥营房壁柜里物品的人，并写下物品清单。（因为那样对看电影的人来说太无趣了，所以电影制作者舍弃了这个环节。）

这种基础铺垫路径是《联邦证据规则》901（b）（1）规定的。规则 901（b）（1）关于"知情证人的证言。……某物件系其所主张之物件"的规定，虽然看似仅为提供基础铺垫选项中的一种方法，但更好的理解是，将其视为《联邦证据规则》602（直接知识要求）和《联邦证据规则》901（a）基础铺垫要求合并之一般规则的重述。除了个别例外情况，证据的基础铺垫必须由拥有直接知识的证人通过证言来提供，证明该物件系证据提出者所主张之物。

200　　一旦对相关基础铺垫事实有直接知识的证人被传唤出庭作证，为展示件进行基础铺垫就不必那么复杂。许多审判实务手册提供了大量询问基础铺垫证人的样本。但不要呆板地认为，有什么神奇的诀窍必须道明，而且，对应不同类型的展示件有不同的诀窍——好似每个展示件的基础铺垫都有自己的魔咒。请记住，所有基础铺垫都要通过 ESSF 来证明：该展示件即为提供方欲主张之物。并且要记住，《联邦证据规则》602 要求，证人必须以亲身知识作证。

这意味着，在直接询问中，大多数展示件的基础铺垫，可通过询问两个简单问题（或某些变形）得以证实：（1）"这是什么?"以及（2）"你是怎么知道的?"这种"它是什么/你怎么知道的"方法，会生成你将需要的 90％ 的基础铺垫询问。让我们来试图将这套方法应用于二等兵圣地亚哥壁柜中的物品清单。我们对这张纸的主张是什么？这张纸是二等兵圣地亚哥被杀死后第二天早晨从他壁柜里发现物品的清单或明细；并且，它是准确的。因此，直接询问可以像这样进行：

　　[汤姆·克鲁兹]：我向你（证人）展示被标记为被告方第 2 号展示件，请你进行辨认。这是什么？

　　证人：这是一份从二等兵圣地亚哥壁柜里发现的物品清单。

　　问：你是怎么知道的？

　　答：因为这是我写的。

问：这份清单准确吗？

答：是的。

问：你怎么知道？

答：因为我认真查看了圣地亚哥壁柜里的每一件物品，并记了下来。

[汤姆·克鲁兹]：法官大人，我提议将第 2 号展示件作为证据。

这样的流程难吗？注意：基础铺垫是关于展示件的一个故事，并且是该展示件提供方希望陪审团迟早听到的故事。基础铺垫不仅解释了展示件是什么，并担保了其准确性，且证成了该信息的原始来源。

在模式化的基础铺垫程序中，给陪审团讲一个有说服力的故事，即对展示件进行辨认并提出将其采纳为证据的动议，并不是将其有机联系起来的唯一手续。为了辨认而给展示件编号，是一项必要的内务管理细节工作。它可使法院和双方当事人在审判中对该展示件进行追踪，并可为上诉备案提供清晰的资料。（在审判笔录中仅用"这个"指称的展示件，会造成指代不清，而"第 2 号展示件"就比"圣地亚哥壁柜里物品清单"更易说清。）将展示件采纳为证据的动议，传递给法官的信号是，证据提供方当事人认为其已履行了《联邦证据规则》901 的 ESSF 责任，并允许法官对其进行裁定。这同时也给对方律师传递了信号，即如果确有异议的话，在这个时间点上应该提出之前一直时机不成熟的基础铺垫异议。如果法官将该展示件采纳为证据，它就成为审判记录的一部分。陪审团可被允许在法庭上审查它，并在评议期间与其他采纳的展示件一起交给陪审团，供在陪审团评议室进行审查。

（二）部分基础铺垫和装配

201

基础铺垫证据产生的困难，常常来自对基础铺垫证人适用直接知识的要求。在《联邦证据规则》602 的相关讨论中，由于亲身知识的要求，当事人在审判中的叙事被割裂为片段：证人们只能讲述他们用直接感知所了解的那部分故事。同样的问题也会影响基础铺垫证据，因为其毕竟是构成有关某项证据的"迷你"叙事。换句话说，通常情况下，没有单个证人能够基于直接知识为某个展示件提供完整的证据基础铺垫。在实践中，如果证据的平衡——先前已提出或已承诺稍后在审判中提出的剩余证据——需要满足 ESSF 门槛要求，那么，对一个展示件获准采纳而言，部分基础铺垫就足够了。

在两种情况下，部分基础铺垫即被视为充分。第一种是被广泛认可的情况，被法院和执业律师们称为"装配"（connecting up）或"附条件的可采性"

（conditional admissibility）。第二种情况尚未被广泛承认，且尚无称谓；我们称其为简单忽略不完整基础铺垫的情况。

1. 附条件可采性："装配"

"在（一些）情况下，习惯上允许（证据提供方）提出证据，而后再'对其进行装配'。"赫德尔斯顿诉合众国案〔Huddleston v. United States, 485 U. S. 681, 690 n. 7 (1988)〕。这种惯例被称作"装配或联结"或"附条件的可采性"。参见《联邦证据规则》104 （b）。当一个展示件通过一位仅能提供不完整基础铺垫的证人之证言而提出该案时，法官可以"附条件地"将该展示件采纳为证据——证据提供方将通过后续出示证据来完成基础铺垫。证据提供方向法院表示——本质上是承诺——将通过可预期的进一步证据把展示件"装配"进本方案件理论。

例如，假设检控方寻求将一袋据称是被告卖给一位政府线人的可卡因作为证据。该线人可以作证，他付钱给被告后收到一袋可卡因，袋子被胶带严密包裹着无法看到里面的东西。但是，假设他没拆开就将该包裹交给警方，因而他并不确切知道里面装的是可卡因还是某种其他粉状物质。一位警官从线人那里收到一个缠满胶带的包裹，并被告知它购自被告。该警官打开包裹，发现一种白色粉状物质，他将样品送到犯罪实验室。该警官并不知道该物质是可卡因还是某种别的东西，并且他缺乏关于是谁将其卖给线人的直接知识，没有看到交易发生。最后，犯罪实验室化验师确认，警方交来的白色粉状物检测为可卡因阳性，但她并没有关于该物质如何落入警方之手的亲身知识。

正如你们可从上述例子中看到的，三位证人中没有人能够为该展示件作证进行完整的基础铺垫——这是被告卖给线人的一包可卡因。每位证人仅能就其中一个片段进行基础铺垫。犯罪实验室化验师作证称，该物质是可卡因；警官作证称，该物质是从线人那里收到的，并且，该警官将样品送给化验师；线人作证称说，是被告将这个缠满胶带的包裹卖给了他。无论以何种顺序传唤证人出庭作证，基础铺垫不完整的问题始终存在。

假设第一位被传唤的证人是线人。他可能被问及："你认识这个包裹吗？它是什么？你是怎么得到它的？你离开（交易）现场后，是怎么处理它的？"线人可能作证说，他把钱交给被告，其回报是得到了该包裹，之后他将包裹交给了警官。如果检察官提议将该包裹作为证据，被告可以提出该包裹不相关的异议，因为没有证据表明该包裹装有可卡因。或者，辩方律师可以提出异议，称该展示件缺乏基础铺垫，因为没有 ESSF 的证据证明它是一包可卡因。（正如你们可以看到的，这两项异议本质上是相同的。）如果第一位证人是警官或化学家，你们可以将这个场景表演出来，并提出有关基础铺垫的异议。（花点时间尝试一下。）

在这个节点上，法院有两个选项。第一，法院可以拒绝采纳该展示件，直到基础铺垫全部完成。该可卡因包裹将在三位证人都作证后被采纳，因为那时将会有 ESSF 的证据表明该展示件是检控方所主张之物——一袋由该被告卖给线人的可卡因。

第二，检察官可以向法院承诺，其将通过剩余基础铺垫证据——此处为其他两位基础铺垫证人的证言——将展示件装配进本案。法院可以接受该承诺并在三位证人中第一位（或第二位）证人作证后采纳这包可卡因，条件是该检察官后续通过补充证据履行承诺。如果完整的基础铺垫始终无法完成——继续提供基础铺垫证据的条件没有达成，法院之后可以排除证据。（在一些情况下，如果附条件采纳的证据足以对被告造成偏见，且检察官未完成装配，法院可以宣布审判无效。）这后一选项正是证据"附条件可采性"的含义。

2. 减少"主张"并非一个选项

值得注意的是，证据提供方通常不能通过减少关于展示件的"主张"，来投机取巧地处理不完整基础铺垫的问题。假设第一位作证的证人是犯罪实验室化学家，他说："我对侦探汤普森提供给我的一袋白色粉末样品进行了检测。该样品被标号为'案件第 15 - 241'，经检测为可卡因阳性。"检察官提议将该可卡因采纳为证据。被告律师则提出异议，称该展示件不相关且缺乏基础铺垫。在这个时候，即使检察官说"但是法官阁下，我只想证明它是可卡因。我并未试图证明它与被告有任何关系（至少还未证明到这一步）"，这也是不充分的。就这个特定的样品与被告有任何关系而言，该证言并未达到 ESSF。的确，因为这个世界上有很多可卡因，并且陪审团在审判开始前就知道这个事实，作为常识，可卡因之存在的证明本身并没有相关性。

因此在这里，检察官要通过收缩其关于该展示件的"主张"来投机取巧地处理基础铺垫的问题，这种努力必然失败。她关于该展示件的主张必须丝毫不差地表达为：它正是该被告卖给该线人的可卡因。规则 901 的"主张"，不能为了与审判中特定时刻特定证人的证言相匹配而被随意编造或整形。相反，它必须是为证实展示件的相关性而提出的规则 901 主张。该主张的内容取决于证据提供方的案件理论，并且不得为获取不完整基础铺垫情况下的采纳而人为操纵。

3. 被忽略的不完整基础铺垫

装配是一种被广泛承认并反复出现的情况，因此有一个名称及一套程序性

203

解决方案。证据在基础铺垫不完整的情况下将被采纳，或者暂时被排除直到基础铺垫完成。

涉及不完整基础铺垫的第二种情况同样是反复出现的，但却没有被广泛承认，也没有一个名称。在许多情况下，基础铺垫不完整，但法院看不到这个问题，或者故意忽略了它。在这些情况下，提供了完整基础铺垫的事实已存在于案件中，或者所提出主张的性质就隐含这些承诺。在一定意义上，你们可以成功地从事审判实践而不用考虑这个问题，因为法官和对方律师很可能忽略它。我们讨论这个问题的原因在于，通过理解这个问题，你们将会在概念层面更好地掌握基础铺垫，并避免法官、律师和学者们有时因为将不完整的基础铺垫误认为完整，而掉入陷阱和困境。

这个问题是由该规则起草者造成的。规则 901（b）旨在举出"满足该（基础铺垫）要求的证据"清单。但我们可以看到，事实并非如此——至少有些例子可能是未完全满足规则 901（a）要求的不完整的基础铺垫。请考虑规则 901（b）（5）的例子，其表述为对该声音（假定是录音或电话中的声音）的基础铺垫，通过"辨认某人声音的意见，无论是直接听到，还是通过机械、电子传输或录音听到的，均应基于在任何时间将其与所称说话者联系在一起的环境中听过该声音"。

假设一个被告是以合谋销售毒品罪而被审判。检控方提供了一盘包含以下电话交谈的录音带，说话人 1 说："是?"说话人 2 说："是我。"说话人 1 答："让我们开干。"检察官主张，说话人 1 是被告，"让我们开干"是给说话人 2 的指令，即用说话人 1 的钱去买一批毒品。检控方提供了一位与被告交往多年、熟悉其口音的证人，该证人说，说话人 1 的声音是被告人的。这样的证言显然满足了规则 901（b）（5）列举的情况。对于辨认录音中的声音就是被告的声音而言，这达到了 ESSF——这可能就是规则 901（b）（5）起草者想通过他们举的例子所要传达的全部内容。但对于该被告人说"让我们开干"就是要为大宗毒品购买开绿灯而言，该证据很难构成 ESSF——相反，其所说的（可能）是对有关科尔·波特之琐碎问题的作答。完整的基础铺垫必须包含充分的背景信息，以便理性的陪审团能够认定，"让我们开干"这句话正是为购买毒品发出的指令，但在这个例子中将需要其他证人的证言。

如上所述，不完整的基础铺垫有时可能是一个衔接问题。但值得注意的是，规则 901（b）并未提及装配出完整基础铺垫证据的可能性；该规定所举的例子就是充分的基础铺垫。我们认为，对此的最佳解释是，缺乏基础铺垫的证据，在许多情况下，实际上要么已被采纳，要么已在当事人开审陈述所阐明的案件理论中做了默示承诺。在上述例子中，检控方可能已辨认出说话人 2 是被告帮凶，过去曾依简约、加密的指令，代表被告完成过一系列毒品购买活动。或许，这个证据是在举证过程中，基于被告作为毒贩犯罪的基本叙事而产生的证据。在审判的这个阶段，"让我们开干"的背景信息，或许是足够清楚的，法官和对方律师都认为没必要去追问这个有限基础铺垫证言的完整性，说话人 1 的声音是被告的，这就够了。

当完整的基础铺垫要求涉及与主张的要件紧密相连的要素性事实［在贯穿本书的许多图表中都有这些被标注为"FOC（EE）"的要素性事实（要件）］时，不完整的基础铺垫常常被忽略。举另外一个例子：被告被指控持械抢劫，检控方的案件理论（如在开审陈述中表明的）是：被告所使用的武器是一把自动手枪。检控方首先传唤的两位证人——一名警察和一位法庭科学家——分别作证称，这把自动手枪是第二天早上在犯罪现场附近的垃圾箱里找到的，且枪上有被告指纹。但在审判的这个阶段，尚无证据表明被告的确实施了抢劫行为——基于诉讼策略考虑，检控方打算让被害人最后作证。从技术上说，被告举枪对着被害人的事实，对于完成检控方关于该枪的完整基础铺垫来说是必要的。但该主张与本案的一个要件紧密重叠——这是一个要素性事实（要件）。在这种情况下，法官和对方律师可能感到，就采纳该枪作为证据而言，这些缺失的基础铺垫事实是"情有可原"的。检察官已经默示承诺，基于其案件理论，后续将提供证据说明被告举枪对准了被害人。否则，抢劫的指控就会缺乏基础，而且案件不得不被驳回。在这种情况下，基础铺垫在技术上的不完整，在实践中会被忽略。

此处的重点是，实践中，法官或对方律师也许不会对基础铺垫提出更高的要求并不意味着，"说话人 1 是被告"或者"这是被告的枪"就是对其自身的完整或充分的基础铺垫。

四、《联邦证据规则》901——实际应用：程序步骤

我们已经对根据《联邦证据规则》901 将一个展示件采纳为证据之程序的某些方面进行了讨论，但这里仍有必要将其整合在一起，形成一个分步操作指南。

1. 第一步：主张

第一，弄清关于该展示件的"主张"。要使该展示件具有相关性——使其适合于证据提供方的案件理论，关于该展示件的故事是什么？该主张无须包括与该展示件相关的每一个已知事实，而是关于该展示件最精简的故事，对于证明其相关性绝对必要的那些事实就够了。

205

2. 第二步：证人

第二，弄清对你正要辨认的基础铺垫事实来说，谁是拥有直接知识的证人。所有相关知识均为一位证人所知吗？还是说，你将需要多位证人来奠定一个完整的基础？如果需要多位证人，要确定那些其他事实，将在你试图提出该证据之前出示——如果是这样，你的基础铺垫将会完成；还是将在后续程序中出示。在后一种情况中，你需要说明，你将"装配"基础铺垫，且你可能将请求该展示件附条件的采纳。

3. 第三步：标注展示件

第三，辨认该展示件并记录在案。传统的方法是，请法院书记员给展示件"标注"一个"供辨认用"的序号。书记员会将一个标签贴在展示件上，逐字逐句地写上"原告方第 10 号展示件"等。如今许多法院会要求当事人双方在审判开始前就完成对展示件的辨认与供辨认用的标注。这为审判节省了时间。

4. 第四步：出示展示件

现在，向证人出示展示件。为记录在案，讲述你正在做的事情。[如"我现在向你展示（向证人展示）的东西，已被标注为原告方第 10 号展示件。"]

5. 第五步：进行基础铺垫

第五，通过向基础铺垫证人提问进行基础铺垫，基础铺垫证人必须对与展示件有关的事实拥有直接知识。在直接询问中，基础铺垫提问会类似于"这是什么？"以及"你是怎么知道的？"。具体的问题将取决于上述第一步和第二步的细节。

至此，我们的举例和讨论还是限于这样的情况，即假定展示件总是通过证据提供方传唤友好证人而提供的——因而要求开放式直接询问。但事实上，只要证人拥有直接知识，任何一方当事人都可以传唤任何证人来提出一个展示件。你可以使用敌对证人或对方证人来进行基础铺垫。这意味着，**在一些情况下，你将凭借交叉询问（或对方或敌对证人的直接询问）进行基础铺垫**。这将允许你提出诱导性问题，使得基础铺垫提问变得更加简单。作为提问律师，你只需要告诉证人关于展示件的基础铺垫事实，然后期待得到证人的肯定回答。不同于"这是什么？"和"你是怎么知道的？"之类的提问，你可以问："第 10 号展示件是一盘有声音说'让我们开干'的录音带——是这样吗？并且，你听出这是被告的声音——对吗？你了解被告的声音，因为你认识他有十多年了——正确吗？"

6. 第六步：提出展示件动议

作为证据提出者，当你认为基础铺垫已完成时，提出将展示件采纳为证据的动议。"法官阁下，我提出将原告方第 10 号展示件采纳为证据的动议。"

7. 第七步：异议、裁定、反驳证据

采纳展示件的动议对对方当事人是一个信号，这时要对该证据的基础铺垫或相关性提出任何有关的异议。因为完整的基础铺垫是由使该展示件具有相关性的所有绝对必要的事实所构成，未能提供完整的基础铺垫常常将意味着，该展示件所展示的内容是与本案不相关的。在所提供的基础铺垫证据未能证实该证据之主张的情况下，技术上正确的异议是：该展示件缺乏基础铺垫。（如，证据性"主张"是，该展示件就是被告卖给政府方线人的可卡因，但支持性证据仅限于实验室化学家的证言"这是一些可卡因"。）当证据提供方的主张不充分时（例如，政府方称"我们只是主张这是一些可卡因"），技术上正确的异议是：该展示件不相关。但在实践中，并不存在什么神奇用词，只要基本观点得以传达，以基础铺垫或相关性为由的异议应该就是充分的——从实践角度说，这两种异议是可以互换的。

在展示件被采纳为证据之前，展示件的内容通常不应该展示给陪审团。因此，例如，一份文件不应该读给陪审团听，除非其基础铺垫已经完成并已被采纳。同理，录音或录像在被采纳为证据之前不应在陪审团面前播放。对于特定类型的证据而言，这个一般规则并不切实可行。被称作实物证据的物品，如一把枪或一包毒品，为基础铺垫之目的，可能不得不展示给证人看。因此，在其被正式采纳之前，陪审团就会看到。如果对方律师认为，看到该展示件会对陪审团造成不公正的偏见影响，适宜的做法或许是，提请法院在陪审团不在场情况下进行一个预备性基础铺垫询问——当然，如果有真诚的理由认为适当的基础铺垫无法完成的话。规定这种陪审团不在场的小型听证的规则，是《联邦证据规则》104（c）。

在证据提供方有机会完成其基础铺垫提问之前过早地对基础铺垫提出异议，将会导致异议被驳回。这就是为什么提出将展示件采纳为证据的动议步骤，对于对方当事人提出基础铺垫异议而言具有一种提示作用。另一方面，因为展示件的内容通常在其被采纳之前不应该进行展示，对方律师必须对过早地向陪审团披露展示件的内容保持警觉。如果证据提供方在完成基础铺垫之前就试图向陪审团披露其内容，对方当事人就可以提出缺乏基础铺垫异议。

即使证据提供方提供的证据构成了完整的基础铺垫，对方当事人也可以试图反驳该证据。这样做的最为直接的方式，是在法院裁定采纳展示件之前，对基础铺垫证人展开交叉询问。对方当事人或许也可以试图提出积极的反诉证据——例如，一位证人称，不是被告而是另有人将这袋毒品卖给了线人。这里

207　的问题在于，ESSF 标准，如同民事简易判决标准一样，不允许法院作出可信性裁定或去解决事实性争议。因此，在刚刚给出的例子中，应当由陪审团来决定相信哪位证人——政府方线人，还是辩方证人。在一项事实争议中，当理性的陪审团可以某种方式决定该问题时，ESSF 标准就满足了。仅当反驳证据以某种方式确信无疑地否定了基础铺垫证据时，法院才应裁定基础铺垫没有完成。假设 ESSF 标准已经满足，且证据被采纳了，陪审团将被允许听审并考虑双方当事人的证据，并最终自行决定展示件是否的确为证据提供方所主张之物。

8. 流畅化的展示程序

传统上，以上步骤是在审判中证人询问阶段进行的。然而，一个正在发展的趋势，是将其中一些事项的处理提到审判之前。长期以来，至少在民事案件中，联邦和州法院都普遍要求当事人双方，在审判开始前交换各自打算使用的展示件清单。如今，一些法院规则要求，在审判开始前就完成为展示件辨认的标注；一些法院甚至明确要求当事人双方，在审判开始前就书面说明各自对展示件的异议。这些规定的目的，是在选出陪审团之前尽可能解决这种异议，以使审判流畅化。

要 点

1. 《联邦证据规则》901 通常被视为规制展示件基础铺垫的规则。规则 901（a）规定，提出证据的当事人一方（证据提出者）必须提出足以支持一项认定的证据（ESSF），来证明该物品确为证据提供方所主张之物。

2. 根据规则 901（a），展示件的"主张"包括，根据证据提供方的案件理论，对于证明所提供的物件具有相关性所必要的全部事实。完整的基础铺垫，是通过 ESSF 证明构成有关展示件之主张的所有事实。

3. 展示件是证据提出者所主张之物的 ESSF，是对理性的陪审团作出这样的认定而言的证据充分性。支持性证据必须来自有直接知识的证人，且其自身必须可采。法官不决定可信性问题，但会考虑，假设证人如实作证的话，理性的陪审团是否可以作出该认定。

4. 如果一位证人无法提供完整的基础铺垫，证据提供方必须指出其他已经记录在案的事实，或者应该请求，该展示件以"装配"基础铺垫为条件的附条件采纳，通过后续证据来完成基础铺垫。

5. 在一些情况下，尤其是在缺失的事实与本案要件密切联系且在开审陈述中已有承诺的情况下，法院很可能会忽略基础铺垫的不足。

思考题

4.3. 在希特案（Hitt）中，上文第 171 页，检控方是如何对包括希特来复枪的照片进行鉴真的？你们认为谁是基础铺垫证人？

4.4. 回到上文第 149 页思考题 3.3，合众国诉雷案（United States v. Ray）。请根据《联邦证据规则》901，对下面每项证据或所称事实，指出进行适当基础铺垫的各种可能性。请注意，就每一项证据而言，可能有多种基础铺垫方法。此外，请从对本案进行调查的立场思考以下问题：为了在审判中提出证据，你打算在审判前收集哪些证据？在审判中，你能够传唤哪些不同的证人，你会问什么问题？

（a）展示件 1：安德鲁写给朗唐公司财务总监朱·雅各布斯的机密备忘录副本，日期为 2015 年 3 月 14 日。

（b）展示件 2：首席审计师安德鲁发给雅各布斯的电子邮件复本，日期也为 2015 年 3 月 14 日。

（c）雷于 2015 年 3 月 16 日出售了 10 万股股份。

4.5. "全垒打王"贝瑞·巴兹（Barry Bonds）向调查指控 BALCO 实验室销售非法合成代谢类固醇的大陪审团宣誓作证。巴兹否认自己明知是这种类固醇而服用它。巴兹随后被指控十项向大陪审团作伪证的罪名。联邦特工对 BALCO 执行了一项搜查令，并搜查了其办公场所。政府方发现了一些尿液样本，经检测为非法合成代谢类固醇呈阳性。政府方主张，这些是巴兹的尿液样本，并争辩说是从巴兹的训练师格雷格·安德森（Greg Anderson）处获得巴兹的尿液样本，然后被 BALCO 雇员詹姆斯·瓦伦特（James Valente）取走。瓦伦特将该样本送到 Quest 诊断公司，后者又将该样本和检测结果送回 BALCO。该检测结果并未确认巴兹为该尿液来源。Quest 可以确认，检测过的尿液样本来自瓦伦特。瓦伦特将作证，每一次都是安德森将尿液样本交给他，安德森会说一些大意为"这是来自巴兹"之类的话。格雷格·安德森拒绝作证，并因蔑视法庭罪而被判入狱。这些尿液样本已被充分辨认为是来自巴兹了吗？

五、《联邦证据规则》901——实际应用：各种展示件通用基础铺垫问题

《联邦证据规则》901 所确立的基础铺垫要求，在该规则标题中被描述为

"鉴真"（authentication）或"辨认"（identification）要求。这些并非只是具有单一、明确意思的教条术语。相反，正如我们看到的，规则 901（a）的标准是灵活的。起点总是要问：为什么这个展示件是相关的？基于展示件与证据提供方案件理论的联系，证据提出者主张其为何物？对这些问题的回答，在很大程度上取决于个案具体情况，并且是高度情境化的，将因个案而异。但另外，在种类宽泛的展示件中，常常产生一些反复出现的通用基础铺垫问题。这些问题中的一些内容已被规则 901（b）（2）-（9）覆盖，这些清单是开放式的，旨在为所有种类的展示件鉴真提供类推。

展示件的类型：实物与描绘性。考虑将展示件分为两大类是有益的：物件具有相关性，因为其实际上是诉讼事件的一部分；并且，物件具有相关性，是因为其描述、描绘或重构了诉讼的事件。前者被称作"实物"（real）证据。后一类由于某些原因，在案件或学术文献中尚无公认的名称。为便于提及，我们将称其为"描绘性"（depictive）证据。它主要包括照片、视频和录音，以及所谓示意证据（demonstrative evidence）。

这种划分的有用之处在于，这两大类别与某些反复出现的问题相关联。就实物证据而言，通常有必要去证明同一性，并时常需要证明展示件未改变状况。就描绘性证据而言，作为其基础铺垫的一部分，通常也需要证明描述的准确性。

书写文件有时会被视作第三类。从某种意义上来说，它们也可以被归类为实物或描绘性的，甚至二者的混合体，法官、执业律师和学者常常将文件视为一个单独的类别。

（一）实物证据基础铺垫问题

实物证据是指在诉讼事件中起着某种作用的有形物。实物证据的例子很容易列举：犯罪中使用的凶器，被声称兜售给政府方线人的毒品，或在产品责任诉讼中被断言有瑕疵的家用器具。这些有形物与具体争端事件的联系使其具有相关性，并且这种联系就是满足《联邦证据规则》901 要求的"证据提出者所主张之物"。

为实物证据奠定基础，一般是由关于该物体在本案中的实际牵连之描述所构成。我们已经考察过各种案件的具体问题，也许需要回答这种证据的基础铺垫问题了。并非任何一把枪都是本案的凶器，亦非任何可卡因都是本案的赃物。依据《联邦证据规则》901（a），检控方必须主张，这就是该抢劫案中被告所使用的那把枪，或者，这就是该被告卖给政府方线人的可卡因。

1. 同一性

除了具体案件中那些特定的基础铺垫问题，实物证据还可能产生反复出现的同一性和状况一致性的问题。例如，我们如何知道送到犯罪实验室的白色粉末样本，事实上就是从被告卖给政府方线人的那包里提取的样本？万一该样本实际上是来自另一起不同的毒品案缴获的货源呢？这些就是关于实物证据的同一性问题。当实物证据为通用或可代替的物品时，如枪支、毒品或大量现金，同一性问题常常出现。

2. 未改变性状

希特案（Hitt）中的机关枪是实物证据。在该案中，全案的焦点是未改变性状问题。从希特被捕时枪支被收缴，到检控方专家对该枪进行射击检测，以判断其射速快（因此功能上是机关枪，而非单发来复枪）之间，不可避免地有时间间隔。被告方辩称，在中间这段时间间隔里，这把枪内积累了太多的灰尘导致射速失常。因此，被告方辩称，希特并没有把这把枪改造成速射枪（如机关枪）。因此，这把枪未改变性状，就成为基础铺垫的一部分，需要由检控方予以证明。

3. 通过易于辨别的标记或特征证明同一性

实物证据可由一位感知证人进行辨认，该证人在该诉讼事件发生的某个相关时刻，感知到该物品，并在审判时对其有充分记忆。你可将这种基础铺垫证言想成"当时和现在"或"终端"证言（像一条时间轴的终点）。当然，这是假定该物品足够特别，所以人们能够记住它。可以想象，一起持械抢劫案中的银行柜员，两年后在审判时或许能够比较准确地记得劫匪指着他的枪是什么样子，因而能够合理地在法庭上对其进行辨认。该基础铺垫证人作证，大体上是在说："我当时看见它，我现在在法庭上又看见了它。它是同一把枪。"（法庭上目击证人的辨认，就是一种应用于被告本人的"当时和现在"证言。）

如果某物件是通用（一把枪）或可替换的（总值 1 000 美元的一叠 20 美元面值现金），证人可能无法记住其所有细节；可以想象，一位法官可能认定，一项主张是如此不合理，根据 ESSF 标准，理性的陪审团不可能相信它。这些通用或可替换的物件可以通过以下两种方法之一进行辨认。也许，该通用物件上有特殊标记——例如，某人名字首字母缩写或某种雕刻图案。这实质上就将该通用物件转变为证人能够记住并在法庭上进行辨认的某种更独特的物品。（例如，"那把枪的木枪托上刻着一个骷髅和两根交叉棒骨"。）

通用或可替换物件，还可以通过其被发现时上面附着的商标、数字或标签进行辨认。执法人员的证据收集实际操作，为此要求使用证据标签。在许多案件中，证据标签将足以确立一件通用物品的同一性。例如，参见合众国诉艾布鲁案［United States v. Abreu, 952 F. 2d 1458, 1467 - 1468 (1st Cir. 1992)］（一位毒品探员通过辨认查封时贴在枪上的证据标签，以及他在标签上的签名，充分辨认出一支猎枪正是他在被告寓所查获的那支猎枪）。

4. 通过保管链条证明同一性

保管链条是第二种典型的辨认方法，这种方法通常在展示件属于通用类型且无可辨认特征时使用。物品保管链条各环节，从在犯罪现场被发现至其在法院被出示的整个期间，由经手该证据的所有人组成。依据《联邦证据规则》901 (b) (4)，一个完整的保管链条要求，所有这些经手人的证言，再加上证明该展示件在未被经手处理时存放于一个安全地点的证言。

211

5. 通过保管链条证明未改变性状

保管链条还能证实该展示件未被篡改，处于同其被发现时一样的状态。如果展示件的性状与其同一性同等重要，那么这种证明也许是必需的。在我们已经讨论过的例子中，犯罪现场附近垃圾箱里发现的手枪上据称有被告的指纹。一件由政府方线人从被告处购得的物品被认为是可卡因。完整的保管链条将表明，这些物品被发现之时的状态，在其接受检验乃至在法院展示时，也都是一直存在的。如果这把枪做了指纹检验——或者，如果从被告那里查获的毒品做了化学检验——实验室化学家就成为保管链条的一部分。需要用证据证明，送到实验室的枪具或毒品，就是在犯罪现场发现的那把枪，或从被告处起获的那包毒品，而且自始至终没有被篡改过。

正如杰特诉联邦案［Jeter v. Commonwealth, 607 S. E. 734, 737 - 740 (Va. App. 2005)］所表明的，要证明一条完整的保管链条是件十分困难的事情。一位警探的证言证实，他查封了被告的物品，当即将疑似可卡因封装入一个"干净的塑料袋"；随后，在警察局将其放置于一个密封信封中，在封口处贴上证据胶带，在信封上标明了日期，他名字的缩写及身份号码；将信封交给了法庭科学部授权代理人，由其再交给鉴定部门（DFS）的安全官员，再由该官员将该信封交给实验室分析员。在该分析员对该疑似可卡因进行分析测试期间，该信封一直在其"持续关注和控制"之下。在完成分析后，该分析员再次用证据胶带将信封密封，并在信封上标注其名字的缩写、日期和实验室编号。在审判中，该分析员和警探均对该信封进行了辨认。上述过程证实了保管链条中每一个"重要环节"（vital link），因而能够以"合理的确定性"（reasonable certainty）证明，该证据未被篡改、替换或未被污染过。

依据《联邦证据规则》901 (a) 裁定的案件清楚地表明，为了满足充分性标准，完整的保管链条并非总是必需的。即便需要检验的物品之保管链条存在断裂，法院仍然认为，陪审团能够理性地认定该展示件得到了充分辨认，并仍处于未被改变的状态。"保管链条中某一环节的缺失，并不必然导致证据被排除……反之，'最终问题在于，该鉴真证言是否充分完整到能够说服法官（理性的陪审团不会认为）原始物件已被其他物件调换或已被篡改'"。合众国诉格兰特案［United States v. Grant, 967 F. 2d 81, 82 (2d Cir. 1992)］。在作出这种裁定时，法院惯常会作出有利于政府方的推定，即证据已得到妥善处置。合众国诉格劳森案［United States v. Glawson, 322 Fed. Appx. 957 (11th Cir. 2009)］（在没有相反证据的情况下，审判法官可以假定，警官不会篡改展示件）。

　　这一非正式但习惯性的推定，意味着法院通常会要求，一项证据被篡改的主张必须有特定证据支持，才能对抗政府方的保管链条证明。当这样的证据被提出时，法院可以政府方展示件未能证实保管链条未改变状态为由，裁定排除政府方的展示件。或者，法院可以同时采纳有争议的实物证据和被告方关于该物件性状已遭到改变的证据。被告方可以试图说服陪审团相信，（该实物证据）在本案中没有相关性或证明力。参见合众国诉拉德案［United States v. Ladd, 885 F. 2d 954, 956-957 (1st Cir. 1989)］（同时采纳了来自州犯罪实验室的血样、尿样检验结果，以及辩方马虎草率的实验室检验证据，但排除了由私立实验室为政府方做的血液检验结果）。需要注意的是，随着关于法庭科学证据处理过失或欺诈方面广为人知的报道持续增多，对刑事法庭科学实验室可靠性方面的非正式推定可能会发生动摇。

　　一旦一项实物证据完成鉴真，其依然可能根据《联邦证据规则》403 被法官自由裁量排除。但是，在实践中作为一项传统，法官常将实物证据视为具有高度的证明力，并因此认为其能有效帮助陪审团，就决定案件要素性事实之目的而言，法官有时却对陪审团可从该实物证据里知悉到什么缺乏分析。因此，即便是糟糕的实物，只要其在诉讼事件中有一定的影响，对其的采纳都得到了法院支持。

（二）描绘性证据基础铺垫问题

　　如上所述，"描绘性"证据是我们在本书所使用的一个术语，是指描述、描绘或再现诉讼事件的证据（主要是展示件）。这类证据不包括来自感知证人讲述他们关于诉讼事件直接知识的实际证言。描绘性证据产生了标准的同一性和从未改变性状的基础铺垫问题。此外，一项描绘性证据的相关性，还取决于其所描绘的诉讼事件某个方面的准确性。因此，准确性成为这种证据基础铺垫的部分。

1. 录制品和照片

音频、视频和照片档案本身通常并非是诉讼中的事件，而是对于那些事件的独立记录。虽然它们可能与感知证人的证言一起被提供，但录制品本身不是证言，因为其不是留存在人的记忆中，而是保存在磁带、影带或某些其他介质上。录制品展现了仪器设备所"看到"或"听到"的事情，或许比目击证人的人类误差风险要小。即使合理地存在多位可靠的目击证人，录像带也会提供一个关于发生事件的独立视角，可用作实质性证据。这种影像或声音的录制品，如果经过适当鉴真，可被采纳作为庭外发生事件的实质性证明。

这些录制品的类型和来源可谓多种多样。执法人员对截获的电话交谈进行音频记录。银行、商场、ATM 或别处的自动监控摄像头持续不断地生成视听记录，以期保全关于犯罪的证据，即使不是为了遏制犯罪。警署越来越多地要求其警官们佩戴数码摄像机作为"人体摄像机"，或是挂在警车上，以生成独立的证据记录。当然，个人相机也可能碰巧拍摄到一些事件，最终在诉讼中变得具有相关性。随着越来越多的人携带配备有高品质数码相机的手机，并且随着数码相机越来越便宜、易于使用、拥有更好的录制质量，电子录制证据的可用性只会增加。这些科技发展的影响或许非常巨大。例如，考虑一下 1991 年臭名昭著的殴打罗德尼·金（Rodney King）的令人震惊的录像，这种镜头在当时还极为罕见，相比之下，近来警察过度使用武力的事件却接连被路人用手机相机抓拍到。

2. 对录制品和照片的"现在和当时/终端"基础铺垫

为录制品和静态照片奠定基础，有两种基本的方法。就像实物证据的情况一样，为录制品或照片做基础铺垫，可以通过"现在和当时/终端"证言来完成。这样的基础铺垫具有直接性。一位身处事件现场，感知到实际事件且现在还记得它的感知证人，因此拥有亲身知识，可以展示该事件的照片或录像并作证说，该照片或录像是关于实际发生事件的准确描述。虽然从严格意义上说，《联邦证据规则》并未要求基础铺垫证人要说出具有魔力的词语，但证人常会被问及，该录制品是否为"公正"、"准确"或"真实"的记录，或者是这三个词的组合。这种对录制品准确性的证言，对证实其内容的同一性和未改变状态也是充分的，无须再进行单独或额外的询问。

需要注意的是，此类基础铺垫并不需要摄像者本人出庭作证——即便确有摄影师。此外，向基础铺垫证人展示照片或录像的时机，也是灵活的。其可在法庭上完成，亦可在审判前完成。在后一种情况下，基础铺垫证人可以作证说："两个月前，我看过这个视频，它准确描绘了我记忆中看到的事件。"在这种情况下，或许有必要由另一位基础铺垫证人进一步作证说，该视频现在的性状与上位证人观看它时的完全一样。

3. 对录制品和照片的"过程"作基础铺垫

在没有"当时和现在"证人能够出庭作证的情况下，需要有另一种对录制品和照片进行基础铺垫的方法。在这种情况下，录制品或照片的公正、准确性需要从有关展示其制作和保管过程公正且准确的证言中进行推断。回想一下，保管链条就是维持实物证据同一性和性状不变的过程。当你想要展示某个录制品或某张照片，是对其内容的准确记录，且从未遭损害或"篡改"（doctoring），需要回答什么样的过程问题呢？

你可以传唤摄影师作为基础铺垫证人出庭作证。对于所发生事件而言，作为在镜头后工作的人，摄影师或许是或许不是有用的感知证人：与摄影师本人能够看到或记得的相比，影像记录捕捉到的相关信息可能要多得多。换句话说，摄影师就摄影的过程作证，而我们则依靠设备的技术品质，去推断录制品是对实际发生事件的"公正且准确"的描述。由于摄影师不是"当时和现在"基础铺垫证人，一些保管链条式证言需要补充证实（录制品）性状未发生变化。

当然，对于自动录像设备而言，并没有人类摄影师在记录相关发生的事件。在这种情况下，唯一可以替代"当时和现在"证人的就是"过程"证人，其可以就拍摄过程作证：所使用的设备是什么，相机是如何被设置成自动运行模式的，录制品是如何保存的等。如上所述，在这种情况下，制作和保存录制品或照片的过程的可靠性，便被用作最终产品是对基础事件之"公正且准确"的记录的 ESSF。

4. 技术改变对于录制品和照片基础铺垫的影响

必须出示关于记录设备科技特征的多少证据？录制品的制作是否由人类摄影师完成？判例中有一种普遍趋向，即对新工艺过程生成的记录，需要更多的技术性证据为其奠基；而对较成熟技术的基础铺垫并不需要那么多的技术性证据（这可能主要与法官人性有关，而非证据法学的学理逻辑）。请比较合众国诉斯蒂芬斯案［United States v. Stephens, 202 F. Supp. 2d 1361, 1368 (N. D. Ga. 2002)］（"只要有证人为所使用设备或相机的型号，其在一般情况下的可靠程度，所记录产品的质量，所聚焦的过程或系统整体的可靠程度作证，该设备自动生成的录制品或许便可满足《联邦证据规则》的要求"）与合众国诉哈里斯案［United States v. Harris, 55 M. J. 433, 438 (CAAF 2001)］（"任何对于录音带录制技术一般可靠性的怀疑，已经一去不复返"）。例如，在年代更久的判例中，法院对确保录音带和录像带的准确性采取更为严格的态度，要求对设备操作者的资质、设备工作环境以及无实质性篡改进行证明，（这种证明）通常由该录制品从制作到在法庭出示期间的完整保管链条（完成）。例如，参见合众国诉麦克米伦案 [United States v. McMillan, 508 F. 2d 101, 104 (8th Cir. 1974)] [确立了录制品鉴真的"麦基弗-麦克米伦"(McKeever-McMillan) 七要素检测标准]；合众国诉斯塔克斯案 [United States v. Starks, 515 F. 2d 112, 121 n. 11 (3d Cir. 1975)] （采用了这一标准）。这种对于现已熟知科技的严格基础铺垫要求，已经失势或已遭弃用。例如，参见合众国诉彭斯案 [United States v. Spence, 566 F. App'x 240, 242 - 244 (4th Cir. 2014)] （弃用了"麦基弗-麦克米伦"检测，转而支持简单的准确性展示标准）；合众国诉亨蕾案 [United States v. Henley, 766 F. 3d 893, 912 (8th Cir. 2014)] （将"麦基弗-麦克米伦"检测，仅视作"有益的参考标准"）。一些现在依然有效的判决先例，通过要求检控方提供"清楚且令人信服的证据"，即录音带是"对当事人之间交谈之真实、准确、可信的记录"，从而提高了刑事案件的证明责任，但是，基础铺垫通常不再要求解释技术性录制过程的详细证据。合众国诉艾默生案 [United States v. Emerson, 501 F. 3d 804, 813 - 814 (7th Cir. 2007)]；同理，合众国诉汉密尔顿案 [United States v. Hamilton, 334 F. 3d 170, 186 - 187 (2d Cir. 2003)]。

215　　　　在我们的社会，包括法官们，也许正在逐渐接受数码相机具有准确生成录制品和照片的能力，但同时其副作用也会抵消法院接受对这些展示件进行简易基础铺垫的积极性。具体而言，相关的科技进步会使伪造或篡改电子录制品和照片变得更容易。这会产生一个我们在实物证据中已经遇到的问题，即：就证明未改变性状而言，谁有证明责任，以及什么样的证明责任？多年来，法院的一般趋势一直是在解放基础铺垫证明，允许将有关真实性的争议交由陪审团处理。可以这样说，实际上，用以证明录制品持续完整之最低限度的保管链条，就足以将证明责任转移给对该录制品未改变性状提出质疑的对方当事人。参见人民诉戈德史密斯案 [People v. Goldsmith, 326 P. 3d 239, 248 - 249 (Cal. 2014)] （"我们否决了仅因理论上电子图像证据可被人为操纵，就要对电子图像证据可采性鉴真适用更高证明标准的要求"）；合众国诉哈里斯案 [United States v. Harris, supra, at 440] （虽然"科技使得修改照片成为可能……政府方仅需拿出直接或间接证据表明，存在着该证据是真实的之合理可能性"）；合众国诉斯蒂芬斯案 [United States v. Stephens, 202 F. Supp. 2d at 1369]

（指出同样的技术进步，在使篡改照片变得更容易的同时，又"使我们极大地增强了侦查和揭露这种电子数据篡改的能力"）。然而，判例法充满着变化并具有流动性，你需要对这个问题进行认真研究以确定个案中的基础铺垫要求。参见洛林诉马克尔公司案［Lorraine v. Markel Am. Ins. Co. ，241 F. R. D. 534，544（D. MD. 2007）］（"显然，在电子证据鉴真的问题上，不存在'一招鲜、吃遍天'的做法，在某种程度上，这是由于科技变化太快，许多法官每次遇到的总是一些新问题"）。

5.《联邦证据规则》403 与录制品或照片

有时候，与录制品相关的基础铺垫问题会转化为规则 403 争论。准确性有疑问的录制品或照片，可能产生规则 403 误导陪审团的危险性。当然，描绘可怕事件如人身伤害、犯罪被害人尸检的影像记录，常常遭到以不公正偏见为由的异议。需要记住的要点是，规则 403 异议不同于基础铺垫异议，即便基础铺垫的 ESSF 标准得以满足，依然可以提出规则 403 异议。

6. 示意证据

示意证据再现或描绘与本案诉讼事件相连的人、物件（如未被带入法庭的实物证据）或场景。示意证据的例子，包括模型、图表和绘图。此外，制作时间不同于潜在诉讼事件的录制品或照片，也可被归入示意证据。例如，在一起交通事故发生很久以前或之后拍摄的十字路口照片，可以给陪审团带来现实场景的视觉印象，或演示一天中某个相关时刻的照明条件。这些展示性证据被提供用来说明或解释证人包括专家的证言，并用来显示或总结复杂、卷帙浩繁文件中的重要部分。

一些示意性展示件是对诉讼事件或性状的重构，或事实的概要，专门为诉讼所制作。例子包括，图表、表格或相关数据之类的东西（如根据数百张支票和收据汇总的一页纸支出概览），一张交通事故或犯罪现场的描绘性地图，一张机构组织图，包含某处特定损伤的人体模型，设计上有缺陷的汽车或飞机按比例缩放的模型。在审判中，可以使用电脑生成的动画或模拟，用以向陪审团描绘庭外事件。示意证据往往（但并非必须）完全是提前制成：证人可被要求从头开始绘制，或在一幅预制地图上进行标注，以便说明其证言中的要点。

理论上，至少就案件中的实质性问题而言，这些示意证据不具有独立证明价值。其具有相关性并被允许陪审团查看，是因其对陪审团理解证言、书面和实物证据可以起到辅助作用。这些示意证据通常不得采纳为证据，但其依然需要基础铺垫。必须有一位或多位感知证人提供"当时和现在"证言，以证实 ESSF，即该示意证据是对其所描绘的诉讼事件或性状之"公正且准确"的呈现。当示意证据是通过更复杂的技术过程制作而成时，如电脑动画，则需要有了解该技术并能够谈论该证据是如何创作之人，来提供一些过程证言。法院还要求证明，该示意证据将通过增进相关事件的理解，对事实认定者起到辅助作用。

一些示意证据会采用当庭演示的形式，但不被标记为展示件的有形物。证人或许会被要求从证人席上起立，向陪审团展示他的身体在一场打斗中的姿态，或许会和律师一起进行演示。一位律师为了试图表明诉讼事件的某个距离，或许会以法庭中的人或物为参照。示意证据的提供者，必须在确立法院之外事件和法庭上展示环境和条件之相似性方面，奠定适当的基础。条件不必完全一样，但它们必须足够类似，以便进行公平的比较。在合众国诉加斯克尔案[United States v. Gaskell, 985 F. 2d 1056, 1060 - 1061（11th Cir. 1993）]中，由专家证人所做的关于给 7 个月幼儿造成致命伤害所需施暴强度的演示，被法院认定为不可采。由于橡皮娃娃脖子的硬度、头部重量等方面存在的差异，以及缺乏致幼儿伤害所需震动量方面的证言，对于橡皮娃娃的摇动并不具有实质相似性。

7. 关于照片和录制品的进一步说明

我们已经讨论了作为描绘性证据的录制品和照片的性质，其是对所发生的相关事件的描绘，而非导致案件所发生的事件的内在组成部分。抢银行是一种犯罪，无论监控摄像头是否在视频中抓拍到该过程。该视频是关于"发生了什么"（what happened）的证据，但其并非所发生的事件本身。在这种情况下，该录像或照片就被视为描绘性证据，仅当其公正且准确地描绘了相关事件时，才具有相关性。

但有时候，照片或录制品本身就是导致案件发生的事件链条的一部分。假设一位抢劫案目击证人，从警察局存档的一张面部照片或一系列照片中辨认出被告。审判中，被告声称，警方抓错人了，并想要证明上述照片辨认程序中含有不适当的暗示，以至于该目击证人错误地选择了被告的照片。辨认程序中所使用的照片或照片集合，因此而成为实物证据——其在本次诉讼事件中扮演了特定角色。但在警察局调查过程中，这些照片被展示给目击证人看的方式，必须在法庭上为陪审团进行重新创建。这种重建将成为示意证据。被告的照片可能会有失"公正和准确"——的确如被告声称的那样，其在一定程度上具有误导性。但是，一项法庭重建是示意证据，而且，必须是对警察向证人展示照片之行为的"公正且准确"的描绘。

(三) 书写文件

书写文件常被视作实物和描绘性证据之外的一个独立种类。关于书写文件的归类更多是约定俗成，而非逻辑分类。但这也许是基于一个事实，即书写文件可以有实物证据或描绘性证据的元素，甚至二者兼而有之，并且常会产生受传闻证据规则及其例外支配的问题。一个特定案件中书写文件的相关性，几乎总是源于其内容与诉讼事件之间的逻辑关联，并且在很多情况下，其文字表达为明确这种逻辑联系提供了充分的背景或信息。总体而言，如果书写文件的形成本身就是个相关事件，那便与实物证据相似——如签署一份书面合同，或撰写并出版某种诽谤性言论；如果其相关性形成于对某个相关事件的描述，那便与描绘性证据类似，例如，日记中讲述了一起工作场所骚扰事件；或者，被告被指控正在城市另一端实施抢劫时，其考勤卡却显示其正在上班。

1. 书写文件的基础铺垫

正如任何其他展示件一样，书写文件的基础铺垫取决于，证据提供方如何表明其具有相关性——关于该书写文件为何物的主张。在大多数案例中，关于文件作者之 ESSF，连同本案中关于该文件及其内容的一些具体背景信息，将提供足够的基础铺垫。

如果书写文件涉及谁执行它才具有相关性的行为，例如，合同中的签名，其基础铺垫应该包括，签订合同等与案件事实有关的事项内容，以及 ESSF 即该签名由相关的人签署。目睹了被告在合同上签名的证人，可以基于直接知识就其作证。参见规则 602 和规则 901 (b) (1)。或者，基于熟悉被告笔迹的证人证言 [规则 901 (b) (2)]，或通过对该签名与被告笔迹已知样本的对比 [规则 901 (b) (3)]，该签名可以被认为是被告所为。书写文件的原作者信息，甚至可以通过间接证据予以证明。例如，参见合众国诉汤普森案 [United States v. Thompson, 449 F. 3d 267, 274 (1st Cir. 2006)] (认定被告是该信函作者的 ESSF，因为信函的内容非常符合他当时的情况，并且所陈述的事实也只有他知道)；合众国诉冈萨雷斯—马尔多纳多案 [United States v. Gonzalez-Maldonado, 115 F. 3d 9, 20 (1st Cir. 1997)] (在某人房间内发现的其公文包中的笔记本，与一张身份证在一起，通过该间接证据，该笔记本被充分鉴真为此人的物品)。

2. 描绘性书写文件通常是传闻

如果书写文件具有相关性是因其内容描绘了相关事件，我们对该描绘的公正与准确性会有一定程度的顾虑。但这种情况很可能意味着，该书写文件是传闻——审判之外所作的陈述具有相关性，因为证据提供方主张其所述事实主张为真。在这种情况下，当且仅当其符合一项传闻例外或者豁免时，该书写文件才会被法庭采纳。因为许多传闻例外或豁免的规则本身有准确或可靠性方面的考虑，描绘性书写文件基础铺垫的准确性方面往往会转化为一种传闻分析。尽管如此，可能要求 ESSF 的基础铺垫，即证明其所传达的事实是准确或可靠的。根据文件类型，这可能再次要求某种关于文件作者信息的证明。此外，可能要求作者证明其知晓所描绘之事实的理由。正如我们将在学习传闻例外时所知，这可能只是一个表明 ESSF 的问题，即书写文件的作者，很可能拥有书写文件中所述事项的直接知识。

3. 商业记录

根据规则 901（b）（4），通过信纸抬头的匹配一致的证明，与匹配格式进行的比较，关于机构生成此类记录之日常操作的证言，以及通过保管者关于该商业机构归档或数据检索系统如何运行以及该文件是从某特定文件夹中或以某种特定方式取得的证言，商业机构或其他组织的记录可以从其来源得到鉴真。规则 901（b）（7）为某些特定类型的公共档案或报告提供了鉴真标准。它们"来自专门保管此类物证的机构"* 之证明，可以由保管者的证言，或由该公共机构出具的真实性证书来完成。参见下文规则 902（2）的讨论。

4. 陈年文件

根据规则 902（b）（8），如果一份书写文件超过了 20 年，基于 ESSF，其处于理所当然的存放地点，就将被视作是真实可信的。参见思里德吉尔诉阿姆斯特朗世界工业公司案［Threadgill v. Armstrong World Industries, Inc., 928 F. 2d 1366, 1376（3rd Cir. 1991）］（采纳了一封日期为 1930 年代证明该公司知晓石棉危险性的信件，其最初被收藏于公司地下室，之后又几经辗转于公司多个部门）；以及"其真实性处于不容置疑的状况"。规则 902（b）（8）（A）。最后这个要求涉及对文件的后续篡改，而非制作之初的准确性问题。参见合众国诉德米扬鲁克案［United States v. Demjanjuk, 367 F. 3d 623, 631（6th Cir. 2004）］（关于纳粹文件原始内容准确性的怀疑，"涉及其分量和事实裁判者负责的事项"）。规则 803（16）规定"已制作 20 年或以上，且已得到鉴真的文件"具有可采性，为传闻证据排除规则提供了极其宽泛的"陈年文件"例外。

---

* 此处弃用了英文版第 216 页对《联邦证据规则》901（b）7（B）不准确的引文，而直接援引了规则 901（b）7（B）。——译者注

5. 电子文档

219

近年来，随着电子文档创建与储存的急剧增长，电子文档（俗称"e证据"）越来越多地在民事和刑事诉讼中使用。最为常见的是电脑生成的数据文件、电子邮件、群聊讨论、短信和各种类型的网上留言。上述电子文档的鉴真问题，在原创作者存在争议时，会引发热烈争论。

法院对这些类型的 e 证据进行鉴真的方法，一直处于发展变化中。在一些情况下，法官们寻求与传统书证进行类比，而拒绝去臆断 e 证据的技术准确性问题。在合众国诉萨法万案（United States v. Safavian）中，审判法院评论道：

> 篡改的可能性并不构成对电子邮件排除的依据，也不能因其未经辨认或鉴真而理所当然地予以排除，对电子邮件排除的理由不能比纸质文件（以及纸质文件副本）更加苛刻。我们生活在一个科技与计算机应用的时代，如今电子邮件交流已是这个国家大多数国民平常和常见的事实，在职业领域尤其重要。[435 F. Supp. 2d 36，41（D. D. C. 2006）。]

另参见 CA 公司诉 Simple 公司案 [CA，Inc. v. Simple，Inc.，2009 U. S. Dist. LEXIS 25242，at ＊55－56（E. D. N. Y. 2009）]（"仅仅理论上的可能性"或"臆断""存档的 CD 可能已被更改，这不会致使其不可采"）。在其他案件中，要求为新科技手段进行更精确的基础铺垫，是一个明显的趋势。参见黛弗布罗诉加列戈斯案 [Devbrow v. Gallegos，735 F. 3d 584，586－587（7th Cir. 2013）]（"一方面，间接证据——如电子邮件的上下文、电子邮箱地址或者当事人之前的互动——可能对电子邮件鉴真有帮助；另一方面，鉴真的最直接方法是来自作者本人或目睹作者撰写并发送邮件之人的陈述"）；圣克莱尔诉约翰尼生蚝鲜虾公司案 [St. Clair v. Johnny's Oyster & Shrimp, Inc.，76 F. Supp. 2d 773，775（S. D. Tex. 1999）]（"任何人可以将任何事情发布到网上……法院认为，网络黑客可能在任何时间地点侵入任何一家网站，对其内容进行篡改"）。

当前最有可能的做法是，要求基于诸如以下情况来初步证明作者信息：电子邮件标题、回信地址、账号所有人、网站访问记录、短信源码、文件元数据等。当作者信息受到未经授权访问之可能性、共享账号之类的争议时，法院很可能同时采纳支持和反对基础铺垫的证据，并允许陪审团自行解决该事实性争议。或许，电子文档和传统书写文件的主要区别在于空间，或者是对生成电子交流过程的可靠性之专家证言的需求。

（四）展示件的鉴真与真实性

《联邦证据规则》901 论及证据事项的"鉴真或辨认"。法院与评论者们（以及本书中多处）常用的"鉴真（动词）"或"鉴真（名词）"，基本上是展示件"奠定基础"的同义词。这个词具有一定的误导性，在某种程度上，它表明*220*基础铺垫的唯一或主要关切在于确保展示件是"真的"（genuine），而非伪造品。虽然普通法可能确实高度关注防止使用造假或欺诈性文件，但在《联邦证据规则》中，这些顾虑已让位于对证实证据相关性的广泛重视，并将可信性问题从法官转移到陪审团手中。（我们将在下一节规则 104 做进一步讨论。）尽管如此，几乎没有理由认为，伪造文件或展示件的情况，比虚假证人证言更容易或更普遍。但根据现代证据规则，这些可信性问题已经明确交由陪审团来解决。尽管一份展示件的"真实性"（其非伪造品）在具体情况下可能是一个问题，根据规则 901，这一点可以通过证人就其拥有直接知识的简单描述来证实，并且法院会假定，该证人为达到基础铺垫目的所言为真。"鉴真"一词可能是对旧时学理问题的一种传承，或可能是对实物证据证明要求的一种指代，但它在实际诉讼事件中确实发挥着重要作用。根据现行法律，界定"鉴真"一词的最佳方式，是将其视作为证据"奠定基础"的同义词。

（五）小结：规则 901 基础铺垫的灵活性

我们希望以上讨论已经明确说明，为展示件进行基础铺垫是高度个案化的，并非是基于刚性的规则或教条。并且，《联邦证据规则》的展示件基础铺垫方法，旨在灵活地为千变万化的个案情况提供展示件基础铺垫的充分空间。

你们从《联邦证据规则》901（b）的例证而非封闭式的清单，就可以看出这一点。上述讨论表明，规则 901（b）例证在某些特定场合有用，有时却无用。更重要的是，因为规则 901（b）的例证是泛化的，其倾向于仅在回答关于展示件的一般问题时才有用：这是谁的签名或声音？该展示件是否准确？简明的规则不可能解决高度个案化的基础铺垫问题，例如，"这是被告卖给线人的一包可卡因"。《联邦证据规则》901（a）起草的最终标准非常宽松——该物证是证据提出者所主张之物——《联邦证据规则》起草者们对鉴真的要求是允许灵活适用。请记住，你们对所要求的基础铺垫进行分析的出发点，应当总是要问：为什么这个展示件具有相关性？

要　点

1. 实物证据是在潜在诉讼事件中起着某种作用的有形展示件。除了将实物证据与证据提供方案件理论相连的高度个案化基础铺垫事实，关于实物证据重复性出现的一般基础铺垫问题，通常是指证据的同一性及未改变性状。

2. 独特或可辨别物体的同一性，可由在争议事件发生时看到该物证，且于现在法庭上认得此物证的证人，以"当时和现在"或"终端"证言的方式予以证实。对可替换物或通用物品的同一性认定，可以通过保管链条来完成。当未改变性状成为争点时，保管链条通常是必要的，虽然法院并不总是坚持完整的链条。

3. 描绘性证据描述、描绘或重建诉讼事件。它包括录制品、照片和示意证据。主要的一般基础铺垫问题，是公正、准确描绘基础事件的描绘性证据。

4. 目睹了基础事件的证人，可以提供"当时和现在"证言，来证明该描绘性证据是"公正和准确的"。在缺少此类证人的情况下，公正和准确性将是从描绘性证据制作和保持过程的准确性证言进行的推论。

5. 书写文件可以是实物证据、描绘性证据或二者的结合。一般基础铺垫问题都是关于文件作者的辨认，以及其对所描绘的事件拥有直接知识的可能展示。起到描绘性证据作用的书写文件，很可能是传闻证据。

思考题

4.6. 吉姆·泽尔（Jim Zeal）和斯蒂芬尼·戈尔茨坦（Stephani Goldstein）乘坐一艘帆船——拉斯泰法里号（Rastafari），行驶到佛罗里达州迈阿密市东南约300海里的公海时，被美国海岸警卫队拦截，并受到登船检查。登船警官搜查了船只，发现大量绿叶物质。随后，泽尔和戈尔茨坦被指控共谋向美国进口大麻。

（a）在9个月后的审判中，检控方提供了11张航海图作为证据，这些图上标满了从牙买加首都金斯敦到迈阿密之间计划路线的航海标记，政府方试图以此证明，金斯敦是毒品走私者的一个标准停靠港。检控方声称，海岸警卫队从这艘船上截获了这些航海图，它们对证明非法进口（大麻）共谋具有相关性。为了证实这些海图的真实性，检控方传唤了海岸警卫队队员恩赛因·史密斯（Ensign Smythe），他作证说，由于每张海图上均绘有音乐家鲍勃·马利（Bob Marley）的肖像，他认出这些航海图就是他从船上截获的，然后将其存在海岸警卫队快艇的保险箱里。根据《联邦证据规则》901（b）（1），该证言充分吗？

（b）检察官还想证实，在拉斯泰法里号甲板上发现的绿叶物质是大麻。该检察官计划向一位政府方化学家展示一只装有绿叶物质的袋子——展示件C，让她基于自己的当庭检查作证说，袋子里的物质是大麻。但检控方先让恩赛因·史密斯出庭作证说，他在船上截获了一只装有绿叶物质的袋子，并把它和那些航海图一起放在了海岸警卫队保险箱中，虽然展示件C"可能"就是那只袋子，但他还不能确定。这个证言是否满足了《联邦证据规则》901的要求？如果美国联邦调查局侦探欧文斯（Owens）作证说，他是在FBI证据室的同一只箱子里找到这只袋子和这些航海图，并将它们带到法庭里。充分吗？

4.7. 达雷（Darren）被指控违反联邦法律持有一支未经登记的枪管锯短的猎枪。"持有"被定义为控制或有能力控制武器。在审判中，一位联邦特工作证如下："我对朗达·亚当斯（Rhonda Adams）家进行了合法搜查；我发现达雷睡在主卧；我搜查了主卧，在床底下发现一只黑色公文包；我打开公文包，发现里面放着一支枪管锯短的猎枪。"现在，检控方想要提供一把枪管锯短的猎枪作为证据展示件2。检察官主张，展示件2是在达雷睡房内黑色公文包中发现的枪支。首先，该联邦特工将辨认展示件2是韩国造、枪管锯短且枪托缩短的Shinn A Sipja 12口径猎枪。检控方将向该特工询问什么补充问题，以满足《联邦证据规则》901（a）的要求？请尝试用易于辨认的特征和保管链条这两种方法，来辨认实物证据。

4.8. 在詹森案中，如果检察官要求休斯顿狱警观看一个在审判前制作的送餐口小门模型，为了能把该模型作为展示件采纳为证据，检察官应在基础铺垫过程中询问什么问题？假定，检察官想要展示，两只餐盘无法在送餐口小门模型里同时传递。为什么这具有相关性？做这个演示还需要别的展示件吗？检察官应询问什么问题来为此演示奠定基础？对法官裁定来说，采纳这个模型或允许做这个演示，需要考虑哪些其他因素？

4.9. 回到上文第 150 页思考题 3.5，（a）布罗德柏克的律师，应该如何为足球比赛电视拍摄的视频剪辑奠定适当的基础？被告特拉普是否会就此提出任何异议？（b）法院是否应该准许原告（布罗德柏克）向陪审团演示特拉普击中他脖子所用的力量？他能如何去做这种演示？

4.10. 原告伯奇（Burch），一位非洲裔美国妇女，将其前任雇主，一家位于纽约第五大道的商店告上法庭，理由是她的雇佣协议条款中存在歧视。原告称，作为雇佣协议中的条件，第五大道纽约商店非裔美国雇员被强迫保留她们头发原色，或必须将头发颜色染成深棕色，以便与她们的肤色保持协调。而非裔之外的其他雇员可以随意对头发染色，而不用担心因此而被解雇。在法庭作证期间，伯奇出示了一张声称是她在 Facebook 网站上找到并下载的照片。照片中，第五大道商店白人雇员伊莱恩（Elaine）染着亮红色头发，非其头发本色。该证言是否足以对这张照片进行鉴真？为了确保其被采纳为证据，是否有必要补充其他信息？

六、《联邦证据规则》902

223

规则 902　自我鉴真的证据

下列证据可自我鉴真；其采纳无须提供有关真实性的外部证据：

（1）签名并盖章的国内公文。文件载有：

（A）声称是美利坚合众国；合众国所属任何州、地区、自治地、领地或其所属岛屿；前巴拿马运河区；太平洋群岛托管领地；上述任何实体的政治分区；或者上述所列任何实体的一个部门、机关或官员的印章；以及

（B）声称是签署或见证的签名。

（2）载有签名和批复但未加盖印章的国内公文。没有印章的文件，但如果：

（A）载有规则 902（1）（A）所列机构一位官员或雇员的签名；以及

（B）在同一机构内持有印章并负有官方职责的另一位官员，以加盖印章或同等效力方式，对签名者具有官方身份且该签名为真的认证。

（3）外国公文。

声称由外国法律授权的人签署或见证的文件。该文件必须附有最终认证文件，认证签署人或见证人的签名和官方身份之真实性，或者认证该签名或见证书的真实性，认证有关的任何外国官员的签名和官方身份之真实

性，或者认证该外国官员处于该签名或见证书有关的真实性之认证链条之中。该最终认证可由美国大使馆或公使馆的秘书官，美国总领事、副领事或领事代理人作出，或者由外国委派或授权的驻美国外交或领事官员作出。在所有当事人均被给予调查该文件之真实性和准确性的合理机会的情况下，法院基于正当理由，可以：

（A）在没有最终认证文件的情况下，命令将其推定为真实；或者

（B）无论是否有最终认证文件，允许以一份经见证的概要证明其真实性。

（4）经认证的公共档案复印件。

经下列人员或程序认证为准确无误的官方档案复印件，或公共机关依法律授权记录或存档的文件复印件：

（A）保管者或经授权进行认证的其他人员；或者

（B）符合《联邦证据规则》902（1）、（2）或（3），联邦制定法或最高法院规则规定的认证文件。

（5）官方出版物。声称为公共机关发行的图书、手册或其他出版物。

（6）报纸和期刊。声称为报纸或期刊的印刷品。

（7）贸易标志和类似物。在商务过程中加盖的旨在标明原产地、所有权、控制权的标志、符号、标签或标记。

（8）确认文件。附有公证员或法律授权从事确认业务的其他官员合法签署的确认书文件。

（9）商业票据及有关文件。符合一般商法规定的商业票据、商业票据上的签名及有关文件。

（10）联邦制定法规定的推定。由联邦制定法宣布为推定真实，或者表见真实或真品的签名、文件或任何其他物品。

（11）经认证的国内常规活动档案。

符合规则803（6）（A）—（C）要求的国内档案原件或复印件，通过保管者或者符合联邦制定法或最高法院有关规则的其他适格人员的认证文件，而予以证明。在审判或者听证之前，证据提出者必须就提供该档案的意图，向对方当事人给予合理的书面通知，必须将该档案和认证文件准备就绪以备查阅，从而使对方当事人有对其提出异议的公平机会。

（12）经认证的国外常规活动档案。

在民事案件中，符合以下述方式修订的规则902（11）要求的外国档案原件或复印件：有关认证文件，不必符合联邦制定法或最高法院规则的

要求，但其签署必须在下述条件之下：认证如有不实，该认证文件出具者将在其签署所在国受到刑事处罚。证据提出者还必须遵守规则902（11）的通知要求。

七、规则 902 的解释

《联邦证据规则》902 规定了一连串被视作"自我鉴真"（self-authenticating）的文件。因为其性质、表象或不证自明的独特内容，相对于要获取基础铺垫证人证言所涉及的高度不便与低效而言，它们被认为出现造假或错误识别的风险较低。因此，本规定免除了出具外部证据去证明基础铺垫的某些特定"真实性"方面的需要：展示件的真实性、同一性以及作者来源。

规则 902 并没有谈及免除基础铺垫的具体方面，解释为什么"自我鉴真"的证据与本案是相关的。因此，例如，在一起酒驾事故案中，原告寻求提出六个贴有"Duff 啤酒"标签的空酒瓶。根据规则 902（7），酒瓶的标签本身即为表明瓶里曾装有该标签所示容量和酒精浓度（并由 Duff 啤酒公司生产）的啤酒的 ESSF。无须提供证人，就这些事实作证。但是，为什么这些空罐具有相关性呢？自我鉴真对于展示件的帮助作用仅此而已；我们依然需要基础铺垫证人作证，这些空罐是在事故发生后很短时间内从被告汽车后座发现的，被发现时虽然空空如也却是湿润的，带有很浓的啤酒残味。只有这样，我们或许才有 ESSF 对这些是被告在事故发生前短时间里喝掉的啤酒罐作出认定。

某些种类的公文和公共档案是通过正式程序制作的，这就引出一个归纳概括，即该文件本身及上面的签名很可能是真的。正规格式，诸如印章或《联邦证据规则》902（1）-（4）以及（8）所要求的认证陈述，表明某人已对真实性问题给予过关注。《联邦证据规则》902（1）的自我鉴真，要求文件上盖有官方印章，而不仅是复印件。合众国诉汉普顿案［United States v. Hampton, 464 F. 3d 687, 689 (7th Cir. 2006)］。基于相似的理由，对签名的公证并不能满足《联邦证据规则》902（3）的要求；最终认证是必需的。根据《联邦证据规则》902（4），只要伴有适当的认证书，询证存录、法院记录、公共报告、通知、评估，以及联邦税息支付信息，都可以自我鉴真。根据《联邦证据规则》902（5），官方印刷的出版物、手册、指南、法规和官方网站上公布的文件都可以自我鉴真，无须另外证明。

各种类型的书写文件，只从其表面来看，就可以得出一个它们具有真实性

225

的概括，因为其极难伪造。举例说，可以更可靠地推断，《联邦证据规则》902（5）-（7）以及（9）所定义的文书来自其看上去的出处。施佩希特诉谷歌公司案［Specht v. Google，Inc.，785 F. Supp. 2d 570（N. D. Ill. 2010）］（福布斯网站的新闻故事，并不可按照杂志标准自动地自我鉴真；印刷系列出版物涉及的劳力和支出使得伪造十分困难，但网页打印输出并不具有同等的真实可靠度）。然而，这条规则的合理性已受到削弱："现代科技的发展（计算机、扫描仪、印刷软件和互联网端口）使伪造品……的制造变得更加容易了。"赖特和戈尔德：《联邦惯例与诉讼：证据》［Wright & Gold，Federal Practice and Procedure：Evidence § 7140（2000）］。根据《联邦证据规则》902（7），贸易标志和类似物——苹果电脑上的"便携式 Macintosh"标识、"马来西亚制造"标记——通常被视为对其所附着物件以及自身真实性的证明。存在分歧的是，含有公司标识的用户手册或电子文档（如电子邮件讯息）是否可以视为自我鉴真。

　　《联邦证据规则》902（11）和（12）在规则 803（6）业务档案传闻规则例外中被提及，这些条款旨在简化对业务档案的鉴真，从而取代关于在法庭上提供保管者或其他在场证人的书面声明要求。法院判定，认证书制作者无须对具体业务档案的内容拥有亲身知识，但必须对该文档如何制作和保存拥有知识。一个悬而未决的问题是，书面声明是否必须包含支持《联邦证据规则》803（6）每一项要求的细节信息——比如，档案是"根据常规操作程序"制作的——或者，该声明是否可以简单地重复这一结论。判例法对此没有统一的权威说法，但绝大多数已公布的法院判例，似乎都表达了一种对所要求事项逐字复述的偏好。诉讼一方打算使用的规则 902（11）、（12）通知以及档案本身，都必须提供给对方，以便其审核并提出潜在挑战。如果书面声明中仅作结论性陈述，那么，对潜在具体事实进行证据开示的责任就落在了对方肩上。

　　正如联邦证据规则起草咨询委员会对《联邦证据规则》902 的注释所阐明的，根据规则 902 对某份文件的采纳，不是对其真实性的最终决定。这并不妨碍诉讼对方提供关于该文件为假或上面的签名系伪造的证明。自我鉴真也没有解决在自我鉴真文件中所报告的信息之来源和准确性的问题。例如，针对报纸和期刊中包含的不可采的传闻陈述或专家意见，仍然可以提出异议。

> **要　点**
>
> 1.《联邦证据规则》902 规定，某些展示件可以仅通过其外观得到鉴真，而不需要基础铺垫证人的证言。在这里，鉴真是指提供展示件的真实性、一般同一性以及作者。对方仍然可以对这些"自我鉴真"的展示件的真实性进行争辩。
>
> 2. 依然需要有基础铺垫证人提供证明该展示件为何具有相关性的充分事实。

思考题

4.11. 在一起由操作铣床致伤的雇员提起的人身伤害诉讼中，雇主试图证明其机器制造年份。其提供了该机器的序列号，以及展示件 C——一份由机械经销商全国协会出版的"金属加工机械设备序列号参考书，第 11 版"摘录。该摘录包括书的封面，扉页，以及第 114-115 页；后者包含了看似 1950—1977 年间每年桥港（Bridgeport）铣床机械的设备序列号。该雇主主张，这份摘录可以根据《联邦证据规则》902（6）作为期刊自我鉴真，因为它由该协会每 5 年出版更新一次。结果如何？

第三节　《联邦证据规则》104 初始事实问题

《联邦证据规则》104 确立了法官和陪审团在决定证据规则适用之事实问题上，各自的裁决角色。在决定特定证据规则如何适用于某个具体情形时，总需要提到案件的一个或多个事实，这自然提出一个问题：审判中的两个裁决者——法官或陪审团——哪一个来决定事实是什么？简而言之，规则 104（a）告诉我们，涉及相关性证据排除规则适用的事实问题，由法官裁定。规则 104（b）告诉我们，涉及相关性与预备性问题的事实问题——证据提供方为使证据被采纳必须完成的肯定性门槛证明（affirmative threshold showing）——最终由陪审团决定。法官仅对事实进行筛查，确保存在足以支持一项陪审团认定的证据。

227

一、《联邦证据规则》104

规则 104　预备性问题

（a）通则。

法院必须就证人是否适格、特免权是否存在或证据是否可采的任何预备性问题作出决定。在作出这种决定时，法院不受证据规则束缚，但有关特免权的规则除外。

（b）取决于某个事实的相关性。

当证据的相关性取决于某个事实是否存在时，必须提供足以支持认定该事实确实存在的证明。法院可以在后续提供该证明的条件下，采纳所提出的证据。

（c）安排让陪审团无法听到听审。

在下列情况下，法院对预备性问题的任何听审不得让陪审团听见：

（1）涉及供认可采性的听审；

（2）刑事案件被告本人是证人，并提出了上述请求；或者

（3）为正义所要求。

（d）刑事案件中对被告的交叉询问。

刑事案件被告并不因其就预备性问题作证，而在本案其他问题上受到交叉询问。

（e）与分量和可信性相关的证据。

本规则不限制当事人在陪审团面前提出与其他证据的分量或可信性相关的证据的权利。

二、《联邦证据规则》104（a）的解释

审判法官在决定采纳或排除一项证据之前，必须先回答一个或多个预备性问题。这些预备性问题包括：法律问题、事实问题和需要用自由裁量权进行裁量的问题。基于对我们诉讼体系的基本理解，法律和自由裁量权的问题交由法官而非陪审团来决定。陪审团是"事实的审理者"。总体而言，《联邦证据规则》104（a）是对"预备性问题"的规定，关于法官/陪审团职责划分唯一需要澄清的是预备性事实问题。

228　　　总体而言，规则 104（a）字面上似乎规定了所有这些预备性问题均由法院来决定："法院必须就……证据是否可采的任何预备性问题作出决定"。但规则

104（b）所述这项一般规则之例外的广度和性质，明确了规则 104（a）所关注的，是根据各种相关证据排除规则［诸如规则 403、传闻证据规则和规则 104（a）明确提及的特免权规则］的相关证据可采性问题。规则 104（b）区分并涵盖了那些决定证据是否具有相关性的事实问题，并规定陪审团是这些问题的最终裁决者。根据规则 104（b），法官的角色是，决定是否有预备性事实存在的 ESSF。

规则 104（a）还赋予法官对"关于证人是否适格……的任何预备性问题"的控制权。该术语被理解为指专家证人资格（第九章有讨论），以及关于个人证人作证能力方面极其有限范围内的司法决定权。参见规则 601。重要的是理解，规则 104（a）的这段语言并不意味着，其包括某个证人是否拥有直接知识的预备性事实问题。规则 602 明确规定了该问题属于陪审团决定的问题，受制于法官根据 ESSF 标准进行的筛查。

1. 依据《联邦证据规则》104（a）的司法事实认定

许多证据规则的适用，要求法官依据规则 104（a）先认定预备性事实问题。举例说，一项传闻陈述是否符合众多传闻例外规定之一，将取决于某些特定事实：该陈述是否在"激愤压力"下所作出？规则 803（2）；或者，该商业记录"是否在日常经营活动中所制作"？规则 803（6）（B）等等。律师—委托人作证特免权的适用要求确定的预备性事实问题是，这种交流的确是在律师—委托人关系存续期间进行的。

《联邦证据规则》104（a）规定，有关这种证据排除规则适用的预备性事实问题，应由法院裁定，但它并未包含一个明确的证明标准。联邦最高法院判定，法官应依据《联邦证据规则》104（a），在民事和刑事案件中均以"优势证据"标准来裁定预备性事实问题。伯杰利诉合众国案［Bourjaily v. United States，483 U. S. 171，175（1987）］。

> 证据在其满足了包含特定法律和政策决定的证据规则之技术性要求时，才被置于陪审团面前。（可采性）调查……并不涉及证据提出者依法会赢得还是输掉案子的问题，而是能否满足证据规则的规定。优势证据标准确保法院将在采纳证据之前作出认定，即《联邦证据规则》对技术性问题和政策性考虑（之必要的事实），比不可能更可能得到了解决。（上引案例。）

伯杰利案裁决意味着，主张一项证据排除规则（或其例外）的当事人，必须承担一项说服法官的责任，即适用该规则所必需的所有事实都已具备。参见合众国诉米切尔案［United States v. Mitchell, 365 F. 3d 215, 240（3d Cir. 2004)］［根据伯杰利案裁决，"规则 104（a）将证明责任施加于主张传闻例外的证据提出者"］。

229　　　　根据规则 104（a），主张方当事人必须举证实际说服法官，预备性事实的真实存在比不可能更可能。在作出这种裁定时，法官扮演着事实认定者的角色：他解决事实性争议、决定该赋予证据多大权重，并确定证人的可信性。根据规则 104（a），除特免权规则外，法官不受其他证据规则的束缚。这意味着，法官可以考虑本不可采的证据，如传闻证据。正如我们将在第八章中所看到的，这也意味着，法官可以考虑所提出的证据本身的内容，即使其未被采纳。如果法官在预备性事实问题上未被说服，就不会以支持寻求该规则适用的当事人的方式，去适用该规则。

2. 依据《联邦证据规则》104（a）的裁决过程

规则 104（a）的事实认定，通常是由对所提供证据的异议或审前证据排除动议触发的。当证据裁定取决于早前审判中已出示的预备性事实时，双方当事人可以直接进行法律辩论。但是，当证据裁定取决于之前审判中未出示的预备性事实，或当事人双方有争议的预备性事实时，双方可以向法官出示该事实争点的证据。该证据可由律师们以口头方式提供证明（参见第二章关于规则 103 的讨论），也可以通过询问证人来出示实际的证据。

当这种证据出示是在陪审团面前进行时，常见的做法是举行陪审团不在场的小型听审。参见规则 104（c）。原因应该是显而易见的。该事实调查是要决定某项证据是否应该被采纳——呈现给陪审团。一旦法官最终决定排除该证据，陪审团起初听到过该证据就会成为一个问题。指示陪审团无视不可采的证据，效果并不理想。此外，规则 104（a）明确规定，预备性事实可基于不可采的证据——陪审团可能不应该听到的证据——加以证明。因此，规则 104（a）事实认定不在陪审团面前进行有很好的理由——可以在法官席前，或陪审团不在法庭的时候进行。规则 104（c）明确规定关于预备性事实的听审应在陪审团缺席时进行，在绝大多数情况下，是否举行上述听审是留给法官自由裁量决定的问题。（子项 1、2 和 3 规定，该听审必须在陪审团缺席的情况下举行。）

一旦法官已经就预备性事实问题作出裁定，陪审团不会重新去决定该预备性问题。陪审团也从来不会被告知法官所认定的预备性事实。但有时候，由法官作出的预备性事实裁定，与陪审团必须决定的案件各要件之间会发生重叠。例如，如果法官根据规则 104（a）认定共谋存在，那么，合谋者的陈述就能无视传闻异议而被采纳。但是，如果其中一项刑事指控是被告参与了同一场共谋，由法官所作出的这个认定，将被视为对陪审团没有约束力（甚至不告诉陪审团）。陪审团将完全自由地去决定检控方是否已经证明了争议中共谋的存在。

230

要　点

1.《联邦证据规则》104（a）告诉我们，决定排除相关证据之规则适用的事实问题，是由法官作出裁定。规则104（b）告诉我们，决定相关性与预备性问题的事实问题，最终由陪审团决定。

2. 在根据《联邦证据规则》104（a）决定预备性事实问题时，法官本人必须被优势证据说服，即有确保该规则适用的事实。法官裁定证人可信性、权衡证据并解决事实争议问题。法官可以考虑不可采的事项。法官在裁定规则104（a）的事实是否已被证实时，也可以考虑受到异议的证据本身。

3. 主张一项证据排除规则或其例外规定而受益的当事人一方，对于证明该事实确保该规则的适用，负有举证责任和说服责任。

4. 在法官根据《联邦证据规则》104（a）对预备性问题作出裁定后，法官可以采纳也可以排除该证据。法官并不通知陪审团有关预备性问题的裁定。如果一项证据已被采纳，对方仍可尝试对该证据提出质疑，但陪审团并不重新决定预备性问题。

三、《联邦证据规则》104（b）的解释

《联邦证据规则》104（b）规定：

> 取决于某个事实的相关性。当证据的相关性取决于某个事实是否存在时，必须提供足以支持认定该事实确实存在的证明。法院可以在后续提供该证明的条件下，采纳所提出的证据。

乍一看，这条规则可能显得很怪。所有证据的相关性不都取决于某一事实或某些事实的存在吗？显然，这条规则的制定是用来应对一种具体情况，或许可以改写为这样："当一项证据的相关性取决于某个缺失的事实，如果证据提供方提出足以支持一项认定的证据表明该缺失的事实为真时，该证据将被视为具有相关性。"此处，在我们对该规则的重新措辞中，"缺失的事实"（missing facts），或该规则中的实际用词"某个事实是否存在"，是指在审判中尚未提出并得到 ESSF 支持的事实。

规则 104（b）或许因此可被称为"缺失事实规则"。但是，即便用这个简化的名称，我们或许还是会疑惑这样的问题，即："某项证据的相关性缺失一个事实是什么意思？"幸运的是，我们已经见到并分析过这个问题。

正如上文与规则 901 相联的讨论，一项证据的基础铺垫是由证明该证据具有相关性所需的全部事实构成——就是说，要证明所提供的证据与证据提供方案件理论之间的逻辑联系。我们已经看到，规则 901 规定了这种作为 ESSF 的基础铺垫概念，即某项证据是证据提供方所主张之物。我们讨论过规则 901 关于展示件——所提供作为证据的有形物——的规定，但规则 901 的实际用语表述为任何"一项证据"（item of evidence）。规则 901 中的"一项证据"仅限于展示件，这合理吗？"一项"（item）这个词本身并非必然指有形物；字典里也将"一项"定义为"一条信息"。因此，关于某个或某些事实的证言可以构成一项证据。无论是从理论上还是从字面上，《联邦证据规则》并未说，证人证言可以某种方式免于 ESSF 要求，即那些证言是证据提出者所主张之事。反之，要求可采性证据必须具有相关性的理论，有其相反含义。因此，对规则 901 的最佳理解，很可能是超越展示件，而将其也适用于证言性证据。

规则 104（b）确认了完整的基础铺垫是对所有证据的要求，包括那些完全以证言陈述的证据。换句话说，规则 104（b）告诉我们，一般来说该如何处理不完整的证据铺垫问题。当完整的基础铺垫中缺失某个事实时，该项证据还不具有相关性。规则 104（b）具体告诉我们三件事情。第一，规则 104（b）要求，缺失的事实本身必须被提供在证据中，以便理性的陪审团能够认定其为真实——该缺失事实的 ESSF。第二，规则 104（b）明确认可，审判法官有权附条件地采纳基础铺垫不完整的证据，即以提交后续证据的方式来完成基础铺垫。第三，规则 104（b）分配了法官和陪审团在这种事实认定中的职责。

规则 104（b）的内涵还有更深的含义。正如我们将会看到的，规则 104（b）隐含了一项适用于所有证据的关于基础铺垫的宽泛原则。但是，只有当一方当事人所提供的证据中缺少某个必要事实时，规则 104（b）"问题"或异议才会出现。

附条件相关性注释

规则 104（b）有时被称为"附条件相关性"（conditional relevance）规则。这是因为在重塑之前，该规则的先前版本称其为"附条件于某个事实的相关性"。我们现在称为"缺失的事实"，过去被称作"附条件的事实"或"事实条件"。一方面，重要的是要理解，"附条件相关性"指的是规则 104（b）；另一方面，理解该短语具有误导性也很重要。它不仅未能追踪当前的立法语言

（已用"取决于一个事实"取代了"事实条件"的短语），又错误地暗示了附条件相关性是相关性的一种特殊情况。事实上，规则 104（b）是一个适用于所有证据的一般原则：任何相关性都取决于其他事实。只是它是仅当一个或更多其他事实缺失时才会出现的一个问题。换句话说，仅当证据有完整的基础铺垫时，它才可能具有相关性。

（一）相关性取决于"某个事实是否存在"：规则 104（b）作为一般基础铺垫要求

我们已经知道，如果所提供的一项证据要具有相关性，关于该证据的某些特定事实必须很可能为真。这个啤酒罐之所以具有相关性，仅因它是一罐在交通事故发生前不久被原告喝掉的啤酒。这袋白色粉末之所以具有相关性，仅因其含有可卡因，并由被告兜售给政府方线人。理性的陪审团必须有充分的证据相信，关于该项证据的这些事实很可能是真的——这就是我们用 ESSF 所指的意思；否则，该展示件不具有相关性。这个理念是在规则 901 的语言中表达的，要求证据提出者"提出足以支持一项认定的证据，即该物件系证据提出者所主张之物"。

联邦证据规则起草咨询委员会使用了一个例子来予以说明："一封据称来自 Y 的信，被用作证实 Y 所作供认的依据，它并没有证明价值，除非 Y 写了它，或授权写了它。"这很可能是为规则 901 而作的说明，但事实上，这段陈述被发现于联邦证据规则起草咨询委员会规则 104（b）注释中。"没有证明价值"，当然意味着不相关。如果陪审团的结论是这封信并非 Y 所写，就不能认为这封信的内容是对 Y 不利的供认。显然，足以支持一项认定的证据，即 Y 写了这封信，将是为这封信做基础铺垫的一个常规部分；这是规则 901（b）（2）和（3）的例子列举笔迹鉴真的目的之一。基础性事实——Y 写了这封信——亦是这封信的相关性所依据的事实条件。规则 901（a）和 104（b）都要求，由足以支持一项这种认定的证据，来证实这个事实条件。法院和学者们已经注意到，在这个意义上，展示件的基础铺垫或规则 901，是规则 104（b）所表达的"取决于某个事实的相关性"概念的"一种特殊情况"。

考虑一下如下涉及一项证言而非展示件的假设案例。在一起交通事故案中，原告的案件理论是由于被告疏忽大意未能保持其车辆处于安全状态，从而造成了事故发生：具体而言，她（被告）的刹车出了问题，尽管已接到了存在问题的通知，却一直未去修理。为了证明对被告的通知，原告提供了一家更换机油的连锁经营店（奎克润滑油）的技师的证言。该技师将作证称，被告将她

232

的车开来做例行机油更换。在更换机油的过程中，技师认为他注意到了一个可能的刹车问题，但认为他缺少设备和专业知识来确认自己的怀疑。

1　问：你告诉被告，她的车可能存在刹车问题了吗？

2　答：我只能诚实地告诉你。我现在记不清了。我想我是这么做的，

3　　　但我看过很多汽车，有些车的车况比另一些车要好。无论如何，

4　　　我只负责更换机油。

此时，被告对上述整句证言提出了异议，辩称其不具有相关性，除非有证据表明该技师告诉了被告，他怀疑她的汽车刹车坏了。这个异议是有道理的。这项证言的"主张"是，其表明被告注意到她的汽车刹车有问题，且实体法将要求她作进一步咨询（把车送到能检查刹车系统的专业人员处）。被告是否实际上被告知其刹车的问题，是这"项"证据中缺失的事实。没有这个缺失的事实，奎克润滑油的故事就没有相关性。用规则 104（b）的语言说，我们发现这里的问题是，"证据的相关性"（在此，技师关于"刹车坏了"的证言）"取决于某个事实是否存在"（技师实际上告诉过被告刹车坏了）。这就启动了规则 104（b）的适用，它要求"足以支持该事实确实存在的证明"　[规则 104（b）]；参见赫德尔斯顿诉合众国案案 [Huddleston v. United States，485 U. S. 681（1988）]。换句话说，必须有 ESSF 表明，该技师告诉过被告刹车的问题。

（二）附条件可采性

在上述"刹车故障"的假设案例中，我们能够看到，证据不仅是技师的证言，还是关于某人发现一个刹车问题并将其告知被告的事实性主张。如同早前可卡因包裹的例子中要求三位证人来完成基础铺垫那样，这里，技师通过他本人的证言无法提供完整的证据铺垫。

就该技师证言可采性的问题而言，一个可能的解决办法是我们在规则 901 和展示件问题上已经讨论过的：根据附条件可采性原则，或装配原则，原告可以请求该技师的证言被附条件采纳，条件是提交证明该信息为被告所听到的补充证据。或许其他证人（如技师的同事或其他客户）记得听到过该技师告诉了被告："我认为，你的刹车可能坏了。"或许被告本人记得此事，并将承认有过这样的交谈。或许还有关于该对话的间接证据：一位证人或许作证称，大致在被告逗留在汽修店里的那段时间，他无意中听到，奎克润滑油的技师告诉一位未曾谋面的顾客，他/她该检查刹车了。

《联邦证据规则》104（b）明确规定："法院可以在后续提供该（缺失事实）证明的条件下，采纳所提出的证据。"附条件可采性的机制因此包括临时性采纳一项证据，并在必要情况下控制证明的顺序。规则 104（b）的问题由法官裁定，其方式与规则 602 和 901 规定的其他证据铺垫相同。法官裁定，证据提供方是否已出示了 ESSF，表明缺失的事实为真。参见赫德尔斯顿诉合众国案［Huddleston v. United States，485 U. S. at 690］［"法院只是裁定，陪审团是否能合理地认定该（缺失的）事实"］。如果提出附条件采纳一项证据的当事人提供了这种 ESSF，该证据最终将被采纳，且最终将由陪审团成员来决定该证据是否与其裁决具有相关性。另一方面，如果该证据提供方未能就缺失的事实提供所要求的必要证明，该附条件采纳的证据就应该被排除，且陪审团将从法官那里得到指示：无视该证据的存在。[①]

四、实践中的《联邦证据规则》104（b）

234

规则 104（b）所表达的基础铺垫概念，适用于所有证据。每一项证据的相关性至少都取决于一些其他事实。这难道意味着审判陷入了令人绝望的规则 104（b）异议、听审以及对每一项证据都要单独进行陪审团认定的泥潭了吗？对此，回答是：不、不、不。

在实践中，规则 104（b）项下仅会产生相当少的问题和异议。［这反映在如下事实中，即相对于其他证据问题而言，仅有极少数公布的案例属于预备性事实问题，而依据《联邦证据规则》104（b）正式作出裁定。］尽管基础铺垫要求无所不在，规则 104（b）明确表达的却是一个规制缺失基础铺垫证据的规则。因此，只有在所提供的证据缺失基础铺垫事实时，规则 104（b）问题才会产生。一场普通审判提出的数百项证据（展示件和证言性事实）中，若能见到几个缺失事实的问题就足以令人惊奇了。在本节其余部分，我们将简略考察规则 104（b）异议反复出现的情形，以及那些异议是如何形成和解决的。

1. 依据规则 104（b）的异议

规则 104（b）异议产生于如下情况发生之时，即当所提供的一项证据似乎不相关，但若有更多信息就可能潜在地具有相关性时。对这种异议而言，并

---

① 在《联邦证据规则》104（b）基础铺垫语境之外，还存在证据或许会被附条件采纳，即证据提出者提供补充证明的其他情况。例如，当法官根据规则 403 进行证明价值与危险性的平衡检验时，在案件的补充证据被提出之前，该证据的完整证明价值、其危险性的完整测量或许是不明朗的。

没有特别要求的形式或说法。反对方当事人或许可以简单辩称，所提供的证据不相关；或可以亮出更完整的观点，即该证据因为缺少一个或多个特定事实而不相关。反对方当事人可以援引规则 104（b）甚或相关性规则，《联邦证据规则》401/402。

对这种异议有几种可能的解决办法，这取决于审判中发生的具体情况。第一，如我们所见，证据提供方可以请求附条件地采纳所提出证据，条件是通过为一个或多个缺失的事实提供 ESSF 来进行装配。

第二，很可能所称缺失的事实已在审判记录中了。那么，证据提供方可能只需提醒法官和对方律师注意先前已被采纳的证据。本章前面讨论过的《好人寥寥》（*A Few Good Men*）的例子中，汤姆·克鲁兹为两名被指控杀人的海军陆战队军人辩护，提供了被害人壁柜中物品的证据。该证据表面上似乎不相关，但当被告律师指出，检控方的案件理论包含这样的主张，即被害人二等兵圣地亚哥已被下令离开营地，但在其飞机预计飞离前几小时内被杀害。二等兵圣地亚哥壁柜里保留的衣物证据表明，他都还没开始收拾行李，这可以支持以下推论，即他事实上并未被下令离开营地。证据看似不相关直至被告律师指出一处明显缺失，但之前已经提出的事实——按照推测，圣地亚哥已经被下令离开营地了——使得该证据具有了相关性。（注意：通过使得一个要素性事实变得更有可能或更无可能，证据具有相关性。参见规则 401。）

第三，可能的是，法官或许只是忽略了证据铺垫的不完整性，而免除了附条件可采性的形式要求，因为显而易见的是，缺失的事实在证据提供方的案件理论或开审陈述中已有承诺。我们讨论过依据规则 901 与所提供的展示件有关的被忽略的证据铺垫问题。同样的问题涉及规则 104（b）的言词证据。假设在一起合同违约案中，原告提出的第一项证据，是原告描述其本人与被告之间某份口头协议的证言。从严格意义上说，若没有其遭受被告违约的"事实"，该合同便不具有相关性。完整的证据铺垫并非是"这是一份原、被告之间的合同"，而应该是"这是一份遭被告违约的与原告的合同"。然而，对方律师和法官都不可能坚持该合同证言应"附条件采纳"，前提是有 ESSF 表明该合同遭受违约。为什么？因为原告的诉求就是要极力证明该合同遭到违约。很可能在开审陈述已经亮明的原告的案件理论，已承诺有 ESSF 证明合同的确遭受违约。如果的确没有足以支持一项违约认定的证据，法官就会作出对原告不利的据法判决（judgment as a matter of law），甚至在审判前，根据简易判决（summary judgment）动议而作出这种判决。在这种情况下，适用附条件的可采性，在诉讼各方看来就像是多余的形式。

2. 视为缺失事实的不充分概括

对于规则 104（b）异议，还有第四种可能的解决办法。证据提供方或许可以试图辩称，在没有所谓缺失事实的情况下，证据仍具有相关性。这种论点的本质在于说，缺失事实可以被推论所取代。在上述假设案例中，Kwik Lube 技师无法记得，他究竟是否曾告诉过被告，她的汽车可能有刹车问题。但是，原告律师或许可以辩称，所谓的缺失事实可以从技师的证言中推断出来。考虑以下相关性链条（见图 4 - 1）：

证据 ⟶	要素性事实 ⟶	要素性事实（要件）
技师看到了可能的刹车问题。	技师告诉了被告可能的刹车问题。	被告得到了刹车检查问题的通知。

图 4 - 1

原告律师会辩称，基于对世事的如下概括，即看到刹车有问题的机油更换技师很可能会将其告知自己的客户，第一步推论便可得出。正如第三章所讨论的，一个相关性链条总是依赖于关于世界的常识概括来对审判中出示的证据进行推论。这里，该链条中有争议的环节发生在证据和第一个要素性事实之间。令这个推论产生争议的是这个概括：机油更换技师很可能会向客户报告可疑的刹车问题，这是常识吗？更准确地说，一个理性的陪审团能够相信此概括很可能是真的吗？上述相关性的争论将激活这个问题。

这个例子说明了一种规则 104（b）问题模式。每当有争议的不充分概括（一个虚弱、失实或非常识性事项）引发相关性争论时，法官可以要求用实际的证据来替代该概括。不充分的概括实际上成为相关性所依据的一个缺失事实，根据规则 104（b），这种缺失的事实必须由 ESSF 来证明。

证据提供方以可采的证据来替换不充分的概括有两种方法。第一种方法是提供具体个案证据。具体证明机油更换技师关于被告刹车的观测已被传达给被告的证据，应该足以证实该缺失事实。因此，它取代了也许成问题的概括，即机油更换技师通常会提醒其客户。

第二种方法是提供专家证言。有时候概括将不是一个常识，在这种情况下，证明它的唯一方式可能就是通过专家证言。这将在第九章进一步讨论。

3.《联邦证据规则》104（b）项下法官和陪审团的职能

规则 104（b）问题，是由法官根据规则 602 和 901，以和其他基础铺垫问题同样的方式来裁定的。法官确定证据提供方是否已经出示了 ESSF，表明该项证据是证据提出者所主张之证据。证据可以在陪审团面前出示，或根据规则103 的"提供证明"（offer of proof），在法官席会议上进行总结。法官可以允许双方都提出证据，甚至依据规则 104（c）在陪审团不在场的情况下举行一场听证。对这个问题的任何证据出示（或总结），都应该具有可采性，以便用于评议。但在筛查这个证据的充分性时，法官不得考虑证人的可信性。充分性标准（ESSF）要问的是一个理性的陪审团能否以优势证据标准认定，证据提供方是否证明了自己的证据主张。赫德尔斯顿诉合众国案［Huddleston v. United States，485 U. S. 681，690（1988）］。法官不会问他本人是否已被该证据性主张可能为真所说服。相反，"法院仅……决定陪审团是否能够合理地认定该（缺失的）事实"。赫德尔斯顿案（Huddleston，485 U. S. at 690）重申，这与民事简易判决标准类似。

正如上面讨论所暗示的，法官有四个裁定选项：（1）通过认定缺失的事实已被 ESSF 证明，而采纳该证据；（2）通过认定一个理性的陪审团能够依据有争议的概括来推断缺失的事实，而采纳该证据；（3）附条件地采纳该证据，稍后进行关联；（4）由于未能证明缺失的事实 ESSF，以不相关为由排除该证据。

如果证据被附条件采纳而成为证据，之后证据提供方却未能提供缺失事实的 ESSF，那么，在那个时刻，法官可以指示陪审团无视该证据。法官可以那种方式来实现可采性的条件。根据对方当事人的请求，法官也可指示陪审团，一项证据仅仅被附条件采纳，稍后再通知陪审团该条件是否得到了满足。如同其他基础铺垫问题一样，即便证据被采纳，对方当事人依然可以提出该缺失事实不真实的证据，并可向陪审团辩称，缺少该缺失事实的那个证据是不相关的，应该被无视。

最后，陪审团无须就规则 104（b）情境中的缺失事实是否已被证明到其满意的程度，作出明确、具体的认定。所谓陪审团"认定"纯属假设。正如美国最高法院在赫德尔斯顿案中所述："法院仅……决定陪审团是否**能够**合理地认定（缺失的）事实。"（485 U. S. at 690）（黑体字为本书作者所加）。ESSF 要求所针对的是当事人和法官，以确保证据足以支持一项缺失事实已在法庭出示的认定。如果陪审团最终决定相信所提供证据的基础铺垫已经完成——因为缺失的事实已被证明（如技师确实告诉过被告她的刹车坏了）——那么，陪审团将对该项证据的完整性与该案的其他证据一起考量。如果陪审团没有被已得到证明的缺失事实所说服，那么，在评议期间权衡所有的证据分量时，只要无视或忽视该项证据（例如：技师未报告其对刹车问题的怀疑）就行了。如果陪审团认为，一位或多位证人在讲述警告过被告刹车坏了的故事的某个要点上说了谎，陪审团将对证据那个部分的可信性打上折扣。

五、区分规则 104（a）与 104（b）的理论依据

谨慎保持《联邦证据规则》104（a）与 104（b）的区别，具有重要的理由。规则 104（a）问题，主要是根据证据法诸多政策性排除规则之一来排除相关证据。[②] 启动某项排除规则或令某项所提供的证据符合某项排除规则例外的事实，可由不可采的证据来证明。因为规则 104（a）问题所处理的是可排除的相关证据，所以，被考虑的证据在逻辑上能被用于针对反对其采纳的当事人，即使政策理由要求将其从证据中排除出去。如果该证据最终被排除，允许陪审团听到一个其可采性正处于激辩之中的证据，可能给对方当事人的权利造成损害。这种情况，即给陪审团作出一项要求其无视自己所听到的证据的指示，对于对方当事人来说简直起不到什么安慰作用。这就是律师们通常说的，"无法收回敲出去的钟声"。从理论上说，法官受过训练并能自觉去无视自己所听到的不可采的事项，而陪审团无疑很难做到这样。

相比之下，规则 104（b）问题，以及其他基础铺垫问题是，如果预备性事实得不到证明，所提供的证据就是不相关的。在大多数情况下，即便陪审团听到了最终被认为不相关的证据，也是微不足道的或是没有损害的。证据不具有相关性意味着，其不具有逻辑上的证明价值；因为相关性是个常识性概念，人们相信陪审团能够运用其逻辑和常识，而无视其相关性取决于被证明为不真实的所谓事实。此外，规则 104（b）的事实条件，与规则 901 或规则 602 的基础铺垫一样，必须只能基于可采的证据。基于这些理由，规则 104（b）情境的不公平偏见风险要低很多。*238*

将预备性事实问题分为法官负责的规则 104（a）问题和陪审团负责的规则 104（b）问题，是联邦证据法的一项重大改革。它旨在解放证据的采纳问题，保证陪审团在解决事实争议和可信性问题上发挥更有效的作用，并降低法官严控当事人双方出示其案情的能力。在《联邦证据规则》颁布前，法官通常假定自己有权依据优势证据标准，或在一些问题上甚至依据更高的"清楚且令人信服"标准，来裁定所有预备性事实问题。标准较低的规则 104（b）至少

[②]　专家证言的基础铺垫问题被视为一个规则 104（a）问题，因此是这一点的例外情况。参见第九章。

在一定程度上保护了陪审团在事实认定中的权力，同时，给予了当事人更多的自由空间并保留了陪审团的职能。如果由规则 602（亲身知识）和规则 901（鉴真和辨认）所产生的预备性问题，均由法官根据规则 104（a）优势证据标准来裁定；那么，"陪审团作为事实裁判者的职能就会遭到极大的限制，在一些情况下甚至遭到摧毁。这些是对陪审团适当的问题"。联邦证据规则起草咨询委员会规则 104 注释（Advisory Committee Notes to FRE 104）。因此，保持规则 104（a）和 104（b）的区别，有助于《联邦证据规则》总体目标的实现：通过解放相关证据的采纳来推动理性裁决。

239

要　点

1.《联邦证据规则》104（b）事实问题，事关决定相关性和基础铺垫。规则 104（b）规定，当所提出的证据之相关性取决于一项缺失的事实时，证据提供方必须还要出示 ESSF，以表明该缺失事实为真。相对于规则 602 和 901 更具体的证据类型而言，这是基础铺垫要求适用的通用版本。

2. 仅在一个对于证明所提供的证据之相关性有必要的事实缺失时，《联邦证据规则》104（b）异议才产生。若事实的缺失是因其尚未被 ESSF 所证明，取决于该缺失事实的证据可以被附条件地采纳，条件是在后续阶段证明（"装配"）该缺失事实很可能为真。

3. 双方当事人可以出示有关《联邦证据规则》104（b）"事实性条件"问题的证据，而法官必须以优势证据标准，裁定是否有 ESSF 支持理性的陪审团认定该缺失事实为真。在这一裁定过程中，法官只能考虑对于陪审团具有可采性的证据。与规则 104（a）不同的是，法官不会去权衡证据的分量、解决事实争议或考虑证人的可信性。如果该证据被采纳，对方仍可向陪审团出示对于证伪该缺失事实具有相关性的证据。陪审团将该预备性事实作为其最终裁决的一部分进行裁决。

4. 当法官对所提供证据的相关性推论链条中的概括之疑进行裁定时，有时候就会产生《联邦证据规则》104（b）"缺失的事实"问题。

5.《联邦证据规则》104（a）/（b）之分，将所提供证据之相关性中潜在的所有事实争议和证人可信性问题的决定权保留给陪审团，维护了陪审团的事实认定角色。

思考题

4.12. 回到思考题 4.4，合众国诉雷案（United States v. Ray）。展示件 1 和展示件 2 已被采纳为证据。展示件 3 是展示件 1 的复印件。在其左上角载有手写的姓名首字母缩写"BR"。通过访谈贝斯·巴克，政府方调查员获得了以下信息：

> 自 2005 年起，我便担任伯纳德·雷先生的行政秘书。我按照以下方式处理雷先生的信件，包括专人送达文件。每个工作日，我分别在上午 10 点，下午 1 点 30 分和 4 点左右，将来信和其他邮递文件放入雷先生办公桌上的"来件"箱内。每天上午 8 点 30 分，我会从雷先生的"待发"箱中取出所有文件，检查并确信已签上姓名缩写，然后再将其放入雷先生的文件夹内。雷先生总是阅读并在邮件和其他文件上签署姓名缩写，并将其放进"待发"箱。为了回应联邦调查员的请求，2015 年 9 月 1 日上午，我在雷先生标有"通信—安德鲁斯"文件夹中发现了展示件 3。我认出"BR"缩写签名是雷先生的笔迹。

检控方提供展示件 3 作为证据证明，在 2015 年 3 月 16 日出售其手中股份之前，雷阅读了展示件 3。对于采纳这份备忘录，是否有规则 104（b）异议？这份备忘录的存在是否有争论，是否没有足以应对这个异议的证据？巴克的这份证言，将足以证明任何缺失的事实吗？审判法院该做什么？

4.13. 原告试图证明被告方石棉公司（AI）——一家石棉防火材料生产商，在将产品出售给原告前，已知或应该知道石棉产品的危害。AI 对原告未给予警示，因而负有责任。AI 在 1970 年 9 月将石棉材料出售给原告。原告手中唯一能证明被告知道这种材料有危害的证据，是在 AI 负责人办公室文件柜中找到的一份 5 页纸的警告石棉有危害的文件（未标明日期），该文件散落在一堆互无关联且未标日期的文件中。该文件柜上的标签是"1969—1972"。该文件应被采纳为对 AI 不利的证据吗？

4.14. 林斯特姆（Lindstrom）被指控持有并销售两箱盗窃的智能手机。知道这些手机为盗窃品是该犯罪的要件之一，而林斯特姆对此持有异议。为了证明明知，检控方提供了两位证人——一家商店的店主和一位 FBI 卧底探员——的证言，证言中林斯特姆以可疑的低价将电视机和厨房用具卖给他们且没有销售账单。毫无疑问，这几起其他事件，几乎与本起被

240

指控的智能手机销售案发生在同一时间。检控方称，林斯特姆同时销售显然是盗窃而来的电视机和家电，令人更有理由相信他明知这些智能手机是偷来的。林斯特姆主张，他并不知道那些电视机和家电是盗窃品，他反驳说，除非审判法院以优势证据标准作出一项预备性事实认定，即那些物品都是偷窃品，否则，这些电视机和厨房用具买卖事件的证据不得被采纳。法院该如何裁定？

六、规则 104（b）反思：是否存在附条件相关性的"问题"？

数年前，一些评论者对规则 104（b）提出了批评，称该规定——在当时称为"附条件相关性"规则——会破坏审判的效率。"暂停一场审判而去处理〔规则 104（b）〕争论，决定哪个要点应当被首先证明，获得一个证明某些其他要点的承诺，评价证明的充足性，乃至指示陪审团，都将把审判活动搞得混乱不堪，把每个人搞得稀里糊涂，并把律师和法官们搞得无所适从。"克里斯托弗·S. 马勒和莱尔德·C. 柯克帕特里克：《证据法》〔Christopher B. Mueller & Laird C. Kirkpatrick, Evidence § 1.13 (2d ed. 1999)〕；另见：沃恩·C. 鲍尔：《附条件相关性的神话》〔Vaughn C. Ball, The Myth of Conditional Relevancy, 14 Ga. L. Rev. 435，445 - 454 (1980)〕〔担忧要就每一个《联邦证据规则》104（b）问题必须作出单独、明确的陪审团认定〕。然而事实上，相对来说很少有公布出来的规则 104（b）案例，这证明了以上担忧并非来自实践。而且，对频繁且令人困惑的规则 104（b）问题之陪审团认定的担忧，从一开始就源于对该规则的一个误解：如上文所述，这种陪审团认定纯粹是假设性的，而实际上唯一要求作出的认定，是一个由法官对任何有争议的基础铺垫问题所必须作出的认定。

一个更为持久的批评认为，《联邦证据规则》104（b）的 ESSF 标准，看似是比《联邦证据规则》401 所述"任何趋向性"标准更高的标准，且二者不一致。这些批评称，因为所提供的所有证据都需要额外事实将其与当前案件联结起来，规则 104（b）异议便可以在任何时候对所提供的任何证据提出。根据这些批评，仅需偶尔将一项相关性异议落脚在规则 104（b），就能将一项相关性立论从宽松的规则 401/402 相关性规则中清除掉，这说明相关性并不取决于充分性。只要一项证据使得另一相关事实更有可能，它便具有相关性，并且不需要证明它使另一事实很可能为真（ESSF/优势证据标准）。参见鲍尔上文

(Ball, supra)；罗纳德·J. 艾伦：《附条件相关性的神话》[Ronald J. Allen, The Myth of Conditional Relevancy, 25 Loyola L. A. L. Rev. 871 (1992)]；戴尔·A. 南希：《附条件相关性再释》[Dale A. Nance, Conditional Relevance Reinterpreted, 70 B. U. L. Rev. 447, 459 - 462 (1990)]；理查德·弗里德曼：《附条件的证明力：没有迷思的新古典主义》[Richard Friedman, Conditional Probative Value：Neoclassicism Without Myth, 93 Mich. L. Rev. 439, 449 (1994)]。

这场论争之最持久的版本是由本书共同作者之一所为。参见艾伦上文：《附条件相关性的神话》(Allen, The Myth of Conditional Relevancy)。另一位共同作者不同意该观点。参见大卫·S. 施瓦茨：《证据法基础理论》[David S. Schwartz, A Foundation Theory of Evidence, 100 Geo. L. Rev. 95 (2011)]。按照施瓦茨的观点，附条件相关性的批评者们混淆了两件不同的事情。诚然，相关证据仅需使另一事实略微更有可能，而非使其很可能为真。但为了拥有相关性品质，证据本身必须基于很可能为真的事实。使得一项证据具有相关性的一揽子事实（其基础铺垫），必须有 ESSF 来支撑。因此，施瓦茨认为，规则 104（b）为了使证据具有相关性而要求一项缺失事实必须很有可能为真，这与规则 401 是一致的。一旦基础铺垫完成，所提供的证据仅需有微小的趋向性，便可使另一事实更有可能。

241

思考题

4.15. 克里斯托夫（Kristof）被指控犯有一级凶杀罪，涉嫌预谋杀害他的叔叔马克斯（Max）。马克斯死于一起沉船事故，当时船上唯一在场的另一个人就是克里斯托夫。检控方的案件理论是，克里斯托夫有在经济上获利的动机：具体而言，马克斯死前两个月重写了他的遗嘱，添加了克里斯托夫作为继承人。该遗嘱的早前版本，是将马克斯的遗产平均分给他的两个孩子——皮特（Peter）和洛克珊娜（Roxana）；修改后的遗嘱是平均分为三份分给皮特、洛克珊娜和克里斯托夫。在他的抗辩中，克里斯托夫辩称，马克斯的死是意外。就遗嘱而言，克里斯托夫声称他完全不知道自己的名字被添加进去了。检控方将修改后的遗嘱提供作为证据，但没有任何证据表明，克里斯托夫知道该遗嘱的存在或内容。被告方律师提出异议，指出在没有 ESSF 表明克里斯托夫知晓该遗嘱的情况下，该遗嘱对于确立

（杀人）动机而言，没有相关性。（检控方除了提出动机没有其他相关性理论。）检控方辩称，该遗嘱的存在本身，就会增加克里斯托夫有（杀人）动机的可能性，因而具有相关性。

法院该如何裁定？请考虑以下几个次要问题：遗嘱的存在使得动机的存在具有可能性吗？如果不是，检察官不是仅仅在请陪审团去推测一个可能的动机吗？与没有任何遗嘱证据相比，仅仅金钱上获益动机的可能性（通过遗嘱），就会增加克里斯托夫谋杀他叔叔的可能性吗？请注意，即便有 ESSF 表明克里斯托夫知晓这份遗嘱且因此很可能有动机，动机证据也只有微小的证明价值。会从他人之死获益的人里，很少有人实际上会去杀死那个人；这里，皮特和洛克珊娜坐收的利益与克里斯托夫的是一样的，但他们并未受到指控。

第四节　最佳证据规则

所谓最佳证据规则，对当事人提供作为证据的文件（"书写文件、录制品或照片"）要求出示原件或精确副本——至少在原件可以获得且所提供的文件证明了其内容的情况下。该规则的理论很简单：当书写文件、录制品或照片被提供用以证明那些包含在其内容中的事实时，原件很可能要比不精确的复制件或对原件的描述更可靠。如果原件的缺失可以得到解释或有正当理由，则这一提供原件的要求可以免除，有关其内容的"其他"或"二手"证据可以被采纳。最佳证据"规则"实际上是一组复杂的《联邦证据规则》条文：规则 1001－1008。

最佳证据规则（BER）是一种相关证据排除规则：它排除的是，当一份书写文件、录制品或照片的原件可以且应该被提供时，却代之以任何形式（证言或展示件）的"其他证据"。它并未具体规定，对于某项证据相关性的证实，必须肯定地加以证明。因此，最佳证据规则区别于像规则 901、规则 104（b）和规则 602 那样的基础铺垫规则。但为了一种编排上的便利，我们将最佳证据规则纳入本章，因为它与提供展示件作为证据的基础铺垫问题密切相关。

我们还注意到，该规则的名字具有误导性。它并非是字面上所要求的要出示"最佳"形式的证据，如最可靠或最有说服力的，或者当事人最容易获得的证据。的确，在很多情况下，原始文件并非是最可靠或最有说服力的证据，但能满足本条规则的唯一途径仍然是出具原始文件。更一般地说，在《联邦证据规则》的任何地方，从来没有要求过证据提出者要提供最佳可获得的证据去证明一个要点：一般来说，一方当事人可以用任何可采的证据来证明其案件，无论是否可以获得任何更好的证据。但一些学者建议将本条规则重新命名为更明确的"原件规则"，并未受到人们追捧。

一、《联邦证据规则》1001－1008

规则 1001　下列定义适用于本章 *

在本章中：

（a）"书写文件"包括以任何形式记下的字母、文字、数字或者其等效物。

（b）"录制品"包括以任何方式录制的字母、文字、数字或者其等效物。

（c）"照片"是指以任何形式存储的摄影图像或者其等效物。

（d）书写文件或者录制品的"原件"是指，该书写文件或者录制品本身，或者其签发者或发行者旨在使其具有同等效力的任何复制件。对于电子存储信息而言，"原件"是指准确反映该信息的任何打印输出，或者其他凭视觉可读的输出。照片的"原件"包括底片或者底片的打印件。

（e）"副本"是指通过机械、影像、化学、电子或者其他等效过程或技术，制成的准确再造该原件的复制件（counterpart）。

规则 1002　原件要求

为了证明其内容，书写文件、录制品或照片要求提供原件，本证据规则或者联邦制定法另有规定的除外。

规则 1003　副本的可采性

副本与原件具有同等程度的可采性，除非对原件真实性产生了真正的怀疑，或者出现采纳该副本而造成不公正的情况。

规则 1004　其他内容证据的可采性

下列情况下，书写文件、录制品或照片内容的其他证据具有可采性，并不要求出示原件：

＊ RULE 1001 Definitions That Apply to This Article，这里将"article"译为"章"，是指规则 1001－1008 属于第十章书写文件、录制品和照片的内容。《联邦证据规则》共分 11 章 68 条：第一章"一般规定"，包括规则 101－106；第二章"司法认知"，包括规则 201；第三章"民事诉讼中的推定"，包括规则 301－302；第四章"相关性及其限度"，包括规则 401－415；第五章"作证特免权"，包括规则 501－502；第六章"证人"，包括规则 601－615；第七章"意见和专家证言"，包括规则 701－706；第八章"传闻证据"，包括规则 801－807；第九章"鉴真和辨认"，包括规则 901－903；第十章"书写文件、录制品和照片的内容"，包括规则 1001－1008；第十一章"其他规则"，包括规则 1101－1103。——译者注

（a）所有原件已经丢失或者被损毁，且并非因证据提出者恶意为之；

（b）通过任何可用的司法程序都无法获得原件；

（c）原件内容与之不利的当事人对原件拥有控制；该当事人届时已通过诉状或者其他方式得到通知，知悉该原件在审判或听审中将是证明对象；但未能在审判或听审中提供该原件；或者

（d）书写文件、录制品或照片与支配性问题没有密切关系。

规则 1005　用于证明内容的公共档案复印件

在符合下列条件的情况下，证据提出者可以使用复印件证明官方档案的内容，或者公共机构依法律授权记录或者存档文件的内容；该档案或者文件自身具有可采性；根据规则 902（4），该复印件已被认证为正确，或者由将其与原件做过比对的证人作证其为正确。如经合理努力，不能得到这种复印件，则证据提出者可以使用其他证据来证明该内容。

规则 1006　用于证明内容的概要

证据提出者可以使用概要、图表或者算式，证明不便在法庭上进行审查的卷帙浩繁的书写文件、录制品或照片的内容。证据提出者必须将原件或者副本准备就绪，以供其他当事人在合理的时间和地点进行审查和/或复制。法院可以命令证据提出者将它们在法院出示。

规则 1007　当事人用于证明内容的证言或陈述

证据提出者可以使用所提供证据与之不利的当事人的证言、询证存录或者书面陈述，来证明书写文件、录制品或者照片的内容。证据提出者无须提供原件。

规则 1008　法院和陪审团的职能

通常情况下，法院根据规则 1004 或 1005，裁定证据提出者是否已满足采纳书写文件、录制品或照片内容之其他证据的事实条件。但是，在陪审团审判中，陪审团根据规则 104（b）决定下列问题：

（a）所称书写文件、录制品或者照片是否曾经存在；

（b）在审判或听审中提供的另一份书写文件、录制品或照片是否为原件；或者

（c）关于内容的其他证据是否准确地反映了该内容。

二、最佳证据规则的解释

1. 基本规则

《联邦证据规则》1002 和 1003 规定了最佳证据规则（BER）的基本原则：

当证据提出者要证明书写文件、录制品或照片的内容时，需要提供原件。一份精确的副本（如复印件）可被用于代替原件，前提是没有理由怀疑该副本的准确性。规则 1002 说，该规则仅适用于"书写文件、录制品或照片"。这些术语在规则 1001 中均有定义。为方便起见，在讨论中我们将时而使用"文件"（document）一词来代替"书写文件、录制品或照片"的说法。

2. 例外规定

规则 1004 通过列出主要的例外，对最佳证据规则的含义作了进一步解释。如果出于原件丢失或损毁、遭对方当事人扣留或通过司法程序无法获得等原因，证据提供方无法获得原件，那么，有关原件内容的"其他证据"便具有可采性。但若原件的丢失或损毁是证据提供方恶意为之，这个例外规定便不可用。最后，当书写文件、录制品或照片"与支配性问题没有密切关系"时，并不要求原件。

符合最佳证据规则的一项例外意味着什么？换句话说，"证明一份书写文件、录制品或照片的内容"并不要求出示"原件（或精确副本）"是指什么？它意味着，该文件的内容可以通过"其他证据"得到证明。

3. 关于内容的其他证据

规则 1004 所称关于"内容的其他证据"，是指一份文件的视觉描绘、文字性描述或总结，而非精确副本。最常见的，根据 BER 会引起异议的其他证据，包括证人的文字性描述。例如，一位证人可能说："我读过那份合同，其大致是说，被告承诺就我所提供的服务付给我 50 000 美元。""我看过那段视频，它显示了一位警官用警棍殴打了原告。"这两个例子均为对一份文件内容的文字性描述。它们是关于文件内容的"其他证据"——而不是向陪审团证明该书写文件、录制品或照片本身的"其他方式"。

文字性描述并非是被禁止的"证明"（本质上是向事实认定者传达）一份文件内容的唯一方式。当事人可能提供一幅试图重现某张照片的素描。一位律师的秘书或许听了一份原始录音，并在电脑上逐字输入形成一份笔录。该笔录仍是该原始录音带内容的"其他证据"。确实，即便该笔录比录音带"更好"：或许原录音的质量很差，而该笔录确实百分百准确，且比播放录音带更为方便；它也仍然是该录音带内容的"其他证据"，且当该录音带可以获得时，不得被采纳为证据。该规则最终并非一定要求字面上"最佳"的证据，这里便是一个例子。

4. 为了证明其内容

按其条款，BER 适用于书写文件、录制品或照片被提供用于"为了证明其内容"之时。事实上，一份书写文件、录制品或照片，因其包含的某些内容与本案具有相关性，几乎总是被提出作为证据。如果证据提供方坚持书面的、录制的或照片性展示件的内容具有相关性，那么，根据本规则的含义，该展示件便是被提供用于"证明其内容"。因此，每当一份文件可以用来证明一个要点时，BER 便可适用。问题接着演变为，当这样一份文件可获得时，BER 何时会阻止该内容的"其他证据"？对回答这个问题进行的分析，大概是 BER 最难的方面。我们在下一节对其进行讨论。

三、证据何时被提供用于"证明一份文件的内容"？

最佳证据规则适用于何时？当事人一方在试图证明一项事实时若不使用任何相关文档证据，BER 便没有任何影响。另一方面，当事人一方试图提出一份原始文件（或精确副本）证明某个事实时，严格地说就受到 BER 规制，但当事人对原件或副本的使用若符合该规则，便无须去解释或争论该规则。

因此，关于 BER 的解释性问题和争论，仅出现在当一份文件可能被用于证明一项事实的存在（或曾经存在），而一方当事人却寻求通过"其他证据"来证明该相同要点时。那么，该问题就变为，该当事人事实上是否正试图证明该文件的"内容"。如果对此问题的回答是肯定的，那么 BER 就适用；而如果任何一项例外（规则 1004、1006 和 1007）均不适用，那么，BER 就将禁止"其他证据"的使用。证据是否被提供用于证明一份文件内容的问题，大概对 BER 来说是最具有挑战性的概念。我们将试图在本节对其进行剖析。

思考这个问题的最佳方式，是广泛区分涉及文档证据的两种情况。在第一种情况中（我们称其为"类型 1"），一份书写文件、录制品或照片的内容，在案件中是具有独立法律重要性的事实。在第二种情况中（"类型 2"），目标在于证明一个潜在的事件，其本身并非一份书写文件、录制品或照片。但是，可能存在对那个事件进行描述的文档（书面的、录制的或影像的）证据。在类型 1 情况下，最佳证据规则总是适用的。在类型 2 情况下，最佳证据规则只适用于当事人依赖文档证据证明该潜在事件的范围；但并不禁止当事人不用该文档而用其他证据证明该潜在事件。

类型 1：文件内容具有独立的法律重要性

在一些情况下，书写文件、录制品或照片的内容具有独立的法律重要性。一个常见的例子就是书面合同。这样的书写文件内容本身就具有相关性，并具有独立的法律重要性：它是创造法律强制性义务之承诺交换的体现。其他法律文书（诸如遗嘱）的条款，同样在法律上具有重要意义。一份文件还有可能构成一项犯罪或侵权。例如，诽谤就是印刷并发布对原告声誉造成损害的虚假陈述。这本身也是体现在书写文件中的相关事件。如果注意或明知是案件的争议点，那么，载有提请注意或承认明知的文件的内容就很可能是一个相关事件。

换言之，在上述每一个例子中，书写文件、录制品或照片都是相关事实的来源。在这种情况下，为了使相关事实被记录在案，文件的内容必须以某种必要的方式被证明。在这种情况下，最佳证据规则总是适用的。

其内容具有独立法律重要性的文件，还有另外两个特征或许能够帮助人们识别其属于这一类型。其一，在以上所举的例子中，书写文件和录制品都是"非传闻"陈述，作为有法律效力的事实或者就其对听者（或观者）的影响来说具有相关性，我们将在下文第八章对此进行讨论。它们的相关性并非在于其内容包含了有关事实的真实断言，而在于其显示了意图或意见，或者其对听者或读者所产生的特定影响。其二，这些文件是"实物"而非"描绘性"证据，如上文关于与规则 901 关系的讨论。它们在诉讼事件中发挥着一定作用，而非仅仅对相关事件的简单记录或描绘。

类型 2：可被用于证明某个潜在事件的文件

书写文件、录制品和照片也可以作为具有相关性的证据，是因为其提供了发生了什么的记录。但是，当证据提出者使用感知证人去证明所发生事件时，并不要求该证据提出者另行提出那个事件的记录版本。

在这些情况下，潜在事件的发生虽然独立于书写文件、录制品或照片，却在这些文件中被记录下来或作了描述。在这种情况下，该书写文件、录制品或照片是描绘性的证据（与实物证据形成对照）。最佳证据规则仅适用于那些依赖书写文件、录制品或照片来证明潜在事件的证据。所提供的其他并不依赖书写文件、录制品或照片媒介去证明潜在事件的证据，并不受 BER 影响。即便存在描绘同一潜在事件的书写文件、录制品或照片，也不妨碍关于该潜在事件的"其他证据"，如证言、视觉重建之类的形式——只要其他证据并非源自对该书写文件、录制品或照片的查看。证人的证言是被用来证明事件，而非一份记录的内容。"虽然说视频记录有时是所发生事件的实际上'最佳的'证据，但这并未使关于事件的直接证言失效。"杰克姆诉山姆公司案 [Jackim v. Sam's E., Inc., 378 Fed. Appx. 556, 565 – 566 (6th Cir. 2010)]。

一个"类型 2"的例子

有一个例子可以很清楚地说明这一点。假设在一起警察过度使用武力的案件中，有多名目击证人看到一位警官用警棍殴打一位毫无抵抗的嫌疑人。除目击证人外，一位路人用手机拍摄了这起事件的视频。原告提供了其中一位目击证人描述整起事件的证言。接着，该原告又提供了这位路人补强目击证人的证言。在直接询问中，该路人承认："我并没有实际看到这起事件，因为我当时的注意力都集中在我的手机上，将摄像头对准警官和原告。因为当时太阳光很强，所以我在拍摄时无法看到屏幕上的显示。但在事后，我观看了我录的这段视频，并在视频中看到了整个事件。这就是所发生的情况……"

最佳证据规则如何适用于这两位证人的证言呢？第一位证人只是在基于直接知识对相关目击证人证言进行介绍，符合规则 602。这个证言无可异议。即便碰巧有一份关于该事件的视频，BER 也不适用于该目击证人证言，因为该目击证人并非在证明该视频的内容：他是在证明自己亲眼所见。即使该视频也被提供作为证据，上述分析也不会改变——证人还是可以就其亲眼所见作证。即使该目击证人同时还作为基础铺垫证人来介绍这段视频——通过提供"当时和现在"的证言，说该视频是对其所见之公正且准确的描绘，上述分析也依然不会改变。在这种情况下，该目击证人依然是在就其亲眼所见提供第一手资料，加之为介绍该视频原件（或副本）提供基础铺垫证言。由于该视频原件已被提供，它符合最佳证据规则的要求。该目击证人并没有做的是，试图以描述该视频的内容取代他自己的直接感知。作证称该视频是对所发生之事的公正且准确的描绘，并非 BER "其他内容证据"的含义。

但是，那位路人的证言确实会触发并违反最佳证据规则。该路人并非在描述自己所见的过度使用武力事件，而是在描述该视频播映的东西。虽然原告提出该路人证言的终极目标是证明该潜在过度使用武力事件，但在这里——与目击证人证言不同——该路人证言只是通过证明该视频的内容来达到这个目的。该路人的证言依赖于该视频，而非自己对潜在事件的直接知识。该路人关于其在视频中所见的描述，即 BER 所指录制品的"其他证据"。但如果该录制品本身可获得，BER 便禁止使用录制品的"其他证据"。与其让该路人就其在视频中所见的事情作证，原告不如将该视频本身提供作为证据。

"类型 2"的情形：文件与其他证据同时被许可

最后需要明确的是，若有一位或多位目击了潜在事件的证人**以及**有一份记录了该事件的文件，二者均可被提供作为证据。唯一的限制是，证人不得概述或描述该文件的内容。

四、最佳证据规则：定义和例外

（一）定义

1. 书写文件、录制品或照片

《联邦证据规则》1001 中书写文件、录制品和照片的定义比较宽泛，并且很可能是要传达对这些事物的常识性理解。该定义适用存在的争议之处，可参见该规则重塑前的版本。例如，视频是"录制品"或"照片"（或二者的结合）吗？之前的规则明确界定"照片"包括"静态照片、X 光片、录像带和电影"。请记住，该重塑并非要改变任何规则的实质内容。语言上的主要区别在于，从过去各种技术之罗列，转化为一个意在涵盖书写文件、录制品或照片制作技术变化的宽泛定义。

2. 原件与副本

一份文件的"原件"除了该词的直观含义，还有特定添加因素：电子文档的准确打印输出或照片底片的打印件（或底片本身），都属于原件。意在与原件具有同等效力的"副本"二者（或全部）被视为原件。例如，一个常被遵循的合同范式是，印制两份载有签名栏的相同合同；每一方当事人在两份文本上签名，因此每一方均持有一份载有原始（而非复印）签名的合同。根据规则1001（d），这两份合同均被视为原件。

副本是通过自动化技术过程复制原件的准确拷贝，如复印。规则1001（e）。［如梅尔维尔的小说《誊写员巴特比》（Melville's "Bartleby, the Scrivener"）中，由法律秘书亲手复写法律文件的日子已一去不复返。］根据现代最佳证据规则，手抄本被视为"其他证据"。根据规则1003，一个副本可以用于代替原件，除非存在实际的理由去质疑其准确性或者出于某种原因使用副本代替原件会造成不公正。只要内容上是准确的复制，副本无须采用和原件相同的技术形式：例如，一份原本录制于磁带中的音频数字化增强版录音，或该音频的 CD 版本，都符合副本的定义。（法院或许会要求一些基础铺垫类型的证言，来证实该拷贝的准确性。）

3. 物体上的标记并非书写文件

根据《联邦证据规则》1002，物体上的标记通常不被视为"书写文件"，最佳证据规则并不适用。法院对于是否该将这种物体作为书写文件拥有自由裁量权，取决于对具体标记的需要程度，该标记的简单或复杂，以及举证的难易程度。可以推测，这个原则适用于显示街道名称或交通指示的路牌。一位证人可以作证，看到过一块停车标志，或由于看到显示路名的标牌而知道自己所处的位置，无须在法庭上提供那些标志原件。

（二）例外

书写文件、录制品或照片内容的其他证据，在《联邦证据规则》1004、1006 和 1007 规定的情形中允许采纳。

1. 规则 1004：原件难以获得

BER 最常见的例外，出现于证据提供方难以获得原件之时。规则 1004（a）规定，如果原件"已经丢失或者被损毁，且并非因证据提出者恶意为之"，则用于证明原件内容的其他证据具有可采性。根据《联邦证据规则》1004（a），原件的丢失或损毁，可以由具有亲身知识的证人证言或者证据提出者已经做了合理勤勉的努力去寻找原件却不成功的间接证据来加以说明。证据提出者无须以绝对确定性来解释原件到底下落如何，但有责任证明其缺失或损毁不是恶意为之。例如，参见尼特·维特诉密密织公司案［Knit With v. Knitting Fever, Inc., 742 F. Supp. 2d 568, 586（E. D. Pa. 2010）］；塞勒诉卢卡斯影片公司案［Seiler v. Lucasfilm, 613 F. Supp. 1253, 1260（N. D. Cal. 1984）aff'd, 808 F. 2d 1316（9th Cir. 1986）］。文件的过失损毁被判定为不足以证实恶意。同理，基于一项文件保管政策或惯例，作为常规清理的文件销毁一般不会被视为恶意。参见克罗斯诉合众国案［Cross v. United States, 149 F. 3d 1190（10th Cir. 1998）］（过失损毁）；合众国诉巴尔扎诺案［United States v. Balzano, 687 F. 2d 6（1st Cir. 1982）］（常规清理）。

根据规则 1004（b），如果原件并未丢失，而是为其他人所持有，则法院可以要求证据提出者证明，经过其合理的努力它们仍无法获得，并且无法成功使用司法程序或其他调查（诸如审前证据开示或调查）而获得。如果原件在对方当事人手中，根据《联邦证据规则》1004（c）的要求，若对方知悉该原件在审判中将是证明对象却未能在审判中提供它，有关其内容的二手证据便可以向法院提供。

规则 1004 允许证据提出者使用关于原件内容的任何"其他证据"。在无法获得原件的情况下，没有什么特定类型的二手证据受到偏爱。二手证据的一种常见形式，是曾经对原件有感知并声称记得它的证人口头证言。各种类型的复制件也都具有同等的可接受性，如一段录音的笔录。官方档案是同等可接受性原则的例外。规则 1005 为这种官方档案的证明确立了优先地位：经认证的复制件，或能通过证人作证为正确的复制件，优先于其他类型的二手证据。只有在这种复制件不能通过"合理努力"而获得的情况下，才能提供原件内容的其他证据。

2.《联邦证据规则》1006：卷帙浩繁的原件

《联邦证据规则》1006 允许卷帙浩繁的书写文件、录制品和照片的证据提出者，以概要、图表或者算式的形式，来出示这些证据的内容。规则 1006 概要被视为取代大量卷帙浩繁的潜在文件的证据。这些潜在的卷帙浩繁的材料，无须实际上在审判中被采纳。在这个意义上，规则 1006 概要或图表，与仅被用于概要或表明在审判中已经或将被采纳之其他证据（展示件或证言）的视觉辅助材料并非一回事。与规则 1006 概要不同的是，仅为示意的辅助材料不被视作证据，并且许多法院不允许在陪审团审议期间将其带入陪审团审议室。

即便卷帙浩繁的材料不必被采纳为证据，规则 1006 仍要求证明它们具有可采性，包括适当的基础铺垫。证据提出者也有义务及时提供原件，以便允许对方审查和复制它们，这显然是审查该概要是否存在错误或不一致之处，以及为了交叉询问的目的。法院在执行这项要求时是十分严格的。合众国诉摩德纳案［United States v. Modena, 302 F. 3d 626, 633 (6th Cir. 2002)］（在审前收到相应的请求后愿意提供潜在文件，这是不充分的；对方拥有绝对的权利要求出示潜在材料，而且，寻求使用概要的当事方必须声明，何时何地可以审阅材料，即使缺少证据开示请求）。

3.《联邦证据规则》1007：对方当事人对内容的描绘

在诉讼中，如果对方当事人描绘了一份书写文件、录制品或照片的内容，规则 1007 允许使用该描绘来反对证明这些内容的当事方，而无须考虑原件的缺失。显然，来自对方当事人的文字描绘，是关于内容的"其他证据"。但除了其潜在便利，这个例外还源自一个一般原则，即使用一方当事人自己的话来反对他是不公平的。对这种形式的其他证据的唯一限制，是其必须为书面形式：它必须为一次听审或询证存录中的证言，对证据开示请求的书面回复或一份书面陈述。

五、最佳证据规则：实际应用

1. 根据 BER 对"其他证据"提出异议

如果一方当事人提供对一份文件内容进行文字性描绘的证言，或某种其他形式的描绘，或一份原件并非准确的副本复制，对方当事人应该以所提供的"并非最佳证据"为由提出异议。证据提供方的回应，取决于其是否事实上在提供"其他证据"。如果对这个问题的回答是肯定的，那么，证据提供方就需要根据规则 1004、1006 或 1007 来证实最佳证据规则的一个例外。如果回答是否定的，即如果所提供的证据并非用于证明一份书写文件、录制品或照片的内容，则 BER 并不适用于禁止该证据。

我们已经看到，关于一起碰巧被摄像抓拍的潜在事件的证言，或一份文件中所描绘的事件，都可以证言或其他证据的形式加以证明，前提是该证据在回顾该潜在事件本身，而非在述说一份文件对该潜在事件的描绘。此外，可能的情况是，证据与一份文件有关，但并非提供用于证明其内容。

2. 关于文件的事实并非"关于内容的其他证据"

将文件内容的描绘与关于文件的事实——其周围情况或"外围信息"区分开来，是极为重要的（尽管有时很困难）。例如，关于展示件的基础铺垫证言——辨认其作者，解释其制作情况，或称其为对某个潜在事件之"公正且准确"的描绘——这并不是最佳证据规则所指的"关于内容的其他证据"。相反，那只是为采纳一份书写文件、录制品或照片的原件（或副本）所做的基础铺垫，以使该文件符合 BER 而证明其自身内容。此外，有关一份文件存在的证言，或描绘其制作情况的证言，并不是最佳证据规则所指内容的证据。这更多是指关于该文件的"信封信息"，而非其内容的某种重述。最后，在许多情况下，了解某位特定人物对一份文件的理解，或者对它的反应或回应，也许具有相关性。

在上述例子中，一位证人可以在不实际试图证明一份文件内容的前提下，就该文件的"有关"情况作证。根据最佳证据规则，这样的证言是被允许的，无论该文件是否被提供作为证据。

一种常听到的异议是"文件不言自明"。这是一种为了得到一个 BER 异议，而作出的不精确且潜在不正确的尝试。的确，根据最佳证据规则，只要是原件或精确的副本被用于证明文件的内容，该文件即"不言自明"（在没有例外的情况下）。但是，在上述提及的其他重要意义上，文件并非一定不言自明：一份文件可能包含，也可能不包含关于其制作或信息源的信息。并且，一份文件通常不会包含有关其读者或审阅者对其感知或理解情况的信息。若上述这些事实（有关读者或审阅者对文件的体会或理解情况的信息）具有相关性，那么，关于该文件的证言就具有可采性；并且，BER 或"文件不言自明"异议应被法官驳回。

六、《联邦证据规则》1008 的解释

《联邦证据规则》1008 在适用最佳证据规则各项规定上，给法官和陪审团之间的事实认定做了一个具体划分。《联邦证据规则》104（a）确立了法官在适用证据排除规则所必需的预备性事实裁定上的一般权力。规则1008所规定的，是在BER适用中对规则104（a）和104（b）的不同类型问题做了区分。

规则1008解释了，对于适用《联邦证据规则》1001—1007所必需的预备性事实问题，由法官根据《联邦证据规则》104（a）作出裁定。但是，规则1008（a）、（b）和（c）进一步确定，由事实裁判者"依据规则104（b）"决定三项具体事实问题。这意味着，法官不应该依照优势证据标准裁定这些问题，而仅应该裁定，在这个问题上是否有足以支持一项陪审团认定的证据。联邦证据规则起草咨询委员会对规则1008的注释解释说，这些问题"超出了仅仅倾向于使用原件的管理规则，而深入争议的实质问题。"

规则1008（a）、（b）和（c）本质上涉及，书写文件、录制品或照片提供作为证据之有争议的相关性和基础铺垫问题。请回忆一下，规则901要求，争议中的证据之ESSF是其证据提出者所主张的证据。并且，规则104（b）要求，相关性所基于的一项潜在事实之可能真相的ESSF。规则1008（a）、（b）和（c）均为一个论点举例，即争议中的证据，并非证据提出者所主张的证据。若一份所提供的文件并非真正的原件，因为根本没有原件，或因为有一个不同的原件，那么，所提供的该文件对于证明争议中的事实而言，就不具有相关性。同理，如果一份文件内容的其他证据（如据称描绘或概述它的证言）是虚假或不准确的，该证言对于证明该内容而言将是不相关的。为了保持规则901与104（b）之间的一致性，这些问题被作为必须由事实裁判者决定的基础铺垫问题。法官根据ESSF标准来筛选证据，而非根据规则104（a）得出自己的事实性结论。

要　点

1. 最佳证据规则禁止当事人一方用文字性描绘或不精确的复制件，来证明一份书写文件、录制品或照片的内容。相反，原件或者精确的复制件必须使用。规则1001-1003。

2. 如果原件的无法获得有正当理由，一份文件内容的"其他证据"——通常为文字性描绘或不精确的复制件——可被用于证明原件的内容。根据规则104（a），这些其他证据的提出者，负有证明原件无法获得具有正当理由的责任。其他证据的提出者必须证明，原件的缺失或损毁并非归咎于自己的恶意。

3. BER 适用于所提供的原件、录制品或照片为实物证据的所有情况。但在书写文件、录制品或照片仅对证明其所描绘的潜在事件具有相关性的情况下，BER 仅适用于试图概述或不精确地复制书写文件、录制品或照片的证据。BER 对于证明没有书写文件、录制品或照片的潜在事件的其他证据，如直接的目击证人证言，并未强加任何限制。

4.《联邦证据规则》1006 允许在未将原件采纳为证据的情况下，使用卷帙浩繁的书写文件、录制品和照片的概要。然而，原件或复制件必须能为对方所获得。根据规则 1006 予以采纳的概要，本身是实体证据。

5.《联邦证据规则》1008 规定，最佳证据规则涉及的大多数预备性事实问题，都应由法官根据《联邦证据规则》104（a）来裁定。应由陪审团来决定的唯一规则 104（b）问题，是有关原件真实内容或存在与否的争议。

思考题

4.16. 回到上文第 208 页思考题 4.4，合众国诉雷案（United States v. Ray）。《联邦证据规则》1002 是否适用于政府方所提供的展示件 1 和 2？为什么？展示件 1 和 2 是否满足《联邦证据规则》1002？政府方能否传唤雷的股票经纪人作为证人，询问她是否在 3 月 16 日按照雷的指示抛售了 10 万股朗唐公司股票，来证明雷的股票出售行为？这样做是否违反《联邦证据规则》1002 的规定？

4.17. 沃克曼（Workman）是位牙医，被指控参与了向国内税务局隐瞒其收入和财产的密谋。在 2011 年，该起诉书被签发之前，沃克曼接受了堂娜·杰克逊（Donna Jackson）的访谈，她是沃克曼与妻子离婚诉讼中代理他妻子的律师。在被录音的该谈话中，沃克曼作了有关隐瞒财产的陈述。杰克逊也作了笔记。杰克逊的秘书访谈时不在场，她基于该录音磁带，打字录入了一份该谈话的笔录。假设该录音带、笔记、笔录、杰克逊及其秘书，都能找到。在沃克曼审判中，检控方要出示 2011 年谈话的内容，有几种方法？最佳证据规则中的任何规则将会适用吗？

检控方现在得知，杰克逊在其日常业务活动中已清除了该录音带的内容，丢失了其笔记，并且不记得有关谈话的内容了。该笔录能被采纳为证据吗？

4.18. 在一桩不法致死案中，被告司机被指控在醉酒状态下跨越了高速公路中央分隔带，造成与原告的车当头相撞。原告方提供了第一时间赶到事故现场的州警官的证言。该警官将作证，当他来到被告车辆前时，他看见前座上有几个空的百威啤酒罐。原告方必须提供原始标签和啤酒罐吗？

4.19. 回到上文第221页思考题4.6。为了证明吉姆·泽尔和斯蒂芬尼·戈尔茨坦合谋从美国境外进口大麻，检控方提供了一同乘坐拉斯泰法里号的恩赛·钱德勒（Ensign Chandler）的证言。钱德勒将作证，他在船上发现了一个全球定位系统（GPS）；GPS装置通过全球定位卫星来跟踪和记录任何设备的方位，可以给安装该装置的物体如船舶定位；GPS上的原路返回功能记录了拉斯泰法里号途经牙买加的金斯敦港口，直到被海岸警卫队抓获。钱德勒不得不承认，他并未扣押该GPS装置，也没有起获任何他在该GPS显示屏上看到的数据记录。被告以钱德勒的证言违反最佳证据规则为由提出异议。结果如何？

4.20. 弗拉纳根（Flanagan）起诉齐柏林（Zeppelin）电子产品有限公司，称双方有一份口头协议，根据该协议，弗拉纳根负责清走齐柏林公司地块上的碎石子，报酬每小时65美元。弗拉纳根和他的同事辛勤劳作，清除了全部碎石。然而，齐柏林公司拒绝支付弗拉纳根的账单，质疑其实际工作时数。在审判中，弗拉纳根提出一份数据概要作为证据，该概要是他每星期从工地上记录的计数单上抄录下来的，显示了每位雇员的工作时数。他称，该计数单已经被丢弃或丢失。辩方律师以该概要违背了最佳证据规则为由提出异议，并称所谓计数单可能根本就不存在。根据《联邦证据规则》1004、1006和1008，结果会如何？法官将指示陪审团来裁决什么事实问题？

七、最佳证据规则：政策与问题

254

以下第九上诉巡回法院意见，涉及在原件非恶意丢失未得到证明时，该当事人试图提供详细描绘的二手证据的情况。该意见讨论了一系列政策，体现了出示原件的一般要求以及未出示不可原谅的情况。

塞勒诉卢卡斯影片有限公司案

（Seiler v. Lucasfilm, LTD）

808 F. 2d 1316 (9th Cir. 1986), cert. denied, 484 U. S. 826 (1987)

巡回法官法里斯（Farris）。

李·塞勒（Lee Seiler）是一位图像艺术家和科幻小说人物创造者，他声称其版权受到乔治·卢卡斯（George Lucas）和其他创作、发行科幻电影《帝国反击》（The Empire Strikes Back）的人员的侵犯。塞勒诉称，那些在《帝国反击》中的"帝国步行者"人物，侵害了其创造的"加森阔步者"人物的版权。《帝国反击》于 1980 年上映；塞勒直到 1981 年才获得其版权……

事 实

塞勒主张，他在 1976 年和 1977 年创作并出版了"加森阔步者"的科幻小说人物。1980 年，乔治·卢卡斯发行了《帝国反击》，该电影包含描绘一个叫作"帝国步行者"的巨型机器战斗场景。1981 年，塞勒就其"阔步者"获得了版权，并在版权局交存了在 1976 年和 1977 年创作中与原件一样的"复原件"（reconstruction）。

塞勒争辩说，卢卡斯的"步行者"是从其"阔步者"复制而来的，按其陈述这些"阔步者"是在 1976 年和 1977 年出版的。卢卡斯反驳说，塞勒在《帝国反击》发行一年后才获得了版权，并且塞勒提供不出任何早于《帝国反击》的文件。

由于塞勒在开审陈述时提出要展示他的"阔步者"，同卢卡斯的"步行者"进行放大比较，地区法官就塞勒"阔步者""复原件"的可采性问题举行了证据听证会。通过适用《联邦证据规则》1001—1008"最佳证据规则"，地区法院在持续 7 天的听证后认定，根据规则 1004（1）的规定，塞勒恶意丢失或损毁了原件，因此，诸如《帝国反击》之后的复原件这样的二手证据不具有可采性。在其意见中，该法院明确认定，塞勒提供了不实的证言、出于恶意故意毁坏或扣押原件，并就其复原件的性质进行了编造和虚假陈述。地区法院在证据听证后作出了有利于卢卡斯的简易判决。

在上诉时，塞勒主张：（1）最佳证据规则不适用于其作品，（并且）（2）如果最佳证据规则确实适用，规则 1008 要求陪审团要就其原件是否存在及其真实性作出裁决。

讨 论

255

1. 最佳证据规则的适用

……我们认为，塞勒的图画属于规则 1001（1）所说的"书写文件"；它们不包含"字母、文字、数字"，但包含"其等效物"。若作出其他的认定，将有悖于该规则背后的政策，并在该规则的适用上产生不理想的不一致性。……

在宽泛的证据开示制度和现代电子化复制技术诞生之前，当时的规则旨在防止不完全或欺骗性的证明。通过要求诉讼方提供原件，该规则旨在防止提出篡改过的复制件和扣押原件的行为。该规则的终极目的之一是要防止欺诈，但威格莫尔指出，即使在不存在诈骗可能性的案件中这项规则依然被贯彻执行，例如，即使证据提出者具有绝对的真诚性，二手证据依然不允许被采纳。威格莫尔还指出：如果制定这项规则旨在防止诈骗，那么这项规则应该同时应用于书写文件和物体，但它并非如此。……

该规则在现代的正当理由，已经从防止诈骗扩展到承认书写文件在法律中的核心地位。当一份书写文件的内容成为争议事项时，有关该书写文件用语方面的口头证言，与有关事件或其他情形的口头证言相比存在着更大的错误风险。人类记忆常常无法回忆起书写文件的精确用语，且当这些用语存在争议时，只有该书写文件本身或一份真实的复印件，可以提供可靠的证据。总之，最佳证据规则所要解决的问题是：法律关系世界中书写文件精确用语的重要性，人类记忆作为这些用语之可靠性的证据所具有的易错性，以及不准确或不完全的复制件所具有的危害性。……

……塞勒作品的内容是本案争议的焦点。只有将塞勒的作品和卢卡斯的作品放在一起并进行内容比较，才能得到"实质相似"的证明，进而讨论版权侵权问题。由于内容具有实质性且必须得到证明，塞勒必须提供原件，或者证明在本人无过错的情况下原件无法获得。规则 1004（a）。塞勒无法做到这一点。

本案事实涉及的恰恰是最佳证据规则关注的核心问题。塞勒诉称被《帝国反击》侵权，但他提供不出在该电影发行之前任何原件就已存在的文档证据。他的二手证据并非由真正的拷贝或精确的复制品组成，而是在《帝国反击》之后制作的"复原件"。总之，塞勒诉称，该电影对他的原件构成了侵权，而他却没有那些原件的证据。

在这种情况下，欺诈的危险是显而易见的。该规则将确保该侵权赔偿请求的证据，由所称被侵权的作品构成。否则的话，与所谓原件没有相似性的"复原件"，作为证明对原件侵权的证据可能也是充足的。此外，该规则在这里的适用，遵从了该规则对书写文件内容的特别关注。塞勒的诉求取决于原件的内容，该规则将排除对该原件内容的重构性证明。在这种情况下，任何"复原件"都不能取代原件。

塞勒辩称，最佳证据规则并不适用于其作品，因为它是艺术作品，而非"书写文件、录制品或照片"。他主张，从历史和现在来看，该规则仅仅包含文字或数字。双方当事人都没有向我们引证有关讨论该规则适用于图画的案例。

将塞勒的作品视为书写文件，并不会像塞勒所辩称的那样，与该规则关注书面文字在法律关系领域的中心地位相抵触。如同合同客观地表明制定者的主观意图一样，塞勒的图画也是其创作理念的客观表现。版权法对艺术家思想的客观表现给予法律保护，就像合同法通过各种各样的原则对合同所体现的合意进行保护一样。将塞勒的图画和卢卡斯的图画进行比较，与对合同及其背后的意图加以评估一样，在原则上没有什么区别。塞勒的"复原件"是影响法律关系的"书写文件"；它们的版权性能证明这一点。

在版权、诽谤或侵犯隐私权诉讼中，需要证明其内容的作为艺术作品的创造性书面作品和照片，均适用最佳证据规则。如果将该规则适用于文字或影像形式的艺术作品，而不适用于其他形式的艺术作品，将造成适用不一的情况。此外，设计图、工程图、建筑设计可能都缺乏文字或数字，但仍受版权保护，都易于被盗用篡改。总之，塞勒的观点要我们把规则 1001（1）定义限定于"文字"和"数字"，而忽略"或者其等效物"。在本案情况下我们拒绝这样认定。

最佳证据规则背后防止错误记忆的政策也支持我们的决定。塞勒的复原件是在所称原件形成 4 年到 7 年后制作的；他对具体细节和尺度方面的记忆可能已明显模糊了。此外，在《帝国反击》发行之后制作的复原件，可能受到电影的影响而被污染，即使不是出于故意。我们的裁定能够防范这些问题。

256 ——注释与问题————————————————————————————

1. 塞勒案法院将 BER 适用于塞勒遗失原件图画的裁定，其关键在于，它们与"字母、文字或数字"是"等效物"。你对此认同吗？如果这是一种扩张解释，其对 BER 政策所做的有争议的推进具有正当性吗？假定塞勒 1976 年和 1977 年的加森阔步者是模型而非图画，并在 1981 年根据这些模型的复原件获得版权，结果会有所不同吗？最佳证据规则的政策同样适用于这些模型吗？

2. 地方法院法官根据《联邦证据规则》1004（a）裁定，塞勒恶意损毁了其所有图画原件，这显然是怀疑塞勒的可信性——规则 104（a）允许法官这么做。这个裁定意味着，塞勒不提供其原件图画的做法是不可宽恕的，因此，其内容的任何二手证据（他的复原件）均不能采纳。塞勒上诉辩称，根据《联邦证据规则》1008（c）"关于内容的其他证据"的规定，法官应该对（其复原件）是否正确反映了其原件图画的内容给陪审团作出指示，因此必须采纳其复原件。然而，上诉法院判定，只有地方法院在规则 1004（a）问题上裁定支持塞勒，规则 1008（c）才能发挥作用。如果地方法院法官裁定塞勒原件图画的遗失并非出于恶意，那么，就不允许该法官因法院不信任复原件真实反映了塞勒的原件，而拒绝采纳其复原件。这个问题将由陪审团根据《联邦证据规则》1008（c）来解决。将规则 1004（a）问题视作逻辑上前置于规则 1008（c）的问题，看来是合乎逻辑的。

如果卢卡斯影片公司争辩说，先于《星球大战》的"加森阔步者"原件从未存在过，问题该如何分析？

自测题

257

A-4.1.《联邦证据规则》602。一起交通事故案原告作证称，在与另一辆汽车发生撞击后一瞬间，他便失去意识；醒来后，他感到右膝盖剧痛；他的胫骨上缘（与膝盖连接的胫骨末端）骨折。被告提出异议，称该证言不可采。该异议应该：

1. 被驳回，因为原告在描述他自己身体发生的状况，他通过感官感知对此有亲身知识。

2. 驳回失去和恢复意识以及膝盖疼痛的部分，但支持骨折的部分。

3. 得到支持，因为失去意识还能记得事故发生前后的细节，似乎不合情理。

4. 得到支持，鉴于其所遭受的创伤和意识丧失，法官会认为，该证人关于记忆的主张不可能为真。

A-4.2.《联邦证据规则》901。原告杰森·琼斯（Jason Jones）起诉其前任雇主顶点（Acme）公司就业歧视。琼斯主张，顶点公司解雇他，是因其身体残疾，这违反了《美国残疾人法》。顶点公司则主张，他们解雇琼斯合法，因其在就业申请表中虚假陈述自己从未被判过重罪。琼斯在原告主诉时首先作证。在对琼斯交叉询问时，被告律师提出"被告方展示件1"。琼斯在交叉询问中承认，他认得展示件1是顶点公司就业申请表，他填写并在上面签了名。在"你是否曾被判过重罪？"的问题旁，有两个选项框，竖排分别标记为"否"和"是"。琼斯作证说，他勾选了上方选项框："否"，他以为其为"是"选项框，因为他觉得"是"选项框总是出现在"否"选项框之前。他进一步作证称，如果有人问他是否有重罪前科，他会立即承认。被告律师提出将展示件1采纳为证据的动议。该展示件应该：

A. 被采纳，因为被告律师已提供了 ESSF，即该展示件是证据提出者所主张之物。

B. 附条件采纳，取决于从琼斯曾被判重罪的官方档案是否可获得 ESSF。

C. 附条件采纳，取决于对琼斯明知勾选了"否"选项框拥有直接知识的被告方证人，是否作出肯定性证言。

D. 被排除，因为在审判的这个阶段，并没有琼斯故意勾选"否"选项框的 ESSF。

258　　A-4.3.《联邦证据规则》104（b）。史蒂文·克罗斯（Steven Cross）被指控，以故意贩卖为目的持有可卡因，并合谋贩卖可卡因。政府方线人托尼·吉诺维斯（Tony Genovese）将作证，克罗斯把汽车开到一家旅馆停车场，吉诺维斯在此等候。吉诺维斯说："让我们把后备厢打开。"汽车后备厢自动锁坏了，克罗斯从汽车里起身出来，两人来到汽车尾部。克罗斯用车钥匙打开汽车后备厢，出现在眼前的是 10 包 16 盎司的"金标"（Gold Label）牌砂糖。克罗斯被守候在停车场的联邦调查局（FBI）特工逮捕。毫无争议的是，这些包裹中是可卡因。但克罗斯作证称，他以为自己只是在帮他的朋友巴里·斯泰利斯把车开过去，他告诉克罗斯，他要把这辆车借给吉诺维斯。作为倾向于证明克罗斯明知犯罪的证据，吉诺维斯作证称，看到后备厢中的那些砂糖包时，克罗斯"看起来并未感到吃惊"。要排除吉诺维斯"看起来并未感到吃惊"的证言，被告方的最佳立论是：

A. 这些包裹并不能根据规则 902 自我鉴真，因为它们显然被动过手脚，即使"金标"商标看起来是真的。

B. 该证言不相关，因为缺乏 ESSF，即克罗斯把可卡因装入这些包裹。

C. 该证言不相关，因为缺乏 ESSF，即克罗斯知道它们里面装的是可卡因。

D. 吉诺维斯的证言有利己性，因而不可信。

A-4.4. 最佳证据规则。在一起就业歧视案中，被告仓储商城称，其在原告维克托·迪亚兹（Victor Diaz）入职一年后将其开除，是因为迪亚兹被发现在其工作申请表中做虚假陈述，称自己有社区大学准文科学士学位。毫无争议的是，他根本没有这个学位，但迪亚兹称，他从未在工作申请表中主张自己有这个学位。当时雇用迪亚兹的仓储商城经理唐纳德·克雷（Donald Clay）将作证（若无异议）如下："我认真搜索了文档，但无法找到迪亚兹的申请表。然而，我清楚地记得，在我们雇用他时，我审核过他的就业申请。他在申请表'教育'一栏写道：他拥有北弗吉尼亚社区大学准文科学士。"根据最佳证据规则，原告方是否有根据对该证言提出异议？

A. 有，因为该证言试图证明一份书写材料的内容。

B. 有，因为克雷的所谓记忆具有利己性，而原件对于迪亚兹是否在工作申请中说谎是更有证明力的证据，后者不会产生同样的可信性问题。

C. 没有，因为所称的谎言是能够通过任何直接证人予以证明的潜在事件，即使其碰巧采取的是书面形式。

D. 没有，因为原件是一份空白申请表，迪亚兹填写在表格上的回答并非适格的书写文件、录制品或照片。

答　案

A-4.1.《联邦证据规则》602。最佳回答是B。证人对自己失去和恢复意识拥有直接亲身知识，并感到伤痛。然而，造成伤痛的原因（膝盖骨折）无法通过感官观察到，而是需要某种专家的医疗诊断或意见。因此，A是错误的：与可观察的症状不同，内在的物理过程不在人的亲身知识范围内，即使是发生在某人自己身体内。D是明显错误的，因为关于亲身知识的ESSF，要问一个理性的陪审团是否相信该证人，而非法官是否相信该证人。基于有关理由，C也不是一个好答案：虽然法官可以筛查"不合情理"的证言（如陪审团无法合理地相信），但一个人记得自己在失去和恢复意识前后的事情，这种理念并非完全不可信，比如，有人就是宣称自己具有超人的感知能力。

A-4.2.《联邦证据规则》901。最佳答案是A。关于该展示件的主张是：琼斯故意在表格中填写了错误信息。毫无疑问，表格中的回答是错的，而表格中的问题足够直白，一个理性的陪审团能够推断琼斯知道自己在做什么；关于知识和意图的思想状态，通常必须从此类间接证据中进行推断。因此，C和D选项是错误的。没有要求在相关性链条中（琼斯的知识或意图）的最后一步推论，必须由直接一手知识证明；只是要求，启动该推理链条的证据必须在该证人直接知识范围内。亦不存在一个展示件要由当事人传唤的证人的证据支持才能提供的要求；基础可以在交叉询问中铺垫。此外，虽然琼斯提出了一个关于其意图的事实性争议，但那是一个陪审团问题；法官在裁定基础铺垫事项时不能解决事实性争议。B不是最佳选项，因为琼斯对他自己的重罪判刑有直接知识；为此，其不需要"官方"补强。

A-4.3.《联邦证据规则》104（b）。最佳答案是C。该证言暗示，克罗斯知道后备厢里装的是可卡因，因为他看到时"并未感到吃惊"。因此，应该有ESSF，即克罗斯不感到吃惊是知道自己看到了什么。可以说，已经有ESSF，只要陪审团可以从克罗斯不感到吃惊的表情推断其有犯罪知识。但是，这并不使其他选项优于C。A选项是荒谬的，因为政府方提供这些包裹并非要证明里面是砂糖。B不是最佳答案，因为政府方并非必然主张（也没必要主张）克罗斯自己亲手包装了可卡因——只是主张他明知而送货。D 选项是错误的，因为根据规则 104（b），该异议是基于一项缺失的事实：法官在裁定可采性时，不需要裁定证人的可信性。

260　　　　A-4.4. 最佳证据规则。最佳答案是 A，正如所述原因。B 选项是错误的；尽管它也许反映了最佳证据规则的部分潜在政策，但该规则本身并不取决于哪项证据的证明力更高，而是取决于证据提供方是否在寻求证明一份书写文件的内容。C 是错误的，因为除了书面工作申请用途，该谎言没有任何独立证据性书面存在。题干中没有迹象表明他口头上也在撒谎，且无论如何，所控告的是他在其申请表中撒谎。D 是错误的，因为相关的书写文件必然包括迪亚兹所谓虚假回答；BER 定义中并未排除一份书写文件初次生成后在其上所添加的文字。

第五章

品性、倾向和具体行为规则

如果当真是"（所有）相关证据都具有可采性"，那么证据法将会非常简单。然而，《联邦证据规则》402 接着又说了"除非下列任何一项另有规定……"事实上，《联邦证据规则》的许多条款都专注于采纳相关证据之一般规则的适用资格和例外。正如你们已经学过的，《联邦证据规则》403 允许审判法官在个案中运用自由裁量权来排除相关证据。此外，《联邦证据规则》404 - 415 确定了无疑具有相关性的特定类型证据的排除。本章我们将集中讨论其中最为重要的排除规则：对具有相关性的品性证据和具体行为证据进行排除。《联邦证据规则》404 - 406 和 412 - 415。

在我们开始对这些规则进行考察时，你们应当牢记，证据排除规定对于某项特定证据的可采性，也许不是完全禁止的。更确切地说，它们只在特定语境中或出于特殊目的而禁止证据提出者提供证据。例如，《联邦证据规则》404（b）限制使用具体行为来证明品性，却允许出于其他目的而使用它们，如用于证明动机或意图。因此，为了适当地应用这些规则，你们必须首先提出这样的问题：证据提出者试图证明的是什么？换句话说，证据提出者的相关性理论是什么？只有在回答完这个问题之后，你们才能够正确应用这些规则。

第一节　品性证据用以证明特定场合下的行为之相关性

想象在一起简单的侵权案件中，一位行人被一辆汽车撞了，导致受伤。原告（行人）声称，他当时正走在一条标记清楚的人行横道上，被告司机漫不经心地驾驶着一辆 SUV 撞了他。被告却声称原告负有共同过失责任，因为当时原告突然出现在马路中央，而非人行横道上。双方律师将要在陪审团面前出示何种证据来补强其委托人的证言呢？

假设原告律师有如下证据：

（1）在很多场合目睹过被告驾驶车辆的证人 1 作证说，被告是一名粗心大意的司机，经常在通过人行横道时忘记停车礼让行人；

（2）证人 2，一位公共档案保管员，携带了展示件 A 至 E 公共档案来证实，被告在过去发生过数起车祸和交通违规；

（3）证人 3 是一位店员，从其店里可以看到这条人行横道，他作证说，几乎每天都看到原告穿过这条街，他总是走人行横道。

而被告提供：

（4）证人 4，被告的一位朋友，作证说，在过去两年，被告已把自己改造成一名非常注意安全的驾驶员。

以上所有证据均符合《联邦证据规则》401 的相关性基本标准，能够使要素性事实（司机是否有过失？行人是否有共同过失？）看起来更有可能或者更无可能。虽然这些证据本身可能不具有完全的说服力，但是，理性的陪审团可能认为其对判断案件事实有价值。作为常识性问题，发现上述每一项证据与本案中双方必须证明的问题之间的逻辑联系是很容易的。然而，根据本章将要解释的原因，仅有证人 3 的证言有可能被采纳；根据《联邦证据规则》404，其余证人证言均属于不适当的品性证据，应予以排除。

以下定义将有助于分析本章介绍的内容。

262　　1. 倾向意味着人或事以某种方式行事的趋向性。本章的一条主线是"倾向推论"（propensity inference）——关于倾向证据对于证明在特定场合下人如何行为或事如何运行具有相关性的论证——是诉讼的主题。在上述行人诉司机的假设案例中，四个证据的例子均有这种性质。

2. 品性（《联邦证据规则》404）是倾向的一种，或许最为普通和为人熟悉。然而，《联邦证据规则》并未给品性及品格特性下定义。这种定义的缺失不时会造成麻烦。作为一个惯用定义，证据法上的"品性"（character），是指构成一个人个性和行为倾向的一般特性、品质或习性。有关被告是一位"粗心大意"或"草率"的司机的证据，就是品性证据。有关一个人的品性证据，对于证明作为诉讼争点的特定场合下该人特定行为与其品性相一致，具有相关性；然而，正如我们将会看到的，这些证据通常不可采。重要的是，为规则所一般禁止的品性推论是倾向推论，但并非所有倾向推论都是品性推论。证据可能因为包含的倾向推论而具有相关性，尽管该证据并不取决于一个人的品性或品格特性。

3. 具体行为，也被称作"犯罪、恶行或其他行为"［《联邦证据规则》404(b)］，是与当前诉讼案件主题无关的个人行为实例。就是说，其并非导致当前诉讼所控民事或刑事责任的行为——而最常是发生在过去（提起诉讼的事件发生之前）的具体行为，但这些行为也有可能是在提起诉讼的事件出现后发生的。尽管它们并非该诉讼事件的一部分，但这些具体行为仍可能与当前案件相关。在上述行人诉司机的假设案例中，司机先前的事故和交通违规就是过去具体行为实例。司机先前的事故和交通违规（而非撞到该原告行人）对于本案有相关性，因为其可以形成一项推论：在当前争议事件中，当司机撞到原告行人时，司机有可能也是过失驾驶。同样，该行人在该事故发生前多次穿过人行横道的事实，并非本案主题。重要的是当被司机撞上时，该行人是否走在人行横道上。但这些先前实例可以形成一项推论，即在该争议事件发生之时，他是否走在人行横道上。

4. 习惯（《联邦证据规则》406）是指证据法上区别于品性的一类倾向证据。虽然品性证据往往遭到排除，但习惯证据是可采的。一般来说，一致性、常规性和重复性较高的行为常被归结为"习惯"（habit），而相对来说，一致性、常规性和重复性较低的行为往往被称作"品性"。"习惯"在道德上也更趋于中性，而承载了更多道德因素的行为常被归为"品性"。上述假设案例中证人3的证言——该行人每次都走人行横道——很可能被视为习惯证据，而予以采纳。

在为案件审判做准备的过程中，当事人很自然地会去搜寻品性证据和超出争诉事件的相关具体行为证据。就绝对数量而言，（民事或刑事）审判中引入的绝大多数证据均为间接证据，而品性和过去具体行为的证据是十分常见、容易找到且直观的间接证据。我们的个性常常都可以被视为一系列"品格特性"（character traits），我们的生活是一连串持续的行为。我们的身份和自己的行为紧密交织在一起。在通常的诉讼案件中，当争议争点是（民事或刑事）被告是否以某种方式行事时，很自然地，为了判断被告是否实施了诉讼所指控的犯罪行为，我们会去查看被告的人品及其过去的行为。如果某人被指控犯有诈骗罪，了解其是否为"诚实"的人，是有用的。如果某人被指控实施了殴打，了解其是否为"暴虐"之人应该是有相关性的。"品性"推论是一种常识推理，即认为一个具有不诚实品性的人比一个诚实的人更可能实施诈骗，一个有暴力倾向的人比一个无暴力倾向的人更可能发动肢体袭击。（参见下文，图5-1。）因此，诉讼当事人双方都会自然地想到使用品性证据。

重要的是要了解具体行为如何融入品性推论。我们何以知道一个人的品性？我们何以知道某人"粗心大意"、"不诚实"或"有暴力倾向"？在这种证明缺少规则限制的情况下，我们如何在法庭上证明这些品性？最为直观的答案大概是：去查看一个人的行为。品格特性是基于具体行为实例的最终概括。因此，具体行为是品性证据之直观显性来源，在实践中对于证明品性常常具有相关性，且反过来作为间接证据对于证明某人在某个特定（争议）场合下可能的行为具有相关性。下文图 5-2 阐明了这一推理链条。虽然该推理链条符合常识和直觉，但其恰恰是《联邦证据规则》所禁止的。正如我们将在本章所学到的，虽然品性证据有时可以用来证明或反驳特定场合下的行为，但《联邦证据规则》404（b）禁止使用具体行为来证明品性，再反过来用该品性去证明特定场合的行为。

第二节 对使用品性和"犯罪、恶行或其他行为"证据的一般禁止

一、《联邦证据规则》404

规则 404 品性证据；犯罪或其他行为

（a）品性证据

（1）禁止使用。一个人的品性或品格特性的证据，不得采纳用来证明该人在特定场合的行为与该品性或品格特性具有一致性。

（2）对刑事案件被告或被害人的例外。以下例外适用于刑事案件：

（A）被告可以提供该被告有关品性特征的证据，如果该证据被采纳，检察官可以提供证据予以反驳；

（B）在受到规则 412 限制的情况下，被告可以提供所称被害人有关品性特征的证据，如果该证据被采纳，检察官可以：

（i）提供证据予以反驳；以及

（ii）提供被告具有相同品性特征的证据；并且

（C）在凶杀案件中，检察官可以提供所称被害人具有平和品性特征的证据，以反驳该被害人是第一挑衅者的证据。

（3）对证人的例外。证人品性的证据可以根据规则 607、608 和 609 采纳。

（b）犯罪、恶行或其他行为

（1）禁止使用。犯罪、恶行或其他行为的证据，不可采纳用来证明一个人的品性，以表明该人在特定场合的行为与该品性具有一致性。

（2）允许使用；刑事案件中的通知。这种证据可为其他目的而采纳，诸如证明动机、机会、意图、准备、计划、明知、身份、没有错误或者非意外事件。根据刑事案件被告人的请求，检察官必须：

（A）就其拟将在审判中提供任何此类证据的一般性质，提供合理通知；并且

（B）在审判之前通知；或者，在法院基于正当理由对未能审前通知予以谅解的情况下，在审判期间进行通知。

二、《联邦证据规则》404（a）和（b）的解释

我们首先聚焦于《联邦证据规则》404的两个部分：

（a）品性证据

（1）禁止使用。一个人的品性或品格特性的证据，不得采纳用来证明该人在特定场合的行为与该品性或品格特性具有一致性……

（b）犯罪、恶行或者其他行为

（1）禁止使用。犯罪、恶行或其他行为的证据，不可采纳用来证明一个人的品性，以表明该人在特定场合的行为与该品性具有一致性。

《联邦证据规则》404（a）开宗明义，禁止使用一个人的品性证据来证明其在特定场合的行为与该品格特性具有一致性。这个一般性禁止，为反对采纳和排除各种形式的品性证据之更具体和更详细的规则提供了必须理解的背景。《联邦证据规则》404（a）和404（b）的基本禁止（暂不考虑本规则所述限制条件和例外规定）是广泛而直接的。根据《联邦证据规则》404（a），不允许使用品性证据去证明特定场合的行为。这禁止了图5-1所示的基本推论：

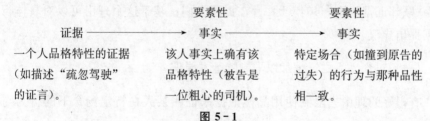

图 5-1

《联邦证据规则》404（b）明确规定，犯罪、恶行和其他具体行为不得采纳用来证明某人拥有特定品格特性，并进而"表明"（to show）该人在特定场合的行为与该品格特性具有一致性［注意：《联邦证据规则》404（b）中"表明"的意思就是"证明"（prove）］，该规则由此而详述了这一原则。这一推理也依赖于被禁止的品性推论。作为一个逻辑问题，与据称导致责任之行为类似的过去行为证据（例如，过去交通违规和事故的证据，表明该司机很有可能在当前争议的事故中有过失）通常是精确相关的，因为我们做了品性推论。司机过去的驾驶行为表明他属于某一特定类型的司机，即那种在更多场合更可能会造成过失驾驶的类型。因此，《联邦证据规则》404（b）禁止图5-2中所表示

的推论链条：

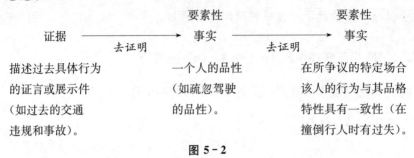

图 5-2

在《联邦证据规则》404（a）一般性禁止已经存在的情况下，《联邦证据规则》404（b）禁止以证明品性的特定模式去证明行为与该品格特性具有一致性，似乎是多余的。但是，规则404（b）的存在有两个重要理由。首先，《联邦证据规则》404（a）（2）有限的例外规定，允许出示品性证据来证明特定场合下的行为。《联邦证据规则》404（b）明确规定，即使在适用这些例外时，证明品性的方法仍不得包括具体行为。

其次，如上所述，过去的具体行为是一种常见且直观的证据形式，诉讼当事人会自然地倾向去找寻。如果没有《联邦证据规则》404（b）的明令禁止，法院和诉讼各方可能不会充分意识到，在许多情况下，相关性仅仅是因其为了证明行为与品性一致而证明品性，即该证据的相关性取决于被禁止的品性推论。《联邦证据规则》404（b）旨在提醒人们：基于这个理由可以对具体行为证据提出异议。

（一）对个人品性证据加以限制的基本原理

有很好的理由去限制使用品性证据来证明某人在特定场合下的行为与之一致：

1. 倾向推论的弱点

第一，品性证据对于表明行为与品性一致而言，即使有证明力，也不是很高。一个通常诚实的人，至少偶尔也会有不那么诚实的时候；一个令我们可以公正地描述为具有暴虐品性的人，在许多场合面对不利情境却会作出平和的反应。进而言之，在引起诉讼的场合，也许是因为存在着个人的特殊压力或某种其他非同寻常的情况，从而增加了"不符合品性的"行为发生的可能性。

例如，在詹森案中，沃克的暴虐名声证据，对于表明他在所称牢房争吵时的暴力表现是相关的。但该证据并不意味着，沃克在与狱犯们的多数接触中都是暴虐的。如果情况是那样，他要保住自己的工作是不大可能的。更确切地说，被告的证据只表明，沃克施暴的情况比其他管教人员在某种程度上更加频繁。或者，考虑一下检控方关于沃克良好品性的证据。沃克也许平时是个平和的人，但与詹森发生意外事件的压力可能会使沃克作出"不符合品性的"行为。即使人们完全信任辩方的证据而不理睬检控方的证据（反之亦然），就沃克在某一特定时间施暴行为的可能性——这是该诉讼的争点——而言，该证据几乎不能给予事实认定者任何启示。简而言之，在图 5 - 1 中，从暴虐、平和、诚实或不诚实这样的一般品格特性，到特定场合下按其品格特性行事的推论，很可能是非常虚弱的。

2. 用于证明品性的证据证明力低

进而言之，从提供的证据（如有关沃克具有暴力倾向的证言）到某人实际品性之间的推论，本身很可能是虚弱的。正如你们接下来将学习到的，当允许提供品性证据时，其只能以有关某人品性的证人意见形式或某人在社区中"声誉"（reputation）的形式出现。这样的证据常常过于模糊和笼统，以至于缺乏说服力。詹森案中，关于沃克有暴虐名声的狱友证言，在多大程度上把你们说服了？

过去具体行为的证据——比如，沃克殴打囚犯的具体实例，如果这样的证据存在——将会比笼统的意见更强有力，但即便是这样的证据，对于证明一个人的品性也没有什么证明力。虽然说一个人的品性无疑反映在其行为之中，但我们需要对一个人的行为观察多久才能作出可靠的"品性"判断呢？沃克两次对囚犯进行人身侵犯的实例，是否足以证明他对囚犯有暴力倾向？如果这两次殴打事件恰巧是其"非品性"（out of character）行为的表现呢？

3. 转移对主要问题的注意力

如果品性证据本身存在争议，就存在着从案件的主要问题跑题到品性问题"小型审判"（minitrial）的风险，事实认定者的注意力就会被分散。例如，在詹森案中，就存在着关于沃克是否具有暴虐品性的相互冲突的证言。此外，当品性通过过去的具体行为来证明时，这种混淆争点的风险会增大。例如，如果詹森案被告方想要引入沃克过去侵犯过两个狱友的证据，那么针对这些事件的小型审判就有可能发生。那些先前的侵犯是否与詹森的案情具有相关性？沃克是挑衅攻击还是仅仅自我防卫？关于先前的攻击，有多少事实是存在争议的？那些事件有多少证人？

4. "坏人"偏见

品性证据还可引起不公正的偏见，在它是诉讼一方当事人品性证据的情况下，情况更是如此。品性概念的固有特性——至少大多数人和大多数法院认为品性所具有的属性——是一种道德品质或是非感。例如，考虑一下用以描述我

267

们指称为品格特性的那些词的含义，如诚实、不诚实、平和、暴虐。诉讼当事人具有这些特性的证据也许会唤起某种情绪反应，并促使陪审团倾向于在其为一种正面品格特性时作出对该人有利的裁决，而在其是一种负面品格特性时作出对该人不利的裁决。

当不良品性推论可能是从过去的具体行为而得出时，这种危害就会加剧。例如，考虑在一起谋杀案中，检控方提供了被告在先前场合实施的一起不相关的谋杀证据。一方面，可以说该证据对于表明该被告具有一般暴虐品性——更具体地说，实施谋杀的品格特性——是相关的，因而也许在本案所争议的场合实施了谋杀。与此同时，该证据的偏见影响可能是巨大的。陪审团有可能会对曾经的谋杀者失去同情心，即使他们对该被告在当前指控中是否有罪心存合理怀疑。陪审团成员还可能空穴来风地假定某个曾实施过谋杀的人很可能重蹈覆辙。风险可能特别巨大的情况是，在听到关于刑事被告人的不良品性时，陪审团也许会愿意忽视一种合理怀疑，而裁决一个（在陪审团成员眼中）也许在过去未受到充分惩罚而将来会犯罪的人有罪。然而，正如卡多佐大法官（Justice Cardozo）的名言："法律坚定地反对用证明品性或证明具有诱发一种犯罪行为的经历而给（刑事被告人）定罪"。人民诉扎科威茨案［People v. Zackowitz，254 N. Y. 192，172 N. E. 466（1930）］。

268　　从上述要点中你们可以看到，品性证据会产生典型的《联邦证据规则》403问题，其证明力必须与规则403危险（浪费时间、混淆争点和不公正的偏见）进行权衡比较。《联邦证据规则》404可以被理解为对"品性证据中内在403危险往往在实质上大于其证明力"判断的一种体现，因此作为一项基本原则规定一律排除该类证据（品性证据）而不允许在个案中逐一考虑是否对其进行采纳是有意义的。且根据《联邦证据规则》404（a）例外规定采纳品性证据可以通过意见证言或声誉证言予以证明，而不得通过过去的具体行为进行证明。虽然说具体行为可能会比模糊、笼统的声誉或意见证据在品性证明力方面稍微强一些，但是其所带来的小型审判和不公正偏见式的规则403危险要高得多。

（二）《联邦证据规则》404（b）禁止使用具体行为的例外

尽管《联邦证据规则》404（b）对具体行为证据的禁止具有无条件性，但还是存在允许使用某人具体行为的证据来证明其品性以表明行为与品性具有一致性的有限情况。《联邦证据规则》608（b）和609明确允许为此目的而使用具体行为，我们将在第七章讨论这些规定。涉及性行为证据之可采性的修改后的《联邦证据规则》413-415，也考虑了使用具体行为去证明品性以表明行为与品性一致的问题。

要　点

1. 一个人的品性证据，对于证明该人在特定场合的行为与其品性一致而言是相关的。

2. 然而，《联邦证据规则》禁止使用品性证据去证明行为与品性具有一致性，《联邦证据规则》404（a）规定的情况（将在下文第七节讨论）除外。

3. 《联邦证据规则》没有定义"品性"（character）或"品格特性"（character trait）。通常，品性是指构成一个人个性或行为趋向的一般特征、品质或者特点。品格特性反映的是一个人偶尔而非惯常的、具有道德意味（如诚实或不诚实）的行为和倾向，因而内在地包含着偏见。

4. 犯罪、恶行或其他并非构成该诉讼事件一部分的行为，对于证明品性进而证明特定场合的行为与该品格特性具有一致性，常常是相关的。然而，《联邦证据规则》404（b）排除它们以这种目的而作为证据。

思考题

5.1. 回到第 149 页思考题 3.3，合众国诉雷案（United States v. Ray）。检控方提出以下证据：（a）2013 年 10 月，雷在朗唐公司股票发生重大暴跌前一周，出售了 25 000 股朗唐股票；（b）2014 年 5 月，雷在公司宣布成功盈利收购某竞争对手（一个导致朗唐股票价格上涨 25% 的事件）之前 30 天，购买了 30 000 股朗唐股票。就什么目的而言，该证据具有相关性？可否提出异议？

5.2. 回到第 150 页思考题 3.4，州诉布莱尔案（State v. Blair）。检控方提供了以下证据。该证据就什么目的而言具有相关性？可否提出异议？

（a）2008 年，布莱尔在一间酒吧用拳头无端攻击一名男子后，就一项侵犯指控认罪。

（b）布莱尔当年女友的证言，证明 2005 年她曾两次呼叫过 911，因为布莱尔恐吓她。这两次她都接受了治疗，尽管她并未起诉布莱尔。

（c）布莱尔曾在 2008 年 9 月因殴打诺玛被捕。诺玛受伤接受了治疗，但并未对布莱尔提起诉讼。

5.3. 回到第 171 页，合众国诉希特案（United States v. Hitt）。请回忆：检控方提供了一张照片。照片中，被告的步枪被包围在一堆（非被告人所有的）枪支中。假设，这些枪支事实上为希特所有。根据该假设，可以得出什么关于该照片具有相关性的论点？可否根据《联邦证据规则》404(b) 提出异议？你还可以想出其他支持《联邦证据规则》403 异议的论证吗？

5.4. 回到第 148 页思考题 3.2，佩德罗苏诉德里弗案（Pedroso v. Driver）。被告提供了以下证据。该证据就什么目的而言具有相关性？可否提出异议？

（a）全校区交通主管的证言，说被告德里弗"是全校区最佳且最具安全意识的司机"。

（b）同一位证人的证言，说该司机"在该起交通事故发生前有完美的驾驶记录"。

原告提供了以下证据。这个证据就何种目的而言是相关的？可否对它提出异议？

（c）德里弗邻居的证言，说该司机在该事故发生前数周精神不振，且该司机家垃圾箱中每周都可看到半打烈酒空酒瓶。

（d）德里弗供认，她在发生该事故前的驾驶路线中有超速行为。

5.5. 约瑟夫·扎卡里（Joseph Zachary）被指控犯有一级谋杀罪，预谋杀害马蒂·科波拉（Marty Coppola）。根据向陪审团出示的证据，扎卡里与科波拉在酒吧发生了激烈争吵。他回到自己的公寓，取出 9 毫米口径手枪，返回酒吧，射杀了科波拉。为了证明是谋杀，检控方诉称，扎卡里返回酒吧故意杀害科波拉。被告方则辩称是一级非预谋杀人，根据是：（1）扎卡里的证言，说他无意拿手枪射击科波拉；及（2）补强性证言，说扎卡里是在科波拉试图击打他的面部后才扣动扳机的。顶着辩方律师的反对，检控方提供了如下证据，即扎卡里除了谋杀科波拉所用的手枪，还有一把 0.38 英寸口径马格南左轮手枪和一把 0.45 英寸口径的手枪。没有提供扎卡里如何/为何选用 9 毫米口径手枪的证据。在采纳其他枪支证据时，审判法官支持了检察官的论点，即该证据"表明被告有谋杀倾向"。

假设所有论据都被适当保留以备上诉，被告方应在上诉法院作出何种争辩，才能将关于其他枪支的证据排除在审判之外？检控方该如何回应？

第三节 被视为无品性推论的相关具体行为的可采性 *270*

规则 404（a）（1）禁止特定种类的倾向推论——尤其是"品性"推论，一种要求陪审团推断某人在争议场合以特定方式行为是因其品性使然的倾向推论。《联邦证据规则》404（b）（1）强调了关于具体行为证据的禁止。但是，这些规则并未禁止为其他目的而使用具有相关性的具体行为，只是禁止用具体行为去证明品性，并反过来证明特定场合下的行为。换句话说，不为上文图 5-2 所示完全品性推论所用的相关具体行为，并不为《联邦证据规则》404（b）（1）所排除。

因为，过去的具体行为是一种重要且常见的证据类型，该规则的制定者们并未将非品性目的之具体行为的可采性作为一种默示许可，而是在《联邦证据规则》404（b）（2）作了明确规定。

一、《联邦证据规则》404（b）（2）的解释 *271*

《联邦证据规则》404（b）（2）规定：

> （2）允许使用；刑事案件中的通知。这种证据可为其他目的而采纳，诸如证明动机、机会、意图、准备、计划、明知、身份、没有错误或者非意外事件。根据刑事案件被告人的请求，检察官必须：
>
> （A）就其拟将在审判中提供任何此类证据的一般性质，提供合理通知；并且
>
> （B）在审判之前通知；或者，在法院基于正当理由对未能审前通知予以谅解的情况下，在审判期间进行通知。

根据《联邦证据规则》404（b）（2），在不用于证明"品性"或"品格特性"的情况下，具体行为也许可以被采纳来证明一个要素性事实。根据《联邦证据规则》404（b）（2），为了使证据得到采纳，证据提出者必须满足三个要求。第一，证据提出者必须清楚地说明，就某种非品性目的而言，这些具体行为证据是相关的。第二，证据提出者必须提出涉嫌从事该行为的人实际上从事过该行为的证据。第三，证据提出者必须准备对可能针对该证据的《联邦证据规则》403 异议进行回应。

例如，假定有一个案件，被告被指控枪击了一位警官，而检控方想要提供被告在枪击前不久刚抢劫了一家银行的证据。检控方首先将不得不澄清，提出

被告涉嫌银行抢劫案的证据是出于一种非品性目的。在这种情况下，检控方将首先坚持说，提供银行抢劫案的证据与其说是要证明被告是在按其不诚实或无法无天的一般品性行事，不如说是要证明枪击的动机：因为被告刚抢劫了一家银行，对追捕有一种特别的恐惧，因此有枪杀该警官的动机。其次，检控方将不得不拥有证据——如一盘抢劫的录像带或目击证人证言——足以支持表明被告确实是那个银行抢劫犯。[注：这是一项根据规则 104（b）的认定，详见第四章第五节。]最后，检控方将不得不准备对一项异议——银行抢劫证据的证明力（证明被告具有枪杀的动机，因此，被告确实枪杀了那位警官）实质上低于《联邦证据规则》403 危险性——进行回应。

如果该证据的提出者是检控方，在这种情况下还有第四个要求——回应刑事被告人对通知的要求。根据联邦证据规则起草咨询委员会的注释，其用意是"减少意外情况并促进对可采性问题的尽早解决"。法条上对于这种要求和回应没有绝对的时间限制，也没有特定的形式要求。

272　　　　（一）404（b）（2）证据的种类

《联邦证据规则》404（b）（2）中所列的八个例子——动机、机会、意图、准备、计划、明知、身份、没有错误或者非意外事件——可以被分为三个宽泛并互有重叠的类别。然而，《联邦证据规则》404（b）（2）"诸如"（such as）一语表明，这些列举并非详尽无遗。为了确保根据《联邦证据规则》404（b）（2）采纳证据，无须指明是所列举目的中的哪一个。对具体行为证据的提出者来说，使法庭相信该证据不在《联邦证据规则》404（b）（1）的范畴内——例如，证据的提出并非是用于证明一个人品性进而证明行为与品性一致，而是出于其他目的，这就足够了。

1. 动机、机会、准备或计划的证据

有时候，引起民事或刑事责任的事件，是一个包含当事人其他行为之更大案情的不可分割的组成部分。这些其他行为反过来与案件要件有相关性，有助于证明谁做了该行为或具体做了什么。杀人案中的检控方可能想要出示这样的证据，在杀人发生一周前，被告人在一场入室盗窃中偷了一把枪，以解释其如何获得该犯罪中所使用的枪械——机会或者准备的实例。在同一起杀人案中，检控方可能提供被告人和被害人曾共同参与一起最终失败的毒品交易证据，以证明被告人杀害被害人的动机。或者，在另一组事实中，杀人可能仅仅是推进一个更大毒品交易共谋计划或阴谋的一部分，假设被害人是对合谋者不利的潜在目击证人，或者是与其有竞争关系的毒品经销商。在这种情况下，检控方就有可能提出有关（未被指控的）毒品交易合谋的具体行为证据。

"动机"、"机会"、"准备"及"计划"都是案情的关键部分，只有这些其他行为呈现在陪审团面前，案情才能被充分理解。正如我们在"老首领"案中所见，诉讼当事方有强烈意愿向陪审团陈述一个完整且"前后一致"的案情，不让陪审团对案情存有疑虑。此外，这些种类的事实也在其他方面有相关性，通常是作为间接证据以帮助证明身份——是谁实施了当前案件中的犯罪或被诉行为——或是犯罪/行为发生的事实（当该事实存有争议时）。

可以说，上述所举例子并非严格意义上的"过去的具体行为"。为什么？因为，至少在一些案件中，它们实际上是同一个导致责任产生之完整事件链条上的一部分。即便如此，这些事实还是常常被归为《联邦证据规则》404（b）（2）的类别，考虑到理论上其可以成为其他民事索赔或刑事指控的主题。

2. 表明相关精神状态的证据

在许多诉讼案件中，精神状态都是争点。精神状态有可能是刑事指控或民事索赔的一个要件，且被告通过声称错误、意外或不知情而提出其精神状态存在争议。在这种情况下，过去的具体行为便可为证明明知、意图或没有错误/意外等非品性目的而被采纳。在上述杀人案的例子中，表明"准备"或"动机"的证据，对于表明在一个谋杀案中通常必须证明的杀人意图或预谋而言，也许是相关的。过去的具体行为还可以显示必备的知识。例如，在贩卖毒品共谋指控中，检控方可以提出其先前因交易可卡因曾被定罪的证据，以证明被告（在本案中）明知其运输的物质事实上就是可卡因。

上面举的这个例子还说明了何为没有错误/意外。过去的具体行为对于反驳被告人的如下主张也许是相关的，即因为其行为是非故意的或者其弄错了关键事实，所以他无责任或未犯罪。在可卡因交易的例子中，如果被告人声称不知道白色粉末就是可卡因，他过去曾因交易可卡因而被定罪的证据，对于削弱这种主张就是相关的。过去的具体行为偶尔还可以被提供用以反驳事出"意外"的主张。例如，当被指控仅为收取保险费而烧毁自己工厂的涉嫌纵火犯声称失火是个意外时，检控方或许就可以提供同一被告人（先前）在火灾中失去其他工厂并收取保险费的证据。其理论根据是，这种意外不太可能会在同一个人身上如此频繁地重复发生，暗示了必定有故意行径包含其中。

3. 表明身份的证据

当辩方理论是恶行乃由某个其他已知或未知个人所为时，用以证明被告的确为真正肇事者的具体行为，可能就具有相关性了。可以肯定的是，为上述其他非品性目的所提出的"其他行为"证据，对"指认"（identify）被告是罪魁祸首最终就具有相关性了。身份可以单独列为一种包含"犯罪手法"（modus operandi）理论的方法：当其他行为非常独特，并与当前诉争行为在属性或方法上如出一辙，以致该证据本身便可证明过去和现在行为是出自同一肇事者之手的时候，便可为证明身份之目的而被采纳。

（二）关于嫌疑人是否从事过该行为的预备性事实认定

《联邦证据规则》404（b）所包括的任何非品性目的的具体行为证据之证明力，部分取决于该人从事该行为之证明的强度；在罪错对证据的相关性十分重要的情况下，则取决于该人的所作所为是否该罚。审判法官在决定是否采纳具体行为证据时，应当采用什么标准？在赫德尔斯顿诉合众国案［Huddleston v. United States，485 U. S. 681（1988）］中，最高法院解决了联邦巡回法院认定中的一个冲突，认为该人的罪错问题受《联邦证据规则》104（b）附条件的相关性来规制。因此，根据《联邦证据规则》，证据提出者以优势证据标准提出"足以支持一项认定的证据"，就满足了该人是否有罪错地涉入该行为的预备性事实要求。正如我们在上文第192－93页讨论过的，这个证明标准是比较低的。尽管有赫德尔斯顿案，一些州法院在评估个人所涉先前行为时仍适用更高的标准。

274　　　（三）证明力和偏见概述

根据《联邦证据规则》404（b）（2），为具体行为证据找到一个相关的非品性目的并满足预备性事实标准，并不意味着该证据自然而然地就具有可采性。在《联邦证据规则》404（b）中，"可以"（may）一词清楚地表明，可采性受制于对其他证据规则的遵守，对于具体行为证据而言，最重要的是《联邦证据规则》403。基于《联邦证据规则》404（b）（2）提出的证据，几乎总会导致潜在的规则403异议。这是因为，几乎每次基于《联邦证据规则》404（b）（2）的目的而提出过去的具体行为时，仍然会存在风险，陪审团依旧会对行为做所禁止的"证明品性进而证明特定场合的行为与品性一致"目的的思考。因此，例如，如果检察官在一起凶杀案中提供了被告入室盗窃枪支的证据以证明准备和机会，陪审团却有可能使用该证据去认定被告具有实施犯罪的品性，因而很可能动手杀人——或者仅仅基于坏人应遭到报应。换句话说，《联邦证据规则》404（b）（2）证据可能基于两个目的而具有相关性——其中一个目的具有可采性，而另一个则不可采。因此，经典的《联邦证据规则》403异议就提出来了，根据的理由是，伴随所禁止的目的而来的偏见，在实质上超过了所允许目的之证明力。

对法院来说，在作《联邦证据规则》403 权衡裁定时所考虑的因素包括：

（1）非品性目的对于本案某些争议问题有多大的证明力；

（2）具体行为对于证明非品性目的有多大的证明力（如具体行为和指控的犯罪之间是否有足够紧密的时间接续；过去的行为与被指控罪行之间是否有"实质相似性"，参见合众国诉海伍德案［United States v. Haywood，280 F. 3d 715 (6th Cir. 2002)］）；

（3）证据对于证实所发生行为有多大的证明力（如该行为的性质或被告与该行为的牵连是否存在争议）；

（4）提出该证据在多大程度上会引起不公正偏见的风险（如该具体行为有多么可恶）；以及

（5）在降低不公正偏见的风险方面，（给陪审团的）限制性指示效果如何。

总之，在检控方提供了不利于刑事被告人的具体行为证据时，将不可避免地产生"坏人"（bad person）偏见的风险：陪审团成员也许会愿意无视一种合理怀疑的存在，因为他们把被告人看作大概是没有因先前罪行而受到充分惩罚且将来也许还会从事类似恶行的坏人。另外，存在着一种风险，即陪审团也许在一种不适当的品性—倾向意义上，把该行为看作是被告人犯了被指控罪行的证据。虽然如此，还是要牢记《联邦证据规则》403 是一条倾向于可采性的规则（证明力必须被抵消因素"实质上超过"），而且，法院经常会采纳可能产生偏见的规则 404（b）（2）证据。

要 点

1.《联邦证据规则》404（b）（1）禁止仅为证明行为与品性一致而使用具体行为证据来证明品性。

2. 以非品性目的使用具体行为证据的可采性，要求证据提出者做三件事情：（a）使法官确信，使用该证据有一个合法的非品性目的；（b）具体行为满足初始事实标准；以及（c）对《联邦证据规则》403 异议进行回应。

3.《联邦证据规则》404（b）（2）列举的可以采纳的具体行为证据之各种目的，并非是穷尽的。具体行为证据可以因任何非品性目的而被采纳。

4. 根据《联邦证据规则》，某人的某些具体行为是否涉嫌有罪，是一个

《联邦证据规则》104（b）初始事实问题。证据提出者可以通过提供足以支持一项认定的证据，即根据优势证据证明该人有罪错地卷入了该行为，来满足该标准。

5.《联邦证据规则》403有时可以要求排除以非品性目的而提供的具体行为证据。

275

思考题

5.6. 请考虑下述案件中的具体行为证据是否应当具有可采性：

（a）吉尔（Jill）的住宅被窃，没有暴力侵入的证据。在对被告人进行起诉时，检控方提供了被告人一周前入室行窃，偷了吉尔的钱包及她的钥匙扣的证据。

（b）被告人被指控种植大麻。她辩称，她的朋友们负有责任，而她一直以为这些植物是杂草。检控方提供的邻居目击证人证言称，他看见被告一年前收割了她土地上的大麻。

（c）被告人被指控杀死X，后者是一位将要在一起重大毒品共谋案审判中作证的目击证人。检控方提供了有关被告人参与该共谋活动的证据。

5.7. 杰里·科津斯基（Jerry Kozinski）被起诉在一栋写字楼入室盗窃。在入室盗窃被发现的当天早上，被盗写字楼正门上被喷上了一个"Z"字母。检控方提出了如下证据。是否可采？

（a）两年前科津斯基对一起民宅入室盗窃认罪，该被盗民宅正门被喷了一个"Z"字母的证据。

（b）百视达录影带（Blockbuster Video）租赁店记录显示，科津斯基曾在过去三年间八次租借了《佐罗标记》这部影片（影片男主角会在战斗过的地方留下"Z"字母）。

5.8. 回到第148页思考题5.4，佩德罗苏诉德里弗案（Pedroso v. Driver）。从《联邦证据规则》404（b）（2）的视角，重新思考所提供的各项证据。那些证据的可采性是否会受到该额外规定的影响？

5.9. 回到第149页思考题3.3，合众国诉雷案（United States v. Ray）。检控方提供了如下证据：（a）2013年10月，雷在朗唐公司股票价格大跌前一周出售了25 000股股票；（b）2014年5月，雷在公司宣布成功盈利收购竞争对手（该重大信息披露导致朗唐公司股票价格上涨 25%）之前 30 天，购买了 30 000 股朗唐公司股票。假设辩方律师早先针对那些证据的《联邦证据规则》403 异议（参见第 167 页思考题 3.9）已被法院驳回。被告方是否还可以根据《联邦证据规则》404 对那些证据提出异议？该异议的提出是否可为规则 403 异议提供额外支持？检察官会如何回应？

5.10. 回到第 150 页思考题 3.4，州诉布莱尔案（State v. Blair）。检控方提供了以下证据。有关这些证据的可采性，可以有哪些支持和反对的论点？

（a）2008 年，布莱尔在一间酒吧用拳头无端攻击一名男子后，就一项一般伤害罪指控作了认罪。

（b）布莱尔前女友作证，证明 2005 年她曾两次被布莱尔殴打。她这两次都接受了医疗救治，尽管她都未对布莱尔提起控诉。

（c）布莱尔曾经在 2008 年 9 月因殴打诺玛而被捕。诺玛就其外伤接受了医疗救治，但未对布莱尔提起诉讼。

5.11. 回到第 150 页思考题 3.5。雄猫队一位曾与特拉普共事 10 年的退役球员将作证，当雄猫队输球时，特拉普的脾气总是异常愤怒。他还将作证，当处于该种情况时，他曾多次目击特拉普击打对方球员。

5.12. 格雷格·辛普森（Greg Simpson）被指控武装抢劫和入室行窃罪。根据佛雷德·埃布尔（Fred Able）的证言，一个穿牛仔裤、T 恤衫、戴滑雪面具并挥舞着刀子的男人，通过一扇未锁的窗户闯进他的住宅。这名有轻微跛行并看上去超过 6 英尺高的入侵者，向埃布尔要钱，并恐吓如果他打电话给警察就杀死他。检控方提供了帕姆·惠灵顿（Pam Wellington）的证言，在埃布尔家发生该事件一周前，一个她辨认为辛普森的男人来到她家门前，说他的汽车抛锚了并请求使用电话。他当时穿着牛仔裤、T 恤衫。惠灵顿还没来得及反应，辛普森就闯进房子，并拔出一把刀子，命令惠灵顿交出钱和珠宝首饰。当惠灵顿准备屈服时，她的狗攻击了辛普森，咬住了他的腿。辛普森从前门逃走。辛普森有 6 英尺高。这两次犯罪大约都发生在上午 11 点钟，并且是在同一条街道上。辛普森以下述理由对惠灵顿的证言提出异议：该证据（a）是不被允许的品性证据，（b）根据《联邦证据规则》403 应被排除，以及（c）因他在惠灵顿入室行窃和试图抢劫案中已被无罪释放，所以应予以排除。法院应当如何裁定？

5.13. 加文（Garvin）被指控非法持有枪械，枪械是在加文房外的一辆凯迪拉克轿车中发现的。加文经常使用这辆属于他姑母的凯迪拉克轿车。检控方想提出加文以前因抢劫而被逮捕的证据，当时警察带着搜查证到他家执行搜查抢劫赃物的任务，他们在搜查过程中发现了这把凯迪拉克轿车的钥匙，而且，加文的姑母之后说她自己是这辆凯迪拉克车的所有者，并同意进行搜查。该证据在多大程度上应该具有可采性？出于什么目的？

277　　　**二、区分《联邦证据规则》404（b）（2）证据与被禁止的品性证据之困难**

我们对《联邦证据规则》404（b）（2）三类可采的具体行为证据的描述——一个更大案情的要素部分（动机、机会、准备、计划）、精神状态（明知、意图、没有错误、非意外）和身份（包括犯罪手法）——并非意在暗示，任何可归入上述三类的过去具体行为均可被视为可采。相反，我们认为，404（b）（2）归类法的不严格适用，对404（b）（1）禁止使用具体行为去证明品性进而证明特定场合的行为之规定背后的政策构成了现实的破坏性风险。在本节，我们将讨论适用《联邦证据规则》404（b）（2）可能会与《联邦证据规则》404（b）（1）对品性证据的禁止产生张力的五个方面。

（一）"所发生之事"（Res Gestae）问题

一方面，用以证明"动机"或"机会"的过去行为证据，也许可以填补案情空白；另一方面，它们具有独立的相关性，例如，有动机的人比没有动机的人更有可能实施了争议行为。然而，有时候，当事人会要求采纳某些与案件争议行为所涉"同一事务"（same transaction）严格地说并不相关，或者无助于理解"将案情弄完整"的证据。这种证据常被称作"所发生之事"（res gestae），一个拉丁语成语，即可能会要求以超过其本身证明力的方式采纳证据。例如，如果允许检察官辩称，被告过去的犯罪行为是其想要讲述的一个"更宏大案情"的组成部分，那就太便宜检控方了。思考一下人民诉扎克威茨案［People v. Zackowitz, 254 N. Y. 192, 172 N. E. 466（1930）］（上文第270页思考题5.5的原型）。检控方的确辩称，过去的行为证据是相关的背景叙事（使用了术语"res gestae"）。然而，为什么该案叙事的特定部分对于理解犯罪"故事"有帮助，甚至有必要？卡多佐大法官支持法院的判决意见，明确认为答案是否定的。

对于如何小心地限制仅为"讲述完整故事"（complete the story）而提供的擦边相关或不相关的过去行为证据，各法院持不同意见。请比较一下合众国诉鲍伊案 [United States v. Bowie, 232 F. 3d 923 (D. C. Cir. 2000)] ["在本巡回法院没有所谓针对规则 404（b）的一般化'讲述完整故事'或'解释案发背景情况'例外"] 与合众国诉布鲁克斯案 [United States v. Brooks, 670 F. 2d 625, 628－629 (5th Cir. 1982)]（在指控持有可卡因并意图分销的案件中，以"源于相同交易或交易系列"为由，采纳在被告车上找到大麻的证据）。在我们看来，法院不应采纳这种证据，除非它对产生了民事或刑事责任的行为之一致和可理解的描述来说是必不可少的。

（二）使用具体行为证据证明意图或明知的问题

278

《联邦证据规则》404（b）将"意图"和"明知"，作为允许使用具体行为证据的两种非品性目的。"意图"和"明知"是渗透在我们法律中的两种精神状态。在"无辜"状态下从事的被视为无罪的行为，若在"有罪"心态下从事，就可能产生民事或刑事责任。"明知"或"意图"的存在，有可能使一场意外或无辜的错误，转变成犯罪或侵权行为。[考虑一下霍姆斯（Holmes）的名言："狗都知道被绊倒和被踢的区别。"]

一些法院已形成一套以过去具体行为证据去证明精神状态的可采性方法："当被告人声称其行为有一个无辜解释时，先前行为证据对于证明该被告实施被指控的犯罪时是有意为之，一般具有可采性"。合众国诉扎克森案 [United States v. Zackson, 12 F. 3d 1178, 1182 (2d Cir. 1993)]。例如，在扎克森案中，为了反驳被告人声称自己并非自愿合谋参与一起可卡因交易，检控方提出了证明被告过去曾合谋参与过一次大麻交易的证据。

在不依赖品性推论的情况下，先前的大麻交易能证明意图吗？先前的大麻合谋行为的相关性，在于证明被告有故意从事贩毒活动的倾向，其被提供用以证明该被告人在当前被控的可卡因合谋中是有意为之。如果被告人非法销售毒品的倾向暗示了一种品格特性，那么采纳这种过去的具体行为证据，恰好要求运用《联邦证据规则》404（b）（1）禁止的典型的品性推论。

最后，请考虑如何区分"明知"和"意图"。可做如下区分："明知"是对一个行为要素性质的理解，而"意图"是从事那种行为的故意。但在适用中，上述区别可能过于微妙，或者是个模糊领域。许多法律规则将"意图"和"明知"捆绑在一起。例如，《美国联邦管制毒品法》（the Federal Controlled Substances Act）按照"明知**或**故意"从事的行为，给众多毒品犯罪下了定义。21

U. S. C. Sec. 841，846（黑体字为本书作者所加）。不过，在这种区别可能重要之处，会有一些有关过去具体行为证据的实例。大概，明知就是一旦获知便会永久保持下去，因此，一旦证明某人过去知道某事，就证明在随后场合其也明知该事，而无须品性推论。相比之下，意图则随时会改变，且随着情况的变化而变化。从一年前某人故意踢了一只狗，并无理由推断出该人昨天同样故意踢了另一只狗，而不是像其所主张的那样，是意外绊倒了它，除非我们推断该人具有踢狗的倾向（及相关品格特性）。

279　　　（三）证明没有争议之精神状态的具体行为证据问题

允许使用具体行为去证明品性进而证明精神状态的危险性，在如下场合尤为突出。假设被告被指控销售海洛因。检控方证人将包括涉嫌的买方，以及能够辨认违禁物品并建立起保管链条的个人。辩方主张是警察抓错了人，被告与检控方证据有关的海洛因交易没有任何联系。检控方提供证据证明，被告两年前故意出售海洛因，据此主张这次先前的销售行为是被告明知（犯罪的要素之一）的证据。被告反对："明知什么？"检控方回应："明知海洛因是什么，明知什么是销售海洛因。"被告继续反对说，根据《联邦证据规则》403，该证据应该排除。为了支持该异议，被告提供了（a）凡出售海洛因的人都具有必备知识的约认，及（b）接受一项就该约认向陪审团进行解释的陪审团指示。

1. 支持排除的论点

正如我们在第三章所讨论的，对证据的需要程度是适用《联邦证据规则》403 的因素之一。即便没有约认和给陪审团的指示，只要被告未表明不知情，对海洛因交易案中的先前行为证据可能就没有什么需要。很可能的情况似乎是，陪审团可从持有和销售的事实以及未否认明知的事实，推断出明知。所以，即使人们认为在先前的明知销售和当前的知情之间有很强的推论联系，该证据在这个语境中仍显得证明力很低。（你们是否认为，检察官们若未掌握以前贩卖毒品的证据，就会考虑撤诉该毒品交易案？）双方律师的约认和给陪审团的指示，进一步降低了对该证据的需要。

针对这种低证明力，必须评估《联邦证据规则》403 的不公正偏见风险。如果该证据被采纳，就存在陪审团将以两种不适当的方式考虑它的风险：首先，陪审团可能推断，因为被告人曾经销售过海洛因，他就是这种拥有贩卖海洛因品格特性的人，所以，有可能这次他又在贩卖海洛因了。然而，这种特定的推论链条，是《联邦证据规则》404（b）（1）明令禁止的。其次，存在"坏人"偏见风险：陪审团可能愿意忽略某种合理怀疑，以便对其定罪量刑，并使涉毒人员从街上消失。对证据需要的缺乏，再加上陪审团滥用证据的风险，形成了根据《联邦证据规则》403对先前海洛因销售证据予以排除的强有力的理由。

早先在这个问题上的代表性案例判定：在被告提出双方约认的情况下，过去的具体行为证据应该予以排除。参见合众国诉科隆案［United States v. Colon, 880 F. 2d 650, 660（2d Cir. 1989）］；合众国诉詹金斯案［United States v. Jenkins, 7 F. 3d 803, 806-807（8th Cir. 1993）］；合众国诉克罗德案［United States v. Crowder, 87 F. 3d 1405, 1410（D. C. Cir. 1996），撤销原判并发回重审，519 U. S. 1087（1997），撤销原判并发回重审，141 F. 3d 1202（D. C. Cir. 1998）（满席听审）］。

2. "老首领"案的冲击

请回忆一下第174页"老首领"诉合众国案中，最高法院承认《联邦证据规则》403平衡检验过程须包括"对替代证据的评估"。最高法院还判定，在被告人先前定罪仅对揭示被告人作为前重罪犯的法律身份具有相关性的情况下，被告人提出的律师的约认就可阻止检控方提出被告人的先前定罪证据。同时，最高法院注意到，证据的证明力包含其"描述的丰富性"（descriptive richness），其对于一方案件"叙事完整性"（narrative integrity）的贡献，及其令陪审团相信什么是"道德合理性"（morally reasonable）的说服力。对于《联邦证据规则》404（b）问题，最高法院在法官附带意见中作了如下阐述：

> 用一项陈述（如双方律师的约认）取代另一项陈述（如证据性证明）的问题，通常只出现于将定罪记录用于证明法律地位之外的任何其他目的而不可采时，所以，排除它将不会剥夺检控方具有多种用途的证据；如果除法律地位之外，的确存在接受关于某些问题的先前行为性质证据之正当理由［例如，证明《联邦证据规则》404（b）的"动机、机会、意图、准备、计划、明知、身份，没有错误或者非意外事件"］，那么，规则404（b）就保证了**寻求**采纳的机会。［519 U. S. at 190（黑体字为本书作者所加）。］

"老首领"案对我们假设的销售海洛因案将有什么冲击呢？表面上看，"老首领"案陈述了当检察官欲否决将消除检控方证据的辩方约认时有两个一般规则：一个规则是，检察官可以拒绝这种约认，而狭义例外是针对被告的"法律地位"（status）的情况。然而，"老首领"案聚焦的是《联邦证据规则》403

280

平衡检验过程，而非"约认"。在上述假设的毒品交易案中，证明意图的必要性并未高于证明被告人曾是重罪犯的法律地位，因为它不存在争议；意图被减弱为一种技术性的东西，而不是检控方案情叙事的组成部分。对我们而言，看起来明确的是，在《联邦证据规则》403 平衡检验过程中，用于证明（不存在争议）意图的过去毒品交易行为，通常应予排除。

然而事实上，有些法院持相反的观点，认为"老首领"案总体而言是在支持采纳上述证据。合众国诉比尔德贝克案 ［United States v. Bilderbeck, 163 F. 3d 971, 977 - 978 (6th Cir. 1999)］；合众国诉威廉斯案 ［United States v. Williams, 238 F. 3d 871, 876 (7th Cir. 2001)］。至少有两个上诉法院已经判定，"老首领"案推翻或至少极大地限制了先前巡回法院允许被告人依约认而避免提供先前犯罪来证明意图或明知而产生偏见影响的先例。合众国诉希尔案 ［United States v. Hill, 249 F. 3d 707 (8th Cir. 2001)］；合众国诉克劳德案 ［United States v. Crowder, 141 F. 3d 1202 (D. C. Cir. 1998) (满席听审)］。我们认为这些案例都是错案，原因在于它们似乎将"老首领"案理解为一种对于审慎《联邦证据规则》403 平衡检验需要的限制。

281　　　（四）过去的"意外"或"巧合"与反巧合理论

在被告对意图存有争议——声称是个错误或意外——且检控方（或原告）想要提供先前各种类似所谓"意外"证据的情况下，《联邦证据规则》404 (b) 是如何规定的呢？另一种对《联邦证据规则》404 (b) (2) 适用的潜在误用是反巧合相关性理论，又称"机会说"(the doctrine of chances)。反巧合理论被用于反驳被告的"错误或意外"主张，它是基于这样一种概括，即如果具体行为有足够多的数量且与指控犯罪类似，那么，就不太可能将其解释为"巧合"或"随机"发生。反之，对于大量相似事件的发生，更可能存在某种统一的成因解释——例如，单个人的故意、重复行为。如一个法院所形象描述的："中一次彩票的人，是令人羡慕的；中两次彩票的人，就该接受调查了。"合众国诉约克案 ［United States v. York, 933 F. 2d 1343, 1350 (7th Cir. 1991)］；参见合众国诉比储米案 ［United States v. Beechum, 555 F. 2d 487, 495 (5th Cir. 1977), 其他原因致使撤销原判, 582 F. 2d 898 (5th Cir. 1978) (满席听审)］（"根据机会说，先前类似违法行为，降低了当前系争故意行为不是故意所为的可能性"）；保罗·F. 罗斯坦：《机会说，浴室新娘和对肖恩·沙利文的回应》［Paul F. Rothstein, The Doctrine of Chances, Brides of the Bath, and a Reply to Sean Sullivan, 14 Law, (2015)］。

　　请考虑以下假设案例：亚当·怀特（Adam White）被指控残暴殴打他3岁的儿子杰里米（Jeremy），造成后者面部瘀伤和左臂骨折。亚当辩称，这些伤是杰里米从楼梯上意外跌落所致。检控方提供证据证明，杰里米先前在由父亲看护的三个不同场合发生骨折，还有两次，怀特带着杰里米的妹妹——鲁思（Ruth）去医院看急诊，都是头部严重受伤。

　　辩方律师提出异议称，过去的具体行为被提供来证明怀特具有暴力虐待子女的品格特性，因而是《联邦证据规则》404（b）（1）所禁止的。检察官回应，该证据被提供用于非品性目的——证明《联邦证据规则》404（b）（2）的"没有错误或非意外"。辩方律师再提异议称，作为赫德尔斯顿案（Huddleston）和《联邦证据规则》104（b）的要求，没有证据足以支持一项（如检控方所称的）认定，即先前事件中的任何一次是怀特故意殴打，而非意外或由他人所从事的殴打行为。

　　孤立地审视每一次事件，辩方论点似乎有可取之处：没有足以支持一项认定即被告人在任何单一事件中都有罪的证据。然而，仅仅类似"事件"的偶然发生，能够解释所有受伤的可能性又有多大？反之，也许可以合理地推断：至少有一些受伤是由故意行为造成的。此外，被告人是这些事件发生时唯一可以确认在场的人。因此，似乎有理由相信——甚至有高度可能性——被告人与这些事件中的一次或多次事件有罪错牵连，即使我们不知道是哪一次或哪几次。该证据是否足以支持一个理性的事实裁判者，根据《联邦证据规则》104（b）作出被告人可能一次或多次有罪错地涉入了过去以及当前诉讼事件的认定？不管上述问题的答案如何，在这种情况下，明智的做法是，集中精力对作为整体的行为进行预备性事实认定，而非将每一事件分开进行个别审查。

　　最后，即使有足以支持一项认定即过去行为是怀特故意所为的证据，辩方律师仍可根据《联邦证据规则》403提出异议，指出当前事件系非意外行为的证明力，实质上小于《联邦证据规则》403不公正的偏见和混淆争点等危险。

　　正如你们所见，"机会说"允许使用过去具体行为来证明意图，即便没有证据足以支持一项认定，即任何单个过去具体行为本身是故意所为。但要具有相关性，"反巧合"（anticoincidence）证据必须支持两个推论：（i）至少有一些过去的"意外"事件，实际上并非意外；及（ii）过去非意外事件的数量，多到足以推翻关于当前索赔或指控的事件实属"意外"的辩护。

　　上述推理过程产生了一个危险，即在《联邦证据规则》404（b）（1）具体行为禁止规定中开创了一个"机会说"大漏洞。正如伊姆温克尔里德教授

282

（Imwinkelried）所指出的，根据"机会说"，人们总能从具体行为到品性、再到与品性一致的行为进行推论。爱德华·J. 伊姆温克尔里德：《运用刑事被告人未被指控的不当行为证据去证明犯罪意图：威胁到吞没品性证据禁令的学说》[Edward J. Imwinkelried, The Use of Evidence of an Accused's Uncharged Misconduct to Prove Mens Rea: The Doctrines That Threaten to Engulf the Character Evidence Prohibition, 130 Mil. L. Rev. 41, 54 - 75 (1990)]。例如，谋杀罪被告人先前暴力行为的证据——若以该被告人具有暴虐品性的证据，去证明与品性相一致的行为，便会遭到异议——可以被描绘为"机会说"证据。检察官可以聚焦先前行为与当前争议行为均是偶发事件的说法客观上不可能，因此，被告人对它们以及现今作为指控对象的行为必定均有罪错。

此外，我们如何知道自己何时有足够的所谓过去"意外事件"，以反驳当前意外或巧合的主张？检控方常常争辩说（并时而获得审判法院认可），一次先前事件就足够了。请比较合众国诉约克案 [United States v. York, 933 F. 2d 1343, 1350 (7th Cir. 1991)]（法院支持采纳先前未决的被告人妻子被谋杀的证据，以反驳被告人商业伙伴是意外死亡的主张）与韦恩诉州案 [Wynn v. State, 718 A. 2d 588 (Md. 1998)]（法院否决采纳故意私藏赃物的先前事件作为证据，以反驳被告人当前持有赃物是无意的辩方主张）。但是，如果一起、两起或数起过去事件（至少比赢得彩票更可能发生）便可视为满足反巧合理论的要求，那么至少当诉讼当事人主张错误或意外时，《联邦证据规则》404（b）（1）的禁止规定在很大程度上就可能会被削弱。

更细致地考察，"机会说"看起来很像是《联邦证据规则》404（b）（1）所禁止的品性推论的一个版本。它一旦被证成，统计推论便足以使该种证据比普通的过去具体行为证据更具有证明力。问题是："通常，一个无辜者会多么频繁地遭受此种损失？……一旦调查聚焦于相对频率，显而易见，有时即便一起未遭指控的意外事件也会被采纳，从而激活机会说。"伊姆温克尔里德，上引文，第 282 页；另参见韦斯特菲尔德保险公司诉哈里斯案 [Westfield Ins. Co. v. Harris, 134 F. 3d 608, 615 (4th Cir. 1998)]（被告以前至少七次提出火灾保险索赔的证据，对于证明此次火灾是故意酿成还是意外事故，具有证明力）。

最后的顾虑是：仅凭陪审团成员的直觉，是否足以进行复杂的统计推论？毫无疑问，你会碰到一些情况，其中，统计学家对特定不测事件的似然度估计为"可能偶然发生"。实际上，在刑事案件中，法庭科学证据常常以统计概率的形式表达。由此可以得出一个论点，在许多（即使不是全部）案件中，法院应要求提供专家的统计证据，以确立到底多少起意外事件才足以激活"机会说"。

（五）犯罪手法和品性推论

283

"犯罪手法"（modus operandi）是一种独特或特别的行为模式，用于支持从事过先前行为的同一个人必定也从事了当前案件中争议行为的推论。因此，当被告否认当前案件审判中的行为是其所为时，"犯罪手法"证据便具有相关性。因为证实"犯罪手法"需要高度的独特性和相似性，这一学说仅在有限情况下才行得通。参见合众国诉托马斯案［United States v. Thomas, 321 F. 3d 627，635（7th Cir. 2003）］。

为证明"身份"之非品性目的，一些法院有根据"犯罪手法"理论接受过去具体行为证据的传统。然而，要将证明身份的犯罪手法证据与被禁止的品性证据区分开来，可能有些困难。两者均以过去行为实例表明，证据提出者要求事实认定者推断，被告人具有按某种特殊方式行事的倾向，因而在当前争议案件中也是按此种方式行事的。将犯罪手法证据与被禁止的品性证据区别对待的唯一正当理由是：依其行为之独特性和相似性的高标准，犯罪手法比一般品格特性的证明力更高。

要　点

1. 《联邦证据规则》404（b）（2）允许使用过去的具体行为去证明"意图"，尽管这种证据的相关性也许依赖于《联邦证据规则》404（b）（1）所禁止的同样的品性推论。

2. 若"意图"或"明知"是刑事指控或民事索赔的一个要件，但被告未就此提出异议，使用过去的具体行为去证明意图，应当无可争辩地根据《联邦证据规则》403予以排除。然而，有些法院认为，"老首领"案支持这种证据的采纳。

3. 若被告否认先前的罪错与当前案件有牵连，"机会说"允许采纳先前的意外事件，以根据一种"反巧合"相关性理论，来反驳其"错误或意外"之辩——理由是：若没有被告的故意，过去和当前事件随机发生的可能性将微乎其微。

第四节　《联邦证据规则》404 (b) 和 403 的一个适用

合众国诉瓦罗达斯基案
（United States v. Varoudakis）

---

233 F. 3d 113 (1st Cir. 2000)

巡回法官历佩斯（Lipez）：……

检控方声称，被告乔治·瓦罗达斯基（George Varoudakis）〔被指控违反《美国法典》第 18 编第 844 (i) 节和第 18 编第 371 节，犯有纵火罪和共谋纵火罪〕为获得保险赔偿金，雇用一位熟人烧毁其惨淡经营的"终点餐吧"（Destinations）。在其被定罪后，瓦罗达斯基上诉辩称，地方法院滥用自由裁量权，采纳了其先前不良行为证据，即其长期女友及"终点餐吧"纵火案同谋谢丽尔·布里特（Cheryl Britt）的证言，她称自己在"终点餐吧"被烧毁 16 个月前，目睹瓦罗达斯基将其租用的汽车烧毁。我们同意瓦罗达斯基的观点，根据规则 403，该证据应该被排除，而且这个错误并非无害。因此，我们宣布审判法院的判决无效。

第一部分

1991 年，乔治·瓦罗达斯基在波士顿统一国会街开了一家集餐厅和夜店于一体的餐吧，取名"终点餐吧"。开业之初，餐吧总经理是瓦罗达斯基 1980 年代中期开始交往的女友谢丽尔·布里特。一开始，"终点餐吧"财务业绩不凡，但开业一年后业务出现滑坡。瓦罗达斯基向供应商支付了货款，但拖欠了员工工资。他的房东主张 60 万美元的租金欠款和损害赔偿，并于 1994 年 12 月启动了驱赶程序。

1994 年末，在持续多年购买低于租赁合同条款要求的保险额度后，瓦罗达斯基突然将"终点餐吧"保险额度提高到 50 万美元，并另购了 10 万美元营业中断保险。

谢丽尔·布里特作证，瓦罗达斯基曾告诉她，他提高保险金额的目的是其可以烧毁该餐吧，以获得保险费。

布里特作证，1995 年 4 月火灾前几周，瓦罗达斯基让她停止支付"终点餐吧"账单。因此，布里特未付 1995 年 2 月保险账单。1995 年 3 月 27 日，保单被取消。在审判中，瓦罗达斯基基于该保单被取消，对"其为收取保险费而烧毁终点餐吧"的检控方案件理论进行抗辩。然而，布里特作证，瓦罗达斯基并不知道该保险被取消的事情。

同样在 3 月的某个时间，瓦罗达斯基开始将"终点餐吧"的音响灯光设备搬到他在埃弗雷特（Everett）的一处房产。数名员工在该餐吧火灾前几天，不分白天黑夜地长时间工作，将设备搬运到卡车上。按照布里特和其他人的说法，从"终点餐吧"搬走的物品包括保险箱、餐桌、厨房设备、酒以及文件。共有价值超过 10 万美元的设备被搬走。

布里特和她妹妹黛安・凯西（Diane Casey）作证，1995 年 3 月底，瓦罗达斯基雇佣凯西的男友尼克・亚当斯（Nick Adams），对"终点餐吧"放火。布里特说，瓦罗达斯基让她在亚当斯完成任务后，支付给他 2 000 美元。

"终点餐吧"1995 年 4 月 4 日被烧毁。调查人员确定是纵火导致火灾。瓦罗达斯基在审判中并未对这项认定进行争辩。

谢丽尔・布里特起初向调查人员否认是瓦罗达斯基雇佣亚当斯纵火。然而，在得知瓦罗达斯基控告了凯西和亚当斯，且调查人员告知她有可能被起诉后，她暗示了与瓦罗达斯基有关。在 1995 年 10 月与调查人员的这些讨论中，布里特得到了豁免许诺。然而，她在向调查人员及两次大陪审团的传讯作证中都隐瞒了她与瓦罗达斯基的关系以及她卷入了火灾。检控方并未撤销其豁免权。在瓦罗达斯基审判中，布里特是检控方的主要证人之一。

经过长达 13 天的审判，陪审团裁决瓦罗达斯基犯有纵火罪和共谋实施纵火罪……

第二部分

在审判中，法院允许谢丽尔・布里特作证，证明 1993 年 12 月，她目睹瓦罗达斯基纵火烧毁了租用的一辆凯迪拉克轿车。布里特说，瓦罗达斯基将车停在他在埃弗雷特的一块地产处，随后他驾驶另一辆车去买汽油，车上的乘客就是她。返回后，他将报纸扔进凯迪拉克车的后座，在上面洒了汽油，并点燃了报纸。布里特说，瓦罗达斯基告诉她，他放火烧汽车是因为租赁合同已过期，他拖欠了额外里程费，且他预计保险公司会赔付损失。在对布里特的交叉询问中，瓦罗达斯基提供了汽车租赁合同，以弹劾布里特租赁合同已过期的证言。该合同显示，租期离过期还有 23 个月。在布里特作证后，埃弗雷特警署的理查德・盖姆比（Richard Gamby）警官作证，他调查了 1993 年 12 月的凯迪拉克车烧毁事件，与布里特的描述一致。

瓦罗达斯基辩称，根据《联邦证据规则》404（b），烧毁汽车的证据不应被采纳，因为该证据唯一目的在于证明犯罪倾向；或者根据规则 403，该证据不应被采纳，因为其证明力在实质上被它的不公正偏见影响所超过了。检控方的回应是，采纳烧毁汽车的证据是适当的；即便该证据不应被采纳，采纳该证据也是一个无害错误。

下面，我们将根据规则 404（b）和规则 403 滥用自由裁量权标准，来审查地方法院关于先前不良行为证据具有可采性的决定。

286

1.《联邦证据规则》404（b）的采纳标准

规则 404（b）规定，不得采纳被告人先前的不良行为证据，用以证明其具有在当前审判中被指控罪行的犯罪品性或倾向。要采纳先前不良行为证据，审判法院必须认定该证据通过了两项检验。第一，该证据必须与本案争点，如意图或明知，具有"特殊的相关性"；而且，不得包括"将不良品性或倾向作为推论链条的必要环节"。第二，根据规则 403，如果其证明力实质上被不公正的偏见危险超过，具有特殊相关性的证据仍然可以被排除。

正如《联邦证据规则》404（b）文本所指出的，若先前不良行为证据触及被告的意图、明知、计划、没有错误或身份，其可能具有特殊的相关性。此外，根据规则 404（b），如果先前不良行为可"解释非法关系的背景、形成和发展"，它们可以在共谋案件中被采纳作为证据。我们将聚焦于决定先前不良行为证据之证明力的两个因素："其他行为在时间上的久远性，以及与所指控犯罪的相似程度"。

2. 规则 404（b）的适用

（1）地方法院的裁定

在律师开审陈述前，为回应被告人试图排除烧毁汽车证据所提出的审前证据动议，地方法院裁定，布里特关于汽车烧毁的证言，可以证明瓦罗达斯基的"计划、明知和意图"，与他是否"明知故犯参与一起共谋诈骗计划"有关，因而可采。为支持这一理论，地方法院援引检控方主张称，瓦罗达斯基因"经济上的动机"，与"同谋（布里特）"一起实施了烧毁汽车和"终点餐吧"纵火。

法院引用合众国诉冈萨雷斯·桑切斯案〔United States v. Gonzalez-Sanchez，825 F. 2d 572（1st Cir.），调卷令，否决，484 U. S. 989（1987）〕，作为其裁定的权威依据。在冈萨雷斯·桑切斯案中，被告方是一群黑帮成员，因 1981 年 10 月纵火而被定罪。审判法院采纳了另外两起近来发生的火灾，作为先前不良行为的证据。与被指控的纵火一样，这两起火灾都烧毁了被告所拥有的被同一家保险公司承保的企业。这两起火灾与 1981 年 10 月的纵火，仅分别相隔 2 个月和 6 个月。在支持该法院采纳该证据的裁定中，我们提道："审判中的争点不仅仅是被告拉托雷（Latorre）是否实施了纵火。更大的争点是，拉托雷是否明知故犯参与了一起共同的诈骗计划"。上引案例，第 581 页。

冈萨雷斯·桑切斯案与本案的共谋理论有重大区别。与冈萨雷斯·桑切斯案接二连三发生的火灾（6 个月内连续发生三起商业地产纵火）不同，布里特的证言并未揭示，存在着一个将汽车火灾与"终点餐吧"火灾联系起来的计划。在合众国诉林恩案 ［United States v. Lynn, 856 F. 2d 430 (1st Cir. 1988)］中，我们裁定，关于大麻的先前定罪证据，不可采纳用来证明存在与当前被告人被指控的大麻贩卖有关联的共同计谋，因为没有证据证明是先前犯罪导致了第二次（罪行）。上引案例，第 435 页。同样，在本案中，没有证据表明，"一个连续或有关联的计谋"将汽车火灾和"终点餐吧"火灾联系在一起……

最后，地方法院称，汽车火灾对证明瓦罗达斯基实施"终点餐吧"纵火的动机具有特殊相关性，因为在这两起事件中，他都涉嫌纵火以获取保险费来缓解财务上的负担。与明知和意图不同，动机不是检控方必须证明的犯罪要素之一。所以，有关动机的证据必须被提供用以证明其他要素，例如，犯罪的实施、被告的身份，或者是被告必不可少的精神状态。

当先前不良行为证据被提供用以证明犯罪动机时，"法院必须注意防止打着动机的旗号，向陪审团偷运被禁止的倾向证据"。这正是问题所在。作为动机证据，汽车火灾的证言，被提供作为证明瓦罗达斯基实施了"终点餐吧"纵火的间接证据。它把一种倾向推论当作了"推论链条中一个必不可少的环节"。福兰克豪瑟案（Frankhauser, 80 F. 3d at 648）。简而言之，检控方争辩说：瓦罗达斯基为应对财务压力而从事的汽车纵火，与其为应对财务压力而放火烧毁餐吧，看起来如出一辙。将这种被禁止的推论与下面这个从先前不良行为得出被允许的推论相比较一下，例如，被告人所从事的一次蹩脚的抢劫被他无能的同伙们给"演砸了"，这为其随后攻击这些同伙提供了动机。在不涉及倾向推论的情况下，先前不良行为将提供实施这种侵犯的间接证据。

在一起同样有关被告烧毁自家餐馆的案件中，第十一巡回上诉法院排除了被告曾在另一起事件中威胁要"烧死"未缴足一个月房租之承租人的证据。参见合众国诉阿特案 ［United States v. Utter, 97 F. 3d 509, 514 (11th Cir. 1996)］。该案中，检控方争辩说，承租人的证言将证明"被告面对财务压力的反应方式"。上引案例。法院驳回了这一理论，而裁定："这种类型的品性和倾向证据为规则 404（b）所禁止"。上引案例。另参见林恩案（Lynn, 856 F. 2d at 436）。基于同样的理由，我们认定，该地方法院的财务动机理论是错误的。

287　　　　2. 布里特—瓦罗达斯基的关系

然而，与地方法院"布里特在两起火灾中都是同谋"的理论不同，存在一个根据规则 404（b）采纳汽车火灾证据的理论，这种区别尽管微妙，却很重要。检控方在上诉中敦促适当地采纳汽车火灾的证据，因为该证据证明了在计划和实施"终点餐吧"纵火的全过程中，瓦罗达斯基和布里特共谋关系的背景和形成。

在合众国诉埃斯科瓦尔—德·杰西案［United States v. Escobar-De Jesus, 187 F. 3d 148, 169（1st Cir. 1999）］中，我们说过，"为了帮助陪审团理解同谋者相互信任关系的基础"，先前不良行为证据具有可采性。

谢丽尔·布里特与乔治·瓦罗达斯基之间的关系，与指控瓦罗达斯基的共谋案具有相似的实质性。布里特对如下关键事实作证：瓦罗达斯基雇佣尼克·亚当斯烧毁"终点餐吧"，以及当纵火发生时，瓦罗达斯基依然相信自己持有保险等。布里特的证言还反驳了瓦罗达斯基不在犯罪现场，以及搬走音响和其他设备具有合法目的的主张。

布里特知道这些事情，是因为瓦罗达斯基信任她。她证言中提到，在他烧毁租用的凯迪拉克汽车时允许她在场，表明了这种信任。该证据还表明，瓦罗达斯基希望布里特在一定程度上参与到他的恶行中来。正如埃斯科瓦尔—德·杰西案所采纳的先前不良行为证据一样，布里特的汽车火灾证言，能够帮助解释布里特—瓦罗达斯基之间关系的性质。

被告辩称，先前不良行为证据，不应被采纳用来证明布里特与瓦罗达斯基之间关系的背景和形成，因为，瓦罗达斯基并未否认其与布里特有长期亲密关系。乍一看，这一说法有一定道理。但是，我们认为，即使先前不良行为证据与被告未提出争议的问题具有相关性，其仍然有可能具有证明力……被告未对先前不良行为证据所涉问题提出争议，"并不等于将那些问题从本案中移除了"。

因此，我们的结论是：根据规则 404（b），汽车火灾证据对于布里特—瓦罗达斯基的关系具有特殊的相关性，因为，它表明，他非常信任她，愿意在她在场的情况下实施犯罪……

　　　　3. 规则 403

288　　　　超越了规则 404（b）禁止的先前不良行为证据，仍有可能因规则 403 而不可采。该规则要求，当证据的证明力实质上被"不公正的偏见危险"超过时，审判法院应对其予以排除。《联邦证据规则》403。除此之外，相关证据还有可能因为其证明力被"混淆争点，误导陪审团，不当拖延，浪费时间，或者不必要地提出累积证据"的危险性实质上超过，而被排除。

地方法院在规则403问题上的决定会在上诉时受到充分尊重。不过，我们仍然认为，在本案中，地方法院根据规则403所作出的关于汽车火灾证据具有可采性的裁定是错误的。

根据规则403平衡检验标准，"必须避免的唯有不公正的偏见"。我们强调"不公正"，是因为"所有证据本身都带有偏见性"。通常，法院使用"不公正的偏见"一词来形容那些会引导陪审团情绪化地作出裁决的证据。例如，我们已经认定，应该在某种程度上排除先前不良行为证据，因为其"无疑具有破坏性"。吉尔伯特案（Gilbert, 229 F. 3d at 26）。当先前行为是那种"容易激怒陪审团的骇人听闻的犯罪"时，我们也会格外谨慎。

正如地方法院所指出的，汽车火灾证据并非特别令人震惊。它很难导致陪审团情绪化地去定罪，因而没有多少危险性。然而，规则403也保护被告免受犯罪倾向证据所导致的不公正偏见。正如最高法院所指出的，根据规则403，不适当的理由"肯定包括……将被告先前不良行为概括为不良品性，并借此拉高其确实从事了现在被指控的后来不良行为的概率"。"老首领"诉合众国案 [Old Chief v. United States, 519 U. S. 172, 180 (1997)]。

可以肯定的是，所有先前不良行为证据都涉及某些潜在不适当的倾向推论。正因为如此，根据规则404（b），陪审团可能推断关于被告人从事犯罪的某些负面品性或倾向的可能性，并未导致证据不可采，除非还得出了不允许的推论。然而，根据规则403，不适当的犯罪倾向推论风险应当根据整体环境进行考量，包括在其他证言可获得的情况下，检控方为了依据规则404（b）特殊相关性分析方法来证明有关争点时对该证据的需要。参见"老首领"案（Old Chief, 519 U. S. at 184）（"规则403所界定的证据的'证明力'，不同于规则401的'相关性'，不可以通过比较替代性证据来进行估量"）。

以下是我们分析的关键。"当证据提出者可以通过其他不带偏见的证据来证明该事实时，对对方的偏见可以说就是'不公正的'"。莱特和格雷厄姆：《联邦惯例与诉讼：证据》[Wright & Graham, Federal Practice and Procedure: Evidence § 5214]。因此，当检控方有其他可用的证据时，对于先前不良行为证据之证明力的怀疑就会"加剧"，"使得用先前不良行为来证明意图的需要变得微乎其微"。

显而易见，规则404（b）和规则403之间具有一定的张力。先前不良行为证据与被指控犯罪越相似，根据规则404（b）它似乎就越有可能具有相关性。然而，先前不良行为与犯罪越相似，陪审团就越有可能推断，从事了先前不良行为的被告人犯了被指控的罪行。而这恰恰是规则 403 要防止的推论类型。

4. 对规则 403 的适用

289　　检控方使用汽车火灾证据，主要是为了论证瓦罗达斯基是一个纵火犯。在开审陈述中，检控方说："现在，被告很清楚如何计划一场纵火，因为这并不是他计划的第一场纵火"。规则 404（b）虽然允许为证明"计划"而采纳先前不良行为证据，但我们已得出结论，汽车火灾和"终点餐吧"火灾并无一个有联系的共同计划或谋划。实际上，因为汽车火灾，这个开审陈述强调了瓦罗达斯基烧毁"终点餐吧"的犯罪倾向。在询问布里特有关汽车火灾的问题时，检控方并未强调她与瓦罗达斯基关系的发展，而这恰恰是根据规则 404（b）采纳证据的适当理由。相反，布里特的证言集中在汽车火灾的事实，以及瓦罗达斯基对她说烧毁汽车是为了收取保险费的陈述。

进而言之，如同吉尔伯特案一样，汽车火灾证据的证明力微乎其微。检控方并不需要汽车火灾的证据，才能证明瓦罗达斯基和布里特的亲密关系。布里特作证说，她和瓦罗达斯基的亲密关系始于 1985 年，自 1989 年起他们开始同居，住在由瓦罗达斯基帮助布里特购置的一个公寓中，至今已有 6 年。布里特说，瓦罗达斯基给她买珠宝、家具，并带她去奢华的度假旅行。

检控方的确也不需要通过汽车火灾证据，来证明瓦罗达斯基与"终点餐吧"纵火有关的明知或意图。瓦罗达斯基矢口否认自己纵火，而没有争辩他是在不知情或非故意状态下烧毁了餐吧。没有证据表明，瓦罗达斯基是一场纵火共谋中被他人利用的无辜"工具"，就像冈萨雷斯·桑切斯案（Gonzalez-Sanchez, 825 F. 2d at 581）被告一样。在这些问题上，没有根据规则 403 权衡反对采纳该证据的争议。参见吉尔伯特案（Gilbert, 229 F. 3d at 24）（"检控方提出的支持采纳先前不良行为证据的五项问题中，有四项与本案中的争议关系不大"，被引用为权衡支持排除证据的因素）。

布里特的证言披露，检控方其实根本不需要通过汽车火灾证据，来证明布里特和瓦罗达斯基的亲密关系——根据规则 404（b）证据采纳的唯一正当目*290*的。包括地方法院和检控方所引用的证据，都缺乏基于规则 404（b）的任何其他特殊相关性，在我们看来显而易见。该证据的倾向危险是毋庸置疑的。因此，我们认为，当地方法院采纳汽车火灾证据时，其证明力在实质上已被不公正偏见的危险所超过。这一裁定是错误的。

在此，我们再补充两点。首先，基于上诉法院审查的性质及对案件事实记录方面的限制，我们很少撤销地方法院根据规则 403 平衡分析，对先前不良行为证据之可采性的裁定。正如我们反复所说的，"只有在例外情况下，我们才会撤销地方法院行使证明力和不公正偏见之权衡对比的自由裁量权而作出的裁定"。我们重申对本原则的遵守。然而，本案中，我们遇到了需要插手的例外情况。

其次，尽管我们并非因为事后聪明而得出需要干预的决定，但得出该结论确是由于我们拥有地方法院所不具备的优势。

相比而言，检控方也拥有背景和时间上的优势。在审判之前，检控方便已大致了解整体案情和先前不良行为证据在其中的角色。检控方也有足够时间来全面分析规则 404（b）的例外规定①以及规则 403 的限制是否适用于本案情形。正是由于未进行这种分析，才导致了本案及其他案件不必要的复杂化⋯⋯合众国诉西蒙案［United States v. Simon，842 F. 2d 552，556（1st Cir. 1988）］［图瑞拉法官（Torruella），同意意见（"几乎所编造的任何借口、牵强理论都是为了去满足规则 404（b）的例外规定"）］。

作为经常被引用的名言，大法官杰克逊（Jackson）解释了我们的证据规则为何如此警惕"倾向证据"。

> 检控方不得表明有关被告过去的法律麻烦、具体犯罪行为，或在邻里间的恶名，即便这类事实也许在逻辑上具有说服力，即说明在倾向上他可能是一个罪犯。不得进行这种询问，并非因为品性不具有相关性；相反，据说陪审团对这种一般性不良记录会过分看重，甚至会强行说服他们形成预判，导致被告无法获得对抗特定指控的公正机会。迈克尔逊诉合众国案（Michelson v. United States，335 U. S. 469）（脚注省略）［在"老首领"案（Old Chief，519 U. S. at 181）中被正面引用］。

尽管检控方明知先前不良行为证据具有倾向性并对公正具有潜在影响，但检控方仍常常挑战这种证据可采性的底线，在审判法院的时限、法院宽泛的自由裁量权、规则 404（b）的弹性，以及上诉法院的无害错误规则等方面，对于挽救其越轨的后果而下赌注。这并非总是一场会赢的赌博。

（在本法院认定该审判错误并非无害后，地方法院的判决被撤销。）

——注释和问题——

291

1. 瓦罗达斯基案是对第三节所描述的具体行为作为证据之三步分析法的复制。检控方为了使汽车纵火证据具有相关性，描绘了一个所谓的非品性目

① 因为规则 404（b）在基本规定（过去的不良行为不应被采纳）之外有许多例外，有时其被认为是条基本规定，有时又被认为是条例外规定。无论哪种提法，404（b）中的例外规定都不得掩盖其基本规定。

的。诉讼双方就汽车火灾是否为能获保费理赔的纵火这一事实争议对簿公堂。尽管存在着明显有效的非品性目的，但法院最终支持了《联邦证据规则》403异议，因为陪审团得出的被禁止的品性推论，存在不公正偏见的危险。

2. 你是否能够回答下列有关《联邦证据规则》404 和瓦罗达斯基案的问题：

(a) 被告对检控方"汽车火灾实乃一场为获得保险理赔的纵火"的主张提出异议。这个有冲突的证据被出示给陪审团。如果是在过去的具体行为是否发生（或者是否按照证据提出者所主张的相关方式发生）问题上存在争议，为什么允许陪审团听取该证据？依据什么规则？

(b) 显而易见，检控方提供的被告瓦罗达斯基过去其他具体行为实例，并未受到异议（或者，至少未被法院作为出现的困难进行讨论）。这包括停付餐吧账单的决定，他的房东主张的 60 万美元欠租和未具体说明的"损害"。假设被告根据《联邦证据规则》404（a）和（b）（1）对这些证据的可采性提出异议，因为提出这些证据的目的仅在证明其为赖账、不负责任的房客之不良品性。针对该异议，法院该如何裁定？

(c) 为什么所称汽车纵火不能如检控方所争辩的那样，被采纳用来证明瓦罗达斯基的"明知、计划、意图或动机"？上诉法院对这个问题的裁定是否正确？

(d) 尽管如此，上诉法院裁定，该汽车纵火证据压倒了《联邦证据规则》404（b）（2）异议。这是基于什么理论？该理论是否属于 404（b）（2）的分类？如果不是，是否意味着法院作出错误的裁定？

(e) 决定排除该证据的最终根据是什么？

(f) 法院似乎很关心检控方在开审陈述和结审辩词中关于汽车纵火证据的说法。该事实对法院的分析有何影响？审判的一项基本原则是："律师的陈述和辩词都不是证据"。在决定本案中出现的《联邦证据规则》403 和 404 问题时，难道不应该对法院只关注证据性记录而忽略律师陈述和辩词的情况进行审查吗？

3. 法院对检察官公开批评，像法院在瓦罗达斯基案意见的最后几段，是比较罕见的。该法院这样做的目的是什么？

4. 法院和评论者们常常将《联邦证据规则》404（b）（1）禁止使用具体行为证据，归类为禁止使用"倾向证据"，或禁止进行"倾向推论"，或禁止为"倾向目的"而使用具体行为证据。然而，几乎所有允许使用具体行为证据的情况，都还要求事实认定者作出倾向推论。因此，尽管"倾向"一词与《联邦证据规则》404（b）（1）有共同关系，但"倾向"概念本身，对于决定《联邦证据规则》404（b）禁止什么和允许什么，帮助作用并不大。

思考题

5.14. 因涉嫌为获得保险理赔费而故意烧毁自己所拥有的商铺——奇杯乔餐厅（Odd Cuppa Joe Diner），费利克斯·昂格尔（Felix Unger）被指控犯有纵火罪。昂格尔声称，烧毁其餐厅的大火是场意外。检控方提供了以下证据。它是否可采？

（a）20年前和10年前，昂格尔拥有的另两家企业被烧毁的证据，他辩称，这两起火灾均为意外。在这两起事件中，昂格尔均获得保险理赔。

（b）就10年前的火灾，昂格尔自认纵火罪的证据。

5.15. 回到第270页思考题5.5。假设审判法院采纳有关其他枪支的证据，不是为了证明扎卡里（Zachary）的"谋杀倾向"，而是为了证明"完整的犯罪案情"。基于你的阅读，扎卡里案上诉中控辩双方应如何展开辩论？上诉法院该如何决定？

5.16.（a）在安（Ann）被指控持有1千克可卡因并意图销售的审判中，她不认罪。检控方提供了一位警官的证言，证明在被控犯罪的三周之前，安向布伦达（Brenda）出售了可卡因。被告方提出异议，以下对话发生在法官席：

1　辩方：法官大人，这是不适当的品性证据。

2　检察官：不，它在"意图"问题上是可采的。

3　辩方：法官大人，"意图"并非我们这里的争点，因此，这样的证言充其量是早产儿。

4　而且，那件事连一项定罪都算不上，因此它不应被采纳。

审判法院应该如何对这些论点进行裁定？为什么？

（b）在辩方主辩期间，安作证说，她对在她车上发现的1千克物品是可卡因并不知情。在交叉询问中，检察官问："安，11年前你染上毒品，并因销售海洛因而被定罪，这不是真的吗？"安如果诚实回答，答案为"这是真的"。辩方再次援引反对品性证据规则，然而，该检察官辩称："法官大人，该证据与明知、意图和计划有关"。针对该主张，审判法院该如何裁定？为什么？

293

第五节　工作惯例和操作规程

虽然《联邦证据规则》严格限制当事人可以提出品性证据以表明行为与品性一致的情况，但《联邦证据规则》允许使用一个人的习惯的证据，以表明其在特定场合下是按习惯行事。同样，《联邦证据规则》允许以一个组织的工作惯例或操作规程的证据，来表明行为符合惯例或规程。

一、《联邦证据规则》406

规则 406　习惯；操作规程

一个人的习惯或一个组织操作规程的证据，可以采纳来证明该人或者该组织在特定场合下的行为与该习惯或操作规程具有一致性。不论该证据是否得到补强，或者是否有目击证人，法院均可采纳该证据。

二、《联邦证据规则》406 的解释

绝大多数《联邦证据规则》都专注于解决证据排除或可采性问题；《联邦证据规则》406 却宣布一个特定类型的证据具有可采性，这从技术上看似乎是不必要的：《联邦证据规则》402 对所有相关证据都具有可采性已作出规定，除非其受制于一项排除规则，而《联邦证据规则》并无排除"习惯"证据的规定（与"品性"证据大相径庭）。[2] 尽管如此，《联邦证据规则》406 发挥着两个重要作用。

首先，《联邦证据规则》406 并未对采纳习惯证据设置特别的限制。时至今日，虽然大多数司法辖区并未限制使用习惯和操作规程证据，但过去许多案件，包括一些联邦案件，则要求采纳该证据时有目击证人或其他补强。《联邦证据规则》406 明确了这些先前的限制不再适用。

其次，《联邦证据规则》406 作了有用的澄清，即虽然习惯证据与品性证据无论在形式上还是在逻辑上都很相似，但习惯证据并不受品性规定的限制。如同"品格"特性一样，"习惯"是人们按照某种可预测方式行事的倾向或癖

---

[2] 在《联邦证据规则》重塑之前，《联邦证据规则》406 规定，习惯或组织规程的证据，"对于证明个人或组织在特定场合下的行为与其习惯或操作规程具有一致性时，具有**相关性**"。《联邦证据规则》406（2010）（黑体为作者所加）。这种证据的相关性比其可采性更显而易见。显然，《联邦证据规则》406 一直试图将这种"倾向"证据区别于《联邦证据规则》404 所禁止的品性证据，重塑后的规则将"相关性"一词替换为"均可采纳"，这并未使本规则发生实质改变。

好。就像品性证据一样，习惯证据的相关性取决于"倾向推论"——某人在特定场合下更有可能依其倾向（品性或习惯）行事。

组织也会有自己的行为倾向。《联邦证据规则》406暗示，根据证据法的理解，不可采的品格特性属于个人个体特性，而非人的群体特性。

（一）习惯和操作规程证据的重要性

294

对于特定场合下的行为而言，习惯或操作规程证据可能是非常有用的间接证明。例如，为了表明亚历克斯（Alex）在被该被告的汽车撞倒时正走在十字路口的人行横道上，亚历克斯可以提供他在十字路口使用人行横道的习惯证据。为了证明这种习惯，海伦（Helen）可以作证说："我数以百次地看到过亚历克斯从这个十字路口穿过街道，每一次他都使用人行横道。"

此外，一个组织的操作规程证据，有时也许是证明特定场合下行为的唯一方式。例如，请考虑一下，一家保险公司如何能证明其发出了一份保单取消通知。要求任何雇员对这份相关通知的寄送拥有特殊记忆，似乎是不太可能的。然而，保险公司大概将能够依其操作规程来证明该通知已经发出：该公司可以提供一份保单取消通知副本，连同一位公司雇员的以下证言："这份副本来自我们的文件柜。只有在原件办妥、被签署并被投入外发信箱后，才能把这份副本归档，这是公司的操作规程。每天下午3点钟，一位指定的雇员会从外发信箱中取走邮件，然后交给美国邮政。"《联邦证据规则》406所适用的组织种类，必须为有凝聚力的企业，而非松散的协会。参见合众国诉兰赫尔—阿雷奥拉案［United States v. Rangel-Arreola，991 F.2d 1519，1523（10th Cir. 1993)］。

（二）证明习惯和操作规程的方法

《联邦证据规则》406没有谈到为了证明特定场合行为，证据提出者可以用于证明习惯或操作规程的证据种类，但也没必要这么做。《联邦证据规则》404（b）对于用具体行为证据证明"品性"的禁止规定，并不适用于使用具体行为证明"习惯"（习惯与品性的定义不同）。一般情况下，证据提出者会使用上述例证中所描述的证据类型：习惯证人很可能提及许多具体行为，或基于并非个别化描述的大量观察材料提供一个概要或"意见"。如果法院把概要定性为意见证言而不是具体行为证言，那么，只要该意见符合《联邦证据规则》701外行意见规则有帮助作用和直接知识的要求，这种定性应当就不会引起麻烦。操作规程证人可以像例证中那样来一般性地描述操作，亦可描述具体实例。

虽然名声证据是证明品格特性的一种传统方法，但证据提出者应当不能使用名声证据来证明习惯或操作规程。以此目的而提供的名声证据将是传闻证据，尽管对于用名声证据去证明品性有一项传闻证据例外［《联邦证据规则》803（21）］，但并没有提供名声证据去证明习惯或操作规程的例外。

295　　　 （三）习惯和品性之间的区别

由于《联邦证据规则》404－406 限制品性证据的使用，但不限制表明特定场合下之行为的习惯证据的使用，且如上文所述，习惯证据与品性证据非常类似，为了使其具有相关性，依赖同样种类的"倾向"推论。因此，把某人的倾向归类为"习惯"而非"品性"，对于其可采性而言往往举足轻重。

虽然《联邦证据规则》既未定义品性也未定义习惯，但通常用法和判例法都表明，习惯这个词是指比品格特性更具体、更常规的倾向。例如，每天早晨 6 点钟起床，根据通常用法，是一种我们称之为习惯的活动；相反，具有暴力性（一般并非呈规律性、常规性），我们则会称之为品格特性。同样，正如我们所指出的，法院可能将亚历克斯在人行横道上穿越同一个十字路口的证言视为习惯证据。查姆利诉刘易斯案［Charmley v. Lewis, 302 Or. 324, 729 P. 2d 567 (1986)］。然而，法院会把关于亚历克斯通常小心谨慎行事的证言，考虑为品格特性证据。一个人"在穿越街道时总是走人行横道"的证据，应当被认作品性证据还是习惯证据？参比科瓦克斯诉切萨皮克*和俄亥俄州铁路公司案［Kovacs v. Chesapeake & Ohio Ry., 134 Mich. App. 514, 351 N. W. 2d 581 (1984)］（那个人走近铁路并小心谨慎地穿越叉道口的证言，被视为习惯证据）。

虽然法院在决定是否将其称为习惯证据的问题上，几乎完全依靠某种活动之具体和常规的程度，但还有另一个因素有助于区分习惯和品性。如前述，过人行横道和早晨 6 点钟起床的例子，至少与品格特性相比，我们倾向于把构成一种习惯的活动看作是道德中立性的行为。相比之下，品格特性具有更为丰富的道德内涵：暴力型是恶；小心谨慎是善。

使习惯与品性区别开来的因素——常规性、具体性和道德中立性——同样也是普通法上称为工作惯例和《联邦证据规则》406 称为"一个组织的操作规程"所固有的。确实，根据联邦证据规则起草咨询委员会对《联邦证据规则》

---

　　* 美国弗吉尼亚州东南部城市。——译者注

406 的注释，这句话是指"作为群体成分的行为"，它"等同于"我们刻画为习惯的个人行为。

（四）允许使用习惯和操作规程证据的原理

296

把习惯和操作规程与品性区分开的因素——相对来说更常规，活动更有具体性和不存在道德内涵——表明了允许前一种证据和严格限制后一种证据的理论根据。首先，因为习惯和操作规程证据的规律性和具体性，其对特定场合下的行为很可能比品性证据更具证明力。换句话说，对于人们有按其习惯行事之倾向的概括，很可能比人们有按其品格特性行事的概括更为真实。其次，就习惯或操作规程证据具有道德中立性来说，它不会产生品性证据所固有的潜在偏见。盖默丁格诉谢弗案 [Gamerdinger v. Schaefer，603 N. W. 2d 590，594 (Iowa 1999)]。另外，考虑到对操作规程、重复行为中的具体实例进行回忆非常困难，操作规程对个人或尤其对一个组织去证明具体行为实例而言，也许是唯一能够获得的证据。

（五）对习惯和品性加以区分的策略

立法对习惯和品性的区分并不明确。在这一点上，联邦证据规则起草咨询委员会对《联邦证据规则》406 的注释，即使不矛盾，也是模糊的。该注释一开始引述了《麦考密克论证据法手册》[McCormick's Handbook on the Law of Evidence] 的一段话，称习惯比品性更为"具体"，被定义为"人以某种行为应对某种具体情况的常规实践，比如下楼梯时一次迈两级台阶的习惯……或在列车还没有停稳时从车厢上跳下来的习惯"。在这个谈不上有什么帮助作用的定义之后，该注释后半部分又引用了一个案例论述，表示习惯大概是"无意志化且具有不变规律性"的行为。联邦证据规则起草咨询委员会对《联邦证据规则》406 的注释（对莱文诉合众国案 [Levin v. United States，338 F. 2d 265 (D. C. Cir. 1964)] 的引用）。

莱文案中的习惯定义虽然非常狭隘，然而，麦考密克那段话并未告诉我们，在品性和习惯之间有什么性质上的差别；对处于一般性和具体性这种极端例子之间的活动，也未给我们提供定性的依据。例如，某人（a）是一位谨慎的驾驶员，（b）总是或通常都在停车标志前停车，（c）总是或通常都停在特定停车标志前。对于这样的证据，应当如何定性？判例法表明，第一个并且很可能第二个证据应该是品性证据，而最后一项将是习惯证据。*琼斯诉南太平洋铁路公司案* [Jones v. Southern Pacific Railroad Co.，962 F. 2d 447，448 (5th

Cir. 1992)]（在 29 年多的时间内的 9 项各种安全违规操作，不是习惯证据）；韦尔诉塞尔查案［Weil v. Seltzer, 873 F. 2d 1453 (D. C. Cir. 1989)］（用类固醇假冒抗组胺剂，不是习惯；习惯是其发生具有"不变规律性"的东西）；单通信有限公司诉多能源系统有限公司案［Simplex Inc. v. Diversified Energy Systems, Inc., 847 F. 2d 1290 (7th Cir. 1988)］（供货商在履行其他合同时发生的延迟交货行为，不是习惯）；查姆利诉刘易斯案［Charmley v. Lewis, 302 Or. 324, 729 P. 2d 567 (1986)］（常常在没有人行横道标志的十字路口过马路，是习惯证据）。然而，这些结论在麦考密克的描述中并不明显。关于品性和习惯之区分困难的一个绝妙讨论，参见约翰·亨利·威格莫尔：《普通法审判中的证据》［1A John Henry Wigmore, Evidence in Trials at Common Law 1624—1630 (Peter Tillers rev. 1983)]。

297　　　考虑到要阐明习惯与品性区分的先验标准存在困难，想要说服法官该证据应当归入某一种类或另一种类的诉讼律师，应当遵循双重策略。首先，重要的一点是检索现存的判例法，并进行类推，区分法院把证据归入习惯或品性的具体情况。其次，人们应当从一开始就设法把渴望得到的证据分类与为习惯证据和品性证据设定不同规则的证据法正当理由联系起来。例如，如果行为的特定性、行为的一致性及背景的相似性，对争议中的行为来说表现出了较高的证明力，以这些特定因素为据，就能把该证据归入习惯。同样，如果存在引起不公正偏见的风险，就可以主张偏见风险是品性证据的特点之一，有争议的证据因此应当归入品性。聚焦于证明力和偏见，有利于促进理性的证据裁定。不过可以肯定的是，这种关注对于人们判断其所处理的是习惯问题还是品性问题，并不总能提供简单的解决办法。实际上可以说，习惯与品性之间的差别，只是一种程度上的区分，而非明显的种类区分。

（六）关于习惯问题的司法事实认定

上文探讨的是某一具体活动属于习惯还是品格特性的问题。在提供习惯证据或操作规程证据时，会出现一个与之密切相关又相区别的问题，即该证据是否能够证明在特定案件中存在着习惯或操作规程。例如，重新考虑一下，海伦对亚历克斯在某个特定的十字路口使用人行横道习惯作证的例子。人们必定会问的第一个问题是，可否把该行为说成是一种习惯，而非品格特性。换句话说，如果穿越某个特定的十字路口时使用人行横道的做法具有充分的规律性，这是不是一种与品格特性形成对照的习惯？假定答案是肯定的，那么，人们必须考虑，该证人证言是否能够证明亚历克斯的活动足以规律化到成为他的一种习惯。如果海伦多次看到亚历克斯穿过十字路口总是走人行横道，那么，对第二个问题的回答也是肯定的。另一方面，如果海伦提供证据作证说：（1）亚历克斯走人行横道过马路的次数仅占 60％，或（2）她看到亚历克斯穿过十字路口的次数仅有三次，那么，法院将以其无法表明亚历克斯的习惯为由排除该证据。在第一种情况下，亚历克斯的活动并不完全是规律性或常规的；在第二种情况下，海伦关于亚历克斯行为的认识对于判定该行为是否具有规律性或常规性，是不充分的。考虑一下，如果海伦作证说，她与亚历克斯一起过街的时候，数以百次地看到他全部使用人行横道，结果会怎样。这个证据对于证明亚历克斯的习惯，以表明在当前争议情境中他独自过街时使用人行横道，应当具有可采性吗？

　　在对联系紧密的问题——（1）活动类型是否能够纳入习惯或操作规程的　　*298*
范畴，或（2）具体案件中的证据能否充分证明习惯或操作规程的回答难以明确的情况下——法院倾向于对证据的可采性实行相当严格的控制。然而，法院很少清楚地表达出其结论的精确根据。例如，考虑以下情形，法院以证人未能充分多次见证该行为从而证明该习惯是否实际存在为由，而排除了证人所提供的习惯证据。法院可以根据《联邦证据规则》104（a）优势证据规则，裁定证据无法证明一种习惯。另一种可能的情况是，法院通过适用《联邦证据规则》403，可以得出结论，该证据较低的证明力（证人拿不出什么实例作证）无法保证对提起诉讼事项花费时间是值得的。法院依据这些理论中的哪一条来作出裁定，也许是不明确的。事实上，法院在作出排除证据决定时，也许并不会去具体考虑两种在理论上相区别的正当理由。

（七）品性/习惯区分的一次应用：饮酒"习惯"

　　在区分品性和习惯时偶尔会遇到的困难，可以在一个人的酒精消费习惯被作为证明特定场合下醉酒的间接证据这种特别但频繁重现的情形中得到很好的说明。例如，假设一个案件，被告人在周五晚上发生的肇事逃逸事故中被指控为车祸致人死命罪，检控方想要证明被告人在事故发生时醉酒。假定，检察官准备提供关于被告人有酒后驾车倾向的目击证人证言。不论人们是否把酗酒视为一种疾病，向陪审团出示这种证据都可能导致偏见，因为陪审团成员可能由于对酒后驾车的人缺乏同情心而倾向于忽视合理怀疑。因此，在这一点上，从有酗酒趋向性——或至少有酗酒后驾车的趋向性——的证据目的来说，它很像是一种品格特性。另一方面，如果饮酒的证据相当具体——例如，在过去的50个周五，每周五下班后下午 5－6 点钟喝 6－7 杯威士忌——该行为就与被贴上习惯标签的证据具有同等的规律性和常规性。

在我们的车祸致人死命罪指控中，检控方证据的可采性，最终取决于将该证据的精确性与现行判例法进行的比较。正如联邦证据规则起草咨询委员会对《联邦证据规则》406 的注释所指出的："酗酒'习惯'的证据，在提供用以证明意外事故案件的醉态时，一般要被排除。"然而，一些法院采纳了一个人具体化和常规化的酗酒倾向证据。劳恩诉费尔斯通轮胎和橡胶公司案［Loughan v. Firestone Tire & Rubber Co.，749 F. 2d 1519，1522－1523（11th Cir. 1985）］（6 年间"一贯行为模式"包括：上班酗酒、通常在清晨饮酒以及在卡车上携带啤酒冷却器）；州诉凯特利案［State v. Kately，270 N. J. Super. 356，637 A. 2d 214（1993）］（采纳了被告持续一年在家对面的地里每周每晚都饮酒的证言，证明被告每次饮用 1－2 扎的 6 瓶装的啤酒，且每周有四或五个晚上处于醉酒状态）。

（八）一个组织的惯例或操作规程证据

组织机构有品格特性吗？一种说法是，就证据法而言，它们没有品格特性：《联邦证据规则》404 禁止使用品性证据的规定，仅适用于"个人"。尽管公司和其他组织在一些法律问题上可能会被视为"法人"，《联邦证据规则》406 专门区分了"个人"和"组织"行为。将《联邦证据规则》404 和 406 放在一起进行理解，并赋予相同术语以相同的含义，我们就会发现《联邦证据规则》404 中的"人"不包括组织机构。

如果法院认同组织机构没有品格特性，那就不存在混淆习惯和品性之理论界线的风险，而且，这些法院不会用证明个人习惯的审查标准，去证明组织机构的惯例或操作规程。法院可能会要求证明一个组织的操作具有规范性和重复性，但不太可能要求证明这种操作规程在道德上是中性的或日常性的重复行为。参见韦宁诉企业财务集团案［Vining *ex rel*. Vining v. Enterprise Financial Group，148 F. 3d 1206（10th Cir. 1998）］（运用《联邦证据规则》406 采纳了有关滥用保单解约的操作规程证据）；合众国诉科赫工业案［United States ex rel. Koch v. Koch Industries，1999 U. S. Dist. LEXIS 16632（N. D. Okla. Sept. 28，1999）］（运用《联邦证据规则》406 采纳了由管理层主导、适用于全公司的操作规程证据，其误测了几乎所有租赁合同的产油量）。

正如对习惯一样，对一个组织的惯例或操作规程证据也可以提出异议，理由是所提供的该组织的具体行为不足以证实该惯例或规程，或者提供关于该组织操作规程意见的证人对所称操作规程缺乏第一手知识。此外，诉讼对方可以根据《联邦证据规则》403 对该组织的操作规程证据提出异议，比如，主张该组织先前不良行为证据对于证明操作规程的证明力很低，却有强烈的偏见影响。但一个重要方面在于，对组织操作规程证据提出的异议有别于对个人习惯证据提出的异议。诉讼对方可以主张某种倾向实际上不是习惯而是品格特性，从而对用以证明个人习惯的证据提出异议。相比之下，对于组织的操作规程证据，却无法提出"品性"异议。但请注意：即使一个组织过去的具体行为似乎不足以符合《联邦证据规则》406 规定的操作规程，该证据仍然有可能被视为"相似事件"而被采纳，参见下文第六节的讨论。

　　《联邦证据规则》406 所关注的组织是由人组成的。在许多情况下，组织的惯例或操作规程需要由为其工作或构建该组织的个人的具体行为证据来加以证明。同样，当《联邦证据规则》406 要求使用"操作规程"来证明"一个组织在特定场合下的行为"时，该规定掩盖了组织是通过其个体代理人或雇员来行事的事实。当证据提出者试图使用据称该组织的操作规程来证明某一个体的行为时，这种现实常常会引发有异议的品性推论的危险信号。

　　在一个相对简单的常规性组织操作规程案中，请再考虑一下保险公司基于　*300*
其邮寄这种通知单的操作规程进行的推论，以证明其寄送了一份取消通知单的问题。从该操作规程中得出的推论是，这个通知单是从"保险公司寄出来的"。很显然，通知单的寄送是由某个或某些未亮明身份的个人完成的，但是证据法用"实际寄送通知的员工身份并不重要，其行为在法律上仍归属于公司行为"理论掩饰了这一事实。

　　当该组织的操作规程包含了不当行为时，则是一个更为麻烦的情况。关于警察暴行或雇佣歧视的众多实例可以作为间接证据被提出，用以表明该不当行为的"模式和操作规程"，以证明原告在特定场合遭受了这种错误对待。如果实例的数量足以达到该组织"操作规程"的程度，只要证据提出者试图证明的是组织行为而非特定个人行为，则允许陪审团就特定场合的行为进行推断。至于这种证据是应该根据《联邦证据规则》406 作为"操作规程"而采纳［参见上文韦宁案（Vining）］，还是应该根据《联邦证据规则》401 - 403 以"相似事件"证据进行采纳，尚无定论。参见斯普林特/联合管理公司诉门德尔松案［Sprint/United Management Co. v. Mendelsohn, 552 U. S. 379（2008）］（根据《联邦证据规则》403 对涉嫌整个公司的歧视行为的模式）。然而，这种区别恐怕只停留在学术上。

> **要　点**
>
> 1. 《联邦证据规则》406 对于使用习惯或操作规程证据以证明特定场合下的行为，没有设置特定限制。
>
> 2. 习惯或操作规程证据的可采性，很可能取决于两个密切相关但又有区别的问题之解决：有争议的行为是习惯（或操作规程），还是品格特性？特定情况下的证据足以证实该习惯或操作规程的存在吗？

思考题

5.17. 回到第 148 页的思考题 3.2。抛开传闻证据的任何问题，驾驶员的展示性证据 A 可以采纳用来证明她具有良好驾驶习惯吗？

5.18. 请考虑以下两项提供的证据：

（a）被告雷夫帝·福里泽尔（Lefty Frizzell）被指控从迪尤斯五金店（Deuce Hardware）偷窃了一些工具。在审判中，他作证说，这些物品是他购买来的，只是没拿发票而已。作为反驳，检控方提供了店长的证言证明，为每一项购买提供发票是该店所有收银员的标准操作规程。该证言可否压倒被告方提出的其为不可采品性证据的异议，而被采纳？

（b）被告亨利·雷特利（Henry Lately）在上班途中过失闯黄灯并与原告汽车相撞而被起诉。原告提供了雷特利老板的证言，证明雷特利"上班常常迟到，看起来总是在赶时间"。辩方称其为不可采的品性证据，该证言具有压倒辩方异议的可采性吗？

5.19. 回到第 149 页思考题 3.3，合众国诉雷案（United States v. Ray）。检控方请出贝斯·巴克（Beth Barker）作为证人。在直接询问中，巴克准备作证：

> 自从 2008 年起，我便被雇佣作为伯纳德·雷（Bernard Ray）的行政秘书。我按照以下操作规程来处理雷先生的邮件，包括专人送达文件和公司内部备忘录。每天，我分别在早上 10 点、下午 1 点 30 分和下午 4 点，三次将来信和其他送达文件放入雷先生办公桌的"来件"箱内。每天早上 8 点 30 分，我将雷先生的"待发"箱内所有文件取出，确认雷先生已经在上面签上姓名首字母后，将其放入雷先生的文档

中。雷先生总会在阅读完来信和其他文件后，在上面签上自己姓名的首字母，然后放入"待发"箱。作为对联邦调查员请求的回应，我于2016年9月1日，在雷先生的文档中发现了展示件3。展示件3是审计师阿瑟·安德鲁斯（Arthur Andrews）于2015年3月14日呈给朗唐公司财务总监朱·雅各布斯（June Jacobs）的一份备忘录。该文件左上角有雷先生的首字母签名。

可提出任何异议吗？为确保该证言的采纳，检控方还需要提出哪些补充问题？

5.20. 你正在就一宗涉嫌肇事逃逸的加重过失杀人罪行，准备起诉佩特罗·R.（Petro R.）。没有争议的是，R先生在一个星期天晚上驾驶着他的汽车，撞上一辆正在等待转弯的汽车，导致被撞车辆驾驶员死亡。你对本案的意见是，R先生在该意外事故发生时醉酒，他的醉酒支持了加重的过失杀人罪指控，该指控要求"对人类生命存在极端漠视"。R先生未接受醉态检验，因为他逃离了现场。

你有一位证人，伯尼·泽雷拉（Bernie Zurella），他是酒吧的男招待。泽雷拉准备作证如下：

> 过去5年，R先生实际上每个周末都来俱乐部；通常是在周六和周日夜晚。他总是在这里待一个小时左右，每次都要喝伏特加酒，酒后变得歇斯底里，而后离去。我确实记不起来事故发生当晚，他是否来过俱乐部。

你能使用该证言吗？

5.21. 原告因冰箱制冷剂罐爆炸受伤而起诉被告厂商。原告诉称，爆炸因产品瑕疵造成；厂商辩称，爆炸是原告在倒出制冷剂之前，使用加热器给制冷剂加热所引起的，这违反了制冷剂罐说明书的要求。法院应当采纳厂商关于原告有使用浸没式加热器加热冰箱制冷剂罐的习惯证据吗？对于决定可采性问题来说，你想要知道什么补充信息吗（如果有的话）？

第六节　相似事件

除了引起民事索赔或刑事指控，"具体行为"或事件还遗留下另一种类型。

该类别通常被称作"相似事件"（similar happenings）。这一概念包含了用以证明某种目的，而非品性、习惯或操作规程的个人先前行为，或者涉及非生命体的事件。相似事件（或非相似事件）证据大致分为三类。

（1）提供用以证明特定场合下行为的组织化倾向

一个组织内过去的相似行为或事件，被提供用以证明该组织具有某种偏好特定行为或事件的"倾向"，进而证明该组织在特定场合的行为（严格意义上说，是该组织内一位或多位雇员或代理人的行为）。组织"倾向"是归属于该组织的某些因素，而非偶然（典型情况是一项正式或非正式政策），这种倾向会导致某些行为或事件发生。（这类证据有部分可能属于《联邦证据规则》406 范围。）

例子包括：公司范围内种族歧视情况的大量实例，作为间接证据证明原告遭到了公司的歧视；原告和被告之间的其他合同证据，用以证明原告和被告当前合同的某些条款；公司过去安全违规的证据，用以推断出原告受伤是由于公司（被告）存在过失行为；公司先前欺诈交易证据，用以表明在某次特定场合对原告的欺诈。

（2）基于政策、操作规程或通知的机构责任

一个组织内过去的相似行为或事件，提供用以证实责任的一个要素，例如"通知"义务或"模式或操作规程"责任，或是证实一项注意标准。

例子包括：公司过去的安全违规，用以证明公司"明知或者应该明知"潜在的侵权责任；反复出现的警察不良行为，用以证明一种制度性"政策、模式或操作规程"，后者是地方政府为雇员侵权承担责任的要素之一；汽车安检的惯例证据，以证明某一案件的争议事件发生之前未做汽车安检违反了注意义务标准。

（3）物体的特征

涉及非生命体的过去相似行为、操作或事件。

例子包括：过去造成过其他相似伤害的设施（如有多人从同一楼梯上摔下来受伤，或者涉嫌不合格的产品或机器在过去发生过故障）的证据；或者相似物体与案件中所争议物体有相似特征的证据（如，相似房产与争议中的房产价值相当的证据）。

一、《联邦证据规则》没有相似事件的专门规定

303　　《联邦证据规则》中没有针对相似事件的专门规定。你们可能会想，为什

么"相似事件"要被视作特定的证据类型。

尽管如此，一些法院和评论家事实上常常将相似事件或非相似事件证据作为一类独立的证据来对待，例如，参见《麦考密克论证据法》[1 McCormick on Evidence §196 - 200 at 691 - 710 (John W. Strong, ed., 5th ed. 1999)]，这种做法是基于两个原因。首先，相似事件证据与品性规定中被严格规制的"具体行为"证据很相似。其次，"相似事件"证据的相关性论证过程常常依赖倾向推论，这与品性证据所涉及的倾向推论类似。因此，毫无疑问，隐藏在《联邦证据规则》404背后的《联邦证据规则》403危险，在相似事件证据中可以说是同样存在的。也许正是由于这个原因，过去许多案件在是否采纳相似事件证据的问题上，都体现出应用《联邦证据规则》403及其普通法中的类似规则对其进行严格司法管制的趋势。现代诉讼放开了对相似事件证据的采纳，倾向于将其作为适用《联邦证据规则》403的经典案例。

二、相似事件、品性和习惯证据之比较

再次审视三种类型的相似事件证据的例子，你会发现，其与我们在本章已经学习的"倾向"证据有不少可比较之处。类型（1）与《联邦证据规则》404（b）（1）所禁止的品性证据类似，因为相似事件被提供用以证明一种组织化倾向，进而证明该组织在某个特定场合下的行为。《联邦证据规则》404（b）（1）在此不适用，是因为争议中的不是个人的倾向，而是非生命体的倾向。虽然说绝大多数组织是由人组成的，但只要该倾向被归为组织的倾向，法院通常情况下不会视其为"品性"证据。与之相似，类型（3）证据是被提供用以证明非生命体（如一台机器或一块地产）的倾向。这同样不在《联邦证据规则》404的管辖范围内，因为品性是属于个人的特征（绝大多数法院看法如此），而不属于非生命体。

相似事件证据类型（1）与《联邦证据规则》406的操作规程证据有时候会有重叠，因为《联邦证据规则》406允许通过证明组织的操作规程，进而证明其在特定场合下的行为。然而，有时法院会裁定组织化行为的证据达不到操作规程的程度，或在道德上非中立，因而没有资格作为《联邦证据规则》406证据。例如，一家公司可能经常欺骗客户，但也许还未达到被称为"操作规程"的程度。此外，我们可以说，这样的证据近似于一个组织的"品性"，但是，证据法仅仅承认个人的品格特性。因此，用具体行为证明该组织的（疑似）"品性"，进而证明该组织在特定场合下的行为，属于"相似事件"而非"品性"范畴。最终，证据到底是受《联邦证据规则》406管辖，还是属于

"相似事件"的类型，有点像一个学术问题：不管怎样，证据采纳还是排除都要取决于《联邦证据规则》403 标准的应用。参见斯普林特/联合管理有限公司诉门德尔松案［Sprint/United Management Co. v. Mendelsohn, 552 U.S. 379 (2008)］（否决了一项不予采纳嫌疑肇事者之外其他监管者在特定情况下歧视行为证据的裁定，并依据《联邦证据规则》403 分析了该证据）。

304　　　　当证据提出者举出一种"机构倾向"（institutional propensity）证据时，对方应当警惕，该证据实际上是在伪装要去证明一种个体品性的可能性。当过去的具体行为是用来证明组织内部的某些因素的因果机制——如正式或非正式的政策——支持个人的行为或事件系非随机行为时，使用过去具体行为来证明组织化倾向是合理的。（这种类似行为证据的相关性，在效果上有可能是一种"机会说"理论，有被误用的相似危险。）

然而，如果所谓"相似事件"实际上是个人行为，用以证明该人在特定场合下的行为时，对于该证据可采性的判断必将涉及品性规定。请考虑，在一起产品责任案件中，一罐制冷剂的爆炸致使原告受伤。被告称，制冷剂罐爆炸是因为原告未按照说明书指示，使用了浸没式加热线圈对制冷剂罐进行加热。为了证明这一主张，被告提供了原告在其他场合使用加热线圈对制冷剂罐进行加热的证据。如果法院认为该证据表明了原告疏忽大意的品格特性，那么根据《联邦证据规则》404，该证据不可采。另一方面，（1）如果法院认定该证据符合《联邦证据规则》404（b）的非品性目的，或者（2）如果法院认为该证据足以证明习惯，则该证据可能被采纳。不管法院持哪种态度，表面上看似涉及制冷剂罐过去相似事件的情况，实为个人行为的问题。

三、相似事件证据的可采性取决于《联邦证据规则》403

对于所有相似事件证据而言，不要太痴迷于"相似性"（similarity）这个概念。假设相似事件的证据提出者请出了对这些事件拥有第一手知识的证人，那么，法官所必须考虑的规则可能仅剩下《联邦证据规则》401-403。因为没有将"相似性"作为可采性的特别条件之一的规则，法官不会将其作为《联邦证据规则》104 预备性事实问题来进行评估。反之，法官的任务只剩下决定该证据是否具有相关性，（如果答案是肯定的）进而决定其证明力是否被规则403 抵消性因素实质上超过。就像其他任何证据一样，相似事件证据的证明力，取决于提出该证据的目的。换句话说，证明力并不一定在很大程度上取决于所提供的事件（与案件中争议事件）的相似性。例如，基于警方过度使用武力之"模式与操作规程"证据的市政责任民事诉讼中，该事件唯一相关的"相似性"在于，事故行为均由被告方警察机关的成员所实施。另一方面，在产品责任诉讼中，法院可能会要求证明过去受伤事件的相似性，以证明其他使用者均按照说明书规定使用了被告产品，因而排除了产品缺陷之外其他可能导致受伤的原因。在这一类证据中，相似性特指，能使过去发生的事件对当前案件的证明力增加或减少之外在因素的存在或缺失。这种证明力会被拿来与《联邦证据规则》403 危险（浪费时间、混淆争点，以及不适当的推论风险所导致的不公正偏见）进行权衡比较。

四、《联邦证据规则》403 对相似事件证据的实际适用

305

因为《联邦证据规则》403 平衡检验青睐可采性，人们直觉上会认为，当《联邦证据规则》403 是可采性之路上的唯一障碍时，法院在采纳相似事件证据时应该放松。当相似事件证据被提供用以表明对一个可能缺陷的注意时，判例法与上述直觉是一致的（例如，先前油箱爆炸的证据被提供用以表明，被告已注意到油箱放置地点的危险性）。四角直升机公司诉透博美卡案［Four Corners Helicopters，Inc. v. Turbomeca，979 F. 2d 1434（10th Cir. 1992）］。当争点是注意与否时，证据的证明力主要取决于被告是否已经或应该注意到另外的事件，而非取决于先前事件与当下引起诉讼的事件之间多么相似。但参见第一安全银行诉联盟公司案［First Security Bank v. Union Pac. R. Co.，152 F. 3d 877（8th Cir. 1998）］（当证据是被用来表明注意时，要求实质相似性）。

相比之下，当证据的证明力取决于事件之间的相似性程度时，法院倾向于要求高标准的相似性，以作为可采性的一个条件。大多数联邦法院有"实质相似性"（substantial similarity）的要求。上文，第一安全银行诉联盟公司案［First Security Bank v. Union Pac. R. Co.］；惠勒诉约翰迪尔公司案［Wheeler v. John Deere Co.，862 F. 2d 1404，1407（10th Cir. 1988）］。例如，如果原告提供了数起装有阿克米（Acme）轮胎的汽车刹车失灵事件的证据，用以证明阿克米轮胎导致了原告汽车刹车失灵，该证据不太可能会被采纳，除非原告还能提供在路面、天气状况方面具有相似性的证据，以及其他便于排除刹车失灵事件替代性原因解释的因素。布鲁克斯诉克莱斯勒公司案［Brooks v. Chrysler Corp.，786 F. 2d 1191（D. C. Cir. 1986）］（其他机动车事故证据被排除，因为未充分表明实质相似性）。也许我们可以基于以下理由解释法院的这种谨慎审查：单就相似事件本身而言，其证明力非常低，它实质上被《联邦证据规则》403 效率和混淆争点等危险因素所超过。

在作出《联邦证据规则》403 决定时，不仅应该考虑一开始引入证据所花

费的时间，还应该考虑处理该证据所花费的总时间。一旦证据提出者引入证据，另一方诉讼当事人便需要被迫提供相应证据进行回应——其所主张的事件根本未发生过，或者，事件之间没有相关的相似性——这一过程可能会耗费很多时间。因此，除非证据提出者一开始就准备要证明其证据拥有起码的证明力，排除相似事件的《联邦证据规则》403 裁定也许总是正当的。

五、提供用以证明体制性政策或操作规程的相似事件

相似事件最重要的用途之一，就是证明一种体制性政策（institutional policy）或操作规程。例如，在狱友集体诉讼鹈鹕湾监狱案（声讨其暴力行为，本教材第一章詹森案的原型）中，原告依据描述了向狱友施暴的众多事件记录和证言，以证明其关于州监狱高层知晓鹈鹕湾监狱的问题且"默许武力滥用行为，故意纵容了伤害发生"的主张。马德里诉戈麦斯案 [Madrid v. Gomez, 889 F. Supp. 1146，1199 - 1200（N. D. Cal. 1995）]。另参见奥斯汀诉霍珀案 [Austin v. Hopper, 15 F. Supp. 2d 1210（M. D. Ala. 1998）]。在该诉讼中，体制性操作规程本身是诉讼的争点：责任直接来自原告所证实的体制性操作，而无须再对特定场合下的行为作进一步推论。

在个人针对市政警察力量就其滥用暴力行为所提起的民权案件中，原告必须能够提出其他滥用武力事件的证据，以赢得对一个市、县或其他"市政机关"（municipality）的判决："原告必须证明侵犯了宪法性权利的特定模式行为或一系列事件，以便确认市政政策或惯例的存在"。谢罗德诉贝瑞案 [Sherrod v. Berry, 827 F. 2d 195，206（7th Cir. 1987）]；参见莫内尔诉纽约市社会服务部门案 [Monell v. New York City Dept. of Social Servs.，436 U. S. 658 (1978)]。

六、未发生相似事件的证据

"相似事件"证据，还被理解为包括提供用以证明缺乏注意，或者，证明一个事件并未发生，或者，未按照所称的方式或原因发生的证据（例如，没有人员从楼梯上摔下来的证据，以反驳原告楼梯是危险的主张）。参见兰蒂斯诉贾登公司案 [Landis v. Jarden Corp.，5 F. Supp. 3d 808，818（N. D. W. Va. 2014）] ["总的来说，在产品责任案件中，法院认为，在用以证明下述情况时，关于一个产品缺乏先前意外事件的证据可能具有可采性：（1）不存在产品缺陷，（2）原告所受的损伤与其所主张的产品缺陷之间不存在因果关系，（3）不存在不适当的危险情形，以及（4）缺乏注意"]。在这类案件中，法院有可能

要求这样的证据，即证明在事件未发生时条件是相似的。此外，法院很可能要求提供该事件未发生的大量证据。尽管两三个人从楼梯上摔下来的证据，对于证明楼梯具有危险性可能已经相当有证明力了，但两三个使用楼梯的人未从上面摔下来的证据，对于证明楼梯安全性的主张并不怎么具有证明力。那两三个人可能纯属偶然地避开了危险位置。然而，证明几百人使用过楼梯（其状况与原告从上面摔下来时状况一致或类似）却未曾有人摔下来的证据，对于证明在原告摔下来时楼梯是安全的主张，则是有相当证明力的。

要　点

1. 相似事件或未发生相似事件的证据，被提供用以证明如下事项：（a）一个组织或非生命体的行为倾向（类似于个人的"品性"），进而证明一个组织（或其雇员或代理人）在特定场合下的行为；（b）一个组织的体制性政策（当该政策是要素性事实或者要件时），或（c）非生命体的行为或特征。

2.《联邦证据规则》未对相似事件的使用作专门规定。可采性取决于《联邦证据规则》401-403 的适用。

3. 因为相似事件证据既不涉及倾向推论，也不涉及关于组织或事情（而非个人）的倾向推论，它并不被考虑为"品性"证据，因而不受《联邦证据规则》404 规制。

4. 相似事件证据除了被提供用来证明"注意"，法院倾向于要求证明相似性作为可采性的一个条件。

思考题

5.22. 亨利（Henry）购买了阿珂姆家用清洁剂（Acme Household Cleanser），第一次使用是清洁厨房。当他的皮肤接触到清洁剂后，被严重烧伤。亨利以严格产品责任起诉生产商阿珂姆公司，主张 5 万美元损害赔偿。亨利提供证言证明，在过去的 5 年中，有 7 人被阿珂姆家用清洁剂严重烧伤，其中有四例报告了阿珂姆公司。该证据是否应当被采纳？

5.23. 保罗·普雷斯顿（Paul Preston）因在交通事故中受到人身伤害起诉国家汽车公司（National Motor Corporation，简称"NMC"），在该事故中，普雷斯顿的"邦德"越野车在一条高速公路入口匝道的急转弯处翻车。普雷斯顿主张邦德越野车存在设计缺陷，导致很容易发生翻车事故。他提供了 50 起邦德越野车以正常速度（限速以下）行驶而在入口或出口匝道处翻车的事故作为证据。辩方可以什么理由提出异议？该证据应当被采纳吗？

5.24. 原告威廉·莱恩（William Lane）状告洛杉矶警察局，称在未经授权使用致命武器的情况下，警方在对他执行逮捕时使用了可能致命的"锁喉"行为，侵犯了其公民权利。莱恩提供证据证明，在 20 起事件中警方也对其他人有"锁喉"行为。洛杉矶警方律师辩称，该证据对于证明莱恩在特定场合下遭到锁喉是不可采的品性证据，其他事件之间完全没有相似性，因而没有什么证明力，且均为零星事件，不构成《联邦证据规则》406 的操作规程。莱恩辩称，该证据被提供用以证明洛杉矶警方有未经授权使用"锁喉"的"惯例、政策、模式或实践"。该证据是否应被采纳？

5.25. 弗雷德·约翰逊（Fred Johnson）起诉农业合伙人（Farming Partners），原因是农业合伙人违反了销售约翰逊种植的西红柿的口头合同。约翰逊称，该合同规定了以一个固定价格买断西红柿的销售。农业合伙人称，该合同只规定了委托其销售西红柿。为了证实农业合伙人组织的常规业务惯例，约翰逊提供了其他两位西红柿菜农的证言，证明他们与农业合伙人之间的西红柿销售口头合同是买断销售，而农业合伙人组织坚持其仅负责委托销售西红柿的主张，违反了合同约定。该证据是否可采？

5.26. 埃德·那不勒斯（Ed Naples）以口头雇佣合同违约之由，对阿珂姆草坪工具公司（Acme Lawn Tool Company）提起诉讼。在那不勒斯被聘为销售副总裁后 6 个月，即遭阿珂姆公司解雇。那不勒斯称他的合同是为期一年的定期合同；而阿珂姆公司称这只是一份"任意"合同，并提供了多位董事会成员的证言，证明该公司所有高管的雇佣合同都是可以随时被终止的。该证据是否应被采纳？什么补充信息（如果有的话）对你的决定有帮助？

5.27. 帕梅拉·金（Pamela King）对乌比游乐园（Whoopie Amusement Park）就乘坐过山车受到的人身伤害提起诉讼。根据帕梅拉的证言，"在坐过山车的过程中，一根树枝击中了我的脸部"。冲击力打碎了她的眼镜片，一些碎片扎进了她的眼睛。作为辩护的一部分，乌比游乐园提供了游乐园经理的证言：（a）直到原告受伤为止，整个夏天没有人抱怨过山车途经空间的树枝，且（b）在原告受伤当天，超过 1 000 人乘坐过过山车，无一人出意外。就什么目的而言，被告的证据具有相关性？它应被采纳吗？

5.28. 回到第 148 页思考题 3.2。司机是否应被允许在直接询问环节作证，她从未发生过驾驶事故？

第七节　禁止使用品性证明特定场合之行为的例外

309

一、《联邦证据规则》404（a）（2）和（3）的解释

《联邦证据规则》404（a）禁止使用品性证据去证明特定场合下的行为的规定有四项例外。这些都规定在《联邦证据规则》404（a）（2）和（3）中。《联邦证据规则》404（a）规定：

（a）品性证据

（1）禁止使用。一个人的品性或品格特性的证据，不得采纳用来证明该人在特定场合的行为与该品性或品格特性具有一致性。

（2）对刑事案件被告或被害人的例外。以下例外适用于刑事案件：

（A）被告可以提供该被告有关品性特征的证据，如果该证据被采纳，检察官可以提供证据予以反驳；

（B）在受到规则 412 限制的情况下，被告可以提供所称被害人有关品性特征的证据，如果该证据被采纳，检察官可以：

（i）提供证据予以反驳；以及

（ii）提供被告具有相同品性特征的证据；并且

（C）在凶杀案件中，检察官可以提供所称被害人具有平和品性特征的证据，以反驳该被害人是第一挑衅者的证据。

（3）对证人的例外。证人品性的证据可以根据规则 607、608 和 609 采纳。

（一）《联邦证据规则》404（a）（2）（A）和（B）：刑事被告人开启品性证据之门的权利

刑事被告人可以自由地提出自己的有关品格特性的证据［《联邦证据规则》404（a）（2）（A）］或被害人的品性证据［《联邦证据规则》404（a）（2）（B）］。这常被称为对品性证据问题"打开大门"。例如，在詹森案中，根据

《联邦证据规则》404（a）（2）（A），为了表明在与狱警们发生口角时自己是按本人品性行事的（例如，为表明其举止平和而非挑衅者），被告人可以提出其具有平和品性的证据。同样，根据《联邦证据规则》404（a）（2）（B），詹森可以提出一名或多名狱警（本案中的被害人）具有暴虐品性的证据，以表明在这场事件中他们才是挑衅者。事实上，詹森确实提出了狱警沃克具有暴虐品性的证据（例如，参见上文，第 54 页，59 - 61 行）。然而，正如我们在第七节所讨论的，詹森提出的证据并未清楚地表明沃克是第一挑衅者。

（二）《联邦证据规则》404（a）（2）（A）和（B）：检控方对被告方品性
310 证据作出回应的权利

当被告人选择打开品性证据之门时，检控方在其反驳中可以提出品性证据以反驳被告方的证据。例如，根据《联邦证据规则》404（a）（2）（A），如果一位故意伤害罪被告人提出了有关被告本人具有平和之良好品性的证据，为了表明被告是挑衅者，检控方可以举出被告人具有暴虐品格特性的证据来作为回应。同样，根据《联邦证据规则》404（a）（2）（B）（i），如果一位故意伤害罪被告人为了表明被害人是挑衅者，提出了被害人具有暴虐品性的证据，检控方可以提出被害人具有平和品性的证据予以回应。在詹森案中，检控方反驳中的某些内容，就集中在狱警沃克具有良好品性上（上文，第 67 页）。检控方也许一直在试图证明沃克具有良好品性，以便陪审团可以作出推断，沃克在与詹森发生口角时并未作出不适当的行为。

需要注意的是，根据《联邦证据规则》404（a）（2），在被告人打开被害人不良品性之门时，他们也对自己的不良品性打开了大门。因此，在上文的假设案例中，故意伤害罪被告人提出了关于被害人具有暴虐品性的证据，检控方不但可以用被害人具有性情平和的品性的证据来回应［《联邦证据规则》404（a）（2）（B）（i）］，而且可以用被告具有暴虐品性的证据来进行反击［《联邦证据规则》404（a）（2）（B）（ii）］。

当检控方反驳被告人的品性证据时，检控方证据所涉及的必须是与被告人所提证据相同的品格特性证据。这种限制暗含在"反驳"（rebut）一词中，《联邦证据规则》404（a）（2）（B）（ii）明确了这种限制，指出检控方在回应关于被害人不良品性的证据时，要用被告人具有"同一"（same）不良品性的证据。因此，在上文的假设案例中，检控方不能用被害人诚实或被告不诚实的证据，来对被告关于被害人暴虐或被告平和的证据进行回应。这种控方证据将不对被告人的证据构成反驳，因为一个人可能兼有暴虐和诚实或平和与不诚实的品性。

（三）《联邦证据规则》404（a）（2）（C）：当辩方对凶杀案被害人的行为进行攻击时，检控方用品性证据进行回应的权利

《联邦证据规则》404（a）（2）（C）还规定，如果被告方主张凶杀案的被害人是第一挑衅者，检控方就可以提出该凶杀案被害人性情平和的品性证据。例如，假定詹森杀死了狱警沃克，被控犯有凶杀罪。进一步假定，詹森或其他辩方证人作证称，沃克是第一挑衅者，而詹森只是进行了自卫。该辩方证言并非品性证据。被告并未试图表明沃克具有暴虐之一般品性。更确切地说，被告人所提供的是沃克具体行为的证据，它构成了其自卫主张的一个要件。然而，检察官可以用沃克具有性情平和之良好品性的证据，对此证言进行回应。该品性证据具有可采性，因为詹森先提出了沃克是第一挑衅者的证据；这并不取决于詹森对他自己或沃克的品性开启了大门。然而，由于实际上詹森案不是凶杀案，检控方不能开启沃克的平和品性之门，以表明其行为与品性一致。

即使詹森案是凶杀案，检控方也不能对被告人詹森具有暴虐品性率先发难。检控方不得提出有关被告人品性的证据，除非被告人先提出品性证据。在詹森案中，检控方可能不适当地打开了通向詹森品性之门的可能性，是一次较早的法官席会议中讨论的争点。当时，检控方不顾异议，寻求探问关押被告人的监区性质，法庭指出，检控方证人可以描述 B 监区，但不能直接陈述关押在该监区的狱犯们具有暴力倾向（上文，第 9-10 页）。如果陪审团成员们听到了有关狱犯的此类证言，他们就可能推断，詹森作为这些同狱犯人之一，是一个暴力型人物，因此很可能在所称袭击狱警时有暴力行为。

311

（四）《联邦证据规则》404（a）（2）的"有关"要求

根据《联邦证据规则》404（a）（2）（A）和（B），被告方和检控方的品性证据必须有助于证明"有关的"（pertinent）品格特性。例如，在詹森案中，对被告人来说，提出他自己的平和品性证据或某位狱警被害人的暴虐品性证据，以表明该狱警（而非詹森）才是挑衅者，这是被允许的。同样，对被控犯有伪证罪的被告人来说，提出有关被告人诚实品格的证据，以表明其在特定场合并未故意说谎，也是被允许的。然而，在詹森案中，对被告来说，提出某位狱警具有不诚实品性的证据，以表明该狱警是挑衅者，将不被允许；而提出一位伪证罪被告人具有平和品性的证据，以表明其未犯有伪证罪，也是不被允许的。

（五）《联邦证据规则》404（a）（2）例外规定的原理

正如我们所见，《联邦证据规则》404（a）（1）（禁止使用品性证据证明某人行为与品性一致）规定的合理性，源自一些实质性关注。那么，人们可能会问，《联邦证据规则》404（a）（1）的一般性禁止规定为什么还要设置例外。第一，正如我们在上文第二节第三部分中所指出的，不公正偏见的问题，在涉及刑事被告人的不良品性证据时很可能是最严重的。然而，这种证据类型从来都是不可采的，除非被告人自己选择去打开品性证据调查之门。第二，尽管品性证据对证明特定场合下的行为只有较低的证明力，尽管对检控方来说存在着不公正偏见的风险（例如，陪审团也许倾向于裁决侵犯了品性不良之人的有罪被告人无罪），刑事被告人不应当在没有各种机会来证实合理怀疑的情况下，不得不面对定罪的结局。被告人良好品性或被害人不良品性的证明，也许可以证实这样一种怀疑。

312　　第三，对被告人来说，任何来自被害人良好品性证据的不公正偏见风险，似乎是比较遥远的。此处的顾虑是，陪审团成员在听说被害人的良好品性后，将会倾向于裁决被告人有罪，即使他们对被告人的罪行持合理怀疑，却仍然相信被告人也许实施过针对一个好人的犯罪。此外，被告人有权保持被害人品性证据之门的关闭，在凶杀案中被告人主张被害人是第一挑衅者的情况除外。在这些比较罕见的情况下，也许只有被告人和被害人在凶杀现场。被害人不能出庭作证反驳被告人证据的情况，使得检控方诉诸品性证据来证明其主张的做法具有了合理性。

（六）《联邦证据规则》404（a）（3）：证人的品性

《联邦证据规则》404（a）（3），是与允许以证人诚实与否的品性证据来弹劾证人或为其正誉的规则相互参照的。《联邦证据规则》404（a）（3）允许依据《联邦证据规则》607－609，基于证人诚实与否的品性对证人进行弹劾或者正誉，这对于刑事案件和民事案件均适用。此外，在民事案件中，对于404（a）（1）禁止品性证据用于证明特定场合的行为，不存在例外。任何证人证言之相关性，都基于该证人诚实作证的假设。因此，当事人都被允许提出有损或支持某位证人诚实性的证据。这么做的其中一种方式，是表明证人的诚实品性。根据一位证人在诚实性方面具有不良（或良好）品格的证据，人们就可以推断，证人席上的证人正在以与其不诚实（或诚实）的品格特性一致的方式作证。我们将在第七章讨论这些规制证人诚实性品格证据的规则。

（七）品性规则的一次应用：人民诉詹森案

在詹森案中，沃克的品性证据从两个不同的目的来说是相关的。图 5-3 和图 5-4 阐释了这两个目的。

如图 5-3 所示，关于沃克品性的名声证据，对于表明沃克在 1992 年 3 月 28 日是按其品性行事（对于表明他也许是对詹森的挑衅者）而言是相关的。然而，根据《联邦证据规则》404（a）（2），就此目的而提出的证据也许是不可采的，该规则允许被告人打开大门，提出与"犯罪被害人"有关的品格特性。虽然沃克是出现在案发现场的管教人员之一，但被告人只被指控殴打了休斯顿狱警和范·贝尔格狱警（上文，第 2-3 页）。因此，在严格意义上，沃克不是任何犯罪的被害人。你们能论证，尽管如此，沃克的品性证据应当被采纳来证明沃克是第一挑衅者吗？

313

证据 →	要素性事实 →	要素性事实 →	要素性事实 →	要素性事实
狱犯格林作证说，沃克在监狱犯人中有暴虐的名声。	沃克在狱犯中确实有暴虐的名声。	沃克有暴虐的品格特性。	沃克是对詹森发起攻击的第一挑衅者。	使用武力是合法的。

人们具有按其自身品格特性行事的倾向。

图 5-3

图 5-4 阐述了另外一种相关性替代理论。因为沃克有暴虐品性的名声证据，是与被告人知道该名声的证据一道提出的，该证据与正当防卫的主张相关。正当防卫的一个要件是，由被告人实施的任何侵犯行为，必须是对自身身体受伤害之合理担心的结果。詹森对沃克暴虐名声的知晓，揭示了詹森行为的合理性。同样，检控方关于沃克在狱犯中不被认为是暴力型人物的证言，则是人们可以推断詹森没有理由害怕沃克的证据。

314

证据 →	要素性事实 ＋	要素性事实 →	要素性事实 →	要素性事实
狱犯格林作证说，沃克在监狱犯人中有暴虐的名声。	沃克在狱犯中确实有暴虐的名声。	詹森知道沃克有暴虐的名声。	詹森害怕沃克对他使用武力。	詹森使用武力是合理的。

图 5-4

315　　　　这第二种相关性理论，并没有涉及使用品性证据来表明行为与品性一致的问题。因此，它不在《联邦证据规则》404 的界限之内；更确切地说，以此为目的的证据可采性，只取决于《联邦证据规则》401 - 403 所包含的基本相关性概念的适用。要素性事实是詹森行动时在想些什么，而不是沃克的行为与沃克的品性是否一致。对于证明詹森当时正在想什么而言，沃克到底是暴力型还是平和型的人，确实是无关紧要的。重要的是，被告人是否有合理的信念（即使不正确）认为沃克有暴虐倾向。

　　　　建议你们重读上文第一章第 45 - 46 页，第 59 - 60 页，第 62 - 63 页和第 79 - 81 页。法官和律师们对这两种相关性理论作了充分的区分吗？

要　点

　　1. 在《联邦证据规则》404（a）（2）规定的情况中，允许使用品性证据去证明行为与品性相一致。

　　(a) 刑事被告人可以开启有关被告人自己的良好品性之门，在这种情况下，检控方可以提供证据，对同一品格特性进行反驳；

　　(b) 刑事被告人可以开启有关被害人不良品性之门，在这种情况下，检控方可以提供证据，对被害人的同一品格特性进行反驳，并证明被告人的同一有关不良品格特性；

　　(c) 在凶杀案中，为了反驳被告人关于被害人是第一挑衅者的主张，检控方可以开启被害人的平和品性之门。

　　2. 任何诉讼当事人可在《联邦证据规则》607—609 允许的范围内，为弹劾与正誉目的提出品性证据。

　　3. 在允许使用品性证据的情况下，该品性证据必须与某一种有关的品格特性相关联。

　　4. 除了在对证人进行弹劾和正誉的情况下，《联邦证据规则》404 禁止在民事案件中使用品性来证明行为与品性一致。

316　　　　**二、《联邦证据规则》405（a）的解释：在应用《联邦证据规则》404（a）（2）和（3）例外的情况下，如何证明品性**

　　　　当品性证据基于《联邦证据规则》404（a）（2）或（3）例外之一而具有可采性时，证据该以何种形式提出？规则 404（b）（1）和 405（a）对该问题作了规定。《联邦证据规则》404（b）（1）规定：

犯罪、恶行或其他行为的证据，不可采纳用来证明一个人的品性，以表明该人在特定场合的行为与该品性具有一致性。

规则 405　证明品性的方法

（a）以名声或意见证明品性。

在一个人的品性或品格特性的证据具有可采性的情况下，可以用关于该人名声的证言或者意见形式的证言予以证明。在对品性证人进行交叉询问时，法院可以允许调查该人的相关具体行为实例。

在缺乏上述规则的情况下，人们若试图去证明品性，也许有三种可能的方式。首先，证人可提供其品性存在争议的某人具体行为实例。毕竟，一个人的品性，是通过其行为方式而为他人所知的。其次，证人可以作证说，在他看来，某人具有某种特定的品格特性。最后，证人可以作证说，某人在社区拥有与本诉讼相关的某种品格特性方面的名声。一个人的名声，是人们对该人的评说，在名声证据被提供来证明品性时，名声的真实性便具有重要意义。因此，名声证据是传闻证据——人们在庭外谈论某人的证据，被用以证明其所谈论的内容之真实性。《联邦证据规则》803（21）对于用名声证据来证明一个人的品性，规定了一项传闻证据规则的例外。

《联邦证据规则》404（b）禁止为表明某人的行为与品格特性具有一致性，而用具体行为证明其品性，并明确适用《联邦证据规则》404（a）的例外规定。因此，即使品性证据根据《联邦证据规则》404（a）（2）具有可采性，也不得以过去的具体行为予以证明。例如，在詹森案的检控方反驳中，审判法官明确指出，斯托克斯中尉不能为证明沃克的良好品性而对具体行为作证（上文，第65页）。

《联邦证据规则》405（a）规定，只要当事人提供了表明行为与那种品性具有一致性的可采的品性证据，名声证据和意见证据就是允许证明品性的方法。例如，假定在詹森案中，沃克被适当地考虑为一名被害人（严格意义上说，沃克算不上被害人，因为没有基于对其人身侵犯所进行的指控）。再进一步假设，辩方和检控方为了证明他是否先动手打人（参见上文，第313页的图5-3），有兴趣表明沃克具有暴虐或平和的品性。以下证据可被用于达成此目的：一位辩方证人——狱犯格林，在直接询问中作证说，沃克有"坏警察"的名声（上文，第54页）；在再直接询问中，格林作证说，狱犯们知道沃克——也就是说，在犯人们中有一种名声——有暴力倾向；在检控方的反驳中，斯托克斯中尉作证说，沃克有着优秀管教员的名声（上文，第67页）。根据《联邦证据规则》405（a），这些证人还被允许提供他们对于沃克具有暴虐或平和品性的个人意见。

为方便起见，我们将根据《联邦证据规则》405（a）提供某人品性之名声或意见证据的证人称为"品性证人"（character witnesses）。《联邦证据规则》405（a）最后一句话，允许对方当事人在交叉询问时询问品性证人具体行为方面的问题。我们将在下文第三部分讨论该规则的这部分内容。

317

（一）禁止使用具体行为去证明品性

《联邦证据规则》404（b）（1）禁止使用具体行为来证明品性，进而表明其行为与品性一致，这似乎有悖常理。我们最了解（或者我们自认为最了解）的人，很可能是那些我们通过其行为所了解的人。因此，具体行为证据似乎常常是最具证明力的品性证据形式。尽管如此，正如上文所讨论的，存在着大量《联邦证据规则》403型反向忧虑，为排除用于证明品性以表明行为与品性一致的具体行为提供了合理性。这些顾虑包括：源于先前不良行为证据的坏人偏见；一旦围绕所称过去行为产生事实争议，会导致混淆争点和过于浪费时间；以及一般而言，品性推论的证明力相对较低。

存在有限的实例，允许使用某人具体行为的证据来证明其品性，以表明其行为与品性相一致。《联邦证据规则》608（b）和609就考虑了使用具体行为来证明证人诚实与否的品性；在某些不当性行为案件中，《联邦证据规则》413－415也考虑了使用具体行为来证明品性以表明行为与品性一致。

（二）证明品性的意见和名声证据之证明力

用于证明某人品性的意见或名声证据之证明力，部分取决于该证人在拥有知识（意见）的情况下，对于该人（声誉）或其品性有多长时间的了解，了解的程度，以及是在何种情况下了解的。普通法（在大多数司法辖区完全不允许意见证据）要求，名声证人为该人在社区中的声誉作证。从理论上说，这里将社区作为一个整体关注，旨在确保证据公正地反映对该争议之人的看法。然而，当前的实际情况是，一个人在其所生活的整个社区拥有名声的情况并不多见。确实，在我们复杂的、都市化的社会里，什么是整个社区已经不清楚了。法院明智地意识到这种情况，允许证人根据自己在某个相关社区——也许是其居住的邻里或该人的工作场所——耳闻的东西来提供名声证言。例如，考虑在詹森案中，辩方律师以相关性为由，对沃克在监狱职员中的好名声证据提出异议。在辩方看来，此证据应仅限于沃克在犯人中的名声，但法官不同意这种

318

观点：

> 我准备驳回这个异议。因为，尽管狱犯和监狱职员是不同的群体，但在监狱内他们都是这个共同体的组成部分，并且连续不断地彼此进行交流。所以，声誉是某种传来传去、为众人所周知的东西。（上文，第65页）

即使给相关社区下定义没有困难，可能还存在证人是否充分了解或知晓某人，乃至以意见或名声的形式作证的问题。《联邦证据规则》没有明确阐述对品性证人的奠基要求。然而，《联邦证据规则》403为审判法官留下了余地，因证人对所讨论之人没有多少了解，或对其基本情况知道得不多，而排除这种证明力不大的证言。合众国诉沃森案［United States v. Watson, 669 F. 2d 1274 (11th Cir. 1982)]（排除对某人只有短期了解的品性证人证言没有错误，因为该证言与审判中的相关事件不符）。

在直接询问中，品性证人很可能是友好、合作的证人。因此，如果证人实际上对提供品性证据有充分的依据，在询问关于相关品格特性的问题时，要问出适当的基础信息并得到以名声或意见证言形式的回答，应当没有什么困难。在迈克逊诉合众国案［Michelson v. United States, 335 U. S. 469, 471 (1948)]中，行贿罪被告人打开了他自己的品性之门，提供了一个虽然罕见却是对品性证人进行直接询问的很好的例子：

问：你认识被告迈克逊吗？

答：是的。

问：你认识迈克逊先生多长时间了？

答：大约30年。

问：你认识别的了解他的人吗？

答：认识。

问：你们讨论过关于他的正直、诚实性以及是守法公民的名声吗？

答：名声非常好。

问：你与其他人谈起过吗？

答：是的。

问：他的名声怎么样？

答：非常好。

关于普通法对名声和意见证言的基础铺垫要求的详细阐述，参见梅森·拉德：《品性证言的技术和理论》［Mason Ladd, Techniques and Theory of Character Testimony, 24 Iowa L. Rev. 498 (1939)]。

319　　　（三）名声证据与意见证据

意见是对更多具体事实的概括，关于一个人品性的意见，是基于证人对该人行为的感知之自然概括。除了品性证言的情况，当证人以意见形式作证时，追问该意见的潜在依据在直接询问和交叉询问中都是允许且可取的。因为这种标准化的操作，为证明品性而使用意见证据创造了这样的可能性，即意见证人可以就为其意见提供了依据的各种具体行为作证。普通法不愿允许就具体行为陷入争论，这恰恰是大多数普通法规则禁止用意见证言及具体行为证言去证明品性以表明行为与品性相一致的原因。

尽管如此，被传唤为某人品性作证的证人，对于其证言对象的个人，很可能有相当强的个人感情。如果他们就其名声作证，他们正在思考的以及构成他们证言之动机的真正依据，也许完全是他们关于被告品性的意见（个人看法）。由于认识到这种可能性，《联邦证据规则》起草者们采取的立场是，应允许这些品性证人直接提供他们的个人意见。因此，《联邦证据规则》405（a）在品性证据可采的所有情况下，均允许提供名声证据和意见证言。然而，与此同时，联邦证据规则起草咨询委员会在对《联邦证据规则》405的注释中明确指出，使用意见证言证明品性以表明行为与品性一致，应"被限于作为意见之基础的观察和熟识的性质与范围之内"。意见证言不应当被允许演变为该意见所基于的具体行为之证言。

要　点

1. 《联邦证据规则》404（b）禁止为了表明行为与品性一致，而使用具体行为去证明被告的品性，《联邦证据规则》413－415、《联邦证据规则》608（b）和《联邦证据规则》609规定的有限情况除外，我们将稍后考察这些例外。

2. 《联邦证据规则》405（a）允许证据提出者在有限的情况下，即在《联邦证据规则》404（a）允许使用品性证据以证明行为与品性相一致的情况下，提供名声和意见证言。

3. 如果品性证人提供了意见证言，则在直接询问中，不允许探察或许是证人意见之基础的具体行为。

思考题

5.29. 假定，在詹森案中，指控之一是故意伤害狱警沃克。如果出现这种情况，下述证据出于什么目的应当具有可采性：

（a）狱警休斯顿为检控方提供的证言表明，詹森以前曾有几次侵犯其他狱友和狱警的记录；

（b）狱犯格林为辩方提供的证言表明，狱警沃克有一种具有暴虐倾向的名声；

（c）狱警沃克为检控方在反驳中提供的证言表明，詹森有一种暴虐的名声。

5.30. 迈尔（Mayer）被指控使用致命凶器伤害罪并作正当防卫之辩。在他的辩护中，迈尔提供了如下证言：（a）所称伤害发生两周前，被害人用一把刀子恐吓他，（b）被害人有携带凶器的名声，以及（c）在审判那天早晨，被害人恐吓说要杀死迈尔的妹妹。这个证据因何种目的是相关的？具有可采性吗？

5.31. 克拉伦斯·希尔（Clarence Hill）因企图谋杀特德·埃尔斯沃思（Ted Ellsworth）而被起诉，在该司法辖区，只言片语就会被视为足够构成挑衅，这将是为企图谋杀指控进行辩护的一个理由。

克拉伦斯和几位目击证人作证如下：他们和特德·埃尔斯沃思当时都在当地的小酒馆里，希尔和埃尔斯沃思分坐在吧台的两端。埃尔斯沃思对希尔进行了种族辱骂，并对希尔的妻子使用污辱性的语言。希尔被激怒并向埃尔斯沃思开枪射击。

检察官坚持认为，这些证人全都在说谎，并且想要提出鲁思·沃森（Ruth Watson）关于埃尔斯沃思在社区具有性情平和、富有同情心以及没有种族偏见的名声证言。埃尔斯沃思没有出庭作证。鲁思·沃森的证言可采吗？

5.32. 埃尔顿·海伍德（Elton Haywood）10 月 7 日夜间打电话给警察，报告一个小偷在他家后院里，然后他拿着一支猎枪出来搜寻这个小偷。当警察赶到时，他们误把海伍德当作小偷，尽管——或大概因为——海伍德大声叫喊，不断抗议，警察铐住了他。最终，警察把海伍德带到戒酒戒毒所，他在那里的一间地板上浸满尿液的牢房里被关了一整夜。海伍德已对该所和其中几位雇员提出一项公民权利和非法监禁控告。虽然海伍德过去有过酗酒的问题，但他诉称，在那个意外事件发生之夜他滴酒未沾，他被拘留完全是一种错误。被告提供的专家意见证言则表明，海伍德是一个酗酒者，而酗酒者的一个共同特征是在他们酩酊大醉时却否认自己醉酒。该证据可采吗？

321

三、对品性证人的交叉询问

虽然品性证人不得在直接询问中就具体行为作证，但根据《联邦证据规则》405（a）的最后一句，交叉询问者被允许就与品性相关的具体行为询问品性证人。例如，假定约翰·史密斯（John Smith）被指控谋杀，辩方的玛丽·马丁（Mary Martin）根据《联邦证据规则》404（a）（1）作证说，约翰在社区有性情平和的美名。在对玛丽进行交叉询问时，检控方便可以询问约翰涉嫌犯有的各种暴力行为。

（一）具体行为调查的相关性

在前面的例子中，询问具体行为问题所允许的相关目的，并非要证明约翰具有暴虐品性。事实上，《联邦证据规则》404（b）禁止询问具体行为，以证明约翰具有暴虐品性。反之，检察官询问被允许的相关目的，是去检验玛丽作为名声证人的可信性：如果她否认听到过这些暴虐行为，人们就能推断，她对约翰的名声没有很好的判断力；如果她听到过这些行为，人们就可以怀疑她证言的真实性（或质疑她对性情平和之名声的定义）。合众国诉阿代尔案 [United States v. Adair, 951 F. 2d 316, 319 (11th Cir. 1992)]；合众国诉阿尔瓦雷斯案 [United States v. Alvarez, 860 F. 2d 801, 826 – 827 (7th Cir. 1988)]。

因为只有在弹劾品性证人而非证明作为证言主题之该人品性的情况下，具体行为问题才具有可采性，传唤品性证人的当事方有权得到一项依据《联邦证据规则》105作出的给陪审团的限制性指示。例如，在我们关于约翰和玛丽的假设案例中，法官可能会说："陪审团的女士们和先生们，我指示你们，检察官询问马丁女士的所称由史密斯先生实施的各种暴力行为，按照要求，其唯一目的是评估马丁女士对史密斯先生的名声所拥有的知识。你们不得将其考虑为史密斯先生的品性证据。"

（二）具体行为提问的偏见影响

就陪审团成员们不愿意或不能遵循一项根据《联邦证据规则》405（a）作

出的对具体行为提问的限制性指示来说，存在着产生偏见的双重风险。例如，在上述假设案例中，陪审团成员也许会从询问玛丽关于约翰暴力行为的问题中，推断出约翰是个暴力型的人，而且，如检察官所称的那样，推断其也许从事了与暴虐品性一致的被控谋杀被害人的行为。这样运用证据，将违反《联邦证据规则》404（b），从而产生《联邦证据规则》403不公正偏见的危险，即陪审团可能会以虽然具有逻辑相关性却为法律所不允许的方式运用该证据。此外，如果陪审团成员们将约翰视为一个坏的危险人物，他们也许会愿意忽视一项合理怀疑。这种可能性产生了《联邦证据规则》403不公正偏见的危险，即陪审团成员可能会基于情感和法律上不适当的理由，来作出他们的裁决。

正如前面假设案例所示，最容易引起偏见的具体行为问题，是那些与品性证人证言所证明的品格特性直接相关的问题。然而，这些问题，对于检验品性证人对被告之性情平和的品性是否拥有知识这个合法目的而言，很可能也是最有证明力的。由于《联邦证据规则》405（a）明确允许提出这些问题，且对于《联邦证据规则》405（a）的具体行为问题来说，由于高偏见很可能总是高证明力的伴生物，所以，法院通常会允许交叉询问者向品性证人提出实际上极易引起偏见的问题。

322

（三）品格特性和具体行为调查之间的关系

根据《联邦证据规则》405（a）进行的具体行为调查，必须与品性证人在直接询问中作证的品格特性"相关"。这种相关性要求的一个方面是，具体行为必须与争议中的品格特性相关。例如，在我们包含玛丽关于约翰拥有性情平和的名声证言的假设案例中，询问玛丽有关约翰暴虐的具体行为是适当的，但询问其不诚实的行为就不适当了。合众国诉韦斯特布鲁克案［United States v. Westerbrook，896 F. 2d 330，335（8th Cir. 1990）］（品性证人就被告的诚实性作证；询问品性证人关于被告因持有违禁品而被定罪的问题为不适当）。

人们可能会在最低限度的《联邦证据规则》401意义上辩称，任何恶行都与某种不良品格特性相关，而任何善行都与某种良好品格特性相关。此外，由于调查目的是检验品性证人对主要证人品性的了解情况，相关性的关键，可以说应该是行为之可能的恶名，而不是其与证人所作证之品格特性的关系。尽管如此，法院很有可能会要求，根据《联邦证据规则》405（a），向品性证人询问的具体行为问题应与证人所作证之品格特性有关——这是人们可能会根据《联邦证据规则》403，要不然就是根据《联邦证据规则》401，证成的一个结果。

（四）品性证人很可能知晓的具体行为

对运用具体行为证据弹劾品性证人的第二个限制，仍是相关性问题——或至少是一个以《联邦证据规则》403 平衡检验为目的的证明力问题。

质询应限于证人很可能知晓或听说过的行为。合众国诉阿尔瓦雷斯案 [United States v. Alvarez, 860 F. 2d 801, 827 (7th Cir. 1989)]。例如，如果玛丽在直接询问时作证说，她认识约翰已有 5 年，而且熟悉他的名声也有那么长时间了，那么，期望她听说过一件发生在 15 年前的一个孤立的暴力行为也许是不合理的。即使她听说过该行为，期望 15 年前的孤立的暴力行为会影响到她最近 5 年来对约翰性情平和名声的看法，那或许也是不合理的。但参见上文阿尔瓦雷斯案（审判法院允许向提供被告名声证言的品性证人，调查其认识被告的 10 年前发生的具体行为，这并没有滥用自由裁量权）。参比迈克逊诉合众国案 [Michelson v. United States, 335 U. S. 469 (1948)]（本案两位品性证人作证说已认识被告 30 年，第三位品性证人作证说已认识被告 15 年，允许询问关于发生于 20 年前和 27 年前的事件的问题，并没有错误）。

323 评估品性证人是否很可能听到过任何具体行为，将涉及几个考虑因素。例如，在我们关于玛丽和约翰的假设案例中，玛丽认识或了解约翰有多长时间，程度有多深？约翰的行为是否由于其性质而成为讨论的对象？约翰是那种其活动很可能为与玛丽处境相似的人所知的人吗？为合法弹劾目的而进行的只具有边际证明力的询问，可能因其具有低证明力和高度不公正的偏见而被排除。

（五）交叉询问者对所发生行为的合理信念

对运用具体行为质询的第三个限制 [《联邦证据规则》405（a）并未专门提及]，涉及交叉询问者对所发生具体行为的信念。在我们假设的案例中，如果检察官对于约翰是否有过任何暴力行为没有任何知识，那么，就应允许其以一种非提示的方式问玛丽："你知道约翰从事过任何暴力行为吗？"然而，任何关于具体行为的最一般性调查都很可能暗示陪审团，交叉询问者相信该行为发生过。当询问中内在包含着这样一种暗示时，交叉询问者必须拥有合理的依据相信行为发生过。合众国诉阿代尔案 [United State v. Adair, 951 F. 2d 316, 319 (11th Cir. 1992)]；合众国诉阿尔瓦雷斯案 [United State v. Alvarez, 上引文]。

一些法院已经指出，更好的做法是要求交叉询问者，在询问上述问题之前避开陪审团，先向法官说明其事实根据。合众国诉里斯案 [United States

v. Reese，568 F. 2d 1246（6th Cir. 1977）］。上文阿尔瓦雷斯案中，法院遵循了这种惯例，而检控方以一份联邦调查局官员的宣誓陈述书作出回应，后者声明被告人已对辩论中的问题作了供认。

在讨论对品性证人进行交叉询问的这种限制时，最高法院在上述迈克逊诉合众国案（Michelson v. United States）中指出，作为一个逻辑相关性问题，其要求应该是，不论其是否实际上发生过，对名声证人的交叉询问者，对关于该行为的传言有一种合理信念。不过，最高法院赞成现行规则的要求，即交叉询问者向法官说明其相信该行为实际上发生过的合理依据：

> 但在这种相关和适当的调查（此处，向辩方品性证人询问关于被告曾遭逮捕的问题）能够进行之前，诉讼律师必须私下向法庭说明一个不相关且很可能无法证明的事实——被捕的现实。从所允许的对该被捕报告的调查，陪审团可以很肯定地推断，被告实际上被逮捕过，并根据这个事实，得出自己关于品性的结论。因此，（合理根据的要求）限制了那些根据法律上不相关的事实而进行的法律上相关的调查，从而使陪审团从相关的询问中所可能得出的法律上不相关的结论，将不是基于无根据或不真实的影射。它印证了汉德法官的意见，即该制度在解释最少的情况下，也许作用最佳。然而，尽管存在着理论上的矛盾和不足，我们仍然赞成在实践中把这种调查保持在适当范围内的程序安排。（335 U. S. at 481 n. 18）

尽管交叉询问者需要合理相信该行为确已发生，但要证明那种行为确已发生，交叉询问者却可能无法在审判中提出证据，即使品性证人否认了该行为。例如，参见合众国诉贝内代托案［571 F. 2d 1246，1250（2d Cir. 1978）］，亦可参见合众国诉普鲁特案［43 M. J. 864，868（U. S. A. F. Ct. Crim. App. 1996）］（"这是一场奇怪的交叉询问，因为不允许交叉询问者证明他所询问之行为的存在"，转引自萨尔茨伯格：《军事证据规则手册》［Saltzburg et al.，Military Rules of Evidence Manual（3d ed. 1991）］）。

（六）行为、逮捕和定罪

324

如同迈克逊案根据《联邦证据规则》的裁定，不仅允许检控方询问辩方品性证人关于被告先前的行为，而且可以询问他们先前的被捕情况。合众国诉韦伦斯案［United States v. Wellons，32 F. 3d 117（4th Cir. 1994）］；合众国诉乔丹案［United States v. Jordan，722 F. 2d 353，358（7th Cir. 1983）］。然而，逮捕是由警察实施的"行为"，而非被告的行为。

根据逻辑相关性，询问关于逮捕而非导致逮捕的行为，并非不适当。询问该问题之目的，是要检验品性证人对被告了解什么，听到过被告什么事情，以及在某些情况下，与导致逮捕的潜在行为相比，逮捕本身也许受到了同等或更多的宣传。另一方面，如果有理由相信，被告并未从事导致这次逮捕的行为，这种询问也许就特别容易产生偏见。总是存在着这样的风险，即陪审团也许会因为对具体行为的调查，而不适当地推断被告有某种不良品性。如果被告从事过该询问所暗示的行为，陪审团至少对被告属于何种人会得出一个准确的估计。有关被告被逮捕的证据，不仅造成了这种风险，而且造成了陪审团将可能的错捕视为被告实际上从事过违法活动之证据的风险。尽管如此，对逮捕情况的调查也许是适当的。合众国诉格雷迪案［United States v. Grady, 665 F. 2d 831, 834 - 835 (8th Cir. 1981)］（允许对后来指控撤销的逮捕情况进行提问）。

有时候，向被告的品性证人询问具体行为问题，会涉及被告先前的定罪。合众国诉柯林斯案［United States v. Collins, 779 F. 2d 1520 (11th Cir. 1986)］。像逮捕一样，被告先前的定罪——无论导致定罪的事实是否真实——对于检验品性证人对被告品性或名誉的知晓程度，在逻辑上是相关的。然而，允许询问定罪方面的问题，也许比允许询问有关逮捕的问题更容易引起偏见。虽然被告未从事过导致一项定罪行为的可能性很小，但定罪判决所证实的那些事实的高确定性，很可能会很难使陪审团忽略被告是个坏人这种不适当的推断。

（七）交叉询问的提问方式

在大多数司法辖区，普通法都允许刑事被告人在打开品性之门时仅使用名声证据，对于在交叉询问中具体行为之适当询问方式的要求相当严格。由于直接询问证言被限于证人在人们谈论被告时的所闻，对于在交叉询问中证人被询问是否知道某些恶行是可以提出异议的。在交叉询问中，针对具体行为提问的适当询问方式是："你是否曾听说过……"而不是"你是否知道……"相比之下，如果一个司法辖区在直接询问中碰巧允许意见证言，提供关于被告品性的意见证人，被推定将全部或部分依据自己的亲身知识作为其意见的基础。因此，在交叉询问中，询问意见证人是否知道有关具体行为是适当的。

如果坚持认为对交叉询问中的具体行为以适当方式进行询问似乎是合理的，那些理由在直接询问中则会因为允许意见证言以及名声证言而受到严重侵蚀。联邦证据规则起草咨询委员会对《联邦证据规则》405 的注释称，交叉询问提问方式上的区别"实际意义不大"，而且《联邦证据规则》405（a）第二句"排除了它们作为设计询问的一个因素"。合众国诉肖勒案［United States

v. Scholl，166 F. 3d 964，974（9th Cir. 1999）〕（在对品性证人进行交叉询问时，争论"你是否知道……"还是"你是否曾听说过……"哪个不适当，是没有价值的）。

四、实践中对品性证据使用的限制

（一）良好品性证据的固有弱点

根据《联邦证据规则》404（a）（2），最常用于表明行为与品性一致的品性证据，是刑事被告人开启自己的良好品性证据之门。然而，基于可能显而易见的原因，刑事被告人选择开启品性证据调查之门的概率相对来说是很低的。在绝大多数案件中，有关被告人良好品性的名声和意见证据，并不具有很高的说服力。禁止使用具体行为证据证明品性的规定，意味着意见或名声证人无法提供有说服力或形象的例子来支持他们的意见或名声证言。为此，证言将不得不采用笼统的（往往是乏味的）形式。相比之下，对品性证人进行交叉询问的检控方，却可以根据《联邦证据规则》405（b）去深究具体的不良行为。鉴于先前不良行为的内容，这种证据可能非常有说服力，并能有效地削弱良好品性证言。

考虑一下，谁将有可能从允许刑事被告开启品性证据之门的规定中获益？或者，换个角度来阐述这个问题，考虑一下，如果你是刑事被告，你会传唤哪些人作为品性证人？至于刑事被告人从品性证据的获益程度，好处是来自品性证言的内容，还是品性证人的品性（和/或名声）？如果品性证人的品性实际上具有最大的影响力，是否需要有一个规则，使获益主要取决于他们认识什么样的人？

（二）《联邦证据规则》405 潜在的不公正

326

我们已经注意到，法院可以基于《联邦证据规则》401 - 403，排除与争议中的品格特性无关的行为提问，以及与品性证人作证内容在时间上相隔久远的提问。然而，正如我们在上文所指出的，《联邦证据规则》403 常常并不适用于排除规则 405 具体行为提问。因此，《联邦证据规则》405 显然赋予交叉询问者很大的不公正优势。例如，在我们之前的谋杀案假设中，被告方约翰被限制在只能使用相对空泛的名声或意见证据来证明其平和品性。相比之下，检控方却可以传唤品性证人玛丽，询问有关约翰可能涉及的各种暴力行为。理论上，检控方提问的目的并非要证明被告人的品性，而是仅限于弹劾品性证人的可信性。而且，被告方有权获得法官的限制性指示。然而，实际操作中，又有多大可能性让陪审团将其对暴力行为的考量仅限于理论上正当的弹劾目的？

可否说这一过程并非不公正，因为，被告方握有初始选择的权利来决定是否开启品性证据之门？假设你是被告方的辩护律师，且你认为有必要传唤品性证人，如何才能抵消检控方交叉询问对你方品性证人的影响？

要　点

1. 品性证人无论何时要以名声或意见的形式为一个人的品性作证，《联邦证据规则》405（a）都允许对方当事人在交叉询问中，询问证人关于该品性证言所涉之人从事的具体行为。法院还允许询问有关该人被捕或定罪方面的问题。

2. 具体行为（或逮捕或定罪）必须与该证人作证证明的品格特性有关。

3. 具体行为询问的目的，是弹劾品性证人的证言，而不是证明作证之人的品性。

思考题

5.33. 迪克·戴维斯（Dick Davis）被指控谋杀拉尔夫·格林（Ralph Green），其作正当防卫之辩。在检控方主诉之后，戴维斯提供了以下证据：

（a）证人1作证，他和戴维斯都是爱尔克斯（Elks）人，他在每周会议上认识了戴维斯，戴维斯在爱尔克斯人中具有诚实的好名声。

（b）证人2作证，拉尔夫·格林在该社区有暴虐的名声。

（c）证人3作证，拉尔夫·格林两年前被判过严重故意伤害罪，一项重罪。

（d）证人4作证，她在不同的时间三次告诉被告人，她看到了被害人无端地袭击他人。

检控方在反驳中提供了以下证据：

（e）证人5作证，拉尔夫·格林在该社区有性情平和的名声。

（f）证人6作证，戴维斯在该社区有暴虐的名声。

哪项证据会引起异议？

5.34. 回到第149页思考题3.3，合众国诉雷案（United States v. Ray）。以下证据是否可采？如果调换证据提出的顺序，回答是否有变化？

（a）检控方证据：处理过伯纳德·雷（Bernard Ray）股票交易的经纪公司合伙人的证言："伯纳德·雷是一位不同寻常的精明投资人，他消息灵通。他亲自指示了其账户中的每一笔股票交易。"

（b）被告方证据：朱·雅各布斯（June Jacobs）——朗唐公司财务总监的证言："伯纳德·雷虽然是位优秀的销售员和公司的卓越领袖，但在金融和证券市场方面非常业余。有关公司运作和其个人投资决策中的所有金融方面问题，他都交由别人处理。"

（c）被告方证据：自 2013 年以来，按照伯纳德·雷股票交易经纪人的指示所作出的重大股票（非朗唐公司股票）交易的五个实例。

（d）检控方证据：雷拥有经济学博士学位的证据。

第八节 当品性成为控辩要件时一个人品性的证据

考虑一起诉讼，玛撒（Martha）因为乔治（George）散发了一份宣称玛撒不诚实的传单而起诉乔治诽谤。玛撒指控的要件之一是，所称有损其名誉的陈述是假的。由于关于玛撒不诚实的陈述有关她的品性，玛撒实际上具有不诚实的品性就成为其主张的要件。

在《联邦证据规则》404 或任何其他联邦证据规则中，对于品性成为指控或辩护要件时禁止或限制使用品性证据的问题均无专门说明。然而，《联邦证据规则》405 规定了在这种情况下人们可以使用的品性证据类型。

一、《联邦证据规则》405（b）的解释

328

《联邦证据规则》405 证明品性的方法

（b）以具体行为实例证明品性。

当一个人的品性或品格特性为一项指控、诉求或辩护之要件时，该品性或者品格特性亦可由该人行为的相关具体实例予以证明。

实体法有时将一个人的品性作为指控或辩护的要件，在所称诽谤性陈述是关于一个人品性的陈述时，虚假之要素（或在某些司法辖区，真相之辩）就发生在一项诽谤名誉之诉中。例如，一个人的适格性或品性，在决定该人是否可成为儿童监护人时就成为一个考量因素。对一家医院雇用粗心大意的内科医生酿成过失的索赔，这位医生之粗心大意——缺乏细心的品性——是原告为胜诉

必须证明的一个因素。同样，疏忽委托之诉，被告在允许粗心、不称职的雇员驾驶原告的车辆方面存在过失，使得该雇员漫不经心的品性成为原告为了获胜必须证明的一个要件。在不正当死亡案件中，原告的损害赔偿金也许在一定程度上取决于死者的品性，从而使死者的品性成为证明的一个要件。

《联邦证据规则》405（b）与《联邦证据规则》405（a）联系在一起，清楚地表明，所有三种品性证据的类型——名声、意见和具体行为——在品性成为控诉或辩护要件时，均具有潜在可采性。例如，在我们假设的诽谤案中，乔治要想证明玛撒是不诚实之人陈述的真实性，乔治可以传唤证人作证：（1）玛撒在社区具有不诚实的名声，（2）根据证人的意见，玛撒是个不诚实的人，以及（3）玛撒所做过的不诚实的具体行为。

在品性成为控诉或辩护的要件时，对使用任何这些类型的证据证明品性的唯一限制是《联邦证据规则》403。特别是在有关具体行为问题上，法庭应当对证明争议中品格特性证据的证明力与下列因素进行权衡：（1）该证据可能给陪审团造成情绪化反应的风险，以及（2）争论该人或许做过或未做过某事之细节所花费的时间和精力。

重点是要明白，《联邦证据规则》405（b）并非是《联邦证据规则》404（b）（1）的一项例外。《联邦证据规则》404（b）（1）禁止使用品性证据，仅限于证明特定场合的行为与品格特性具有一致性。然而，当品性是一项要件时，它被提供并不是为了证明某人在特定场合会按照某种特定方式行事。规则405（b）的品性证明本身就是一个目标，它是对要件或要素性事实的证明，而非对某些进一步行为的间接证明。换个角度看，根据《联邦证据规则》405（b）使用品性并不属于上文第265-266页图5-1和图5-2中所描述的推论链条，亦不属于规则404（b）（1）所禁止的范围。因此，即便规则405（b）并未明确提及所允许的具体行为证据（包括非书面证据），情况仍然是作为一个要件的品性可通过任何相关性方式予以证明。因此，如同《联邦证据规则》404（b）（2）和《联邦证据规则》406一样，《联邦证据规则》405（b）是法院严格按照限定的范围适用品性禁止的又一"警示"。

329
二、一个适用：诽谤案中的名声与品性

在讨论《联邦证据规则》404（a）时，我们指出，一个人的名声证据是证明一个人品性的一种方式。重要的是记住，特别是在诽谤名誉之诉中，"品性"（character）和"名声"（reputation）之间的区别。品性是一个人不可分割的一部分。相比之下，名声是人们对一个人的评价。在诽谤名誉之诉中，原告的

名声——不论是否与原告的实际品性偶然一致——总是相关的，因为实体法把名声的损害作为评估赔偿的依据。例如，考虑一下前面关于乔治散发声称玛撒不诚实传单的假设案例。如果她在实体诉求上获胜，她的损害赔偿金将取决于乔治的陈述在多大程度上损害了她的名声，而不取决于她现在或过去是什么样的人。正如我们前面以乔治和玛撒的例子所说明的，品性要成为诽谤名誉之诉的一个要件，只有同时满足下述两个条件才有可能：（1）被告辩称，所谓诽谤性陈述是真实的；以及（2）该陈述是关于原告的品性。

要　点

当品性是控辩的一个要件时，《联邦证据规则》405（b）允许以具体行为证据证明品性。另外，根据《联邦证据规则》405（a），允许以名声或意见证据来证明品性。

思考题

5.35. 保罗·文森特（Paul Vincent）起诉办公用品城（Office Barn），原因是他被商店保安阿诺德·斯塔隆（Arnold Stallone）误认为小偷而遭受了身体上的虐待，造成受伤。其主张被告疏于监管及/或过失招聘，原告必须证明：（1）斯塔隆具有暴力倾向，及（2）办公用品城知道或者应该知道斯塔隆的品性，因此招聘其作为保安是过失行为，且未对其进行充分监督。文森特提供了以下证言。是否可采？

（a）证人1作证，他认识斯塔隆已经10年了，就其看来，斯塔隆是一个暴虐的人。

（b）证人2作证，在斯塔隆到办公用品城工作前1年，斯塔隆曾在一家酒吧中无缘无故地打了他。

（c）证人3作证，斯塔隆在到办公用品城工作前，曾四次被捕，两次因人身侵犯而被定罪。

办公用品城提供了以下证言。是否可采？

（d）证人4作证，她和斯塔隆在同一街区生活了5年，他具有平和先生的名声。

5.36. 回到第148页思考题3.2。关于驾驶员超速行驶罚单的证据很可能是可采的吗？出于何种目的可采？

5.37. 保罗·普兰特（Paul Plant），一位公职候选人，起诉黛安·丹尼尔（Diane Daniels）用散发手册方式宣传保罗是个脾气坏的暴力型人物，以及保罗在 5 月 23 日从当地体育用品商店偷了一支手枪，对其进行诽谤。保罗作证说，这两个陈述都不真实。

（a）保罗传唤埃德加·詹姆斯（Edgar James）作证说，这个手册的发布导致保罗在该社区有了暴虐和不诚实的名声。

（b）黛安传唤塞尔达·杨（Zelda Young）作证说，她去年见过保罗在当地小酒馆里进行过斗殴。

（c）黛安传唤佛罗伦萨·纽曼（Florence Newman）作证说，在所称的诽谤发生之前，保罗在该社区就有暴虐和不诚实的名声。

（d）黛安传唤温斯顿·汉普顿（Winston Hampton）作证说，去年有两次当他和保罗在一起的时候，保罗从当地一家百货公司偷了商品。

假定适当地提出了异议，哪些证据应该具有可采性？

5.38. 被告被控销售海洛因。他辩称，他是在一个所谓的朋友的多次恳求下陷入了警察圈套，这个朋友实际上是一个秘密的缉毒官员。根据实体法，如果被告本来就有从事犯罪的倾向，所称警察圈套之辩是无效的。为了表明其具有这种倾向，检控方提供了如下证据：（a）被告在社区有毒品经销商的名声；（b）在五个特定场合，被告向学童们销售了毒品。被告对这些证据的异议，应当得到支持吗？

第九节　性侵犯和儿童性侵害的证据

《联邦证据规则》413 - 415 这三项规则，作为 1994 年国会制定的《暴力犯罪控制与实施法案》的组成部分，涉及在性侵犯和儿童性侵害指控中的不正当性行为证据的可采性问题。这些规则的明显用意是使性行为的证据更易于采纳。在我们关于这些规则的讨论中，性侵犯和性行为这些术语同时包括了性侵犯和儿童性侵害行为。

证据法评论者们对《联邦证据规则》413 - 415 的批评尤其激烈，因为这些规则是由国会直接制定的，而未经过典型的规则制定程序。查尔斯·A. 赖特和小肯尼斯·W. 格雷厄姆：《联邦惯例与诉讼：证据》［Charles A. Wright and Kenneth W. Graham Jr. , Federal Practice and Procedure: Evidence, §5411-5417B (Supp. 2001)]；爱德华·J. 伊姆温克尔里德：《对性违法检控中废除品性证据禁令的立法建议之争的一个微小贡献》[Edward J. Imwinkelried, A Small Contribution to the Debate Over the Proposed Legislation Abolishing the Character Evidence in Sex Offense Prosecutions, 44 Syracuse L. Rev. 1125 (1993)]；《关于〈联邦证据规则〉413-415 草案的看法》[Perspectives on the Proposed Federal Rules of Evidence 413 - 415, 22 Ford. Urban L. J. 265 (1995)]。

因为大多数性侵犯刑事案件发生在州法院，《联邦证据规则》413-415 重大的潜在影响在于为州证据法典提供了范本。此处的理念也给各州一个"安全港"：一个可靠的指示是，检察官何时可以依据宪法使用先前性行为证据来证明犯罪。可以推定，《联邦证据规则》413-415 与正当程序相称。正如《联邦证据规则》413-414 的主要提倡者罗伯特·多勒（Robert Dole）所说："有可能——甚至是可以预料的——各州会跟进诉讼并（相应）修正他们自己的证据规则。"[140 Cong. Rec. S10，276（daily ed. Aug. 2，1994）]，另参见亚力克斯·斯泰因：《宪法性证据法》[Alex Stein, Constitutional Evidence Law, 61 Vand. L. Rev. 65，112-13（2008）]。大约四分之三的州根据《联邦证据规则》制定了本州的证据规则。然而，各州并未急于吸收采纳这些新规（规则 413-415）。但参见《亚利桑那州证据规则》404（c）[Ariz. R. Evid. 404（c）]；《加利福尼亚州证据法典》第 1108 节 [Cal. Evid. Code §1108（West 1995）]；密苏里州附注释的法令第 566.025 节 [Mo. Ann. Stat. §566.025（Vernon Supp. 2001）]。

一、《联邦证据规则》413-415

规则 413 性侵犯案件中的类似犯罪

（a）允许使用。在被告人被指控性侵犯罪的刑事案件中，法院可以采纳关于被告人实施了任何其他性侵犯的证据。该证据可以在任何与之相关的事项上加以考量。

（b）向被告人披露。如果检察官打算提供这一证据，该检察官必须向被告人披露它，包括证人陈述或者预期的证言概要。检察官必须于审判 15 日前或者法院以正当理由允许的较迟时间内进行披露。

（c）对其他规则的影响。本条规则不限制根据任何其他规则对证据的采纳或考量。

（d）"性侵犯"的定义。在本条规则和规则 415 中，"性侵犯"（sexual assault）是指根据联邦法律或州法律（"州"的定义见《美国法典》第 18 编第 513 节）规定的涉及下列情形的犯罪：

（1）《美国法典》第 18 编 109A 章所禁止的任何行为；

（2）未经同意，以被告人身体的任何部分——或一个物体——接触另一个人的生殖器或肛门；

（3）未经同意，以被告人的生殖器或肛门接触另一个人身体的任何部分；

（4）从致使另一个人死亡、身体伤害或身体痛苦中获得性快感或性满足的行为；或者

（5）从事（1）-（4）项所描述的行为的企图或合谋。

规则 414　儿童性侵害案件中的类似犯罪

（本规则的结构和内容与《联邦证据规则》413 相似，但只适用于儿童性侵害犯罪而非性侵犯罪。（d）款定义"儿童"为"14 岁以下的人"，并删掉了出现在《联邦证据规则》413（2）和（3）项的"未经同意"一语。）

规则 415　民事案件中涉及性侵犯或儿童性侵害的类似行为

（本规则使得《联邦证据规则》413 和《联邦证据规则》414，包括通知要求，适用于民事案件中基于当事人所称性侵犯或儿童性侵害的诉求。）

　二、《联邦证据规则》413-415 的解释

（一）《联邦证据规则》413-415 和其他证据规则的关系

1.《联邦证据规则》413-415 和《联邦证据规则》404

通过移除《联邦证据规则》404 的两大障碍，《联邦证据规则》413-415 的用意，在于对品性证据在性侵犯和儿童性侵害案件中的可采性放宽了限制。首先，检控方在这些案件中被允许开启倾向证据之门，一般来说这是刑事被告人《联邦证据规则》404（a）的专属权利。其次，检控方可以提供关于性侵犯或儿童性侵害的过去具体行为，作为被告犯有当前罪行的证据。〔尽管在《联邦证据规则》404（b）中，过去具体行为被禁止用以证明品性进而表明特定场合的行为与品性一致。〕合众国诉恩杰迪案〔United States v. Enjady, 134 F. 3d 1427, 1431 (10th Cir. 1998)〕（国会的意图是"在划定的案件种类中降低倾向证据可采性的门槛"）。这种对现行规则放宽限制的做法，与《联邦证据

规则》413 - 415 的语言具有一致性：性侵犯证据"可以在与之相关的任何事项上被加以考虑"。此外，这种对《联邦证据规则》413 - 415 的理解，也为其立法史所示（戴维·J. 卡普：《性违法案件和其他案件中的倾向证据和概率证据》[David J. Karp, Evidence of Propensity and Probablity in Sex Offense Cases and Other Cases, 70 Chi. Kent L. Rev. 15, 15 n. ＊ (1995)]；戴尔·A. 南希：《面向未来：我们真想要了解被告?》[Dale A. Nance, Forward：Do We Really Want to Know Defendant?, 70 Chi. Kent L. Rev, 3, 8 (1994)]），而且为支持制定这些规则而进行游说的司法部所暗示（卡普，上文，第 19 页）。

例如，请考虑在一起案件中，被告被指控企图强奸，且检控方提供证据证明，被告在过去 5 年曾在两个场合对两位女性实施过性侵犯。假定这两位女性与本案被害人无关，而且在这三次事件中没有不同寻常的类似特征。那么，这两起先前事件，对于证明被告为所指控犯罪的犯罪人是相关的吗？或许是相关的，但这仅仅因为该证据表明了实施性侵犯的一般趋向性。听起来像是对倾向证据的描绘。如果是这样，那么，在《联邦证据规则》413 制定之前，根据《联邦证据规则》404（a）和 404（b），该证据应该是不可采的。规则 413 移除了规则 404 对相关性侵犯证据之可采性设置的障碍。

2.《联邦证据规则》413 - 415 和《联邦证据规则》403

在《联邦证据规则》413 - 415 颁布之初，有人担心这些规则未明确提及现行排除规则，且未表明法官根据《联邦证据规则》403 可以行使排除性行为证据自由裁量权的程度。[③] 然而，所有涉及该问题的上诉案件均得出了相同结论，即性行为证据受制于《联邦证据规则》403 平衡检验。合众国诉瓜迪亚案 [United States v. Guardia, 135 F. 2d 1326 (10th Cir. 1998)]。事实上，一些联邦法院的裁定已经表明，如果不能用《联邦证据规则》403 排除导致带有偏见的不当性行为证据，采纳这样的证据会侵犯被告获得公正审判的正当程序权利。合众国诉卡斯蒂略案 [United States v. Castillo, 140 F. 3d 874 (10th Cir. 1998)]（《联邦证据规则》414）；合众国诉恩杰迪案 [United States v. Enjady, 134 F. 3d 1427 (10th Cir. 1998)]（《联邦证据规则》413）；合众国诉茂德案

---

③ 《联邦证据规则》413（a）、414（a）和 415（a）中"可以采纳证据"的规定 [原文为"可以重新分配参考性段落?"（May be recute the referenced passage?），经与艾伦教授确认，此处属于本教材第六版的笔误，正确的表述是："'May admit evidence' in FRE 413（a），414（a）and 415（a）"。——译者注] 表明，可采性取决于其他排除规则，包括法院根据《联邦证据规则》403 排除有证明力的证据的权力。注意，当《联邦证据规则》立法者明确想要可采性具有强制性时，该规则陈述了该证据的"重中之重"（whose emphasis）。参见第七章讨论的《联邦证据规则》609（a）（2）。

［United States v. Mound, 149 F. 3d 799, 80 (8th Cir. 1998)］（该案判定，《联邦证据规则》413 并未侵犯正当程序权利，《联邦证据规则》413 和 414 亦均未违反同等保护原则，因为法官根据《联邦证据规则》403 享有排除过度偏见化的证据的自由裁量权，这足以保护被告免于偏见损害）；另参见阿维娃·奥伦斯坦：《异常现象、正当程序及〈联邦证据规则〉403 虚假承诺》［Aviva Orenstein, Deviance, Due Process, and the False Promise of Federal Rule of Evidence 403, 90 Cornell L. Rev. 1487, 1517 (2005)］（"对于那些担心《联邦证据规则》413 和 414 鞭长莫及的人来讲，指望成功的正当程序挑战是愚蠢的"）。因此，在企图强奸的假设案例中，被告可以争辩说，根据《联邦证据规则》403，先前的性侵犯证据应该被排除。

333

3. 《联邦证据规则》413 - 415 和其他证据规则

《联邦证据规则》413 - 415 先前性侵犯证据具有可采性的语言，是否可被解释为其他证据排除规则（如传闻证据规则）的一项例外？这种说法在我们看来是靠不住的。"创设规则 413 的立法者的用意是，'证据规则的一般标准将继续适用，包括对传闻证据的限制和法院根据规则 403 排除证明力实质上小于其偏见影响的证据的自由裁量权'"。《维尼斯坦论联邦证据规则》（第二卷）［2 Weinstein's Federal Evidence 413 - 411 (2d. ed. 2005)］。从统一的角度看，因为《联邦证据规则》403 可被援引以支持排除性侵犯证据，所以看似法院将得出结论说，其他成规——例如，传闻规则——也可适用于根据《联邦证据规则》413 - 415 提供的证据。因此，在企图强奸的假设案例中，法院将不太可能允许用本来不可采的庭外传闻陈述来证明先前的性侵犯。在涉及被告因先前不当性行为被定罪的案件中，检控方将能够根据《联邦证据规则》803 (22) 传闻例外之定罪判决，将该先前性行为提供作为证据。当检控方依靠一项未被指控的性行为时，其必须通过可采的证据向陪审团进行证明。

(二)《联邦证据规则》413 - 415 和初始事实认定

根据《联邦证据规则》404 (b) (2)，由于具体行为证据具有可采性，那么，对于性侵犯行为是否导致一项定罪甚至一项刑事指控，就没有要求了。如果存在着一个关于被告牵涉进所控性侵犯的性质问题，法院应当按照其解决关于被告罪错牵涉其他类型具体行为问题的相同方式来解决。如上文第 236 页所讨论的最高法院在赫德尔斯顿案的裁定结果，根据《联邦证据规则》，在被告罪错牵涉该行为的问题上，必须有"足以支持一项认定的证据"［《联邦证据规则》104 (b)]。合众国诉曼恩案［United States v. Mann, 193 F. 3d 1172

（10th Cir. 1999）］。例如，在前述强奸假设案例中，假定，被告提供了一位朋友的证言，证明被告在该未受指控的性侵犯发生时不在现场；进一步假定，检控方对那些具体行为的证明，包括所谓被害人的证言，以及所谓被害人与被告之间存在个人恩怨。即使法官也许不相信所谓的被害人，根据《联邦证据规则》104（b），也已有足以"支持一项认定的证据"表明侵害发生了，因为不允许法官将可信性列入考虑因素。重要的是，根据《联邦证据规则》413-414，在采纳未受指控的不当性行为证据之前，法官还必须"作出一项预备性事实认定，即陪审团能够根据优势证据合理地认定所发生的'其他行为'"。参见合众国诉恩杰迪案［United States v. Enjady, 134 F. 3d 1427（10th Cir. 1998）］。

检控方也可以依赖先前的不当性行为证据，即使被告潜在的行为被宣告无罪。由于无罪裁决可基于一项合理怀疑作出，因此其并不构成一项确凿的无辜认定，检控方不能被禁止提出这种证据，但受制于审判法官根据《联邦证据规则》403自由裁量权排除这种证据。参见道林诉合众国案［Dowling v. United States, 493 U. S. 342, 347-53（1990）］［判定根据《联邦证据规则》404（b）（2）采纳可入罪的类似行为证据，并未侵犯被告的正当程序及禁止双重危险的权利，即使该证据与其被判无罪的控诉相联系］。但应注意，道林案涉及的是《联邦证据规则》404（b）（2）的类似行为证据，因而可以说并未扩展至根据《联邦证据规则》413和414可采的一般倾向证据。参比赫斯诉州案［Hess v. State, 20 P. 3d 1121, 1129（Alaska 2001）］（判定检控方虽然可以依赖被告被判无罪的先前性侵犯证据，但"不告知陪审团该无罪裁决结果的做法，是错误的"）。

被告先前不当性行为被判无罪的影响，往往使得该证据无法通过恩杰迪案的多因素检验，即要求审判法官考虑："（1）先前行为在多大程度上已经得到证明；（2）一经采纳，该证据对待证的实质性事实有多高的证明力；（3）该实质性事实存在多大争议；以及（4）检控方可否提出其他偏见性更低的（替代性）证据。"同上案例，第1433页。另参见合众国诉伯纳利案［United States v. Benally, 500 F. 3d 1085, 1090（10th Cir. 2007）］（允许地区法院针对未被指控的性行为适用多因素检验）；合众国诉帕斯卡案［United States v. Pascal, 2015 WL 2384347,（10th Cir. 2015）］。

（三）"性侵犯罪"的宽泛定义

什么是"性侵犯罪"，其定义非常宽泛。任何具有在规则413（d）（2）-（d）（5）中描述之特征的行为显然都包括在内，只要一些州制定了禁止此种行为的刑事条例。例如，在我们的强奸假设案例中，假定检控方试图提出证据证

334

明，被告曾有过涉及痛苦或伤害的合意性行为。如果任何州在其刑法中恰好包含有该种性行为，那么，检控方的证据可以说就在该规则的可采范围内，即使该行为不是一项联邦犯罪或被告被起诉所在州的犯罪。

335　　　（四）《联邦证据规则》413（d）（2）和（3）"未经同意"的含义

《联邦证据规则》413 对（d）款同意（consent）一词是指法律上还是实际上的同意，未作任何说明。考虑一种情形，其中被控强奸罪的被告人和被害人都是成年人。先前与其他成年人发生的违反其意愿（也就是未经实际同意）的性接触，毫无疑问属于《联邦证据规则》413 范围内的一类性侵犯。那么，先前与未成年人的性接触呢？如果该未成年人实际上同意，但因为该未成年人的年龄而不属于法律上的同意呢？这种类型的证据应当具有可采性吗？被告是否知道未成年人的年龄，会有影响吗？

三、《联邦证据规则》413－415 详述

（一）《联邦证据规则》403 对以前不可采品性证据的适用

《联邦证据规则》413－415 的明显意图是使先前不可采的证据具有可采性。面对这样一种更宽松采纳证据的要求，法官在对某件具体证据进行《联邦证据规则》403 裁定时，应当如何进行考量？

也许并不令人感到奇怪的是，对这个问题有多种处理方式。一个极端的案例，是弗兰克诉哈得逊县案 [Frank v. County of Hudson，924 F. Supp. 620 (D. N. J. 1996)]，法院指出："儿童性侵害在我们的社会里是最臭名昭著的事情；因此，如果要采纳这种极易导致偏见的证据，它应当具有非常高的证明力。"同上，第 626－627 页。弗兰克案分析表明，当不当性行为证据不在采纳具体行为证据的传统非品性目的范围内时，《联邦证据规则》403 很可能要求排除这样的证据。作为一个政策问题，这也许是好事，也许不是好事。作为一个法律问题，这是错误的，因为它使《联邦证据规则》413－415 失效了。

在另一个极端，有些法院一直乐于采纳陈年的、似乎孤立的且有时候不相似的不当性行为实例证据。例如，在合众国诉米查姆案 [United States v. Meacham，115 F. 3d 1488 (10th Cir. 1997)] 中，被告被控在跨州商务中贩卖未成年人，故意令她从事性活动，法院判定，采纳两件发生于 30 年前的儿童性侵害相似事件作为证据是适当的。没有更近的与第三方的事件表明一种持续性的行为模式了。另参见合众国诉加布案 [United States v. Gabe，237 F. 3d

954（8th Cir. 2001）］（20年前的儿童性侵害事件具有可采性）；合众国诉伊格尔案［United States v. Eagle, 137 F. 3d 1011（8th Cir. 1998）］（在儿童性侵害指控中，支持采纳关于被告对现任事实婚妻子的先前法定强奸罪的证据）；合众国诉拉森案［United States v. Larson, 112 F. 3d 600（2nd Cir. 1997）］（16 - 20年前的相似儿童性侵害事件具有可采性；21 - 23年前的相似事件被排除了）。上诉法院在两起案件中先是判定，根据《联邦证据规则》404（b）采纳具体行为证据是引起偏见的错误；后又判定，根据《联邦证据规则》414采纳同样的证据是适当的，参见合众国诉萨姆纳案［United States v. Sumner, 204 F. 3d 1182（8th Cir. 2000）］，以及合众国诉勒孔特案［United States v. Le-Compte, 131 F. 3d 767（8th Cir. 1997）］。

尽管——或大概是因为——适用《联邦证据规则》403的方法五花八门，*336* 具体案件的结果有时候更多与案件的性质有关，而不是与法院所解读的《联邦证据规则》403和《联邦证据规则》413 - 415的关系有关。虽然过去法院在儿童性侵害案件中对性侵犯证据的可采性问题意见不一，参见戴维·P. 布赖登和罗杰·C. 帕克：《性违法案件中的"其他犯罪"证据》［David P. Bryden & Roger C. Park, "Other Crimes" Evidence in Sex Offense Cases, 78 Minn. L. Rev. 529, 531 n. 12（1992）］，但发展的趋势似乎是十分倾向于根据《联邦证据规则》414采纳这种证据。合众国诉加布案和合众国勒孔特案（同上引案例）；克里斯蒂娜·E. 韦尔斯和爱尔兰·埃利奥特·马特利：《对疯狂强奸犯神话的印证：一个女权主义者对近期强奸立法的批评》［Christina E. Wells & Erin Elliott Motley, Reinforcing the Myth of the Crazed Rapist: A Feminist Critique of Recent Rape Legislation, 81 B. U. L. Rev. 127, 177 - 178（2001）］。另一方面，在强奸案中，与陌生人强奸案相比，法院传统上似乎更不愿意在熟人强奸案中采纳先前性侵犯证据，参见布赖登和帕克（Bryden & Park），同上引文，第531页注11，并且这种趋势也许还在继续。在熟人强奸案（《联邦证据规则》413）和涉及熟人的性骚扰诉讼（《联邦证据规则》415）中，法院似乎对不公正的偏见特别敏感，并且总是毫不含糊地排除不当性行为证据。合众国诉阿塞维多案［United States v. Acevedo, 117 F. 3d 1429（未公布的裁决表），No. 96 - 2149, 1997 U. S. App. LEXIS 175 - 178（10th Cir. July 14, 1997）］；克利夫兰诉KFC奈特尔管理公司案［Cleveland v. KFC Nat'l Management Co. , 948 F. Supp. 62（N. D. Ga. 1996）］。对这些案件和其他类似案件的讨论，参见韦尔斯和马特利（Wells & Motley），同上引文；简·哈里斯·艾肯：《民事诉讼中的性品性证据：对倾向规则的完善》［Jane Harris Aiken,

Sexual Character Evidence in Civil Actions: Refining the Propensity Rule, 1997 Wis. L. Rev. 1221]。

在涉嫌被熟人性侵的案件中，这种排除性侵犯证据的明显意愿，也许正在破坏《联邦证据规则》413 和《联邦证据规则》415 的目的之一。布赖登和帕克（Bryden & Park），同上引文，第 576 - 582 页指出，在被告辩称（对方）同意的熟人强奸案中，对性侵犯证据的需要也许相对更强烈。案件中很可能没有能证明强奸发生过的物证。因此，在解决被告和所称被害人之间不可避免的可信性冲突时，被告先前的不正当性行为可能尤为重要。克伦·安德鲁斯：《熟人强奸指控中其他犯罪证据的可采性》[Karen Andrews, The Admissibility of Other-Crimes Evidence in Acquaintance-Rape Prosecutions, 17 S. Ill. U. L. J. 341 (1993)]；萨拉·比尔：《强奸和儿童性虐待指控中的先前类似行为》[Sara Beale, Prior Similar Acts in Prosecutions for Rape and Child Sex Abuse, 4 Crim. L. F. 307 (1993)]。

（二）规则 413 - 415 蕴含的原理

不论《联邦证据规则》413 - 415 在实践中能在多大或多小程度上放宽对不当性行为证据的使用，其潜在前提必须是：（1）该不当性行为证据，对于证明特定场合的行为具有较高证明力，以及（2）这种类型证据的证明力不太可能会被其偏见影响所超过。这两个命题也许都是对的，但没有一个可免遭质疑。由于围绕《联邦证据规则》413 - 415 的争议，我们在此加入了一些考察这两个基本命题的法学和社会科学方面的文献。

337

1. 不公正的偏见

任何具体行为证据所产生的偏见性影响——它会使陪审团愿意忽略一种合理怀疑而给坏人（可能是危险人物）定罪的程度——是这些具体行为在事实认定者观念中产生的究竟有多坏，或有多么危险的作用。我们怀疑，你们当中许多人和许多陪审团成员一样，都认为儿童性侵害和性侵犯是最严重和最可憎的犯罪。就算这种评估是正确的，要创设一种禁止检控方打开证明被告品性及具体行为证据之门的例外，其唯一的正当理由，只能是这种证据具有相对较高的证明力。

2. 证明力和累犯

一些司法辖区已放宽了不当性行为证据的可采性，这表明至少有些法院，把性侵犯证据视为比其他品性证据更具证明力的品性证据。而且，你们当中某些人——大概是许多人——也许在直觉上相信，先前的不当性行为证据是特别有证明力的倾向证据。重要的实证问题在于，这种关于针对第三人的不当性行为的直觉是否实际上真实。反复虐待同一个人——特别是配偶或儿子、女儿——也许是司空见惯的。然而，对同一个人反复实施性暴力的证据，很可能被看作是非品性证据，因而根据《联邦证据规则》404（b）（2），无论在何种情况下都具有潜在可采性。

对累犯的研究表明，性犯罪者的累犯率并不总是比其他严重犯罪者更高。然而，罗杰·帕克争辩说，重要的累犯因素应该是：性犯罪者从事其他性犯罪的频率，以及其他犯罪者从事与其定罪相似的犯罪频率之比。罗杰·C. 帕克：《处在十字路口的品性证据》[Roger C. Park, Character at the Crossroads, 49 Hast. L. J. 717，756－764* （1998）]。根据这个标准，强奸犯成为累犯的倾向性是更强的。同上引文，第 762 页。此外，我们都知道，报案的性犯罪比实际发生的要少，而且，累犯的统计数据是根据逮捕和定罪比率得出的。A. 尼古拉斯·格罗斯、罗伯特·E. 朗古和 J. 布拉德利·麦克法丁：《强奸犯和儿童性侵害者中未被发觉的累犯》[A. Nicholas Groth, Robert E. Longo & J. Bradley McFadin, Undetected Recidivism among Rapists and Child Molesters, 28 Crime & Delinquency 450 (1982)]。在美国，45％的强奸从未报案，并且研究表明，熟人强奸案的报案率只有 5％～10％。克伦·安德鲁斯：《熟人强奸指控中其他犯罪证据的可采性》[Karen Andrews, The Admissibility of Other-Crimes Evidence in Acquaintance-Rape Prosecutions, 17 S. Ill. U. L. J. 341，342－343 (1993)]。此外，有证据表明，警察若不相信被害人的话，他们就不会执行逮捕。加里·D. 拉弗里：《强奸和刑事司法：性侵犯的社会结构》[Gary D. LaFree, Rape and Criminal Justice：The Social Construction of Sexual Assault, 59－60，66－69，207－226 (1989)]；朱莉·霍尼和卡西亚·斯庞：《强奸法改革和六市司法辖区的工具性变革》[Julie Horney & Cassia Spohn, Rape Law Reform and Instrumental Change in Six Urban Jurisdictions, 25 Law and Soc. Rev. 117 (1991)]。参比塔玛拉·莱斯·莱夫和阿维娃·奥伦斯坦：《证据法的实证谬误：对先前性犯罪证据采纳的批判性考察》[Tamara Rice Lave & Aviva Orenstein, Empirical Fallacies of Evidence Law：A Critical Look at the Admission of Prior Sex Crimes, 81 U. Cin. L. Rev. 795 (2013)]（批评了《联邦证据规则》413－415 在心理学及实证方面的正当性，其在解释性犯罪的累犯率和未报案率时疏于考虑重要的细微差别）。

---

　　* 原文为 756－754，作者确认为笔误。——译者注

3. 证明力的语境评估

考虑一下，在对性侵犯证据的证明力进行评估时，人们的政治和社会价值观可能会造成的影响。如果人们把性侵犯视为与所有其他暴力犯罪在很大程度上十分相似的犯罪，那么，品性证据规则就没有理由对那些犯罪区别对待。品性证据对证明与品性一致的行为一般具有较低的证明力，以及对刑事被告人可能具有不公正偏见的影响，从而阻碍了在所有案件中运用行为与品性一致的推论。

另一方面，如果人们把性侵犯视为一种倾向于以种种方式歧视和压迫女性——特别是有色人种女性和贫穷女性——的男性统治社会结构的一种表现形式，那么，可以合理地预估，检察官、法官和事实认定者们，可能都会以那种社会压迫所固有的一些成见来处理性侵犯案件。用来弥合那些成见的特殊可采性规则，也许就是适当的。布赖登和帕克（Bryden & Park），同上引文，第583页。

法律文献表明，这类歧视性成见确实存在。基于《统一犯罪报告》和真实、模拟的陪审团审判的实证研究披露，男人们更可能强奸有色人种女性和贫穷女性，但他们这样做时被定罪的可能性更低。当这些女性为被害人时，即使犯罪人被定罪，他们所服刑期也更短。对此所做的一种解释是，法官和陪审团成员们更可能把这些女性看作是利用性关系的人，因此无所谓侵犯。加里·D. 拉弗里：《强奸和刑事司法：性侵犯的社会结构》[Gary D. LaFree, Rape and Criminal Justice: The Social Construction of Sexual Assault, 219 - 220 (1989)]；G. 切齐尔·卡拉韦：《对有色人种女性的施暴行为》[G. Chezia Carraway, Violence Against Women of Color, 43 Stan. L. Rev. 1301 (1991)]；金伯·克伦肖：《勾画轮廓：交叉点、身份政治学和对有色人种女性的施暴行为》[Kimberle Crenshaw, Mapping the Margins: Intersectionality, Identity Politics, and Violence Against Women of Color, 43 Stan. L. Rev. 1241 (1991)]；桃乐茜·E. 罗伯茨：《强奸、暴力和女性自治》[Dorothy E. Roberts, Rape, Violence, and Women's Autonomy, 69 Chi.-Kent L. Rev. 359 (1993)]。另外，传统且现今依然强大的刻板印象，对在熟人强奸中的女性总是倍加责难，甚至当女性被认为促成了自己的困境时，否认该行为是强奸。洛伊斯·皮诺：《约会强奸：一位女权主义者的分析》[Lois Pineau, Date Rape, A Feminist Analysis, 8 Law and Philosophy 217 (1989)]。另参见安德鲁斯（Andrews），同上引文；戴维·P. 布赖登和桑杰·伦尼克：《刑事司法制度中的强奸》[David P. Bryden & Sonja Lengnick, Rape in the Criminal Justice

System，87 J. Crim. L. & Criminology 1194 (1997)]；克伦·M. 克雷默：《神话的统治：酒后熟人强奸的社会和法律动因》[Karen M. Kramer，Note，Rule by Myth：The Social and Legal Dynamics Governing Alcohol-Related Acquaintance Rapes，47 Stan. L. Rev. 115 (1994)]。这些态度使陪审团成员们倾向于——如果不是不相信的话——给被害人的说法打折扣，而且，在熟人强奸的情况下，由于常常没有肢体伤害证据，被害人的可信性对于成功起诉往往至关重要。若陪审团成员们持有这些陈旧观念，则定罪的可能性很小；而在陪审团成员们不可能定罪的情况下，检控方就不会提起诉讼。采纳被告人的先前性侵犯证据，也许会打破陪审团成员们心目中的陈规旧念，进而使检控方更愿意去调查熟人强奸案。允许使用被告人先前性侵犯记录的证据，还可能会增加被害人为贫穷女性和有色人种女性案件的定罪率。

大概这种成见和刻板印象解释了制定《联邦证据规则》413－415 之前的法律状况。正如我们上文所指出的，在儿童性侵害案件和陌生人性侵犯案件中，许多法院更倾向于在采纳被告先前性行为证据方面给予相对的放宽。然而，同样是这种关于可采性的放宽意见，并未延伸到熟人性侵犯案件中。我们想象不出任何理由去相信，性侵犯被告人以前的性行为，在熟人性侵犯情况下可能比在陌生人性侵犯情况下，更缺乏证明力。

一些学者主张，《联邦证据规则》413－415 仅仅是再次强化了将强奸犯看作邪恶掠夺者的社会范型，并且延续了这样的理念，即控诉强奸的女性，需要有能够印证其控诉的证人（在这些案件中，作为先前被害人的女性）。阿维娃·奥伦斯坦：《没有坏男人！：强奸罪审判中品性证据的女权主义分析》[Aviva Orenstein，No Bad Men!：A Feminist Analysis of Character Evidence in Rape Trials，49 Hastings L. J. 663 (1998)]；韦尔斯和马特利（Wells & Motley），同上引文。亦参见凯瑟琳·K. 贝克：《曾为强奸犯？强奸法中的动机证据及相关性》[Katharine K. Baker，Once a Rapist? Motivational Evidence and Relevancy in Rape Law，110 Harv. L. Rev. 563 (1997)]（对《联邦证据规则》413 创设了危险的性侵犯者范型进行批判，该人物范型增加了对一些弱势群体被告错误定罪的风险，同时也允许了约会强奸犯的存在，这些强奸犯因不符合该范型而逍遥法外）。以上分析是否改变了你对《联邦证据规则》413－415 之可取性的看法？

（三）《联邦证据规则》413－415 对联邦诉讼的重要意义

围绕《联邦证据规则》413－415 生效所产生的争议，几乎全部集中于

《联邦证据规则》413 和 414 在刑事指控中的作用。然而，正如我们在第五节开篇所指出的，性侵犯和儿童性侵害主要是触犯州法的犯罪。因此，虽然迄今为止有关《联邦证据规则》413－415 为数不多的案件中大多为刑事案件，对联邦法院来说，则大概很少有适用《联邦证据规则》413 和 414 的机会。相比之下，《联邦证据规则》415——《联邦证据规则》413 和《联邦证据规则》414 在民事案件中的适用——可能成为给联邦不当性行为规则注入内容的主要载体。赖特和格雷厄姆，上文 [23 Wright & Graham, at §5411B（Supp. 2001）]。例如，根据《联邦证据规则》415，基于非法性接触而提起性骚扰之诉的原告（包括联邦民事权利诉讼案件）也许试图提出被告的先前不当性行为证据。克利夫兰诉 KFC 奈特尔管理公司案 [Cleveland v. KFC Natl. Mgmt. Co., 948 F. Supp. 62（N. D. Ga. 1996）]；简·哈里斯·艾肯：《民事诉讼中的性品性证据》（Jane Harris Aiken, Sexual Character Evidence in Civil Actions, 1997 Wis. L. Rev. 1221）。

要　点

1. 《联邦证据规则》413－415 允许用具体行为来证实一个人实施性侵犯的品性或倾向，并证明特定场合的行为。

2. 根据《联邦证据规则》413－415 潜在可采的证据，依据《联邦证据规则》403 也许可以排除。

340

思考题

5.39. 被告被指控"故意与未成年人发生性接触，故意激起性欲或达到性满足"。在主诉阶段，检控方提供证据证明，被告曾引诱一位 3 岁的小女孩到他家，抚摸她，并给了她一块糖。被告以其自身名义作证，否认该事件。作为反驳，检控方提供了一位 12 岁小女孩的证言，证明在上述所称 3 岁小女孩事件发生前一周，被告曾以 20 美元引诱其到他家，露出自己的裸体。该证据是否应被采纳？

5.40. 亚历克斯·艾布拉姆斯（Alex Abrams）被指控企图性侵犯和殴打。所称被害人布伦达·贝利（Brenda Bailey）作证说，她在酒吧碰见一个男人，她将其指认为被告艾布拉姆斯；当她午夜后离开酒吧时，他跟随她来到她的汽车旁；他从她身后搂住她，把她按倒在地，试图对她进行性侵犯；她的尖叫声引来了酒吧其他顾客，使得攻击者仓皇逃走。艾布拉姆斯作证说，贝利对他作了错误指认；那天是一个黑夜；他虽然早早就泡在酒吧里，但在午夜前就离开了，被控的人身侵犯发生时，他已在家里。

检控方寻求采纳以下证据：分别于 7 年前和 5 年前，在被艾布拉姆斯尾随离开酒吧后遭到其性侵犯的两位妇女的证言。在《联邦证据规则》413 - 415 制定之前，这些证据应当被采纳吗？在这些规则制定之后呢？

如果那两次性侵犯发生的时间更近，结果有什么不同吗？如果那两次性侵犯是大白天发生在该妇女的家里呢？

5.41. 卡尔·苛宾（Carl Corbin）被指控强奸。所称被害人桃瑞丝·戴维斯（Doris Davis）作证说，她在一个酒吧碰见苛宾；他们聊了一会儿，她同意陪他到另一个酒吧喝酒跳舞；在第二个酒吧玩了几小时后，她受邀搭他的车去开自己的车；在路上，他把车停在一个公园，说他想要和她性交；她说不行，并告诉他自己怕怀孕；而他硬是强奸了她。苛宾作证说，戴维斯在和他度过了一个快乐的夜晚后，同意和他发生性关系。

检控方寻求采纳以下证据：一位 3 年前曾与苛宾有过短期约会的妇女的证言，他想与她发生性关系；她曾告诉他不行，但他强迫和她性交；而她从未把这件事告诉任何人。在《联邦证据规则》413 - 415 制定之前，该证据应当被采纳吗？在这些规则制定之后呢？

如果该妇女作证说，她在酒吧碰见苛宾；几次喝酒跳舞之后，他开车送她回家；他把车停在与戴维斯停车的同一个公园；而且，在她说不行之后，他强迫和她性交，结果有什么不同吗？

5.42. 阿加莎·刘易斯（Agatha Lewis）对布赖恩·贝洛斯（Brian Bellows）提起一项损害赔偿诉讼，她宣称，后者给她传染了艾滋病。阿加莎以血液检验证据证明，她 18 个月前未携带艾滋病毒，而她现在已携带病毒，而布赖恩是艾滋病毒携带者。阿加莎作证说，她不是静脉注射毒品使用者，她也没有接受过输血，在她做过艾滋病检验呈阴性后唯一与之有过亲密性接触的人就是布赖恩。她进一步作证说，她在一次聚会上遇见布赖恩；他们在聚会后去了他的住所并发生了性交；在之后两周他们还有过两三次性交；她与他没有进一步的接触。在辩护中，布赖恩承认，他在一次聚会上碰见阿加莎。他辩称，他在聚会后载她去了她的住所，而且他并未在那个晚上或任何其他场合与阿加莎发生过性交。在反驳中，阿加莎提供了三位妇女的证言，她们去年都是在聚会上碰见布赖恩，并与他有短暂的性关系。在《联邦证据规则》413－415制定之前，这些证据应当被采纳吗？在这些规则制定之后呢？

5.43. 史蒂夫·桑德斯（Steve Sanders），一位21岁的大学生，被指控强奸同班同学贝蒂·布朗（Betty Brown）。按照检控方的指控，强奸发生于他们第一次（也是唯一一次）约会期间。桑德斯承认发生了性交，但他辩称，布朗同意了。检控方提供了以下证据：

（a）安·威廉斯（Ann Williams）——一位16岁高中生——的证言说，她最近与桑德斯发生过自愿的性交；

（b）埃莉·威尔逊（Ellie Wilson）——另一位学生——的证言说，她与桑德斯第一次约会时，他极具侵犯性，并在她能阻止他之前便撕破了她的衣服；

（c）从桑德斯的房间搜出一个属于玛丽·米勒（Mary Miller）的钱夹。玛丽·米勒的证言说，一个月前，一个蒙面男人在学校宿舍的洗衣房强奸了她，并偷走了她的钱夹（桑德斯辩称，在从他的房间搜出钱夹的前一天晚上，他在街角发现了那只钱夹；而且，在所称强奸发生时，他正在图书馆学习）。

在《联邦证据规则》413－415制定之前，法院应当如何裁定？在这些规则制定之后呢？

第十节　性违法案件中所称被害人过去性行为或性倾向证据

直到最近，在被告方主张被害人同意的情况下，许多法院在允许强奸和其他性违法被告人提出所称被害人的性史证据方面，都是相当宽松的。先前性史证据最常见的形式是名声证言，但有些司法辖区还允许具体行为证据。自20世纪70年代起，各州开始制定"强奸盾护"（rape shield）立法来制止某些这种证据的可采性。《联邦证据规则》412——后于1994年进行了修订——也是特定立法活动的产物。国会于1978年将规则412增加进《联邦证据规则》。关于规则412背景和立法史的讨论，参见查尔斯·艾伦·赖特和小肯尼斯·W.格雷厄姆：《联邦实操与程序》[23 Charles Alan Wright and Kenneth W. Graham

Jr. , Federal Practice and Procedure，§ 5381 at 483 - 491 (1980)，§ 5381. 1 at 190 - 199 (Supp. 2001)]。

一、《联邦证据规则》412

342

规则 412　性违法案件；被害人的性行为或性癖好

（a）禁止使用。在涉及指称不当性行为的民事或者刑事程序中，下列证据不可采：

（1）用以证明被害人从事过其他性行为的证据；或者

（2）用以证明被害人性癖好的证据。

（b）例外。

（1）刑事案件。在刑事案件中，法院可以采纳下列证据：

（A）为证明被告之外的他人是精液、伤害或其他物证的来源，而提供的被害人性行为的具体实例证据；

（B）检察官提供的或者被告为证明同意提供的，关于被害人与被控有不当性行为之被告人的性行为的具体实例证据；以及

（C）如被排除将侵犯被告宪法权利的证据。

（2）民事案件。在民事案件中，如果其证明力实质上超过对任何被害人造成伤害和对任何当事人造成不公正偏见的危险时，法院可以采纳用以证明被害人的性行为或者性癖好的证据。有关被害人名声的证据，只有在该被害人将其置于争议时，法院方可采纳。

（c）决定可采性的程序。

（1）动议。如果当事人打算根据规则 412（b）提供证据，该当事人必须：

（A）提出具体描述该证据并陈述提供该证据之目的的动议；

（B）至少于审判 14 日前提出上述动议，除非法院出于正当理由设定不同的时间；

（C）向所有当事人送达该动议；并且

（D）通知被害人，或者在适当时，通知被害人的监护人或代表。

（2）听证。在根据本规则采纳证据之前，法院必须举行秘密听证，给被害人和各当事方出席听证和申述的权利。除非法院另有命令，动议、有关材料及听证记录，必须密封并密封保存。

（d）"被害人"的定义。在本规则中，"被害人"包括指称的被害人。

二、《联邦证据规则》412 的解释

《联邦证据规则》412 有两重原理。第一，较低的证明力和《联邦证据规则》403 重要抵消策略的结合，要求在决定可采性时，一律适用排除规则，而非进行个案权衡。第二，独立于《联邦证据规则》403 的顾虑，重大政策考虑也为相关证据的排除提供了正当理由。为了保护所称被害人免受骚扰及尴尬，同时也为了避免妨碍这样一个人挺身而出就有关性侵犯进行指控和作证，因此，《联邦证据规则》412 排除某些关于所称性侵犯被害人的性行为证据。

343　　　（一）所称被害人性行为或性倾向的相关性

一些人坚持主张，性侵犯被害人的先前性史证据，对同意问题来说是不相关的。然而，《联邦证据规则》412（b）（1）（B）明确允许通过被告和所称被害人之间的性行为证据，证明被害人的同意。此外，在民事案件中，对于使用先前性行为来证明同意，也没有明确的限制。根据《联邦证据规则》401 最低门槛标准，这种行为是相关的吗？考虑一下所称被害人先前唯一同意的性交发生在婚姻关系中的情况。对于说明这位被害人同意或不同意与一个陌生人发生性交的可能性，你能形成什么概括吗？与熟人性交呢？如果被告的同意之辩，所立足的证据在被害人是否同意的问题上具有模棱两可的可争辩性，那么，所称被害人与第三人先前同意的性行为证据，对于同意具有证明力吗？此外，你能构思出一个允许使人们能够从证据性事实（先前性行为）推出要素性事实（同意）的概括吗？我们认为，在这两个例子中，证据的相关性取决于能否形成关于所称被害人性行为的有效概括。

　　　（二）潜在倾向理论

我们一直在明显或隐约地与相关性概念打交道，依据的是这样的前提，即个人都具有以特定方式行为的倾向，且通过考察这些倾向，我们可以得出关于历史事实的合理结论。例如，在最基本的层面，当一个人说事件 X 发生时，至少根据《联邦证据规则》401 的最低门槛标准，我们认为此人的陈述在证实 X 发生的问题上是相关的，因为我们假定，根据我们的日常经验，人们通常有说实话的倾向。同样，品性证据规则包含的一个潜在前提是，个人有以某种特定方式行为的倾向，如果我们对个人在某些场合的行为有所了解，我们便可以对他们在其他场合的行为作出合理的——尽管有时是脆弱的——推论。考虑到我们对此前提的普遍依赖，即如果我们知道某人在其他场合的行为方式，我们

便可以推断这个人在某些场合的某些行为，且考虑到《联邦证据规则》401 非常低的"相关性"门槛，法院一直不愿意拒绝将所有所称被害人的先前性行为证据都视为与同意问题无关。

确实，在诸如《联邦证据规则》412 的强奸盾护立法出现之前，强奸罪被告提出有关被害人先前性行为之名声证据的权利，被视为对《联邦证据规则》404（a）（2）基本原则的适用，即被告可以提出名声证言〔以及根据《联邦证据规则》405（a）的意见证言〕来证明被害人的品格特性，进而表明被害人的行为与其品性一致。换句话说，正如一名作正当防卫辩护的凶杀罪被告可以提出关于被害人有暴虐名声的证据以揭示被害人是第一挑衅者一样，对于作同意辩护的强奸罪被告来说，提出关于被害人具有淫荡滥交或缺乏贞洁的名声证据，以揭示被害人同意与其性交，被视为是适当的。

提出被害人同意性交的具体实例证据，其在理论上的正当理由更是多种多样。一些法院主张，这些证据可以被采纳用来证明被害人的"意图"。另一些法院采纳这种证据来"弹劾"强奸被害人的可信性，却并不费力去解释合意的性交和说实话之间存在什么样的关系。还有一些法院坦率地承认，具体行为证据的使用通常具有倾向意义，或其常常被用于证明品性。后者所采取的立场是，倾向—品性规则对于先前性行为证据的适用有一项例外，该例外规定或类似于人们可以在性侵犯指控中使用刑事被告人的先前性行为证据。

344

（三）《联邦证据规则》412 的范围

《联邦证据规则》412 排除了大多数关于所称被害人先前性行为和性癖好的证据，即使这些证据根据以上所述倾向理论具有相关性。我们将在下一节论述这种拒绝过往做法的理由。在此，我们想要先集中论述《联邦证据规则》412 的实际适用。

1. "其他性行为"（Other Sexual Behavior）和"性癖好"（Sexual Predisposition）的含义

《联邦证据规则》412（a）的证据排除规定，只对"其他性行为"和"性癖好"证据才起作用。该规则并未给出这两个术语的定义，但联邦证据规则起草咨询委员会的注释提供了一些示例。性行为"是指涉及实际身体行为……或暗含性交或性行为的所有活动"——例如，"使用避孕用具"、"私生子的出生"或"性病"。它还包括"思想活动，例如幻想或做梦"。性癖好包括"不直接涉及性行为或性思想，但证据提出者认为对事实认定者可能具有性暗示的证据"——例如，"与所称被害人的穿着打扮、言谈风格或生活方式"有关的证据。《联邦证据规则》412（a）适用于所称被害人的所有一般性倾向，且与《联邦证据规则》404（a）（1）的适用方式类似，该规则规定："一个人的品性或品格特性的证据，不得采纳用来证明该人在特定场合的行为与该品性或品格特性具有一致性。"

2.《联邦证据规则》412 在争点系特定场合被害人行为时的适用性

如果被告为表明所称被害人在特定场合的性行为而提供证据，其相关性理论想必将是，该证据表明了这个人的某种性癖好（倾向），并且，从这种性癖好中，人们可以推断出被害人在特定场合会如何行事。因此，所有提供用以证明特定场合行为的证据（无论是以名声、意见还是以具体行为的形式出现）都是"性癖好"证据。如果关于穿着打扮具有挑逗性、讲下流笑话或性勾引的证据为此目的而提出，则并不需要确定该证据是否构成"其他性行为"。然而，这样的证据，在主张用以表明所称被害人在特定场合的性行为这一层面上，要么是属于被排除的"性癖好"范畴，要么就是完全不相关的。当这类证据由刑事被告人提出时，表面上其属于《联邦证据规则》404（a）（2）的术语——打开了被害人"相关"品格特性之门。然而《联邦证据规则》404（a）（2）（B）明确规定，关于被害人性癖好之品性证据，受制于《联邦证据规则》412 严格的"强奸盾护"的限制。

3.《联邦证据规则》412 在其他语境下的适用性

在所称被害人先前活动的证据，被提供用于某种目的而不是为了证明在特定场合的性行为时，"其他性行为"和"性癖好"的界定，就变得十分重要了。例如，假定被告被指控强奸且辩称，是所称被害人诬告了他。为说明所称被害人诬告的动机，被告作证称，他曾威胁，要向所称被害人的配偶披露她过去从事脱衣舞的秘密工作，以及对他进行过性勾引。

这些活动构成了"性行为"吗？就性挑逗而言，问题的答案大概是肯定的，因为联邦证据规则起草咨询委员会的注释指出，性行为包括"诸如幻想或做梦这样的心智活动"。另一方面，跳脱衣舞似乎更容易归入联邦证据规则起草咨询委员会描述的"性癖好"之列——"对事实认定者而言可能具有性暗示……（例如）穿着打扮……或生活方式"的行为。然而，不清楚的是，证据之所以受《联邦证据规则》412 规制，是否仅仅因为其可以向事实认定者表明一种性癖好。如果有争议的活动并非"性行为"，那只有在其"用以证明任何所称被害人的性癖好"的情况下，才属于《联邦证据规则》412 的范围。"证明……性癖好"一语，仅适用于证明与性癖好一致行为的证据，还是适用于可能会向事实认定者表明性癖好，但却是为某种别的目的而提供的证据呢？在我们假设的案例中，被告会辩称，提出关于跳脱衣舞（和性挑逗，假设那种活动不是"性行为"）的证据，是为了证明所称被害人的说谎动机，而不是她的性癖好。

如果跳脱衣舞和性挑逗属于《联邦证据规则》412（a）对"其他性行为"或"性癖好"的一般排除规则的范围，那么该证据或将不可采，除非其属于《联邦证据规则》412（b）的例外之一〔被告会争辩说，根据《联邦证据规则》412（b）（C），法庭必须采纳该证据，因为宪法的正当程序规定和强制程序规定赋予他为己辩护时使用该证据的权利〕。如果这些活动不属于任何一种被禁止的证据类型，对该证据可采性的唯一限制就是《联邦证据规则》401－403。

4. 敌意工作环境案件 346

至少有一类案件曾被判定，即使证据被提供用以证明所称被害人按其性癖好行事之外的其他事情，《联邦证据规则》412 对这种表明性癖好的证据依然适用。在以敌意工作环境为由提起的性别歧视诉讼中，被告常常主张，是原告自己喜好或者创造了他们所诉的歧视性环境。为了证实这种辩护，被告们总会提供证据表明，原告行为放荡、举止粗俗、脏话连篇，并且从事过与其所诉行为类似的活动。法院判定，《联邦证据规则》412 适用于这种证据。索克斯—布鲁诺特诉赫希沃格尔（有限）公司案〔Socks-Brunot v. Hirschvogel Inc.，184 F. R. D. 113（S. D. Ohio 1999）〕；谢菲尔德诉山顶砂石公司案〔Sheffield v. Hilltop Sand & Gravel Co.，895 F. Supp. 105，108－109（E. D. Va. 1995）〕。按照索克斯—布鲁诺特案的审理意见：

> 用于证明原告先前性行为和原告在工作场所谈话内容的证据，为规则412 所涵盖。一般来说，根据《联邦证据规则》105，为一种目的可采而为其他目的不可采的证据可以由陪审团听审。此一般规则不适用于规则412 所涵盖的证据。〔184 F. R. D. at 119。〕

但参比莫拉莱斯·埃文斯诉法院行政部门案〔Morales-Evans v. Administrative Office of Courts，102 F. Supp. 2d 577，581 n. 7（D. N. J. 2000）〕（与主管先前的性关系证据，被视作仅在为主管所称不适当的言论"提供背景情况"；"而不……被视为性癖好或性行为证据……因此，这种考虑与规则412 并不冲突"）。

5. 民事案件中"其他性行为"和"性癖好"证据的可采性 347

在敌意工作环境案件和其他民事案件中，《联邦证据规则》412（b）（2）平衡检验对所称被害人的性行为和性癖好证据的可采性起着规制作用。这种检验在两个方面区别于《联邦证据规则》403 平衡检验。第一，它是一项与《联邦证据规则》403 相反的检验。与支持可采性的《联邦证据规则》403 相比，《联邦证据规则》412（b）（2）要求证明力必须实质上超过抵消因素，从而支持证据的排除。沃尔阿克诉斯普西案［Wolak v. Spucci, 217 F. 3d 157, 163（2nd Cir. 2000）］。

第二，根据联邦证据规则起草咨询委员会对《联邦证据规则》403 的注释，人们应当把《联邦证据规则》403 "不公正的偏见" 解释为，证据所具有的 "一种暗示根据不适当的基础而作出决定的不适当的趋向性，通常来说——但非必然——这是一种情绪性的东西"。相比之下，《联邦证据规则》412（b）（2）特指对一方当事人的偏见和对所称被害人的伤害。例如，假设所称强奸罪被害人，向辩称原告同意性交的被告提起民事诉讼。如果被告提供了先前与原告两相情愿的性交证据，法院必须权衡该证据的证明力与上述双重风险，即该证据可能使陪审团降低对原告作为证人之可信性的评价（《联邦证据规则》403 型偏见）；以及因提出关于被害人先前性行为的证据，而对被害人所造成的伤害（如令人尴尬以及对隐私的侵犯）。法庭还必须考虑的风险包括，陪审团可能会降低对原告作为一个人的道德价值评价，并使自己在面对不确定时比原本更乐于作出对原告不利的错误认定，进而实际上更改了举证责任。

6. 刑事案件中 "其他性行为" 和 "性癖好" 证据的可采性

对于刑事案件，《联邦证据规则》412（b）（1）只列出了一般排除规则的三项例外。前两项例外是很有限的。它们均是指具体案例中：（a）为说明第三人也许是精液或伤害来源而提出的被害人与第三人的性行为证据，以及（b）为说明同意而提出的被害人与被告的性行为证据。因此，这些例外也许不包括所有这样的情况，即为公正起见，法院应该允许刑事被告人提出有关所称被害人的性行为或性癖好证据。在有些情况下，证据 "排除……将侵犯被告宪法权利"，《联邦证据规则》412（b）（1）认可了这种可能性，并将其规定为第三项采纳例外。此处所说的 "宪法权利" 是指：（1）正当程序和强制性程序原则，包括刑事被告人进行辩护的宪法权利，以及（2）宪法第六修正案的对质条款权利，即与证人对质和交叉询问的权利。尽管这些权利并不允许刑事被告人在完全无视证据规则的情况下提供证据和对证人进行交叉询问，但最高法院在许多情况下判定，证据规则仅可以压倒性的理由去限制这些权利。参见亚历克斯·斯坦：《低效的证据》［Alex Stein, Inefficient Evidence, 66 Ala. L. Rev. 423, 460 - 69（2014）］。当然，没有必要在规则 412（b）（1）中明确陈述这个第三项例外。宪法是国家至高无上的法律。当被告有提出证据的宪法权利，该权利便高于任何排除规则。

《联邦证据规则》412（a）肯塔基州版"宪法所要求"的例外，在美国最高法院欧登诉肯塔基案［Olden v. Kentucky, 488 U. S. 227 (1988)］裁决中有所体现。该案中，被告对检控方关于绑架和强奸的指控作出回应，提供证据表明，与原告发生的是双方自愿的性行为，完事后应原告请求，被告和他的朋友们还开车将原告载至一处宅邸，房子的主人名叫拉塞尔（Russell），他和原告有婚外情。通过表明原告害怕破坏其与拉塞尔的关系，进而有动机编造自己被强奸一事，该证据被用于弹劾原告的证言。在审判和上诉两级，肯塔基州法院均判定本州的"强奸盾护"法不允许被告使用该证据，但美国最高法院对此持反对意见。最高法院裁定，压制被告提出脱罪证据，违反了其宪法第六修正案的"与原告方证人对质"的权利。上引案例，第231页。重要的是，被告提出的证据虽与所称被害人的一般滥交行为有牵连，但并非立足于此。相反，它回复了原告在本案中的具体说谎动机。这一特性将被告的证据置于与《联邦证据规则》412（b）（1）（A）和（B）"强奸盾护"前两项例外规定的可采证据同等的地位。

若被告的证据属于上述例外规定之一，其并非自动可采。倒不如说，该证据"根据这些规则本可以采纳"。例如，考虑一起强奸案中被告辩称，所称被害人同意性交。为证明同意，被告辩称，3年前他与被害人发生过一次两相情愿的性交。该证据属于《联邦证据规则》412（b）（1）（B）例外规定，但法院基于《联邦证据规则》403，仍然有排除该证据的自由裁量权。

7. 通知要求

《联邦证据规则》412（c）的通知和听证的要求，比《联邦证据规则》任何其他通知要求都更为苛刻。参比《联邦证据规则》404（b），《联邦证据规则》413－415。任何通知要求都会使裁决过程变得更为严谨，因为其给予各方当事人准备他们论据的时间。严格的通知要求也许还有额外的影响，即阻止诉讼当事人提出对方证据不足的诉讼请求。

三、《联邦证据规则》412 详述

（一）排除先前性行为和性癖好证据规则的理论根据

348

对所称性侵犯被害人性史放宽可采性的担忧，有一些实质性理由。被告所具备的提出被害人性史证据的能力，使其有机会试图使被害人和被害人的品性成为诉讼争点。由于顾虑辩方律师会进行有辱人格和羞辱性的盘问，许多被害人可能会放弃与检控方的合作，甚至放弃在第一时间就性侵犯报案。然而，人们不能把强奸被害人的羞辱和堕落完全——或主要地——归咎于对先前性行为可采性规则的放宽。对强奸被害人的不信任、不尊敬和麻木不仁，渗透于整个刑事司法制度之中。苏珊·布朗米勒：《违背我们的意愿：男人、女人和强奸》[Susan Brownmiller, Against Our Will: Men, Women and Rape, 408 - 420 (1976)]；科琳·A. 沃德：《对待强奸的态度：女权主义和社会心理学的视角》[Colleen A. Ward, Attitudes Toward Rape: Feminist and Social Psychological Perspectives (1995)]；莫里森·托里：《何时我们会相信？强奸谜团和强奸指控的公正审判理念》[Morrison Torrey, When Will We Be Believed? Rape Myths and the Idea of a Fair Trial in Rape Prosecutions, 24 U. C. Davis L. Rev. 1013 (1991)]。

在案件审理过程中，就被害人是否实际上从事过被告欲归咎于她的任何行为，可能会产生争执。另外，陪审团在同意问题上或会高估先前性史证据的证明力，又或会因性行为而对被害人产生偏见。有证据表明，陪审团成员们可能会因不相信女性被害人或认为她"咎由自取"，而轻易裁决被告无罪。哈里·卡尔文和汉斯·蔡塞尔：《美国陪审团》[Harry Kalven & Hans Zeisel, The American Jury 249 - 54 (1966)]；戴维·P. 布赖登和桑杰·伦尼克：《刑事司法制度中的强奸》[David P. Bryden & Sonja Lengnick, Rape in the Criminal Justice System, 87 J. Crim. L. & Criminology 1194 (1997)]；阿维娃·奥伦斯坦：《没有坏男人！：强奸罪审判中品性证据的女权主义分析》[Aviva Orenstein, No Bad Men！: A Feminist Analysis of Character Evidence in Rape Trials, 49 Hastings L. J. 663 (1998)]；贝弗莉·J. 罗斯：《不同的法律学术制造了差别？：对强奸法的考察》[Beverly J. Ross, Does Diversity in Legal Scholarship Make a Difference？: A Look at the Laws of Rape, 100 Dick. L. Rev. 795 (1966)]；托里，上引文。因为普遍的种族主义、阶级偏见和性别成见，当被害人是有色人种女性、贫穷女性或在与强奸其的男子相识的情况下，这种现象特别可能发生。加里·D. 拉弗里：《强奸和刑事司法：性侵犯的社会结构》[Gary D. LaFree, Rape and Criminal Justice: The Social Construction of Sexual Assault, 219 - 220]；G. 切齐尔·卡拉韦：《对有色人种女性的施暴行为》[G. Chezia Carraway, Violence Against Women of Color, 43 Stan. L. Rev. 1301 (1991)]；金伯·克伦肖：《勾画轮廓：交叉点、身份政治学和针对有色人种女性的暴行》[Kimberle Crenshaw, Mapping the Margins: Intersectionality, Identity Politics, and Violence Against Women of Color, 43 Stan. L. Rev. 1241

(1993)]；洛伊斯·皮诺：《约会强奸：一种女权主义分析》[Lois Pineau, Date Rape, A Feminist Analysis, 8 Law & Philosophy 217 (1989)]；桃乐茜·E. 罗伯茨：《暴力和女性自治》[Dorothy E. Roberts, Violence, and Women's Autonomy, 69 Chi.-Kent L. Rev. 359 (1993)]。

最后，存在这样的问题，即先前性史对于被害人在当前争议场合是否同意的问题而言，常常只具有边际相关性。确实，正如我们早些时候所指出的，证据规则严格限制使用品性去表明行为具有一致性的主要理由之一，是从品性到特定场合的行为之推论的强度几乎总是很虚弱。我们认为没有理由相信，从先前两相情愿的性交——尤其其相对方是与第三人时——得出与被告性交亦是两相情愿的推论是有效的。

在理论上，从回应确保谨慎使用强奸被害人先前性行为证据方面的顾虑来讲，《联邦证据规则》403 及其相应的普通法规则可能已是充分的制度设计。然而，严格来说，保障强奸被害人免遭羞辱这一政策，并非是出于那些能够轻易被纳入《联邦证据规则》403 危险的一些担忧。进而，在实践中，许多人感到——我们相信是正确的——法院在强奸和其他性侵犯指控中常常过于热衷采纳仅具有微弱证明力、极易导致偏见的关于被害人先前性行为的证据。"强奸盾护"规则的适用或诸如《联邦证据规则》412 这样成文法的制定就是对此种看法的回应。《联邦证据规则》412 明确地规定并限定了可以采纳被害人先前性行为证据的情形。强奸被害人需要一种可以对抗来自司法体系偏见和不公正对待的制度保障，而《联邦证据规则》412 同样旨在满足此种需要。

由于"强奸盾护"规则现在很常见，人们很难去评估在没有这种规则的情况下，法官们在采纳被害人过去性行为和性癖好证据时会有多高的自由度。一些人可能认为，比起"强奸盾护"规则最初制定时，最近对性侵犯罪不断加剧的公众关注和关切（例如《联邦证据规则》413-415 的制定），使得该规则存在的必要性减弱了。但正如我们早些时候所指出的，其他人则坚定地相信，将女性范型化为性客体和性接触的挑起者这样一种社会态度，将以某种方法影响到陪审团席。从这个角度看，"强奸盾护"规则作为有助于准确事实认定的机制以及妇女自治的郑重声明，仍将是至关重要的。

（二）其他性行为和性癖好证据排除的两种途径

《联邦证据规则》412 在对性行为和性癖好证据的可采性进行规制方面，提供了两种解决问题的截然不同途径的有趣例子。在民事案件中，没有确立宪法要求的证据原则，国会选择了完全依赖支持证据排除的平衡检验。相比之

349

下，在刑事案件中，宪法上所要求的证据原则，对过分严格的排除规则规定了有效的安全阀，国会只对一般性排除规则创制了两项具体且非常狭窄的例外。

你认为设立一项促使法院去解决宪法视角下可采性问题的证据规则，是否是理想的做法？无论如何，对于证据是否由宪法所要求的标准来决定其可采性，很可能一致地适用于每一个个案吗？

350　　　特别是按照你的分析和对以下问题的讨论，思考一下，设置一项同时适用于刑事和民事案件的基本平衡检验标准，是否为更理想的做法。如果你的回答是否定的，你会给《联邦证据规则》412（b）（2）增添任何补充例外规定吗？

（三）强奸盾护规则和被告的作证权利

当刑事被告人寻求就强奸被害人先前性行为作证时，在该司法辖区的强奸盾护规则与宪法性作证权利之间可能存在冲突，这种权利与我们一直在讨论的正当程序和对质权是密切相关的。联邦第七巡回法院在斯蒂芬斯诉米勒案[Stephens v. Miller, 13 F. 3d 998 (7th Cir. 1994)]（满席听审）中阐述了这种情境——该案涉及对被告证言的禁止，而该证言是关于被告在其形容为"双方自愿性交"过程中对所称被害人所说的话。这段话涉及所称被害人与另一位男子发生性行为的方式，对这段话语的禁止，形成了本案包括同判但论证理由不同（concurrence）和异议在内的 7 种法官意见。我们力荐你们去阅读斯蒂芬斯案，并思考（1）法院是否适当地解决了宪法性问题，以及（2）斯蒂芬斯案对于我们在上文（二）结尾时提出的问题可能具有什么启示。

（四）《联邦证据规则》412 与民事案件的证据开示

《联邦证据规则》412 的禁止性规定，对特定民事案件尤其是性骚扰案件中的审前证据开示范围（比如，对于指称性骚扰的原告性行为或性癖好），提出了不断出现的同类问题。民事诉讼的原则明文规定，证据开示的范围宽于审判时证据可采性的范围。《联邦民事诉讼规则》要求，诉讼当事方要充分回应"经理性测算将导致可采证据开示"的开示要求。（《联邦民事诉讼规则》26。）在证据开示过程中，对隐私或尴尬信息的强制公开的前景产生了许多相同的问题——抑制了原告提起的维权之诉以及证人挺身而出。《联邦证据规则》412对这些问题提出了解决办法，但规则 412 明确应对的是审判中的证据采纳，而不包括审前证据开示的信息披露。有关性骚扰案件中对女性原告性史强行披露的例子，参见简森诉埃弗莱斯—塔克尼特公司案［Jenson v. Eveleth Taconite

Co. , 130 F. 3d 1287（8th Cir. 1997）]；克拉拉·宾厄姆和劳拉·利迪·甘斯勒：《集团诉讼：洛伊丝·简森的故事和改变了性骚扰法的里程碑式案例》[Clara Bingham and Laura Leedy Gansler, Class Action：The Story of Lois Jenson and the Landmark Case That Changed Sexual Harassment Law （2002）]。

在对证据开示请求提出异议或要求获得法院保护令动议的语境中，许多法院已经裁定，对原告性行为进行证据开示的请求，受《联邦民事诉讼规则》26（c）管辖。然而，因为这条规则明文嵌入了证据的最终可采性要求作为标准，所以，在就这些问题的证据开示动议进行裁决时显然要考虑《联邦证据规则》412的要求。参见桑切斯诉扎比亥案［Sanchez v. Zabihi, 166 F. R. D. 500, 510 - 502（D. N. M. 1996）]。事实上，联邦证据规则起草咨询委员会在起草《联邦证据规则》412时指出："为了不破坏规则412的立法初衷，法院应当根据《联邦民事诉讼规则》26（c）给出合理的指令，以保护被害人免受无端的纠问并确保隐私权。法院应当假定性地出具保护令禁止证据开示，除非寻求进行证据开示的诉讼一方可以证明，所寻找的证据是具有相关性的。"可以说，寻求进行证据开示的诉讼一方还应当表明，该证据将不会被《联邦证据规则》412所禁止，这意味着《联邦证据规则》412在证据开示问题上将有与特免权一样的效力。

351

要　点

1. 在刑事和民事案件中，《联邦证据规则》412都严格限制当事人可能提出所称被害人性癖好或性行为证据的范围。

2.《联邦证据规则》412（a）和（b）（1）禁止刑事被告人提出这种证据，除非其（1）与第三方发生性行为的具体实例，被提供用以表明精液来源、伤害或其他物证；（2）与被告发生性行为的具体实例，被提供用以表明同意；或（3）宪法上所要求的证据。

3. 在民事案件中，所称被害人的性癖好或性行为证据，只有在满足《联邦证据规则》412（b）（2）（逆《联邦证据规则》403平衡检验）时才具有可采性，该检验同时考虑对当事人一方的偏见和对所称被害人的伤害。

思考题

5.44. 回到第 326 页思考题 5.41。为了证明戴维斯（Davis）实际上同意性交，辩方寻求采纳以下证据：

（a）苟宾（Corbin）的证言，他和戴维斯在先前几个场合有两相情愿的性关系；

（b）三个男人的证言，他们在酒吧遇见过戴维斯，与她有两相情愿的性关系；

（c）戴维斯在该社区有滥交名声的证言；

（d）秀·史密斯（Sue Smith）——苟宾的一个朋友——的证言，在那个大家所关注的夜晚，戴维斯在第一个酒吧告诉史密斯，她被苟宾迷住了，并渴望同他发生性关系。

在《联邦证据规则》412 制定之前，这个证据应当被采纳吗？假定辩方遵循了《联邦证据规则》412（c）的程序要求，这个证据应当被采纳吗？

5.45. 在思考题 5.41 中，假定苟宾（Corbin）辩称，他并不具有强奸所应具备的精神状态，因为他合理地（虽然大概是错误地）相信了戴维斯已同意性交。在《联邦证据规则》412 制定之前，可以采纳该证据支持他的主张吗？在《联邦证据规则》412 制定之后呢？

5.46. 被告——一位具有不为人知的不当性行为史的成功银行家——被指控对他邻居十几岁的女儿实施了性侵犯。他辩称，她对他进行诬告，因为他恐吓她要向她父母披露她和被告的儿子有性关系。《联邦证据规则》412 可适用。法院应支持检控方就被告关于所称被害人的性关系证据提出的异议吗？

5.47. 道金斯（Dawkins），23 岁，被控暴力强奸 15 岁的 M. M.。道金斯辩称，他相信 M. M. 已满 18 岁，而且她同意了。M. M. 将对强奸作证。医学证据对于是否发生了暴力强奸的问题的结论不确定。检控方想要提供两年前道金斯暴力强奸了他 12 岁的侄女并辩称她同意的证据。道金斯想要提供去年 M. M. 指控克雷格·威尔逊（Craig Wilson）实施强奸的证据。假定有几种选择：（a）威尔逊不能出庭作证，（b）如果允许，威尔逊将作证并否认强奸，以及（c）如果允许，威尔逊和其他证人将提出非常有说服力的证据证明，对威尔逊的强奸指控是诬告。《联邦证据规则》412－414 可适用。法院应当如何裁定？

5.48. 警官弗朗西斯·迈耶（Frances Meyer）向普莱森特维尔及警察局长、市长和普莱森特维尔提出性别歧视的敌意工作环境之诉。她的诉求包括如下指控：尽管她一再抗议，色情杂志和海报仍陈列在警察局里；警察局长当着她的面仍然绘声绘色地讲述着色情电影的情节；他捏她的屁股；他不断地告诉她，她不与他发生性关系"实在是错失了某种享受"；而且，他当着她的面使用下流的语言。辩方的辩护基于这样的理论，即迈耶欢迎或鼓励这种类型的行为。为达到这个目的，辩方提供了下述证据：迈耶自己在警察局讲下流笑话；她在家里时常看色情电影；她与一位已婚男人有非常公开的风流韵事；而且，她在警察局谈论她的性幻想；她还有几次光临脱衣舞夜总会。《联邦证据规则》412 可适用。辩方证据中的某些内容还是所有内容应当具有可采性？

5.49. 布莱恩（Bryan），一位 25 岁篮球巨星，被控对一位 19 岁女性玛丽（Mary）犯有性侵犯重罪。玛丽是布莱恩曾下榻酒店的一位前台服务员。布莱恩承认与玛丽发生了性交，但坚持是双方自愿行为。玛丽称是布莱恩强迫其发生性关系，她多次说了"不"。这些事件中没有任何其他证人。

在与布莱恩的遭遇约 15 小时后，玛丽接受了医疗检查。检查结果披露玛丽受多处内伤，检控方认为这与在性交中使用暴力一致，虽然检控方专家报告称该伤害与双方自愿性交并无矛盾。布莱恩 T 恤衫上有一小块玛丽的血迹。以下证据是否可采？

（1）在控方主诉阶段，检控方提供了以下三位女性的证言：证人 1 称，10 年前布莱恩撕了她的上衣并对她进行爱抚，她与布莱恩坠入情网；证人 2 称，布莱恩与她在大学期间是男女朋友，他们之间的性行为都是双方自愿的，即便如此，布莱恩曾多次在她不想要的情况下，表现得很具有侵略性，并威胁她要发生性关系；证人 3 称，一年前她与布莱恩在宾馆认识，与他调情，回到他的房间后，布莱恩强迫她发生了性关系。

（2）辩方将传唤多位证人，对玛丽去医院做检查前三天的性行为作证。这些证人的回答将披露几次性行为，可能包括一次（基于 DNA 证据）与布莱恩性交后、去医院做检查之前的性行为。

（3）作为辩方证据，医院病历显示，玛丽在与布莱恩发生性关系一个月前，曾因为故意的过量服用抗抑郁药物而接受治疗。辩方称这是一种"寻求关注"的自杀未遂。（法院首先将不得不认定，玛丽已放弃将其医疗病历作为隐私保密的权利）。

> 5.50. 在英国的一个案件——女王诉芬德伯克案（R. v. Funderburk，[1990] 2 All E. R. 482）中，被告对他与一名 13 岁女孩发生性关系的法定强奸指控进行答辩。被告提出了该女孩先前和其他男性发生性行为的证据。他辩称，他需要这份证据以便让陪审团适当地理解这个女孩有能力对所称性交作出形象的描绘，这份证据亦可表明，该女孩幻想或将其与别人私通的经历嫁祸于他。法院裁定，英国"强奸盾护"条款（《1976 年性犯罪法（修正）》[the Sexual Offenses（Amendment）Act of 1976]）没有限制该证据的使用。根据《联邦证据规则》412，美国联邦法院应该如何裁定该证据？

自测题

A-5.1.《联邦证据规则》404. 被告因入室盗窃受审。在审判中，检控方试图提出警方在被告家中对其实施逮捕时搜查出一把枪的相关证据，而此前已有报告称，这把枪在本次入室盗窃发生 6 个月之前已遭窃。检控方主张，这把遭窃的枪支作为证据，使得被告更有可能进行了后续的盗窃行为。被告提出异议，称该证据是不可采的品性证据。法庭应当如何裁定？为什么？

A. 支持异议。检控方的相关性理论依赖于一个不允许的品性推论。

B. 支持异议。刑事案件中其他犯罪的证据不可采。

C. 驳回异议。该证据不是提供用以证明被告的品性。

354 　D. 驳回异议。在刑事案件中，任何一方均可提出品性证据。

A-5.2.《联邦证据规则》404. 原告以过失为由起诉被告，其诉称，被告，一名汽车机修工，在给原告汽车安装轮胎时存有过失。据原告所言，汽车轮胎在安装后不一会儿就突然爆裂，造成意外事故并致使原告受伤。被告辩称，是原告的过失驾驶导致了该事故。被告试图提出原告在本案诉争发生两个月后又卷入了另一起交通事故的证据，原告还为此收到一张罚单。被告亦辩称，原告受伤是第二次交通事故所致，而非第一次。原告提出异议称，根据《联邦证据规则》404 和《联邦证据规则》403，任何有关第二次事故的证据在本案中均不可采。下列哪一项表述最能准确地反映法院对该异议应该如何作出裁定？

A. 该证据不可采，因为被告的相关性理论并未在《联邦证据规则》404（b）（2）列明。

B. 根据《联邦证据规则》404（b）（2），该证据不可采，因为该证据所涉的一项行为在该诉争事件发生前尚未发生。

C. 该证据不可采，因为这是一起民事案件。

D. 根据《联邦证据规则》404（b）（2）所允许的目的和不允许的品性目的，该证据均具有相关性。可采性取决于《联邦证据规则》403 的适用。

A-5.3.《联邦证据规则》406. 在一起针对药品制造商的产品责任诉讼中，被告辩称其不应承担责任，因其销售代表已将该药品附带的风险充分告知了主治医生。被告提供该销售代表的证言称其总是与医师讨论争议中药品的危险性；这种讨论包括了详细说明药品危险性的专项研究信息；以及销售代表与医生"每次均以实质上相同的方式"进行详细介绍。而且，他估计，他已经做了约 20 或 25 次这样的详细介绍。原告提出异议称，这是不可采的品性证据。法庭可能会如何裁定？为什么？

A. 该证据作为习惯证据可采。

B. 该证据作为品性证据可采。

C. 该证据是不可采的品性证据。

D. 根据《联邦证据规则》403，该证据不可采。

A-5.4.《联邦证据规则》404-405. 被告被指控在联邦大陪审团前作伪证。作为审判中主诉的一部分，检察官提出以下证据：

（1）证人的证言，称其明知被告至少曾在 5 个场合有过说谎行为；

（2）证人的证言，称被告在社区中有不诚实的名声；

对这两项证据，法庭应当如何裁定？

A. 两项均可采。

B. （1）可采，（2）不可采。

C. （2）可采，（1）不可采。

D. 两项均不可采。

A-5.5.《联邦证据规则》413-414. 新州立法制定了一项规则，授权在任何涉及指控强奸、性侵犯或儿童性侵害的审判中，采纳被告先前不当性行为作为有罪的证据；且由于这种证据对陪审团有偏见影响或混淆争点，法院在排除这种证据的问题上没有任何自由裁量权。这个规则很可能违反了宪法的正当程序要求。该说法正确还是错误？

答 案

A-5.1. 最佳答案为 A. 通过依赖一项暗示的品性推论，该证据使被告从事了该入室盗窃行为变得更可能。在该盗窃行为中没有曾使用过枪支的证据。该相关性理论取决于对被告一般犯罪倾向的推论。因此，C 是错误的（假定了上述相关性理论的存在）。B 错误，因为其他犯罪的证据在刑事案件中有时具有可采性（只要其不违反品性证据规则）。D 错误，因为本案中不存在一项允许检控方提出品性证据（例如，那些涉及凶杀、性侵犯或证人的证据）的例外规定可以适用。

A-5.2. 最佳答案为 D。对于该证据来说，存在一种非品性相关性理论（原告受伤的原因），以及一种品性相关性理论（第二次事故使原告看起来更像一名疏忽大意的司机，且其在本案争议场合更有可能是过失驾驶）。因此，证据是否可采、具体采纳哪些细节内容，将视《联邦证据规则》403 适用情况而定。A 是错误的，因为《联邦证据规则》404（b）（2）并不要求相关性理论符合所列举的某一类别——任何非品性理论均可。B 错误，因为《联邦证据规则》404（b）（2）不要求"其他行为"必须先于诉争事件而发生；相关行为即使发生在诉争事件之后，也可能具有可采性。C 错误，因为《联邦证据规则》404（b）（2）的证据，在民事和刑事案件中均被允许。

A-5.3. 最佳答案为 A。该证据足够明确，且有足够多的次数使该行为具有了习惯（相对于品性而言）证据的品质。因此，B 和 C 是错误的。（如果该证据是品性证据，对于证明该销售代表在特定场合的行为，将是不可采的。）D 不可能，因为这个证据的证明力看起来较高，似乎也没有任何《联邦证据规则》403 危险的抵消情况。

A-5.4. 最佳答案为 D。因为被告没有通过提出品性证据而"打开门户"，检控方不得为真实性提出关于被告品性的证据。因此，A、B 和 C 均错误。如果一个一般禁止品性证据的例外可适用，那么，检控方仅限于在直接询问中使用名声或意见证据［在这种情形下，证据（2）可采，而证据（1）不可采］。

A-5.5. 正确。如几个巡回上诉法院的决定所强调指出的（前引），审判法院在排除极具偏见的过去犯罪证据的自由裁量权，是《联邦证据规则》413-414 和各州相应规则符合宪法的原因。

第六章

其他相关性规则

357

在第五章我们注意到，《联邦证据规则》里有一系列规则，就像普通法一样，常被称作"相关性规则"，这些规则排除相关证据。在第五章，我们讨论了规制品性证据的相关性规则。在本章，我们将主要关注使证据不能被采纳用以证明过错或责任，但却允许这些证据被用于其他目的的相关性规则。《联邦证据规则》407-409、411。这些规则的共同之处是，它们排除相关证据的部分原因是为了鼓励各种庭外行为，这被认为是出于社会需要，为了服务于审判中准确事实认定目标之外的政策性目标。本章最后探讨了《联邦证据规则》410，根据该规则，某些与有罪答辩有关的证据不可采。

第一节 不得采纳用以证明"过失"、"罪错行为"或"责任"

《联邦证据规则》禁止使用与事后补救措施（《联邦证据规则》407）、和解与提议和解（《联邦证据规则》408）、医疗及类似费用的支付（《联邦证据规则》409）以及责任保险（《联邦证据规则》411）有关的证据来证明过错或责任。这些规则并非对上述证据予以彻底排除，而是禁止证据提出者提供上述证据用以证明有责任或过错。例如，《联邦证据规则》408禁止出于这种目的而提议和解证据，但承认以其他目的提供的和解证据——例如，证明证人的成见——可以采纳。这样，就像我们在第五章考察的品性证据规则那样——你还会看到就像在第七章和第八章所考察的弹劾规则和传闻规则那样——你对可采性问题的分析必须总是始于对相关性问题的分析：证据提出者使用该证据打算要证明什么；证据提出者的相关性理论是什么？只有在回答了这些问题之后，你才能够应用《联邦证据规则》407、408、409或411。

如果对这些相关性调查的回答是，证据提出者之所以提出该证据，既有允许的、也有不允许的目的，那么该证据之可采性将取决于《联邦证据规则》 *358* 403的适用：该证据在被允许目的上的证明力，是否被以陪审团不被允许的目的考量该证据之风险实质上超过？如果回答是否定的（若回答是，该证据具有可采性），则该被采纳的证据所要反对的当事人将有权根据《联邦证据规则》

105，要求法庭作出一项限制性指示。

一、《联邦证据规则》407

《联邦证据规则》407　事后补救措施

如果采取了会使之前的伤害或者损害更不可能发生的措施，则关于这些事后措施的证据不得采纳用来证明：

● 过失；

● 罪错行为；

● 产品缺陷或其设计缺陷；或者

● 警示或指示的必要性。

但是法院可以为其他目的采纳该证据，例如，弹劾或在争议情况下证明所有权、控制权或者预防措施的可行性。

二、《联邦证据规则》407 的解释

（一）排除性规定

1. 过失或罪错行为的推断

当一个人更改了造成伤害的状况或物体，这种改变使将来发生伤害的可能性降低时，人们从该补救行为得出的一种可能推论是，作出这种改变的人相信，该物体或状况在改变前造成了不合理的伤害风险。如果我们知道对该物体或状况负有责任的人（或组织）曾有此种信念，则与我们对其信念一无所知相比，该物体或状况更有可能的确造成了不合理的伤害风险。确实，根据这种相关性理论，当诉讼当事人一方采取事后补救措施时，就相当于承认或默认了有过错。图 6-1 阐释了这种推理过程。

证据 (EVIDENCE)	→	要素性 事实 (FOC)	→	要素性 事实 (FOC)	→	要素性 事实 (FOC)	→	要素性事实 （要件） FOC（EE）
目击证人作证，在玩具枪伤人事故发生后，制造商为这种玩具设计了一个保险装置。		在事故发生后，制造商确实为玩具枪设计了一个保险装置。		制造商认为，玩具枪在没有该保险装置的情况下，存在不合理的伤害风险。		玩具枪在没有该保险装置的情况下，产生了不合理的伤害风险。		制造商在生产没有保险装置的玩具枪时，有过失（换言之，在该保险装置安装之前，该玩具枪是有缺陷的产品）。

图 6-1

359　　　然而，还有一种替代性解释。个人（或组织）可以实施补救措施，去改善

不足的安全状况。该种情形根本不涉及任何对过错的承认。正如拜伦·布拉姆韦尔（Baron Bramwell）在哈特诉兰开夏尔—约克夏尔公司案［Hart v. Lancashire & Yorkshire Ry. Co. , 21 L. T. R. N. S. 261, 263（1869）］中所述，"随着时间的推移，世界会越来越聪明"，并不意味着"世界以前很愚蠢"。因此，事后补救措施证据本身就是模糊的，其对于事实认定的帮助往往非常小。同时，允许侵权之诉原告使用此类证据作为对被告承认错误的证明，将使得个人以及公司不会积极地去采取事后补救措施。证据的模糊性以及冷漠的社会行为之双重缺陷，为《联邦证据规则》407排除性规定提供了正当性基础。弗拉米尼奥诉本田汽车公司案［Flaminio v. Honda Motor Company, Ltd. , 733 F. 2d 463（7th Cir. 1984）］。除了不得用于证明过失和罪错行为，《联邦证据规则》407排除性规定还包括，禁止使用事后补救措施来证明产品缺陷及予以警告或警示的需要。

2. 有可能是事后补救措施的活动

事后补救措施包括一个人在损害事件发生后，所采取的减少该事件再次发生之可能性的任何行为。例如，它可以包括，雇主改变其晋升政策，汉密尔顿诉纽约案［Hamilton v. New York, 627 F. 3d 50, 53（2d Cir. 2010）］（在一起就业歧视案中，雇主改变晋升政策以囊括更多的个人，"有助于晋升不成功的候选人避免感到受到不公正对待"的证据，在雇佣歧视案中作为事后补救措施被排除了）；向雇员发出备忘录以敦促其遵守安全规定，第一安全银行诉联合太平洋铁路公司案［First Security Bank v. Union Pac. R. Co. , 152 F. 3d 877（8th Cir. 1998）］（就有轨机动车在交叉路口的位置对雇员发出警告）；改变产品设计，弗拉米尼奥诉本田汽车公司案［Flaminio v. Honda Motor Co. , 733 F. 2d 463（7th Cir. 1984）］（摩托车设计）；维修或改变物体的性状，奈特诉奥蒂斯电梯公司案［Knight v. Otis Elevator Co. , 596 F. 2d 84（3d Cir. 1979）］（在电梯按钮周围安装"防护装置"）；惩戒或解雇对事故负有过失责任的人，施佩希特诉延森案［Specht v. Jensen, 863 F. 2d 700（10th Cir. 1988）］（因警察违反宪法第四修正案而对其进行惩戒）；赫尔诉谢福龙美国公司案［Hull v. Chevron U. S. A. , Inc. , 812 F. 2d 584（10th Cir. 1987）］（在事故发生后解雇了叉车操作员）；发出召回通知，蔡斯诉通用汽车公司案［Chase v. General Motors Corp. , 856 F. 2d 17（4th Cir. 1988）］（召回设计变更之前所制造的汽车）；修改规则或规定，福特诉施米特案［Ford v. Schmidt, 577 F. 2d 408（7th Cir. 1978）］（修改监狱规定）；或张贴警示标志，关于石棉共同诉讼案由［In re Joint Asbestos Litigation, 995 F. 2d 343（2nd Cir. 1993）］（在石棉产品上张

360

贴警示标识）；以与《联邦证据规则》407 相一致的马里兰州规则（修改使用抗凝剂对患者进行治疗的医疗规程）作为裁判依据，图尔诉麦克唐纳案 [Tuer v. McDonald，684 A. 2d 478（Md. 1996）]。

3. 没有意图或动机的要求

《联邦证据规则》407 所适用的措施是，若在伤害发生前施用，便不太可能造成之前伤害的措施。《联邦证据规则》407 所禁止的推论——从事后行为推导出过失、罪错行为、缺陷或需要的警示——取决于实施事后行为的人当时认识到先前状况存在着不合理的危险。换句话说，如果不存在这种认识下的信念，为证明所禁止之目的的证据便不相关。参见戴维·P. 伦纳德：《新威格莫尔》[David P. Leonard，The New Wigmore § 2.2（2002）]（"相关性是基于这样的假定，即通过争议中当事人的行为承认了有过错"）。然而，需要注意，在应用《联邦证据规则》407 排除规定时，对于所实施的事后行为是否具有防止未来伤害或使情况更为安全的意图或动机，并无额外要求。参见乔派克诉联邦有限公司案 [Chlopek v. Federal Ins. Co.，499 F. 3d 692，700（7th Cir. 2007）]（驳回了这样的论点，即警示中的更改因其并非为安全考虑所激发，不具有"补救性"，"作出改变的动机不具有相关性"）。

361   4. 补救行为的效果

法院很少关注一个补救措施若事先采用，将使先前的伤害或损害更不可能发生的效果。例如，法院很容易接受"解雇雇员"是一项《联邦证据规则》407 意义上的事后补救措施，而并不会去审查该行为是否很可能减少未来事故发生的概率。然而，存在这样的先例，即主张《联邦证据规则》407 并不适用于非"补救性"调查，而仅作为"查明是否需要任何补救措施的初始步骤"之调查活动。法斯内罗诉穆尼飞机公司案 [Fasanaro v. Mooney Aircraft Corp.，687 F. Supp. 482，487（N. D. Cal. 1988）]；福克斯诉克拉默案 [Fox v. Kramer，994 P. 2d 343（Cal. 2000）]（认可了流行的观点，即医生的同行评议及其他调查程序不是"事后补救措施"）。请比较一下落基山直升机公司诉贝尔直升机公司案 [Rocky Mountain Helicopters，Inc. v. Bell Helicopters，805，F. 2d 907，918（10th Cir. 1986）]（调查报告不是事后补救措施）和麦道克思诉洛杉矶案 [Maddox v. Los Angeles，792 F. 2d 1402，1417（9th Cir. 1986）]（"采取的调查和措施都是补救措施"）。

5. 补救行为的时间

根据《联邦证据规则》407，不可采的补救措施证据，必须发生在"之前的伤害或损害"之后。根据联邦证据规则起草咨询委员会注释，使用这一句话的目的是，明确"该规则仅仅适用于在造成诉讼的伤害事件发生之后作出的改变"。因此，如果被告在原告受到伤害后改变了产品设计，《联邦证据规则》407将适用于防止原告将设计变更的证据提供用来证明产品瑕疵。另一方面，如果被告是在其他几个人受伤之后但于原告受伤之前而采取的补救行为，《联邦证据规则》407并不会否定该设计变更的可采性。特鲁尔诉大众汽车公司案[Trull v. Volkswagen, Inc., 187 F. 3d 88 (1st Cir. 1999)]。然而，在特定案件中，法院仍可能依照《联邦证据规则》403排除该证据。

6. **法律和政府机关所强制要求的补救行为**

遵从制定法、规章或者政府机关的要求，不是一种"补救"措施。这种遵从主要是由个人或者公司想要避免处罚的动机驱动，而不是为了解决安全问题。而且，对不遵从的处罚，足以激励个人和公司采取规定行为。这根"大棒"使得《联邦证据规则》407这只"胡萝卜"变得多余，因而不适用。参见奥黛尔诉赫拉克勒斯案[O'Dell v. Hercules, Inc., 904 F. 2d 1194, 1204 (8th Cir. 1990)]（"规则407的一项例外是，上级政府机关所要求，或由第三方采取的补救行为的证据，因为排除此类证据并不必然促进'鼓励补救'这一政策性目的"）。然而，遵从行为的证据对于证明过失、过错或者产品缺陷而言，通常是不相关的。

（二）允许使用事后补救措施证据的情况

362

《联邦证据规则》407明确规定，有关事后补救措施的证据可以其他目的而采纳。就像《联邦证据规则》404（b）一样，不可能将规则407的其他被允许的目的一一列举穷尽。受制于《联邦证据规则》403和其他证据排除规则，事后补救措施证据可以为证明过失、罪错行为、瑕疵、警告或指示的必要性之外的其他目的而采纳。

《联邦证据规则》407第二句所列举的目的，均为事后补救措施证据最有可能与之具有相关性的被允许目的。例如，被告修理楼梯的事实表明，被告是包括楼梯在内的整个建筑物的所有人，或者被告而非其他人对该楼梯拥有控制权，并对维护该楼梯的良好状态负有责任。参比李诉杜邦公司案[Lee v. E. I. Dupont, 249 F. 3d 362 (5th Cir. 2001)]（事后脚手架设计的变动，可以采纳来反对被告，以表明是被告而非原告的雇主对于该脚手架负有维护义务）。如果被告作证说，该楼梯在事故发生时状态良好，则被告对该楼梯进行修理或授权他人修理该楼梯的事实，在弹劾被告可信性方面具有相关性：修理或授权他人对楼梯进行修理，似乎与该证人关于该楼梯在事故发生时处于安全状态的证言不一致。参比安德森诉马洛伊案［Anderson v. Malloy, 700 F. 2d 1208（8th Cir. 1983）］（在强奸案受害人对汽车旅馆经营者提起的过失诉讼中，被告作证说，房门上的保险链和观察孔仅提供虚假的安全感，所有必要的安全措施都采取了；原告被允许证明，事后保险链和观察孔的安装，既表明这种措施具有可行性，也弹劾了被告）。

最后，就像我们上文所述，所采取的事后补救措施，也许可驳斥被告"将楼梯维持在一种安全状态不具有可行性"的主张。参见狄克逊诉国际收割机公司案［Dixon v. International Harvester Co. , 754 F. 2d 573（10th Cir. 1985）］（被告称，在木材运输车上安装附加防护装置是不可行的，因为这会妨碍视线；事后在类似车辆上安装防护装置的证据被判定为可采）。然而，重要的是，当被告方作证称，他是按照当时适用的安全标准行事时，其对过失指控的否认，便不能被解释为是对他事后采取安全改进之可行性的争论。对于《联邦证据规则》407例外的适用，被告方必须辩称，那些（事后）改进措施在事故发生时是不可行的。图尔诉麦克唐纳德案［Tuer v. McDonald, 684 A. 2d 478（Md. 1996）］。

（三）"在争议情况下"的要求

即使"在争议情况下"（if disputed）这句话未出现在《联邦证据规则》407中，《联邦证据规则》403也应当成为排除提供用以证明无争议的问题之事后补救措施证据的根据。根据这一规则的措辞，"在争议情况下"这句话，并不适用于提出用于弹劾的证据。因为没必要这么做。弹劾证据是提出用以破坏证人可信性的证据，且每个证人的可信性均被视为可以被质疑的事项。参见《联邦证据规则》611（b）。在2011年《联邦证据规则》重塑之前，是使用"如果遭到异议"（if controverted）一词［2011年重塑版改为"在争议情况下"（if disputed）］来描述"在争议情况下"，因此先前的司法意见在应用《联邦证据规则》407时均使用"如果遭到异议"（if controverted）一词。

363　（四）《联邦证据规则》407和《联邦证据规则》403的关系

在当事人出于合法且有争议的目的而提出有关事后补救措施证据时，可采性问题在理论上应当对准《联邦证据规则》403的适用：该证据在合法目的（如可行性）上的证明力，是否被陪审团可能出于推断过错或罪错行为这个不被允许的目的而使用该证据的可能性所实质上超过？事实上，如果事后补救措施证据在证明过错、罪错行为、产品瑕疵或警示需要之外有争议的问题上具有相关性，结果几乎总是该证据具有可采性。克里斯多佛·B. 马勒和莱尔德·

C. 柯克帕特里克：《联邦证据法》[Christopher B. Mueller & Laird C. Kirkpatrick, Federal Evidence § 130 (2d ed. 1994)]。当然，因采纳该证据而遭受不利影响的当事人，有权要求法官依据《联邦证据规则》105 作出限制性指示。

然而，法院有时的确会依赖《联邦证据规则》403 去排除一些不在《联邦证据规则》407 范围内却有类似政策担忧的证据。例如，参见博格森诉梅赛德斯—奔驰公司案 [Bogosian v. Mercedes Benz, Inc., 104 F. 3d 472 (1st Cir 1997)]（排除了原告购买后但在伤害发生前对产品进行变更的证据，因为陪审团成员们也许会高估其证明力）。

三、《联邦证据规则》407 详述

(一)《联邦证据规则》407 的原理

有四个理由支持《联邦证据规则》407。其中一些也适用于排除用以证明过失、责任或者罪错行为的证据的其他规则——《联邦证据规则》408（提议和解）、409（医疗费用）和 411（责任保险）。我们将在本章后续部分讨论这些规则。

1. 低证明力

首先，正如我们之前提到的，证据可能因其模糊性而具有相对较低的证明力。虽然被告实施事后补救措施有可能是为了救济先前的过失、罪错、缺陷或警示需要，被告也有可能是基于其他原因而从事了同样的行动。例如，尽管在伤害发生时并不存在过失或者设计缺陷，被告有可能仅仅是谨慎起见采取了事后补救措施，以使得产品更安全。（的确，争议中的伤害或损害也许披露了使情况更安全的信息，这可能是被告之前所无法合理预见的。）被告还有可能基于与改善安全无关的原因来进行事后改进。同样，当事人一方提议和解一项索赔（《联邦证据规则》408），可能是为了避免诉讼成本，而非因为其是过错方。

2.《联邦证据规则》403 抵消因素

其次，《联邦证据规则》403 抵消因素可以为排除提供正当性。这些因素包含的一个担忧是：采纳了用以证明过失或过错的证据，可能误导陪审团。陪审团成员们可能合理地期待，他们所听到的证据对自己将要作出的决定有影响。因此，如果他们听到的证据实际上仅具有低证明力，他们就有可能被误导而过高地估计其证明力。此外，陪审团成员们还有可能因"事后聪明成见"，而高估证据的证明力。一旦陪审团成员们了解到被告在事故或伤害发生后以改进产品作为回应，他们便可能对被告应该提前合理地预测到该事故或者伤害做

过高的估计。参见丹·M. 卡翰：《"事后补救措施"证据经济学——传统、行为和政治化》[Dan M. Kahan, The Economics—Conventional, Behavioral, and Political—of "Subsequent Remedial Measures" Evidence, 110 Colum. L. Rev. 1616 (2010)]。

虽然陪审团成员们有可能高估事后补救措施的证明力（且这种高估可能导致错误的裁决），但请记住：从陪审团成员们手中剥夺具有相关性和证明力的补救证据，可能同样会导致错误的裁决。

3. 不抑制有益的行为

再次，我们不想抑制个人从事对社会有益的行为（如改善环境，或使产品更为安全），这是排除用以证明责任或过错的证据规则，传统上具有的正当理由。从这个角度出发，上述规则与一些特免权规则很相似。我们排除律师和委托人之间的秘密交流的证据，部分原因是我们不想抑制委托人在向律师进行法律咨询时保持坦诚的态度。同样，我们排除用以证明过错的事后补救措施证据、提议和解证据（《联邦证据规则》408）、支付医疗费用（《联邦证据规则》409）及维持责任保险的证据（《联邦证据规则》411），部分原因也是我们不想打击个人从事这些对社会有益的行为。

请考虑，这个理由是否为排除相关证据提供了充足的根据。你们认为，个人在作出采取事后补救措施、提议和解或支付医疗费用的决定时，他们在多大程度上考虑（甚或知晓）这些证据规则？在这种情况下，你还会区分个人和公司的不同吗？（答案也许在很大程度上取决于个人在采取该行为之前是否听取过律师的建议。）

4. 不惩罚有益的行为

支持这些规则的第四个理由是：撇开低证明力、误导陪审团或阻碍对社会有益的行为，我们都不想去惩罚做好事的个人或使其处于不利的境地。该理由最为常见的是与支付医疗费用排除规则联系在一起，常被称作"乐善好施者法则"（good Samaritan rule）。然而，我们认为，这条理由同样适用于对补救措施、提议和解和保险证据的使用限制（恐怕这条理由比上述抑制有益社会行为理由更有说服力）。

（二）第三方采取的事后补救措施

法院常常采纳由第三方（而非证据提出方的反方）采取的事后补救措施证据。参见迪尔诉布劳—诺克斯案 [Diehl v. Blaw-Knox, 360 F. 3d 426, 430 (3d Cir. 2004)]（在原告受到伤害之后，雇主改进了致原告受伤的路面拓宽设备部

件；该改进设备的证据可以采纳用来对抗设备生产商）；麦侯嘉诉德拉蒙德案
[Mehojah v. Drummond, 56 F. 3d 1213 (10th Cir. 1995)]（一对夫妇告牧场，
其汽车在高速公路上被牛群阻挡；《联邦证据规则》407 不适用于牧场所租用
土地真正主人事后修建栅栏的证据）；保罗诉优胜美地公园和库里公司案
[Pau v. Yosemite Park & Curry Co., 928 F. 2d 880 (9th Cir. 1991)]（在该国
家森林公园道路上发生一起致命事故后，自行车租赁公司遭到起诉；在事故
发生后，公园服务部门张贴的禁止自行车通行标志，未被《联邦证据规则》
407 排除）；但参见空难案 [In re Air Crash Disaster, 86 F. 3d 498 (6th
Cir. 1996)]。

要　点

1. 《联邦证据规则》407 使事后补救措施证据，在证明过失、罪错行
为、产品缺陷、警示或指示的必要性时，不具有可采性。

2. 《联邦证据规则》407 的排除性规定，仅适用于作为诉讼主题的事件
发生后所采取的补救行为。

3. 在遵守《联邦证据规则》403 的前提下，事后补救措施证据可以为其
他目的而采纳。《联邦证据规则》407 列举了这些最可能涉及的目的：证明
所有权、控制权、可行性，或是对证人可信性进行弹劾。就这些其他目的而
言，只有在它们属于本案争议问题的情况下，才具有可采性。

思考题

6.1. 回到上文第 148 页思考题 3.2。假设在 6 个月之前，圣·雷蒙学
区确立了一项政策，要求所有校车司机每年都要参加一项特别的司机教育
课程。原告能将该政策的采用采纳为证据吗？

6.2. 回到上文第 168 页的思考题 3.12。原告辛西娅·理查兹（Cyn-
thia Richards）提供证据证明，在事故发生后不久，科玛特商场（曾在证
据开示阶段提供证言的）主管要求商场员工每 15 分钟巡视一次通道，查看
地板上的杂物。你能阐明该证据的相关性理论吗？根据你已辨识的相关性
理论，该证据应该根据《联邦证据规则》407 排除吗？

如果该商场主管出庭作证说："理查兹女士的事故发生时，我们商场是

十分安全的；商场的巡查政策是不必要的，因为我们的员工们总是随手捡起过道的杂物"，你对上述问题的回答会因此而改变吗？请再次尝试阐述该证据的相关性理论，并解释根据《联邦证据规则》407，它是否应该被排除。

366　　6.3. 丽莎·埃文思（Lisa Evans）正因丈夫爱德华（Edward）非正常死亡起诉琼斯（Jones）制造公司。当工友启动一台由被告制造的工业打包机时，爱德华受了重伤并导致其死亡，当时爱德华正在送料斗内试图清除阻塞物。丽莎想要提供下列证据，即在爱德华死亡后：

（a）琼斯制造公司解雇了对打包机安全部件设计负有责任的人员；并且

（b）爱德华的雇主洛曼（Loman）工业公司对打包机进行了改造，在送料斗上安装了一个检修门，当检修门打开时，打包机便不能启动。

琼斯公司提出异议：根据《联邦证据规则》407，这些证据应当被排除。琼斯公司的异议，应当得到支持吗？

6.4. 尤金·赖特（Eugene Wright）正因其受到的人身伤害起诉卢珀（Loop）梯业公司。当他正站在梯子上的时候，梯子和他一起摔在地上。尤金诉称，梯子的塑料头过于脆弱而断裂，导致梯子摔落。被告辩称，该塑料头的断裂源于梯子摔落时的冲撞，或是后来什么时候断裂的。一位专家证人为被告作证说，该塑料头足以满足其用途。原告提供证据表明，事故发生后不久，卢珀梯业公司用强化塑料头更换了其所有梯子上的塑料头。这个证据是否应根据《联邦证据规则》407予以排除？如果该专家是卢珀公司雇员，并负责该塑料头的更换工作，在你的分析中这会有什么不同？

6.5. 回到上文第307页思考题5.22。请考虑以下针对阿珂姆（Acme）公司的证据是否可采？

（a）证言：在涉及亨利（Henry）的事故发生之后，阿珂姆公司雇了外部咨询师，以准备一份关于其清洁剂安全性的报告；

（b）该咨询师的事故后报告，分析了该清洁剂的毒性；

（c）证言：伴随这份报告，阿珂姆公司降低了其清洁剂配方中的毒性。

如果一位阿珂姆公司主管作证说，"没有比阿珂姆清洁剂更为安全的清洁剂了"，你的回答会改变吗？

四、《联邦证据规则》408

规则 408 和解提议与谈判

（a）禁止使用。任何一方当事人用下列证据证明或证伪一个有争议的索赔的有效性或数额，或者以先前不一致的陈述或矛盾为由进行弹劾，该证据不可采纳：

（1）在就该索赔进行和解或者试图和解时，给予、承诺或提议——或者接受、承诺接受或提议接受——有价值的对价；以及

（2）在就该索赔进行和解谈判期间所作出的行为或者陈述——在刑事案件中提出该证据，以及在与一个行使其规制、调查或者执法权威的公共机关提出的索赔有关的谈判时除外。

（b）例外。法院可以为其他目的采纳该证据，例如，证明证人的成见或偏见，否定有关不当拖延的争论，或者证明一种妨碍刑事调查或者追诉的努力。

五、《联邦证据规则》408 的解释

367

（一）排除性规定；允许的使用；《联邦证据规则》403

从和解提议中得出的一个似真推论是，提议者——像采取事后补救措施的人一样——相信他们在导致对其提起赔偿请求的事故中有过错。如果他们有这种信念，那么，人们就能进一步推断他们实际上确有过错。总之，对一项赔偿请求的和解与提议和解，作为对过错或责任默认的一种方式，是具有相关性的。

就像事后补救措施证据的情况一样，对赔偿请求进行和解的愿望还有其他可能的解释。例如，一些坚信他们没有过错的人也许愿意进行和解，是因为他们潜在的诉讼费用太高，或者是因为卷入诉讼会伤及他们的生意或名誉。

《联邦证据规则》408 排除性规定及其例外，与《联邦证据规则》407 的两句话意思是一样的。为了鼓励和解，《联邦证据规则》408 排除在责任或赔偿金额问题上有关和解或提议和解的证据。与此同时，该规则又明确规定，上述证据可以为其他目的而采纳。对其他目的的非排他性列举中，包括了最可能与和解提议具有相关性的目的。例如，为了证明为原告作证的证人有成见，被告可能想要证实该证人先前在一桩类似的索赔案件中以低于证人预期的金额与被告进行了和解，参见科洛斯基诉宝马北美公司案〔Croskey v. BMW of North

America, Inc., 532 F. 3d 511, 519 (6th Cir. 2008)]，或者证人对原告的主张中包括一项条款，即如果能够获得被告败诉的判决，原告将向证人支付一部分所获得的赔偿金，参见布洛克里斯白诉合众国案 [Brocklesby v. United States, 767 F. 2d 1288 (9th Cir. 1985)]。更具争议的，如市政当局因警察暴行所作的和解，可被采纳来说明市政当局知晓并为警察的行为赎罪。斯佩尔诉麦克丹尼尔案 [Spell v. McDaniel, 824 F. 2d 1380 (4th Cir. 1987)]。关于谈判和提议和解的证据，可以表明当事人当时有解决争议的诚意，从而驳斥有关恶意拖延的指责，加利福尼亚人和夏威夷人糖业公司诉堪萨斯城终端仓储公司案 [Californian & Hawaiian Sugar Co. v. Kansas City Terminal Warehouse Co., 602 F. Supp. 183 (W. D. Mo. 1985)]，或是恶意行为，阿西诉农民保险互助组织案 [Athey v. Farmers Ins. Exch. 234 F. 3d 357 (8th Cir. 2000)]（和解谈判对表明谈判中的恶意具有可采性）；美国银行卡公司诉通用卡系统公司案 [Bankcard Am., Inc. v. Universal Bancard Sys., Inc., 203 F. 3d 477, 484 (7th Cir. 2000)]（"如果当事人一方在和解谈判中使对家相信，他不会强制执行所适用的时间限制，并且接下来在对手试图证明放弃时间限制时提出异议，允许这样做会是对规则 408 的滥用"）。在所得税审计过程中要求和解的行为，可以被采纳来证明纳税人的纳税知识，并用来在逃税诉讼案中驳斥有关存在善意的主张。合众国诉豪尔特案 [United States v. Hauert, 40 F. 3d 197 (7th Cir. 1994)]。和解证据还可被采纳用来证明"不存在错误"（absence of mistake）或某事件并非"孤立事件"（isolated incident）。参见奥尔诉阿尔伯克基案 [Orr v. Albuquerque, 531 F. 3d 1210, 1219 (10th Cir. 2008)]（用以证明"高管奥尔和派兹在维基女士那里受到的对待并非偶然事件，如被告所辩称的，而是一个更大的、存心将怀孕妇女与其他员工区别对待的模式"，这样的和解证据具有可采性）。

368　　　《联邦证据规则》408 还禁止"根据先前不一致的言论或自相矛盾"，用和解证据来弹劾证人。根据联邦证据规则起草咨询委员会的解释，这类对和解证据的使用，"往往会吞没排除规则，并会对促进和解的公共政策造成威胁"。

　　与《联邦证据规则》407 不同，《联邦证据规则》408（b）在允许使用的具体规定中，未包含"在争议情况下"的语言。不过，为了拥有足够的证明力去克服《联邦证据规则》403 异议，提供该证据的目的应当是本案的一个争点。

（二）谈判期间的行为或陈述

《联邦证据规则》408 不仅排除和解及提议和解，至少在民事案件中还排除和解谈判中的言行。（我们将在第四节讨论《联邦证据规则》408 和刑事检控。）这是对普通法规则的重大背离。普通法规则仅仅排除提议和接受和解的陈述。例如，考虑一种情况，埃米（Amy）和约翰（John）卷入一起交通事故。埃米威胁要起诉，声称约翰有过错，必须赔偿埃米汽车的损失。作为回应，约翰说：

（1）"这件事我们自己摆平吧，这样我们就无须付给律师一大笔钱。我给你 500 美元，我们自己把事情摆平。"

他还可以这样说：

（2）"不需要找律师，他们会要一大笔钱的。这是我的错。我给你 500 美元，我们自己把事情摆平。"

假设埃米拒绝了该和解提议，并起诉了约翰。普通法和《联邦证据规则》408 都会禁止使用该对约翰不利的和解提议来证明其责任。但普通法，而非《联邦证据规则》408，会允许埃米使用约翰在第二项陈述中对过错的承认来证明其责任。

（三）"存在争议的赔偿请求"要求

根据《联邦证据规则》408，只有在和解谈判期间就争议主张所提出的和解提议或过错陈述，才不可采。如果不存在争议的赔偿请求，或过错陈述发生在和解谈判之外，该过错陈述将是可采的。例如，在前述假设案件中，如果约翰在埃米提出任何赔偿请求之前就提议和解并承认过错，该陈述会具有可采性。大偶轮胎销售公司诉固特异轮胎和橡胶公司案 [Big O Tire Dealers, Inc. v. Goodyear Tire & Rubber Co., 561 F. 2d 1365, 13721373 (10th Cir. 1977)]（作为"业务交流"的有关陈述具有可采性；"有关讨论尚未明确到威胁提起诉讼的程度"）。如果约翰承认全部责任但无达成和解的意思，他的陈述也会具有可采性。佩兹斯基诉雪佛龙化学公司案 [Perzinski v. Chevron Chem. Co., 503 F. 2d 654 (7th Cir. 1974)]（推销员关于公司将"关照"原告的陈述可采）。

在适用《联邦证据规则》408 时，审判法官通常必须裁定某些预备性事实问题。就是否存在争议的赔偿请求，以及对该赔偿请求是否有合法的和解尝试这一预备性问题而言，何种类型的信息可能是重要的？再考虑一下约翰开始的

369

两项陈述，我们设定它们是在埃米威胁起诉后作出的，在下列情况下是否会具有可采性：

（a）没有威胁要起诉。

（b）该威胁是在事故发生时自然而然的情感迸发。

（c）可能的诉讼，是在埃米和约翰就各种适合于他们的可选方案进行客气但又克制的谈话气氛中提及的。

（d）埃米的赔偿要求未超过 500 美元。（对于约翰或常人来说，可能意识到这个事实，是很重要的吗？）

埃米和约翰是否就一个有争议的赔偿请求举行了和解谈判，上述因素在多大程度上与法官的裁定具有相关性？

当然，对前述问题的回答，部分取决于法院如何解释"有争议的赔偿请求"，上诉法院对此提供了多种答案。例如，请比较 Blu-J 公司诉肯珀 C. P. A. 集团案 [Blu-J, Inc. v. Kemper C. P. A. Group, 916 F. 2d 637, 642 (11th Cir. 1990)]（《联邦证据规则》408 排除规则适用于"旨在作为和解谈判一部分的……陈述或行为"），与大偶轮胎销售公司诉固特异轮胎和橡胶公司案 [Big O Tire Dealers v. Goodyear Tire & Rubber Co., supra at 1373]（《联邦证据规则》408 排除规则仅在讨论"明确到威胁提起诉讼的程度"之后，才能适用）。

（四）《联邦证据规则》408 对刑事案件的适用

如果一个人在民事索赔和解谈判过程中承认了某些恶行，检控方是否可以在随后的刑事指控中使用该陈述反对该侵害人？《联邦证据规则》408 禁止在刑事指控中使用和解及要约、承诺，然而，在禁止使用和解谈判期间的行为或陈述的问题上，《联邦证据规则》408 创设了有限的例外。该例外，即在刑事指控中使用民事和解谈判期间所作行为或陈述的权利，只存在于"与一个公共机关在行使其监管、调查或执法权的索赔有关的谈判"之时。对于这个例外的适用范围，联邦证据规则起草咨询委员会引用了合众国诉普鲁伊特案 [United States v. Prewitt, 34 F. 3d 436, 439 (7th Cir. 1994)]，举了一个实际场景的例子加以说明。普鲁伊特案是一起邮件欺诈控诉，法院在该案中支持了民事安全执法行动和解期间所作出的欺诈陈述具有可采性。根据联邦证据规则起草咨询委员会的说法，"当个人在政府机关面前作出陈述后，不应该预见不到其在后续刑事案件中被采纳。"

（五）当事人本方的提议和解

在皮尔斯诉 FR 三倍器公司案 ［Pierce v. F. R. Tripler & Co. , 955 F. 2d 820，828 (2d Cir. 1992)］中，法院裁定，《联邦证据规则》408 适用于当事人一方为引入己方提议和解所做的努力。皮尔斯案是一桩年龄歧视诉讼，其中，被告为了证明其在减少损害方面所做的努力，试图引入其为原告提供了一份工作岗位机会的证据。虽然说提供这份工作岗位证据的目的在于对抗原告的（巨额）索赔，被告辩称：当事人一方试图引入己方提议和解的证据时，支撑《联邦证据规则》408 的政策并不适用。《联邦证据规则》408 中"对任何一方当事人"的语言，便是专门针对皮尔斯案结果而制定的。联邦证据规则起草咨询委员会就该规则修订提供了两点理由。首先，要约方所披露的本方提议有可能"泄露对方进入和解谈判的事实"，这会破坏《联邦证据规则》408 的政策根基。其次，"陈述与和解提议的证明，将频繁在律师的证言中作出，这造成了证言无资格的风险和成本"。然而，根据《联邦证据规则》408 或 403，还有一种可能更具压倒性的理由来压制"本方和解提议"（own settlement offer）证据。令此类证据可采，会激励当事人策略性地作出毫无诚意的和解提议，以便在后续诉讼中使用它们作为证据。这种策略性行为，会不必要地增加所涉各方当事人的和解谈判成本并阻碍和解。参见吉迪恩·帕克莫夫斯基和亚力克斯·斯坦：《证据对主体行为的扭曲效应》［Gideon Parchomovsky & Alex Stein, The Distortionary Effect of Evidence on Primary Behavior，124 Harv. L. Rev. 518 (2010)］。

（六）来自第三人的和解及提议和解

请思考一个案例，案中原告就食物中毒起诉被告，一家餐馆。原告诉称，该餐馆应对食物处理不当承担责任。被告寻求引入证据证明，其对该食物供应商已提出一项 30 万美元的索赔，且该供应商已经以 25 万美元进行和解。被告辩称，该和解证据是供应商自认其向餐馆提供了掺假食品，且该掺假行为，而非被告所称处理不当的食物，正是导致（原告）食物中毒的元凶。假定，法院必须根据过失规则而非对缺陷产品的严格责任原则来裁决此案。

正如我们所主张的，第三人事后补救措施证据不牵涉《联邦证据规则》407 政策（参见上文，第 365 页），第三人的提议和解的证据同样不牵涉《联邦证据规则》408 政策。此类谈判及和解，与所提供的证据针对的当事人没有关系，且当该第三人成为当事人时，（法律）对于第三人排除该证据有充分的保护。然而，就涉及明显索赔和第三方的和解证据，法院采取了不同的方式。请比较塔岭公司诉 T. A. O. 公司案 [Towerridge, Inc., v. T. A. O., Inc., 11 F. 3d 758, 770 (10th Cir. 1997)]（"规则 408 并不要求排除不同于诉讼案件的索赔和解证据"），与 C&E 服务公司诉亚什兰公司案 [C&E Serv., Inc. v. Ashland, Inc., 539 F. Supp. 2d 316, 320 (D. D. C. 2008)]（"如果不排除涉及另一当事方或另一索赔的和解谈判证据，规则 408 的政策就会落空"）。

371

六、《联邦证据规则》409

规则 409　提议支付医疗及类似费用

关于给予、承诺支付或者提议支付因伤害而引起的医疗、住院或者类似费用的证据，不得采纳来证明对该伤害负有责任。

七、《联邦证据规则》409 的解释

（一）排除性规定

正如事后补救或提议和解的证据可能与承认过错相关一样，支付或提议支付另一个人的医药费，基于类似原因也可以具有相关性：支付行为可能意味着，支付者认为他们对伤害负有法律责任。

出于那些与规则 407 和 408 相似的理由，《联邦证据规则》409 排除这种证明负有责任的证据。例如，如果司机撞了行人，并提出愿意支付该行人的医药费，那么，无论是该提议还是该支付行为，都不能采纳用来证明司机的责任。同样，如果保险公司在审判或和解之前支付了一个人的医药费，该支付行为的证据不能被随后采纳用来证明该保险公司的责任。参见贾拉尼克诉霍斯特马特管理公司案 [Galarnyk v. Hostmart Mgmt., 55 Fed. Appx. 763 (7th Cir. 2003)]（原告"在一家旅馆的浴室摔倒，引力能转化为动能，他在墙上砸出一个洞"；由被告提议并由被告的保险公司支付的医疗费，不得被采纳来证明负有责任）。

（二）与医疗及类似费用支付有关陈述的可采性

《联邦证据规则》409 不同于《联邦证据规则》408 的一个重要方面是，与支付有关的陈述——包括过错的陈述——并不受到排除。根据联邦证据规则起草咨询委员会的意见：

　　这种处理方式上的区别，源于性质上的根本区别。如果和解要有效，交流便必不可少，因此对陈述的广泛保护是需要的。（《联邦证据规则》409 所规制的）支付却并非如此，在这种情况下，人们也许期望事实陈述具有偶发的性质。

（三）《联邦证据规则》409 允许不以证明担责为目的的支付证据　　　　*372*

　　虽然《联邦证据规则》409 未包括一个可能允许使用医疗及类似费用证据的列举性清单，但和《联邦证据规则》407、408 和 411 一样，这种证据为证明除责任之外的任何相关目的时也许都具有可采性。参见萨瓦诉奥托-坎迪斯有限公司案 [Savoie v. Otto Candies, Inc. 692 F. 2d 363 (5th Cir. 1982)]（维护费支付用以证明海员身份）。

（四）什么构成"类似"费用？

　　《联邦证据规则》409 很少被援引，大概是因为我们当中没有那么多行善好施者。如果有的话，在适用《联邦证据规则》409 时，无疑会产生这样一个问题，即什么构成了"类似费用"。例如，有关支付汽车修理费用或支付一个人养伤期间生活费用的证据是否应被排除？参见大沿海快递有限公司诉亚特兰大互助保险公司 [Great Coastal Express, Inc. v. Atlanta Mut. Cos. , 2000 Ala. Civ. App. LEXIS 683 (Nov. 17, 2000)]（与《联邦证据规则》409 相应的州规定，并不禁止被告在燃料泄漏后支付某些清洁费的证据；证据在推断被告过失方面具有可采性）。

八、《联邦证据规则》411

规则 411　责任保险
　　一个人是否有责任保险的证据，不得采纳来证明该人的行为是否存在过失或者其他错误。但法院可以为其他目的采纳该证据，诸如证明证人的成见或偏见，或者证明代理关系、所有权或控制权。

九、《联邦证据规则》411 的解释

（一）排除性规定
本规则在目的、结构和适用方面与《联邦证据规则》407 - 409 相似。然

而，就责任保险而言，被禁止的推论之证明力特别弱。这一推论认为，拥有责任保险的人很可能比没有责任保险的人更缺乏小心谨慎，因为后者必须用自己的钱来支付所造成的伤害。除了缺乏实证基础，这个推论还无视了保险的"道德风险"例外以及对事故责任人保费大幅增长的情况。

需要防止陪审团成员出于"财力雄厚"的考虑而作出其裁决，这种需要常常使《联邦证据规则》411 排除性规定具有了合理性。如果责任保险证据在过错问题上具有可采性，那无疑会产生不公平偏见的实质性风险。陪审团成员们可能因为有保险，而倾向于强行裁决损害赔偿金，或出于对无保险人的同情而放弃或减少损害赔偿金。另一方面，考虑到责任保险无所不在，没有保险的当事人若不能提供未保险的证据，则存在这样的风险，即陪审团可能假定该当事人有保险，并在此错误假设基础上裁决损害赔偿金。此外，针对陪审团成员的实证研究表明，即便法院给出的是相反的指示，陪审团成员还是会常常讨论，并就保险产生各种假设。例如，参见谢利·塞德曼·戴蒙和尼尔·维德马尔：《陪审团对禁止性话题的苦思冥想》[Shari Seidman Diamond & Neil Vidmar, Jury Ruminations on Forbidden Topics, 87 Va. L. Rev. 1857, 1876 (2001)]（一项针对 40 起侵权案件的研究表明，其中 85% 的案件中陪审团讨论了保险问题）。既然允许陪审团成员依赖自己对保险的信念进行评议（即便法院指示他们不要这么做），为什么不制定一条给陪审团提供保险准确信息的规则呢？这样一条规则会改善现行法律制度吗？

373　　　（二）允许使用责任保险证据的情况

像《联邦证据规则》407 - 409 一样，《联邦证据规则》411 仅排除证明过失或过错行为的责任保险证据。《联邦证据规则》411 第二句话，列举了允许使用责任保险证据的最常见情况。像《联邦证据规则》407 和 408 对所允许之目的的列举一样，《联邦证据规则》411 的列举也不是穷尽的。当存在允许的目的时，证据的可采性应当取决于《联邦证据规则》403 的适用，并且《联邦证据规则》403 应当要求一个最低的限度，即所提供的证据是要证明一个存在争议的问题。

责任保险被提供用以证明某些合法的、存在争议的问题，通常情况下会被采纳。莫顿诉齐戴尔勘探公司案 [Morton v. Zidell Explorations, Inc., 695 F. 2d 347 (9th Cir. 1982)]（用购买保险的证据来驳斥合同无效的主张）；亨齐克诉舍德门托案 [Hunziker v. Scheidemantle, 543 F. 2d 489 (3d Cir. 1976)]（用所称代理人得到了保险赔付来证明代理关系的存在）；纽厄尔诉哈罗德·谢弗租赁公司案［Newell v. Harold Shaffer Leasing Co., 489 F. 2d 103（5th Cir. 1974)］（续购保险的证据被提供用以证明所有权或控制权）。像经常发生的那样，如果保险调查员就某个调查结果作证，该调查员代表一方当事人保险公司的证据，将既可能作为该证人一般背景信息而被采纳，也可能作为该证人可能存在成见的迹象而被采纳。孔德诉星光一号公司案［Conde v. Starlight I, Inc., 103 F. 3d 210（1st Cir. 1997)］；另参见库克诉罗克韦尔国际公司案［Cook v. Rockwell Intl. Corp., 580 F. Supp. 2d 1071, 1155（D. Colo. 2006)］（对被告的赔偿责任证据，可以采纳用以证明赔偿方证人对于被告的成见或偏见）。

要　点

1. 根据《联邦证据规则》408、409 和 411，关于和解、提议和解、支付或提议支付医药或类似费用以及责任保险的证据，不得采纳来证明负有责任。

2. 受《联邦证据规则》403 规制，这种证据可以为其他目的而采纳。就像《联邦证据规则》407 对所允许的目的列举的那样，在《联邦证据规则》408 和《联邦证据规则》411 列举的可允许目的，是受这些规则所规制的证据很可能被采纳的最常见目的，但这种列举并不具有排他性。

3. 当证据以理论上合法的被允许的目的而提出时，如果该问题不是争议问题，则《联邦证据规则》401－402 或 403 会要求予以排除。

思考题

6.6. 回到上文第 148 页思考题 3.2。

（a）保罗的母亲作证说，在事故发生后不久，她从司机那里收到了一张便条和 200 美元。原告想把该便条作为证据。该便条上写着："我对保罗的事故感到很内疚，我不是个有钱人，但我希望这能够贴补一些费用。"

（b）原告希望提供这样的证据，即在提起诉讼后，学区提出以 2.5 万美元对该诉讼进行和解。

（c）在对该学区的事故重建专家进行交叉询问时，原告想要表明，该证人与该学区的责任保险商有业务关系。

上面任何证据具有可采性吗？

6.7. 戴夫（Dave）在上证据课时，脑子分神于他的假期计划。他的热咖啡泼到保拉（Paula）身上。保拉当时正挨他坐着。保拉被咖啡泼过的部位严重烫伤。她以过失为由起诉戴夫，以外卖杯子存在瑕疵为由起诉戴夫购买咖啡的爱斯普利索咖啡外卖（Espresso-to-Go），要求损害赔偿金 5 万美元。保拉在直接询问中作证如下：

问：保拉，在咖啡洒了之后，接着发生了什么事？

答：戴夫说他会赔偿我被弄脏的衣服。

问：你后来又和戴夫谈过这个案子吗？

答：谈过。在我提起这个诉讼后，有一天戴夫在大厅里看到我，对我说，他对我受到的伤害感到内疚，因为他当时毛手毛脚，他还想再说点什么，可他当时上课迟到了。第二天他说，他认为我的案子不值 5 万美元，但他愿意支付我的全部账单，并在毕业后资助我做一次"律师职业之旅"（bar trip）。

辩护方律师对这一证言应当提出什么异议？

6.8. 假设保拉和戴夫就该案件达成了和解，并继续进行针对爱斯普利索咖啡外卖的审判。

（a）保拉传唤戴夫就该事件作证，并描述她烫伤的严重性。对辩护方律师在交叉询问中提出的下列问题可否提出异议："你是不是曾因你自己的过失被保拉起诉？是不是你与保拉达成了一项其赔偿请求仅为 500 美元的和解？保拉是不是真的放弃了对你的起诉，以换取你今天在这里的证言？"

（b）保拉能就有关爱斯普利索咖啡外卖的重大责任保险保单提供证据吗？在审判中，如果爱斯普利索咖啡外卖的所有者在证言中提到（1）因其产品的风险很低，所以该公司没有买多少保险，（2）他无法承受输掉官司，因为他需要尽全力去照顾生病的母亲，你的回答会有所改变吗？

375　　6.9. 保罗·普雷斯顿（Paul Preston）起诉丹尼尔·吉普斯（Daniel Dripps），称在他们女儿的曲棍球比赛后，吉普斯攻击了普雷斯顿，从而要求获得因侵犯和殴打所遭受的损害赔偿。在讨论和解的调解环节，普雷斯顿的律师称，如果吉普斯愿意承认他的错误并道歉，普雷斯顿愿意以对方支付其医疗费用并外加 5 000 美元的条件进行和解。吉普斯当时说："是的，对不起，我做错了。"他的反要约提议是，道歉并承担对方的医疗费，但无额外赔款。普雷斯顿称其怀疑吉普斯道歉的诚恳性。为了证明吉普斯的诚恳性，吉普斯的律师向普雷斯顿的律师展示了斗殴当天吉普斯的日记，其中

提到他是做错了，并表示抱歉。然而，在5 000美元赔款的问题上，谈判陷入僵局。调解后次日，普雷斯顿的律师发出一份要求出示吉普斯日记（原告先前不知晓日记的存在）的文件请求。最终，该案还是进入了审判。以下由普雷斯顿提供的证据是否可采？

（1）吉普斯在调解中的陈述，称其感到抱歉，并认为自己做错了事；

（2）吉普斯愿意支付普雷斯顿医疗费；

（3）从吉普斯日记中获得的承认错误的记录；且

（4）吉普斯的业主保险公司拒绝为所指控的侵犯和殴打买单（其理由是，该保单不包括蓄意不法行为）的证据。（普雷斯顿称，该证据表明保险公司已认定吉普斯的行为是错误和蓄意的。）

如果这是一场针对吉普斯犯有殴打罪的刑事指控，你的回答会有所不同吗？

6.10. 帕姆·帕默（Pam Palmer）因交通事故所受到的伤害起诉迪克·戴维斯（Dick Davis）。在该事故中，她的汽车与戴维斯和沃尔特·威廉斯（Walter Williams）的汽车撞在一起。根据原告的诉状，她当时在双向车道上向西行驶，而戴维斯在向东行驶时跨过中线驶入了她的车道，并撞上了她。戴维斯辩称，他是在采取必要的避让行为，因为当时另一辆汽车突然从辅路插到了他的前面，但避让没有成功。第三辆车的司机是沃尔特·威廉斯。

威廉斯为原告作证说，戴维斯对该事故负有责任。根据威廉斯的说法，他正在以正常速度向东行驶，这时戴维斯突然从后面超速逼近。在努力避免撞上威廉斯的误操作中，戴维斯向左转向，撞到威廉斯的车尾，也撞上了原告的汽车。

戴维斯提供证据证明，在他因汽车损害起诉威廉斯后，威廉斯给了戴维斯 500 美元和解此案，而戴维斯则要求赔偿 2 000 美元。该证据是否应当不顾原告的异议而被采纳？

6.11. 罗兰·纳斯特（Roland Nast）提起年龄歧视诉讼，控告琼斯（Jones）五金公司没有将其晋升到经理职位，而是将该工作给了更为年轻的雇员。

（a）虽然纳斯特有急躁和喜欢争辩的名声，琼斯五金公司董事长吉姆·琼斯（Jim Jones）在和解谈判中坚持认为，纳斯特的态度和个性与他未得到经理职位没有任何关系。相反，按琼斯的说法，纳斯特的问题是办事拖拉。然而，琼斯在审判时作证说，纳斯特的态度和个性是决定不将其提升到经理职位的主要原因。纳斯特能将琼斯在和解谈判中的陈述提出作为证据吗？

（b）为了反驳该歧视之诉，琼斯硬件公司提出了如下证据：在纳斯特提起其诉讼后，琼斯五金公司为纳斯特在另一家分店提供了一个职位。这个新职位的薪水和经理的薪水是一样的。该证据应该采纳吗？

第二节　关于规则 407 - 409 和 411 的反思

请考虑，保留《联邦证据规则》407 - 409 和 411 所创设的排除性授权令，对于《联邦证据规则》是否有意义。特别是《联邦证据规则》407，评论者们已经指出，一个普遍的现象是，证据提出者为了采纳其证据，总能描绘出某些可选的允许理由。例如，参见戴维·P. 伦纳德：《有限可采性的可选规则》[David. P. Leonard, Selected Rules of Limited Admissibility, The New Wigmore §2.8 (2002)]。就这一点而言，人们可能很容易找到一些其他被允许的理论，以便使用受到这些规则限制的证据，那么，就会有充分理由来对目前这些规则的必要性提出质疑：如果法院在允许与不允许使用这些证据之间进行《联邦证据规则》403 平衡检验后，倾向于采纳这些证据（通常是这样），并且，如果人们怀疑法院限制性指示的效力，那么，这些规则实际上似乎并非最佳服务于其所设定的目的。相反，如果《联邦证据规则》403 平衡检验通常总是倾向于排除这些证据，那么，这些规则的表述就具有欺骗性（因而可能是不理想的）：尽管明确的排除授权具有有限性，但《联邦证据规则》403 考虑因素会使这一授权变得相当宽泛。

无论涉及《联邦证据规则》407 - 409 和 411 的大多数判例结果是采纳还是排除了有关证据，它们也许都是法官明智地根据个案简单适用《联邦证据规则》403 平衡检验的结果。或者，可能是这种平衡检验固有的难度和司法自由裁量权的宽泛，导致了不同案件的结果存在着任意性和不一致性。不幸的是，我们现在并没有足够可靠的信息来评估这些规则的必要性。例如，请考虑《联邦证据规则》407 对于事后补救措施证据的限制。该规则依赖于有关"该规则存在或缺失会对或将对人们行为造成的影响"之假说（比如，该规则会鼓励人们将情况变得更安全，且该规则的缺失将阻碍这种有益行为），然而我们并没有关于该规则实际上是否产生或将会产生这些影响的可靠信息。（有关《联邦证据规则》407背后实证假说的进一步讨论，以及关于这些假说的有限信息，参见卡翰上文。）

也许在我们对证据规则的实际运作获得更多的经验和进行更深入的研究之后，才会有答案。但与此同时，我们不应当忽视这些潜在问题。该规则起草者的任务应当是，根据这些规则各种替代形式在实践中可能运作方式的最佳可用信息（基于理性选择、逻辑、经验和直觉），努力制定出最佳的规则。

第三节　撤回的有罪答辩、不抗争之答辩和认罪讨论期间所作的陈述 *377*

一、《联邦证据规则》410

规则410　答辩、答辩讨论以及有关陈述

（a）禁止使用。

在民事或者刑事案件中，下列证据不可采纳用来反对作出过答辩或者参与了答辩讨论的被告人：

（1）之后撤回的有罪答辩；

（2）不抗争之答辩；

（3）根据《联邦刑事诉讼规则》11或类似州程序进行的诉讼程序中所作任一答辩的陈述；或

（4）在与检控机关的律师举行答辩讨论期间所作的陈述，该陈述没有导致有罪答辩或导致的有罪答辩后来又被撤回。

（b）例外。

在下列情况下，法院可以采纳规则410（a）（3）或者（4）所描述的陈述：

（1）在任何诉讼程序中，在同一答辩或者答辩讨论中作出的另一个陈述已被提出，这些陈述应当一起考虑方显公正；或者

（2）在关于伪证或者虚假陈述的刑事程序中，如果被告人在宣誓后作出该陈述，记录在案且律师在场。

二、《联邦证据规则》410 的解释

（一）撤回的有罪答辩

一旦被告人已作有罪答辩，就只有在得到法院允许的情况下，被告人才可

以撤回该答辩。通常情况下，对于允许撤回答辩的标准并没有任何具体程度的表述，但要允许其撤回，必须有"原因"（cause）或某种好的理由。如果有理由相信，因为被告人是无辜的，或在获取该答辩的过程中被告人权利显然受到了侵犯，从而使得该答辩不准确，则法院可能允许其撤回答辩。就被告人权利受到侵犯这一考虑而言，为使对这种侵犯的救济具有意义，排除该答辩可能是必要的。如果在后续诉讼程序中，检察官可以用这种不利于被告人的答辩对一个撤回的答辩作出回应，撤回答辩作为救济方式的价值常常就会受到实质损害。就我们关注的是答辩的可靠性而言，法官已经判定该答辩不可靠的事实，将令人对该答辩的证明力产生怀疑。

378　　　（二）不抗争之答辩

只有某些司法辖区允许检察官不抗争之答辩*，而在其所允许的辖区，法院通常必须批准这种答辩。不抗争之答辩在性质上是一种妥协。它们不以认罪或在司法审判后有罪判定的形式，构成了对一项刑事定罪的默认。它们的妥协性质，使得其证明该人犯有被控行为的证明力具有不确定性。此外，为该目的使用不抗争之答辩，将会破坏答辩作为鼓励和解之手段的原始价值。奥尔森诉科雷罗案［Olsen v. Correiro，189 F. 3d 52（1st Cir. 1999）］。

　　　（三）在答辩和辩诉交易谈判过程中所作的陈述

《联邦证据规则》410（a）（3）提到的《联邦刑事诉讼规则》11，规定了辩诉交易和法院接受或拒绝有罪答辩。由于明确排除（a）在《联邦刑事诉讼规则》11 规定辩诉交易程序中所作的陈述和（b）在与检察官进行辩诉交易过程中所作的陈述，《联邦证据规则》410（a）（3）和（4）适用于刑事谈判过程，与之对应，《联邦证据规则》408 所禁止使用的是对民事索赔试图进行和解或妥协的证据。

作为一项总的原则，甚至大概是从实际现实出发，人们可能对这样一个规则的合理性提出质疑。提出进行有罪答辩，至少在该答辩所针对的是一项相对严重指控的情况下，这可能比提议对民事索赔（即使是很可观的一笔钱）进行和解的行为更有证明力。此外，被《联邦证据规则》410 所排除的有罪答辩提议，通常发生在辩诉交易谈判情况下，有很多原因可以说明，对刑事指控进行和解或妥协被认为是令人难以接受的，因而是被禁止的事情。首先，如果有可

---

*　指不认罪但又放弃进一步辩解的答辩。——译者注

能对一项比犯罪最初指控大大减轻的指控作有罪答辩，也许会产生这样的消极后果，即迫使无辜的人为避免可能就更严重的指控被定罪的风险而作有罪答辩。其次，对于相比更轻的指控进行有罪答辩，可能产生这样有争议的消极后果，即破坏立法为最初指控的犯罪所规定的强制性判决，或限制了法官在量刑方面的自由裁量权。最后，鼓励或宽容辩诉交易的后果，就是存在不公正的可能性，至少从检察官在辩诉交易个案决定中的不一致和专断来看，存在不公正或者至少是表见不公正的可能性。这可能导致对刑法的嘲讽和不敬，可能破坏刑事禁止和惩罚作为一般威慑力的力度。

　　尽管存在这些顾虑，最高法院还是承认，辩诉交易对于处理刑事案件是一种可以接受的方法。桑托贝隆诉纽约州案［Santobello v. New York，404 U. S. 257 (1971)］。而现实是，辩诉交易在刑事司法制度中无所不在。在各个司法辖区，70%～95%的刑事检控是通过有罪答辩来处理的，其中许多这种答辩都是辩诉交易的结果。此外，刑事司法制度如果不倚重有罪答辩的话，将没有资源来处理目前以及还在增长的案件量。这样，从实践来看，辩诉交易是生活中的一个事实。按照这个现实，鼓励有罪答辩至少和在民事案件中鼓励和解一样重要。就像在民事诉讼中排除有关提议和解的陈述也许有利于谈判进程一样，排除在辩诉交易期间所作的陈述，也许有利于促进刑事被告人进行辩诉交易和作出有罪答辩。

　　（四）《联邦证据规则》410 (a) (4) 的范围　　　　　　　　　　　　　*379*

　　《联邦证据规则》410 (a) (4) 所涵盖的排除陈述的范围，有两个重要限制。第一，该陈述必须是在"答辩讨论中"作出的。例如，如果被告人仅仅在指控决定中寻求宽大处理，而未提及任何有罪答辩的可能性，则法院可以判定这种对话不是答辩谈判。与此类似，寻求撤销对第三人的指控也超出了辩诉交易谈判的范围，合众国诉多伊案［United States v. Doe，655 F. 2d 920 (9th Cir. 1980)］，就像在辩诉交易完成后所作的陈述一样，合众国诉佩里案［United States v. Perry，643 F. 2d 38 (2d Cir. 1981)］。第二，被告人的陈述必须是向"检控机关的律师"所作。

　　例如，向在任何情况下都无权进行辩诉交易的警官所作的陈述，便不在《联邦证据规则》410 (a) (4) 排除的范围内。合众国诉斯特恩案［United States v. Stern，313 F. Supp. 2d 155，167 - 168 (S. D. N. Y. 2003)］；合众国诉布伦利案［United States v. Brumley，217 F. 3d 905 (7th Cir. 1997)］。然而，如果警察是作为检察官的代理人而行事的，向警察所作的陈述可以成为辩诉交易谈判的一部分而受该规则的规制。合众国诉米勒德案［United States v. Millard, 139 F. 3d 1200 (8th Cir. 1998)］。

即便是向检控方律师作出的陈述，其也有可能仍不受保护。就有关提议环节（其目的在于寻求与检控方合作的可能性，但不包括关于有罪答辩的讨论）是否属于《联邦证据规则》410 排除规则管辖范围的问题，权威机关存在分歧。请比较合众国诉摩根案［United States v. Morgan, 91 F. 3d 1193, 1195 - 1196 (8th Cir. 1996)］（陈述不受保护），与合众国诉弗兰克案［United States v. Frank, 173 F. R. D. 59, 69 (W. D. N. Y. 1997)］（陈述受保护）。参见合众国诉斯坦因案［United States v. Stein, 2005 U. S. Dist. LEXIS 11141 (E. D. Pa.)］（催款案件）。

重要的是，只有当被告人（或其声称作为代理人的律师）有这样一个主观信念，即与检控机关的辩诉交易谈判正在发生且这种信念具有客观合理性时，他的陈述才会获得《联邦证据规则》410 的保护。合众国诉奥尔森案［United States v. Olsen, 450 F. 3d 635 (7th Cir. 2006)］；合众国诉塞雅克闳姆案［United States v. Sayakhom, 186 F. 2d 928 (9th Cir. 1999)］；合众国诉布里奇斯案［United States v. Bridges, 46 F. Supp. 2d 462 (E. D. Va. 1999)（催款案件）］。

(五)《联邦证据规则》410 (b) 例外

《联邦证据规则》410 (b) 列举的两项例外罕见发挥作用。第一项例外仅仅是对《联邦证据规则》106 所包含的完整性规则之承认。例如，如果被告人介绍了辩诉交易谈判中所作陈述的一部分，检控方就可以介绍其他的陈述，以便为被告人所介绍的陈述提供一个背景或解释。第二项例外事实上允许检察官对在辩诉交易谈判期间宣誓后撒谎的被告人提起伪证罪指控。然而，伪证罪起诉比较罕见，在任何情况下，辩诉交易谈判都很少在宣誓后进行。

(六)《联邦证据规则》410 排除规定之放弃

380

在合众国诉梅扎纳托案［United States v. Mezzanatto, 513 U. S. 196 (1995)］中，最高法院裁定，被告人在与检察官签订的协议中令自己承担披露真相的义务，作为该协议的一部分，被告人可以放弃在辩诉交易谈判过程中所作陈述作弹劾之用的《联邦证据规则》410 (a) (4) 排除规定。在梅扎纳托案中，检控方在和被告人及其律师进行答辩讨论的开始阶段，要求被告人承诺告知事实真相并坚持在审判时有使用被告人陈述来对他进行弹劾的权利。梅扎纳托同意这种弃权，并在答辩讨论中作了某些自我归罪性的陈述。然而，检控方因为梅扎纳托作虚假陈述等一些原因，终止了辩诉交易谈判。该案件进入审判。梅扎纳托出庭作证，检控方不顾其异议，将梅扎纳托在辩诉交易期间所作的某些陈述提出作为证据，以弹劾他的证言。托马斯（Thomas）大法官在其主笔的法院意见中驳回了被告人的主张，即其弃权与《联邦证据规则》410 的目的不一致，并且这种弃权的可能性为检控权过度延伸提供潜在可能。托马斯大法官还指出，这种弃权即使在其并不限于该陈述的弹劾用途时，也会有效力。只有首席大法官伦奎斯特（Rehnquist）和大法官斯卡利亚（Scalia）对这个附带意见（dictum）表示赞同。

不过，已经有几个联邦巡回上诉法院通过支持弃权而延展了梅扎纳托案的判决，支持允许检察官实质性使用《联邦证据规则》410 证据，以反驳由被告提供的任何相反证据。合众国诉哈德维柯案［United States v. Hardwick, 544 F. 3d 565 (3d Cir. 2008)］；合众国诉贝莱斯案［United States v. Velez, 354 F. 3d 190, 196 (2d Cir. 2004)］；合众国诉拉比案［United States v. Rebbe, 314 F. 3d 402 (9th Cir. 2002)］；合众国诉克里利奇案［United States v. Krilich, 159 F. 3d 1020 (7th Cir. 1998)］。甚或是在其主诉中实质性使用：合众国诉米切尔案［United States v. Mitchell, 633 F. 3d 997 (10th Cir. 2011)］；合众国诉西尔维斯特案［United States v. Sylvester, 583 F. 3d 285 (5th Cir. 2009)］；合众国诉杨案［United States v. Young, 223 F. 3d 905 (8th Cir. 2000)］；合众国诉伯奇案［United States v. Burch, 156 F. 3d 1315 (D. C. Cir. 1998)］。重要的是，被告人的梅扎纳托案弃权，只有在以清晰条款列明时才被认为是有效的：合众国诉埃斯科贝多案［United States v. Escobedo, 757 F. 3d 229 (5th Cir. 2014)］。

请考虑一下梅扎纳托案判决的影响。在检察官要求弃权的情况下，至少某些被告人将不愿意进行辩诉交易谈判，这似乎是很可能的。当然，检控方可以选择在某些或所有那些案件中先行提出这种弃权要求。然而，如果一项弃权要求成为检控方的标准政策，那么，被告人愿意进行辩诉交易谈判的数量将会发生净减少。另一方面，梅扎纳托案弃权，允许被告人可信地使自己在辩诉交易讨论中承担讲真话的义务。如果该弃权是无效的，被告人不会因为撒谎而遭受任何处罚。他们讲真话的承诺就会因此变成"空话"，检察官对此亦不能合理置信。面对这种困境，检察官们倾向于避开对双方都有利的辩诉交易。梅扎纳托案弃权因此产生了一种对社会有益的筛选效果：它促进了辩诉交易的发生，检控方寻求从被告人处获取真实陈述，而被告人自愿使自己承担提供那些真实陈述的义务。参见埃里克·B. 拉斯穆辛：《梅扎纳托案和自我归罪经济学》〔Eric B. Rasmusen, Mezzanatto and the Economics of Self Incrimination, 19 Cardozo L. Rev. 1541 (1998)〕。

381

要　点

1. 《联邦证据规则》410（a）（1）和（2）规定，被告人有罪答辩和不抗争之答辩的撤回，不得采纳用来反对被告人。

2. 《联邦证据规则》410（a）（3）规定，如果有罪答辩被撤回或是在不抗争答辩情况下，被告人在法院的答辩接受程序中所作的陈述，不得采纳用来反对该被告人。

3. 《联邦证据规则》410（a）（4）规定，被告人在答辩讨论期间所作的陈述，不得采纳用来反对该被告人。根据《联邦证据规则》410（a）（4）的措辞，只有具备以下条件的陈述才符合排除的条件：（a）是向检控方律师作出的，（b）于答辩讨论期间作出的陈述，且（c）该讨论未能导致有罪答辩，或导致了事后撤回的答辩。

4. 在确定"答辩讨论"和"检控机关律师"的要求是否得到满足方面，许多法院从被告人的角度来考虑该事项。只有被告人主观上确信他正同检控机关律师进行答辩讨论且这种信念客观合理时，被告人的陈述才将被排除。

5. 至少就弹劾目的而言，被告人可以放弃不得使用辩诉交易中的陈述来反对他们的权利（"梅扎纳托协议"）。

思考题

6.12. 律师伊冯·格鲁伯（Yvonne Gruber）听到一个传言——她的委托人道恩·卡森（Dawn Carson）因逃避所得税而将被控告。格鲁伯代表卡森同一位美国联邦助理检察官就辩诉交易的可能性进行了交谈。在对一个问题作答时，格鲁伯承认，她的委托人愿意对一个较轻的指控进行有罪答辩。此后双方没有进一步谈判，卡森最终被以逃避所得税的罪名起诉。检控方能够使用格鲁伯关于卡森愿意作有罪答辩的陈述吗？如果格鲁伯和国内税收局进行了联系，并和其工作人员进行了交谈，你们的回答会有所不同吗？

6.13. 在与一位美国联邦助理检察官进行辩诉交易谈判的过程中，在汤姆·梅森（Tom Mason）承认在三个具体场合销售过海洛因后，达成了一个合作协议。根据该协议，梅森如果帮助警察搜集证据来反对其供货人的话，他就不会被起诉。梅森此后食言，现在被以销售海洛因罪起诉。在检控方主诉时，提出了梅森关于销售海洛因陈述的证据。梅森提出的异议是否应当支持？你的回答取决于该合作协议是否包含有梅森对《联邦证据规则》410权利弃权的条款吗？

6.14. 回到上文第148页思考题3.2。假设司机因为与保罗发生的事故而被指控鲁莽驾驶，这是一项轻罪。司机极度忧伤，没有兴趣应对指控。此外，她还担心如果她对罚单提出严肃质疑后被判有罪的话，则刑罚可能比有罪答辩下的还要严厉。然而，如果该司机作有罪答辩，该答辩可以在民事诉讼中用来反对她。该司法辖区并不允许不抗争之答辩。你会给她什么建议？

382

自测题

A-6.1.《联邦证据规则》410。某刑事被告人与检控方达成了一项辩诉交易协议，他承认参加了一个犯罪集团并指明了其共犯。该协议赋予检控方若被告人在共犯问题上撒了谎便撤销该协议的权利，并有权将被告人的供述用作反对他的证据。

A. 该协议是无效的，因为它违反了宪法第五修正案（而非《联邦证据规则》410）。

B. 该协议是无效的，因为它违反了《联邦证据规则》410（而非宪法第五修正案）。

C. 根据通说，该协议是有效的，但检控方只能将被告人自我归罪的陈述用于弹劾目的。

D. 根据通说，该协议是有效的，且检控方可以任何与之相关的目的使用被告人自我归罪的陈述。

A-6.2.《联邦证据规则》407。医院患者P在试图从核磁共振成像仪上起身下来时摔倒在地，摔伤了她的臀部。在此事件发生后，医院组建了一个安全专家委员会，建议性要求核磁共振成像仪技术人员帮助患者下地。P控告医院的侵权诉讼进入联邦法院审判。P 传唤安全委员会一名成员对该委员会的认定和建议作证。医院提出异议。

A． 法院必须支持该异议。

B． 法院必须驳回该异议。

C． 依据《联邦证据规则》403，法院应该行使其自由裁量权并支持医院的异议。

D． 妥当处理该异议需要更多的信息。

383　　A-6.3.《联邦证据规则》407。为了证明 D 商店的电梯在事故当天是不安全的，P 作证说，D 在事故次日对电梯进行了修理。P 的证言显然不可采。正确还是错误？

A-6.4.《联邦证据规则》408-409。P 起诉 D 侵权。为了证明她试图减少损害，P 作证说，她曾经提议以 D 答应支付她医药费为条件来和解该案。

A． 依据《联邦证据规则》409，P 的证言应当被排除。

B． 依据《联邦证据规则》408，P 的证言应当被排除。

C． 依据《联邦证据规则》403，P 的证言应当被排除。

D． P 的证言具有可采性。

A.6.5.《联邦证据规则》411。车祸受害人 V 起诉 O 将自己的车交托给没有驾照的司机 D 导致事故发生，存在过失。O 辩称，该车并非他所有。为了支持该主张，O 提出一份汽车销售协议，上面写明 D 是汽车购买者。在 V 作证的环节，她提供了 O 购买责任保险保单的证据。该保单载明 O 是汽车所有者且保单金额高达 200 万美元。这份保险单证据：

A． 明显可采。

B． 明显不可采。

C． 表面上看可采，但大多数法院依据《联邦证据规则》403，为避免给陪审团造成偏见而排除此类证据。

D． 可能可采，但需要更多的信息来回答这个问题。

答　案

A-6.1. 最佳答案是 D，正如前面第 380-381 页合众国诉梅扎纳托案 [United States v. Mezzanatto, 513 U. S. 196 (1995)] 所讨论的。

A-6.2. 最佳答案是 D。根据《联邦证据规则》407，如果内部调查和建议仅仅是为了初步查明需要什么样的补救措施（如果有的话），它们就不属于该规则所包括的补救措施。然而，该组织很可能去执行的专家建议，属于根据

《联邦证据规则》407排除规定的补救措施。参见上文第361页。法院因此需要查明，该医院依据专家委员会建议采取行动的可能性。

A-6.3. 正确。这是《联邦证据规则》407禁止事后补救措施证据规则的直接适用，无论过失的证明力可能如何。

A-6.4. 最佳答案是D。P的证言可采，因为它符合关于禁止和解谈判证据的《联邦证据规则》408"其他目的"例外。P的证言旨在表明，她试图减轻自己的损害，而非D通过接受谈判以达成和解含蓄地承认其责任。因此，B是错误的。A也是错误的，因为《联邦证据规则》409只排除被告方提议——反对原告方请求——支付受伤害当事人的医疗费用。P的证言也不是旨在证明"对该伤害负有责任"。更确切地说，它否认了被告人潜在责任之"可以避免的后果"例外，这一点P必须单独证实。C也是错的，因为P的证言有证明力，而且没有偏见性影响，由于该证言没有将过错的承认归结于D。

A-6.5. 最佳答案是A。所提供的保险单，符合《联邦证据规则》411"其他目的"规定，其明确列举了"所有权"是一个可采目的。

384

第七章

385

证人的弹劾与正誉

　　许多审判都取决于可信性问题。本章所要探讨的证据规则，建立了一个当事人可以向陪审团展现证人可信性的框架。本章讨论的许多问题和技巧也将适用于对传闻陈述人（那些在庭外作出陈述，在审判中被采纳为证据的人）的弹劾与正誉。参见《联邦证据规则》806。我们将在第八章讨论对传闻陈述人的弹劾。

第一节　基本概念

一、弹劾：推论过程

（一）证言推论

　　任何证人证言的力度和准确性都取决于特定证言能力：证人必须能够观察有关事件，能够记住它们，并且能够诚实和准确地叙述它们。为了信任证人在法庭上所说的东西真实，陪审团必须对这些能力——准确叙述的能力、诚实作证的能力、感知能力和记忆能力——作出推论。例如，当证人作证说"被告的车闯了红灯"，陪审团一旦相信该证言，则必须推断，（1）证人是说被告当时正在开车，没有在红灯前停下来；（2）证人相信这一主张；（3）证人的信念是基于该证人对所发生的事件之准确感知；并且（4）证人准确地记得所发生的情况。

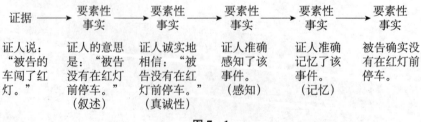

图 7 - 1

386　　　图 7-1 阐明了这些推论。如果该图中的任何一个推论是错误的，则该证据对于证明被告没有在红灯前停车就是不相关的。为了确保这些推论不是错误的，法律要求证人根据亲身知识作证（《联邦证据规则》602），并且确认他们会诚实作证（《联邦证据规则》603）。然而，出于一些原因，法律并未一般性地要求证据提出者对这些推论的准确性作为可采性的条件作出任何其他特别证明。首先，虽然存在明显的例外，但我们的日常经验告诉我们，人们在大多数情况下往往是诚实和准确的。（若以上陈述一般是不真实的，我们会生活在一个多么混乱无序的世界中。）其次，一般情况下，证人将就其住址和职业等一般背景信息作证，这将为陪审团提供一些最低限度的个人信息，供其在评估这些推论的力度时加以斟酌。再次，在英美法律制度中，对这些推论的准确性进行评估的任务，传统上是由陪审团而非法官来承担的。最后，对方律师将有机会来对这些推论的力度提出怀疑。

（二）弹劾证据的类型

弹劾（impeachment）是试图对图 7-1 所阐明的推论提出质疑的过程。换言之，这是在试图证明，证人也许对事件不慎作了不正确的叙述，说了谎，或者是错误地感知了证人作证的事件，或者忘记了所发生的某些或全部事情。只要陪审团相信弹劾证据，陪审团就应当得出结论：与没有弹劾证据的情况相比，证人所说的事情更不太可能是准确的。

如果证人就某些事项提供了意见或结论，就存在更多的弹劾关注。例如，假设证人的证言为，被告当时喝醉了。即使证人是诚实的，其是在通常理解的意义上使用"喝醉"这个词语，对事件有正确感知和准确回忆，该证人仍有可能错误评估了被告的症状，并由于以下两个原因之一进行了错误概括。首先，对于醉酒而言，证人可能并不是非常内行的判断者。例如，证人可能把高声、喧闹的说话方式和醉酒联系在一起，而没有意识到被告平常总是以一种高声、喧闹的方式说话。其次，被告的症状虽然可能是醉酒的一种表现，但实际上可能有其他一些原因。弹劾方当事人可以就这两方面的可能性向陪审团加以说明，那么，陪审团可能就会摒弃该证人的意见。

弹劾证人有多种方法：

（1）证人具有不诚实品格特性的证据表明，该证人也许在证人席上不诚实。

（2）通过揭示证人在本案中有成见或私利来表明，证人存在不诚实的动机。

（3）对诸如证人叙事或感知能力等其他证言品质进行攻击，也可以破坏证人的可信性。这样的攻击可以集中在基本能力上（如色盲），或集中于这些能力在本案有关场合中的具体运用（如证人在观察有关事件时没戴眼镜）。

（4）对证人不一致陈述的证明，表明陪审团应当对该证人证言的准确性持怀疑态度。

（5）来自其他途径的证言令该证人陷入矛盾，可以降低该证人的可信度。

388

（三）弹劾证据与实体性证据

像所有被采纳的其他证据一样，提供用以弹劾证人可信性的证据，必须在证明或证伪某些对于诉讼具有要素性的事实方面是相关的。如果不是这样，该弹劾证据根据《联邦证据规则》402将不可采。提供用于"弹劾"目的的证据与提供用于"实体性"目的的证据，在相关性理论上的区别在于从实体性证据可以推知要素性事实。

我们在本章所讨论的证据性事实，都与案件要件有关（relate to），因为其可能影响到陪审团对证人的评估。有时候，对证人可信性加以弹劾的证据，也像一个要件的实体性证据那样而具有相关性和可采性。在这种情况下，无须考虑该证据对弹劾证人来说是否可采，因为该证据凭其实体性目的便已经可采（独立于其对于证人可信性的作用，作为证据使得一个要素性事实更有可能或更无可能）。换句话说，仅当证据不能为其实体性目的采纳时，我们才必须根据其弹劾目的来分析证据，这也是常见的情况。以下有三个例子来说明这些问题：

（1）在银行抢劫案件中，把钱交给抢劫者的银行出纳员可能作证说，被告不是抢劫者。其他证人，即在银行的顾客们则可能把被告指认为抢劫者。警察可能证实，该银行出纳员是被告的姐姐。顾客们的证言与银行出纳员可信性相抵触——因而暗含着弹劾（反之亦然），但每位证人的证言在证明抢劫者身份这一实体性问题上都具有独立的可采性。警察的证言对实体性目的而言则不具有独立的可采性，它只是在通过证明成见对银行出纳员的可信性进行弹劾上具有相关性。

（2）在闯红灯的假设案件中，被告想用原告证人先前未经宣誓所作的不一致的陈述——当被告驶入十字路口时信号灯是绿的——来弹劾该证人的可信性。根据传闻规则，信号灯是绿的，这一先前陈述不得采纳为实体性证据。《联邦证据规则》801（d）（1）（A）。然而，被告可以使用该先前陈述来推断证人在直接询问中的证言不准确，而不论该先前陈述是否真实。在知道证人就同一事项作出了不一致的陈述后，不论哪次陈述是真实的，都会使人对证人的可信性产生怀疑。在这两个场合，证人可能在其中一个场合说谎了；这种不一致至少表明，该证人在对该事故进行叙述时不是特别谨慎。

（3）德拉・迪恩（Della Dean）被指控作伪证，并在她的自我辩护中作证。为了弹劾德拉的证言，检察官提出德拉在两年前被判犯有伪证罪的证据。根据《联邦证据规则》404，不允许提出过去作伪证的证据来证明德拉在现在被指控的场合犯有伪证罪。然而，由于德拉已经作为证人作证，为了对其可信性进行弹劾，提出其先前定罪的证据是允许的。《**联邦证据规则**》609（a）。该推理过程是这样的：因为德拉曾犯伪证罪，从总体上看她是个不诚实的人，她也许正在证人席上撒谎。

为弹劾证人的可信性而采纳的证据，有时候对实体性目的将不具有可采性，这既可能像第一个假设案件那样是因为其不具有相关性，也可能是因为某些排除规则［如传闻规则或《联邦证据规则》404（b）］禁止将其作实体性使用，就像后两个假设案例一样。当证据不能以实体性目的被采纳时，你还必须评估其是否可以弹劾目的被采纳。

当证据仅对弹劾证人的可信性具有可采性时，这种有限的可采性有三项重要后果。第一，在面对对方当事人提出的简易判决动议或据法判决动议时，该证据的提出者不能依赖该证据作为实体性证据来完成其举证责任。第二，在结审辩词中，证据提出者不能凭借该证据对争议事实作实体性证明。第三，在证据具有相关性却不能为实体性目的而采纳的情况下，为该证据所反对的当事人可以提出《联邦证据规则》403异议，而且，如果该证据被采纳，有权要求法官作出限制性指示。例如，考虑一下前面那个假设案件。在该案件中，被告提出了原告证人曾就被告是否闯红灯作过不一致陈述的证据：

- 被告不能依据该不一致性陈述的实质内容，来支持共同过失问题上的举证责任。

- 如果案件到了陪审团那里，被告可以辩称，该陈述的不一致性表明，证人要么是把信号灯的颜色弄错了，要么是在撒谎；但被告不能辩称，关于被告面前的信号灯是绿色的陈述是具有真实性的主张。

- 原告有权得到这样一项指示，即陪审团仅仅可以使用该陈述来评估

389

证人的可信性，而不能将其作为信号灯颜色的实体性证据。

你们认为，陪审团成员们是否有可能理解或遵守法官的限制性指示？如果不能的话，或者（1）根据《联邦证据规则》403 完全排除该证据，或者（2）放弃作限制性指示，行不行？

二、"外源证据"与弹劾

人们可以（1）通过对证人进行询问（通常是交叉询问）和（2）通过提出外源证据，对证人进行弹劾。外源证据（extrinsic evidence）是指，不是通过对该证人的直接询问或交叉询问而生成的任何证据。它可以是展示件，例如先前定罪的记录；也可以是另一个证人弹劾第一个证人的证言，例如，通过揭示成见或第一个证人否认曾作出的不一致陈述，来对其加以弹劾。在讨论各种弹劾技巧时，我们将考察弹劾规则所允许的外源证据范围。

390　　### 三、"正誉"证据与"支撑"证据

当一位证人被弹劾时，非弹劾方当事人可用证据进行回应，尝试反驳或化解弹劾性证据。例如，如果一方用证人不诚实品性的证据弹劾该证人，对方当事人可以用旨在证明该证人是诚实的证据进行回应。反驳弹劾性证据的证据被称为"正誉"（rehabilitation）证据。这类证据的相关性与弹劾性证据是相反的——正誉证据具有相关性的原因在于，它使得证人的证言更不可能存在弹劾性证据所涉及的证言性问题。正如弹劾可能涉及四个证言问题中的任何一个（叙事、真诚性、感知或记忆），正誉证据也可能同样涉及这些问题中的任何一个。

在证人未受到弹劾的情况下，当事人亦可尝试提出旨在使证人显得更加可信的证据。这样的证据被认为是"支撑"（bolstering）证人可信性的证据，但其通常不被接受。普通法的一般规则禁止支撑证据。例如，参见合众国诉博利科案 [United States v. Bolick, 917 F. 2d 135, 137 - 140 (4th Cir. 1990)]（提到对弹劾前支撑的一般性禁止："我们法院坚持遵守久经考验的原则"）；合众国诉韦尔斯案 [United States v. Wells, 623 F. 3d 332, 345 (6th Cir. 2010)]（"通过在开审陈述中对先前一致性陈述提前唤起关注，一位检察官创造了无效审判的机会和上诉争点"）。《联邦证据规则》中包含禁止以品性证据 [《联邦证据规则》608 (a)] 和先前一致陈述 [《联邦证据规则》(d) (1) (B)] 作为支撑的规定。其他类型的支撑证据，受《联邦证据规则》403 规制。

第二节　以品性证据进行弹劾与正誉

在第五章，我们探讨了品性证据之实质运用所存在的证据性限制。我们注意到，《联邦证据规则》404（a）反对使用品性证据来表明与品性一致的行为，这个一般禁止性规定的例外之一，就是允许以弹劾与正誉目的使用品性证据。《联邦证据规则》404（a）（3）。现在我们来谈谈这个问题。这里，我们所关注的是，使用证人诚实品性证据来推断特定场合的行为与其品格特性相一致（例如，推断该证人在证人席上撒谎或者在说真话）。《联邦证据规则》608 提到证人"诚实或不诚实的品性"。除非语境中表明有相反的意思，我们以下使用的"诚实性"（truthfulness）一词既包括诚实性，也包括不诚实性。

规制以品性证据进行弹劾与正誉的规则，以及规制其他形式弹劾与正誉证据的规则，适用于所有证人和所有类型的案件。除了后面我们要讨论的少数例外，证人是否碰巧为当事人，是无关紧要的。一方当事人在民事和刑事案件中均可使用品性证据来弹劾证人，且刑事被告人对有关任何证人诚实品性的调查，都没有关闭门户的选择权。

因为规制以弹劾目的使用品性证据的规则［《联邦证据规则》404（a）（3），608 和 609］，不同于规制以实体性目的而使用品性证据的规则［《联邦证据规则》404（a）（1）和（2），404（b）和 405］，以及因为这两套规则都错综复杂，品性证据的一般主题似乎易生混淆。消除这种混淆的最佳办法是，一开始就把注意力集中于应当总是成为首要问题的事情上：该证据何以相关？如果你能回答这个问题，适用恰当的规则应该就会相对容易一些。

一、《联邦证据规则》608

规则 608　证人诚实与不诚实的品性

（a）名声或者意见证据。

可以用关于证人诚实或不诚实的品性的名声证言，或者关于该品性的意见形式的证言，来攻击或支持该证人的可信性。但是，只有在证人诚实品性受到攻击后，方可采纳关于诚实品性的证据。

（b）具体行为实例。

除规则 609 规定的刑事定罪外，不可采纳外源证据用以证明证人的具体行为实例，以攻击或者支持该证人的诚实品性。但是，在交叉询问中，如果具体行为实例对于下述人员诚实或不诚实的品性具有证明作用，法院可以允许对其进行调查：

（1）证人；或者

（2）另一证人——接受交叉询问的证人正在就该另一证人的品性作证。

当就另一事项作证时，对于仅与证人诚实性品性有关的证言，证人不放弃任何反对自证其罪的特免权。

二、《联邦证据规则》608（a）的解释

（一）用于证明不诚实品性的名声和意见证据

对证人进行弹劾的方法之一，就是以提供名声或意见证据的方式，去证明证人在不诚实方面的品性，以表明证人在证人席上正在说谎。例如，在詹森案中，被告可以传唤证人作证说，休斯顿狱警（或任何其他检控方证人）有不诚实的名声。《联邦证据规则》608（a）允许为不诚实品性提出名声和意见证据。根据《联邦证据规则》608（a），从品性证人那里引出名声或意见证言的程序，与第五章所讲的为实体性目的使用名声和意见证据的程序类似。关于基础铺垫要求，以及为什么不应当允许意见证人为他们的意见提出事实根据的问题，参见上文第 316－319 页。《联邦证据规则》608（a）将名声或意见证据的使用限制在"诚实或不诚实的品性"上。这种限制否定了少数司法辖区的主张。这些少数司法辖区，允许当事人用一般不良品性或不良道德品性证据对证人进行弹劾。根据联邦证据规则起草咨询委员会的注释：

392

> 根据大部分司法机关的意见，这种调查严格限制在诚实品性上，而不允许关于一般品性的证据。其效果是突出相关性，减少出乎意料、时间浪费和混淆，并使大量证人看起来不会那么令人反感。

当证人的诚实品性受到攻击时，对方当事人可随后通过引入关于该证人具有良好诚实品性的证据，来为该证人正誉。正如提出弹劾证据意在证明证人在证人席上说谎一样，提出正誉证据是为了证明证人在证人席上是真诚的。

（二）《联邦证据规则》608（a）对良好诚实品性证据的限制

根据《联邦证据规则》608（a），关于证人具有良好诚实品性的名声或意见证言，在该证人的品性受到"攻击"之前，是不可采的。然而，什么样的弹劾构成对诚实品性的攻击，这一点并不是非常清楚。法院传统上将揭示先前定

罪的弹劾（《联邦证据规则》609）或未导致定罪的不良行为弹劾［《联邦证据规则》608（b）］，视为对证人品性的攻击。这样，用名声或意见证据正誉，就是适当的。例如，由于检察官在詹森案中用先前定罪证据对狱犯迈克尔·格林和被告人的可信性进行了弹劾（上文第55页，第20行与第34行；第61页，第30行），这样，就允许被告人传唤那些能够提供关于格林和詹森均为诚实之人意见的证人。另一方面，一些法院已经裁定，某些过去行为对攻击证人的诚实品性不具有相关性。参见合众国诉霍顿案［United States v. Holden，557 F. 3d 698，702（6th Cir. 2009）］（"一般来说，先前的毒品使用，对于证明证人的诚实品性不具有相关性"）。

虽然证明成见可能意味着证人没有诚实作证，但法院普遍认为，对证人成见的证明并非是对证人诚实品性的攻击。合众国诉菲格罗阿案［United States v. Figueroa，548 F. 3d 222（5th Cir. 2008）］（对证人进行关于"卐"万字符文身的交叉询问，就证人对被告人的成见有相关性，但与证人的不诚实品性无关）。例如，在詹森案中，如果检察官能够证实詹森与其狱友同属一个帮会（上文第49页，第32行），该证据将表明该狱友可能有的成见，而非该狱友在诚实性方面的不良品性。与此类似，在民事诉讼中，证明原告证人最近刚与被告激烈争吵后离婚，可以说明该证人可能对被告怀有成见，但不能说明该证人总的来说是个不诚实的人。因此，《联邦证据规则》608（a）并不允许詹森或者民事诉讼中的被告，通过提供证人具有良好诚实品性的意见或名声证据，来为被弹劾的证人正誉。然而，取决于案件的具体情况，有些成见证据也许可以构成对证人品性的攻击，因此允许《联邦证据规则》608（a）正誉证据。例如，参见合众国诉医疗科学公司案［United States v. Medical Therapy Sciences, Inc.，583 F. 2d 36，41（2d Cir. 1978）］（由一位证人的腐败行为证据而表明成见，如挪用资金，也可以构成对证人诚实品性的攻击）。一个关键的询问是：成见证据是否还喻示着，该证人具有不诚实品性。

有时候在如何对弹劾证据进行分类的问题上存在着分歧。例如，回忆一下在詹森案中，辩方律师对休斯顿狱警的交叉询问表明，根据职工补偿规则，休斯顿所称在与詹森发生口角的过程中所受伤是编造的（上文第21页，第4行）。这个调查暗示了一种特定的成见或撒谎的动机。它也是对休斯顿诚实品性的质疑吗？这样一来，作为回应，检察官就能用《联邦证据规则》608（a）品性证人，对休斯顿的诚实名声作证吗？看看你们能否根据《联邦证据规则》608（a），阐述品性和成见之间的区别，以及对它们区别对待的正当理由。

393

要　点

1.《联邦证据规则》608（a）允许当事人，通过提供以证人不诚实品性的意见或名声证言为形式的外源证据，弹劾证人的可信性。该证据必须集中于不诚实性，而不是泛泛的道德品性。

2.《联邦证据规则》608（a）规定，只有在对方当事人对证人诚实品性加以攻击之后，才允许提出名声或意见证据，来证明该证人在诚实性方面具有良好品性。

思考题

7.1. 达比（Darby）被指控持枪抢劫某酒店老板。在检察官主诉举证过程中，该老板对达比就是抢劫者作了肯定性指认。作为辩护的一部分，达比传唤休·威廉姆（Sue William）作证说，该老板在社区中有撒谎的名声，该证据可采吗？

7.2. 在同一案件中，另一辩方证人作证说，该老板在社区有记不清别人的脸、总是认错人的名声。该证据可采吗？如果该证人作证说，根据她同该老板的交往，她认为该老板在记住别人的脸孔方面存在困难，常常认错人，你的回答会有所不同吗？

7.3. 哈珀（Harper）因贩卖可卡因被逮捕，接受了政府方合作提议，帮助他们获得对其供货人不利的证据。哈珀指认埃尔斯沃思（Ellsworth）就是供货人，埃尔斯沃思最后被指控贩卖可卡因。在对埃尔斯沃思进行审判时，负责侦查的探员福勒（Fowler）作证说，哈珀把事实上是可卡因的东西卖给了他，并且哈珀作证说，他的可卡因是从埃尔斯沃思那里得到的。在对哈珀的交叉询问中，辩方律师探出了关于哈珀和警方合作的信息。在对探员福勒的交叉询问中，辩方律师探出哈珀有三个独立的可卡因货源。在对探员福勒的再直接询问中，检察官问道：

（1）你相信哈珀先生涉及本案的可卡因，是从被告人埃尔斯沃思以外的渠道获得的吗？

（2）在你看来，哈珀先生在本案的证言真实吗？

（3）在你看来，哈珀先生是诚实的人吗？

394

法院应当如何裁定埃尔斯沃思对这些问题提出的异议？如果辩方律师在开审陈述中就把哈珀称作说谎者，你的回答会有什么不同？如果在交叉询问中，辩方律师引出哈珀在两年前被判侵吞公款罪，你的回答会有什么不同？

7.4. 丹·迪克森（Dan Dickson）被指控作伪证且正在为自己作证。检察官在交叉询问中未能动摇迪克森所讲述的故事，也没有对其可信性提出质疑。迪克森接着提供了威拉·威尔逊（Willa Wilson）的证言，该证言说迪克森在社区有诚实的良好声望。威尔逊的证言可采吗？

三、《联邦证据规则》608（b）的解释

《联邦证据规则》608（b）规定：

（b）具体行为实例。

除规则 609 规定的刑事定罪外，不可采纳外源证据用以证明证人的具体行为实例，以攻击或者支持该证人的诚实品性。但是，在交叉询问中，如果具体行为实例对于下述人员诚实或不诚实的品性具有证明作用，法院可以允许对其进行调查：

（1）证人；或者

（2）另一证人——接受交叉询问的证人正在就该另一证人的品性作证。

当就另一事项作证时，对于仅与证人诚实性品性有关的证言，证人并未放弃任何反对自证其罪的特免权。

（一）禁止使用外源证据

395

《联邦证据规则》608（b）禁止使用有关证人具体行为的外源证据，来支持或攻击其诚实品性。然而，《联邦证据规则》608（b）和大多数州确实允许在对证人的询问中，（1）对证人自己的行为，以及（2）对"接受交叉询问的证人正在就该另一证人的品性作证"的行为，进行调查。对外源证据使用的禁止，意味着询问者要受到证人回答的约束；弹劾方当事人不能提出外源证据来反驳证人。例如，在詹森案中，辩方律师可以问休斯顿狱警，是否在其工作申请表中撒了谎。但如果休斯顿矢口否认撒谎，辩方律师不能再通过引入该工作申请表——其为外源证据——以及其他外源证据，来证明该申请表中所包含的信息是虚假的，从而证明其撒谎。同样，如果另一证人作证，休斯顿有诚实的

良好名声，那么，该证人接着可能在交叉询问中被问及，其是否知晓休斯顿在工作申请表中撒了谎。但是，辩方律师不得通过外源证据来证明撒谎。

不允许询问者用诚实性方面的不良品性外源证据来质疑该证人的回答，有时候也许显得不公正。例如，在我们关于休斯顿狱警否认他在工作申请表中撒过谎的假设中，假设辩方律师准备对该工作申请表进行鉴真，并将传唤十位证人来作证说，申请表中所述事实是假的。可能还有比这种外源证据更好的弹劾性证据，证明该证人不仅在工作申请表中撒谎，还在证人席上撒了谎吗？

可能并不存在一种更具相关性或更有效的弹劾。但是，公正性要求，如果允许弹劾方当事人提出外源证据，其证人遭到弹劾的一方当事人应当有机会反对该证据。例如，工作申请表可能是伪造的，工作申请表上的内容可以有多种合理的解释，或者，那些作证说休斯顿狱警在工作申请表中撒了谎的证人，本身就是不诚实的。如果存在这样的机会，则大量的时间和精力将消耗在某些事实是真是假的讼争上，而这些事实的价值仅仅在于弹劾一位证人的可信性。此外，对每位证人而言，都可能存在这种类型的微型审判。这样，虽然抓住证人在证人席上说谎，可能真是一种极其有效的弹劾手段，但《联邦证据规则》608（b）出于时间和分散注意力可能造成就附带事项进行讼争的考虑，禁止弹劾方当事人提出外源证据来证明撒谎。

（二）允许调查的有限范围

在具体行为必须与诚实品性有关的问题上，《联邦证据规则》608（b）与《联邦证据规则》608（a）是一致的。例如，参见上文，合众国诉霍顿案（United States v. Holden）［证人先前抽大麻的记录，并非规则608（b）的相关弹劾证据］。这个规则与某些州司法辖区——允许询问与证明一般不良道德品性相关的行为——的规定相比，是相当狭窄的。

396

（三）不放弃宪法第五修正案特免权

由于交叉询问在我们对抗制中的核心地位，证人提供证言，被视为对其宪法第五修正案反对自证其罪权利的放弃或丧失，至少就证人在直接询问中证言内容而言是如此。《联邦证据规则》608（b）最后一句话明确规定，就仅被允许用来破坏证人可信性的提问而言，作证并不是对上述特免权的放弃。例如，考虑一下我们关于休斯顿狱警是否在其工作申请表中撒过谎的假设。如果对该表格作出虚假陈述是一种犯罪，休斯顿狱警可以根据宪法第五修正案拒绝作答。

（四）《联邦证据规则》608（b）（1）的范围：询问证人自身的具体行为

1. 不诚实的含义

联邦证据规则起草咨询委员会对《联邦证据规则》608（b）的注释，虽然明确了诚实和不诚实一词旨在限制人们可以调查的具体行为类型，但对于这一限制的范围并无一致意见。就极端情况而言，法院一般认为，伪证或者其他进行虚假陈述的情况能够说明不诚实性，合众国诉维拉德案［United States v. Velarde, 485 F. 3d 553 (10th Cir. 2007)］（证人先前的虚假指控）；合众国诉詹森案［United States v. Jensen, 41 F. 3d 946 (5th Cir. 1994)］（为获得贷款提交虚假纳税申报表和虚假贷款文件）；另参见合众国诉托雷斯案［United States v. Torres, 569 F. 3d 1277 (10th Cir. 2009)］［检控方证人先前的合同违约，根据《联邦证据规则》608（b）具有相关性］，以及暴力行为（例如谋杀、破坏财产）或者毒品犯罪不能说明不诚实，合众国诉盖斯通案［United States v. Geston, 299 F. 3d 1130, 1137 (9th Cir. 2002)］（醉酒情况下的暴力行为，对于证明不诚实性没有证明力）；合众国诉威尔逊案［United States v. Wilson, 344 F. 2d 1208 (10th Cir. 2001)］（毒品犯罪对于证明诚实与否无证明力）。然而，此间存在一个灰色地带，法院有时候会得出看似不一致的结论。例如，请比较合众国诉威尔逊案［United States v. Wilson, 985 F. 2d 348, 352 (7th Cir. 1993)］（贿赂对不诚实性有证明力）与合众国诉罗莎案［United States v. Rosa, 891 F. 2d 1063, 1069 (3d Cir. 1989)］（贿赂"并非一种与诚实或不诚实有关的行为"）。

2. 有关逮捕、指控、行政或司法调查结果的询问

有时，弹劾方当事人将有证人因与不诚实有关的罪行被捕或被指控的证据，或者有行政或司法机构发现证人从事过表明不诚实行为的证据。例如，证人也许曾因伪造贷款文件而被捕或被指控；证人也许曾因诈骗行为而被取消了执业资格；或者法官在先前诉讼程序中明示或暗示地发现证人说过谎。在这些情况下，《联邦证据规则》608（b）允许弹劾方当事人就相关行为进行询问——证人事实上是否伪造过文件，是否从事过诈骗行为，或者在先前诉讼程序中撒过谎。但是，这样问怎么样：该证人是否曾因伪造文件被逮捕或被指控过？该证人是否曾因诈骗行为被取消了执业资格？或者，是否法官发现了该证人撒谎？

证人的被捕或者关于该证人的事实认定，并不是证人行为的具体实例。反之，正如我们在第五章第 324 页所指出的，逮捕或者事实认定是由执行抓捕的人员或事实认定者从事的活动。此外，如我们在第八章第 468 页所指出的，这种类型的证据属于传闻。证人不是直接被询问是否从事了该行为。反之，证人被问的是，其他人——执行抓捕的人员（或授权执行抓捕的人员）或者事实认定者——是否曾说过该证人从事了该行为。而且，可以肯定的是，只有当人们相信警方或事实认定者所说为真的情况下，警方或者事实认定者的陈述才对弹劾该证人具有相关性。基于这个理由，一些法院将《联邦证据规则》608（b）询问限于仅针对这些实例中的证人行为。例如，参见合众国诉霍尔特案 [United States v. Holt, 486 F. 3d 997 (7th Cir. 2007)]（审判法院允许对警官本身的行为进行交叉询问，但排除了对其是否因此行为而遭停职的询问，并非是自由裁量权的滥用）；合众国诉戴维斯案 [United States v. Davis, 183 F. 3d 231, 257 n. 12 (3d Cir. 1999)]["政府方不得提及（被告人）的……停职或者内务部认定他撒谎……政府方需要将其交叉询问的范围限制于那些事件中的潜在事实上"]。然而，其他法院允许这种询问方式。例如，参见合众国诉惠特莫尔案 [United States v. Whitmore, 359 F. 3d 609 (D. C. Cir. 2004)]（法官认定证人撒过谎）；合众国诉斯科特案 [United States v. Scott, 74 F. 3d 175, 177 (9th Cir. 1996)]（就先前逮捕进行询问）。

（五）有关具体行为的提问和《联邦证据规则》403

《联邦证据规则》608（b）指出，当具体行为对证明诚实性具有证明力时，法院"可以"（may）允许就具体行为进行提问。然而，即便是在具体行为对证明诚实性有证明力时，法院仍有可能基于《联邦证据规则》403 的考虑而行使其自由裁量权，排除这种提问。首先，在某些情况下，证人的行为即使与揭示不诚实有关，也可能证明力很低。请比较：优越电话名录咨询公司诉 GTE 名录公司案 [AdVantage Telephone Directory Consultants, Inc. v. GTE Directories Corp, 37 F. 3d 1460 (11th Cir. 1994)]（根据《联邦证据规则》403，会计于 1969 年因为违反职业道德而受到惩罚的情况不可采，因为时间遥远），与合众国诉穆尼奥斯案 [United States v. Munoz, 233 F. 3d 1117, 1135 (9th Cir. 2000)]（14 - 16 年前的事件并不太遥远）。其次，如果证人承认有过不诚实行为，则存在产生不公正偏见的风险。参见合众国诉邦禅案 [United States v. Bunchan, 580 F. 3d 66 (1st Cir. 2009)]（"地方法院所作出的决定——性侵犯指控的性质对于诚实品性的证明力而言，并不足以超过令陪审团偏见地反对他的严重危险性——完全是在其自由裁量权范围之内"）。如果证人碰巧是当事人，这一风险就特别大：陪审团也许乐于对该当事人作出不利裁决，因为陪审团视该证人为坏人。合众国诉德格里托案［United States v. DeGeratto, 876 F. 2d 576, 582 - 583 (7th Cir. 1989)］（法院强调，关于被告人与卖淫行为有染而没有探讨这种证据在诚实性上的证明力如何的交叉询问，具有偏见性）。再次，如果对有关诚实性的具体行为进行无休止的调查，很可能浪费时间和混淆争点。又次，即使证人诚实地否定从事过不诚实的行为，也存在这样的风险，即陪审团可能更多地受到该问题所暗示的东西而不是其答案的影响。合众国诉德林案［United States v. Dring, 930 F. 2d 687, 692 (9th Cir. 1991)］（引用了《麦考密克论证据法》一书的主张，即"苛刻的交叉询问可能带有对不端行为和不良品性的强烈谴责色彩，证人的否认也不会将其从陪审团心中抹去"）。最后，如果证人是当事人，并且如果问题涉及与作为诉讼主题的行为类似的行为，则存在这样的风险，即陪审团会反《联邦证据规则》404（b）要求而行之，把该证据看作是被告从事了诉讼主题行为的证据。合众国诉平特案［United States v. Pintar, 630 F. 2d 1270, 1285 - 1286 (8th Cir. 1980)］［检控方不适当地强调了并非指控内容的非法回扣行为，而根据《联邦证据规则》404（b），在对被告的交叉询问中，这种证据是不可采的］。

　　尽管以《联邦证据规则》403 为由对《联邦证据规则》608（b）提问提出异议，但法院一般情况下采取相当宽容的态度，允许为弹劾目的对具体行为进行调查以证明品性。根据联邦证据规则起草咨询委员会的意见，"有效的交叉询问要求对这种事项的调查采取一些宽容态度"。另参见大卫·P. 伦纳德：《证据性裁定的上诉评论》［David P. Leonard, Appellate Review of Evidentiary Rulings, 70 N. C. L. Rev. 1155 (1992)］，对上诉法院审查审判法官的《联邦证据规则》608（b）裁定所做的特别深思熟虑的分析。

（六）善意要求；实际考虑因素

　　由于与诚实性有关的具体行为提问可能固有的暗示性，法院一般认为，询问者必须有相信该行为发生过的善意根据。合众国诉德格里托案［United States v. DeGeratto, 876 F. 3d 576, 584 (7th Cir. 1989)］。例如，凭借有关该证人曾因作为询问主题的活动而被逮捕的知识，或者根据案件调查中获得的传闻信息，这样一个要求便可能得到满足。参见合众国诉惠特莫尔案［United States v. Whitmore, 359 F. 3d 609 (D. C. Cir. 2004)］（州机动车管理处的记录，为询问证人是否被吊销过驾照提供了合理根据，即使该记录属于传闻证据）。

　　诉讼当事人如果怀疑对方可能在询问中提出没有事实根据的问题，就应当要求在陪审团回避的情况下，就该问题进行听审。同样，如果诉讼当事人怀疑对方会问及某些《联邦证据规则》608（b）诚实性限制以外的行为，当事人就应当考虑提出审前证据动议，寻求一项关于该问题的法院裁定。然而，除非诉讼当事人知道对方准备了潜在的弹劾证据，否则，提出这样的动议，可能带来提醒对方注意该证据的不利效果。

　　刑事案件中一个额外的实际考虑是，根据布雷迪诉马里兰案［Brady v. Maryland，373 U. S. 83（1963）］，检控方有宪法性义务将有利于被告的证据移交给辩方。此项义务延伸至被告可以根据《联邦证据规则》608（b）来弹劾政府方证人的证据。合众国诉托雷斯案［United States v. Torres，569 F. 3d 1277（10th Cir. 2009）］（当检察官未能披露政府方证人过去曾违反与政府协议的秘密信息并曾涉及无关的犯罪行为时，审判法院未认定布雷迪案控方违反宪法性义务，是对其自由裁量权的滥用）；另参见合众国诉普赖斯案［United States v. Price，566 F. 3d 900（9th Cir. 2009）］；合众国诉詹森案［United States v. Johnson，519 F. 3d 478（D. C. Cir. 2008）］；合众国诉维拉德案［U-nited States v. Velarde，485 F. 3d 553（10th Cir. 2007）］。

　　（七）表明良好诚实品性的具体行为

　　大多数基于《联邦证据规则》608（b）的提问，都涉及试图以证人的不诚实行为弹劾该证人，然而，该规则还允许提问诚实行为。例如，一名被品性证据弹劾过的证人，可能就其具体的诚实行为接受询问，以此作为一种给该证人正誉的方式。《联邦证据规则》608（b）禁止提出有关诚实或不诚实具体行为的外源证据。参见合众国诉梅利亚案［United States v. Melia，691 F. 2d 672，674 - 675（4th Cir. 1982）］（用该证人曾帮助侦破各种犯罪的外源证据来给证人正誉，是不适当的）。严格来说，与《联邦证据规则》608（a）不同，《联邦证据规则》608（b）并不含有这样一条规定，即只有在证人被品性证据弹劾之后才可提出有关诚实行为的问题。然而，这种支撑性证据不太可能被允许［因为不管是《联邦证据规则》403还是《联邦证据规则》608（a）都禁止弹劾前的品性证据］。报告的案例和学术评论很少关注《联邦证据规则》608（b）的诚实行为。这种类型的证据似乎不会给法院造成问题。这样的证据显然具有利己性，因此，不太值得提出或反对。

　　（八）"交叉询问"

　　《联邦证据规则》608（b）规定，法院可以允许在"交叉询问"环节质询具体实例。尽管《联邦证据规则》608（b）关于不诚实行为的提问，最常出现在交叉询问期间（作为一种弹劾对方当事人传唤的证人的尝试），但也存在允许《联邦证据规则》608（b）提问的其他情形。因此，对"交叉询问"这一术语的解释，不应限制在本规则的范围内。例如，《联邦证据规则》607允许当事人弹劾本方证人的可信性。因此，传唤证人并试图弹劾该证人的一方当事人，可以在直接询问中提出608（b）问题。而且，如果一方当事人在交叉询问中提出的《联邦证据规则》608（b）问题与不诚实有关，那么，对方当事人可以在再直接询问中就有关诚实性具体行为进行询问，尝试为该证人正誉，反之亦然。参见合众国诉鲍威尔案［United States v. Powell, 124 F. 3d 655, 661 n. 4 (5th Cir. 1997)］（在对证人的交叉询问中，当被告人提出他本人的诚实品性问题时，在再直接询问中，检控方可以就该被告人的具体行为进行询问）。

（九）《联邦证据规则》608（b）（2）的范围：就品性证人所作证的证人具体行为进行询问

《联邦证据规则》608（b）（2）所解决的是我们曾在第五章探讨过的一个问题：对名声或意见证人的交叉询问，以检验他们对自己所作证之声誉的知识，或其所作证之意见的根据。

一旦品性证人根据《联邦证据规则》608（a）提供了名声或意见证言，则对方当事人——除提问有关该品性证人本人的不诚实行为来对其进行弹劾［《联邦证据规则》608（b）（1）］之外——可以弹劾提供《联邦证据规则》404（a）（2）声望或意见证言的品性证人的同样方式，来弹劾该品性证人：弹劾方当事人可以询问该品性证人，是否知道那位品性为其证言主题之人的相关具体行为。例如，在我们上述关于詹森案的假设中，辩方传唤证人作证说，在他们看来，詹森是个诚实的人。在交叉询问中，询问这些证人他们自己的不诚实行为［《联邦证据规则》608（b）（1）］以及他们是否知道詹森过去的不诚实行为［《联邦证据规则》608（b）（2）］，都是适当的。然而，询问他们是否知道詹森过去的暴力行为，则是不适当的。正如《联邦证据规则》608（b）的明确规定，具体行为必须与《联邦证据规则》608（a）品性证人所作证的品格特性——诚实性——有关，而暴力行为对诚实性没有证明作用。

此《联邦证据规则》608（b）（2）弹劾过程，与我们在第五章描述的弹劾品性证人之程序相仿。实际上，《联邦证据规则》608（b）（2）是将《联邦证据规则》405（a）第二句——"在对品性证人进行交叉询问时，法院可以允许调查该人的相关具体行为实例"——规定的基本原则，具体适用于《联邦证据规则》608（a）品性证人（尽管措辞略显笨拙）。就像依据《联邦证据规则》

405（a）来对《联邦证据规则》404（a）品性证人进行弹劾的情况一样，（1）交叉询问者的提问必须建立在真诚基础上，合众国诉里斯案［United States v. Reese，568 F. 2d 1246，1249（6th Cir. 1977）］，并且（2）这种询问的合理目的，是弹劾品性证人的可信性，而不是为了证明提问中所问及的主要证人的品性。事实上，使用该品性证人关于主要证人具体行为的证言，来证明该主要证人的诚实性，会违反《联邦证据规则》608（b）禁止使用外源证据来证明主要证人品性的规定。

要　点

1. 《联邦证据规则》608（b）（1）允许通过询问证人自己的具体行为以证明其诚实品性，来对该证人进行弹劾与正誉。询问者受限于证人对这种问题的回答，并且，不得提出外源证据来反对该回答。

2. 《联邦证据规则》608（b）（1）具体行为提问必须与诚实品性有关，并受制于《联邦证据规则》403排除规定。

3. 当《联邦证据规则》608（a）品性证人就另一证人的诚实品性提供意见或名声证言时，《联邦证据规则》608（b）（2）允许对方当事人询问该品性证人，关于另一证人可能从事过的对诚实性有证明作用的具体行为。该询问的目的，是检验该品性证人名声或意见证言的根据。

思考题

7.5. 被告人正在因入室盗窃受审，该事件于晚上 10 点发生在哈兹街 1251 号一座房子内。被告的头发是亮红色的。被告传唤琼斯（Jones）出庭作证，琼斯作证如下："在入室盗窃当晚，大概 10 点钟的时候，我走在世纪酒吧的外面。该酒吧就在哈兹街 1251 号对面。我看见一个黑头发的男子从哈兹街 1251 号的房子里跑出来"。

为了弹劾琼斯，检控方可否：

（a）传唤另一位证人史密斯（Smith）作证说，琼斯在邻里中有不诚实的不良名声。

（b）询问琼斯，他是否一年前在一份工作申请中撒谎，否认他曾被定罪？假设检控方同时拥有该工作申请和 4 年前琼斯被判持械抢劫罪的记录

401

副本，检控方可否以采纳该工作申请的一个经过鉴真的复制件作为回应？经过鉴真的定罪记录行不行？

7.6. 萨姆・布朗宁（Sam Browning）被指控谋杀。他计划为自己作证，并传唤沃尔特・威廉姆斯（Walt Williams）作证说，布朗宁有为人平和的良好声望。检察官有确实的根据相信，布朗宁 3 年前卷入了一场贿赂图谋；他打妻子（虽未受到指控）；去年，威廉姆斯提交了一份虚假的所得税申报表。

（a）检察官能问布朗宁有关贿赂事件的情况吗？打妻子呢？

（b）检察官能问威廉姆斯，是否听说过布朗宁 3 年前卷入贿赂图谋吗？布朗宁 3 年前打妻子呢？

（c）检察官能问威廉姆斯，去年是否故意提交了虚假所得税申报表吗？

7.7. 埃德・杜克（Ed Duke）因谋杀哈利（Harry）便餐馆所有者哈利・豪（Harry Howe）受到指控。有人发现哈利死在自己餐馆的地板上，放钱的抽屉空空如也。在审判时，弗雷德・芬利（Fred Finley）为检控方作证说，在谋杀案案发前一天，埃德・杜克说过他要去找哈利。

（a）在对芬利的交叉询问中，辩方律师问芬利，是否曾因持有大麻而被逮捕过。

（b）亚历克斯・亚当斯（Alex Adams）作证说，几年前他在地区教堂做侍者，芬利唱诗班指挥，亚历克斯几次看到芬利偷窃教堂财产，如杯子或其他宗教物品。

（c）简・杰克逊（Jane Jackson）是芬利父母的邻居。她作证说，她了解芬利的一生，在她看来他不诚实。

（d）在反驳中，检察官传唤了马克・迈耶（Mark Mayer），他作证说，他和弗雷德・芬利是邻居，他知道芬利在邻里中有诚实、可信的良好声望。

（e）在对迈耶的交叉询问中，辩方律师问迈耶，是否听说过芬利两年前因作伪证而被定罪。

对这些证据提出的异议，是否应当被维持？

402

7.8. 威廉姆斯（Williams）被指控将被判重罪的持有武器罪。他持有武器的唯一证据是警探大卫・马丁（David Martin）的证言。马丁作证说，在追捕威廉姆斯的过程中，他看到威廉姆斯抛出一件黑色物体。在逮捕威廉姆斯后，马丁回到原地，发现了一把枪，上面有被砸到墙上的痕迹。威廉姆斯辩称，他没有枪，那是马丁栽赃。

威廉姆斯能否在交叉询问中，询问马丁有关：（a）高等法院法官认定，马丁曾在审判席上撒谎，（b）马丁曾因酒驾而被扣驾照，以及马丁从未将该信息报告其上级的事实，以及（c）马丁未遵守法院命令，按时支付孩子抚养费？

请考虑，法院是否应允许威廉姆斯传唤以下证人：

（a）约翰尼·卡拉维拉（Johnny Caravella），出庭为其 5 年前写的一则新闻故事作证，其中，指认警探马丁是邻里中多起警察骚扰投诉的对象。该故事的信息源是一位居住在马丁所在社区的匿名人士。

（b）被告律师爱丽丝·韦弗（Alice Weaver），出庭为马丁在"法院系统"中有不诚实的名声作证。韦弗的证言是基于另外三位她所熟悉的辩方律师的观点，以及她自己与马丁相处的亲身经历（在那些案件中马丁曾作为证人）。

（c）克里斯·布朗（Chris Brown），一位马丁的熟人，将出庭作证说，马丁曾错误地以持有毒品将其逮捕，且当马丁逮捕他的一位朋友后，该朋友的随身物品不见了，因此在他（布朗）看来，马丁是一个非常不诚实的人。6 年前马丁和布朗住在同一个社区，那时候他几乎天天看到马丁。之后每次布朗回原来的社区探望自己的母亲时，他还会经常见到马丁。

四、《联邦证据规则》609

规则 609　以刑事定罪证据进行弹劾

（a）一般规则。

以下规则适用于以刑事定罪证据对证人的诚实品性进行攻击：

（1）在定罪的司法辖区，对于被判处死刑或者一年以上监禁的犯罪：

（A）在民事案件或者证人不是被告人的刑事案件中，经过规则 403 检验，该证据须予以采纳；以及

（B）在证人是被告人的刑事案件中，如果该证据的证明力超过其对被告人的偏见影响，该证据须予以采纳；以及

（2）对于任何犯罪，无论其刑罚如何，如果法院可以明确确定，证实该犯罪要件需要证明——或者证人承认——不诚实行为或者虚假陈述，该证据须予以采纳。

（b）10 年后使用证据的限制。

403

如果自该证人被定罪或者从该定罪的监禁中被释放（两个日期中以时间较迟者为准），已逾10年，则适用（b）款。只有在下列情况中，方可采纳定罪证据：

（1）由具体事实和情况支持的定罪证据之证明力，实质上超过其偏见影响；并且

（2）证据提出者就使用该证据的意图发给对方当事人合理的书面通知，以便该当事人对该证据的使用有公正的反驳机会。

［（c）款限制使用已经成为特赦或废止的定罪；（d）款限制对青少年裁判的使用；以及（e）款规定有待上诉并不会使一项定罪的证据不可采。］

五、《联邦证据规则》609（a）和（b）的解释

《联邦证据规则》609（a）允许使用两类定罪进行弹劾：（1）严重犯罪（那些处以1年以上徒刑的联邦法律界定的重罪）的定罪，以及（2）涉及不诚实行为或虚假陈述犯罪的定罪，不论刑罚如何。包含在使用这两类先前定罪之中的相关性理论，与根据《联邦证据规则》608（b）（1）对具体行为实例进行询问的相关性理论类似，即：作为定罪根据的证人具体行为，表明了一种不诚实的一般品格特性或倾向，人们据此可以推断，该证人在证人席上也许没说实话。当过去的定罪被用以证明非证人诚实品性之相关目的（如揭示矛盾或成见）时，《联邦证据规则》609的限制不适用。合众国诉吉尔摩案［United States v. Gilmore，553 F. 3d 266，272（3d Cir. 2009)］（被告先前的毒品定罪，可以被采纳用来驳斥其所称从未出售过毒品的证言）；合众国诉艾伦案［United States v. Allen，540 F. 3d 821，824（8th Cir. 2008)］（证人先前的家庭暴力轻罪定罪，可以被采纳用来证明证人已被禁止持有武器，且因此在其与被告一起被捕时，该证人有自私的动机否认知晓车中有武器或持有武器）。

与《联邦证据规则》608（b）不同，《联邦证据规则》609的一个重要特点是，并不禁止使用外源证据。这样，如果证人否认一项定罪，使用外源证据——例如，以定罪记录——来证实该定罪是允许的。

（一）两种《联邦证据规则》609（a）（1）平衡检验

如果一项定罪处于《联邦证据规则》609（a）（1）范围内——即如果这是一项不属于不诚实行为或虚假陈述的重罪（例如，如果是谋杀罪）——其对弹

404　　劾证人的可采性就要受到一项平衡检验。该平衡检验对于除开刑事被告人的所
有证人来说，就是《联邦证据规则》403。对于作为证人的刑事被告人来说，
《联邦证据规则》609（a）（1）规定了一项同《联邦证据规则》403 相反的检
验：其证明力必须超过会给被告人带来的偏见。鉴于《联邦证据规则》403
（要求证明力必须被抵消因素实质上超过）倾向于采纳证据，并且事实上把证
明责任分配给主张排除该证据的当事人为该排除结果提供正当理由，《联邦证
据规则》609 之逆《联邦证据规则》403 检验，则倾向于排除证据，并事实上
将证明责任施加于检控方来为可采性提供正当理由。

　　例如，考虑如下情况，一位证人 6 年前就被解除了因谋杀而受到的监禁。
在裁定是否采纳该谋杀定罪证据来弹劾该证人时，法官首先必须评估该定罪的
证明力。接着法官必须评估该证据的偏见性影响，并进行适当的平衡检验。你
们在第三章学习的与适用《联邦证据规则》403 有关的所有问题，在此都适用
于审判法官的裁定。

1. 证明力

　　定罪记录被提供用以证明的证据性事实，是证人在提供证言时的诚实性问
题。因此，证明力评估应当包括如下考虑因素：（1）定罪的年限；（2）谋杀罪
对于证明不良道德品质或违法之一般倾向，进而证明不诚实的品性，具有多大
的证明力；以及（3）该证人介于其间的行为。6 年似乎是一个较长的时间，
谋杀罪似乎对证明不诚实性也没有什么证明力。另一方面，6 年仅略高于《联
邦证据规则》609（b）规定时限的一半。在谋杀罪没有减轻情节的情况下，我
们可以合理地推断，故意实施此种严重犯罪的人，对法律（包括如实作证的要
求）没有敬畏。此外，一项孤立来看对于诚实性似乎没有什么证明力的犯罪，
如果它是某个连续性不诚实模式的一部分，其就有更强的证明力。因此，自解
除监禁至提供证言期间反映诚实性的行为，应当是证明力决定因素的重要组成
部分。合众国诉吉尔伯特案［United States v. Gilbert，668 F. 2d 94，97（2d
Cir 1981）］（定罪具有可采性；定罪的年限和随后的历史并未表明早先行为方
式的放弃）。

2. 不公正的偏见

　　与证明力评价相对应的是，法官必须平衡潜在不公正的偏见。这里主要是
两个考虑：首先，陪审团将在多大程度上将该证人视为一个坏人，因而有厌烦
该证人的倾向？例如，如果证人是被告人，就存在这样的风险，即陪审团可能
因为把被告人视为坏人或危险的人，而无视合理怀疑标准。即使证人不是当事
人，也存在这样的风险，即不利于该证人的偏见也可能肆意横流，从而影响陪

审团对传唤该证人之当事人的态度。

其次，在多大程度上存在这样的风险，即陪审团不仅可能在适当的倾向意义上使用该定罪，去证明在证人席上的证人可能是不诚实的，而且可能在不适当的倾向意义上使用该证据？例如，如果证人是一名被指控犯有暴力罪的被告人，则存在这样的风险，即陪审团也许会违反《联邦证据规则》404（b）第一项的禁止性规定，使用其谋杀定罪作为证明该被告人具有暴力品性的证据，以推断该被告人在实施被指控的犯罪时有暴力行为。当证人为被告人，且先前犯罪与当前审判中的罪行在性质上相似时，这种风险就特别高。 405

3. 对刑事被告人的逆《联邦证据规则》403 平衡检验

无论证人是否为诉讼一方的当事人，谋杀定罪对于证明不诚实性的证明力都是一样的。然而，当证人是刑事被告人时，偏见很可能最大化。即使陪审团把非当事人证人视为坏人，陪审团似乎也不太可能由于对传唤该证人的当事人感到厌恶而以惩罚来作为回应。只有在证人的某些行为成为当前诉讼主题的情况下，才存在这样的风险，即陪审团可能在一种不适当的倾向意义上利用先前的定罪。当然，在刑事被告人为自己作证时，总会是这种情况。

因为对刑事被告人的偏见风险特别高，并且由于对证明力与偏见的平衡检验过程内在地不精确，在证人是刑事被告人时，《联邦证据规则》609（a）（1）采用了一种逆《联邦证据规则》403 的平衡检验。因此，至少在理论上，与证人为刑事被告人的情况相比，谋杀定罪——以及其他《联邦证据规则》609（a）（1）定罪——在某种程度上，将更可能在反对那些不是刑事被告人的证人时具有可采性。参见合众国诉考德威尔案 [United States v. Caldwell, 760 F. 3d 267, 285 - 289 (3d Cir. 2014)] [考虑以下因素后，经逆 403 平衡检验后排除了被告的先前定罪：（1）犯罪性质，（2）定罪日期，（3）被告证言的重要性，（4）被告可信性的重要性]。

4. 对其他证人的《联邦证据规则》403 平衡检验

《联邦证据规则》609（a）逆规则 403 平衡检验，并未惠及作为证人的民事诉讼当事人。相反，《联邦证据规则》609（a）像对待非当事人证人一样对待他们。他们的先前定罪具有可采性，除非该定罪的弹劾证明力被《联邦证据规则》403 抵消因素实质上超过。

民事诉讼的主旨常常并不像刑事起诉的主题那样涉及道德不端行为。因此，在民事诉讼中，为不允许的倾向目的而使用先前定罪所带来的偏见风险，也许一般来说要小于刑事起诉中的偏见风险。此外，民事诉讼当事人作为一个群体，总体而言不太可能像刑事被告人那样有先前定罪。另一方面，某些民事诉讼——例如欺诈或性侵犯——也涉及对刑事犯罪的指控；正如我们在上小节所述，与非当事人证人相比，对当事人证人的坏人偏见风险可能更大。你认为，民事诉讼当事人证人应获得与刑事被告人相同的逆平衡检验（待遇）吗？

5. 犯罪的实际情况

当法院将一项定罪的证明力与其不公正偏见及其他抵消因素进行平衡时，它们常常仅以一般术语——诸如类型、惩罚、日期及定罪的数量——来讨论这个问题，因为这是将出示给陪审团的信息。合众国诉豪威尔案［United States v. Howell，285 F. 3d 1263 (10th Cir. 2002)］。我们将在下文六、（四）讨论可能被出示的事实细节。在根据《联邦证据规则》609（a）（2）决定一项定罪是否涉及"不诚实行为或虚假陈述"时，法院还会就定罪背后的事实进行探究。我们将在下文五、（二）讨论这个问题。

（二）《联邦证据规则》609（a）（2）"不诚实行为或虚假陈述"定罪的自动可采性

1. 规则

关于"不诚实行为或虚假陈述"的定罪，就像《联邦证据规则》609（a）（2）所明确规定的那样，无须进行平衡检验，也无须考虑该犯罪的严重性，是自动具有可采性的。总之，如果一项定罪涉及不诚实行为或虚假陈述犯罪，就无须考虑对该犯罪的可能刑罚或由该定罪所产生的任何潜在偏见影响。只要该定罪处于《联邦证据规则》609（b）规定时限内，法院就没有排除它的自由裁量权。例如，如果一位证人曾因在某申请表中做过虚假陈述而被判轻罪，弹劾方当事人就可以采纳该定罪来弹劾该证人，即使这是 9 年前的定罪且对现在证人席上的证人在 9 年后的诚实性没有什么证明力。即使证人是被指控犯有同样罪行的刑事被告人，该证据也是可采的。

2. "不诚实行为或虚假陈述"的含义

由于涉及不诚实行为或虚假陈述的犯罪行为自动具有可采性，这类犯罪的范围问题极其重要。如果将"不诚实行为"（dishonest act）等同于"非法"（illegal），那么，所有的犯罪都涉及不诚实行为。然而，显而易见的是，对《联邦证据规则》609（a）（2）的不诚实性一词不应作如此宽泛的解释，因为这样的话，《联邦证据规则》609（a）（1）的限定就失去意义了。

在 2011 年法条重塑之前，联邦证据规则起草咨询委员会对《联邦证据规则》609 的注释，将"不诚实或虚假陈述"等同于普通法上的欺诈性犯罪

(crimen falsi)。《参议院司法委员会报告》和《关于〈联邦证据规则〉的报告》，包含以下相同的详细说明：

> （这是指）诸如伪证或教唆伪证、虚假陈述、刑事诈骗、贪污或欺诈以及其他具有欺诈性犯罪性质的犯罪，这些犯罪包含某些不诚实、欺骗或造假的因素，与被告人如实作证的倾向有关。

联邦法院对不诚实或虚假陈述的解释是相对狭义的。合众国诉奥索祖瓦案 [United States v. Osazuwa, 564 F. 3d 1169, 1175 (9th Cir. 2009)]（"毫无争议的是，银行欺诈是一种不诚实行为"）；合众国诉哈柏案 [United States v. Harper, 527 F. 3d 396, 408 (5th Cir. 2008)] ["偷盗支票定罪属于规则609 (a)（2）的定罪"]；合众国诉莫罗案 [United States v. Morrow, 977 F. 2d 222 (6th Cir. 1992)]（造假是一种"不诚实或虚假陈述"犯罪）；瓦格纳诉凡士通轮胎和橡胶公司案 [Wagner v. Firestone Tire & Rubber Co. , 890 F. 2d 652 (3d Cir. 1989)]（伪造是一种"不诚实或虚假陈述"犯罪）；沃克诉霍恩案 [Walker v. Horn, 385 F. 3d 321, 334 (3d Cir. 2004)]（抢劫并非不诚实犯罪或虚假陈述）；合众国诉梅加—阿拉孔案 [United States v. Mejia-Alarcon, 995 F. 2d 982 (10th Cir. 1993)] [有关非法使用食品券的定罪不属于《联邦证据规则》609（a）（2）范围]；合众国诉卡莫案 [United States v. Karmer, 923 F. 2d 1557 (11th Cir. 1991)] [轻罪盗窃通常不属于《联邦证据规则》609（a）（2）规定的犯罪]。然而，仍然存在判例法并不完全一致的灰色地带。例如，比较一下合众国诉威尔逊案 [United States v. Wilson, 985 F. 2d 348 (7th Cir. 1993)]（未提交所得税申报表是一种"不诚实或虚假陈述"犯罪），与克里诉哈彻案 [Cree v. Hatcher, 969 F. 2d 34 (3d Cir. 1993)] [未提交所得税申报表不属于《联邦证据规则》609（a）（2）规定的犯罪]。一般参见斯图亚特·P. 格林：《欺骗和犯罪分类：〈联邦证据规则〉609（a）（2）与欺诈性犯罪的起源》[Stuart P. Green, Deceit and Classification of Crimes: Federal Rule of Evidence 609 (a) (2) and the Origins of Crimen Falsi, 90 J. Crim. L. & Criminology 1087 (2000)]。

3. 潜在犯罪细节的重要性

《联邦证据规则》609（a）（2）规定，确认一项定罪是否属于本款范围，看"法院"是否"可以明确确定，证实该犯罪的要件需要证明——或者证人承认——不诚实行为或虚假陈述"。在证人不承认的情况下，联邦证据规则起草咨询委员会举出了达到"明确显而易见"（readily apparent）要求的

407

例子：

　　　在犯罪的欺诈性质从法条或判决的字面看并不显而易见——例如，当定罪仅记录了一项法定犯罪的有罪认定，并未明确提及欺诈时，证据提出者可以提供诸如以下信息：起诉书，被采纳的事实陈述，或者给陪审团作出的指示——该指示包含关于为了判定该证人有罪，而证明事实认定者不得不认定，或被告人不得不承认的不诚实行为或虚假陈述。

　　例如，在合众国诉杰弗逊案 [United States v. Jefferson, 623 F. 3d 227, 234-235 (5th Cir. 2010)] 中，法院裁定，由于该案起诉书中提到证人试图劝说他人对联邦执法机关撒谎，该有关妨碍司法公正的先前定罪涉及不诚实行为或虚假陈述，因此属于《联邦证据规则》609（a）（2）的范围。另参见合众国诉科利尔案 [United States v. Collier, 527 F. 3d 695, 699 (8th Cir. 2008)] [有关信用卡诈骗的定罪，属于《联邦证据规则》609（a）（2）范围，因为该罪行的法定要件中包含"蓄意欺诈"]。

　　（三）《联邦证据规则》609（b）逆平衡检验

　　所有属于《联邦证据规则》609（a）范围内的先前定罪——包括不诚实行为和虚假陈述的定罪——若超出了该规定的 10 年期限，便都要接受《联邦证据规则》609（b）的逆《联邦证据规则》403 平衡检验。该 10 年期限从判决之日或解除监禁之日起开始计算，以迟者为准。参见合众国诉罗杰斯案 [United States v. Rogers, 542 F. 3d 197, 201 (7th Cir. 2008)] [为《联邦证据规则》609（b）目的的"监禁"，"不包括缓刑或假释的时间"——"而是从证人于任何限制人身自由的监禁中释放出来的时间开始计算"]。因此，例如，如果根据 12 年前的伪证定罪，证人服了 3 年刑，则该定罪自动可采，尽管该定罪已很久远。然而，如果该证人仅仅被监禁了 1 年，则适用《联邦证据规则》609（b），只有在其证明力实质上超过其偏见的情况下，该定罪才可采——这一检验由于使用了"实质上"（substantially）一词，就比《联邦证据规则》609（a）规定的逆《联邦证据规则》403 检验标准更为严格了。

　　确实，虽然法院没有制定具体的标准来区分《联邦证据规则》609（b）平衡检验和《联邦证据规则》609（a）平衡检验，但却已表明，《联邦证据规则》609（b）定罪应当尽量不予采纳。合众国诉本斯曼案 [United States v. Bensimon, 172 F. 3d 1121, 1126-1127 (9th Cir. 1999)]。

408

六、《联邦证据规则》609（a）弹劾：政策与实际考虑

（一）《联邦证据规则》609（a）（1）的理论根据

《联邦证据规则》609（a）（1）——像大多数州的规则一样——允许审判法官在决定是否采纳重罪证据时，对证明力和偏见进行权衡，无论有关基本行为能否被合理地描述为与证人的诚实品性有关。因此，这一规则比《联邦证据规则》608（b）的规定要宽泛得多。

以先前定罪进行弹劾的普通法根源，在一定程度上与其宽泛性和一致可接受性有关：

> 在普通法中，如果一个人被判叛国罪、任何重罪或涉及不诚实的轻罪（伪证罪）以及妨害司法罪，那么被定罪之人就完全失去资格。这些就是所谓"丧失廉耻（infamous）"罪。根据制定法或普通法国家实际上通行的规则，这一粗陋的绝对化的规定已被摈弃；因犯罪的定罪而失去证人资格的做法已被废除，而根据具体的规定或裁定，这种做法已被减少到仅以可信性弹劾为由才可采用。《麦考密克论证据法》[1 McCormick on Evidence § 42, at 184 - 85 (Kenneth S. Broun ed., 6th ed., 2006)]。

此外，该规则的正当性还依据这样的信念，即先前的定罪，即使是基于与诚实性没有什么直接关系的活动，也可能与证人的一般可信性问题特别相关。然而，法院和论者都没有试图证明如下假设的正当性：与诚实性联系很远的行为（如严重殴打）的定罪，也许对证人在证人席上的诚实性有特别证明作用。但参见坎贝尔诉格里尔案[Campbell v. Greer, 831 F. 2d 700 (7th Cir. 1987)]（"同样适用于证人的情况，重罪犯比其他人更容易作伪证的主张，是重要却从未被检验过的关于法律的许多实证性论断之一，并可能是错误的"）；舒米德诉三钢工业公司案[Schmude v. Tricam Indus., Inc., 556 F. 3d 624, 628 (7th Cir. 2009)]（断定重罪犯更可能在证人席上撒谎的假设，"是不完全的，因为许多犯下重罪的人并未被捉到"）。

请考虑以下解释能在多大程度上为规则609提供合理依据：一个道德品性不良的人，比一个道德品性良好的人更有可能爱撒谎。确实，对不良道德品性的有力证明，也许是对不诚实性的特别有力证明。然而，我们所有的人，都不时会实施某些倾向于表明不良道德品性的"不良"行为；由于我们很少有人（如果有的话）会认为自己具有不良道德品性，必然会得出这样的结论，即单

409　　一的不良行为——甚或一系列不良行为——对于一般道德品性而言，并不必然具有证明力。这样，在没有定罪的情况下，大多数司法辖区禁止对这些行为进行调查，除非它们对于证明证人是否撒谎具有很高的边际价值——就是说，除非它们对于表明不诚实的品格特性有相当直接的联系，而非一般的不良道德品性。另一方面，由于刑法在传统上倾向于只规定最应当受到谴责的行为，定罪（特别是严重犯罪）很可能对证明包括不诚实在内的不良道德品性特别具有证明力。当然，《联邦证据规则》609 的这种理由，正受到某种当代趋势的削弱，即许多入罪行为，并不被认为在道德上应受到谴责。

（二）先前定罪和偏见

根据《联邦证据规则》609（a）而具有可采性的大多数先前定罪，比根据《联邦证据规则》608（b）而具有可采性的大多数非定罪恶行证据，可能更具有偏见性。之所以会这样，是因为实体法一般会对那些最应受谴责的行为罪行化，是因为警察和检察官一般会将其有限的资源集中于最严重的罪犯，还因为定罪的事实代表了社区的道德谴责裁判。因此，存在一种相对的高风险，即陪审团可能倾向于对以前被定过罪的人作出不利裁决。不管什么时候，只要证人是当事人或与当事人有密切联系的人，陪审团成员对该证人的态度都会不适当地影响他们的裁决。

在评估证明力和偏见时，重要的是要记住，先前定罪的证据和当前刑事控告之间相似性的意义。当证人是刑事被告人（或其涉嫌行为是当前诉讼基础的其他人）时，当前刑事指控和弹劾性证据所包含事实之间的相似性，增强的是先前定罪带来的偏见，而非证明力。从这种定罪中所能得出的唯一允许的推论就是，证人是一个不诚实的人，因而可能在证人席上撒谎。

（三）外源证据

定罪是有罪答辩的结果，或者是事实认定者对犯罪之确信无疑的认定结果。它们都对有关不良行为的发生提供了具有很高证明力的证据，并且定罪事实可以很容易地通过公共记录加以证明。这样，对附带事项进行耗时诉讼的担忧（参见上文第 395 页），可以说是《联邦证据规则》608（b）禁止使用外源证据的正当理由，并不适用于根据《联邦证据规则》609 提出的定罪，这种定罪可以用外源证据进行证明。然而，在实践中很少需要这样的外源证据。因为当事人可以轻而易举地证明存在一项定罪，所以证人首先矢口否认该定罪的情况就很罕见。确实，正如我们在下文第 412 页所讨论的，如果一项先前定罪对于弹劾证人将具有可采性，则传唤该证人的当事人一方，在直接询问中就可能让证人承认有该定罪。

(四) 定罪之事实细节

正如法院希望避免对未导致定罪的恶行作冗长询问一样，法院也希望避免在调查证人定罪背后的事实方面耗费大量时间。而且，导出定罪的事实细节，很可能增加其偏见影响。因此，法院一般情况下将允许弹劾方当事人提到有关罪名、何时何地发生、量刑如何，除此之外则别无其他。合众国诉洛佩斯—麦地那案 [United States v. Lopez-Medina，596 F. 3d 716，738 (10th Cir. 2010)] ("通常来说，检控方询问犯罪细节的做法是不合适的……交叉询问的范围，应被限于定罪的关键事实、犯罪性质以及惩罚"); 上文提到的合众国诉奥索祖瓦案 [United States v. Osazuwa, supra] ("除例外情况，用以弹劾目的的先前定罪证据，不得包括该定罪的次要细节和情况"); 合众国诉库曼什案 [United States v. Commanche，577 F. 3d 1261 (10th Cir. 2009)] (当被告在法庭上被指控刺伤了两人，审判法院允许探究被告涉及锐器的两起先前重罪定罪，是对其自由裁量权的滥用); 合众国诉潘朵兹案 [United States v. Pandozzi，887 F. 2d 1526，1534 - 1535 (1st Cir. 1989)] (以性侵犯定罪进行弹劾; 导出该犯罪是性侵犯犯罪是适当的，但禁止提及被害人是儿童这一事实)。定罪细节是否可采，最终将取决于《联邦证据规则》403 平衡检验的应用。参见上文合众国诉洛佩斯—麦地那案 [United States v. Lopez-Medina, supra] ["地方法院在决定是否采纳证据之前，除了那些定罪的事实和时间，应当 (对是否采纳证据) 进行规则 403 平衡检验"]。例如，如果证人试图为其犯罪进行辩解或者将其严重程度最小化，则有关一项犯罪的更多细节可以被采纳。合众国诉阿玛琪亚案 [United States v. Amachia，825 F. 2d 177 (8th Cir. 1987)]。另参见上文合众国诉库曼什案 [United States v. Commanche, supra] (证人仅仅回答有关其被定罪问题的行为，并未"开启采纳该定罪细节的大门")。

(五)《联邦证据规则》609 (a) 和 608 (b) 的关系

当事人在多大程度上可以依据《联邦证据规则》608 (b)，去采纳那些根据《联邦证据规则》609 可以被采纳的与刑事定罪有关的额外细节或具体行为证据? 正是因为意识到《联邦证据规则》608 (b) 有可能破坏《联邦证据规则》609 对可出示的犯罪行为细节的限制，几个联邦上诉法院近期已经澄清:《联邦证据规则》608 (b) 不得被用于采纳与刑事定罪有关的具体行为。《联邦证据规则》608（b）仅适用于那些未导致刑事定罪的具体行为；《联邦证据规则》609 规制以刑事定罪和任何潜在行为进行弹劾的情况。合众国诉奥索祖瓦案 [United States v. Osazuwa, 564 F. 3d 1169 (9th Cir. 2009)]["与第五、第八和第十联邦巡回法院的意见相同，我们认为，规则 608（b）仅允许使用那些未导致刑事定罪的具体行为进行弹劾。以刑事定罪进行弹劾的有关证据，全部由规则 609 规制"]；合众国诉莱特福特案 [United States v. Lightfoot, 483 F. 3d 876 (8th Cir. 2007)]；合众国诉帕克案 [United States v. Parker, 133 F. 3d 322 (5th Cir. 1998)]；梅森诉德士古公司案 [Mason v. Texaco, Inc., 948 F. 2d 1546 (10th Cir. 1991)]。

411　　（六）传闻证据

　　无论先前的定罪是从证人那里引出的，还是由定罪记录从外源证明的，该证据都是传闻证据。《联邦证据规则》609 潜在的理论是，证人从事了构成犯罪要件的行为并因此被判有罪，对这些行为的证明，说明了一些关于证人可信性的重要事情。换言之，该定罪说明的是陪审团或法官在以前程序中的断言，即该证人从事了该定罪的要件行为，而正是这个断言的真实性，对于该证据的相关性至关重要。人们若质疑上述断言的可靠性，就应该也对这个用于弹劾的证据之证明力进行质疑。有关定罪和有罪答辩的可靠性问题不成比例地集中于少数族裔人群中，以及《联邦证据规则》609 通过生成进一步定罪的证据而加重了这些问题，最新的观点参见蒙雀·D. 卡罗丁：《"对黑人的误述"：先前定罪弹劾规则之种族批判》[Montre D. Carodine, "The Mis-Characterization of the Negro": A Race Critique of the Prior Conviction Impeachment Rule, 84 Ind. L. J. 521, 526 (2009)]（"诸如《联邦证据规则》609 这样的规则，让黑人陷入刑事司法系统的圈套，使得黑人犯罪率居高不下"）。

　　《联邦证据规则》以及其他一些司法辖区，有一项关于判决的传闻例外规定。然而，一般情况下，该判决传闻例外要比准许使用先前定罪进行弹劾的规则更为狭窄。例如，《联邦证据规则》803（22）仅将判决例外限于处以 1 年以上监禁的定罪，而《联邦证据规则》609（a）（2）允许使用有关不诚实行为和虚假陈述的定罪，不论刑期如何。如果说法院已经注意到《联邦证据规则》609（a）和《联邦证据规则》803（22）之间存在的冲突，它们并没有受到这种冲突的困扰。法院在考虑根据《联邦证据规则》609（a）（2）为弹劾而提出的轻罪定罪的可采性时都依赖于该规则，该规则就是为专门应对该问题而制定的；在此问题上，法院会忽略更为一般的《联邦证据规则》803（22）限制。

（七）实际考虑因素

当事人将频繁提出审前证据动议，就先前定罪是否将被采纳来反对他们而寻求一项预先裁定。在决定是否在其刑事审判中作证时，刑事被告人将想要提前知道他们的先前定罪是否将被采纳来弹劾他们。该可采性决定可能以两种重要方式影响被告的审判策略。首先，得知其先前定罪将被以弹劾目的而采纳的被告人，可以选择不出庭作证，以此避免陪审团知道这些先前定罪。有实证证据表明，对刑事被告先前定罪的采纳，将提升其被判有罪的可能性。小哈利·开尔文和汉斯·蔡塞尔：《美国陪审团》〔Harry Kalven Jr. & Hans Zeisel, The American Jury 159160 (1966)〕；安东尼·N. 杜布和亨谢·M. 科申鲍姆：《〈加拿大证据法〉第 12 节对被告影响的一些实证证据》〔Anthony N. Doob & Hershi M. Kirshenbaum, Some Empirical Evidence on the Effect of Sec. 12 of the Canada Evidence Act Upon Accused, 15 Crim. L. Q. 88, 91 – 95 (1972 – 1973)〕。然而，其他证据表明，先前定罪的偏见影响，可能并没有通常所声称或假设的那么大。参见罗纳德·J. 艾伦和拉里·劳丹：《先前犯罪证据的破坏性影响和刑事司法程序的其他迷思》〔Ronald J. Allen and Larry Laudan, The Devastating Impact of Prior Crimes Evidence and Other Myths of the Criminal Justice Process, 101 J. Crim. L. & Criminology 493 (2011)〕（讨论了对州法院 350 次刑事审判的研究，其中有先前定罪前科的被告，其先前定罪被法院采纳和未被采纳的情况相比，被告的无罪释放率是很接近的，分别为 20.3% 和 23.9%）。 *412*

其次，当被告人选择出庭作证且被告人的先前定罪将被采纳时，在直接询问中就提及具有可采性的先前定罪，这对于被告来说可能具有重要的策略意义。如果陪审团在交叉询问中才第一次获悉该定罪，就存在这样的风险，即陪审团将因被告在直接询问中没有"坦白"（coming clean）而对其形成偏见。然而，招惹陪审团注意在其他情况下不可采的定罪，对于直接询问者显然没有什么好处。

在詹森案中，辩方律师在直接询问中引出了被告人、他的室友巴特勒以及狱犯格林的先前定罪。然而，不幸的是，该直接询问并未完全揭示格林先前定罪的有关情况。这样，检控方仍能从证人在直接询问中并非完全坦诚的影响中获益（上文第 55 页，第 20 – 39 行）。

在被告不得不决定是否作证之前，法官通常会就有关定罪可采性的审前证据动议作出裁定。然而，显而易见的是，法官并无义务作出这样一项裁定。在卢斯诉合众国案［Luce v. United States，469 U. S. 38（1984）］中，最高法院认为，在审判法官拒绝就被告人的审前证据动议作出裁定后，选择不作证的被告人，不能以该定罪不应当被采纳为由而寻求推翻原判。最高法院认为，为了维持这一主张，被告人必须作证。

在卢斯案中，法院主要考虑了两个因素。首先，存在这样的担忧，即持相反意见的被告人在没有真正作证意图的情况下可能提出审前证据动议，以期在法院裁定这些定罪可采的情况下，形成一个可推翻原判决的错误。其次，卢斯是在审判前提出动议的，并没有附上任何说明，即他准备如何弹劾检控方证人，或者辩方证人（包括他自己）的证言将是什么。在这种情况下，最高法院相当合理地采取了以下立场，即审判法官可能没有足够的信息来进行《联邦证据规则》609 所要求的平衡检验程序。

如果被告人在作证前提出的审前证据动议遭遇不利裁定，请考虑一下会发生什么。被告人能够在直接询问中承认该定罪，以避免任何关于其隐瞒不利信息的推论，同时为上诉保全可采性争议吗？尽管这种情况并未牵涉对卢斯案来说是核心问题的上述两种担忧，最高法院在奥勒诉合众国案［Ohler v. United States，529 U. S. 753（2000）］中，以 5 比 4 作出裁定，认为根据《联邦证据规则》609 裁定先前定罪具有可采性后，在直接询问中承认先前定罪的被告人，不能在上诉中主张该可采性裁定是错误的。另参见合众国诉麦康奈尔案［United States v. McConnel，464 F. 3d 1152，1162（10th Cir. 2006）］［将奥勒案的弃权规则延伸适用到《联邦证据规则》608（b）的弹劾证据］。但是，州诉戴利案［State v. Daly，623 N. W. 2d 799（Iowa 2001）］则拒绝遵循奥勒案，得出了相反的结论。你认为哪一个裁定更好，奥勒案还是戴利案？

413

即使在奥勒案和卢斯案后，考虑作证可能性的被告人，也应当可能提起审前证据动议，以排除先前定罪。如果法官对该动议作出裁定的话，被告人至少将对作证的后果有更好的感知。

对于想要提出这种动议的辩方律师来说，有几个重要的考虑因素。第一，最重要的是，即使有合法的策略理由向法庭和检控方隐瞒某些信息，当辩方律师确实想要法院就该动议作出裁定时，就应当向审判法院提供尽可能多的信息，以便法院作出裁定。例如，辩方应当说明检控方证人可能引起什么样的弹劾，辩方的证言可能将是什么，以及为什么辩方的证言对于公正审判具有重要意义。向法官提供这些信息，将消除卢斯案所表达的主要担忧。

第二，如果法院在审判前未准许该动议，辩方律师应当在检控方主诉结束时重申该动议，如果必要的话，在被告人必须决定是否作证之前，立即再次提出该动议。在每次重新提出该动议时，辩方律师都应当根据已经提出的证据和将要提出的证据，重新组织排除该定罪的论证。这样，在某个时间点上，法院将有足够的信息作出一个合理的《联邦证据规则》609 裁定。如果法官掌握了所有相关信息，就没有理由不就该动议作出裁定。确实，在这种情况下，如果法官拒绝作出裁定，被告人就可以争辩——特别是根据卢斯案和奥勒案——这是对其自由裁量权的滥用，并且对被告人作证权利来说是不合理的负担。

第三，如果审判法官在不知道本案证据实际上是什么的情况下，不愿意作出明确的《联邦证据规则》609 平衡裁定，辩方律师应当寻求一项附条件的裁定：例如，只要被告人出示的证据仅限于该动议所附事实性陈述，则被告人的先前定罪就不可采。

要　点

1.《联邦证据规则》609（a）（2）规定，如果不诚实行为或虚假陈述的定罪处于《联邦证据规则》608（b）描述的 10 年期限内，则对弹劾所有证人（包括刑事被告人）都具有自动可采性，无须考虑刑期或者平衡检验。

2.《联邦证据规则》609（a）（1）规定，处于 10 年期限内的其他定罪，仅在其处罚为 1 年监禁以上并满足适当平衡检验要求的情况下，才具有可采性。

3. 对刑事被告人之外的所有证人的平衡检验，是《联邦证据规则》403（除非证明力被抵消因素实质上超过，均可采）；对刑事被告人作为证人的平衡检验，是逆《联邦证据规则》403 检验（证明力必须超过对被告人的偏见影响）。

4.《联邦证据规则》609（b）的 10 年期限，从定罪之日或解除监禁之日起算，以日期更近者为准。

5. 在联邦法院，被告人在直接询问中承认那些根据审前动议裁定具有可采性的先前定罪的，不能在上诉中对该动议裁定提出异议。

414

思考题

7.9. 回到上文第 401 页思考题 7.5。在交叉询问中，检控方可以询问琼斯（Jones），他是否曾因持械抢劫而被定罪吗？如果琼斯回答"没有"，检控方能以采纳琼斯经鉴真的 4 年前犯罪记录作为回应吗？

7.10. 回到上文第 150 页思考题 3.5。假设特拉普（Trapp）的作证与其询证笔录一致。布罗德柏克（Broadback）的律师握有一份经过鉴真的特拉普曾非法持有冰毒的重罪定罪记录。该律师还掌握了一份经过鉴真的近期人寿保险申请副本，其中特拉普矢口否认其曾非法吸毒。在交叉询问中，布罗德柏克的律师是否可以：

（a）询问特拉普，他是否曾因持有冰毒而被定罪？如果特拉普否认该定罪，布罗德柏克的律师可否引入该定罪的记录？

（b）询问特拉普，他是否在其人寿保险申请中撒了谎？如果特拉普否认，该律师可否引入该申请和定罪记录？

7.11. 埃伦·贾米森（Ellen Jamison）因伪证罪被指控，她正以自我辩护作证。8 年前埃伦被判犯有伪证罪，去年她对其丈夫人身侵犯而被定重罪。检察官可否将这些定罪引为证据？

7.12. 在 1992 年詹森案审判中，下列定罪被用于弹劾辩方证人的可信性：

（a）被告人的同室狱友乔治·巴特勒的抢劫罪和殴打罪（年代不详）。

（b）另一名狱友，迈克尔·格林的一级谋杀罪、使用致命武器袭击罪以及一级入室盗窃罪（年代不详）。

（c）被告人詹森的强奸罪（1984 年被保释）和一级入室盗窃罪（1985 年）。

根据《联邦证据规则》609，上述定罪哪些最可能被采纳，哪些最不可能被采纳？

7.13. 汤姆·杰克逊（Tom Jackson）对监狱警卫拉里·奥斯特（Larry Oster）提起了联邦公民权利诉讼，杰克逊诉称，他在无端的袭击中受伤。杰克逊目前在监狱中服终身监禁刑，没有保释的可能性，因为他在 8 年前帮助并教唆他的兄弟谋杀一名警察而被定罪。杰克逊已提出一项审前证据动议，请求法院排除任何涉及该定罪的证据。奥斯特也提出了一项审前动议，请求法院裁定，检控方可以弹劾目的提出下列证据：杰克逊因谋杀警察而定罪，正在服终身监禁刑且没有保释的可能性。法院应当如何裁定？

7.14. 霍顿（Houghton）被指控抢劫银行，在抢劫中使用枪支，以及在被判重罪后非法持有枪支。霍顿 15 年前曾被判谋杀罪，3 年前被假释。他愿意约认，他曾"被判重罪"，并且他准备作证说他不是抢劫者。在审前证据动议中，他请求法院排除上述约定之外涉及该先前定罪的任何证据或提法。法院应当如何裁定？

7.15. 道恩·德拉布尔（Dawn Drabble）被控抢劫。在对检控方证人进行交叉询问时，道恩希望证明，该证人在 8 年前被判殴打重罪。此后，道恩在她的自我辩护中作证说，她在 8 年前被判殴打重罪，检察官也提出证据证明了这一点。这些定罪可采吗？

7.16. 简（Jane）和艾迪·法利（Ed Farley）被指控贪污，而他们都准备作证。丹·埃文斯（Dan Evans）将作为品性证人为他们作证。简在 15 年前因提交虚假所得税申报表而被判有罪，艾迪·法利在 5 年前因重罪盗窃而被定罪。丹·埃文斯 2 年前因为殴打而被判轻罪。根据《联邦证据规则》608（b），检察官计划在交叉询问中提出下列问题：

（1）对简：15 年前你曾提交了一份虚假所得税申报表，这是不是真的？

（2）对艾迪·法利：5 年前为了引诱一些人投资于一夜暴富计划，你作了虚假陈述，这是不是真的？（如检察官所知，这是指控盗窃的潜在根据。）

（3）对丹·埃文斯：两年前，你装作乔·纽豪斯（Joe Newhouse）的朋友，把他诱骗到一栋废弃建筑物中，你知道他会在那儿遭到一顿暴打，这是不是真的？（如检察官所知，这是殴打罪的指控根据；埃文斯被判同谋和教唆罪。）

对于这些问题中的任何一个可提出异议吗？

第三节　对证人先前陈述的弹劾与正誉

证人的先前陈述——证人在作出当前证言之前的另一时间和地点所作的陈述——如果被提供用以证明其真实性，便与传闻证据的核心定义一致，因此也许不可采。《联邦证据规则》801（a）-（c）；《联邦证据规则》802。有时，证人先前陈述将因其真实性而具有可采性，因为其属于传闻证据规则的例外，或者是传闻定义明确规定的豁免。《联邦证据规则》801（d），803-804，807。如果一个证人的先前陈述因其真实性而具有可采性，则没有必要再考虑其是否还可以为弹劾或正誉的非传闻目的而具有可采性。我们将在第八章讨论传闻证

416

据。本章的重点，在于那些就其真实性不具有独立可采性的先前不一致和一致陈述的非传闻性使用。

当证人先前不一致的陈述被提供用以弹劾该证人，该证据的相关性并非来自其本身的真实性，而是依据其与证人在法庭上作证的不一致性。对不一致性的证明，无论哪一次是真实的，意味着该证人至少有一次陈述时是在撒谎，或者意味着基于一些其他原因（比如记忆瑕疵或对该内容缺乏兴趣），证人在其中一次陈述中未能准确对过去发生事件进行描述。这样的证明允许弹劾方当事人向陪审团争辩，该证人是不可靠的。以弹劾为目的之先前不一致陈述的可采性，受《联邦证据规则》401－403 规制。也就是说，我们在此需要考虑：该证据是否就弹劾目的具有相关性，就该目的而言证据的证明力有多大，以及其证明力是否在实质上被《联邦证据规则》403 危险性所超过。此外，一旦证据被确定具有相关性，且根据《联邦证据规则》403 可采，《联邦证据规则》613 便确立了采纳先前不一致陈述的程序。

证人的先前一致的陈述，也可能对证人证言的正誉具有相关性。其相关性理论，与上述先前不一致陈述的相关性理论类似。证明证人过去曾作过与当前证言一致的陈述，意味着该证人在谈及该陈述所涉内容方面是认真且思考过的。因此，除非有理由相信，该证人是在蓄意重复说一致的谎言，陈述的一致性，使我们有更多理由去信任和依靠该证人的证言。

一、《联邦证据规则》613

规则 613　证人先前陈述

（a）在询问过程中出示或披露该陈述。

在就证人先前陈述对该证人进行询问时，当事人无须出示该陈述，或者向该证人披露其内容。但遇有出示或披露请求之时，该当事人必须向对方当事人律师出示该陈述或披露其内容。

（b）先前不一致陈述的外源证据。

只有在向证人提供了解释或否定先前不一致陈述的机会，并且为对方当事人提供了就此陈述询问该证人的机会，或者为正义所要求的情况下，该证人先前不一致陈述的外源证据方可被采纳。此（b）款不适用于规则 801（d）（2）所规定的对方当事人陈述。

二、《联邦证据规则》613 的解释

417　　《联邦证据规则》613 确立了为弹劾证人可信性，询问者可以引入该证人

先前不一致陈述证据的程序。一般情况下，交叉询问者在交叉询问过程中将以先前不一致的陈述来与证人对质。

（一）《联邦证据规则》613（a）

《联邦证据规则》613（a）明确规定，询问者在问及证人是否做过某项陈述之前，无须向证人披露该先前不一致陈述的内容。此规定正式废除了奎恩·卡罗琳案［Queen Caroline's Case, 2 Br. & B. 284, 129 Eng. Rep. 976（1820）］所确立的规则。该案所确立的规则要求，至少就书面陈述而言，在对其进行任何询问之前，要向证人出示该陈述。奎恩案规则的基本原理是出于这样的担心，即证人可能确实忘记了有关事项，或者让人觉得像是在作不一致的陈述。如果在询问之前没有向该证人出示某项陈述，一位狡黠的交叉询问者或许能令证人否认做过该陈述，从而给人留下一种该证人是个说谎者的虚假印象。另一方面，在询问之前向证人出示该陈述，也给不诚实的证人使不一致陈述的冲突最小化留下了编造虚假故事的机会。出于这个理由，许多评论者都对奎恩案规则提出了批评，联邦证据规则起草咨询委员会在《联邦证据规则》613（a）的注释中将其称为"对交叉询问的一个无用障碍"。

《联邦证据规则》613（a）为对方律师提供了一项权利，即根据其请求去知悉该陈述。根据联邦证据规则起草咨询委员会的注释，此规定"旨在防止没有根据地旁敲侧击，即所作陈述与事实恰恰相反"。例如，假设辩方律师有理由相信，原告的一位目击证人过去对一起交通事故的陈述，与其在审判时所提供的关于谁在该事故中有过错的证言不一致。该律师可以就该证人是否曾作过这样的陈述而对证人进行询问，而无须先将该陈述的内容披露给该证人。不过，在原告律师的请求下，辩方律师将不得不向其披露该不一致的陈述。

（二）《联邦证据规则》613（b）

《联邦证据规则》613（b）也认可不一致陈述的外源证据可以被采纳，但规定，在大多数情况下，外源证据的可采性有双重条件。证人必须有解释该陈述的机会，并且对方当事人必须有和该证人探讨该不一致性的机会。为了满足这些要求，在证人还在作证时，提出该不一致陈述的当事人一方一般情况下必须这么做，或者必须确信该证人能再次被传唤站上证人席上。合众国诉摩尔案［United States v. Moore, 149 F. 3d 773, 781 - 782（8th Cir. 1998）］。

要求证人能有机会对该陈述进行解释，这给事实认定者对所称的不一致性进行评估提供了合理的基础。例如，证人可能就为什么表面上不一致的陈述并非事实上不一致作出一个合理解释，或者该证人可能否认自己曾作过这样的陈述。在这种情况下，事实认定者将不得不对外源证据和该证人的否认之间的相对证明力进行评估。

418　　"为正义所要求的情况下"（if justice so requires）例外之所以存在，是因为可能存在这样的情况，即不可能给证人解释明显不一致提供机会。例如，假设在某种情况下，弹劾方当事人在证人退庭且不再出庭后，才注意到先前不一致的陈述。在这种情况下，与完全排除该弹劾证据相比，在没有给该证人任何解释机会的情况下，允许提出该不一致陈述的外源证据，会进一步促进查明真相。

　　就证人有机会解释或否认该陈述这一通常要求，《联邦证据规则》613（b）最后一句规定了另一项例外：该要求并不适用于《联邦证据规则》801（d）（2）规定的当事人不一致的陈述。该规则规定，一方当事人的先前陈述可以被采纳用来证明其真实性，无论该当事人是否作证。这样，在当事人碰巧作为证人时，就不需要根据《联邦证据规则》613来限制其可采性。

（三）《联邦证据规则》613（b）对普通法的背离

　　普通法规定了一项严格的基础铺垫要求，作为引入不一致的陈述之外源证据的条件。弹劾方当事人如果不先说明该陈述的确切时间和地点、该陈述对谁所作，并且询问该证人是否曾经作过该陈述，便不能提出关于该证人陈述的外源证据。《联邦证据规则》的起草者们明确表明，他们意在制定更为灵活的基础铺垫要求。根据联邦证据规则起草咨询委员会对《联邦证据规则》613（b）的注释：

> 　　传统上坚持在交叉询问中要指导证人注意有关陈述的要求，仅仅为了给证人提供一个进行解释的机会和给对方当事人提供一个对该陈述进行询问的机会，而被放松了，对特定的时间或顺序没有具体规定。

　　将普通法基础铺垫要求放宽的一个结果，可能是弹劾方当事人也许在还没有对证人提到不一致陈述的情况下，就将该陈述作为外源证据而提出。例如，假设在某种情况下，证人在直接询问中暗示说，被告人超速。现在假设对方律师拥有这样的信息，即该证人曾经说过被告并未超速。根据《联邦证据规则》613，对方律师在交叉询问中可以仅仅让该证人再次确认直接询问中的证言。接着在后续审判中，在辩方主辩证据出示过程中，律师可以试图提出有关不一致性陈述的外源证据。只要证人还没有退庭，就可以再次传唤（或只要证人还能传唤到庭，便可以被对方当事人再次传唤），则关于该陈述的外源证据可能就具有可采性。

（四）实践中的外源证据：实际考虑

在诉讼当事人未在交叉询问中试图就不一致的陈述与证人探究的情况下，一些审判法官禁止其提出关于先前不一致陈述的外源证据，上诉法院也维持了这些裁定，理由是这些法官适当地行使了自由裁量权，以控制证明的方式和顺序。《联邦证据规则》611（a）。合众国诉萨顿案［United States v. Sutton，41 F. 3d 1257，1260（8th Cir. 1994）］。因此，在这些案件中，弹劾方当事人失去了出示不一致陈述的机会。为了避免这种情况的发生，律师不应当仅从字面上对《联邦证据规则》613（b）作出解读。相反，安全的做法是，进行普通法传统上要求的基础铺垫，在交叉询问中用不一致的陈述来与证人进行对质，除非律师认为有强有力的策略理由不这么做。（确实，许多交叉询问者常常将这种基础铺垫要求作为其弹劾技术的一部分。）如果弹劾方当事人进行了普通法上所要求的基础铺垫，而证人否认曾作过该不一致性陈述，则应当允许使用外源证据来对该陈述加以证明。如果当事人承认曾作过该陈述，该陈述的外源证据是否将被采纳则不确定。一些法院采取了这样的立场，即如果证人承认了该陈述，则不需要再提出外源证据，而其他一些法院在这种情况下则允许提出外源证据。在我们看来，适当的做法不是制定一个不可采性或可采性的平义规则，而是把这个问题看作是由《联邦证据规则》401 - 403 规制的问题。

（五）证明力与《联邦证据规则》403 忧虑

由于每个人偶尔都会作出不一致的陈述，微不足道的不一致性证据，就弹劾证人的可信性而言成效甚微（如果说有任何弹劾作用的话）。然而，如果这种不一致性与诉讼主题有关，则我们就有理由对该证人的证言保持警惕。无论哪一次的陈述为真，这种不一致性都表明，证人要么是在诉讼主题上故意说谎，要么至少该证人在报告与诉讼解决有关的重要信息方面不够经心或不准确。

1. 不适当的"实体性"使用风险

当不一致性陈述与诉讼中的某个争点有关时，当然存在这样的可能性，即陪审团在考虑该陈述时，不仅会考虑其弹劾价值，还会考虑其真实性。这种不当使用的风险，属于《联邦证据规则》403 不公正的偏见。然而，这种不公正偏见的风险（如果有的话）将很少成为排除该证据的根据。与无关事项的不一致陈述相比，关于诉讼争点的不一致陈述很可能对弹劾目的更具有证明力。因此，最具偏见性的不一致陈述也在弹劾价值上最具证明力。正如你们所知，《联邦证据规则》403 平衡检验，倾向于采纳证据。这样，除非提出异议的当事人一方能够证明，与其他不一致陈述相比，此有争议的陈述在某些方面可能具有独一无二的偏见性，否则，《联邦证据规则》403 不公正偏见之辩不可能成功。有一个罕见的判例认为，先前不一致的陈述应当被排除，因为它们的弹劾价值会被陪审团把这些陈述当作事实的风险所超过。参见合众国诉洛根案〔United States v. Logan 121 F. 3d 1172（8th Cir. 1997）〕。参比合众国诉杨案〔United States v. Young，248 F. 3d 260，268（4th Cir. 2001）〕（证人对提问的含糊回答——如"嗯嗯"——的证明力，会被陪审团将提问中所主张事项考虑为真的风险所超过）。

420

　　2. 记忆丧失和不一致性

　　至少在一种典型情况下，《联邦证据规则》403 不公正偏见之辩应当有成功的合理机会。如果曾就某事件作过先前陈述的证人作证称其对该事件已经记忆不清了，一些法院将把这种所谓当前记忆丧失和先前陈述视作是彼此不一致的。因此，如果可以合理地认为这种记忆丧失是假的，并且实质上与否认先前作过有关陈述无异，将这些陈述归结为不一致便是合理的。然而，如果所宣称的当前记忆丧失看起来是合理的，在该证人证言与先前陈述之间便不存在不一致性。合众国诉德西蒙案〔United States v. DeSimone，488 F. 3d 561，572（1st Cir. 2007）〕（因为证人没能回忆起 5 年前的对话并非"不合乎情理"，法院认定，先前陈述与审判中的证言并无不一致之处。这样的认定并非是对其自由裁量权的滥用）。因此，先前陈述在用于正当弹劾目的时只具有相对较低的证明力，但这并未减少陪审团将把该先前陈述考虑为真实的可能性。

　　3. 关于附带事项的不一致性陈述

　　有时候，证人所作不一致性陈述涉及的是"次要"事项，即与案件争点完全无关的事项。如果不一致性陈述涉及的是附带事项，则其证明力可能很低，至少在某些情况下低至《联邦证据规则》403 的效率考虑要求便可对其加以排除。例如，假设乔治在离开电影院时目击了一起交通事故。一个月后，乔治在与保险调查员的会面中称，在事故发生的那个星期，他们每天晚上都去电影院，因为那里有个博加特（Bogart）电影节。他进一步说，他在事故发生的那天晚上看的是《卡萨布兰卡》。（乔治看的是博加特的哪部电影，从技术角度来看可能与本案争点是不相关的，但证人在叙述某事件时加进这样的细节情况并不罕见。）在审判时，乔治的证言与其较早作出的陈述在各个方面都一致，除他说在事故发生的那天晚上看的是《基拉戈岛》之外。假设对于哪天事故发生的情况并不存在争议，而且那天晚上放映的电影就是《基拉戈岛》。进一步假设，每个人都承认在放映《卡萨布兰卡》的那天晚上没有发生什么事故。尽管事实上这种不一致性对于本案的争点来说是附带性的，而且一个人对电影节期间某个晚上放映的是博加特两部电影中的哪一部的记忆发生矛盾似乎是正常的，但人们还是可能想要允许弹劾方当事人就这种不一致对乔治进行询问。然而，这种证据非常低的证明力，可能不值得浪费时间来传唤其他证人以提供这种不一致性的外源证据。确实，这是禁止就附带事项提出不一致陈述的外源证据的普通法规则所要求的结果。而且，一些联邦法院明确采用了这一规则。合众国诉格鲁姆斯案 [United States v. Grooms, 978 F. 2d 425 (8th Cir. 1992)]；合众国诉塔兰提罗案 [United States v. Tarantino, 846 F. 2d 1384, 1409 - 1410 (D. C. Cir. 1998)]（引述了《联邦证据规则》403 的自由裁量之平衡检验作为根据）。

尽管有支持"附带事项"原则的案例，但根据《联邦证据规则》，不一致陈述的外源证据的可采性，应取决于《联邦证据规则》403 对案件具体情况的适用。

421

三、先前一致的陈述

通过论证证人曾就某事项说过一致的陈述，一个证人先前一致的陈述对于给该证人的可信性正誉也许具有相关性。这些先前陈述或在其真实性层面亦具有相关性，在此情况下，它们会涉及传闻问题。然而，《联邦证据规则》801 (d) (1) (B) 将证人先前一致的陈述作为传闻定义的豁免。这意味着，为正誉目的而采纳的一致陈述，还可以为其真实性而加以考虑。

《联邦证据规则》801 (d) (1) (B) 豁免了两类先前一致的陈述。第一类 [《联邦证据规则》801 (d) (1) (B) (i)] 适用于提供用以"反驳关于（证人）最近对该陈述的捏造或因最近不当影响或动机而作证的明示或者暗示的指控"的陈述。正如我们下文第八章第 494 - 95 页所述，最高法院在托米诉合众国案 [Tome v. United States] 中，对该类陈述作了限缩性解释：只有在捏造的动机或不当影响产生之前所作的先前一致陈述，才属于该类一致陈述的范围。第二类 [《联邦证据规则》801 (d) (1) (B) (ii)] 系《联邦证据规则》最近修订时创设，豁免了"当证人因其他理由遭受攻击时"提供用以"正誉（证人）作为证人之可信性"的先前一致陈述。我们将在第八章详细讨论这些传闻豁免规则。

　　如果一项先前一致陈述可采，对于凭借外源证据证明该陈述并没有具体限制。然而，一般情况下，当事人将从作出该陈述的证人那里引出该陈述，而且，该证人可能对询问者很友好。这样，就很少需要外源证据。

422

要　点

　　1. 先前不一致的陈述，可以为弹劾证人的可信性之非传闻证据目的而被采纳。

　　2.《联邦证据规则》613（b）规定，通常情况下，当事人不能提出一个先前不一致陈述的外源证据，除非证人有机会解释或否认该陈述，且对方律师有机会就该陈述对证人进行询问。

　　3. 虽然《联邦证据规则》613（b）放松了对不一致陈述之外源证据的普通法基础铺垫要求，但如果弹劾方当事人没有唤起证人对该陈述的关注，则一些联邦法院仍禁止使用外源证据。

　　4. 根据《联邦证据规则》801（d）（1）（B）（i），提供用以反驳一项有关最近捏造或不当影响的明示或暗示指控的先前一致陈述，为真实性目的是可采的，前提是在捏造动机产生之前便作出该陈述。

　　5. 根据《联邦证据规则》801（d）（1）（B）（ii），提供用以对一个其可信性因其他理由而遭受攻击的证人正誉的先前一致陈述，为其真实性目的可采。

思考题

　　7.17. 回到上文第 401 页思考题 7.5。检控方可否引入一位调查该入室盗窃案的警官证言，证明当他首次和琼斯（Jones）谈起入室盗窃的那天晚上，琼斯说他看见了有人从哈兹街 1251 号房子里跑出来，但当时天太黑了，他无法看清那是谁？

　　7.18. 回到第 148 页思考题 3.2。假设目击证人杰克·奥利里（Jake O'Leary）为辩方作证说，德里弗并未偏离路面闯入砂砾路肩。原告律师有一份帕姆·彼得斯（Pam Peter）的书面陈述。帕姆·彼得斯是杰克的前女友。该陈述说，杰克在事故发生后那天晚上说："那位校车司机应当更小心些。"原告律师可以在交叉询问中对奥利里询问该陈述吗？如果允许询问，且杰克否认作过该陈述，原告律师能传唤帕姆对杰克曾作过该陈述作证吗？

7.19. 丹尼·迪克逊（Danny Dickson）被指控谋杀同狱犯人。三个同狱犯为检控方作证说，丹尼犯有谋杀罪，三个人都没有受到交叉询问。此后在审判中，丹尼提供了其他两个同狱犯的证言，大意是，检控方的证人们曾告诉他们说，丹尼并未犯谋杀罪。检控方对这个证据提出异议。结果如何？

7.20. 回到第 148 页思考题 3.2。原告律师找到另一位校车司机旺达·怀特（Wanda White），他在事故后不久和德里弗一起吃过晚饭。据怀特说，德里弗说她准备辞职了，因为她厌恶了"每天和那些乳臭未干的毛孩子打交道"。原告律师能传唤怀特对这个陈述作证吗？你的回答取决于（a）德里弗是否像第 149 页第 4 行所阐述的那样作证？（b）在交叉询问中原告律师是否先就该陈述对德里弗提问？

7.21. 回顾在詹森案中对休斯顿狱警的直接询问和交叉询问（上文第 8 页，第 27 行）。辩方律师在交叉询问中关于休斯顿狱警所准备的事故报告是否提及打开送餐口的提问，其相关性何在？这个询问按照《联邦证据规则》是否适当？提出事故报告来证明里面未包含送餐口的内容，根据《联邦证据规则》是否适当？

7.22. 回到第 148 页思考题 3.2。假设在第 149 页的直接询问后，随后又发生了以下对德里弗的直接询问：

问：你把校车开到沙砾路肩上去了？

答：没有。

问：在该事故发生后的几天里，你和任何人讨论过这件事吗？

答：是的，和我的朋友旺达（Wanda）。

问：你们谈了些什么？

答：我告诉她我一直非常小心，我没有把校车开到沙砾路肩上去，我对那些可爱的小家伙感到很内疚，所以我想我得辞去我的工作。

可以对以上任何证据提出异议吗？如果这发生在再直接询问中，并且如果"乳臭未干的毛孩子"的陈述（见上文 422 页思考题 7.20）在交叉询问中已被引出过，你的回答会有所不同吗？上文思考题 7.20 提及的与旺达的讨论和此处提及的与旺达的讨论（1）是否为同一次谈话的内容，或者（2）谈话是否发生在不同的日子，对于回答最后一问是无关紧要的吗？

423

7.23. 帕姆·彼得斯（Pam Peters）对爱斯（Ace）百货公司提起人身伤害诉讼，诉称 1 月 23 日她因停车场结冰滑倒而受伤至今。彼得斯在 3 月第一次会见了律师，并在 4 月提起诉讼。审判在随后的 12 月开始进行。在直接询问时，彼得斯就事故情况、她所受的严重创伤作证。她还作证说，从受伤那天起就一直不断地背痛和头痛。在交叉询问中，辩方律师引出了这样的事实，即彼得斯在 3 月 1 日找医生做例行检查时，并未说起她滑倒或受过伤。在审判后续阶段，被告提供了两位女士的证言，她们每个月都和彼得斯打桥牌，在 1 月 30 日和 2 月 28 日打桥牌时，彼得斯并未说过她摔倒过或受过什么伤。原告对该证据的可采性提出异议。

在反驳中，原告提出了帕姆·彼得斯丈夫埃德·彼得斯的证言。他说，她把 1 月 23 日发生的事故告诉了他，从 1 月 23 日以后，她经常（一周至少两三次）说头痛和背痛。被告对埃德·彼得斯的证言提出了异议。

应当支持原告还是被告的异议？

7.24. 回到第 149 页思考题 3.3。在直接询问中，贝斯·巴克（Beth Barker）为检控方作证，她清晰地记得：2015 年 3 月 14 日，她在下午将审计师备忘录放入雷先生的"来件"箱，并于次日早上将该文件从"出件"箱移出。雷先生姓名首字母已签在文件上。

（a）请思考以下对贝克女士的交叉询问：

问：巴克女士，2016 年 7 月 10 日，你在我办公室作出一份声明，是由我的助理记录的，对吗？

答：是的。

问：在那次谈话中，我问了你一些有关 2015 年 3 月 14 日审计师备忘录的问题，对吗？

答：是的。

问：我是否问了你以下问题，你给出了以下回答：（宣读了助理准备的笔录）

问：巴克女士，在你处理过的所有备忘录中，你都能具体回忆起 3 月 14 日来自朗唐公司审计师的备忘录吧？

答：不，我没法说我回忆得起那份具体的备忘录。

检察官对辩方律师当庭宣读助理笔录所提出的异议，法院应该支持吗？

（b）辩方律师接着将展示件 B，一份经鉴真日期为 2015 年 12 月 19 日的贝斯·巴克女士书面声明，提供作为证据，其有关内容如下：

我，贝斯·巴克，声明如下：

在我作为伯纳德·雷的秘书的几年间，我将数百份文件从其"来件箱"中移出。

对于 2015 年 3 月 14 日的审计师备忘录，我没有特别的记忆。

我声明以上陈述是真实的，就我所知而言是正确的。否则，我愿承担伪证罪惩罚。

检察官对采纳展示件 B 所提出的异议应该得到法院支持吗？

（c）在交叉询问中，辩方律师向巴克女士提出了以下问题：

问：巴克女士，2016 年 8 月 12 日，在你受雇于朗唐公司期间，你曾因挪用小型现金基金 250 美元而被捕吗？

答：是的。

问：所称挪用资金行为是何时发生的？

答：我不记得了。

问：是在 8 月 1 日之前吗？

答：我不记得了。

问：巴克女士，你所谓在伯纳德·雷先生邮箱中看到签名备忘录的说法，

不是为了与检察官在你挪用资金指控上达成辩诉交易而刻意编造的故事吗？

答：不是，绝无此事。

辩方律师：我没有进一步的问题了。

在再直接询问中，检察官提供了一份经鉴真的贝斯·巴克 2016 年 6 月 30 日书面陈述，内容是"我记得，在 2015 年 3 月 15 日，我将 2015 年 3 月 14 日审计师备忘录从雷先生的'发件箱'中移出。上面有雷先生的姓名首字母签名，我将其存档。"关于涉嫌挪用资金是否发生在 6 月 30 日前后的问题，是存有争议的。

对于这份 6 月 30 日的陈述，是否应当驳回辩方律师的异议而被采纳？

425

第四节　其他弹劾技巧

回忆一下，在开始讨论弹劾问题时，我们把弹劾描述为试图对证人的证言能力加以质疑的过程，也就是说，要表明证人在说谎、草率用词、缺乏感知能力或健忘。《联邦证据规则》仅仅明确规定了两种允许使用的质疑方法：对证人的品性进行攻击以及揭示证人先前不一致的陈述。然而，弹劾过程并不受这些局限。普通法曾允许使用非正统宗教信仰、成见、精神或感官缺陷以及自相矛盾来对证人进行弹劾。

《联邦证据规则》610 禁止凭证人的宗教信仰方面的内容来评估证人的可信性："证人宗教信仰或意见的证据，对于攻击或支持证人的可信性不具有可采性。"对于《联邦证据规则》没有具体提到的弹劾技巧，由《联邦证据规则》401－403 来决定证据的可采性。

一、成见

（一）相关性

法院和评论者们经常把威格莫尔所区分的证明证人"情感缺陷"（emotional incapacity）的三种方法，贴上"成见（bias）"的标签。威格莫尔指出：

> 三种不同种类的情感构成了不值得信赖的偏倚，这三种情感可以大致分为成见（bias）、利益（interest）和腐败（corruption）。成见，在一般意义上包括各种对对方个人方面的敌意或偏见，或对证据提出者个人方面的偏袒。（如与某一方当事人的亲密家庭关系。）利益是指因证人与诉讼中的争议事项的关系而易于产生的特定倾向。（如期望从检察官或量刑法官那里得到有利处理，作为对证言的回报。）腐败在这里要被理解为一种有意识的虚假故意，这种故意可从行贿、受贿或对本案任意妄为的表达中推知。（如试图向另一证人行贿，或因作证而接受金钱。）这些证据可以通过两种方式获得：
>
> （1）**证人的处境**，使得存在这样"先验"可能性，即其对一方当事人的案件有某种情感上的偏倚；
>
> （2）**证人行为**本身，表明这种偏倚存在，可从情感的表达推断出这种情感本身的存在。

约翰·亨利·威格莫尔：《证据法》[3A John Henry Wigmore，Evidence § 947，at 782 (James Chadbourn rev. 1970)]（黑体字强调为原文所有）。

对以上任何成见的证明，对于质疑一位证人都是特别有效的，因为这对不真诚具有很高的证明力。例如，将先前不一致的陈述或者《联邦证据规则》608（b）不端行为的可能影响，与证人同某当事人有密切关系或期盼从一方当事人那里得到优待的证据进行比较。我们所有的人至少偶尔也会作出不一致的陈述，在诚实性问题上拥有不良品性，可能只不过意味着该人比大多数人常常更不诚实一些。这些形式的弹劾，都不能为证人在当前作证特定场合下是不诚实的提供具体理由。相反，威格莫尔所描述的这些成见，说明的是一种特定和具体的编造证言的动机，或至少是缺乏充分的坦诚。

426

（二）外源证据

在合众国诉埃布尔案 [United States v. Abel，469 U. S. 45（1984）] 中，最高法院支持根据《联邦证据规则》以外源证据证明成见。在埃布尔案中，证据由检控方证人证言组成，称一位辩方证人和被告人都是监狱内同一秘密帮会成员，该帮会要求其成员要为每个成员的利益作伪证、盗窃或谋杀。根据威格莫尔的分析，这表明的是哪种类型的成见？回忆一下，在詹森案中，检控方也试图证明被告人詹森及其狱友巴特勒属于监狱外的同一帮会。

（三）对成见之外源证据可能的《联邦证据规则》403 限制

尽管有埃布尔案这样的判例，但根据《联邦证据规则》，提出成见之外源证据的权利并不是自动的。一般情况下，成见证据具有很高的证明力，但如果证人完全承认存在成见，或者该证据实际上对证人可能的成见说明不了什么，法院可能就应当支持一项针对外源证据的《联邦证据规则》403 异议。合众国诉亚当斯案 [United States v. Adams，799 F. 2d 665，671（11th Cir. 1986）]（关于成见的外源证据之所以被排除，是因为通过交叉询问已充分展现了这种成见）。成见证据也可能产生《联邦证据规则》403 不公正偏见的问题。例如，请考虑上文的合众国诉埃布尔案：

> 被上诉人辩称，即使监狱帮会成员的证据对于证明 [证人米尔斯（Mills）的] 成见具有相关性，地区法院允许对该帮会及其可憎信条加以全面描述的做法也是错误的……
>
> 被上诉人特别强调，地区法院不应当允许把埃勒（Ehle）对该帮会的

详细描述作为谎言和谋杀集团的证据加以采纳。被上诉人认为，地区法院在检察官引出米尔斯认识被上诉人以及二人同属一个组织后，应当打断该证言。这一主张忽视了这样的事实，即证人和当事人同属这种组织可能对与证明成见具有相关性……雅利安兄弟会（Aryan Brotherhood）——一个宣誓作伪证和从事自我保护活动的监狱秘密宗派——的属性，不仅与偏见事实有直接关系，而且与米尔斯的偏见来源和程度问题有直接关系。这一团体的信条表明，米尔斯有强烈的动机对被上诉人发表有偏见的证言，甚至完全作伪证。

根据《联邦证据规则》，地区法院在确定证据的可采性方面，拥有广泛的自由裁量权。对任何特定团体内共同成员进行证明力评估，对反对其可采性的任何因素进行权衡，根据规则 401 和 403；都首先属于地区法院的合理裁判问题……（469 U. S. at 5354）

427　　　一些法院在决定是否采纳外源证据时，还会考虑证人是否先有机会对该成见证据加以解释或加以否认。合众国诉贝特斯案 [United States v. Betts，16 F. 3d 748，764 (7th Cir. 1994)]。

（四）成见与品性的对比

有时候会产生的一个棘手问题——特别是对威格莫尔所称的"腐败"证据而言——是，某证据究竟属于"成见"还是属于"品性"范畴。例如，该证人试图对另一个证人行贿的证据，是腐败—成见证据，还是品性证据，或二者兼而有之？在埃布尔案中，帮会成员的证据，是品性证据，还是成见证据，或者二者兼有？这个问题很重要，因为证人行为的外源证据是可以采纳用来证明成见的，但根据《联邦证据规则》608（b），其不能用来证明品性。

这个问题难以解决，在一定程度上是因为品性一词没有得到界定，可能也作不出任何有帮助意义的界定。同样，腐败的轮廓——联邦证据规则起草咨询委员会在《联邦证据规则》608 的注释中将其等同为"品性"，而区别于"成见"和"利益"——也不十分清楚。此外，我们在多大程度上应当将品性和成见的概念视为相互排斥或可能相互重叠的概念，这一点并不清楚。在埃布尔案中，法院认为，有关帮会成员的证据除了证明成见，还可表明一种在诚实性方面的不良品性。法院暗示但并未裁定说，在外源证据具有相关性且对证明成见具有其他可采性的情况下，《联邦证据规则》608（b）对用以证明品性的外源证据的禁止不应当适用。

第七章 证人的弹劾与正誉

由于从腐败行为可以合理地推断证人对于当前诉讼的结果存在某些特定利害关系或利益，在证人证言是否因这种利益而受到污染的问题上，该证据具有相当高的证明力。因此，为了允许以外源证据对该事项进行探究，将这种证据贴上成见标签似乎是适当的。另一方面，如果从该腐败行为所得出的唯一合理推论是该人缺乏一般的廉正或是无视真相，该证据对于表明在证人席上这个具体场合下的不诚实，证明力就比较低。应当给这种证据贴上"品性"标签，以防止浪费时间或因使用外源证据而干扰对有关事项进行调查的可能性。总之，正如威格莫尔所说："一般性地表明一种腐败道德品性的行为，与在当前案件中表明一个特定腐败动机的行为，是这里唯一具有合理性的区别。"约翰·亨利·威格莫尔：《证据法》[3A John Henry Wigmore, Evidence §963, at 808-810 (James Chadbourn rev. 1970)]。

要　点

1. 对证人成见的揭露，对于弹劾该证人的可信性是相关的，因为成见说明了该证人撒谎或至少不是完全坦诚的特定原因或动机。

2.《联邦证据规则》401-403 规制对成见的询问以及外源证据的可采性。

428

思考题

7.25. 回到第 148 页思考题 3.2。假设原告传唤事故重建专家南希·帕特森（Nancy Patterson）作证说，在她看来，校车在撞上保罗时猛然转向偏离了道路，开上了沙砾路肩。辩方律师已得知，帕特森收了 5 000 美元费用，并已代表原告作证 10 次，仅代表被告作证一次，而且，她丈夫的姐姐嫁给了保罗的叔叔。原告律师提出一项审前证据动议，以它们不相关且具有偏见性为由，要求法院不允许提及这些事项。与该动议共同提交的还有帕特森和其他事故重建专家的宣誓书，这些宣誓书说明，5 000 美元的费用低于她做该项工作的通常收费标准。在帕特森的宣誓书中，她声称已有 5 年多没见过她丈夫的姐姐或听到她的消息了。

法院应当如何裁定该动议？

如果法院否决该动议，原告律师能传唤其他专家就有关费用低于通常标准作证吗？

7.26. 琼·多米尼克（Joan Dominick）因销售和合谋销售管制物品而被指控。根据检控方主诉，这种合谋活动已持续了好几年，涉及三个有密切联系的家族。琼承认她家族的某些人员卷入了这种活动，她还承认认识其他几个嫌疑同谋者。然而，她辩称，自己没有卷入任何非法活动。反对琼的主要证人是肖恩·马修斯（Sean Matthews），他已认罪，并与检控方达成了一项合作协议。按照肖恩的说法，琼多次为他提供大量毒品。在交叉询问中，琼想要针对下列问题进行调查：（1）肖恩卷入这种同谋活动的程度；（2）他的答辩及其合作协议；（3）5年前的某个场合，她拒绝了他的性求爱，他变得很生气；以及（4）肖恩在一项长达10年的毒品勾当中损失了30 000美元，并要求琼承担赔偿责任，因为琼欺骗了他（按琼的说法，这是无中生有）。对于这些调查，法院应当允许多少？

7.27. 斯特拉·斯塔尔利特（Stella Starlet）是一位正在冉冉升起的电影明星、摇滚歌手和电视名人。她对前经纪人和代理人弗朗西丝·费希尔（Frances Fisher）提起了欺诈和违约诉讼。斯特拉的演出大受欢迎，而根据起诉状的说法，费希尔只与愿在合同价码之外再直接向其支付一大笔现金的个人谈判合同。斯特拉的关键证人之一是费希尔的前雇员肯·奥尔森（Ken Olsen）。奥尔森就费希尔索取和收受预约斯特拉的钱款等尚未被说明的事项详细作证。以下对奥尔森的交叉询问未受到异议：

问：你本人认识斯特拉·斯塔尔利特吗？

答：认识。

问：你非常喜欢她，是吗？

答：是的，我喜欢并尊重她。

429 问：你感到要对她有所报答，是不是？

答：报答？不是。

问：在这次审判前的两个月里，她至少7次带你到昂贵的餐馆吃饭，是不是真的？

答：不是真的，她从未这么做过。

问：上个月她给你买了钻石袖扣和一套新的价值不菲的高尔夫球杆，这是不是真的？

答：不是。

问：两个星期之前，当你和朋友汤姆·汤普逊（Tom Thompson）在河岸（River Edge）餐馆用午餐时，你是不是告诉汤普逊说，这两个月斯特拉带你吃了 7 次饭，她还给你买了钻石袖扣和新高尔夫球杆？

答：没有。

作为辩护的一部分，被告传唤了汤姆·汤普逊作证说，两个星期之前，肯·奥尔森在河岸餐馆吹牛说，这两个月他和斯特拉·斯塔尔利特吃了 7 次饭，她最近还给他买了钻石袖扣和新的高尔夫球杆。在原告提出异议后，该证据应当被采纳吗？

二、精神或感官缺陷

（一）相关性

任何感官或精神缺陷，如果抑制了证人在有关事件发生时准确感知的能力，或者抑制了其在审判时准确回忆和叙述的能力，对于质疑证人的可信性便具有相关性。因此，例如，如果能够证明证人有记忆缺陷、某种令证人无法辨别事实与虚幻的精神疾病、证人在所要证明的事项发生时或者在证人席上处于醉酒状态、在颜色的准确性至关重要的情况下证明其是色盲等，则这些证据都具有相关性。确实，任何事实，只要与证人叙述、感知和记忆的基本作证能力有关，或者与其在特定场合运用这些能力有关，对于弹劾该证人便具有相关性。根据法院控制交叉询问模式的自由裁量权［《联邦证据规则》611（a）］和《联邦证据规则》403，在对争议中的证人感知或精神状况进行询问的过程中，允许询问这些事项。合众国诉罗宾逊案［United States v. Robinson，583 F. 3d 1265（10th Cir. 2009）］（排除检控方证人在心理健康、处方药使用情况和幻听的证据，是一个可撤销原判的错误）；合众国诉普赖斯案［United States v. Pryce，938 F. 2d 1343，1345（D. C. Cir. 1991）］（限制对证人在其作证事件发生时是否存在幻觉进行提问，是一种带有偏见的错误）；合众国诉迪帕奥拉案［United States v. DiPaola，804 F. 2d 225，229 - 230（2d Cir. 1986）］（在缺乏证据证明证人在有关事件发生时或作证时受到酒精影响的情况下，允许排除对有关证人饮酒问题的提问）；罗伯茨诉霍洛切尔案［Roberts v. Hollocher，664 F. 2d 200，203（8th Cir. 1981）］（允许就罗伯茨使用毒品的问题进行提问，因为其"与罗伯茨在有关事件发生时的身体状况和其对这种事件进行准确回忆的能力是相关的"）。

430

（二）外源证据

除了在交叉询问中进行质询，当事人还可以提出证人具有精神或感知缺陷的外源证据。传统上，法院认为这种证据所证明的事项并非有关道德缺陷或品格特性。因此，对证明品性的限制并不适用。因此，法院已允许使用诸如关于以下事项的外源证据：证人的怪异行为，明显的非理性行为，精神病医生关于证人精神能力的专家证言，或者证明证人记忆或视力方面存在缺陷的法庭试验。

关于交叉询问所允许的范围，以及允许对证人的感知或精神缺陷引入多少外源证据（如果有的话）的问题，根据个案情况进行裁定才是适当的。《联邦证据规则》就采取了这种方法。在不存在任何排除规则的情况下，可采性裁定应取决于《联邦证据规则》401－403 的适用。若所提供的是专家证言，还要取决于《联邦证据规则》702－706 的适用。

（三）关于禁止作证的精神缺陷问题

在考虑一个人的精神缺陷问题时，重要的一点是，不要把作弹劾之用的精神缺陷问题和完全禁止作证的精神缺陷问题混为一谈。在普通法的早期发展阶段，法院禁止有精神错乱或精神缺陷的人作证。正如我们第四章所讨论的，《联邦证据规则》601 现在推定每个人都具有作为证人的适格性，包括有精神疾病的人。然而，如果一个人的精神状况使得其不能理解宣誓或如实作证的责任，这将成为拒绝令其作证的合法理由。

要　点

1. 法院将证人感知或精神的缺陷视为不同于品格特性的东西。因此，以这些缺陷为由的弹劾不受《联邦证据规则》404 或《联邦证据规则》608 限制。

2. 如果涉及专家证言，《联邦证据规则》401－403 和《联邦证据规则》702－706 规制证人感知或精神缺陷的证明。

思考题

7.28. 阿尔·德拉蒙德（Al Drummond）被指控持有和贩卖可卡因。政府方关键证人是"线人"吉米·琼斯（Jimmy Jones），按照政府方的说法，他以前是一个和德拉蒙德一起从事毒品贩运勾当的同谋犯。琼斯已作有罪答辩，并因卷入毒品事件而被判刑，德拉蒙德正因同一毒品事件而受审。在对琼斯的交叉询问中，辩方律师（每个问题都有事实根据）问道：

(1)"你是海洛因瘾君子，这是不是真的?"

(2)"站在证人席上的你，现在还受着海洛因的影响，这是不是真的?"

(3)"上星期你卖给詹姆士·爱德华兹（James Edwards）两盎司海洛因，这是不是真的?"

可以对上述问题提出异议吗？如果未提出异议或异议被驳回，被告人之后还能提出外源证据来证明琼斯是个瘾君子吗？他在证人席上还受着海洛因影响以及上星期将海洛因卖给了詹姆士·爱德华兹，对这些问题能提出外源证据证明吗？

辩方传唤精神错乱问题专家海伦·詹姆士（Helen James）医生作证。她作证说，她最近诊断吉米·琼斯患有艾伦—库恩斯—斯威夫特（Allen-Kuhns-Swift）综合征，这是一种严重的精神错乱疾病。检控方对此证据提出的异议是否应当得到支持？

7.29. 回到上文第 320 页的思考题 5.32。如果法院裁定，该证据不能为实质目的而采用，被告是否仍可提供专家证言来对海伍德（Haywood）的可信性加以弹劾？

三、自相矛盾

（一）相关性

对证人可信性进行弹劾的最后一项传统方法是矛盾法，即提供与证人所说的某些事情相互矛盾的证据。例如，如果证人说，她在目睹机动车事故时穿的是黄色衣服，那么，若能证实她当时穿的是蓝色衣服，则可令其证言陷入自相矛盾；如果能证实，证人关于某件事的描述是不正确的，那就可以适当地推断该证人在其他事情上也可能错误，包括证人证言中可能具有实质重要性的方面。

正如威格莫尔所说：

在某一点上证明错误的事实（也就是矛盾）的特点是，**其确定性不足，且可能的重要意义宽泛**。回顾已经探讨的各种（弹劾措施），可以看到证据在那些案件中均明确且具体地指向某个缺陷，从而表明该缺陷存在或不存在。以前作过伪证可能表明，某人对于说实话的道德义务缺乏自觉；与当事人之间的关系可能表明，有意或无意地歪曲事实的倾向……

（自相矛盾的证据）并非提供用来明确证明存在这些种类的具体缺陷，但它可以证成存在一个或多个这些缺陷的推论。只要知道证人在某一问题上作了一项错误陈述，我们就可推断该证人在其他问题上也可能作出错误陈述。没有人问我们，我们也不会试图去详细说明哪个具体缺陷是造成已经证实之错误的根源，它因而可能也是另一错误的根源。这种根源可能是观察能力或回忆能力方面的精神缺陷；可能是诚实品性的缺乏；可能是成见或腐败。……对于这种已证实的错误而言，其推论不过是，由于某些**未明确指出的缺陷**被证明是错误的根源，同样的缺陷可能也会成为其他错误的根源，虽然并不明显。约翰·亨利·威格莫尔：《证据法》［3A John Henry Wigmore, Evidence §1000, at 957 - 958 (James Chadbourn rev. 1970)（黑体字强调为原文所有）］。

当然，我们所有人都时常会作出一些可能自相矛盾的错误陈述。因此，至少在缺乏同一证人有过许多矛盾言论之证明的情况下，参见前引文§1000 第 958 页，对于与诉讼争点无关事项上矛盾的证明——例如，在前述例子中，证人穿的是蓝色衣服而不是黄色衣服——对弹劾证人的可信性常常仅有边际证明力。

（二）外源证据

《联邦证据规则》401 - 403 规制自相矛盾证据的可采性。就像有关感知或精神缺陷的证据一样，法院在适用《联邦证据规则》403 时，如果这种自相矛盾对弹劾证人只有微弱的证明力，法院可能允许进行交叉询问，但排除证明自相矛盾的外源证据。例如，在我们的蓝色衣服假设中，法院可能允许就该证人衣着颜色进行一些交叉询问，但如果证人并不承认在她的衣着颜色上存在错误，法院可能不会允许弹劾方当事人使用外源证据来证明该矛盾，即通过传唤其他证人作证说该衣着实际上是蓝色的。证人的衣着颜色和本案的任何争议问题都不相关；虽然证人在其证言中加入不相关细节的情况并不罕见，但一般情况下，这种事项上的自相矛盾对于证明证人在相关争议事实上的证言有多么可靠，并没有什么证明力。因此，根据《联邦证据规则》403，花费时间和冒着使陪审团混淆争议的风险用外源证据来证明这些矛盾，即使适当也是罕见的。

如前所述，我们所有人偶尔都会作出自相矛盾的陈述，就像前文节选的威格莫尔论述中所指出的，很少能精确地弄清楚一个矛盾表明的是什么证言性缺陷。

（三）以著作中的陈述对专家进行弹劾

当事人可能尝试以其他专家所作陈述来对一位专家证人进行弹劾。《联邦证据规则》803（18）包含一项相对宽泛的学术著作传闻例外。联邦证据规则起草咨询委员会承认，该传闻例外成立的部分理由，在一定程度上是因为其"可避免不现实的做法，即仅为弹劾目的而采纳证据，同时又指示陪审团不要为其他目的考虑该证据"。然而，该传闻例外并非仅仅是消除对限制性指示的需要。《联邦证据规则》803（18）并不要求任何特定专家的立论以依赖或承认著作的权威性为依据，也不要求著作中陈述与任何专家的证言不一致。因此，正如联邦证据规则起草咨询委员会注释中其他部分所说明的那样，这一例外的目的是，这些著作中的陈述除了具有弹劾价值，还允许对其作肯定性使用。

433

（四）"不得使用外源证据弹劾附带事项"原则

在普通法上，用于证明证人矛盾的外源证据的可采性，受到人们不得提出外源证据对附带事项进行弹劾之一般原则的规制。这与我们早先在讨论有关先前不一致陈述的外源证据时所提及的原则是同样的。参见上文第 420-421 页。例如，在有关蓝色衣服的假设中，附带事项原则会要求排除证明证人证言（她当时穿的是黄色衣服）自相矛盾的外源证据，以及有关先前不一致陈述的外源证据（她声称在事故发生时穿的是蓝色衣服）。衣服的颜色是附带性的，与案件争点没有关系。

我们在此探讨附带事项原则是出于两个原因。首先，虽然《联邦证据规则》并未提及附带事项原则，但一些联邦法院在（证人证言）存在自相矛盾的情况下，合众国诉加泰兰—罗曼案〔United States v. Catalan-Roman, 585 F. 3d 453, 469 (1st Cir. 2009)〕，以及存在不一致陈述的情况下，合众国诉格鲁姆斯案〔United States v. Grooms, 978 F. 2d 425 (8th Cir. 1992)〕，采纳并适用了该原则。其次，运用附带事项原则，要求我们聚焦于使用与证人相关的证据所涉及的推论过程，这个焦点对于根据《联邦证据规则》403 进行合理、有说服力的论证之可采性是至关重要的。

1. 一般说来，什么不是附带事项

外源证据是否属于附带事项，因而根据附带事项原则不可采，并非总是一目了然。有三类事实并非附带事项：

（1）与案件实质性争点相关的事实；

（2）除自相矛盾之外，在外源证据为非矛盾性弹劾目的而一般可采的情况下，与弹劾证人可信性相关的事实；以及

（3）由证人所引出的、如果不真实就会在逻辑上削弱证人故事的事实。

参见《麦考密克论证据法》［McCormick on Evidence §49, at 232 - 238 (Kenneth S. Broun ed., 6th ed., 2006)］。

2. 与诉讼争点直接相关的证据

与实质性争点直接相关的证据，可能因其也许具有除任何弹劾价值之外的实质性价值而被提出。在效果上，这种证据的弹劾价值是次要的。正如我们前面所述，如果证据具有独立的可采性，就不需要考虑其在弹劾目的上是否也具有可采性。

3. 不以自相矛盾而弹劾证人的证据

只要外源证据显然会因其独立的弹劾目的（例如，证明成见或先前定罪）而可采，则附带事项原则就不应当禁止使用外源证据（包括证明证人自相矛盾，以某种其他方式弹劾证人的可信性）。另一方面，如果有像《联邦证据规则》608（b）那样禁止使用外源证据的具体弹劾规则，就会破坏这种禁止以外源证据与证人矛盾为由采纳该外源证据的规定。例如，考虑一下与《联邦证据规则》608（b）相反的一项规则的影响。在证人否认从事不端行为的每一种情况下，外源证据提出者都可以主张，有关不端行为的外源证据的提出，并不是为了证明不诚实的品性，而是要揭示一种矛盾。一旦该主张被接受，则《联邦证据规则》608（b）对外源证据的禁止规定，就会变得没有意义。

4. 逻辑上削弱证人故事的证据

逻辑上能削弱证人故事的矛盾，也被认为不是附带事项。为了说明该第三种类型，考虑一起人身伤害诉讼。该案件中，赛迪（Sadie）为原告作证并解释说，当她从食品杂货店给孩子买完牛奶回家时，碰巧看到了事故发生。有证据表明，赛迪买的是啤酒而不是牛奶。这一点与其故事相互矛盾，但这种证明不会在逻辑上削弱她的证言。她买了什么是附带事项。因此，在交叉询问中，律师可以问赛迪买了什么，但律师必须接受她的回答；外源证据不具有可采性。另一方面，赛迪根本就不在食品杂货店附近的证据则表明，她可能根本没有看到其所作证的关键事件。正如一般并不禁止有关赛迪几乎是盲人的外源证据那样，对于揭示赛迪可能根本不在某地点因而不可能会见到其所声称已见情

况的外源证据，也不应当被禁止使用。总之，关于赛迪在事故当天不在食品杂货店附近的证明，在逻辑上有助于削弱其关于发生事故的故事。因此，它不应被视为是次要的，且有关她不在食品杂货店的外源证据应当被采纳。

5."附带性"的检验

有一种常用的附带性检验，若得以适当的理解和适用，与迄今为止我们所说的就具有一致性：除（仅仅）揭示自相矛盾之外，能为任何其他目的而以外源证据来证明事实吗？如果回答是肯定的，换言之，如果除了仅仅证明自相矛盾的价值，上述外源证据还有某些相关的、允许的使用目的，它就不是次要的。另一方面，如果提供该证据的唯一允许的目的就是证明某种自相矛盾，则该外源证据就是次要的。因此，举例来说，在我们前述的例子中，使用外源证据证明下列事项不是次要的：（1）证人否认的先前定罪；（2）证人否认的构成成见的事实；（3）证人否认的实质上相关的事件；或者（4）赛迪不在食品杂货店。以下要证明的事项是次要的：（1）证人穿的是蓝色衣服而非黄色衣服；（2）证人错误地否认有过不诚实行为；或者（3）赛迪买的是啤酒。

435

要　点

1. 对自相矛盾的证明，对于质疑证人的可信性是相关的。《联邦证据规则》401 和 403 规制此目的下证据的可采性。

2. 一些联邦法院选择不援引《联邦证据规则》401-403，而是依据普通法禁止使用外源证据在附带事项上进行弹劾的规定，来排除与证人在附带事项上矛盾的外源证据。如果由外源证据证实的事实仅能用于揭示矛盾而非任何其他目的，该外源证据就是次要的。

3. 在大多数情况下，适当适用《联邦证据规则》403，有可能与普通法禁止使用外源证据在附带事项上证明相互矛盾，导致同样的结果。

思考题

7.30. 回到上文第 401 页思考题 7.5。检控方可否就以下证据，（1）在交叉询问环节询问琼斯（Jones），及（2）在琼斯矢口否认时，提出外源证据：

（a）琼斯在酒吧喝了 10 瓶啤酒；

（b）他在酒吧里搭讪的女人穿着一条红裙子；

（c）琼斯于晚上 11 点离开酒吧？

7.31. 回到上文第 148 页思考题 3.2。假设 13 岁的埃迪·凯勒（Eddie Keller）当时和保罗（Paul）一起乘校车，他为原告作证说，司机拐到路旁的砂砾路肩上，撞了保罗。然后，原告方律师问艾迪，接着发生了什么，他回答说，"我不知道，我吓坏了，我直接跑回了家，在我的房间里一直待到吃晚饭的时候。"辩方律师已经从埃迪的一个同学吉姆·托宾（Jim Tobin）那里了解到，埃迪并未直接回家。相反，他到了当地一个操场，在那里他找到了吉姆，并且为这天早些时候的一点争执打了他一顿。辩方律师是否可以就其与吉姆的打架事件对埃迪提问？如果原告方没有提出异议，并且埃迪否认该打架事件，辩方律师能传唤吉姆作证埃迪打了他吗？

7.32. 参见思考题 7.31。打了吉姆（Jim）之后，埃迪（Eddie）来到街角的药店，在那里他试图偷连环漫画书和糖果被抓。辩方律师能就此事件对埃迪提问吗？如果原告方对此没有提出异议，并且埃迪否认他试图偷窃，辩方律师能传唤药剂师马克·曼宁（Mark Manning）就所发生的事件作证吗？

7.33. 被告被指控在周日中午刚过时抢劫贩酒商店。为了证明被告当时不在犯罪现场，证人 1 作证如下："在周日下午 12：15，当我走出教堂的时候，我看到被告正穿过马路。"（其他证言证明，教堂和酒店分别在该城市的两端。）证人 2 为检控方作证说，大约在周日下午 12：15，他看到证人 1 从一个通宵酒吧走出来。被告对该证据提出异议，理由是对该证据的采纳将违反（1）《联邦证据规则》608（b）关于就具体行为实例提出外源证据的规定；（2）关于禁止使用外源证据来弹劾附带事项的一般规定；以及（3）《联邦证据规则》403。法院应当如何裁定？

7.34. 丹尼尔斯（Daniels）被指控向便衣警察销售可卡因。丹尼尔斯在直接询问中作证说，他并未销售毒品。他进一步作证说，在所控销售毒品的时间，他正和其他几个人在玩骰子，其中一个人不时离开游戏地点，回来时却带着现金。丹尼尔斯是在暗示同伴是毒品销售者，便衣警察认错了人。在交叉询问中，检察官问丹尼尔斯是否真看到同伴销售可卡因，丹尼尔斯作了否定回答。检察官接着问丹尼尔斯是否熟悉可卡因，丹尼尔斯回答说他从未见过可卡因。

检察官知道，在过去两年中，丹尼尔斯曾三次因使用可卡因而化验呈阳性。检察官能在交叉询问中调查这些事项，或者就有关化验结果提出外源证据吗？

第五节　关于弹劾程序的反思

在我们最初讨论为弹劾目的使用证据和为实质目的使用证据之推论过程的区别时，我们用了两种情况的例子，其中，证据对于实质目的和弹劾目的都是相关的，但仅就后一目的而言才潜在可采。（参见上文第 388 - 389 页。）其中一个涉及证人未经宣誓的不一致的陈述，是关于在机动车事故发生时交通信号灯的颜色。在直接询问中证人作证说，信号灯是红色的。不一致的陈述为，该信号灯是绿色的。另一个例子涉及被指控犯有伪证罪的被告人—证人的先前伪证罪定罪。在这两个例子中，允许弹劾证据使用涉及的推理性推论链条在路径上到达本案的一个要件，这比要求为其所禁止的实质目的而使证据具有相关性的推理链条更加迂回，这条迂回路径，要求事实认定者作出证人所言之事不可靠的推论。

1. 不一致的陈述案

根据传闻证据规则，证人不一致的陈述作为一个据此证明信号灯为绿色的直接主张是不可采的。然而，该陈述具有可采性，因为它的不一致表明证人在作出信号灯为红色的陈述时不够仔细或者是在捏造。因此，证人所谓当时信号灯为红色的说法不值得信赖。并且，如果当时信号灯不是红的，则其必然是某种其他颜色——绿色，或可能是黄色。

2. 伪证案

根据《联邦证据规则》404（b），证人—被告人先前的伪证罪作为有关被告不诚实品性的证据，不得采纳用来直接证明被告在所控伪证罪发生时说了谎。然而，该定罪对于暗示该被告人是一个在证人席上可能撒谎的不诚实之人，则是可采的。因此，被告人对于所称伪证罪的否认也许不可信赖。这就好似为被告犯有被指控的伪证罪之主张换了一种说法。

允许陪审团采取迂回方式而非走直线得出相同的结论，其正当性何在？对于这个问题，即便存在合理的答案，你们认为审判法官有能力就此细微差别对陪审团作出指示吗？陪审团成员们有能力理解法官的指示，并照此行动吗？

437

　　如果先前不一致陈述或先前伪证罪的弹劾使用与实质使用的区别，并不是法官和陪审团很可能能够意识到并理解的差别，则我们当前的"弹劾"证据路径就存在一个基本问题。而且，至少在实践中还是一个《联邦证据规则》403平衡检验程序尚不能完全解决的难题：在大量案件中，如果实质上不可采的证据证明力比极其微弱的弹劾价值更高，则该证据通过限制性指示将被采纳。例如，在伪证罪假设中，被告有权获得一项法官对陪审团的指示，即先前伪证定罪只能为弹劾被告人作为证人之可信性而采纳，且如果因为被告人曾犯过一次伪证罪就推断该被告人在本案中更可能作伪证，则是不适当的。如果我们真正在乎这种"实质性"禁止，我们就不应当如此轻易地采纳那些为弹劾目的而提出，但在理论上不能为实质目的而采纳的证据；或者说，如果我们想为弹劾目的而采纳在理论上不能为实质目的而采纳的证据，我们就需要重新思考对这种实质性禁止的可取性。

　　一种可能性是，仅在决定证据是否具有或在哪一点上具有可采性的问题上，才保留证据弹劾使用和实质使用之间的现实差别。换言之，证明品性以表明行为与品性一致的具体行为，作为检察官主诉的组成部分，仍将是不可采的，且未经宣誓的先前不一致陈述一开始就不得采纳来证明其真实性。然而，如果这种类型的证据从其弹劾价值获得了足够的额外相关性（added relevance），以至于其应当为弹劾目的而具有可采性，则无论其就诉讼中的要素性事项而言证明力如何，都应当是可采的。这一建议的主要好处在于，它会减少常常令人困惑且难以遵循的（给陪审团的）限制性指示。

自测题

　　A-7.1.《联邦证据规则》608。被告因谋杀罪受审。被告作正当防卫之辩并作证说，所称被害人在他回家的路上跟踪他，并在他驾驶途中袭击他。在审判中，邻居作证说，被告在社区有诚实的良好名声。在交叉询问中，检控方询问该邻居，两年前其是否违反了法学院的学术诚信准则。被告提出异议。法庭应当如何裁定？为什么？

438

　　A. 该提问是允许的，但前提是该检察官要说服法官，存在着相信该违规行为确实发生的合理根据。

　　B. 该提问是允许的，因为是被告人首先提出了品性证据。

　　C. 该提问是不允许的，因为并不需要意见或名声证言。

D. 该提问是不允许的，因为邻居的品性是不相关的。

A-7.2.《联邦证据规则》609。被告因加重袭击罪受审。在审判中，被告作证说，其行为属于正当防卫。检控方寻求提出该被告5年前进行有罪答辩时向联邦探员作虚假陈述的证据。在因参与一起非法毒品合谋被捕后，作为控辩协议的一部分，被告作了有罪答辩。该虚假陈述涉及被告在受到联邦毒品探员首次询问时，否认自己卷入了该合谋。被告提出异议。法庭应当如何裁定？为什么？

A. 根据《联邦证据规则》609可采，无须考虑《联邦证据规则》403的任何危险性。

B. 根据《联邦证据规则》609可采，因为其证明力实质上超过了《联邦证据规则》403的任何危险性。

C. 不可采，因为被告并未提出任何品性证据。

D. 根据《联邦证据规则》609不可采，因为潜在的不公正偏见危险性实质上超过了该证据的证明力。

A-7.3.《联邦证据规则》609。判断正确还是错误：根据《联邦证据规则》609（a）（1），在就弹劾目的考虑作证刑事被告人先前定罪的可采性时，如果法院认为，该证据的证明力与其对被告产生不公正偏见的潜在风险不相上下，法院应当排除该证据。

A-7.4.《联邦证据规则》613。埃德·梅西（Ed Macy）被控重罪人身攻击。他辩称自己并非行凶者，并将出示不在场的证据进行辩护。在审前监禁中，梅西的狱友告诉他，威利·威尔德（Wally Wilder）已自认实施了该袭击。在审判中，梅西请威尔德作为辩方证人，但威尔德当庭否认参与了该次袭击。梅西是否可以：（1）向威尔德询问其对狱友的供述？以及（2）若威尔德否认供述，传唤该狱友就威尔德的招供作证？

A. 根据《联邦证据规则》613，两项证据均可采。

B.（1）可采，（2）不可采。

C.（2）可采，（1）不可采。

D. 根据《联邦证据规则》613，两项证据均不可采。

A-7.5. 其他弹劾技巧。证明证人成见的外源证据在什么情况下具有可采性？

A. 只要其相关即可采。

B. 任何情况下均不可采。

C. 只有当其满足《联邦证据规则》403平衡检验要求时才可采。

D. 只有当证人先获得解释的机会时才可采。

439

答　案

A-7.1. 正确答案是 A。根据《联邦证据规则》608（b），证人可被问及他们自己与不诚实有关的具体行为。此题中违反学术诚信准则，与该邻居的不诚实品性具有相关性；然而，检控方必须真诚地或有合理根据相信该违反行为确实发生。B 不正确，因为不管被告是否首先提出品性证据，检控方均可提问该问题。C 不正确，因为《联邦证据规则》608（b）允许就具体行为提问。D 不正确，因为证人的诚实品性具有相关性。

A-7.2. 正确答案是 A。因为被告人在本案中作证，根据《联邦证据规则》609（a）（2），该证据可采。该犯罪涉及虚假陈述，因而无须满足《联邦证据规则》403 平衡检验的要求，也无须满足对刑事被告人的"逆 403"平衡检验要求。因此，B 和 D 不正确。C 不正确，因为不管被告是否提出品性证据，该证据均可采。

A-7.3. 正确。当证人为刑事被告人时，适用"逆 403"平衡检验。《联邦证据规则》609（a）（1）（B）。根据该规则，当证明力超过了对被告人的偏见影响时，证据就必须被采纳。因此，当二者不相上下时，该证据应当被排除。

A-7.4. 最佳答案是 A。根据《联邦证据规则》613，二者都是允许的。尽管威尔德是辩方证人，根据《联邦证据规则》607，当事人可以弹劾己方证人。受制于《联邦证据规则》403，外源证据也具有可采性。如果威尔德否认自己作过该供述，则该外源证据的证明力应当高到足够抵御一项《联邦证据规则》403 异议。

A-7.5. 最佳答案是 C。《联邦证据规则》403 规制成见证据的可采性——包括对证人的询问和外源证据。A 不正确，因为根据《联邦证据规则》403，一些相关的成见证据应当被排除。B 不正确，因为根据《联邦证据规则》403，一些相关的成见证据应当被采纳。D 不正确，因为对于证人必须先被给予解释任何成见证据的机会，并无要求。

第八章

传闻规则

排除传闻证据的一般规则是英美证据法的标志之一。它创设了这样一个基 441 本命题，即当陈述是由人们在法庭之外作出时，如果提供这些陈述是为了证明所断言事项的真实性，这些陈述便不具有可采性。但回想一下第三章所引用的塞耶专论摘录："法律已经形成一套主要的证据排除规则；然后是这些规则的一系列例外规定……"詹姆斯·布拉德利·塞耶：《普通法证据初探》[James Bradley Thayer, A Preliminary Treatise on Evidence at Common Law, 26 (1898)]。传闻规则就体现了这个原则。《联邦证据规则》802 是主要的排除规则。然而，它受到 8 项例外和 29 项豁免的约束，根据这些例外和豁免，许多类型的传闻陈述又被采纳。

我们将在本章第三节考察有关豁免问题，在第四节、第五节和第六节探讨例外问题。然而，重要的是首先理解什么是传闻，它如何被界定，以及将其从审判事实认定过程中加以排除的正当理由何在。请记住，对于可采性而言，传闻证据或非传闻证据的分类并不是必要的决定性因素。非传闻的庭外陈述证据，可能出于其他一些原因（如作证特免权）不可采，而传闻证据又或可依据豁免或者例外之一具有可采性。你们最终要采纳或排除一个特定庭外陈述的意愿，不应当影响你们对该陈述是否符合该排除规则定义的最初分析。

442

第一节　一般排除规则和传闻定义

传闻排除要求法官对各项证据适用一条检验标准。根据《联邦证据规则》801 (c)，传闻是指被提供"用以证明所断言事项之真实性"的陈述。这个简洁的传闻定义，并非像它看起来那么简单。其适用需要理解禁止传闻的理由——但任何简洁的学理定义都无法完全涵盖这些理由。

一、《联邦证据规则》801 和 802

规则 801　适用于本条的定义；传闻排除

（a）陈述。"陈述"（statement）指一个人的口头断言、书面断言，或者若该人意图将其作为断言的非言语行为。

（b）陈述人。"陈述人"（declarant）指作出陈述的人。

（c）传闻。"传闻"（hearsay）指下述陈述：

（1）由陈述人在当前审判或听证作证场合之外作出；并且

（2）由一方当事人作为证据提出，以证明该陈述所断言事项之真实性。

（d）不构成传闻的陈述。符合下列条件的陈述不是传闻：

（1）陈述人—证人的先前陈述。

陈述人当庭作证，并对先前陈述接受交叉询问，且该陈述：

（A）与陈述人的证言不一致，且是过去在审判、听证或其他程序，或者在询证存录过程中，面临伪证罪惩罚情况下作出的；或者

（B）与陈述人的证言一致，并且提供该陈述：

（i）反驳关于陈述人最近对该陈述的捏造或因最近不当影响或动机而作证的明示或者暗示的指控；或者

（ii）对该陈述人作为证人因其他原因受到攻击时的可信性正誉；或者

（C）用以辨认陈述人先前所感知的人。

（2）对方当事人的陈述。

该陈述被提供用以反驳对方当事人，并且：

（A）由对方当事人以个人或者代表资格所作出的陈述；

（B）是该当事人表示采认或相信为真实的陈述；

（C）得到该当事人授权对该事项作出陈述的人所作出的陈述；

（D）该当事人的代理人或雇员在代理或雇佣关系存续期间就该关系范围内事项所作的陈述；或者

（E）该当事人的合谋者在合谋过程中为促进该合谋所作的陈述。

上述陈述必须予以考虑，但仅凭该陈述本身并不证实（C）款中的陈述人授权；（D）款中关系的存在或范围；或者（E）款中合谋的存在或参与该合谋。

规则 802　反对传闻规则

传闻不具有可采性，除非下列法律或规则中另有规定：

● 联邦法律；

● 本证据规则；或者

● 最高法院制定的其他规则。

我们先集中讨论《联邦证据规则》801（a）-（c）和802，随后在第三节

讨论《联邦证据规则》801（d）。

二、《联邦证据规则》801 和 802 的解释

为了理解传闻排除基本规则的重要性，想象这样一种情况，你的一位朋友萨莉（Sally）告诉你，她看到一辆灰色越野车闯了红灯并且撞倒一位行人。你会相信萨莉吗？你会依赖于她所提供的信息吗？如果你知道萨莉是个诚实的人，一般情况下她对事物的观察很仔细并且记忆力很好，你可能就没什么理由去怀疑她所说的事情。你会将萨莉视为该起交通事故的一个可靠信息源。我们从其他人告诉我们的事情中，了解到关于人物、事件和环境等很多有用的东西。

在行人对越野车司机提起的诉讼中，萨莉对该事故的知识将特别有用。萨莉本人可被传唤作为证人作证。当被问及她看到什么时，萨莉会作证说："在 6 月 1 日，我看见那辆灰色越野车闯了红灯并撞倒一个行人。"但现在假设在事故发生后，萨莉对其朋友乔治作了同样的陈述。之后，乔治被传唤作为证人作证："在 6 月 2 日，萨莉告诉我说，她在 6 月 1 日看到一辆灰色越野车闯了红灯并撞倒一个行人。"萨莉本人的证言在美国任何法庭都会受到欢迎。但乔治的证言将被传闻规则所排除。为什么？适用《联邦证据规则》801（a）-（c）的规定：乔治的证言描述了（1）一个陈述（一个"口头断言"）；（2）该陈述是由陈述人作出的（萨莉是"作出该陈述的人"）；（3）该陈述是萨莉并非在审判作证时作出的；并且（4）该陈述是行人提供用以证明陈述人所断言事项之真实性（灰色越野车闯了红灯）。因此，萨莉的陈述就是传闻并且根据《联邦证据规则》802，乔治关于该陈述的证言进而不可采。

请注意，传闻证据这一术语之所以适用于萨莉的陈述，是因为她在作出该陈述时是位庭外陈述人；因此，传闻规则就会发挥作用以排除关于陈述的证据，无论该其以何种方式在法庭上呈现——通过诸如乔治等人的证言，通过萨莉写给乔治的信件，通过萨莉自己的日记，通过萨莉同乔治谈话的录音带，或者甚至是通过萨莉就其本人的庭外陈述作证。此外，传统上认可的传闻例外中，不存在一项规定能够令萨莉的庭外陈述可采。

（一）萨莉证言的相关性取决于关于其证言品质的概括

为什么当萨莉作为证人出庭叙说有关灰色越野车的信念时，她的陈述应当被采纳，而当乔治向陪审团报告她的陈述时却应被排除？对这一问题的回答（涉及对传闻政策的阐释）要从相关性说起。根据《联邦证据规则》401

444

的规定，萨莉的证人证言是被提供用以证明更有可能的是越野车的确闯了红灯并撞倒行人。我们从第七章关于弹劾问题的学习中知道，关于萨莉叙述能力、诚实品质、感知能力和记忆能力的推论，对于联结其陈述与要素性事实而言是必不可少的。这些关于萨莉四种证言品质的推论，以及其背后的概括如图8-1所示。请注意最后的推论——从萨莉信念的准确性到关于事件本身的结论——并不依赖于有关萨莉证言品质的概括。相反，它表达了理性事实认定模式背后的假设，即人们关于世界的信念能够并且确实通常与现实相符。

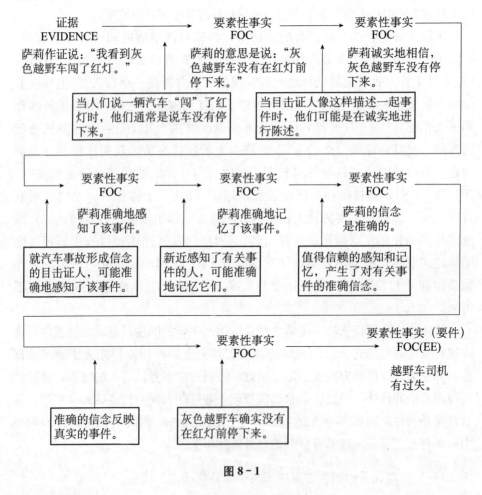

图 8-1

也存在这样的可能，即与图8-1所表述的概括相反，萨莉没有准确进行表述并且没有说实话，或者没有准确感知或准确回忆有关越野车的事件。如果确实如此，那么信赖她对该事件的信念就会产生错误风险。我们把这四种风险称为证言性危险（testimonial dangers），或当该陈述为庭外陈述时，称之为传闻危险（hearsay dangers）。

当一个人使用了错误的或者含混不清的词汇或者措辞时，比如没能说清445足够的细节，或者将他原本想说的事情表达成了一个引人误解的版本，这时就会有叙述性危险（narration danger）。例如，尽管想说越野车的颜色是绿色，但萨莉可能错误地把它说成了是灰色的。为了说明什么是模棱两可：考虑一下有人说"乔恩大有斩获"，然后尝试判断他到底是在说钓鱼还是棒球比赛。置于所作陈述的语境中也许能清楚答案是什么，但当听者或读者可能曲解讲话者所想和所表达的事情时，就会产生歧义性问题。因此，即使当萨莉是诚实的并在充分感知该事故后对该事件有完整的记忆，叙述性危险也意味着从其话语到其意图讲述的事情之间的推论——图8-1中的要素性事实1（FOC-1）——有可能是不正确的。

如果萨莉正在试图欺骗听众〔诚实性危险（sincerity danger）〕，她的话将不能如实地说明她当时真正感知到并且现在依然记得的事情。如果萨莉在撒谎，那么我们（或陪审团）作为听者对萨莉从她的话语到其关于越野车信念之间的推论——图中的要素性事实2（FOC-2）——就将与她对这次事故的实际知晓的情况不相符。

关于萨莉感知和记忆力的推论，涉及萨莉诚实地相信她所见到的事件与实际发生事件之间的一致性问题。为了证明越野车的确闯了红灯，她对已发生事件的信念必须准确——萨莉必须正确地观察到了并理解该事故。萨莉未正确地观察和理解该事故的可能性，被称为感知危险。这里所说的感知，包括通过各种人体感觉器官所获得的印象。对气味的分辨或对其他人言语的听觉，可能产生感知问题。当萨莉忘记了她所见事故的部分或全部细节时，就会产生记忆问题；例如，该灰色汽车是一辆卡车而非越野车（记忆危险）。如果萨莉的陈述存在感知或记忆问题，那么关于感知推论（要素性事实3，FOC-3）或记忆推论（要素性事实4，FOC-4）将是不正确的，而最终推论即萨莉的信念准确反映了越野车事件（要素性事实）也将是不正确的。

总之，我们无法完全确切地知道萨莉是否在撒谎，或是否使用了错误或含糊的词语，或她是否错误地感知了所发生的事件，或已经忘记发生了什么。上述任何风险（错误叙述、不诚实、错误记忆、错误感知），都影响到萨莉证言的可靠性。根据我们的常识性经验，我们假定人们通常倾向于如实、准确地作出陈述。萨莉关于灰色越野车闯了红灯的陈述在审判中具有相关性，而我们交由陪审团去评价她的证言品质。

（二）萨莉传闻陈述的相关性还取决于关于萨利证言品质的概括

如果萨莉的陈述被以传闻的方式呈现给陪审团，则有关萨莉证言品质的相同推论也是必不可少的。乔治就萨莉的庭外陈述向陪审团作证的例子，就能说明这个问题。图 8-2 展示的推论性推理链条（图 8-1 的缩略版）对于乔治证言的相关性而言是必要的。

446

证据 EVIDENCE	→	关于乔治叙述、诚实、感知和记忆的四项证言推论。	→	要素性事实 FOC
乔治作证说，萨莉告诉他："我看到灰色越野车闯了红灯"。				乔治对萨莉所说之事的信念是准确的。

要素性事实 FOC	→	关于萨莉叙述、诚实、感知和记忆的四项证言推论。	→	要素性事实 FOC
萨莉确实说过："我看到灰色越野车闯了红灯。"				萨莉关于灰色越野车的信念是准确的。

要素性事实 FOC	→	要素性事实（要件） FOC(EE)
灰色越野车在红灯前确实没有停。		灰色越野车司机有过失。

图 8-2

正如你们所见，关于萨莉证言品质推论的形式和基本内容，与其在图 8-1 中是一样的。因此，无论萨莉出庭作证与否，陪审团对萨莉关于越野车陈述证明力的推论性推理过程实质上是一样的。此外，与萨莉的错误叙述、不诚实、错误记忆和错误感知相关联的潜在错误风险在此处同样也会出现。

传闻的相关性还可通过"证言三角形"（testimonial triangle）[2] 来加以说明。这个三角形将四个推论合并为三角形的两个边（见图 8-3）。

447　　该三角形的起点，是陈述人的话语——庭外口头或书面的——它们通常以证言或展示件的形式呈现给陪审团。该三角形中从 A 到 B 的左边线，代表的

---

② 证言三角形的概念是由劳伦斯·却伯教授在其文章《对传闻的三角形测量》[Laurence Tribe, Triangulating Hearsay, 87 Har. L. Rev. 957 (1974)] 和理查德·O. 伦珀特与斯蒂芬·A. 萨尔茨伯格在《证据法的一个现代进路》[Richard O. Lempert and Stephen A. Saltzburg, A Modern Approach to Evidence (1977)] 中论述之后，才开始在法学界流行起来。关于该三角形概念更早的版本，参见查尔斯·凯·奥格登和艾弗·阿姆斯壮·里查兹：《意义之意义》[Charles Kay Ogden and Ivor Armstrong Richards, The Meaning of Meaning 10-12 (1927)]。

是从陈述人的话语到陈述人"信念"（belief）的思想状态的推论，这一推论要求依赖于陈述人的诚实性和叙述能力。三角形中从 B 到 C 的右边线，代表的是从陈述人信念的思想状态到导致这种信念之事件存在的推论。这一推论要求依赖于陈述人感知和记忆能力（以及我们关于准确信念与真实事件相符合之基本假设的信赖）。因此，萨莉陈述的相关性要求在该证言三角形中有一个完整的运行过程，要求我们就萨莉所有四种证言品质作出推论。在萨莉作为证人出庭作证的情况下，就陪审团所进行的推论性推理来说，采用的也是同样的推论性推理结构。如果是这样，那么，在萨莉作为证人所作的可采的陈述和她作为传闻陈述人所作的不可采的陈述之间，为什么传闻规则有着如此显著的不同呢？

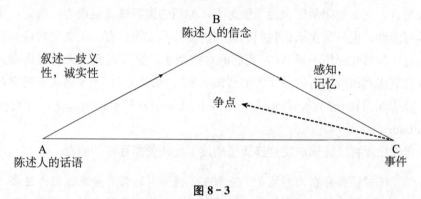

图 8 - 3

（三）区分证人和传闻陈述人的传闻政策

为什么要区分证人（比如在法庭上进行陈述的萨莉）和陈述人（比如在庭外进行陈述的萨莉）？对这一问题最常见的回答集中在三个因素上。第一，证人在法庭上总是要宣誓的，这样就减少了不诚实的可能性，而陈述人的庭外陈述可能是也可能不是在宣誓后作出的。此外，法庭程序的庄严性和正规性可能促使证人特别谨慎地正确表述事件。

第二，陪审团能够观察到庭上证人的行为举止。与从某些第三人那里听取关于陈述人之陈述内容的讲述相比，通过观察证人对提问的回答和反应，尤其是在交叉询问中，陪审团成员们可能更好地把握证人的诚实性、叙述能力、感知和记忆。虽然经常有批评认为，行为举止证据不能有效地揭示公然的不诚实性，但它在评估证人的其他方面和当事人行为方面的应用可圈可点。事实裁判者有机会面对面地评估证人的可信性，这是审判法院的事实裁定能够得到上诉法院尊重的一个主要原因。例如，参见奥林·盖伊·韦尔伯恩：《行为举止》[Olin Guy Wellborn Ⅲ, Demeanor, 76 Cornell L. Rev. 1075, 1077 (1991)]。

　　第三，也是最重要的，即出庭的证人受到交叉询问，对方可以借此从证人那里引出与该证人所有四种证言品质有关的事实。我们已从第七章了解到，通过对证人进行交叉询问，有关弹劾的各种方法都能够涉及。证人的回答，以及证人在回答这些问题时的行为，可以澄清歧义，揭示叙述中的错误，揭示其在感知和记忆上的不足，还可以就证人的诚实品性、证人的成见或证人就案件事实不说实话的动机提供信息。此外，出于对交叉询问的恐惧，也会促使证人诚实、准确地提供他们的证言。

448　　在缺少交叉询问的情况下，令人担心的是，传闻陈述可能携带更多未暴露在陪审团面前的证言性危险，因此可能比当庭证言更不可靠。当然，对于某些证人而言，交叉询问制度也会无能为力，他们的谎言极具说服力。但是，承认这种可能性，也只是在承认我们的裁判制度并非完美。有一句老生常谈（且许多出庭律师对此深信不疑），在我们的对抗制中，交叉询问"无疑是迄今为止为发现事实真相所发明的最伟大的法律引擎"。威格莫尔：《普通法审判中的证据》[5 John Henry Wigmore, Evidence in Trials at Common Law, 32 (James Chadbourn ed. 1974)]。

　　哥伦比亚特区巡回法院这样简要阐述了传闻证据存在的问题：

　　　　传闻证据存在的问题是，它剥夺了被告对就案件争点作出陈述之人进行交叉询问的机会。本案中，检控方提出了先前毒品交易的指控，而被告却不能对作出这些陈述之人进行交叉询问。在该证言被提出时，这位陈述人——名声不佳的罪犯托马斯·罗斯（Thomas Rose）——正在联邦管教所服刑。而在法庭上，讲述罗斯故事的人，则是衣冠楚楚的联邦调查局探员尼尔·达内尔（Neil Darnell）。因此，埃文斯（Evans）没有机会去"检验其指控人的记忆并审查其良知"。……交叉询问可能是"迄今为止为发现事实真相所发明的最伟大的法律引擎"。……但如果没人出庭接受交叉询问，它就没有了用武之地。合众国诉埃文斯案［United States v. Evans, 216 F. 3d 80, 84 (D. C. Cir. 2000)］。

　　然而，即使对传闻陈述人进行交叉询问，通常而言这是不可能，也并非是揭露潜在传闻危险的唯一办法。通过其他证人证言或展示件也可证明传闻陈述人作了不一致陈述，对一方当事人怀有成见或具有不诚实的品性。《联邦证据规则》806明确允许对传闻陈述人进行弹劾："当一项传闻陈述……已被采纳为证据时，可以用假如陈述人作为证人作证而具有可采性的任何证据，对该陈述人的可信性进行攻击。"此外，交叉询问并非总是有助于准确的事实认定。

与法庭电视剧中的情形相比，在现实审判中，交叉询问在揭露证人精心策划的谎言方面并不常见。因此，交叉询问可能仅使陪审团对证人的基本可信性形成主观上的直觉。然而，有些证人也许在接受交叉询问时表现得不像是可靠证人，但实际上他们仅仅是由于腼腆或紧张而已。人物刻板印象也会影响陪审团关于谁是不是可信赖证人的看法。

不过，就对方来说，要获得和提出关于传闻陈述人的弹劾性事实，肯定更加困难且负担繁重。对出庭证人进行交叉询问，在就证人的证言品质向陪审团提供相关信息方面，确实是一个有效的手段。而且，上文埃文斯案已经表明，作为策略性选择，证据提出者可能使用传闻证据来避免不够有说服力的陈述人出庭作证。而在上述所有原因之中，无法对传闻陈述人进行交叉询问，是排除传闻证据的主要原因。

传闻政策可以概括如下：证人的宣誓、行为举止和交叉询问被认为能够减少证言性危险，从而使得庭上证言更可信赖。交叉询问还增加了将证言性危险——诚实性、叙述—歧义性、感知或记忆问题——暴露给陪审团并由其加以评估的可能性。它所产生的信息，也有助于陪审团决定是否信赖证人的陈述。因此，由于证人的庭上证言和陈述人的庭外陈述存在这些区别，传闻被认为更不可信，陪审团更难对其评估。排除传闻是为了增加陪审团裁决的准确性。我们在此提醒你们，无论什么时候，只要庭外陈述的相关性要求有关所有四种证言品质的推论，或是在证言三角形上完整地运行，就会涉及传闻政策。

向陪审团报告传闻陈述的证人虽然站在证人席上（就像乔治那样），对传闻陈述人（萨莉）所言之事却可能撒谎或发生误解，这并非是排除传闻的论据。所有证言都存在错误感知、错误记忆和捏造的风险。报告传闻的证人也不例外。我们依赖于宣誓、法庭程序规范、证人行为举止和交叉询问，来帮助陪审团评估所有证人（包括乔治）的证言品质。

传闻政策可以作为一项优先规则来发挥作用。如果像萨莉这样的传闻陈述人能够作为证人出庭作证，那最好是让她在审判中作证。但是，如果传闻陈述人无法出庭作证呢？萨莉可能生病或出国了。如果我们仍然打算要排除该传闻陈述，我们就不是在谈论什么优先规则，而是关于陪审团究竟是否会听到萨莉提供的信息。如果萨莉无法出庭作证，为对方提供对她进行交叉询问的机会有多重要呢？我们应当为了交叉询问可能带来的任何好处，而排除具有相关性的证据吗？参见贾斯汀·塞维尔：《检验特赖布教授的三角形理论：陪审团、传闻证据和心理距离》[Justin Sevier, Testing Tribe's Triangle: Juries, Hearsay, and Psychological Distance, 103 Geo. L. J. 879, 923–924 (2015)]（通过实验证明，"对于庭外传闻陈述人提供的证据，陪审团成员会专注于隐藏在其下的弱点"，适当下调这种证据的可信性）。你们现在就这些问题形成任何确定性的判断还为时尚早。然而，你们在继续学习传闻定义时，应当记着这些问题。

要　点

1. 传闻是一个人的陈述，（1）该陈述是在听审作证之外的其他时间作出的，并且（2）被提供用以证明该陈述所断言事项之真实性。

2. 传闻陈述可以是口头的，也可以是书面的。

3. 传闻政策是排除传闻，因为没有宣誓，没有对传闻陈述人行为举止的观察，没有对其进行交叉询问的机会，以确定是否存在诚实性、叙述—歧义性、感知或记忆问题（传闻危险）。

4. 如果庭外陈述被提供用以证明陈述人在其所断言事项上的诚实信念，然后证明关于某事件信念的准确性，则该陈述人所有四种证言品质都涉及该陈述的相关性及其所隐含的传闻政策。

450

思考题

8.1. 回到上文第 148 页思考题 3.2，佩德罗苏诉德里弗案（Pedroso v. Driver）。如果被告否认她收到了超速罚单，原告将提供该罚单作为证据。该罚单如何将被鉴真？被告将以它是传闻证据而提出异议。它是传闻吗？

8.2. 回到上文第 149 页思考题 3.3，合众国诉雷案（United States v. Ray）。朱·雅各布斯（June Jacobs）的助理将为检控方作证：在 2015 年 3 月 14 日下午，雅各布斯告诉该助理，她收到了一些坏消息，她正打算去雷的办公室告诉他。这个证言是传闻吗？如果雅各布斯向外部审计师安德鲁斯（Andrews）发了一条短信，内容为"刚告知首席执行官损失预测"，这是传闻吗？如果雅各布斯于 2015 年 3 月 14 日出庭向大陪审团宣誓作证，她告诉雷损失预测情况，这是传闻吗？

8.3. 回到上文第 150 页思考题 3.4，州诉布莱尔案（State v. Blair）。检控方寻求法院采纳诺玛（Norma）的以下庭外陈述。谁将作证提供这个证据？这些陈述是传闻吗？你认为它们应该被排除吗？

（a）诺玛的一位朋友称，攻击发生前的一个月，诺玛曾告诉这位朋友，"上周我告诉吉米，我准备和他分手，且会尽快离开湾区。吉米暴怒"。

（b）2008 年，诺玛的母亲来住处探望她。诺玛当时很难过，不禁流泪。她告诉母亲，吉米当天发火并打了她。当她试图离开住处时，吉米把一只花瓶砸向她。母亲看到散落在地上的花瓶碎片。

（c）在一个上锁的抽屉中，警方发现了诺玛显示严重瘀肿的照片，上面持证的日期为 2009 年 7 月 25 日，同时被发现的还有一本手写日记。在 2009 年 7 月 21 日的日记中写道："在争吵后，吉米打了我"。

三、《联邦证据规则》801 和 802 详述：一般排除规则的含义

（一）辨别一个传闻陈述提供用以证明什么

《联邦证据规则》801（c）关于所断言事项之真实性的检验，要求对提供庭外陈述所要证明的"事项"加以辨认。请看上文第 446 页图 8 - 3 的证言三角形。C 点的事件——越野车没有在红灯前停下来——就是《联邦证据规则》801（c）所说的——陈述人话语被提供用以证明之要素性事实。这一事实必须与诉讼中的某个要件有关。从 C 点到"争点"的连线，表示对证明案件的要件所必需的任何进一步推论。在这一假设案例中，在到达 C 点以后唯一需要进行的推论任务，是确定未在红灯前停车是否违反了所必需的注意标准，进而确定是否满足过失的要件要求。

然而，在许多案件中，在到达 C 点后，为使该话语与本案的某个要件相 *451* 关，额外还有几步必须进行的推论。例如，乔治可能作证说，萨莉对他说过："我遇到的是绿灯，我正准备穿过梅因大街，这时我看到灰色越野车沿着梅因大街向我这个方向开过来。该车从我前面驶过，撞上了一位也在按绿灯穿越梅因大街的行人"。为使这一证据具有相关性，围绕证言三角形所进行的整个过程，对于证明萨莉的陈述——她和行人遇到的都是绿灯——是真实的来说，都是必要的。接着，就可以作进一步的推论。第一，如果萨莉和行人遇到的确实是绿灯，则梅因大街上指示前进的交通信号必然是红灯。第二，因此越野车遇到的是红灯。第三，因此越野车没有在红灯前面停车，这一过程可以由图 8 - 4 来说明。

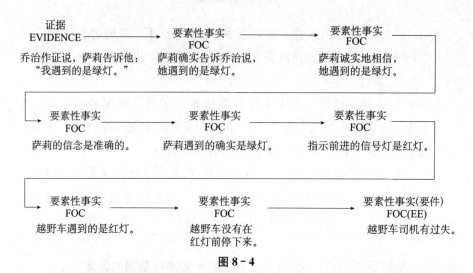

图 8 - 4

　　萨莉对乔治所作的庭外陈述是传闻吗？显然，它们是由陈述人并非在审判作证时作出的陈述。从《联邦证据规则》801（c）来看，它们是被提供用以证明所断言事项之真实性吗？你可能回答"否"，因为她的陈述似乎是被提供用以证明越野车司机闯红灯的，而萨莉的陈述并未断言这一点。但是，这种分析并不正确。"所断言事项之真实性"的检验应当适用于最后一项推论，该推论的作出依赖于萨莉的证言品质。这就是要素性事实 1（FOC-1）——萨莉遇到的确实是绿灯。萨莉的陈述正被提供用以证明这一断言之真实性。只有要素性事实 1（FOC-1）是真实的，才能得出司机有过失的结论。要素性事实 1（FOC-1）之真实性，取决于关于萨莉所有四种证言品质的概括；因此，涉及传闻政策。进一步的推论使得萨莉的陈述与本案要件相联结，但其不涉及萨莉的信念，亦不需要进一步依赖于萨莉的叙述能力、诚实性、感知或记忆。因此它们并不涉及传闻政策。不要被误导将《联邦证据规则》801（c）适用于最后的结论——越野车遇到的信号灯为红色，越野车没有在红灯前停下来，或越野车司机有过失。萨莉的陈述是传闻。其被提供用以证明该陈述中所断言事项之真实性，正如《联邦证据规则》801（c）定义的传闻。

　　在你们每次适用《联邦证据规则》801"所断言事项之真实性"检验时，都必须进行同样的分析。如果包含在陈述人断言中的事项是真实的推论乃相关性所要求，那么，该断言就是被"提供用以证明"那些事项的，即使那些事项在继续得出某个进一步结论的推理链条中只是一个必要的步骤。

（二）证人关于自己庭外陈述的证言仍可能是传闻

《联邦证据规则》801（b）将"陈述人"界定为作出陈述的人。该术语通常被用来指那些在法庭之外作出陈述的人，在前面的部分我们就是这样使用的。当人们在法庭上宣誓后对陪审团作陈述，并接受交叉询问时，他们显然是发挥着证人的功能。当证人在法庭上就他们自己在当前审判或听证之外所作过的陈述作证时，根据《联邦证据规则》801（c），这些庭外陈述仍然被界定为传闻。例如，在灰色越野车案中，假定萨莉作为证人出庭作证称："事故发生后不久，我记得我告诉过乔治，灰色越野车闯了红灯。"萨莉是在就其自己的传闻陈述作证。在这种情况下，传闻陈述人（萨莉）实际上是在法庭里，并且能够接受交叉询问。一些评论者因此认为，如果证人是在报告他们自己的庭外陈述，他们的证据就不应当被视为传闻证据。*例如，参见埃德蒙·M. 摩根：《传闻证据危险和传闻证据概念的适用》*［Edmund M. Morgan, Hearsay Dangers and the Application of the Hearsay Concept, 62 Harv. L. Rev. 177, 192 - 193 (1957)］。其他人则持不同意见，认为在该陈述作出之后很久才进行的交叉询问，没有什么价值。并且，如果证人的先前陈述不是传闻，证人就可以在证言中引述和依赖于他们自己先前准备好的陈述。这是不能令人接受的，因为证人在准备这些陈述时没有接受交叉询问或陪审团的审查。就证人先前陈述的传闻状态之争的各种主张，在联邦证据规则起草咨询委员会对《联邦证据规则》801（d）（1）的注释中均有描述。根据《联邦证据规则》801（c），证人的先前陈述被界定为传闻，除非得到特别豁免。参见《联邦证据规则》801（d）（1），我们将在下文第三节考察这个问题。

（三）传闻、外行意见和直接知识规则

在第四章，你们已经接触过外行意见规则（《联邦证据规则》701）和亲身知识规则（《联邦证据规则》602）。在此，我们简要谈一下这些规则和传闻规则的关系。

假设在某种情况下，一位旁观者埃伦（Ellen），准备在行人与灰色越野车司机的诉讼中作证。埃伦可能作证说："灰色越野车无视红灯，并撞伤了走在人行横道上的行人。"埃伦的信念有三个可能的根据：第一，她可能目睹了整场事故；第二，萨莉可能告诉过她发生了什么；或第三，根据她对事故发生后汽车和行人所处位置的观察，她可能得出结论说，被告的越野车肯定闯了红灯。如果第二种可能性是真的，那么，埃伦事实上是在叙述一个传闻陈述。她本人对该事件并无亲身知识。在第三种可能性中，埃伦有关被告无视红灯的证言将是外行意见，该外行意见建立在其对汽车和被撞行人位置的亲身知识基础上。如果她就自己观察到这些事实作证，而不是仅陈述她的结论，陪审团或许将像她一样能够得出适当的推论。

如果对方不能确定埃伦证言的根据是什么，则总是可以"缺乏亲身知识"为由提出初始异议。提出异议的律师，应当立即请求法官允许在陪审团不在场的情况下，对埃伦证言的根据进行调查。对方应当询问的问题是："你是怎么知道被告无视红灯的？"如果该调查表明，埃伦实际上是在讲述传闻证据（"所发生的事情是萨莉告诉我的"），那么，提出异议的律师，就可以将该异议转变为传闻异议。如果该调查表明，埃伦是在表达一种意见，而不是基于她对事故本身的观察，那么，异议将是缺乏亲身知识异议或外行意见异议。从实践角度看，对于律师来讲，重要的是，所提出的异议能够引起法官的注意并允许其对证人知识的根据进行调查（最好是在陪审团不在场的情况下）。一旦知识的根据得到证实，当事人双方解决有关证据为什么应当或不应当采纳的问题，就会相对容易一些。

(四) 多重传闻

在某些情况下，证据将包含有多重传闻。例如，假设行人为了证明灰色越野车闯了红灯，提供了一份已通过适当鉴真的警方报告，其中包含这样的陈述："乔治报告说：'萨莉告诉我，灰色越野车闯了红灯'。"这样，我们所面对的就是多重传闻。我们对撰写该报告的警官，以及萨莉和乔治的诚实性、叙述、感知和记忆问题都会有所忧虑，他们当中没有一个人在作出陈述时是站在证人席上接受交叉询问的。

如果原告传唤乔治作为证人，根据其记忆中萨莉所言作证。我们所面对的将是单一传闻。然而，如果原告传唤警官作为证人，就乔治所述事项作证，我们将再次面对双重传闻。萨莉仍然是陈述人，因为她的陈述仍然被提供用以证明其真实性。此外，乔治也是陈述人。在多重传闻情况下，该证据将不具有可采性，除非对每一重传闻都存在传闻例外或豁免。《联邦证据规则》805规定："传闻中的传闻，如果该组合陈述的每个部分都符合本规则的一项例外，则不被反对传闻规则所排除。"

要 点

1. 如果一项庭外作出的陈述被提供用以证明其所断言事项之真实性，就被定义为传闻，即使陈述者是对该陈述作证的证人。

2. 在确定证人对作证事件没有亲身知识而是依赖于他人所说之事后，提出传闻异议是适当的。

3. 一些传闻陈述本身包含其他传闻。在这种多重传闻的情况下，每个传闻部分都必须通过例外或豁免才具有可采性。

思考题

8.4. 回到上文第 150 页思考题 3.5，布罗德柏克诉特拉普案（Broadback v. Trapp）。在自己的证言中，原告布罗德柏克作证：

（a）"我告诉救护车司机，在与特拉普发生碰撞后，我感到剧痛。"

之后，该救护车司机作证说，布罗德柏克的一位队友在去医院的路上告诉她：

（b）"该队友告诉我：'特拉普曾多次向布罗德柏克下手。'"

（c）"该队友还说，他听到特拉普说：'我是故意所为。'"

上述陈述是否作为传闻被提出异议？

8.5. 约翰和玛丽·史密斯（John and Mary Smith）有个儿子布伦特（Brent），出生于 1976 年 8 月 20 日。约翰和玛丽死于一场空难。他们的儿子如果能活下来，将有权继承他们的全部遗产。在 2000 年 12 月举行的遗嘱检验程序中，一个人提供了以下证言以证明他有权继承约翰和玛丽·史密斯的财产："我叫布伦特·史密斯（Brent Smith），我出生在 1976 年 8 月 20 日，我 24 岁。我是约翰和玛丽·史密斯的儿子。"能否以传闻为由，对该证言的任何部分提出异议吗？

四、《联邦证据规则》801（c）的解释：没有传闻危险的非传闻陈述

并非所有庭外陈述都是传闻。传闻的定义中一个关键方面是，根据提出者的相关性理论，该陈述被提供用以证明其所断言事项之真实性。许多庭外陈述并不是为此相关性理论而提供的，它们是为了非传闻用途而提供的。

（一）非传闻用途

在我们有关灰色越野车和行人的假设案例中，请考虑萨莉就她所目击的一个事件所作的以下证言："在该事故前几天的一个早上，当我在加油站加油时，我听到技师迈克（Mike）对开着灰色越野车的被告说：'你的刹车很糟糕，你开这辆越野车会很危险。'"迈克的陈述是不是传闻？这是一个没有在审判中作证的陈述人所作的陈述，但提供它是以证明迈克所断言事项之真实性的相关性理论为根据吗？原告作为萨莉证言的提出者，完全可能作出以下辩解：

455

> 法官大人，我们提供该证据，并不是用以证明该技师所断言事项之真实性——刹车实际上已经损坏。我们现在提供该证据，仅仅是为了证明技师说过这些话。这对于下述事项是相关的，即表明被告在进入汽车并驾驶汽车闯过红灯之前，已经注意到刹车处于危险状态。为了支持我们关于过失的断言，我们必须证明的一件事，就是被告要么知道要么应当知道其刹车的危险状况。对于表明"被告听到它，所以他知道自己的刹车坏了，他应该先把刹车修好"而言，这一庭外陈述是具有相关性的。

这种非传闻相关性理论，以"对听者的影响"（effect on the listener）著称。根据这一理论，迈克的陈述证据不是传闻。萨莉的证言有助于证明迈克作了该陈述，而且，迈克的陈述在所谓"注意"这种"非传闻"用途上具有相关性。它有助于证明司机听到了这些话，知道他的刹车是坏的，这是本案的一个要素性事实。根据《联邦证据规则》801（c），证据提出者提供迈克的陈述，并不是要证明其所断言之事是真实的。按照图 8-1 中的推论过程，证据提出者提供迈克的陈述，并不是要证明其关于刹车状况的信念是准确的，进而证明刹车是坏的。事实上，其没有被提供用于证明有关迈克信念的任何事情。这可以由以下证言性三角形加以阐释：

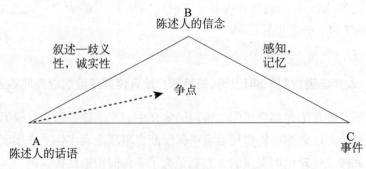

图 8-5

从 A 点陈述人的话语到争点这条线，代表着所需要的推论，即用迈克的陈述来证明要素性事实——越野车司机已经注意到他的刹车坏了。该证据的相关性并不取决于从 A 到 B 或从 B 到 C 的推论。此处证据的相关性并不取决于陈述人头脑中形成了什么样的信念，或该信念是否准确，以及是否是对现实世界中某些事件的反映。换言之，相关性并不取决于迈克的记忆、感知、诚实或叙述。因此，并不涉及传闻政策。这里无须考虑迈克没有宣誓、没有观察其行为举止、没有受到交叉询问等问题。

1. 对听者的影响

正如我们提到的，迈克陈述的提出者提出该陈述是用于相关的非传闻用途，以表明其对听者的影响。按理说，如果有过这样的警告，越野车司机已经发觉并且有机会对此作出反应。就司机是否违反了应尽的注意义务而言，迈克的警告如何影响到他，以及他对此警告作出怎样的反应，是具有相关性的，是过失案件的一个要件。根据此相关性理论，迈克的各项证言品质实际上变得不重要了，如图 8-6 所示。

456

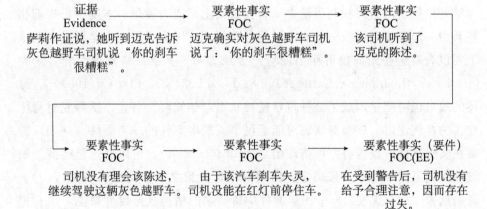

图 8-6

当然，我们确实在意迈克是否说过什么（萨莉是否撒谎?），萨莉是否准确听到了这些话，以及在她作证的时候，萨莉对那些话的记忆是否准确。但萨莉是证人，正在法庭上作出陈述，经过宣誓，并在所有这些方面都可以受到交叉询问。证据提出者的相关性理论——司机对迈克的警告置之不理是不合理的——取决于迈克表面的诚实性，而非迈克实际的诚实性。它还要求司机听到迈克的陈述——迈克在说这些话时，声音大到足以让司机听见。任何听到该警告的人——萨莉、迈克本人，或是旁边的路人——可以就警告声音大小及发出警告的严肃性作证。在其辩护中，越野车司机可能辩称，他无视迈克的警告是合理的，因为迈克以前总是拿刹车来开玩笑。但这是一种辩护，无法改变萨莉为原告就她所听到的迈克所言之证言的非传闻性。

被提供用以证明其对听者影响的庭外陈述，在许多不同种类的案件中都具有相关性。英国经典的传闻法律裁定——苏布拉马尼亚姆诉公诉人案（Subramaniam v. Public Prosecutor [1956] 1 W. L. R. 965）对此作了形象的描述。苏布拉马尼亚姆被控告资助并教唆恐怖分子，但其以被胁迫为由辩称无罪。苏布拉马尼亚姆在证人席上就其与恐怖分子的庭外对话作证，该对话内容包括恐怖分子对苏布拉马尼亚姆的威胁——如果他不提供帮助就杀了他。审判法院把苏布拉马尼亚姆的这部分证言作为传闻证据排除了，但枢密院（英联邦最高法院）对此不予认可。枢密院认为，苏布拉马尼亚姆并非旨在证明恐怖分子的陈述为真。相反，他想要证明的是，那些陈述让他担心自己的生命受到威胁并因此做了恐怖分子让他做的事。这些事实使他关于胁迫的辩护变得可行。对于实体法中那些规定责任的有无取决于听者对警告、通知、指示反应之合理性的不同规则而言，亦是如此。例如，在一项关于警察无端开枪射击的公民权利诉讼中，警察及其上司成为被告。本案中，先前指控其中一位警察滥用权力的多次投诉并非传闻，因为提出它们是用以表明该上司没有对这些先前投诉作出回应。古铁雷斯—罗德里格斯诉卡特吉纳案 [Gutierrez - Rodriguez v. Cartagena, 882 F. 2d 553, 575 (1st Cir. 1989)]。陈述的效果也可能是形成了某种特定精神状态，如知晓、善意、挑衅或对身体伤害的合理忧虑。该精神状态可能是民事或刑事案件的一个要件。例如，警察在实施逮捕时是否有"可信理由"（probable cause），可以通过警察被告知被捕者做了何事这一点来确定。向狱警报告狱犯之间"同性恋暴力"，对于证明狱警"故意无视"——民事案件中所要求的精神状态要件来说，是有相关性的。罗兰诉约翰逊案 [Roland v. Johnson, 933 F. 2d 1009 (6th Cir. 1991)]。在一起涉及恶意拒绝保险赔付的案件中，评估报告未被提供用以证明实际所遭受的损失数额，而是被用于证明保险公司在拒绝赔付时所掌握的信息。塔尔米奇诉哈里斯案 [Talmage v. Harris, 486 F. 3d 986, 975 (7th Cir. 2007)]。最后，向听者所作的陈述可以提供行为动机，因此，对于解释听者此后的行为是相关的。

2. 具有法律效力的事实

庭外陈述的另一种相关非传闻用途，是这种陈述本身乃具有法律效力的事

实（legally operative fact）。例如，假设保罗（Paul）在庭外对萨拉（Sarah）
说："我开价 500 美元，把我 5 岁的马卖给你。"为了证明马的年龄，保罗对萨
拉的陈述是传闻。但是，如果是一个旨在证明存在卖马要约的诉讼中，
萨拉——或保罗或任何听到了这些话的其他人——可以就保罗该话语作证。根
据有关合同的实体法，这些话本身就是所要加以证明的事件——要约。麦克纳
布诉 NVF 公司案［McNaboe v. NVF Co.，2000 U. S. Dist. LEXIS 4418，* 39
（D. Del. 2000）］（"要约人……在提出要约时说的话可以作为非传闻采纳，因
为它们是被法律设定了义务和责任的话语"）。任何听到保罗陈述的人都可以作
证说，保罗说过这些话，就像交通事故中任何目击证人都可以就灰色越野车闯
红灯事件作证一样。用联邦第七巡回法院的话来说：

> （这种话语反映了）语言学家表述行为的话语和语内表现行为话语之
> 间的区别。后者叙述、描述或以另外方式传达信息，并以其真实性价值
> （信息只有真实才有用——确实，只有在它是真实的情况下才是信息）而
> 受到评判；前者——以承诺、要约或要求来说明——使说话者从事一个行
> 为过程。表述行为的话语不属于传闻规则的范围，因为它们并未作任何真
> 实性断言。合众国诉蒙塔那案［United States v. Montana，199 F. 3d 947，
> 949 (7th Cir. 1999)］。

这种话语并未作真实性断言，因为相关性所要求的任何推论都不取决于保
罗的证言品质。不存在记忆或感知上的危险，因为保罗并非在叙述他所观察到
的某些事实。此外，根据合同成立通行的客观性理论，这里也不存在诚实性或
叙述—歧义性危险，因为我们并不需要作出关于保罗诚实与否的任何推论。证
据提出者的相关性理论是，保罗以一种明确的态度说了那些话，以至于我们可
能合理期待受要约者会把此事当真；这将是一个有效且有法律约束力的要约。
这些话是否是以一种明确认真的态度说出，任何听到了这些话的人均可作证，
并接受充分的交叉询问。保罗的主观故意或理解力对于共同错误争点而言，可
能具有相关性，保罗可以提出作为抗辩理由。然而，只有在存在要约和接受
（acceptance）行为的情况下，错误才成为一个争议问题。因此，就证明要约
而言，保罗的陈述是非传闻证据。其相关性可以从证言三角形 A 点到争点
的虚线来表示：从保罗说过这些话的事实出发，我们推断出合同案件的一个
要件。

　　许多不同种类的陈述都是具有法律效力的事实，因为实体法原则赋予它们
独立的法律意义。例如，在某份团体保单是否被排除出 ERISA 保险范围的诉

458

讼中，该保单本身作为非传闻证据可以采纳，"被从传闻证据的定义中排除了……因为这是一份界定了当事人的权利和义务、具有法律效力的文件"。斯图亚特诉尤纳姆人寿保险公司案［Stuart v. Unum Life Ins. Co. ，217 F. 3d 1145，1153 (9th Cir. 2000)］。有些陈述是与言词有关的行为，依据实体法会产生民事义务或后果——例如承认债务、在正式仪式上答应同某人结婚、诽谤、造谣中伤。某些言词是犯罪行为——伪证、敲诈性威胁，销售毒品要约、为合谋所进行的陈述。例如，索取贿赂的陈述被法院认定为是具有法律效力的事实，"重要的是这些话被说出来了，而非所说的内容是否为真。"毕加索航空公司科技工业有限公司诉贝尔直升机公司案［Transportes Aereos Pegaso v. Bell Helicopter Textron，Inc. ，623 F. Supp. 2d 518，530 (D. Del. 2009)］。有时候，言语陈述在有非言语行为相伴的情况下也具有直接的法律意义。如果必须有关于作出这种陈述的语境信息，则这种信息可由当时在场的任何人来提供，并不一定非得通过对陈述人进行交叉询问。

3. 与可信性有关的陈述

庭外陈述常用于质疑作证证人的证言。例如，当陈述人的陈述被提供用以证明与其庭上证言相悖时，作为非传闻证据该庭外陈述就有了相关性和可采性。该相关性理论并非先前陈述必然为真，而是指不一致陈述所反映出的模棱两可——无论哪个说法为真（如果有的话）——表明该证人不可信。

4. 对非传闻用途的识别

针对传闻异议，证据提出者在法庭上套用的回应是："法官大人，这并非为其真实性而提供。"然而，这种回应并不能令思维缜密的法官满意，也不能令训练有素的对手停止反驳。证据提出者应当能明确提出该非传闻证据的相关性理论；例如，该陈述是被提供用以证明一种对听者的影响（无所谓陈述本身的真实性），并且这种对听者的影响是本案的一个要素性事实。证据提出者还应当能解释，为什么排除该陈述是不适当的；也就是说，为什么它不牵连传闻政策。在这一过程中，关键的一步是要揭示，在不依赖陈述人那些旨在支持该陈述真实性的证言品质的情况下，该证据也是相关的。

一些教材和教辅材料为庭外陈述的非传闻用途提供了一份细目清单。一般情况下，这样的清单通常包含三种已得到认同的非传闻证据使用方式——与其对听者的影响有关的陈述，陈述本身是具有法律效力的事实，与可信性相关的陈述——如上文第七章第 415 - 416 页所讨论的。清单中还包含提供作为陈述人精神状态之间接证据的陈述。一部一流的证据法专著——克里斯多佛·B.

米勒和莱尔德·C. 柯克帕特里克：《证据法》[Christopher B. Mueller & Laird C. Kirkpatrick，Evidence §8.20-21 at 829-834 (2d ed.1999)]，也包括了对物品（汽车牌照、商业标识）的特征加以辨别的用语，以及具有表述行为的成分（the performative aspect）支配了断言性成分（the assertive aspect）（能说法语的能力，或说话的能力）的用语。这些书面或口头言词产生了与其"真实"价值无关的逻辑事实性推论；因此可以把它们叫做"逻辑有效性事实"（logically operative facts）。虽然这些清单有助于你们识别一些常见庭外陈述的非传闻用途，但理解非传闻的关键所在是注意庭外陈述的相关性所必需的推论。这一清单并不能代替其背后的分析过程。

(二) 与传闻和非传闻用途相关的陈述

萨莉的证言，即技师迈克对灰色越野车司机说过什么，对于证明该越野车刹车实际上是坏的，可能也是相关的。如果为这个目的而提供证据，该证据显然是传闻。相关性取决于该技师的诚实性、叙述能力、感知和记忆。如果没有传闻例外可以适用，它会被排除。

当一项特定证据为某一目的（如证明注意）而具有可采性，而就另一目的（如证明刹车坏了）而不具有可采性时，可采性问题便成为一个由审判法官根据《联邦证据规则》403进行平衡检验的自由裁量权问题。在这种情况下，不公正偏见的风险是，陪审团即使在得到法官的限制性指示后，仍将以不适当的传闻目的（在这里，证明刹车是坏的）而使用该证据。证据在可采目的（这里指证明注意）上的证明力，会不会被不公正偏见的危险实质上超过？我们在第三章有关《联邦证据规则》403的讨论中已经明白，如果有可替代的方式来证明注意，对该证据的需求可使得平衡检验的结果发生改变。如果没有其他可替代方式，那么，关于迈克警告证据的需求度就会很高。在许多情况下，证明越野车刹车真相的其他证据将已被采纳。这降低了不公正偏见的风险。规则403决定要在具体案件的这些具体情境的事实中作出。

要　点

当一份庭外陈述被提供用以证明其对听者的影响、某些具有法律效力的事实、某些与陈述人作为证人之可信性有关的因素，或某些其相关性并不取决于该陈述人对某事件信念准确性之推论的其他事项时，该陈述不是传闻证据。它并不是提供用以证明其断言事项的真实性。

思考题

在你们考察下列问题时，请考虑为什么庭外陈述具有相关性，以及它们是传闻还是非传闻证据。我们已经讨论了对传闻检验加以表述的三种方法，你们应当试着对每一种方法加以适用。不要顾虑该陈述可能属于一项传闻例外的可能性，仅聚焦该证据是否为传闻的问题。

8.6. 联邦选举委员会（FEC）对基督教联合会（Christian Coalition）提起强制执行之诉，理由是其在 2000 年、2002 年和 2004 年国会选举中违反了联邦选举财务法律。联邦法律禁止公司和工会组织动用其常规性财务资金向候选人直接捐款；但是，他们可以做与联邦选举有关的支出，只要这些支出是用于非明确表明支持或反对某一候选人的交流。基督教联盟是一家公司，2002 年其为公司常务董事在蒙大拿州的一场演讲买单。在这场有摄像的演讲中，该常务董事说，蒙大拿州民主党国会议员帕特·威廉姆斯（Pat Williams）"是你们在全国的头号目标之一，我们将看到帕特·威廉姆斯在本年 11 月将卷铺盖回蒙大拿州"。联邦选举委员会认为上述言论违反了联邦法律。基督教联合会提出异议，认为该演讲的录影带属于传闻证据。结果会怎样？

8.7. 露西·罗林斯（Lucy Rawlins）在夏威夷州法院对礁湖度假村提起诉讼，称其在该度假村组织的潜水之旅中受伤。度假村辩称，罗林斯已签署了一份有效的免责协议，免除了度假村在罗林斯索赔中的责任。礁湖度假村总经理作证说，他负责向顾客解释该免责协议，获取签名，归档并保存这些记录。他辩称，展示件 A 是罗林斯签名的免责协议。罗林斯并不否认她签署了展示件 A，但因其是传闻而反对采纳该证据。结果怎样？

8.8. 在一起诽谤诉讼中，原告诉称，被告向原告的雇主发了一封签名打印信件，说原告是个骗子、窃贼。原告提供了一封经鉴真的该信复印件作为证据。被告以该信件是传闻而提出异议。结果如何？被告接着传唤了原告的同事，其将作证说，原告在工作时撒谎并在公司行窃。原告以该证言是传闻而提出异议。结果怎样？最后，同事还作证说："原告在公司有撒谎和在工作中行窃的名声"。这个证据是传闻吗？它是不可采的品性证据吗？

461

8.9. 回到上文第 149 页思考题 3.3，合众国诉雷案（United States v. Ray）。为了证明雷对出售其所拥有的 10 万股朗唐公司股票负有责任，检控方提供了雷指示其股票经纪人完成该笔交易的电子邮件。这是传闻证据吗？为了证明雷是于 2015 年 3 月 16 日发布该指令的，检控方指出该电子邮件中有打印的"2015 年 3 月 16 日"。这是传闻证据吗？

8.10. 在因抢劫银行而对乔·贾马尔（Joe Jamal）的控诉中，联邦调查局探员格雷罗（Guerrero）作证说，一位联邦调查局秘密"线人"指认贾马尔是嫌疑人。辩方律师提出异议，称该证言是传闻，是提供用以证明所断言事项之真实性的。政府方辩称，该证言是提供用以解释联邦调查局的侦查程序的，并证明为什么他为证人做了包括贾马尔照片在内的照片辨认展示（photo identification display）。法院将如何裁定？

8.11. 在一个根据 RICO 法提起的敲诈勒索案公诉中，检控方证人看上去很紧张，说话吞吞吐吐，并且几次改变其证言，最后指认被告人之一是付给他现金、让他往假银行账户中存款的人，这违反了 RICO 法。在证人作证后，检察官问是否被告人对他进行了威胁。该证人回答，有两个被告人在审判前一周给他家里打电话，威胁说如果他作证将就要他的命。这是传闻吗？

8.12. 约瑟夫·布莱克斯通（Joseph Blackstone），一所顶级商学院的经济学教授，被指控违反《美国法典》第 18 编第 78 节（18 U. S. C. Section 78），犯内幕交易罪。布莱克斯通是 NF 公司（被凯洛格公司于 2011 年 2 月收购的一个小型天然食品公司）董事。在收购即将发生前，布莱克斯通的一些家人和朋友购买了 NF 公司大量股份，且在随后凯洛格公司收购中大赚一笔。布莱克斯通被指控向上述所有人透露了凯洛格公司即将发生的收购内幕信息。布莱克斯通矢口否认透露过有关收购的任何信息，并称上述个人有可能是从行业和新闻报道中知悉这次收购的秘密信息。审判中，布莱克斯通提供了他朋友沃斯（Voss）的下述证言："2011 年 1 月，我听说雅虎留言板上有关于凯洛格收购的传言"。法院应将这个证言作为传闻排除吗？

8.13. 桑德拉·艾弗斯（Sondra Evers）起诉琼斯食品店（Jones's Deli），当她踩到食品柜台旁的一摊番茄酱时，她滑倒受伤。桑德拉诉称，该番茄酱在地板上已经有很长时间，足以使琼斯店中的雇员知道这一点。桑德拉传唤了贝莎·巴洛（Bertha Barlow）作证如下："在艾弗斯女士摔倒前半小时，我正从食品柜台前走过，听到有人大喊'地板上有番茄酱！'"该证言是否应当作为传闻而被排除？如果贝莎还作证说，她听到该陈述时，看到琼斯食品店的一位工作人员就在食品柜台附近，结果会怎样？

8.14. 回到上文第 148 页思考题 3.2 佩德罗苏诉德里弗案（Pedroso v. Driver）。马克斯（Max）为被告人作证说，他总是和保罗·佩德罗苏以及保罗的朋友汤姆（Tom）同乘一辆校车，保罗和汤姆下车后总是一起玩捉人游戏。马克斯作证说，在事故发生那天，当这两个孩子下车时，他听到汤姆说："保罗，你捉我"。原告以该证言是传闻为由提出异议。结果会怎样？

8.15. 布赖恩·安德罗尼克（Brian Andronico）被指控共同销售假币。便衣侦探帕梅拉·默茨（Pamela Mertz）作证说，她从一辆车牌号为"ICE 2000"的人手中多次购买了假钞。检控方能够证明车牌号"ICE 2000"是在安德罗尼克名下注册的。被告方以鉴真、最佳证据和传闻为由提出异议。默茨的证言是否应被采纳？

8.16. 为了证明其在事故发生后有疼痛和痛苦的意识，原告提供一位证人作证如下："在事故发生后 30 秒内我来到原告身边。她躺在地上，我对路过的人喊道：'快来帮忙，她昏过去了。'这时原告说道：'我没有昏过去。'"该证据是传闻吗？

五、《联邦证据规则》801（a）（2）的解释：非言语行为

（一）非言语行为证明信念的相关性

到目前为止，我们关于传闻的所有例子涉及的都是口头或书面表达，但在一些情况下，传闻完全是非言语的。例如，假设警察在一项殴打起诉中提供了下列证言："当我到达酒吧的斗殴现场时，我问是谁先动的手。现场一名女士指向被告吉姆·哈里斯（Jim Harris），被告当时穿着一件红色衬衫。"正如她的非言语行为所表明的，这一证言对于证明该女士的信念——哈里斯先动的手，具有相关性。请思考第 463 页图 8 - 7。

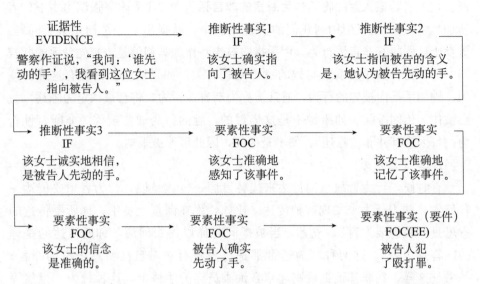

图 8-7

这一相关性理论取决于对作为证人的警察和该女士证言品质的推论。从该女士的行为（推断性事实1）到她的信念（推断性事实3）的推论（证言三角形中从 A 到 B），以及从她的信念到争议中的事件发生之推论（要素性事实）（证言三角形中从 B 到 C）表明，所有传闻危险都存在。该女士可能在虚假地表达其信念，想让吉姆·哈里斯陷入麻烦（诚实性风险）；其胳膊的动作可能是一种无意识的肌肉抽搐，并非基于关于吉姆的任何信念（歧义性风险）；该女士可能没有看清楚是谁先动的手（感知风险）；当警察问她时，她可能已经忘了是谁先动的手（记忆风险）。确实，在使用该证据证明哈里斯先动手时，就其中涉及的推论过程而言，在指认哈里斯时有意指向和言语回答（如，"就是吉姆·哈里斯"或"就是那个穿红色衬衫的男人"）之间，两者没有什么实质上的区别。

请记住，行为常常只是行为，是提供用以证明一个行为已经完成，并不涉及行为人的信念。在一个医疗事故案中，被告医生作证，在治疗被蛇咬伤的病人时，他给一位毒理学专家打了一个电话。由于这次通话的内容并未公开，这个证言仅仅透露了该医生打电话的意图，并不是传闻证据。菲尔德诉安德森案[Field v. Anderson，2006 WL 3043431（W. D. Ky.）]。

（二）《联邦证据规则》801（a）的适用

《联邦证据规则》801（a）把**"陈述"**定义为"一个人的口头断言、书面断言，或者**若该人意图将其作为断言的非言语行为**"（黑体字强调为本书作者所加）。将这一定义应用到我们的假设案例中，就提出了一个初始事实问题：该女士试图将其非言语行为（用手指向被告）作为其相信是吉姆先动手的断言吗？你认为什么样的事实与她的意图问题有关？如果该女士的确有这样的意图，她用手指向被告的行为，通常被称为断言性行为，将会被认定为陈述，且会被作为传闻排除。如果她不是这样想的，她的行为通常被称为非断言性行为，且因为其并非"陈述"，便不是传闻，因此可能被采纳。

1. 断言性行为

有时候，行为者故意用行为来代替言词。也就是说，行为者想要传达一种信念，并用行为来实现这种传达。比如，你在课堂上举手，你所要传达的意思是"我想要发言"。或者，当被提问时你以摇头回应，你所传达的是你的回答是"否"。这两种行为通常都是行为者有意对自己所想之事的断言。如果是这样，在联邦证据规则起草咨询委员会的注释中，这种行为"显然等同于言词，天然具有断言性，并被视为是一种陈述"。指向行为，如上述注释所提到的，通常被认定为行为者有意视为言词等同物的行为，因而属于传闻。

2. 非断言性行为

有时候，行为者的行为并非旨在断言什么。在我们酒吧斗殴的假设中，如果那位女士并未指向吉姆·哈里斯，而是小心翼翼地把吉姆引到酒吧后门，把他推出门外。如果有警官看到了她的行为，并逮捕了吉姆·哈里斯，该警官关于该女士所作所为的证言在斗殴起诉中是否具有相关性？是传闻吗？从她的行为中可以推断该女士相信是吉姆先动的手，她的信念是准确的，且吉姆的确先动手打人。因此，她的行为具有相关性。但是，与用手指的行为不同的是，将吉姆小心推出后门外的行为可能并不意味着该女士在吉姆是否有罪问题上的断言。她有可能是在试图保护吉姆，她最不希望看到的就是警方将吉姆逮捕。如果她并非断言表达其观点，那么她的行为就是非断言性的，因此根据《联邦证据规则》801（a）的定义，这种行为不是"陈述"和传闻。请注意，这位女士的行为将她的潜在信念或意图传达给观察该行为的人，而这里的关键问题是，她是否旨在作出这种传达。如果是的话，该行为就会成为传闻（用行为代替言词）。如果她没有这种传达意图，行为就不会是传闻（"行胜于言"）。

然而，你仍能看到，该女士行为的相关性（即使其是非断言性的）取决于其所有证言品质的推论。如果这些推论都是错误的，该女士的行为对于证明吉姆先动手打人就不具有相关性。比如，该女士可能实际上认为吉姆并未先动手打人，但却想要让警察认为他这么做了（诚实性风险）；或者她出于其他原因希望他离开酒吧，比如他手中有非法毒品（歧义性风险）。还有感知和记忆危险：该女士可能将吉姆误认为了另一名穿红衬衫的人（实际上是那个人先动手打人），或者她可能已经忘记了自己实际看到的情况。这与我们之前对该女士指认吉姆行为所附带的危险分析是一致的；如果该女士高喊"吉姆·哈里斯"，作为对警方提问的回应，同样的风险也会出现。有意和无意传达的情形仍然各不相同：在有意传达的场景中，事实认定者必须依靠作为真相讲述者的该女士，而在无意传达的场景中，事实认定者则不必如此做。相反，他们可以利用自己关于世界的一般知识来推断，当人们在类似情形中和该女士有一样行为时，他们想要实现的目的一般是什么。可以说，这种替代方法会降低传闻风险（不会完全消除它们）。我们在下面第六节分析这个问题。

3. 《联邦证据规则》801（a）的意图检验

《联邦证据规则》801（a）创设了一项原则性的检验标准，以确定任何特定的非言语行为证据是不是传闻。旨在作为一项断言的非言语行为，是传闻；并非旨在作为一项断言的非言语行为，不是传闻。因此，这一检验标准涉及预备性事实问题：行为者旨在将非言语行为作为一项断言吗？这一预备性问题将根据行为性质和双方当事人提供的周围环境来确定。肯定有一些边缘性的情况，在某些情况下，通常不具有断言性的行为，实际意图也许却是断言性的。例如，如果该女士在推吉姆·哈里斯出后门时发出很多噪声，引起周围人的关注，这些背景事实可能得出以下推论：即她试图向警方传达自己关于吉姆有罪的信念。

《联邦证据规则》104规制预备性事实的认定，这种认定对于法官适用 *465*
《联邦证据规则》801（a）的意图检验是必要的。"意图"问题应当由《联邦证据规则》104（a）或（b）规制吗？正如你们在第四章所了解到的，根据《联邦证据规则》104（a），事实的预备性问题由法官决定，除非他们证实了所提供证据的相关性。在我们刚讨论过的假设案例中——该女士试图用其行为以表达吉姆有罪的断言，对于该行为的相关性并不是必需的。她行为的相关性确实取决于她对谁先动手的信念；但是她意欲断言这种信念并非为相关性所必需的一项推论。相反，这是传闻政策对其进行的一项检验。因此，根据《联邦证据规则》104（a），就意图问题法官必须以优势证据标准被说服。这条规则反映了《联邦证据规则》402的基本政策，即认为所有相关的证据都可推定为可采：如果证据是相关的，则向法官证明应当适用排除规则的责任就会转移到对方身上；此外，正如联邦证据规则起草咨询委员会对《联邦证据规则》801 的注释指出："该规则如此措辞的目的在于，将证明责任置于断言该意图存在的当事人身上；歧义性和疑难情况将以对其不利且支持可采性的方式解决。"你认为，联邦证据规则起草咨询委员会所指是《联邦证据规则》801 的什么措辞？

六、《联邦证据规则》801（a）详述：区分断言性和非断言性行为的正当理由

上述女士指向吉姆以及将吉姆推出后门的非言语行为的相关性，均取决于其信念的准确性，并要求围绕证言三角形完成一个运行过程。这表明，这两种行为均涉及传闻政策。然而，只有该女士指向吉姆这一断言性行为被界定为传闻；该女士将吉姆推出后门的非断言性行为被排除在《联邦证据规则》801（a）传闻证据的定义之外。为什么？

（一）不存在传闻危险

联邦证据规则起草咨询委员会对《联邦证据规则》801（a）的注释指出将非断言性行为排除在传闻定义之外，是由于其可能不存在任何诚实性危险。如果行为人对于一个争议事实有一种信念——吉姆·哈里斯先动的手——却无意断言或传达该信念，那么，行为人就不能对此"说谎"。联邦证据规则起草咨询委员会的观点是，一个人只有在试图传达某个会成为谎言主题的特定事实时，才可能不诚实——才能够说谎。如果没有断言某个事实的意图，也就没有机会对其加以编造。这是一个常识性概括吗？你同意吗？不存在诚实性风险，是将该女士推吉姆的行为作为非传闻采纳的一个充足理由吗？

令人惊讶和无法解释的是，联邦证据规则起草咨询委员会对《联邦证据规则》801（a）的注释断言，诚实性之外的其他证言品质也不存在高风险："诚然（非断言性行为）在行为人的感知、记忆和叙述（或其相等物）方面未经检验，但**联邦证据规则起草咨询委员会的观点是，这些危险在缺乏断言意图的情况下是微乎其微的……**"（黑体字为本书作者所加）。联邦证据规则起草咨询委员会的这个结论基于什么实证数据基础？在非断言性行为中，似乎没有什么内在的东西能够减少或消除其他传闻危险。你能想象该女士将吉姆推出后门的行为中有什么东西消除了歧义性危险（她担心非法毒品）、感知危险（她将吉姆误认为另一位红衣男人）吗？上述注释认为，行为人为保准确的动机以及信赖该行为人自身行为的需要，降低了感知和记忆的危险性的程度。但是，这些因

466

素并不会自动出现在每一个案件中。因此，该女士推吉姆的行为可以作为非传闻证据而采纳，但在所涉感知或记忆的危险性方面没有任何减少。

因此，你们应当自问，仅仅缺乏一种传闻危险（诚实性），能否成为将非断言性行为一股脑儿地从传闻定义中删除的充分正当理由。当我们学习传闻例外时将会看到，可能不存在一种或几种传闻危险，是许多传闻例外的主要正当理由。

（二）必要性

一般来说，当在同一问题上很难或是根本不可能获得其他"更好的"证据时，仅因某些传闻危险而排除相关证据，可能代价太高。因此，"必要性"（necessity）是许多传闻例外规定的原因之一。对于非断言性行为的顾虑是，此等行为如此广泛，我们在日常生活中将其作为理所当然的事而倚重，如果将这种行为规定为传闻，我们将放弃过多的相关性证据。例如，我们向窗外望去，看到人们穿着厚重的外衣，我们就会猜测外面很冷；如果一部向北行驶的车辆通过了一个有信号灯的路口，我们就会猜测那位司机认为信号灯是绿色的，允许该车辆通过；如果我们看到人们在大街上开始撑起自己的雨伞，我们就会猜测他们相信天已开始下雨；如果有人在商店门口绊倒后，店主开始修理门槛上翘起来的木板，我们就会猜测店主认为翘起来的木板有危险。在这些情况下，每个行为人都对促成他们行为动机的有关事件或条件拥有某种信念；但他们可能并无意图断言以下信念，即天气很冷、信号灯是绿的、天在下雨或翘起来的木板有危险。[2] 因此，根据《联邦证据规则》801（a），他们的行为将不会被界定为传闻。

将非断言性行为视为非传闻之必要性论点的另一种说法是，律师不会立即意识到这种证据的传闻特性。如果将非断言性行为视为传闻的规则仅会零星适用，该规则可能就完全不应该存在了。

467

（三）非断言性行为应该从传闻定义中排除吗？

上述理由是否足以将非断言性行为从传闻禁止中排除出去，长期以来一直

② 在上文第六章第 358 页，我们指出，事后补救措施对于证明行为人的信念（被补救的情况具有危险性）是相关的。现在你会看到，为什么这种行为不可能被划分为传闻——这种行为人不可能旨在通过其行为来断言"危险性"。但不要忘记，证明责任或过错方面的补救措施之相关性，仍然要求围绕证言三角形有一个完整的运行过程。

是学术争论的问题。

1. 应用意图检验的困难

一种忧虑与将行为划分为断言性和非断言性有关。根据《联邦证据规则》801（a）确定行为是否旨在作出断言，并非易事，不可避免地有作出错误决定的风险，这要么是因为行为人聪明地掩盖了一项断言（如该女士试图通过将吉姆推出后门来传达吉姆有罪，虽然她知道他并未犯罪），要么是因为得不到充分的意图证据，要么是因为法院误用了断言之意图的概念。即使法官在大多数情况下得到了正确的结果，他们在论证和裁定意图问题上所花费的时间和精力也太多了。

2. 歧义性危险

第二种忧虑或许更具有实质性，即此等行为仍会伴有重大传闻危险。缺乏断言之意图将不可避免地增加歧义性危险。行为可以是许多种不同信念的产物，事实认定者可能将某个信念归于行为人，而行为人实际上并没有这种信念。我们已经看到，该女士可能是因其他原因而将吉姆推出后门。与此类似，驾车穿过交叉路口的司机不太可能旨在断言信号灯是绿色的，但也有这样的可能，即我们错误地认为司机有信号灯是绿色的信念。也许司机知道信号灯是红色的，但由于某种紧急情况，司机认为不得不闯红灯。实质歧义性问题意味着，该行为对于它被提供用以证明之具体信念的证明力很低。在某些时候，这种行为可能过于含糊，其证明力如此之低，以至于法院可以根据《联邦证据规则》403来排除该证据。此外，也有可能是，该汽车司机是色盲，或者当时注意力不集中，没有注意到交通信号灯的颜色。如前所述，对于所有非断言性行为而言，没有什么能使感知或记忆危险最小化。

3. 采纳非断言性行为是好政策吗？

请记住，排除传闻规则的主要影响力是要求证人出庭作证、进行宣誓、观察其行为举止和并接受交叉询问。如果关于该女士指向被告的行为属于断言性行为，该证据提出者必须将该女士提供作为证人（除非她的行为属于一项传闻例外或豁免）。如果她的行为是非断言性的，她就不需要被传唤为证人。然而，对该女士的交叉询问可能揭露出一些其不诚实的风险。还有，有关这位女士信念的具体信息将明显减少歧义性风险。此外，一般认为，交叉询问在暴露感知和记忆的问题方面最为有效，而这两个方面的风险都未因庭外行为的非断言性这一事实而降到最低。以上因素可能要求将非断言性行为界定为传闻证据，这将要求证据提出者将有关行为人带到法庭作证，并接受交叉询问。在将所有非断言性行为界定为传闻因而将其全部排除，与《联邦证据规则》801（a）允许将其全部采纳的立场之间，存在着一种中间做法。将传闻界定为包括所有对于证明信念具有相关性的行为或许是可行的；然后再为非断言性行为创设一个传闻例外，并以行为人不能出庭作证作为适用该例外的条件。又或者，非断言性行为的例外也可视个案具体情况而定，即揭示行为人表现出来的、最大程度上降低感知和记忆危险的动机和依据。你们认为这些替代性方法是否比《联邦证据规则》的方法更好一些？请考虑这样一项规则：面对那些未能传唤本可出庭的潜在重要证人的一方当事人，该规则允许陪审团成员得出对其不利的推论。合众国诉皮尔斯案 [United States v. Pierce, 785 F. 3d 832, 843 - 844（2d Cir. 2015）]（确认了"对一方当事人作出不利推论"的适当性，前提是"该方当事人未能传唤仅可由其……提出的证人"（引自合众国诉贾斯金案 [United States v. Gaskin, 364 F. 3d 438, 463（2d Cir. 2004）]）。这项规则对你的分析会有任何改变吗？

（四）变相断言

有些时候，看上去属于非断言性行为的证据，仅仅因为特定人员的潜在断言性行为而事实上具有相关性。最简单的例子，就是用宣告有罪的判决来证明被告人确实从事了违法行为。该定罪之所以具有相关性，是因为它是这样一种证据，即 12 位陪审团成员投票认定或一位法官裁定被告确实从事了该行为。这种行为显然旨在断言有罪之信念。因为陪审团投票不可能出现在有罪裁决本身之判决表面，我们把它称为变相断言，有罪裁决一概被划分为传闻 [并且根据《联邦证据规则》803（22）通常是可采的]。对作出变相断言（有罪裁决）的隐蔽陈述人（陪审团）进行定位，再一次取决于你们对信念推论的辨认，而这对于所提供证据的相关性而言是必要的。

现在考虑一下格里塔（Greta）因抢劫被逮捕（并非定罪）的证据。该逮捕如果被提供用以证明格里塔事实上从事了该违法行为，是传闻吗？答案取决于该逮捕是隐蔽陈述人（指逮捕格里塔的警察）的断言性行为，还是非断言性行为。有几条路径来分析这一问题。警察之所以进行这种逮捕，可能是因为他们看到格里塔从事了这种行为，并因此相信她确实犯了抢劫罪。如果是这样，我们认为，将他们的行为视为对自己该信念的有意断言，是适当的。又或者，这些警察可能是在执行逮捕令状，抑或是就被害人的控告而采取行动。他们对格里塔的行为没有亲身知识，不可能是在有意断言其自己关于她犯罪行为的信念。但即使是在这种情况下，警察之所以执行逮捕，不过是因为另一名隐蔽陈述人——即提出控告的人或是签署逮捕令状宣誓陈述书的警察——确实作出了关于格里塔抢劫了银行之信念的有意断言。这种表面上非断言性逮捕之所以发生，之所以具有相关性，不过是因为有着这种关于格里塔罪责之信念的变相断言——而这一信念也是提供该证据所要证明的事实。因此，该证据应当被视为传闻。

再考虑关于约翰驾驶执照被吊销的证言，该证言被提供用以证明约翰从事了不安全驾驶行为。隐蔽陈述人，即出具正式吊销约翰执照文书的人，肯定是在从事一种行政管理行为，其并非有意图断言有关约翰驾驶方式的任何事情。但是，约翰的驾照之所以被吊销，仅仅是因为某人——可能是认定约翰犯有交通犯罪的法官——断言约翰从事了某些非法的驾驶行为。

我们关于逮捕或吊销驾照的证据作为断言性证据的特性描述，要么是少数派的立场，要么是大多数关于非断言行为的讨论所不愿意作出的提炼。麦考密克（McCormick）将这种吊销执照的证据归结为非断言性证据。参见查尔斯·T. 麦考密克：《传闻证据的朦胧之境》[Charles T. McCormick, The Border-land of Hearsay, 39 Yale L. J. 489, 491 (1930)]。另参见特德·芬曼：《作为传闻的默示断言：对统一证据规则的一些批评》[Ted Finman, Implied Assertions as Hearsay: Some Criticisms of the Uniform Rules of Evidence, 14 Stan. L. Rev. 682, 683 n. 4 (1962)]（将导致病人被送去强制医疗的行为引用为非断言性的）。另一方面，摩根将这种与强制医疗有关的证据和吊销执照的证据定性为断言性证据。埃德蒙·M. 摩根《传闻危险性和传闻证据概念的适用》[Edmund M. Morgan, Hearsay Dangers and the Application of the Hearsay Concept, 62 Harv. L. Rev. 177, 190 (1948)]。你们怎么想？

要　点

1. 非言语行为证据有时被提供用以证明行为人关于事件之信念的准确性。如果行为人意欲通过行为来传达其信念，则该证据被界定为传闻。行为人在诚实性、感知和记忆方面的证言品质都涉及该行为的相关性。

2. 如果行为人并无意图传达信念，则该证据就不被界定为传闻，因而可被采纳用以证明这种信念之真实性，即使行为者感知和记忆方面的证言品质仍在其中起作用。

3. 对法官依据《联邦证据规则》104（a）的裁定而言，行为者的意图问题是一个预备性事实问题。就意图问题说服法官的责任，由对该行为者行为的采纳提出传闻异议的对抗方来承担。

思考题

8.17. 埃德·史蒂芬斯（Ed Stephens）因抢劫银行被起诉。目击证人称，抢劫者穿着一件花哨的夏威夷型（Hawaiian）衬衫。检控方提供了警官艾米丽·詹姆士（Emily James）的下列证言：

> 在发生抢劫的第二天，我根据线索追查各种可能的嫌疑人。我来到了史蒂芬斯的家，发现只有史蒂芬斯太太在家。我问她是否可以给我看看她丈夫前一天穿的衬衫，她递给我一件夏威夷型衬衫，该衬衫被标记为展示件 A。当她走进卧室时，我还盯着她，看到她把一个皮包藏在床下。在她把衬衫交给我后，我对皮包进行了搜查，发现里面装满了钱。该皮包被标记为展示件 B。

辩方律师以传闻为由，对整个证言以及展示件 A 和 B 都提出了异议。结果如何？

8.18. 拉尔夫·本森（Ralph Benson）和杰里·杰克逊（Jerry Jackson）拥有一艘小游艇，他们将其停靠在明尼苏达州的里奇湖上。6 月 15 日早上，拉尔夫，他的妻子及两个孩子乘该游艇游湖。突然湖上刮起暴风雨，从此再没有人见到过本森一家或那艘游艇。杰克逊起诉为该游艇投保因坏天气导致损坏或损失的保险公司。该保险公司依赖该保单的一项条款，该条款规定损失发生时该游艇必须处于适航状态下，才允许赔付。为了证明这艘游艇确实处于适航状态，杰里·杰克逊作证说："6 月 15 日早上，我注意到拉尔夫·本森曾登船认真检查了游艇，并招呼他的妻子和孩子们上船，向湖中开去。"保险公司律师以这个证言是传闻为由提出异议，结果如何？

8.19. 回到上文第 461 页思考题 8.13，桑德拉·艾弗斯诉琼斯食品店案。

（1）在她的律师要求下，原告艾弗斯提供了一盘说明其在家里活动的录像带，作为证明该摔伤对其身体状况之严重影响的相关性证据。

（2）被告方证人食品店经理克伦·拉森（Karen Larson）会作证说："我是琼斯食品店经理，在艾弗斯女士摔倒那天，从上午 8 点到下午 5 点 30 分我都在店中。那天我没有收到任何有关地板上洒有番茄酱的投诉。"该证言是否具有相关性？证据提出者可能还需要提供什么补充事实？该证言应以传闻为由被排除吗？

471

8.20. 本·雅各布森（Ben Jacobsen），一位 50 岁的前铁路消防员，被指控凶杀，对在一个不常使用的调车场里一位睡在车厢内的男人进行致命射击。犯罪发生在 7 月 23 日星期二，大约上午 11 点。雅各布森辩称，他没有犯罪，并说是两个十几岁的男孩作的案。他传唤铁路雇员哈里·温特斯（Harry Winters）出庭作证如下："在 7 月 23 日星期二上午 11 点后不久，我看到两个十几岁的男孩在车厢附近，他们正从那里跑开。"这个证据是传闻吗？

8.21. 原告因错误逮捕而起诉警察。该警察因酒后驾车而逮捕原告。在审判时，原告提交了经过适当鉴真的证据证明，她已被审理该指控问题的陪审团无罪开释了。这是传闻吗？

8.22. 回到上文第 461 页思考题 8.10。如果探员格雷罗（Guerrero）未就秘密"线人"陈述的具体内容作证，而是作证说："在我进行的导致被告人贾马尔被捕的调查中，我和一位秘密线人进行了联系。"这是传闻吗？

8.23. 为了证明达西（Darcey）一直吸食毒品，达西一位朋友的证言被提供如下："去年 12 月 31 日，我到州戒毒康复中心拜访了达西，他是那里的患者。"这是传闻吗？

8.24. 在对堂娜·德雷佩（Donna Drape）合谋进口非法物品海洛因的公诉中，检察官提供了警官爱德华·康利（Edward Conley）有关一条名叫博斯科的 9 岁德国牧羊犬的证言。康利警官作证说，博斯科所受的训练，就是通过嗅觉来发现麻醉品。康利警官接着作证说，他带着博斯科于 1999 年 3 月 23 日来到罗得岛州克兰斯敦（Cranston）的一个银行。博斯科对银行的几个区域进行"搜查"，如金库和出纳台，它并无什么反应。康利接着带博斯科来到一间放着一只装有 9 000 美元袋子的屋子，当他指令博斯科去搜查毒品时，这条狗"发出一种强烈且具有侵犯性的警示，叼着袋子并把它撕开，把钱叼在嘴里并撕碎了这些钱"。其他证据证实，使博斯科作出反应的那些现金，是德雷佩带到银行准备购买现金支票的。这个证据应当以传闻为由而被排除吗？能以其他理由排除吗？

8.25. 回到上文第 253 页思考题 4.19。恩赛·钱德勒（Ensign Chandler）关于 GPS 显示屏上显示数据的证言是否为传闻？

8.26. 在对克莱夫·贝利（Clive Bailey）就合谋持有大麻并蓄意销售的控诉中，检控方提供了执行逮捕的警官的证言。该警官作证说，一位名叫华盛顿的女士（Ms. Washington）在收取一桶海运来的大麻时被抓。华盛顿女士同意配合警方，在警方便衣陪同下将大麻分销至指定收货方。她之后驱车前往住所，两名警方便衣紧随其后，华盛顿女士拨出一个电话并按下一串代码。15 分钟后，克莱夫出现在华盛顿的车前，打开了车的后备厢，但在看到警方便衣后迅速逃离了现场，但随后被捕获。警方便衣发现了他的传呼机，上面显示克莱夫收到华盛顿打来的电话以及华盛顿输入的代码。该证言的任何成分是传闻吗？

七、对陈述人未申明信念的真实性相关的话语

言语行为，即陈述人的口头或书面言词，常常能清晰表达陈述人的信念。但有时，产生言语行为的陈述人信念并未被明确陈述，但可以从口头或书面言词中推断出来。当言语行为被提供用以证明未申明（推断性）信念之真实性时，是言语行为传闻吗？要回答这个问题，我们必须先来谈谈这种话语的相关性。

（一）未申明信念之相关性

以下是一些仅当话语被提供用以证明陈述人未明确陈述其信念时可能具有相关性的例子（另参见上文第 463 - 467 页）。在我们关于行人和灰色越野车司机的假设案例中，假设在目睹行人被撞后，萨莉对乔治说："越野车司机肯定喝多了。"且假设，该行人并未试图证明司机喝醉了。萨莉陈述的相关性将取决于一个推论，即萨莉有一个未申明的信念，她认为灰色越野车司机在撞上行人时，开车很鲁莽或操作不当。该行人可以提出萨莉的陈述，以证明这一未申明的信念是真实的。要素性事实是司机开车很鲁莽或不当驾驶。根据这一理论，该陈述的相关性取决于萨莉的所有证言品质，因此要求在证言三角形中有一个完全的运行过程。如图 8 - 8 所示：

就该行人案中的争议问题作进一步的推论，将涉及萨莉感知到何种不当驾驶的判定。有关该交通事故的其他事实将显示，萨莉所指的很有可能是指该司机未能在红灯时停车。

在对吉姆·哈里斯（Jim Harris）殴打指控的假设中，假设在警方询问是谁先动的手时，这位女士对吉姆说"赶快离开这里"。或者，一名男子说"吉姆·哈里斯应该自首"。这些言论对于检控方的案件可能有相关性，但对于证明吉姆应该离开或者应该自首没有相关性。这些陈述的相关性将取决于一个推

472

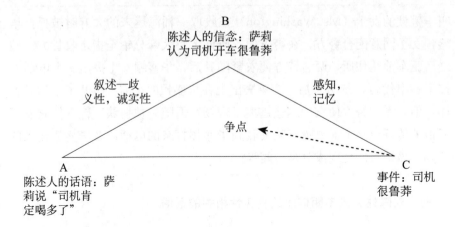

图 8 - 8

论，即该女士和男士认定是吉姆先动的手。此处，这种信念也是未明示的，但是，检控方可以通过提供上述两方陈述来证明这一未明示的信念是真实的。这一相关性理论也要求对该女士和该男子所有证言品质的信赖。

你们可能问，在当庭询问萨莉相信那场事故究竟如何会更能揭示其确定性的情况下，该行人为什么会想要使用萨莉的庭外陈述。对于酒吧中的那位女士和男士来说，情况也是如此。为什么不传唤他们作为证人，并当庭询问他们是否看到吉姆先动手？答案是，有时候陈述人无法被传唤为证人——他们无法出庭、不愿意出庭或者遗忘了自己所看到的事情。此时，他们的庭外陈述就是其所知和信念的最佳来源，即使那些信念并未明示。

最后一个有助于确立这种观点的例子。在州诉杜兰德案［State v. Dullard, 668 N. W. 2d 585（Iowa 2003）］中，布伦特·杜兰德（Brent Dullard）以故意持有一种受管制的制造甲基苯丙胺（冰毒）的原材料而被定罪。根据线索，警方对杜兰德与其母亲共处的住所和车库进行了搜查。在车库中，警方发现了可能是制造冰毒原材料的物质（麻黄素和乙醚），以及生产冰毒所常用的工具。根据艾奥瓦州法律，杜兰德及其母亲共同拥有该车库（其中藏有上述违法物品）。因此，为了证实杜兰德持有制造冰毒的原材料，检控方必须证明杜兰德对此"拥有实际知识或者拥有使陪审团可以推断杜兰德知情的情况"。这导致检控方要提供一个在车库木桌中发现的小螺旋圈笔记本作为证据，上面有无名氏笔记如下：

B——

我不得不走进房间小便，以平复紧张的心情。刚才我出门找布莱恩时，我看到街北面朝我们方向的停着一部警车，车外有个家伙，他周围没有其他人。

检控方声称，上述记录是试图写给杜兰德（"B"）看的，对于表明作者需要告诉杜兰德关于警察的信念（因为杜兰德参与并实际上知道车库内的毒品活动）具有相关性。这一相关性信念是非明示的；且无名氏笔者无法出庭作为证人。

你们可以看到，正如以上假设的萨莉的陈述和所讨论的关于吉姆·哈里斯的陈述，对未知名笔者证言品质的所有推论，对于证明该笔记的相关性都是必不可少的。也许作者知道布伦特·杜兰德对其车库中的物品一无所知，但想要误传他参与其中的事实（诚实性风险）；或许该作者误写了"B"，而其本意是写"E"（叙述风险）；或许笔者错误地感知或者忘记了布伦特实际的行为，并搞错了布伦特是否参与其中（感知和记忆风险）。即使你认为上述所有风险或其中几项风险微不足道，它们的存在都包含着传闻政策。如果你是杜兰德的律师，你肯定想要有机会对该笔记的作者进行交叉询问。

（二）联邦证据规则 801（a）和（c）的应用

两个世纪以来，法院和评论者们一直在奋力解决反对传闻规则应当如何将我们上述所讨论的话语进行归类的问题。艾奥瓦州最高法院提出了这种默示的、未申明的信念——普通法上的术语被称作"默示断言"（implied assertion）根据艾奥瓦州证据规则［类似于《联邦证据规则》801（a）和（c）］是否为传闻陈述的问题。

1. 字面意思路径

《联邦证据规则》801（a）将"陈述"定义为"一个人的口头断言、（或）书面断言"。《联邦证据规则》801（c）将传闻定义为"由一方当事人作为证据提出，以证明该陈述所断言事项之真实性"的（当事人）陈述。如果对上述定义进行字面理解，杜兰德案中陈述人记录在手稿上的书面断言，并非是提供用以证明所断言事项的真实性。相反，法院认定："通过字里行间传递出来的暗示，该手写笔记仅被用以表明陈述人的信念"，即所称收信人杜兰德知情，因此持有毒品实验室的原材料。（668 N. W. 2d at 591.）

如果对《联邦证据规则》801（a）和（c）进行字面解读，由于相关信念

474 并未在笔记中作为一项断言予以明示，该笔记不得作为用以证明所断言事项之真实性的陈述。如果这些定义应用于上文我们所讨论过的萨莉有关"司机肯定是喝多了"的陈述，或者应用于假设案例中有关吉姆哈里斯应该"赶快离开酒吧"或"应该自首"的陈述，也会得到同样的结论。这些话语并非传闻，因为提供它们并非是用于证明字面上所明确断言事项之真实性。

2. 普通法路径

在普通法上，法院使用术语"默示断言"来指那些从陈述人明示的信念上看无相关性，但从陈述人暗示、未申明的信念上看却有相关性的话语。在杜兰德案中，艾奥瓦州最高法院把笔记视为包含了作者"默示断言"的信念，即杜兰德知情并持有毒品实验室原材料。该法院描述了这种普通法路径：

> 默示断言普通法路径的起点必定始于著名且旷日持久的赖特诉泰瑟姆案 [Wright v. Tatham, 112 Eng. Rep. 488 (Ex. Ch. 1837)]。该案涉及因立遗嘱人无行为能力而废除该遗嘱的诉讼。……在审判中，该遗嘱提供者提供了多封不同个人写给立遗嘱人的信函，内容涉及各种商业和社会问题。……提供这些信函的目的在于，证明这些缺席陈述人此前肯定相信该立遗嘱人有能力就信函中讨论的不同话题进行思想交流。……因此，这一信念已构成立遗嘱人有行为能力的证据。(668 N. W. 2d at 591.)

赖特案意见已成为普通法上的一般规则。法院将书面信函类推适用至非言语行为，其相关性取决于行为人的信念。它判定，"那些只作为缺席陈述人就争议事项之暗示的陈述或意见才具有相关性的断言，与缺席陈述人的实际陈述或意见一样，以同种方式构成不可采的传闻。"

如果传闻定义的目标是要识别那些庭外话语，就要求对陈述人的证言品质进行全面评估（要求围绕证言三角形有一个完整的运行过程），那么，赖特案裁定言之有理。我们已讨论过的所有与证明未明示信念（普通法称为默示断言）相关的话语的例子，都要求对陈述人所有证言品质进行推论。根据传闻政策，这表明对宣誓、观察陈述人的行为举止以及交叉询问作出要求是正当的。罗杰·帕克（Roger Park）教授给这种普通法风险分析贴上了"陈述人导向"(declarant - oriented) 的传闻检验标签；这一检验"关注的是对这种话语的使用是否需要，取决于庭外陈述人的可信性"。罗杰·C. 帕克：《麦考密克论证据法和传闻证据概念：批判性分析及其给法学教师的建议》[Roger C. Park, McCormick on Evidence and the Concept of Hearsay: A Critical Analysis Followed by Suggestions to Law Teachers, 65 Minn. L. Rev. 423, 424 (1981)]。

3. 《联邦证据规则》801 (a) —— (c) 否定了普通法路径

联邦证据规则起草咨询委员会对《联邦证据规则》801 (a) 的注释说：一些特定话语已从传闻定义中移除了，即使它们的相关性取决于陈述人的证言品质。这种对普通法"陈述人导向"路径的摒弃，被简要陈述并谨慎证成如下：

> 导致（非断言性）……行为的情形，如同实际上消除了诚实性问题。 *475*
> 类似考量支配着非断言性言语行为，以及虽为断言性却被提供作为对某些非断言事项进行推断之根据的言语行为，也被（c）款的语言排除在传闻证据定义之外了。

该注释依赖于对非断言性行为［《联邦证据规则》801 (a) 将其定义为非传闻］和两种言语话语的类比。第一句话说，行为人的非断言性行为证据与诚实性危险无涉。为什么？因为行为人没打算使用其行为来传达其信念。回想一下前面所举的依据《联邦证据规则》801 (a) 作为非传闻采纳的非断言性行为的例子。如果没有传达的意图，行为人就没有机会说谎，即决定通过行为来传达虚假信息。在下一句话中，该注释说，所有"非断言性言语行为，以及虽为断言性却被提供作为对某些非断言事项进行推断之根据的言语行为"，也不存在不诚实性风险，因而这种话语也应被排除在传闻定义之外。

"非断言性言语行为"可指那些告诫性声明、指示和命令。"吉姆，快逃！"是这种话语类型的一个例子。"提供用作推断所断言事项之外某些事项之根据"的断言性言语行为，可以涉及像杜兰德案笔记的断言——一种仍然具有传闻危险、对于证明未明示信念具有相关性的话语。然而，该注释并未对任一种陈述进行解释或者举例，因此这些陈述的含义还是存在模糊之处。此外，"非断言性言语行为"是一个矛盾体，因为几乎所有有意识的话语都在努力断言某种事情。然而，当话语被提供用以证明陈述人非明示的信念时，联邦证据规则起草咨询委员会似乎否决了传闻定义的普通法路径。

八、《联邦证据规则》801 详述：法院拒斥字面意思路径而采用"意图"检验

对于未明示信念具有相关性的陈述，许多联邦法院在面临《联邦证据规则》801 (c) 字面意思路径和普通法路径之间的选择时，对这两种路径都采取了拒斥的态度。它们代之以寻求辨别那些具有最高不诚实风险的陈述，并仅将那些陈述作为传闻予以排除。这种分析路径所基于的原理是：人们所说或所写的言词也许具有传达某些事情的意图，这不同于言词本身正式表达的事情，或有额外的含义。人们在进行交流时，以多种不同方式来使用语言。如果说出

"吉姆·哈里斯应该自首"的人，旨在传达其未明示的信念，即用这种言语方式来表明吉姆先动手打人，那么，它可以选择"撒谎"来传达关于吉姆的虚假信息。当说话者意图传达一种未明示的信念时，不诚实的危险性其实在增加。

476

（一）司法创设的意图检验

法院所采用的识别那些具有最高不诚实危险陈述的检验方法有多种不同的表述。一些法院对"所断言事项"的解读是宽泛的，足以将那些故意暗示以及明示的事项囊括进来——因此将这类传闻称为"默示断言"。在帕克诉赫夫案［Park v. Huff, 493 F. 2d 923, 927 (5th Cir.), *rev'd on other grounds*, 506 F. 2d 849 (5th Cir. 1974) (en banc)］中，法院说，在"陈述人意欲留下一个特定印象的可能性"存在的情况下，陈述人作出的暗示被告人对一起谋杀合谋进行资助的陈述是传闻证据。在合众国诉曾尼案［United States v. Zenni, 492 F. Supp. 464, 468－469 and n. 21 (E. D. Ky. 1980)］中，法院承认，虽然《联邦证据规则》801（a）"似乎并不要求审判法院对言语行为是否旨在作为一个断言作出预备性裁定"，但法院判定，为了将一些"默示断言"纳入定义之中，需要作出关于意图的裁定。曾尼涉入来电者与被告的赌博事件，该事件引起的刑事指控称，被告非法收受赌注。来电者只想投注——他们当中没有任何人试图传达"曾尼是个庄家"的信念。因此，法院将这些电话界定为非传闻证据。将这一裁定与发生在英格兰的女王诉基利案［R. v. Kearley, 2 App. Cas. 228 (H. L. 1992)］比较，该案裁定依据是早期判例赖特诉泰瑟姆案（Wright v. Tatham），基利认为，那些给被告住处打电话索要毒品的人所作的陈述是传闻。这两项裁定中哪一个最符合《联邦证据规则》801（a）—（c）？曾尼案还是基利案？他们中谁比对方有更坚实的政策基础？

意图检验在很大程度上是一种司法创设。在《联邦证据规则》重塑之前，《联邦证据规则》801（a）（1）将言语断言定义为"陈述"，且不包含意图检验。与之形成鲜明对比的是，《联邦证据规则》801（a）（2）关于非言语断言作为"陈述"的定义，包含了意图检验。③ 在创设这项检验的过程中，法院都依据联邦证据规则起草咨询委员会对《联邦证据规则》801（a）注释的一段

---

③ 但参见重塑后《联邦证据规则》801（a）的文字内容："陈述"指一个人的口头断言、书面断言，或者若该人试图将其作为断言的非言语行为。是否可以说最后一句中，"其"所指的既包括口头和书面断言，也包括行为，进而说该规则本身将意图检验（the intent test）也应用于言语陈述中未明示的信念？回答可能是否定的，因为这将是对该规则的实质改动。

话，强调了意图对于断言在识别传闻上至关重要的作用："该定义的关键是，除非意图作为一项断言，否则什么都不是断言。"反之，如果有断言之意图，似乎就有传闻。许多证据法评论者对此表示同意。

　　许多学者主张，使用陈述人的意图或它的某种客观表现，来判定陈述人的陈述所断言的是什么。为了防止断言的定义（所断言事项之真实性的字面检验）完全任意武断，某种意图检验似乎是必要的。罗杰·C. 帕克：《"我没有告诉他们关于你的任何事情"：〈联邦证据规则〉作为传闻的默示断言》[Roger C. Park, "I Didn't Tell Them Anything About You": Implied Assertions as Hearsay under the Federal Rules of Evidence, 74 Minn. L. Rev. 783, 800 (1990)]。

477

（二）应用意图检验的困难

　　意图检验或许可以表述如下：当一项庭外话语对于证明一种信念的真实性具有相关性时，这种信念不同于陈述人的字面话语的真实性或者比其更加丰富，如果陈述人意欲传达未明示的信念之真实性，而该信念对该证据的相关性又至关重要，则该证据就是传闻。

　　这种检验的问题之一是"意图"的含义不明确。人们在说话时，他们心里可能同时有许多信念。要符合"意图"沟通的要求，该事项需要在陈述人的意识或思想中占据多么中心的位置？我们看看吉尔（Jill）和一位朋友谈到其同事玛丽时所作的陈述（吉尔一直向她的朋友抱怨该同事）："哼，至少我从未偷过公司的东西。"从谈话的语境看似乎很清楚，吉尔有明确的意图向其朋友传达一项未明示的具体主张，即玛丽从她雇主那里偷过东西。吉尔选择了一种不太寻常的方式来表达这一主张，但这种方式并不会减少任何传闻危险，包括不诚实危险。由于吉尔旨在作出一种暗示传达，她便有机会故意和错误地暗示玛丽偷了东西。同样的分析也可应用于，上文有关在酒吧里谁先动手打人之假设中某人所作的"吉姆·哈里斯应该自首"的陈述。

　　吉尔的意图以及那个男子的意图可能是相当清晰的，但在许多情况下，可能很难确定是否存在表达未明示断言的意图。请考虑以下例子：

　　在对（共同被告人）梅菲尔德（Mayfield）的房子进行搜查时，电话铃响了，一名警察接了电话。一位身份不明的女声要求和"基思"（Keith）讲话。警察回答说，基思正在忙。打电话的人接着问，基思是否"还有东西"。警察问打电话的人她这是什么意思，打电话的人回答说

"50"。警察说"有"。合众国诉朗案［United States v. Long，905 F. 2d 1572，1579 (D. C. Cir. 1990)］。

被告人基思·朗（Keith Long）曾被指控持有和意图贩卖可卡因。打电话之人的询问，显然是建立在她关于基思是个毒贩且此前曾卖给过她毒品之信念基础上的。但陈述人当时的意图是要传达什么呢？也许该陈述人仅仅是想表达她对毒品的渴望，而并非试图断言"基思现在是个毒贩"。但是，在该陈述人意识的某个层面，她仍是将自身的行为建立在自己的认识之上，即基思此前曾卖给过她毒品，她也清楚自己的询问将传达这一点。在审判时，该陈述人的上述庭外话语被采纳了，朗被定罪。在上诉中，朗辩称："这些询问所直白揭示的假设，与直接断言在功能上显然是一样的……打电话之人通过她的询问，实际上是在断言'基思曾拥有过强效可卡因，并在梅菲尔德的住所进行贩卖。'"（上引案例。）上诉法院不认可此处涉及"意图"：

> 通过对打电话者意图的调查，我们轻而易举地摒弃了朗关于默示断言的说法。朗并未提供任何证据表明，打电话的人通过其询问意欲断言他曾参与过毒品交易。打电话的人可能确实通过其问话传达了关于朗的某些信息，但任何这种信息都仅仅是次要的且并非有意。上引案例［Id. at 1580］。

478　　你是否同意法院的结论？打电话者的陈述更像吉尔"至少我从未偷过公司的东西"声明，还是更像杜兰德案中笔记撰写人的陈述？

为了准确确认说话者的意图，陪审团会要求足够多的事实信息。庭外话语通常都是由无意中听到的第三方来向陪审团进行描述的。第三方证人关于该话语作出后当时情况的证言，有可能就是陪审团唯一能获得的相关信息。如果该话语是书面的、文件形式的和对它进行鉴真的证人，对有关意图可能提供更少的信息。斯蒂芬·A. 萨尔茨伯格，麦克尔·M. 马丁和丹尼尔·J. 卡普拉的《联邦证据规则手册》［3 Stephen A. Saltzburg, Michael M. Martin, & Daniel J. Capra, Federal Rules of Evidence Manual 1473 (7th ed. 1998)］指出，可以通过一项客观（而非主观）意图检验来充分解决应用"实际意图"检验的实际困难："问题应该是，一个理性人作了一个诸如该陈述人所作的同样的陈述，其是否也会意欲表达当前证据提出者为其真实性所提出的默示断言。"

最后，就陈述人是否秉持必要意图的问题，哪一方当事人应当承担说服法官的责任？就处理事实性问题的不确定性而言，传统的法律策略是分配证明责任。通过分配证明有某种意图或缺少某种意图的责任，作出错误裁定的风险会分配给一方当事人而不是另一方，以此来促进证据政策。和《联邦证据规则》402 的包容性推定一致，人们所提议的大多数意图检验，都把证明意图的责任施加给证据的异议方："就像对待行为那样，指出陈述人具有传达默示断言之意图的非证据提出者，应当承担证明责任。"斯蒂芬·A. 萨尔茨伯格，麦克尔·M. 马丁和丹尼尔·J. 卡普拉：《联邦证据规则手册》[3 Stephen A. Saltzburg, Michael M. Martin & Daniel J. Capra, Federal Rules of Evidence Manual at 1473]。

（三）一些法院仍在坚持普通法路径

艾奥瓦州最高法院在杜兰德案中并未采纳字面意思路径和意图检验方法，而是采用了普通法的"陈述人导向"路径来分析传闻定义。该法院判定，由不明陈述人所写的笔记是传闻，即使该书写者无意断言布伦特·杜兰德知晓并持有车库中的毒品原料。

> 有意和无意行为或言论之间的区别仅涉及诚实性风险……其他传闻危险仍然存在，因而有必要进行交叉询问。此外，在直接断言的可靠性……是不诚实的情况下，甚至不诚实的危险也会出现。……默示断言并不比明示断言更可靠。(668 N. W. 2d at 594 - 595.)

在杜兰德案判决后两年，马里兰州上诉法院对普通法路径和联邦意图检验，以及大量学者文献作了一次详尽的分析。它扩大了"所断言事项"（matter asserted）的含义，并裁定：

> 在所提供的言词之证明力取决于陈述人传达了一种事实主张的情况下，该言词构成了那个主张的一种"断言"。陈述人的意图……是不相关的。如果该言词……在法庭上被提供用以证明（所传达的）主张（所断言事项）之真实性，按照我们的规则，它就是传闻。斯托达德诉州案 [Stoddard v. State, 887 A. 2d 564, 577 (Md. 2005)]。

479

一些联邦巡回法院通过排除那些仅与陈述人未明示信念相关的陈述（而不做任何关于陈述人意图断言该信念的任何裁定），看起来也是在应用普通法路径。参见温斯坦和伯格：《温斯坦的联邦证据法》[Weinstein and Berger, Weinstein's Federal Evidence § 801. 10 [2] [c], at 801 - 10 to 801 - 12 nn. 13, 15 (McLaughlin ed. , 2d ed. 2003)]；卡连：《传闻与非正式推理》[Callen, Hearsay and Informal Reasoning, 47 Vand. L. Rev. 43, 47 - 48 n. 18 (1994)]。尽管如此，公正地说，主流司法实践会采纳与未明示信念相关的非传闻陈述（当陈述人并不试图断言那些信念时），并在适用意图检验来排除那些由于存在虚构可能而看上去含有重大诚实性危险的陈述。

要　点

1. 联邦证据规则起草咨询委员会对《联邦证据规则》801 的注释，将《联邦证据规则》801（a）和（c）解释为，对于被提供用以证明陈述人未明示信念的口头和书面话语，将其排除在传闻定义之外。这种话语不能被提供用以证明其断言的字面事项之真实性。

2. 这些话语的相关性还取决于陈述人的证言品质。但当陈述人无意传达未明示的信念时，诚实性危险可能很小，且这种话语类似于非断言性行为。

3. 在大多数司法辖区，如果法院认定，陈述人特别有意传达一个未明示的信念，它通常将该话语作为传闻加以排除。

4. 传达之意图或许是难以证明的，这是因为事实的不确定性，或是因为意图之含义的歧义性。

────注释和问题────

1. 自赖特诉泰瑟姆案之后，在这些话语——也称"默示断言"——应当被归类为传闻还是非传闻以及实现其最有效的学说检验问题上，实务界和理论界一直存有争论。对这场争论最有见地的贡献是：《传闻和默示断言研讨会：最高法院会（或应当）如何裁定基利案?》[The Symposium on Hearsay and Implied Assertions: How Would (or Should) Supreme Court Decide the Kearley Case?, 16 Miss. C. L. Rev. 1 (1995)]。其他文章包括：迈克尔·S. 帕尔多：《证言》[Michael S. Pardo, Testimony, 82 Tul. L. Rev. 119 (2007)]；迈克尔·H. 格雷厄姆：《联邦证据手册》[Michael H. Graham, Handbook of Federal Evidence Section 801.7, at 73 - 77 (5th ed. 2001)]；克雷格·R. 卡伦：《传闻证据和非形式推理》[Craig R. Callen, Hearsay and Informal Reasoning, 47 Vand. L. Rev. 43 (1994)]；保罗·S. 米利克：《〈联邦证据规则〉的传闻证据再考察：一些疯狂的方法》[Paul S. Milich, Reexamining Hearsay Under the Federal Rules: Some Method for the Madness, 39 Kan. L. Rev. 893 (1991)]；罗杰·C. 帕克：《我没告诉他们关于你的任何事情：〈联邦证据规则〉作为传闻证据的默示断言》[Roger C. Park, "I Didn't Tell Them Any-

thing About You"：Implied Assertions as Hearsay Under the Federal Rules of Evidence，74 Minn. L. Rev. 783（1990）］。正如上文所述，1992 年，在英国上议院重申了在赖特诉泰瑟姆案、女王诉基利案［Wright v. Tatham，Regina v. Kearley，2 App. Cas 228（1992）］中所确定的普通法之默示断言路径。然而，大约十年后，2003 年《刑事司法法案》（The Criminal Justice Act of 2003）第 115 节否决了这一普通法路径。其中关键内容包括：传闻定义仅包括那些"在法院看来，作出该陈述的人意图（或意图之一）已经（a）使另一人相信该事项，或者（b）使另一人……基于所陈述的事项来行事的陈述"。根据这一检验标准，杜兰德案中的笔记是传闻吗？

思考题

8.27. 回到上文第 461 页思考题 8.13。为了证明摔倒的地上有番茄酱，桑德拉·埃瓦茨（Sondra Evers）提供乔尔（Joel）作为证人，该证人将就桑德拉摔倒前不久的情况作证说，她听到另一位顾客说："小心番茄酱!"乔尔当时站在过道里，没看到那个顾客当时看到了什么。它是传闻吗？

8.28. 回到上文第 150 页思考题 3.4，州诉布莱尔案（State v. Blair）。在诺玛（Norma）遭受袭击的前一天，她在私人日记中写道：

> 吉姆这次真的伤害了我。当我跟他说我要离开时，他变得更加暴力。我并不想让任何人读到这个内容，并且在我去往洛杉矶时，会烧毁这本日记。

这是传闻证据吗？

8.29. 被害人单独与弗雷德（Fred）及斯坦利（Stanley）在一起时遭到枪击。为了证明是弗雷德射杀被害人，检控方提供了以下证据：

（1）被害人在事件发生后立即作出的陈述："斯坦利救救我，我中了一枪。"

（2）被害人在医院的陈述："无论如何，别让弗雷德在这里。他要伤害我。"

8.30. 弗雷德（Fred）和约翰（John）被警察以抢劫罪逮捕。弗雷德对约翰说："别担心，我没对他们说任何关于你的事情。"如果将其提供用以证明约翰是该抢劫的参与者，是传闻吗？

8.31. 在向便衣警察出售了两包高尔夫球大小的海洛因后，罗杰（Roger）在一个购物中心停车场被捕。罗杰告诉警方，在其毒品交易过程中，弗兰克（Frank）作为他的眼线，开着一辆蓝色面包车一直在停车场兜圈。警方询问了弗兰克，但他坚称对毒品交易一无所知，并矢口否认曾开车在停车场兜圈。弗兰克现在法庭上被起诉合谋贩卖海洛因。有证据表明，在警方和弗兰克谈话时，他的手机反复响起。一位警官 10 次接起电话，每一次打来电话的都是"要买海洛因的人"。没有关于这些匿名来电者对警官实际上说了什么的证据。法院判定，这些来电不是传闻：

> 即使这些来电包含了断言，政府方提供它们并不是为证明其真实性，而是为了阐明其所反映出的事实。弗兰克连续收到 10 次索要海洛因请求的事实，是证明其参与贩卖海洛因合谋的间接证据。被告方辩称，这些来电包含了关于来电者信念的暗示的事实断言，即来电者认为被告能够提供所需的海洛因；但是，检控方提供这些来电记录并非用以证明这些暗示的事实断言之真实性。即使来电者实际上并无真实意愿买毒品，也不相信弗兰克能卖毒品，其收到 10 次这类来电的事实仍是其卷入海洛因贩卖合谋的证据。

你对该法院的推理有何看法？如果这些来电者不想买毒品或者不相信弗兰克能供应毒品，他们怎么会打电话过来？假设弗兰克收到的仅仅是 1 次来电，法院能用同样的推理吗？如果法院适用"意图"检验法，结果如何？

九、对传闻定义的反思：《联邦证据规则》801 应当修改吗？

传闻定义的目标至少是双重的。它应当通过辨别哪些证据应当受制于《联邦证据规则》802 传闻禁止，而促进传闻政策的发展。其还应当提供尽可能清晰和简明的规则，以便法官能够在审判进行过程的紧张气氛中及时适用这些规则。因此，在传闻定义中负载意图检验，无论是从时间耗费还是从事实认定能力来看，都是不受欢迎的。如果这样的话，意图就必须被忽略，传闻之识别仍仅仅聚焦于言词话语的字面内容，以便弄清所提供的证据是否用以证明这些言词的真实性？

当然，一种替代方案是用杜兰德案所采用的"陈述人导向"方法来界定传闻证据。这一方法将把所有这种令人困惑的话语界定为传闻，根本没有必要做任何"意图"检验。结果将是，那些其相关性取决于围绕证言三角形完整运行的话语被大批量地排除。

对传闻定义而言，还有其他解决方案。在《得克萨斯州刑事证据规则》(Tex. R. Crim. Evid.) 801 (c) 和《得克萨斯州民事证据规则》(Tex. R. Civ. Evid.) 801 (c) 中，得克萨斯州采纳了强调用话语证明陈述人信念的"所断言事项"的定义。"所断言事项"包括"明示断言的任何事项，以及由陈述所暗示断言的任何事项，如果所提供的陈述之证明力源于陈述人对该事项的信念"。麦克尔·格雷厄姆 (Michael Graham) 教授提出了一个相似的定义，该定义关注的是必要的诚实性推论的存在：

> "传闻证据"是以证据形式提供的陈述，而不是陈述人在审判或听证过程中作证时作出的，其相关性取决于（1）所断言事项之真实性，或（2）陈述人对所断言事项之真实或虚假的信念。麦克尔·格雷厄姆：《"迂腐者的传闻证据"：理解反对传闻规则的一种简化方法》[Michael Graham, "Stickperson Hearsay": A Simplified Approach to Understanding the Rule Against Hearsay, 1982 U. Ill. L. Rev. 887, 921 (1982)]。

482

在实践中，法官在搞清庭外陈述中陈述人传达的未申明信念之具体意图之前，可能按照字面意思来适用《联邦证据规则》801 (c) 关于所断言事项之真实性的标准。接着，他们会专门构思某种意图检验来排除它。这种应对之举可否接受？罗杰·帕克 (Roger Park) 教授认为，法官们对现行规则的适用得心应手：

> 对已公布判例法的审阅，并未发现任何明显不公正迹象……通常情况下，这些案件一般涉及那些被归结为（非传闻）的话语，这些话语并不产生不诚实危险，进而影响运用它们的目的……按照现行的断言定义，联邦法院在解决默示断言难题上达到了公正的结果。帕克文，《明尼苏达法学评论》[Park, 74 Minn. L. Rev. at 836 - 838]。

摈弃作为所断言事项之真实性检验、意图检验和陈述人导向检验之基础的类型化思维 (categorical thinking)，或许是可能的。该定义可能关注更具可操作性的问题，即从其内容或语境来看，话语似乎很少引发诚实性危险。保罗·米利克 (Paul Milich) 教授提出了一种具体检验，即要求对诚实性风险进行司法评估：

> 如果从有关环境和所使用的语言来看，陈述人可能未用特定的说话风格在争议事实上撒谎，因而不诚实性风险的降低将会使这种证据免于落入

"断言"定义和《联邦证据规则》"传闻"定义。保罗·S. 米利克：《在联邦证据规则语境下重新审视传闻规则：一些疯狂的方法》[Paul S. Milich, Re-examining Hearsay under the Federal Rules：Some Method for the Madness, 39 Kan. L. Rev. 893, 909 (1991)]。

从定义向基于个案对诚实性风险进行明确评估的转变，使得审判法官在适用基本传闻排除规则方面有了更多自由裁量权。诚实性危险的减少将换来更高的证明力，庭外话语将逃脱这种定义束缚，因为审判法官在评估它们时认为其具有更高的证明力。如果上诉法院尊从这种评估，则与现在根据"所断言事项之真实性""意图"或"陈述人导向"等更类型化的定义所进行的上诉审查相比，上诉审查可能更少。另参见亚历克斯·斯坦：《证据法的根基》[Alex Stein, Foundations of Evidence Law 193 - 196 (2005)]（争辩传闻之陈述取向的定义太狭窄，而陈述人导向的定义又过于宽泛，建议采用一种广义标准，当就某一陈述作证的证人为事实认定者提供了有关该陈述可信性和背景条件之可检验的信息时，授权法院去采纳任何明示或暗示的传闻陈述）。

我们在此所探讨的，仅仅是在传闻定义问题上涌现出来的一些学术思想片段。就像我们在本章开始时所述，一个简短的原则性定义，只能对传闻禁止的全部理由作不完全的把握。任何只关注辨别诚实性危险的传闻检验方法，都表明了其忽略感知和记忆危险的取向。这反映了一种对我们审判制度中其他得失攸关之价值的妥协，包括审判效率、对陪审团事实认定的信赖、审判法官的角色和上诉审的性质。不同定义反映的是在何处予以妥协这一问题上的不同考量。在你们学习了传闻一般排除规则的豁免和例外之后，我们将再次审视当前讨论的一些内容，以及整个传闻证据规则之意义、功能和未来的不同思想。

483

第二节　以豁免和例外采纳传闻证据的一般路径

许多庭外陈述虽然是传闻，但仍被采纳为证据，以证明其所断言事项之真实性。《联邦证据规则》801（d）将 8 种庭外陈述从传闻证据定义中豁免出来，而《联邦证据规则》803、804 和 807 则为《联邦证据规则》802 排除规则创设了 29 项明确例外。就法官采纳这些多种多样陈述的程序而言，在《联邦证据规则》801（d）传闻豁免与《联邦证据规则》803、804 或 807 的传闻例外之间，没有什么区别。豁免和例外是相同的。正如我们在下文所解释的，就宪法第六修正案对质原则之目的而言，美国最高法院也认为它们是无法区分的。我们在本章的不同节次中来讨论它们，仅仅是出于篇章结构上的便利。

一、豁免和例外的正当理由

然而，采纳各种不同类型传闻陈述的正当理由是不同的。《联邦证据规则》的起草者们在规则801（d）创设了豁免类别，以采纳部分传闻陈述，其根本理由就是存在对这些陈述人进行交叉询问的可能性。而大多数根据《联邦证据规则》803、804和807所采纳的传闻例外，其正当性是其基于存在着可以降低一项或多项传闻危险的情形，这使得这些陈述与其他传闻相比也许更"可靠"（trustworthy），无疑也更经得起庭审中的对抗式检验。因此，理论上对缺少交叉询问的顾虑是次要理由。

我们在本章接下来每一节更详细地分析了这些正当理由，而你们应当问自己，你们认为它们有多强的说服力。在耗费了大量时间和努力来识别传闻，并理解了根据传闻政策为什么要排除它以及如何排除它之后，你们可能震惊地看到，大量传闻通过豁免和例外是多么顺利地被采纳了。

二、类型化方法

《联邦证据规则》801（d）、803和804在传闻证据采纳上都采用了一种类型化方法。《联邦证据规则》807应用了一种非类型化的"可靠性"（trustworthiness）方法，这种方法将在第六节专门进行讨论。所谓"类型化方法"（categorical approach）是指，这些规则确定了可以因其真实性而采纳的庭外陈述的具体种类。这些种类有时是根据陈述人是谁来界定的，有时是根据陈述的内容来界定，有时是根据作出该陈述的环境来界定。你们现在应当通过阅读这些规则，对这些类型形成一个整体印象。

484

三、采纳程序

《联邦证据规则》801（d）、803和804的采纳程序如下：一般情况下，证据提出者为证明陈述人的庭外陈述，要通过提供听到该陈述的证人证言，或提供包含有该陈述的展示件，例如记载了该陈述的文件，录制了该陈述的磁带或其他录制品。一般情况下，对方会以传闻为由提出异议。为了对该异议作出裁定，法官必须根据《联邦证据规则》801（a）-（c）来确定该陈述是否为传闻。如果是，该陈述的提出者要承担提供基础铺垫证据——一般情况下，证据包括陈述人是谁，陈述内容是什么，或作出该传闻陈述的庭外环境——的责任，以满足具体豁免或例外所规定的类型。这些豁免和例外的原则性条款，将告诉你们需要提供什么样的基础铺垫证据。然后，法官裁定所提供的陈述是否符合具体种类的豁免或例外。

四、基础铺垫要求

我们把这种基础铺垫证据称为基础事实（foundation facts）。参见埃莉诺·斯威夫特：《传闻的基础事实进路》[Eleanor Swift, A Foundation Fact Approach to Hearsay, 75 Calif. L. Rev. 1339 (1987)]。正如你们在第四章所见，展示件的提出者必须提供基础事实，以满足《联邦证据规则》901（a）的鉴真和辨认标准。同理，根据《联邦证据规则》801（d）、803和804，证据提出者必须提供基础事实，以满足这些规则的具体类型细则所设定的标准。一般情况下，这将意味着证据提出者必须提供能够就这些基础事实作证的证人。我们把这种证人叫做基础铺垫证人（foundation witness）。

举个例子，证人乔在法庭上作证，指认被告萨姆（Sam）是犯罪或侵权行为的实施者。在犯罪或侵权发生几天后在警察局举行的列队指认中，乔所作的陈述说，实施者是彼得（Peter）而不是萨姆。被告萨姆显然想要提供这一先前陈述作为证据，来证明他不是实施者。乔的先前陈述能否采纳用来证明其所断言事项之真实性？能，如果它属于传闻豁免或例外类别。通过阅读《联邦证据规则》801（d）（1）（A），你们将看到如下基础铺垫要求：

- 该陈述是由正在法庭作为证人作证的陈述人作出的；
- 该陈述人正就该陈述受到交叉询问；
- 该陈述的内容与其在审判中提供的证言不一致；
- 该陈述是经宣誓如作伪证愿受处罚后作出的；以及
- 该陈述是在审判、听证、其他诉讼程序或询证存录过程中作出的。

我们现在仅聚焦第四项要求，证据提出者将必须提供关于该陈述是否为根据伪证罪惩罚而作出的基础铺垫证据。可以提供基础事实（乔是在正式宣誓或见证后作出该陈述）的基础铺垫证人可能是乔本人；也可能是安排列队指认的警察；或者，可能是看到过乔并能够说"乔在宣誓或见证后作了该陈述"的任何别人。在听取这一基础铺垫的证言后，法官将裁定该类型化的要求是否已经得到满足。这是一个对于适用证据规则所必要的预备性问题。如大家所知，《联邦证据规则》104规制这样的问题。在适用《联邦证据规则》104背后的政策时，你们应当能够确定法官是在适用《联邦证据规则》104（a）还是（b）。作为一个总的原则，《联邦证据规则》104（a）会适用，除非上面列举的作为基础铺垫要求的事实对于该庭外陈述的相关性具有必要性。它们具有必要性吗？你们会看到它们没有必要性。无论该陈述是不是在宣誓后作出的，乔的先前陈述对于证明萨姆不是违法行为实施者都具有相关性。因此，根据《联邦证据规则》104（a），法官必须被优势证据说服，认为基础铺垫要求得到了满足。这是证据提出者的责任，且是传闻证据被采纳的关键。在进一步讨论《联邦证据规则》801（d）、803 和 804 时，我们将对这一司法裁定过程作更多的探讨。

五、多项豁免和例外规定可能适用

在你们学习传闻豁免和例外时，请记住，一项庭外陈述有时会同时满足多项豁免或例外规定而被采纳。例如，由现在正在作为证人作证的当事人提供的询证存录证言，既可以根据《联邦证据规则》801（d）（2）（A）采纳用来反对该当事人，也可根据《联邦证据规则》801（d）（1）（A）作为宣誓后作出的先前不一致的陈述而采纳用来反对该当事人；一项陈述既可能是《联邦证据规则》803（1）所规定的即时感觉印象，也可能是《联邦证据规则》803（2）所规定的激奋话语；一份文件既可作为《联邦证据规则》803（8）的公共档案而采纳，也可作为《联邦证据规则》803（6）的业务档案采纳。在这种情况下，证明该证据属于一项传闻豁免或例外，就足以推翻传闻异议。与此类似，除了我们后面所要讨论的一种情况，证据并不完全符合一项特定传闻豁免或例外这一事实，并不妨碍其根据别的豁免或例外而被采纳。

六、《联邦证据规则》805

一项陈述包含另一项陈述是相当普遍的。考虑一份关于携带致命性武器进行攻击的警察报告，其中引用一位救治被害人的外科医生陈述："被害人告诉我，他被刺伤了三次。"或者，一位朋友可能告诉你："你将对 X 教授刚刚说的话难以置信，"紧接着他概括了 X 教授说的内容。警察报告和你朋友对 X 教授陈述的概括都是包含陈述的陈述。如果外层包含陈述的陈述和内部被包含的陈述都被提出用以证明其真实性，这就引发了一个关于"传闻中的传闻"问题，有时候也被称为"双重传闻"或"多重传闻"。《联邦证据规则》805 解决的就是这个问题。

486

《联邦证据规则》805：传闻中的传闻

包含在传闻中的传闻，如果该组合陈述中的每个部分均符合本规则的一项例外，不适用传闻排除规则。

这就是说，无论何时提出多重传闻，其中每一个传闻陈述都必须属于《联邦证据规则》801（d）豁免规定，或者《联邦证据规则》803、804 或 807 例外规定。每一项单独的传闻陈述必须通过各自的豁免或例外规定而被确定为可采。

多重传闻证据的提出者承担着满足所有豁免和例外被使用之实际要求的责任。任何一种豁免和例外的组合都是允许的。

将这些例子称为"多重传闻"，是预设了所提供的每一层陈述都被用以证明其真实性。但情况并非总是如此。其中一层或多层也许是出于本章前面讨论过的非传闻目的类型而被提供的。在这个意义上，将该问题界定为"陈述中的陈述"也许更为准确。为了跨越可采性障碍，每一项陈述都必须符合传闻豁免或例外，或者是为某种非传闻目的而提出。思考一下巴克诉美国雀巢股份有限公司案 [Back v. Nestle USA, Inc., 694 F. 3d 571, 577 - 578 (6th Cir. 2012)]。这个年龄歧视的案件得到原告同事宣誓陈述书的支持。根据该宣誓陈述书，被告人力资源主管重申了一项上级高管关于辞退最年老雇员计划的陈述。联邦第六巡回法院依据《联邦证据规则》801（d）（2）（D）裁定该主管的陈述可采。法院解释说，如果原告能够通过独立的证据证明，陈述人是在其雇佣范围内作出的陈述，那么该高管的陈述亦可依据《联邦证据规则》801（d）（2）（D）而被采纳。因为原告没有提出这样的证据，所以他同事的宣誓陈述书未能满足《联邦证据规则》805 的要求。

七、对质条款

还有必要再做一点介绍。在刑事诉讼中，被告方有权"同反对他们的证人对质"，这是美国宪法第六修正案予以保障的权利。美国最高法院将这项权利解释为，检控方通常情况下不得在刑事审判中运用所谓的"证言性"（testimonial）传闻陈述。克劳福德诉华盛顿州案 [Crawford v. Washington, 541 U. S. 36 (2004)]。我们将在本章第七节讨论"证言性"一词的含义以及应用证言性标准的复杂情况。克劳福德案及其以后判决对部分（但非全部）传闻例外产生了影响，且其禁止性规定也有例外（比如陈述人作为证人在法庭上作证的情况）。我们在此提出对质问题是因为，有一些符合传闻豁免或者例外规定的归罪性传闻陈述还必须经过克劳福德案检验。我们在下文第三、四、五、六节会明确提出克劳福德案问题。

第三节　传闻豁免

《联邦证据规则》801（d）将某些类型的庭外陈述从传闻证据定义中豁免出来。这些陈述可以采纳去证明它们所断言事项之真实性，假定它们除此之外不会遭到异议的话。《联邦证据规则》801（d）（1）豁免了某些由当前出庭作证的证人先前所作的某些陈述。《联邦证据规则》801（d）（2）豁免了由一方当事人或附属于一方当事人的人所作的陈述，只要该陈述是被提供用以反对该方当事人的。阅读联邦证据规则起草咨询委员会对《联邦证据规则》801（d）注释，将使你们了解围绕这两种宽泛的庭外陈述类型的传闻地位存在着争议。

一、《联邦证据规则》801（d）（1）和（2）

规则 801　定义

（d）不构成传闻的陈述。符合下列条件的陈述不是传闻：

（1）陈述人—证人的先前陈述。

陈述人当庭作证，并对先前陈述接受交叉询问，且该陈述：

（A）与陈述人的证言不一致，且是过去在审判、听证或其他程序，或者在询证存录过程中，面临伪证罪惩罚情况下作出的；或者

（B）与陈述人的证言一致，并且提供该陈述：

（i）反驳关于陈述人最近对该陈述的捏造或因最近不当影响或动机而作证的明示或者暗示的指控；或者

（ii）对该陈述人作为证人因其他原因受到攻击时的可信性正誉；或者

（C）用以辨认陈述人先前所感知的人。

（2）对方当事人的陈述。

该陈述被提供用以反驳对方当事人，并且：

（A）由对方当事人以个人或者代表资格所作出的陈述；

（B）是该当事人表示采认或相信为真实的陈述；

（C）得到该当事人授权对该事项作出陈述的人所作出的陈述；

（D）该当事人的代理人或雇员在代理或雇佣关系存续期间就该关系范围内事项所作的陈述；或者

488　　　（E）该当事人的合谋者在合谋过程中为促进该合谋所作的陈述。

上述陈述必须予以考虑，但仅凭该陈述本身并不证实（C）款中的陈述人授权；（D）款中关系的存在或范围；或者（E）款中合谋的存在或参与该合谋。

二、《联邦证据规则》801（d）（1）的解释：作证陈述人必须"对先前陈述接受交叉询问"

《联邦证据规则》801（d）（1）允许采纳审判中正在作为证人作证之人在法庭外所作的陈述。因为陈述人——证人在法庭上，受到交叉询问，你们可能认为，该证人的所有庭外陈述都应当作为传闻排除规则的豁免而被采纳。然而，情况并非这样，因为该规则仅仅采纳三类先前陈述。有两项基础铺垫要求对这三种类型均适用：

- 该庭外陈述人正在审判中作证；并且
- 该陈述人对先前陈述接受交叉询问。

考虑上文第484页的例子：乔是一个犯罪或事故的目击证人，正在起诉萨姆（涉嫌侵害人）的刑事或民事案件中作证。在审判中，乔指认萨姆是侵害人。假设在事件刚刚发生后几天之内，乔被带到警察局进行包括萨姆在内的列队指认。在查看了队列后，乔指认彼得而不是萨姆为犯罪人。萨姆想在自我辩护中提供该先前陈述作为证据。根据《联邦证据规则》801（d）（1）（A）、（B）或（C），该证据是否具有可采性？

（一）初始事实认定

1. 陈述人当庭作证

第一个基础铺垫要求是，正在作证的人（乔）被确认为与所提供的庭外陈述之人（乔）是同一个人。合众国诉伯德案［United States v. Byrd, 210 Fed. App'x 101 (2d Cir. 2006)］（被告提供的他的缓刑监督官关于该陈述由被告本人所作之证言不可采，因为被告本人并未作为证人出庭作证）。乔的传闻陈述的提出者，可以通过乔自己对其庭外陈述的承认，或另外一位证人的证言（其作证称，证人乔就是该庭外陈述人）来满足这一要求。

2. 对该陈述的询问

紧接着，法官必须确定乔对该先前陈述接受交叉询问。正如我们所述，对方对陈述人—证人进行交叉询问的机会，是采纳《联邦证据规则》801（d）（1）陈述的主要正当理由。虽然该规则仅仅谈到交叉询问，其可被解释为还包括再直接询问。这就意味着双方当事人在直接或交叉询问中都可以提供证人的先前陈述，接着对方必须拥有对此陈述询问该证人的机会。先前陈述也可在该证人作证以后得到采纳。陈述人—证人必须仍可当庭作证或能为对方当事人再次传唤，以满足对该陈述进行交叉询问的需要（如果该证人在对方之前的询问过程中未被询问过此事的话）。④

请记住，该陈述人—证人的先前传闻陈述现在被提供用以证明其真实性。因此，为了阐明为什么陪审团不应当相信该陈述，该传闻陈述的反对者将想要就该传闻陈述对陈述人—证人进行交叉询问。如果陈述人—证人记得作出过该陈述，也记得该陈述主题所涉事项，交叉询问者就可以引出与评估该陈述人—证人在陈述作出之时证言品质的相关信息。如果陈述人—证人否认其先前陈述之真实性或者试图对其作出解释，陪审团将就其证明力作出决定。如果证人承认先前不一致陈述为真实，那就不存在什么传闻问题，因为其所承认的不一致陈述修正了证人的庭上证言，并成为该庭上证言的一部分。合众国诉洛佩兹案[United States v. Lopez-Lopez, 282 F. 3d 1, 17 (1st Cir. 2000)]（证人承认其"仅在两或三秒钟"看到被告人之先前陈述，而非其在审判中"四或五秒钟"的证言；"承认可以绕过整个传闻问题"）。但是，对先前一致陈述的"采信"并不能消除传闻问题。

3. 对先前陈述的否认或失忆

如果证人否认作过或记不清作过该先前陈述，那将会怎么样？如果先前陈述是经过鉴真的书写文件或录制品，则其制作可能就不存在什么疑问。如果先前陈述没有被记录下来，那么，这将成为当时在场之人——例如，乔在警察局进行列队指认并指认了彼得而不是萨姆时，和他在一起的警察——的证言主题。在审判中，如果乔否认曾作过先前不一致的辨认，此时仍应把乔看作是对该陈述接受交叉询问的证人。但你们将如何对他进行交叉询问呢？很可能的情况是，除了两名证人（如乔和警察）就是否有过该陈述"竞相发誓"，别无

<hr />

④　请注意，这种根据《联邦证据规则》801（d）对于对方就先前陈述询问证人的权利保护，如同上文第417页第七章所讨论的，当证人的先前不一致陈述被提供仅用于弹劾目的时，与根据《联邦证据规则》613（b）所提供的保护是等价的。

他法。

4. 无力回忆起基础事件

也可能发生这样的情况，即证人回忆不起作为陈述主题的有关事件。如果你们觉得这似乎有些牵强，参见合众国诉欧文斯案［United States v. Owens，484 U. S. 554（1988）］。在该案中，遭到殴打的被害人在先前陈述中指认被告欧文斯是攻击他的人，根据《联邦证据规则》801（d）（1）（C）这一陈述被采纳。在审判中，被害人回忆不起曾经见到过攻击者；他能够记得那次殴打以及先前在医院辨认出欧文斯，但他无法回忆起自己如何知道攻击他的人是欧文斯。你将如何对该被害人就关于该攻击的感知和记忆进行交叉询问？该被害人是否应被作为证人来对待，对该陈述接受交叉询问，以满足《联邦证据规则》801（d）（1）的要求？

490   在欧文斯案中，就采纳先前辨认陈述的问题，最高法院驳回了对质条款和规则 801（d）（1）异议。在谈及《联邦证据规则》801（d）（1）的交叉询问充分性时，最高法院裁定：

> 通常情况下，当证人站在证人席上，经宣誓愿意回答有关提问时，该证人就被视为"接受交叉询问"。就像宪法禁律一样，审判法院对询问范围的限制或证人对作证特免权的断言，可能破坏该程序，使得在该规则意图内有意义的交叉询问不复存在。但是，这种结果并非由证人记忆丧失的断言所造成——它……常常恰好是交叉询问所寻求达到的结果，而这能有效地破坏先前陈述的证明力。规则 801（d）（1）（C）明确规定，仅仅需要"对该陈述"进行交叉询问，从字面上看，并没有进一步的要求。（上引案例，第 561 - 562 页。）

因此，欧文斯案对于"就（concerning）"先前陈述对证人进行交叉询问的含义，施加了一个最低要求（这是法条重塑前的语言）。重塑后的法条将"就（concerning）"换成了"对（about）"，但意思没有改变。根据欧文斯案，无论证人是否认作过该先前陈述，还是说不记得有关事件，乃至二者兼有，这都无关紧要。合众国诉哈蒂案［United States v. Harty, 476 F. Supp. 2d 17, 25（D. Mass. 2007）］［根据《联邦证据规则》801（d）（1）（C），证人对被告照片的传闻指认具有可采性，尽管该证人已没有能力回忆起所控犯罪，当前无法认出这张照片，并且无法记起当时他为什么会挑出被告的照片］。

遵循了欧文斯案的下级法院将这种最低限要求者的态度适用到《联邦证据

规则》801（d）（1）（A）规制的陈述上。在合众国诉米尔顿案［United States v. Milton, 8 F. 3d 39（D. C. Cir. 1993）］中，法院判决认为，一个声称同时忘记了有关事件和作过先前不一致陈述的证人，还是要就此接受交叉询问：

> 当证人忘记在先前程序中宣誓后提供的证言及作出该证言的依据，而该证言随后被作为证据提出时，辩方的询问虽然受到削弱，但并不因欧文斯案而变得徒劳。在交叉询问中，仍有可能暴露出"证人的成见、他缺乏小心和注意……甚至他有糟糕记忆力的事实（这常常是交叉询问的主要目的）"。这恰恰是本案发生的情况。辩方律师从琼斯（Jones）这里引出的证言，有助于攻击她在大陪审团程序中的证言可信性。当她站在大陪审团面前时，她承认自己已有毒瘾，正在为戒毒而蒙受痛苦且处于精神失常的边缘。（上引案例，第46－47页。）

在合众国诉基特案［United States v. Keeter, 130 F. 3d 297（7th Cir. 1997）］中，被告辩称，证人假装丧失了对导致诉讼的事件和先前陈述的记忆，因而不能接受交叉询问。联邦第七巡回法院根据欧文斯案裁定："最高法院的观点是，当证人在法庭上必须直视被告时，对质条款（和本规则）的要求就得到满足；陈述人在记忆方面的不足可以知会陪审团。"（上引案例，第302页。）

5. 要求亲身知识

491

联邦第九巡回法院欧文斯案意见［789 F. 2d 750（9th Cir. 1986）］，还讨论了亲身知识的要求。法院和评论者都认为，该要求适用于根据《联邦证据规则》801（d）（1）所采纳的陈述。因此，在欧文斯案中，在证人—陈述人记不得曾在殴打发生时看到过殴打者的情况下，被告人欧文斯辩称，亲身知识没有得到说明。上诉法院最后得出结论说，尚不能说地区法院事实上已对是否有亲身知识作出了裁定。大多数法院对传闻陈述人的亲身知识要求，适用《联邦证据规则》104（a）。这就要求证据提出者达到更高的证明标准，要求法官根据优势证据标准作出裁定。在丧失记忆的情况下，很难作出这样的裁定。

（二）《联邦证据规则》801（d）（1）豁免的其他正当理由

除了证人—陈述人通常会受到某种形式的交叉询问，根据《联邦证据规则》801（d）（1）（A）、（B）和（C）得到采纳的先前陈述的基础铺垫要求，会使那些陈述会比其他传闻更为可靠。

三、《联邦证据规则》801（d）（1）（A）的解释：先前不一致陈述

（一）初始事实认定

《联邦证据规则》801（d）（1）（A）的基础铺垫要求包括：

- 该陈述的内容与法庭上提供的证言不一致；
- 该陈述面临伪证罪的惩罚；并且
- 该陈述是在审判、听证、其他诉讼程序或询证存录过程中作出的。

1. 不一致性

在乔对彼得先前辨认的例子中，通过对两次陈述的内容进行比较，其先前辨认和在庭上对萨姆辨认不一致性的基础铺垫要求就得到确认。通常来说，该不一致性单从内容上就可以看出，尤其是在陈述内容截然相反（一次为真则意味着另一次为假）的情况下。但是，不一致性不仅限于这种相反的情况；"两次陈述有任何实质性差异"都将允许先前陈述的使用。合众国诉杰森案［United States v. Jasin，215 F. Supp. 2d 552，591（E. D. Pa. 2002）］［援引了维恩斯坦《联邦证据》第801.21（2）（b）节］。但有时候，人们会怀疑这种不一致性的事实本身，尤其是当所谓不一致性模糊时。法官应当对不一致性作出一项《联邦证据规则》104（a）裁定——按照更高的优势证据标准。先前陈述的相关性在于证明其自身内容的真实性；相关性并不取决于该陈述是否实际上与证人在审判中的证言不一致。

492　　2. 因逃避作证而产生的不一致性

当证人在法庭上作证时声称对相关事件丧失了记忆，但之前在大陪审团面前就该事件已充分作证的情况下，一些法院仍认定其为不一致。"我们过去已经总结过，一个证人假装记忆丧失，可被视为依据本规则的不一致性，因为不情愿的证人常常借记不清来逃避审问。"合众国诉希思内罗斯—古铁雷斯案［United States v. Cisneros-Gutierrez，517 F. 3d 751，757（5th Cir. 2008）］。不一致性可从闪烁其词的回答、沉默或立场改变而加以认定。合众国诉伊格莱西亚斯案［United States v. Iglesias，535 F. 3d 150，159（3d Cir. 2008）］（在审前证据听证程序结束仅仅两天后进行的审判中，证人的证言就变得"回避、躲闪和具有不确定性"时，在审前证据听证程序中的先前证言被采纳）。

3. 面临伪证罪惩罚及在审判、听证或其他诉讼程序中

作出不一致陈述时的情境，也是《联邦证据规则》801（d）（1）（A）基

础铺垫要求的一部分。证据提出者必须证明，该陈述面临伪证罪惩罚，以及是在审判、听证、询证存录活动或者其他诉讼程序中作出的。这些基础铺垫事实相对而言易于证明，虽然你们会发现乔的先前不一致陈述是在列队指认时作出的，这不能满足在听证程序中作出的要求。但是，列队指认是否为"其他诉讼程序"，进而满足该条规定的要求？通常情况下，访谈和列队指认过程中所作陈述，被认为不属于"其他诉讼程序"含义的范围。这些陈述的作出不受制于伪证罪惩罚，审判、听证以及询证存录活动的正规性，被认为有助于促进证人的可靠性和诚实性；而其他大多数询问活动的随意性，则不具有这种效果。在合众国诉佩雷斯案［United States v. Perez, 870 F. 2d 1222 (7th Cir. 1989)］中，根据《联邦证据规则》801 (d) (1) (A)，辩护方律师与检控方敌意证人进行的审前会晤笔录不具有可采性。该陈述是在宣誓后作出的，且是由法院书记员记录的。但是，它并未满足《联邦刑事诉讼规则》关于询证存录的要求。检控方并不在场，并且法院也没有认可这次会晤（请注意，如果刑事被告主张宪法第六修正案的强制取证程序的权利，此类陈述仍有可能被采纳：参见下文第 611 页）。一些由移民官开展的讯问被法院认定为是"其他诉讼程序"。合众国诉阿雍案［United States v. Ayon, 537 F. 2d 1055, 1058 (9th Cir. 1976)］（讯问与"大陪审团诉讼程序有许多相似之处，两者都包括调查、单方面、纠问、宣誓，基本的检察……得到记录，并都以某种法律形式进行认定"）。

（二）《联邦证据规则》801 (d) (1) (A) 限制的正当理由

联邦证据规则起草咨询委员会最初的建议是，所有先前不一致陈述都可以提供用以证明其真实性，就像加利福尼亚州在《加利福尼亚州证据法典》第1235 节所规定的那样。因为此等陈述在时间上更接近于有关事件，并且陈述人—证人正在陪审团面前作证，传闻危险减弱了。然而，美国国会众议院则决定，可采性应当被限定为经宣誓后作出的陈述，并且在作出该陈述时接受交叉询问。《联邦证据规则》801 (d) (1) (A) 最终版本是这两种立场的折中：证人的不一致陈述只有在审判、听证、其他诉讼程序或询证存录中作出的情况下，才能被提供用以证明其真实性，但没有交叉询问的要求。折中的结果是允许根据《联邦证据规则》801 (d) (1) (A) 采纳向大陪审团所作的陈述，这最常用于检控方证人在审判作证时改口，或宣称记不清其先前作证的有关被告人罪责的事实时。

大多数听证或其他诉讼程序都可能有笔录，因而有关作出先前陈述的事实将比较容易加以证明。根据联邦证据规则起草咨询委员会注释所报告的情况，在《联邦证据规则》801（d）（1）（A）问题上，争论双方也都使用了关于先前不一致陈述可靠性的论据。潜在的伪证罪惩罚和在听证中作出的要求，旨在提高该陈述的可靠性。正如我们前文所述，因为可靠性提升的原因而采纳有关传闻，是传闻例外的典型情况。

（三）不属于《联邦证据规则》801（d）（1）（A）的先前不一致陈述

在普通法上，任何先前不一致的陈述都可以采纳，但仅仅是作为非传闻证据用来弹劾作证证人，而不是提供用以证明其真实性。今天，不属于《联邦证据规则》801（d）（1）（A）范围的所谓不一致陈述仍然可以采纳，但只能用以证明该证人曾经说过不一致的事情，因此不应当被信赖。任何这种陈述满足了相关性的要求，因而根据《联邦证据规则》401和402可采。为这种弹劾目的而使用先前不一致陈述的问题，已经在第七章予以讨论。请注意，当先前不一致陈述依据《联邦证据规则》801（d）（1）（A）被采纳用以证明其真实性时，该陈述的提出者依然必须给陈述人一个机会来解释该陈述与其当庭证言之间的不一致，就像《联邦证据规则》613（b）对所有先前不一致陈述所要求的那样。如果不给证人这样的机会，也不让"对方当事人就这个问题进行询问"，陈述的提供者就不能当庭提出该陈述，除非"正义要求如此"。正如《联邦证据规则》613（b）规定的那样，这种限制不会仅适用于《联邦证据规则》801（d）（2）当事人自认的证据。

四、《联邦证据规则》801（d）（1）（B）的解释：先前一致的陈述

（一）初始事实认定

在我们先前的例子中，乔也许会告诉警察犯罪或侵权事件中涉及的车牌号码，之后也在法庭上作证说出这个号码。如果《联邦证据规则》（d）（1）（B）的要求得到了满足，则以上对警察所作的陈述可以作为先前一致陈述被采纳用以证明其真实性。根据这些要求，该陈述的内容必须与陈述人的证言相一致，并且该陈述被提供：

（1）用以反驳关于陈述人最近对该陈述的捏造或因最近不当影响或动机而作证的明示或者暗示的指控；或者

（2）对该陈述人作为证人因其他原因受到攻击时的可信性正誉。

乔两次陈述的一致性是很明显的。如果对一致性存在疑问，则预备性问题将以上述所讨论的不一致性问题类似的方式加以裁定。

1. 有关最近捏造或因不当影响或动机而作证的明示或者暗示的指控 494

显而易见，各方当事人会发现，本方证人的先前一致陈述为其真实性目的提交给陪审团，对本方而言是有利的。但《联邦证据规则》801（d）（1）（B）规定，只有在作证证人的可信性受到攻击后，该规则才能适用。对于法官来说，对方对证人的交叉询问，或对其他弹劾性证据的采纳是此种攻击的明显证明。在这种攻击实际发生之前，先前一致陈述不应当为证明其真实性而被采纳。这些被称为"对最近捏造或因不当影响或动机"指控的弹劾技巧，已在第七章进行了分析。有捏造动机的常见例子，发生于被告人的同伙进行辩诉交易之后作证反对被告人的刑事案件中。辩方将会以这种方式弹劾这种证人，即表示其已从检控方那里得到了优待，但交换条件是提供证言控告被告人有罪。合众国诉华盛顿州案［United States v. Washington，462 F. 3d 1124，1135（9th Cir. 2006）］［辩护律师指控证人相互勾结，因为其"编造故事暗示（被告）参与了银行抢劫"的辩诉交易协定］。

2. "反驳"指控

在托姆诉合众国案［Tome v. United States，513 U. S. 150（1995）］中提出了一个问题［该案裁定于《联邦证据规则》801引入B（ii）款生效之前］，即是否只有在所称不当影响或动机产生之前作出的一致陈述，才能符合《联邦证据规则》801（d）（1）（B）的要求，被用来反驳有关不当影响或动机的指控。在托姆案中，一名儿童证人在法庭上就其父亲所实施的性侵犯行为作证。在交叉询问后，根据《联邦证据规则》801（d）（1）（B），她进行同样指控的几次先前陈述被采纳用来反驳一项暗示指控，即该儿童的庭上证言是捏造的，其意图动机是想和她母亲生活在一起。然而，这些庭外指控是在该儿童的捏造动机产生之后作出的，也就是说，在主要监护权被裁判给她父亲之后作出的。最高法院的多数法官认为，这些先前指控因此不属于（B）款所指的反驳之意范围。多数意见首先认为，这一术语意味着对一项具体的指控加以反驳，而不仅仅是对可信性进行支撑：

> 问题是，A. T. 的庭外陈述是否反驳了她和母亲生活在一起的意愿与其证言之间所谓的联系，而不是它们是否表明 A. T. 的庭上证言为真。本规则谈及的是当事人对所宣称动机的反驳，而不是对其所讲故事之真实性的支撑。上引案例，第157-158页。

本案多数法官意见认为，联邦证据规则起草咨询委员会《联邦证据规则》

801 (d) (1) (B) 注释所使用的"反驳"(to rebut) 一词，与普通法上的反驳具有同样的含义，这就将 (B) (i) 款的范围限定在捏造动机产生之前所作的陈述。只有在这种动机产生之前作出的陈述才可用来反驳不当动机，因为其一致性将表明庭上证言没有受到这种动机的不良影响。四位持不同意见的大法官，把反驳一词解读为所产生的是相关性问题，而不是严格的动机前时间要求问题。在他们看来，不仅动机前而且某些动机后（post-motive) 一致性陈述对于反驳最近的捏造、不当影响或动机也可能具有相关性，应当根据本规则予以采纳。

自托姆案后裁定的案件都提出了捏造动机的产生时间问题。在多人共谋犯罪的情况下，每个人也许都想要和检控方合作，以求得宽大处理。一般情况下，这种合作涉及提供不利于他人的归罪性证言。动机的捏造是在被捕时产生的吗？合众国诉特鲁希略案 [United States v. Trujillo, 376 F. 3d 593, 611 (6th Cir. 2004)]（下述认定是不可信的："在陈述人—证人被发现在车上藏有超过 50 千克大麻并随之被逮捕后的一两天内，他们没有动机就大麻的来源撒谎以期获得从轻处罚"）。或者，如果有动机的话，直到就合作可换取什么好处而进行探讨时才会产生这种动机吗？一些联邦巡回法院已拒绝认定在逮捕之时总是会产生捏造动机，并要求审判法院根据具体事实对动机作出认定：

> 在逮捕后所作的陈述并不自动和必然被为迎合检控方而捏造的动机所玷污。确实，我们承认，有许多动机可以驱使一个人作出倾吐其所犯罪行细节的决定。

> 但考虑到人类精神活动的复杂性，我们同意联邦第四、第七和第八巡回法院的意见，即证人在作出先前一致陈述时是否有捏造动机，显然是一个应当由审判法院根据个案特定情况来解决的事实问题。相当简单，审判法院处于作出这种决定的最佳位置上，其决定最值得尊从。合众国诉普里图案 [United States v. Prieto, 232 F. 3d 816, 820 - 821 (11th Cir. 2000)]。

你们认为，对人类精神活动中的动机进行事实认定，是否有可能？在辩诉交易情形中，为判定捏造动机产生于何时而设定一条明确的法律规定，是否更可取？

(二)《联邦证据规则》801 (d) (1) (B) (i) 限制之正当理由

在普通法上，显然只有在捏造动机产生之前所作的一致性陈述，才具有可采性。人们认为，宽泛的可采性将会引发采纳编造的一致性陈述风险，并可能给对方带来不公正的突袭。托姆案中的多数意见认可这一普通法上的正当理由。

(三) 超越动机:《联邦证据规则》801 (d) (1) (B) (ii)

截至 2014 年 12 月 1 日，B (ii) 款允许采纳作证陈述人先前一致的陈述，"当陈述人作为证人因其他理由遭到攻击时，要为其可信性正誉"。这意味着，当针对陈述人可信性的攻击并不涉及对其有关最近捏造或最近获得的撒谎动机的明示或暗示指控时，其先前陈述，若在某种程度上具有相关性，将被作为为证明其真实性的证据而得以采纳。

(四) 对支撑可信性陈述的限制继续适用

一致陈述在支撑可信性上依然具有相关性。正如联邦证据规则起草咨询委员会注释所说，为该目的而采纳一致陈述将受到"传统上和公认的限制"，我们在第七章讨论过这个问题。

496

五、《联邦证据规则》801 (d) (1) (C) 的解释：关于辨认的先前陈述

(一) 初始事实认定

在我们列队指认的例子中，现在假设，乔指认萨姆为罪犯或侵权肇事者，并在法庭上作证时指认也是萨姆。对某人进行辨认的陈述，可根据《联邦证据规则》801 (d) (1) (C) 予以采纳，而不需要任何陈述人—证人作出的与庭外辨认一致或不一致的断定证言。此处的基础铺垫要求是：

- 该陈述对一个人进行了辨认；并且
- 该陈述将那个人辨认为该陈述人先前感知的人。

你们可以看到，这些基础铺垫要求是最基本的。乔在列队指认时指认的无论是萨姆还是彼得，都显然符合这种要求。确实，该陈述可以在非列队指认情况下作出，并且不要求宣誓，因此，《联邦证据规则》801 (d) (1) (C) 对可被 (A) 或 (B) 采纳的证据进行补充。与当庭证言具有一致性的先前辨认（乔对萨姆的辨认）是可采的，此时无须证明存在任何对乔的诚实性进行攻击的情况。甚至在乔已经忘记了有关事件且根本就不能进行庭上辨认时，其依然可以被采纳。如果审前辨认与当庭证言不一致（乔对彼得的辨认），即使其根据《联邦证据规则》801（d）（1）（A）不可采（因为其未经宣誓或在听证中作出），它也可以被采纳。陪审团作为事实认定者会决定庭外辨认的准确性。证人在进行庭上辨认时表现得无能力、犹疑不决、收回先前辨认或对被辨认者的具体描述上存在矛盾，都属于"由陪审团处理的事务"范围。曼森诉布雷思韦特案［Manson v. Braithwaite，432 U. S. 98，116（1977）］。

　　1. 将一个辨认为某个为该陈述人先前感知之人的陈述

　　根据联邦证据规则起草咨询委员会注释，《联邦证据规则》801（d）（1）（C）旨在囊括传统列队指认与面对面指认作出的辨认陈述。陈述人将对自己之前见过的犯罪人或参与某次其他争端事件的人进行再次感知。但是，该规则所使用的语言，并不限于列队指认时的再次感知。（C）款被相当宽泛地解释为包括将一个人辨认为在偶然遭遇争端事件之后见过的陈述；辨认某人照片的陈述；以及辨认警察对某人模拟画像的陈述。一般还认为，对陈述人所知的（例如，监视照片中的）人进行辨认的传闻陈述，是允许采纳的，但陈述人没有感知有关争端事件的情况除外。

　　联邦第三巡回上诉法院裁定，在社区发生连环民宅侵入后的一天，有关证人对警方所作的"在民宅被侵入的时间在犯罪现场见到被告三人"的陈述，根据《联邦证据规则》802（d）（1）（C）具有可采性。合众国诉洛佩兹案［United States v. Lopez，271 F. 3d 472，485（3d Cir. 2001）］。该陈述是在未再次感知被告的情况下作出的，法院认定只是"犯罪发生后来到现场的一个人，称他在特定时间和地点看到了特定的人"。这条"洛佩兹法则"之后在另一个案件中被否定，在我们看来，该法则遭到有理的批评，称其与重塑前规则 801（d）（1）（C）的"辨认"含义相悖。合众国诉卡夸托舍案［United States v. Kaquatosh，242 F. Supp. 2d 562，566 - 567（E. D. Wis. 2003）］（有关辨认的陈述，需要通过再次感知来确认当前某特定个人/或照片就是其过去曾见到过的那个人）。假如再次感知不是必需的，那么规则 801（d）（1）（C）地允许采纳指控犯罪肇事者的庭外陈述，这变相地允许采纳没有特定可靠性征兆的指控。联邦法院后续的案例没有再继续上述洛佩兹/卡夸托舍争论，但是大多数援引它的州法院都表示支持洛佩兹案观点，认为规则 801（d）（1）（C）陈述不应仅限于那些仅在正式列队指认等程序中所作的陈述。此外，如果陈述人了解辨认的对象，那么这种陈述可以是在无再次感知的警方面谈中所作出的。州诉亚当斯案［Commonwealth v. Adams，941 N. E. 2d 1127，1130 - 1133（Mass. 2011）］（在两次警方面谈中，被告的弟弟指认被告为开枪人）。重塑后的规则 801（d）（1）（C）"辨认陈述人先前感知的人"的规定未明确表明支持还是拒绝洛佩兹案的观点。

在无再次感知的陈述人向警方作出的某人外形特征描述是否符合规则 801 (d)（1）（C）的问题上，各法院的看法也存在类似分歧。合众国诉布林克案 [United States v. Brink, 39 F. 3d 419 (3d Cir. 1994)]（在发生银行抢劫后的第二天，银行出纳员告诉警察，抢劫者的眼睛是黑色的）；普里尔诉州政府案 [Puryear v. State, 810 So. 2d 901 (Fla. 2002)]（排除了抢劫被害人向警方所称攻击者是一个黑人，少一半牙齿且有体味的陈述）。各州法院的判例法陈述继续反映着这种分歧。

我们的考虑是，有关指控和外形描述的陈述常常根据《联邦证据规则》803（1）和（2）规定的自发陈述和激奋陈述之传闻例外而被采纳，对此我们将在下文第 528 - 530 页进行讨论。如果它们是根据《联邦证据规则》801 (d)（1）（C）予以采纳，就不受那些传闻例外规则所要求的时间和压力情况的限制（但还是会要求陈述人作为证人出庭作证，接受交叉询问）。至于这些陈述是否为"证言性"的，以及在刑事审判中是否会像克劳福德诉华盛顿州案所解释的那样是根据对质条款而予以排除，我们将在下文第七节中进行讨论。

2. 对人的辨认

在（C）款的草案中，看似是限于对人身体特征的陈述。为什么人物辨认具有可采性，而对诸如汽车的辨认则不具有可采性？如果说这种对该豁免的扩展似乎有点过度，那么对人衣着的描述又如何呢？对（C）款语言的解读，究竟应当多宽或多窄的回答，取决于采纳对人的辨认之先前陈述的正当理由。在灰色地带中，人们应当能够说出这一豁免的理由，并用类推法对排除或采纳具体证据加以论证。

（二）有关辨认之先前陈述可采性的正当理由

请记住，《联邦证据规则》801（d）（1）豁免规定的基本理由，是源于对证人—陈述人有进行交叉询问的机会。但是，既然所有先前陈述都不被采纳，为什么有关辨认之先前陈述却包括在该豁免内呢？ *498*

（C）款的正当根据是存在着对先前辨认证言的需要。虽然该规定既适用于民事诉讼也适用于刑事诉讼，但它主要对刑事程序中的检控方有利。联邦证据规则起草咨询委员会注释，把在法庭上所作的辨认描述为"与那些在早些时候更少暗示情况下所作的辨认相比……是难以令人满意和不确定的"。在一些案件中，检察官将辨认之先前陈述用于证明其真实性，这对于避免法院作出无罪开释的指令裁决或许至关重要。某些证人可能确实已经丧失了庭上辨认的能力，正如上文第 491 页所讨论的欧文斯案发生的情况。在此情况下，若没有（C）款的规定，与先前不一致的陈述和与先前一致的陈述都将不具有可采性。此外，还存在这样的风险，即检控方证人可能因为存在对自己或家人的恐吓或威胁而在审判时虚假作证。然而，这种类型化可采性判定方法，并不允许这种个案评估的需要。如果庭外陈述满足了某一类型的要求，它就具有可采性。

　　（C）款基础铺垫要求的存在，是否会增强陈述人证言品质的可靠性，这一点并不清楚。庭外陈述可能更具有可靠性，因为作出该陈述的时间更接近于被辨认人参与事件的时间。但另一方面，庭外辨认陈述并不要求宣誓，其进行情境可能相当不正式，因此不存在什么可以减少所作辨认具有不当动机风险的情形。此外，当该陈述是在警察安排的列队指认情况下而作出时，证人和甚至安排该辨认活动的警察，都可能意识不到可以影响该辨认的可能微妙的暗示因素。研究表明，人的记忆消退得很快。就目击证人辨认证言的可靠性而言，有一项出色的心理学数据概要，*参见布赖恩·L. 卡特勒和史蒂文·D. 佩罗德：《错误辨认：目击证人、心理学和法律》* [Brian L. Cutler and Steven D. Perrod, Mistake Identifications: The Eyewitness, Psychology, and the Law (1995)]。因此，从感知辨认对象后不久就进行辨认的角度考量，赞成采纳先前辨认的论点是最强有力的。把（C）款的规定修改为，辨认之陈述必须在证人对被辨认人感知后"不久"或"立刻"作出，是否更好？

　　（三）宪法维度

　　除了传闻问题，还有相当多的判例法关注先前辨认是否侵犯了刑事被告获得律师辩护权或法律正当程序的宪法权利。例如，参见吉尔伯特诉加利福尼亚州政府案 [Gilbert v. California, 388 U. S. 263 (1967)]（在起诉后证人与被告人的对质中，刑事被告人有权获得律师帮助；拒绝其获得律师帮助的权利，则要求对审前辨认证据加以排除）；曼森诉布拉思韦特案 [Manson v. Brathwaite, 432 U. S. 98, 105 - 06 (1977)]（在辨认很可能是错误的情况下，正当程序要求排除暗示性的审前辨认）。同样重要的是，当警察故意执行暗示性辨认程序，促使证人指认被告为涉嫌犯罪的肇事者时，采纳证人的辨认陈述作为证据，将违背正当程序。福斯特诉加利福尼亚州政府案 [Foster v. California, 394 U. S. 440, 442 - 443 (1969)]。另一方面，如果警察的暗示并非是有意为之，而是诚实行事，进而错误地进行列队指认或其他辨认程序，就不存在正当程序违反的问题。佩里诉新罕布什尔州政府案［Perry v. New Hampshire, 132 S. Ct. 716 (2012)］。

要　点

1. 在下列情况下，作证证人的先前庭外陈述可以为证明其断言事项之真实性而被采纳：（1）与该证人的证言不一致，并且是在面临伪证罪惩罚的程序中所作出的；（2）与该证人的证言一致，并反驳一项关于最近捏造、不当影响或动机的指控，或者回应对证人可信性的不同攻击；或者（3）在感知某人后所作人物辨认的陈述。

2. 根据《联邦证据规则》104（a），法官必须被说服，在采纳任何这种陈述之前，其基础铺垫要求得到了满足。

3. 证人必须就该陈述接受交叉询问；证人不必一定要记得有关事件或作过该先前陈述。

思考题

8.32. 埃丝特·金斯利（Esther Kingsley）和罗伯特·罗比（Robert Roby）同乘一辆汽车时，该车越过两车道高速公路中心线，与威廉·伯德特（William Burditt）驾驶的小型敞篷卡车相撞。埃丝特死于该碰撞事故，其遗产执行人以意外致死为由对罗伯特提起诉讼，诉称是他当时驾驶该车，且他的过失造成了该事故。罗伯特辩称，当时开车的是埃丝特，事故是她的过失。

（1）事故发生几个小时后，威廉·伯德特告诉一位州骑警说："开车的是个男的。"两天后，伯德特告诉一位朋友说："那个女的没有开车。"伯德特被原告遗嘱执行人传唤在审判时作证。伯德特作证说："我记得先前是那个女的开的车。当我们撞在一起的时候，她似乎坐在司机的位置上。"原告能用伯德特的先前陈述来证明当时开车的是罗伯特吗？可以用它来弹劾伯德特的可信性吗？如果没有罗伯特当时正在开车的其他证据，法官将作出一项对原告不利的指令裁决吗？

（2）如果原告拿到对伯德特的询证存录，伯德特当时说"开车的是个男的"。是否具有可采性？出于什么目的？

500

 （3）如果没有询证存录，但伯德特以前提交的一份宣誓陈述书说，"开车的是个男的"，以支持原告提出的对罗伯特不利的简易判决动议。可采吗？出于什么目的？

 （4）假设，在（1）中的陈述被采纳用来弹劾伯德特。原告还对伯德特问道："在审判前一个星期，罗伯特对你的卡车在碰撞事故中遭受的巨大损失作了赔偿，这是不是真的？"伯德特回答说"是"。相关吗？可采吗？

 （5）假设，（4）中的证据被采纳了。罗伯特接着提供了伯德特同事所提供的证言，在开始审判的前一天，伯德特说："你知道，我认为开车的是那个女的。"相关吗？可采吗？

 （6）假设有两个男人——埃德温（Edwin）和罗伯特——在与伯德特的卡车相撞时在小汽车里。埃德温死于碰撞事故，他的继承人以意外致死为由起诉罗伯特，诉称罗伯特当时在驾驶汽车。罗伯特说当时是埃德温在驾驶汽车。原告提供了伯德特在事故刚刚发生后对一位州骑警所作的证言："开车的是那个男的"，然后他指认了罗伯特。可采吗？出于什么目的？

 （7）事实同（6）。如果在事故发生几天后，伯德特对一位朋友说："开车的是那个黑头发、穿着蓝夹克的男人。"这会怎么样？（罗伯特长着黑头发，在事故发生那天穿着蓝夹克。）

 8.33. 回到上文第 149 页思考题 3.3，合众国诉雷案（United States v. Ray）。在该案审理中，2016 年 1 月，贝斯·巴克（Beth Barker）在直接询问环节为检控方作证，称她记得朱·雅各布斯（June Jacobs）递给她由外部审计师安德鲁斯（Andrews）于 2015 年 3 月 14 日书写的备忘录。她继续作证称，她将该文件于同日（3 月 14 日）放入雷的"来件箱"内，并于次日（3 月 15 日）将这份文件从"发件箱"中移除。她还记得，雷已经在该文件上签了自己名字的首字母。

 （a）在交叉询问环节，辩方律师问了如下问题：

 问：巴克女士，在本案中，你曾于 2015 年 12 月 1 日在预审中作证，对吗？

 答：是的。

 问：我当时问了你一些问题，你还记得吗？

 答：是的。

问：我是否问了你如下问题，且你作出了如下回答？（阅读预审记录）

"问：朱·雅各布斯是什么时候把审计师备忘录交给你的？

答：我记得是 3 月 18 日。"

在检控方提出传闻异议的情况下，巴克在预审中的回答记录是否可以压倒异议，而被采纳用以证明朱·雅各布斯在 3 月 18 日将审计师备忘录送到雷的办公室？

（b）辩方律师接着申请将展示件 B（一份经鉴真的标注日期为 2015 年 12 月 19 日贝斯·巴克签名的书面宣誓陈述书）采纳为证据。其中相关部分如下：

> 我，贝斯·巴克声明：
>
> 2015 年 3 月 18 日，朱·雅各布斯亲自递给我一份来自审计师安德鲁斯的备忘录，并说"雷先生得看看这个。"我记得这件事是因为，雅各布斯女士很少亲自来为雷先生递交文件。
>
> 我声明若作伪证愿受惩罚，以上陈述全是真的，且是对我所知的正确表达。
>
> 贝斯·巴克（签名）

在检控方提出传闻异议的情况下，这份宣誓陈述书是否可以压倒异议，被采纳用以证明朱·雅各布斯于 3 月 18 日将审计师备忘录送到雷的办公室？

（c）在交叉询问中，辩方律师还向巴克问了如下问题：

问：巴克女士，2016 年 1 月 20 日，在受雇于朗唐公司期间，你是否因为从一项零用现金基金中挪用了 250 美元而被逮捕？

答：是的。

问：该资金挪用发生在 2016 年 1 月 5 日，对吗？

答：应该是的。

问：巴克女士，今天你作证言称，2015 年 3 月 15 日，你将上面有雷先生签名的 2015 年 3 月 14 日的审计师备忘录，从雷先生的"发件箱"中移除，这个说法是不是你编造出来的，用以换取检控方对你挪用资金指控的从轻处理？

答：不，不是这样的。

辩方律师：我没有进一步的问题了。

检控方接着传唤了一位美国联邦调查局探员，他作证称，2015 年 6 月，他曾与贝斯·巴克进行过面谈，当时巴克告诉他，她记得 2015 年 3 月 15 日将一份日期为 3 月 14 日来自外部审计师安德鲁斯的备忘录移除。她还告诉这位联邦调查局探员，雷先生在上面亲笔签名，且她将其存档。在辩方律师提出传闻异议证据的情况下，这份证言是否可采？

8.34. 埃德·拉森（Ed Larson）因武装抢劫银行而被起诉。特里·戴维斯（Terry Davis）作为合谋犯罪人，对同一指控作了有罪答辩，现正在服 20 年徒刑。戴维斯承认，他参与了抢劫，但他辩称，记不清是否有合作者，即使有的话，他也记不清合作者是谁了。他还辩称，记不清是否曾就有过合作者而对任何人作过陈述。为了证明拉森和戴维斯一起实施了抢劫，检察官提供了以下证据：（1）戴维斯在大陪审团程序中所作的笔录，其证言对拉森参与抢劫作了描述；以及（2）一位警官的证言，大意是，戴维斯在抢劫发生几天后被逮捕，他对犯罪作了供认，并说拉森是他的合谋犯罪人。被告人对这两件证据都提出了异议。结果怎样？

8.35. 拉里·爱默生（Larry Emerson）因纵火罪而受到审判。检控方关键证人艾丽丝·黑斯廷斯（Alice Hastings）在被授予一项豁免后作证说，她曾和拉里合谋对纵火进行了策划，但接着就退出了这一策划。在交叉询问中，辩方律师询问了为获得她的证言而对其作出的承诺，并暗示她之所以作证反对爱默生，是为了将自己从罪责中解脱出来。检控方接着传唤了一名逮捕黑斯廷斯时在场的警察作证说，黑斯廷斯是自愿开始和警察交谈的；她没有就其可能获得的好处提出过任何问题；另一位警察告知过黑斯廷斯，她的合作情况会被告诉地区检察官；在作出任何关于这种合谋的陈述之前，黑斯廷斯已指认拉里·爱默生是纵火者。根据《联邦证据规则》801（d）（1）（B），这一证言是否具有可采性？

8.36. 被告与乔·威廉斯（Joe Williams）在一个夜店斗殴。威廉斯倒地，被告则被驱逐出夜店。据称，被告之后带着一支枪回到夜店，枪击了威廉斯。虽然据称的杀人武器未被找到，被告在联邦法院被控犯有非法持有枪支弹药罪，这是一种重罪。在审判中，威廉斯的一位朋友霍姆斯（Holmes）作证称，他目睹了被告犯下的这场斗殴和枪击。威廉斯的女友接到她外甥电话称威廉斯因斗殴倒地，她在枪击发生后立即赶到现场。威廉斯的女友作证说，当她 30 分钟后到达现场时，她在停车场碰到了霍姆斯。她继续作证说：

我问霍姆斯:"发生了什么,发生了什么?"霍姆斯回答:"他枪击了他。"我说:"谁枪击了他?"霍姆斯说:"被告枪击了他。"

根据《联邦证据规则》801 (d) (1) (C),审判法院采纳该证言,是否错误?

六、《联邦证据规则》801 (d) (2) 的解释:当事人自认概述

《联邦证据规则》801 (d) (2) 每一子项都界定了一种具体的庭外陈述类型,这些陈述是作为本案一方当事人的陈述人或与当事人有某种指定类型附属关系的人作出的,提出该陈述也是为了反对该当事人。(A) - (E) 款的基础铺垫要求主要集中在当事人和陈述人的关系问题上。对于所有这些款项来说,唯一的共同要求是,证据提出者必须提供陈述人的陈述反对对方当事人。在审判中,是否使用对方当事人自己的陈述或其附属人的陈述来证明反对该当事人的案情,是证据提出者的选择。

在我们详细探讨《联邦证据规则》801 (d) (2) 每一款之前,你们应当再迅速通读一遍:

(d) 不构成传闻的陈述。符合下列条件的陈述不是传闻:

(2) 对方当事人的陈述。

该陈述被提供用以反驳对方当事人,并且:

(A) 由对方当事人以个人或者代理人资格所作出的陈述;

(B) 是该当事人表示采认或相信为真实的陈述;

(C) 得到该当事人授权对该事项作出陈述的人所作出的陈述;

(D) 该当事人的代理人或雇员在代理或雇佣关系存续期间就该关系范围内事项所作的陈述;或者

(E) 该当事人的合谋者在合谋过程中为促进该合谋所作的陈述。

503

我们将用下面的例子来说明 (A) - (E):

假设戴 (Day) 和摩尔 (Moore) 在一项业务中是合伙人。他们因在2014年准备和提交了虚假的合伙所得税申报表而一起受到审判。检控方的证据表明,戴和摩尔通过由合伙企业赚得的支票兑现,将收入从合伙企业中转移到他们自己囊中。检控方诉称,戴和摩尔既没有在合伙企业也没有在他们自己的个人所得税申报表中计算这些收益。在审判时,摩尔自我辩护作证,否认知道并参与了这样的图谋。检控方接着试图引进经

适当鉴真的录音带来反对戴和摩尔。该录音带记录了国内税务局职员在调查 2014 年该合伙企业所得税申报表与摩尔会面时摩尔所作的陈述。对此，戴并不知情。摩尔被录制的陈述表明，戴和摩尔都参与了转移收入和逃避税收的图谋。然而，这并非是在宣誓后作出的陈述，将不作为《联邦证据规则》801（d）（1）（A）规定的先前不一致陈述而具有可采性。

根据《联邦证据规则》801（d）（2）（A），该陈述是否可以被采纳用来反对摩尔本人？是否可被采纳用来反对戴？根据《联邦证据规则》801（d）（2）（B）、（C）、（D）或（E），这一陈述是否可以被采纳用来反对戴？如果你能够让该陈述符合（A）款的要求用来反对摩尔，或符合（B）、（C）、（D）或（E）款的要求用来反对戴，那么，尽管该陈述是提供用以证明其所断言事项之真实性——摩尔和戴都参与了提交虚假税收申报表的非法图谋，它也将从传闻定义中被豁免出来，作为证明其真实性的实质证据具有可采性。

七、《联邦证据规则》801（d）（2）（A）的解释：当事人自述

（一）初始事实认定

对于当事人自认的基础铺垫要求是：

- 该陈述是由一方当事人作出；并且
- 该陈述被提供用以反对该方当事人。

这可能是所有传闻豁免和例外中最为简单的基础铺垫要求了。摩尔的录音陈述很容易就能满足该条件，只要其被提供用以反对摩尔本人。任何当事人（无论原告还是被告）在任何情况下对任何案件（无论民事还是刑事案件）作出的任何庭外陈述，如果被提供用以反对该当事人，都可能具有可采性，除非根据其他理由而被排除。

当事人的陈述当然必须具有相关性，并且不受制于其他证据规则而被排除。根据《联邦证据规则》801（d）（2）（A），有罪答辩、询证存录、个人文件、制作的图表以及对话性的口头陈述，都可被采纳用来证明其真实性。特鲁尔诉美洲大众汽车公司案［Trull v. Volkswagen of America, Inc., 187 F. 3d 88, 98（1st Cir. 1999）］（原告为先前诉讼制作的表明有关碰撞事故存在不同说法的图表，在其反对货车制造商的诉讼中被采纳用来反对原告本人）。根据《联邦证据规则》801（a），如果当事人的非言语行为因其意图作为一种断言而

属传闻时，它就是本条规则或任何其他传闻例外或豁免所称的陈述。例如，对归罪性提问的点头同意，可在随后的起诉中被作为一种自认而采纳用来反对被告人。

如果在审判中证据提出者提出规则 801（d）（2）（A）陈述来反对某一方当事人，该证据提出者必须认为该陈述是对该当事人不利的。因此，当事人自认有时被称为"不利自认"（admission against interest）。我们强烈敦促你们避免使用"不利自认"这一术语。首先，采纳豁免的基础铺垫要求中并不要求陈述在作出时于己不利，也不要求作出该陈述的人认为它于己不利。有时陈述在作出很久之后才显现出其"于己不利"的属性。其次，你们之后会发现，对"于己不利的陈述"（declarations against interest）存在一个非常明确的传闻例外。习惯于把当事人自认简称为自认，有利于避免在"于己不利的陈述"和自认之间造成混淆。

（二）个人和代表资格

《联邦证据规则》801（d）（2）（A）控制着在审判中由个人作出的提供用以反对同一个人的陈述自认。但是，一个人既可以个人身份，也可以某个其他实体或个人的代表——受托人、遗嘱执行人或监护人——的身份讲话，并可以是当事人。本条规则规定了不利于个人的陈述自认问题，即使这些陈述是该人以代表身份在庭外讲出的。关于 1985 年 10 月 31 日遴选组成的联邦特别大陪审团冻结案由 [In re Special Federal Grand Jury Empanelled Oct. 31, 1985 Impounded, 819 F. 2d 56, 59 (3d Cir. 1987)]（陈述人完全以公司代理人身份向大陪审团所作的陈述，可以被采纳用来反对作为个人的他）。一个人无论是以个人还是以代表资格在法庭外所作的陈述，在该人完全以当事人代表的身份出庭时，都将被采纳用来反对该人。谢佛地产诉执行人案 [Estate of Shafer v. Commissioner, 749 F. 2d 1216, 1219 (6th Cir. 1984)]（死者儿子所写的信函，可被采纳用来反对作为其父亲遗产共同执行人的他，不论当初该儿子是以个人身份还是以遗嘱执行人身份写的这封信函）。根据《联邦证据规则》801（d）（2）（C）或者（D），当诸如公司这样的实体作为当事人时，其代表的陈述可以被采纳用来反对该实体，但这并非是根据《联邦证据规则》801（d）（2）（A），这一点我们将在下文第 511 - 515 页中进行讨论。

（三）自认、亲身知识和外行意见

　　自认豁免与其他传闻豁免和例外有两方面的不同。首先，自认豁免不要求当事人的自认要建立在第一手知识的基础上。这一点与所有其他传闻例外和规则 801（d）（1）的陈述明显不同。联邦证据规则起草咨询委员会在《联邦证据规则》801（d）（2）（a）注释中指出，诉讼对方的自认不受"意见规则和要求第一手知识的规则的限制性影响。"就当事人本人的自认免除对亲身知识的要求问题，麦考密克提出以下理由：

505

　　　　就诉讼中大多数变得具有相关性的自认而言，它们都涉及某些对于陈述人有实质重要性的事项，对此他们自己很可能已经知悉，因此，这样的自认相比一般传闻而言，具有更多的可靠性，即使它们并非建立在直接观察基础上。此外，陈述人可能掌握有其对手不能证明的重要信息，这一可能性非常大。《麦考密克论证据法》[McCormick on Evidence，Vol. 2 Sec. 255，at 183 (Kenneth S. Broun, ed.，6th ed. 2006)]。

　　你们认为这一理由能令人信服吗？是否还存在免除这一要求的其他理由？在不使用对方当事人庭外陈述的情况下，该自认的提出者是否很容易就能证明，对方当事人知道他们争议的事实？

　　其次，在证据是自认的情况下，法院对于采纳意见陈述往往会持宽容态度。由于提出自认所反对的一方当事人可以站在证人席上，就该意见的根据加以解释，在这种情况下，不适用意见规则似乎是合理的。取消亲身知识要求及意见规则的限制意味着，某一诉讼方的自认可能是基于他人的传闻陈述或根据环境作出的推论。

八、《联邦证据规则》801（d）（2）（A）：政策与实际应用

　　正如你们能从规则 801（d）（2）（A）的广度所见，"具有更强可靠性"的说法不能成为当事人自认具备可采性的正当理由。在该规则中，就庭外陈述的内容或作出该陈述的环境并不存在什么限制。我们再次强调，该陈述在作出时不必是"于己不利的"。相反，《联邦证据规则》801（d）（2）全部五项条款的正当理由均与下列考虑因素有关，即审判的对抗制以及在我们更广泛的社会生活中的选择自由和个人责任方面的价值。就（A）款所规定的当事人自己陈述的可采性而言，这些考虑因素作为其可采性的正当理由发挥着最强有力的作用。当一方当事人面对的是其本人作出的庭外陈述时，便不能貌似合理地抱怨

说自己不能对陈述人（指他自己）进行交叉询问。正如我们将在本章随后各节所见，这些理由随着当事人和陈述人之间关系的弱化而变得不那么强有力了。因此，可能提升庭外陈述的需要或可靠性的环境因素被添加进了每个款项的基础铺垫要求中。

（一）交叉询问和解释的机会

传闻之所以被排除，主要是因为对方缺少通过交叉询问揭露陈述人在叙述、诚实性、感知和记忆方面不足的机会。然而，正如我们先前已经指出，诉讼中的当事人不能合理地抱怨缺少对自己进行交叉询问（self-cross-examination）的机会。存在可行的替代方案。如果一方当事人的传闻陈述被对方提出并采纳用以反对其本人，该方当事人可以走上证人席对此进行反驳，其有充分机会就陈述准确性方面的问题加以解释。简而言之，对于直接受到本案结果影响且正坐在法庭中的当事人来说，抱怨说不能够对自己进行交叉询问似乎是荒唐的。这些看法在民事案件中是正确的，并且，除了受制于宪法第五修正案的顾虑，在我们以上所讲的在刑事案件中也适用。

（二）第五修正案之忧

当刑事被告的自认被提供作为归罪证据反对其本人时，这种自认必须是基于第五修正案自愿作出的。米兰达诉亚利桑那州案 [Miranda v. Arizona, 384 U. S. 436（1966）]。这意味着检控方不能通过使被告人受到威胁、勒索和暴力或者通过进行羁押讯问（未在第一时间告知被告人其享有保持沉默的权利，他所说的任何事情之后都可能在法庭上作为证据来反对他，以及他享有由其个人律师或公共辩护人代理的权利）的方式来引出一项认罪陈述。任何一项违反上述要求的行为，都会导致被告人供述因为非自愿陈述而不得使用。另外，被告人不能基于其未经补强的口供而被定罪。为了确保被告人定罪的准确性，检控方必须提供一些独立来源的证据来证实被告人自证其罪的陈述。奥珀诉合众国案 [Opper v. United States, 348 U. S. 84, 89（1954）]。这些要求实质上提高了被告人口供的可靠性。

就当事人自认证据的目的而言，至少在一个重要方面上刑事案件与民事案件仍存在不同。尽管刑事被告确实和民事诉讼当事人一样，在作证和反驳任何归因于他的庭外陈述方面不受拘束，刑事被告也确实拥有宪法第五修正案不必作证的权利。但是，根据《联邦证据规则》801（d）（2）（A）采纳刑事被告的陈述，会由此给被告造成了一些压力，使其放弃上述权利。然而，许多因素

506

都可能使被告人感到有作证的压力，而其中只有一部分因素会产生宪法性问题。在极端情况下，因拒绝作证而受到惩罚的直接威胁，将被视为是对宪法第五修正案保持沉默权利的侵犯。另一个极端是，被告人可能仅仅因为检察官案件的性质或力度而感到有作证压力，而这种压力并不产生任何宪法性问题。保持沉默的权利仅仅意味着，被告决定不作证的举动并不会给其带来量刑和有罪推论的不利影响。在霍费尔迪安（Hohfeldian）条款中，这项权利仅仅是一种"自由"而不是一种"断言性权利"：它并不强制要求检控方将"保持沉默"变成一件有益于被告的事情。因此，《联邦证据规则》801（d）（2）（A）的豁免规定正当地适用于刑事被告，而不仅是民事诉讼当事人，这是在理的。

九、《联邦证据规则》801（d）（2）（A）的进一步详述

（一）对陈述人身份的初始事实认定

对所有传闻例外和传闻豁免所提出的基础铺垫要求，都是受《联邦证据规则》104 规制的预备性事实问题，且一般情况下是由法官根据《联邦证据规则》104（a）进行裁定。传闻政策设定了这些要求；这些基础铺垫要求并无法确立庭外陈述的相关性。但假定有这样一个案件，案中的相关性和传闻政策都是由同一事实问题所决定的。假设被告被控挑起了同某个工友的殴斗。被告否认其先挑起事端。如果该工友此前收到过一封未署名的信，信中表达了对该工友的强烈敌意？该工友诉称，是被告人写了这封信；且信中的敌意对于证明被告先挑起事端具有相关性。被告否认发出过这封信，该工友提供此信用以证明其真实性。因为这封信是传闻，该工友根据《联邦证据规则》801（d）（2）（A）提供这封信用以反对被告人。《联邦证据规则》104（a）或（b）应当制约法官对被告人是否写了该信的事实认定吗？

在该案中，同一事实——这封信作者的身份——对于根据《联邦证据规则》401 确定这封信的相关性（和鉴真），以及根据《联邦证据规则》801（d）（2）（A）确定该传闻陈述的可采性，都是必要的。《联邦证据规则》104（b）规制的是相关性和鉴真问题；《联邦证据规则》104（a）规制的是传闻政策问题。到底哪一条规定在此有控制力呢？它们之间的区别是，根据《联邦证据规则》104（b），法官将不得在缺少基础铺垫证据的情况下采纳该信件——唯一足以支持一项认定——该被告人写了该信件——的证据。根据《联邦证据规则》104（a），只有在法官实际上被被告人写了该信件之优势证据说服的情况下，该法官才应当采纳该信件。

在这个例子中，只有在被告确实写了这封信且其想法与信中内容一致的情况下，这封信才可能是相关的，并因而对被告人不利。如果被告没有写这封信或者只是将其当作一个恶作剧，它表达出的敌意就不能合理地以一种损害被告的方式来使用。

可以说，由于《联邦证据规则》的取向就是尽可能采纳相关证据，这个问题似乎应当根据《联邦证据规则》104（b）作为一个相关性政策事项来裁定。与适用《联邦证据规则》104（a）相比，对这名工友来说，适用《联邦证据规则》104（b）的标准而使该信件得到采纳，将会容易很多。当然，被告仍然可以否认其是这封信的作者，而陪审团最终将裁决这个问题。重点是，如果陪审团认定它不是被告人写的，我们则完全相信陪审团会以不相关为由而不理会这封信。另一方面，如果传闻政策将限制采纳传闻陈述的情形，《联邦证据规则》104（a）和其优势证明标准应当优先于《联邦证据规则》104（b）。

（二）多方案件中当事人自认的可采性：布鲁顿难题

在某些案件中，有多位原告或被告。一方当事人的自认，除作出该陈述的当事人以外，不能采纳用来反对任何其他人。其中潜在的针对另一方的不适当使用可以根据《联邦证据规则》403予以解决。但在刑事案件中，这有可能违反对质条款。

在布鲁顿诉合众国案〔Bruton v. United States，391 U.S. 123（1968）〕中，布鲁顿和埃文斯（Evans）因武装抢劫而一起受审。埃文斯出庭但没有作证。检控方将埃文斯早先一次同时牵连布鲁顿和埃文斯的供述提供为证据。由于该供述作为当事人自认只能被采纳用来反对埃文斯，审判法院指示陪审团，可以把该认罪陈述考虑为只反对埃文斯的证据。因为埃文斯没有作证，布鲁顿无法对其进行交叉询问。最高法院在一定程度上顾虑到陪审团可能没有能力将其对该认罪陈述的考量仅仅限于埃文斯，因而判定将该认罪陈述引为证据侵犯了宪法赋予布鲁顿的对质权和正当程序权利。因此，当一个陈述人的庭外供述牵连到共同被告时，布鲁顿案判定，依《联邦证据规则》105对陪审团作出限制性指示并不能消除这种波及效应，这对共同被告人而言过于具有偏见性以至于不能将其交由审判法官根据《联邦证据规则》403进行自由裁量。根据这些假定，布鲁顿案排除了该认罪陈述的采纳，除非认罪陈述人可以被交叉询问。

不违背布鲁顿案规则的另一个办法，是将共同被告人分开审判。然而，这是一个成本高昂的救济方法，检控方已经在试图寻找其他解决办法。如果陈述人——被告人的陈述中所有明确提及共同被告人之处均被加以编辑删除（redac-

ted)，其或许可以只被提供用以反对陈述人—被告人。理查森诉马什案
[Richardson v. Marsh，481 U. S. 200 (1987)]。使用空白或符号来代替在认罪
陈述中明显提到的一位单独共同被告人名的做法，被判定为是归罪于该共同被
告人，根据布鲁顿案不可采。格雷诉马里兰州政府案 [Gray v. Maryland，523
U. S. 185 (1998)]。相应地，在合众国诉杰斯案 [United States v. Jass，569
F. 3d 47，62 (2d Cir. 2009)] 中，法院以具有暗示性为由，拒绝认可如下对共
同被告人认罪陈述的修改版本："当我意识到警卫已经拉响警报，我转向另一
个人并对他说，'另一个人，看，我们已经从那里出来了。'"另一方面，面对
共同被告中的多人时，使用中性词语，比如"其他人"或"人们"来指代多个
名字，则被判定不是对具体某个共同被告人的归罪，因此不违反布鲁顿案裁
定。合众国诉莫利纳案 [United States v. Molina，407 F. 3d 511 (1st
Cir. 2005)]。合众国诉泰勒案 [United States v. Taylor，745 F. 3d 15，28 - 30
(2d Cir. 2014)]（解释称，如果修改版本简化了供述人陈述中的真实人名并代
之以"另一个人""他人""其他人"或相似但不具有暗示性的代称，从而拓宽
了"被暗示对象的选择范围"，此种修改将满足布鲁顿案裁定）。但是，在合众
国诉卢汉案 [United States v. Lujan，529 F. Supp. 2d 1315 (D. N. M. 2007)]
中，最高法院认为：考虑到归罪陈述在数量上的庞大（有 265 页来自另两位被
告，而非卢汉）、陈述中的代号很难同时指代三位被告人、扭曲了某些可能对
于某位被告人来说是无罪的陈述，以及使用代称后所导致的困惑。这一切迫使
法院判定，修改无法解决对质问题，因此对于每位被告人的审理应该分开
进行。

十、《联邦证据规则》801 (d) (2) (B) 的解释：采认性自认

（一）初始事实认定

对采认性自认（adoptive admission）的基础铺垫要求是：

- 一项陈述已经作出；
- 当事人已经作了对该陈述采认的某种表示，或相信其真实性的表示；以及
- 该陈述被提供用以反对该当事人。

509　　《联邦证据规则》801 (d) (2) (B) 对于谁可以作出随后被提供用以反对
某当事人的陈述，并未作任何限制。因此，它不是一项基于陈述人和当事人之

间关系的豁免。相反，这是建立在当事人自己的交流行为基础上。

在上述虚假合伙企业纳税申报表的例子中，对于检控方来说，要想用（B）款来保证摩尔被录制的陈述可为其真实性而采纳用以反对戴，首先必须证明戴听到过摩尔的陈述或知道它，并且他表现出采认该陈述或认可它是真的。如果向戴播放该录音，他点头表示"对"或说"是这样"，则检控方就可以断言说，这些话满足了（B）款的基础铺垫要求。

一方当事人可以通过多种途径来表示采认，包括语言、行为或者沉默。合众国诉吉纳杜案 [United States v. Jinadu, 98 F. 3d 239 (6th Cir. 1996)]（在审问中，面对问题"你是否知道那是白粉?"，被告回答"是"）；合众国诉普利多—雅各布案 [United States v. Pulido-Jacobo, 377 F. 3d 1124, 1132 (10th Cir. 2004)]（为了证明一份文件内容的真实性，持有本身不构成采认，但是"周围情况可以将持有人和该文件以一种说得通的方式联系起来"，例如，通过接受该文件并根据该文件采取行动）；合众国诉乔希案 [United States v. Joshi, 896 F. 2d 1303, 1311 (11th Cir. 1990)]（在别人陈述以后，当事人点了头，并发出了表示同意的声音）；瓦格斯塔夫诉防护服公司案 [Wagstaff v. Protective Apparel Corp., 760 F. 2d 1074, 1078 (10th Cir. 1985)]（当事人为其自身利益，使用了由别人所准备的书面陈述）；皮尔斯伯利公司诉克利弗—布鲁克斯化学溶液分离有限公司案 [Pillsbury Co. v. Cleaver-Brooks Div. of Aqua-Chem, Inc., 646 F. 2d 1216, 1218 (8th Cir. 1981)]（当事人签署了别人准备好的陈述）；合众国诉韦弗案 [United States v. Weaver, 565 F. 2d 129, 135 (8th Cir. 1977)]（当事人重复了别人的陈述）；合众国诉萨法万案 [United States v. Safavian, 435 F. Supp. 2d 36, 43 (D. D. C. 2006)]（对其他人的邮件进行转发，当事人的语言展现了对其他人陈述的"采认或相信"）。在法官对该预备性问题作出决定之后，如果还模糊不清，一方当事人行为的含义最终将由陪审团来评估。州诉卡尔森案 [State v. Carlson, 808 P. 2d 1002 (Or. 1991)]。但是，在这些预备性问题究竟是根据《联邦证据规则》104（a）还是 104（b）进行裁定的问题上，各法院看起来存在分歧。上引案例，第1006 - 1009 页 [经过一番对过去案例和政策的全面讨论之后，法院裁定适用规则 104（a）]。

（二）采认性自认之可采性的正当理由

如果当事人已经采认或表示相信他人作出的未经交叉询问的陈述之真实性，那么，就可以得出推论，该当事人知道该陈述的内容是准确的，或认为该人话语可靠或该人知道有关情况。在审判中，当事人仍然可以对这些推论和该陈述的准确性提出质疑。当事人可以解释说为什么这些陈述是不可靠的，以及在当时他为什么对该陈述没有进行否认。如果当事人实际上对于该陈述所断言的内容一无所知，那么，该当事人赞同该陈述可能是为了捞到好处，或引起信任。这使得审判中采纳该陈述来反对该当事人是公正的。

510

（三）沉默式采认

一种常见的采认性自认是沉默式采认。在合众国诉杜瓦尔案 [United States v. Duval, 496 F. 3d 64 (1st Cir. 2007)] 中，杜瓦尔被判犯有重罪持有武器罪。为证明持械，检控方提供了一位便衣线人的证言。该线人在法庭上作证，在杜瓦尔及其同伙住在该线人公寓期间，该同伙称其与杜瓦尔想要出售手中的枪械。检控方断言，该同伙的归罪陈述暗示了杜瓦尔也参与其中，因为上述陈述作出时杜瓦尔也在场，但并未主动撇清自己与该同伙的关系。另一个典型例证是合众国诉胡希尔案 [United States v. Hoosier, 542 F. 2d 687, 687 - 688 (6th Cir. 1976)]。在该案中，联邦第六巡回法院支持采纳一项证言，该证言描述了抢劫案被告在场情况下，其女友对证人所作的陈述："那并不是一无所有，你应该看到了，我们在旅馆房间里有好几大袋钱。"巡回法院因此认为，"总体来看，我们认为，如果上诉人的女友说的不是真话，上诉人很可能的正常反应会是迅速否定其女友的陈述……"

将不作回应或保持沉默作为（B）款自认之推论的根据，会面临一个问题，即当事人的行为含义会存在模糊性。如果一个人对另一个人的陈述没有作出反应，这意味着什么？一封信没有回复呢？对计费账单没有回应呢？这些含义模糊的情况要通过预备性事实认定来解决，即询问当事人的行为是否"表示"采认或信其为真。"证明责任是在证据提出者这边，要 [根据《联邦证据规则》104（a）] 来说服法官，在这种情况下……未作出反应是反常的，这一现象支持的推论是：对方当事人是在默认该陈述。"维斯腾—史密斯诉库里·狄金森医院案 [Weston-Smith v. Cooley Dickinson Hospital, Inc., 282 F. 3d 60, 67 (1st Cir. 2002)]。法官要考虑诸如陈述的性质、听者、周围环境等因素。例如，在维斯腾—史密斯案中，在当事人没有必要的信息对指责的真实性进行分析时，其未对公开场合的指责陈述予以回应的行为被法院认定为不是采认性自认。上引案例，第 68 页。法院的裁定需要对人们可能的行为进行评估。在法官进行事实调查的过程中，反对采纳该陈述的当事人当然可以就这些预备性事实问题提供证据。在陈述被采纳的情况下，这些证据可以再次向陪审团提交，以削弱该陈述的证明力。

在上述合众国诉杜瓦尔案中，杜瓦尔断言所描述的事实不足以证明他真正听到了其同伙的言论，而这一点，恰恰又是检控方根据《联邦证据规则》801 (d) (2) (B) 所称杜瓦尔已经采认了其同伙言论或相信该陈述为真的必要组成部分。杜瓦尔提供了当时在现场的第四人证言，证明他本人没有听到上述同伙言论。上诉法院维持了地方法院法官的认定，即根据证言，上述谈话发生在一间小屋子里，杜瓦尔当时在屋子里，这个基础铺垫对于采纳该同伙的陈述是充分的。这个裁定本来应依据《联邦证据规则》104 (a) 及其优势证明要求而作出。听见同伙的陈述，达到了预备性事实认定的标准，这背后的依据是传闻政策，而非相关性（该同伴的陈述证据，无论杜瓦尔听到与否，都确实具有相关性且对杜瓦尔不利）。

十一、《联邦证据规则》801 (d) (2) (C) 和 (D) 的解释：代理人、雇员和员工的自认 *511*

（一）初始事实认定

根据 (C) 款，对授权进行自认的基础铺垫要求是：

- 该陈述涉及某个主题；
- 该陈述是由当事人授权之人就该主题所作的陈述；并且
- 该陈述被提供用以反对该当事人。

在关于虚假合伙企业纳税申报表的例子中，如果检控方有证据表明，戴已授权摩尔代表他作出该被录制的陈述，则摩尔被录制的陈述只能根据 (C) 款采纳用来反对戴。《联邦证据规则》801 (d) (2) 还规定，该陈述的内容本身可以提供用以证明有关授权问题（例如，如果摩尔在录音带中说，戴让他同政府方谈及他们的图谋），但也需要证明授权的其他独立证据（"补强"）。根据 (D) 款，对代理人、雇员和员工的自认之基础铺垫要求，所关注的是代理或受雇关系的存在，而不需要证明授权，其适用条件是：

- 陈述人是当事人的代理人或员工；
- 该陈述是在这种关系存续期间作出的；
- 该陈述涉及代理或受雇范围内的事项；并且
- 该陈述被提供用以反对该当事人。

根据 (D) 款，如果摩尔和戴之间存在被代理与代理（或雇主与雇员）关系，摩尔的陈述可能被采纳用来反对戴。合伙人被视为合伙企业的代理人；但合伙人是彼此的代理人吗？代理关系通常以控制作为定义要素；也就是，由被代理人"控制所称代理人进行的工作方式和方法"的权利。化学设备有限公司诉润滑油技术有限公司案 [Chemtool, Inc. v. Lubrication Technologies, Inc., 148 F. 3d 742, 745 (7th Cir. 1998)]。但是，明示或暗示的授权也是可以的。合众国诉萨克斯案 [United States v. Saks, 964 F. 2d 1514, 1523 (5th Cir. 1992)]（基本原则是，某一合伙人就合伙事务的陈述可以采纳用以反对其他合伙人）。

此外，陈述的提出者需要证明，该陈述是在这种关系存续期间作出的，并且属于摩尔作为戴的代理人职责范围内的事项。该陈述的内容本身可以提供用以证明代理事实和代理范围，但依据《联邦证据规则》801 (d) (2)，**仅有该陈述是不够的。**戈麦斯诉罗德里格斯案（Gomez v. Rodriguez, 344 F. 3d 103, 117）（市长夫人的陈述，称她正在为他面试职位申请者，并应用了"政治"标准，该陈述不可作为代理人的陈述而被采纳，因为没有记录下的独立证据支持这种代理关系的存在）。

512　**1. 律师所作的陈述**

许多案件都涉及根据（C）款提供的授权自认，即由律师代表其委托人作出的有关陈述。当律师在诉讼中代表当事人，其在正式的诉讼文件——诉辩状、对质询书所作的答辩、对文件要求的答复、法律理由书——中，以及在审判的开审陈述和结审陈述中所作的关于事实的陈述，全都可以被认定为在律师授权范围内的陈述，即使在作出特定陈述时没有特别的授权。在其他情况下，律师代表当事人的权限范围，以及律师或其他代理所承担的具体任务，会构成律师代表当事人发言的默示授权。这种授权存在与否，是法官需要根据《联邦证据规则》104 (a) 裁定的一个预备性问题。

2. 其他经特别授权的陈述

对于代理人为履行其职责所必须作出的陈述，通常会被视为已从当事人获得授权；比如，秘书所作的学校董事会会议记录，如果是被提供用以反对该学校董事会的，其可根据《联邦证据规则》801 (d) (2) (C) 作为经授权的陈述而采纳。一方当事人的其他雇员也可能被授权来进行一次性的陈述，或就某个不在其与该当事人正常关系内的话题进行陈述。（C）款也可以适用于不在代理定义范围内的陈述人—当事人关系，如雇主和独立承包人的关系，或父母与子女的关系。

3. 在代理关系存续期间就代理人雇用范围内事项所作的陈述

（D）款并不要求陈述人有进行陈述的特别授权。它也不要求陈述是在工作中作出，即代理人的职责范围内作出。相反，（D）款所关注的是主题：该陈述在雇用范围内或代理关系存续期间必须是关于某个事项的。

在《联邦证据规则》重塑之前，（D）款要求该陈述必须是"关于"雇佣或代理范围内的事项。术语"关于（concern）"被理解为指陈述必须与雇佣或代理的范围"有关"（relate to），或者陈述内容的主题必须与该雇员或代理人工作描述的主题相"吻合"。因为《联邦证据规则》的重塑并非旨在改变任何规则的实质内容，因此我们认为用词"关于（on）"与重塑前"关于（concern）"的含义一致。

典型的情况涉及，代理人就他们自己的工作表现或工作中发生的与陈述人有法律利害关系的事件进行的陈述。例如，上级对公司雇员就该雇员在该公司的地位所作的陈述可属于（D）款范围，这取决于该上级的工作、职责和在与该雇员关系中的角色。在卡特诉托莱多大学案［Carter v. University of Toledo, 349 F. 3d 269, 271 - 272 (6th Cir. 2002)］中，原告，一位非洲裔美国教授，就因其种族而被拒绝续订合同起诉被告。原告试图作证，该大学副校长曾对她说，拒绝续签合同的院长是"为了'洗白'该教育学院"，并"试图赶走所有黑人教授"。上诉法院认为，虽然该副校长并非直接决定原告去留的人，但他的确对学校发生的事件有监管责任，因此，有关该事件的陈述是在其职权范围内作出的。另一方面，当陈述人像一位旁观的目击者那样，描述在其工作时感知的一个事件，该事件与陈述者的工作无关，在这种情况下，该陈述就被作为不涉及代理范围的事项加以排除。威尔金森诉狂欢节航海公司案［Wilkinson v. Carnival Cruise Lines, 920 F. 2d 1560 (11th Cir. 1991)］（船舱乘务员就船上游泳池区域的滑动玻璃门以前存在问题所作的陈述，与该乘务员雇用范围内的事项无关，因为他的工作不包括在工程部门或游泳池的职责）。因为仅凭传闻陈述的内容本身不足以证明职权的范围，所以证据提出者必须提出补强证据。梅尔卡多诉奥兰多市案［Mercado v. City of Orlando, 407 F. 3d 1152, 1156 (11th Cir. 2005)］。

根据（D）款的规定，一项陈述的提出者，还必须提供证据表明该陈述是在被代理和代理关系存续期间作出的。这并不意味着，该陈述必须是在"工作中"或"履行职责期间"作出的。规则 801 (d) (2) (D) 摒弃了普通法上的要求，即代理人在作出有关陈述时，必须是在授权范围内的行为。因此，该豁免囊括了那些在工作场所之外向与陈述人工作无关的第三人作出的陈述。克劳兹诉螺纹容器有限公司案［Kraus v. Sobel Corrugated Containers, Inc., 915 F. 2d 227, 230231 (6th Cir. 1990)］（在原告被解雇前不久，部门经理在原告家里举行的节日宴会上对她工作表现加以褒扬的陈述，可被采纳用来反对年龄歧视案中的被告）。

一旦直接监督和控制被证实，雇员的陈述不仅可以采纳用来反对雇主公司，还可以用来针对其在公司内的上级监管人。合众国诉阿涅案［United States v. Agne, 214 F. 3d 47, 55 (1st Cir. 2000)］［陈述可以根据《联邦证据规则》801 (d) (2) (D) 采纳用来反对公司的总裁，因为有证据表明，陈述人，作为公司下属全资子公司的一名雇员，直接听命于该总裁，且经常为他办事］。

（二）根据《联邦证据规则》801 (d) (2) (C) 和 (D) 采纳陈述的正当理由：必要性、公正性和可靠性

无论根据 (C) 款还是 (D) 款，都没有保证陈述人将在审判中出庭作证。因此，根据 (A) 款和 (B) 款——当事人可以选择以此解释该陈述——采纳有关陈述的基本理由也许不能适用。如果在某种情况下陈述人出国或由于其他原因不能出庭，而当事人又对有关陈述作出时的情况知之甚少或根本不知道，此时，"因为当事人可以解释陈述人的陈述，所以交叉询问并非必要"的说法似乎特别无力。

反之，有其他理由来证明这些传闻规则豁免（以及其他例外）的正当性：必要性、公正性和可靠性。必要性来自这样的事实：个人、法人和其他机构性实体通过经授权代表、代理人和雇员来开展其业务。这些人构成了公司活动的主要信息源。这种信息对于追究法人或机构性实体的责任而言是必要的。此外，从实体法角度看，个人和法人或机构性实体在法律上对于他们授权的代表、雇员和代理人的行为都要承担责任。对于这种责任体制的正常运行而言，让这些陈述人的陈述可以采纳用来反对被代理人和雇主，很可能是至关重要的。

允许使用由这些代表、代理人和雇员所作的传闻陈述，也可以从公正性的角度找到正当理由。如果证据提出者不能使用该传闻，则他们要么不得不将该陈述人作为敌意证人传唤，要么在陈述人消失的情况下完全放弃这种信息。当事人会因为能够通过其代表、代理人和雇员来开展业务活动而获得好处。此外，第三方与被代理人进行业务活动时，会信赖这些人的陈述。所获得的这些好处以及因此产生的信赖，使得由被代理人来对这种庭外陈述承担某些责任似乎是公正的。当根据 (D) 款采纳代理人的传闻时，被代理人并非不可辩驳地要受到该陈述的约束，但如果被代理人不想让陪审团来使用该陈述的话，他确

实要承担反驳该陈述可靠性的责任。虽然被代理人可能很难获得探察陈述人陈述中存在缺陷的必要信息，但与该陈述的提出者相比，被代理人也许能够做得更好更有效一些。

此外，《联邦证据规则》801（d）（2）（C）和（D）的基础铺垫要求，产生了一些关于陈述人证言品质可靠性的推论。首先，最有力的推论是，如果一项陈述是授权陈述，则可以合理地推断被代理人选择的是诚实、可靠的代言人。其次，如果陈述是授权作出的，或是有关该代理人活动中的重要事项，陈述人可能具有作出该陈述的可靠基础；并且由于它与陈述人的活动至关重要，陈述人作出该陈述时应该也是认真和准确的。最后，如果陈述人在作出该陈述时是一名代理人，我们就可以合理地推断说，该陈述人是忠诚于被代理人利益的，因此该陈述人不会撒谎来损害被代理人并承担代理关系终止的风险。

（三）亲身知识和外行意见

许多法院根据《联邦证据规则》801（d）（2）（C）和（D）以及（A）和（B），免除了亲身知识及外行意见规则的要求。因此就存在这样的可能，即采纳一个代表或代理人仅仅根据传闻和流言作出的结论性陈述。这将被代理人置于对该陈述的可靠性进行证伪的沉重负担下。（A）款免除对当事人自己自认的亲身知识要求的正当理由可能是，当事人能够通过证明其缺乏亲身知识证伪其庭外陈述。但是，被代理人可能不那么容易就能表明对其代表或代理人的陈述缺乏亲身知识，特别是在规模庞大的法人背景下，尤其是在陈述人无法出庭时。此外，免除这种亲身知识的要求必须在必要性和公正性方面有正当理由。这种要求的免除意味着更多的传闻证据将被采纳，且法人当事人将对攻击这些传闻证据的可靠性承担责任，并负担无法这么做所带来的后果。你们认为这一结果将达成必要性和公正性的适当平衡吗？

515

（四）政府雇员的自认

政府雇员所作的陈述，什么时候可以在民事或刑事案件中用来反对政府？一些法院固守传统的普通法立场，回答说什么时候也不行，理由是没有人能够约束政府。各法院在刑事案件中遵守着这条原则。合众国诉埃文斯案［United States v. Evans, 1990 WL 32581 (6th Cir. 1990)］（排除了联邦助理检察官关于该案埃文斯没有构成所控犯罪之故意要件之庭外陈述的证言）；合众国诉伊尔迪兹案［United States v. Yildiz, 355 F. 3d 80, 82 (2d Cir. 2004)］［根据《联邦证据规则》801（d）（2）（D），政府线人的庭外陈述在刑事审判中不得被采纳]。但是，有些法院采纳了检察官在法庭上和诉状中所作的陈述。合众国诉巴克希安案 [United States v. Bakshinian, 65 F. Supp. 2d 1104 (C. D. Cal. 1999)]（检察官有权使国家受到约束，对于判决结果而言并不是中立的）。

根据（D）款的规定，在民事案件中，提交给法官的政府手册、宣誓陈述书、询证存录及政府职员过去所作的证言，都被采纳了。木材生产公司诉合众国案 [Timber Products Co. v. United States, 2010 U. S. Claims LEXIS 5 (Fed. Cl. 2010)] [在一起林业管理部门违约诉讼中，该部门一位诉讼协调员先前所作的关于该部门决策程序的证言，可根据（D）款予以采纳，用于反对政府]。在 C&H 商业承包人诉合众国案 [C&H Commercial Contractors v. United States, 35 Fed. Cl. 246, 256 (1996)] 中，由政府立约官员所作的一份具有高度相关性的备忘录，记录了政府官员对一位私人承包商所作的不利陈述。根据（D）款规定，该备忘录被毫不犹豫地采纳了。

十二、《联邦证据规则》801（d）（2）（E）的解释：合谋犯罪人的自认

（一）初始事实认定

对合谋犯罪人的自认的基础铺垫要求是：

- 陈述人和提供该陈述所要反对的当事人，均为同一合谋的成员；
- 该陈述是在合谋期间作出的；并且
- 该陈述的作出是为了促进该合谋。

典型的合谋犯罪人陈述，是检控方针对刑事被告人提出的用以证明该被告人犯罪行为的陈述。在虚假合伙企业纳税申报表这一假设案例中，摩尔被录制下来的陈述，根据（E）款将不可采纳用来反对戴，即使检控方有摩尔和戴是合谋犯罪人的证据。纳税申报表已经提交后对税务调查员所作的陈述，将不会被视为是在合谋过程中或是为了促进该合谋而作出的陈述。

再考虑一下如下例子，这是政府方寻求使用（E）款的典型情况：

516　　　　　一名政府线人打入一个贩毒集团。他仅仅和该集团中的几个人说过话、共过事，但从未见过老板，也没有和老板说过话。然而，和他打交道的人就该老板的情况作过许多陈述，例如"他有最好的东西"以及"他把这个卖到每克 100 美元"。如果这些庭外陈述是真的，则可以证明该老板有贩毒行为。

　　　　　如果该老板被指控贩毒和合谋贩毒，这位线人可否就贩毒集团中诸位

"马仔"所作的关于老板行为的庭外陈述作证？

1. 合谋成员身份的证明

首先，根据《联邦证据规则》801（d）（2）（E），合谋犯罪人陈述的提出者，必须证明合谋的存在，以及陈述人（"马仔"）和当事人（老板）都是其成员。确定在一个合谋中的成员身份，需要有一致意思，即为实行特定犯罪之目的，和他人共同参与一项活动，有些时候该话语可以表述为"促进某种共同目标的特定意图……并在知晓的情况下自愿参与"。合谋犯罪人并不需要和所有其他合谋犯罪人有所接触，或彼此认识，但无论如何，"参与合谋的人不可能不知道合谋的存在，也都带有推动或协助的目的"。合众国诉加西亚—托雷斯案［United States v. Garcia-Torres, 280 F. 3d 1, 4（1st Cir. 2002）］。一项合谋"可以是为非法目的而建的合资企业，也可以是为合法目的而使用了非法手段。"合众国诉吉尔案［United States v. Gil, 604 F. 2d 546, 549（7th Cir. 1979）］。对于适用合谋犯罪人陈述之豁免而言，并不需要存在一项对合谋的正式指控。确实，这一传闻豁免不局限于刑事诉讼。然而，从实践来看，这一例外最常为检控方在刑事诉讼中使用。我们在此的讨论也反映了这种常见用法。

2. 合谋过程中

在贩毒集团的例子中，如果向政府方线人作出这些陈述时，有关合谋行为正在进行，该例子将满足这一要求。被告人在参与合谋之前作出的陈述，不能提供用以证明被告人的参与，但可以提供用以证明这种非法行为的性质及其准备活动。合众国诉塞古拉—加利西亚案［United States v. Segura-Gallegos, 41 F. 3d 1266（9th Cir. 1994）］。关于被告组成合谋之前事件的陈述具有可采性，只要这些前置事件是"一个大的、总体"合谋的一部分；反之，如果是有多项、互为独立的合谋，则不可采。合众国诉韩德林案［United States v. Handlin, 366 F. 3d 584, 591（7th Cir. 2004）］。为了使其他同谋的陈述不得采纳用于反对被告本人，被告必须主动从合谋中退出。合众国诉罗宾逊案［United States v. Robinson, 390 F. 3d 853, 882（6th Cir. 2004）］（被捕或遭监禁不符合主动退出）。

就"过程中"这一要求而言，主要问题在于，其可否扩展到合谋目标已经实现，或遭遇挫折（通常情况下是被发现或被逮捕）后所谓的合谋掩盖阶段所作的陈述。合众国诉奥索里奥—索托案［United States v. Osorio-Soto, 139 F. 3d 913（10th Cir. 1998）］（缉毒局对非法毒品的扣押终止了这种合谋，因为它不再可能实现其目标）。如果在接受警察调查或被逮捕后所作的陈述将罪责

517 推卸给他人，则陈述人可能是在撒谎，以便将罪责从自己身上解脱。在这种掩盖阶段，更大的可能性是，每个合谋犯罪人主要关心自我保护。多数意见认为，在这种掩盖阶段所作的陈述不属于此豁免的范围，摩尔向税务调查人员作出的录音陈述就是这样。上引案例（根据合谋犯罪人之传闻豁免规定，在合谋已经失败或其目标已经达成的情况下，为了掩盖犯罪行为而作的陈述是不可采的）。

然而，如果合谋的一些活动还在继续，且被掩盖起来，对于这种掩盖行为起到助推作用的陈述可能可采。合众国诉加霍案［United States v. Gajo, 290 F. 3d 922, 928 (7th Cir. 2002)］（"掩盖的是……一起牟利纵火图谋的主要犯罪目标之一，因为通过掩盖可以促进达成主要目标——诈骗性获取保险金"）；合众国诉乌雷戈—利纳雷斯案［United States v. Urrego-Linares, 879 F. 2d 1234, 1240 (4th Cir. 1989)］（合谋犯罪人用一个被监听的电话致电已被逮捕的被告人，电话中其所作的陈述，仍被认定为合谋过程中的陈述）。

3. 促进合谋

为促进合谋的共同目标而作出的陈述，或为了推动作为该合谋一部分的交易而作出的陈述，符合"促进"（in furtherance）的要求。为保证毒品的销售，或是为了确认指令而说出贩毒集团头目名字的陈述，看起来也是促进非法活动的目标。"闲聊"以及合谋犯罪人之间仅仅叙述过去事件的陈述，被认为不能满足这一要求。合众国诉科尼特案［United States v. Cornett, 195 F. 3d 776, 783 (5th Cir. 1999)］。但是，为了使新加入的同伙了解情况，或保持合谋犯罪人们知晓重要事件和问题而作出的陈述，已被裁定具有可采性，即使它们事实上并没有产生促进非法活动的效果。合众国诉杰斐逊案［United States v. Jefferson, 215 F. 3d 820, 823 (8th Cir. 2000)］（三个被指控的合谋犯罪人之间的谈话，内容是关于他们以纵火方式拙劣地试图谋杀其目标，结果导致了其他五人的死亡，作为"促进"其共谋的陈述被采纳）。合谋犯罪人对顾客所作的陈述，以及为了寻求帮助而对局外人所作的陈述，或许能或不能促进合谋。在合众国诉厄巴尼克案［United States v. Urbanik, 801 F. 2d 692 (4th Cir. 1986)］中，在购买毒品后和买主进行的关于举重的不经意谈话中，出售者把被告人描述为优秀举重运动员和毒品提供者。这一谈话被裁定为不能采纳用来反对被告人，因为其并未促进合谋。在合众国诉李案［United States v. Lee, 374 F. 3d 637 (8th Cir. 2004)］中，一名合谋犯罪人承认谋杀了亲兄弟（非合谋犯罪人），以协助他的助手销售从其谋杀被害人处偷来的枪械，该承认可采，因为其对合谋使用非法所得来资助一个白人至上组织具有助推作用。类似地，在合谋犯罪人对一个未参与合谋的人所作的陈述被证明是有助于实现合谋目标的情况下，该陈述被裁定是可采的：合众国诉古普塔案［United States v. Gupta，747 F. 3d 111，125（2d Cir. 2014）］。另外，法院依据优势证据裁定陈述促进了合谋，并不会被上诉法院推翻，除非它是显见错误的，即无法根据陈述两种可能的解释进行说明。（上引案例，第 124 页。）

518

(二) 合谋犯罪人的陈述具有可采性的正当理由

合谋犯罪人之传闻豁免的一个很"造作"（artificial）的理论根据是，每一位合谋犯罪人都对其他合谋犯罪人的陈述进行了授权（或被视为已进行了授权）。

一个更具实践意义的理论根据是必要性：合谋往往是秘密活动。对于犯罪活动，特别是犯罪中的领导者，很难加以证明。有些最佳证据——也许是检控方将被告人的罪行证明至确信无疑所需的至关重要的证据——将是关于其他合谋犯罪人行为的陈述。因此，对于一名选择了参与合谋或一项进行中的犯罪活动的人（特别是作为组织者或领导者）而言，令其承担这种用合谋犯罪人可能虚假或不准确的陈述来反对自己的风险，可以说是适当的。

对这一传闻豁免，我们应当考虑另一个带有推测性色彩的可靠性理论根据：可以说，如果认真考虑在"过程中"和"促进"这些要求，则合谋犯罪人的陈述往往是可信的，因为通过犯罪活动的成功，其促进了陈述人的利益。

十三、《联邦证据规则》801 (d)(2)(E) 详述：将规则 104 应用于合谋犯罪人之传闻豁免

因为正是合谋关系为采纳合谋犯罪人的传闻提供了正当性，证明这一合谋关系的过程便备受关注。

(一) 伯杰利诉合众国

1987 年，最高法院在伯杰利诉合众国案［Bourjaily v. United States，483 U. S. 171（1987）］中裁定，所有根据《联邦证据规则》801（d）（2）（E）采纳传闻所必需的预备性事实，包括合谋犯罪人的关系，是由法官根据优势证据独立裁定的《联邦证据规则》104（a）问题。法官不会指示陪审团去考虑作为使用该陈述证明其真实性之必要前提条件的关系问题。这一结论似乎相当合理。关于合谋犯罪人资格的基础铺垫问题是一个传闻政策问题，而不是一个相关性问题。因此，伯杰利案采纳《联邦证据规则》104（a）检验来确定这一问题，显得具有正当理由。

伯杰利案还裁定，在决定基础铺垫要求是否得到满足时，法官对传闻陈述的内容本身加以考量是适当的：

> 《联邦证据规则》104（a）规定："在作出这种（预备性事实）决定时，（法院）不受证据规则束缚，但有关特免权的规则除外。"与此类似，《联邦证据规则》1101（d）（1）说，《联邦证据规则》（关于特免权的规定除外）将不适用于"当争议是由法院根据规则104来决定的问题时，对证据可采性的预备性事实问题的决定。"从字面上来说，该规则允许审判法官去考虑任何证据，而只受特免权规则约束。……
>
> 今天我们足以判定，在根据规则801（d）（2）（E）对预备性事实作出决定时，法院可以对寻求被采纳的传闻陈述进行审查。就像我们在其他案件中对可采性作出决定时所断言的那样，"法官应当得到证据，并运用他的判断力和经验来评估其分量。"（上引案例，第178-181页。）

519

伯杰利案关于传闻陈述本身可以"引导"（bootstrap）该陈述之可采性的裁定是合理的，并与《联邦证据规则》104（a）规定一致。但由于可能存在对被控的合谋犯罪人陈述之可靠性进行质疑的理由，仅仅依靠存在争议的陈述来证明当事人在合谋中的成员身份这一基础铺垫要求是不明智的。因此，陈述必须从其他证据得到补强，但最高法院认为在伯杰利案中没有必要考虑这个问题。

（二）对《联邦证据规则》801（d）（2）的修订：补充证据的要求

最高法院随后颁布了一项修订案，于1997年12月生效。该修订案在《联邦证据规则》801（d）（2）中增加了以下内容：

> 陈述必须被加以考虑，但仅此不足以证实依据（C）款的陈述人授权；依据（D）款的之关系的存在或范围；或依据（E）款的合谋和参与关系的存在。

上述规定并未具体说明需要什么样的补充证明，也没表明需要多少补充证明。大多数法院在伯杰利案后设定了一个要求，即要有一些独立于合谋犯罪人传闻陈述来源的补充证据，来补强被告人在合谋中的成员身份。然而，联邦证据规则起草咨询委员会对该修订的注释似乎认为，关于陈述人的身份和该陈述作出之背景的证据以及补强，可能就足够了。正如我们在上文所指出的，这种关于补充证据的要求，现在也适用于（C）款和（D）款中的关键性基础铺垫问题。

在这次修订之前，法院都认为，被告与合谋建立联系的行为可满足独立证据的要求：被告自己的陈述或被告所采认的他人陈述；合谋犯罪人所说的被告人会出现的地点；被告人试图使合谋的被害人保持沉默；被告人和合谋犯罪人之间经常性的电话或其他联系；或证明被告人在毒品交易进行时在场。"自动的联结效应"（mere association）被裁定为不足以证明这种成员关系，但与大规模毒品交易相应的反复会面，被裁定足以证明这种关系。合众国诉阿马案［United States v. Ammar, 714 F. 2d 238, 250 (3d Cir. 1983)］。

自从这次修订以后，公布的案例中，继续执行了对这种补强被告参与了合谋行为证据的要求。"用于补强合谋存在的独立证据在量上的需要取决于总体情况，包括传闻陈述本身的强度。"合众国诉吉函案［United States v. Jihaad, 531 F. Supp. 2d 289, 296 (D. Conn. 1998)］。本案中，法院认定，在合谋犯罪人陈述被提出反对被告之前，没有收到关于合谋成立的独立证据，并写道："本案恰恰正是（那些）旨在加以要求的情况。"（上引案例，第 289 页。）

被认定为有独立补强的案例包括：合众国诉苏定案［United States v. Sudeen, 434 F. 3d 385 (5th Cir. 2005)］（合谋犯罪人收到并存入了一张来自被告的支票，从被告处收到一笔佣金，且向被告的客户解释了延迟原因）；合众国诉卡佩尔顿案［United States v. Capelton, 350 F. 3d 231 (1st Cir. 2003)］（被告持有毒品交易的标记票据，并出现在交易现场）；合众国诉斯托特斯案［United States v. Stotts, 323 F. 3d 520 (7th Cir. 2003)］（被告与其兄弟一起出现，是实际上买卖毒品的人，向买家招手要她开车跟着他，并点头同意买家先验货再付钱）。

(三) 合谋犯罪人陈述的采纳过程

已形成共识的是，针对合谋犯罪人的陈述而言，法院有自由裁量权来使用附条件的可采性这一工具。"法院可以有条件地采纳一份受到质疑的陈述，该陈述之后需要得到证明以满足合谋犯罪人规则，并且要把关于可采性的最后裁定推迟到对相关证据的听证之后作出。"合众国诉罗奇案［United States v. Roach, 164 F. 3d 403, 409 (8th Cir. 1998)］。当附条件采纳合谋犯罪人的陈述时，法官应当对陪审团有所指示吗？法官可能像这样说："根据所谓合谋犯罪人自认的规定，我暂时采纳这些传闻陈述。如果检察官未提出充分证明合谋存在的独立证据，我之后可能要求你们不要考虑这些传闻陈述。"这会是好主意吗？有什么风险？

一旦法官附条件地采纳了合谋犯罪人的陈述，该法官可能就不愿认定，

《联邦证据规则》104（a）的预备性事实标准还没有被满足。这样的认定将要求法官，要么指示陪审团不要理睬该合谋犯罪人的陈述，要么宣布审判无效。在许多案件中，关于不予考虑的指示并非是一个现实的解决办法。能指望陪审团遵守该指示吗？因为在基础铺垫要求难以满足这一点变得显而易见之前，检察官将会提出所有的——至少是很大一部分——检控方案情，审判无效这种解决方案常常要付出相当昂贵的代价。出于这些原因，法官可能明智的做法是，在证明合谋犯罪人的陈述之前，坚持要求有关基础铺垫事实得到证明。合众国诉萨尼克斯案〔Unites States v. Saneaux, 365 F. Supp. 2d 493, 502 (S. D. N. Y. 2005)〕（法院判定，如果检控方在审前证据动议环节未能证明陈述"对于合谋有促进作用"，则不得进行附条件采纳；在陪审团聆听合谋犯罪人的陈述记录之前，检控方需要向陪审团先出示其所依靠的所有证据，以满足所要求的基础铺垫）。

521

要　点

1. 根据《联邦证据规则》801（d）（2）（A），当事人所作的任何庭外陈述都可被用于反对该当事人，以证明其所断言事项之真实性，只要该陈述具有相关性，且无其他异议。

2. 《联邦证据规则》801（d）（2）还规定了如下传闻证据豁免：（B）当事人表示采认，或信以为真的陈述；（C）当事人授权作出的陈述；（D）当事人的代理人或雇员在该关系存续期间就代理或雇用范围内的事项作出的特定陈述；（E）当事人的合谋犯罪人在合谋过程中和为了促进该合谋所作的特定陈述。

3. 根据《联邦证据规则》104（a），法官必须被基础铺垫要求所说服，即相信这些豁免中每一个都满足了基础铺垫的要求。法官可以使用陈述本身来裁定有关预备性问题，但对授权、代理或雇佣关系存在和范围以及存在与参与合谋的认定而言，还需要其他证据。

4. 《联邦证据规则》801（d）（2）豁免的主要正当理由是，从公正角度讲，当事人不能抱怨失去了对陈述人进行交叉询问的机会，因为当事人可以对该陈述的不可靠性作出解释，或因为让当事人承担无法承担的风险和责任是必要和公正的。

思考题

8.37. 回到上文第 149 页思考题 3.3，合众国诉雷案。检控方提供了如下证据。辩方律师对每一项证据都提出了传闻异议。法院应如何裁定？

（a）朗唐公司一位副总裁作证："2015 年 3 月 5 日，伯纳德·雷（Bernard Ray）对我说，他刚刚读了来自审计师安德鲁斯的备忘录，朗唐公司的股票将遭受打击。"

（b）安德鲁斯会计师事务所一位资深副总裁作证："2015 年 3 月 16 日，我与伯纳德·雷在我们俱乐部进行了交谈。我说：'雷，我听说朗唐公司会在几天内预报重大损失。我猜你已经抛出大多数所持朗唐股份了吧。'伯纳德回答说，'别担心我，我已经准备好了。'"

（c）检控方提供了一份关于 2015 年 3 月 14 日外部审计师备忘录的鉴真副本，以证明安德鲁斯的确预测了 2015 年第二季度朗唐公司的损失。

8.38. 丹尼尔·马兰特（Daniel Mahlandt）对野生犬科动物生存研究中心有限公司（"中心"）及其训练主管肯尼思·普斯（Kenneth Poos）提起诉讼。起因是，丹尼尔被一头名叫索菲（Sophie）的狼咬伤而受到伤害。索菲的所有权属于中心，但暂时被养在普斯先生家中。她被关在一个有 5 英尺高栅栏的院子里，并被一条 6 英尺长的链子拴在栅栏上。丹尼尔在被咬伤时 3 岁半，被发现在索菲的院子里，当时的场面血腥而混乱。对于丹尼尔是如何进入院子以及是否是被索菲咬伤的，没有目击证人。有一位证人作证说，她听到一个孩子的尖叫声，并看到丹尼尔躺在地上，索菲骑在他身上。索菲的脸和丹尼尔的脸贴得很近，索菲正在嚎叫。肯尼思·普斯的儿子发现了丹尼尔，并将他抱进屋内。肯尼思·普斯将作证说，索菲自出生就是人类手把手养大的，一直很温顺，曾被普斯先生作为中心教育项目的一部分带到许多学校和机构。辩方的一位证人，一位动物行为专家将作证说，当狼舔孩子的脸时，那是一种关心的信号；而狼的嚎叫是表示同情的信号；丹尼尔所受到的具体伤害，与狼的攻击无法吻合。

袭击事件发生后，普斯先生立即赶到家。看到丹尼尔被送到医院后，普斯先生和他儿子谈起了所发生的一切，然后来到中心向该中心主任报告该事件。主任当时不在，因此普斯先生在他的门上留下了这样的便条："请给我家里打个电话。索菲咬了一个进入我家后院的孩子。所有的事情都已经处理了。我得告诉你所发生的事情。肯·普。"几星期后，该中心举行了董事会会议。普斯先生没有出席。会议记录表明，"就索菲咬伤孩子的事件及其法律问题，有充分的讨论"。原告提供下列证据来反对普斯先生和该中心：（1）普斯先生所写的便条；（2）董事会记录中的前述段落。这两个被告人都以传闻为由，对这两项证据的可采性提出了异议。就每个被告人而言，结果会怎么样？

8.39. 汤姆·黑（Tom Hay）冲进急诊室，称有胸痛和盗汗。盖特维克（Gatwick）医生为其进行了标准化急诊检查。这些检查排除了近期的心脏病突发，但并未排除作为该症状原因的心血管疾病。两周后，黑由于心脏病突发而死亡。

原告，黑的妻子芭芭拉（Barbara）对盖特维克医生提起医疗事故诉讼，寻求丧偶陪伴和财力支持的损害索赔。得到一致认可的是，通行的注意义务标准，要求盖特维克建议黑（其病人）住院进行医学观察并接受其他检查。有证据表明，如果通过进一步住院检查发现黑的心脏病，他的病也许是可以治愈的。盖特维克称他给出了必要的建议，但黑没有听从医学建议，并于当日离开了医院。

在审判中，原告作证说，在黑离开医院时她赶到了急诊室，黑说，"医生说我很幸运，可以安全离开医院。"她进而作证说，盖特维克当时站在离他们很近的地方，在她看来，他可以听到黑的陈述。原告的证言可采吗？

8.40. 合众国起诉弗吉尼亚州帕克斯顿县警长（Sheriff of Paxton County, Virginia），因为其拒绝将女性考虑为副警长（巡逻）职位，违反了《美国法典》第42编第2000节及后，第七章（Title Ⅶ, 42 U. S. C. sec. 2000 et seq.）。检控方提供了一位负责调查投诉警长案的平等雇佣机会调查员的证言。该调查员援引了一次谈话中代表警长的该县律师吉安纳先生就该歧视索赔的原话：

　　　吉安纳先生："警长希望那个职位（巡逻员）是个高大的男人，可以保护自己并有一定的威慑力。女性不适合那个职位。"

吉安纳先生的陈述可以采纳反对该警长吗？

8.41. 回到上文第208页思考题4.5。检控方打算断言，巴兹（Bonds）授权他的训练师，格雷格·安德森（Greg Anderson）代表他在BALCO

实验室发言。请回忆，当安德森将尿液样本送达 BALCO 实验室时，他告诉瓦伦特（Valente），这些是来自贝瑞·巴兹的样本。检控方承认，其无法证明巴兹给予安德森具体授权，但称通过允许安德森对样本进行检测，巴兹暗示授权安德森对样本进行辨别，并送至 BALCO 实验室。你赞同检控方的说法吗？《联邦证据规则》801（d）（2）有任何条款可被用于采纳安德森的传闻陈述而反对巴兹吗？

8.42. 回到上文第 148 页思考题 3.2，佩德罗索诉德里弗案。保罗的母亲为原告作证说，保罗的老师告诉她，在事故发生几个星期后，德里弗的上级主管告诉这位老师，在他看来，德里弗在事故发生前没有进行适当的瞭望。被告以传闻为由提出异议。是否可采？

8.43. 原告，约翰逊焊接（Johnson Welding）公司一名非洲裔美籍员工，就充满敌意的工作环境提起平等就业机会（EEOC）诉讼。在起诉状递交后，原告称公司故意对其进行孤立予以报复，示意其他员工不要和他说话，并将他的工作站搬到焊接工厂"后面"。审判结束后，陪审团判给原告补偿金和惩罚性赔偿。在上诉中，约翰逊焊接公司称，原告证人之一，艾伦·梅森（Alan Mason）的证言采纳存在错误。梅森是原告在约翰逊焊接公司的同事。梅森作证如下：

> 在我家的烧烤聚会上，我的小叔子大卫（David）跟我说了一番话。大卫也在约翰逊工作。大卫称，汤姆（原告的上司）告诉大卫，"工厂后面将发生一些糟糕的事情"，以及"大卫应该告诉梅森，如果他不想被炒鱿鱼的话，请他别多管闲事。"

原告称，这份证言对于证明约翰逊焊接公司对其怀恨在心的状态，以及对其报复性的对待，具有相关性。法院采纳梅森的证言是个错误吗？

8.44. 街头帮会——信徒会（Gangster Disciples，简称 GD，有 6 000 成员）在芝加哥地区有大宗的贩毒活动。其中，七个成员被指控犯有贩毒、贩卖武器和洗钱等罪行。GD 的领导者是拉里·胡佛（Larry Hoover），多年以来，他在各个监狱中控制着这个帮会。他的女合伙人拥有一个叫做"拯救儿童促进会"（Save the Children Promotions）的合法业务。在国内税务局（IRS）对"拯救儿童促进会"办公场所依法进行搜查时，探员在一个标记有"L. H. /Sr."的夹子里发现了一份文件。该文件是一份清单，记载了整个 GD 运行的等级结构和地区组织情况。在一些录音谈话中，胡佛提到，他希望制作这样一份文件，以便掌握帮会成员情况和他们给 GD

付款的情况。所有七名被告人均在该名单中。对于在审判中采纳这些对他们不利的清单，他们可以根据什么提出异议？结果如何？

8.45. 在对一个富有的赛马所有者的保险欺诈起诉中，检控方试图证明该所有者合谋将他的一匹名叫"超凡魅力"（Charisma）的马杀掉，以取得保险赔款。被雇来杀"超凡魅力"的人名叫伯恩斯（Burns），雇他的该所有者驯马人马蒂（Marty）告诉他："该所有者想在 12 月 15 日办了它，因为那时他在亚洲，还因为原计划 12 月 16 号要把'超凡魅力'从纽约运到佛罗里达。"马蒂为这事付了伯恩斯钱。检控方能用伯恩斯关于驯马人陈述的证言来反对该所有者吗？假设检控方有独立证据证明，该所有者在 12 月 15 日确实在亚洲，"超凡魅力"原计划要在 12 月 16 日被运到佛罗里达，结果会怎样？假设检控方还可以证明，在"超凡魅力"死亡后，为了规避保险政策上的一个例外，该所有者在谁可以骑乘"超凡魅力"的问题上对保险公司故意撒了谎，结果如何？

第四节　对陈述人不能出庭不作要求的传闻例外

《联邦证据规则》803 将 23 种不同类型的传闻陈述从基本的传闻排除规则中排除了出去。在这个规则中，对于陈述人不能作为证人出庭作证没有要求。因此，对于你们在实践中全面评估传闻规则而言，采纳这么多传闻证据的正当理由将特别重要。《联邦证据规则》803 的某些例外规定是普通法近 300 年发展的遗产，在现代联邦诉讼中罕有适用。我们将主要关注的是那些现今最常适用的例外规定。

《联邦证据规则》803 的全部传闻例外规定是基于这样的前提，即这些用524 于陪审团事实认定的陈述类型是足够可靠的，即使陈述人没有受到对方的交叉询问。用联邦证据规则起草咨询委员会注释的话说，这些陈述"所拥有的可靠性之间接保证足以表明审判时不传唤陈述人本人是合理的，即使该陈述人可以到庭"。这就意味着，这些传闻陈述的某些方面——其内容、来源、作出这些陈述的背景——揭示了证明陈述人证言品质具有一定程度的"可靠性"。这是采纳传闻证据的"可靠性进路"（reliability approach），这一点我们在讨论《联邦证据规则》801（a）和（c）以及 801（d）豁免时已经注意到了。

几乎所有规则 803 传闻例外规定都是类型化的。它们每一类都界定了一种可以采纳用来证明所断言事项之真实性的庭外陈述的特定类型，它们每一类都确立了证据提出者必须根据前述第二节的程序加以满足的预备性事实。此外，要求证明传闻例外（或者例外之例外）可适用的预备性事实是《联邦证据规则》104（a）问题。它是适用证据排除规则所依赖的事实，断言该规则（或例外）的当事人，必须通过优势证据说服法官相信这些必需的事实很可能为真。

在本节，我们将探讨更为重要的《联邦证据规则》803传闻例外背后所需的预备性事实和可靠性原理。请记住，其他规则——最佳证据规则、品性证据禁止规则、作证特免权也可以发挥排除一项传闻陈述的作用，即使该传闻陈述属于《联邦证据规则》803例外，当然还有《联邦证据规则》403，可能都必须加以适用。还有两项一般性的原则也适用于《联邦证据规则》803（和《联邦证据规则》804）的所有传闻例外规定。由于陈述人的陈述是被提供用以证明其真实性的，陈述人是陪审团的知识来源，类似于在审判中作证的证人。因此，证人须凭其亲身知识讲述的基础铺垫要求，也适用于大多数《联邦证据规则》803和《联邦证据规则》804传闻例外所说的传闻陈述人。联邦证据规则起草咨询委员会对《联邦证据规则》803的注释，对此说得很清楚：

> 在传闻情况下，陈述人当然是证人，本规则和规则804都没有免除有关亲身知识的要求。它可以从其陈述中显现，或从环境中推断出来。参见规则602。

此外，一项传闻的反对者可以用大多数攻击证人的手段，来对传闻陈述人的可信性进行攻击，《联邦证据规则》806对此规定得很清楚：

规则806 对陈述人可信性的攻击和支持

> 当一项传闻陈述或规则801（d）（2）（C）、（D）或（E）所描绘的陈述已被采纳为证据时，可以用假如陈述人作为证人作证而具有可采性的任何证据，对该陈述人的可信性进行攻击，然后再予以支持。法院可以采纳陈述人不一致的陈述或行为的证据，无论它在何时发生，或者陈述人是否有机会进行解释或否认它。如果为被采纳的陈述所反对的当事人传唤该陈述人作为证人，当事人可以像交叉询问中那样就该陈述询问该陈述人。

当然，没有交叉询问的工具，对传闻陈述人进行弹劾会更加困难。关于根据《联邦证据规则》806进行弹劾的问题，在玛格丽特·梅里韦瑟·科德雷《〈联邦证据规则〉806及其对非作证陈述人的弹劾难题》[Margaret Meriwether Cordray, Evidence Rule 806 and the Problem of Impeaching the Nontestifying Declarant, 56 Ohio St. L. J. 495（1995）]一文中进行了讨论。

一、《联邦证据规则》803

规则 803　传闻排除规则的例外——无论陈述人能否出庭作证

无论陈述人能否出庭作证，下列证据不适用传闻排除规则而予以排除：

（1）即时感觉印象。陈述人感知一个事件或情况的同时或之后立即作出的，对该事件或情况进行描述或解释的陈述。

（2）激奋话语。陈述人处于令人震惊的事件或情况引起的激奋压力状态时，所作的与该事件或情况有关的陈述。

（3）当时存在的精神、情感或身体状况。陈述人对当时存在的精神状态（如动机、意图或计划）、情感、感觉或身体状况（如精神感受、疼痛或身体健康）的陈述，但不包括证明所记得或相信的事实的记忆或信念的陈述，除非该陈述与陈述人遗嘱的有效性或条款有关。

（4）为医学诊断或治疗而作出的陈述。该陈述：

（A）为医学诊断或者治疗目的而作出，因而与此目的合理关联；并且

（B）描述了医疗史、过去或现在的症状或者感觉；病因；或者它们的一般病源。

（5）记录的回忆。该记录：

（A）关涉证人曾经知晓但现在不能充分回忆而全面、准确作证的事项；

（B）是由该证人对该事项记忆清新时制作或者采用的；并且

（C）准确地反映了证人的知识。

如果被采纳，该记录可以作为证据宣读，且除非对方当事人提供，方可作为展示件而采纳。

（6）常规活动记录。符合下列条件的行为、事件、状况、意见或者诊断的记录：

（A）该记录是由某个拥有亲身知识的人（或根据该拥有亲身知识的人所传递的信息）在当时或之后不久制作的；

（B）该记录是商业、组织、职业或者行业（无论是否以营利为目的）在常规活动中保存的；

（C）制作该记录是该常规活动的日常惯例；

（D）所有这些条件都得到保管人或者其他适格证人的证言的支持，或者以遵循规则902（11）或规则902（12）的证书或者以制定法许可的证书所支持；并且

（E）对方当事人未表明，信息来源或方法，或准备环境显示缺乏可靠性。

（7）常规活动记录的缺失。某个事项未被包括在（6）所描绘的记录中的证据，但须符合下列条件：

（A）该证据被采纳用以证明该事项未发生或不存在；

（B）该类事项按常规会保存记录；并且

（C）对方当事人未表明，可能的信息源或其他情况显示缺乏可靠性。

（8）公共记录。公共机构的记录或陈述，但须符合下列条件：

（A）它列明了：

（i）该机构的活动；

（ii）观察到的依法有报告职责的事项，但不包括刑事案件中执法人员观察到的事项；或者

（iii）在民事案件或者辩方在刑事案件中，根据法律授权进行的调查活动所获得的事实性认定；并且

（B）对方当事人未表明，信息源或者其他情况显示缺乏可靠性。

（9）人口统计公共记录。根据法律职责而向公共机构报告的关于出生、死亡或婚姻的记录。

（10）公共记录的缺失。关于竭尽搜索仍未发现有关公共记录或者陈述的证言或根据规则902出具的证明文件，但须符合下列条件：

（A）该记录或者陈述并不存在；或者

（B）一个事项并未发生或者存在，如果公共机构对那类事项常规保留记录或陈述的话。

（11）关于个人或者家族史的宗教组织记录。宗教组织的常规保存的记录中所包含的关于出生、婚生、祖先、结婚、离婚、死亡、血亲或者姻亲关系，或者有关个人或家族史的类似事实的陈述。

（12）结婚、洗礼或类似仪式的证书。证书包含一项事实陈述：

（A）该陈述由宗教组织或者法律授权履行证书所及行为的人作出；

（B）证明该人主持了婚礼或者类似仪式，或者主持了圣礼；并且

（C）该证书旨在该行为发生时或者其后的合理时间内签署。

（13）家庭记录。诸如圣经、宗谱、图册、戒指铭刻、肖像题字、骨灰盒上的雕刻、安葬标识等家庭记录中包含的关于个人或家庭史的事实陈述。

（14）影响财产利益的文件记录。声称证实或影响财产利益的文件的记录，但须符合下列条件：

（A）该记录被采纳用以证明原始记录文件的内容，以及声称签署了该文件的每个人签署和递交该文件的情况；

（B）该记录保存在公共机构；并且

（C）成文法授权该机构对这种文件加以记录。

（15）影响财产利益文件中的陈述。包含在旨在证实或影响财产利益的文件中的陈述，其所陈述事项与该文件的目的具有相关性——除非之后关于这些财产的处置与该陈述的真实性或该文件的主旨不一致。

（16）陈年文件中的陈述。已存在至少20年且其真实性得到证实的文件中的陈述。

（17）市场报告及类似商业出版物。为公众或者特定行业的人所通常依据的市场行情、表册、目录或者其他汇编。

（18）学术论著、期刊或手册中的陈述。包含在论著、期刊或手册中的陈述，但须符合下列条件：

（A）该陈述在交叉询问中为唤起专家证人的注意而提出，或者在直接询问中为专家所依据；并且

（B）根据该专家的自认或证言、其他专家证言或者司法认知，该出版物已经被证实具有可靠的权威性。

如果被采纳，该陈述内容可以作为证据选读，但不得被作为展示件接纳。

（19）关于个人或家族史的名声。在一个人因血缘、收养或婚姻而形成的家庭中，或在该人的同事或社区中，关于该人的出生、收养、婚生、祖先、结婚、离婚、死亡、血缘关系、收养关系、姻亲关系，或者个人或家族史的类似事实方面的名声。

（20）关于边界或一般历史的名声。在发生争议之前，关于社区土地的边界或影响该土地的习俗在社区内的名声，或者对于该社区、州或国家至关重要的一般历史事件的名声。

（21）品性方面的名声。一个人在同事或社区中的品性方面的名声。

（22）先前定罪判决。最终定罪判决证据，但须符合下列条件：

（A）该判决是在审判或有罪答辩（但不包括不抗争之答辩）后作出的；

（B）该定罪是可判处死刑或者1年以上监禁的罪行；

（C）该证据被采纳用以证明对该判决所必需的事实；并且

（D）当检察官在刑事案件中为弹劾之外的目的而提供时，该判决是对被告不利的。

可以表明上诉未决，但这并不影响可采性。

（23）涉及个人、家族或一般历史、边界的判决。被采纳用以证明个人、家族、一般历史或边界事项的判决，该事项符合下列条件：

（A）对于该判决是必需的；并且

528

（B）可能被名声证据所证明。

二、《联邦证据规则》803（1）的解释：即时感觉印象

为了采纳两种不同类型的自发性传闻陈述——即时感觉印象和激奋话语，规定了两项传闻例外。每一类例外的归类要求有一些区别。《联邦证据规则》803（1）规定：

（1）即时感觉印象。陈述人感知一个事件或情况的同时或之后立即作出的，对该事件或情况进行描述或解释的陈述。

（一）初始事实认定

对即时感觉印象的事实性要求是：

- 一个事件或情况的发生；
- 陈述的内容描述或解释了该事件或情况；并且
- 陈述人在感知该事件或情况的同时或之后立即作出该陈述。

回想一下我们在本章使用的关于庭外陈述的第一个例子。我们认定，萨莉关于"灰色越野车闯红灯撞倒行人"的陈述，如果由乔治在审判中进行报告的话，将会是传闻。但萨莉的陈述，既可能是在萨莉在看到越野车之时对乔治作出的，也可能是在看到越野车之后几秒钟或几分钟内对乔治作出的。因此，如果符合即时感觉印象的条件，它可能是具有可采性的传闻。行人作为该陈述的提出者，必须提供证据来表明其符合《联邦证据规则》803（1）的归类条件。

这些是由法官根据《联邦证据规则》104（a）来决定的预备性问题。法院应当根据优势证据来确信，就在萨莉作出该陈述之前一个事件正在发生，并且萨莉的陈述描述了该事件。

许多即时感觉印象，是通过同样亲身感知了有关事件或情况的证人在法庭上提出证言。如果乔治看到了这起事故，他将能够提供证据证明该事件发生了，并且萨莉在看到该事故的同时即刻作了有关陈述。法官然后可以根据该陈述本身的内容，来确定此陈述是否描述或解释了有关事件或情况。

（二）即时感觉印象具有可采性的正当理由

采纳即时感觉印象的主要正当理由是，该陈述和提供该陈述所要证明之事件的同时发生性，往往能够保证陈述人的诚实性。这一基本原理恰恰符合为采纳具有可信性的传闻而提出的可靠性理论。它是基于这样的概括，即由于陈述和事件之间无间隔或间隔很短，该陈述是自然发生的，而非经过预谋。如果该陈述具有自发性，那就没有时间故意进行编造。如果没有时间或机会来进行编造，该陈述就很可能是诚实的。此外，该陈述和该事件的同时发生性，实际上消除了所有记忆问题。

三、《联邦证据规则》803（2）的解释：激奋话语

《联邦证据规则》803（2）规定：

（2）激奋话语。陈述人处于某种令人震惊的事件或情况引起的激奋压力状态时，所作的与该事件或者情况有关的陈述。

529

530

（一）初始事实认定

对激奋话语的事实性要求是：

- 令人震惊的事件或情况的发生；
- 该陈述与该令人震惊的事件或情况有关；
- 该陈述是陈述人处于激奋压力状态下作出的；并且
- 该激奋压力状态是由该令人震惊的事件或情况引起的。

萨莉对乔治所作的陈述也可能是一种激奋话语。同样，证据提出者必须提供证据来满足事实性要求，并且，法官将根据《联邦证据规则》104（a）对预备性问题作出决定。法官可以得出这样的结论，即越野车闯红灯撞上行人是一个令人震惊的事件。同样，乔治将能够作为证人作证，有关事件发生了；并且，萨莉在作出陈述时处于一种激奋的压力状态下。乔治要怎样描述萨莉的行为，才能证明她处于激奋压力状态下呢？乔治还可能证实，萨莉的压力是由该起令人震惊的事件所造成的。在布歇诉格兰特案［Boucher v. Grant，74 F. Supp. 2d 444，450（D. N. J. 1999）］中，法院裁定，陈述人格兰特的传闻陈述具有可采性，所根据的是以下分析：

> 汽车事故和卷入这次事故的人就事故原因即刻作出的陈述，毫无疑问满足了激奋话语传闻例外的前三个构成要素。那么，问题就变成该传闻陈述是否符合可采性最后一个条件即同时发生性。……
>
> 布歇作证说，他和格兰特的交流发生在事故后"一分钟内"。……格兰特自己作证说，因为撞车，他"吓坏了……浑身发抖"。……格兰特的精神状况以及短暂的时间，不会导致有意识的思考。因此，我的结论是，该陈述是在格兰特仍处于激奋状态下并且在他能细想和编造之前作出的。

许多因素都与被告在作出该陈述时，是否处于令人震惊的事件所造成的激奋压力状态之下的问题有关：

> 我们会考虑……令人震惊的事件与所作陈述之间的时间差，该陈述是否为针对询问的回答，陈述人的年龄，陈述人的身体和精神状态，该事件的性质，以及陈述的主题。合众国诉威尔科克斯［United States v. Wilcox，487 F. 3d 1163，1170（8th Cir. 2007）］。

（二）激奋话语具有可采性的正当理由

该项传闻例外的正当理由，与即时感觉印象具有可靠性的论点相似。在令人激动的事件或情况之压力下所作的陈述，很可能是自发的，一个人在压力状态下也不太可能去故意编造。如果不存在进行编造的机会，该陈述就可能是诚实的。然而需要注意的是，对于该事件和该陈述没有"同时发生性"要求。激奋形成的压力取代了同时发生性要求。如果陈述人仍然处于压力状态之下，较长时间的滞后也不能阻止《联邦证据规则》803（2）例外的适用。只要压力从该令人震惊的事件发生之时起是持续的，就可以假设陈述人没有机会来谋划作出虚假陈述，因而该陈述很可能是诚实的。合众国诉迪玛瑟案［United States v. DeMarce，564 F. 3d 989，997（8th Cir. 2009）］（"激奋话语例外规定的原理在于，紧张兴奋或者感观冲击会留下反射性官能，因而可以扫除真实性道路上的障碍"）。在迪玛瑟案中，一起性侵犯未遂的原告一开始编造了在走廊里摔倒的故事，以解释为什么她的嘴唇出血了。在她回家后，她告诉了她妈妈关于性侵未遂的事情。法院认定，她的陈述"表现出某种程度的深思，使得它不足以作为'激奋话语'予以采纳"。

因为陈述人激奋压力的期间通常是比较短暂的，记忆危险也会相应降低。然而，就像评论者们早就认识到的那样，这种减少了诚实性危险的压力状态，也可能增加感知乃至记忆危险，甚至还可能导致叙述危险。考虑一下看到某人被汽车撞倒的影响——你能多么仔细和准确地感知和描述这样一起事件的细节呢？不过，该例外在《联邦证据规则》和大多数司法辖区已得到了相当充分的确立。

请将《联邦证据规则》803（1）和（2）所关注的同时性或自发性，与根据《联邦证据规则》801（d）（1）（C）采纳对某人辨认陈述时缺乏这种要求的情况比较一下。我们已经指出，该传闻例外在陈述中的应用，并非发生在列队指认及其他重新感知的正式场合，而是在一段时间过去之后，并且在没有压力的状态下作出的，这破坏了这种陈述的潜在可靠性。

四、《联邦证据规则》803（1）和（2）：分类方法的实际效果

（一）类型决定可采性

你们是否同意，在作出关于灰色越野车的陈述时，萨莉诚实性的概率，因她的陈述是在看到越野车的同时作出的这一事实而增加了，或因它是在一起令人震惊的事件之压力下作出的这一事实而增加了？分析这个问题，需要你们从庭外陈述人大群体的一般性角度进行考虑，他们都共享了《联邦证据规则》803（1）或《联邦证据规则》803（2）的特征。我们如何才能确定这个大群体中的每个人，其诚实性都得到增强？回答是，我们不能确定。更麻烦的是，我们怎么知道萨莉视力良好，而且能够从她站立的地方看清越野车，或者能够看清信号灯是红色的？回答是，我们并不知道。就萨莉的证言品质而言，《联邦证据规则》803（1）和（2）要求向陪审团提供的唯一一事实，就是那些满足这些例外类型要求之有关自发性的事实。

这种归类方法会产生双重效果。首先，如果一项陈述显然符合某一特定例外宽泛的类型一般性，则即使存在传闻异议也必须采纳该陈述，无须对其可靠性进行任何个案调查。除了建立在逐案调查中的三项明确例外〔《联邦证据规

则》803（6）、803（8）以及804（b）（3）]，并不因法官怀疑传闻陈述人的诚实性、感知能力、记忆能力或叙述能力，而存在明确的司法自由裁量权，以排除属于某种绝对例外之特定陈述。其次，与此相反，如果法官认为一项传闻陈述看上去特别可信，但它既不是与有关事件同时作出的（而是在一天后作出的），也不是在激奋压力下作出的（而是在平静精神状态下作出的），则根据《联邦证据规则》803（1）或（2），法官也没有明确的自由裁量权来采纳它。每项例外的这种分类要求，决定着可采性。只有《联邦证据规则》807允许基于其具有可靠性的司法决定来采纳传闻证据。

（二）类型术语需要司法解释

虽然在大多数传闻例外中不存在明确的自由裁量权，法官在对特定陈述进行解释和适用这些例外的类型术语时，的确还是有一些回旋的余地。《联邦证据规则》803（1）中"之后立即（immediately thereafter）"这一术语所允许的时间间隔到底是多长？《联邦证据规则》803（2）中"激奋压力（stress of excitement）"指的是什么，它持续多长时间？在规则文本和判例法中，对这些问题并无明确回答。你们会看到，在规则803和规则804的许多例外中，为司法解释留下了相当大的空间。由于这些分类要求对于可采性而言具有决定性，对这些要求所作的司法解释，对于传闻政策的贯彻执行而言就至关重要了。这些要求旨在保证陈述人的证言品质在某个或多个方面的可信性。因此，法官应当注意解释和适用这些术语，并意识到不同解释可能增加或减少所采纳传闻陈述表明的可靠性。

1. 事件和陈述之间的时间间隔

532

并非所有看上去是同时作出的陈述，都是真正自发的。如果陈述人预先知道相关事件可能发生，他们就可能预先有思想准备。几分钟以上的时间间隔，可能就会为陈述人提供充足的时间，使其构想出某些说起来于己有利的事情。特别是，如果一项陈述显然是对自己有利的，则人们就可能怀疑其自发性及其诚实性。严格适用《联邦证据规则》803（1）的同步性要求，将减少这一问题。许多法院把《联邦证据规则》803（1）中"之后立即"解释为意味着几秒钟之内的事情，或越快越好。合众国诉舒普案 [United States v. Shoup, 476 F. 3d 38，42（1st Cir. 2007）]（事件发生后1～2分钟内拨打了911电话）。然而，一些法院对该术语作了扩大解释，采纳了那些在陈述人描述或解释的事件发生后10～15分钟内所作的显然是自发性的陈述。例如，参见合众国诉奥巴耶格博纳案［United States v. Obayagbona, 627 F. Supp. 329 (E. D. N. Y. 1985)］
（便衣警察就毒品交易所作的陈述，是在有关事件发生后14分钟内作出的，该
陈述"尽可能满足了自发性"，因为只有在逮捕后才能作出该陈述）。法院也关
注陈述作出时的情境，以及中途介入的事件。合众国诉拉莫斯案［United
States v. Ramos, 397 Fed. Appx. 767, 771 (3d Cir. 2010)］（事件与陈述中间相
隔了20分钟，且陈述人被牢牢地扣在警车里，该陈述不可采；"无时间进行编
造或篡改"的要求，未予满足）。

《联邦证据规则》803（2）在例外范围上未设明确的时间限制。然而，
在确定有关陈述是否为陈述人尚处于压力状态下而作出时，时间间隔是一个
相关（而非决定性）考虑因素。"我们不要求精确地展示时间差。该传闻例
外可以仅基于证人证言之'陈述人仍然显得紧张或心烦意乱，且其有合理根
据在情绪上继续不安'"。合众国诉戴维斯案［United States v. Davis, 577
F. 3d 660, 669 (6th Cir. 2009)］。其他相关因素包括事件的性质；陈述的主
题；陈述是否为对询问的回答；陈述人的年龄、说谎的动机、身体和精神状
态。在事件不那么令人震惊的案件中，法院倾向于要求在事件和陈述之间间
隔的时间更短一些。

儿童就性虐待事件所作的陈述，经常是在所指称的事件发生后几个小时甚
至几天后才作出的。某些法院根据《联邦证据规则》803（2）引用各种正当理
由——跟成人或照料者进行谈话的"第一次真正的机会"，恐惧和有罪感导致
儿童拖延了报告时间，缺乏进行编造的能力——来采纳这些陈述，但其他法院
则对拖延了这么长时间表示怀疑。里德诉撒拉克案［Reed v. Thalacker, 198 F
3d. 1058, 1062 (8th Cir. 1999)］（"扭曲的记忆……可能因为有意的教导、无意
的暗示、对事实和幻想的混淆、或单纯的记忆缺陷而产生"）。

法院在有关家庭暴力案件中延长被告处于压力状态下的时长也是合理的：
"由配偶暴力所引起的创伤和焦虑——这形成所谓激奋话语——不会随着施暴
者离开现场而突然消失。"合众国诉格林案［United States v. Green, 125 Fed.
Appx. 659, 662 (6th Cir. 2005)］。在911报案中，关于犯罪行为的激奋话语，
对克劳福德诉华盛顿州案的判决（认为，对质条款适用于"证言性"陈述）提
出了具有挑战性的问题。参见上文第七节。

2. 作为解释性指导的编造机会

《联邦证据规则》803（1）和（2）的陈述自发性，即陈述人明显缺少进行
编造的机会，是这两项传闻例外的基本原理。但是，缺少进行编造的机会并不

是一个明确的事实元素：自发性意味着没有机会进行编造，而不是其他方式。即使如此，有时该原理在辩论中可作为劝说性指导，被提供给在特定事实情景下适用该规则的法官。例如，如上文所说，有些法院用缺少机会进行编造来为采纳即时感觉印象（虽然时间间隔更长）提供依据。

关于激奋话语，激奋状态的压力，通常应该从激奋事件之时起是持续的，以避免进行编造的机会。但至少有一个案例认为，令人震惊事件的压力，可以通过那些就令人震惊的事件提醒陈述人，或会产生额外痛苦的事件，而重新点燃。合众国诉洛塞亚案［United States v. Lossiah, 129 Fed. App'x 434 (10th Cir. 2005)］（12 岁以下的儿童在她的学校看到了被告人，并"跑去告诉"她的老师："不要让他检查我……他强奸了我"；所说的攻击发生于两个月前，但当该儿童在学校看到被告人时，又引起了她的恐惧）。此处的推论似乎是，被重新点燃的压力本身，就是一个令人震惊的事件。

进行编造的机会，发生于当人们有时间和精神上的空间来审慎思考时。在思考这个问题时，应该牢记的是，人类思维能够非常迅速地发挥作用。在某些情况下，思考可能几乎是瞬间的。例如，考虑一下你们作为法学学生做课堂笔记的过程。除非你是作为速记员在逐字逐句地做记录，你就很可能是在进行编辑性的判断和裁量——决定哪些陈述值得记下来，并常常用你自己的话来重述它们。虽然你的记录过程近乎是同时的，但也是深思的。由于这个原因，你的课堂笔记，更一般地说，以及用来记录会议和谈话的笔记，并不适合《联邦证据规则》803（1）例外。但请参见合众国诉费伯案［United States v. Ferber, 966 F. Supp. 90 (D. Mass. 1997)］（对会议上某人发言内容的笔记，属于该传闻例外）。

3. 陈述的范围

《联邦证据规则》803（1）要求，陈述是对一个事件或情况进行描述或解释，这一要求旨在对与该例外基本原理相一致陈述的范围和主题形成限制条件。联邦证据规则起草咨询委员会的说明指出，《联邦证据规则》803（2）的用语——有关某令人震惊的事件或情况，包含了"更广阔的主题范围"。为什么相对于《联邦证据规则》803（1）即时感觉印象，当根据《联邦证据规则》803（2）激奋话语时应当可采的事实范围要更宽泛，原因并不直观明显，但这正是与"描述"和"解释"相比"有关"的意义所在。对于术语"有关（relating to）"，将在多大范围上适用仍是有限制的。参见合众国诉阿拉尔孔—西米案［United States v. Alarcon-Simi, 300 F. 3d 1172, 1176 (9th Cir. 2002)］（被告寻求法院采纳其在因假支票兑现"创伤事件"被捕后为自己开脱的陈述；法院裁定，"他并不知情"的陈述不可采，理由是"与他被逮捕时发生的状况"并不相关，而是与之前的事件相关）。

（三）陈述本身在初始事实认定中的用途

法官为适用《联邦证据规则》803 传闻例外的类别术语所需开展的预备性事实认定，由《联邦证据规则》104（a）规制。《联邦证据规则》104（a）允许法官在裁定关于这些例外的预备性事实是否已被证明可能为真时考虑不可采的证据，包括传闻陈述本身。这同样是一个"引导"问题，我们在《联邦证据规则》801（d）（2）（C）（D）和（E）的代理人、雇员和合谋犯罪人陈述的传闻豁免中，对此已进行过探讨。

在关于基础事件的信息有限的情况下，这个问题就变得尤其重要。请回想一下，一个事件（或令人震惊的事件）的发生，是《联邦证据规则》803（1）和（2）传闻例外的事实要素。在许多案件中，有可能存在证据能证明，事件无须依赖传闻证据本身而发生。但是，有时候找不到这种独立证据。例如，如果萨莉正在使用车载电话和乔治交谈，对他说"灰色越野车刚刚闯红灯撞倒一位行人"，则乔治并不能提供独立的证据来证明，萨莉所描述的事件实际上发生了。根据《联邦证据规则》803（1）和（2）所采纳的陈述，也可以是书面的，这样一来，也许就没有其他在场的人能证实该事件或该书面陈述制作于何时了。

看起来似乎会很奇怪，传闻陈述的内容本身可以独自满足《联邦证据规则》104（a）的证明责任，即一个事件发生了，何时发生的，以及它是什么样的事件。参见合众国诉阿诺德案 [United States v. Arnold, 486 F. 3d 177, 180 (6th Cir. 2007)]（为证实令人震惊的事件，法院依赖陈述人在 911 电话中所作陈述，即被告人刚刚拿枪威胁了她）。联邦证据规则起草咨询委员会对《联邦证据规则》803（2）的注释（"激奋话语本身足以证实令人震惊事件的发生"）。但参见阿诺德案（486 F. 3d，第 208 页）（反对意见）（"任何人都可能捏造一个事实——如果是真的——会引起激奋的事实，并以一种感叹的方式陈述它。如果判定这种陈述本身对于所述对象的真实性具有可采性，那么，将会使传闻规则本末倒置"）。如果法官被说服，在这种情况下《联邦证据规则》803（1）或（2）的要素便得到证明，该陈述被采纳为证据，并通过必要的暗示足以支持一项根据《联邦证据规则》104（b）或规则901 关于该事件发生了的认定。然而，法官采纳该传闻证据的裁定，并不约

534
535

束陪审团也要同意该事件发生了；陪审团仍有不相信该传闻证据的自由。

　　（四）亲身知识的证明

　　正如我们上文所说，传闻陈述人作为证人起作用，是因为她的陈述被提供用以证明其所断言事实的真实性——就像现场证人证言被提供来证明庭上证人所断言事实的真实性那样。与此基本原则相一致，法院认为，即时感觉印象或激奋话语的提出者必须证明，"陈述人亲身感知了该陈述所述的事件或情况"。合众国诉米切尔案［United States v. Mitchell, 145 F. 3d. 572, 575 (3d Cir. 1998)］。该陈述的内容和作出该陈述的情境也许就足够了，即使陈述人的身份不明。在米勒诉基廷案［Miller v. Keating, 754 F. 2d 507 (3d Cir. 1985)］中，一位身份不明的旁观者跑到机动车碰撞事故的当事人身边，大声喊道，一辆（被告的）车强行并线，因而造成事故。上诉法院推翻了审判法院采纳该陈述的裁定：

　　　　除了该陈述本身，在没有其他亲身感知证据时，法院在允许激奋话语孤立地作为陈述人有观察机会的证据方面有所犹豫。……然而，在某些情况下，该陈述本身的内容确实包含着披露感知的话语。例如，"我看到蓝色卡车撞倒街角的那位女士"，这样的陈述就可能独立地证明感知情况，即审判法官根据特定的情况认定，陈述人是在凭亲身感知而说话，他所说的话被优势证据所满足。……（上引案例，第 511－512 页。）

　　在米勒案中，法院未认定有证据支持陈述人的确亲眼所见，或可以看见，或他当时激奋的推论。法院将亲身知识的问题作为《联邦证据规则》104（a）由法官处理的问题来对待。在这个问题上，大多数其他法院意见也与此一致。米勒诉皇冠娱乐公司案［Miller v. Crown Amusement, Inc., 821 F. Supp. 705－706］［"法院通过优势证据认定，陈述人目睹了该事件。来电者具体是说'我们注意到（那辆卡车擦撞到一个人）'，因此是指事实的感知"］。自米勒案以来，法院在采纳身份不明的旁观者所作的激奋话语时不再犹豫不决。合众国诉蒙特罗-卡马戈案［United States v. Montero-Camargo, 177 F. 3d 1113, 1123 (9th Cir. 1999)］（"陈述的可靠性，因陈述人作为无明显动机提供虚假信息的纯粹旁观者的地位而得到支持"）；米勒诉皇冠娱乐公司案［Miller v. Crown Amusements, Inc., 821 F. Supp. 703 (S. D. Ga. 1993)］（911 来电者身份不明）。

（五）对《联邦证据规则》803（1）和（2）的批评

对于《联邦证据规则》803（1）和（2）所谓的可靠性理由有许多可批判之处。波斯纳法官在近期一起案件中对此进行了中肯的批评：

"即时感觉印象"传闻例外的理由在于，如果所描述的事件与描述其的陈述在时间上彼此接近，这就"否定了故意或有意歪曲事实的可能性"。联邦证据规则起草咨询委员会对 1972 年拟议规则的注释。我无法理解，尤其是当"即时性"被解释为涵盖期间长达 23 分钟时，像在合众国诉布莱基案[United States v. Blakey, 607 F. 2d 779, 785 - 786 (7th Cir. 1979)]中，在合众国诉希亚-贝莱斯案[United States v. Mejia-Velez, 855 F. Supp. 607, 614 (E. D. N. Y. 1994)]中是 16 分钟，在北卡罗来纳州诉奥多姆案[State v. Odom, 316 N. C. 306, 341 S. E. 2d 332, 335 - 336 (N. C. 1986)]中是 10 分钟。即使真正的即时性，也并非真实性的保证。认为人们无法在短时间内编造谎言的说法，并不正确。实际上大多数谎言都是自发的。例如，参见莫妮卡·T. 怀婷等：《并非所有谎言皆自发：跨不同交流模式的欺骗行为考察》[Monica T. Whitty et al. , "Not All Lies Are Spontaneous: An Examination of Deception Across Different Modes of Communication," 63 J. Am. Society of Information Sci. & Technology 208, 208 - 209, 214 (2012)]……假如我在街上碰到一位熟人，他牵着一只新买的狗——一只汪汪乱叫的小家伙——并问我："它可爱吗？"虽然我是个猫奴且觉得他的狗很丑，我会回答"是的"……

法律现在应该从它的教条主义沉眠中醒过来了。"即时感觉印象"例外，从无任何心理学基础。它进入美国法是在 19 世纪，参见乔恩·R. 华尔兹：《反对传闻规则的即时感觉印象例外：起源与属性》[Jon R. Waltz, "The Present Sense Impression Exception to the Rule Against Hearsay: Origins and Attributes," 66 Iowa L. Rev. 869, 871 (1981)]，早于认知心理学领域出现之前；它既没有理论上也没有实证上的根据；它甚至也不是常识——它甚至不是好的民众心理学。

至于《联邦证据规则》803（2）：

……虽然心理学家可能承认，激奋降低了影响陈述人陈述的反思性自利的可能性，他们也曾质疑，这是否会被陈述人观察和判断所引起的震惊和激奋的扭曲效应而抵消。合众国诉博伊斯案[United States v. Boyce,

742 F. 3d 792，800－802（2014）］（波斯纳法官持同意多数法官意见但说理不同）［引自 2 McCormick on Evidence §272，p. 366（7th ed. 2013）］。

另一方面，波斯纳法官的批评本身，可能并非无可批驳。没有传闻例外是基于它在某种绝对意义上完全可靠的理念。人们能够非常迅速地进行编造，这一点并未就在有时间进行编造之后所作自发性陈述的可靠性，告知我们很多。对比一下即时感觉印象和具有可采性的有几个月时间来思考的证言，而且是还受到了律师指导的证人的非传闻证言。而且，波斯纳的批评并未告诉我们，该如何平衡自发性传闻的不可靠方面与由于排除该证据所造成的损失。此处需要注意的是，波斯纳实际上并没有提倡排除自发性传闻陈述；最终，他的批评在一个非常值得商榷的建议中结束，即在扩大剩余例外的情况下采纳更多各种类型的传闻陈述。（参见后文《联邦证据规则》807。）我们将在本章最后的反思部分讨论这个问题。

537

要 点

1.《联邦证据规则》803（1）即时感觉印象，描绘的是一个事件或发生，当其正在发生时或在发生后很短时间之内；而《联邦证据规则》803（2）激奋话语，则与令人震惊的事件或发生有关，并且是在激奋压力消退之前而道出。

2.《联邦证据规则》803（1）即时感觉印象和《联邦证据规则》803（2）激奋话语，因其自发性，近乎同时性，以及根据《联邦证据规则》803（2），激奋压力意味着陈述人缺少进行编造的机会且大概对其所描述之事能够记得更好，而被认为是可靠的传闻。这些因素对于考虑事件与陈述之间是否间隔时间过长，也许是有关的。但是，这些因素并没有解决源自感知和叙述问题的可靠性忧虑。

3. 可被包括在《联邦证据规则》803（2）"有关令人震惊的事件或情况"的陈述主题范围，被认为要比《联邦证据规则》803（1）"描述或解释一个事件或情况"的陈述可允许的范围更宽。

4. 法官可以使用陈述——与其他证据合取，或该陈述本身——来确定传闻例外的事实要素是否得到满足，包括有关事件或情况是否发生、何时发生，以及陈述人对该事件或情况是否有第一手知识。这些问题将由法官依据《联邦证据规则》104（a）来决定。

思考题

8.46. 在有关行人诉越野车司机的案件（第 443 页，第 529 页）中，乔治（George）将会为如下情形作证（每个陈述间是一种选择，而非累积关系）：

（a）萨莉当时站在我的身边（在街角），她说："那辆灰色越野车刚闯了红灯并撞到了一位行人。"我随即抬头，看见那辆越野车停在街上，边上躺着一个人。

（b）萨莉跑进我办公室时，气喘吁吁，显得很激动。她说："你不会相信我刚才看到的事情。一辆灰色越野车闯过红灯，撞倒了一位行人！"

（c）萨莉吃完午饭后回到办公室，镇定地说："在吃完午饭回来的路上，我看到一辆越野车闯了红灯，撞倒一个人。想想看吧。我和那位警察聊了 30 分钟。"

8.47. 维克多（Victor）被一群执法人员逮捕，他们是拔枪冲进房间的，当时维克多正在与他人会面。执法人员朝这群人高喊"举起手来"；并问"这是毒品吗？这是毒品吗？"又指向车内座上的钱并问"这是现金吗？一共多少钱？"维克多回答："哥们，我正在去买一辆卡车。"维克多在法庭上提供了经执法人员鉴真的其陈述录音带。可采吗？

8.48. 回到第 148 页思考题 3.2，佩德罗苏诉德里弗案（Pedroso v. Driver）。保罗（Paul）所在学校一位老师为原告作证说，安（Ann）当时也和保罗一起在校车上，在事故发生几天后的课间休息时在操场上玩耍。正当司机丹尼斯走过时，安突然开始哭泣并喊道："那就是撞了路边保罗的校车司机。"可采吗？

8.49. 被告人路易斯·多诺弗里奥（Louis D'Onofrio）被指控作为被定过重罪的人非法持有火器，并有两项挥舞致命武器的指控罪名：一次发生于 1 月 24 日，另一次是 1 月 26 日。

（a）多诺弗里奥太太 1 月 26 日凌晨 2 点 15 分从家里拨打 911 电话。她告诉接线员，她丈夫路易斯喝多了，威胁说要毙了她。该接线员能够听到路易斯在大喊大叫，但没有听到威胁。接线员询问她丈夫手中是否有武器。多诺弗里奥太太说，路易斯有一把枪，并正在指向她。在对被告人进行审判时，上述谈话的录音带能否被采纳？

538

（b）警方于凌晨 2 点 30 分到达多诺弗里奥家。根据多诺弗里奥太太的说法，当时路易斯・多诺弗里奥刚刚带枪离开房子，多诺弗里奥太太感到很沮丧并在哭泣。她称，她与路易斯 1 月 24 日晚上有过争吵；他当时拿着枪在争吵中威胁要杀了她；当她 1 月 25 日下班回来后，路易斯拿枪杀死了家里的猫；1 月 25 日，路易斯整晚都在喝酒，当他开始更为频繁地进行威胁时，她于 2 点 15 分拨打了 911。多诺弗里奥太太允许对枪支进行搜索，但什么都没有发现。被告被捕时，他手中没有枪。多诺弗里奥太太现在拒绝出庭作证，宣称配偶有作证特免权，而且，没有其他证据表明被告持有武器。警方能在对被告的审判中就多诺弗里奥太太的陈述作证吗？

五、《联邦证据规则》803（3）的解释：陈述人对其当时精神状态的陈述

《联邦证据规则》803（3）规定：

（3）当时存在的精神、情感或身体状况。陈述人对当时存在的精神状 539 态（如动机、意图、或计划）、情感、感觉或身体状况（如精神感受、疼痛以及身体健康）的陈述，但不包括证明所记得或相信的事实的记忆或信念的陈述，除非该陈述与陈述人遗嘱的有效性或条款有关。

（一）初始事实认定

对精神状态陈述的事实性要求是：

● 该陈述的内容表达陈述人在作出陈述之时的精神状态；

● 精神状态可以包括动机、意图、计划；情感、感觉或身体状况；精神感受、疼痛或身体健康；以及

● 记忆或信念的精神状态不得被用于证明所记得或相信的事实，除非其与陈述人遗嘱的有效性或条款有关。

就像所有依其内容为分类要求的传闻例外一样，法官可以从该陈述本身提供的证明来决定其内容。因此，"在我所有的孩子中，我最喜欢哈罗德（Harold）"，或"我对工作极不满意"，这些陈述都属于《联邦证据规则》803（3）的传闻例外，如果这些当时的情感是相关的，将可以采纳用来证明其真实性。关于陈述人或作出该陈述的情境，并不要求有其他的预备性事实。

需要注意的是，规则 803（3）对精神状态（state of mind）的界定很宽

泛，包括陈述人心中的任何感觉。当事人的精神状态，或任何涉及诉讼事件之人的精神状态，在审判时都可能是相关的。例如，刑事被告人"爱"或"恨"的精神状态，在表明犯罪动机方面具有相关性；民事被告的"信念"精神状态，对于证明注意具有相关性；在任何类型的案件中，证人对某位当事人的"成见"或"恶意"精神状态，对弹劾该证人的可信性具有相关性。公司或者政府机构官方代表的陈述可以根据《联邦证据规则》803（3）采纳，以证明该机构商业决策背后的动机。市政收入服务公司诉 Xspand 公司案［Municipal Revenue Service，Inc. v. Xspand，Inc.，700 F. Supp. 2d 692，705－706（M. D. Pa. 2010）］。

但是，《联邦证据规则》803（3）例外的范围受到明确限制。记忆或信念的陈述可以提供用以证明陈述人当时存在的相关精神状态，但不能采纳用来证明被记忆或所相信的事实，除非该事实与陈述人遗嘱的条款或有效性有关。对于所记忆或所相信事实的这种排除，起初可能令人感到困惑，而对理解该规则的限制是充分重要的。我们下一节对其进行详细讨论。

（二）"所记忆或所相信的事实"之排除

《联邦证据规则》803（3）规定，证明所记忆或所相信事实的记忆或信念的陈述，不得通过精神状态陈述例外而被采纳。[5] 为什么要将这种记忆或信念的陈述从该传闻例外中予以排除？

考虑一下所涉及的问题。一个人的主观精神状态（例如其意图、情感、身体感觉）是很难证明的。当缺少一个人描述其自身想法或感觉的陈述时，我们会受限于间接证据。一个人对于其主观精神状态的自我陈述，因而是具有潜在价值的、证明力很高的证据，如果该精神状态与案件相关的话。

同时，传闻规则旨在限制由不在审判现场作为证人之人所断言事实的可采540 性。问题在于，传闻规则旨在排除的事实断言种类——发生于传闻陈述人头脑之外的事件或情况——是作为传闻陈述人头脑中的思想而被人所知的。这些思想采取的是信念或记忆的形式。即使回忆一个人自己过去的主观精神状态，也可能出问题：对于之前一周、一个月或一年里你的情绪、感受或意图，你能记得多么清楚？由于人类记忆的局限性，你当前关于你自己过去主观精神状态的

---

[5] 对于这一点有一项非常有限的例外，允许有关陈述人遗嘱的记忆陈述和信念的陈述。我们暂且不讨论，稍后再回到这个问题上来。

记忆，可能是不可靠的。

精神状态传闻例外，旨在采纳陈述人描述其说话或书写之时主观精神状态的陈述，但要排除：（1）关于陈述人头脑之外的事件或情况的当时记忆或信念；以及（2）关于陈述人自己过去精神状态的当时记忆或信念。这样一条规则是不易制定的，但联邦证据规则起草者在描述当时主观精神状态的实例方面做得很好，同时明确排除了"用于证明所记忆或所相信的事实之记忆或信念的陈述"。

（三）精神状态例外的正当理由

与证明陈述人当时精神状态有关的陈述，需要就陈述人的诚实性和叙述能力作出推论。要素性事实是，在陈述人内心中正在发生什么，并且陈述人的陈述必须诚实、准确表达其心中发生了什么。陈述人并非在感知陈述人自身头脑之外的任何东西，所以不存在关于错误感知的传统风险。此外，由于陈述表达了当时存在的精神状态，也没有什么记忆问题。因此，精神状态传闻例外的主要理由，就是不存在感知或记忆危险。根据《联邦证据规则》803 传闻例外的可靠性原理，这些危险的缺失提供了可靠性的间接保证，因而降低了对陈述人交叉询问的重要性。

然而，这种可靠性之正当理由中存在一个弱点。虽然一般来说，即时精神状态的陈述很可能是自发因而是诚实的，对于这种自发性并无独立的证明要求，对于作出这种陈述的情境也没有什么限制。该规则并未针对诚实性和叙述性危险提供所谓的保障措施。"我爱我的配偶"，这一陈述可能是自发的，但如果陈述人因某种原因想要制造一种关于感情好的虚假印象，亦可经过策划而形成误导。关于陈述人是否真正具有其所说的精神状态，并无明确的方法来加以证明。因此，《联邦证据规则》803（3）陈述的诚实性风险是很大的。如果该陈述不是自发的，那么，陈述人就有机会来进行编造。

传闻例外的分类方法，在理论上应阻止法院审查下面这个问题：《联邦证据规则》803 并无内置要素，要求自发性或相反，要求解决诚实性问题。尽管如此，有些法院已经自告奋勇在这么做了。参见合众国诉赛科尔案 [United States v. Secor, 73 Fed. Appx. 554, 566 -567 (4th Cir. 2003)] [将《联邦证据规则》803（3）视为规则 803（1）的一条分则，并增加了陈述人"不得有时间进行思考或编造"的要求]。这些案件通常都包含由刑事被告在案发后很长时间才提供本人的陈述（此时其当时精神状态可能已不再具有相关性），或是在其怀疑自己正在遭受调查后所提供的本人陈述（其中带有明确动机要呈现其当时"无辜"的精神状态）。但参见合众国诉迪马里亚案［United States v. DiMaria，727 F. 2d 265，271 - 272 (2d Cir. 1984)］［虽然被告可以轻而易举地编造关于精神状况的陈述，当该陈述符合《联邦证据规则》803（3）规定时，"其真假要由陪审团来裁断"］。

对于精神状态陈述的采纳，可从必要性角度找到正当理由，尽管其具有诚实性风险。精神状况是我们实体法中一个广泛存在的组成部分，而一个人自己的陈述则是关于其精神状态的主要证据来源。然而，在证明要件时，对精神状态传闻例外的使用超出了其必要性；而在评估精神状况时，人们的行为要比人们的言语更有证明力。

（四）精神状态话语分为直接或间接两类

某些话语直接表明了陈述人的精神状态。例如，为了证明证人有偏向原告的说谎动机，被告可以提供该证人曾经说过"我简直受不了被告"的证据。这是证人感情和精神状态的直接陈述。但是，如果证人说"被告是个给我造成过极大伤害的恶棍"，情况会怎么样？这一陈述并非精神状况的直接宣示，而反映的可能是一种极度厌恶的精神状态。由于这种精神状况并非直接宣示，法院和评论者把这种类型的陈述称为证人精神状态的"间接证据"。

作为陈述人精神状态之间接证据的话语，并非提供用以证明其断言之字面事项的真实性。证人的陈述并非提供用以证明被告是个恶棍，或被告已经给证人造成了极大伤害。因此，一些法院和评论者采取了这样的立场，即该话语不是传闻证据。但是，与我们在上文第 453 - 459 页所讨论的非传闻证据类别——对听者所产生的影响和具有法律含义的事实——不同的是，精神状态话语的相关性确实存在潜在的诚实性风险和叙述性风险。如果在我们假想的案件中，证人是在撒谎或开玩笑，而并非真认为被告人是个恶棍或做错了什么，那么，该证人的陈述对于证明有利于原告的撒谎动机而言，就是不相关的。因此，作为精神状态之间接证据的话语，并非真正的非传闻证据。

《联邦证据规则》803（3）对于陈述人当时存在精神状态的陈述规定了如此宽泛的传闻例外，而将它们标榜为直接或间接、传闻或非传闻，这对《联邦证据规则》的可采性而言纯粹是个学术问题。合众国诉基尼奥内斯案［United States v. Quinones，511 F. 3d 289，312 (2d Cir. 2007)］（无论根据哪种理论，精神状态能被并无意断言待证事实之真实性的陈述间接地加以证明）。

六、《联邦证据规则》803（3）：精神状态证据的相关运用

（一）陈述人未来和过去的精神状态

陈述人关于精神状态的当时陈述，也许只是证实某些要素性事实之推论过程的一个步骤。在时间上向前和向后的推论，常常是根据关于当时精神状态的陈述而作出的。例如，假设一个案件，刑事被告人想要证实某个第三人有杀害被害人的动机，以及实际上该第三人就是凶手。根据《联邦证据规则》803（3），该第三人在凶杀发生前一个星期所作的"我恨那个被害人"的陈述，对于证明凶杀前一个星期该第三人憎恨被害人是可采的。从当时的憎恨精神状态，我们推断未来的精神状态，即在一个星期后凶杀发生时可能还存在这种憎恨精神状态。这种推论是基于这样一个概括，即对一个人的强烈情感不可能在相对较短的时间内发生变化。一个星期后憎恨的精神状态，对于证明具有伤害被害人的动机是相关的，从该动机中我们可以推断出该第三人杀害了被害人的可能性。

精神状态还可以被提供用以证明过去的精神状态，而不需要考虑陈述人的感知或记忆问题。在上述谋杀案中，该第三人在凶杀发生两天之后说："被害人的想法让我怒不可遏。"这种"怒不可遏"的当时精神状态，对于证明陈述人在两天前也可能对被害人感到义愤填膺将是相关的。这也是基于一种精神状态具有稳定性的概括。如果陈述人在两天之前处于气愤状态，则他就有可能在当时有动机杀害被害人。

在这些情况下，法院将审查案件情况以决定精神状态持续的推论是否合理。

有一些情感的表达会持续一辈子，也有一些情感的表达在导火索事件过去之后不会持续很长时间。一些精神状态的表达可能太模糊或者薄弱，无法支持持续性推理，尤其是当作出陈述与犯罪意图之间相隔时间很长时。中途干预事件也有可能标志着陈述人的精神状态改变。合众国诉法汉尼案 [United States v. Farhane, 634 F. 3d 127, 173（2d Cir. 2011）]。

陈述人的精神状态之后数月所作的陈述是相关的，但由于其过于久远而缺乏证明力。合众国诉雷耶斯案 [United States v. Reyes, 239 F. 3d 722, 743（5th Cir. 2001）]。

（二）证明陈述人后续行为的意图陈述

玛丽星期一的陈述"我计划星期二去夏威夷度假"，对于证明她星期二确实离开当地去了夏威夷也许是相关的。首先，我们必须推断其宣称事项之真实性——星期一，玛丽真诚地计划在星期二去夏威夷度假。接着，从这一精神状态，我们可以推断出，她可能在星期二具有同样的意图，然后推断出她将该意图付诸实施，的确去了夏威夷。

关于从玛丽的精神状态到其未来行为之推论的概括，涉及人们的行为；像玛丽这样拥有某种意图或计划的人，通常会做他们准备或计划去做的事。从意图到未来行为，一种推论的可能性将在很大程度上取决于计划活动的性质以及拖后了多长时间。在某些情况下，这个推论可能非常虚弱，致使某人所宣示的意图对于证明某种行为毫不相关。意图可能被过早地表述，或可能具有条件性，以至于人们会按照意图行事这一概括，变得没有什么证明力。此处的要点是，从玛丽的精神状态到其行为的推论，并不要求对玛丽的证言品质作任何进一步的评估。

《联邦证据规则》803（3）本身并未确立意图陈述对证明陈述人后续行为的相关性。相关性是一个有关常识概括和《联邦证据规则》401－402的问题。但是，《联邦证据规则》803（3）明确表示这种陈述属于传闻例外。因此，《联邦证据规则》803（3）可用于克服针对下述行为的传闻异议，即用玛丽的意图陈述来证明她具有该意图，并随后施行了该意图。斯泰伦斯遗孀诉斯泰伦斯案 [Staelens ex rel. Estate of Staelens v. Staelens，677 F. Supp. 2d 499，503（D. Mass. 2010）]［死者的陈述，即他继续提名他的前妻作为其401（k）账户的受益人，因为他想要确保她过好日子，对于证明对她的提名不是错误，具有可采性］。

（三）区分精神状态与过去事实

我们已经讨论过，《联邦证据规则》803（3）创设了一项关于当时主观精神状态的传闻例外，但还未提及其排除过去事实，无论是陈述人所记忆或相信的外部事实，还是陈述人自己过去精神状态的记忆。当允许的精神状态和排除的过去事实包含在同一传闻陈述中时，问题就出现了。

在精神状态证据中过去的事实得到断定，这种情况很常见，但过去事实之真实性的证明是不被《联邦证据规则》803（3）接受的用途。为了表明一位不利于约翰的证人艾米莉的成见，艾米莉在庭外所说的话被提供作为证据："我对约翰感到很气愤，因为他去年把我的钱全都偷走了"，这一关于偷窃行为的陈述是一种记忆或信念陈述。如果该陈述被提供用于证明约翰实际上确实从事了偷窃行为这个所记忆或相信的事实，则不能适用《联邦证据规则》803（3）。为什么？关于偷窃的过去事实，是一个外在于艾米莉精神状态的事件。她的准确感知和记忆将成为该陈述相关性的必要条件。由于《联邦证据规则》803（3）传闻例外的理由是不存在感知和记忆方面的风险，因而在这些风险出现的情况下，就不能适用该例外规定。如果陈述人艾米莉说"我认为，约翰去年把我的钱都偷走了"，结论也是如此。合众国诉科恩案〔United States v. Cohen, 631 F. 2d 1223（5th Cir. 1980）〕（该例外"不允许陈述人去关联……他为何持有这种特定精神状态，或者他可能相信了是什么会引起这种精神状态"）。

　　也存在这样的可能性，即如果关于偷窃之过去事实与诉讼不相关，那么，陈述人的整个陈述仅用于证明相关事实——艾米莉对约翰感到气恼时，根据《联邦证据规则》803（3）是可采的。偷窃是令人气恼的一个很好理由，它使陈述人的陈述对那种精神状态而言更具证明力。确实，关于偷窃行为之过去事实甚至不需要是真的；只要艾米莉确信该事实的存在，怒不可遏的精神状态就更具证明力。最后，即使盗窃是案件的一个争点，法官允许整份陈述并指示陪审团，盗窃断言仅对揭示艾米莉的愤怒程度可采，而不能用于证明任何关于所称的盗窃事实，这也是可能的。

　　如果关于偷窃行为的陈述会导致不利于当事人的不公正偏见危险或混淆争点，《联邦证据规则》403可能是提出异议的根据。法院也有可能决定将陈述拆分——采纳"我对约翰很生气"，但排除"因为他偷了我的钱"。这会取决于对《联邦证据规则》403的考量。

　　关于过去事实的所有陈述，都包含一个隐含的"我记得"、"我认为"或"我相信"。采纳这种表达"记忆"或"信念"精神状态的陈述，将使传闻禁止失效。正如所讨论过的，由于这个原因，《联邦证据规则》803（3）排除了用于证明所记忆或所相信之事实的记忆或信念陈述。然而，在有些情况下，看起来是有关记忆或信念的陈述，被提供用于证明相关的精神状态，并因此可以根据《联邦证据规则》803（3）驳回传闻异议而被采纳。例如，信念陈述，"我相信，我的刹车坏了"；或记忆陈述，"我记得，我的刹车昨天吱吱作响"，可用于证明陈述人当时的信念（注意）精神状态，但不得用于证明刹车坏了的事实。

543

（四）关于陈述人遗嘱的陈述

《联邦证据规则》803（3）刻画出一项针对用于证明所记忆或所相信之事实的记忆或信念陈述的排除之有限例外。《联邦证据规则》803（3）传闻例外被扩展到关于陈述人遗嘱条款，并因此驳回传闻异议而采纳。"在我的遗嘱中，我已将我的全部财产留给哈罗德"，是可采的，驳回传闻异议而证明陈述人遗嘱的条款。

用于证明有关陈述人遗嘱有效性和条款之事实的记忆或信念陈述，确实需要依赖陈述人的记忆和感知，以及诚实和叙述能力。作出遗嘱，是陈述人记忆和感知到的外在事件。但采纳这些陈述的正当理由在于，人们对于他们的遗嘱将慎言的可能性，以及该陈述人将逝去所产生的必要性。

（五）希尔蒙案：用陈述人的意图陈述来证明另一个人的行为

在《联邦证据规则》制定之前，一些法院在适用精神状态传闻例外时态度更加宽容（而且一些法院还在这么做）。关于精神状态的一个主要案例，是纽约互济人寿保险公司诉希尔蒙案 [Mutual Life Insurance New York v. Hillmon, 145 U.S. 285（1892）]，该案对这一例外提出了一个具有挑战性的解释。希尔蒙案是由萨莉·希尔蒙（Sallie Hillmon）提起的要求重新取得其丈夫约翰·希尔蒙（John Hillmon）人寿保险单收益的诉讼。她诉称，其丈夫1879年3月17日死于科罗拉多的弯溪（Crooked Creek, Colorado）。该案的主要争点是，在弯溪发现的尸体到底是不是希尔蒙。原告声称是。被告保险公司则试图证明希尔蒙没死。他们辩称，一位名叫沃尔特斯（Walters）的人和希尔蒙一起旅行去了弯溪，那具尸体是沃尔特斯的，而不是希尔蒙。他们的证据，包括沃尔特斯写给他姐姐一封信的内容：

> 亲爱的姐姐和所有人：我现在像往常一样给你们写封短信，让你们知道我准备在3月5日那天或前后离开威奇托市（Wichita），和一位名叫希尔蒙的先生（他是位绵羊商人）去科罗拉多或我没去过的地方。我多想现在就能看到乡下。你们不感兴趣这些新闻，因为你们不熟悉这里。向所有关心我的朋友们致意。爱你们所有人。你真诚的弟弟。佛瑞德·阿道夫·沃尔特斯（Fred. Adolph Walters）。（上引案例，第288页。）

审判法院将这封信的证明和沃尔特斯另一封类似信件作为传闻予以排除，

而陪审团作出了对萨莉·希尔蒙有利的认定。在推翻这一判决时，最高法院解释了为什么关于这些信件的证明具有可采性：

> 这些存疑的信件是符合要求的，并非其他人向写信者传达的事实叙事，也不是作为写信者实际上离开了威奇托市的证明，而是作为这样的证据，即在他离开——其他证据能证明他已离开——之前不久，他有出行的**意图，而且是与希尔蒙一起出行的意图**，这使得与没有这种意图之证明的情况相比，他确实出行**且与希尔蒙一起出行**更为可能。在希尔蒙的露营地发现的尸体是不是沃尔特斯的尸体，就这一问题有大量相互矛盾的证言。从这些证言来看，该证据可能对陪审团决定该问题有适当的影响。[上引案例，第295-296页（黑体字为原文所加）。]

1. 沃尔特斯的未来行为

沃尔特斯在其信件中的陈述，对于证明他自己有离开威奇托市去科罗拉多的意图而言，具有相关性。这是正确的。法院对这段话也是这么认定的——沃尔特斯的陈述对于证明他本人的意图和他本人的未来行为具有相关性。

2. 希尔蒙的未来行为

一些法院，显然依据的是上述引文中加了黑体字的部分，将希尔蒙案解释为代表了这样的命题，即沃尔特斯的信件也可以提供用以证明希尔蒙的未来行为——即希尔蒙和沃尔特斯一起去了弯溪。因此，这些法院使用了陈述人关于第三人计划去做什么的陈述，来证明第三人实际上做了什么，并且，他们使用了精神状态传闻例外来证明采纳这些陈述具有正当理由。参见合众国诉菲斯特案 [United States v. Pheaster, 544 F. 2d 353 (9th Cir. 1976)]（关于陈述人准备去见安吉洛以获得毒品的陈述，可以采纳用来证明陈述人确实见到了安吉洛）；人民诉阿克德案 [People v. Alcalde, 148 P. 2d 627 (Calif. 1944)]（被害人关于其准备和弗兰克一起出去的陈述，可以采纳用来证明弗兰克和被害人一起出去了，因而有实施谋杀的机会）。

然而，对该项传闻例外的上述运用是存在问题的，因为，沃尔特斯关于希尔蒙的断言之相关性，必然取决于沃尔特斯有关希尔蒙计划去科罗拉多旅行，以及和他一起旅行的信念。换句话说，沃尔特斯关于希尔蒙的陈述，是用于证明所记忆或所相信事实的记忆或信念的陈述：希尔蒙的计划是什么。所有传闻危险在沃尔特斯的陈述中都是存在的：他的信念必须是准确的，基于其对某些过去事实的感知和记忆，即希尔蒙说过或做过的表明他正准备去科罗拉多，以及想和沃尔特斯一起旅行。否则，沃尔特斯关于和希尔蒙离开威奇托市前往科罗拉多的陈述就纯粹是猜测，是不相关的。如果沃尔特斯的信件直接表述了这样的事实，即他关于希尔蒙之意图的认识所依据的事实（例如，希尔蒙曾邀请沃尔特斯和他一起去），则这样的补充陈述将被提供用于证明所相信事实的记忆或信念的陈述。正如我们所知，《联邦证据规则》803（3）不得用于采纳这样的过去事实。

545
546　　在沃尔特斯的信中，关于希尔蒙过去精神状态和行为的过去事实是暗含的，而不是由沃尔特斯"与希尔蒙"去旅行的计划所明示。用沃尔特斯自己的精神状态来证明另一个人的精神状态（希尔蒙旅行的意图）或另一个人的未来行为（希尔蒙确实去了弯溪旅行）的相关性，仍然取决于有关沃尔特斯对他人某些过去事实之感知和记忆的推论。允许以精神状态传闻例外而采纳这些陈述，显然取决于陈述人对过去事实的感知和记忆之意图的陈述，将会破坏证据规则的政策。[⑥]

3. 关于希尔蒙案的最新解释

一批联邦法院已经判定，《联邦证据规则》803（3）不支持使用陈述人的精神状态声明来证明第三人的行为。众议院司法委员会认可了明示假定下的规则803（3）例外规定，即该规则限定，希尔蒙案原则仅适用于使用陈述人精神状态来证明陈述人本人的未来行为。然而，也有其他法院已经采纳了陈述人之意图与第三方一起出行或会面的陈述来反对该第三方，用以证明该陈述人与该第三方的确在一起出行或会面。合众国诉巴拉萨案［United States v. Barraza, 576 F. 3d 798, 805 (8th Cir. 2010)］（采纳了陈述人日记中的陈述，即她打算和巴拉萨一起去墨西哥旅行）；合众国诉约翰逊案［United States v. Johnson, 354 F. Supp. 2d 939, 962 (N. D. Iowa 2005)］（探讨收集到的案例情况）。这些裁定中的大多数，还要求要有第三方行为的独立补强。参见约瑟夫·德威尔的评论［Joseph A. Devall, Jr., Comment, 78 Tul. L. Rev. 911 (2004)］（州法院对希尔蒙案原则分歧概览）。这些裁定的问题在于，如果我们对形成意图（或信念）的第三方过去行为背后的意图（或信念）之推论的可靠性评估归属于审判法官的自由裁量权，我们就是在背离《联邦证据规则》803（3），因为我们知道它推崇司法自由裁量权。

类似希尔蒙案的案件中还有另一种可能情况，即仅在具体的个人也如此行

[⑥]　希尔蒙案多年来一直为证据法专家所着迷。但它从没有像最近这样引起人们的兴趣，原因是经过玛丽安·韦森（Marianne Wesson）教授的努力，她一劳永逸地确认了弯溪掩埋的尸体到底属于谁。她有关希尔蒙案保险单收益争议的历史非常令人着迷，详情报告见：www.thehillmoncase.com/index. html。

事的情况下，才能信任陈述人行事的意图。比如说，做如下推断是否合理，即只有在希尔蒙陪沃尔特斯出行的情况下，沃尔特斯才会考虑离开威奇托去旅行？如果答案是肯定的，因为沃尔特斯并不在威奇托，所以可以不依赖沃尔特斯的感知或记忆而作出如下推论，即希尔蒙必然已经决定离开威奇托并且陪沃尔特斯一起旅行。在合众国诉佩西科案〔United States v. Persico, 2011 WL 1661420, at *12-13 (2d Cir.)〕中，对于"使用有关精神状态的陈述来证明第三方行为"问题的另一种巧妙解决方案得到了法院的认可。在对一起谋杀的控诉中，该法院判定，被害人妻子所作证言"在被害人失踪当日，被害人给她打电话称，他当天晚些时候'打算去见'被告人佩西科（涉嫌谋杀者）"具有可采性。法院认为，该陈述：

> 并非提供用于证明事实上"佩西科在滨海路的地点见到了（被害人）"，而是该陈述被适当地采纳用以证明（被害人）打算在该地点与佩西科见面的意图，并支持有关（被害人）基于该意图行事的推论。从中，陪审团可以合理地推断，（被害人）曾就期望在滨海路与佩西科碰面事宜与佩西科进行过交流。

你们认为哪一种推论更可能？是佩西科从事了引诱被害人去滨海路的某些过去行为吗？还是毫无戒心的被害人自己张罗了这次会面？

547

要　点

1. 根据《联邦证据规则》803（3），表达陈述人当时精神状态的陈述用以证明该精神状态，具有可采性，如果它在案件中具有相关性的话。精神状态包括身体或精神感受或感觉、情绪、意图和动机等等。在陈述人表达它时，该精神状态必须已经存在。

2. 根据《联邦证据规则》803（3）可采的精神状态陈述，不包括对任何类型的过去事实的断言，包括引起过去或当时精神状态的过去精神状态或事物。精神状态传闻例外同样排除关于外在于陈述人之事实的意见、感知、信念或记忆。如果精神状态陈述被用于包含这些事项，这项例外将吞噬传闻证据规则。

3. 一些陈述混合了可采的精神状态陈述与关于过去事实或外在于陈述人的事实断言。在这种情况下，只有涉及精神状态的陈述部分是可采的，假如它本身具有相关性的话。

4. 某人意图做某事的陈述，属于《联邦证据规则》803（3），而且这种陈述对于证明该人后来实施了其意图、做了该事，常常是相关的。在有补强证据的情况下，一些法院允许陈述人意图的陈述被用于证明第三人的未来行为，以及陈述人的行为。

5. 然而，与陈述人遗嘱的有效性和条款有关的过去精神状态与过去事实的陈述，可以根据《联邦证据规则》803（3）采纳。

思考题

8.50. 威廉·温切尔（William Winchell）刚在一起由保罗·彼得森（Paul Peterson）提起的民事案件中针对唐·戴维斯（Don Davis）作证。在交叉询问中，戴维斯的律师问：

问：两年前你告诉唐·戴维斯"你迟早会找他算账"，因为他给了你坏的投资建议，这属实吗？

彼得森的律师：反对，相关性。

戴维斯的律师：法官大人，这对于证明成见是相关的，这位证人有动机撒谎反对我的当事人。

法院：驳回异议。

彼得森的律师：那么我反对，这是传闻。

法院应如何裁定？

8.51. 合众国提起一项确定权利之诉，以决定拳击手罗伯托·杜兰（Roberto Duran）为被授予的拳击冠军金腰带的真正拥有者。杜兰称这些金腰带是1993年被其小舅子从他家中偷走的。美国联邦调查局2003年从商人路易·贝兹（Louis Baez）手中收回了这些金腰带。贝兹称这些金腰带不是被盗品。为了证明盗窃，杜兰和一些证人将作证，在2000年，其小舅子曾就偷金腰带一事向杜兰道过歉。这些证言是否可采？道歉的陈述是否独自可采？

8.52. 莱昂斯合伙（Lyons Partnership）拥有卡通形象"巴尼"（Barney）的所有知识产权。巴尼是一个填充材料做成的恐龙，胸膛和腹部是绿色的，后背有绿色斑点，"脚指头"是黄色的。巴尼得到孩子们的认可。

548

"巴尼和朋友"这一电视节目每星期有 1 400 万儿童观众，与巴尼有关的录像带卖了 5 000 万套。巴尼由成人穿着服装表演的卡通形象，完全是由莱昂斯合伙控制的，莱昂斯并未授权使用巴尼的服装。

莱昂斯对纳尔逊服装公司（Nelson Costumes）提起诉讼，诉称该公司把"达菲龙"（Duffy the Dragon）服装租赁给公众，侵犯了其商标权。莱昂斯需要根据《拉纳姆法》（Lanham Act＊）证明，它拥有有效的受到保护的商标，而被告因为造成消费者混淆而侵犯了其商标权。对实际存在的混淆加以证明，通常是这种诉讼得胜的极其重要的条件。莱昂斯在审判时就混淆问题提供了三种类型的证据。所有这些证据都被地区法院以"不可靠的传闻"而加以排除。法院这么做是否错了？所提供的证据如下：

（1）许多父母作证说，当他们在孩子的生日晚会上穿上租来的达菲龙服装时，孩子们说，他们认为该服装看起来就像是巴尼。

（2）一位小学校长的证言说，当她在学校集会上穿上达菲龙服装时，孩子们都大喊："巴尼，巴尼，巴尼。"

（3）由莱昂斯在几家商场所作的调查结果显示，在将达菲服饰的照片给购物者看并询问其是否认识这个角色时，50％的购物者将其错认为巴尼，另外 50％的人表示认不出来。

8.53. 回到上文第 148 页思考题 3.2，佩德罗苏诉德里弗案（Pedroso v. Driver）。琼（Joan）为被告人作证说，她也乘坐保罗（Paul）和汤姆（Tom）所乘的同一辆校车，保罗和汤姆总是在同一站下车。在事故发生那天，汤姆对琼说："保罗和我准备今天下车就去玩捉迷藏。"可采吗？

七、《联邦证据规则》803（4）的解释：为医疗诊断或治疗目的而作的陈述

《联邦证据规则》803（4）规定：

（4）为医学诊断或治疗而作出的陈述。该陈述：

（A）为医学诊断或者治疗目的而作出，因而与此目的合理关联；并且

（B）描述了医疗史、过去或现在的症状或者感觉；病因；或者它们的一般病源。

＊《拉纳姆法》，即美国联邦商标法。——译者注

（一）初始事实认定

对《联邦证据规则》803（4）陈述的事实性要求是：

● 该陈述必须是为医学诊断或治疗目的而作出的；

● 该陈述必须是对医疗史、过去或现在的症状或感觉，或病因，或症状、感受的一般病源的描述；并且

● 该陈述与诊断或治疗目的合理关联。

这一传闻例外与根据《联邦证据规则》803（3）采纳关于精神状态的陈述存在一些重合。病人对当时存在的感觉的描述（"我感到头晕"），可以属于这两种情况中的任一种。但是《联邦证据规则》803（4）还采纳用于证明外在于陈述人精神状态的当时症状的陈述（"温度计显示我的体温是 102 华氏度*"），以及用于证明过去症状的陈述（"我昨天流鼻涕了，咳嗽得很厉害"）。这些陈述的相关性取决于陈述人感知和记忆的准确性，以及其诚实性和叙述能力。这些传闻陈述的可靠性在于，陈述人想获得医疗救治的动机，提供了如实和准确介绍信息的强烈动机，从而降低了诚实性危险。

《联邦证据规则》803（4）并未明确规定陈述人是病人，叙述的是陈述人自己的医疗史和症状。家人、朋友、护士以及其他医疗人员均可传达与医学治疗目的有关的信息，这些都将为《联邦证据规则》803（4）所采纳。坎波斯诉 MTD 产品公司案［Campos v. MTD Products, Inc., 2009 WL 425012, at * 12 (M. D. Tenn.)]（本传闻例外包括直系亲属所作的陈述）。即使是不明身份的陈述人向救护车上的救护队员所作的陈述也可符合本例外，只要法院能被说服——该陈述人话语是为了病人的治疗。布奇诉埃塞克斯公司案［Bucci v. Essex Ins. Co., 393 F. 3d 285, 299 (1st Cir. 2005)]。并且，当病人向一名中间人述说，例如孩子对父母述说（这样父母才能将其症状转告给医生）的情况下，本例外规定仍可适用，只要寻求医疗帮助的目的是存在的。"可采性……取决于陈述为何目的而作出，而非陈述对象是谁。陈述的目的构成了其可靠性推定。"威廉姆斯诉维京群岛案［Williams v. Virgin Islands, 271 F. Supp. 2d 696, 704 - 705 (D. V. I. 2003)]。

法院已将《联邦证据规则》803（4）适用于向心理咨询师、社工、药剂师及其他医护人员所作的陈述，而不仅仅是医生和护士。然而，《联邦证据规则》

---

* 38.89 摄氏度。——译者注

803（4）被理解为仅适用于寻求医疗之人所作的陈述，而非施与治疗之人所作的陈述。因此，医生对病人所作的以及咨询医生对治疗医生所作的陈述，不在《联邦证据规则》803（4）例外范围之内。菲尔德诉特里格县医院案［Field v. Trigg County Hosp. , Inc. , 386 F. 3d 729，735 – 736 (6th Cir. 2004)］。

550

（二）为医疗目的所作陈述具有可采性的正当理由

这一例外规定的正当理由在于，陈述人在作出该陈述时出于自私目的而讲真话。其假设是，当人们在寻求医学诊断和治疗时，有充分的动机来就其症状和情况进行仔细和诚实的陈述，以便得到有效的医疗护理。因此，即使该陈述可能不是自发的，即使在陈述过去的情况和病因时可能存在感知和记忆上的风险，该陈述在不诚实性和不准确性方面的危险较低。

只要与医生对话，就一定有说真话的动机吗？根据一些调查，13％至32％的病人对他们的医生撒了谎或是并不完全在讲真话，尤其是在吸烟、高风险性爱、饮酒和毒品使用以及服用处方药方面。参见 http：//www. newsweek. com/2009/01/07/little-white-coat-lies. html。

（三）关于病因或外部病源的陈述必须是"有关的"

人们在寻求医疗救治时，经常会描述他们受到的伤害是怎么发生的（"当时我坐在车里，受到从后方而来的撞击，我的脖子疼得很厉害"）。《联邦证据规则》803（4）明确包括了这样用于证明所断言事项之真实性（陈述人在车里时受到来自后部的撞击）的传闻陈述，如果它们"与诊断或治疗合理有关"。桑德斯诉丽思卡尔顿酒店案［Sanders v. The Ritz-Carlton Hotel Co. , 2008 WL 4155635，at *2 (S. D. N. Y.)］（原告在其医疗记录中的陈述——他的脚踝受伤，是因为"绊倒"而非"滑倒"，描述了其受伤的基本原因）。

但有些时候，病人的陈述会更多描述具体的原因，指出具体造成其受伤的人或实体。这些陈述也应该根据《联邦证据规则》803（4）予以采纳吗？一般而言，有关性（pertinence）是由医护人员的证言所决定的，即医生在进行治疗或诊断时会合理依赖的那些信息类型。如果陈述人的陈述并非与医疗有关，就有某种理由来怀疑陈述人进行该陈述时的动机，因而怀疑其缺乏诚实性。因此，诸如"我是被一辆红色野马车从后面撞上的，车牌号是445HCN，当时我正坐在自己的车里"之类的陈述，就不太可能属于规则803（4）的范围。

有关性问题，经常出现在虐待儿童和性骚扰案件中，被害人将施虐者的名字告诉医护人员。在合众国诉托姆案 [United States v. Tome, 61 F. 3d 1446 (10th Cir. 1995)] 中，儿童陈述人指认其父亲是施虐者的陈述，被裁定为符合"有关性"要求。在引述本法院的先前判例时，该法院论证道：

> 　　　家庭性虐待的所有被害人，都会遭受情感和心理上的伤害，这种伤害的具体性质和程度取决于施虐者的身份。医生为了提供适当的治疗，通常必须知道谁是施虐者，因为医生的治疗必然要因施虐者是被害人的家人而有所不同。例如，在家庭性虐待案件中，施行治疗的医生可能建议特殊疗法或咨询，以及指示被害人本人通过离家和另寻其他庇护而远离危险的环境。（上引案例，第 1450 页。）

当施虐者的身份被陈述给治疗医生时，家庭暴力中的成年被害人所作的陈述也被一些法院采纳了。合众国诉霍尔案 [United States v. Hall, 419 F. 3d 980 (9th Cir. 2005)]（对医生所作的陈述——同居男友造成了病人的伤害——具有可采性）。其他关于身体和精神问题原因的过去事实，同样要受"动机"和"有关性"双重检验的制约。威灵厄姆诉柯鲁克案 [Willingham v. Crooke, 412 F. 3d 553, 561 - 562 (4th Cir. 2005)]（原告就其被捕的描述，包括一把枪指着她，对其精神创伤和肉体伤害的诊断和治疗具有可采性）；麦科勒姆诉麦克丹尼尔案 [McCollum v. McDaniel, 32 Fed. Appx. 49, 55 (4th Cir. 2002)]（受伤是由"攻击"造成的陈述，作为与原因而非过错有关的陈述，具有可采性）。

区分案件中的有关性（pertinence）要求和陈述的相关性（relevance），是很重要的。《联邦证据规则》803（4），不过是基于这种陈述之假定可靠性的另一项明确的传闻例外。符合这项例外资格的传闻，可被采纳用来证明任何相关事项——对于用该陈述来证明医疗救治问题，本规则未作任何限制。假设陈述人告诉 EMT 工作人员，他的腿受伤是因为他被车撞了。如果该事实对于诊断和医疗是有关的，那么，这一陈述根据《联邦证据规则》803（4）是可采的，可用于证明因果关系。例如，如果案件中存在其他证言，描述被告的车在事故发生时是唯一被看到的一辆，则它对于证明肇事逃逸案中被告的身份也可能是相关的。

(四) 需要证明医疗目的

法院很可能假定，成人甚至是十几岁的孩子，能够理解他们被要求向医疗人员提供信息的目的。然而，对于就性虐待接受检查的年幼儿童而言，许多法院否决了这种假定，并要求儿童治疗的动机需要记录在案。在联邦第八巡回法院，仅当"医生向被害人说清楚，对施虐者身份的调查对于诊断和治疗是很重要的，而且被害人表示已经理解"时，由受虐儿童对的施虐者的辨认才具有可采性。奥尔森诉克拉斯案〔Olsen v. Class, 164 F. 3d 1096, 1098 (8th Cir. 1999)〕。其他法院否决了联邦第八巡回法院的这种明确表示的要求。

八、《联邦证据规则》803（4）：患者向医学专家证人所作的陈述

《联邦证据规则》803（4）所使用的术语很宽泛，足以囊括一方当事人出于为准备诉讼而诊断目的所作的陈述。当然，当关于身体状况的陈述是为诉讼目的而作出时，诚实性的原理可能并不适用。这里缺少倾向于确保诚实性的治疗动机。此外，获得高额伤害赔偿金的可能性，也是夸大当时和过去症状或痛苦的动机。因此，普通法上的身体状况传闻例外，并不适用于出于为准备诉讼而诊断之目的所作的陈述。然而，《联邦证据规则》803（4）也未表明有保留这一普通法限制的意图。大多数法院认为，采纳为提供专家证言目的而向医生所作的陈述，现在是为《联邦证据规则》所允许的。

《联邦证据规则》803（4）对于向作证专家所作陈述的采纳，其理由并不是这种陈述的可靠性，但当人们结合规制专家意见证言的规则来考虑这一传闻例外时，是可以理解的。当一个人的身体状况成为争点时，通常会有专家证人来就这种情况的性状作证，可能至少部分基于该人在庭外就其当时和过去症状所陈述的内容。普通法对于自利的身体状况传闻陈述之使用限制，结合普通法对专家证人必须只能基于可采证据来提供其专家意见的要求，导致了令人尴尬的证据出示。患者不得不就存在争议的身体状况作证，进行诊疗的医生也不得不就病人的治疗情况作证（并受到交叉询问）。接着，该专家会被要求就假设的问题提供意见，而该意见中则会包括在法庭上已经陈述过的信息。 *552*

在充分意识到这些假设提问所存在的问题之后，《联邦证据规则》起草者们有意识地试图避免通过假设提问来引出专家信息。参见《联邦证据规则》702、703 和 705（本书第九章讨论的内容）。为诉讼准备活动中的诊断提供咨询的医疗专家，几乎肯定会依据病人关于过去和现在症状的陈述，并将会想要在解释诊断时重述这些陈述。《联邦证据规则》803（4）通过使关于身体状况的陈述完全具有可采性，而充分利用了医疗专家可以提供的信息。 *553*

要　点

1. 描述医疗史和症状的陈述，根据《联邦证据规则》803（4）具有可采性。如果它们根据该例外而满足采纳的资格，则可被用作关于任何相关争点的实质性证明；它们未被限制于证明陈述人受伤的程度。

2. 该陈述可以由患者作出，或由其他通过提供关于患者医疗信息来寻求医护的人作出。它们可以扩展到向医疗人员所作的陈述，或向预计会向医疗人员传递该信息的中间人所作的陈述。

3. 如果该陈述包含有关外部原因或病源的信息，必须有这种信息与治疗或诊断合理关联的证据。

4. 出于为准备诉讼而进行的医疗诊断目的所作的陈述，属于《联邦证据规则》803（4）例外的范围。

思考题

8.54. 在人身伤害诉讼中，如果下列陈述是向陈述人的配偶、陈述人的治疗医生或是为在审判时提供专家证言而向医生咨询时作出的，请考虑它们是否具有可采性？

　　（a）"我头痛得很厉害。"

　　（b）"昨天我头痛得很厉害。"

　　（c）"我的头被棒球棒打了一下。"

　　（d）"约翰·琼斯用棒球棒打了我的头。"

8.55. 回到上文第454页思考题8.4，布罗德柏克诉特拉普案（Broadback v. Trapp）。向救护车司机所作的任何陈述，是否可以根据《联邦证据规则》803（4）采纳？

8.56. 回到上文第150页思考题3.4，州诉布莱尔案（State v. Blair）。诺玛（Norma）的医生会作证说，在2009年进行的一次例行医疗检查中，诺玛解释了她肋骨处的擦伤。她告诉医生，她的男友在一场争执中动手打了她。医生随即为其介绍了本地一项专门为遭受家庭暴力的被害人开设的辅导项目。

该医生的证言有可采性吗？如果根据州法，医生有义务向当地执法机关报告经其合理怀疑与家庭暴力有关的受伤呢？

九、《联邦证据规则》803（5）的解释：记录的回忆

《联邦证据规则》803（5）规定：

（5）记录的回忆。该记录：

（A）关涉证人曾经知晓但现在不能充分回忆而全面、准确作证的 554 事项；

（B）是由该证人对该事项记忆清新时制作或者采用的；并且

（C）准确地反映了证人的知识。

如果被采纳，该记录可以作为证据宣读，且除非对方当事人提供，方可作为展示件而采纳。

（一）初始事实认定

对于记录的回忆之传闻例外，其事实性要求为：

● 陈述人正在作为证人作证；

● 该陈述是以记录形式出现的；

● 该陈述是关于证人曾有亲身知识的事项；

● 该证人不能充分回忆而全面、准确作证的事项；

● 该陈述是由该证人对该事项记忆清新时制作或采用的；并且

● 该陈述准确地反映了证人的知识。

在我们日常生活中，关于事件的书面或录制的备忘录或笔记，常常是逝去记忆的替代。想想你曾经知道但现在不能充分回忆起来的事情细节——比如，在法学院第一学年的侵权法课上，某个特定案例是否被布置为阅读作业。你保留了法学院第一学年所有作业笔记。或者，当人们为跨国迁徙而将家用物品打包时，常常会就某个箱子里的物品保留一份详细清单。根据《联邦证据规则》803（5），这类记忆辅助物是可以驳回传闻异议而潜在可采的。

在联邦证据规则重塑之前，这条规定被称为"记录的过去回忆"。由于回忆必然是关于过去的事项，这种措辞似乎是多余的——因此，新规则中描述有所改变。你们应该注意一下这个旧的术语，因为在旧的汇编案例中你们可能遇到它。

1. 陈述的内容无限制

《联邦证据规则》803（5）对采纳为记录的回忆之陈述，在主题或内容方面没有什么限制。上述笔记和清单均符合要求。因此，日后与诉讼相关事件的任何种类之任何形式的记录，都符合该要求。合众国诉卡氏案［United States v. Cash, 394 F. 3d 560 (7th Cir. 2005)］（由退伍兵管理处代表记录的退伍老兵威胁电话记录）；合众国诉琼斯案［United States v. Jones, 601 F. 3d 1247 (11th Cir. 2010)］（警方侦探与证人谈话的视频记录）。案例还包括了使用日记、警方逮捕和预定表格以及监听电话记录等。如果制作有关记录属于商业或政府机构职能的一部分，关于商业和公共记录的传闻例外，《联邦证据规则》803（6）和（8），也可以适用，且将无须满足《联邦证据规则》803（5）更为烦琐的事实性要求。

2. 陈述人必须是记忆不完整的证人

在《联邦证据规则》803 传闻例外中，规则 803（5）是独一无二的，它要求陈述人作为证人在法院出庭。因此，在这一点上，此例外类似于规则 801（d）（1）关于证人先前陈述的豁免。然而，根据《联邦证据规则》803（5），它明确要求证人对于作为庭外陈述主题的基本事件记忆并非完整，而且该陈述必须是书面或录制形式的。因此，从某种意义上说，该证人仅是部分无法出庭：她站在证人席上，可以记得某些但并非所记录事件的全部。

3. 作出陈述时有亲身知识且记忆清新

《联邦证据规则》803（5）要求表明证人"曾经知道"所记录的事项。一般情况下，如果证人记得作过记录，他就能够作证说，他曾经知道所记录的内容及其制作环境。如果证人不记得作过书面记录，那么该记录本身的内容，或某个曾经看到过该记录制作过程的人的证言，或其他间接证据，将被用来满足关于亲身知识和记忆清新的要求。参见合众国诉卡式案［United States v. Cash, 394 F. 3d at 561］（基于退伍兵管理处代表关于其有制作此类记录之习惯的证言，采纳了其所制作的电话交谈备忘录）。

该记录可以是被证人制作或采用的。因此，如果证人并未实际书写或录制该陈述，而是阅读并表示同意或认可其他人制作的书面陈述，这一要求也能得到满足。普拉扎—博尼利亚诉科尔塔佐案［Plaza-Bonilla v. Cortazzo, 2009 WL 605909, at *2, n. 4 (E. D. Pa.)］（就指控警方过度使用武力事件起诉中的证人，提供了在事件发生后数小时内所作的陈述……在其提供的每一项回答上签署了自己名字的缩写，在每一页底部签名，并签署了最后一页，在这一页上他表明他本人被给予了"阅读、更改并在其陈述上签名的机会"，并且"陈述中所有内容都是真实且正确的")。该记录的内容是否反映了证人从第一手知识所了解的事项，还必须予以证明。

在判断记录作出时证人是否"清新"的问题上，法院并没有采用一个明确的规定。事件发生数年后对其所作的陈述，被法院予以否决。曾有一个法院说："证人在事件发生后一个月或三个月所写的备忘录，很难被算作是清新的记忆。"美国证券交易委员会诉约翰逊案［SEC v. Johnson，534 F. Supp. 2d 63，66 n. 4（D. D. C. 2008）］。另一些法院则更为宽容。合众国诉格林案［United States v. Green，258 F. 3d 683，689（7th Cir. 2001）］（"审判法院可以考虑时间间隔，以及其他对于判断证人是否记忆准确的相关因素"，引用了一些案例，其中，3 年和 15 个月的时间间隔被法院判定根据具体案件情况不算过长）；合众国诉刘易斯案［United States v. Lewis，954 F. 2d 1386，1394（7th Cir. 1992）］（审判法院处于判断/估计这些困难之重要性的最佳位置，这也正是为什么任何专断的时间限制都不适当）。附加的证据，如陈述的清晰性、细节的丰富性以及做过改变或修正，可以表明证人的回忆仍然足够清新。

4. 记录准确地反映了证人的知识

某些证明该陈述是对知识和记忆之准确反映——即该陈述是诚实、准确记录——的证据，是需要的。经常被提出的问题是"该陈述内容是否真实且准确"。合众国诉琼斯案（United States v. Jones，supra，at 1262）。但是，如果证人无法充分回忆起所记录的事件，便不可能就该记录是对记录制作时所知内容的准确反映如实作证。可能经常发生的情况是，证人—陈述人对于所问及的上述典型问题仅仅回答"是"，而证人如此作证的能力基础并未得到审查。有时候，记录的准确性是可以推断出来的。清单上的涂改和补正痕迹能说明对准确性的关注。再比如，由被刑事拘禁的犯罪嫌疑人签署的书面陈述，可能包含这样的语言："这是反映了我最佳记忆状态的准确陈述。"而且，证人可以就为什么陈述在作出时很可能是准确的作证。作为法学院学生，你可以作证说，你有强烈的动机要准确记录你的侵权法作业。

5.《联邦证据规则》104（a）和 104（b）

上述事实性要求是由法官来决定的《联邦证据规则》104（a）问题。事实即是如此，尽管这些事实性要求看起来与根据《联邦证据规则》602、901 和 104（b）为文件进行基础铺垫有相当程度的重叠。假设记录下来的回忆包含有相关信息，满足《联邦证据规则》803（5）的事实性要求，将必然满足任何剩下的基础铺垫要求。这是因为如果法官已被优势证据说服，即文件是证人过去第一手知识的准确陈述，并且作出时的情境支持其准确性，那么，一个理性的陪审团同样也能够被说服。一旦记录的回忆被采纳，陪审团仍保有自由来决定该证据的分量（如果有的话）。

　　6. "作为证据宣读"

　　《联邦证据规则》803（5）专门提到证据提供方可能有记录的回忆内容"作为证据宣读"。它可能需要由证人或者律师在陪审团出席时大声朗读，记入审判记录。但是，记录本身不能作为展示件被采纳，除非是对方希望这么做。因此，该记录不能在陪审团成员之间进行传阅，或将其带到陪审团评议室里以供评议。"考虑到事实认定者可能被该文件所误导，而不专注于证言本身。"合众国诉奎斯塔案 [United States v. Cuesta, 2007 WL 2729853, at *19（E. D. Cal.）]。当询证存录中的证言被采纳为证据时，一般情况下也这么处理：将询证存录的内容读给陪审团听，但询证存录本身不得作为展示件采纳，或至少不像其他具有可采性的文件或记录那样被允许带进陪审团评议室。若出于某些优势策略的原因，对方希望将《联邦证据规则》803（5）规定的记录以文件形式提交给陪审团，则对方可以将其作为展示件提出。

　　如果有关于陪审团成员因为见到书面形式的记录的回忆而被"不当影响"之顾虑，则法庭允许为陪审团播放属于《联邦证据规则》803（5）的记录的回忆的音频或视频记录，就会显得奇怪。但这似乎是惯常做法。参见合众国诉索拉斯案 [United States v. Sollars, 979 F. 2d 1294, 1298（8th Cir. 1992）]；皮克特诉合众国案 [Pickett v. United States, 822 A. 2d 404, 405（D. C. 2003）]。然而，就书面文件而言，这些记录不得被采纳为展示件，并带入陪审团评议室，除非是被对方作为证据提出。参见合众国诉梅休案 [United States v. Mayhew, 2011 U. S. Dist. LEXIS 13906, 2011 WL 601546（D. Utah Feb. 11, 2011）]。

　　（二）记录的回忆可采性的正当理由

　　人的记忆局限性以及备忘录被广泛使用来弥补该局限性的事实，产生了一种非常强烈的采纳记录的回忆之实践需要。《联邦证据规则》803（5）寻求创设能增加记录可靠性概率的条件。很明显，如果记录是在证人对该事项记忆清新状态下作出的，记忆问题就可以被最小化。准确性的要求提供了关于证人在记录陈述时的诚实性和在意程度的信息。这一事实性要求并未谈及证人在陈述中所报告事项的准确性问题，但是，证人现在法庭上可以接受广泛的交叉询问，这可以提供与感知能力和机会有关的信息。对方有机会通过交叉询问来探究证人证言的基础，即书写备忘录是否"真实和准确"，这提供了额外的保证，以降低诚实性和叙述性的危险。然而，这些要求只有在法院严格适用的情况下才能奏效。

（三）多名陈述人制作的记录的回忆

有时候，某人目睹了事件的发生，并将其告诉另一个人，第二人根据听到的情况接着进行了记录。在此情况下，一份文件中包含了两个层次的传闻。例如，约翰可能将其家用物品包装进了箱子，并就放进每个箱子中的物品进行了清点，与此同时，第二个人鲍勃制作了物品清单。在这种情况下，就有两名陈述人：观察者约翰，他对有关事件有亲身知识（哪个箱子里装了哪些东西），以及记录者鲍勃，他将从观察者那里获得的信息转载到记录中。如果观察者——陈述人没有核对并采用这些清单，那么，观察者就不能之后在法庭上说该清单是观察者所见之正确反映。因此，观察者——陈述人自己并不能提供规则 803（5）所要求的完整基础铺垫。关于这种情况，还有许多其他可能的例子。雇主口述，由秘书人员记录和誊写；人们在集体会议上进行陈述，由群体中的一员做笔记。

《联邦证据规则》803（5）并未明确规定多人参与制作记录的效果问题。联邦证据规则起草咨询委员会对规则 803（5）的注释指出："多人参与观察和记录的过程……与本传闻例外的规定完全一致。"一本权威著作写道："各法院已裁定，如果报告事实的人就该口头报告的正确性作证（虽然在其作证时，可能已记不清事实细节），并且该陈述的记录者作证说其忠实记录了该口头报告，则该书面陈述具有可采性。"《麦考密克论证据法》[McCormick on Evidence, Vol. 2 Section 283, at 300 （Kenneth S. Broun ed., 6th ed. 2006）]。

只有当两名庭外陈述人——有关信息的最初观察者和该信息随后的记录者——对观察和记录的过程作证，该合作性报告的提出者才能满足《联邦证据规则》803（5）的全部基础铺垫要求。这也给对方当事人提供了对观察者和记录者进行交叉询问的机会，以了解他们在该记录制作过程中的作用。因此，当证据提出者完全根据规则 803（5）来采纳由多名陈述人制作的记录时，则在传闻链条中的每名陈述人都必须作为证人出庭作证。合众国诉格林案 [United States v. Green, 258 F. 3d at 689]（"证人和转录陈述的人都必须作证"）。这对于证据提出者而言可能是一项繁重的工作，并且某些陈述人可能无法出庭。

对于多名陈述人制作的合作性报告，还有其他策略来采纳它。其可以被分析认定为普通的"传闻中的传闻"或者"陈述中的陈述"问题，被归类到《联邦证据规则》805 的管辖范围。这意味着，一旦每一层次的陈述可采性被确立，任何传闻证据豁免、例外或非传闻用途之组合均可以被使用。（参见《联邦证据规则》805 的讨论，上文 485－486 页。）

例如，假设几个朋友帮助约翰包装其家用物品，每个人都告诉了记录者每个箱子里装了什么。此后，记录者根据众多观察者的传闻陈述编写了一份清单。即使朋友们无法前来作证，他们对记录者所作的陈述可能属于《联邦证据规则》803（1）即时感觉印象的范围。将这些观察—陈述人（朋友们）的即时感觉印象传闻例外，与出庭作证的记录者之记录的回忆传闻例外结合在一起，将满足《联邦证据规则》805 并克服任何多重传闻的异议。其他组合也是可能的，例如，如果某份记录是对激奋话语的记录或对方当事人的自认。合众国诉奎斯塔案（United States v. Cuesta，2007 WL 2729853，at *19）[法院认定，根据《联邦证据规则》803（5），对巡警开出的罚单上对照司机驾照所记录的被告人出生日期予以采纳；驾照上的出生日期是官方记录或采认性自认]。

如果记录人—陈述者无法出庭作证，或对特定记录的准确性失去了记忆，则另一项传闻例外规定也许可以适用于该记录者，例如，《联邦证据规则》803（1）或者 803（6）商业记录传闻例外。在适用记录的回忆传闻例外时，很重要的一点是，记录者必须对证人当时所说而现在已经忘记的事项作真实记录，而不是对其加以解释或编辑。不掺杂解释，确保了所记录下来的就是观察者的感知和记忆，而非记录者有意识改编的版本。

十、刷新记忆与记录的回忆：《联邦证据规则》612

（一）对刷新记忆的解释

记录的回忆传闻例外，不应当与刷新记忆（这一程序有时被称为"刷新回忆"或"当时回忆的刷新"，以区别于先前的术语"过去回忆的记录"）的程序相混淆。当证人起初不能回忆起某些事情时，或通过向该证人出示询问方认为或证人提议的可能促使证人恢复对相关事实之记忆的文件或其他物品，也许可能刷新证人的记忆。例如，如果让约翰简单地看看包装清单，他就可能记起自己在某个箱子中实际包装了哪些物品。

刷新记忆的理念基于的是日常经验。举例来说，我们都有这种经验，即一位朋友或者家庭成员讲到了某些过去的事情，但我们怎么也回想不起来。但如果听了一些关于该事的细节，或者看到了某张照片，我们就又会回想起来。用同样的方法来唤起一名证人的记忆是容许的。

刷新证人的记忆不属于一项传闻例外规定，而是一种证人询问技巧。我们在这里提出来是因为其与记录的回忆有重叠之处——二者都用于处理出庭证人的记忆丧失问题，因此有可能混淆这两个概念。主要的概念性差别在于：就刷新记忆而言，证人自己刷新回忆，然后依据现在的记忆作证。该证言的可采性与证人未发生过记忆丧失的情形没有差别。而就记录的回忆，证人对过去事实没有了现在的记忆；在这一点上，记录被用来替代了证人证言。

除了刷新记忆和记录的回忆在基本概念性的区别，二者还有一些规定上的不同。第一，证人的记忆只有在其"丧失殆尽"的情况下才能被刷新——也就是说，证人对问题事实没有了记忆。相较而言，记录的回忆只要是在证人记忆不完整时就能启动："证人……不能充分回忆起来以便进行完整准确的作证。"《联邦证据规则》803（5）。

第二，记录的回忆可以驳回传闻证据反对，使用书面或录制的记忆辅助——该文件是可采证据，并且它（或者其中的相关部分）会被读给陪审团听。相较而言，用来刷新证人记忆的物品不是证据。如果可行的话，它不用被出示给陪审团看。一旦证人的记忆已被刷新，他必须根据他的回忆来作证，而不是通过阅读或者总结文件或者用物品来刷新。如果他的回忆没有有效地刷新，证人不应该被禁止尝试提供信息。

第三，记录的回忆被限定在满足《联邦证据规则》803（5）详尽初始事实要求的书写文件或录制品。相较而言，律师可以尝试使用任何东西来刷新证人的记忆，包括不可采的事项。正如一个法院总结的本规则之州法版本：

> 通常情况下，该程序是这么进行的："法官大人，我准备向该证人出示一份书面报告，请他读一下，然后问他现在是否能够根据因此被刷新的记忆来作证。"而在罕见情况下，该程序也可以如下："法官大人，我很高兴向法院介绍罗莎·庞塞尔（Rosa Ponselle）女士，她将为证人演唱《阿伊达》，因为这是在夜贼破窗而入那天晚上正在播放的歌曲。"[7] 无论是常见方式还是罕见方式，所追求的目标恰恰是同样的。人们是在寻找一剂有效的灵丹妙药来唤起模糊的记忆，使它再次激活，服务于对事实的追寻。贝克诉合

559

⑦　法院的业余文化表演并不怎么奏效。罗莎·庞塞尔（Rosa Ponselle，1981 年生）是一名伟大的女高音。《塞莱斯特·阿伊达》是由男高音演唱的。也许她在洗澡时唱过？——编者注。

众国案［Baker v. State，371 A. 2d 699，705 - 706（Md. App. 1977）］。

因此，不可采的事项，例如一份传闻文件，可以被用来刷新记忆。甚至使用带有暗示性的提问，也是允许的。以同样的方式，你关于过去事项的记忆能够被带有暗示性的细节带动起来（"你舅妈和舅舅当时在场——你现在记起来了吗？"），这些信息可以由提问者提供："如果我告诉你，你舅妈和舅舅当时也出席了会议，这能刷新你的记忆吗？"

（二）《联邦证据规则》612 对刷新记忆的影响

如果证人很友善，刷新记忆的过程可能在法庭之外进行，即在探讨和演练直接询问和预计的交叉询问时进行。如果在这一过程中，或在任何为法庭或询证存录证言所准备的其他活动中，证人为了刷新记忆而使用了一份书写文件，则对方当事人有权对该书写文件进行审查。这是因为《联邦证据规则》612 作了如下规定：

规则 612　　用于刷新证人记忆的书写文件

（a）范围。当证人使用书写文件来刷新记忆时，本规则为对方当事人提供了特定可选项：

（1）在作证时；或者

（2）在作证前，如果法院确定正义要求当事人有这些可选项时。

（b）对方当事人的选项；删除无关事项。除非《美国法典》第 18 编第 3500 节就刑事案件另有规定，对方当事人有权要求在听证时出示该书写文件，对其进行检查，就其对证人进行交叉询问，并将其中与证人证言有关的任何部分提出作为证据。如果举证方当事人宣称该书写文件包含无关事项，则法院必须对该书写文件进行秘密审查，删除任何无关部分，并命令将剩余部分递交对方当事人。驳回异议后而删除的任何部分必须归档保存。

（c）未能提供或者递交书写文件。如果一份书写文件没有提供或者按照命令递交，法院可以签发任何适当的命令。但如果在刑事案件中检控方不遵守上述命令，法院必须撤销该证人证言，或者在为正义所要求的情况下，宣布审判无效。

560

《联邦证据规则》612 不仅是一项可采性规则；它还是一项证据开示规则。

561 其中一点就是，如果一个人在为询证存录做准备时看了任何文件，对方当事人都可以获悉该文件——这也可能包括那些原本受到工作成果原则（work-product

doctrine）或某些作证特免权保护的文件。由于你们中的许多人很可能在接手审判前的很长时间里，会与询证存录程序打交道，我们敦促你们要在记忆中为《联邦证据规则》612 保留一个特别的位置。

（三）实践中的证人记忆缺失：记录的回忆与刷新记忆的相互影响

当证人不记得你需要提供为证据的事实时，此时你就有了来自记录的回忆和刷新回忆规则的各种选项，无论是单独使用还是组合使用。在审判开始之前，你可能就知道证人的记忆问题，在这种情况下，你可以尝试安排自己的策略。又或者记忆的问题出现在询问过程中，在此情况下，你将不得不进行快速思考。

如果证人记不得了某个要点，与此同时你有一份文档可能符合记录的回忆传闻例外，那么，你有两个选项。如果你更倾向于该文档而非证人的证言，你可以让证人就《联邦证据规则》803（5）的初始事实作证，然后把文档朗读为证据。

但是，你可能更倾向于证人用他自己的话、根据自己的回忆来就事实作证——也许是因为，有着清新记忆的证人能够更全面或更有说服力地表达事实。或者大概你没有一份符合《联邦证据规则》803（5）的文件；或者大概你以为你有这样的文件，但证人未能提供证明《联邦证据规则》803（5）初始事实所需的证言。在上述任何一种情况下，你都会想要使用刷新记忆技术。

也有可能虽然你更倾向于刷新证人的记忆，但是，文件未能成功唤起证人的记忆。或者大概你可能对证据如何进来漠不关心。此时，用以满足《联邦证据规则》803（5）对不充分的当时记忆之铺垫要求的一种常见方式，是向证人出示记录，询问其是否刷新了证人的记忆，并且如果记忆还是未能被唤起，该记录将被作为记录的回忆提交。

关于这一切，有两个重要的程序点需要牢记。首先，从技术上讲，记忆丢失的初始事实对于刷新记忆而言，比其对于《联邦证据规则》803（5）记录的回忆更为严格。再者，为了刷新记忆，证人的记忆必须枯竭了；而为了触发《联邦证据规则》803（5），回忆只需是不完整的。如果对方律师或法官严格对待该初始事实，你可能不得不通过令证人看起来"脑子里一片空白"，而将理由从不完整的回忆转为记忆枯竭。这可以通过缩小问题中事实的参照系来实现。证人可能笼统地对过去事件有部分回忆："我记得包装了各种各样的家居用品，但我不一定记得每一件具体物品"，可能符合《联邦证据规则》803（5）

的不完整记忆，但很可能不是可供刷新记忆的回忆枯竭。这个问题可以通过询问具体细节来解决："你记得包装过蒂芙尼台灯吗？"如果证人说"不"，那么，你在这一点上已完全枯竭了记忆。

第二个关键点是，刷新记忆就是刷新记忆，而不是阅读测试。刷新记忆后的证人必须根据自己的回忆作证，而不是口头上复述用于唤醒记忆的物件。例如，很常见的情况是，给证人席上的一名警察提供了不可采的警察报告来刷新记忆，只是为了让她说自己的记忆被刷新了，然后接着大声朗读该报告。这当然是可提出异议的。参见合众国诉维勒案［United States v. Weller，238 F. 3d 1215（10th Cir. 2001）］（当法官认为某物品评估清单可能是直接证言的来源时，审判法院禁止证人使用该清单来刷新记忆的做法，是没有错误的）。在刷新记忆的情形中，作为一名对方律师，你需要提防刷新记忆文件的不合理使用，尽管在具体情形中这很难防止。

如果用来刷新证人记忆的是一份书面文件，对方当事人有权审查该文件，并可以提供"与证人证言相关的部分"作为证据。《联邦证据规则》612。然而，如果有关书写文件已经刷新了证人的记忆，则该材料可能包含有能够补强证人所说内容的信息。因此，对方当事人不太可能想将其提供作为证据。如果该物件并未唤起证人的记忆，则不再有场合需要提及该物件，*562* 除非其碰巧对于诉讼具有某种独立的相关性。

要　点

1. 根据《联邦证据规则》803（5），如果陈述人作为证人作证且无法完全回忆起那些事项，则关于任何相关事项的书面或录制的陈述可以被采纳用来证明其真实性。该记录必须是证人记忆还是清新时制作或采用的，并在制作该记录时努力确保了其准确性。

2. 如果一份陈述是由两名或多名庭外陈述人报告和记录的产物，并且《联邦证据规则》803（5）是采纳该陈述可根据的唯一传闻例外，那么，所有陈述人都必须出庭作证。《联邦证据规则》803（5）可以和其他传闻豁免和例外结合使用，以采纳包含多层次传闻的陈述。

3. 记录的回忆不同于刷新记忆。后者不是传闻例外，而是一种证人询问技术。任何东西都可以展示给证人，包括不可采但可以合理期待能唤起证人记忆之物。接着，证人可以仅依据其刷新后的记忆作证。

563

8.57. 原告罗达·博尔特（Rhoda Bolt），注册会计师、水上航运公司（AMC）首席审计师，因性骚扰和不当解雇起诉了 AMC，由于该公司创造了恶劣的工作环境。她诉称，从 1997 年 12 月开始，公司其他雇员就持续在性方面对她公然进行粗俗的评论和挑衅；审计部门的工作环境对其充满敌意；这影响到她履行工作职责的能力；而且，在 2015 年她被不当解雇。

（a）原告提交了一份她作的有关许多具体事件概要的笔记。她对这些事件并不能完全回忆起来。她作证说，她不能确定她何时开始就这些事件作笔记，但肯定是从 2013 年的某个时间开始；她确实在家中作了一些笔记，但并非每次都于事发当日记下；她作这些笔记的唯一原因是要准确记录何时发生了什么。该笔记截止于 2015 年她被 AMC 解雇时。博尔特的笔记是否具有可采性以证明恶劣的工作环境？

（b）被告 AMC 提交了一份由莱维瑞特·达内尔（Leveritt Darnell）——AMC 公司首席财务官及博尔特的主管——书写的个人记录。达内尔作证说，在博尔特就审计部门的问题和恶劣工作环境多次抱怨之后，他开始对博尔特的工作表现产生顾虑。他说，他于 2015 年的数月间（解雇博尔特之前）写下这些记录仅作个人参考之用。该记录描述了达内尔对博尔特作为首席审计师期间所做财务文件（自 2012 年起）中的错误分析。这些记录并未向博尔特或其他人出示过，但却放入了达内尔为博尔特所建的档案中。如果达内尔存在记忆欠佳，不能全面、准确作证的问题，达内尔的上述记录是否可采？

8.58. 安德鲁（Andrew）在穿越十字路口时被一辆汽车撞倒，该汽车逃离了事故现场。安德鲁的同伴赛迪（Sadie）冲到他的身边问："你怎么样？"安德鲁当时还有意识，回答说："我也不知道。但我看到那辆撞我的汽车牌照号码是 879-ACY。把它记下来，免得我们忘了。"赛迪当时身边没有纸笔，所以她在心中不停地重复默念这个车牌号码。几个小时后，当她回到家后，她写下了这个号码。安德鲁以人身伤害为由起诉罗兰·鲍尔斯（Roland Bowers），他是牌照号为 879-ACY 的绿色普利茅斯（Plymouth）牌汽车登记的所有人。安德鲁和赛迪现在都不再记得该牌照号码了。赛迪记录的牌照号码是否可以根据任何传闻例外而可采？哪几个例外？

8.59. 警察克里斯蒂·柯蒂斯调查入室盗窃罪的犯罪现场，在那里她做了大量个人观察，如花坛中的足迹（它最终和被告的牛仔靴吻合），一个被毁坏的窗户插销，不同的抽屉和橱柜被打开等等。在同一工作期间，她写了一份详细报告。在一年后的直接询问中，柯蒂斯看起来似乎忘了大量细节。检察官给柯蒂斯一份她写的警察报告副本，并问她是什么时候写的。辩方律师提出异议称，根据《联邦证据规则》803（8）（A）（ii）警察报告不具有可采性，该异议得到支持。（你将快速阅读那个例外。你无须知道它对这个问题的答案。）接着，检察官问该报告是否会刷新柯蒂斯的回忆。柯蒂斯说它会的。接着，检察官问："你当时看到了什么？"柯蒂斯回应，"花坛中有足迹，它最终和被告的牛仔靴吻合——"辩方律师想要提出异议。什么异议？如果有任何办法的话，可以让检控方做什么而使警官柯蒂斯的犯罪现场观察作为证据？

十一、《联邦证据规则》803（6）的解释：常规活动的记录

《联邦证据规则》803（6）规定：

　　（6）常规活动记录。符合下列条件的行为、事件、状况、意见或者诊断的记录：

　　（A）该记录是由某个拥有亲身知识的人（或根据该拥有亲身知识的人所传递的信息）在当时或之后不久制作的；

　　（B）该记录是商业、组织、职业或者行业（无论是否以营利为目的）在常规活动中保存的；

　　（C）制作该记录是该常规活动的日常惯例；

　　（D）所有这些条件都得到保管人或者其他适格证人的证言的支持，或者以遵循规则902（11）或规则902（12）的证书或者以制定法许可的证书所支持；并且

　　（E）对方当事人未表明，信息来源或方法，或准备环境显示缺乏可靠性。

（一）初始事实认定

关于常规活动记录的事实性要求是：

● 该陈述是一份记录；

● 该记录记载的是行为、事件、状况、意见或诊断；

● 该记录是在该行为等当时或之后不久制作的；

● 该记录是由对于该行为等拥有亲身知识的人制作的；或者

● 该记录是根据拥有亲身知识的人所传递的信息制作的；

● 该记录是商业、组织、职业或来电等常规业务活动（无论是否以营利为目的）过程中保存的；并且

● 制作该记录是该常规活动的日常操作。

除了以上这些要求，《联邦证据规则》803（6）还包含两项独有的特征。它要求证据提出者传唤一位"保管人或其他适格证人"出庭就事实性的各项要求作证，或是根据《联邦证据规则》901（11）或（12）提交一份书面声明来保证这些基础事实。如果对方证明一个记录的来源或准备方法或准备环境缺乏可靠性，则《联邦证据规则》803（6）（E）还允许排除原本符合该传闻例外要求的记录。

1.《联邦证据规则》803（6）（B）的宽泛范围，"常规活动"。

《联邦证据规则》803（6）和与其相对应的州法，长久以来都被认为是"商业记录传闻例外"。在《联邦证据规则》重塑之前，《联邦证据规则》803（6）使用的是术语"商业记录"，并将"商业"定义得很宽泛。该术语还在沿用，部分原因是大多数根据《联邦证据规则》803（6）所采纳的记录的确是商业记录，即使该规则所定义的活动延伸至比营利性商业更为宽泛的范围。我们所收集到的关于理解和应用《联邦证据规则》803（6）的逾30年现存判例法主要聚焦于"商业"记录。同样也被叫作"商业记录"，用四个音节来概括，远比要说出十五个音节的"常规活动的记录"简单得多。法院和执业者们，还有可能包括你的教授，都很有可能因为这些原因而使用"商业记录"一词。因此，我们下文也使用"商业"这一术语。 ⁵⁶⁴⁵⁶⁵

有一个重点需要记住，此项例外并非严格限于"商业"记录。在《联邦证据规则》803（6）现有条款中明确包括进了组织、职业和来电记录，不论是否为了牟利。因此，那些看来并非商业组织的记录，例如童子军的费用记录，或为学生法学期刊或其他学生组织工作的学生所保管的费用凭证，都轻松地归属于规则803（6）（B）的范围。当存档活动具有公共职能或在某"机构"承担某种职能时，就有可能适用于本例外规定。

2.《联邦证据规则》803（6）：制作记录是一项常规操作

"记录"（record）一词被解释为包括了宽泛的文件范围，包括备忘录、报告、录制品或数据汇编。《联邦证据规则》803（6）记录的突出特征是，有关

行为和事件之类的信息被存储在人脑之外，可以通过口头证言之外的某种方式回忆起来。这些记录所允许的内容也是同样的宽泛，包括行为、事件、状况、意见或诊断。

何为记录的主要限制与其内容没有多大的关系，而是与组织（或"常规活动"的参加者）记录这些内容的规律性有关。日常记录的组织事项处于本规则的核心之中。商业记录传闻例外需要证明作该记录是一种常规操作，意味着该记录或者类似记录的制作会系统性或重复性地发生。参见合众国诉斯凯德尔案[United States v. Skeddle, 981 F. Supp. 1069, 1072 (N. D. Ohio 1997)]（会计师事务所的雇员在与委托人会面时通常要做笔记，并将这些笔记存放在委托人档案中，此后还要使用这些笔记，这些笔记的保存成为其常规商业活动的组成部分），与 AgriBio 科技公司诉托马斯案 [AgriBio Tech, Inc. v. Thomas, 2005 U. S. Dist. LEXIS 6465 (D. Nev. 2005)]（标题为"Trott 会议"的文件看起来是会议记录，但没有证据被提供表明员工会常规性地在会议上做记录，也没有证据表明其习惯性地做笔记，亦没有证据表明其有"商业"责任来报告其在会议上所做的记录）。在合众国诉凯泽案 [United States v. Kaiser, 609 F. 3d 556, 574 (2d Cir. 2010)] 中，被告被控虚假商业阴谋中的一位参与者在其"商业策划"中写下了电话记录，通话中被告要求其对外寄送虚假的财务负担确认信函。凯泽辩称这位参与者的笔记过于零星并具有选择性，无法满足"常规操作"标准，且参与者在交叉询问中称其只记下了"重点内容"以及他自己认为重要的其他内容。法院判定驳回这些异议，判定"这位参与者的部分业务就是签署这些确认函，并且这些交谈记录与他的这部分业务有联系……（它们）毫无疑问是商业记录。"进一步而言，

> 凯泽所指出的选择性，诚然是任何笔记记录的天性。商业记录无须机械地生成为某"常规操作"的组成部分。参与者的联络日志与"杂项随笔"（法院已认定其根据本传闻例外不可采）在类型上还是有区别的，这是因为联络日志是以一种稳定的方式被长期保持，且专注于与其业务有关的特定范围内的问题。参比合众国诉拉姆齐案 [United States v. Ramsey, 785 F. 2d 184, 192 (7th Cir. 1986)]（"记录者不定期地在上面做记录的台历，不具有支持可靠推论的常规性"）。（上引案例，第 575 页。）

相较于机构记录，个人记录该如何处理呢？《联邦证据规则》803（6）的表述并没有排除个人记录。决定性因素依然是记录中活动的规律性，《联邦证据规则》803（6）（B），以及制作记录的规律性。很可能的是，你作为

学生做的笔记不能作为商业记录，你随意记录的家庭日常开支也不行。但是，在某些情况中，个人的费用或收入记录，是为了诸如平衡银行账户、保持预算水平或准备纳税等商业原因而保存的，只要它们"是经过系统性检查、经常和连续进行的"，就能够符合《联邦证据规则》803（6）的要求。基奥诉美国国税局案 [Keogh v. IRS, 713 F. 2d 496, 499（9th Cir. 1983）]。你在购买商品和服务时所拿到的收据和账单，是卖家或信用卡公司的商业档案，但它们不是你自己的商业记录。各法院并不因为人们是消费者而视其为从事商业活动的人。

3.《联邦证据规则》803（6）（A）：亲身知识和近乎同时性的要求

一份《联邦证据规则》803（6）商业记录的最初来源，就像在《联邦证据规则》803（5）中所讨论过的观察者。该最初来源方必须对一个事项拥有亲身知识，且必须启动就该事项制作记录的程序。该信息来源可以制作有关书面档案，也可以将信息以口头或某种书面方式传递给一连串其他以各种形式来记录这些信息的人。《联邦证据规则》803（6）还要求，最初的来源方要在其观察到有关事项之时或之后不久开始这种保存记录的程序。

下面这个例子将有助于说明这些要求。在一项违约诉讼中，买方诉称，从卖方那里购买的货物在运来的时候就已经破损。买方试图收回已付的全部价款。为了证明破损情况，买方提交了一份被称为"破损报告书"的文件。该报告书确认了有关货物由销售方装运，并描述了货物的破损状况。琼（Joan）是撰写这份报告书的买方雇员，但她已经离开了该公司，并且无法出庭作证。由于该报告书被提供用以证明其所断言事项之真实性，即这些包装箱上的标签表明其来自销售方，里面的货物已经破损，因此该报告书是传闻证据。为了符合商业记录之传闻例外的要求，证据提出者必须证明琼对其描述的事项拥有亲身知识，并且她撰写了该报告书或是将她的知识在很短时间内传递了她对货物装运的观察。

以记录的方式辨别该活动是非常重要的。在关于世通公司证券诉讼案案由 [In Re WorldCom, Inc. Securities Litigation, 2005 U. S. Dist. LEXIS 2215, at * 24 - 25（S. D. N. Y. 2005）] 中，在电信业巨头世通公司垮台后，出现了合并的证券集团诉讼，其中一位被告提起了审前证据动议，请求排除世通公司2000 年和 2001 年财务报表的重述。2004 年出具的这份文件透露了世通公司在那两年 740 亿美元的净收入。在回应"该重述并非随 2000—2001 年度财务事件同步作出"的断言时，法院裁定：财务报表从来都不会同步于商业记录作出，但总是"在财务年度结束后几个月内提交"。至于这份重述，它是"一个

（常规）审核过程的结果……反映了审核者在重述报告出具时或之前所完成的会计核算工作"。换句话说，该重述被视为与常规审核过程充分同步，而非早前财务报表中所反映的实际财务事件。

4. 根据"业务责任"制作

商业记录传闻例外长久以来被解释为包括一项要求，即制作商业记录的人——那些提供最初信息的人和那些将其在机构内部传递的人——有一种"报告信息的商业责任"。这通常意味着，某种正式职责出自机构中的个人岗位，或者是在机构或常规活动中被指派任务或职能。《联邦证据规则》803 (6) 没有阐明这一事实性要求，但其可以从《联邦证据规则》803 (6) (B) 和 (C) 的规则性要求中推断出来。参见合众国诉帕特里克案 [United States v. Patrick, 959 F. 2d 991 (D. C. Cir. 1992)] （在购买电视机时，没有商业责任要提供姓名和住址，因此，有被告人姓名和住址的发票不是可采的商业记录）。

在生成记录的日常商业活动中，提供或报告信息的商业职责是隐性的，并且，这被认为是保证准确性的一个要素。参见那不勒斯 MCC 管理公司诉国际银行股份有限公司案 [MCC Mgmt. of Naples, Inc. v. Int'l Bancshares Corp., 468 F. App'x 816, 828 - 829 (10th Cir. 2012)]；合众国诉帕森特案 [United States v. Pazsint, 703 F. 2d 420, 424 - 425 (9th Cir. 1983)]。事实上，联邦证据规则起草咨询委员会将报告之商业职责视为一项"准确性责任"。参见联邦证据规则起草咨询委员会规则 803 (6) 注释。不同于记录的回忆之传闻例外，《联邦证据规则》803 (6) 不需要有关记录内容准确性的证言。反之，如果"信息提供者不是在开展日常（商业活动），一个重要的环节就被违背了；对准确性的保证不会延展至信息本身。"上引案例。

商业责任的要求通常意味着，根据《联邦证据规则》803 (6)，在商业或活动外围的人所提供的信息，不能被采纳成为商业记录的一部分。这样一份商业记录中的外围者陈述，会产生《联邦证据规则》805 传闻中的传闻问题。如果是为其真实性而提出，外围者的陈述将不得不满足一项不同的传闻例外或豁免规定。然而，一些法庭已经将制作报告之商业责任的理念延伸到商业机构外部的个人或实体，其与该商业机构有着合同或代理关系，这要求其准确地进行报告。参见匹克诉库博塔拖拉机公司案 [Peak v. Kubota Tractor Corp., 559 F. App'x 517, 523 (6th Cir. 2014)] （被告承包商的雇员"曾是被告日常商业活动中制作记录众环节中的一名参与者"）。

5. 保管人或其他适格的证人

各法院在解释《联邦证据规则》803（6）（D）的语言时，要求记录的保管人或者其他适格的证人能够解释该组织的档案保存程序。对作为争议对象的具体档案并不要求有亲身知识：

> 规则 803（6）并不要求保管人亲自收集、输入并汇编商业记录中记载的信息。保管人无须对特定商业记录有控制权或具有亲身知识，而仅需熟悉公司记录保存的常规做法。吉乐米提诉教育部长案 [Guillermety v. Secretary of Education，341 F. Supp. 2d 682，690 (E. D. Mich. 2003)]。

基础铺垫证人无须是该商业单位的雇员，只要能够证明其熟悉有关档案保存制度就行。而且，最后的数据保管人可以就数据形成及从其他实体传输过来的过程作证。休斯顿诉史密斯案 [Houston v. Smith，2010 U. S. Dist. LEXIS 118-135 (W. D. Pa.)]（被告证人的证言表明，由电脑形成、通过美国高通公司处理，并经被告公司使用和存储的卫星数据，是从其他机构日常性传输过来的）。

《联邦证据规则》803（6）以及《联邦证据规则》902（11）和（12），现在都允许通过书面声明，而非当庭作证证人，来为有关商业记录作基础铺垫。虽然传闻证据例外规则的事实要求不应被《联邦证据规则》902（11）和（12）中高效的基础铺垫程序所改变，但是，根据一些案例，声明是完全以结论性语言表述的："当记录是由具有亲身知识的雇员在日常商业活动中所做并保存时，这便是充分的。"斯普尔洛克诉委员会委员案 [Spurlock v. Commissioner，T. C. Memo 2003-124 (U. S. Tax Ct.)]。该案中，都没有为对方和陪审团提供用以评估记录可靠性的详细、有具体上下文的信息。这种通知要求，旨在给对方一个通过证据开示检验该声明基础铺垫之充分性的机会，但是，反过来这会导致对方审前证据开示的成本上升。合众国诉科林增案 [United States v. Klinzing，315 F. 3d 803 (7th Cir. 2003)]（被告有权要求记录保存者作证，传唤他们接受交叉询问）。

（二）常规活动记录具有可采性的正当理由

没有商业机构或其他组织性实体，可以在不对其活动制作记录的情况下，于今天世界中存活下来。而且，仅有很少的民事诉讼不用任何记录作为证据。像许多其他传闻例外一样，《联邦证据规则》803（6）记录之可采性，也是建立在必要性和可靠性基础上的。其必要性体现在两个方面。首先，在这些记录的制作过程中，经常会有多人参与。将参与过该记录制作活动的每个人都传唤来作证，既浪费时间也不方便，也可能不切实际。其次，即使负责制作这些记录的人能够在证人席上作证，他们对于记录中所包含的事项可能也没有什么当时记忆了。该记录本身是实质性信息的唯一准确来源。

本传闻例外具有可靠性的理论根据，是建立在几个因素基础上。该记录在被记录事项发生时或其后不久制作的要求，最小化了任何记忆问题。一名在常规商业活动中制作了该记录的人，具有保持诚实性和准确性的动机，以促进该组织或商业机构的发展，并使自己在商业机构或组织中获得个人的成功。该记录是在常规商业活动中制作的这一事实说明，它可以经受住准确性核查，这又为该记录制作者一开始就是准确的，提供了可靠性上的保证和动机；许多记录是在日常商业活动中制作和保存的，这种常规性表明，不太可能存在就日常事项撒谎的动机；最后，记录制作过程的规范性，也常常使记录制作者具有了某些制作记录的专门知识，从而有利于保证其准确性。上述许多原则可能不适用于上文描述的个人记录［非《联邦证据规则》803（6）记录］类型。

十二、《联邦证据规则》803（6）：实际适用和问题

并非所有在常规商业或机构活动中制作和保存的记录都是可靠的。例如，设想一下为了私利目的而制作的记录，比如为了促销和公关，或是为诉讼进行准备而制作的记录。对于某公司年度检验报告中关于汽车刹车系统安全性讨论的可靠性，与一份为诉讼辩护而准备的报告中对此问题的讨论相比，你们可能有不同的看法。你们也可以设想一下，由受伤雇员提交或由官方公共调查人员所提交的工作场所事故报告之间会有什么不同。

（一）因不可靠而加以排除

《联邦证据规则》803（6）（E）允许法官在"信息来源或方法，或准备环境显示缺乏可靠性"的情况下，排除记录。这一排除条款是基于最高法院在帕默诉霍夫曼案［Palmer v. Hoffman, 318 U. S. 109（194）］所表达的顾虑。该案中，在铁路平面交道口事故中受伤的原告诉称，铁路方有过失，因为火车司机没有拉铃、拉响汽笛或打开火车前灯。被告将司机的书面陈述提交作为商业档案证据，该司机在审判前已经死亡。最高法院在解释当时的联邦商业档案法时，认定因该记录并非在"常规商业活动"中作出，而予以排除。

在本案中显而易见的是，那些报告并非作为该企业铁路业务的制度性行为记录。与工资单、收支账目、装货单等类似记录不同的是，这些报告本质上旨在为法院而使用，而不是在商务活动中使用。它们的主要用途是在诉讼中，而不是在铁路运营中。（上引案例，第 113－114 页。）

帕默诉霍夫曼案解释了什么构成常规商业行为，目的是排除那些出于利己商业或个人动机而准备的文件。在我们假设发案例中，琼就破损货物所准备的损坏报告，在帕默诉霍夫曼案中可能被排除。然而对公司而言，准备这种报告是日常惯例，这么做是为了服务于其常规商业利益。《联邦证据规则》803（6）确立的方法，是让法官根据个案来解决不可靠问题。然而，帕默诉霍夫曼案仍为良法，并且"首要作用在于诉讼"的记录，更像是面对着至少一个《联邦证据规则》803（6）（E）的严重不可靠的推测。正如帕默案所体现的，工作包括应对常规诉讼的保险理算员或调查员所制作的具有诉讼指向性的报告，通常被认为是不可信的。参见乔丹诉比恩案［Jordan v. Binns，712 F. 3d 1123，1135（7th Cir. 2013）（引用了帕默案）］；伦敦劳埃德保险公司诉辛科维奇案［Certain Underwriters at Lloyd's, London v. Sinkovich，232 F. 3d 200，205 n. 4（4th Cir. 2000）］（同理）。

1. 说服责任

《联邦证据规则》803（6）（E）规定，商业记录传闻例外的最后一个要素是"对方未表明"缺乏可信性的情境。因此，提供记录所针对的对方当事人，承担着向法官证明该记录缺乏可靠性的说服责任。［由于少数司法裁决的结果与此相悖，《联邦证据规则》803（6）（E）于 2014 年重塑时专门澄清了该证明责任落在反对采纳该商业记录的一方当事人。参见联邦证据规则起草咨询委员会对 2014 年修正案注释。］因此，破损货物的卖方将对琼（代表其雇主）在撰写破损报告中的利己性进行攻击，并且可就其准备报告的方法进行询问。保管人或其他适格证人不知晓记录是否完整或完全准确的情况，并不能确定不可靠。对方当事人必须出示有关不可靠性的"具体且可信"的证据。莫里斯诉奥林匹亚科斯案［Morris v. B. C. Olympiakos，SFP，721 F. Supp. 2d 546（S. D. Tex. 2010）］。当然，记录的提出者必须准备好能出示可靠性的事实，来回应对方当事人的攻击。

570

2. 表明缺乏可靠性的情境

对可靠性的最大担忧，集中于诚实性危险，例如，准备者的动机。该记录的目的处于中心地位；为诉讼特别准备的记录被认为融入了歪曲事实的动机。

伦敦劳埃德保险公司诉辛科维奇案 [Certain Underwriters at Lloyd's, London v. Sinkovich, 232 F. 3d. 200, 205 (4th Cir. 2000)]（原告保险商所雇保险调查员为参加诉讼而准备的报告不可采，即使该调查员在常规商业活动中经常准备这种报告；制作该报告的主要动机是为诉讼做准备）。如果事故报告是根据法定责任或常规商业惯例来准备的，一些法院可能认定其不具有诉讼取向。其他动机也可能影响可靠性。在世通公司案（the WorldCom case）中，对方当事人指控所准备的重述是不可靠的，因为该重述的准备者旨在为税收目的而最大化重述调整。该案法院判定，这一可能的动机不可作为以不可靠性来排除该重述的理由，因为该重述的准备必须遵守《美国通用会计准则》（GAAP）；需要经历来自法院、美国证监会及诉讼当事方的严格审查；并由一批人制作而成，这使得任何操纵的计划异常困难。世通公司证券诉讼案 [In re WorldCom, Inc. Securities Litigation, 2005 U. S. Dist. LEXIS 2215, at * 26 - 27]。当信息来源或者记录准备的方法不明确或未知时，法院可能认定为不可靠。凯诉拉马尔广告南达科塔公司案 [Kay v. Lamar Advertising of South Dakota, Inc., 2009 WL 2731054 (D. S. D.)]（在一桩人身伤害案中，一份急救报告中的原告摩托车速度为不可靠；陈述的来源不明或未予以解释；没有证据表明出示这一数据并非常规商业行为）。法院裁定，当记录的作者作为证人作证时，"可靠性程度就采纳而言其作用就大幅降低了"。合众国诉凯泽案 [United States v. Kaiser, 609 F. 3d at 576]。

（二）意见和诊断

《联邦证据规则》803（6）规定，常规活动记录中的意见和诊断具有可采性。意见和诊断当中潜在的主观性，不会产生反对它们被采纳为商业记录的类型化基础。只要《联邦证据规则》803（6）（A）-（C）中的规律性、同时性和直接知识要求得到满足。因此，商业记录可能包括医疗和其他专家的意见和结论。世通公司证券诉讼案 [In re WorldCom, Inc. Securities Litigation, 2005 U. S. Dist. LEXIS 2215, at * 26]（财务报表是商业记录，即使它"反映了财务决策"）。由此看来，《联邦证据规则》803（6）的规定比对应的一些州法要宽泛。例如，《加利福尼亚州证据法典》第1271节（商业记录仅涵盖"行为、状况或事件"）。

571　　　采纳意见或诊断的困难在于，这将不一定有对作出这些陈述之人进行交叉询问的机会。对方将会更难于审查该意见或诊断的有关事实基础。就专家意见而言，对方将更难于审查所谓专家的专业水平。在某些情况下，关于专

家或关于该意见之事实性支持的信息，可以从基础铺垫证人那里获得，或许这些信息就包含于文件本身之中。如果这种信息无法获取，该证据所要反对的当事人可以基于专家证人规则，断言排除该证据，理由包括有关信息来源并不具备专家资格（《联邦证据规则》702），或者专家意见所根据的基础不能被披露（《联邦证据规则》703）。范德 AA 诉执行人案［Van der AA v. Commissioner，2005 U. S. Tax Ct. LEXIS 21（U. S. Tax Ct.）］（商业记录规则不得超越意见证言规则；在作者无法接受交叉询问的情况下，法院不得将估值报告采纳为证据）。一些法院将这些问题作为《联邦证据规则》803（6）缺乏可靠性的问题来处理，阿缪达诉达特茅斯希契科克医疗中心案［Aumand v. Dartmouth Hitchcock Medical Center，611 F. Supp. 2d 78，86（D. N. H. 2009）］（不同于寻求排除医疗报告中的某个意见，"对抗方承担着证明缺乏可靠性的责任"）。其他人则依据《联邦证据规则》403分析这个问题，询问该证据的证明力是否被以下风险实质性超过，即在未仔细评估的情况下，陪审团是否会被误导且过分看重该意见。"如果有关意见涉及困难的解释事项，以及在诉讼中存在诸如因果关系等重大争议的情况下"，这些担忧就显得尤其重要。肯尼斯·S. 布朗编：《麦考密克论证据法》［McCormick on Evidence，Vol. 2 Section 293，at 322（Kenneth S. Broun ed. ，6th ed. 2006）］。

（三）包含多层传闻的记录

如果几个人共同参与了《联邦证据规则》803（6）记录的制作，那么，在该文件中就包含有多个层次的传闻。根据《联邦证据规则》805，每个层次的传闻都必须符合传闻例外或传闻豁免的要求。如果只能适用《联邦证据规则》803（6）来采纳整个文件，那么，必须证明所有陈述人都符合所有事实性要求。例如，在刚讨论过的破损报告书案例中，琼可能察看了受损的货物，并就此作了笔记；接着她的助手琳达（Linda）可能将该笔记的内容填写进公司破损货物报表；该部门经理艾琳（Eileen）可能是根据破损货物报表来执笔撰写该破损报告书的人。这些陈述人中的每一位，都因为其商业职责而感知到某些事情：琼感知的是破损货物，琳达感知的是上述笔记，艾琳感知的是破损货物报表。如果这种信息是以近乎同时性的方式沿着这种商业链条传输的，则其最后体现即破损报告书，可能属于《联邦证据规则》803（6）的传闻例外。该档案的实际制作者艾琳，不必对破损货物有亲身知识。相反，根据该规则的描述，如果有关档案是拥有知识的人在当时或其后不久制作的，或其内容来自该人所传递的信息，那就足够了。保管人或其他基础铺垫证人将被要求就该信息的传输过程和该的制作过程作证（或提交一份声明）。

在各种各样的情况下，都可能产生包含有多层次传闻的记录：记录秘书可能就董事会会议上所发生的事情做了笔记，然后将该笔记交给打字员来誊清；医生可能口述其对病人的观察，然后由医生助手记录下来；销售者的雇员可能将运货信息报告给购买者的雇员，由后者记录下来。在就第三方成本估算是如何纳入其自身商业记录的作证中，一位证人作证说，他会收到来自外部的估算，将其纳入在电脑中的自身预估值文档，做一次范围比较以确定该估算是其所恳求提供的内容，查看该估算的合理性，并查找错误或遗漏。BP 阿莫科化工有限公司诉燧石山资源公司案 [BP Amoco Chemical Co. v. Flint Hills Resources, LLC, 697 F. Supp. 2d 1001, 1021 - 1022 (N. D. Ill. 2010)]。

当然，在每个层次上，都存在陈述人编造、误解或误记被报告或被记录事件的风险。但总体来看，人们的信念是，常规商业活动中所准备的记录具有准确性，这证明了采纳这些文件具有合理性。

1. 没有商业职责的信息来源

如果某个商业档案中记录的信息之最初来源，并不是在常规商业活动中所做，也就是说，没有商业职责来报告所观测到的事件，那么办？在上述关于破损报告书的假设案例中，琼的破损报告书包含有下列陈述："在货物送达后，旁观者告诉我，一个小时前，他看到销售方送货卡车在高速公路上发生了追尾碰撞事故。"如果破损报告书被提供用以证明该追尾碰撞事故造成运送货物的破损，则在该记录中就存在新增的传闻步骤，即从旁观者到琼的传闻过程。提供该记录所要证明的是该旁观者陈述之真实性。旁观者既没有商业职责来观察或报告该事故，也没有责任要确保琼所作记录的准确性。因此，商业记录传闻例外的理论根据，并不适用于旁观者对琼所作的陈述。然而，该记录是根据"拥有知识的人（旁观者）……所传递的信息"而制作的。如果按照规则 803（6）的字面意思解释，看起来会使该记录具有可采性。

正如我们所见，《联邦证据规则》803（6）已经被解释为提出了一项要求，即商业记录中的信息，应由负责商业报告的人提供。尽管如此，法院对该商业责任要求规定了一项例外。"外来者提供的信息可以成为商业记录，只要其表明了（1）该商业机构有对提供给其信息进行核实的政策，或者（2）该商业机构在记录的准确上有足够的利益，从而可以合理地进行可靠性推论。"MMC那不勒斯管理公司诉国际银行股份有限公司案［MCC Mgmt. of Naples, Inc. v. Int'l Bancshares Corp., 468 F. App'x 816, 828 - 829 (10th Cir. 2012)］；参见合众国诉索科洛案［United States v. Sokolow, 91 F.3d 396, 403 (3d Cir. 1996)］（保险索赔者提交的索赔申请表证据，在被登记入保险理赔员的记录中之前，就已通过了审核和审计）。尽管《联邦证据规则》803 (6) 有时候被适用于警方报告，但各法院尚未将此查验原则延伸至它们。执法调查员们有撒大网的偏好，并且常常记录所有证人的陈述，而不是仅仅记录那些能够被独立查验的陈述。

2. 多重传闻例外和豁免的使用

《联邦证据规则》803 (6) 记录中的信息源，可以是一位其陈述属于其他传闻例外或豁免的陈述人。如果旁观者对琼的陈述是："我刚看到了卡车追尾碰撞事故"，根据《联邦证据规则》803 (1) 的即时感觉印象传闻例外，该陈述可能具有可采性。如果是这样的话，假定琼有商业职责去报告某位旁观者对她所作的陈述，将这一旁观者陈述的传闻例外和《联邦证据规则》803 (6) 关于其他传闻步骤的商业记录传闻例外结合在一起，将会使整份记录具有可采性。如果医生描述患者症状的病历包含有患者这样的陈述："我的胳膊断了，因为我遭到保罗的殴打"，那该怎么办？该患者关于伤害之一般原因的陈述，可能属于《联邦证据规则》803 (4) 为诊疗目的而作的陈述例外。然而，提及袭击者的名字，对于诊断或治疗而言不可能具有相关性。因此，《联邦证据规则》803 (4) 可能就不能适用于采纳所指称的袭击者姓名。而且，由于这种关于谁对患者伤情负责的信息与治疗并无关联；因此，医生就没有职责去记录这种信息。或者，这种潜在风险成为有关保罗陈述记录缺乏可信性之断言的根据。

消费者调查常常被市场研究机构用于编写消费者对产品看法或其与供应商关系的报告。虽然消费者在回答这些调查时并非出于某种商业职责，但是，他们的陈述通常可以根据《联邦证据规则》803 (3) 作为"陈述人精神状况"予以采纳（只要其不是提供用以证明所记得或相信的事实）。德比尔斯松果有限公司诉诺尔斯乳业系统有限公司案［DeBeans Cone Co., LLC v. Norse Dairy Systems, LLC, 678 F. Supp. 2d 883 (N. D. Iowa 2009)］（对调研报告的回答进行归类和总结，是调研机构的常规性商业行为）。

（四）计算机文档和电子数据

《联邦证据规则》803（6）还允许对计算机、电子和网站文件的信赖。参见联邦证据规则起草咨询委员会《联邦证据规则》803 注释：

> 本规则所规定的"记录"可以采用的形式非常广泛。……"数据汇编"用于表达的意思很广泛，包含除书写或文件形式的传统文字和图形之外的任何存储信息方式。它包括但并不限于电子计算机存储的数据。

某些计算机文档，例如会计记录，代表了人为输入该系统的事实陈述的存储和分类。数据输入和使用的流程必须是一项符合常规操作的日常职责。一些法院还坚持就输入控制程序提供证据，包括为确保准确性和可靠性的检验。合众国诉肖勒案 [United States v. Scholle，553 F. 2d 1109 (8th Cir. 1997)]。其他计算机文档，例如电话记录，是由计算机系统自动产生的，不需要人为输入原始数据。这些记录可能根本就不是传闻，因为没有人类陈述人作出陈述，但产生这些记录的程序准确性，仍然需要根据《联邦证据规则》901（b）（9）来加以鉴真。休斯敦诉史密斯案 [Houston v. Smith，2010 U. S. Dist. LEXIS，at＊10‐12]（经电脑处理过的卫星跟踪数据，通过数据接收者的证言进行了鉴真）。

574

许多商业和组织会在网站上发布其活动的内部信息。每次电子数据输入都是对这种信息的一次记录，并且当所有要求都得到满足时，这种信息的打印稿将可根据《联邦证据规则》803（6）予以采纳。对于计算机和网站文件而言，如果有关数据的收集并输入计算机或录入网站都是常规商业活动，那么，为诉讼目的将文件打印出来，就不会产生帕默诉霍夫曼案（Palmer v. Hoffman）的不可靠顾虑。通过对某商业数据库的某一数据子集进行选择、查询，从中精拣出来的文件，属于《联邦证据规则》803（6）例外的范围。健康联盟网络公司诉大陆伤亡保险公司案 [Health Alliance Network，Inc. v. Continental Casualty Ins. Co.，245 F. R. D. 121 (S. D. N. Y. 2007)]。

只要有证据表明书写和保存某类电子邮件是员工的常规操作，该类电子邮件文件也可能成为《联邦证据规则》803（6）记录。不同公司人员之间的电子邮件往来，也可能根据《联邦证据规则》803（6）具有可采性，只要双方公司均提供充分的商业责任声明。Direct TV 公司诉穆雷案 [Direct TV v. Murray，307 F. Supp. 2d 764 (D. S. C. 2004)]。

要　点

1.《联邦证据规则》803（6）为"常规活动"提供了一项传闻例外，它包括了商业和其他类型的组织，甚至还包括了充分例行性和商业化的个人活动。

2. 记录必须定期依照常规活动来制作和保存，并且必须依据来自第一手资源，有提供信息之商业责任的人所提供的最近的信息。这种信息可以在组织中的人与人之间传递，记录不会超出《联邦证据规则》803（6）的范围（只要每个人都有报告职责）。

3. 采纳一份商业记录的事实性要求，是或来自有制作和保存该记录的亲身知识之人，或者来自机构中对记录制作和保存操作非常熟悉之人。这些事实要求同时也很可能满足《联邦证据规则》901－902 的基础铺垫要求，并且可以通过提供宣誓陈述书来代替现场证人作证。

4. 如果对方当事人证明做了记录的信息来源或制作记录的环境不可靠，法官有自由裁量权来排除商业记录。为诉讼目的而准备的记录，即使是例行制作的，在判例法中也会作出不可靠的推定。

5. 除了其他类型的事实，记录可以包括意见和诊断。

6. 如果信息的来源是组织外部的人（没有报告之商业责任），此种情况下，若该机构将核验外部信息作为一项惯常操作，则《联邦证据规则》803（6）仍将涵盖该记录。否则的话，可能涉及额外层面的传闻问题，要求合并商业记录例外与另一项例外或豁免。

思考题

8.60. 回到上文第 562 页思考题 8.57。因为莱维瑞特·达内尔（Leveritt Darnell）无法出面作证，其所写的笔记被提供作为《联邦证据规则》803（6）的商业记录。哪些人有可能作为这些笔记的基础铺垫证人？为了满足《联邦证据规则》803（6）的要求，应该提问什么问题？它们将被采纳吗？

另外，被告水上航运公司（AMC）也将提供一份评估博尔特（Bolt）工作表现的备忘录，该备忘录是由达内尔在博尔特被终止雇佣关系后大约

　　5 个月时所写的。达内尔备忘录所依据的是：（1）思考题 8.57 （b）中提到的达内尔自己的笔记，及（2）达内尔在审计部门内部对雇员们（博尔特原同事）的谈话。这些雇员告诉达内尔，2012 年至 2015 年期间，博尔特持续干扰他们的工作任务，且博尔特拒绝分配合适的工作任务给他们。在这份备忘录中，达内尔认为，解雇博尔特是合理的，因为（1）博尔特对会计基本原则缺乏专业知识，及（2）她未能有效管理其部门的员工。他承认，这份文件是在面临即将到来的平等就业委员会对博尔特的投诉进行调查的背景下所写的，表达了"管理层的立场"。这份备忘录是否可以作为《联邦证据规则》803 （6）商业记录予以采纳？

　　8.61. 约瑟夫·雷耶斯（Joseph Reyes）作为一个大贩毒组织的头目，除被指控合谋犯罪外，还被指控犯有敲诈勒索、谋杀、袭击、违反有关火器和麻醉品的法律等多宗罪行。在从事这些犯罪时，雷耶斯被关押在一个州监狱。拉尔夫·瓦加斯（Ralph Vargas）和其他人造访他以获得指示。瓦加斯现在是和检控方合作的证人，就其与雷耶斯在监狱的会面和他所接受的谋杀指令作了证。为了证实这一证言，检控方提供了监狱来客登记簿，该登记簿表明，瓦加斯和其他团伙成员曾多次造访雷耶斯，包括在时间上靠近几起谋杀案发的某一天。在监狱从事记录工作的狱犯协管员，对登记簿的保存和维护负全责，她作证说，造访者在进入监狱时，必须在监狱大厅的登记簿上登记，他们还要向大厅的管理人员出示身份证。该协管员作证说，她看到自己面前的造访者在登记簿上签了字；但她对是否所有的造访者都出示了身份证，或大厅工作人员是否根据登记簿查验了身份证等问题，没有亲身知识，不过，这些都是应当遵守的程序。登记簿本身反映了一些非常规现象，如没有填写姓名、地址，或同一笔迹填写了几个人的名字。雷耶斯还争辩说，探监者们有提供虚假信息以避免对其接触行为进行监视的动机。

　　如果你代表雷耶斯，根据《联邦证据规则》803 （6）而要求排除登记簿，你应当如何论证？作为检控方，你应当如何回应？结果怎样？

　　8.62. 乔弗里·斯坦威克（Jeffrey Stanwick）在一起证券欺诈案中受审。检控方寻求采纳乔弗里·斯坦威克的经纪人斯坦芬妮·雷恩（Stephanie Lane）给她上司发送的一封电子邮件，其中重述了雷恩和斯坦威克之间的电话交谈。该电子邮件引用或者总结了斯坦威克的各种陈述，表明了他对自己涉嫌参与一项欺诈方案自知有罪。雷恩准备作证，称在和客户进行重要电话通话之后给同事发送邮件，是她的工作惯例。检控方将该邮件作为商业记录提交。没有证据表明，雷恩在这次电话交谈时有任何原因相信不合法的事情正在发生；她将作证，这封电子邮件是严格作为日常事项发给了她的上司。但是，也没有证据表明，雷恩的上司要求她必须发送确认邮件；宁可说这是她自己主动做的。被告方提出异议认为，雷恩没有"进行报告的商业责任"，因此，该电子邮件不是商业记录。法院将如何裁定？

十三、《联邦证据规则》803（8）的解释：公共记录和报告

　　每个司法辖区都因特定公共记录和报告具有真实性，而允许将它们采纳为证据。这一关于公共记录的例外有其普通法上的渊源，但也存在许多规制特定种类公共记录可采性的立法。《联邦证据规则》803（8）规定了三种类型记录的可采性问题：

　　（8）公共记录。公共机构的记录或陈述，但须符合下列条件：

　　（A）它列明了：

　　（i）该机构的活动；

　　（ii）观察到的依法有报告职责的事项，但不包括刑事案件中执法人员观察到的事项；或者

　　（iii）在民事案件或者辩方在刑事案件中，根据法律授权进行的调查活动所获得的事实认定；并且

　　（B）对方当事人未表明，信息源或者其他情况显示缺乏可靠性。

（一）初始事实认定

根据《联邦证据规则》803（8），关于公共记录的基本事实性要求是：

● 该陈述是以公共机构的记录或报告的形式存在的；并且

● 其内容与下列事项有关：

　　● 该机构的活动；

　　● 根据法定职责所观察和报告的事项，但不包括执法人员在刑事案件中观察到的事项；或者

　　● 在民事案件或者辩方在刑事案件中，根据法律授权进行的调查活动中所获得的事实认定。

1. 公共机构的活动

《联邦证据规则》803（8）（A）（i）一般被解释为，采纳属于公共机构自身内部"内务管理"职能的记录，如人事档案和预算信息等。它还包括有关机构的官方活动档案，它们独立于任何具体调查或诉讼，而为履行其公共职责所必需。这些记录有可能符合《联邦证据规则》803（6）的商业记录，或者规则803（8）的公共记录，但是，与《联邦证据规则》803（6）的事实性要求相比，规则803（8）（A）（i）的预备性事实证明是最小化的。在詹森案中，关于被告人詹森的"C"档案，包含进出加利福尼亚州管教局的记录，这反映了加州管教局的官方工作——关押和押送因犯。这有可能符合规则803（8）（A）（i）的公共记录。参见合众国诉克拉克案［United States v. Clarke, 628 F. Supp. 2d 15, 19 (D. D. C. 2009)］（入籍证书表明了移民局的活动，即由司法部长对入籍申请予以批准）。

2. 《联邦证据规则》803（8）（A）（ii）：报告之法定职责下的观察事项

公职人员对根据其公共职责所观察到的事项进行报告的记录，可在最小化证据铺垫基础上根据规则803（8）（A）（ii）予以采纳。考虑一下这些公共报告与《联邦证据规则》803（6）所采纳记录的不同之处。对于商业记录和其他常规活动记录的事实性要件，要求近乎同时性以及常规性的证据，这些情况会增加这些记录的可靠性。这些可靠性的指征在《联邦证据规则》803（8）（A）（ii）中则不作要求。

根据"法定职责"对有关事项进行的观察和报告，几乎不要求对规定了该职责的相关法律进行独立证明。相反，"法定职责"应当被认定为粗略地等同于工作职责：法定职责是可以根据公共机关本身的目的和公职人员的业务范围加以推定的。这些规定所涵盖的"事项"扩展到任何可能属于法定责任之事。因此，规则803（8）（A）（ii）公共记录涉及很多领域，可以包括天气报告、警方报告、过境记录以及事故现场调查报告。

报告的法定职责对公共记录内容的范围创设了限制，与"报告的商业责任"要求非常相似，正如我们在《联邦证据规则》803（6）中已经读到了的。许多公共记录和报告都是多重传闻的产物，在一位公职人员观察并将观察到的情况报告给一位同事或属下（也是公职人员）时，后者接着对其进行记录。只要这一链条上的每个环节都承担着某种公共职责，《联邦证据规则》803（8）（A）（ii）就适用于整份报告。然而，没有被公共机构雇佣的第三方，其陈述就没有"报告的法定职责"。因此，他们的陈述构成了额外的一层传闻，需要满足《联邦证据规则》803（8）之外的传闻例外或豁免要求。因此，"有完善的规定，源于警察自身观察和知识的警方报告可被采纳，但没有业务报告责任的第三方陈述可能无法被采纳。"联合科技公司诉梅瑟尔案[United Technologies Corp. v. Mazer, 556 F. 3d 1260, 1278 (11th Cir. 2009)]。向执法官员提供准确信息的道德或法律义务，并不构成本传闻例外含义中的"依法有报告职责"。

3.《联邦证据规则》803 (8) (A) (iii)：调查报告中的事实性认定

根据子项 (A) (iii) 的规定，在民事案件以及刑事案件对抗检控方之目的下，可采纳的政府调查报告范围十分宽泛。术语"根据法律授权进行的调查活动所获得的事实性认定"，意指大范围的可采性报告，包括对官方不当行为的认定；警方或专门机关的事故报告；与公共卫生问题有关的安全和诊断研究成果；关于房屋和雇佣歧视的报告和研究成果。这些报告都是强有力的证据性工具，一方面是因为这些报告背后的政府调查具有中立性，另一方面是因为其认定和结论具有说服力。

《联邦证据规则》803 (8) (A) (iii) 只允许在民事案件和对抗检控方的刑事案件中使用事实性认定。针对刑事被告人的之所以禁止使用，是担忧这种报告中多重的、具有潜在不可采性的传闻来源，会与宪法第六修正案保护刑事被告人同证人进行对质和对证人进行交叉询问权利的对质条款相冲突。

术语"事实性认定"（factual findings）已被公认解释为，包含公共调查报告中的评价意见和结论。"只要结论是基于事实性调查，并符合本规则的可采性要求，它就应该与报告的其他部分一起具有可采性。"山毛榉飞机有限公司诉雷尼案[Beech Aircraft Corp. v. Rainey, 488 U. S. 153, 170 (1988)]［政府报告认为，飞行员的错误导致海军飞机失事，根据《联邦证据规则》803 (8) 可被采纳为"事实性认定"]。在"事实"和"意见"之间划出界线的分析困难，以及根据《联邦证据规则》803 (8) 排除条款，对缺乏可靠性的意见和结论的排除机会，证明了这种解释的正当理由。上引案例。

然而，"事实性认定"的范围并不是无限的。以下案例说明了从《联邦证据规则》803 (8) (A) (iii) 中排除的报告类型，原因是其并没有被视作事实性认定。罗克斯伯里—斯麦里诉佛罗里达管教局案[Roxbury-Smellie v. Florida Dept. of Corrections, 324 Fed. App'x 783 (11th Cir. 2009)]（对潜在证人陈述的面谈笔录）；苏利文诉美元树商店案[Sullivan v. Dollar Tree Stores, Inc., 623 F. 3d 770 (9th Cir. 2010)]（"纯粹的法律性结论"，即被告是"利益继承人"）；史密斯诉五十铃汽车有限公司案[Smith v. Isuzu Motors Ltd., 137 F. 3d 859 (5th Cir. 1998)]（初步或中期评估意见和中期报告）。

4. 《联邦证据规则》803（8）（A）（ii）：刑事案件的排除

子项（A）（ii）禁止"在刑事案件"中，将公共记录传闻例外应用于"执法人员观察到的事项"。警务人员撰写的报告很容易被辨别为执法。我们将在下文第 580 - 582 页讨论法院如何将这一术语应用于参与执法活动的其他公职人员。尽管有这条规定，大多数巡回法院判定，刑事被告可以提出《联邦证据规则》803（8）（A）（ii）记录，以对抗检控方。合众国诉卡内基案［United States v. Carneglia，256 F. R. D. 384（E. D. N. Y. 2009）］。《联邦证据规则》803（8）（A）（iii）仅在民事案件中和在刑事案件中对抗检控方时，直白地允许该事实性认定。

禁止使用规则 803（8）（A）（ii）观察结果以及规则 803（8）（A）（iii）对刑事被告不利的认定，是基于这样的担心，即这些报告中多个可能不可采的传闻来源可能违反宪法第六修正案对质条款。该条款保护刑事被告人与证人对质和交叉询问的权利。该禁令与当前"证言性传闻证据"（testimonial hearsay）定义在一定程度上有重叠，但延伸至此类报告中的非证言性传闻证据。

刑事被告人在其辩护中可以自由提出规则 803（8）（A）（ii）观察和规则 803（8）（A）（iii）认定，用以反对检控方。一旦该记录被采纳，检控方便可以自由使用它来反对被告人。如果被告人提供子项（A）（ii）或（A）（iii）的部分公共记录，检察机关也许可以启动《联邦证据规则》106 来采纳该报告的其余部分，如果排除该报告的部分内容会导致不公正或有误导的话。

5. 因缺乏可靠性而排除

《联邦证据规则》803（8）（B）规定了因缺乏可靠性而从公共记录传闻例外中排除证据。这一排除条款适用于《联邦证据规则》803（8）（A）的全部三个子项。正如《联邦证据规则》803（6）因不可靠性而排除证据的相似措辞，说服法官该公共记录缺乏可靠性的责任在对方。当然，作为一个实际操作问题，证据提出者应准备好进行回应，即提出各种表明其具有可靠性的因素。根据《联邦证据规则》803（8）（B），最大的挑战集中在基础来源的传闻性质以及事实性调查的周边氛围。联邦证据规则起草咨询委员会的注释强调了报告的时间线；调查人的技巧、专业知识、动机；以及准备该记录所遵循的程序等问题。戴斯罗士诉佛罗里达国际飞行公司案［Desrosiers v. Flight International of Florida，Inc.，156 F. 3d 952，962（9th Cir. 1998）］（JAG 报告中包含的关于飞机失事原因的意见具有一定的不可靠性，因为作者看起来并非专家，并未在事故重构学校学习过，没有就飞机事故调查进行过正规训练，过去也没有写过类似的报告）。曾有法院裁定，应该以常识性方式应用（重塑前的）《联邦证据规则》803（8）（B）来裁定传闻文件中是否有足够多的关于可靠性之独立显示，以便合理地对其进行采纳。希克森有限公司诉诺福克南方铁路公司案〔Hickson Corp. v. Norfolk Southern Railway Co.，124 Fed. Appx. 336，345（6th Cir. 2005）〕。

6. 初始事实认定

与《联邦证据规则》803（6）相对详细的商业记录事实性要求相比，《联邦证据规则》（8）的要求相对简单，例如，不需要记录保管人。一名警官所作的关于她准备了一份报告的证言，可能足以令其符合公共记录的定义。《联邦证据规则》902（a）（1）和（2）规定，如果公共记录是经过认证和签署的，则可以在没有出庭证人的情况下完成鉴真。

（二）公共记录具有可采性的正当理由

公共记录传闻例外的原理——至少就常规事项而言——与《联邦证据规则》803（6）记录例外的原理实际上是一样的：传唤公职人员作证的不便和公职人员也许不能回忆起这种记录中的信息的可能性，产生了规定这种传闻例外的需要。合众国诉中西烟花制造公司案〔United States v. Midwest Fireworks Mfg. Co.，248 F. 3d 563，567（6th Cir. 2001）〕（公共记录传闻例外"对于那些在其职务活动中制作了数以千计类似书面传闻陈述"的政府职员来说，是一种实际需要）。公务人员的职责和公众有权使用这些记录的可能性，会披露其不准确的方面，有助于保证这种记录的可靠性。就像所有的传闻例外一样，必须对子项（A）（i）款和（A）（ii）款记录中的亲身知识进行充分证明。然而，就该记录制作于事件发生之时或近期，或其为制作该记录的公共机构之常规活动而言，并无明确的基础铺垫要求。正如我们将会了解到的，根据子项（A）（iii）款所采纳的意见和结论，可以基于调查人员第一手亲身知识之外的信息。"事实调查的方法论，为防止不可靠性提供了基本保障。" *580*
阿里扎诉纽约市政府案〔Ariza v. City of New York，139 F. 3d 132，133（2d Cir. 1998）〕。

十四、实践中的《联邦证据规则》803（8）（A）（ii）和（iii）

公共记录传闻例外中最富争议的问题，往往涉及《联邦证据规则》803（8）（A）（ii）和（iii）。

（一）"执法人员"的含义

需要对《联邦证据规则》803（8）（A）（ii）中"执法人员"这一术语进行解释，我们才能理解哪些政府报告不被刑事案件所包括。显而易见，警察属于这个定义范围。问题在于，除此之外，该定义还包括了哪些人？⑧

"执法人员"最初被给予了宽泛的解释，但后来其范围被缩小了。一份早期的联邦巡回法院案件判决意见，合众国诉欧茨案［United States v. Oates，560 F. 2d 45（2d Cir. 1977）］对于现在的《联邦证据规则》803（8）（A）（ii）的条款有着深远影响。被判持有海洛因并试图销售的被告进行上诉，联邦第二巡回法院裁定，这些来自法医化验师的报告属于传闻，并属于《联邦证据规则》803（8）（A）（iii）的"事实性认定"，因此不得用来反对刑事被告。该法院还考虑了这些文件是否可以在《联邦证据规则》803（8）（A）（ii）款下予以采纳［之后便编入《联邦证据规则》803（8）（B）］。根据第二巡回法院的理解，"执法人员"至少包括了有执法职责的政府机构中的任何官员或雇员，因此，为刑事起诉开发证据的海关服务化验师也包括在内。虽然这种解释是明智的，但在欧茨案宣判后，包括第二巡回法院在内的大多数法院对"执法人员"定义的理解变得更为狭窄。参见合众国诉詹姆斯案［United States v. James，712 F. 3d 79，89（2d Cir. 2013）］（州法医官的验尸报告不属于执法人员的观察）。

1. 起诉职能

法院已将职能与警察类似的公职人员纳入这项排除规定文字之中。这包括了在具体案件中履行"起诉"或调查职能的公职人员。一方面，法院是在回应国会的顾虑，即使用警方报告而非警察当庭作证，可能侵犯被告人的对质权，尤其是当该报告中包含有警方目击证人对犯罪行为的描述时。这一顾虑同样涉及调查具体犯罪行为的其他公职人员，比如，海关检查员和边境巡逻人员。同样明确的是，欧茨案所解释的"执法"定义，排除了来自不负责执行刑法、在某监管机制中履行行政职责、作出行政决策，或负责罚款和罚单合规之人的陈述。自从欧茨案以来，各法院维持了对法医局尸检报告中事实观察的采纳，因为法医局雇员并没有执法职责。然而，该报告中关于死亡方式和原因的结论，

---

⑧ 在重塑之前，《联邦证据规则》803（8）（B）排除由"警方和执法人员"观察到的事项。重塑后，"警方"一词被拿掉，保留下来的是"执法人员"一词。我们认为，所有先前理解/解释"执法人员"一词的判例法仍然适用于（A）（ii）款。

根据《联邦证据规则》803（8）（A）（iii）被排除了。合众国诉罗莎案［United States v. Rosa, 11 F. 3d 315 (2d Cir. 1993)］。

在一个更近的案例中，美国移民归化局（INS）一名官员主导的一次面谈出现在一起假结婚和移民材料作假案被告的控诉中。联邦第九巡回法院在合众国诉奥雷利亚—布兰科案［United States v. Orellana-Blanco, 294 F. 3d 1143, 1150 (9th Cir. 2002)］中，根据（重塑前的）《联邦证据规则》803（8）（B），现为（A）（ii）款，推翻了审判法院对被告陈述（由移民官记录、被告签字）的采纳： *581*

582
　　　　诸如本展示件中的移民官面谈，在性质上具有对抗性。被告与其妻子被隔离开来，显然他们无法协调各自的说法，正如他们宣誓后对移民官所述。许多案件判决将移民官及其工作人员作为"执法人员"对待，将其纳入传闻例外之排除范围。虽然该移民官面谈可能并未如该移民官的意图用于执法目的，但其实际上的确用于上述用途。因为（被告）已经作了宣誓，并填写了表示若作假将自愿接受惩罚的表格，面谈发生在移民局办公室，这里便是"犯罪现场"，而移民官肯德尔（Kendall）的记录实际上就是在该犯罪现场根据其听觉观察所作的主观记录。

在刑事案件中，现在许多类型的公共记录可采性所关注的焦点，包括了询问这种报告和记录是否属于克劳福德诉华盛顿州案（Crawford v. Washington）所确立的对质条款之解释下的陈述人"证言性"陈述。参见下文第七节。

　　2. 例行和常规活动

目前已公认，由执法人员甚至包括警察所做的例行、行政性和非对抗性的报告，不属于子项（A）（ii）款排除。因此，法院已采纳了加州司法部门所保管的自动数据库中（由武器经销商提供）的武器购买记录；通过查封时间、地点、面额和编号识别假币的联邦机密数据库中记录；驱逐出境批准函（其中包含被驱逐出境的外国人名单）；有关犯罪时间和日期的报告（但不得包括其中描述的事实和情境）；所有911电话记录；被偷窃汽车报告；以及一台体内酒精测量器常规保养检查的记录。所有这些记录都被认为是可靠的，因为它们都是常规和行政性的行为，也就是说，并非在某种对抗性情境下制作而成。最近的两个案件，在认定以下记录并非由"执法"人员制作方面则显得更成问题：合众国诉多德尔案［United States v. Dowdell, 595 F. 3d 50 (1st Cir. 2010)］（包含被逮捕人信息的逮捕预定表，还含有之后用于目击证人指认之服饰的描述和照片）；合众国诉雷耶斯案［United States v. Reyes,

2009 WL 3273896（S. D. Fla.）］（根据标准操作所制作的情况报告，其中包含被海岸警卫队扣留的一艘偷运非法移民船上的人员名单）。需要再次重申的是，即使是常规性报告，依然存在的问题是：其中包含的陈述是否为克劳福德案所界定的"证言性"陈述。

（二）《联邦证据规则》803（8）（A）（ii）与（iii）及其他例外之间的关系

如果一份报告作为《联邦证据规则》803（A）（ii）执法人员所观察到的事项，或《联邦证据规则》803（A）（iii）事实性认定予以排除，这份报告不得基于公共记录传闻例外而被采纳。但是，它能够基于其他传闻例外规定而被采纳吗？

其他传闻例外的适用，最明显可适用的备选对象是《联邦证据规则》803（6）商业记录与《联邦证据规则》803（5）记录的回忆。欧茨案法院考虑了两位化验师的报告可否作为《联邦证据规则》803（6）的商业记录予以采纳：

> 检控方辩称……本案审判中化验员的报告和工作单显然符合……《联邦证据规则》803（6）的字面要求。……我们认为，就该论点而言……该化验员的报告和工作单可能符合《联邦证据规则》803（6）的字面要求。……这不是法院第一次遇到这种情况，即在法律的字面语言和字面语言之外的立法意图之间作出选择。当然，作为解释者，我们的职能是，对立法规定的理解要能够贯彻其立法意图……
>
> 不能满足《联邦证据规则》803（8）（B）和（C）［重塑后法条现已变更为（A）（ii）和（iii）］标准的警察报告和评估报告，也不能根据《联邦证据规则》803（6）或任何其他传闻规则例外而采纳……［560 F. 2d at 73-77.］

因此，根据欧茨案，如果由于《联邦证据规则》803（8）（A）（ii）和（iii）中具体排除规定导致一份文件根据《联邦证据规则》803（8）不可采，*583* 则允许其作为《联邦证据规则》803（6）商业记录来使用，这将是对立法意图的颠覆。该裁定看起来是合理的，因为采纳商业记录和公共记录作为证据的理由很相似。大多数法院考虑这个问题时都会遵循欧茨案的观点。例如，参见合众国诉霍夫曼——韦尔案［United States v. Hoffman-Vaile, 568 F. 3d 1335, 1341（11th Cir. 2009）］［"根据《联邦证据规则》803（8）作为公共机构报告不可采的陈述，不可以仅仅因为其符合《联邦证据规则》803（6）而被接受"];合众国诉金案 [United States v. King, 613 F. 2d 670, 673 (7th Cir. 1980)](内容相同);但参见合众国诉罗兰特案 [United States v. Roulette, 75 F. 3d 418, 421 (8th Cir. 1999)][根据《联邦证据规则》803 (6),采纳了非法毒品的实验室报告]。同样,不得使用《联邦证据规则》807 剩余例外,来规避《联邦证据规则》803 (8) 在范围上的具体限制。

然而,禁止使用《联邦证据规则》803 (6) 的理由,"作为被《联邦证据规则》803 (8) 排除之证据的后门",对于《联邦证据规则》803 (5) 并不具有同等的适用效力。回顾这条规则要求公共记录的作者作为证人出庭,这减轻了许多与对质相关的顾虑。与欧茨案的某些附带意见相反,如果警察或执法人员确实出庭作证并能接受交叉询问,法院似乎愿意允许检控方在刑事案件中适用《联邦证据规则》803 (5),即使记录下来的回忆恰巧也在执法人员制作的公共记录之中。合众国诉索耶案 [United States v. Sawyer, 607 F. 2d 1190 (7th Cir. 1979)];另参见古瓦诉琼斯案 [Goy v. Jones, 72 P. 3d 351, 353 (Ariz. Ct. App. 2003)]。

十五、《联邦证据规则》803 (8):调查报告中的多重传闻来源问题

（一）报告本身具有可采性吗?

许多导致事实性认定的调查活动,都建立在传闻信息的基础上。事实性认定可以建立在由调查者进行的证人访谈或对公共和私人记录进行评估的研究基础上。例如,在比奇案中,调查者在飞机坠毁后,依据的是目击证人对飞机坠毁情况的叙述,以及坠机后对飞机状况进行分析的报告。子项（A）（iii）显然是要让调查者可以使用这些信息源,评估它们,然后摒弃或立足于它们而作出事实性认定。因此,与《联邦证据规则》803 (6) 记录和《联邦证据规则》803 (8) (A) (ii) 公共记录不同（这里所有信息来源都必须是根据"商业"或组织或遵循该例外要求的法律职责进行的操作）,根据《联邦证据规则》803 (8) (A) (iii) 所依赖的来源,在向调查者传达有关信息时并不需要履行任何种类的公共职责的操作。关于"9·11"诉讼案案由 [In re September 11 Litigation, 621 F. Supp. 2d 131, 156 (S. D. N. Y. 2009)]（"由委员会所作出的相关和适当的认定,具有潜在的可靠性和可采性……委员会听取了 160 位证人的证言,不带有成见,并举行了与交叉询问充分等价的公开听证"）。

有些传闻来源可能属于它们自己的排除规则之例外或豁免——例如,激

奋话语、当事人陈述或商业档案。这将满足《联邦证据规则》805 的要求，还将为可靠性提供某些间接的保证。温斯坦诉史蒂文斯案 [Weinstein v. Stevens, 2010 WL 4824952, at *5 (E. D. Mich. 2010)]（因为第三方证人都是被告的雇员，均被授权就其雇佣关系范围内的事项发表意见，因此其陈述完全具有可采性）。然而，如果潜在的传闻来源是不可采的，一项保障措施是，公共机构在决定依据这些信息前对这种信息来源进行评估。如果在有关情况下，最初的信息来源有亲身知识，并且没有理由向公职人员误传这种信息，则公共报告就可以被采纳。关于 1988 年 12 月 21 日苏格兰洛克比空难案案由 [In re Air Disaster at Lockerbie Scotland on December 21, 1988, 37 F. 3d 804 (2d Cir. 1994)]（对空难调查的部分依赖于乘客行李的计算机记录，这些记录是建立在乘客和机组人员的朋友和亲属的传闻报告基础上的）。

584　　　　但是，如果事实性认定是基于身份不明或法院认定为不可靠的传闻来源时，该报告本身有可能被排除，理由是缺乏可靠性。郎诉库伦案 [Lang v. Cullen, 725 F. Supp. 2d 925, 959 (C. D. Cal. 2010)]［根据《联邦证据规则》803 (8)，宣判前的报告不可采，因为该来源不受制于证据标准，并可能含有事实性错误］；希克曼诉诺福克南方铁路公司案 [Hickman v. Norfolk Southern Railway Co., 124 Fed. Appx. At 346]（一个未知的信息源报告了一起毒气泄漏，经过多层州政府机关传闻转达，导致了事故发生时间的错误记录，缺乏"必要的可靠性特征"）；米勒诉菲尔德案 [Miller v. Field, 35 F. 3d 1088 (6th Cir. 1994)]（有利于被告的判决被推翻了，理由是错误采纳了原告有争议的所称同室强奸的官方报告，因为该报告是基于攻击者和地方检察官不可采的传闻陈述）。

（二）原本不可采的传闻来源是否具有可采性？

《联邦证据规则》803 (8) (A) (iii) 按其规定，不得采纳那些不可采的传闻来源来证明其所断言事项之真实性，即使其为报告作者所依赖。在关于"9·11"诉讼案案由 [In re September 11 Litigation, 621 F. Supp. 2d at 157] 中，"恐怖分子的陈述，即使是记录在 9/11 报告中，也没有资格作为事实性认定，并将会被排除。"如果这些不可采的信息来源出现在公共报告行文中，陪审团就有可能决定使用它们来认定事实，即使这是对传闻排除规则基本原则的违背。因此，在采纳调查人员的整个报告——包括其所有来源的实质内容——和避免让陪审团知悉不可采的传闻证据之间，存在着冲突。在作证的专家证人意见与该专家所依据的基本的、潜在不可采的来源一起被采纳的情况下，也会产生类似的冲突，这一点将在第九章探讨。正如我们下文所讨论的，《联邦证据规则》703 现在为这种冲突提供了自己的解决办法。《联邦证据规则》703 规定的平衡检验，也可能适用于《联邦证据规则》803（8）（A）（iii）报告。陪审团将得到指示，即有关传闻来源并非因其真实性而被采纳，而是为了让陪审团对调查认定的基础进行评估。否则，该传闻信息源会被从报告中删除，或可适用《联邦证据规则》803（8）的不可靠条款来排除整份报告。

（三）行政性认定

经司法程序产生的事实认定和结论，不受《联邦证据规则》803（8）（A）（iii）规制，这一点已得到公认。尼珀诉斯奈普斯案［Nipper v. Snipes, 7 F. 3d 415, 417 (4th Cir. 1993)］（"民事审判中的法官并非调查人员"）。然而，行政机构的行政听证，即使是那些被称作行政法法官的公职人员所主持的听证，都属于调查。在一起涉及审判式听证、提出证人、交叉询问以及对记录和检验进行审查的案件中，行政法法官（ALJ）为了吊销一架飞机的国家运输安全委员会适航证书，出具了一个决定，对飞机的适航性作出了详细的事实性认定。这些对事实的认定和决定，在一起后续违约审判中被采纳用来反对试图将该飞机恢复到适航条件的公司。宙斯企业有限公司诉阿尔菲恩飞机公司案［Zeus Enterprises, Inc. v. Alphin Aircraft, Inc., 190 F. 3d 238 (4th Cir. 1999)］。然而，这种认定并非自动具有可采性，根据《联邦证据规则》403，审判法官有根据《联邦证据规则》403 评估这种报告和认定之证明力以及规则 403 危险的自由裁量权：

> 这种被采纳的决定所反对的当事人，肯定会试图揭露这种报告的不足……从而会产生使陪审团混淆或被误导的效果，并导致不当浪费时间。……我们认为，地区法院处于最佳地位来考量该报告的质量，其对陪审团的潜在影响，以及审判是否可能堕落成一种冗长的在审判中采纳的证据与该机构考量的证据相比较的无谓争斗。保利托诉约翰·布朗 E. & C. 有限公司案［Paolitto v. John Brown E. & C., Inc., 151 F. 3d 60, 65(2d Cir. 1998)］。

思考题

8.63.　回到第 563 页思考题 8.59。假设柯蒂斯（Curtis）警官的警方报告没有使她回想起盗窃案。她能把报告中的段落作为证据选读吗？

8.64.　在指控多洛雷斯·里奥（Dolores Rio）因红灯闪烁未能停车而引发交叉路口碰撞审判中，多洛雷斯提供了一份到过事故现场的警察写的警方报告。报告说，原告弗兰克·陈（Frank Chan）开车进入十字路口时正在打电话。该官员在审判时作证，以确认报告的真实性，并说他记不清他所写的信息是来自原告、原告的陪同人员，还是来自观察该事故的第三方。警方报告对于证明原告的行为是否具有可采性？

8.65.　回到上文 148 页思考题 3.2，佩德罗苏诉德里弗案（Pedroso v. Driver）。被告提供了一份由罗贾斯（Rojas）警官在事故当天提交的警方报告。该警官在事故发生后 5 分钟内到达现场。该报告描述了校车在事故后方位和位置。它陈述道，德里弗说"保罗出人意外地跑出来"。它还陈述道，"尼尔森（Nelson）警官随我之后几分钟赶到现场。她访谈了目击了该事故的儿童们。她报告说，几个儿童声称，那个男孩跑到校车前面，虽然他们都非常悲伤，但他们似乎都是可信赖的。"在"结论"部分，罗贾斯警官写道"没有明显的违规行为"。报告能在多大程度上将该警方报告提供作为反对原告的证据？为了确保该报告的采纳，罗贾斯警官必须出庭作证吗？

8.66.　约翰·詹姆士（John James）是纽约市的一名警察。他对该市和警察局提起了民权诉讼，称他因对警察局某些有争议的政策进行了公开批评的陈述而受到非法报复。他试图寻求采纳警察局内务署撰写并散发的题为《警察腐败与文化》报告的某些部分。他诉称，根据《联邦证据规则》803（8）（C），该报告应当被采纳，该报告的这些部分，对于证明总体上存在对公开谈论警察局问题的警察进行报复的非正式政策具有相关性。该报告是一个项目的成果。在该项目中，每组由 12 到 15 位警察组成的 23 个小组，被召集起来参与指导性小组讨论。然后，该报告总结了这些讨论，其中包括詹姆士所试图证明的非正式报复行为，以及就未来警察局行为提出的一般性建议。其所宣称的目的是，"识别和展开警察与一系列廉政整合问题有关的一些主流态度、观念和意见"。如果是为被告辩护，你会对这份报告的采纳提出什么异议？有任何其他传闻例外或豁免可用吗？结果如何？

十六、《联邦证据规则》803 关于记录的其他例外

除了商业记录和官方记录的传闻例外，《联邦证据规则》803 还包含各种关于其他类型记录的例外。你们应当至少读一遍《联邦证据规则》803（9）、（11）、（12）、（13）、（14）、（15）、（16）和（17）。这些传闻例外主要是建立在这样的观念基础上，即这些记录由于以下原因很可能是可靠的，即准备这些记录的实体之性质、其准备工作的常规性质及其主题。这些例外的范围和运行可以很容易地从这些规则的语言和联邦证据规则起草咨询委员会的注释中辨别出来。

《联邦证据规则》803（18）规定，若"该陈述系在交叉询问中为唤起专家证人的注意而提出，或者在直接询问中为专家所依据"，并且"根据专家的自认或证言、其他专家证言或者司法认知，该出版物已经被证实具有可靠的权威性"，法院可以将论文或期刊的摘录采纳为证据。要适用该传闻例外规则，出版物的提出者必须证明，它的编写具有"可靠的权威性"。从表面上看，任何由专家证人作出的关于具有权威性的辨认都能满足这一要求。然而，马萨诸塞州最高法院最近裁定，情况并非如此，诸如医院甚至大学等组织不能以其机构资质来满足"可靠的权威性"要求。这一要求——法院解释道——只能由出版物的作者本人来满足。卡赛诉梁案［Kace v. Liang，—N. E. 3d—2015 WL 5253356（Mass. 2015）］。我们认为，这种解释过于狭窄。并没有很好的理由将有信誉的机构出版物（如梅约诊所网）排除在外，因为这些出版物是由专家证人核查过的。这种解释还强化了学术界和专业出版商的当权者成见（pro-incumbent bias），他们倾向于偏爱声誉卓著的作家，而不是年轻但尚未成名的学者和专业人士。现在这些出版商又有了额外理由来贯彻这一偏爱：它将使自己的出版物成为可采的证据，进而增加销量。

586

587

《联邦证据规则》803（7）和《联邦证据规则》803（10）为在商业、组织的记录和公共记录的缺失规定了传闻例外。这是为了证明某个事项没有发生或不存在。如果该事项发生过或存在过，就很可能被包含在特定的记录之中。正如联邦证据规则起草咨询委员会所指出的，没有进行记录是有意识地故意断言一个事件并未发生的结果，这是不太可能的。因此，没有进行记录，首先不可能构成传闻"陈述"。按照联邦证据规则起草咨询委员会的说法，之所以要规定这些例外，"是为了使问题得到有利于可采性的解决……"对公共记录的检索必须是谨慎的，也必须证明检索到的文件是适当的《联邦证据规则》803（6）记录或公共记录。法院已经判定，这种检索的结果，在刑事案件中不被

《联邦证据规则》803（8）（A）（ii）和（iii）的排除性规定所排除。合众国诉门德斯案〔United States v. Mendez, 514 F.3d 1035, 1044 - 1045（10th Cir. 2008）〕（美国中央检索系统包含了对合法进入美国之人的例行报告数据。对该系统的检索未能显示被告的名字，这意味着被告不是合法进入美国的；缺乏公共记录的状况根据《联邦证据规则》803（10）具有可采性，且不可根据重塑前《联邦证据规则》803（8）（B）〔现为（A）（ii）〕之专门为诉讼而制作的文件规定所排除）。

要　点

1. 《联邦证据规则》803（8）规定可以采纳：（A）（i）公共机关或机构的活动记录；（A）（ii）公共机关和机构雇员根据公共报告职责观察到的事项；以及（A）（iii）包含事实性认定的公共调查报告。事实性要求，基本上将范围限制在来源于"公共机关"的文档。如果对方当事人证明信息来源或"其他情况"表明缺乏可靠性，法官可以行使自由裁量权来排除公共记录。

2. 公共记录中的信息可以在公共机构内部人员之间传递，只要其中每个人都有某种"法定报告职责"，就不会脱离《联邦证据规则》803（8）的覆盖范围。法定职责是由于受公共机构雇佣而被施加的职责，不适用于局外人、旁观者等人员。在相关信息来自这些外部来源的情况下，就可能涉及额外层面的传闻，要求将公共记录例外与另一传闻例外或豁免合并。

3. 在刑事案件中，检控方不能使用《联邦证据规则》803（8）（A）（ii）去采纳警察或执法人员观察事项的报告来反对刑事被告人。这项限制可能不适用于由未参与调查或刑事案件公诉的公职人员所观察到的事项。它明显不适用于《联邦证据规则》803（8）（A）（i）惯常性"机构内务"记录。

4. 根据《联邦证据规则》803（8）（A）（iii），事实性认定包括意见和结论。调查报告和事实性认定，不能为检察官用以反对刑事案件被告人。这些报告中所包含的多重传闻可能被用作事实认定的基础，但除非它属于一项传闻例外或豁免，不得为其真实性而采纳。法院也可基于该类报告依赖不可采和不可靠的传闻之理由，排除其缺乏可靠性的事实性认定。

588

十七、《联邦证据规则》803（22）的解释：先前定罪判决

关于刑事或民事诉讼是非曲直的判决，对于证明实际发生过支持该判决的

关键性事实来说，是有相关性的。判决是关于这些事实的传闻证据。事实上，它可能是多重传闻。被告人的有罪答辩本身就是一项传闻陈述，法官或陪审团对在审判或简易程序中对提交证据所作的结论，被提供用以证明那些结论的真实性。

《联邦证据规则》803（22）规定了刑事重罪判决的使用：

（22）先前定罪判决。最终定罪判决证据，但须符合下列条件：

（A）该判决是在审判或有罪答辩（但不包括不抗争之答辩）后作出的；

（B）该定罪是可判处死刑或者1年以上监禁的罪行；

（C）该证据被采纳用以证明对该判决所必需的事实；并且

（D）当检察官在刑事案件中为弹劾之外的目的而提供时，该判决是对被告不利的。

可以表明上诉未决，但这并不影响可采性。

（一）初始事实认定

使用某最终定罪判决的事实性要求如下：

● 该判决必须是在刑事审判或有罪答辩后作出的；

● 该判决必须是关于可处以死刑或1年以上监禁的刑罚；

● 该判决是被提供用以证明对于该判决而言至关重要的事实之真实性；并且

● 提供用以反对刑事被告人的判决，必须是针对被告人本人的判决，除非其被提供仅仅是用于弹劾目的。

一份判决在证明潜在事件上的相关性，要求确定当时法官或陪审团必须决定的"关键"事实是什么。还要记住的是，该判决仅仅是证明这些事实的某种证据。本项传闻例外并未提出对先前判决的可能约束力问题，这一问题要根据间接禁止翻供（collateral estoppel）原则或争点排除（issue preclusion）原则予以解决。

（二）刑事判决具有可采性的正当理由

《联邦证据规则》803（22）反映了这样一种信任，即刑事重罪案件的有罪判决是关于支持该判决之关键事实的可靠证明。证明的高标准——确信无疑——很可能是支持可靠性的最强有力的论据。排除在不抗争之答辩（plea of nolo contendere）后作出的判决，是基于这样的事实，即只能在经法院批准后才能作出的不抗争之答辩，是特别旨在用来在没有审判耗费或被告人承认有罪的情况下解决刑事事项的。针对被告人之外其他人的判决不得在刑事审判中使用，除非是用于弹劾目的，这是因为考虑到被告人的对质权以及对敌意证人（其证言为判决提供了基础）进行交叉询问的权利。合众国诉奥斯汀案［United States v. Austin，786 F. 2d 986（10th Cir. 1986）］（涉及大麻的有罪判决被推翻了，因为检控方告知陪审团，10 名合谋犯罪人因参与同一涉嫌合谋而被定罪了）。民事案件判决的可靠性并未得到如此的深信。当诉讼请求涉及实质金钱损害赔偿或重大原则时，人们可以合理地认为当事人会倾其全力来维护其地位。但是，说服标准——优势证据——与刑事案件相比低了很多。如果所涉利益很小，诉讼当事人可能就不会有足够兴趣投入维护其地位所必需的资源。即使将重大民事案件的判决包括进来，在大小案件之间作出区分的任何努力，似乎都是相当武断的。

（三）为弹劾目的对轻罪定罪的采纳

589　　　　根据《联邦证据规则》609，这些判决最常用于弹劾作证证人。正如我们在第七章指出的，即使轻罪并未包括在《联邦证据规则》803（22）中，法院也总是根据《联邦证据规则》609（a）（2）采纳伪证罪的轻罪定罪来弹劾证人。

第五节　陈述人无法出庭的传闻例外

《联邦证据规则》804 规定了五种类型的传闻例外，只有在传闻陈述人无法出庭的情况下才能适用。先前证言、濒死陈述、对己不利的陈述、个人和家族史的陈述以及提供用以反对因一方当事人采取违法行为致使陈述人无法作为证人出庭的陈述。

为什么仅对这五种例外规定了无法出庭的要求，这一点不得而知。联邦证据规则起草咨询委员会对《联邦证据规则》803 的注释说明，无法出庭作证并不是对《联邦证据规则》803 传闻例外的要求，因为其为可靠的传闻，因此像当庭证言一样可以接受。相反，按照联邦证据规则起草咨询委员会的说法，属于《联邦证据规则》804 例外的传闻，"与陈述人站在证人席上的证言品质不等同……"这些传闻陈述仅仅作为万不得已的最后手段才具有可采性；也就是说，只有在陈述人本人无法出庭作证的情况下才具有可采性。

我们鼓励你们思辨地考虑一下在《联邦证据规则》803 例外和《联邦证据

规则》804 例外之间，是否存在着重大的可靠性差别。与此同时，我们也提醒你们不要枉费心机地为了论证现行法律之正当理由而提出一种自圆其说的理论。最早的普通法传闻例外——先前证言和濒死陈述——都是以死亡而产生的必要性论点为部分前提条件的；濒死陈述同样以宗教信仰为部分前提条件。也许历史先例是对无法出庭要求之现状的最好解释。

一、《联邦证据规则》804

规则 804 传闻排除规则的例外——陈述人无法作为证人出庭

（a）不能出庭的标准。在下列情况下，陈述人被视为无法作为证人出庭：

（1）因法院裁定适用特免权规则，陈述人被免除就其陈述主题作证；

（2）尽管法院命令陈述人就其陈述的主题作证，但其拒绝就此作证；

（3）陈述人作证说不记得陈述主题了；

（4）陈述人因死亡或当时存在体弱、身体疾病或精神疾病，不能在审判或者听证过程中出庭或作证；或者

（5）陈述人缺席审判或者听证，且陈述的提出者不能通过程序或其他合理手段促成：

（A）在规则 804（b）（1）或（6）的传闻例外情况下，使陈述人出庭；或者

（B）在规则 804（b）（2）、（3）或（4）的传闻例外情况下，使陈述人出庭或提供证言。

但是，如果该陈述的提出者为防止陈述人出庭或者作证，促成或者以不法手段致使陈述人不能作为证人出庭，则（a）款不适用。

（b）例外。如果陈述人不能作为证人出庭，下列陈述不适用传闻排除规则而予以排除：

（1）先前证言。证言是：

（A）在审判、听证或者依法进行的询证存录中作为证人作出的，无论是在当前程序中作出，还是在不同程序中作出；并且

（B）现在提供该证言所要反对的当事人，或者在民事案件中该当事人的前任利害关系人，已有机会或者类似动机通过直接、交叉或

再直接询问来展开该证言。

（2）濒死信念下的陈述。在凶杀公诉或者民事案件中，陈述人在相信自己濒临死亡情况下，就死亡原因或情况所作的陈述。

590

（3）对己不利的陈述。关于下列事项的陈述：

591

（A）常人处于陈述人的位置时，只有在该人相信该陈述为真的情况下才会作出的陈述，因为该陈述在作出时与陈述人的财产或者金钱利益相悖，或者具有导致陈述人反对他人的请求无效的明显趋向性，或者使得陈述人面临民事或者刑事责任；并且

（B）如果在刑事案件中提出会导致陈述人承担刑事责任的陈述，得到补强情况的支持，而能清楚地表明其可靠性。

（4）个人或家族史的陈述。关于下列事项的陈述：

（A）陈述人自己的出生、收养、婚生、祖先、结婚、离婚、血缘关系或类似的个人或家族史的事实，即使陈述人无法对所述事实获得亲身知识；或者

（B）如果陈述人与他人有血缘、收养或婚姻关系，或与该人的家庭有亲密联系，使得该陈述人的信息很可能是准确的情况下，作出的关于另一个人的这些事实以及死亡的陈述。

（5）（其他例外）（已移至规则807）

（6）为反对一方当事人用不法手段致使陈述人不能出庭而提出的陈述。为反对一方当事人采用（或默许的）不法手段致使陈述人不能作为证人出庭，并有意达到陈述人不能作为证人出庭的目的，而提出的陈述。

我们先集中讨论《联邦证据规则》804（a）。随后将在本章的后续部分探讨该规则的其他规定。

二、《联邦证据规则》804（a）的解释：认定无法出庭的理由

《联邦证据规则》804（a）对于不能出庭作证问题，包含有一个宽泛、合理的定义，适用于《联邦证据规则》804（b）（1）－（4）的例外，但不适用于《联邦证据规则》804（b）（6）。在《联邦证据规则》通过生效之前，不同司法辖区对于什么情况下构成不能出庭的规定是各不相同的，甚至在同一司法辖区内的传闻例外之中也不一致。对于某些例外而言，主张作证特免权或是在司法

辖区内缺席，甚至有时缺席出庭就足够了。就濒死陈述而言，死亡是无法出庭的唯一可接受类型。如今，上述五项中的任何一个都可用于规则 804（b）（1）-（4）中的任何例外规定。

1. 初始事实认定

就像适用传闻证据例外的一般情况一样，这些预备性问题是由法官根据《联邦证据规则》104（a）来决定的。律师对法庭的陈述被认为足以证明《联邦证据规则》804（a）（5）所规定的证人缺席或无法出庭，只要是对寻找该证人已经作了真诚的努力，包括要求自愿出庭和发出传票。但是，当问题是证人根据《联邦证据规则》804（a）（1）主张作证特免权时，一些法院判定，律师所作的陈述不足以说明证人实际上将不作证。换言之，证人必须在法庭上主张作证特免权。为了援引《联邦证据规则》804（a）（2），证人需要出庭，并且法院要作出让证人作证的命令；《联邦证据规则》804（a）（3）要求证人作丧失记忆的证言，但并不要求法院的命令。根据《联邦证据规则》804（a）（4），精神或身体上的衰弱（由于心脏状况只能在家中，由于背部状况而不能行走，因中风而丧失有关能力）将会持续一段时间的证据，通常是必要的；否则，在证言很重要的情况下，法院可能就会要求延期审理，以传唤仅仅是生病的证人。合众国诉阿马亚案〔United States v. Amaya, 533 F.2d 188（5th Cir.1976）〕〔《联邦证据规则》804（a）关于无法出庭的要求可以为下列可能性所满足，即疾病或记忆丧失状态将持续足够长的时间，以至于延期审判没有意义〕。

2. 对先前证言或询证存录的偏好

在陈述人缺席但非死亡的情况下，《联邦证据规则》804（a）（5）规定了先前证言的优先地位。《联邦证据规则》804（a）（5）（B）的目的是要明确，缺席陈述人的濒死陈述、对己不利的陈述或血缘关系陈述的提出者，必须首先使用陈述人的先前证言或询证存录；如果二者都不存在，该证据提出者必须作出合理的努力来获得该陈述人的询证存录证言（并寻求陈述人作为证人出庭），这是认定陈述人无法出庭的先决条件。先前证言的这种优先性，以及寻求对陈述人进行询证存录的要求，可能反映出人们对《联邦证据规则》804（b）（2）、（3）和（4）传闻例外之可靠性更强烈的怀疑。在学习完这些传闻例外之后，你们可以决定这种怀疑是否有意义。

不幸的是，这种优先性有时也会带来麻烦的结果。当缺席陈述人在侵权案件的询证存录中断然否认有违法行为，但被告人试图采纳该陈述人已对各色人等作出的归责性传闻陈述情况下，法院判定，根据《联邦证据规则》804（a）

592

（5）该询证存录必须采用，而那些口头陈述则不能被采纳用来证明其真实性。坎贝尔诉科尔曼公司案［Campbell v. Coleman Co., 786 F. 2d 892（8th Cir. 1986）］。

3. 促成出庭的合理手段

根据《联邦证据规则》804（a）（5），以"合理手段"（reasonable means）促成缺席证人的出庭，要求传闻证据提出者要付出真诚的努力，而非敷衍了事。至少有一个巡回法院认为，当检控方掌握有一名外国证人的姓名和地址时，必须付出一定的努力同在其本国的证人进行联系，否则无法出庭的认定将是错误的。合众国诉佩纳·古铁雷斯案［United States v. Pena-Gutierrez, 222 F. 3d 1080, 1086（9th Cir. 2000）］。检控方提出支付机票，但被外国证人拒绝了，这也被认为是采取了合理的努力。合众国诉西蒂奎案［United States v. Siddiqui, 253 F. 3d 1318, 1323 - 1324（11th Cir. 2000）］。在合众国诉普卢塔案［United States v. Pluta, 176 F. 3d 43, 48（2d Cir. 1999）］中，检控方直到开庭审判的第一天之后才作出对两名称无法出庭的证人发出传票的决定，在没有进一步事实的情况下，不能被判定是"合理的"。相比之下，参见合众国诉奥拉夫森案［United States v. Olafson, 213 F. 3d 435（9th Cir. 2000）］［在一起刑事案件中，地方法院有很大的自由裁量权，根据《联邦刑事诉讼规则》15（a）来决定是否下令开展询证存录；而当墨西哥的情况会导致美国检察官旅行不安全且没有迹象表明无法出庭的证人会配合检控方开展询证存录的情况下，法院否决这样做并非是不合理的］。

4. 证据提出者所造成的不能出庭

如果证人不能作证或拒绝作证，是由于传闻陈述提出者的行为造成的，《联邦证据规则》804（a）规定，该证人不能被判定为无法出庭。证明证人受到威胁是不够的；对于推定的陈述人不能出庭问题还必须作出实际认定。合众国诉皮扎罗案［United States v. Pizarro, 717 F. 2d 336（7th Cir. 1983）］。还必须有一项关于证据提出者之行为"目的"的认定。根据《联邦证据规则》804（a）的规定，检控方因疏忽而使证人脱离了监管，或不能掌握证人的行踪，不能被认定为造成了证人"无法出庭"。法院还判定，检控方拒绝赋予一位证人行使宪法第五修正案不作证权利，并非一种"促使"或"违法行为"，并不否定该证人根据《联邦证据规则》804（a）（1）的"无法出庭"的状态，因此其先前证言可能具有可采性。合众国诉多拉哈案［United States v. Dolah, 245 F. 3d 98, 103（2d. Cir. 2001）］。

思考题

8.67. 请考虑下列情况中能够足以构成满足《联邦证据规则》804（a）要求的不能出庭的情况。在不能出庭得到充分证明之前，证据提出者可能不得不采取哪些其他步骤？

（a）刑事被告人主张宪法第五修正案作证特免权，不在审判时作证，辩护方提供了该被告人本人的先前证言。

（b）证人援用宪法第五修正案反对在法庭上自证其罪的特免权。

（c）提供传闻证据的当事人提交了他/她的律师的宣誓陈述书，称陈述人现在另一个不受该法院传票管辖的州。

（d）提供传闻证据的当事人提交了陈述人的宣誓陈述书，称陈述人回忆不起有关事件。

（e）传闻陈述人在证人席上并声称，对有关事件现在已经没有记忆了，而且法官相信该证言。

（f）传闻陈述人在证人席上并声称，对有关事件现在已经没有记忆了，但是法官并不相信该证言。

三、《联邦证据规则》804（b）（1）的解释：先前证言

《联邦证据规则》804（b）（1）规定：

（b）例外。如果陈述人不能作为证人出庭，下列陈述不适用传闻排除规则而予以排除：

（1）先前证言。证言是：

（A）在审判、听证或者依法进行的询证存录中作为证人作出的，无论是在当前程序中作出，还是在不同程序中作出；并且

（B）现在提供该证言所要反对的当事人，或者在民事案件中该当事人的前任利害关系人，已有机会或者类似动机通过直接询问、交叉询问或再直接询问来展开该证言。

（一）初始事实认定

对先前证言的事实性要求是：

● 该陈述必须是在听证或在"依法进行的"询证存录中以证言的形式作出；

● 在刑事案件中，现在提供该陈述所要反对的当事人，必须有机会和类似动机，在先前的听证或询证存录活动中通过直接询问、交叉询问或再直接询问展开该证言；以及

● 在民事案件中，现在提供该陈述所要反对的当事人，或该当事人的前任利害关系人，必须有机会或类似动机，在先前的听证或询证存录活动中通过直接询问、交叉询问或再直接询问来展开该证言。

1. 审判、听证或依法进行的询证存录

该术语广泛地包括了在正式对抗制程序中当着主持宣誓人员所作的宣誓证言笔录或其他记录。因此，其囊括了审判、庭上证据听审、对抗性行政听证，以及"依法进行的询证存录"。"依法进行的询证存录"是指诉讼中按照解决争端的程序性法规所作的询证存录。例如，参见《联邦民事诉讼程序规则》第 30 条（Fed. R. Civ. P. 30）。该先前证言无须是在本案中作出的。换言之，在手头的案件中，一方当事人可以根据《联邦证据规则》804（b）（1）来提供过去某次审判的证言笔录，或者是在完全不同的案件中所作的询证存录。先前的审判或者询证存录甚至可以是来自不同法院体系（如州法院）的案件。

2. 展开证言的机会和相似动机

任何根据《联邦证据规则》804（b）（1）所采纳的先前证言，都必须是在对方当事人（提出证言所反对的一方当事人）有机会和动机询问该证人的诉讼程序中创设的。一般来说，这需要对抗性诉讼程序。但是，来自单方面诉讼程序如大陪审团听审中的证词可以用来反对检控方。

举例来说：

595 　　　　保拉（Paula）因机动车事故造成的人身伤害起诉德鲁（Drew）。坐在德鲁车里的乘客威尔玛（Wilma）为保拉作证说，德鲁当时醉酒，一直在逆行道上驾驶。现在有一份对保拉有利的判决，但在上诉中该判决被推翻了，因为存在对陪审团不适当的指示，所以被判令重审。威尔玛在重审之前死亡，因此保拉提供了威尔玛在第一次审判中的证言笔录。

即使威尔玛的先前证言是传闻，根据《联邦证据规则》804（b）（1），其在重审中仍然可以被采纳用来反对德鲁。所有的事实性要求都得到了满足。威尔玛的陈述是在第一次审判中作出的，这显然是一次听审。德鲁在这次审判中

是对方当事人。因为重审时发生争议的是威尔玛曾经提供证言的同一事实问题，德鲁在第一次审判时充分展开有关证言的动机，和现在一样强烈。此外，德鲁有机会通过交叉询问来展开该证言。显而易见，机会是很充分的，即使德鲁没有利用它。先前证言也不必在审判或正式的听审中作出。只要机会和类似的动机要求得以满足，在证据开示期间威尔玛在询证存录中所作的证言，根据《联邦证据规则》804（b）（1）也可以被采纳。

"相似动机"的要求，是承认并非所有询问证人的机会都是平等的。这些程序可能有所不同，先前的听审可能提出不同的问题，而不需要就目前相关的问题对证人进行询问。例如，假设一名刑事被告的同谋在一次听审时作证，以表明在搜查他汽车时发现的数包可卡因证据不可用。如果听审中的唯一问题是搜查的合法性，那么，听审中的唯一相关事实可能是所谓同谋者当时是否同意了搜车。在此情况下，被告并无动机去充分挖掘所指控的合谋关系的性质。在合众国诉迪纳波利案［United States v. Duenas, 691 F. 3d 1070（9th Cir. 2012）］中，法院认为，刑事被告在证据禁止听审时，并没有像在审判中的类似动机去展开一名警察证人的证言："审判中的问题是证据是否证明了，（被告）有罪的可能性超过了合理怀疑，而非他供述时的情境"。上引案例，第1090 页（引注省略）。

与此同时，相似动机不一定就是相同动机。在确定先前当事人在先前程序中是否有足够相似的动机来展开一位证人的证言时，法院指出了几个要考虑的因素。最明显的是，询问者必须在两次程序的同一问题上站在同一方的立场上，必须在断言有关问题和在该问题上取得有利结果上具有实质相似的利益。合众国诉迪纳波利案［United States v. DiNapoli, 8 F. 3d 909, 912（2d Cir. 1993）］。"影响展开证言之动机的情况或因素包括：（1）作出该证言的程序类型，（2）审判策略，（3）潜在的刑罚或经济得失，以及（4）争点和当事人的数量。"合众国诉里德案［United States v. Reed, 227 F. 3d 763, 768（7th Cir. 2000）］。

第一次和第二次程序中争议的事实性问题之间的相似性，也会影响当事人展开证人证言的动机。请比较麦克奈特诉詹森控制有限公司案［McKnight v. Johnson Controls, Inc., 36 F. 3d 1396（8th Cir. 1994）］（被告制造商存在与先前涉及同一类型事故的人身伤害案件相同的利益，来展开证人证言），与克尔斯通公司诉亚马逊网站案［Cordance Corp. v. Amazon. com, Inc., 639 F. Supp. 2d 406（D. Del. 2009）］，以及施米特诉双快公司案［Schmidt v. Duo-Fast Corp., 1976 U. S. Dist. LEXIS 6106（E. D. Pa. 1996）］（被告制造商不存在与先前涉及同一设备但不同类型事故的人身伤害案件相同的利益，来展开证人证言）。

展开证言的机会这一要求具有宽泛的含义，虽然通常情况下这被认为是指交叉询问：

> 威尔玛在第一次审判中被保拉传唤为证人，她因为在直接询问中作证说保拉当时超速了，保拉驾车越过了中心线并撞上了德鲁的车，而令保拉大吃一惊。第二次审判时，德鲁提供了这一先前证言，而保拉则以她没有机会对威尔玛进行交叉询问为由提出了异议。

596　　　根据《联邦证据规则》804（b）（1），保拉当时没有机会对威尔玛进行"交叉询问"并不重要。按照该传闻例外的规定，保拉有机会和相似动机通过"直接询问、交叉询问或者**再直接**询问来展开证言"（黑体字符为本书作者所加），这就足够了。《联邦证据规则》804（b）（1）明确允许当事人根据《联邦证据规则》607弹劾任何证人的可信性，包括当事人自己传唤的证人。此外，如我们在第二章所讨论的，《联邦证据规则》611为呈现证据的"模式和顺序"提供了基本指导方针，并为保拉充分展开威尔玛的证言并探究其中的弱点提供了足够的灵活性。因此，除非审判法官不当限制了保拉的直接和再直接询问，她对此就没什么可抱怨的。

3. 没有机会

在先前证言被提供的某些程序中，当事人并无有意义的机会来对证人进行询问。在合众国诉迪布案［United States v. Deeb, 13 F.3d 1532（11th Cir.1994）］中，被告人是名逃犯，缺席审判且无代理律师。在后续程序中，用于反对他的证言不能根据《联邦证据规则》804（b）（1）而被采纳。法院判定，如果在提取先前证言的程序中，由于该程序的性质或由于法官的行为，当事人虽然在场却没有展开证言的有意义的机会，则该先前证言不能根据《联邦证据规则》804（b）（1）而采纳。关于帕德乌卡·托温公司案案由［In re Paducah Towing Co., 692 F.2d 412（6th Cir.1982）］（在第一次听审中，海岸警卫队雇员并不具备对专家证人资格进行检验所必需的技能，且未被允许来弹劾该证人；法院判定，没有对证人进行询问的足够机会）。

4. 没有"就相同问题而提供"的要求

然而，除保证展开证言的动机相同之外，没有理由要求有关法律问题也要精确相同。例如，假设保拉诉德鲁这一假设案例的判决，因为陪审团被指示对被告行为适用重大过失而非过失标准而被推翻了。威尔玛的先前证言在第二次审判时，不应因为现在与该证言有关的问题有些不同而被排除。该证言无疑仍然具有相关性，并且很难相信，当事人展开该证言的动机会因为衡量被告罪责的法律标准发生变化而存在任何不同。在《联邦证据规则》804（b）（1）之前，一些判例要求有关证据必须是就相同法律问题而提供。《联邦证据规则》804（b）（1）没有规定"就相同法律问题而提供"的要求，这是适当的。

5. 由相同当事人或前任利害关系人展开证言的机会

当前无法出庭的证人之先前证言，可以被提供来反对当前案件中的刑事被告人，前提条件是被告人先前有机会并有类似的动机来"展开"该先前证言。该证言被提出时的先前程序是刑事还是民事案件并不重要。

相比之下，如果在当前民事案件中提供了当前无法出庭证人的先前证言，那么，反对提供该先前证言的一方当事人，不必是早先有机会和动机展开该先前证言的同一人。第三方"前任利害关系人"展开的先前证言是被允许的。再次重申，这种先前证言可以是在民事或刑事诉讼中提出的。对刑事被告人亲自进行对质和交叉询问证人之机会的关切构成了《联邦证据规则》804（b）（1）对刑事和民事案件处理方式不同的基础。

597

（二）先前证言具有可采性的正当理由

根据《联邦证据规则》804（b）（1），采纳先前证言的一个主要正当理由是必要性。由于威尔玛已经死亡，我们并非在当庭证言和传闻之间做选择，而是在要么传闻、要么什么都没有之间作出选择。当然，这种要么全有要么全无的选择，在传闻陈述人无法出庭的情况下总是存在的（尽管有时候在相同问题上会有其他的相关证据，因此，对于传闻的需要实际上是因案而异的）。虽然法律或许应作出别的规定，但是，要么全有要么全无这种选择本身，并不足以支持对传闻的采纳。还必须有对可靠性的间接保证，或有其他的理由使当庭交叉询问机会的丧失具有正当性。

展开证言的先前机会和动机，对于缺乏当庭交叉询问而言，是一个重要的正当理由。如果德鲁对威尔玛的交叉询问使人们对威尔玛所述事项之真实性产生了怀疑，则德鲁在重审时可以提供这次交叉询问中的相关部分。事实上，就进行了宣誓，有法庭的肃穆气氛，以及展开证言的先前机会而言，与任何《联邦证据规则》803传闻例外相比，先前证言似乎都更接近于当庭证言。

然而，对使用先前证言施加"无法出庭"的限制，理由是显而易见的。若没有这种限制，诉讼双方则可以在无决陪审团*、无效审判或上诉撤销原判发回重审的案件中，以先前审判笔录大规模地取代当庭证言。诚然，询证存录或预审笔录可以完全替代初次审判中的当庭证人证言。很显然，规则的制定者是希望能够避免这种事情的发生。

注意：先前证言传闻例外有助于解释传闻定义的尴尬。将传闻称为"庭外陈述"是常见亦很简洁的话语，但这种描述并不完全准确。由于《联邦证据规则》804（b）（1）[连同关注使用与证人审判证言不一致之先前证言的《联邦证据规则》801（d）（1）（A）]阐明了，传闻包括先前诉讼程序中庭上产生的先前证言。因此，为了准确与完整，《联邦证据规则》801（c）（1）将传闻陈述界定为"由陈述人在当前审判或听证作证场合之外作出"。

四、《联邦证据规则》804（b）（1）：实际问题与应用

在本节中，我们将进一步研究以下特定视角下的《联邦证据规则》804（b）（1）问题，即当被提出的证言所支持或反对的各当事方，并非该证言首次被提出时原诉讼程序的当事方。我们也将关注使用先前证言的实践层面。

（一）先前证言所提供或反对的并非原诉讼当事方

1. 由非当事方提供

根据《联邦证据规则》804（b）（1），并不要求提供先前证言的当事人，必须是该证言被首次提出之原诉讼一方当事人。事实上，《联邦证据规则》804（b）（1）根本不关注提供方当事人的身份：相反，该规则聚焦于现在提供该证言所要反对的当事人。该规则仅要求该证言所要反对的当事人有机会展开证言。回到先前的假设案例中，如果不是之前的原告保拉而是另一方提供了威尔玛的证言，在另一起诉讼中用于反对德鲁呢？

> 保拉车里的另一位乘客罗达（Rhoda），就她本人所受的人身伤害对德鲁提起诉讼。在罗达的案件进入审判时，威尔玛已经死亡，而罗达提供了威尔玛在保拉诉德鲁案第一次审判时所作的证言。该证言称，德鲁当时处于醉酒状态，并且在逆行车道上驾驶。

此处，因为德鲁有展开该证言的机会，只要"相似动机"这一要求也得到

满足，则现在提出该证言的是第二位原告罗达而非原先的原告保拉，这一点无关紧要。

2. 提供用以反对非当事人（前任利害关系人）

假设保拉提供威尔玛的证言用来反对一位新的当事人——就原保拉诉德鲁案审判而言的案外人。《联邦证据规则》804（b）（1）（B）具体规定，原先诉讼中的证言可以提供用于反对并非原先诉讼当事人的人，前提是，当前诉讼是一个民事案件，且该非当事人对于原先案件中有动机和机会展开该证言的某人来说，是"前任利害关系人"。

> 保拉现在因与德鲁的事故所受到的伤害对巴尼（Barney）提起损害赔偿诉讼。巴尼是一家酒馆所有者，事故发生前德鲁就在这家酒馆里喝酒。威尔玛已经死亡，保拉提供了威尔玛在保拉诉德鲁案第一次审判中所作的证言，该证言称，德鲁当时处于醉酒状态，并且开错了车道。

这是一起民事案件。在采纳反对巴尼的证言之前，我们必须肯定地回答两个问题。首先，德鲁是否有动机和机会展开威尔玛的证言？其次，德鲁是巴尼的前任利害关系人吗？这两个问题可能在一定程度上有重叠。

3. "前任利害关系人"分析

《联邦证据规则》804（b）（1）制定后不久的判例，从广义上来说以三种不同的方式解释了该法条语言和立法史。有一些判例对"前任利害关系人"作了狭义解释，仅包括传统财产法或合同法意义上相互之间存在关系的人。按照这种观点，德鲁不会是巴尼的前任利害关系人。其他法院则更为宽泛地扩大了相互关系的概念，例如，包括子公司和母公司的关系，地方检察官和市政律师这种雇员同事关系等。最近，各法院采用了更为宽松的方式，将利益与动机等同，就像该规则最初起草的版本：先前程序的任何当事人，只要有充分展开证言的相似动机，就是前任利害关系人。狭义或广义的"关系"判断方法，需要德鲁和巴尼之间关系的事实，这些事实可能与诉讼没有直接关系。第三种解释，也被称作"自由主义"方法，本质上就是将"前任利害关系人"的问题归入"相似动机"的问题。

按照这第三种解释，因为第一次和第二次诉讼程序中争议的事实问题是一样的，并且，德鲁和巴尼在那些问题上站在相同的立场上，并在质疑威尔玛的意见方面有着相同的利益，所以，德鲁有与巴尼相似的动机来展开威尔玛的证言。德鲁和巴尼都可以通过证明德鲁并未醉酒而避开责任；因此，他们败坏威尔玛的意见的动机即使不完全相同也是相似的。可以肯定的是，即使德鲁醉酒，巴尼也许还有其他的抗辩事由，所以他们在法律上的处境不同。但是，他们对于威尔玛证言的取向很可能足够相似，以至于德鲁会被认定为是巴尼的前任利害关系人。

即使在民事案件中，提供威尔玛的证言来反对巴尼也存在一些问题。这里，在威尔玛的证言被提出后，巴尼没有机会来对其进行展开，因为他并非该诉讼程序的当事人。强迫巴尼依赖先前第一次审判中对威尔玛的交叉询问，实际上是将德鲁选择的律师强加给了巴尼。如果为德鲁代理的是一位平庸的律师，其在对威尔玛的交叉询问中表现糟糕，巴尼将无法摆脱这一结果，即使他自己的律师若有机会弹劾威尔玛的话，或许会表现得好很多。但是，考虑到退一步而言就是放弃具有高度相关性的证据，无论德鲁的律师对威尔玛的交叉询问完成得如何，都可以说足以允许采纳该证据用来反对巴尼。此外，由于对能力失败（类似于在定罪后刑事程序中对无效律师援助的主张）缺乏客观的识别标准，要求法官对律师的有关技能进行详细评估以作为采纳先前证言的前提，是过分复杂了。

（二）由于程序性背景不同而缺乏相似动机

在某些程序背景下，当事人并不像在后续完整的审判中那样，在展开证人证言方面有相同动机。合众国诉鲍威尔案［United States v. Powell，894 F. 2d 895，(7th Cir. 1990)］（对刑事被告人提供的证人在其有罪答辩听审中作出的先前证言加以排除，没有错误；检控方在对这种答辩的自愿性及其事实根据进行检验的动机，与其在审判时的动机相比并不一样）。

在合众国诉萨勒诺案［United States v. Salerno，505 U. S. 317 (1992)］中，最高法院考虑了这样一个问题，即在大陪审团证人由于主张作证特免权而不能出庭的情况下，刑事被告人是否能提供大陪审团证言来反对检控方。证人德马泰斯（DeMatteis）和布鲁诺（Bruno）被检控方团队的一位成员传唤至大陪审团面前。然而，他们的大陪审团证言是为被告人开脱。检察官大概在当时有动机来展开他们的证言——即对此进行弹劾或质疑。审判中，被告人在其自行辩护中，试图使用德马泰斯和布鲁诺的先前证言。检控方承认，在这种情况下有"相同的当事人"，但断言在大陪审团程序中当时没有，并且确实从未有像在审判中那样展开证言的"相似动机"："检察官……必须在刑事程序的调查阶段保密，因此可能不愿意用自相矛盾的证据来同大陪审团程序中的证人对质。……检察官可能也不知道在起诉书发出之前，哪个问题在审判中将具有重要意义……"（上引案例，第 325 页）。最高法院判定，这个论点必须予以回应，该案被发回第二巡回法院重审。

在重审时，该法院满席听审判定，大陪审团证言不应当根据《联邦证据规则》804（b）（1）而采纳：

> （就动机相似性而言），适当的途径……必须考虑在未决程序中抵制所
> 提供证言的当事人，在先前程序中，是否有实质相似程度的利益去证明
> （或证伪）实质相似问题的相同的方面。在有关动机相似性这个最终问题
> 上，这两个程序的性质——既包括问题的症结，也包括所适用的证明责
> 任——以及先前程序中的交叉询问（在较低的程度上说）——既包括采用
> 了什么，也包括放弃了什么——都将是相关的，尽管不是结论性的。合众
> 国诉迪纳波利案［United States v. DiNapoli, 8 F. 3d 909（2d Cir. 1993）］。

第二巡回法院认为，检控方在大陪审团听审过程中没有动机来对这些特定的证人刨根问底，因为被告人已经被起诉了。由于大陪审团已经被说服，即认为存在合谋，检控方没有什么动机来对德马泰斯和布鲁诺的开脱性证言进行攻击。检察官当时确实对他们进行了一些攻击，即指控他们在撒谎，并使用了与之矛盾的证据同他们进行了对质。法院判定，这并非一个充分展开的交叉询问，并且有关问题被谨慎地限制在已经公开的事项上。这样，这并不像在审判时可能发生的那样，秘密信息得到使用。

根据萨勒诺案和迪纳波利案裁定，检控方证人在预审中作出的反对刑事被告人的证言之可采性问题，也许应当被重新思考。传统上，预审证言可以根据《联邦证据规则》804（b）（1）而在随后的审判中采纳用来反对被告人，尽管存在这样的事实，即被告人没有什么实际动机在预审中充分展开有关证言。然而：

> （1）预审处于诉讼程序的这样一个早期阶段，即被告人可能没有足够
> 的证据来对证人进行交叉询问；（2）像大陪审团程序中的检察官一样，预
> 审中的被告人并不希望用挑衅性的交叉询问来"露底牌"，而是更愿意在
> 审判时展开对证人的攻击；以及（3）由于最低证明标准的存在，被告人
> 在预审中的失利常常是必然的结局，这样对归罪性证人的任何尝试性的交
> 叉询问或弹劾此时都可能是无助的努力。……斯蒂芬·A. 萨尔茨伯格，
> 麦克尔·M. 马丁和丹尼尔·J. 卡普拉：《联邦证据规则手册》［3 Stephen
> A. Saltzburg, Michael M. Martin & Daniel J. Capra, Federal Rules of Evi-
> dence Manual 1838（7th ed. 1998）］。

如果预审证言在审判中被提出，有关交叉询问机会之充分性的担忧，也将影响被告的克劳福德案对质权。参见下文第七节。

　　（三）在当前诉讼程序中使用先前证言

601　　　在先前证言具有可采性的情况下，任何对先前证言的内容具有当前信念的证人都可以叙述其内容。理论上，可以是参加了先前诉讼程序并当面聆听了该
602　证言的个人。然而，截至目前，向事实认定者提交先前证言最为常见的办法，是使用一份证言笔录。

　　从技术上讲，为这一目的使用证言笔录实际上涉及多重传闻问题。第一，涉及现在无法出庭证人的陈述；第二，存在法院记录员对该证人话语进行逐字速记的行为；第三，存在法院记录员制作证言笔录的行为。《联邦证据规则》804（b）（1）只涉及第一级传闻：证人的陈述。根据《联邦证据规则》803（1），法院记录员的传闻可能可以作为即时感觉印象而被采纳。法院记录员记录证言并将速记制作成笔录的过程，都是在感知的同时描述一个事件或情况（首先是现场证言，然后是速记）；她为准确记录而经受的训练和官方宣誓，暗示着缺乏捏造的机会，也不会带入人为的判断。或者，退一步来说，法院记录员的日常记录作为她职业的一部分，她职位的半官方性质（作为法院工作人员，或经认证的自由职业记录员，经授权主持宣誓）可能符合《联邦证据规则》803（6）和（8）笔录作为商业或官方记录例外的要求。无论原理如何，法院和当事人在采纳先前证言时总是会忽视法院记录员作为传闻陈述人的角色，因为不存在什么真正的理由来质疑笔录的真实性。

　　法院一般来说会允许律师使用各种方法来提供先前证言。如果先前证言是录像，该视频的相关部分可以直接为陪审团播放。如果证言仅记录在书面笔录上，该笔录相关部分将为陪审团朗读。对于较短的证言，朗读可由律师完成。对于较长篇幅的笔录，法院通常允许协理律师、法律助理甚至可能是演员站在证人位置上并扮演证人应答诵读。（当然，陪审团会被告知，证人席上的人只是在朗读先前证言。）对先前证言的记录通常不会被采纳为展示性证据，因此不会在陪审团审议期间被带入陪审团审议室。（陪审团也不能获得其在审判现场所听到证言的笔录。）虽然笔录的复印件不能被采纳为证据，法院可能要求提供一些证明证人、律师和证言日期的基础铺垫材料。

　　无论是使用哪种方法来提供先前证言，都存在这样的可能性，即在先前证言中的特定问题和答案，可能因为某些原因而遭到异议。例如，先前证言可能是在回答诱导性问题时被引出的；它可能包含不被允许的外行意见；它可能受到作证特免权的保护；或者它可能是在证言本身更广泛的传闻范围内重复不可采的传闻证据。在这些情况下，问题就会产生，即是否可以对满足规则804

(b)（1）的先前证言传闻例外所有要求的先前证言，提出排除异议。《联邦证据规则》并未对这一问题作出规定。虽然各法院所作出的决定各不相同，但主流的观点是，如果在原听审中并未对先前证言中律师问题的形式提出异议，则视为放弃。但是，对于有关证人回答不可采的异议，是无法放弃的，即使其在原听审中未被提出。当先前证言被提供时，这种异议可以在当前听审首次被提出。有关这两种异议类型的举例，参见第二章第 120－122 页审判异议速查表。

603

要　点

1. 假定证人无法出庭，在先前听审（或询证存录）中所作的证言可以采纳用来反对一方民事当事人或刑事当事人，前提是在这次先前听审中，该方当事人在场，有对该证人询问的重要机会，并有像在当前审判中询问该证人的相似动机。

2. 如果两次诉讼程序中所争议的事实不同，又或者先前听审中的诉讼程序背景消除了当事人对证人进行全面询问的动机，法官可以认定，当事人在先前听审中没有充分的相似动机。

3. 如果民事诉讼当事人的前任利害关系人——因对相同事实问题存在争议而具有相同动机之人——在先前听审中有机会对证人进行询问，则在先前听审（或询证存录）中所作证言，也可被采纳用来反对该方当事人。

思考题

8.67. 亚历克斯（Alex）和布伦达·道森（Brenda Dawson）正以他们所蒙受的损失而起诉德耳塔（Delta）保险公司，因为他们共同所有的一个仓库被大火烧毁。德耳塔保险公司拒绝赔偿，理由是保单中的一项条款规定，在这两位所有者对财产损失负有责任的情况下，其不承担赔偿责任。该保险公司辩称，亚历克斯安排埃迪·霍尔（Eddy Hall）烧毁了有关建筑物。埃迪对纵火行为作了有罪答辩，并在对亚历克斯的纵火罪审判时作证反对亚历克斯。该案最后形成了无决陪审团。埃迪在监狱中病倒，在当前诉讼中不能出庭作证。德耳塔保险公司提供了经适当鉴真的埃迪在亚历克斯纵火罪审判中所作的证言笔录。亚历克斯以他现在有新的证据来弹劾埃迪为由提出异议；布伦达也以她没有任何机会来对埃迪进行交叉询问为由提出异议。法院应当如何裁定？

五、《联邦证据规则》804（b）（2）的解释：濒死陈述

《联邦证据规则》804（b）（2）规定：

（b）例外。如果陈述人不能作为证人出庭，下列陈述不适用传闻排除规则而予以排除：

…………

（2）濒死信念下的陈述。在凶杀公诉或者民事案件中，陈述人在相信自己濒临死亡情况下，就死亡原因或情况所作的陈述。

（一）初始事实认定

对濒死陈述的事实性要求是：

- 该陈述涉及陈述人所相信的濒临死亡的原因或情况；
- 该陈述是在陈述人相信濒临死亡时作出的；并且
- 该陈述是在凶杀公诉或者民事案件中提供的。

涉及陈述人的死亡原因或情况的陈述，包括对加害者的指认、对导致致命伤害或疾病的事故和过去事件的描述。虽然对濒临死亡之信念一般来说可能增强陈述人的诚实性，但是，致死原因或有关情况之外的内容并未包括在这一例外中。传闻陈述是否必须仅与陈述人的死亡原因有关，它能否扩展到他人的死亡原因？《联邦证据规则》804（b）（2）的语言在这一点上看似含混，但可推定它是指陈述人自己的死亡。

相信濒临死亡，意味着缺少康复的希望——"一种确定、无望的期望，即死亡就在眼前，并且有关陈述必须是在死亡迫近的氛围下作出"。谢波德诉合众国案 [Shepard v. United States, 290 U. S. 96, 100 (1933)]。这一精神状态可以通过陈述人自己的陈述、通过诸如陈述人伤情的性质或陈述人被告知濒临死亡的证据等情况，或是由医生的意见来出示。瓦泽奎兹诉国家汽车租赁系统公司案 [Vazquez v. National Car Rental System, Inc., 24 F. Supp. 197 (D. Puerto Rico 1998)]。因此，陪审团不会得到这样的法官指示，即其在考虑该陈述之前，必须认定陈述人具有濒死的信念。但是，如果有证据表明陈述人没有这样的信念，则对方可以用该证据来向陪审团断言该陈述的不可靠性。

请注意，此处具有相关性的问题是，陈述人主观上是否有死亡迫近的信念；而不需要证明陈述人事实上的死亡。这正是《联邦证据规则》804（a）（5）（B）的隐含之意，其描绘的场景是"濒死陈述人"因"缺席审判或听审"而无法联系上。这种无法出庭的方式与《联邦证据规则》804（a）（4）中所描述的由于死亡或丧失行为能力而缺席是有区别的。

凶杀案被告人在凶杀案件中援引濒死陈述的例外，以表明某个第三人是杀人凶手。然而，从实践来看，通常将是检控方想要利用濒死陈述传闻例外。

（二）濒死陈述具有可采性的正当理由

濒死陈述例外是最为古老的普通法传闻例外规定之一。其深层的正当理由也属于最具争议的一类。就像通常那样，陈述人不能出庭意味着，可能没有其他办法来获得同样或相似的证据。该例外的可靠性内在于这样的观念中，即当人们意识到濒临死亡时将特别可能是诚实的，因为他们的状况消除了就事实进行虚假陈述的动机。或者说，陈述人可能信奉带着洁净的手，或者至少最近没有被谎言所玷污的手"去见他们的上帝"，是自己的利益所在。最后，可以争辩的是，该例外对某个可能试图要杀死潜在不利证人的人起到了威慑作用。

然而，该传闻例外的上述两个必要性正当理由，都受到了质疑。我们并不清楚，对濒死陈述人关于死因或情况的陈述的需要，是否大于对任何不能出庭证人之陈述的需要。对于各种事件来说，都可能有不能出庭的目击证人；在凶杀案或民事案件中，对于导致死亡的原因，可能有其他可替代形式的证据来加以证明。因不法手段而失权的传闻例外规定更接近于解决杀死潜在证人的问题。

濒死陈述很可能具有可靠性的观念，也是令人怀疑的。那些相信濒临死亡的人特别可能是诚实的观点本身，完全是一种猜测。这里并未要求证明濒死陈述人有宗教信仰，并未要求有其他减少就死亡原因进行虚假陈述之动机的环境。进一步说，即使人们假定濒死陈述人可能是诚实的，作出濒死陈述的周围环境也可能加剧其他的传闻危险。如果陈述人是一场突袭的被害人，就有理由对该被害人感知的准确性加以质疑。此外，饱受死期临近信念煎熬的人，其叙述和记忆能力可能会受到一定程度的削弱。

就采纳濒死陈述的正当理由而言，还存在其他的怀疑。在某些司法辖区，被采纳的濒死陈述所反对的当事人，有权要求法官对陪审团作出谨慎考量这些陈述的指示。将这一例外限定在凶杀案上，是出于众议院司法委员会这样的忧虑："本委员会并不认为濒死陈述是最为可靠的传闻形式之一。因此，本委员会将该规定修改为，将其可采性限定在涉及凶杀公诉的刑事案件中，在这种情况下，对该证据的例外需要是很明显的。"当然，这意味着，为了获得施以最严厉惩罚的刑事定罪，我们愿意使用其可靠性存疑的证据。

> **要　点**
>
> 　　假定陈述人无法出庭，由相信濒临死亡的陈述人所作的陈述，在民事案件或凶杀公诉案件中具有可采性，只要该陈述的内容涉及陈述人濒临死亡的原因或情况。

605

> **思考题**
>
> 　　8.68　在酒精、较劲和对被害人新车之渴望的驱使下，五名男子密谋劫持了他们的熟人并谋杀了他。其中的三个人执行了这个计划。在他濒死时，被害人说出了袭击他的三个人的名字。不幸的是，他搞错了其中两个人，而政府方证据证实了这一点。尽管如此，政府方还是想寻求用这份濒死陈述来指控第三位袭击者，并声称这位袭击者被准确地道出了姓名。这个被告人是否能阻止采纳这份濒死陈述？基于什么理由？第四位被告人，政府方声称其参与了袭击，但这位没有被指名道姓的被告人，能否在审判中用这份濒死陈述来证明自己不是袭击者？

六、《联邦证据规则》804（b）（3）的解释：对己不利的陈述

《联邦证据规则》804（b）（3）规定：

　　（b）例外。如果陈述人不能作为证人出庭，下列陈述不适用传闻排除规则而予以排除：

　　…………

　　（3）对己不利的陈述。关于下列事项的陈述：

　　（A）常人处于陈述人的位置时，只有在该人相信该陈述为真的情况下才会作出的陈述，因为该陈述在作出时与陈述人的财产或者金钱利益相悖，或者具有导致陈述人反对他人的请求无效的明显趋向性，或者使得陈述人面临民事或者刑事责任；并且

　　（B）如果在刑事案件中提出会导致陈述人承担刑事责任的陈述，得到补强情况的支持，而能清楚地表明其可靠性。

（一）初始事实认定 *606*

对己不利陈述的事实性要求如下：

● 在该陈述作出时，陈述的内容是：

◆ 不利于陈述人的金钱或财产利益；

◆ 会使陈述人承担民事或刑事责任；或者

◆ 会导致陈述人提出的某个主张无效；

● 该陈述对陈述人上述利益的不利达到了这样的程度，即常人在处于陈述人的位置时，不会作出这样的陈述，除非它是真的；以及

● 如果该陈述会使陈述人承担刑事责任，且该陈述是在刑事案件中被提出，还必须提供能够清楚表明该陈述具有可靠性的补强情况证据。

1. 对己不利的内容

对己不利（against-interest）的要求，通常集中体现在该陈述的内容上。当作出该陈述时，其内容必须对该规则中所确认的陈述人某一具体利益相悖。审判中，提供该陈述是为证明这些事实的真实性。例如，假定马克（Mark）告诉一位朋友，他欠了瑞恩（Ryan）一大笔钱。欠钱这一事实对于马克的金钱利益是不利的。我们假定，一般来说，人们在保持所拥有的资金和个人财产的所有权方面有利益考虑，因此，马克关于其欠钱的陈述，有违其所有权利益。假设马克告诉他的朋友，说他为了还债抢劫了一家便利店。这一陈述可以使马克面临刑事责任，因而对马克的刑事责任利益不利。

对于不利于陈述人的金钱、刑事或民事索赔权益而言，一个根据《联邦证据规则》804（b）（3）的陈述，无须在说出之时就面临即时不利影响。例如，该规则并不要求马克对于抢劫便利店的承认是对警方作出的。的确，即使马克合理地相信他的朋友会为他保守这个秘密，这也不会改变该陈述的不利属性。法院通常关注并依赖于所披露事实之对己不利的内容。因此，一种更好的评判标准是看，若该陈述被公开或被报告给相关权力机关，是否会损害马克的利益。

然而，有些时候，貌似对陈述人不利的陈述，由于作出有关陈述的语境使得陈述内容之表面含义变得具有中立性或成为利己之事，事实上并非对陈述人不利。马克明知瑞恩索赔的债款实际上是2 000美元，却作出"他欠瑞恩500美元"的陈述，就并非对其不利。如果该陈述中的事实不会再给陈述人带来麻烦（例如，他已经因为自己所说的话而被判有罪），那么，对己不利的要素就无法得到满足。在许多情况下，尤其是那些涉及犯罪嫌疑人和检控方辩诉协商的情形，对己不利的自认，在作出之时可以带有强烈的利己目的。下文我们进一步讨论这个问题。 *607*

2. 查明陈述人的知识

根据《联邦证据规则》804（b）（3），陈述人的知识有两个不同的含义。正如《联邦证据规则》803 和 804 的其他传闻例外规定，《联邦证据规则》804（b）（3）要求证明陈述人（马克）在作出陈述时对不利的事实有亲身知识。此外，《联邦证据规则》804（b）（3）仅在马克知道（或应当知道）对己不利的事实情况下才可适用。如果特定事实影响了陈述人对什么是对己不利的评估，那就应当考虑进这些事实。《联邦证据规则》804（b）（3）要求对个人可能的理解进行评估，方法是通过询问：若是常人处于该人位置会有何想法；一般情况下，我们根据行为或陈述存在争议的特定个人所知晓的环境和事实，适用"客观的"理性人标准。在大多数案件中，判断陈述人是否知晓其陈述"对己不利"是相对容易的。

3. 与当事人自认的区别

重要的是不要把《联邦证据规则》801（d）（2）（A）的当事人自认，与对己不利的陈述混淆在一起。你们会发现，《联邦证据规则》804（b）（3）有着更多的事实性要求。它还适用于任何人所作的陈述：《联邦证据规则》804（b）（3）的陈述人不必是当事人，而且一般情况下也并非是当事人。（最常为此使用反对一方当事人的用法是，在共同被告/陈述人因主张作证特免权而不出庭作证时，提出某一共同被告所作的对己不利的陈述，用以反对另一共同被告。）当事人各方有可能作为证人出庭，但《联邦证据规则》804（b）（3）的陈述人必须不能出庭作证。而且，在陈述人为一方当事人的情况下，根据《联邦证据规则》801（d）（2）（A），将该陈述作为对方当事人的陈述更容易被采纳。

（二）对己不利的陈述具有可采性的正当理由

马克陈述的内容，即他欠别人钱，反映了对其财产利益的损害。一般认为，这一对己不利的因素给该陈述的可靠性提供了足够间接保证，进而确保了其可采性，至少是在要么只能完全放弃该证据的情况下是如此，因为这一传闻例外要求陈述人不能出庭作证。其潜在人类行为理论是，在缺乏说谎动机的情况下，大多数人通常都会说真话，况且，说谎动机几乎都是利己的：对己不利的陈述在定义上就与利己相悖，因而看起来缺乏说谎动机。即使在缺少宣誓和交叉询问的情况下，这样的陈述可能因此而具有可靠性。这一例外所列举的其他类型的利益——不承担民事或刑事责任、持有反对他人的有效主张——也被认为是足够重要的，当人们在说对这类利益有不利影响的事情时，应当没有理由撒谎。一些法院提出了这样的要求，即要求证明陈述人确实没有撒谎的动机，但这并不是对本传闻例外的一个独立要求。

七、《联邦证据规则》804（b）（3）：实际应用与问题

（一）对该传闻例外之潜在原理的质疑

对己不利陈述之传闻例外存在的最为严重的问题，是其经验性假设。该例外背后的第一个前提是合理的，即人们很少有意陈述真正对他们不利的事实。但反过来，第二个前提更令人质疑，即对己不利的陈述在作出时很可能因此而具有可靠性。第二个前提和第一个前提之间存在着张力。更有可能出现的情况是，某些看起来对己不利的陈述，实际上并非对本方利益不利，而是反映了某些难以辨别的不可告人的动机。

大多数具有对己不利特征的陈述，很有可能归属以下两种类型之一：

1. 混合动机陈述

"混合动机"（mixed motive）陈述看上去是对己不利的，但如果作出这种陈述有着秘而不宣的利己动机，便有不可靠的高度风险。例如，陈述人可能为 *608* 了更正当地向听者借钱，而声称自己欠债；陈述人"承认"抢劫便利店或买卖毒品也许只是为了给听者留下深刻印象。作出一项对己不利的陈述，可能是为了先树立可信性的形象，进而说服听者去相信一个附带的谎言。许多刑事案件都涉及陈述人向执法部门工作人员所作的陈述，其在承认自己有罪的同时，为博取权力机关的好感或者确保自己免于被起诉，又指责了他人。例如，参见合众国诉柏博案［United States v. Bobo, 994 F. 2d 524（8th Cir. 1993）］（在关于非法持有武器的起诉中，排除被告人兄长关于枪是他的而非被告人的陈述，没有错误；法院怀疑该兄长的动机，以及该陈述在马上就要开始审判前才作出的时机）；多诺万诉克里索斯托莫案［Donovan v. Crisostomo, 689 F. 2d 869（9th Cir. 1982）］（外籍雇员关于他们并未超时工作的陈述，不是对其金钱利益不利的陈述，因为他们在作出这种陈述时有避免被遣送回原来国家的动机）。

然而，有些时候，在陈述人的真实动机问题上没什么可用的信息，且法院可能不会发现陈述人在作出该陈述时还存在利己的原因。如果法院没有辨别出这种混合动机，不可靠的陈述就有可能被采纳。

2. 没有撒谎动机而作出的陈述

《联邦证据规则》804（b）（3）第二种类型的可采纳的陈述，是其可靠性与无说谎动机之间有更多联系，而与其不利己特征联系较少的可靠陈述。马克称其欠债的陈述，对其本人而言可能仅仅是对事实的中性复述。这种陈述或许

被归结为对己不利的陈述，但这一情况可能与其诚实性没什么关系。在这方面，此种陈述与许多其他不属于对己不利的陈述（或任何其他传闻）例外的传闻陈述，没有什么区别。

（二）归罪于共犯的陈述

在刑事案件中，混合动机陈述引发了一些特殊的、反复出现的问题。考虑这样一个案例：检控方同时指控两名被告人，沃雷尔（Worrell）和霍姆斯（Holmes）抢劫银行。霍姆斯在警察局对该罪行作了书面供认，并在认罪陈述中指认沃雷尔是共犯。在对沃雷尔的单独审判中，霍姆斯成功地主张了他的宪法第五修正案不作证权利，因而不出庭。检控方提供了霍姆斯的书面认罪陈述以反对沃雷尔，称根据《联邦证据规则》804（b）（3），这是对陈述人霍姆斯刑事责任利益不利的陈述。

一些案件对刑事责任利益不利的潜在陈述，除了归罪于传闻陈述人还归罪于被告人，其中提出的一个关键问题是，该陈述是否构成了依据克劳福德诉华盛顿州案（Crawford v. Washington）的"证言性"传闻。如果回答是肯定的，那么，该陈述就会被对质条款所排除，除非被告先前有机会对当前不能出庭的陈述人进行交叉询问。基于对质条款的不可采性，中止了任何关于该陈述根据《联邦证据规则》804（b）（3）是否具有可采性的探究。任何在警察局接受警方讯问时所作的陈述，无论是上述沃雷尔—霍姆斯假设案例中的书面认罪陈述，还是克劳福德案中的录音访谈，显然都符合克劳福德案定义的核心适用范围。

克劳福德案后，联邦法院继续在"证言性"定义的范围上出现拉锯，如下文第七节所述。假定霍姆斯所作的牵涉沃雷尔的陈述是在某中情境中作出的，是该情境使得该陈述成为"非证言性的"吗？例如，假设霍姆斯是从银行抢劫现场试图逃逸时被捕。警察讯问其是否有任何共犯以及是否携武器。霍姆斯回答："是的，沃雷尔和我一起抢劫了银行。现在他可能已把抢来的钱带回住处了"，并将沃雷尔的住址告诉了警察。在当前原理下，这样一项陈述无疑是非证言性的，因为警察的调查行为旨在解决正在发生的紧急事件（一名可能持枪的银行抢劫嫌疑人仍处于在逃状态），而非是为后续公诉建立调查性事实。

如果根据《联邦证据规则》804（b）（3）所提出的传闻被认定为非证言性的，那么，就有必要分析一下如霍姆斯所作的混合动机陈述是否真对陈述人自己不利。在克劳福德案之前，法院将该问题置于向警方所作陈述的情境下进行分析，认定《联邦证据规则》804（b）（3）不应允许采纳归罪于所称共犯的陈述，除非其同时也特意自我归罪于陈述者本人。仅仅笼统地自我归罪，作宽泛叙述也许不足以被认定为是对己不利，而与此同时，夹杂着自我归罪的陈述可能真正是对陈述人不利的；例如，"我把枪藏在乔（Joe）的家里"，可以同时表明陈述人的有罪性和乔的参与。参见威廉森诉合众国案［Williamson v. United States，512 U. S. 594（1994）］；合众国诉斯莫斯案［United States v. Smalls，F. 3d 765，780 - 787（10th Cir. 2010）］（将案件发回地区法院重审，以便确定合谋犯罪人对秘密线人所作的洋洋洒洒、非证言性认罪陈述中，哪些部分足以构成对己不利的刑事责任利益）；合众国诉威斯特摩兰案［United States v. Westmoreland，240 F. 3d 618，626（7th Cir. 2001）］。问题是困难和复杂的，具体情境也很重要。在上例中，霍姆斯可能是为了隐匿真正共犯的身份而虚假指认沃雷尔；又或者，霍姆斯当时可能正试图与警方开始合作，以减轻对自己的惩罚。如果霍姆斯认为，他在抢劫银行过程中当场被抓，他或许感到，承认自己的参与并未付出什么更多的东西。

（三）刑事案件中对归罪性陈述的补强要求

《联邦证据规则》804（b）（3）（B）对在刑事案件中提出的对己不利的刑事责任陈述施加了特别的补强要求。在这种案件中，庭外陈述人通常作出了一个要为被告被指控的犯罪承担刑事责任的陈述。构成这一要求的术语是"能清楚地表明其可靠性"的"补强情况"。法院会留意对陈述内容（能够证明为被告人开脱罪责的事实为真的其他证据）或对陈述人可靠性（自愿性、无逢迎动机、无事后不一致陈述）提供补强的情况。撤回开脱罪责的陈述，以及主张宪法第五修正案作证特免权，已被裁定为是有损可靠性的。合众国诉戴维斯案［United States v. Davis，2001 WL 524374（D. C. Cir. 2001）］。

1. 当前规则的背景

这项补强要求的历史值得一提。2010 年，《联邦证据规则》804（b）（3）经修订为当前的形态。在此之前，《联邦证据规则》804（b）（3）仅对由被控方提供的开脱罪责陈述，规定了补强要求。经典的例子包括，由陈述人而非被告所作的所谓有罪承认，而该陈述人之后便死亡、消失或提出了反对自证其罪的特免权。原版规则的起草者，无疑对刑事案件中伪造开脱罪责的证据存有戒心。因为该规则仅适用于当陈述人无法出庭作证的情形，起草者当然会心存顾虑，担心一项虚假的认罪陈述可以很轻易地归于某位已知无法出庭的陈述人——可能是那些已潜逃或者死亡之人。长期以来，法院一直非常在意此种可能性。参见联邦证据规则起草咨询委员会《联邦证据规则》804（b）（3）注释（"人们可以感觉到，众多判决中对于由第三人所作的、提供用以为被控方开脱罪责的认罪陈述证据之不信任，原因出自对捏造供认事实本身或对认罪陈述内容捏造的怀疑，而在要求陈述人不能出庭的情况下，存在于前述两种情形中的怀疑又加剧了"）；另参见州诉希金博特姆案 [State v. Higginbotham，212 N. W. 2d 881，883 (Minn. 1973)]（"倾向于为被控方开脱罪责的传闻陈述必须以怀疑的眼光进行审视"）。

对于这项补强要求，曾经有两种反对意见。第一，其所称要解决的问题，并非是一个传闻问题。《联邦证据规则》804（b）（3）的陈述，仍必须由出庭证人在法庭上作出。规则起草者们所担忧的那种证人（他们会编造无法出庭陈述人的对己不利的陈述），由此会自己站上证人席并接受交叉询问。第二，评论者们辩称，如果说对刑事责任利益不利的陈述不太可靠且需要补强，那么，就没有理由将《联邦证据规则》804（b）（3）的补强要求仅仅限定在为被告开脱罪责的陈述上。批评者辩称，在编造《联邦证据规则》804（b）（3）对刑事责任利益不利的陈述问题上，检控方证人和辩方证人至少有同等可能性。如上节所述，这些陈述必须以陈述人（而非被控方）的混合动机陈述形式出现。这是因为，被控方所作的有罪自认会被采纳为《联邦证据规则》801（d）（2）（A）的对方当事人的自我陈述。如果这种混合动机陈述被认定为是在某非正式的、即兴场合向非执法部门人员所作，那么有一种说法是，该陈述是非证言性的，且因此不属于克劳福德案定义范围。再次提醒大家注意，这不是一个传闻问题，而是关于证人在证人席上撒谎、编造所称他人陈述的问题。尽管如此，该规则并未将此种非传闻顾虑从该例外中移除，而是将规则修订为符合"公平反击"的原则。《联邦证据规则》804（b）（3）对刑事责任利益不利的陈述，无论是由检控方提出，还是由辩护方提出，目前均得适用该规则。

尽管有这些顾虑，以及对于对己不利陈述之特定类型的补强要求，对作证证人可信性的怀疑不应当成为对陈述人之陈述可靠性评估时的一个因素。合众国诉阿特金斯案 [United States v. Atkins，558 F. 2d 133 (3d Cir. 1977)]。

2. 现存的合宪性困难

《联邦证据规则》在 2010 年修订之前，针对开脱罪责的对己不利的刑事责任利益陈述的补强要求，存在着合宪性问题。在过去，该要求仅适用于辩方提出的陈述，而检控方则可自由地使用对己不利的刑事责任利益陈述，无论是否经过补强。这一证据性自由与宪法第六修正案的对质权要求相悖，这一点与法院在克劳福德诉华盛顿州案 [Crawford v. Washington，541 U. S. 36 (2004)] 前后的解释一致。参见丹尼尔·J. 卡普拉：《克劳福德案后修订对己不利的刑事责任利益陈述之传闻例外》[Daniel J. Capra, Amending the Hearsay Exceptions for Declarations Against Penal Interest in the Wake of Crawford, 105 Colum. L. Rev. 2409, 2425 - 2427 (2005)]。由于违反了正当程序原则，根据《联邦证据规则》804（b）（3），检控方享有的优势亦有违宪之嫌。可以辩称的是，在使用传闻证据的条件上，被告即使不享有比检控方更为优越的地位，也应与其处于同等地位。参见理查德·A. 纳格瑞达：《要求证人出庭的权利再认识》[Richard A. Nagareda, Reconceiving the Right to Present Witnesses, 97 Mich. L. Rev. 1063, 1146 - 1148 (1999)]。

但是，2010 年对《联邦证据规则》804（b）（3）的修订虽然平等适用了补强要求，但其禁止被告使用未经补强的第三方认罪作为开脱罪责的证据，从这一点来看，其仍有违宪嫌疑。一种论点可能是，强制程序条款应当授权被告提出任何实质上合理的证明，以表明被告更不可能有罪。该论点在霍姆斯诉南卡罗来纳州案 [Holmes v. South Carolina, 547 U. S. 319 (2006)] 中得到了某种程度的支持，最高法院认定，南卡罗来纳州禁止第三方有罪自认作为开脱罪责证据的可采性，是违宪的。不过近来，在内华达州诉杰克逊案 [Nevada v. Jackson, 133 S. Ct. 1990 (2013)] 中，最高法院认定，目前尚未创设任何一项先例来禁止各州排除如下一种开脱罪责的传闻证据——即表明所称强奸被害人在先前多个场合对被告作过无端指控的证据。有关最高法院强制程序裁定的分析，参见亚历克斯·斯坦：《低效证据》[Alex Stein, Inefficient Evidence, 66 Ala. L. Rev. 423, 460469 (2015)]。

612

要　点

1. 假定陈述人不能出庭，对陈述人的金钱、财产、刑事或民事责任利益不利的陈述，可能具有可采性。该陈述必须对这种利益非常不利，以至于常人在作出这种陈述时不会撒谎。

2. 为了确定该陈述是否为对己不利的陈述，法院应当审查该陈述人的情境和动机。对于混合动机陈述，则需要仔细审查以明确，占主导地位的动机是否是利己的，而非对己不利。

3. 归罪于他人的事实陈述，如果是在自我归罪陈述的语境中作出的，则只有在每份具体陈述都对陈述人利益不利的情况下，才具有可采性。各法院对于在监禁状态下作出的这种陈述是否能作为对陈述人不利的陈述而被采纳，存在不同的意见。

> 4. 刑事案件中提出的对己不利的刑事责任利益陈述，必须在内容或陈述人的可靠性方面进行补强，或在这两个方面同时进行补强。

思考题

8.69. 汉纳·梅森（Hanna Mason）因人身伤害起诉顶点租赁公司（Acme Rental Company），当她在路上行走时，被顶点雇员詹姆士·洛（James Lowe）驾驶的顶点公司卡车撞伤。洛在事故发生后第二天就被解雇，并在 6 个月后移民到阿卡普尔科（Acapulco）[*1]。在其离开本国前，洛告诉他的朋友安迪·贝克（Andy Becker），说他在事故发生时醉酒，在"停车"标志前没有停车。洛在本诉讼案件证据开示阶段的询证存录中也做了同样陈述。洛已拒绝对原告要求他回美国作证的信件作出回应。在审判时，汉纳传唤安迪·贝克，就洛的陈述作证。该证据是否具有可采性？

8.70. 在电影《肖申克的救赎》（The Shawshank Redemption）中，安迪·杜佛兰（Andy DuFresne）［蒂姆·罗宾斯（Tim Robbins 饰）］因谋杀妻子和妻子的情人而在肖申克监狱服无期徒刑。杜佛兰一直坚称自己无罪。在服刑 20 年后，杜佛兰和一名叫汤米·威廉姆斯（Tommy Williams）的囚犯成为好友。汤米·威廉姆斯被判入室盗窃罪，被关在肖申克监狱服刑。后来，威廉姆斯告诉杜佛兰，自己在地方监狱服刑时有一名叫埃尔莫·布莱奇（Elmo Blatch）的狱友，他曾承认自己实施了杜佛兰被定罪的那项谋杀。根据布莱奇的陈述，他当时在持枪盗窃/抢劫过程中杀害了两名被害人（一名高尔夫球手及其女友）；事后他才了解到这个谋杀罪名被安到了那名女性被害人的丈夫——"一名银行家"即杜佛兰的头上。

依据新发现的证据，安迪·杜佛兰想寻求重审其被指控的那项谋杀案。他认为，此项证据可以通过汤米·威廉姆斯的证言形式提出，可以吗？

提示：基于新发现的证据（布莱奇对汤米·威廉姆斯所作的陈述），杜佛兰寻求重审该案。假设依据人身保护令，这是一次证据听证。假设威廉姆斯仍在世且可以出庭作证。（剧透预警：在电影中，威廉姆斯被狱警杀害。）这个问题的争点在于，威廉姆斯的证言能否完全作为对己不利的陈述而被采纳。辩方律师应该传唤任何你认为必要的证人来证实该例外的各项要素。

8.71. 乔舒亚·托马斯（Joshua Thomas）被指控纵火和蓄意损毁一家越野车经销商店，损毁了数辆悍马车并造成其他财产损失。托马斯否认参与其中。事发后，一个名叫环境解放阵线（Environmental Liberation Front，ELF）的组织随即声称对该事件负责。该城市报纸报道，有匿名消息来源通过三封电子邮件和两次来电与该篇报道的作者记者鲍勃·亚当斯（Bob Adams）联系，称对这次纵火和打砸抢负责，并示意托马斯是无辜的。请考虑，托马斯的被告代理律师在准备审理过程中，是否能够将本信息提供作为证据。该证据可以什么形式出现？辩方需要传唤什么证人？检控方应该提出什么异议，辩方应如何回应？为了使这个证据以可采的形式出现，辩方律师还应承担哪些进一步的调查？

八、《联邦证据规则》804（b）（4）的解释：关于个人或家族史的陈述

《联邦证据规则》804（b）（4）规定：

（b）例外。如果陈述人不能作为证人出庭，下列陈述不适用传闻排除规则而予以排除：

⋯⋯⋯⋯⋯⋯

（4）个人或家族史的陈述。关于下列事项的陈述：

（A）陈述人自己的出生、收养、婚生、祖先、结婚、离婚、血缘关系或类似的个人或家族史的事实，即使陈述人无法对所述事实获得亲身知识；或者

（B）如果陈述人与他人有血缘、收养或婚姻关系，或与该人的家庭有亲密联系，使得该陈述人的信息很可能是准确的情况下，作出的关于另一个人的这些事实以及死亡的陈述。

（一）初始事实认定

对个人或家族史陈述的事实性要求如下：

- 其内容必须与陈述人自己的个人或家族史有关；或者
- 该陈述涉及陈述人与之有关系或有亲密联系之人的个人或家族史。

1. 本人个人或家族史的亲身知识

《联邦证据规则》804（b）（4）（A），像普通法上的血缘关系例外一样，

并不要求陈述人对有关事项拥有亲身知识。显而易见，陈述人不会对出生或出生地有个人记忆。合众国诉赫恩德兹案［United States v. Hernandez, 105 F. 3d 1330, 1832 (9th Cir. 1997)］（在没有亲身知识的情况下，陈述人关于自己出生于墨西哥的陈述具有可采性）。然而，满足（A）款要求的任何陈述人，都不可避免地会有关于个人或家族关系之间接证据的知识。

2. 近亲属与亲密关系者的陈述

普通法还要求，谈论他人血缘关系的陈述人，要与该被陈述之人存在血缘或婚姻关系。《联邦证据规则》804（b）（4）（B）将普通法上的血缘关系例外扩大到密切的家庭成员和亲密关系者，只要这种关系达到了陈述人对家族史掌握准确信息的程度。（A）款中取消亲身知识要求的理由，是否也适用于（B）款所列出的陈述人？可能需要独立的证据来证明，陈述人是家族的某个成员，或与该家族有密切联系，从而对有关事项达到了知晓的程度。

3. 涉及个人史

该传闻例外限于具有客观性而非主观性的过去事实和事件。关于结婚动机或目的的陈述，不属于《联邦证据规则》804（b）（4）的范围。合众国诉卡瓦尔霍案［United States v. Carvalho, 742 F. 2d 146 (4th Cir. 1984)］（前配偶所作的有关被告人为了获得公民身份而结婚之先前动机的陈述，被错误采纳了）。

（二）个人或家族史的陈述具有可采性的正当理由

必要性是这项传闻例外的正当理由。《联邦证据规则》804（b）（4）所涉及的细节类型可能很难甚至无法用文档证据来证明，但或许可以通过"家族知识"（family lore）、已故亲属的陈述及其他类似方式得知。通过在"名声"证据之外进行扩张，该项例外囊括了那些或许只为无法出庭的陈述人所知的事实陈述，其与《联邦证据规则》803（19）的规定在很大程度上产生了重合。在陈述人无法出庭的情况下，关于陈述人自己血缘关系的陈述被认为具有足够的可靠性，可以被采纳。在可靠性的保障方面没有什么特别的要求。普通法上的传闻例外要求，该陈述是在作为诉讼事项的争议发生之前作出的。联邦证据规则起草咨询委员会《联邦证据规则》804（b）（4）注释，解释了没有作出这方面要求的原因，即陈述的时间"与证据分量（weight）而非可采性有更适当的联系"。

要　点

1. 假如陈述人无法出庭，关于陈述人自己家族史的陈述可被采纳，而没有亲身知识证明的要求。

2. 如果陈述人因为与他人家庭有关系或有亲密联系而有准确的知识，则关于他人家族史的陈述可被采纳。

思考题

8.72. 约翰·鲍曼（John Bowman）在遗嘱检验法院提起诉讼，诉称他是一位有钱死者乔治·鲍曼的近亲——侄子。乔治死时没有立下遗嘱，也没有子女或遗孀。为了证明其主张，约翰提供了他父亲鲍曼·雅各布（Jacob Bowman）的宣誓陈述书。约翰说，他父亲是乔治的兄弟。雅各布现在已经死亡。在其宣誓陈述书中，雅各布宣称他和乔治是兄弟，他们1905年一起从德国移民到美国。约翰对这种家庭关系没有提供其他证据。死者的另一位远亲也对该遗产提出了请求，他提供了一封雅各布过世妻子艾米丽·鲍曼（Emily Bowman）所写经过鉴真的信件，该信称，她丈夫雅各布受约翰贿赂后制作了上述宣誓陈述书，就她所知，乔治和雅各布并非兄弟。雅各布的宣誓陈述书具有可采性吗？艾米丽的信件具有可采性吗？

九、《联邦证据规则》804（b）（6）的解释：因不法手段而失权

《联邦证据规则》804（b）（6）规定：

（b）例外。如果陈述人不能作为证人出庭，下列陈述不适用传闻排除规则而予以排除：

··········

（6）为反对一方当事人用不法手段致使陈述人不能出庭而提出的陈述。为反对一方当事人采用（或默许的）不法手段致使陈述人不能作为证人出庭，并有意达到陈述人不能作为证人出庭的目的，而提出的陈述。

这一 1997 年修订加入《联邦证据规则》的传闻例外，将一系列判例法典

化了。这些判例始于合众国诉马斯特兰盖洛案［United States v. Mastrangelo，693 F. 2d 269 (2d Cir. 1982)］。在该案中，控方关键证人们"突然"因其作证所要反对的被告人对他们施加暴力或恐吓行为而变得无法出庭了。采纳不能出庭证人的传闻陈述的正当理由，是弃权或失权理论（theory of waiver or forfeiture）。马斯特兰盖洛案裁定，虽然宪法第六修正案赋予刑事被告的对质权利"是一项重要的审判权利，但是它可能因被告人的不当行为而遭弃"。合众国诉迪恩萨案［United States v. Dhinsa, 243 F. 3d 635, 651 (2d Cir. 2001)］。这条因不当行为而失权的规则（waiver-by-misconduct rule），允许法庭在被告人"通过威胁、实际暴力或谋杀而不正当地获得证人沉默"（上引案例）的情况下，采纳不能出庭证人的传闻陈述，尽管这样做会缺少对质。之后，该弃权原则扩展到了包括传闻规则在内——放弃对质权的同时，也放弃了"以传闻为由对庭外陈述的采纳提出异议的权利"。合众国诉霍利亨案［United States v. Houlihan, 92 F. 3d 1271, 1281 (1st Cir. 1996)］。联邦证据规则起草咨询委员会《联邦证据规则》804（b）（6）注释说得明白，即这一项新的传闻例外规定，旨在贯彻马斯特兰盖洛案及其后续成果。

（一）初始事实认定

对因不法手段而失权陈述的事实性要求：

● 当事人从事或默许了不法行为；

● 该不法手段旨在促成陈述人无法作为反对该当事人的证人出庭；

● 该不法手段的确致使陈述人无法作为证人出庭；且

● 该陈述人的陈述被提供用以反对该当事人。

1. 陈述人是反对一方当事人的证人或潜在证人

从判例法上可以清楚地看出，《联邦证据规则》804（b）（6）的目的，是要使作为反对一方当事人的证人（例如，通过提供大陪审团证言，或是被安排在即将进行的审判中出庭）在无法出庭的情况下，确保其作出的传闻陈述在审判中被采纳。如果仅仅是正在进行的刑事调查，那么，在其正协助该调查的情况下，该陈述人就是潜在证人。在《联邦证据规则》804（b）（6）制定前后，在失权规则的适用问题上，各法院判定失权规则同时适用于针对实际和潜在证人的不法行为。合众国诉霍利亨案［United States v. Houlihan, 92 F. 3d 1279 (1st Cir. 1996)］［"在审判前夕刺杀了一位证人的被告人，与在被正式指控之前刺杀了一位潜在证人的潜在被告人之间，我们没有看到任何（区别）。"］。

2. 当事人从事了致使陈述人无法出庭的不法行为

必须证明的是，被提供的陈述人陈述所要反对的当事人，通过使用或默许"不法手段"（wrongdoing），"导致了"该陈述人无法出庭。这些陈述的提出者须证明，该当事人确实从事了这种行为。一般而言，不法手段的界定很宽泛，包括威胁、恐吓、绑架、隐匿、暴力和最终极的谋杀等导致当时无法出庭之陈述人沉默的行为。使用不法手段是指"他或她直接策划或促成了使陈述人不能出庭"。合众国诉彻丽案［United States v. Cherry, 217 F. 3d 811, 820 (10th Cir. 2000)］（被告凭虚假借口获得了用于谋杀陈述人的汽车，在谋杀发生时，她显然在实际谋杀者附近，这些可能是足以证明她参与了该谋杀策划的间接证据）。

证明当事人使用了不法手段的证据，可以包括陈述人的传闻陈述。正如我们从上文第 518－519 页所讨论的伯杰利案（Bourjaily）最高法院意见所了解到的，《联邦证据规则》104（a）允许法院根据存在争议的传闻陈述本身，"引导出"基础铺垫事实的认定。法院是否应当设定一个与《联邦证据规则》801（d）（2）表述相似的要求，即存在争议的传闻陈述可以使用，但不足以证明当事人的不法手段？

3. 促成陈述人无法作为证人出庭的意图

要根据此项传闻例外采纳一个陈述，审判法院必须认定当事人有致使陈述人无法作为证人出庭的具体意图，至少在刑事案件中是这样。在贾尔斯诉加利福尼亚州案［Giles v. California, 554 U. S. 353,（2008）］中，最高法院判定，为使因不法手段而失权的传闻例外规定在刑事案件中得以适用，对质条款要求具体的意图要件。基于这个理由，最高法院否决了一项不要求认定被告杀害被害人意图是使其无法作为证人出庭的州法，该州法规制的是适用传闻失权例外去采纳谋杀被害人的陈述；被告通过谋杀使得证人无法出庭的事实，不足以证实在满足对质条款意义上的失权。

为允许使用无法出庭证人的陈述，使该证人无法出庭之意图必须是被告的唯一动机吗？在贾尔斯案中，例如，基于包括来自被害人的传闻证言（谋杀发生三周前，贾尔斯曾殴打并威胁要杀了她），被告贾尔斯被裁决对其女友犯有一级谋杀罪。该证言被提供用以证实其杀人意图，并用于反驳贾尔斯的正当防卫主张。美国最高法院宣判该定罪无效，并将该案发回州法院重审，要求认定贾尔斯是否蓄意致使被害人无法成为证人。最高法院认为，先前的家庭暴力事件对于该调查具有相关性：

617

家庭暴力行为常常旨在阻止被害人向外界的求助，包括旨在阻止向警方作证或在刑事审判中配合警方。当这种虐待关系最终导致谋杀时，该证据可以支持一项认定，即该犯罪表达了孤立被害人并阻止其向警方报案或在刑事指控中配合警方的意图——使得该被害人先前陈述根据失权原则具有了可采性。（554 U. S. at 377.）

无论在贾尔斯案之前还是之后，各下级法院已经判定没有必要"证明被告的唯一动机就是让陈述人无法出庭；相反，（检控方）仅需证明，在很大程度上，被告是由想让证人保持沉默的动机驱使的"。合众国诉迪恩萨案 [United States v. Dhinsa, 243 F. 3d at 652 (2d Cir. 2001)]；合众国诉杰克逊案 [706 F. 3d 264, 267 (4th Cir. 2013)]（驳回了被告关于"唯一动机"必须得到证明的主张）。

4. 在何种审判中可使用此类陈述？

在典型的不法手段致失权案中，无法出庭的陈述人之陈述涉及过去的事件或罪行（比如敲诈勒索或者贩毒），在陈述人因被告人的不法手段而沉默时，其原本是可以就这些事件或罪行出庭作证的。那么，这些陈述可被采纳用来反对被告，以证明这些过去的罪行。然而，检控方越来越多地就致使陈述人无法出庭的不法行为本身（通常是谋杀）而起诉被告。陈述人传闻陈述中的一些内容可能涉及谋杀本身，而非陈述人以证人或潜在证人身份要证明的该被告人过去的罪行。

被告们会辩称，这是对因不法手段而失权原则的不当扩展，因为陈述人作为"证人"的身份与针对其被谋杀的任何案件审理无关。前述从贾尔斯案中援引的语言似乎与这种狭隘的观点相悖。参见贾尔斯案 [Giles, 554 U. S. at 377] [认为"隔离该被害人以及阻止她报告（正在进行的家庭）暴力的意图"，可以支持在被害人受虐死亡检控中的一项失权认定]。无论在贾尔斯案之前还是之后，各下级法院均一致拒绝对规则 804（b）（6）适用施加任何限制，并认为该规则的宽泛术语包括，在谋杀陈述人的犯罪被指控时采纳该陈述人的陈述。参见合众国诉斯图尔特案 [United States v. Stewart, 485 F. 3d 666, 672 (2d Cir. 2007)] ["《联邦证据规则》804（b）（6）的文本仅要求，被告意图使陈述人不能'作为证人'出庭。该文本并不要求该陈述人在其他任何特定审判中成为证人"]；迪恩萨案 (Dhinsa, 243 F. 3d at 652)（同上）。合众国诉巴特尔案 [United States v. Battle, 473 F. Supp. 2d 1185, 1195 (S. D. Fla. 2006)] ["某些陈述人所作的陈述可以提供用于在审判中反对被告，而《联邦证据规则》804（b）（6）并未限制此种陈述的主题"]；州诉密勒案 [State v. Miller, 234 Ariz. 31, 39, 316 P. 3d 1219, 1227（2013）cert. denied, 134 S. Ct. 2668, 189 L. Ed. 2d 216（2014）] ["密勒辩称，该例外仅允许在被告意图使证人保持沉默的那场审判（在此即为纵火案）中采纳传闻证据"。但是，《联邦证据规则》804（b）（6）不存在这样的限制。另外，此种限制会有损该规则"阻止被告人从不法手段中受益"之目的]。

618

（二）因不法手段而失权之陈述具有可采性的正当理由

因不法手段而失权的陈述具有可采性的正当理由很明显："法律（将不）允许一个人从自己的错误行为中获利。"马斯特兰盖洛案（693 F. 2d at 272）。在合众国诉怀特案 [United States v. White, 116 F. 3d 903, 911（D. C. Cir. 1997）] 中，对这一政策有一个常被引述的说明：

> ……很难想象出一种比谋杀潜在证人更极端的不端行为。简单的衡平就会支持一项失权原则，正如对适当激励之需要的常识关注。那些除掉对方证人的被告人，没有底气去抱怨他失去了对该证人进行交叉询问的机会。在被告人通过威胁、暴力或谋杀来使证人沉默的情况下，对被害人先前陈述的采纳，至少在一定程度上抵消了作恶者因其不端行为而得到的奖赏。

《联邦证据规则》804（b）（6）并未规定可靠性调查。审判法院并不需要根据传闻规则或对质条款来寻找可靠性的指征。一旦被告人弃置了这些权利，法院"并不需要对这些陈述的可靠性进行独立评估……"合众国诉迪恩萨案（United States v. Dhinsa, 243 F. 3d at 655）。

（三）对不法手段的默许

联邦证据规则起草咨询委员会在考虑是否采用《联邦证据规则》804（b）（6）时听到的一个主要担忧是，"对导致……陈述人无法出庭之不法手段的默许"这一术语的宽度。在合众国诉彻丽案（United States v. Cherry）中，联邦第十巡回法院阐述了对该规则最宽泛的应用，即将该规则应用于被提供用以反对合谋犯罪人的陈述，哪怕这些合谋犯罪人并未策划或以任何方式参与了导致陈述人无法出庭的不法行为。

> 法条中"采用或默许的不法手段"一词，倾向于支持检控方这样的主张，即根据责任代理理论，至少为传闻证据规则之目的，弃权可以归到那

些"默许"了恶行而导致证人无法出庭的被告行为，而无须被告在参与合谋之外实际"采用"该不法手段。（217 F. 3d at 816.）

彻丽案涉及五名被指控犯有毒品合谋的被告人。大量反对他们的证据来自一位名叫鲁克斯（Lurks）的控方证人，其在开庭前已被五名被告人之一谋杀。地区法院拒绝用《联邦证据规则》804（b）（6）来反对其中三位被告人，而认定，"绝无证据"表明，这三位被告人"实际知晓、同意或参与谋杀了……鲁克斯"。上引案例，第 820 页。检控方提起了诉讼期间的中间上诉，因为排除鲁克斯有关反对上述三位被告人的陈述，将毁掉其诉讼。上诉法院撤销了地区法院的判决，适用了平克顿诉合众国案 [Pinkerton v. United States，328 U. S. 640（1946）] 中所阐述的合谋责任原则来定义"默许"：

> ……如果有优势证据证实：那个恶行致使（陈述人无法出庭）是在助长一场正在进行中的合谋，并可被合理地预见为是该合谋的必然或自然结果，那么，被告人便可以被视为已经放弃了其对质条款的权利（更不用说传闻异议了）……如果这些要素得到满足，则以不法手段导致的合谋弃权并不要求（被告人）实际知情……我们注意到，该合谋的范围，无须限制在一个主要目标上（如抢银行），而是还可以包括与逃避逮捕和起诉相关的次级目标（比如，逃逸，或由此类推的妨碍司法公正）。我们重申……如果被告人能够满足这样的证明责任，即其在那些不法手段实施之前就已经采取了与该合谋划清界限的切实措施，那么，该被告人不对合谋犯罪人的行为负责。（217 F. 3d at 820.）

如果彻丽案的裁定是正确的，该规则的适用就延展到了积极参与不法行为的人、作为合谋成员知晓不法手段的人以及支持此不法手段或只是尚未与合谋行为划清界限的人。彻丽案甚至进一步扩张了"默许"的范围，即包括了那些没有亲身知识的人——只要他们是合谋的一部分，且在该合谋下，某些成员为合谋犯罪人的利益从事了致使证人不能出庭的行为。或许，此处的"默许"概念唯一没有包括进的，是那类仅从证人无法出庭作证本身获益（别无更多）的人。截至目前来看，其他联邦巡回法院有追随彻丽案裁定的倾向。合众国诉丁金斯案 [United States v. Dinkins，691 F. 3d 358，383 - 386（4th Cir. 2012）]（遵从了彻丽案）；合众国诉马丁内斯案 [476 F. 3d 961（D. C. Cir. 2007）] [当被告"注意到"他的合谋犯罪人"为维护合谋而愿意参与谋杀"时，《联邦证据规则》804（b）（6）所需条件即达成]；合众国诉汤普森案 [United States

619
620

v. Thompson，286 F. 3d 950，965（7th Cir. 2002）]（"如果一个合谋犯罪人的不法行为在该合谋范围内，并促进了该合谋，且另一位合谋犯罪人是可合理预见到的，那么，该合谋犯罪人因不法手段而失权的后果可以转嫁给他"）。

无论彻丽案是否为正确的裁判，重要的是对合谋的"次级目标"进行细致分析。我们已经看到，为合谋传闻例外之目的，一旦进入"隐匿阶段"，实施犯罪的合谋可能以被视作结束。无论是把隐匿作为构成承担主要犯罪的同一合谋来分析，还是将其作为掩盖前述合谋的新的合谋来分析，均可能是一种证据密集型调查，而与一项宽泛的法律规则不相适配。

（四）实际应用

1.《联邦证据规则》403

然而，对不能出庭陈述人之陈述的采纳并不是自动的，因为法院仍须根据《联邦证据规则》403进行平衡检验。在《联邦证据规则》804（b）（6）采用之前，这一调查包括对陈述人之陈述的可靠性评估，以避免采纳"明显不可靠的传闻"。迪恩萨案（Dhinsa，243 F. 3d at 655）。不过，既然现在该传闻例外已有明确的规定，法院凭自己对一份陈述之可靠性的怀疑，基于其"低证明力"而排除属于这种传闻例外的陈述，是非常罕见的。然而，由于《联邦证据规则》804（b）（6）是一项完全不要求可靠性指征的传闻例外类别，或许《联邦证据规则》403平衡检验应当考虑可靠性问题。此类证据所具有的煽动性质，或其供法院考量的语境，还是保留有模糊、混淆和不当偏见的危险。

2. 需要一项《联邦证据规则》104（d）听证吗？

依据《联邦证据规则》804（b）（6）的陈述采纳，要求检控方以优势证据证明被告人通过不法手段导致陈述人不能出庭，并且，这么做的目的在于阻止陈述人成为实际或潜在证人。当然，就是否应在陪审团不在场的情况下举行听证，各法院意见不一。比较一下迪恩萨案 [Dhinsa，243 F. 3d at 653]（听证应在陪审团不在场的情况下举行）与合众国诉巴斯克维尔案 [United States v. Baskerville，448 F. App'x 243，249 - 250（3d Cir. 2011）] [为"避免通过事实上的重复审判浪费司法资源"，地区法院保留了附条件采纳《联邦证据规则》804（b）（6）陈述的自由裁量权]；合众国诉埃莫里案 [United States v. Emery，186 F. 3d 921，926（8th Cir. 1999）]（同上）。另参见合众国诉格瑞案 [United States v. Gray，405 F. 3d 227，241（4th Cir. 2005）]（"如果根据审判过程中出示的证据就可以对要件作出认定，地区法院便无须举行一场独立的证据性听证"）。当被告正因原先的罪名而受审时，这个问题更有可能出现。考虑一下在检控方最终未能依《联邦证据规则》804（b）（6）提出关于可采性的充分证据时，陪审团是否能够遵循法官的告诫，即要他们忽略谋杀被害人所作的附条件采纳的传闻陈述。然而，当审判涉及被告在谋杀证人一案中的参与情况时，如果陪审团有足够的证据来给该谋杀案的被告定罪，便需要提出充分的证据来支持《联邦证据规则》804（b）（6）认定。

621

要　点

1. 如果一方当事人通过不法手段致使传闻陈述人无法出庭，且这么做的用意是为了阻止该陈述人成为实际或潜在的证人，那么，该陈述人的陈述对于反对该方当事人具有可采性。

2. 当事人的行为可能涉及对不法手段的策划、参与或默许。

思考题

8.73. 回到上文第 150 页思考题 3.4，州诉布莱尔案。警方调查结果透露，在诺玛遭到攻击之前几周，她递交了一份针对吉米的起诉书，指控殴打和侵犯人身。警方之后询问了吉米和诺玛两个人；诺玛告诉警方，她打算撤销这些指控。自从遭到攻击至今，诺玛还是不记得当晚到底发生了什么，并说她不愿意出庭作证来反对吉米。检察官想要知道，如果诺玛被传唤作为证人出庭，她日记中所描述的吉米暴虐脾气及过去三年他殴打她的记录，能否根据《联邦证据规则》804（b）（6）采纳。在本案中应用这一例外有何问题？为了采纳这本日记，审判中会发生什么？

8.74. 回到上文第 612 页思考题 8.70，在电影《肖申克的救赎》中，安迪·杜佛兰在极度焦虑的状态下告诉肖申克，监狱的监狱长诺顿先生威廉姆斯所作的潜在证言。不幸的是，诺顿监狱长当时正从事贪腐交易，他极其需要杜佛兰会计和银行业专业知识的协助。因此，诺顿企图把杜佛兰一直关在肖申克监狱供他差遣。诺顿还指使狱警队长拜伦·海利（Byron Hadley）把威廉姆斯杀了，并伪装成威廉姆斯企图越狱逃跑的假象。

杜佛兰和他的几个狱友，包括瑞德·莱丁（Red Redding）〔摩根·弗里曼（Morgan Freeman）饰〕，听见威廉姆斯说过埃尔莫·布莱奇所作的陈述。如果杜佛兰重新受审，他们中的任何一人可就此作证吗？

> 8.75. 在电影《毒品网络》（*Traffic*）中，海伦娜·阿亚拉（Helena Ayala）［凯瑟琳·泽塔·琼斯（Catherine Zeta Jones）饰］，雇用了一群职业杀手去谋杀一名毒品中游经销商爱德华多·鲁伊斯（Eduardo Ruiz）。爱德华多·鲁伊斯已勉强同意为检控方出庭作证，以反对阿亚拉的丈夫卡罗斯（Carlos）。卡罗斯是一名大毒枭，在等候受审时就已被监禁。在针对鲁伊斯的汽车炸弹计划失利后，鲁伊斯还是在即将出庭作证那个上午遭到谋杀——即使鲁伊斯在保护性监管下，一份有毒的早餐还是被送到他的宾馆房间。在电影中，检控方主动撤销了案件，他们告诉法官，没有鲁伊斯的证言，检控方将无法满足证明责任的要求。
>
> 　　假设在审前拘留时，卡罗斯和海伦娜没有任何归罪的书面或口头信息的交流。根据该证据规则，检控方有任何替代性方法吗？

第六节　剩余例外

　　在《联邦证据规则》最初颁布时，规则803和规则804都为"没有被前述任何例外所明确涵盖，但在可靠性上具有相当间接保证的陈述"设置了一项宽泛的剩余例外（residual exception）。在1997年12月1日生效的《联邦证据规则》修正案中，这两个子项被废除，并增设了一条同样的剩余传闻例外规定，即《联邦证据规则》807。这种对剩余例外的移位调整，并未改变该规则的实质内容。由于目前依然有效的1997年之前判例法所援引的《联邦证据规则》803（24）和804（b）（5）剩余例外，为避免混淆，这些条文编号并未被再分配来指称其他规定。其仍被保留在原处，并提示读者参见《联邦证据规则》807。

622

一、《联邦证据规则》807

规则807　剩余例外

　　（a）一般规定。一项传闻陈述，即使没有被规则803或804的传闻例外所明确涵盖，在下列情况下，也不使用排除传闻规则而予以排除：

　　（1）该陈述在可靠性上具有同等的间接保证；

　　（2）它被提供作为关键事实的证据；

　　（3）与证据提出者通过合理努力所能获得的任何其他证据相比，它对

被提供用以证明的问题更具有证明力；并且

（4）对它的采纳，将更好地服务于本证据规则的目的和正义利益。

（b）通知。只有在审判或听审之前，证据提出者就提供该陈述的意图及其细节，包括陈述人的姓名和住址，以合理方式通知对方当事人，使该当事人有公平的机会去接触它的情况下，方可采纳该陈述。

二、《联邦证据规则》807 的解释

《联邦证据规则》807 的事实性要求是：

● 该陈述必须有可靠性上的间接保证；

● 这些保证应当与规则 803 和 804 的例外规定具有"同等性"；

● 该陈述被提供用以证明关键事实；

● 与通过合理努力所能获得的任何其他证据相比，该陈述对被提供用以证明的问题更具有证明力；

● 采纳该陈述将满足本证据规则的目的和正义利益；以及

● 向对方进行了通知。

（一）剩余例外背后的原则和政策

1. 正当理由

就《联邦证据规则》807 而言，首先需要注意的事情就是其并非一项类型化的传闻例外。就陈述人身份、陈述内容或是作出该陈述的环境，都没有明确的要求。也没有陈述人无法出庭的明确的要求。相反，对采纳的主要要求是，该陈述"在可靠性上具有间接保证"，并且与其他可以合理得到的证据相比"更具有证明力"——这显然要由审判法官基于个案作出判断。

剩余例外的正当性主要源于必要性。证据提出者有对该证据的需求，且存在表明存疑的传闻是可靠的因素，并接近于能够符合某一类型化的传闻例外规定，正是在这两方面的合力作用下，剩余例外预料到在某些例外情形中排除传闻证据将导致个案的不公正。

与此同时，剩余例外与传闻证据规则的明确规定的例外体系之间，存在着严重的张力。虽然有许多例外允许传闻陈述为其真实性而被采纳（以及有各种豁免规定允许将许多庭外陈述作为技术性非传闻予以采纳），但在《联邦证据规则》802 基本原则之下，还是有大量的传闻被排除在证据之外。通过保持一

条明文规定的路径，以及合理恪守那些会引发适用例外和豁免的定义性事实，传闻证据规则保持了长久的活力。在采纳那些被认为是"可靠的"传闻方面，授予法官过大的自由裁量权，可能毁损传闻证据规则。

2. 剩余例外的使用限制

显然，剩余例外其实是一种自由裁量权，用以采纳那些被认为是可靠的传闻证据。那么，是否可以找到打破这种循环的一种方式——一方面保持宽泛的、一般性传闻证据排除规则，辅以有限的类型化例外和豁免规则；另一方面，又允许一项可自由裁量的、基于可靠性的例外？答案或许是如此，但只有将剩余例外限制在真正的例外情形中才可能。我们甚至可以坦诚地说，剩余例外的意旨，就是它不应该在大多数案件中适用。

联邦证据规则起草咨询委员会对剩余例外的注释清楚地说明了这一点：

> 意图是剩余传闻例外将很少被使用，并只适用于例外情况。本委员会无意授予审判法官宽泛的权限，去采纳《联邦证据规则》803 和 804（b）以外的传闻陈述。剩余例外并不意味着，对传闻证据规则（包括其目前的例外）进行重大的司法修改。此类重大修改最好还是通过立法行为来实现。

美国国会的意图也是规则 807 的"使用非常罕见，并仅在例外情况下使用。"科伊尔诉克里斯琴-帕卢萨鲁-马公司案〔Coyle v. Kristjan Palusalu Mar. Co.，83 F. Supp. 2d 535，545（E. D. Pa. 2000）〕；符合合众国诉贝利案〔United States v. Bailey，581 F. 2d 341，347（3d Cir. 1978）〕（剩余例外"仅适用于极少数且例外的情况"，意味着"只在特定可靠性例外保证存在之时，并且有高度证明力和必要性存在时方可适用"）。

（二）初始事实认定

下面这个例子表明了在适用剩余例外时的一些主要预备性事实认定问题：

> 埃德·巴恩斯（Ed Barns）因和一位朋友在顶点（Acme）二手车公司的停车场检验一辆旧车时引起的伤害，起诉了顶点公司。因为该车当时没有发动起来，所以顶点的一名机械师佛瑞德·安德斯（Fred Anders）过来帮忙。巴恩斯当时正把汽油从一个小桶倒进汽化器中，而这时他的同伴正试图发动引擎。引擎回火引燃了汽油桶，巴恩斯被严重烧伤。在审判中，巴恩斯诉称，他当时是在根据佛瑞德·安德斯的指示行事，把汽油直接倒进了汽化器。相反，顶点公司辩称，安德斯警告了巴恩斯，要他停止

这么做。

安德斯在审判之前去世。顶点公司提供了展示件 B——一份经过鉴真的由安德斯签字的手写陈述——作为证据，该陈述描述了事故情况，并称他警告过巴恩斯不要倒汽油。顶点公司提供了安德斯的上级主管乔治亚·布林（Georgia Breen）的基础铺垫证言：

我是在该事故发生后几个小时内了解到该事故的。我立即指示佛瑞德·安德斯到一个房间，不要和任何人交谈，并写下所发生的每件事情。安德斯遵照我的指示，半个小时内就完成了一份手写陈述。我认识他的笔迹，他在我面前签署了该文件。我认出展示件 B 就是这份文件。

展示件 B 不属于《联邦证据规则》803 和 804 的任何类型化传闻例外。它是否应当根据《联邦证据规则》807 被采纳为证据？

(三)《联邦证据规则》807 (a) (1)：可靠性的间接保证

若要依据剩余例外来采纳安德斯的陈述，顶点公司必须以优势证据表明*625* 该陈述在"可靠性上有间接保证"。判例法确立了证明可靠性的两种主要方法。

1. 证言品质的可靠性

满足可靠性要求的最常见方法，就是证明由于其作出时的情境，安德斯的一个或多个证言品质看起来具有可靠性。

所有传统的传闻例外都将四种传闻风险中的一个或多个风险最小化了：(1) 不诚实；(2) 错误感知；(3) 错误记忆；和 (4) 错误叙事……法院必须判断（所提供的证据材料）易于发生传闻风险的相对程度，以及是否任何风险被可靠性的间接保证最小化了。合众国诉南印第安纳天然气和电力公司案 [United States v. Southern Indiana Gas and Electric Co., 258 F. Supp. 2d 884, 890 (S. D. Ind. 2003)]。

与陈述人的身份、知识、资格和动机有关的事实；陈述的内容；以及作出该陈述的情境，都被认为对证言品质具有影响。例如，在合众国诉托姆案 [United States v. Tome, 61 F. 3d 1446, 1453 (10th Cir. 1995)] 中，联邦第十巡回法院认为，被告人的女儿就所称性虐待行为所作的陈述，根据剩余例外的规定具有可采性。对一位社会工作者所作的陈述被认为是可靠的，因为该社工在儿童访谈方面受过训练，并且使用了开放、非诱导性的提问（语境有助于促进诚实性），并且，该陈述人使用的是儿童化语言，对有关虐待情况作了具体、详细的描述（内容表明了诚实性和记忆力）。然而，其他情境会使人们对该陈述的可靠性产生怀疑：该陈述并非是自发性的，因为，陈述人知道她被带到社工这里是为了要说明被告人对她做了些什么（语境为不诚实性提供了机会）；该陈述是在有关事件发生一年后才作出的（语境影响记忆）；在作出该陈述时，陈述人可能有动机撒谎，因为她想和她母亲而不是她父亲生活在一起（陈述人身份提供了撒谎动机）。法院判定，由于存在这些可疑的情况，该陈述并不符合剩余例外的要求。其他与可靠性相关的因素，包括事件与作出传闻陈述之间隔的时长，以及该儿童是否持续性地向大人作出过同样的陈述。

动机和说谎诱因常常是可靠性评估考虑的因素。合众国诉沃克案 [United States v. Walker, 410 F. 3d 754 (5th Cir. 2005)]（在警局的访谈，未进行宣誓，面临刑事指控的威胁）；合众国诉莱特案 [United States v. Wright, 363 F. 3d 237 (3d Cir. 2004)]（在知道自己正被调查的情况下，陈述人做了利己陈述）；土地授予人诉合众国案 [Land Grantors v. United States, 86 Fed. Cl. 35, 42 (Fed. Cl. 2009)]（在富含矿物质土地中的直接利益，表明了可信性保证的缺失）。其他法院提及了与感知和记忆相关的因素：新柯尔特控股公司诉佛罗里达 RJG 控股公司案 [New Colt Holding Corp. v. RJG Holdings of Fla., Inc, 312 F. Supp. 2d 195, 223 (D. Conn. 2004)]（"一项在方法论上合理的调查可以减少伪善和错误叙述的危险，而与通过直接感官而得知、难以忘怀的事件所相关之特别的记忆调查可以最小化常伴随调查证据的所有五类风险"）；关于哥伦比亚证券诉讼案由 [In re Columbia Securities Litigation, 155 F. R. D. 466, 475 (S. D. N. Y. 1994)]（"除非作者本人可以出面接受交叉询问，新闻故事基本上无法体现出报道者的感知力、记忆力、叙事能力或诚意的可靠性，也无法透露文章在编辑的过程中所经历的更改"）。

在针对顶点二手车公司的假设案例中，哪些情况与安德斯证言品质的可靠性有关？无论是支持还是反对其陈述的可靠性，现在的你应该都能够提出自己的理由了。

2. 独立补强

证实可靠性的第二种方法，是通过独立的补强证据来证明，在特定传闻陈述中所断言之事实可能是准确的。拉里兹诉洛杉矶市政府案 [Larez v. City of Los Angeles, 946 F. 2d 630, 643, & 643 n. 6 (9th Cir. 1991)]（如果三家独立的报纸都对被告人的某句具体表述作了类似引用，那么，新闻报道中对被告人话语的具体引用，符合"可靠性的间接保证"要求）。对于在大陪审团面前所

作证言来说，当其内容被补强时，该证言常常可以根据剩余例外而被采纳。然
626 而，在克劳福德诉华盛顿州案（Crawford v. Washington）中，美国最高法院
认为，大陪审团证言属于"证言性"陈述。因为在大陪审团程序中，刑事被告
并不在场，且无法对证人交叉询问，根据刑事案件的对质条款，检控方被禁止
使用大陪审团证言，除非陈述人出庭作证。然而，在民事案件中，这种证言或
许仍可根据剩余例外条款而被采纳。

（四）《联邦证据规则》807（a）（1）（续）：同等性

《联邦证据规则》807（a）（1）还要求，可靠性的间接保证要与《联邦证
据规则》803 和 804 的保证具有"同等性"。由于依据所有 28 种明确的传闻例
外规定所采纳的传闻证据，其表面上的可靠性在种类和程度上都有很大区别，
不可能确定一个统一标准，因此，并不要求就"同等性"进行严格的证明。但
是，法院有时确实将那些试图被采纳的传闻证据，在同某些可采的类型化传闻
证据的可靠性指征上——诸如，自发性、对己不利或审慎的惯例——进行类
推。合众国诉佩雷斯案 [United States v. Perez, 217 F. 3d 323, 329 (5th Cir.
2000)]（非法移民所作的陈述，"具有……像对己不利的陈述那样同等的可靠
性指征"，因为这是向负责对他们进行遣返和可能对他们起诉的机构作出的；
然而，因为该陈述不是在宣誓后作出的，亦非在正式访谈中作出，因而不具有
可采性）；科诺克有限公司诉能源局案 [Conoco, Inc. v. Department of Ener-
gy, 99 F. 3d 387, 392 (Fed. Cir. 1997)]（采购摘要并不像商业出版物那样具有
同等的可靠性指征）。

"略异"（near miss）原则。当一份传闻陈述差不多但并非完全符合一项特
定的明文规定传闻例外时，该传闻陈述只可能根据剩余例外予以采纳，此时就
可能出现"略异"问题。大多数联邦巡回法院如今认同，《联邦证据规则》807
中的具体规定——"没有为规则 803 或 804 的传闻例外所明确涵盖"，意指根
据规则 803 和 804 传闻例外类型，这些陈述不可采，然而也许还可以从规则
807 的角度进行考量。"差一点就可以满足"其他传闻例外规定的陈述，根据
《联邦证据规则》807 可能被裁定采纳，但这一因素并非是决定性的，且仅凭
这一因素无法强制进行采纳。合众国诉邦兹案 [United States v. Bonds, 608
F. 3d 495, 501 (9th Cir. 2010)]。传闻例外规定的明确方式认为，某一要素的
缺失会有损陈述的可靠性，显然，"略异"原则和该明文规定方法之间存在着
无法令人忽视的张力。

（五）《联邦证据规则》807（a）（2）－（4）：防止滥用剩余例外

《联邦证据规则》807（a）（2）－（4）最好被理解为一种限制性规定，旨在防止滥用剩余例外，进而吞噬传闻证据规则。单独来看，子项（a）（2）和（a）（4）似乎并没有特别的意义。子项（a）（2）款要求，证据提出者必须表明，该陈述是作为一项"关键"事实的证据而被提供的。表面上看，这一要求仅仅意味着该陈述必须具有相关性。子项（a）（4）款要求，采纳传闻应当"更好地服务于本证据规则的目的和正义利益"，这一要求也招致了批评，"表达过于深奥，对法院缺乏指导意义"。关于德雷克案由［In re Drake，786 F. Supp. 229，233（E. D. N. Y. 1992）］。

子项（a）（3）款看起来似乎更有意义一些。它要求同时证明，存在着对该证据的重大需求和证据提出者为获得可采形式的证据做了合理勤勉的努力，而没有过分依赖适用剩余例外规则。参见合众国诉派垂克案［United States v. Patrick，248 F. 3d 11，25（1st Cir. 2001）］（宣誓陈述书不可采，因为该宣誓陈述书中所提及的搜查官，是可以出庭作证的）；安得鲁克斯诉学校董事会案［Andrekus v. Board of Educ.，2004 U. S. Dist. LEXIS 19388，at ＊28（N. D. Ill.）］（宣誓陈述书和询证存录，相比较于传闻记录而言，是简易判决程序中"更好的证据"）；科诺克有限公司诉能源局案［Conoco Inc. v. Department of Energy，99 F. 3d 387，393（Fed. Cir. 1997）］（购买原油的原始凭证比摘要更具有证明力，且能源局并没有证明即使通过合理努力也无法出具这些原始凭证）。如果陈述人已死亡，且过去曾对一项核心事实拥有知识，并且无其他渠道可获取相关事实，那么法院在作出规则807决定时将会高度重视对这一需求的审查。伯乐—昂德霍姆美国公司诉埃尔伍德集团公司案［Bohler-Udderholm Am.，Inc. v. Ellwood Group，Inc.，247 F. 3d 79（3d Cir. 2001）］（已过世的原告代表在一次重要董事会上的宣誓陈述书，是反驳被告所述会议内容版本的唯一可用来源）。

因此，将（a）（2）至（a）（4）款结合起来所做的最佳理解，是抓住这样一个观点：唯一可诉诸剩余例外的情形是，在一个核心问题的证明上，当事人为获取可采的证据已付出了勤勉努力却无果，仅有不可采但可靠的传闻证据，排除此等证据会导致不正义。从这个角度来看，子项（a）（2）至（a）（4）款是在告诉法院，剩余例外只有在极少数情况下才可适用，其只能是作为尽了合理勤勉义务的当事人的最后手段。合众国诉利比案［United States v. Libby，475 F. Supp. 2d 73，79（D. D. C. 2007）］［根据剩余例外采纳的传闻证据，必须

"非常重要且非常可靠，以至于它是证明（证据提供方）要点的最佳证据，并且无其他可用的证据有同样的影响"]。另参见合众国诉华盛顿州案［United States v. Washington，106 F. 3d 983，1001（D. C. Cir. 1997）］（对剩余例外作限缩解释）。

　　（六）通知

　　根据《联邦证据规则》807（b）的要求，证据提出者要就其使用剩余例外的意图、有关陈述的细节和陈述人的地址，通知对方当事人。这使得对方能够进行准备，以便更有效地对证据采纳进行更有效的辩论。它还有助于防止那些提出传闻证据而被排除的当事人，临时起意依赖剩余例外，将其作为备选论证，并坚定了法官抵制律师最后一刻之抗议需要的解决方案。

　　然而，通知要在审判之前发送的要求，远非绝对的。一些法院对该要求进行了灵活解释，即只要传闻陈述是在充足时间内披露的，对方有时间准备对此陈述的使用进行抗辩——即使是在审判第一天——法院都会采纳这些传闻。为了允许对方当事人接触该证据，法院可能作出延期审理的决定。在合众国诉潘扎蒂—莱斯皮尔案［United States v. Panzardi Lespier，918 F. 2d 313，316318（1st Cir. 1990）］中，法院对判例法在审前通知问题上的严格方法和灵活方法之间的冲突进行了讨论。该法院判定，即使是在刑事案件中，在审判第一天进行通知也是充分的，因为在该陈述被作为证据实际提供之前，经过了七天时间。在其内容上没有突袭的问题，并且对方当事人有充足的时间去审查它并准备抗辩。如果证据提出者不能合理预期对剩余例外的需要，法官也许会完全免除通知的要求。然而，对这一灵活方法也存在限制。在合众国诉科尼案［United States v. Coney，51 F. 3d 164（8th Cir. 1995）］中，法院判定，拒绝采纳被告人在其打算提供证据前 45 分钟才想要根据剩余例外提出的一份报告，并不是审判法院对自由裁量权的滥用。如果对方当事人在审判开始前就知道该传闻陈述的存在，并且知道证据提出者意图使用该证据，法院对通知要求的适用是灵活的，这里不存在偏见。

三、《联邦证据规则》807 实际应用：有多少传闻根据剩余例外被采纳？

　　审判法官根据《联邦证据规则》807 是否采纳安德斯陈述的裁定，可能受到剩余例外背后之基本政策的影响。剩余例外——毕竟是对普通法严格明文规定方法的根本背离——经常被使用还是很少被使用？自由使用还是保守使用？根据美国国会参议院司法委员会的意见：

剩余传闻例外的宗旨将是非常罕见地被使用，且只适用于例外情况。委员会无意授予审判法官宽泛的权力，去采纳符合《联邦证据规则》803 和 804（b）中包含的具体例外之外的传闻陈述。该剩余例外并不意味着授权法官对传闻规则进行大的司法修改，包括其目前的传闻例外规定。这种重大修订最好是通过立法行为来实现。

大多数联邦巡回法院上诉法官意见认为，《联邦证据规则》807 是专门为"例外"情况设计的，且在应用规则 807 的问题上，联邦巡回法院赋予地方法院宽泛的自由裁量权。在对 1975 年至 1991 年期间公布案例判决的一项研究中，下列类型的陈述最常根据剩余例外（也被称作"兜底"例外）予以采纳：

在 37 个案件中，检察官试图根据 804（b）（5）兜底例外来提出大陪 *628*
审团证言。在其中的 29 个案件中，法院采纳了该传闻。另外一种鲜为人知的兜底例外类型包括向执法人员所作的书面和口头陈述，无论其是不符合规则 801 标准的（作证证人）先前一致陈述，还是不一致陈述。越来越多的案件中包括了审判时未出庭陈述人先前对执法人员所作的陈述。此种陈述人身份不一，包括共犯、配偶、被害人以及确实没有利害关系的个人。默娜·S. 雷德：《评论：对斯威夫特教授的回应》[Myrna S. Raeder, Commentary: A Response to Professor Swift, 76 Minn. L. Rev. 507, 514-516 (1992)]。

雷德教授表达了以下担忧，即这些判决"允许司法自由裁量权对传闻规则的完全吞噬"。（同上引案例，第 517 页。）我们将在下文第七节了解到，根据克劳福德诉华盛顿州案来应用对质条款，将改变刑事案件中的这些结果。即使出庭作证证人的所有先前陈述都会被采纳，大陪审团证言和向执法人员所作的陈述仍可以被排除。此外，还有担忧表明，若过多的注意力集中在陈述是否为"略异"的问题上，会令法院分心，无法认真对《联邦证据规则》807 所要求的"同等"可靠性间接保证进行评估。伊丽莎白·德考克斯：《传闻规则剩余例外的文本限制："略异"问题的辩论与超越》[Elizabeth DeCoux, Textual Limits on the Residual Exception to the Hearsay Rule: The "Near Miss" Debate and Beyond, 35 S. U. L. Rev. 99 (2007)]。

理查德·波斯纳（Richard Posner）法官最近提议，以显著扩大剩余例外的适用来"吞噬"传闻证据规则本身。在波斯纳法官看来，"当传闻陈述具有可靠性，当陪审团能够理解其优点和局限性，当该传闻陈述将实质性地提升正确裁判结果的可能性"时，一项经简化的传闻证据规则，将会使得依据《联邦证据规则》807 采纳传闻证据变得简单起来。合众国诉博伊斯案［United States v. Boyce，742 F. 3d 792，802（2014）］（波斯纳法官赞同多数法官意见，但对说理有自己的观点）。

629

要　点

1. 根据《联邦证据规则》807，法官对采纳看上去可靠的传闻陈述拥有自由裁量权。也就是说，它们要么因为与一项或多项类型化传闻例外或豁免相似而具有可靠性的间接保证，要么因为该陈述的内容有补强作用，而具有可靠性的间接保证。

2. 证据提供方必须对该证据有巨大需要，由于其对本方案件关系重大，且本方虽尽了合理的勤勉努力仍无法就该问题取得证据。证据提出者应当论证，不依剩余例外采纳该证据，可能导致不公正的结果。

3. 该陈述的提出者还必须向对方进行通知，最好是在审判前通知对方，打算援引剩余例外。这个要求防止将《联邦证据规则》807 剩余例外作为一种事后聪明措施依赖。

630

思考题

8.76. 回到上文第 538 页思考题 8.49。1 月 26 日凌晨 3 点，多诺弗里奥（D'Onofrio）太太在警方要求下填写一份投诉表并在上面签字。她将先前所作关于她丈夫在 1 月 24、25、26 日行为之陈述，以书面形式报告给警方。她在上面签了两遍自己的名字，承认警方是依据她的指控而建立起逮捕路易斯·多诺弗里奥持（Louis D'Onofrio）的可能案由——挥示武器，并重申她的陈述是正确的。这份表格以及思考题 8.49 的传闻陈述，是唯一能够证明路易斯·多诺弗里奥持有枪支并用它恐吓她。在审判时，多诺弗里奥太太主张了其婚姻特免权，使得检控方不能传唤其作为证人来反对其丈夫。该书面陈述可以采纳为证据吗？

8.77. 在准备对贝瑞·巴兹（Barry Bonds）的起诉中（第 208 页思考题 4.5），检控方声称，巴兹的训练师，格雷格·安德森（Greg Anderson）在 BALCO 向詹姆斯·瓦伦特（James Valente）所作的陈述，即指认尿液样本来自巴兹，根据《联邦证据规则》807 是可采的。原因在于，这些陈述仅与《联邦证据规则》804（b）（3）对己不利陈述可采性"略异"，因此，当安德森拒绝出庭作证时，该陈述正是《联邦证据规则》807 旨在救济之"确切场景类型"。安德森的陈述是否应根据规则 807 剩余例外而被采纳？在建构你的论证时，请考虑其条文中的每一句话。

第七节　传闻证据与对质条款

美国宪法第六修正案对质条款规定："在所有刑事指控中，被控方应当享有与反对他的证人进行对质……的权利。"这句简短话语的含义很不清晰：实际上没有立法史能清楚地阐明宪法制定者的意图，并且，这些词语本身也存在着多种可能的解释。当检控方在审判中提出证人时，最高法院被最常引用的分析认为，该条款要求：

> 在对证人的当面询问和交叉询问中，被控方不仅有机会检验该证人的记忆并审查其良知，而且，迫使他站在陪审团面前，以便他们可以看着他，通过他在证人席上的行为举止，以及提供其证言的方式，来判断他是否值得信赖。马托克斯诉合众国案［Mattox v. United States, 156 U. S. 237, 242-243 (1895)］。

正如你们所知，大多数通过例外和豁免采纳的传闻证据，并不要求传闻陈述人作为证人出庭。因此，采纳传闻，给刑事被告人的对质权带来了直接威胁。然而，如果从该条款的字面来读，可能认为，只有在检察官传唤证人的情况下它才生效。所有传闻证据都可以在不考虑对质权的情况下被采纳。或者，"证人"可以被解释得更宽泛，包括所有提供证据反对被告之人。这样一来，所有传闻都会被纳入该条款的范围内，在未经对质和交叉询问的情况下，任何传闻证据都不能被采纳。

在克劳福德诉华盛顿州案［Crawford v. Washington, 541 U. S. 124 (2004)］中，美国最高法院对刑事被告的对质权作出一种新的解释。与其过去意见保持一致的是，最高法院认定，对质条款阻止了一些反对刑事被告的传闻使用，但并非全部。该案提供了一套新的标准，来检验对质权何时受到了侵犯。克劳福德案法律意见是我们在本节中始终需要顾及的。我们先就克劳福德案之前，最高法院对于对质条款的一个简要分析，作为讨论的开始。俄亥俄州诉罗伯茨案［Ohio v. Roberts，448 U. S. 56 (1980)］形成的思路，对于你们理解最高法院在克劳福德案中对罗伯茨案的批评、所确立的新立场，以及在对质权上的渐进发展，有着重要的意义。

一、俄亥俄州诉罗伯茨案

在罗伯茨案中，最高法院似乎确立了一个双向标准——无法出庭和可靠性——以便在传闻被采纳但陈述人不作证的情况下，满足被控方对质权的要求：

631
> 对质条款以两种不同的方式，对具有可采性的传闻证据范围发挥着限制作用。首先，与宪法起草者青睐的"当面"指控相一致，宪法第六修正案确立了一条必要性规则。在一般案件（包括先前已经进行了交叉询问的案件）中，检控方要么必须提供陈述人，希望使用其陈述来反对被告人；要么，必须证明此等陈述人无法出庭……一旦证人被证明不能出庭，则第二个方面就会发挥作用。为了实现其根本目的，即通过保证被告人以有效手段来检验对己不利的证据，进而在事实认定程序中增强准确性，该条款仅仅支持"未严重背离一般规则之原理"的可靠传闻证据。最高法院已经适用了这种"可靠性指征"（indicia of reliability）要求，这主要是基于下列结论，即某些传闻例外是建立在坚固基础上的，对实际处于这一范围内的任何证据的采纳，都是与"宪法保护要旨"相一致的。马托克斯诉合众国案［Mattox v. United States，156 U. S. 237，244 (1895)］。……总之，当传闻陈述人不能在审判时出庭接受交叉询问，对质条款通常要求证明他无法出庭。即使如此，他的陈述只有在具有足够"可靠性指征"的情况下，才具有可采性。可靠性可以从有关证据属于根深蒂固的传闻例外这一情况中推断出来，无须更多要求。在其他情况下，至少在无法证明存在着特别可靠性保证的情况下，该证据必须被排除。（上引案例，第65 - 66页。）

12年后，在怀特诉伊利诺伊州案［White v. Illinois，502 U. S. 346，354 (1992)］中，最高法院通过将"无法出庭要求"限定于根据《联邦证据规则》804 (b) (1) 采纳作为先前证言的陈述，实际上放弃了这一要求。

因此，就大多数传闻而言，罗伯茨案的对质条款，仅仅要求调查传闻陈述是否属于"根深蒂固"的例外。如果不属于，则要调查该陈述的可靠性是否有"特别的保证"。

（一）"根深蒂固"的传闻例外

《联邦证据规则》803 和 804 规定的大多数例外，过去都已被认定为是"根深蒂固"的。在罗伯茨案中，最高法院指出，商业档案、濒死陈述和公共记录的例外均根深蒂固。合谋犯罪人的陈述在伯杰利诉合众国案［Bourjaily v. United States，483 U. S. 171，182（1987）］（存在激烈的反对意见）中，也被认为是根深蒂固；属于即时感觉印象、激奋话语、精神状态陈述和记录的过去回忆等传统传闻例外的陈述，也都通过了对质条款的考验。这意味着，在大多数情况下，立法所划定的《联邦证据规则》类型化传闻例外，已取替了对质权司法分析。

（二）非根深蒂固的传闻例外需要"特别的可靠性保证"

最高法院在利莉诉弗吉尼亚州案［Lilly v. Virginia，527 U. S. 116（1999）］多数意见判定，根据《联邦证据规则》804（b）（3）采纳的对已不利的刑事责任利益陈述，并非根深蒂固。最高法院此前在爱达荷州诉赖特案［Idaho v. Wright，497 U. S. 805（1990）］中对这种"特别的可靠性保证"标准进行过探讨，当时判定该剩余例外（现在的《联邦证据规则》807）并非根深蒂固。在赖特案中，最高法院将"特别的可靠性保证"描述为，陈述人陈述所固有的可靠性，这一点要根据"作出该陈述"的情境来判定。上引案例，第 821 页。最高法院特别禁止考虑补强问题，即补强该陈述内容本身的独立证据。各法院过去曾依赖于补强证据来满足剩余例外的"可靠性的间接保证"要求，特别是在采纳大陪审团证人陈述时，这种陈述常常在固有的可靠性方面没有什么指征。在赖特案中，补强证据的使用被禁止，以满足所有非根深蒂固传闻的"特别的"可靠性标准。

同样在利莉诉弗吉尼亚州案（Lilly v. Virginia）中，大法官斯卡利亚（Scalia）和托马斯（Thomas）均另行撰写了意见以陈述他们的观点，即对质权的适当范围，应该比最高法院在罗伯茨案、赖特案及利莉案中的意见更加受限。他们认为，"只有当庭外陈述包含在正式的证言性材料中——如宣誓陈述书、询证存录、先前证言或供认——的情况下，这种庭外陈述才会涉及对质权问题。"（527 U. S. at 365.）大法官布雷耶（Breyer）在另行撰写的罗伯茨案赞成意见中认为，将对质权与传闻规则"根深蒂固"的规定紧密联系在一起作为标准，既过于宽泛又过于狭窄，这种联系是一个需要另花时间考虑的开放性问题。利莉案判决作出 5 年后，在克劳福德案中，那个时机来了。

二、克劳福德诉华盛顿州案

克劳福德诉华盛顿州案
(Crawford v. Washington)

541 U. S. 36 (2004)

大法官斯卡里亚（Scalia）代表最高法院撰写了意见书，斯蒂文斯（Stevens）、肯尼迪（Kennedy）、苏特（Souter）、托马斯（Thomas）、金斯伯格（Ginsberg）以及布雷耶（Breyer）大法官支持。大法官伦奎斯特（Rehnquist）另行撰写了意见支持法院判决，奥康纳（O'Connor）大法官支持该意见。

上诉人迈克尔·克劳福德（Michael Crawford）刺杀了一名男子。该男子被控试图强奸克劳福德的妻子西尔维亚（Sylvia）。在审判中，尽管克劳福德没有交叉询问的机会，检控方仍向陪审团播放了录音磁带，内容是西尔维亚对警方描述该刺杀案件的陈述。在认定西尔威亚的陈述具有可靠性之后，华盛顿州最高法院维持了对上诉人的有罪判决。本案的问题是，该程序是否符合宪法第六修正案的保障要求，即"在所有刑事指控中，被控方应当享有……同反对他的证人对质的权利"。

第一部分

1999 年 8 月 5 日，肯尼斯·李（Kenneth Lee）在他的公寓内被刺杀。警方于当日晚些时候逮捕了上诉人。在给予克劳福德及其妻子米兰达警告（Miranda warnings）后，警探对他们每一个人询问了两次。[9] 克劳福德最终承认他和西尔维亚一直在寻找李，因为他对此前李试图强奸他妻子感到非常愤怒。两人在李的公寓中找到了李，双方随即发生搏斗，在扭打中李被刺中胸部，而克劳福德的手也被划伤。

对这场搏斗，克劳福德给出了如下叙述：

"**问**：你看到（李的）手里持有任何物品吗？

"**答**：我想是的，但是我不能确定。

"**问**：你说你想是的，这到底是什么意思？

"**答**：我发誓，在搏斗发生之前，我看到他去拿什么东西。他看起来在这

---

⑨　对上诉人迈克尔·克劳福德和他妻子希尔维亚的讯问，由奥林匹亚警察局进行了录音。——编者注

个地方拿了一件东西、摆弄着……我不是很清楚，我觉得，这只是一种可能性，但我认为，我认为他拔出了什么东西，我冲过去夺过来，这就是我的手为何被割伤了……但我不能完全确定。像这种事情发生的时候，我的脑子一片空白。我的意思是，我把事情记错了。常常发生的是，我记得的事情，事后我觉得莫名其妙。"（标点符号为编者所加）

西尔维亚基本上就是在对克劳福德的故事进行补强，关于导致搏斗的事件，但她所描述的搏斗部分本身与克劳福德的明显不同——尤其是在有关克劳福德攻击李之前，李是否持有武器的问题上：

"**问**：肯尼斯在受到攻击后有没有反击？

"**答**：（一阵停顿）我知道他把手伸进了口袋……或是什么地方……我不知道是什么。

"**问**：是在他被刺之后？

"**答**：他看到迈克尔（克劳福德）向他冲过来。他抬起了手……他的胸口是敞开的，他可能伸出手去打或是干别的，然后（此处听不清）。

"**问**：请你大声说清楚一点。

"**答**：好的，他把手举过头顶，可能是要将迈克尔的手压下去或干什么，接着，他将手伸进他的……他将右手伸进右边口袋……往后退了一步……迈克尔上去刺他……接着他的手就像……该怎么说呢……张开手臂……用手张开并摔倒了……我们跑了（描述了对象的手是张开的，掌心对着攻击者）。

"**问**：当他站在那里手张开时，你说的是肯尼，对吧？

"**答**：是的，之后，事后，是的。

"**问**：你看到当时他手上拿着什么东西吗？

"**答**：（一阵停顿）没有吧。"（标点符号为编者所加）。

检控方指控上诉人犯有殴打和企图谋杀罪。在审判中，他主张正当防卫（self-defense）。西尔维亚未出庭作证，因为根据州法的婚姻特免权，一般禁止一方配偶在未经另一方配偶同意的情况下作证。然而，在华盛顿州，这一作证特免权并未延伸到根据传闻例外具有可采性的一方配偶之庭外陈述。因此，检控方寻求准备提供西尔维亚向警方的录音陈述，作为证明刺死而非正当防卫的证据。请注意，西尔维亚承认是她带上诉人去了肯尼斯·李的公寓，并因此促成了此次殴打事件，检控方援引了传闻例外之对己不利的刑事责任利益陈述——《华盛顿州证据规则》[Wash. Rule Evid. 804（b）（3）（2003）]。

克劳福德反驳称，尽管州法是这么规定的，但采纳上述证据将侵犯其联邦宪法"同反对他的证人对质"的权利（宪法第六修正案）。根据我们在俄亥俄州诉罗伯茨案［Ohio v. Roberts, 448 U.S. 56 (1980)］中对该项权利的描述，它并不禁止采纳无法出庭证人所作针对刑事被告的陈述，只要该陈述具有"充分的可靠性指征"。为达到该标准，证据要么属于"根深蒂固的传闻例外"，要么具有"特别的可靠性保证"。在本案中，审判法院是根据后者采纳了该陈述，并且指明了该陈述具有可靠性的几点理由：西尔维亚并不是在将责任转嫁他人，而只是在为她丈夫的说法（他是在正当防卫或所谓"合理报复"）做补强；她是具有直观亲身知识的目击证人；她是在描述近期发生的事件；并且，她是在接受"中立的"执法官员的询问。检控方为陪审团播放了该段录音，并在结审辩词中将其作为依据，称其为"铁证"，"彻底反驳了（上诉人的）正当防卫主张。"陪审团裁决上诉人犯有殴打罪。

华盛顿上诉法院撤销了原判。上诉法院采用了一种九要素检验法，来决定西尔维亚的陈述是否具备特别的可靠性保证，并解释了其并不具备的几个原因：该陈述与西尔维亚先前作出的陈述相悖；该陈述是作为对具体问题的回应而做出的；以及西尔维亚承认在刺杀事件发生过程中她一度闭上了眼睛。上诉法院考虑但驳回了检控方关于西尔维亚的陈述具备可靠性的论证，即因为它与上诉人的陈述同时发生，两者甚至到了相互锁定的程度。法院裁定，虽然两项陈述就导致刺杀行为的事件本身一致，但在一个对上诉人的正当防卫主张有重要意义的问题上，两者还是存在差别的："（上诉人的）陈述声称，当他刺杀李时，李的手上可能持有什么东西；但西尔维亚的版本是，只在李被刺后，他的手上才抓有某物。"

华盛顿最高法院重申了这一定罪，法官一致作出结论，虽然西尔维亚的陈述不属于根深蒂固的传闻例外，其具有特别的可靠性保证："当一名共同被告的供认与另一名被告的供认实质同一（也就是互相关联）时，其可被视为是可靠的。"该法院解释道：

> 虽然上诉法院认为这些陈述有相互矛盾之处，进一步的审查显示他们看起来是重合的……
>
> 克劳福德夫妇的陈述表明，李当时很有可能是去掏武器，但是，他们两人都不能确定事实确是如此。他们两人也都不确定迈克尔的手是如何划伤的，这使法院询问李是何时持有武器的。在这方面，他们的陈述有重合。
>
> 迈克尔和西尔维亚都没有明确说，李手上拿着武器，由此看迈克尔只

是在自卫。在这一问题上两人都有遗漏，将两者的陈述互相关联，使得西尔维亚的陈述具有可靠性。[10]

我们准许了对本案的调卷令，以确定华盛顿州对西尔维亚陈述的使用是否违反了对质条款。

第二部分

第六修正案的对质条款规定，"在所有刑事指控中，被控方应当享有……同反对他的证人对质的权利"。我们已经判定，这个基础程序保障对联邦和州的指控均适用。波因特诉得克萨斯州案［Pointer v. Texas，380 U. S. 400 (1965)］。如上所述，罗伯茨案指出，无法出庭证人的庭外陈述可以被采纳，只要其有充足的可靠性指征——比如，属于"根深蒂固的传闻例外"，或者具有"特别的可靠性保证"。上诉人辩称，这一检验标准背离了对质条款的本意，并敦促我们重新考虑这一标准。

一

《美国联邦宪法》文本本身不足以解决这个案件。人们可能将"反对被告的证人"大致解读为那些在审判中实际上出庭作证的人，那些其陈述在审判中被提供的人，参见威格莫尔：《证据法》［3 J. Wigmore，Evidence § 1397，p. 104 (2d ed. 1923)］（以下简称"威格莫尔"），又或是这两者的中间地带。为此，我们必须先来谈谈对质条款的历史背景以便理解其含义。

与控告者进行对质的权利，最早源自罗马时期的一个概念。然而，对于美国建国先贤那一代人来说，该概念的直接来源是普通法。长久以来，在刑事审判证人提供证言的方式问题上，英格兰普通法系就与大陆民法法系有很大的不同。普通法的传统是，法庭上当场作出的证言应当接受对抗性检验；而大陆民法法系，则允许司法官员私下盘问。参见布莱克斯通：《英格兰法律评注》［3 W. Blackstone，Commentaries on the Laws of England 373 – 374 (1768)］。

尽管如此，英格兰有时也采取大陆民法法系实践中的一些做法。治安法官或其他官员在审前盘问嫌疑人和证人。有时候，这些盘问会在法庭上宣读以代替现场证言。而现场证言常常是犯人在审判中对他的控告者（也就是反对他的证人）所要求的一种操作——在他面前，面对面。斯蒂芬：《英格兰刑法史》

---

⑩ 该法院否决了检控方的论证，即可靠性保证没有必要，因为上诉人通过援引婚姻特免权而放弃了他的对质权。法院推论说："强行让被告在婚姻特免权和与其配偶对质之间进行选择，提供了一种站不住脚的'霍布逊式选择'（Hobson's choice）（霍布逊式选择，指没有选择余地的'选择'。——译者注）。"检控方在这里并未质疑法院的认定。检控方也未质疑该上诉法院的结论（州最高法院并未达成结论），即如果发生这种情况，违反对质权，并非是无害的。我们对此事项不发表意见。

[1 J. Stephen，History of the Criminal Law of English 326（1883）]。在一些案件中，这些请求被拒绝了。参见霍尔兹沃思： 《英国法律史》 ［9 W. Holdsworth，History of English Law 216－217, 228（3d ed. 1944）]；比如，

635 洛利案［Raleigh's Case, 2 How. St. Tr. 1, 15－16, 24（1603）]。

636 公元 16 世纪玛丽女王统治时期通过了两部成文法，审前盘问由此成为例行程序。玛丽保释和拘押法要求治安法官在重罪案中盘问犯罪嫌疑人和证人，并向法院确认盘问结果。这种盘问最初的目的很难说就是为了生成在审判中可采的证据。然而，无论最初的目的是什么，其的确在一些案件中被当作证据来使用了；参见海尔：《皇室的答辩》［M. Hale，Pleas of the Crown 284（1736）]，这导致了大陆法系诉讼程序的采用。

史上最声名狼藉的大陆法系盘问发生在公元 16、17 世纪几次大型政治犯审判中。其中一例是 1603 年对沃尔特·洛利爵士（Sir Walter Raleigh）叛国罪的审判。涉嫌洛利的共犯，科巴姆勋爵（Lord Cobham）在英国枢密院的一次盘问以及一封信件中牵扯洛利。在对洛利的审判中，这些都向陪审团进行了宣读。洛利辩称，科巴姆为求自保在撒谎："科巴姆已完全走投无路；原谅我，并不能使他获益；而控告我，他可期望获得好处。"渣甸：《刑事审判》［1 D. Jardine，Criminal Trials 435（1832）]。洛利怀疑科巴姆将撤销指控，因此请求法官传唤他出庭，并争辩说："普通法的证明是通过证人和陪审团：让科巴姆出现在这里，让他在这里说。请传唤控告者来到我面前……"法官拒绝了洛利的请求，而且，尽管洛利抗议他的案子是以"西班牙宗教裁判方式"进行的审理，陪审团仍然给他定罪，洛利被判处死刑。

洛利案的一位审判法官哀叹："对沃尔特·洛利爵士的定罪，使英格兰司法受到空前的伤害且公信扫地"；经过一系列立法和司法改革，英国法律发展出了对质权，以限制这种滥用。例如，叛国法要求证人与被控方在提审中进行"面对面"的对质。与此同时，法院发展了相对严格的"无法出庭"规则，仅在证人确定无法亲自作证情况下才可采纳询问记录。多个机关还规定，嫌疑人的供认只能采纳用来反对自己，不得用以反对其所牵涉的其他人。

一个反复出现的问题是：无法出庭证人之先前盘问的可采性，是否取决于被告人先前是否有机会对其进行交叉询问。1696 年，英国王室法院在经广泛报道的国王诉潘恩诽谤罪（轻罪）案中，对该问题作了肯定性回答。该法院裁定，即使证人已死亡，"在被告不在现场而失去交叉询问利益的情况下"，在市长面前对证人发生的盘问，不具有可采性。

　　潘恩案确立了要求有先前交叉询问机会的普通法规定，但是，对于重罪案中玛丽法案是否描述了一项例外，仍存有疑问。这些法案并未明确规定，在哪些情况下先前盘问结果具有可采性，且有些人理解为，并不需要有先前进行交叉询问的机会。

二

　　美国殖民地时期也存在一些有争议的盘问实践。例如，在 18 世纪早期，弗吉尼亚参事会抗议该州州长"私自颁布命令，单方面盘问反对某些特定人的证人"，抗议称："被控方未被允许与诽谤他的人对质，也未获允许来为其自身辩护"。美国独立战争爆发十年前，英国将有关印花税法违章的司法管辖权交由海事法院。海事法院遵守的是大陆法而非普通法之诉讼程序，因此按照惯例，该法院通过询证存录或庭外司法盘问来获得证言。殖民代表提出反对，称该法案通过"越界延伸海事法院的司法管辖权"，颠覆了他们的权利。《印花税法案国会决议》[Resolutions of the Stamp Act Congress Section8th (Oct. 19, 1765)]。约翰·亚当斯（John Adams）在一桩备受瞩目的海事案件中为一名商人辩护称："只有大陆法才会通过讯问（interrogatories）方式来盘问证人。*637* 对于普通法来说，讯问闻所未闻；而且，英国人和普通法律师对于这种方式即使不是深恶痛绝，也是十分厌恶的。"《休厄尔诉汉考克案之辩词稿》[Draft of Argument in Sewall v. Hancock (1768 - 1769)]。

　　独立战争期间通过的许多《权利宣言》，都给对质权提供了保障。然而，《联邦宪法》提案未体现这一点。在马萨诸塞州举行的审批会议上，亚伯拉罕·霍姆斯（Abraham Holmes）对这一遗漏提出了异议，并详细阐述了这将导致走向大陆法系实践的理由："这种审判模式完全是不确定的；……（被告）是否被允许与证人对质，是否能用好交叉询问的机会，我们不得而知……我们应该使国会握有权力来规范我们的法官，使他们比西班牙的一些特别法庭（所谓'宗教裁判所'）看起来更祥和一些。"《关于联邦宪法的第二轮辩论》[2 Debates on the Federal Constitution 110 - 111 (J. Elliot 2d ed. 1863)]。无独有偶，一位著名的反联邦主义者用笔名"联邦农民"（Federal Farmer）发文批评使用"书面证据"，并对遗漏对质权表示抗议："没有什么比交叉询问证人更为重要的了，尤其是当着事实认定者的面这样做。书面证据几乎是没有用的；其往往是单方面制作的，且很少能导向正确的事实真相发现之路。"《联邦农民的第四封信》[R. Lee, Letter IV by the Federal Farmer (Oct. 15, 1787)]。作为回应，首届国会将对质条款加入了提案，这就是后来的联邦宪法第六修正案……

第三部分

这段历史支持有关第六修正案含义的两个推论。

一

首先，对质条款所针对的主要罪恶，是大陆法的刑事程序模式，尤其是大陆法系将单方面的盘问结果，作为反对被控方的证据来使用。像洛利案这种声名狼藉的叛国案中皇室的做法；玛丽法案所确立的做法；英国法中的对质权主张旨在禁止；以及合众国建国时代的指责声，指的都是这种操作。对第六修正案的解释必须结合这一焦点。

与之前相一致，我们再次否决了对质条款仅适用于庭上证言的观点，即对于审判中提供的庭外陈述的适用取决于"现在的证据法"。威格莫尔前文［3 Wigmore Section 1397, at 101］；另参见达顿诉埃文斯案（大法官哈伦另行撰写的支持判决结果的意见）［Dutton v. Evans, 400 U. S. 74, 94 (Harlan, J., Concurring in result)］。将庭外陈述的规制留给证据法，将使对质条款在阻止即使是最为明显的纠问制实践时显得无能为力。毕竟，洛利完全可以自由地与当庭宣读科巴姆供认之人进行对质。

这一聚焦点也意味着，并非所有传闻都牵涉第六修正案的核心关切。即兴的道听途说，可能是不可靠的证据，因而根据传闻规则很有可能被排除，但是，它与对质条款矛头所指的大陆法系对传闻证据的滥用，还不太一样。另一方面，根据现代传闻规则，单方面审问有时是有可能被采纳的，但我们宪法的制定者们肯定不会宽恕这种做法。

对质条款文本反映了这个侧重点。它适用于反对被控方的"证人"——换言之，那些"作证人"。韦伯：《美式英语字典》［1 N. Webster, An American Dictionary of the English Language (1828)］。反之，"证言"通常是一种"以证实或证明某些事实为目的之郑重声明或确认"。（同上引文。）控告者向检控方作出的正式陈述是"作证"，这与一般人向熟人所作的随意陈述在意义上是不同的。宪法第六修正案的内容，就像普通法上对质权的历史一样，所反映的是对特定类型庭外陈述的特别关注。

这种核心类的"证言性"陈述存在着各种程式："单方庭上证言或者具备同等功能的材料——如宣誓陈述书、羁押式盘问、被告无法进行交叉询问的先前证言，或者陈述人合理预期会被用于刑事检控目的之相似审前陈述"，《上诉人简报》［Brief for Petitioner 23］；"包含在正式证言性材料中的法庭外陈述，如宣誓陈述书、询证存录、先前证言或供认"，怀特诉伊利诺伊州案［White v. Illinois, 502 U. S. 346 (1992)］（大法官托马斯，携同大法官斯卡

利亚，部分同意大多数法官意见，并对判决推理持有不同观点）；"基于环境
而作出的陈述，会使一位客观的证人合理地相信，该陈述会在之后的审判中
使用"，《作为法庭之友的全国刑事辩护律师等简报》［Brief for National As-
sociation of Criminal Defense Lawyers et al. as *Amici Curiae* 3］。这些程式都有
共同的核心内容，只是在定义对质条款的范围边际时，或多或少都略显抽
象。若不谈表达的准确性，某些陈述是符合任何定义的——比如，预审中的
单方证言。

638

　　即使按严格的标准，警方在讯问过程中采集的陈述，也是证言性的。警方
的讯问与英格兰治安官盘问极为类似。这种陈述并非宣誓后证言，但缺少口头
宣誓并不是决定性的。科巴姆的盘问也未经宣誓，但洛利案审判一直以来仍被
认为是一起典型的对质权侵犯案件。参见贾丁：《刑事审判》［1 Jardine,
Criminal Trials, at 430］。根据玛丽法案，证人作证通常都要经宣誓，而嫌疑
人陈述不用这么做。为此，霍金斯（Hawkins）和其他人站出来警告，这种未
经宣誓的供认，只能被采纳用来反对招供者本人。

　　讯问者是警官而非治安法官并不能改变情况的本质。根据玛丽法案，从事
盘问工作的治安官并非我们今时今日所理解的治安法官，其主要承担着调查和
起诉的职能。英格兰直到 19 世纪才有了职业警察力量，因此并不意外的是，
当时英国的其他政府部门官员承担着如今主要由警方所承担的调查职能。在证
言性证据生成的过程中有政府官员介入，反映出同样的风险，无论该官员是警
察还是治安官。

　　总之，即使我们说第六修正案并不只关注证言性传闻，它也是主要对象，
而且，由执法官员进行的讯问毫无悬念地属于证言性传闻的范围。[11]

二

　　历史记录还支持第二个观点：联邦宪法的制定者们不允许采纳未出庭证人
的证言性陈述，除非其无法出庭作证，且被告人先前有机会进行交叉询问。第
六修正案的文本并没有暗示，法院可以开发任何对质要求的开放式例外。反
之，"与反对自己的证人对质……的权利"（第六修正案）很自然是参考了普通
法的对质权，仅承认在普通法规则建立时期所确立的那些例外规定。如上文中
提到英国当局所透露的，普通法在 1791 年确立了，对缺席证人盘问报告的采

　　[11]　我们所使用的是"讯问（interrogation）"的通俗含义，而非其技术性法律含义。参见罗得岛州
诉因尼斯案［Rhode Island v. Innis, 446 U. S. 291, 300 - 301 (1980)］。正如"证言性（testimonial）"有
许多不同的定义，可以想象，"讯问"也有许多不同的含义。我们不需要在本案中决定选用哪个定义。
经记录的希尔维亚的陈述（在明知情况下对经设计的警方询问的回答）符合任何可以想到的讯问定义。

纳，必须先满足无法出庭和有先前交叉询问的机会这两个条件。因此，第六修正案也继承了这些限制。很多早期州法院裁决采用了同样的标准，这一事实证明，这些原则是作为普通法的一部分传入美国的。[12]

正如首席大法官所说，这并非否定"传统传闻证据排除规则总有例外规定"的共识。数项例外规定在 1791 年便已确立。参见威格莫尔［3 Wigmore Section § 1397，at 101］。但是，对于可引入这些例外规定来采纳刑事案件中反对被控方证言性陈述的问题，没有足够证据支撑。[13] 大多数传闻例外规定所包含的陈述，都不具有证言性本质——例如，商业记录或者为推进合谋而作的陈述。从这些事实中，我们并无法推断，当年宪法制定者们会认为传闻例外可适用于先前证言。参见利莉诉弗吉尼亚州案［Lilly v. Virginia, 527 U. S. 116 (1999)］（多数意见）（"控告某一刑事被告的共犯招供，不属于根深蒂固的传闻例外"）。[14]

639
640

第四部分

我们的判例法依然信奉当年宪法制定者们的理念，即：缺席证人的证言性陈述仅在——该陈述人无法出庭且被告过去曾有机会对其进行交叉询问——这两个条件均满足的情况下，才可被采纳成为证据。[15]

第五部分

虽然我们裁决的结果忠实于对质条款的原始含义，但我们的理由却不同于过去。罗伯茨案确立了所有传闻证据附条件的可采性在于：它要么属于"根深蒂固的传闻例外"，要么有"特别的可靠性保证"。（448 U. S. at 66.）这一标准在两方面背离了上述阐明的历史性原则。其一，这一标准过于宽泛：无论传

---

⑫　首席大法官称，英格兰法律对证言性陈述的方式方法，与美国宪法制定时期并不具有一致性，但是，他所引用的例子是有关根据玛丽法案的盘问。正如我们所解释的，如果说玛丽法案式盘问可采的话，这只是因为成文法减损了普通法的精华。

⑬　我们所发现的一种偏离情况涉及濒死陈述。虽然许多濒死陈述可能不是证言性的，但即便明显具备证言性的濒死陈述，也有依据可以采纳。我们无须在本案中决定第六修正案是否含有关于证言性濒死陈述的一个例外规定。如果必须根据历史原因接受这一例外规定，这是独特的做法。

⑭　证言制作过程中有政府官员参与，并了解该证言有可能在之后审判中使用，表现出一种特殊的潜在检控方权力滥用。即便这种证言恰巧属于某些宽泛的现代传闻例外规定，这种担忧并不会随之消散，即便该例外规定在其他场合下具有合理性。

⑮　我们重申，只要陈述人可以出现在法庭上接受交叉询问，在采纳其先前证言性陈述的问题上，对质条款不会制造任何障碍。参见加利福尼亚州诉格林案［California v. Green, 399 U. S. 149 (1970)］。只要陈述人可以出现在法庭上对其陈述进行辩护或者解释，对质条款并不会阻止对该陈述的采纳。（对质条款也不会阻止基于除建立所断言事项真实性外的其他目的之证言性陈述使用。）

闻是否由单方证言组成，都采用了同一种分析模式。这往往会导致本来远离该条款核心关切的案件，却受到了严苛的宪法性审查。然而，与此同时，其二，这一标准又太狭窄：仅根据可靠性认定，便可采纳由单方证言构成的陈述。这一具有弹性的标准，常常导致无法阻止典型的对质权侵犯。

本法院成员及众多学者已建议，我们需要修订我们的原则，以便更准确地反映出对本条款的原始理解。他们提出两项建议：首先，我们仅对证言性陈述应用对质条款，将剩下的陈述全交由传闻证据规则管辖——这可以缓解上述过于宽泛的问题。其次，在未获得先前机会进行交叉询问的前提下，我们对证言性陈述进行彻底排除——从而可以缓解上述过于狭窄问题。

在怀特案中，我们考虑了上述第一项建议，并予以否决。虽然基于本案的分析，我们对怀特案的认定产生了怀疑，但我们今天不需要明确解决这一问题（第一项建议是否正确的问题），因为无论在何种定义下，希尔维亚·克劳福德的陈述肯定是证言性的。然而，本案的确涉及第二项建议。

一

当涉及证言性陈述时，我们不认为宪法制定者们旨在将第六修正案保护甩给变化莫测的证据规则，更不用提含糊不清的"可靠性"概念了。可以肯定的是，上述权力方都未曾承认过，普通法有任何一般性的可靠性例外。由法官采纳的似乎具有可靠性的陈述，与对质权是根本不相称的。请注意，这一条款的终极目标是确保证据的可靠性，但这是一种程序上的保证，而非实质上的保证。它所要求的，并非证据具有可靠性，而是可靠性的问题通过特定方式进行了评估：在严酷的交叉询问环节进行了检验。因此，该条款反映了一种判断，即不仅仅包括可靠证据的合意性（这一点不太会受到什么质疑），还包括了如何最准确地判断可靠性。参见布莱克斯通：《评注》[3 Blackstone, Commentaries, at 373]（"对证人的公开盘问更有利于厘清事实真相"）；黑尔：《英格 *641* 兰普通法的历史与分析》[M. Hale, History and Analysis of the Common Law of English 258 (1713)]（对抗性检测能够更好地"钻探出事实真相"）。

罗伯茨案所设定的检验标准，允许陪审团在证据未经对抗制程序检验的情况下，仅凭可靠性之司法决定来聆听证据。因此，这种做法是将宪法所规定的可靠性评估方法替换成一种完全外来的做法。就此而言，它与对质条款的例外规定（这些例外规定并未断言，它是评估可靠性的替代方法）很不一样。举例说，基于实质上衡平的理由，因不法手段而失权原则抑制了对质权主张；但其并未被称作是确定可靠性的一种替代方法。参见雷诺兹诉合众国案（Reynolds v. United States, 98 U. S. 145, 158-159）。

　　洛利案审判本身就包含了罗伯茨案认可的各种可靠性裁定方法。面对洛利反复的对质请求，当时检控方用来回应的许多论证，都是如今应用罗伯茨标准的法院可能援引的：科巴姆的陈述是自我归罪性的，这些陈述并非在头脑发热时作出的，且其"并非基于任何赦免的希望或承诺而作出这些陈述。"联邦宪法的制定者们对这场审判的反对，不太可能仅仅是因为洛利案件的审判法官在判处洛利死刑之前未能适当地权衡这些事实。相反，问题在于法官拒绝允许洛利在法庭上与科巴姆对质，从而使其能对科巴姆进行交叉询问并揭露他的指控实为谎言。

　　因为证言明显可靠而免除与证人对质，就像因为被告明显有罪而免除陪审团审判一样。这不是第六修正案的本意。

二

　　罗伯茨案给其他法院带来的后遗症，验证了宪法制定者们的智慧，不确立广泛的可靠性例外是明智的做法。罗伯茨案所设定的标准框架变幻莫测，甚至无法针对核心的对质权侵犯行为确立有效的保护措施。可靠性并不是一个定型的概念（如果它算不上是一个彻头彻尾的主观概念的话）。

············

　　罗伯茨案标准最不可饶恕的缺陷并非其不可预测性，而是根据这一标准，有可能采纳对质条款所明确要求排除的核心证言性陈述。尽管利莉案（Lilly，527 U. S.，at 137）中多数法官判定，牵连被控方的共犯招供"几乎不可能"根据罗伯茨案标准予以采纳，而各法院却仍在常规性地采纳这种陈述。最近一项研究表明，利莉案之后，上诉法院在一共70个案例中有25个采纳了共犯向警方所作的陈述——超过三分之一的比例。柯斯特：《上诉法院回应利莉诉弗吉尼亚州案的对质问题》[Kirst, Appellate Court Answers to the Confrontation Questions in Lilly v. Virginia, 53 Syracuse L. Rev. 87, 105 (2003)]。在采纳其他无前置交叉询问机会的纯粹证言性陈述时，法院会援引罗伯茨案。参见合众国诉阿吉拉尔案[United States v. Aguilar, 295 F. 3d 1018, 1021 - 1023 (CA9 2002)]（量刑前的被告人最后陈述显示存在合谋）；合众国诉帕帕约翰案[United States v. Papajohn, 212 F. 3d 1112, 1118 - 1120 (CA8 2000)]（大陪审团证言）。

　　雪上加霜的是，一些采纳了未经检验之陈述的法院，认定那些使得陈述具有证言性的因素具有可靠性。如上所述，法院依赖的因素是，证人的陈述是在待决指控羁押中向警方所作出的——理论是，该程序能使陈述更清晰地反对刑事责任利益，因此更具有可靠性。其他法院则常规性地依赖于在司法程序中所作的先前宣誓陈述，（例如，量刑前被告人的最终陈述、大陪审团证言）。然而，自我归罪陈述以证言形式作出，并非是对质问题的解药，反而使对质条款的需要变得更加紧迫。在对质条款所要求的保障缺失的情况下，即使对抗制程序中的其他大多数常规性保障都齐全，也并不意味着该陈述就可以被采纳。

三

罗伯茨案的失败，在以下诉讼程序中得到充分展示。〔法院回顾了下级法院对矛盾事实的依赖（希尔维亚的记录陈述看起来既可靠又不可靠，这恰恰是罗伯茨案"不可预测和不一致适用"的体现）〕。

············

通过重新评估罗伯茨案"可靠性因素"，并认定希尔维亚的陈述未满足该标准，我们可以用这种简单方法结束对本案的讨论。然而，我们视本案为为数不多的结果难以琢磨的案例，从中反映出我们在联邦宪法旨在限制司法裁量权的理解上的根本性失败。此外，通过我们自己的可靠性分析，否决华盛顿州最高法院的决定，不可回避地传承了第六修正案所谴责的东西。宪法规定了一套在刑事审判中确定证言可信性的程序，而我们，和州法院一样，并无权力以我们自行设计的方法替代它。

我们并不怀疑，下级法院在认定可靠性时是完全真诚的。然而，我们宪法的制定者们并不情愿沉溺于该假设中。他们知道，法官，就像其他政府官员一样，在保护人民权利方面并非总是值得信赖；恐怖魔王杰弗里斯（dread Lord Jeffreys）的喜好，还令人记忆犹新。保留过多的自由裁量权在法官手中，并非是件好事。参比美国宪法第六修正案（刑事陪审团审判）；第七修正案（民事陪审团审判）。通过以开放式衡平检验来替代分门别类的宪法性保证，我们确实违反了先父们的设计。模糊标准容易导致人为操纵（即使在本案中无此之忧），宪法制定者们亦着眼于像洛利案这样的政治指控案件（那些即使到最高司法层面，公正性亦不那么明确的州审判案件）。很难想象，罗伯茨案能够在这些方面提供什么有意义的保障措施。

············

当争点是非证言性传闻时，给予各州发展传闻证据规则的灵活性，与宪法制定者们的意图是完全一致的——就像罗伯茨案那样，作为一种将这种陈述从对质条款审查范围中豁免出去的途径。然而，当争点是证言性证据时，第六修正案的要求和普通法的要求是一致的：无法出庭和先前有交叉询问的机会。我们暂时仍不去定义"证言性"的完全含义。但是无论如何，可以肯定的是，它至少包括预审面对大陪审团时或在先前审判中所作的先前证言；以及警方的讯问。而这些现代实践做法与对质权滥用的关系最为紧密。

在本案中，华盛顿州采纳了希尔维亚反对克劳福德的证言性陈述，尽管事实上他并没有机会对希尔维亚进行交叉询问。这本身便足以构成对第六修正案的违反。尽管罗伯茨案如此，我们仍拒绝挖掘该记录以寻求可靠性指征。当争点在于证言性陈述时，唯一足以满足宪法性要求的可靠性指征，是宪法实际描述的要求：对质。

华盛顿州最高法院的判决被撤销原判，本案被发回继续审理，且不得与本法院意见相悖。

此判。

首席大法官伦奎斯特（Rehnquist），携同大法官奥康纳（O'Connor），同意大多数法官判决[*]。

我不同意本法院推翻俄亥俄州诉罗伯茨案的裁决……在本案中撤销华盛顿州最高法院原判，这一改变是毫无必要的。法院达成的结果，不可避免是在遵循罗伯茨案及其后续追随案件，在这里完全没有必要推翻这一系列案件。在爱达荷州诉莱特案［Idaho v. Wright，497 U. S. 805，820 - 824（1990）］中，我们认定庭外陈述不可采，只是因为该陈述的真实性是由法庭出示的其他证据所补强的。华盛顿州最高法院已就"两项陈述之间的联动性质"做出明确权衡。不重新衡量本法院所假设的"可靠性因素"，是此处撤销原判所要求的。对上文爱达荷州诉莱特案进行援引是充分的。

643

要　点

1. 在克劳福德案中，最高法院判定，第六修正案的对质条款适用于检控方使用"证言性"传闻陈述反对刑事被告。最高法院裁定依据的是被考虑为对质条款的核心价值，即保护刑事被告人的交叉询问权利。

2. 最高法院并未确立单一的"证言性（testimonial）"定义，但陈述了三个可能的定义。根据最高法院的陈述，"证言性"的核心，意味着陈述人像"作证"证人一样作出一个陈述，并进一步界定为"以建立或证明某个事实为目的而作出的郑重陈述或不经宣誓而作出的证词"。

[*] 但对判决说理持不同意见。——译者注

3. 只有在陈述人无法出庭且被告先前有机会对陈述人交叉询问时，证言性传闻陈述才可以在审判中被采纳用以反对刑事被告。此外，检控方使用当庭作证证人所作的所有传闻陈述，不侵犯被告的对质权。并且，采纳反对被告的非证言性传闻，亦不侵犯被告的对质权。

思考题

644

8.78. 回到上文第 149 页思考题 3.3，州诉布莱尔案（State v. Blair）。检控方寻求采纳来自诺玛（Norma）的庭外陈述。法院引用了来自三个不同来源的"证言性"陈述定义。这些不同的定义在分析是否采纳诺玛陈述的问题上是否有所不同？如何不同？不同的检验标准是否对"证言性"陈述产生有不同的担忧？

（a）诺玛的一位朋友说，殴打发生一个月前，诺玛告诉这位朋友，"上周我告诉吉米，我将会和他分手并尽快离开湾区。吉米听后狂怒。"

（b）在上锁的抽屉里，警方发现了诺玛的一些照片，显示她受到严重擦伤，日期为 2009 年 7 月 25 日，同时发现的还有一本手写日记。在日期为 2009 年 7 月 21 日那一页，上面写道："争吵后，吉米（Jimmy）打了我"。

（c）2009 年 8 月 1 日，诺玛到地方警察局正式申诉布莱尔进行袭击和殴打。一周后，她却撤回了投诉。

8.79. 回到上文第 538 页思考题 8.49。多诺弗里奥夫人（Mrs. D'Onofrio）在拨打 911 电话中的陈述，是否属于克劳福德案所定义的"证言性"？她之后向警方所作陈述，是否属于克劳福德案所定义的"证言性"？（假设这两组陈述根据传闻证据规则均具有可采性。）

注释

1. 最高法院克劳福德案的意见表明，由于历史渊源，属于濒死陈述传闻例外的陈述，以及因恶行而失权的原则，可能不受证言性陈述禁止的限制。从第 678 页开始的下文第七部分，将对这两种例外进行讨论。

2. 在附带意见部分，最高法院还表明，特定传闻类型并非是证言性的，包括商业记录和合谋者的陈述。这似乎是明显的错误，除非"证言性"被赋予最狭窄的正式证言性材料定义。这两种类型的陈述可能肯定符合"合理期待"

检验标准。检控方商业记录常常仅为那种目的而设立，各法院不得不承认。参见下文第 666 页。

3. 请注意，最高法院并未复审以下认定，即由于被告调用了州婚姻作证特免权，希尔维亚·克劳福德无法出庭。一方面，在宪法上克劳福德夫人无法出庭接受她丈夫的交叉询问，另一方面令她不要站上证人席的恰恰正是她丈夫的选择，这不有点令人奇怪吗？

4. 克劳福德案宣布的对质权新标准，被应用到在审的联邦和州法院案件中。在沃顿诉鲍克汀案 [Whorton v. Bockting, 549 U. S. 406（2007）] 中，最高法院认定克劳福德案并非是可以溯及既往的"分水岭"认定，意指该标准不可根据联邦法院人身保护令审查，而适用于克劳福德案之前的定罪。然而，州法院可以选择在宪法性刑事诉讼中给予新规则更广泛的影响力。参见丹福思诉明尼苏达州案 [Danforth v. Minnesota, 552 U. S. 264（2008）]。

645　　5. 在戴维斯诉华盛顿州案 [Davis v. Washington, 547 U. S. 813（2006）] 中，最高法院发布了关于对质权的又一重要意见，即：如果陈述是非证言性的，对质条款对其可采性没有影响。（同上引。）

6. 最高法院提出的一种"证言性"定义，是大法官斯卡利亚和托马斯在怀特诉伊利诺伊州案 [White v. Illinois, 502 U. S. at 346] 中所提出的，即"包含在正式证言性材料中的……法庭以外的陈述，诸如宣誓陈述书、先前证言，或供认"。在克劳福德案中，多数法官意见以如下形式发端，至少，"证言性"适用于"预审中、在大陪审团面前或在以往审判中所作的先前证言；以及对警方讯问的陈述"。（541 U. S. at 68.）各法院已经采纳了这些分类。合众国诉布鲁诺案 [United States v. Bruno, 383 F. 3d 65, 78（2d Cir. 2004）]（定罪前被告最后陈述，以及无法出庭证人的大陪审团证言，都是证言性的）。本法院在梅伦德斯—迪亚兹诉马萨诸塞州案 [Melendez-Diaz v. Massachusetts, 557 U. S. 305（2009）] 中便应用了该"正式证言性材料"标准。参见下文第 662 页。

7. 在克劳福德案中提及但未明确采用的另一证言性陈述定义，即"能够使一位客观的证人合理地相信该陈述可以在之后的诉讼中使用的情况下所作出的"陈述。在克劳福德案之后，下级法院开始启用一个相似定义，通常使用"合理期望"这一术语来排除其认为是证言性的陈述。合众国诉克罗默案 [United States v. Cromer, 389 F. 3d 662, 674 - 678（6th Cir. 2004）]（由秘密线人向警方所作的陈述，暗示刑事活动中牵扯他人）；合众国诉萨默斯案 [United States v. Summers, 414 F. 3d 1287, 1302（10th Cir. 2005）]（陈述人在拘留期间所作的陈述，但并非在讯问过程中所作）；合众国诉辛顿案 [United States v. Hinton, 423 F. 3d 355,

360〔3d Cir. 2005〕〕（在乘坐警车期间被害人所作的指认）。

三、克劳福德案后的"证言性"陈述的定义：警方询问期间所作的陈述

许多警方讯问和克劳福德夫人接受的很像。它们是正式的、有记录、由结构性问题组成，并带有执法目的。这种讯问处于被告对质权之忧的核心。但这一核心关切的范围有多大，不同的观点在克劳福德案后迅速出现。一些法院认定"讯问"包括了大多数回应警方询问的陈述。其他法院则认为，在犯罪现场对警方初步调查的回应，一般来说不是证言性的。2006 年，联邦最高法院在两个对应案件〔戴维斯诉华盛顿州案（Davis v. Washington），以及哈蒙诉印第安纳州案（Hammon v. Indiana）〕中解决了这一意见分歧问题。

（一）"主要目的"检验：戴维斯诉华盛顿州案

戴维斯诉华盛顿州案、哈蒙诉印第安纳州案
(Davis v. Washington，Hammon v. Indiana)

---

547 U. S. 813（2006）

大法官斯卡利亚（Scalia）代表最高法院撰写了意见书，首席大法官罗伯茨（Roberts）以及大法官斯蒂文斯（Stevens）、肯尼迪（Kennedy）、苏特（Souter）、金斯伯格（Ginsberg）、布雷耶（Breyer）及阿利托（Alito）予以支持。大法官托马斯（Thomas）另行撰写了意见，对判决结果表示部分赞成，部分反对。

这些案件要求我们要决定，什么时候 911 电话中或犯罪现场中向执法人员所作陈述为"证言性"的，因而受制于第六修正案对质条款的规定。

第一部分
一

戴维斯诉华盛顿州案（No. 05 - 5224）中的相关陈述，是在 2001 年 2 月 1 日向 911 紧急接线员拨打的一个电话中作出的。当该接线员接起首个电话之后，在任何人说话之前连接就断了。接线员回拨了电话，对方接电话的是米歇尔·麦考曲（Michelle McCottry）。在接下去的谈话中，接线员确信麦考曲卷入了一场家庭暴力，对象是她前男友阿德里安·戴维斯（Adrian Davis），也是本案申诉人：

911 接线员：你好。

投诉人：你好。

911 接线员：发生了什么？

投诉人：他又朝我扑过来了。

911 接线员：好的。仔细听我说。你是在住宅里还是在公寓内？

投诉人：我在住宅里。

911 接线员：那里有武器吗？

投诉人：没有。他在用拳头。

911 接线员：好的。他喝酒了吗？

投诉人：没有。

911 接线员：好的。我启动了对你的帮助模式。请保持在线，好吗？

投诉人：我在听着。

911 接线员：请仔细听好了。你知道他的姓吗？

投诉人：戴维斯。

911 接线员：戴维斯？好的，他的名呢？

投诉人：阿德里安。

911 接线员：能再说一遍吗？

投诉人：阿德里安。

911 接线员：阿德里安？

投诉人：是的。

911 接线员：好的。他的中间名首字母是什么？

投诉人：马爹利（Martell）。他正在逃跑。

随着谈话的继续，接线员了解到，戴维斯在殴打麦考曲之后"溜出了门"，钻进一辆汽车，车内还有别人。麦考曲开始说话，但接线员打断了她，说道："打住，回答我的问题"。她接着收集了更多有关戴维斯的信息（包括他的生日），并得知戴维斯告诉麦考曲，他回到住宅的目的是来"取走他的东西"，因为麦考曲准备搬家。麦考曲描述了殴打的背景信息，随后接线员告诉她，警察正在来的路上。接线员说："警察会先去戴维斯的地方找他，随后他们会来跟你谈话。"

在 911 电话挂断后 4 分钟，警察便抵达了，目睹了麦考曲发抖的状态，"她的前臂和脸部有刚受伤的痕迹"，而且她在"手忙脚乱地收拾行李并召集孩子们，以便他们可以搬离这个住所"。

检控方指控戴维斯违反了家庭无接触指令，是重罪。"警方只有的两名证人是当时对911电话作出反应的警察。两名警察都作证说，麦考曲当时展示了看起来是刚受过的伤，但两名警察都无法为受伤原因作证。"麦考曲也许能够就戴维斯是否为袭击她的那个人作证，但她未出庭。尽管戴维斯提出了第六修正案对质条款异议，审判法院还是采纳了麦考曲与911接线员的电话记录作为证据，陪审团随后给戴维斯定了罪。华盛顿州上诉法院肯定了审判法院的判决。华盛顿州最高法院在一名法官反对的情况下也支持了该判决，其结论是：麦考曲指认戴维斯的911电话记录部分不是证言性的，且即使该电话记录的其他部分是证言性的，对其采纳毫无疑问是无害的。

647

在哈蒙诉印第安纳州案（No.05-5705）中，2003年2月26日深夜，警方回应了一起发生在赫歇尔和艾米·哈蒙（Hershel and Amy Hammon）家中的"经举报的家庭暴力"。他们发现艾米独自一人在前廊，看上去"像受了惊吓"，但是她却对他们说"没什么事儿"。她接着准许警察进入家中，其中一名警察看到"在客厅墙角有一个燃气加热装置，有火焰从一侧玻璃壁冒出。该装置前侧的地板上有散落的玻璃碎片，且有火焰从装置前侧喷出"。

此时，赫歇尔在厨房里。他告诉警方，"他与他妻子发生了争执，但现在和好了，且他们之间的争执并未有肢体接触。"这时候艾米已经回到房间内。有一位警官还和赫歇尔在一起；另外一位警官回到客厅与艾米谈话，并再次向其询问究竟发生了什么。赫歇尔几次想加入警方与艾米之间的谈话，但均遭到拒绝。警官之后作证称，"在我坚持赫歇尔要与哈蒙女士保持距离以方便我们可以调查究竟发生了什么时，赫歇尔变得很狂躁。"在听完艾米陈述之后，警方让她填写了一份关于殴打的宣誓陈述书并在上面签名。艾米书写了以下内容："打碎了我们的炉子，并将我推倒在满是碎玻璃的地上。捶我的胸部，并将我推倒。打坏了我们家的灯和电话。弄坏了我的车，致使我无法离开家里。打了我的女儿。"

检控方指控赫歇尔家庭暴力，并违反了缓刑规定。艾米被传唤出庭，但她并未出现在后续的法官审中。检控方传唤了曾经质询过艾米的警官，请他回忆艾米对他说过的话，并对宣誓陈述书进行鉴真。赫歇尔的辩护律师多次反对采纳该证据。检控方为该宣誓陈述书进行辩护，称其是在"宣誓"情况下作出。对此，被告律师称"宣誓并不会给我带来对该宣誓陈述书起草人进行交叉询问的机会。这令我生气。"尽管如此，审判法院还是采纳了这份宣誓陈述书，并定性为"即时感觉印象"，且艾米的陈述属于"激奋话语"，"明显可以在这类案件中被采纳，即使陈述人无法出庭作证"。警官作证说：艾米

"告诉我，她与赫歇尔在争吵。他为女儿去男朋友家住感到愤怒。争吵到了后期转变为肢体冲突，她告诉我，哈蒙先生在争吵时候砸碎了客厅里的物品，我认为她是指他砸破了电话、灯以及加热器的前部。在肢体冲突中，他将她推倒在加热器的碎玻璃中……她告诉我，哈蒙先生将她推倒在地上，将她的头部推向地上加热器玻璃碎片中，而且我认为，他打了她胸部两下。"

审判法官认定赫歇尔有罪，印第安纳州上诉法院维持了审判法院的相关意见。印第安纳州最高法院也维持了原判，并得出结论说：艾米的陈述在州法下可作为激奋话语予以采纳；"证言性陈述很大程度上是为将来诉讼使用所准备的"，"询问者和陈述者的动机是核心的关切"；根据这些标准，艾米的口头陈述不算是"证言性"的。印第安纳州最高法院还得出结论说，尽管宣誓陈述书是证言性的，因此错误地予以了采纳，但毫无疑问这是无害的，很大一部分原因在于这是法官审判。我们准许了本案调卷令。

第二部分

第六修正案的对质条款规定："在所有刑事指控中，被控方享有……与反对他的证人进行对质的权利。"在克劳福德诉华盛顿州案中，我们认定，该条款禁止对"未出庭证人的证言性陈述予以采纳，除非该证人的确无法出庭作证，且被告先前有机会对该证人进行交叉询问"。这项认定中的一个重要部分，同时也是解决当前两个案件的重要部分，即"证言性陈述……"这个术语。

我们在克劳福德案中的意见确定了核心类型"证言性"陈述的"各类描述"……其中之一，正如我们所说的，就是"在讯问过程中由警方所记录的陈述"。克劳福德案中引出宣誓人之陈述的询问——其陈述是在她还被警方拘留期间，作为可能的嫌疑人，被给予了米兰达警告之后，所作出的并记录在案——"符合任何可以想到的讯问定义"。因此，我们并没有定义该概念，只能说"我们是根据其通俗含义使用的，而非其技术性法律含义"，且"大家可以想到各种各样的定义……我们在本案中没有必要选取其中一种定义"。在当前案件中，这些陈述的特征并不那么明显，且这些案件要求我们要更精确地去判断，哪些警方讯问会导致证言的产生。

不要试图去对所有可以想到的陈述（或是所有可以想到的对警方讯问进行回应的陈述），做一个要么是证言性、要么是非证言性的详尽分类，为了对当前的案件进行判断，如下认定便足够了，即：如果情况客观地表明，警方讯问的主要目的是使警方能够对正在发生的紧急情况实施援助，那么，这种在警方讯问过程中所作的陈述，就是非证言性的。而当情况客观地表明，并没有这种正在发生的紧急情况，且讯问的主要目的是建立或证明那些与之后刑事诉讼潜在相关的过去发生的事件时，这些陈述就是证言性的。[16]

第三部分

一

·············

　　在戴维斯案中，摆在我们面前的难题是，客观地考虑，911 电话中进行的讯问是否产生了证言性陈述。当我们在克劳福德案中提到，"由执法人员主导的讯问完全属于"这类证言性传闻时，我们所指的是那些仅为建立过去犯罪事实的讯问，以便指认行凶者（或提供证据使其认罪）……而另一方面，一个 911 来电，以及与 911 来电相关的初始性讯问，通常来说并不是主要为了"建立或者证明"过去事实，而是为了获得警方援助而描述当时的情况。

　　戴维斯案中的讯问与克劳福德案中的讯问，不同之处显而易见。在戴维斯案中，麦考曲所描述的是实际上正在发生的事件，而非对"过去事件的描述"。而另一方面，对希尔维亚·克劳福德的讯问，是在其所称事件发生 1 小时之后才进行的。其次，任何理性的听众都会承认，麦考曲（区别于希尔维亚·克劳福德）所面对的是正在发生的紧急情况。尽管可能有人会在没有濒临任何危险的情况下拨打 911 电话，以提供关于犯罪的叙述性报告，但是，麦考曲明显是在面临真正的人身威胁时来电求助。第三，客观地看，戴维斯案中所问和所答的性质，是为了能够解决当前紧急情况所必须作的陈述，而非仅仅（如克劳福德案）是为了了解过去发生的事件。即使 911 接线员确认攻击者的姓名，是为了被派往现场的警察了解他们是否会遇到暴力重罪犯，上述观点依然成立。最后，在这两个案件中，访谈的正式程度差别很大。克劳福德是在警察局很平静地回答一连串问题，讯问警官对她的回答做了记录并录音；麦考曲是在电话里一惊一乍地回答问题，当时的状况并不安宁，或者说（任何正常接线员都可以辨别的）不安全。

　　综上所述，我们的结论是：对麦考曲的讯问客观地表明了其主要目的，是为了使警方能够尽快开展援助，处理正在发生的紧急事件。很显然，她当时并未在扮演证人角色；她不是在作证。她所说的内容并不是审判中"对现场证言

650

────────────────────

[16]　然而，这并不是在暗示，在没有任何讯问的情况下所作的陈述就一定是非证言性的。相比较对具体讯问的回答，宪法制定先父们并不会更愿意豁免对主动证言或对开放性问题之回答的交叉询问……而且，肯定的是，即使讯问存在，对质条款要求我们进行评估的也是陈述人的陈述，而非讯问者的提问。

的较弱替代"（比如，洛利案中科巴姆爵士的陈述……或是克劳福德案中希尔维亚·克劳福德的陈述）。在那些案件中，单方行为人和单方面交流中所产生的证据，与其法庭上类似行为和证据完全匹配。而在麦考曲的紧急陈述中，情况并非如此。没有"证人"会走到法庭上称有紧急情况，并寻求帮助。

　　……………

　　这并不意味着，一开始用以决定紧急援救需求的讯问谈话，在救援目的达成之后会"演变成为证言性陈述"（印第安纳州最高法院原话）。例如，在本案中，在接线员获得处理紧急情况所需的信息后，该紧急情况看起来已经结束（戴维斯驾车离开住所）。接线员告诉麦考曲保持安静，进而询问了一些有关殴打的问题。可以很自然地认为，从此刻开始，麦考曲的陈述是证言性的，这与克劳福德案中的"经设计的警方询问"并无异处。这并不会造成什么重大问题……审判法院将会认可，就第六修正案目的而言，为回应讯问而作出陈述，是其变为证言性陈述的节点。随着诉讼程序的开始，已经变成证言性陈述的部分应被修改或排除，就像他们对具有不公正偏见之本应可采陈述的处理方式一样。戴维斯的陪审团没有听到完整的 911 电话记录，但是，他们有可能听到了一些证言性的部分。我们仅被要求对麦考曲早期指认戴维斯为攻击者的陈述进行归类，而且，我们认同华盛顿州最高法院的意见，即这些陈述并非证言性的。华盛顿州最高法院还得出结论说，即使该 911 电话的后续部分是证言性的，对其采纳毫无疑问也是无害的。戴维斯案并没有质疑这一法院认定，因此我们也就姑且认为这一认定是正确的。

二

　　判断哈蒙案中因讯问而产生的陈述是否为证言性陈述，是一个相对简单的工作，因为，其与克劳福德案中被我们认定为具备证言性的陈述并无多大区别。情况清楚地表明，该讯问是对可能的过去犯罪行为调查的一部分——正如作证警官所明确承认的。不存在正在发生的紧急情况；主导讯问的警官作证称，他并未听到任何争执或撞击声，也没有看到任何人投掷或打碎任何物品。当警方刚达到现场时，艾米告诉他们一切正常，对她本人而言并不存在近在咫尺的威胁。当警方第二次询问艾米时，便引出了有争议的陈述，他并非想弄清楚"正在发生什么"（如戴维斯案），而是"发生了什么"。客观地说，该讯问的主要目的（如果说不是唯一目的的话）是在调查一起可能的犯罪——这就是警方应该做的。

　　可以肯定的是，克劳福德案中的讯问更加正式。事先有米兰达警告，进行了录音，并且是在警察局里进行。一方面，虽然这些特征增强了陈述的证言性方面——其中更为显著的特点是，该行动的目的是弄清过去犯罪事件的真实

情况 ——但这都不是关键点。对艾米的讯问在不同的房间进行，她丈夫不在场（虽然他曾多次试图干涉），警方收到她的答复是为了在对她丈夫的"调查"中使用。我们曾说过，克劳福德案陈述与大陆法系的单方盘问具有"惊人的相似性"，此处艾米的陈述也是如此。这两位陈述人都被与被告人强行分开——警方强制性地阻止赫歇尔参与到讯问中。为回应警方的询问，这两位陈述人在作出陈述的过程中，均特地回忆了过去的潜在犯罪事件是如何发生和展开的。且二者的陈述均在所描述事件结束后一段时间才发生。这种在官方讯问下产生的陈述，显然是对现场证言的一种替代，因为，这些陈述正是证人在直接询问中会作出的；它们具有天然的证言性。

印第安纳州和联邦检控方均根据"法庭之友"（amicus curiae）原则辩称，651
本案应根据戴维斯案方式解决。基于该理由，我们发现，本案与克劳福德案进行比较是具有说服力的，但与戴维斯案进行比较则不具说服力。在戴维斯案 652
中，陈述是在麦考曲单独一人的情况下作出的，不但没有警方的保护（而艾米·哈蒙是受到保护的），而且显然受到来自戴维斯的直接威胁。她是在寻求帮助，而不是在说过去的故事。麦考曲当时的紧张陈述显示了即时性；而艾米对过去事件的叙事是在危险解除后一段时间才作出的。而且，在艾米回答完警方的问题后，警方还让艾米签署了一份宣誓陈述书。警方作证说，这是为了"证实过去发生的事件"。

虽然我们有必要否定印第安纳州最高法院所暗示的主张：几乎所有在犯罪现场进行的"初始询问"均不具有证言性，但这并不代表我们赞同其相反的结论（在犯罪现场进行的询问不会产生任何非证言性回答）就是正确的。我们已了解到，在家庭纠纷中"被派遣进行调查的警察，需要知道他们所要面对的是谁，以便评估情况，评估将对其自身带来的安全威胁，以及对潜在被害人的可能威胁"。这种紧急情况可能常常意味着，"初始询问"所产生的是非证言性陈述。但是，在与本案类似的案件中，（艾米的陈述既不是在哭泣中寻求帮助，也不是为了提供信息，以便警方能够立即阻止危险情况的发生，）陈述是在涉嫌的犯罪现场作出且属于"初始询问"的事实，并不重要。[17]

---

[17]　当然，警方调查本身并不受我们将其成果描述为证言性之责难。对过去犯罪的调查可以阻止未来的伤害，并导致必要的逮捕措施。虽然检控方希望其所收集的是可以使被告负罪的"非证言性"证据，但是，这并非是检方所能控制的。并不是他们说存在紧急状况，就实际上一定存在紧急情况。对质条款并不规制警方行为，因为是在审判中使用单方证言性陈述，而非调查收集单方证言性陈述这件事，违反了该条款。但是，反过来，警方行为也无法控制对质条款；证言性陈述就是其原本（应该是）的样子。

第四部分

这两起案件中的答辩方（检控方），携同其若干"法庭之友"，认为由于这两起案件中被指控罪行的性质——家庭暴力——要求对证言性证据的使用赋予更大的灵活性。这种特定类型的犯罪以容易恐吓或胁迫被害人而闻名，致使她未出庭作证。这种情况发生时，对质条款实际上给犯罪分子带来了意外收获。然而，即使因对质条款而使有罪之人逍遥法外，我们也不能削弱这种宪法上的保障。但是，当被告促使或强迫证人或被害人保持沉默时，就故意破坏了司法程序，宪法第六修正案并未要求法院默许此行为。虽然被告并无义务协助检控方证明其有罪，但是，被告确实有责任避免作出破坏刑事审判制度完整性的行为。重申一下我们在克劳福德案中曾经说过的话："基于基本公平的理由，因不法手段而失权的规则压制了对质权的主张。就是说，通过不法行为导致证人缺席的人，也会失去其在宪法上的对质权。"

我们认为，在没有因不法手段而失权之认定的情况下，第六修正案将致使艾米·哈蒙的宣誓陈述书被排除。（在被要求的情况下）印第安纳州的法院可以重审是否曾有因不法手段而失权的主张被合理提出，如果有的话，该主张是否具有价值。

············

我们维持华盛顿州最高法院在第 05 - 5224 号案件中的原判决。我们撤销印第安纳州最高法院在第 05 - 5705 号案件中的原判决，并将本案发回继续审理，且不得与本法院意见不一致。

此判。

大法官托马斯（Thomas），对判决结果部分支持，部分反对。

在克劳福德诉华盛顿州案中，我们摒弃了过去长期用以判断对质条款下传闻证据可采性的一般可靠性调查，这被描述为"内在固有，因而永远无法预测"的调查。今天，在联邦最高法院作出克劳福德案判决两年后，其采用了同样的不可预测标准，这导致地方法院要负责对警方讯问的"主要目的"作出类似占卜式的判断。除了法院难以采用这一标准，这一标准所描述的"证言性"（因而不可采的）证据，与我们所认可的对质权所针对的证据也没有什么相似性……我们采用了"证言"这一术语的直白定义，在一个陈述可被认为具有"证言性"之前，还要求必须具有一定程度的庄严性。

这一庄严性要求，支持了我的观点，即受对质条款规制的陈述必须包括"包含在正式证言性材料中的庭外陈述，如宣誓陈述书、询证存录、先前证言或供认。"宣誓陈述书、询证存录和先前证言，性质上是通过正式程序制作而成。与此类似，由警方以正式方式获取的供认，具备足够的严肃性并得以构成正式的陈述，且因此，与玛丽法案被控方、指控方的盘问"极为类似"。……举例说，在克劳福德案中，讯问是在监禁情况下进行的，并且先前已经根据米兰达诉亚利桑那州案给予了警告。根据其内容，米兰达警告旨在告知潜在被告人，"其所述任何内容都可被用来在法庭上反对他。"这就赋予了程序的庄严性，这一过程已不仅仅是证人或嫌疑人与警察之间的普通对话了。

二

653

…………

本法院的决定，即反对哈蒙的证据必须被排除，拓展了对质条款，大大超出了其旨在防止滥用的范围。然而，结合法院关于反对戴维斯的证据完全具有可采性的认定以及在哈蒙案的认定，也揭示出适用该法院关于各法院调查所谓调查之"主要目的"要求的困境……警官在哈蒙案中调查哈蒙先生过去行为的事实，并没有排除其调查的主要目的是评估哈蒙先生对其夫人是否构成持续威胁，以评估警力继续在场或采取行动之需要的可能性。很难说，哈蒙当警方在场期间未对其妻子施暴，是因为他完全知道警方在场而有所克制，而无法判断（如果做这种判断的话）在警方离开后，他的暴力行为会不会继续，从而由法院所排除的"过去行为"转变回为"正在发生的紧急情况"。麦考曲需要紧急救助的事实，也难以帮助判断收集证据的"主要目的"，比如采集攻击者的姓名，究竟是为了保护警察，还是为了保护被害人，或者是为了收集信息以便起诉。摆在本法院面前的这两个案件，就如同许多其他案件一样，去探究讯问背后的"主要"动机，无异于让法院做猜谜游戏。

第二部分

因为本法院今天采用的标准既不可行，又并非有针对性地尝试去达成由对质条款所禁止的滥用，我仅对戴维斯诉华盛顿州案判决表示认同，而对本法院对哈蒙诉印第安纳州案的处理恭敬地表示不同意见。

654

要 点

1. 在涉及警方讯问过程中所作陈述的案件中，一个关键问题是，陈述是否在该情况下所作出，客观地看，这表明讯问的主要目的是使警方能够帮助处理正在发生中的紧急情况。当情况客观地表明，没有正在发生的紧急情况，或当讯问的主要目的是发现或证明与后续刑事指控潜在相关的过去事实时，陈述就是证言性的。

2. 这种客观性调查包含几个因素：陈述人是在讲述它们实际上正在发生的事件，还是在描述过去的事件？陈述人面对的是正在发生的紧急情况吗？讯问和回答的内容，对于解决当下的紧急情况是必要的，还是仅仅获悉过去发生了什么？讯问的正式程度或级别，表明了一种紧急情况，还是一种结构性的讯问？

思考题

8.80. H. D. 被陪审团依据《美国法典》第 18 编第 922（g）（1）节 [18 U. S. C. Section 922（g）（1）] 以持有枪械重罪定罪。毫无争议的是，根据该成文法，H. D. 是一名"重罪犯"。警官卡尔顿（Carlton）在审判中为检控方作证如下：

> 我观察到被告在榆树街上推搡一个坐在轮椅里的人。我从警车里走出来，朝被告的方向走过去。被告看着我，从他的腰带上取出一把枪，然后逃跑。我也跑步追他，我看到他右手里有一把枪。我全速追上他，朝他扑上去，将其制伏在地，并收缴了枪支。枪没有走火。

H. D. 对上述证言没有提出异议。但是，H. D. 否认他持有一把枪，称警官卡尔顿在证言中的枪支问题上说了谎。毫无争议的是，H. D. 是那个被追赶并被警官卡尔顿按倒在地的人。警官卡尔顿所称从 H. D. 手中收缴的枪支，并未在审判中被提供作为证据，因为已经找不到了。H. D. 并未作证。

在卡尔顿的上述先前陈述被引用之前，法院允许警官卡尔顿作证如下。这个证言的采纳违反对质条款吗？

我在警察局接了电话。来电者拒绝透露她的身份。她说话的口气很平静，声音很轻。她说："社区里的恶棍正走在榆树街上，推搡一个坐在轮椅里的人。"我问她问题何在。她说："我看到他裤子里有一把枪。"她接着就挂断了电话。我立即从警局出发，开警车来到榆树街。我们无法确认这位来电者是谁。

——注释和问题——

1. "主要目的"标准，是否回应了对由警方讯问者的行为、陈述人的精神状态（或两者）产生的传闻风险？法院是否明确认为何方"主要目的"对于该陈述的法律地位起着决定性作用，讯问者还是陈述人？

2. 陈述的作出是为了"使警方可以对正在发生的紧急情况进行救援"，还是为了"建立或证明与之后刑事起诉潜在相关的过去事件"的区别，是一条泾渭分明的规则吗？它易于适用还是难以解决划界问题？如果警方询问一位躺在地上流血的刑事被害人，"肇事者是谁？"，这与问"肇事者还在附近吗？"有区别吗？如果是一名女性向其密友所作的受惊吓和情绪化的陈述，告诉她的密友，其前一天遭到男友的暴力肢体侵犯呢？她作出该陈述的目的是什么？是为了寻求情感上的支持？还是为了制作一份记录，以防万一遭遇不测？法院在分析与戴维斯/哈蒙案事实模式相类似的事实模式时，是相当一致的；然而，在考虑 911 来电或涉及警方紧急情况之外的事实模式时，各法院的做法千差万别。

3. 虽然该法院的意见未包含这样推断的事实根据，即戴维斯案及哈蒙案中的任一位被告人致使传闻陈述人无法在各自案件中出庭作证，但却在意见书第四部分结尾讨论了因不法手段而失权的原则。在吉尔斯诉加利福尼亚州案 [Giles v. California, 554 U. S. 353 (2008)] 中，法院又遇到了这个问题，下文第 680 页将进行讨论。

4. 州和联邦下级法院的裁定表明，各方正在逐渐认同犯罪刚刚发生后所作的确立肇事者身份的非正式陈述可以是非证言性的，只要法院认定存在"正在发生的紧急情况"。例如，参见州诉卡尔霍恩案 [State v. Calhoun, 657 S. E. 2d 424 (N. C. App. 2008)]（法院判定，在主要目的是使得警方能够去处理一起正在发生的紧急事件的讯问中，允许的询问可以"确立肇事者的身份，以便派出警员能够了解他们是否将会遇到暴力重罪犯"）（引用戴维斯案）；州诉斯莱特案 [State v. Slater, 939 A. 2d 1105 (Conn. 2008)]（法院判定，强奸被害人对旁观者所作的以表达她内心苦楚的陈述是非证言性的，因为被害人"很明显是在寻求帮助"，且回应她的人"除了帮助她，并未表现出任何其他主要目的"）。

（二）"主要目的"检验：密歇根州诉布莱恩特案

2011 年，联邦最高法院判了第二个涉及警方讯问过程中所作陈述的案件。在密歇根州诉布莱恩特案 [Michigan v. Bryant, 562 U. S. 344 (2011)] 中，最

高法院在一个很不同于戴维斯案和哈蒙案中（家庭暴力）情况下应用了"主要目的"检验标准。在布莱恩特案中，

> 在 2001 年 4 月 29 日凌晨 3 点 25 分左右，几位密歇根州底特律警察响应一个无线电调遣，表明有人遭到枪击。在现场，他们找到了被害人，安东尼·科文顿（Anthony Covington），倒在自己汽车旁（一个加油站停车场内）。科文顿腹部中枪，显得非常痛苦，说话困难。

> 警方问他"发生了什么，是谁开的枪，在哪里开的枪。"……科文顿称，大约凌晨 3 点钟的时候，"瑞克（Rick）"朝他开的枪……他还表明，他与布莱恩特有过一次对话，通过布莱恩特家的后门，他听出了对方的声音是布莱恩特。科文顿解释说，当他转身离去之际，对方从门后向他开枪射击，他仍然坚持开车到加油站，也就是后来警方发现他的地方。

656

> 科文顿与警方的交谈持续了 5～10 分钟，之后急救医护人员赶到现场。科文顿被送到医院，并在数小时死亡。警方在与科文顿交谈后离开加油站，呼叫支援，并移动至布莱恩特家。他们在那里并未找到布莱恩特，但的确发现了血迹，在后阳台上发现了一个弹壳，并在后门上发现了一个明显的弹孔。警方还在房子外围找到了科文顿的钱包及身份证。（上引案例，第 349－350 页。）

在指控二级谋杀罪的审判中，科文顿的陈述被法庭采纳，用以反对被告布莱恩特。布莱恩特被定罪，密歇根州上诉法院支持了审判法院的决定，即这些陈述是非证言性的，目的是解决一起正在发生的紧急情况。密歇根州最高法院对此予以否定，应用戴维斯案要素并认为科文顿陈述是证言性的，因此，布莱恩特的对质权遭到了破坏：

> 这些陈述仅与发生在过去和不同地点的事件相关。这些陈述与陈述作出之时所发生的事件没有任何关系，不是在表述正在发生的威胁，且没有表述被指控肇事者可能的方位。在我们的判断中，情况清楚地表明了调查的"主要目的"是构建已发生事件的事实情况；"主要目的"不是使警方对紧急情况可以开展救助……警方询问被害人过去发生了什么，而非当下发生了什么。也就是说，问答的"主要目的"是使警方能够指认、定位并拘押肇事者。人民诉布莱恩特案 [People v. Bryant, 768 N. W. 2d 65 (Mich. 2009)]。

联邦最高法院批准了调卷令（certiorari），由五位大法官组成的多数判决意见如下：

第八章 传闻规则

科文顿与警方的互动情况，客观地表明了"该讯问的主要目的"是"使警方能够对正在发生的紧急情况开展施救"。戴维斯案（Davis，547 U.S.，at 822）。因此，科文顿的指认、对射击者以及射击地点的描述，并非证言性陈述，在对布莱恩特的审判中采纳这些陈述并不违反对质条款。

多数意见是由大法官索托马约尔（Sotomayor）执笔，首席大法官罗伯茨（Roberts），大法官肯尼迪（Kennedy）、布雷耶（Breyer）和阿利托（Alito）表示支持。大法官托马斯（Thomas）赞同判决结果，但对说理有不同观点，他的立场与其在戴维斯案中的表述是一致的，指出警方的询问缺少足够的正式性和郑重性，致使科文顿的陈述无法被作为证言性陈述来考虑。大法官斯卡利亚（Scalia）和金斯伯格（Ginsburg），如下文所述，提出了反对意见。大法官卡根（Kagan）未参与本案判决讨论。多数大法官的意见所起到的效果当然是宣布对布莱恩特的判决成立，所依据的是未经被告方交叉询问的死亡被害人之传闻陈述。

多数大法官意见视本法院关于对质权法理的探讨始于克劳福德案，并经历了戴维斯案的继续发展，引用了戴维斯案发展出来的用以判断警方讯问期间作出陈述之主要目的。大法官索托马约尔认为，密歇根州最高法院关于无正在发生的紧急情况的认定存在问题。该多数大法官意见认为，密歇根州法院过于狭隘地考虑了是否存在紧急情况这一问题，仅抓住了是否对被害人有正在发生的威胁这一个点，而忽视了未知枪击手正在对警方本身和公众造成威胁。大法官写道，这一紧急情况比戴维斯案和哈蒙案"划定的定义范围还要宽泛"。多数大法官的意见继续写道：

> 我们重申，判断是否为证言性陈述的关键问题，并不是存在正在发生的紧急情况与否。终极的问题应该是"讯问的主要目的是否为使警方可以开始对紧急情况进行施救"。戴维斯案（Davis，547 U.S.，at 822）。如上所述，持续性紧急情况确实存在，我们现在需要回到这一终极问题上。案件中所遭遇的情况，为理解科文顿对警方所作的陈述提供了重要语境。当警方到达科文顿身边时，他们向他提的第一个问题是"发生了什么？"科文顿的回应是"瑞克枪击了我"或是"我被击中了"，紧接着很快就指认"瑞克"为射击者。在回应进一步的问题时，科文顿解释了这起枪击发生在布莱恩特家后门，并对射击者作了外形描述。当他作陈述时，科文顿正倒在一个加油站停车场里，中枪的腹部致命伤口正流血不止。他时而打住回答警方询问，转而询问救护车何时到达。显然，他在承受相当大的痛

苦，并出现了呼吸和说话困难。从对科文顿状况的描述以及有关其陈述的报告中，我们无法认同身处科文顿的处境时，一个人的"主要目的"会是"为了确立或证明与之后刑事诉讼潜在相关的过去事件"。

从警方角度看，他们就是回应了一个电话，称有人被枪击了。如上所述，警方并不了解什么时间、地点和原因导致了枪击发生。他们也不知道枪手的位置，或者任何导致犯罪发生的情况。他们所提的问题——"发生了什么、是谁开枪击中了他，以及枪击发生在什么地方"——是典型的必要问题，以便警方能够"评估情况、衡量对其自身安全的威胁，以及对大众和潜在被害人的可能危险"⑱，使得警方能够确认"他们是否会遇上一个暴力重罪犯"。换句话说，警方搜集必要的信息，以便他们"能够对正在发生的紧急情况实施救援"。

科文顿的回答中没有任何话语向警方表明，不存在紧急情况，或者先前的紧急情况已经结束。科文顿的确表明，他是 25 分钟之前在另一个地点遭到枪击，但他并不清楚在警方抵达时枪手的位置，而且，根据已知的记录，我们无法推断枪手在朝他射击两次之后，是否会满足于仅仅让科文顿受伤。事实上，科文顿并未表明此次枪击的任何可能动机，因此没有任何理由可以认为，枪手如果到达现场的话不会再次开枪射击。正如我们在戴维斯案中所指出的，"初始调查"可能"常常会引出非证言性陈述"。本案中的初始调查，正是引出了戴维斯案中所关注的这类非证言性陈述。

最后，我们考察的是情况和讯问的非正式性。相比克劳福德案中经设计的、在警察局内进行的访谈，本案情况与戴维斯案急促的 911 来电更为类似，虽说两者有区别。正如警方庭上证言中所揭示的，本案的情况是多变的，并有些令人困惑：多名警员在不同时间段抵达；显然，每一位警官抵达后都询问科文顿"发生了什么？"；且与法院不同意见之描述（大法官斯卡利亚的意见）相反的是，警方并未进行结构性讯问。

．．．．．．．．．．．．

因为警方与科文顿相遇的情况，以及科文顿的陈述和行为，且警方客观地表明"讯问的主要目的"是"能使警方对紧急情况进行施救"，科文顿对于枪击者的指认和描述，以及对枪击地点的描述并不属于证言性传闻。宪法对质条款并不阻止在布莱恩特案审判中对这些陈述进行采纳。（上引案例，第 374 - 378 页。）

---

⑱　省略了对戴维斯案/哈蒙案法院意见及其他案件的援引。——编者注。

本案多数法官意见所采用的分析方法，值得做一些更深入的讨论。多数意见采用了一种"混合"分析方法，以判断警方讯问的主要目的。也就是应用戴维斯案中所提炼出来的几个因素，法院必须考察警方与陈述人相遇的场景；陈述人与讯问人两者的陈述与行为；所问和所答内容的性质；承认警方和陈述人双方都有可能存在混合动机；不要只通过对一方的考察来判断"目的"。简而言之，法院必须通过考察讯问的内容以及各方参与人的情况，客观判断"讯问"的主要目的。

更令人吃惊的是，本案多数法官明确提到了在紧急情况中所作陈述的"可靠性"（如科文顿的陈述）：

> 正在持续发生的紧急情况之存在，对于决定讯问的主要目的息息相关，因为紧急情况会使参与者的注意力集中在"证明与后续刑事审判潜在相关的过去事件"之外的事情上。戴维斯案（Davis, 547 U. S. at 822）。在紧急情况中，他们的注意力会放在"消除恐怖/威胁情况"之上。（上引案例，第832页）。戴维斯案所隐含的一个理念是，因为主要目的旨在解决紧急情况，陈述中捏造的成分想必会大大减少，对质条款并不要求这种陈述要接受交叉询问的考验。

> 这种逻辑，与传闻证据规则的激奋话语例外规定的理由不尽相同。"陈述人受到事件或情况刺激压力下，所作出的与惊悚事件或情况相关之"陈述。《联邦证据规则》803（2）；另参见其在《密歇根州证据规则》803（2）[Mich. Rule Evid. 803（2）（2010）]中被视为具有可靠性，因为陈述人，在受到刺激情况下，想必不会作假。参见爱达荷州诉莱特案[Idaho v. Wright, 497 U. S. 805, 820（1990）]（"激奋话语例外的根据是，这种陈述作出时的情况极大限制了作假、教唆或虚构的可能性……正在发生的紧急情况有类似的效果，会使人们的注意力都集中去应对紧急情况。"）[19]（上引案例，第361页。）

上述言论是对克劳福德案中最高法院之理念和方法论的重大背离，似乎有意要回到罗伯茨案的"可靠性"逻辑，大法官斯卡利亚在反对意见中对此进行

[19] 传闻规则的多项其他例外，同样依赖以下信念，即特定陈述性质上不是以在诉讼中使用为目的，因此不应受到传闻禁止规定的限制。例如，参见《联邦证据规则》801（d）（2）（E）（合谋者在合谋过程中为促进该合谋所作的陈述）；规则803（4）（为医学诊断或治疗目的而作出的陈述）；规则803（6）（常规活动记录）；规则803（8）（公共记录和报告）；规则803（9）（重要统计的记录）；规则803（11）（宗教组织的记录）；规则803（12）（结婚、洗礼和类似证书）；规则803（13）（家庭记录）；规则804（b）（3）（对己不利的陈述）。

659

了尖锐的批驳：

> 本法院在克劳福德案框架下重燃了对（罗伯茨案）"可靠性"理论的兴趣，但结果却很不和谐。本法院告诉我们，可靠性是"庭外言论是否为庭上证言之有效替代"的风向标。这种说法显然是错误的。可靠性并不能体现陈述是否为证言性的。证言性和非证言性陈述一样，在可靠性问题上的变数都很大。比如说，在一起车祸后，目击证人向警方所作陈述既是可靠的，又是证言性的。一方司机向警方所作的试图指责对方司机的陈述也是证言性的，但很难说是可靠的。

大法官斯卡利亚的反对意见认为，科文顿的陈述是证言性的，并且，大法官金斯伯格也赞同其结论。在戴维斯案中，由大法官斯卡利亚执笔的多数法官意见，拒绝对判断"主要目的"之各种因素进行主次排序，包括拒绝对"警方目的或时陈述人目的因素"更为重要发表看法。在布莱恩特案中，大法官斯卡利亚明确表态，认为法院应予以考量的是陈述人的意图和陈述人的理解：

> 在分析"讯问的主要目的"时，克劳福德案和戴维斯案都未解决哪一方观点更为重要的问题——陈述者、讯问者，还是两者的观点都重要。在这些案件中，无论从哪方面说，这些陈述都是证言性的。同理，我认为本案中情况也是如此，但只是因为本法院选择了一个我也认同的角度：陈述人的意图起决定性作用。庭上证言不仅仅是对过去事件的描述；而是在刑事审判过程中所作的郑重陈述。庭外陈述要具有证言性的前提是，陈述人旨在作出的必须是郑重的陈述，而非信口开河或随意的说法；陈述人在作出陈述时必须了解，该陈述可能被用来激活检控方对被控方的诉讼。参见弗里德曼：《把握"证言性"的含义》［Friedman, Grappling with the Meaning of "Testimonial", 71 Brooklyn L. Rev. 241, 259（2005）］。这就是在餐桌上向朋友讲故事，与对警方作陈述的区别。讯问者的隐形目的不可替代陈述者刻意的严肃性或其本身对其用词的理解。
>
> 聚焦陈述者的调查，也是唯一可在各种涉及对质条款之事实模式中奏效的调查方式。该条款适用于自愿性证言以及通过警方讯问引出的陈述。在警方刚到达现场时陈述人就脱口而出"瑞克向我开枪"的情况下，再来查探警方之目的是没有意义的。在陈述人进行指责之前，警方询问"发生了什么"的场景中，我认为采用不同的检验方式（以警方意图为导向的检验方式）是没有道理的。（这并非意味着讯问者是不相关

660

的。讯问者的身份、其询问内容及意图，对于判断陈述人是否旨在作出郑重陈述会产生影响，并可展望该陈述在刑事审判中的使用。但是，上述内容并不意味着讯问者的目的就会起决定性作用。）（上引案例，第381－382页。）

大法官斯卡利亚显然准确描述了本案多数大法官的意见，要求各级法院法官在裁定讯问之"主要目的"时，要全盘开放性地考察警方讯问当时所处的情景。这种考察，可以说还是会在戴维斯案所提炼因素的框架之内。如果推断存在相冲突的目的，某种"衡平检验"标准会被应用，以裁定主次性。"可靠性"因素在这种裁定过程中将扮演的角色还有待考量。

思考题

8.81. 父亲被指控对其 15 岁的儿子——乔（Joe）犯有严重人身伤害罪。乔的脸颊和脖子上有多道伤痕。检控方指控称，父亲和乔在家中发生口角；父亲推搡了乔；乔摔向一张玻璃咖啡桌，一头栽在玻璃面上；父亲从咖啡桌上拣起一块锋利的玻璃，故意朝乔砍去。父亲则辩称，乔是不小心摔倒而栽到咖啡桌上的，砸破的玻璃碎片扎到了他的脸。

乔在受伤后立即离家出走。一位邻居听到了父亲和儿子的争吵声，并拨打了 911 举报家庭暴力。警官穆林（Mullin）赶到父亲家中，看见地板上有血迹，还看到父亲正在从砸破的咖啡桌面上清理玻璃碎片。父亲告诉穆林警官，乔摔倒在了桌子上，扎了他自己，但乔没事。打 911 电话报警的邻居告诉穆林，乔和他父亲常常吵架。

一小时后，穆林被派往一英里之外的一个地点，有一男性青年坐在路边，他的脸被戳伤了。穆林问这位年轻人叫什么名字，得知他就是那位父亲的儿子——乔。穆林呼叫了医疗急救人员，将乔送到医院。穆林随后问乔，"你和你父亲之间到底发生了什么？"乔说："我与父亲发生了争吵；他一把推倒我，我摔在咖啡桌上。玻璃面被磕碎了。我父亲拣起一块玻璃碎片砍了我。"医疗急救队抵达现场后，穆林没有再继续询问。

乔后来消失了。如果乔无法在对父亲的诉讼中出庭作证，警官穆林将会就乔对其询问的回答作证。警官穆林还会作证，他向乔询问的主要目的，是评估乔家里是否的确有正在发生的紧急情况。根据对质条款，乔对穆林所作的关于他受伤原因的陈述，是否可采？

8.82. 汉娜（Hannah）在一条繁忙的商业街上拥有一个小饰品店。当她站在商店收银台后时，遭到持枪抢劫。这个抢劫犯拿走了收银机里所有现金和她的钱包。在抢劫犯离开她的店后，汉娜立即冲出店门，喊边上的旁观者注意查看抢劫犯乘坐车辆的车牌号，抢劫犯正准备开车逃跑。旁观者的确注意了查看，并在一张纸上记下抢劫犯的车牌号。他将这张纸交给汉娜，汉娜之后又将其转交给调查的警方。这块车牌登记注册的车辆为被告所有。该旁观者无法在被告抢劫汉娜商店的诉讼中出庭作证，而且，被告方从未交叉询问过该旁观者。这张纸可被采纳用来反对被告吗？请考虑所有可能的异议。

——注释和问题——

1. 联邦最高法院在布莱恩特案中的意见分歧表明，大法官斯卡利亚已经失去了对"证言性"弹劾标准的控制能力，至少就"主要目的"检验所关切的问题是如此。看起来，多数大法官支持的多重因素"混合检验法"一旦进入应用阶段，将来会在结果上带来很多差异。请记住，在克劳福德案中，最高法院还在明确地批评先前罗伯茨案中所使用的"可靠性"标准给对质权带来的破坏，称这一标准不定型、不确定，且不可预测。在布莱恩特案中，难道证言性标准所透露出来的不是同样的弱点吗？大法官斯卡利亚基于以下理由批评了多数大法官所支持的混合检验法：

> 本法院所采用的分析方法，唯一优点（如果可以算作优点的话）就是，让法官根据整体情况自由地达到"最公正"的结果。如果卑鄙的警方诱使陈述人作出不利于无辜被告人的有罪陈述，法院可以聚焦警方的意图，并宣布该陈述是证言性的。如果被告的确应该进监狱，那么，法院则可以转而从其他必要角度宣布可以定罪的传闻为非证言性的。而且，如果单独选用任何一方的角度都不能达到法院所需效果时，法院可以对各方角度进行混合和匹配，以达到其想要达到的效果。然而，不幸的是，在这一弹性十足的标准下，"对质权的保障再也提供不了任何保障"。（上引案例，第 1170 页。）

2. 对在潜在犯罪现场或附近的被害人进行询问的警方而言，要探求其"主要"目的有多么不现实？一旦问起，警官们将告诉你，他们有两个相等的强大动机——界定和解决任何紧急情况，并为未来的起诉搜集证据。用一项法律原则要求法院挣扎着构建一个替代性的现实，是明智的吗？

四、克劳福德案后"证言性"陈述的定义：政府鉴定报告

在将对质条款适用于由非直接参与刑事调查和执法的政府雇员所准备的常规性政府报告时，法院在从俄亥俄州诉罗伯茨案"可靠性"理论向克劳福德案"证言性陈述"理论转型过程中遭遇了困境。在罗伯茨案中，常规性、非调查性事实报告常被认定为是商业或公共记录，因而根据这些"根深蒂固"的传闻例外规定，具有可采性。此外，在罗伯茨案之后，许多州颁布了专门的立法，规定了由政府专门分析师经宣誓后准备和提交的分析麻醉品和其他毒品之标准的化学检验官方报告，可作为被检测物质化学成分的显见证据具有可采性，而无须该分析师出庭作证。例如，参见《马萨诸塞州基本法》第 111 章第 13 条［Mass. Gen. Laws, ch. 111，Section13］。常规性和规范化数据收集，以及标准化检验的应用，被法院认定为具有充分的可靠性，因而消除了对这两类文件进行对质和交叉询问的需要。

在克劳福德案之后，一些法院仍然判定，在不为预期诉讼而制作的情况下，有关明确事实性事项的常规性和客观性编目的政府文件，具有非证言性。举例包括，无记录的证书（CNR），对表明没有签发给被告的持枪牌照适当记录之不懈搜索的报告；记录被驱逐出境者事实上已经离开这个国家的遣返令；诊断仪所生成的原始数据；甚至从标准化实验检验所得出的结论，尽管作者知道这份报告将被指控使用。2009 年 6 月，联邦最高法院对梅伦德斯—迪亚兹诉马萨诸塞州案［Melendez-Diaz v. Massachusetts，557 U. S. 305（2009）］作出裁定，该案对这些政府鉴定报告中许多种类的可采性产生了影响。

（一）梅伦德斯—迪亚兹诉马萨诸塞州案

被告梅伦德斯—迪亚兹被指控销售和贩运可卡因。其中一个争议是关于三份"分析证书"（certificates of analysis）的可采性问题。这些"分析证书"称，从被告身上搜出的袋子中的物质是可卡因。这些分析证书是根据上述所引用的马萨诸塞州专门成文法所准备的，它们在针对被告的诉讼中被采纳作为证据得到法院的支持。

大法官斯卡利亚，代表其他四位大法官（包括大法官史蒂文斯、托马斯、苏特和金斯伯格）撰写了联邦最高法院多数法官意见，认定这些证书是证言性

662

的，并认定采纳这些证书作为证据用以反对梅伦德斯—迪亚兹是一个错误，因此要求撤销原判，发回重审。在这一点上，以下是对最高法院多数大法官意见相关部分的摘要。

　　通过第十四修正案适用于各州（珀特诉得克萨斯州案［Pointer v. Texas，380 U. S. 400，403（1965）］），美国宪法第六修正案规定："在所有刑事指控中，被控方享有……与反对他的证人进行对质的权利"。在克劳福德案中，在对第六修正案的历史根源进行回顾的基础上，我们认定，第六修正案保障被告与"提供证言"反对他的那些人进行对质的权利。（541 U. S.，at 51.）因此，除非证人出庭或者被告先前有对无法出庭证人进行交叉询问的机会，否则，反对被告的证人证言不可采。（上引案例，第 54 页。）

　　我们对于对质条款所涵盖的证言性陈述归类描述如下：

663

　　"证言性陈述的这种核心类型存在着各式形式：单方面庭上证言或其功能上相当的——即诸如宣誓陈述书、羁押盘问、被告未能进行交叉询问的先前证言、陈述人合理与其会在刑事指控中使用的审前陈述；包含在正式证言性材料中的法庭外陈述，如宣誓陈述书、询证存录、先前证言或供认；使客观证人合理地相信会在之后审判中随时可用的陈述。"（上引案例，第 51 - 52 页。）

　　毫无疑问，本案所争议的文件属于"证言性陈述的核心类型"。我们对于这一核心类型的描述两次提到了宣誓陈述书。另参见怀特诉伊利诺伊州案［White v. Illinois，502 U. S. 346，365，（1992）］（大法官托马斯，对判决结果部分支持，部分反对）（"正式证言性材料中所包含的法庭外陈述，如宣誓陈述书、询证存录、先前证言或供认，会牵连对质条款"）。本案的争议性文件，虽然被马萨诸塞州法律取名为"证书"，但显然就是宣誓陈述书，即"由陈述人在经授权主持宣誓的官员面前宣誓并写下的声明"。《布莱克法律词典》［Black's Law Dictionary 62（8th ed. 2004）］。它们无可争辩地是"以证实或证明一些事实为目的所作出的郑重声明或确认"。上引克劳福德案第 51 页（Crawford, supra, at 51）（引自《美国韦伯英语词典》［2 N. Webster, An American Dictionary of the English Language（1828）］）。争议中的事实是，从梅伦德斯—迪亚兹和共同被告处发现的物质，检控方称是可卡因——分析师一旦被传唤，其精确证言预期将在审判中提供。该"证书"在功能上与现场当庭证言是同一的，所做的就是"证人在直接询问中所做的事情"。戴维斯诉华盛顿州案〔Davis v. Washington, 547 U. S. 813, 830 (2006)〕。

进而言之，这里，宣誓陈述书不仅"是在客观证人合理地相信该陈述会在之后审判中随时可用的情况下制作的"，上引克劳福德案第 52 页〔Crawford, supra, at 52〕，而且，根据马萨诸塞州法律，这些宣誓陈述书的唯一目的就是提供有关被分析物质的"成分、质量和净重的初步证据"。《马萨诸塞州基本法》第 111 章第 13 条〔Mass. Gen. Laws, ch. 111, Section 13〕。我们可以安全地假定，分析师对于宣誓陈述书的证据性目的是有所了解的，因为这一目的，如相关州法条款中所述，被转载于宣誓陈述书上。

总之，根据我们在克劳福德案中的裁定，分析师的宣誓陈述书是证言性陈述，而且这些分析师是宪法第六修正案意义上的"证人"。如果没有显示分析师无法出庭且上诉人过去有机会对其进行交叉询问，上诉人有权在审判中与这些分析师进行对质。上引克劳福德案第 54 页〔Crawford, supra, at 54〕。(557 U. S. at 309 – 311.)

托马斯大法官再一次表示赞同，并解释了自 1992 年以来他在各种意见中发展起来的立场，即"只有在法庭外陈述，如宣誓陈述书、询证存录、先前证言或供认，被包含在正式证言性材料中，对质条款才与法庭外陈述有牵连"。在这一点上，他支持了最高法院的主流观点，用他自己的话说，理由是"本案中有争议的文件显然就是宣誓陈述书……属于对质条款规制下的证言性陈述核心类型"。(557 U. S. at 330.)

在以下反对意见摘录中，大法官肯尼迪，联合大法官布雷耶、阿利托和首席大法官罗伯茨，对大法官斯卡利亚在克劳福德案、戴维斯案和当前的梅伦德斯—迪亚兹案中界定"证言性陈述"的正式途径以及本案多数法官意见进行了直接抨击，对于多数法官意见的成果也进行了一系列抨击。

第二部分

664

本法院的根本性错误在于，将对质条款解读为是指一种必须从证据中排除出去的庭外陈述，即"证言性陈述"。对质条款并没有提及陈述的种类。该条款也没有包含"证言性"字眼。相反，该条款文本提及一类人，即"反对被告的证人"。在制定对质条款时，实验室分析师不会被理解为"反对被告的证人"的那些人。这一立场完全没有权威根据。

相反，对质条款所指的是传统意义上的"证人"——意指见证（指感知）一个事件的人，这使其对被告的犯罪拥有了某些方面的亲身知识。克劳福德案和戴维斯案所讨论的就是这种普通证人——对质条款的内容、历史或先例中，没有任何因素能够证明本法院在对质条款下扩大证人的概念是合理的。

一

对质条款规定："在所有刑事指控中，被控方享有……与反对他的证人进行对质的权利。"《美国宪法》第六修正案［U. S. Const.，Amdt. 6］。虽然"几乎没有证据来证明，当年宪法起草者们所指反对被告的证人是指哪些人"……但可以肯定的是，宪法制定者们并未考虑将远离犯罪从事科学实验的分析师作为反对被告的证人。

宪法制定者们所关注的是一种典型证人——感知到一个事件，对被告犯罪的某些方面拥有一种亲身信念的人。没有证据表明，宪法制定者们理解该对质条款可延伸至非传统意义上的证人。正如下面所讨论的，相反的证据倒是不少。在这些情况下，支持本法院立场的历史性证据实在太微薄，不能在历史、之前和当下意义上为宪法制定奠定坚实基础，……当本法院对宪法的解释是基于对历史的猜测时，它将走向危险的错误。

对沃尔特·洛利爵士（Sir Walter Raleigh）叛国罪之声名狼藉的审判，就对质条款所指的证人种类提供了一个范例……参见克劳福德案（Crawford，541 U. S.，at 44 -45）（洛利的审判昭告了我们对对质条款的理解，因为在对质条款制定的年代，洛利审判在证人庭外陈述滥用方面是"最为臭名昭著的例子"之一）。洛利的指控者声称听到了洛利谈论叛国，所以他们是传统意义上的证人。我们应该将对质条款项所指的"证人"限于如洛利案的那些传统证人。

今天，本法院将对质条款中"反对被告的证人"扩展到实验室分析师，但这类分析师与传统意义上的证人至少有三方面的重大差异。第一，传统意义上的证人是回忆过去所观察到的事件，而分析师的报告几乎是在同步记录对实验的观测。这种同步的观测报告与常规作证行为是有区别的。典型的证人必须对仅仅感知过一次的过去事件进行回忆，因此有可能误认或者记错。但是，作出同步观测记录的分析师不需要依赖于记忆；他们所报告的是当前观测到的情况。我们在戴维斯案中给予这方面的考量以举足轻重的分量。在戴维斯案中，被害人拨打 911 电话的"主要目的"，是

"使警方能够来救援正在发生的紧急情况",而非"证实或证明与之后刑事指控潜在相关的过去事件"。(547 U.S.,at 822,827.)……本法院在作出"当前观测记录属于一种对质条款项之证人行为"的认定时,没有援引任何权威依据或先例。

第二,分析师所观测的既非犯罪,又非与犯罪相关的人的行为。很多情况下,分析师并不知道被告身份,对于被告的犯罪完全缺乏亲身知识。分析师与犯罪和被告人在时间和空间上的距离,意味着分析师不是传统意义上反对被告的证人。

第三,传统意义上的证人是在讯问情况下对提问进行回答。而实验室检验是根据科学操作规程而开展的;并不依赖或受制于任何类型的讯问。换个角度说,庭外陈述仅在"由负责调查和起诉犯罪的敌对性政府检控人员制作或参与时,才有与其对质的要求"……没有任何迹象表明,这些分析师(隶属于马萨诸塞州公共健康部门下属的州立实验室)与上诉人有对抗关系。也没有任何证据表明,对抗性的检控人员对分析师证书的制作发挥了作用。

与承认将对质条款中"反对被告的证人"扩展至超出传统证人的范围不同,本法院所依赖的是我们最近在克劳福德案和戴维斯案中的意见……在未做充分分析的情况下,本法院假定,克劳福德案和戴维斯案将对质条款扩展至任何作出"证言性"陈述之人。但是,本法院自信的语气,并不能掩盖这两片"芦苇"的轻薄。无论是克劳福德案,还是戴维斯案,都没有讨论过对质条款是否延展到远离犯罪、与被告没有任何联系的人。反之,这两个案件所讨论的正是传统意义上的证人。上引戴维斯案第 826-830 [Davis, supra, at 826-830 页](证人正是被告殴打的被害人);上引克劳福德案第 38 页 [Crawford, supra, at 38](证人看见被告捅了被害人)。

的确,克劳福德案和戴维斯案采用了"证言性"一词,因而建议任何人所作的任何证言性陈述,无论与被告和犯罪多么遥远,都应受制于对质条款。但是,该建议并非克劳福德案或戴维斯案认定的一部分。这些意见使用了形容词"证言性",以避免重复使用名词"证人"之笨拙措辞的要求。今天,本法院将这一措辞转变成了新的、影响广泛的法律规则,通过规定任何为之后起诉目的而作出正式陈述的任何人,无论与犯罪距离多么遥远,都必须被考虑为"反对被告的证人"。本法院并没有援引权威根据来证明这一新的扩大化解释具有正当理由。

────注释──

1. 最高法院少数大法官的反对意见主张，对质和交叉询问不是发现科学检验错误的有效途径。反之，该反对意见建议，应当进行新的检验，或者，被告可以传唤自己的专家证人"向陪审团解释检验的瑕疵，以及依赖这一检验结果的危险性……"或者，被告可以传唤检控方分析师本人。此外，根据该反对意见，被告对实验室检验结果的异议，将"流于形式且毫无意义"，因为，几乎无法对这种标准化、常规性程序的准确性提出实质性挑战（像梅伦德斯—迪亚兹案本身所证明的那样）。

666　　多数大法官意见通过表达其关于对质条款核心概念的理解进行了回应：

　　　　将检控方根据对质条款的职责转化为被告根据州法或强制程序条款（Compulsory Process Clause）的特权，是在将敌对证人不出庭的后果从州检控方转嫁给被控方。更为根本的是，对质条款给检控方施加了出示其证人的负担，而非要求被告将敌方证人带上法庭。这对于被告来说具有不可替代的价值，这一价值无法被一种检控方通过单方面宣誓陈述书来出示证据并等待被告自主传唤宣誓者的程序所替代。（557 U. S. at 324 - 325. ）

2. 根据克劳福德案标准被认定为是非证言性的几种类型的政府报告，通过应用梅伦德斯—迪亚兹案标准，被一些法院作了重新分类。许多无记录的证书（CNRs）已经被认定为是证言性的，当其并非为常规性政府工作的产物（而是专为诉讼用途所制作）时。合众国诉马丁内斯—里奥斯案［United States v. Martinez-Rios, 595 F. 3d 581（5th Cir. 2010）］。其他更为常规和客观性的政府报告则继续被认定为是非证言性的。合众国诉卡拉巴洛案［United States v. Caraballo, 595 F. 3d 1214（11th Cir. 2010）］（每一位入境者必须填写、记录着个人信息的移民局表格是非证言性的）；合众国诉麻申科案［United States v. Mashek, 606 F. 3d 922（8th Cir. 2010）］（记录着被告过去在当地药店多次购买用于制作冰毒的假麻黄碱的存根，是非证言性的）。

3. 除毒品分析外，其他鉴定报告都被认定为证言性的，要求检控方在法庭上提供报告的作者。伍德诉州案［Wood v. State, 299 S. W. 2d 200（Tex. Ct. App. 2009）］（尸检报告）；州诉洛克里尔案［State v. Locklear, 681 S. E. 2d 293（N. C. 2009）］（由不出庭作证的法医病理学家和法医牙科专家所作的辨认其他被害人的报告）；州诉帝波尔案［State v. Dilboy, 2010 WL 1541447（N. H. 2010）］（血液和尿液检验）；维珍群岛政府诉维卡斯案［Government of

Virgin Islands v. Vicars，340 Fed. Appx. 807（3d cIR. 2009）］（医生的强奸检查报告）；邦联诉罗德侯特案［Commonwealth v. Loadholt，923 N. E. 2d 1037（Mass. 2010）］（描述了某种武器属于"枪支"及子弹属于"弹药"的弹道学证明书）。

（二）布尔康明诉新墨西哥州案

与梅伦德斯—迪亚兹案高度一致的是，联邦最高法院一个新的五人多数大法官组合，在布尔康明诉新墨西哥州案［Bullcoming v. New Mexico，131 S. Ct. 2705（2011）］中判定：陈述被告血液中酒精含量的鉴定报告，是进行该项检验并在报告上签字之分析师的证言性陈述。因此，在该分析师无法作为证人出庭的情况下，在审判中使用这份鉴定报告侵犯了布尔康明的对质权。新墨西哥州最高法院承认该报告是证言性的，但判定：在给予被告充分交叉询问机会的前提下，有知识的实验室职员在法庭上所作的证言，符合梅伦德斯—迪亚兹案和克劳福德案标准。

由大法官金斯伯格（Ginsburg）撰写的多数大法官意见，联合了大法官斯卡利亚（Scalia）、托马斯（Thomas）、索托马约尔（Sotomayor）和卡根（Kagan），毫无质疑地表达了如下观点：分析师书写的提供用以证明法庭上特定事实的检验结果证明书，是证言性的。大法官托马斯这次加入了多数方阵营，表明其断言的"郑重性"和"正式性"标准这次获得了多数大法官的支持，尽管该证明书并非宣誓陈述书，就如同梅伦德斯—迪亚兹案的报告一样。多数大法官指出，报告中还包含分析师所遵循实验程序的陈述，而且，气相色谱仪操作至少会形成一定的人工错误风险。在脚注 6 中，多数大法官意见（大法官托马斯在这一点上不予支持）应用了戴维斯案"主要目的"检验标准："要达到证言性标准，陈述的主要目的必须是，建立或证明与后续刑事指控潜在相关的过去事件。"

多数大法官意见进一步判定，代理证人的证言无法满足被告对质权的要求，主要有两个原因。第一，代理没有监督或观测到涉及本案的任何检验，并且无法在交叉询问中回答有关布尔康明血液酒精检验的任何具体问题；交叉询问中，代理不得被问及有关分析师为何无薪休假且本人不出庭作证的问题；且代理未发表有关布尔康明血液酒精含量的独立个人意见。更重要的是，多数法官判定，第六修正案本身并未表明存在这种开放式例外，而且法院也不应该去创造这种例外，因为多数大法官认为对质条款的潜在"价值"在于：

667

对质条款并不容忍，仅仅因为法院认为询问一位证人有关另一个人的证言性陈述满足了公平充分的交叉询问机会，就免除对质。（上引案例，第 2716 页。）

布尔康明案最高法院意见书结束了一个悬念，即大法官史蒂文斯和苏特退休后，大法官斯卡利亚在梅伦德斯—迪亚兹案中所持观点是否仍为大多数法官意见。梅伦德斯—迪亚兹案中的反对方在本案中，继续持反对意见论证说，与梅伦德斯—迪亚兹案分析师相比，本案分析师更不像"反对被告的证人"，且在生成反对被告的归罪证据中发挥的作用更小。考虑到代理证人就实验室操作规程和程序所作的证言，反对方否定了多数大法官所坚持的意见，即要求分析师必须出庭接受交叉询问是一种"空洞的形式"。

668

思考题

8.83. 琼斯（Jones）以非法持有武器被指控犯有重罪。检控方提供了一件武器，它装在一个上面贴有标签的塑料袋中，作为展示件证据。为采纳该展示件，检控方必须提供足以支持一项关于琼斯持有该武器之认定的证据。

警官格林（Green）作证如下：

2011 年 1 月 10 日，我在琼斯的公寓中逮捕了他。我从他的外衣口袋中查获了一件武器，并随手将其放入一个专门存放证据的塑料袋中，贴上标记，我在上面写着是从琼斯处查获的武器。当天晚些时候，我带着这件武器回到警察局，送入证据保管室。我将这份装有从琼斯处查获武器的塑料袋交给了保管室保管员。该保管员在标签上写了字，并将该标签贴在这个装了武器的塑料袋上。就储存在这间储藏室内的任何种类的证据填写财物收据，并陈述该证据来源，是证据保管的常规性操作惯例。

警官格林进一步作证说，她无法识别检控方出示的枪支就是她从琼斯那里查获的武器。她承认，眼前的这个塑料袋上没有她曾经留下字迹的标记。然而，她认出塑料袋标签上的字迹是证据保管员的手迹。这位证据保管员现在已经去世。

武器上的标签记载着：

财物收据

从警官格林处收到的武器。

日期：2010 年 1 月 10 日

签名：A. 亚当斯，保管员

这份收据对于证明检控方所提供的武器就是警官格林从琼斯处收缴的武器，具有可采性吗？请考虑所有可能的异议。

8.84. 被告被以谋杀罪起诉。州检控方传唤了一位适格专家证人作证如下：

（1）该专家受雇于州立鉴定实验室。她本人因 DNA 检验目的获得一份被告的唾液样本。在进行了适当的检测程序（提取、扩增、检测基因类型）之后，该专家获得了被告 DNA 图谱。

（2）该专家接着对一份血液样本进行了同样适当的检测程序操作，获得了该血液样本的 DNA 图谱。

（3）根据一位警方鉴定专家撰写的报告 A，该专家是从谋杀被害人的衣服上取到的这个血液样本，并将其送至州立法庭科学实验室进行检验。

（4）该专家接着将这份血液样本 DNA 图谱与被告 DNA 图谱进行了比对，并宣称它们匹配。

根据对质条款，该专家的证言具有可采性吗？警方鉴定专家必须出庭作证吗？如果这份血液 DNA 图谱是由赛尔马克实验室——一个私立实验室——检验所获得的，结论会有所不同吗？该专家可以根据赛尔马克实验室得出的图谱来宣布 DNA 匹配一致吗？

注释   *669*

1. 布尔康明案反对意见所针对的，是自克劳福德案后美国联邦最高法院关于对质条款意见的整体方法论问题。该反对意见指出，在关于可靠性和郑重性的问题上存在着"左右摇摆"；在证明过去事实和解决紧急情况之主要目的上存在难以捉摸的区别对待；在证人需要提交什么材料才能使科学报告具有可采性的问题上未能陈述一个明确的规则；在应用克劳福德案标准时未能给出一套明确的原则；其中特别是，布尔康明案中所有提出反对意见的大法官们都赞同布莱恩特案的多数意见，即"不定形"且"高度依赖语境"的"混合路径"。

克劳福德案多数意见中的七位大法官无法就"证言性"定义达成一致，导致了当前学说的复杂性和混乱性状态。也许，本案四位持反对意见的大法官正是要表明，他们受够了从克劳福德案一直延续至今的最高法院无法定义的悬置状态。反对方表达了对回归对质条款"基本目的"的怀念："禁止采纳在为审判做准备过程中通过正式讯问所获得的庭外陈述"，因为它们也许是不可靠的、未经检验的、可能根本没人说过，且有可能不是真的——反对意见认为，这一目的并未被应用于本案对实验室报告的采纳。

2. 多数意见和少数意见，还对要求检测分析师出庭是否对检控方起诉能力造成灾难性实际影响陷入了争论。双方意见都援引了在法庭之友摘要中向法庭陈述的数据，且在多数意见的第四部分，大法官金斯伯格以及斯卡利亚还指出了检控方可以实质性减少负担的各种办法。（131 S. Ct. at 2717 - 2719.）

（三）威廉姆斯诉伊利诺伊州案

在布尔康明案意见公布后几天，联邦最高法院又对伊利诺伊州诉威廉姆斯案 [Illinois v. Williams, 939 N. E. 2d 268 (Ill. 2010)] 准许了调卷令。被告威廉姆斯在法官审中受审并被判强奸罪，尽管被告以对质权受到侵害为由提出异议，伊利诺伊州最高法院仍维持了原判。在审判中，一名专家证人为检控方出庭作证，陈述了她的意见，即从性侵被害人取得的阴道拭子上获得的 DNA 图谱与先前从被告人威廉姆斯获取的血液样本检测到的 DNA 图谱匹配一致。这位专家证人的证言是基于州立法庭科学实验室分析师（该分析师从被告人血液样本中获取了 DNA 图谱）在审判中的证言，以及赛尔马克私人实验室从阴道拭子上获取的男性 DNA 图谱的工作成果。

赛尔马克实验室的报告本身并未被提供或允许作为证据使用，大概是因为依据梅伦德斯—迪亚兹案或布尔康明案关于对质条款的裁定，该报告可能不可采。如上所述，规则 703 能够视这一策略为有关专家意见合理基础的政策问题而予以允许，但其他州最高法院已经否决了这一策略，认为如果允许专家援引无法出庭的分析师的检测结果，是对被告对质权的侵犯。邦联诉毕扎瑞韦茨案 [Commonwealth v. Bizanowicz, 945 N. E. 2d 356, 365 (Mass. 2011)]。

670

五位大法官投票支持伊利诺伊州最高法院关于检控方专家证言并未违反威廉姆斯对质权的裁定。威廉姆斯诉伊利诺伊州案 [Williams v. Illinois, 132 S. Ct. 2221 (2012)]。然而，该裁定结果所基于的理由并未获得多数大法官同意。

1. 威廉姆斯案相对多数意见（Plurality Opinion）

大法官阿利托（Alito）、联合首席大法官罗伯特（Roberts）、大法官肯尼迪（Kennedy）和布雷耶（Breyer）认为，尽管检控方专家证人援引了赛尔马克实验室获取的 DNA 图谱，此种援引并未违反克劳福德案和以该案为判例的后续判例所建立起来的对质标准。该相对多数意见基于两项分析。

首先，相对多数意见讨论了布尔康明案中大法官索托马约尔（Sotomayor）所提出的问题：如果其他人的庭外陈述本身未被允许作为证据使用，专家证人能否讨论这些陈述？本案相对多数意见裁定如下：

> 当专家证人在刑事案件中为检控方作证时，被告有权对专家就其陈述的真实性进行交叉询问。仅当有关专家的庭外陈述具有以下目的，即解释该意见所依赖的假设并非为证明其真实性而提供时，该陈述才不受对质条款的规制。将这个规则适用于本案，我们的结论是，该专家证言并未违反第六修正案。（132 S. Ct. at 2228.）

大法官阿利托指出，这一基于普通法实践和规则 703 的裁定的前提是，允许专家证人依赖他们缺乏亲身知识的事实来形成他们的意见。此外，该大法官写道：《伊利诺伊州证据规则》和《联邦证据规则》均未就法官审中向法官提供此类信息作出限制。最重要的是，相对多数意见通过陈述检控方证人所透露的信息——即"匹配的 DNA 图谱是'从阴道拭子上的精液中获取的'"——并非为所断言事项的真实性，而是为非传闻目的而采纳的，从而证明了该结果的正当性。

> 该事实只是检察官问题的一个前提，而且（专家）仅仅假定，当她给出其关于两份 DNA 图谱匹配的回答时，该前提为真。没有理由认为，事实裁判者会将该（专家的）回答当作证明 DNA 图谱来自何处的实质性证据。（132 S. Ct. at 2236.）

大法官阿利托仍坚持认为，该专家所援引的赛尔马克实验室报告

> 并非是为了证明该报告所断言事项的真实性，即该报告包含了罪犯 DNA 的**准确**图谱；而仅仅是证明该报告包含了一份与从上诉人血液中获取的 DNA 图谱匹配的 DNA 图谱。（132 S. Ct. at 2240，黑体字为本书作者所加。）

相对多数意见坚持认为，这些非传闻用途，使得专家援引赛尔马克实验室结果的做法有别于梅伦德斯—迪亚兹案以及布尔康明案将报告采纳为证据，以证明其所断言事项之真实性的做法。相对多数意见认为，克劳福德案裁定"对质条款仅适用于'用以证实所断言事项之真实性的'庭外陈述"。（132

671

S. Ct. at 2240.）

相对多数意见的第二个理由是，根据戴维斯诉华盛顿州案所确立并在梅伦德斯—迪亚兹案和密歇根州诉布莱恩特案中适用的"主要目的"检验标准，赛尔马克实验室的报告本身并不是一个证言性陈述。

> 很明显，准备该实验室报告的主要目的，并非是为了指控一个目标个体。在证明该庭外陈述的主要目的时，我们适用一个客观标准……站在一个理性人的角度，在考虑所有周围情况的条件下将该陈述的主要目的归结为什么。

> 客观观之，此处赛尔马克实验室报告的主要目的，不是为了指控上诉人或制造用于审判的证据。当 ISP 实验室将样本送到赛尔马克实验室时，其主要目的是抓到仍逍遥法外、具有危险性的强奸犯，而非获取反对上诉人的证据，且当事人当时尚未被羁押或被认为有犯罪嫌疑。同样，赛尔马克实验室也没人知道该实验室制成的那份图谱结果会被用于控告上诉人——或该 DNA 图谱在执法数据库中的任何人。在这种情况下，没有"伪造证据的预期"，以及制造任何不符合科学合理性和可靠性图谱的动机。（132 S. Ct. at 2243 - 2244.）

随后，相对多数意见十分详细地分析了包括私人和官方的实验室报告所存在的不可靠性风险，并认为该风险非常低。该意见进而重提了梅伦德斯—迪亚兹案中两项说理失败的论据：一是"如果没有让参与获取 DNA 图谱的技术人员出庭，该图谱就不能被引入法庭，那么，经济压力会使检控方放弃 DNA 检测并转而依赖其他形式较老的证据，例如可信性更低的目击证人辨认"（132 S. Ct. 2228）；二是指出其裁定"不会损害那些真的想要调查某一特定案件中 DNA 检测可靠性的被告人的利益，因为参与检测的人总是可能被辩方传唤到庭并进行质询"。（上引案例。）

2. 大法官托马斯（Thomas）与判决同时发表的意见

大法官托马斯同意该案相对多数意见并同意在对威廉姆斯的审判中没有违反对质条款，但是，他反对相对多数意见中"有缺陷的分析"，并坚持他自己对于证言性陈述的独特定义。

大法官托马斯明确反对相对多数意见中关于证人援引赛尔马克实验室报告的非传闻理论。

> 在我看来……除了证明关于赛尔马克实验室报告陈述的真实性，没有其他合理的依据来提供该证据……披露庭外陈述以使事实认定者可以评估

专家意见，和为证明庭外陈述的真实性而披露该陈述，这二者之间没有本质区别。"在使用不可采的信息去评估专家证言之前，陪审团必须对该信息的真实性进行初步判断。"参见 D. 凯耶、D. 伯恩斯坦、J. 姆努金：《新威格莫尔：证据专论：专家证据》［D. Kaye, D. Bernstein, & J. Mnookin, The New Wigmore: A Treatise on Evidence: Expert Evidence § 4.10.1, p. 196 (2d ed. 2011)］……（132 S. Ct. at 2256 - 2257）。

他还明确反对相对多数意见中所谓"新的"主要目的检验，即检验"'指控一个目标个体实施刑事犯罪的主要目的。'……该检验缺少宪法性文本、历史或者逻辑上的依据"。（132 S. Ct. at 2262.）然而，他认为该意见没有违反对质条款，因为"有关赛尔马克实验室的陈述缺少'形式性和郑重性'，因而不能考虑为具有'证言性'"。（132 S. Ct. at 2256.）他写道，赛尔马克实验室报告有别于梅伦德斯—迪亚兹案以及布尔康明案的报告，因为那两个案件报告既未被报告分析师所证明，也未被当做"证明书"。大法官托马斯（Thomas）认为，这一区别具有"宪法性意义"，因为"对质权的范围被合理限制在类似于玛丽女王时期郑重询问的法庭外陈述，对质条款旨在防止该种实际操作"。（132 S. Ct. at 2260.）

因此，大法官托马斯继续坚持认为，对质分析被限于辨别那些"功能上与当庭证言相同，由证人在直接询问中精确作出的"庭外陈述。（132 S. Ct. at 2261，引自梅伦德斯—迪亚兹案。）

3. 大法官卡根（Kagan）的反对意见

与大法官斯卡利亚（Scalia）、金斯伯格（Ginsburg）和索托马约尔联合，大法官卡根指出，未对检控方专家证言所依赖的 DNA 图谱制作者，即赛尔马克实验室分析师进行交叉询问，显然是对法庭先例所确立的对质权的违反。（132 S. Ct. at 2265.）

该反对意见首先指出，赛尔马克实验室报告与布尔康明案的报告是一样的：

> 该报告被制作用以在刑事诉讼中确立"某个事实"；……对警察收集的证据进行鉴定检验的结果；……可比较的标题；对相关的样本、检验方法及结果进行相似的描绘；同样包含实验室职员的签名……因此，基于本法院先前的分析，只有当威廉姆斯有机会对负责制作本报告的分析师进行交叉询问时，本报告的实质内容才能作为证据使用。（132 S. Ct. at 2266 - 2267.）

672

接着，大法官卡根否定了相对多数意见中对使用赛尔马克实验室报告的"非传闻"分析：

> 五位大法官同意，以下论据没有根据，并在两份意见书中引用了相同的理由：专家证人关于赛尔马克实验室报告的陈述涉及其真实性，伊利诺伊州不能以信赖其专家身份而绕过质证条款的要求……为证明证人结论的有效性，事实认定者必须评估该证言所依赖的庭外陈述之真实性。这就是为什么主流的现代证据专论以各种方式称道以下理念——即这种"基础证据"并非因其真实性而进入法庭，而仅仅是为了帮助事实认定者评估专家意见"站不住脚""事实上似是而非""荒唐"以及"纯粹是捏造"……"假装提供证据并非是为证明其内容之真实性，可信性便令人担忧"。（132 S. Ct. at 2268 - 2269.）

大法官卡根，同样反对相对多数意见中关于赛尔马克实验室报告因其主要目的并未聚焦于"目标个体"而不具有证言性的结论。

673

> 我们曾问过是否一项陈述作出的主要目的是证实"那些与潜在后续刑事指控相关的过去事件"。此外，我们判过的案例中从未表明过，该陈述必须用于指控一名先前被指认的个体。（132 S. Ct. at 2274.）
>
> 专家证人在审判中已经承认，本案的所有报告均是为刑事调查和可能的起诉而准备的。相对多数的意见试图将赛尔马克实验室报告归为对一起正在发生的紧急事件（一名强奸犯潜逃）的回应，这掩盖了以下事实，即该阴道拭子直到该袭击发生 9 个月后才被送到赛尔马克实验室。

最后，大法官卡根还解释了为什么没有好理由要保留这种"目标个体"要求："实验室分析的典型问题——也是交叉询问的典型焦点——关乎粗心大意或不称职的工作，而非个人恩怨。"（132 S. Ct. at 2274.）梅伦德斯—迪亚兹案中的多数意见同样否决了一个关于采纳技术报告的可信性理由，这说明在刑事审判中所使用的法庭科学证据存在着严重缺陷。

───注释───

1. 威廉姆斯案大法官意见的分歧，对对质条款未来的发展意味着什么？代表相对多数意见的四位大法官不同意梅伦德斯—迪亚兹案（在该案中他们暗示已准备好要推翻克劳福德案）标准，并且，看起来要坚定地尽其所能规避"证言性"标准。大法官卡根和索托马约尔在遵从克劳福德案这一点上与大法官斯卡利亚和金斯伯格相一致。一种可能性是，大法官托马斯关于对质条款范围的观点（无其他大法官对此表示赞同）可能决定未来的结果，至少在最高法院审理的案件中。换言之，当大法官托马斯认为该陈述具备充分的形式性和郑重性时，就会加入威廉姆斯案中持反对意见的法官群体；反之，则会加入该案相对多数的意见。另一种可能性是，威廉姆斯案除了案件中的特定事实，无法为各下级法院提供有意义的判例法原则。这一解释已被联邦第二巡回法院所采纳。第二巡回法院指出"威廉姆斯案中没有任何一种说理获得多数大法官的支持"，该法院解释道，该意见并未"对我们正在处理的当前案件提供了任何有用的裁定"。参见合众国诉詹姆斯案［United States v. James，712 F. 3d 79，95（2d Cir. 2013）］。因此，第二巡回法院解释道，它只能依赖于威廉姆斯案之前的判例，包括梅伦德斯—迪亚兹案和布尔康明案。

2. 各法院对于是否将验尸报告描述为证言性的，持有不同的见解。请将上文提及的合众国诉詹姆斯（裁定验尸报告是非证言性的），与合众国诉伊格纳西亚克案［United States v. Ignasiak，667 F. 3d 1217，1231 - 1232（11th Cir. 2011）］（裁定验尸报告是证言性的）进行比较。

五、克劳福德案后"证言性"陈述的定义：并非向执法人员作的陈述

在克劳福德案及其后续案件中，最高法院并未解决一个问题，即向执法人员以外的人作出的陈述，是否以及在何种情况下能被认定为证言性的？这给各下级法院带来了很多困扰。最高法院在俄亥俄州诉克拉克案［Ohio v. Clark，135 S. Ct. 2173（2015）］中解决了上述问题。

（一）儿童陈述：俄亥俄州诉克拉克案

克拉克案涉及一位 3 岁男童对幼儿园老师所作的陈述。在老师询问他（L. P.）身上的伤痕时，他作出了指认他母亲的男友（本案被告）为施虐者的陈述。在对被告的审判中，该男童没有出庭作证，因为他被认定为不适格这么做。审判中，该男童对老师所作陈述被采纳为证据，而被告也被定罪。俄亥俄州最高法院的结论是，在审判中提供该儿童的证言违反了对质条款，因为俄亥俄州法律要求需将这种陈述强制性地报告给执法部门。美国最高法院撤销了俄亥俄州最高法院的原判，所有大法官均认为该陈述是非证言性的。大法官阿利托代表法庭撰写了多数意见。大法官斯卡利亚（协同大法官金斯伯格）和大法官托马斯对该结果表示支持，但分别撰写了意见。

依据美国联邦最高法院的观点，对执法人员以外的人作出的陈述，仍可能

是证言性的。然而，通过将"主要目的"检验应用于本案事实，最高法院裁定该男童的陈述不是证言性的。大法官阿利托解释道：

> 因而，我们所面对的是一个之前反复遇到的问题：向执法人员以外的人作出的陈述，是否受制于对质条款？由于一些对非执法人员作出的证言至少可能引发宪法性问题，我们拒绝采用一套类型化规则将其从第六修正案的范围内排除出去。然而，相比向执法工作人员作出的陈述，这种陈述更不可能是证言性的。考虑到本案的所有相关情况，很明显，L. P. 的陈述不具有制造对克拉克进行刑事指控的证据之主要目的。因此，将其引入审判并不违反对质条款。

> L. P. 陈述发生的语境是一起正在进行的涉嫌虐童的紧急事件。当L. P. 的老师们注意到他的伤痕时，肯定会担心一个 3 岁儿童成为严重暴力的被害人。因为老师们需要知道将 L. P. 交给他的监护人是否安全，他们需要知道谁可能虐待了这个孩子……

> 没有任何迹象显示这一对话的主要目的是收集刑事指控克拉克的证据。相反，这一做法的首要目的是保护 L. P. 。老师们没有理由告诉 L. P. 说，他的回答可能被用于逮捕或惩罚施虐者。L. P. 也从未暗示过他希望其证言被警方或检控方所采用。并且，L. P. 与老师们之间的对话是非正式和自发的。在发现 L. P. 的伤痕后，老师们立即询问了有关情况，而这发生在幼儿园的餐厅和教室这种非正式场合。老师们的做法，与任何有责任心的公民在发现一名儿童可能是受虐者后会进行询问的做法，是完全一样的。这与克劳福德案在警察局进行的正式询问或与哈蒙案警察讯问和要求签署毁打宣誓陈述书的情景完全不同。

675

> L. P. 的年龄强化了我们关于本案的陈述并不具有证言性的结论。非常年幼的儿童所作的陈述将极少涉及对质条款。（上引案例，第 2181 - 2182 页。）

大法官阿利托的意见中还解释道，历史性实践可能与判断某一特定类型的陈述是否落入对质条款的范围具有相关性：

> 而且，作为历史问题，有很强的证据表明，在普通法中，那些在L. P. 和他的老师们所面临的相似情况下作出的陈述具有可采性。参见里昂和拉玛纳：《儿童传闻的历史：从老贝利到后戴维斯时代》［Lyon & LaMagna, The History of Children's Hearsay: From Old Bailey to Post-Davis, 82 Ind. L. J. 1029, 1030 (2007)］；另参见俄亥俄诉克拉克案［Ohio

v. Clark，135 S. Ct. at 1041 - 1044] (在第 1687 - 1788 页，考查了多起儿童强奸案); J. 兰博的：《对抗制刑事审判的起源》[J. Langbein, The Origins of Adversary Criminal Trial 239 (2003)] [18 世纪位于伦敦的"老贝利"法庭"在涉及儿童被害人（因年龄太小，未能理解自身证言的价值，因而没有作证资格）的强奸指控中，允许臭名昭著的传闻证据"]。18 世纪时，法庭排除此类陈述，例如，参见金诉布拉奇尔案 [King v. Brasier, 1 Leach 199, 168 Eng. Rep. 202 (K. B. 1779)]，他们这么做是因为儿童本应被裁定有能力作证，而非因为此类陈述不可采。参见里昂和拉玛纳案（上文，第 1053 - 1054 页）。因此，类似 L. P. 所作陈述会被认为将引起对质条款问题，是值得高度质疑的。[上文 (135 S. Ct. at 2182)。]

在支持多数意见的独立见解中，大法官斯卡利亚争辩说，纵观历史实践，对某一特定类型传闻证据在历史上是不经交叉询问而被采纳的事实，由检控方承担证明责任。大法官托马斯在其支持多数意见的独立见解中，继续坚持他对于证言性陈述的认识，即此类陈述需要具备充分的形式性或郑重性。

———注释———

1. 在克拉克案中，多数意见认为，幼儿的陈述"即使牵涉对质条款，也是罕见的"。在与克拉克案类似的情形中，这可能是正确的；同样，如果一个人仅关注陈述者的视角，这种看法也可能是正确的。但如果关注询问者的视角，询问的主要目的可能是为了获取可用于刑事指控的证据。参见保罗·F. 罗斯坦：《对质条款下儿童及其他受虐被害人陈述的模糊目的》[Paul F. Rothstein, Ambiguous-Purpose Statements of Children and Other Victims of Abuse Under the Confrontation Clause, 44 Sw. U. L. Rev. (2015)]。

2. 在克拉克案中，最高法院否决了以下观点，即老师们报告虐待行为的强制义务会使陈述具有证言性："老师的询问和他们报告事件的义务具有导致克拉克被定罪的天然趋向性，是不相关的。戴维斯案和布莱恩特案中的陈述支持了被告被定罪，且警察总是有义务去询问解决正在发生的紧急事件的问题。"你如何看待这种类比？

3. 根据马里兰州诉克雷格案 [Maryland v. Craig, 497 U. S. 836 (1990)] 确立的有限例外，儿童证人可以通过闭路电视作证，以保护儿童的身心健康。当他们用此形式作证时，就采纳他们的其他传闻陈述目的而言，只要克雷格案中所要求的特定必要性认定得到满足，就可以视其等同于出庭作证。合众国诉转弯熊公

676

司案［United States v. Turning Bear, 357 F. 3d 730, 738 (8th Cir. 2004)］。

（二）医疗访谈和检查

向医疗人员所作的陈述，同样引发了关于对质条款适用范围的难题。当医疗访谈和检查涉及非政府雇员时，法院进行了大量事实分析，以裁定其中所提问题在"功能上是否等同于警方讯问"。埃尔南德斯诉州案［Hernandez v. State，946 So. 2d，1284 - 1285 (Fla. App. 2007)］［法院采用了一种四因素检验法，包括（1）检查方作为执法部门分支机构的法律身份，（2）执法部门在陈述生成过程中的参与度，（3）护士进行检查的目的，以及（4）不存在任何正在发生的紧急情况］。在埃尔南德斯案中，法院关注检查者进行访谈的目的：

> 舒尔曼女士（Ms. Shulman）例行出庭就其操作的儿童体检结果作证。她告诉陪审团，在儿童遭侵犯医疗检查方面，她已有上百次的操作经验，符合专家资格，并且她已作为专家证人在希尔斯伯勒、帕斯科、皮内拉斯和戴德郡出庭作过证。基于舒尔曼女士的背景以及她对法医问题的专注，舒尔曼女士无疑合理地预期，她会出庭就其医疗检查结果和儿童及儿童的父母在医疗检查过程中所作的陈述作证，以反对埃尔南德斯先生。

> 另参见合众国诉波尔多案［United States v. Bordeaux, 400 F. 3d 548, 556 (8th Cir. 2005)］（"医疗访谈的目的，扩而言之，陈述的目的，是有争议的；但是，该证据要求这样的结论，即该目的是为执法部门收集信息"）。其他法院都将注意力聚焦在陈述人的知识和目的上。例如，参见布朗特诉哈迪案［Blount v. Hardy, 337 Fed. Appx. 271 (4th Cir. 2009)］（审判中对三岁被害人向诊疗师所作庭外陈述的采纳，被裁定为并未违反被告人的对质权条款权利，虽然该被害人并不知道或者说有理由知道她的陈述会被用来在审判中反对被告）。同样，法院认为，陈述有可能具有多重目的。在摩特诺玛县未成年人部诉 S. P. 案［State ex rel. Juvenile Dept. of Multnormah County v. S. P. , 215 P. 3d 847 (Or. 2009)］中，法院认定一个目的在于检查和治疗被虐待儿童的机构，扮演了警方"代理"的角色，这一事实对于之后判定被害人陈述具有证言性起到了重要作用。其他法院已经判定，在立即救治之前的医疗检查过程中所作的陈述，在没有警方参与的情况下，其主要目的是治疗且是非证言性的。例如，参见人民诉凯奇案［People v. Cage, 155 P. 3d 205，218 - 220 (Cal. 2007)］。

（三）其他类型的非证言性传闻

最高法院在克劳福德案中称，一些特定类型的传闻陈述（对应特定的传闻例外规定）本质上不属于"证言性"陈述，因此不在对质条款的范围之内。677（541 U.S. at 1367.）最高法院在布莱恩特案中重复了这一观点。（562 U.S. at 362 n.9.）（"传闻规则的很多其他例外……依赖于这一信念，即某些特定类型的陈述本质上不是为了检控目的而作出的。"）各法院都信赖这种看似"类型化"的分析法。举例来说，并非旨在作为断言的陈述（比如提问），可以逃脱传闻定义，因此也就摆脱了对质条款的控制。克劳福德案和布莱恩特案中提到的其他这种类型的陈述包括：熟人闲谈、一些商业和公共记录，以及为助推合谋所作的同谋者陈述。

一些下级法院已经采用了某种类型化分析法，例如，参见杜安诉卡特案［Doan v. Carter, 548 F. 3d 449 (6th Cir. 2008)］（被害人向朋友和家人所作的关于虐待的陈述，是非证言性的）；合众国诉金案［United States v. King, 541 F. 3d 1143 (5th Cir. 2008)］（为助推合谋所作的同谋者陈述，是非证言性的）。

六、满足对质权要求的证言性陈述

根据克劳福德案，证言性陈述可以通过两种方式来满足对质权的要求：（1）如果陈述人作为证人出庭作证，因而可以接受被告方的交叉询问，及（2）如果陈述人无法出庭作证，但被告方过去曾有机会对陈述人进行交叉询问。现行判例法已建立了这些要求的尺度，而且，联邦最高法院在克劳福德案中也未表示有意对此进行修改。

（一）陈述人作证

联邦最高法院在克劳福德案中指出：

当陈述人出现在法庭上接受交叉询问时，对质条款无法限制其先前证言性陈述被法院采纳予以使用。参见加利福尼亚州诉格林案［California v. Green, 399 U.S. 149 (1970)］。只要陈述人出现在法庭上为其自身言论进行辩护或者解释，对质条款便不会禁止对该陈述的采纳。（541 U.S. at 59，n.9.）

当然，该先前陈述必须属于一种传闻例外；对质权与传闻规则并非完全一致。

对陈述人进行充分交叉询问的问题，比如，当陈述人已经无法回忆起该传闻陈述所描述的事件，在合众国诉欧文斯案［United States v. Owens，484 U. S. 554（1988）］中似乎得到了很好的处理，如上文第 489－490 页所述。合众国诉吉拉杜奇案［United States v. Ghilarducci，480 F. 3d 542，549（7th Cir. 2007）］（陈述人未称"完全丧失了对事件的记忆"）；合众国诉哈迪案［United States v. Hardy，476 F. Supp. 2d 17，25（D. Mass. 2007）］（证人已经记不清楚他当时为什么会选择被告照片之事实，并不违反对质条款）；亚涅斯诉明尼苏达州案［Yanez v. Minnesota，562 F. 3d 958，963（8th Cir. 2009）］（法院判定，儿童证人的不正确记忆不会剥夺被告人交叉询问的能力，此处被告人可以提醒陪审团："该证人没有能力回忆起虐待或是任何与犯罪行为相关的细节，因此要质疑她的可靠性。"）

678

（二）无法出庭作证和先前交叉询问的机会

在克劳福德案中，联邦最高法院称，宪法制定者是不会允许采纳证言性陈述的，除非陈述人"无法出庭作证且被告方过去曾有机会对其进行交叉询问"。（541 U. S. at 57.）因此，在陈述人无法出庭作证的情况下，先前交叉询问能够满足对质权要求。

1. 陈述人无法出庭

一般来说，联邦或州传闻规则中的"无法出庭（unavailability）"要求［例如《联邦证据规则》804（a）］，也会被用来判断对质条款目的中的"陈述人无法出庭"，此外还有另一项要求。在巴伯诉佩奇案［Barber v. Page，390 U. S. 719（1968）］中，最高法院判定，第六修正案要求检控方在法庭上证明，其在将传闻陈述人带上法庭方面已尽了真诚努力，即使他们的努力未能成功。最高法院还有先例表明，当陈述人无法出庭的结果是由检控方自己的过失造成时，法院是不允许检控方提供证言性陈述的。莫兹诉合众国案［Motes v. United States，178 U. S. 458，474（1900）］。克劳福德案法院意见书中并未提到巴伯案或莫兹案，虽说在克劳福德行使了其配偶作证特免权的情况下，没有必要这样做。各州法院判定，上述（对检控方的）真诚及合理尽职的要求，在克劳福德案后仍然适用。合众国诉蒂拉多—蒂拉多案［United States v. Tirado-Tirado，563 F. 3d 117，120（5th Cir. 2009）］。

2. 先前交叉询问的机会

当被告有强烈的动机和充分的机会在先前审判中对陈述人进行交叉询问时，克劳福德案的要求被认定为得以满足。罗马斯诉贝尔古伊斯案［Romans

v. Berghuis，2007 U. S. Dist. LEXIS 88905 (E. D. Mich. 2007)]。

在俄亥俄州诉罗伯茨案中，最高法院允许采纳陈述人在预审中所作的陈述，其间辩方律师进行过交叉询问。然而，正如我们在上文第 600 页所述，由于无法进行充分准备，且不想透露本方策略，刑事被告方在预审阶段有可能缺乏对证人进行激烈交叉询问的动机。而且，在一些州，预审是被截短的 (truncated) 程序，交叉询问是徒劳的。因为，法院根本不会在此阶段去考虑证人的可信性问题。参见人民诉福瑞案 [People v. Fry，92 P. 3d 970 (Colo. 2004)]。另参见比斯利诉州案 [Beasley v. State，258 S. W. 3d 728，731 - 735 (Ark. 2007)] (在削减债券听证会上所作的证言被排除，因为，被告当时并没有强烈动机去交叉询问该证人)。在罗伯茨案中，联邦最高法院留下的一个开放性问题是，仅具有交叉询问的机会或仅仅 "走马观花" 的粗略调查，是否可以满足对质要求？最高法院在克劳福德案中使用了 "机会 (opportunity)" 一词，但并未就此展开讨论。

七、对质要求的例外

克劳福德案意见书中提到对质要求的两种可能例外的情况。在这些例外情况下，证言性陈述可以被采纳。第一个例外是濒死陈述，理由是自对质权诞生以来，这种陈述就是被采纳的。(541 U. S. at 56，n. 6.) 第二个例外是基于被告致使陈述人无法出庭作证的不当行为所导致的被告对质权的 "失权" (forfeiture)。(541 U. S. at 62.) 在克拉克案中，最高法院再次确认，表明一种类型的陈述在未经交叉询问的情况下通常会被采纳的历史证据，可以生成对质要求的附加例外。(135 S. Ct. at 2180) ("对质条款并未禁止将那些在本条款诞生时刑事案件中会被采纳的庭外陈述引入法庭")。

(一) 濒死陈述

在克劳福德案、吉尔斯案以及布莱恩特案中，联邦最高法院指出，濒死陈述，即使是证言性的，也可以作为对质要求传统上一直以来的例外而采纳。密歇根州诉布莱恩特案 [Michigan v. Bryant，131 S. Ct. at 1151，n. 1.]。各州最高法院和其他下级法院将濒死陈述作为非证言性陈述予以采纳。人民诉达西案 [People v. D'Arcy，226 P. 3d 040，971 - 973 (Cal. 2010)]；邦联诉内斯比特案 [Commonwealth v. Nesbitt，829 N. E. 2d 299，309 - 312 (Mass. 2008)]；吉尔摩诉拉夫勒案 [Gilmore v. Lafler，2010 U. S. Dist. Lexis 59488，at * 26 - 31 (E. D. Mich. 2010)] (在人身保护审查中，法院判定采纳濒死陈述并不与最高法院的先例相悖）。

　　（二）"因不当行为而失权"

　　如上文第615页所解释的，从合众国诉马斯特兰赫洛案〔United States v. Mastrangelo，693 F. 2d 269（2d Cir. 1982）〕判决中发展出一种被告对质权失权理论，即：若是被告不当行为致使传闻陈述人无法出庭作证，则视同为被告放弃了其对质权。联邦最高法院在克劳福德案中明确接受了这一原则：

　　　　基于衡平法的理由，（我们认可）因不当行为而失权的规则，熄灭了被告的对质主张；它并不旨在成为决定可靠性的替代方法。（541 U. S. at 62.）

　　在戴维斯案中，最高法院再次明确准许了，使用这一原则来反对其行为"破坏了刑事审判制度完整性的"被告人。参见上文，第652页。

　　然而，失权原则中的一个重要问题是，被告人不当行为的目的，是否必须是为了阻止陈述人作证反对被告人。这一要求明确写入了《联邦证据规则》804（b）（6）失权传闻例外。但是，克劳福德案判决结果公布后不久，多家法院便判定，在证明丧失宪法对质权的问题上，这一目的并非是必须的。例如，参见合众国诉加西亚—梅萨案〔United States v. Garcia-Meza，403 F. 3d 364，370 - 371（6th Cir. 2005）〕（法院判定，被告不当行为的动机是不相关的，因为"失权原则的衡平法基础，正如克劳福德案所阐述的，是要阻止被告从其不当行为中受益"）。

　　摈弃显著扩大了失权原则适用范围的"目的"要求，是值得考虑的。这一扩张后的原则常常被应用于涉及家庭暴力的案件，例如，在加西亚—梅萨案中，被告被指控谋杀妻子。法院支持采纳五个月前妻子在被丈夫家暴后对警方所作的陈述，称她丈夫对她越来越粗暴，原因是她与前男友说了几句话。因为许多家庭暴力和虐童案中被害人陈述被认定为是"证言性"的，根据克劳福德案的规定要予以排除，所以，失权例外规定成为这些检控的重要组成部分。

　　然而，在吉尔斯诉加利福尼亚州案〔Giles v. California，554 U. S. 353（2008）〕中，联邦最高法院否决了对宪法性失权原则的这一扩大化解释。在该案中，德韦恩·吉尔斯（Dwayne Giles）被指控谋杀其前女友布伦达·艾维（Brenda Avie）并被起诉。吉尔斯主张正当防卫，称艾维吃醋并有暴力倾向。在她死亡当日，她对他进行威胁，电击他，这迫使他闭上眼睛，开枪自保。在审判中，检控方提供了三周前在对一份家暴报告进行回应时，艾维对一位警员的陈述。艾维当时指控吉尔斯掐她脖子，打她，并拿刀威胁要杀了她，如果她对他不忠的话。根据一项加利福尼亚州法律的规定，这些描述身体伤害威胁的陈述属于可采的传闻证据。吉尔斯被判一级谋杀罪。上诉中，加利福尼亚州最高法院支持了对吉尔斯的判决。该法院假定艾维的陈述是证言性的，但判定其并不违反对质条款，因为克劳福德案已认可了失权原则，正是吉尔斯的故意行为致使艾维无法出庭作证。

1. 吉尔斯案中的多数大法官意见

联邦最高法院批准了吉尔斯的调卷令请求，以决定这一扩大化的宪法性失权原则是否合理："我们在克劳福德案中判定，对质条款'从本质上来说，是参考了普通法上的对质权，仅采纳建国之时已确立的那些传闻例外……'为此，我们不禁要问，加利福尼亚州最高法院所采用的不当行为而失权理论是否为建国时期已确立的对质权例外。"（554 U. S. at 358.）因此，由大法官斯卡利亚所撰写的多数意见，聚焦于早期普通法上失权原则是否要求证明被告致使陈述人无法出庭之目的是阻止该陈述人作证。

本法院得出结论，普通法上的失权原则要求被告致使陈述人无法出庭之目的是阻止其作证，因此，今天的失权原则有同样的要求。

> 总而言之，我们对于普通法上失权规则的理解得到了如下支持：（1）对普通法所使用语言之最自然的解读；（2）尚无在被告未参与阻止证人作证行为的情况下，按照失权理论采纳先前陈述的普通法案例；（3）普通法上对于大量案件中未经对质的谋杀案被害人所作归罪证言（有意识的濒死证言除外）的统一排除（这些案件中，被告被指控杀害了被害人，但没有证据能够显示他这么做是为了阻止被害人作证）；（4）在后续历史中，少数大法官的宽泛失权理论从未被本法院应用过。前两点与最后一点非常具有说服力；第三点在我们看来不容置疑。（上引案例，第368页。）

六位大法官赞同此结论是失权原则的适当范围。联邦最高法院废止了加利福尼亚州最高法院的判决，并就被告在杀害艾维时是否有阻止她举报虐待或与警方合作的必要意图问题，将本案发回重审。

2. 大法官苏特和金斯伯格支持判决结果但有自己独立见解

大法官苏特和金斯伯格联合撰写了一份单独的同意多数意见但有独立见解的意见⑳，认同多数意见就宪法第六修正案起草和修订时期对质权范围的意见：

---

⑳ 大法官托马斯和阿利托也撰写了简短的同意判决结果但有独立见解的意见，对"艾维对警方所作陈述是证言性的"表示怀疑，但承认，这并不是最高法院在本案中所要解决的问题。

当被告是有意阻止证人作证而造成其缺席时，此时缺席证人之先前相关的证言性陈述，受基于衡平法理由的传闻例外管辖。将未经对质的庭外陈述的不真实性风险施加于故意阻止对质检验的被告身上，过去是合理的，现在仍然是合理的。（上引案例，第379页。）

但是，大法官苏特和金斯伯格认为，对于失权条款而言，最重要的是衡平法上的根据，而非其历史性根据。因为是被告意图要阻止证言，所以将未经质的传闻风险通过丧失对质权而施加于被告，也是公正合理的。否则，他们看起来像在说，仅仅基于本次谋杀很可能是被告干的，而在谋杀审判中采纳了被害人陈述以证明该起谋杀，这无异于"循环论证"。

　　唯一能够从循环论证中挽救可采性和责任决定的是（在陪审团审理的案件中）法官和陪审团的不同功能。法官通过优势证据可以认定被告实施了杀害行为（因此可以采纳该证言性陈述），而陪审团只能通过确信无疑的证明才可如此认定。在对质权丧失之前，衡平法所要求的比这样接近于循环论证的要多，而且通过揭示被告人阻止证人作证之意图，能够提供更多的信息。

3. 吉尔斯案中的少数大法官反对意见

大法官布雷耶、史蒂文斯和肯尼迪撰写了反对意见，表示反对多数意见依据历史记录所作出的结论。他们主张，"各法院过去在设置例外规定时所使用的语言非常宽泛，足以包括当前案件（谋杀案）中的不当行为以及其他很多内容"，并主张失权原则的基本衡平性"宗旨和目标（purpose and motive)"——阻止被告从其不当手段中获利——适用于吉尔斯案。他们与多数意见之间最主要的冲突，集中在用以反对吉尔斯的"意图（intent)"这一要件上（他们认为，该意图足以证明使其丧失对质权是公正的）。大法官布雷耶在反对意见中强烈反对多数意见将"意图"要件代替衡平法上"宗旨和目标"的做法。

就17、18、19世纪证据法中所发现的历史记录，反对方主张如下：

682

　　对多数意见所罗列案件的审查表明，没有案件将失权限定在被告之意图或动机是阻止证人出庭作证的情况，……恰恰相反，相关案件表明，失权规则适用于此种情况，即证人缺席是被告故意不当行为的明知后果。（上引案例，第389-392页。）

──注释和问题──

1. 仅通过完整地阅读多数和少数意见，我们便可以感受到，通过分析历史记录来判断"联邦宪法制定和第六修正案颁布时期"失权条款之准确范围的困难。当历史记录存有疑问时，法官们必须使用宪法性、证据性和普通法政策/原理来理解对质权。

2. 最高法院在吉尔斯案意见书中承认，克劳福德案对涉及无法出庭作证或者无法作为有效证人的脆弱被害人的案件而言，具有特别的影响。一些评论家认为，警方的做法会随着法律上的变化而改变，尤其是，会在审前听证或询证存录中创造出更多审前交叉询问的机会，以期创造出更多称不上是"讯问"的非正式调查机会；并且，会和陷入恐惧的证人进行密切沟通，以便尽可能促使他们出庭作证。讨论克劳福德案对上述此类案件影响的文章包括：保罗·F. 罗斯坦：《对质条款下儿童及其他受虐被害人陈述的模糊目的》（上引文）；大卫·A. 斯特兰斯基：《传闻证据的最后欢呼》[David A. Sklansky, Hearsay's Last Hurrah, 2009 Sup. Ct. Rev. 1 (2010)]；罗伯特·P. 莫斯特勒：《克劳福德诉华盛顿州：鼓励并确保与证人对质》[Robert P. Mosteller, Crawford v. Washington: Encouraging and Ensuring the Confrontation of Witnesses, 39 U. Rich. L. Rev. 511 (2005)]；汤姆·林格：《克劳福德案之后对施虐者的指控》[Tom Lininger, Prosecuting Batterers After *Crawford*, 91 Va. L. Rev. 747 (2005)]；塞莱斯特·E. 拜罗姆：《克劳福德诉华盛顿州案后在家庭暴力案件指控中对激奋话语传闻例外的使用》[Celeste E. Byrom, The Use of the Excited Utterance Hearsay Exception in the Prosecution of Domestic Violence Cases after Crawford v. Washington, 23 Rev. Litig. 409 (2005)].

第八节　传闻规则反思

传闻规则的批评者大有人在。他们的批评主要集中在豁免和例外分类结构的复杂性上，以及这种复杂的结构对于传闻政策的贯彻是否必要。这反过来就提出了在现代诉讼背景下传闻政策应当是什么的深层问题。

一、传闻政策的传统目标

我们在本章第一节介绍了排除传闻政策的传统模式：证人的宣誓、行为举止和交叉询问被认为能够减少证言性危险，使庭上证言比庭外陈述更可靠。这种政策之更强有力的表述是，传闻是一种存在固有不可靠性的证据，陪审团对其不能进行适当的评估，其裁决不应基于传闻，以及排除传闻能够防止欺骗性

683　的证据。对这一传统政策的详尽分析和批评，可参见保罗·S. 米利克：《传闻自相矛盾：废除该规则与重新开始》［Paul S. Milich, Hearsay Antinomies: The Case for Abolishing the Rule and Starting Over, 71 Ore. L. Rev. 723 (1992)］。

根据这种传闻证据有缺陷的观点，通过类型化的传闻例外和豁免而采纳它的两个主要正当理由是可靠性和必要性：传统传闻政策的目标是采纳比一般传闻更可靠的传闻，或采纳对于诉讼争议的合理解决似乎必要的传闻。这一传闻例外的"可靠性理论"假定，可靠的传闻证据可以通过辨别那些可能减少某种不诚实性风险、降低丧失记忆风险以及仅为偶尔不准确感知风险的环境，来预先得到辨别。

二、可靠性理论并不奏效

要批评传统传闻规则的可靠性理论是很容易做到的。我们已经在贯穿本章的论述中含蓄地指出了这一点，即绝对的传闻例外和豁免的基础铺垫要求并没有达成它们的既定目标。许多看上去不可靠的传闻都被采纳了，许多看上去可靠的传闻也许被排除了。甚至联邦证据规则起草咨询委员会对《联邦证据规则》第8条的说明性注释，也举出了这些批评意见：

> 普通法所演化形成的解决办法是，一项排除传闻的基本规则，却又在假定提供了可靠性保证的情况下接受许多例外。对这种方案的批评意见是，既笨拙又复杂，事实上无法将好的传闻从坏的传闻中筛选出来，且妨碍了证据法的成长。

在麦克尔·西格尔：《传闻证据之合理化：最佳证据传闻规则的方案》［Michael Seigel, Rationalizing Hearsay: A Proposal for a Best Evidence Hearsay Rule, 72 B. U. L. Rev. 893, 912-913 (1992)］一文也提出了类似的批评：

> 可悲的是，我们现行制度使用了最不理性的方法来评估传闻证据的可靠性：先验分类。每项类型化的例外在理论上都得到了一种关于人类行为初始归纳假设的支持，如果真是这样的话，则属于某种传闻危险之庭外陈述类型的概率就会降低。因此，任何这样的陈述都被认为具有可靠性，因而具有可采性。然而，即使假定这种类型化基本假设是准确的，庭外陈述的可靠性也不是简单通过这种事实上线性的检验就能加以衡量的。尽管一个陈述属于某种类型的例外，但从本案其他信息来看，该陈述也可能是非

常不可靠的。这一更为具体的信息可能说明，类型化的行为假设，并不能
适用于存在争议的特定陈述；或者，该陈述也许存在该特定例外背后的假
设未加考虑的危险性；或者，其他更为确定的证据，可能使人对该传闻的
准确性产生怀疑。与此同时，类型化的例外并不具有全面的包容性；与被
排除的传闻有关的事实可能表明它是可靠的，即使它没有满足任何特定例
外的严格要求。

问题在于，在决定应被采纳的传闻证据之可靠性问题上，并不存在什么已 684
获得一致认可的替代方法。

三、自由裁量规则

一种选项是将该规则变成《联邦证据规则》403 式的平衡检验规则，在
这种情况下，审判法官被赋予自由裁量权，采纳其认为因为更可信而更具证
明力的传闻证据，排除因更不可信而更缺乏证明力的庭外陈述。根据分类方
法，传闻证据的可信性并非由法官来权衡。自由裁量权的好处在杰克·B.
温斯坦《传闻证据的证明力》 [Jack B. Weinstein, The Probative Force of
Hearsay, 46 Iowa L. Rev. 331 (1961)] 一文中得到了强有力的主张。在联邦
证据规则起草咨询委员会的说明性注释中，自由裁量方法也被加以描述，但
遭到拒绝：

> 可采性将取决于对证据的证明力与偏见、费时的可能性以及可获得更
> 令人满意的证据之间的权衡。在评估证明力时，传统传闻例外的根据将有
> 所助益。……程序保障将包括：就使用传闻的意图进行通知，法官对证据
> 证明力进行自由评论，以及审判法官和上诉法官在根据证明力来处理证据
> 方面拥有更大的权力。联邦证据规则起草咨询委员会拒斥如下方法，即对
> 传闻证据设置过大的司法自由裁量机制，减少裁定的可预测性，增加审判
> 准备的难度，并给已过于复杂的一大堆审前程序再增添一个额外要素，并
> 要求民事和刑事案件适用实质上不同的规则。

根据西格尔教授的观点，自由裁量规则将在审判结果方面赋予法官更大的
权力：

> 简而言之，排除证据的权力就是决定案件结果的权力。如果真正行使
> 自由裁量权——换言之，如果不受上诉复审约束——这个权力就会过大，
> 因而不能赋予审判法官个人。此外，由于在界定可靠传闻方面缺乏清晰的
> 指导原则，排除过程就像是轮盘赌。另一方面，设定清晰的指导原则，并

通过上诉复审来加以执行，将使可靠性标准逐渐演化成一套规则。最终结果将是，回到证据规则法典化之前的做法：一个特别的（ad hoc）普通法传闻体系。上引西格尔文（Seigel, 72 B. U. L. Rev. at 914）。

另一种方法，是由大法官理查德·波斯纳在近期一个案件的支持多数意见判决结果但有自己独立见解的意见中提出的：

> 我想要看到的是，《联邦证据规则》807（"剩余例外"）囊括规则 801 至规则 806 的绝大部分内容，因而包括对很多证据的排除、排除的例外和联邦证据规则起草咨询委员会的注释。"传闻规则"太过复杂和陈旧。更简单的规则会使审判变得更好，其核心是这样的主张，即"当传闻证据是可靠的、当陪审团能够理解其优势和劣势、当其能实质上增强正确判决结果的可能性时，它就应当被采纳"（实际上是《联邦证据规则》807 的简化版）。合众国诉博伊斯案［United States v. Boyce, 742 F. 3d 792, 802 (2014) (Posner, J., concurring)］。

四、废除

685　　更为极端的选项是，放弃对可靠性的探求，并废除所有的排除规则。传闻的可采性将仅仅根据《联邦证据规则》401 由其相关性及其《联邦证据规则》403 危险性风险来规制，因此，就不应当考虑陈述人的可信性。根据真正的废除主义模式，证据排除将唯一取决于法官对规则 403 危险性的评估，这种危险性将会对陪审团评估传闻可信性的能力造成消极影响。

这种废除主义模式可能带来什么样的后果呢？埃莉诺·斯威夫特教授的论文《废除传闻规则》［Eleanor Swift, Abolishing the Hearsay Rule, 75 Cal. L. Rev. 495 (1987)］，预测了潜在可采传闻可能带来的三种问题：（1）不明身份之人所作的陈述，由于对陈述人所知甚少，所以陪审团没有什么事实根据来应用其自身的一般知识和经验；（2）存在明显风险的陈述，尤其是陈述人做虚假陈述动机的风险，要求陪审团在相互冲突的推理中作出艰难的选择；及（3）以文件/书面形式呈现的陈述，没有任何证人为其提供信息，因此允许证据提出者为避免交叉询问而提供陈述人或基础铺垫证人。

联邦证据规则起草咨询委员会拒绝了这种废除主义模式，理由是其"放弃了以某种特定的可信性保证作为采纳不能出庭陈述人传闻陈述之先决条件的传统要求，并非令人信服的明智之举"。

五、重构传闻政策

(一) 现代民事诉讼是否需要传闻证据规则？

罗纳德·艾伦教授在他的《传闻规则向采纳规则的演化》[The Evolution of Hearsay Rule to a Rule of Admission, 76 Minn. L. Rev. 797, 797－801 (1992)] 一文中，描述了为什么在民事诉讼中传闻排除规则不再重要，这是由于审前证据开示阶段的询证存录、当事人自认以及众多传闻例外和豁免的广泛运用。艾伦教授的顾虑是，在民事诉讼中延用传闻规则会带来过高的成本：

> 我的直觉是……考虑到对该规则的所有冲击，我们不能再严肃地坚持，该规则在以任何健全的方式贡献于实质正义。[21] 当然，一个案件的胜负偶尔会取决于传闻证据，正义可能偶尔是由于传闻证据排除的原因而实现的。但是，这一点必须与以下的可能性相权衡，即如果没有传闻规则，该证据也可能根据某些其他规则——最有可能的是相关性规则——而被排除。在这一平衡检验过程中，需要进一步考虑的是，因为排除传闻而导致的不公正的案例，以及维系该规则所令人瞠目的成本问题。
>
> 维系这一规则的成本并不仅仅是其服务于正义的职能，还包括就这一规则进行诉辩所耗费的时间。当然不仅仅是当事人自愿承担的成本，因为在我们的制度中，实际上所有的法院成本——薪酬、行政费用和基建费用——都是由公众在承担。就像诉讼对于当事人很昂贵一样，我们的制度也是由巨大的公共财政支撑的。每次就传闻问题进行诉辩时，公众都在买单。这一规则还带来了其他的成本。
>
> 不计其数的时间被用于传闻规则的讲授和写作，这些都是成本高昂的活动。在一些法学院，学生们在证据法课上要花费半数的时间来学习错综复杂的传闻规则……不计其数的学术资源被耗费在这项规则上。
>
> 像其他的社会实践一样，传闻规则也应当被要求降低其耗费，只有在成本具有正当性的情况下，才应当对之予以维持。

686

(二) 以过度对抗制为前提的规制

对传闻证据的采纳进行规制的一个正当理由，源于对对抗制司法证明的过

[21] 我在此并不讨论刑事案件中的对质条款问题。

度依赖。

例如，考虑一下这种可能性，即传闻陈述人可能是一名拙劣的证人，或者……可能在交叉询问中表现出不可信。当事人可能宁愿提供（传闻陈述），而不愿传唤陈述人出庭。事实上，这样的选择将是误导事实认定者的一个深思熟虑之举，因为传闻证据不会伴有那些能使陪审团适当评估该证据的信息。克雷格·R. 卡伦：《第一届虚拟论坛序言：华莱士·史蒂文斯、布莱克伯兹和传闻证据规则》[Craig R. Callen, Foreword to the First Virtual Forum: Wallace Stevens, Blackbirds and the Hearsay Rule, 16 Miss. Col. L. Rev. 1, 10 (1995)]。

传闻政策可以是基于抵消这种对抗性策略而建立。西格尔教授提出了一项采纳传闻证据的原则，即只有在传闻是从特定陈述人那里能够获得的"最佳证据"的情况下，才能予以采纳。西格尔 [Seigel, 72 B. U. L. Rev. at 930 - 938] 斯威夫特教授建议，对传闻证据的采纳，应当基于提供基础铺垫证人，该基础铺垫证人能够出庭提供陪审团评估该传闻陈述所需的信息。埃莉诺·斯威夫特：《传闻证据之基础铺垫事实路径》[Eleanor Swift, A Foundation Fact Approach to Hearsay, 75 Cal. L. Rev. 1339 (1987)]。

（三）民事案件中基于通知的采纳：信赖对抗制

有几份关于在民事案件中更为自由地采纳传闻证据的建议，这种采纳以给对方充分的通知为前提。罗杰·帕克教授《传闻证据改革的要旨路径》[Roger Park, A Suject Matter Approach to Hearsay Reform, 86 Mich. L. Rev. 51 (1987)] 一文，推荐了一种基于通知的剩余例外，这种例外没有对法官的可靠性筛选作出规定。传闻的提出者将说明陈述人是否能够出庭作证。接着，对方可以要求证据提出者提供和询问陈述人，并可以接受交叉询问。在某些情况下，审判法官将有权把提供证人的成本转嫁给对方当事人。在米利克教授看来，需要做的全部事情是，就提供不会被传唤出庭作证之信息源的意图进行通知。该通知将包括信息源的姓名和住址，以便于对方能够与之面谈、询证，或在需要的情况下在审判中传唤该信息源。米利克（Milich, 71 Ore. L. Rev. at 774 - 776）。

687

（四）为什么在刑事案件中传闻证据应当被区别对待

对质权条款确实对刑事案件中的传闻规则改革形成了限制。大多数立法者、法院、律师和评论者都赞同，刑事被告人在人身自由方面的权益分量更重一些，因而要求对检控方使用传闻证据进行限制。艾琳·A. 斯卡伦：《传闻证据改革的宪法维度：三维对质条款》[Eileen A. Scallen, Constitutional Dimensions of Hearsay Reform：Toward a Three Dimensional Confrontation Clause, 76 Minn. L. Rev. 623（1992）]。克劳福德案采用的方法是，辨识出可能被认为是最不可靠类型的传闻——证言性陈述——并将其排除，除非当前可以或者过去已经进行过对质。无独有偶，在刑事案件中建议保持按照类型化方法来采纳传闻的做法时，帕克（Park）教授过去也提及了同样的不可靠风险：

> 　　总体来看，与刑事案件相关的庭外陈述，从最广泛的意义上讲，都带有诉讼目的，或至少知道其所描述的事项可能对法律程序产生影响。……此外，许多陈述人的陈述都受到警察影响，常常是在讯问中作出的，这一程序对于找到侦查线索很重要，但并不适合因坦诚的精神而迸发出的自发性陈述。上引帕克文（Park, 86 Mich. L. Rev. at 94 - 97, 99）。

根据克劳福德案的要求，检控方会被继续限制对传闻证据的使用，即使传闻规则本身正在发生变化并有越来越自由化的发展趋势。

六、反驳

许多传闻规则的批评者，似乎都聚焦于传闻例外和传闻豁免规则逻辑与概念上的混乱。他们所设想的审判世界，可能在很大程度上是改革或废除了传闻规则的世界。在审判的大量证据中，传闻陈述可能仅会继续占据其中一小部分。唯一不同的是，更多的传闻陈述会被采纳。但是，请考虑以下问题。传闻规则与《联邦证据规则》602 的亲身知识要求密切相关，在摆脱了传闻规则的前提下，如何贯彻亲身知识的要求呢？如此看来，问题不在于采纳更多诸如目前审判中提出的传闻陈述，而是在一个常规意义上，用传闻陈述人取代有亲身知识的证人——或许会发展到通过提交书证来完全取代证人出庭作证。在传闻证据规则下，寻找并传唤有亲身知识的证人是诉讼的"成本"之一，而当事人双方均有规避此成本的强烈动机。

试想一下，在没有传闻规则的情况下，基于何种原则，你仍有可能倾向于有亲身知识的证人证言？你可能试图通过对最佳证据规则的一些改变来实现这一想法：当一名具有亲身知识的证人能够合理出庭作证时，则必须出庭，而非通过提出传闻证据。又或者，与对那些具有亲身知识的证人证言的类型化偏好不同，法官们可以要求基于最佳证据规则的变体或者是《联邦证据规则》401

或 403，来贯彻一项要求提供最具证明力证据的宽泛政策。参见戴利·A. 南斯：《最佳证据原则》［Dale A. Nance, The Best Evidence Principle, 73 Iowa L. Rev. 227（1988）］（主张了这一原则）。或者，如波斯纳法官所提议的，《联邦证据规则》807 可被用于"囊括规则 801 至规则 806 的绝大部分规定"，以便基于个案情况允许采纳"可靠的"传闻。然而，你们会看到，双方当事人持续不断地就"证人可出庭作证与否"或"可靠性"的含义在法庭上争辩，将那些根据传闻规则或许已有足够清晰答案的问题，转变为了扩大化的诉讼场景。而额外的诉讼，反过来可能又会为创设一系列新的类型化（基于便利和可靠性）传闻例外施加巨大的压力——正如传闻规则本身曾经历过的一样。

可以辩称，所有证据排除规则均可被《联邦证据规则》403 自由裁量权所取代，而不仅仅是传闻。这种专门的、基于个案的可采性方法的问题在于，其缺少法律通常要求的规则性和可预测性的表现形式。如果采用《联邦证据规则》403 那种完全自由裁量的方法来解决传闻例外规则有争议的不一致性，是否会减少概念性混乱？这种做法最可预测的结果，可能是与《联邦证据规则》403 要求排除某些特定种类证据的效果所形成的成文法或普通法规则的再度出现。（可以说，《联邦证据规则》404 就是一个例证。）或许，过少或过于简单的规则，会产生与过于复杂或过多规则一样多的诉讼：只要有案件和律师存在，就会产生当前案件不同于一般规则所适用案件的争议。

七、结论

这场关于传闻规则改革的争论，至少应当令你们相信一件事情：排除传闻证据之一般规则与我们审判证明制度中的一些重要价值基础之间存在严重的冲突，审判证明制度的这些重要价值基础，包括了对外行事实认定者推论性推理活动的信赖，对证明活动的对抗性控制，以及宽松的司法控制。传闻规则及其例外，与采纳大多数传闻证据和排除最不可靠、最缺乏证明力的传闻陈述这种理想目标，还有很大差距。尽管《联邦证据规则》放宽了对证明活动的限制，传闻证据仍令人心存疑虑，并仍然受到司法的规制。

与此同时，上文提到的所有评论家中，没有一个人赞成完全废除反对提供不利于刑事被告人之传闻证据的一般规则，这意味着，传闻规则同样服务于诉讼的基本价值。尽管与对己不利的证人对质的权利在刑事案件中更加强大，且得到了明确的宪法保护，但对质原则的一个前提是：证人出庭以及对其进行交叉询问的能力，这是法律正当程序的基本组成部分。请考虑以下两种场景的不同之处：一是证人经宣誓制作陈述书并在律师起草的文书下面签字（甚至面临伪证罪惩罚），二是这位证人在审判中出庭，在庄严的法庭上，在法官和陪审团面前宣誓要陈述事实真相，用自己的话作证，并接受交叉询问的检验。作为一个实证问题，可能存在更加准确的事实认定模式，但不可否认，改革者也有很重的说服责任，以表明对传闻规则作出重大改变会更好地服务于诉讼的基本价值。

自测题

A-8.1.《联邦证据规则》801（a）-（c）。传闻证据的最准确的定义是：

A. 由一个不在法庭上作证之人作出的庭外陈述。

B. 一个在法庭之外作出的断言，其提出者旨在证明所断言事项的真实性。

C. 一个人的庭外交流——口头或非口头的、明确或暗示的——旨在证明该人想要交流事项的真实性。

D. 以上答案均不正确。

A-8.2.《联邦证据规则》801（a）-（c）。证人 W 在一个刑事审判中作证说，在 2015 年 5 月 1 日，她看到被告将他的车停在一个挂着"主街车库"标志的车库中。这一证言被提供用以证明，被告在 2015 年 5 月 1 日在主街车库中。不是传闻证据。

A-8.3.《联邦证据规则》801（a）-（c）。为了证明 D 有杀害 V 的动机，P 传唤了 D 的朋友作证说，她听到 V 恐吓说要毁掉 D 的生意，她把这个恐吓告诉了 D。这个证言不是传闻证据。

A-8.4.《联邦证据规则》801（a）-（c）。一名旅行者在一月份去往纽约偏僻区域的三小时公交旅途中感染了肺炎。他起诉公交车公司要求赔偿医疗费用，并诉称，他得病是因为司机没有使公交车保持足够的暖气。该司机作证说，车上有两名乘客在途中脱掉了他们的毛衣。该证言是传闻证据。

A-8.5.《联邦证据规则》801（a）-（c）。以遭到胁迫为由在抢劫指控中为自己辩护，D 作证说，一个匿名者打电话威胁他，如果他不和银行抢劫犯一起"干这个活"，就要杀了他。D 关于电话威胁的证言是可采的传闻证据。

A-8.6.《联邦证据规则》801（d）。为证明唐纳德（Donald）和埃德加（Edgar）合谋绑架维克多（Victor）并向维克多家人索要赎金，检控方制作了据称由埃德加向他女友发电邮的窃听记录。该电子邮件写道："唐纳德和我不久后将抓到维克多。别忘了我和你说的，去银行开一个账户。（发送人）E."
为了使该电子邮件具有可采性，检控方仅需适当对其进行鉴真。

A-8.7.《联邦证据规则》801（a）-（c）和美国宪法第六修正案。在一
起以 D 和 E 作为共同被告的谋杀案审判中，检控方提供了 E 的供述，该供述
还牵涉 D。这个证据仅对证明 E 的罪行具有可采性，法官必须指示陪审团，在
决定是否给 D 定罪时忽略它。

A-8.8.《联邦证据规则》803（1）& （2）。被告杰克·乔丹（Jack Jor-
dan）被控犯有纵火罪，该火灾烧毁了他的服饰店及服饰店上面的公寓。检控
方诉称，杰克雇用他的弟弟马克（Mark）和朋友托马斯·泰尔福特（Thomas
Telford）从事该行为，并给了他们一把商店的钥匙，因此商店并非被破门而
入。火是在晚上 11：00 烧起来的，当时泰尔福特显然还在现场。从建筑物中
逃出来的房客们告诉他，可能还有其他人困在里面。凌晨2：00，泰尔福特敲
开了他的朋友拉里（Larry）住宅的窗户；用拉里的话说，泰尔福特看起来好
像"受了什么刺激"，"神经兮兮的"；他告诉拉里："马克和我，帮杰克点着了
一栋房子。"检控方将泰尔福特的陈述作为证据，而乔丹的律师对该陈述提出
异议，认为那是传闻证据。法庭该如何处理该项异议：

A. 驳回，因为泰尔福特在描述纵火这一事件时，也感知到该事件。

B. 驳回，因为泰尔福特很可能由于一起令人震惊的事件——很可能不经
意间伤害或杀了人——而"受到刺激"，"神经兮兮的"，并且很可能仍处在受
刺激的紧张状态中。

C. 维持，因为泰尔福特在描述其在纵火事件中可能无意间伤害或杀了人
的懊悔之情，而这种懊悔，削弱了他处在持续受刺激的紧张状态之中的推论。

D. 维持，因为泰尔福特的陈述与这一令人震惊的事件无关。

A-8.9.《联邦证据规则》803（3）。在一起合同违约案中，为了证明缺
乏合意，被告戴维·达米科（David D'Amico）传唤一位证人出庭作证说："当
他读完合同时，戴维转向我说：'我不明白这个法律术语中的一个词。'"原告
律师提出异议，认为该陈述是传闻。该异议应该被：

A. 驳回，因为该陈述不是提供用以证明所断言事项的真实性。

B. 驳回，因为这是对精神状态的陈述，与证明双方对合同条款缺乏合意
是相关的。

C. 维持，因为该陈述被提供用以证明所相信之事实的信念之一——该合
同充斥着法律术语。

D. 维持，因为该陈述被提供用以证明该书面文件内容的真实性。

A-8.10.《联邦证据规则》803（4）。保尔·普雷斯顿（Paul Preston）起诉国立汽车公司（National Motor Corporation，简称"NMC"）。在一起机动车事故中，普雷斯顿的"邦德"越野车在一条高速公路入口匝道的急转弯处翻车，造成人身伤害。普雷斯顿指控邦德越野车存在设计缺陷，容易翻车。为证明他受伤，并反驳被告所设想的他当时酒后驾车的断言，普雷斯顿提供了他在事故发生后被送往急诊室紧急治疗的病历作为证据。该病历写道："病人反应出恶心、眩晕、间歇性失去意识的症状。病人说，其在过去 24 小时中未摄入酒精。"该记录是否符合《联邦证据规则》803（4）？

A. 不符合，因为我们不知是谁记录下这些信息。

B. 不符合，因为相关的部分是关于摄入酒精的陈述，而该陈述是不可靠的，这是由于所有卷入车祸的人都有声称自己未摄入酒精的动机。

C. 符合，但仅仅是其中的症状，而非摄入酒精的陈述。

D. 符合，因为全部陈述都可能是为诊断和治疗目的而合理作出的。

A-8.11.《联邦证据规则》803（5）。马克·惠特曼（Mark Whitman）是医药公司执行官，在联邦调查局（FBI）调查该公司在其药品维密克斯（Vimmex）定价过程中违反反垄断法的问题时，是政府在该公司的线人。在联邦调查局指示下，惠特曼在其手写日记中记录了有关医药公司对维密克斯进行定价的事件和会话。审判中，惠特曼作证说，每天结束的时候，当那些事件和会话在他的脑中闪现时，他都如实地记下日记，并做到尽可能准确。每当在证人席上，惠特曼说他"不记得"或"无法回忆出所有细节"时，检控方都会要求他向陪审团大声宣读日记的相关部分。辩护方对这种宣读日记的做法提出异议。该异议应该被：

A. 驳回，因为证人的记忆可以被任何事情刷新，包括不可采的事项。

B. 驳回，因为该日记仅限于作为记录的回忆，且通过将其适当宣读为记录而被采纳。

C. 维持，因为没有迹象表明惠特曼的记忆已荡然无存，而他确实也记住了一些事情。

D. 维持，因为惠特曼在记日记条目时是一个政府线人，记录时固有不可靠性。

A-8.12.《联邦证据规则》803（6）。玛丽·玛蒂娜（Mary Martina）因机动车事故造成的人身伤害起诉扬·琼森（Jan Johnson）。作为其诉讼的一部分，玛丽传唤了一位看到事故发生的旁观者弗兰克·威廉姆斯（Frank Williams）作证说，扬闯了红灯而和玛丽相撞。在辩护中，扬提供了一份经过适

691

当鉴真的警察报告，该报告包含以下陈述："旁观者弗兰克·威廉姆斯说，玛丽闯了红灯。"以下哪项是拒绝采纳警察报告中威廉姆斯陈述的最佳理由：

A. 出具警察事故报告不是警方的常规做法。

B. 警察报告都是为诉讼目的而制作的。

C. 威廉姆斯没有进行报告的职责。

D. 以上选项对于拒绝采纳业务档案作为证据具有同等强度的理由。

A-8.13.《联邦证据规则》803（8）。在詹森案中，每位管教人员都准备了一份 CDC 115 报告，就其所观察到的涉及狱犯詹森的事故进行描述。这些报告可能使警员或狱犯受到惩戒。假设有一条与《联邦证据规则》803（8）相同的州法规则适用于本案。检控方用沃克制作的 CDC115 报告，来证明沃克对该事故的说法。根据公共记录例外规定，该报告是否应该采纳？

A. 否，因为要满足《联邦证据规则》803（8）（A）（ii）排除规定的要求，沃克应被归类为"执法人员"。

B. 否，因为 CDC 报告涉及沃克自身的行为，并可能被用于惩戒他；因为他是利益相关方，他的报告因缺乏可靠性应被排除。

C. 是，因为 CDC115 报告是符合《联邦证据规则》803（8）（A）（i）规定的日常内务管理事项。

D. 选项 A 和选项 B 无疑是正确的，选项 C 不正确。

A-8.14.《联邦证据规则》804（b）（1）。戴维·邦德（David Bond）和他的父母因医疗失职起诉戴维的诊治医生及其治疗组，因为他们没有诊断出戴维患有一种极其罕见的脑炎。被告注意到原告方专家证人莱克曼（Lakeman）医生的一份询证存录，该医生就该疾病对戴维脑脊液的检验呈阳性，而被告在一天前的检验结果是阴性。在审判时，莱克曼医生没有出庭，原告要求根据《联邦证据规则》804（b）（1）采纳该医生的询证存录。被告以该询证存录是不可采的传闻证据为由提出异议。该项异议应该被：

A. 维持，因为，被告在审前证据开示中没有像他们在审判中那样的"类似动机"来展开莱克曼医生的证言。

B. 维持，因为询证存录不是对抗性程序。

C. 驳回，因为被告有机会和类似动机在询证存录中质疑莱克曼医生的意见。

D. 驳回，因为被告启动了询证存录程序，由此得到的证言可用于反对被告。

A-8.15.《联邦证据规则》804（b）（3）。科西莫·德马斯（Cosimo Demasi）起诉惠特尼信托和储蓄银行（Whitney Trust & Savings Bank），要求赔偿 6 500 美元。原告诉称，该银行占有了他和他妻子的一个共同储蓄账户。银行辩称，除 700 美元外，剩下的钱全被原告的女儿以取得德马斯先生和太太同意的名义取走了。在上诉审中，被告胜诉的判决被推翻。在重新审理之前，德马斯太太想要取出银行承认的留在账户中的 700 美元。在取钱时，银行要求德马斯太太签署一份宣誓陈述书，表明她曾同意以前的提取。德马斯太太签署了宣誓陈述书，取走了 700 美元，并死于第二次审判开始之前。在再审时，银行提供了她的宣誓陈述书。

判断对错：根据《联邦证据规则》804（b）（3），该陈述应该被采纳。

A-8.16.《联邦证据规则》804（b）（3）。雷蒙德·奥乔亚（Raymond Ochoa）被指控因提交虚假车辆保险索赔而合谋犯有信件欺诈罪，他虚假地报告了其车辆遭盗窃。检控方得知，奥乔亚的前任租客戴维·麦克劳克林（Dave McLaughlin）协助奥乔亚与一个拆车厂联系，后者协助其处置了其所谓被盗汽车。一位联邦调查局探员与麦克劳克林取得了联系，告诉他与联邦调查局对话对其有益。麦克劳克林向该联邦调查局探员作了陈述，描述了其在该合谋中的角色，并暗示奥乔亚参与了处置汽车的计划及虚假保险索赔。第二天，联邦调查局尝试传唤麦克劳克林出庭作证；而其目前的房东却告知联邦调查局，麦克劳克林已带着全部家当离开小镇"去马里兰州了"。

693

判断对错：根据《联邦证据规则》804（b）（3），该陈述应该被采纳。

A-8.17.《联邦证据规则》804（b）（6）。回到问题 A-8.16。联邦调查局探员还造访了麦克劳克林的雇主，以寻找麦克劳克林。他得知麦克劳克林已不再来工作，虽然公司还欠着他最后一张薪酬支票。在联邦调查局造访的第二天，麦克劳克林实际上还给雇主打了电话，索要他的薪酬支票。当他挂电话后，雇主使用来电地址显示，确认该来电是从奥乔亚家打过来的。之后的电话记录显示，在其后两天里，奥乔亚家的电话号码给麦克劳克林的雇主打了七次电话。之后，麦克劳克林显然消失了，尽管检控方尽了全力搜索，却再也没有被找到过他。检控方是否可以根据《联邦证据规则》804（b）（6），使用麦克劳克林的传闻陈述来反对奥乔亚？

A. 可以，因为奥乔亚很可能帮助麦克劳克林藏匿起来了。

B. 可以，因为麦克劳克林不能出庭作证，而检控方已尽全力寻找他了。

C. 不可以，因为没有证据显示奥乔亚知道麦克劳克林将要藏匿起来，或者帮助他藏匿起来。

D. 不可以，因为检控方完全依赖于奥乔亚雇主的传闻陈述。

A-8.18.《联邦证据规则》807。戴维·狄克逊（David Dixon）被指控合谋销售并销售海洛因。两名涉嫌的合谋犯罪人布朗（Brown）和格林（Green）都被准许了豁免，并准备作证反对狄克逊。由于格林长期涉毒，并几次受到过与毒品有关的定罪，检控方计划让布朗来做关键证人。然而，布朗在审判开始前几天死于心脏病。在对狄克逊进行审判时，检控方在经过鉴真后，将布朗写给他妈妈的一封信提供作为证据，信中写道，他感到身体不适，认为自己行将就木，此刻他想向她坦白。这封信接着描述了他和狄克逊的毒品交易。检控方将这封信提供作为证据。

判断对错：法院应该排除这封信。

答　案

A-8.1. 最佳答案是 C。A 不正确，因为该答案遗漏了传闻定义的重要部分：要被考虑为传闻，一个庭外陈述必须被提供用以证明其真实性。进一步说，A 还没能确认有意图的断言行为也可能是传闻。选项 B 优于 A，但它没能将有意图的断言行为包括在传闻定义中。另一方面，答案 C 提供了包含传闻每一个方面的定义。基于这个理由，C 是最佳答案，D 不正确。

A-8.2. 正确。"主街车库"是车库主人的一项庭外陈述。然而，这一陈述并非被提供用以证明车库在主街的位置，而是提供用于证明该企业的名称，基于这个理由，该陈述不是传闻。W 证言的其他部分也不包含庭外陈述，因此也不能被认为是传闻。

A-8.3. 正确。V 威胁要毁掉 D 的生意的庭外陈述，被提供用以证明该陈述对听者（D）的影响，而非为证明其真实性。因此，它不是传闻证据。

A-8.4. 错误。乘客的行为表明该公交车里有暖气，但这些乘客脱掉毛衣是为了让自己凉快一点，而非要告诉别人这辆车里有暖气。这不是有意图的断言行为。基于这一理由，它不是传闻证据。

A-8.5. 错误。D 的证言是可采的非传闻证据。作为 D 以遭到胁迫为由作出的抗辩，该证言引用了一项带着威胁的庭外陈述，以此证明该陈述对于 D 的影响。（正如经典的英国案件，苏布拉马尼亚姆诉公诉方案 [Subramaniam v. Public Prosecutor (1956) 1 W. L. R. 965] 一样）。

A-8.6. 错误。此处，埃德加的陈述被提供来证明，两人合谋绑架维克多并向维克多家里索要赎金的事实之真实性。因此，它是传闻证据。根据传闻规则的合谋者例外，该陈述很可能是可采的。《联邦证据规则》801（d）（2）（E）。然而，依据《联邦证据规则》901（a）对埃德加的电子邮件进行鉴真，仍不足以使该陈述具有可采性。根据《联邦证据规则》801（d）（2）的要求，只有在检控方提供独立证据以确认"合谋的存在或者参与该合谋"，埃德加的陈述采纳被采纳。

A-8.7. 错误。根据《联邦证据规则》105，在常规的"多重目的"情形下，基于某一目的可采但基于其他目的不可采的证据，将受制于法庭的限制性指示。然而，此处 E 的认罪——仅在反对 E 时可采——对 D 具有很强且潜在违宪的溢出效应。D 无法对 E 进行交叉询问，违反了正当程序原则和第六修正案赋予的与证人进行对质的权利。基于该理由，最高法院裁定，作为宪法事项，这种供述不能被采纳为证据。**布鲁顿诉合众国案**〔Bruton v. United States, 391 U. S. 123（1968）〕。

A-8.8. 《联邦证据规则》803（1）& （2）。最佳答案可能是 B，但 C 也是一个很好的答案。我们从错误答案开始分析：A 是错误的，因为 3 个小时对于《联邦证据规则》803（1）"即时感觉印象"的即时性要求来说，可能过长了。而且，他的陈述不是在描述一个事件，而是在报告关于这个时间的历史（此处是因果关系的）事实。D 是错误的，因为该陈述显然与该令人震惊的事件"有关"。B 是一个好答案，因为意识到建筑物里有人，是一个令人震惊的事件；并且可以想象，那个人可能在过去 3 小时里一直处于该事件造成的压力之中。但 C 也是一个好答案，理由已在答案中陈述。该题是基于合众国诉托科案〔United States v. Tocco, 135 F. 3d 116（2d Cir. 1998）〕。该案中，法院对于将这一陈述作为激奋话语采纳没有疑问。必须有充分的证据证明，泰尔福德对该任务是"为杰克而做"有亲身知识。被告人的弟弟也参与了事件（由该陈述的内容所证明）以及两名纵火者有该房屋的钥匙这些间接事实，对于表明店主人"杰克"可能卷入该事件似乎是充分的。

695

A-8.9. 《联邦证据规则》803（3）。最佳答案是 B，答案中已说明了理由。戴维对合同条款缺乏理解，是作出陈述之时相关的精神状态。答案 A 不正确，因为该陈述断言了一个事实——戴维对此缺乏理解——必须真实才具有相关性。C 是不正确的，因为合同中是否包含术语，这是不相关的。重要的是，戴维是否理解该术语。D 是错误的，因为该陈述的要点，是要证明戴维理解那份文件的精神状态：在这里，基于对听者有非传闻目的之影响，该文件的内容是相关的。（该合同作为一个具有法律效力的事实，在全案中都是相关的，这是另一种非传闻用途。）

A-8.10. 《联邦证据规则》803（4）。最佳答案是 D。相关陈述是关于普雷斯顿并未摄入酒精的陈述，这与大多数情况下的诊断与治疗都是有关的，尤其是与本案报告的那些症状有关。因此，C 是错误的。A 不是一个好答案，因为《联邦证据规则》803（4）并未明确要求要对医疗人员的身份或其具体工作的描述进行证明。显然，某位医疗人员的情况会在医院档案中。B 是错误的，因为可靠性不是可采性的独立判断标准：正如所有类型化例外一样，可靠性建立在很多其他事实要求的基础上，而这些要求在此处得到了满足。

A-8.11.《联邦证据规则》803（5）。最佳答案是 B。该问题提供了关于《联邦证据规则》803（5）记录回忆的完整基础铺垫。正如本案中，证人作证但其记忆已不完整，则回忆可以被宣读为记录。A 是错误的，因为没有迹象表明，刷新记忆的技巧被使用了，以及证人无法通过宣读该文件而刷新记忆，但必须基于他已刷新的记忆来作证。C 是错误的，因为不同于刷新记忆的技巧，《联邦证据规则》803（5）仅要求证人的记忆不够完全和准确即可。D 不是最佳答案，因为对于记录的回忆而言，并无基于可靠性的排除，而且，法院通常会像允许记录的回忆一样，允许基于诉讼预期而作的记录。

A-8.12.《联邦证据规则》803（6）。最佳答案是 C。许多案件均裁定，旁观者没有基于《联邦证据规则》803（6）进行报告的职责［又或是基于《联邦证据规则》803（8）进行报告的法律职责］。警察部门并不想使记录证人陈述之前的核实工作成为常规做法；相反，标准做法是先记录下证人的所有陈述，并于事后评价其真实性。然而，A 是错误的，因为出具警察事故报告是一种常规做法。B 可争论，但不是最佳答案，因为不可靠的推定适用于由诉讼中具有利害关系的当事人制作的记录，而我们假设警方在事故当事人之间是中立的。（不过，B 在刑事案件中的争论会更强。）由于 A 是错误的，且 B 弱于答案 C，D 不可能是正确的。

696

A-8.13.《联邦证据规则》803（8）。最佳答案是 D。A 和 B 都提供了排除该报告的充足理由。尽管对于"执法人员"定义的外延扩展到何处这一问题仍存在争议，在詹森案中，狱警们在监狱中明显充当着警官角色，拥有逮捕和报告可能招致惩罚之不当行为的权力。因此，A 可能是正确的。B 同样是正确的，正如答案中的理由所说。C 不是一个好答案：对于不当行为、犯罪、事故和类似事件的报告，不是"日常内务管理事项"。《联邦证据规则》803（A）（i）规定的日常内务管理事项，包括类似考勤记录和工资记录等事项。

A-8.14.《联邦证据规则》804（b）（1）。最佳答案是 C。使用敌对证人询证存录的目的，是发现事实、保存证言以及质疑敌对的证言。当事人通常会注意到，在证人无法出庭的情况下，询证存录可能被使用。将交叉询问材料留待审判时使用的策略决定是一种计划之中的风险，不应该被用来攻击对方当事人。一次对专家证人具有毁灭性的交叉询问，尤其能够破坏对方当事人的诉讼，这也正是被告的动机所在。因此，A 是错误的。B 是错误的，因为询证存录是对抗性程序——双方当事人均在场，并且可以询问证人。D 是无意义的，并不存在这样一种传闻例外，允许采纳在预审程序中发现的陈述，用于反对在预审程序中开示它们的一方当事人。

A-8.15.《联邦证据规则》804（b）（3）。错误。只有在脱离语境的情况下，该陈述似乎才不利于德马斯太太的经济利益。事实很清楚，签署该陈述书，对于德马斯太太来说符合她取到这笔钱的短期经济利益。尽管这种做法不符合她的长期利益，但明显存在一个混合动机。据德马斯太太判断，目前取走小额钱款的利益，大于放弃未来不确定的大额钱款的成本。我们权衡成本—收益可能得出不同结论的事实，不会令该陈述成为对己不利的陈述。

A-8.16.《联邦证据规则》804（b）（3）。错误。首先，用于认定麦克劳克林无法出庭的证据是不充分的。房东仅仅说说而已，并不足以确认麦克劳克林已经离开了该州；即使他真的已经离开，肯定会有办法定位他并设法令他主动投案，或者在他所在地进行询证存录。即使麦克劳克林无法出庭，也很难说他的陈述是对己不利的。因为，他本人也卷入了犯罪活动。他的合作是一种示好行为。他的混合动机陈述无疑包含着自私的动机。

A-8.17.《联邦证据规则》804（b）（6）。最佳答案是 C。该规则要求检控方以优势证据证明，奥乔亚导致或默许了麦克劳克林无法出庭。尽管间接证据是允许的，但仅以奥乔亚藏匿了麦克劳克林的事实来证明是远远不够的，也没有任何证据表明奥乔亚在他的处所藏匿了麦克劳克林。因此，A 不是一个好答案。B 也不是一个好答案，尽管无法出庭是一个必要因素，但 B 也忽略了"导致或默许"因素。检控方看重的是"无法出庭"，而非"导致或默许"。D 不正确，因为根据《联邦证据规则》104（a），传闻证据是允许的，该规则规定了这个和所以其他传闻例外的事实性要素标准。

A-8.18.《联邦证据规则》807。我们认为"正确"是更好的答案。首*697*先，对于这封信可靠性的间接保证来说，其源于"很像"濒死陈述和对己不利的陈述两项传闻例外。但是，正如本书所陈述的理由，对于所有传闻例外而言，这两项传闻例外提供了一些最可疑的可靠性保证。只是恰好布朗很可能希望通过向母亲"坦白"这种行为，而将责任转移到狄克逊身上，减轻了自己的罪行，因此他才会实话实说。不仅是他的混合动机，他的疾病可能也会影响其记忆的准确性。其次，出于对证据的需要以及公正利益的考量，此处并不强烈赞成使用《联邦证据规则》807。该规则的目的不是允许提供证据的一方洗白其案件，或出示更具说服力的证据。"更具证明力"应被理解为：与事实有更强的逻辑联系，而非更少地受到弹劾。进一步而言，正如此处所示，在相同点上，法庭应该优先考虑出庭证人的证言而非传闻，此时的可采性取决于二者的比较。

第九章

外行意见和专家证人

考虑到审判中对呈现"事实"的强调，你可能会惊讶于被归为"意见"的
证言数量。本章中，我们考察将意见作为证据提出所涉及的各类问题。根据
《联邦证据规则》602，提供亲身知识的普通事实证人被允许在特定情况下提供
意见。意见证据语境中使用的"外行"证人一词，即所谓的外行，指缺乏专业
知识并依赖常识推理的人。该术语大致相当于"感知"证人。我们将在本章第
一节中考察《联邦证据规则》701，关于外行证人意见的规定。

证据法将基于专业知识作证的人视作专家。在本章的其余章节，我们将考
察《联邦证据规则》702-706，即有关专家证人的规定。专家证人证言中最重
要的部分被归为意见证言。

第一节 外行意见

一、《联邦证据规则》701

规则 701 外行证人的意见证言

如果证人不是作为专家而作证，其以意见形式作出的证言限于：

（a）合理地基于该证人的感知；

（b）有助于对证人证言的清晰理解或裁断争议事实；并且

（c）不是基于规则 702 范围内的科学、技术或其他专门知识。

二、《联邦证据规则》701 的解释

《联邦证据规则》701 明确表示，外行证人的意见证言可采。从表面上来看，
以及根据普通法的传统规定，外行证人均被期望对其所观察到的（例如，"事
实"）作证，而不是就关于事实的任何推论、概括或结论作证。这些推论、概括
和结论被统归为"意见"。尽管《联邦证据规则》701 的字面表述对意见证言作
出了限制，但实际上有放松了普通法上不支持意见证言的倾向。该规则承认，意
见是人们对所感知的事实如何进行概念化和描述时所不可避免的特点，因此在

满足下列三项合理条件的情况下，其通常是允许采纳外行意见证言的。

1. 合理地基于感知

《联邦证据规则》701（a）要求外行意见必须"合理地基于该证人的感知"，这仅表达了如下理念，即《联邦证据规则》602仍适用于外行证人证言。允许意见证言，并不意味着外行/感知证人可以不遵循亲身知识的要求。这一要求避免了毫无根据的意见的出现，并确保一种意见是源于对案件具体事实的亲身知识，而非关于世界的猜测或任意概括。

2. 对事实裁判者有帮助

《联邦证据规则》701（b）规定，该意见应有助于事实认定者"清晰地理解证人证言或确定争议事实。"这项规则旨在防止证人僭越陪审团的职能，做出可以且应当由陪审团自行作出的推论或结论。它还倾向于迫使证人在可能的范围内忠于事实。

3. 并非基于专业知识

《联邦证据规则》701（c）划定了外行和专家意见之间的界限。外行意见必须是基于常识。如果一项意见需要"科学、技术或其他专业知识"，它就不能由外行证人提供。只有符合专家资格的证人才能提出这种意见，对此，我们将在专家证人一节中开展进一步的讨论。现在，请注意，"其他专业知识"是一个极宽泛的概括，指的是常识以外的任何事。

三、《联邦证据规则》701：实际应用

请考虑以下两项证言。（1）被告在签署合同时，咧嘴笑。（2）被告在签署合同时，很高兴。这两份陈述均可被认为是意见。究竟什么是咧嘴笑？这是一个面部表情，涉及脸部某些肌肉的收缩，譬如嘴角上翘、嘴唇分开、眼角起皱等等。"咧嘴笑"一词是对该些细节以及其他一些未提及之事的概括或概要，因而是一种意见。

701　　　　但你会发现其中的问题。如果法官得出的结论为："咧嘴笑"是不被允许的意见，并指示证人具体说明基本事实，这会把过度的负担施加于证人的叙事能力。而且这可能相应地导致信息的丢失：前一段对咧嘴笑之细致描述的信息量，很可能小于"咧嘴笑"这一容易被理解的说法。通过允许证人以其自然的语言作证，这项意见——如果它是意见的话，则能直接和间接地帮助陪审团。与之形成对比的是证人"很高兴"这一陈述。此处，证人更容易提供更多的具体细节。（他笑了，拳头在空中挥舞，并大喊"呜呼！"）具体细节将更为翔实和生动，而结论（如果相关的话）将留给陪审团作出。基于我们将在下文中深

入探讨的原因，法院极有可能驳回"很高兴"的意见，而允许采纳"咧嘴笑"的意见，而且事实上，"咧嘴笑"的证言可能根本就不会被认定为意见。

法院根据《联邦证据规则》701决定要进行分析的一项意见与一项不会被视为触发了《联邦证据规则》701的事实之间的区别，本身就是一个很好的意见问题。下面，我们将从某些用于识别意见的"操作指南"入手，随后分析性地进行深入探讨，以便为你们提供区分事实与意见的工具，并确定在什么情况下意见有可能被裁定为不可采。

（一）识别意见

识别三大类意见也许是有益的。这些类别并未在证据规则或判例法中被阐明，但是可能有助于分析性地思考其意见证言。此外，这三个类别不应被认为是严格截然不同的，因为它们可能存在着某种程度上的重叠。

1. 估计

一位证人可能会估计一辆汽车的行驶速度、某次事件的持续时间或两点之间的距离。你可能也会认为"估计"包括了对感观的在表达上近似值：譬如，"它闻起来像是有什么东西在燃烧。"法院经常将这种估计视作为可采的意见，但前提是有足以支持一项认定的证据（ESSF）来表明有进行亲身观察的机会。

2. 概括

一项意见可能是对一些更为详细数据的概括。在上文例子中，将面部表情描述为"咧嘴笑"可以被理解为对许多复合事实的概要，即使这些复合事实是难以描述的。《联邦证据规则》405（a）和406允许以"意见"形式提出的品性和习惯证言。在这里，"意见"指的是证人对自己关于某人行为之直接观察所做的概括。在詹森案审判中，一名警卫把詹森的行为描述为"好斗的"，他是在提出一个（可被异议的）意见，实际上是用一个标签概括总结了若干具体行为。类似地，将一个人描述成喝醉了，是对诸多具体观察（说话含糊，走路不稳，浑身散发着酒味，说话大声而无礼等等）的一个概括性标签。

3. 推论

当一项意见合理地填补了一项缺失的事实、增加了某项附加的事实或从更详细的事实中得出了某个结论时，其可能被归类为推论。推论也不仅仅是给一系列事实贴上了标签，而且更进一步暗示或解释了原因或动机。例如，将一组面部表情称为"咧嘴笑"是一个概括；总结称咧嘴笑的人"很高兴"则是一个推论：其增加了一个可能为真的附加事实。

4. 主观感受或判断不属于《联邦证据规则》701 范围内的意见

一个人对事物或人的主观喜好、厌恶、品味、偏好和感受，在日常用语中被称为"意见"。具有讽刺意味的是，这些类型的"意见"根本不会被归为《联邦证据规则》701 的"意见"。其作为相关行为的动机或对于展示证人的偏见很可能是相关的，但其主观性令其超出了《联邦证据规则》701 的范围。即便如此，证人对于他人所拥有的特定主观感受或对该感受的程度所作的评估、概括或推论，可能会触发《联邦证据规则》701。

（二）"事实"与"意见"

从字面上看，《联邦证据规则》701 规制的是外行证人"以意见形式"所作的证言，而非事实。因此，判断《联邦证据规则》701 是否适用于某一证言的核心问题，在于从"意见"中区分出"事实"的难度。所有事实在某种程度上都是"意见"，因为任何有关事实的主张都需要评估、概括或推论。

考虑一下你现在可能正坐着的那把椅子。（如果你正站着、躺着，或者在骑室内健身脚踏车，那就幽默一下，想象正有一把椅子。）主张"这是把椅子"看似是一项有关事实的直白例子：这是简单、明确、客观的，无须争辩。然而，给该物品贴上"椅子"的标签无疑是对椅子各项特点的概括。你可以将椅子的描述分解成多项更具体的事实：它是有着四条腿、一个靠背和一个可以坐的平面的家具。

毫无疑问，在大多数情况下，证人可在不触发《联邦证据规则》701 的情况下，就一张椅子作证。一起酒吧斗殴事件的证人可以作证说，被告"朝着"原告"扔了一把椅子"。但想象一下，如果一名客户对一位家具设计师提起合同违约的民事诉讼。客户订了一套餐桌椅，支付给设计师一大笔钱。客户收到一套漂亮物件，每件都是很窄的座位和后背而且非常脆弱，以至于其中一把被重 200 磅的晚餐客人坐塌了。作为原告，客户主张被告所交付的不是椅子。在这个例子中，本案的争议焦点转向了椅子是什么。

这个例子为你们对于事实/意见的区分提供了重要见解。两者之间并没有明确的分析性区别或概念性界线。相反，事实/意见的区别是实用或功能性的，其取决于两项浮动标准的应用。其一，主张有多具体？主张越具体，就越有可能被认定为是事实。其二，主张与争议问题有多紧密？当主张涉及一项争议问题时，概括性程度相对高的主张，更有可能被认定为意见。这两个因素均将被用于判断，某项证言是会被认定为事实，还是意见。

（三）合理基于证人的感知

外行意见规则无法规避或取代对亲身知识的要求。相反，《联邦证据规则》701（a）重申了对亲身知识的要求。该规则只允许以我们所建议的术语——如评估、概括或推论——来表达意见形式的亲身知识。一项意见并非合理地基于证人感知意味着什么？最有可能会是以下情况之一：

1. 潜在传闻

一项意见有可能是基于二手信息——传闻。这种传闻可能会因意见形式的主张而被掩盖。我们假设一个场景：在事故发生后，一名警官接到报警后赶到车祸现场，并询问了几名目击证人。在审判中，她可能会被问道："柯蒂斯警官，你认为发生了什么？"她回答，"蓝色的本田 SUV 闯了红灯，然后撞上了一辆斯巴鲁。"表面上柯蒂斯警官被询问其意见，而且提供了听起来像事实的答案。她没有依据任何传闻，如实回答了这个问题。但她的意见就是依据于传闻：她并未在现场看到汽车闯了红灯，所以毫无疑问，她的回答是依据目击证人的描述。因此，当一名外行证人被要求提供其意见时，警惕潜在的传闻十分重要：没有回答的问题是，"证人是怎么知道的？"——这是《联邦证据规则》602 中的基础问题。

2. 推测

第二种无根据意见的常见形式——一种并非合理基于证人感知的意见——涉及推测。证人并不知道所有的事实，但他们会或多或少似真地补充事实并得出结论——并将其表述为一项意见。这种推测性意见常常出现在证人提供对他人主观精神状态的描述中。

3. 无根据的推论或过度概括

当证人依据少量的具体案件事实陈述跨度过大的推论时，会被认为是非合理基于证人感知的意见。类似地，这种意见可能很大程度上甚至完全是基于对世界的概括，而非基于案件中的具体事实。例如，在一起反向性别歧视案件中，一名男性原告方的证人作证称，女性申请人"肯定是因为平权运动才获得了这份工作"，但其所述并非基于任何有关该名申请人的资质或该特定雇主行为方面的具体知识。那么该意见的依据是什么？"因为现在的雇主们就是这样的。"诸如此类的意见并不符合《联邦证据规则》701（a）中关于亲身知识的要求。

对于上述举例中任何一个无根据的意见，聪明的律师或许会辩称："但是法官大人，证人总是对他自己的意见有着直接的了解！"的确如此。但是，并非合理基于案件中具体事实的意见是不相关的，而且应当同时被《联邦证据规则》401/402 和 701 排除。

704

（四）对事实裁判者有所帮助

意见必须对事实裁判者有所帮助。正如《联邦证据规则》701 (b) 所规定的，可采的意见必须"有助于清楚地理解证人证言或确定争议事实"。在这一点上，让我们假设：我们已经确定了其证言是意见，而非"事实"，假设适用《联邦证据规则》701，并且假设已经满足了《联邦证据规则》701 (a) 的要求。从而，我们假设证人会根据更具体的事实作出评估、概括或推论。我们也可以假设，这些事实在证人的亲身知识范围内，否则意见证言将被《联邦证据规则》701 (a) 禁止。那么，现在的问题就是，是否允许证人提出该意见，抑或其必须提供更具体的事实。

1. 更详细事实的可用性

在判断一项意见是否对事实裁判者有帮助时，法院主要考虑两个因素：(1) 更详细事实的可用性；以及 (2) 该意见与案件中重要争议问题的接近度。更详细事实的可用性可以归结为叙述问题。在某些情况下，将一个事实分解为其组成部分是很容易的，但在另一些情况下，这可能相当困难。在上面给出的例子中，与证人"很高兴"的结论相比，"咧嘴笑"很难再分解成具体的几部分事实。另外，寻求更多的具体性（specificity）也可能导致信息丢失。声称被告"以带有威胁性的方式逼近我"的概括性意见，最终可能比向一位没记住每分钟内发生的事情且没有表达天赋的证人追问细节的做法，能获得更多信息。这样的证人可能无法说出比"我不知道，他只是威胁我"更有用的信息。即使是高度概括，也可能经不起细致的拆分，例如，"他的同事们都很喜欢他"。

也许一个好的可行测试是想象提出这样的问题："你能更具体些吗？"或者"你能解释一下你所说（被威胁）的意思吗？"如果对该问题你能轻松地想象出满意的回答，那么，你更可能得到一个有助于用细节所取代的意见。这个问题是高度具体语境化的，所以在判例法中会出现不同的适用。例如，对比一下亚历克西斯诉马萨诸塞州麦当劳店案 [Alexis v. McDonald's Restaurants of Mass., Inc., 67 F. 3d 341, (1st Cir, 1995)]（由于缺乏支持性的细节，排除了对顾客粗鲁是由种族歧视驱动的意见证言）与波哈努诉潘格罗案 [Bohannon v. Pegelow, 652 F. 2d 729 (7th Cir. 1981)]（尽管缺乏支持性的细节，仍然允许采纳了认为攻击是出于种族歧视动机的证言）。

2. 与争议问题的接近度

第二个要素，与一个争议问题的接近度，主要涉及一项意见中证人的判断在多大程度上会取代陪审团的判断。"意见的主题越接近关键问题，法官就越有可能要求证言证人更具体一些。"合众国诉艾伦案［United States v. Allen，10 F. 3d 405，414 (7th Cir. 1993)］。事实认定者是负责作出推论的人；证人则应该将事实观察讲述出来，留给事实认定者作出推论。"当陪审团在没有该意见帮助的情况下，仍有把握地做出必要推论并得出结论时，外行意见便是无益的。"林奇诉波士顿市案［Lynch v. City of Boston，180 F. 3d 1，16 (1st Cir. 1999)］［在一起就业歧视案中，法院采纳了许多赞扬原告工作业绩的具体细节描述，排除了该项目成功与发展全有赖于她（原告）的意见］。在"最终争点"问题上，与《联邦证据规则》704（允许专家就绝大多数最终争点发表意见）相比，没有硬性规定要求排除外行意见。然而，如果法院认为陪审团能够像证人一样从具体证据中得出结论，那么，他们很可能会发现证人的最终结论是没有助益的。

705

（五）并非基于专门知识

《联邦证据规则》701（c）规定，外行意见不能"基于规则 702 范围内的科学、技术或其他专门知识。"该规则在外行和专家证言之间划出了一条清晰的界线。外行意见必须基于常识事项，而基于专门知识的意见必须符合专家意见规则更严格的要求。

规则 701（c）作为一项修订案于 2000 年被添加进《联邦证据规则》，以填补一个已知的漏洞，即"通过给专家披上外行证人的外衣，这样简单的权宜之计就将规则 702 所设立的可靠性要求规避了。"联邦证据规则起草咨询委员会对《联邦证据规则》701 的注释。"该修订案还确保当事人无法规避《联邦民事诉讼规则》26 和《联邦刑事诉讼规则》16 规定的专家证人证据披露要求。"同上。即便是在规则 701（c）修订前，也有许多法院承认专家和外行证言之间的严格界限。例如，参见伦敦劳埃德保险公司诉辛克维奇案［Certain Underwriter's at Lloyd's, London v. Synkovich, 232 F. 3d 200 (4th Cir. 2000)］（"这条规则……通常不允许外行证人对那些超出日常经验以及需要专家证人的专业技能和知识领域的事项发表意见"）。这项修订赋予了法官很大的自由裁量权，通过评估一名证人的资质与亲身知识的范围来裁定证言的可采性。例如，参见合众国诉阿亚拉—皮萨罗案［United States v. Ayala-Pizarro, 407 F. 3d 25 (1st Cir. 2005)］（允许执法人员不用以专家证人的身份就毒品贩运据点的性质及当时发生的情况作证，因为，有关据点的知识来自直接观察）。规则 701 和规则 702 区分的是专家证言和外行证言，而不是专家证人和普通证人，这使得同一证人可能在一个案件中同时提供外行证言与专家证言。例如，参见合众国诉菲格罗—洛佩兹案 [United States v. Figueroa-Lopez，125 F. 3d 1241，1246 (9th Cir. 1997)]（允许执法人员不以专家身份作证说被告形迹可疑；然而，当该执法人员根据其丰富经验称被告当时用暗语表达毒品数量和价格时，则适用有关专家证言的规则）。这就使法官可以真诚地遵循规则 702 的文本和精髓，而不必因拘泥于形式而排除证言。

　　早期的案例试图划清一些区分外行和专家证言的类型化界线，其中一些依然是现行有效的法律。例如，许多法院允许称另一个人喝醉了的外行意见。法院允许外行证人估测汽车的速度也很常见。尽管从理论上讲，这些及其他一些外行证言有可能会被归为需要专门知识的一类，但其通常还是被法院允许的。

　　（六）意见证言：实践指导

　　1. 反对外行意见证言

　　在上述讨论中，对不适当的外行意见提出异议的理由，应该是相当明显的。如果证人的意见不是"合理地基于"直接知识，该意见便缺乏基础，或可能不具有相关性，或两者兼而有之。它也可能是基于"潜在的传闻"，在这种情况下，提出传闻异议是适当的。当该意见可以而且应该被更具体地分解，或者会篡夺陪审团作出推论的职能时，就可能因为对陪审团没有帮助作用而遭到异议。最后，该意见可能会因为要求外行证人提供专家意见而遭到异议。与任何异议一样，这并不需要什么特别用语。"不适当的外行意见"，就足以概括上述任何异议。

　　2. 为外行意见进行基础铺垫

　　不当外行意见的危险性，可以通过提供该证言之律师的自我纠正激励来抵消。陪审团几乎总会发现，细节比赤裸裸的意见更有说服力。即便一项意见已被采纳，解释它的依据，依然能使其更具说服力。假设你的证人在直接询问时提出一项意见，该意见未遭异议而被采纳。那最好的追问可能是："你为什么这么认为？"或"你能解释一下，你为什么这么说吗？"这些问题能引出意见的依据，从而作出更具有说服力的证言。

　　相反，出于同样的原因，如果你的对手提供了缺乏支持的外行意见证言，那么，不提出异议可能是明智的策略。即使你的异议得到支持，你也可能只是成功地促使你的对手让证人提供更有说服力的细节。从战术上讲，只有当你有理由相信证人缺乏直接知识（或也许是叙事能力）来解释该意见的潜在细节时，你才应该提出异议。

3. 关于法律问题的外行意见

传统上，法院禁止对法律问题提出意见。如果"法律问题"是指由法官而非陪审团裁决的问题，那么，陪审团成员不得听到有关这个问题之任何形式的证据，显然是适当的规定。从他们的视角，这些证据是不相关的。另一方面，如果该问题归由陪审团裁决，那么，仅仅因为一个人能用"法律"或"法律概念"描述问题便禁止一项意见，这似乎就缺乏合理的理由。的确，对于应由陪审团决定的具有法律问题特征的问题——或如一些法院所言，"法律和事实的混合问题"——制定一条禁止规则，与此同时，却允许对"事实"的最终争点发表意见（参见《联邦证据规则》704），可能会引发一个抽象且无法解决的争论，即该问题究竟是"事实"还是"法律"问题。当然，有些时候会存在可能具有误导性的包含法律概念的意见（例如，如果证人使用该术语的方式与法律上的使用方式不同），不是很有帮助的意见（例如，如果该术语替代了基本事实），或是专业知识事项。

证人对法律的意见，本身也许实际上是案件中的相关事实。例如，在一起 *707* 民事权利案中，原告起诉市政府，理由是其并未能培训其官员合理使用武力。如果问市政府雇用的一名警员："对于法律何时允许你使用致命武力，你是如何理解的？"其回答将具有相关性，而非不适当的"法律结论"。

法院可以根据个案具体适当地处理这些问题，正如其可以在个案中具体适当地处理关于"事实"之最终争点的意见一样。不管人们如何描述意见所指向的问题事项，关键问题应该是该意见是否对陪审团有帮助。

要　点

1. 普通证人可以提供意见证言（估计、概要、结论），只要该意见是合理地基于证人的直接知识，对陪审团有帮助且非基于专门知识。

2. 对外行意见证言进行限制所基于的担忧包括，这种证言可能是基于传闻或缺乏基础铺垫，有时它可能会剥夺陪审团对重要事实细节的了解，或者它可能篡夺陪审团作出推论和得出结论的角色，尤其是对最终事实。

3. 《联邦证据规则》701规定的意见与事实之间的区别，并不由定义所决定。相反，该区别是事实主张之特定水平的功能，及其与案件中争议问题的接近度。意见倾向于以更高程度的概括来表述，而当事实可以更多细节来描述的情况下，法院更可能排除关于重要争议事项的意见。

思考题

9.1. 辛迪·威尔顿控告她的前雇主商场经理唐纳德·克莱性骚扰。根据实体法，该诉求的要件之一是：原告"不愿意"接受性挑逗或性行为。该商场提出的一个积极抗辩要件是，公司在防范性骚扰方面有良好的政策、程序和培训场所。

（a）辛迪的一位同事准备作证说："我看到唐纳德·克莱每天对辛迪好几次挤眉眨眼，并且，我有三次偶尔看到他摸她。克莱的行为是辛迪所不愿意的，她对这些行为完全无动于衷。"商场提出异议，认为这个证言完全是不可采的外行意见。

（b）后来，在对克莱的交叉询问中，原告律师问，"克莱先生，对于商场的雇员来说，反复触摸一个同事的身体，可算性骚扰吗？"沃尔沃商场以该问题寻求"不可采的法律意见，违反《联邦证据规则》701"为由，提出异议。

根据《联邦证据规则》701，支持和反对采纳该证言，应当作何论证？

9.2. 回顾人民诉詹森案以下摘录，请考虑能否以寻求或提供不适当的意见证言为由，提出任何能得到支持的异议。（忽略对"诱导性"问题的异议——假设所提出的问题都是非诱导性问题。）

（a）第15页，第6-17行；

（b）第25页，第28行；

（c）第31页，第30-35行；

（d）第51页，第20-27行；

（e）第62页，第14-15行。

9.3. 一位调查谋杀案的警察，在犯罪现场附近发现一把短柄小斧子。在审判被告时，是否应当允许该警察作证说：他估计该斧头已在那地方多久了？或者，是否应当要求该警察描述，发现斧子的地方覆盖着腐烂发黄的杂草，当他拿起斧子时，它的表面沾满了潮湿的烂草？还是两者都允许/要求？

第二节　专家证言的可采性

专家证人基于通过培训、学习或经验所获得的专门知识而提供证据。专门知识是指在程度和范围上超越常识的知识。对专家证人而言，在普通证人语境下所讨论的事实—意见区分，常常是不适用的。在某些情况下，专家碰巧也是潜在事件的直接观察者，可以和感知证人一样在相同的程度上作证。在所有其他方面，证据法把专家证言概念界定为"意见"证言。这是一种比较独特的"意见"定义，反映了专家证人通常提供的意见证言并非基于自己对诉讼事件的直接感知，而是将专门知识运用到他人的直接证言中，以帮助陪审团得出结论。专家通常从雇佣他们的当事人那里获知具体案件的背景事实。因此，专家意见的有效性，可能取决于对这些事实的独立证明。

出于我们的分析目的，将专家"意见"看作由两种类型组成，这是有用的。

（1）案件具体事实或结论。专家可以提供证人依据常识直接观察所不能识别的案件具体事实。例如，化学家分析一种物质，以判断它是可卡因。一些具体案件事实采取了推论的形式，以及关于最终争点之结论这种对案件结果能起决定作用的形式。例如，一位科学家可以作证称，被告的药物造成了原告的疾病。

（2）概括。正如在相关性和基础铺垫等章节所讨论的，事实认定者依赖关于世界的概括而将证据性事实与要件［FOC(EE)s］联系起来。如果这些概括超出常识，该怎么办呢？那就必须由专家来提供。例如，在毒物侵权案中，专家可能必须就某种化学品对人体的影响作证。

一位专家证人可以提供以上一种或两种类型的意见。专家证人在证人席上所说的一切，将由一种或两种这些类型的意见组成，以及与其意见的可靠性有关的信息：他的方法论，他所考虑的事实和数据，或者他可能的成见。我们将研究一系列规则，《联邦证据规则》702 - 705，都以某种方式处理着专家证言的上述问题：专家证人的资格、意见的可靠性、可使用的事实种类、可提供的意见种类，以及意见可被表达的方式。虽然迄今为止，绝大多数专家都是由当事人聘请并在法庭上传唤的，但《联邦证据规则》706 授权法院自己指定专家证人。

专家证人规则所提出的基本问题就是这样。许多甚至绝大多数案件，都涉及一个或多个无法直接应用常识或直观感知而觉察或充分理解的重要事实。这就需要专家来解读这些事实，或者解释理解这些事实所需要的概括。通常，若没有这种专家证言，当事人就无法履行其证明责任。这就引发出一个谜题：

> 我们传唤专家证人就普通人通常不了解的事项作证（这对于专家证言既是主要的实际正当理由，也是正式的法律要求），而后，我们请非职业法官（lay judge）和陪审团成员来评判他们的证言。塞缪尔·格罗斯：《专家证据》（Samuel Gross, Expert Evidence, 1991 Wis. L. Rev. 1113, 1182）。

《联邦证据规则》702 及其适用该规则的判例法，极为强调法官的"守门人"作用。这种角色源于一种担忧，即陪审团成员会被专家意见唬住，并且，很可能难以从"垃圾"专门知识中分辨出有效的专门知识。法官在采纳专家意见之前，通过将其视为《联邦证据规则》104（a）的事实认定事项，来评估专家意见的可靠性，从而完成守门的任务。虽然法官一般比陪审团成员受过更正规的教育，但上述引文提出了一个很好的观点：不能确保法官有足够的知识去评估非法律专业领域专家的可靠性。在我们研习对待专家的具体证据规则时，我们应该考虑这些规则如何处理好这个问题。

一、《联邦证据规则》702

规则 702　专家证人证言

因知识、技能、经验、培训或教育而拥有专家资格的证人，可以意见或其他形式作证。但须符合下述条件：

（a）该专家的科学、技术或其他专门知识将辅助事实裁判者理解证据或裁断争议事实；

710

（b）证言基于充足的事实或数据；

（c）证言是可靠的原理和方法的产物；并且

（d）专家将这些原理和方法可靠地适用于案件的事实。

二、《联邦证据规则》702（a）的解释

（一）科学、技术或其他专门知识

综合来看，《联邦证据规则》702 的引言和（a）项使可采的专家证言涵盖了很宽的范围。尽管专家们传统上就科学、技术和医学问题作证，但"其他专

门知识"这个实用术语，意在涵盖超出常识范围的任何事项。此外，尽管在传统上专家资格主要涉及"硬"科学（化学、生物学、医学等）中的高级学位，《联邦证据规则》702还是写进包括可能从任何背景类型获得的全部潜在的专家知识领域：

> 本规则措辞宽泛。可被引用的知识领域不仅限于"科学"和"技术"，而且扩展到所有的"专门"知识。同样，专家不应被视为狭义上的专家，而是包括任何因"知识、技能、经验、培训或教育"而具有专业资质的人。因而，该规则的范围，不仅包括严格字面意义上的专家，如医师、物理学家和建筑师，还包括诸如银行家或就土地价值作证的土地所有者等有时被称为"有技能的"证人之大规模群体。（联邦证据规则起草咨询委员会《联邦证据规则》702注释。）

根据本规则，事实认定者不太可能掌握的任何知识，即非常识的知识，都有资格被采纳，无论该知识如何获得。一个具有"技能"的人可以就该技能及其含义作证，即使该技能是通过经验而不是正规学习而获得的。

（二）辅助事实裁判者

《联邦证据规则》702只在"辅助事实审判者理解证据或裁断争议事实"时才允许采纳专家证言。这个辅助概念有几个方面：

1. 相对于事实认定者而言的知识

具备采纳资格的知识是相对于事实认定者而言的。若一名潜在的专家证人拥有事实认定者所不太可能拥有的知识，即使其他地方的某个其他事实认定者也可能拥有该知识，该证言仍具有可采性。例如，如果纽约市的一起案件与氮肥质量相关，对氮肥有多年经验的一位艾奥瓦州农民将具备专家资格，即使该农民对该事项从未做过正规研究。如果该审判是在艾奥瓦州一个农业区举行，很可能就不会有什么专家证言采纳，因为事实认定者对相关争议问题可能有非常好的常识和经验。以下这两个因素——（1）相对于事实认定者而言的专门知识；（2）通过经验获得——解释了在詹森案中，法院为什么裁定，允许休斯顿狱警就收取狱犯的餐盘一事提供专家意见。

2. 争议事实无法由常识来决定

如果一项争议事实不能作为一个应用直接感知的常识事项来决定，专家意见自然是有帮助的。（它是否足够可靠而被采纳为证据是一个不同的问题。）有些事实根本不能被外行证人所感知。考虑一起毒物侵权案件，案中

711

原告诉称被告倾倒的化学品进入了市政供水系统。没有感知证人能够作证说，他看到这些化学物质透过土壤渗入地下含水层，然后进入该城市的饮水井。地质学和地下水专家的证言将有助于——实际上也有必要——证明这一事实。同样，为了提供关键概括，以使陪审团能对当事人的证明责任作出必要的推论，专家证言可能是必要的。假设一起产品责任案中的原告，在使用被告的家用清洁剂后几天出现皮疹。要将该皮疹与清洁剂中的化学物质联系起来，可能需要一位专家作证：一般情况下，这种化学物质对人的皮肤可能产生影响。

3. 专家证言有助于澄清争议事实

辅助性要求也可以在常识和专门知识之间存在灰色地带的情况下得到满足。这种灰色地带会在许多情况下出现，特别是当专门知识来自社会科学或者是从反复观察日常生活的经验所得到时。例如，陪审团被要求判定，警官在警务暴力案件中是否过度使用了武力。这被法律考虑为是一个基于常识的合理性问题，不需要专家证言。但与此同时，法院也有可能根据以下理论允许提出关于警察使用武力的专家证言，即此类事件十分罕见，专家证言可以进一步澄清该问题。

4. 辅助性要求是对专家篡夺陪审团职权的限制

辅助性要求对旨在向陪审团提供（陪审团本可自行作出）结论的专家证言，提供了有用的限制。辅助性要求的这个方面，与《联邦证据规则》701所讨论的有关内容大致相同。陪审团被要求就证据性事实是否证明了当事人案件的要件而得出结论。在常识和经验就可以起作用的地方，基于预期与陪审团采取同样逻辑思维过程的专家意见，就被适当地认定为没有辅助作用。例如，一名警探可能作证说，他已经调查了1 000多起刑事案件；在这些案件中有100起进入审判阶段；其中，他对被告有罪或无辜的判断有99起是正确的；按他的意见，被告在本案中有罪。虽然该警探无疑是刑事调查方面的专家，但若允许这种证言，则会让人难以置信。最有可能的解释是，它篡夺了陪审团的角色，因而没有辅助性。虽然在大多数情况下，专家就最终争点作证不会受到绝对的限制（参见《联邦证据规则》704，下文讨论），辅助性要求常常被用于禁止从专家处获得此类结论。关键问题是，陪审团是否能够独立地从证据中得出最终结论。

（三）有资格成为专家的证人

如果专门信息将帮助事实裁判者，则审判法官必须决定，提供介绍该信息的人是否有资格这么做。如上所述，资格无须包括在特定领域受过正规教育。相反，正如《联邦证据规则》702 所规定的，人们可基于"知识、技能、经验、（或）培训"以及教育而获得专家资格。因此，法院据此采纳极为广泛的证言种类。联邦调查局探员被允许根据他们的执法经验，对各种犯罪计划的构造作证。农民对他们受灾庄稼的可能价值作证，等等。关键问题在于，所提议的证人是否具有专门知识，以及证言是否对陪审团有辅助作用，而不论如何获得。

（四）证明责任

《联邦证据规则》702 应被理解为设立了采纳专家证言的标准。这是一条采纳规则，而非排除规则，意味着请求采纳证言的当事人负有证明责任，即证明其符合《联邦证据规则》702 的要求。在理论上，这可以被视为是《联邦证据规则》104（b）的基础铺垫要求（除非一位适格专家提供可靠的证言，否则，专家证言不相关）。但《联邦证据规则》104（a）包括"证人是否适格的任何预备性问题"，这似乎适用于专家证人的资格。最高法院已确认，专家证言的可采性应根据《联邦证据规则》104（a）决定。参见多伯特诉梅里尔·道制药有限公司案 [Daubert v. Merrell Dow Pharmaceuticals, 509 U. S. 579 (1993)]。换言之，提供专家证言的当事人，有责任说服审判法官相信其专家适格，而且，该专家的意见是可靠的。

三、《联邦证据规则》702（b）-（d）的解释：可靠性要求

对专家证言的需要和专家的资格通常十分明显，足以将争端的焦点从 702（a）转移到 702（b）、（c）和（d）。这些规则共同发挥作用，赋予了法官决定专家证言是否足够可靠到可被采纳的权力。《联邦证据规则》702（b）-（d）的语言似乎相当清楚且无须解释。为了使专家证言具有足够的可靠性以便被采纳为证据，证言必须表明，专家对充足的事实或数据适用了可靠的分析方法。

当庭证人证言的可靠性通常是一个《联邦证据规则》104（b）问题，法官筛选足以支持一项认定的证据。就像 104（b）问题，证言的可靠性是其相关性所依赖的事实：如果专家的证言不可靠，则不应予以理会。那么，从理论上讲，专家证言的可靠性可用于筛选足以支持一项认定的证据：理性的陪审团能否认定证言的可靠性？一些法院似乎就是照此来分析该问题的。

713

不过，"黑体字法律学说"（the black letter doctrine）* 指出，专家证言的可靠性必须作为《联邦证据规则》104（a）问题处理，由法官根据优势证据标准作出裁定。这种方法大概有道理，原因有二。首先，如上所述，陪审团被专家意见唬住的风险很大；可以说，法官至少更有能力作出起码的可靠性判定。其次，正如我们将看到的，《联邦证据规则》703 允许专家证言依据传闻和其他不可采的信息。因此，陪审团可能无法很好地考察专家使用的"事实和数据"之可靠性。不管你是否同意这些正当理由，《联邦证据规则》702 的可靠性要求都应被视作下述一般性规则的例外，即证言的初步可靠性是一个《联邦证据规则》104（b）问题。

尽管这个规则很清晰，但其对特定类型专家的适用却出现了许多问题。关于专家证人最重要的判例法发展，涉及法院为确定这种可靠性而应当采用的检验标准。此外，这些判例法的发展有一段历史，作为法律执业者，你需要充分了解法院处理这一问题的途径。因此，我们用案例法，以更传统的案例教材风格来呈现这些材料。

四、《联邦证据规则》702 可靠性要求的发展：多伯特案及其成果

（一）弗赖伊检验

在《联邦证据规则》采用之前，联邦法院几乎都适用弗赖伊诉合众国案 [Frye v. United States，293 F. 1013 (D. C. Cir. 1923)] 阐明的检验标准。在弗赖伊案中，华盛顿特区巡回法院维持了审判法院对一项基于早期测谎仪——血压指数测谎仪——检验结果的专家证言之排除裁定。该巡回法院意见的关键语言是这样陈述的："虽然在采纳从公认的科学原理或研究发现中推演出的专家证言方面，法院还有很长的路要走，但据以进行推演的事情必须被充分证实到在其所属特定领域获得普遍接受。"（上引案例，第 1014 页。）弗赖伊案的意见并未说明，对于必须"获得普遍接受"的"事情"，是指讲真话和血压之间的关系，还是专家测量和解释血压变化的能力，或是两者都有。尽管该意见模棱两可，且法院未能进一步解释或引证先例来支持其主张，大多数联邦巡回法院还是采用了该"普遍接受性"标准，一般称之为"弗赖伊检验"。

《联邦证据规则》被采用之后，尽管《联邦证据规则》702 并未提及"普

---

* 参见《元照法律词典》，指用来表示被法院普遍接受的或体现在某一特定司法管辖区的制定法中的基础的法律原则。——译者注

遍接受性"标准,但"弗赖伊检验"仍在联邦法院中适用。《联邦证据规则》702最初的措辞是:

> 如果科学、技术或其他专业知识,将辅助事实裁判者理解证据或裁断 *714*
> 有争议的事实,因其知识、技能、经验、培训或教育而拥有专家资格的证
> 人,可以意见或其他的形式来对此作证。

根据《联邦证据规则》702的语言,一些评论者认为《联邦证据规则》拒绝了弗赖伊检验。下级法院在这一问题上出现了分歧。最高法院在多伯特案中对弗赖伊检验及可靠性标准作了论述。

(二)多伯特案

如果你计划在自己的法律实践中使用专家证人,甚或参加某项关于专家证人相关法律的学术性讨论,你就必须对多伯特案有所了解。多伯特案在1993年宣判后,已经由后续发生的案件及《联邦证据规则》702的一项修正案进一步澄清。相当具有争议的是,那些澄清及修正案所表现出来的,在很大程度上是对多伯特案的废弃。尽管如此,法院和论者们却始终说,多伯特案是主流法律标准的完整陈述及专家证人相关法律的来源。但至少,多伯特案代表着《联邦证据规则》702发展历史上的一座分水岭。因此你们必须阅读该案。

多伯特诉梅里尔·道制药有限公司
(Daubert v. Merrell Dow Pharmaceuticals,Inc.)

---

509 U. S. 579 (1993)

布莱克门大法官(Justice Blackmun)主笔了最高法院的意见。
本案要求我们决定在联邦审判中采纳专家科学证言的标准。

第一部分

上诉人詹森·多伯特(Jason Daubert)和埃里克·舒勒(Eric Schuller)是先天畸形的未成年儿童。他们同其父母一起在加利福尼亚州法院起诉被上诉人,诉称该先天畸形是因为他们的母亲在怀孕期间服用了被上诉人在市场上销售的抗恶心处方药盐酸双环胺(Bendectin)。被上诉人以涉及跨州业务为由将案件移交联邦法院。

经过充分证据开示,被上诉人提出简易判决动议,主张盐酸双环胺不会造成人体先天缺陷,而且上诉人无法提出任何可采的证据。为支持其动议,被上

诉人提交了一份由医师和流行病学家史蒂文·H. 拉姆①（Steven H. Lamm）的宣誓陈述书，他是一位研究各类化学物质风险的资深专家。拉姆医生声称，他已研究了所有关于盐酸双环胺及人类先天缺陷的文献——30 多份已发表的涉及 130 000 位患者的研究报告。没有研究表明，盐酸双环胺是导致畸形胎或人体畸形的制剂（造成胎儿畸形发育的成分）。根据这一研究，拉姆医生认为，在怀孕前三个月使用盐酸双环胺，并未表明具有造成人类先天缺陷的风险因素。

715

上诉人……以他们自己的 8 位专家的证言对被上诉人的动议作出回应，其中每一位专家均具有显赫的权威资格。② 这些专家得出的结论是，盐酸双环胺可以导致先天缺陷。他们的结论的根据是："体外"（试管）和"体内"（活体）动物研究，发现盐酸双环胺与胎儿畸形发育存在联系；对盐酸双环胺化学结构的药理分析研究，表明该药物的结构和其他已知导致胎儿畸形的药物成分具有相似性；以及对先前发表的流行病学（人类统计）研究成果的"再分析"。

地区法院批准了被上诉人的简易判决动议。……该法院判定，上诉人的证据不符合（弗赖伊案）标准。针对大量有关盐酸双环胺的流行病学研究资料，法院认为，不基于流行病学证据的专家意见对于证实因果关系的存在不具有可采性。因此，上诉人所依据的动物细胞研究、动物活体研究以及化学结构分析，本身不能成为关于因果关系之具有合理争议的陪审团（裁决）问题。上诉人的流行病学分析，是基于他们对先前发表的研究成果——即发现该药品与先天缺陷没有因果关系之数据——的重新计算，因其没有发表也未受到同行评议，被裁定为不具有可采性。

联邦第九巡回上诉法院维持了原判。该法院引用弗赖伊诉合众国案（Frye v. United States）判例指出：……上诉方专家意见所依据的方法论，与"该领域被公认的权威所接受的程序有重大"偏离。……"无法表明是一种具有普遍接受性的可靠技术"。……经过关于再分析方法只有在其接受本研究领域其他同行验证和审查后才能被科学共同体普遍接受的激烈争论之后，上诉法院拒绝了上诉人"未曾发表，也未经受正规同行评议程序，且仅为诉讼目的而生成"

---

① 拉姆医生毕业于南加州大学，获医学硕士和博士学位。他曾任国家健康统计中心先天缺陷流行病学顾问，并发表多篇关于接触化学和生物制品对人体危害程度的文章。

② 例如，莎娜·海伦·斯旺（Shanna Helen Swan）毕业于哥伦比亚大学生物统计硕士专业，并获得加州大学伯克利分校统计学博士学位。她是加利福尼亚州健康服务局负责调查先天缺陷原因的部门的负责人，并担任过世界卫生组织、美国食品和药品管理局及国家健康研究所的顾问。斯图尔特·A. 纽曼（Stewart A. Newman），获得哥伦比亚大学化学硕士和芝加哥大学化学博士学位，是纽约医学院教授，十多年来从事化学成分对肢体发育影响的研究。其他几位专家同样资历深厚。

的再分析研究成果。法院判定，上诉人所提供的证据，不足以为允许采纳关于盐酸双环胺造成他们损害的专家证言提供基础，因此，上诉人未能满足他们在审判中证明因果关系的责任。

鉴于众多法院对于专家证言可采性的适当标准存在明显分歧，我们同意向下级法院发出调卷令。

第二部分

716

（一）

自弗赖伊案以来 70 年间，"普遍接受性"检验一直成为审判中裁判新的科学证据可采性的主导标准。……弗赖伊检验源自 1923 年一项关于以心脏收缩压测谎而得出的证据可采性之简短引证的裁定，血压测谎仪是现在多导测谎仪的前身。在已变得著名（或臭名昭著）的判决词中，哥伦比亚特区上诉法院描述了该仪器及其操作程序，并宣称：

> 科学原理或研究发现究竟在何时跨越了试验和证明阶段之间的界限，是难以界定的。在这一过渡区域的某一点上，科学原理的证据力量必须得到承认，虽然在采纳从公认的科学原理或研究发现中推演出的专家证言方面，法院还有很长的路要走，但是，据以进行推演的事情必须被充分证实，在其所属特定领域获得了普遍接受性。

因为测谎"尚未在生理学和心理学界获得这种标准上和科学上的认可，无法证明法院采纳从现有研究发现、开发和实验中推导出的专家证言具有正当性"，结果其作为证据被法院裁定为不具有可采性。

（上诉人）……主张，弗赖伊检验因《联邦证据规则》的颁布已被废弃。我们同意这种观点。……

这里，有一个能够解决这个争议问题的具体规则。规制专家证言的规则 702 规定：

> 如果科学、技术或其他专业知识，将辅助事实裁判者理解证据或裁断有争议的事实，因其知识、技能、经验、培训或教育而具备专家资格的证人，可以意见或其他形式对此作证。*

在这个规则文本中，没有一处把"普遍接受性"确立为可采性的绝对前提。……立法起草史并未提及弗赖伊案，而刚性的"普遍接受性"要求，与

---

* 再次说明，这是《联邦证据规则》702 在 2000 年修正案出台之前的版本。——编者注

《联邦证据规则》的"自由延伸"以及放宽对"意见"证言之传统限制的宗旨是相悖的。……（弗赖伊案）这一朴素的标准，其在《联邦证据规则》中的缺位与不相容性，使其不应当在联邦审判中加以适用。

（二）

然而，称弗赖伊检验被《联邦证据规则》所取代，并不意味着这些规则本身对据称科学证据的可采性没有限制。也不意味着，审判法官没有能力对这种证据进行审查。相反，根据这些规则，审判法官必须确保所采纳的任何及所有科学证言或证据不仅具有相关性，而且具有可靠性。

717 ……（规则702）清楚地阐明了关于专家可以作证之主题和理论的某种程度的规制。……专家证言的主题必须是"科学的……知识"。形容词"科学的"意味着以科学方法和科学程序为基础。同样，"知识"这个词比主观信念或未证实的猜测包含着更多的含义。这一术语"适用于任何已知事实的总称，或者由这种事实推断出的思想或有充分根据接受为真理的总称"。《韦伯斯特新国际字典》[Webster's Third New International Dictionary 1252 (1986)]。当然，强调科学证言的主题必须具有"已知的"确定性，这将是不合理的；因为在科学当中没有确定性。然而，为了具备"科学知识"之资格，一项推论或主张必须源自科学方法。所提出的证言必须为适当的有效性所支持——即基于已知事情的"充分根据"。简而言之，专家的证言属于"科学知识"的要求，确立了证据可靠性的标准。③

规则702进一步要求，证据或证言"辅助事实裁判者理解证据或裁断有争议的事实"。这种情况主要是指相关性。……这种考虑因素被……恰当地描述为"适当"。"适当"并非总是明显的，对某一目的科学有效，并不一定对其他无关目的也有效。……例如，对月相的研究，可对某天夜晚是否黑暗提供有效的科学"知识"，如果黑暗是个有争议的事实，该知识将辅助事实裁判者。然

---

③　我们注意到，科学家往往区分"有效性"（原理是否支持其所要表明的主张？）与"可靠性"（原理的适用是否产生了一致的结果？），参见布莱克：《统一的科学证据理论》[Black, A Unified Theory of Scientific Evidence, 56 Ford. L. Rev. 595, 599 (1988)]。尽管，"准确性、有效性和可靠性之间的区别也许微不足道。"斯塔尔：《弗莱伊诉合众国，重建和复兴：关于〈联邦证据规则〉702的修订建议》[Starrs, Frye v. United States, Restructured and Revitalized: A Proposal to Amend Federal Evidence Rule 702, 26 Jurimetrics J. 249, 256 (1986)]，我们在这里所指的是证据的可靠性——也就是真实可靠性。例如，参比联邦证据规则起草咨询委员会对《联邦证据规则》602的注释["'该规则要求，对能被感官感知的事实作证的证人，必须有观察的机会，且必须实际上已经进行了观察'，这个要求是对普通法坚持'最可靠的信息源之最透彻的表达'。"（引文出处省略）]；联邦证据规则起草咨询委员会对《联邦证据规则》第8条的注释（传闻证据例外仅仅在"假定提供了可靠性保证的条件下"才将被承认）。在涉及科学证据的案件中，证据的可靠性将建立在最科学有效性的基础上。

而，（在缺乏支持这种联系的可信根据的情况下），关于某晚是满月的证据，将不会辅助事实裁判者裁断某个人在那个晚上是否非常可能从事了非理性的行为。规则 702 的"辅助性"标准，对于作为可采性前提条件的相关审查来说，要求有效的科学联系。

这些要求被包含在规则 702 中并不令人奇怪。与规则 701 涉及的普通证人不同，专家被允许提供意见的范围很宽，包括那些并非基于直接知识或观察的证言。参见规则 702 和规则 703。大概，放宽对亲身知识的通常要求——联邦证据规则起草咨询委员会《联邦证据规则》602 注释指出：该规则代表了"普通法所坚持的'最可靠信息源'之'最透彻的表达'"——是以这样一个假定为前提的，即专家意见将在其学科内具有可靠的知识和经验根据。

（三）

那么，面对所提供的专家科学证言，审判法官必须对证言背后的推理或方法论是否具有科学效力，以及推理和方法论能否合理地适用于争议中的事实，作出初步评估。我们相信，联邦法官具备对此作出审查的能力。许多因素都将对这种审查产生影响，我们并不指望提出一个决定性的清单或检验标准。但是，提出一些一般性的观察意见是适当的。

一般而言，在确定一项理论和技术是否属于辅助事实裁判者的科学知识时，要回答的一个关键问题是，它能否被（且已被）检验。K. 波普：《猜想与反驳：科学知识的增长》[K. Popper, Conjectures and Refutations: The Growth of Scientific Knowledge 37 (5th ed. 1989)]（"一个理论的科学标准在于它的可证伪性，或可反驳性，或可检验性"）。

另一个有关的考虑因素是，理论或技术是否经同行评议并发表。发表（不过是同行评议的一个因素）并非可采性的一个必要条件；它与可靠性并无必然联系，参见 S. 贾桑诺夫：《第五部门：作为政策制定者的科学顾问》[S. Jasanoff, The Fifth Branch: Science Advisors as Policymakers 61 - 76 (1990)]。在某些情况下，具有充分依据和创新性的理论并未得到发表，参见霍罗宾：《同行评议的哲学基础和创新压制》[Horrobin, The Philosophical Basis of Peer Review and the Suppression of Innovation, 263 J. Am. Med. Assn. 1438 (1990)]。此外，一些论题因为太具体、太新颖或未能引起人们的兴趣，而没能发表。然而，提供给科学界进行审查是"真科学"的一个组成部分，因为其增加了方法论中实质性缺陷将被检验的可能性。因此，在同行评议的期刊上发表（或未发表）这一事实，在评估一项专家意见所依据的特定技术或方法论前提是否具有科学效力方面，将是相关的（虽然不是决定性的）考虑因素。

718

而且，就一项特定的科学技术来说，法院通常应当考虑已知或可能存在的错误率，并且考虑对该技术操作的控制标准的存在和维护。

最后，"普遍接受性"可能对调查产生影响。"尽管允许，但可靠性评估并不要求相关科学界的明确鉴定，也不要求科学界对具体接受度作出明确表达。"参见合众国诉道宁案（United States v. Downing, 753 F. 2d, 1238）。广泛的接受性可成为裁定具体证据可采性的重要因素，对于"一项在科学界只得到微弱支持的已知技术"（上引道宁案），可以用怀疑的眼光适当看待。

我们强调，规则 702 所预设的调查是灵活的。其宗旨是所提交公断的原理之科学有效性——也就是证据的相关性和可靠性。当然，其焦点必须集中在原理和方法论本身，而不是它们所产生的结论。

法官在依据规则 702 对所提供的专家科学证言进行评估时，自始至终还应当考虑其他可适用的规则。规则 703 规定，对基于不可采的传闻证据的专家意见，只有在其是"专门领域内的专家在对该主题形成意见或推论过程中合理依据的"事实和数据的情况下，才可以被采纳。专家意见可以基于该专家在本案中所知晓或亲身观察到的事实或数据。规则 706 允许法院在其自由裁量权范围内获得所选专家的协助。最后，规则 403 允许在"不公正偏见、混淆争点或误导陪审团的危险……在实质上超过其证明力时"，排除相关的证据。温斯坦法官解释说："专家证据可能既有威力又有相当的误导性，因为对它进行评价难度很大。由于这种风险，法官在权衡目前规则所可能产生的规则 403 偏见对证明力的抵消作用时，对专家比对普通证人施以更严格的控制。"

第三部分

我们通过简要提出本案当事人和"法庭之友"的两个潜在担忧来结束这个讨论。被上诉人表达了这样的担心，即废除了"普遍接受性"作为采纳证据的排他性要求将导致"滥用"的后果，就是说，陪审团会被荒谬不合理的伪科学主张所迷惑。在这一点上给我们的感觉是，被上诉人通常似乎对陪审团的能力和对抗制感到过于悲观。有力的交叉询问，相反证据的出示，以及对证明责任的认真指示，业已成为传统上抨击可疑却具有可采性的证据的适当方式。此外，根据《联邦民事诉讼规则》50（a），当审判法院裁断所提供用以支持一方主张的微弱证据，不足以使理性的陪审团成员得出该主张更可能真实的结论时，法院有指挥判决的自由。根据《联邦民事诉讼规则》56，也可以作出简易判决。这些常规方法，而非根据强硬的"普遍接受性"检验而进行的全面排除，才是对科学证言的根据符合规则 702 标准的适当保障。

在很大程度上，上诉人和他们的"法庭之友"展示了一种不同的担忧。他们认为，承认了法官排除"无效"证据的审查角色，将准许一种令人窒息的以及专制的科学正统，并且，将对寻求真理有害。不错，公开辩论是法律和科学分析都不可缺少的组成部分。然而，在法庭里探求事实真相与在实验室里探索真理之间有着重要区别。科学结论将受到不断的修改。而法律，则必须迅速并终局性地解决争端。对广泛而多样假设的研究不断推动着科学进步，因为那些不正确的假设最终会被发现，而这本身就是一个进步。然而，那些可能错误的猜想，在对过去发生的一系列特定事件作出迅速、最终且有约束力的——往往十分重要的——法律判决的过程中却几乎没有什么作用。我们承认，法官的守门人角色无论多么灵活，在实践中，有时都不可避免地会阻碍陪审团的真知灼见和创新。然而，这正是《联邦证据规则》要达到的平衡，其设计初衷不是要彻查宇宙奥秘，而是要解决特定的法律争端。

第四部分

总之，依据《联邦证据规则》，"普遍接受性"不是科学证据可采性的必要前提，但是，《联邦证据规则》——特别是规则 702——确实给审判法官设定了这样的任务，即确保专家证言既依赖于可靠的基础又与手头的案件相关。基于科学有效性原理的相关证据将满足这些要求。

地区法院的审查和上诉法院的审查几乎完全局限于根据出版物和其他法院裁定来衡量的"普遍接受性"。因此，该上诉法院的裁定无效，案件发回并按本法院的意见重审。

此判。

首席大法官伦奎斯特（Rehnquist）与史蒂文斯（Stevens）大法官一起，发表了部分赞同、部分不赞同的意见。……

我对联邦法官们的信任不需要听从于别人；但我不明白，当说一种理论的科学地位取决于其"可证伪性"时，是什么意思？而且，我怀疑他们当中有些人也是如此。我并不怀疑，在裁定所提供的专家证言可采性问题上，规则 702赋予了法官"守门人"责任。但我并不认为，为了履行这个角色，它给他们强加了成为业余科学家的义务或职权。我认为，本案中最高法院最好……把法律在这个重要领域的进一步发展留给未来的案件来解决。

──注释和问题──────────────────────────

1. 多伯特案是根据 2000 年前的规则 702 版本宣判的。尽管无意将多伯特案"法典化"，但作为"对多伯特案的回应"，该规则在 2000 年进行了修订并与其保持一致。参见联邦证据规则起草咨询委员会关于 2000 年修正案中对《联邦证据规则》702 的注释。该新规则及联邦证据规则起草咨询委员会的相关注释，将在下文介绍库霍轮胎案（Kumho Tire）时加以阐释。

2. 将多伯特案四因素适用于并非基于"科学"的专家证言是否合理？

3. 在诉称因化学品暴露而致病或细胞性物理损伤的侵权案中，适用弗赖伊规则会产生什么样的结果？

4. 在采纳专家证言的问题上，多伯特规则是否比弗赖伊规则更为"宽松"？注意，"普遍接受性"被保留为多伯特案四因素之一。对多伯特案的第一反应是，该案放宽了专家证言的可采性标准，但至少某些联邦下级法院倾向于将多伯特案解释为从更长远、严格的眼光来看待所提供的专家证人的正当理由。有些论者在报道的案件中发现一种趋向，即法院越来越多地拒绝采纳证言。但是，参见联邦证据规则起草咨询委员会关于规则 702——2000 年修正案注释（"对多伯特案后的判例进行复审后发现，拒绝采纳专家证言是例外而非常规情况。多伯特案并未在联邦证据规则层面产生重大影响。"）多伯特案后的最高法院诉讼史是具有启发性的。在重审时，第九巡回法院适用多伯特案意见所得出的结论与先前得出的证据不可采的结论是相同的。参见多伯特诉梅里尔·道制药有限公司案［Daubert v. Merrell Dow Pharmaceuticals, Inc., 43 F. 3d 1311 (9th Cir. 1995)］。然而，在得出这一结论的过程中，该法院除了考虑最高法院的要素清单，还考虑了其他一些因素。其中一个因素是，专家作证所依据的证据是否来自与该诉讼无关的独立研究。这一标准有多么重要？想一想，目前有多少研究是以这样或那样的方式受雇进行的。另参见爱德华·程和埃尔伯特·尹：《弗赖伊案或多伯特案有价值吗？科学可采性标准研究》［Edward K. Cheng and Albert H. Yoon, Does *Frye* or *Daubert* Matter? A Study of Scientific Admissibility Standards, 91 Virginia. L. Rev. 471 (2005)］（以管辖权去除标准来确定侵权案中被告所呈现出的偏好，以表明从弗赖伊案到多伯特案的转变，在操作层面的作用微不足道）。

5. 弗赖伊案排除测谎仪测试结果的实际裁定，在一段时间内成为全国统一适用的规则。随着多伯特案后一些允许测谎仪证据的裁定的出现，这个规则在 1990 年代中期逐渐发生改变。多个司法辖区开始采纳这种证据，很可能是因为这一排除规则本身与多伯特案标准的新表述相抵触。多伯特案前一项有影响的裁决，参见合众国诉皮斯诺纳案［United States v. Piccinonna, 885 F. 2d 1529 (11th Cir. 1989)］。皮斯诺纳案判定，测谎结果若满足以下三个条件便对弹劾或补强证言具有可采性：（1）必须就准备使用该证据通知对方；（2）必须给对方自行实施测试的机会；以及（3）该证据的可采性由补强和弹劾证据的一般规则来规制，所以，例如，补强证据只有在证人诚实品性根据《联邦证据规则》608受到抨击后才可被采纳。第十一联邦巡回法院在后多伯特时代继续沿用着这三个条件。参见合众国诉安德森案［United States v. Henderson, 409 F. 3d 1293 (11th Cir. 2005)］（宣布皮斯诺纳案中的规定在后多伯特时代依然有效）。在合众国诉波萨度案［United States v. Posado, 57 F. 3d 428 (5 th Cir. 1995)］中，法院判定，测谎结果可以在特定刑事案件中采纳，无论（当事人之间）有何约定（本案提供了一个约定，但被驳回了）。该法院把多伯特案解读为放宽了对科学证据的采纳，并断言，测谎仪目前所能达到的70%至90%的精确率，超过了目前采纳的大量证据的可靠性水平。该法院表达了对这类证据产生偏见性影响的担忧，但认为它对此案没有什么影响，因为本案的问题是，在一次排除证据之听证程序（suppression hearing）中，双方所讲述的案情出现了戏剧性的差别，并且其他证据都对州检控方所提供的事件版本提出了质疑，在这种情况下，应当相信谁，州检控方还是被告？尽管有这些裁定，一些司法辖区的法院依旧按常规排除测谎证据。参见合众国诉吉尔案［United States v. Gill, 513 F. 3d 836 (8th Cir. 2008)］（"测谎仪证据是不受欢迎的"）；合众国诉普林斯—欧怿伯案［United States v. Prince-Oyibo, 320 F. 3d 494 (4th Cir. 2003)］（继续坚持对测谎仪检验结果原则上不予采纳的标准）；合众国诉托马斯案［United States v. Thomas, 167 F. 3d 299, 308 (6th Cir. 1999)］（测谎仪证据"一般不受欢迎"）。另参见D. 麦克·赖辛格：《专家可靠性导航：刑事案件确定性标准被留在码头上了？》［D. Michael Risinger, Navigating Expert Reliablility: Are Criminal Standards of Certainty Being Left on the Dock?, 64 Alb. L. Rev. 99 (2000)］；戴维·C. 拉斯金等：《关于测谎技术研究的科学现状：测谎仪检验案例》［David C. Raskin, et al., The Scientific Status of Research on Polygraph Techniques: The Case for Polygraph Tests, 19 - 2. 0, in 1 Modern Science Evidence: The Law and Science of Expert Testimony (David L. Faigman, David H. Kaye, Michael J. Saks, and Joseph Sanders eds., 2002 & Supp. 2003)］。

　　6. 多伯特案激发且持续激发着以科学证据为主题的学术论文潮。例如，参见大卫·E. 伯恩斯坦：《对多伯特革命的拙劣司法抵制》［David E. Bernstein, The Misbegotten Judicial Resistance to the *Daubert* Revolution, 89 Notre Dame L. Rev. 27, 30, 67 (2013)］；罗纳德·J. 艾伦和伊斯凡德·纳菲斯：《多伯特案及其不满》［Ronald J. Allen and Esfand Nafisi, *Daubert* and Its Discontents, 76 Brook. L. Rev. 131 (2010)］；爱德华·程和埃尔伯特·尹，上文；珍妮佛·格柔

斯卡普等：《多伯特案在州和联邦刑事案件中对专家证言可采性的影响》[Jennifer L. Groscup et al. , The Effects of *Daubert* on the Admissibility of Expert Testimony in State and Federal Criminal Cases，8 Psy. Pub. Poly. & L. 339 (2002)]；约瑟夫·桑德斯等：《科学和专家知识的法律观》[Joseph Sanders et al. , Legal Perception of Science and Expert Knowledge，8 Psy. Pub. Poly. & L. 139 (2002)]；杰弗里·L. 哈里森：《专家证人概念重建：社会成本、现时控制及初步回应》[Jeffrey L. Harrison，Reconceptualizing the Expert Witness：Social Cost，Current Controls and Proposed Responses，18 Yale J. on Reg. 253 (2001)]；布莱顿·L. 詹森：《处于斯威特·霍姆和多伯特案十字路口的诉讼》[Brandon L. Jensen，Litigating the Crossroads Between Sweet Home and Daubert，24 Va. L. Rev. 169 (2000)]；德里克·L. 慕格：《我们达到目的了吗？通过多伯特案和库霍轮胎案凝练的专家证言检验以及〈联邦证据规则（建议稿）〉702》[Derek L. Mogck，Are We There Yet? Refining the Test for Expert Testimony Through Daubert，Kumho Tire and Proposed Federal Rule of Evidence 702，33 Conn. L. Rev. 303 (2000)]。

（三）乔伊纳案

首席大法官雷奎斯特（Rehnquist）在多伯特案中，并不同意法官能够充分扮演专家证言守门人角色这一理念，但仅在几年内，他在最高法院后续的多数关于专家证人的重要裁定中，似乎已使自己适应了这一理念，参见通用电气公司诉乔伊纳案（General Electric Co. v. Joiner）。在阅读该案件时请关注如下问题：

1. 乔伊纳案裁判所表达的核心法律原则是什么？

2. 说地区法院在乔伊纳案中没有"滥用其自由裁量权"意味着什么？是意味着该地区法院排除原告专家的裁定是"正确"的吗？

3. 多伯特标准在本案中是如何适用的？这对解释专家意见存在的问题有帮助吗？

通用电气公司诉乔伊纳案
(General Electric Co. v. Joiner)

---

522 U. S. 136 (1997)

首席大法官伦奎斯特（Rehnquist）发表了最高法院的意见。

被上诉人罗伯特·乔伊纳作为一名电工,在乔治亚州托马斯维利市供水与照明部门工作多年,工作中他需要反复接触含有多氯联苯(PCBs)的化学制品。1991 年他被诊断为肺癌后,乔伊纳(吸烟者)向乔治亚州法院起诉了多家化学品制造商,诉称他是因为接触多氯联苯才患上肺癌。上诉人(被告)将该案移至联邦法院。地区法院批准了被告的简易判决动议,因为乔伊纳所聘专家的证言未能表明接触多氯联苯与肺癌之间的联系。法院认为,相反,被上诉人所聘专家所作的证言并未超出"主观信念或未证实的猜测",因此不具有可采性。

第十一上诉巡回法庭撤销了原判。它裁定:"因为规制专家证言的《联邦证据规则》展示了一种支持可采性的偏好,我们对审判法官的专家证言排除采用了特别严苛的复审标准。"上诉法院适用该标准后认为,地区法院对乔伊纳所聘专家证言的排除有错误,因为地区法院应当限制其"对所提供专家证言的法律可靠性"作出裁决的角色,"而留给陪审团去决定竞争性专家意见的正确性"。

我们判定,自由裁量权滥用是对一个地区法院证据性裁定的适当复审标准。……该上诉法院在对乔伊纳所聘专家的证言排除问题进行复审时有错误。它在适用过于"严苛"的标准来复审该裁定时,未能给予审判法院以尊重,而这恰恰是自由裁量权滥用之复审的标志。……

第三部分

……此处对正确复审标准之适当适用表明,地区法院并未滥用其自由裁量权。乔伊纳的归责理论是,他受到多氯联苯及其衍生物的危害而"促进了"其小细胞肺癌的发展。他提供了专家证人的询证存录证言以支持该理论。阿诺德·斯科特医生(Dr. Arnold Schecter)作证称,他认为"比不可能更可能的情况是,乔伊纳先生的肺癌与吸烟和遭受多氯联苯危害都具有因果关系"。丹尼尔·泰特尔鲍姆医生(Dr. Daniel Teitelbaum)则作证称,乔伊纳的"肺癌在很大程度上是由其工作中所接触的物质引发或造成的"。

上诉人主张,乔伊纳的专家关于因果关系的陈述不过是猜测而已。上诉人对该专家证言的批评是,它"没有流行病学研究的支持……(而是)基于实验室动物的孤立研究"而作出的。乔伊纳则回应称,他的专家已证成了"支持其意见的相关动物研究"。他还提请法院注意他的专家所依赖的四项流行病学研究。(考察人口疾病模式的流行病学研究。)

地区法院同意上诉人的观点,即被上诉人的专家所依赖的动物研究并不能支持其接触多氯联苯而造成肺癌的主张。在幼鼠因接触多氯联苯而引发癌症的研究中,幼鼠腹部及胃部被直接注射了大剂量的多氯联苯。乔伊纳是成年人类,且其所称暴露于多氯联苯的程度也比这项动物研究中的要少得多。该实验以高浓度方式直接将多氯联苯注射进老鼠体内，而乔伊纳通常所接触的多氯联苯液体的浓度要小得多，大致为百万分之 0—500。这些老鼠所患的癌症是肺泡癌，乔伊纳所患的癌症是小细胞癌。没有研究表明，成年老鼠在接触多氯联苯后也得了癌症。其中一位专家承认，没有研究表明，多氯联苯在任何其他物种身上会引发癌症。

724　　被上诉人未能回应这个批评。他没有解释专家如何以及为什么能够从这些看起来没有太大关系的动物研究中得出其结论，而是选择"继续坚持己见，仿佛问题只是动物研究能否作为一项专家意见的适当基础"。当然，动物研究可否作为一项专家意见的适当基础，并不成为问题。问题在于，这些专家意见能否从其声称所依赖的动物研究得到充分支持。因为这些研究与本诉讼所呈现的事实如此不一致，地区法院拒绝了依赖于这些研究的专家证言，这并非是对自由裁量权的滥用。

　　地区法院还得出结论说，被上诉人所依赖的四项流行病学研究并非是支持该专家意见的充分根据。其第一项研究，与在意大利的一个电容器厂与多氯联苯接触的工人们有关。其作者提到，该厂所有的前员工患肺癌的死亡率可能都比预期高，但结论却是，"可能没有明显的理由将肺癌的死亡率（尽管比预期高）与暴露在该工厂环境中联系起来。"鉴于（该研究）并不情愿称，接触多氯联苯引发了他们所研究的工人中患癌的情况，他们的研究并不能支持该专家的结论，即乔伊纳与多氯联苯的接触导致了他的肺癌。

　　第二项研究……发现，在研究对象中，肺癌死亡率比一般预期值略高。然而，这种增多没有统计学意义，且该研究的作者并未表明，肺癌死亡的增加与接触多氯联苯有联系。第三项和第四项研究同样没有帮助。……

　　被上诉人强调了多伯特案的语言，即"焦点必须完全集中于原理和方法论本身，而非它们所产生的结论。"被上诉人称，因为地区法院的异议针对的是专家从研究所得的结论，地区法院犯了法律错误并被上诉法院适当地撤销了原判。但结论和方法论并非完全彼此分离。经过训练的专家一般基于现有数据进行推论，而无论多伯特案还是《联邦证据规则》，均未要求地区法院仅因专家的武断（ipse dixit）* 而采纳与现有数据联系在一起的意见证据。法院可以得出结论说，在数据和所得出的结论之间的分析漏洞太大。这就是地区法院在本案中所做的，而我们认为，这样做并未滥用其自由裁量权。……

　　……乔伊纳是否还接触了呋喃、二噁英，以及如果有这样的接触，乔伊纳

---

* 拉丁语的意思是"只是说说而已"。——编者注

的专家意见是否就具有可采性，留下了很多有待讨论的问题。我们据此撤销上诉法院的判决，案件发回并按本法院意见重审。

──注释和问题──

1. 上诉程序中的一个核心问题在于所适用的"复审标准"，这指的是上诉法院在复审审判法院裁定时将适用的审查或尊从程度。非尊从性复审〔在联邦制度中称为"重新"（de novo）审查标准，意思是"从头开始"或"从零开始"〕是指，上诉法院将在不考虑下级法院决定的基础上对问题重新进行裁定：这将取代地区法院对相应问题的判决。尊从性复审是指，上诉法院将给予下级法院作出决定的自由，并询问其所作决定的合理性：就是说，理性的头脑也可能在一定范围内持不同意见。在此标准下，一个合理的决定将得到上诉法院的支持，即使上诉法院法官本人若身为审判法官对该问题将得出不同的结论。在乔伊纳案中，适用的是哪一个标准？

2. 在提及"武断"（ipse dixit）那段的最后两句话，是乔伊纳案的关键方面。试着用你自己的话来表达最高法院的意思。

3. 乔伊纳案是否支持多氯联苯并未导致肺癌的主张，以及在联邦法院中，任何提出其他主张的专家意见是否将被排除在证据之外？

（四）库霍轮胎案

多伯特案只明确涉及科学证据。紧接该案，巡回法院对多伯特案如何或是否适用于"技术或其他专业知识"的问题产生了分歧。法院在随后的一起涉及轮胎爆裂案中讨论了这个问题。在阅读该案时请关注如下问题：

1. 库霍轮胎案所表达的核心法律原则是什么？

2. 多伯特案适用于不涉及"科学"知识的案件吗？如适用，如何操作？多伯特案四因素适用还是不适用？

3. 审判法官在评估专家证言时扮演着什么角色？

库霍轮胎有限公司诉卡麦克案
(Kumho Tire Company，Ltd. v. Carmichael)

526 U. S. 137（1999）

布雷耶（Breyer）大法官发表了最高法院意见。

……这个案件要求我们裁定，多伯特案如何适用于工程师和其他非科学家专家的证言。我们的结论是，多伯特案一般性裁定——阐释了审判法官的一般"守门人"义务——不仅对基于"科学"知识的证言适用，而且对基于"技术"和"其他专业"知识的证言也适用。参见《联邦证据规则》702。我们还得出这样的结论，即审判法院可以考虑多伯特案提及的一个或多个更具体的因素，当这样做将有助于确定证言的可靠性时。然而，正如该法院在多伯特案中阐明的，可靠性测试是"灵活的"，多伯特案的一系列特定因素既非必然也非排他地适用于所有专家或每一个案件。相反，当法院决定如何裁定可靠性时，法律赋予了地区法院很大的自由，就如同法院享有最终可靠性的决定权一样。按照这些标准，我们判定，地区法院在本案中的裁定——对特定专家证言不予采纳——属于其自由裁量权的范围，因而是合法的。

726

第一部分

卡麦克在驾驶小型面包车时，由于轮胎爆裂导致一名乘客死亡和其他乘客重伤，卡麦克对爆裂轮胎的制造商和经销商提起多项诉讼。原告诉称，根据轮胎问题分析专家丹尼斯·卡尔森（Dennis Carlson）的证言，该轮胎存在重大缺陷。轮胎的爆裂是由其内部钢丝带束层架构所导致的胎面裂痕而引起的，这一点不存在争议。然而，被告对卡尔森关于缺陷导致轮胎裂痕的结论提出异议。这一结论是基于卡尔森的观点得出的，即当争议中的爆裂轮胎出现少于"过度变形"（本质上，是车主不当使用）之四项物理症状中的两项时，该等裂痕可能是由设计或制造缺陷引起的：（a）胎肩处的胎面磨损大于轮胎中部的磨损；（b）"胎面沟槽"症状，胎圈被过于用力地安装于轮圈内部的胎圈座；（c）胎侧显现损坏症状，如褪色；和/或（d）轮辋凸缘上的痕迹。

卡尔森补充道，他检查了争议中的轮胎。他承认，该轮胎胎肩的磨损在一定程度上比轮胎中心的磨损更甚，也出现了"胎面沟槽"症状、褪色症状、轮辋凸缘痕迹，以及未完全充气的穿孔（这也可以引起发热并可能导致裂痕）。但是，卡尔森作证称，出现的每一个症状都不充分，并解释了他认为这些症状并非是引起过度缺气的原因。例如，他说胎肩额外磨损主要出现在胎肩的一侧，而一个过度变形的轮胎磨损，正常情况下应当同时出现在胎肩的两侧。卡尔森的结论是，该轮胎并未出现过度变形之四项症状中的至少两项，也不存在其他不那么明显的引起裂痕的原因；因此，既然不是过度变形，也不是穿孔引起了轮胎爆裂，那么，必定是一个缺陷导致了爆裂。

库霍轮胎公司提出了简易判决动议，称卡尔森的证言应当被排除作为证据，因为他的方法论不符合规则 702 的可靠性要求；而如果没有卡尔森的证言，原告将无法证明是制造或设计缺陷导致了轮胎爆裂及伤亡。地区法院同意排除卡尔森的证言，并撤销该案。第十一巡回法院撤销了原判，认为卡尔森的证言（被认为依赖于经验而非科学方法）"超出了多伯特案的适用范围"，"作为法律问题，地区法院在本案中适用多伯特标准是错误的"，本案必须根据规则 702 进一步考虑（非多伯特案类型）发回重审。

……我们根据下级法院是否或如何将多伯特案适用于专家证言的不确定性而发出调卷令，这些证言可能被定性为并不基于"科学"知识，而是基于"技术"或"其他专门"知识的专家证言。

第二部分

（一）

在多伯特案中，该法院判定，《联邦证据规则》702 对审判法官施加了一种特别义务，即"确保任何及所有科学证言……不仅具有相关性，而且具有可靠性"。我们所面对的第一个问题是，这一基本的"守门人"义务仅仅适用于"科学"证言，还是适用于所有的专家证言。和当事人一样，我们认为它适用于所有的专家证言。

首先，规则 702 原文说：

> 如果科学、技术或其他专业知识，将辅助事实裁判者理解证据或裁断争议事实，因其知识、技能、经验、培训或教育而具备专家资格的证人，可以意见或其他形式对此作证。

这里的语言对于"科学"知识和"技术"或"其他专业知识"未作相关区分。它清楚地表明，任何此类知识都可以成为专家证言的主题。在多伯特案中，法院……仅提到"科学"知识……但这不过是"因为那是该争议中专家意见的性质"。

此外，在证据法原理中，也找不到支撑法院多伯特案"守门人"裁定仅限于"科学"知识的根据。多伯特案指出，《联邦证据规则》702 和 703 基于"专家意见在其学科领域知识和经验方面将有可靠根据的假定"，赋予了专家证人不适用于其他证人的作证范围。这些规则将该范围赋予的是所有专家，而不仅是"科学"专家。

最后，要求法官依据"科学"知识和"技术"或"其他专业"知识之间的区别，来执行证据规则规定的守门人义务，这即使不是不可能，也是非常困难的。因为，二者之间没有清晰的界限。……并没有令人信服的必要去作如此区分。各种专家的观察与结论，都是通过运用勒尼德·汉德（Learned Hand）法官所称的"派生自专业经验的一般真理"来维系的。而且，不论具体的专家证言关注的是专业观察，还是这些观察向理论的专业转化，是转化后的专业理论本身，还是这种理论在特定案件中的适用，专家证言所依托的经验"对（陪审团）自身而言无疑总是生疏的"。审判法官努力确保专业证言具有可靠性和相关性，这有助于陪审团评价"他山之石"（foreign experience），不论该证言反映的是科学、技术，还是其他专业知识。

我们的结论是，多伯特案一般原则适用于规则 702 所描述的专家事项。该规则就所有这种事项，"确立了证据可靠性标准"。它"要求一种对作为可采性先决条件的有关调查……的有效联系"。上引案例，第 592 页（113 S. Ct. 2786）。而且，在这类证言的事实根据、数据、原理、方法或它们的适用出现问题时（参见下文第三部分），审判法官必须确定该证言是否"在（相关）学科的知识和经验领域有可靠的根据"。（509 U. S. at 592，113 S. Ct. 2786.）

（二）

上诉人更具体地问，审判法官在决定"工程学专家证言的可采性"时，是否可以考虑多伯特案意见所说的可能对法官守门人决定"产生影响"的一些更为具体的因素。这些因素包括：

——一项"理论或技术是否……能被（且已被）检验"；

——它是否"已受到同行评议并发表"；

——就一项特定技术而言，"已知或潜在的错误率"是否很高，以及是否有"对该技术操作进行控制的标准"；以及

——该理论或技术在"在相关科学界"内是否具有"普遍接受性"。

上述提问强调了"可以"一词，我们的回答是：可以。

工程技术证言依赖于科学基础，其可靠性在某些案件中会成为争议焦点。在另一些案件中，有关可靠性的担忧可能集中于个人的知识和经验。正如司法部副部长（the Solicitor General）所指出的，有许多不同种类的专家，以及许多不同类型的专家意见。参见《合众国"法庭之友"法律理由书》（Brief for United States as Amicus Curiae 18 - 19，and n. 5）（引用有专家出庭的涉及毒品术语、笔迹分析、犯罪作案手法、土地评估、农业耕种、铁路规程及律师费估价等案件）。因此，我们对"可以"一词的强调，反映了多伯特案把《联邦证据规则》702 法庭调查描述为一种"灵活调查"。多伯特案清楚地表明，它所提及的因素并未构成"确定的清单或测试"。而且，多伯特案进一步表明，守门人调查，必须与特定"案件"的"事实紧密相连"。我们同意司法部副部

长的观点，即"多伯特案列举的因素与评估可靠性或许有关或许无关，这取决于争议的性质、专家的具体意见及其证言的主题"。按照我们的观点，结论是我们既不能一概排除，也不能一概肯定，多伯特案所提到的因素在所有情况下和所有时间都适用，对所有专家类别或证据种类的案件子集都适用。这在很大程度上取决于争议中特定案件的具体情况。

与此同时，与该上诉法院的观点相反，多伯特案中的一些问题可能有助于评价甚至基于经验的证言可靠性。例如，在某些案件中，审判法官会问一位工程技术专家，其基于经验方法产出错误结果的频率，或者该方法在相关工程技术界是否已被普遍接受。这样做将是适当的。同样，询问一位纯粹基于经验的证人，如一位凭嗅觉即可以分辨不同气味香水的鉴定专家，问他的配方在同行中是否会被认可接受，这样做有时也是有用的。

因此，我们必定对第十一巡回法院的裁定持不同意见，该裁定说，审判法官只有在专家所依据的是"科学原理的应用"而非依据"技术或基于经验的观察"的情况下，才能提问多伯特案提及的那类问题。我们认为，《联邦证据规则》702并未创设这样一种机制，即在为不同的专家安排不同的问题时，还按种类对专家意见作了划分。现实生活及其产生的法律案件是如此复杂，根本无法保证如此明确的匹配。

这样说并不是否定多伯特案守门人要求的重要性。该要求的目的，是为了确保专家证言的可靠性和相关性。它是要保证一位专家在法庭上持有与相关领域专家活动同样的严谨态度，无论其证言是依据专业研究还是个人经验。我们也不否认，正如多伯特案所提到的特定问题，在用于确定遭到质疑的专家证言之可靠性问题上常常是适当的。相反，我们的结论是，审判法官在特定案件中决定如何判定特定专家证言是否可靠的时候，必须有相当的回旋余地，也就是说，当多伯特案所列举的具体因素是评估专家证言可靠性的合理测量标准时，审判法院就应当考虑这些因素。

729

我们在乔伊纳案中的意见表明，上诉法院在"复审审判法院采纳或排除专家证言的裁定"时，适用的是"自由裁量权滥用"标准。该标准既适用于审判法院就关于"如何确定可靠性"这一问题的决定，也适用于其最终结论。否则，审判法官将缺少所需的自由裁量权。这种自由裁量权，既可避免在专家所用方法的可靠性被合理且理所当然地认为"可靠"的普通案件中采用不必要的"可靠性"（检验）程序，也可要求在对专家可靠性产生怀疑的不太常见或更复杂的案件中采用适当的（检验）程序。

第三部分

　　我们进一步解释了审判法官"可以"考虑多伯特案因素，并将这些考虑因素应用于手头案件的方式，这一点各当事方和他们的 19 名法庭之友已详尽地作出了论述。地区法院并没有怀疑卡尔森（Carlson）的专家资格，包括其所获机械工程专业硕士学位、在米其林美国公司的 10 年工作经验以及曾经在其他侵权案件中作为轮胎失效顾问的证言。相反，尽管有这些资质，法院还是排除了其证言，因为法院起初对"该专家在分析这些通过肉眼观察所获取的数据时所采用的方法，以及这种分析之科学根据（如果有的话）"有所怀疑，然后则认定其不可靠。……尽管该证据是"不牢靠"的，它也不属于专家们意见可能合理相左的范围，不属于陪审团必须在不同专家相互冲突的观点中作出决定的范围。我们认为，此处引发地区法院初步调查的怀疑是合理的，法院的最终结论也是合理的。

　　法院所面临的具体问题，并不是一位轮胎专家凭肉眼和触摸检查，就确定过度变形是否导致了轮胎胎面从半钢子午线胎体上剥落的一般合理性问题。相反，它是指使用此种方法，以及卡尔森分析由此获得数据的特别分析法……能可靠地确定该轮胎剥落的原因……的合理性问题。

　　卡尔森的询证笔录同时支持了审判法院最初的不确定性判断和最终结论。这些笔录使得明确的理论（关于需要两个不当使用的指征）和不明确的
730 主张（关于本案中肉眼检查的重要性）的可靠性非常可疑。此外，专家说不出该轮胎是否已经行驶了超过 1 万、2 万、3 万、4 万或 5 万英里，却说6 000英里是他"所能确定"的"一段距离"。法院可以合理地怀疑，凭肉眼和触摸检查法的可靠性，是否足以确定细微的轮胎胎肩/中间相对胎面磨损差异与不当使用有关的含义，但不足以精确地根据胎面花纹磨损情况，确切地说该轮胎行驶里程少于 1 万或多于 5 万英里。在回应那些寻求具体信息（关于卡尔森如何区分实际上已变形的轮胎，与仅仅看上去变形的轮胎）的问题时，卡尔森反复依赖其分析模型的主观性，这可能加重了这些担忧。卡尔森说，他在第一次作询证存录的上午，首次检查了轮胎本身（卡尔森最初的结论是基于轮胎照片作出），仅持续了几个小时，前述担忧便进一步加剧了。

　　而且，在第一次询证存录之前，卡尔森已签发了一项报告。他在该报告中的结论是，该轮胎此前没有"……承载过重或充气不足"，这并非是因为四个提示不当使用的指征中有两个缺失，仅仅是因为"轮辋凸缘给人的印象……是正常的"。该报告还提示，"残存胎面花纹深度为 3/32 英寸"（上引案例，第

336 页），尽管对方专家（明显无可争辩的）的测量结果表明，在轮胎不同位置测得的深度值实际上为 0.5/32 到 4/32 英寸不等，而且，该轮胎明显表现出，其在两侧胎肩部位的磨损程度较之中间部位更为严重。

此外，就其中一个不当使用指征——胎圈沟槽而言，该专家似乎否认了其简单肉眼观察法的充分性。他作证称，大多数轮胎均有一些胎圈沟槽模式，如果有理由去怀疑一个非正常的胎圈沟槽，他设想能够"查看大量相似的轮胎"来获知沟槽的意义，但他并没有查看过一定数量的和争议轮胎相似的轮胎。

最后，在寻求为卡尔森在这些情形中所应用的方法进行辩解后，法院没有发现有说服力的辩词。相反，法院认定：（1）"没有"任何一项多伯特案因素，包括在相关专家业内具有"普遍接受性"的因素，表明卡尔森的证言是可靠的；（2）法院自己的分析"并未发现有超过多伯特案所列因素的支持可采性的抗衡因素"；以及（3）"当事方在他们的法律理由书中也没有指明此等因素"。综合这三个理由，法院得出结论：卡尔森的证言是不可靠的。

专家可能会基于大量专业经验从一系列观察中得出结论，没有人会否认这一点。同样，也没人会否认，作为一个一般事项，一名合格的专家通过肉眼或触摸检查，通常可以识别出轮胎的不当使用情况。参见 H. R. 鲍姆加德纳的宣誓陈述书 [Affidavit of H. R. Baumgardner 1-2, cited in Brief for National Academy of Forensic Engineers as Amicus Curiae 16]（轮胎工程师依赖肉眼检查和排除法来分析实验检测轮胎）。……

本案的特殊问题涉及卡尔森二要素检验法的使用，以及他基于貌似微小的观测差异，用肉眼/触摸观察得出结论的相关问题。我们在记录中没有发现业内其他专家使用卡尔森的二要素检验法，也没发现如卡尔森这类轮胎专家通常会对如相对严重的胎肩花纹磨损对称性进行细致的区分，而根据卡尔森的理论，对称性这个问题是支撑其结论的必要条件。尽管轮胎检测已非常普遍，但也没有人援引任何文章或论文说卡尔森的方法是有效的。的确，不会有人认为，如果卡尔森仍供职于米其林公司，便会在给其雇主的报告中得出结论称，基于他得出该结论所依论据的同样理由，类似的轮胎也会有类似缺陷。当然，卡尔森会辩称自己的方法是准确的，但正如我们在乔伊纳案中所指出的，"如果意见证据仅是通过该专家自己的武断之言（ipse dixit）和现有数据联系起来，多伯特案和《联邦证据规则》并没有要求地区法院去采纳这样的意见证据"。

被上诉人还争辩说，地区法院适用多伯特案标准过严。他们将其意见理解

731

为，只要没达到这些标准之一，专家证言就会自动不可采。……（然而，法院）明确承认，相关的可靠性调查"应当是'灵活的'"，其"'首要主题应该是……有效性'和可靠性，"且"多伯特案标准既非是穷尽性的，亦非适用于每一个案件。"最终，法院以卡尔森既未满足多伯特因素也未满足任何其他合理的可靠性标准为由作出了裁定。根据双方当事人制作的记录，该结论属于该地区法院法定的自由裁量范围。

总之，《联邦证据规则》702 赋予地方法官根据具体事实和具体案件来决定可靠性的自由裁量权，对该权力的滥用可以进行复审。在这个案件中，地区法院并未滥用其自由裁量权。因此，撤销该上诉法院判决。

——注释和问题——

1. 请注意，在所有关于专家的三个案件（多伯特案、乔伊纳案和库霍轮胎案）以及《联邦证据规则》702 中，问题是在简易判决动议的背景下出现的。在简易判决动议中，提请动议方必须承担提出可采证据的责任。（为什么？）你为何会认为，一项简易判决动议可以启动一项基于《联邦证据规则》702 的证据异议？

2. 当涉及采纳专家证言时，我们现在已多次听到审判法官（地区法院法官）是"守门人"。这意味着什么？

3. 如果地区法院采纳了卡尔森的证言，会滥用它的自由裁量权吗？

4. 假设第十一巡回法庭像此处一样撤销了地区法院的判决，却是适用多伯特案标准作出这种裁定的，并得出结论说，卡尔森的证言满足了多伯特案因素之一。最高法院会维持第十一巡回法庭的判决吗？

5. 一般认为，多伯特案确立了采纳专家证言的基本标准。这是否意味着，为了采纳专家证言，至少必须满足多伯特检验四因素中的一个？库霍案对此是怎么说的？

五、2000 年《联邦证据规则》702 修订

2000 年，《联邦证据规则》702 经修订成目前的样子，取代了本书前述章节中所引用的原始表述。法官和执业律师现在发现他们处于一种艰难的境地：关于专家证人的可靠性，他们不得不援引三个权威来源，尽管它们大体上是一致的，但它们采用了不同的语言（并且可以说是略有不同的方法）。多伯特案设定了四因素检验法，并注明，它们并不会对每个案件都完全适用。库霍轮胎

案声称要重申多伯特案标准，并在传统的"实验室"科学之外扩展其适用。但也注明，在一些案件中，对多伯特案四因素一概不用也许是适当的：

> 多伯特案所确定的因素，对评估可靠性可能是有关的，也可能是无关的，这取决于问题的性质、专家的具体意见及其证言的主题。我们的结论是，对于多伯特案中所提到的因素，我们既不能在所有时间对所有案件一律排除，也不能一概适用。库霍轮胎案［Kumho Tire，526 U. S. at 150（内部引用省略）］。

最终，在 2000 年，经修订的《联邦证据规则》702 在（b）-（d）款列明了三项可靠性因素。为方便计，我们在此处重复如下：

（b）证言基于足够的事实或数据；

（c）证言是可靠的原理和方法的产物；并且

（d）专家将这些原理和方法可靠地适用于案件的事实。

正如联邦证据规则起草咨询委员会所解释的，这些因素是作为"对多伯特案的回应"而被增补的，但"并未试图将多伯特案陈述的这些具体因素'法典化'"。联邦证据规则起草咨询委员会对 2000 年《联邦证据规则》702 修订的注释（Advisory Committee Notes to FRE 702-2000 Amendment）。多伯特案因此成为你们将遇到的非常奇特的有约束力的先例之一：每个人都声称要遵循它，却无须完全或部分坚持其所设定的因素。我们能够确知的一个原理性要点是，审判法官对专家证言可靠性的裁定享有宽泛的自由裁量权，在上诉复审时对这种裁定将秉持尊从原则——只有在自由裁量权被滥用时，此等裁定才会被撤销。

联邦证据规则起草咨询委员会对 2000 年《联邦证据规则》702 修订的注释，对可靠性要求及其各种类型专家证言的适用提供了特别全面和理由充分的解释。该注释值得全文研读。这里，我们将其拆分以强调其中最重要的观点。

1. 多伯特案并未在《联邦证据规则》702 中法典化

联邦证据规则起草咨询委员会开宗明义，修订后的《联邦证据规则》702 并非多伯特案的法典化。

> 规则 702 修订是对多伯特诉梅里尔·道制药公司案［Daubert v. Merrell Dow Pharmaceuticals, Inc., 509 U. S. 579 (1993)］，以及许多适用多伯特案的案件（包括库霍轮胎公司诉卡迈克尔案［Kumho Tire Co., v. Carmichael, 119 S. Ct. 1167 (1999)］）的回应。在多伯特案中，最

高法院对审判法官施加了排除不可靠专家证言的守门人责任，并且，在库霍轮胎案中，最高法院明确了这种守门人职能适用于所有专家证言，而不仅仅是基于科学的证言。此次修订明确了审判法院作为守门人的角色，并规定了审判法院在评估所提供的专家证言之可靠性和辅助性时的一些一般标准。与库霍轮胎案一致，修订后的规则702规定，所有类型的专家证言，在决定该证据是否具有可靠性和帮助作用时，都对审判法院提出了可采性问题。……（专家证言的）提出者负有证实有关可采性要求满足了优势证据标准的责任。

多伯特案设定了一项非排他性清单，供审判法院在评估科学专家证言可靠性时使用。……在库霍案中，法院判定这些因素还可适用于评估非科学专家证言的可靠性，这取决于"特定争议案件的具体情况。"（119 S. Ct. at 1175.）

目前尚未有将这些具体因素法典化的计划。多伯特案本身也强调，这些因素既非排他性的，亦非决定性的。其他案件也已公认，并非每种类型的专家证言均可适用多伯特案所有的具体因素。……该修订案所设定的标准非常宽泛，要求在适当情况下考虑多伯特案的任何或全部具体因素。

2. 其他相关因素

联邦证据规则起草咨询委员会接着概述了其自己的可靠性因素列表。

在多伯特案之前和之后，一些法院发现，在决定专家证言是否充分可靠、值得事实裁判者信赖的问题上，有其他相关的因素值得考虑。这些因素包括：

（1）专家是否"打算就其所从事的独立于该诉讼的研究中直接得出和自然生成的问题作证，还是他们明确是为了作证的目的而提出了他们的意见"。多伯特诉梅里尔·道制药公司案 [Daubert v. Merrell Dow Pharmaceuticals, Inc., 43 F. 3d 1311, 1317 (9th Cir. 1995)]。

（2）专家是否从一个公认的前提不合理地推测出一个毫无根据的结论。参见通用电器公司诉乔伊纳案 [General Elec. Co. v. Joiner, 522 U. S. 136, 146 (1997)]（指出在一些案件中，审判法院"可以得出这样的结论，即所提供的意见与数据之间存在太大的分析鸿沟"）。

（3）专家是否充分考虑了明显的替代性解释。

（4）专家是否"像在其付费诉讼咨询之外的日常职业工作中那样认

真"。参见库霍轮胎公司诉卡迈克尔案［Kumho Tire Co., v. Carmichael, 119 S. Ct. 1167, 1176 (1999)］（多伯特案要求审判法院自身确信，专家"在受雇于法庭工作时，保持着与相关领域专家同样严谨的从业水平"）。

(5) 专家所声称的专家意见领域，是否能对该专家给出的意见类型得出可靠的结果。

(其他) 因素可能也是相关的。参见库霍案 (Kumho, 119 S. Ct. 1167, 1176) ("我们的结论是，审判法官在特定案件中确定特定专家证言是否可靠时，必须拥有相当的回旋余地。")。但是，对于一个特定专家证言的可靠性而言，没有单一的因素是必然具有决定性的。

3. 多伯特案并未抬高采纳专家证言的标准

联邦证据规则起草咨询委员会称"回顾多伯特案之后的判例法，可以发现，排除专家证言只是例外情况而非一般规则。多伯特案没有使得'联邦证据法发生剧变'，且'审判法院作为守门人的角色并没有被设定为对抗制的替代品'"。

4. 矛盾的专家证言并非当然不可靠

当事人常常提出对另一方专家证言提出异议的专家。对法院来说，这种做法是完全合乎逻辑的，即将两者都作为可靠的证据予以采纳，并允许陪审团在两者之间进行抉择。

当审判法院在适用该修订案裁定某一专家证言具有可靠性时，这并不必然意味着，持相反意见的专家证言是不可靠的。该修订案十分宽泛，足以允许采纳那些在同一专业领域内竞争性原理或方法之产物的专家意见。正如法院在关于 R. R. Yard PCB 诉讼案由［In re Paoli R. R. Yard PCB Litigation, 35 F. 3d 717, 744 (3d Cir. 1994)］中所言，证据提出者"无须以优势证据向法官论证，他们专家的评估是正确的，他们只需以优势证据论证己方专家的意见是可靠的。……可靠性之证据要求，要低于正确性之是非标准。"……

5. 可靠性调查可以延及结论

联邦证据规则起草咨询委员会注意到，对方法论之可靠性的聚焦并不会将结论与调查隔离开来：

在多伯特案中，最高法院宣称："当然，焦点必须仅集中于原理和方法，而非它们产生的结论。"（509 U. S. at 595.）但正如最高法院之后承认的："结论和方法彼此并非截然不同。"通用电气公司诉乔伊纳案 [General Elec. Co. v. Joiner，522 U. S. 136，146（1997）]。根据该修订案，亦根据多伯特案，当一名专家声称依据专业标准应用原理和方法，却得出了该领域内其他专家不会得出的结论时，审判法院可以合理地怀疑这些原理和方法并未得到忠实的适用。该修订案特别规定，审判法院必须仔细审查的不仅是该专家所运用的原理和方法，还包括这些原理和方法是否被适当地适用于该案件的事实。

6. 可靠性调查适用于所有专家证言

联邦证据规则起草咨询委员强调了库霍轮胎案法院裁定，即可靠性对所有专家证言都是一个问题，而不仅是针对科学专家。

前已述及，该修订案并未区分科学和其他形式的专家证言。审判法院的守门人职能适用于任何专家的证言。尽管在不同专业领域对专家意见会有不同的相关因素用以确定其可靠性，该修订案仍否定了这样的前提，即仅因一项专家证言不在科学领域，便应得到更宽容的对待。来自非科学家的专家意见，应该与声称是科学家的专家意见受到同样程度的可靠性审查。

735　　　与其他类型的专家证言相比，某些类型的专家证言客观上更易验证，并受到可证伪性、同行评议和成果发表等预期的规制。某些类型的专家证言不依赖于科学方法，必须参考特定专业领域的其他标准原则进行评价。在提供了专家证言的所有案件中，审判法官必须在采纳之前认定它有合理的依据和充分的理由，而不是推测。专家的证言必须基于一种在该专业领域公认的学习或经验，而且，该专家必须解释其结论是如何依据这些基础而得出的。……

该修订案要求，专家证言必须是可靠的原理和方法可靠地应用于案件事实的产物。虽然术语"原理"（principles）和"方法"（methods）在应用于科学知识时会传递特定的印象，但在应用于基于技术或其他专业知识的证言时，它们仍具有相关性。例如，当一位执法人员就毒品交易中的暗语作证时，其所用的原理是，此类交易参与人通常用暗语来隐匿其行为的性质。该执法人员所用的方法则是运用丰富的经验来分析该对话的含义。因此，只要原理和方法是可靠的，并可靠地应用于案件事实，此类证言就应被采纳。

7. 证明非科学性专家证言的可靠性

联邦证据规则起草咨询委员会试图填补库霍轮胎案意见的一个重要空白：在缺少同行出版物、错误率和检验的情况下，科学和技术领域之外的专家如何去证明可靠性？

　　本修正案并非旨在表明，仅有经验（或与其他知识、技能、培训或教育相结合的经验）可能无法为专家证言提供充分的基础。相反，规则702的文本明确预期专家可基于经验而获得作证资格。在某些领域，经验是很多可靠专家证言的主要（即使不是唯一）基础。

　　如果证人完全或主要依赖于经验，那么，该证人必须解释其是如何根据这些经验得出结论的，为何该经验是该意见的充分基础，以及如何将该经验可靠地适用于这些事实。审判法院的守门人职能，比简单地"相信专家的话"有更多的要求。专家的调查越主观、越有争议，该证言就越有可能因不可靠而被排除。……

8. 规则702并未禁止假设性意见

在《联邦证据规则》之前，专家是不被允许就案件的具体事实作证的。相反，他们只能以对假设问题提出意见的形式来提出自己的证言，而这些假设问题则被设计成与案件事实一致的样子。这种假设通常非常烦琐和复杂，结果是专家证言比现今更难被人们把握。虽然现在的规则不再需要这种专家假设，但也不禁止这些假设。联邦证据规则起草咨询委员会指出："'事实或数据'的表达足够宽泛，可以允许专家依赖有证据支持的假设事实。"

9. 在裁定专家证言可采性时法院不得解决潜在事实争议

736

根据《联邦证据规则》104（a），法院可能不得不解决涉及专家资格和方法的可靠性，以及"事实或数据"的可靠性等事实争议问题。这里的问题是，专家使用的"事实或数据"中，至少有些将依赖证据提供方关于案件事实争议的版本而得出结论。正如联邦证据规则起草咨询委员会所言："当事实存在争议时，专家有时会根据竞争性事实版本而得出不同结论。修订案中对'充分的事实或数据'的强调，并不打算授权审判法院以'法院相信一方（当事人）的事实版本而非另一方的版本'为由，来排除一位专家的证言。"因此，法院不能将其对专家证言可采性的裁决作为一个解决争议事实（"发生了什么"）的机会，而应当将其交由陪审团来决定。

要　点

1. 《联邦证据规则》702 允许基于专业知识——有助于陪审团理解有争议的事实——的专家意见证言。专业知识包括科学、技术知识，或者常识以外的任何其他种类的知识。专业知识可以通过学习、培训、技能或经验而获得。

2. 在当事人一方案情所需案件具体事实或概括不能作为常识事项被了解或理解的情况下，专家意见便被自动认为对事实裁判者有帮助作用。如果专家信息为常识和专家知识之灰色领域的事项提供了补充性信息，那么，专家意见或许就对事实裁判者有帮助作用。

3. 《联邦证据规则》702（b）-（d）要求专家证言要在将可靠方法应用于充分事实或数据的基础上作出。审判法官在确定可靠性方面享有宽泛的自由裁量权，作为一个《联邦证据规则》104（a）问题，上诉法院的复审会持尊从态度。

4. 可靠性调查，要求"可靠的原理和方法"之使用，适用于所有专家证言，不论其是否为科学的证言。原多伯特案的几项因素可适用于特定的案件，但在这些因素与争议之专家意见无关的情况下，则不具有控制力。

737

思考题

9.4. 在合众国诉克罗斯（United States v. Cross）案中，被告史蒂芬·克罗斯（Steven Cross）被控以销售目的持有可卡因，并合谋销售可卡因。克罗斯驾车前往一家汽车旅馆停车场，在那里他遇到了政府线人托尼·吉诺维斯（Tony Genovese）。吉诺维斯说："让我们打开后备厢。"当行李箱自动锁不起作用时，克罗斯下了车，两人走到了汽车后部。克罗斯用车钥匙打开后备厢，露出了十只 16 盎司重的金标牌砂糖包装袋。克罗斯被守候在停车场的联邦调查局特工逮捕。无疑，袋子中是可卡因。但克罗斯作证称，他认为自己只是应其朋友巴里·斯泰尔斯（Barry Styles）的请求把车停放在这里，后者把车借给了吉诺维斯。检控方希望传唤缉毒局（DEA）特工巴巴拉·卡津斯（Barbara Cousins）作证如下：

　　十五年来，我与缉毒局一起参与调查和起诉了超过 500 起贩毒案件。过去五年，我一直在训练州和联邦执法人员调查毒品犯罪。在我调查的案件中，至少有 100 起被告声称并不知道自己在行李箱或汽车后备厢里携带毒品，而仅认为自己是在为朋友携带某些东西。在任何这些案件中，这套说辞从来都不是真的，一次都没真过。这是贩毒者的惯用谎言。

根据《联邦证据规则》702，要采纳或排除该证言可以做什么论证？

9.5. 在对一个杂货店的人身伤害诉讼中，马辛·布莱克（Maxine Black）寻求引入她的一名藻类学家蕾娜博士（Dr. Reyna）（一位治疗持续性疼痛的医生）的证言。在发生滑倒事故后，布莱克女士患上了纤维肌痛（一种非特异性慢性疼痛疾病）。在审判中，蕾娜博士作证说，她完全了解布莱克女士在事故发生前的病史；她确定，事故发生后没有其他意外介入而引发纤维肌痛，并且，根据她在接诊布莱克女士作为患者之前所做过的检验的复审，以及蕾娜博士本人直接做的那些检验来看，也没有其他因素造成布莱克女士的纤维肌痛。蕾娜承认纤维肌痛尚未有已知的病因（医学目前不知道病因是肌肉、神经还是激素损伤）；但她愿意作证称，这次滑到促成了布莱克女士病情的发展。蕾娜博士应该被允许作证吗？

9.6. 作为一项合谋犯罪审判的一部分，检控方传唤一名笔迹分析师出庭，对在含有违禁药品信封上书写邮寄信息之人的身份作证。分析师勒尼德博士（Dr. Learned）参加过有关笔迹鉴定的课程和研讨班（seminar），也曾被秘密部门聘请为笔迹专家，并在 100 多起法庭案件中作证。笔迹分析主要是将某人笔迹的已知样本，与需要鉴别文件上的笔迹进行比对。分析师会比对书写特征，包括书写的倾斜度、字母高度和形状以及字母和单词的间距。在法院裁定勒尼德博士的证言具有可采性后，辩方试图传唤卢·波登（Lou Bowden）出庭，他是一名法学教授，没接受过正规笔迹分析方面的培训，也缺乏该领域的实践经验。尽管如此，波登仍在一份备受推崇的法律评论期刊上发表过一篇文章，对笔迹分析领域及其在诉讼中的应用进行了批评。对于笔迹分析，波登批评的主要是，它缺乏指导专家衡量特定笔迹特征之匹配或不匹配的标准。检控方提出异议，称波登不是笔迹分析专家，因此他的证言不相关且不可采。支持或反对可采性的理由是什么？

第三节　专家意见的事实根据

《联邦证据规则》702（b）–（d）告诉我们，具有可采性的专家意见必须基于"可靠地适用"了"可靠的原理和方法"的"充分事实或数据"（或"案件事实"）。法官在决定专家是否符合《联邦证据规则》702 的可靠性检验时，将诉诸这些潜在的"事实或数据"。但是，如果知道潜在事实对于评估专家意见的可靠性具有重要意义，这不是意味着陪审团也应该知道那些事实吗？

当然如此。但问题是，专家的庭外分析并不受证据规则限制：专家们常常在考虑传闻证据，以及其他各种不具有可采性的证据。要求专家遵守法庭证据规则，其风险性在于，会不适当地干扰他们分析工作的可靠性，或者妨碍他们在证言中对其分析工作的解释，又或二者兼而有之。但专家证人若完全不受证据规则约束，又可能带来通过专家证言向陪审团出示不可采证据的风险。在《联邦证据规则》被采用之前，普通法证据规则倾向于选择第一种（限制性）方法。在某种程度上，《联邦证据规则》转向另一个方向，在放宽对专家限制的同时，仍试图限制可能进入审判的不可采证据总量。《联邦证据规则》703 和 705 试图解决这些问题。

一、《联邦证据规则》703

规则 703　专家意见证言的根据

专家意见可以基于该专家在本案中所知晓或亲身观察到的事实或数据。如果特定领域专家就该主题形成意见时合理地依赖于那些事实或数据，该意见之采纳，无须依据该事实或数据是否具有可采性。但如果那些事实或者数据本身不可采，则只有在其有助于陪审团评价该意见的证明力实质上超过其偏见影响的情况下，该意见的提出者方可将它们披露给陪审团。

二、《联邦证据规则》703 的解释

在提供可采性意见方面，《联邦证据规则》703 的三句话，形成了专家证人可依据的"事实或者数据"的三个基本要点。

1. "所知晓或亲身观察到的"

一位专家证人可以通过传闻获知案件事实。审判之前，律师可以通过书面

或口头方式为专家简要总结案件事实，或提供证据性文件、询证存录以及其他证据开示材料的复印件给专家审查。这些是专家证人"知晓"案件事实或数据的最典型方式。

在某些情况下，一位专家可能在涉诉事件发生时亲身观察到该事件。最通常的情况是，一名治疗医生或者其他医务人员可能在伤害事件发生后非常短的时间内，观察到被害人或原告的损伤。这种证人可能既会被要求基于《联邦证据规则》602作为有直接知识的感知证人对所发生事件作出解释，又会被要求基于《联邦证据规则》702给出专家诊断或意见。

那么，法庭化学家在被告被搜查几周后，对搜查出的一种物质进行检验并将其辨认为可卡因——这种情况是属于亲身观察，还是化学家"知晓的"事实？此处只是学术区分，你可以争辩其属于任一情况。关键在于，该化学家可以在专家证言中用这两种方式来介绍他的观察。

2．"合理地依赖于"

第二句话明确了专家证人可以将其意见基于法庭上可能不具有可采性的事实，前提是"特定领域专家就该主题形成意见时合理地依赖于那些事实或数据"。该意见不会因为其所依赖的潜在事实不具有可采性而变得不可采。

这方面的一个例证来自基于传闻的意见。大多数专家在诉讼制度之外从事自己学科领域的执业活动，并不使用传闻规则。以医学为例，医院晚班护士告诉白班护士病人发高烧，后者又将此事通知医生，医生会在一定程度上依据这一报告来开处方。考虑到医疗诊断中信赖传闻的合理性，《联邦证据规则》703允许医疗专家在诉讼案件中基于传闻提出意见。请注意，提供给专家的传闻，不一定要采取其在"真实世界"采用的确切形式和方法：作为律师，你无须通过护士在医院表单中作出条目记录，才将传闻提供给你所聘用的医疗专家。关键在于，医生合理地依赖于对症状和其他医疗事实的传闻报告；因此，你可以将这种传闻信息提供给你聘为专家证人的医生。

当然，传闻不是唯一的例子。一位心理医生或社会工作者可以合理地依赖在诉讼中不可采的品性证据。一名建筑承包商可能合理地依赖对设计蓝图信息的口头概要，而非总是亲自查看原始设计蓝图（这违反了最佳证据规则）。《联邦证据规则》703允许你以律师身份，向你的专家证人提供该领域专家在非诉讼环境中作出其专家意见时所用通常种类或形式的任何信息，尽管这些信息在法庭中不被作为证据采纳。

一位特定领域的专家是否"合理地信赖于"特定种类的不可采事项，这是一个应该由法官依据《联邦证据规则》104（a）来决定的事实问题。有时候，

740 这种问题容易运用常识来处理。当对所谓合理依赖存在争议时，该问题很可能与关于意见的可靠性或证人专门知识的范围之争重叠。请比较斯菲尔·德雷克保险公司诉特里斯科案［Sphere Drake Insurance PLC v. Trisko, 226 F. 3d 951（8th Cir. 2000）］（在关于被盗珠宝保险赔偿范围的争议中，警探被允许部分基于其与线人的对话，作为专家就珠宝盗窃犯犯罪手法作证）与雷德曼诉约翰·D. 布拉什公司案［Redman v. John D. Brush & Co.，111 F. 3d 1174（4th Cir. 1997）］（在主张商店保险箱存在缺陷的产品责任案中，保险箱材料和组装设计专家，并未合理地依赖于其与商店店员的交谈来确定入室盗窃之保护能力的标准）。

最后，重要的是记住，"合理地依赖于"的限制，仅适用于专家提出证言时所依赖的不可采事项。专家可以依赖任何具有可采性的证据去形成一种意见，而不论该证据是否属于专家在诉讼环境之外常常遇到并依赖的类型。

3. 对不可采事实的逆 403 检验

如上所述，逻辑上要求，陪审团必须被告知一项专家意见的事实根据。《联邦证据规则》702 明白地指出，事实根据的可靠性在法官对专家意见的可靠性评估中是一个关键逻辑因素。而法官之逻辑即陪审团之逻辑。然而，问题在于，如果专家知道的所有事实或者数据均披露给陪审团，专家证人就会成为陪审团获知各种不可采证据的通道，而专家证言也可能因此成为吞没整套排除规则体系的一种例外。

《联邦证据规则》703 试图在以下两个目标之间取得一种平衡，即保护各种证据排除规则背后的政策，与允许陪审团获得评估专家证言可靠性的重要机会。该规则通过施以一项"逆《联邦证据规则》403"平衡检验来达到这一目的。"当且仅当，在有助于陪审团评价（专家）意见方面，它们的证明力实质上超过其偏见影响时"，专家所依赖的不可采事实，才可以被披露给陪审团。

三、《联邦证据规则》703：政策、问题及适用

（一）历史背景

在面临诸如传闻规则等对证据的法律要求，与诸如医院场景中对传闻描述的信赖之类其他学科惯例之间的冲突时，普通法倾向于要求来自其他学科的证人要依照我们的做法行事。根据这些规则，专家仅被允许基于可采证据作证。进一步说，专家不能出示那些未被出示给陪审团的事实——实际上，那将是传闻证言。因此，一名专家仅能提及那些当其坐在法庭里听到的、已经在审判中被采纳为证据的事实。但是，如果专家没有坐在法庭里经历审判，或者相关证据尚未出示，那么，专家就不能被视为知道案件事实，因为他不能通过传闻（如律师对证据的总结）被提供该事实。参见威廉姆斯诉伊利诺伊州案［Williams v. Illinois, 132 S. Ct. 2221, 2257 (2012)］（托马斯大法官表示同意判决）。为了规避这一限制，专家们通常被长时间提问并且涉及假设性问题。盘问者会以假想事实的假设形式来总结至此已被出示的证据，以及预期将被出示的证据。然后，专家则会基于假想的事实提供意见。假想问题方法的使用，保证了专家意见的前提是先前证言的主题，或是即将从其他证人得到的可采证言。但这也在审判中造成了显著的人为性。假想的问题极为尴尬，专家证言将被制作得更难于理解，律师常常不得不在其主诉的最后才被迫把自己的专家请到证人席上，彼时关于证据的可采性问题已经得到解决。

741

《联邦证据规则》的起草者们在规则 703 中摒弃了普通法这个方面的做法，规定专家可以根据法律上不具有可采性的数据作证，只要"特定领域专家就该主题形成意见时将合理地依赖于那些事实或数据"。因此，根据《联邦证据规则》703，专家不再必须确保他们的实践与法律惯例保持一致，相反，法律倾向于接纳其他行业的惯例。该规则的改变还解决了普通法处理专家证言的一个难题。很多情况下，专家之所以成为专家，是因为其进行了大量书本知识的学习。在这个意义上，专家依据的是学术研究（著作和论文等）或者是与其他人的对话（如在教学医院"巡视病房"期间发生的谈话），该专家意见是基于传闻，而大部分传闻在审判中是不可采的，或在审判中出示的成本太高。普通法法院忽视了这一点。因此，尽管普通法法院"声称"要求专家意见必须以可采的证据为基础，但那些在很大程度上依赖通过不可采或至少是未采纳的传闻而获得的知识而形成的专家意见，仍具有可采性。根据《联邦证据规则》703，这并不是一个问题。

（二）陪审团对专家意见中潜在不可采事实的使用（不可采的"基础证据"）

《联邦证据规则》703 存在的最大问题一直是，当专家意见本身已被采纳为证据时，该规则在多大程度上允许陪审团知晓专家为形成一种意见而依赖的不可采证据。通过允许专家透露各种不可采的证据，《联邦证据规则》703 是否优先于各种具体证据排除规则？还是它限制了专家表达和解释其意见，不得透露不可采的证据？一位专家证人实际上能否成为向陪审团出示不可采证据的通道？

1.《联邦证据规则》703 限制不可采的基础证据的方法

《联邦证据规则》703 最初版本完全没有解决这一问题。在《联邦证据规则》被采用后的 25 年里，法院采取不一致的方法来解决这一问题。一些法院做法较为自由，允许专家描述所谓"基础证据"（basis evidence），即专家意见合理依据的事实（无论是否可采）。例如，参见威廉姆斯诉伊利诺伊州案（Williams v. Illinois, 132 S. Ct. at 2239）（该案使用了"基础证据"这一术语）。其他法院则对这种基础证据的使用施加了不同程度的限制。2000 年《联邦证据规则》703 修订增加了最后一句话：只有在基础证据符合逆规则 403 标准即"证明力……实质上超过……偏见影响"的情况下，该意见的提出者方可向陪审团出示不可采的基础证据。解决该冲突的代价是不可避免的：在一些或大概很多案件中，陪审团将不知道专家所考虑的全部事实，因此将无法履行对专家意见进行全面评价的职能。但是，替代方案的成本也很高：若没有限制，《联邦证据规则》703 会使专家证人成为许多（若非全部的话）本该在案件中被排除的不可采证据的进入通道。

2. 对本身不可采的基础证据的限制使用

《联邦证据规则》703 增加逆规则 403 平衡检验，仅部分解决了该规则含义的冲突。基础证据在通过逆规则 403 检验后，仍将被披露给陪审团。在这种情况下，其可采性仅是有助于事实认定者理解基于它的专家意见吗？还是说事实认定者可以依据不可采的基础证据而得出关于案件实质性主张的推论？

答案是清楚的：事实认定者仅可使用这些本身不可采的基础证据去评价专家意见，而非将其作为案件中其他问题的实质性证明。显然，该规则是将2000 年《联邦证据规则》修订前就已成为处理基础证据的主流方法法典化了。《联邦证据规则》703 的逆规则 403 平衡检验对不可采事实的"证明力"进行权衡，以"有助于陪审团评价该专家意见"。因此，该规则以评价专家意见的明示目的，允许（向陪审团）披露本身不可采的事实。可以肯定的是，该规则并未明确暗示逆命题——不允许陪审团成员为其他目的，即案件中其他问题的实质性证明目的，而去考虑该证据。但法院将该规则解释为，对本身不可采的事实的限于对专家意见进行评价。正如最高法院最近阐明的，《联邦证据规则》703 "在适当的案件中，允许专家解释其意见所依据的事实，而无须对这些事实的真实性作证"。威廉姆斯诉伊利诺伊州案［Williams v. Illinois, 132 S. Ct. 2221，2228（2012）］（相对多数意见）。

3. 限制性指示问题

然而，仍存在一个问题。在不可采的基础证据与证明专家证言之外的一个争点相关时，就有必要向陪审团作出一个令人迷惑的限制性指示——即仅在其与专家意见可靠性的关系上考虑该基础证据。在一些案件中，这种指示可能会显得不合逻辑。专家对事实的依赖必然表明，该专家认为其是真实且准确的。并且，如果陪审团认为专家意见是可信赖的，则也将相信所披露的基础事实是真实和准确的。怎么可能出现专家倚赖不可采的基础事实是合理的，而陪审团倚赖同样的事实却是不合理的情况呢？

　　这个问题在一起具有影响的非联邦上诉案中被直截了当地提出来。该案适用类似《联邦证据规则》703 的规则。参见麦尔顿案案由［In re Melton，597 A. 2d 892 (D. C. 1991)］。在麦尔顿案中，陪审团就民事收容进行听审，其关键问题是，答辩人麦尔顿是否对自己或其他人构成危险。检控方传唤两名精神病学医生作为专家证人，他们援引了关于麦尔顿具有暴力和反社会行为的二手陈述，认为麦尔顿存在精神分裂症且具有危险性。审判法院指示陪审团：专家证言中陈述的传闻，仅在"以评价医生结论的合理性和正确性为目的"，而非"证实（该陈述人）所断言事项之真实性"时，才应予以考虑。但正如上诉法院中肯观察到的：

> 然而，麦尔顿案提出的问题，不能简单地通过将该证据称为专家证言而非传闻来避免。标签起不到司法炼金术的作用。借助专家证言，地区法院能使陪审团对那些可能给麦尔顿造成明显偏见的事项引起关注，例如，包括他拳打他的母亲，以及他早先曾用螺丝刀恐吓他的姐姐的报告。麦尔顿永远无法对那些指控他具有这些反社会行为的人进行交叉询问。

麦尔顿案审判法官曾试图采取和大多数联邦法院一样的做法，通过给陪审团指示，允许披露本身不可采的基础证据，来解决这一问题。

> 这些陈述仅被采纳用于指明医生们在得出其结论时所依据的信息。你们只有在以评价这些医生结论之合理性和正确性为目的时，才可以考虑它们。它们不能被你们考虑为对所描述的事件的实际证明。它们是传闻，这样的传闻不具有证实其所断言事项之真实性的可采性。

批评者观察到，当限制性指示要求陪审团成员忽略相关证据时，陪审团不太可能遵照执行。同样，陪审团成员也许无法作出微小或复杂的区分，以避免为相关但不被允许的目的而使用证据。但在像麦尔顿案这样的案件中，问题更为糟糕：陪审团不是被要求去作复杂的区分，而是要作不合逻辑的区分。正如麦尔顿案上诉法院所贴切指出的那样，该案审判法院所作的指示其推理存在问题："你无法相信关于重拳打击的证言倾向于表明麦尔顿是危险的，除非你先相信他实际上打了自己的母亲。"［597 A.2d at 907.］如果不接受一种意见的事实根据是真的，陪审团就不可能接受该意见为真。如果基础证据是不可采的传闻，那么，逻辑上它就是因其真实性而被提供，以证实和解释所提供的专家意见是有效的。

逻辑问题并非在每个案件中都出现。例如，假设麦尔顿案中的问题不是宽泛且相当全面的"危险性"问题，而是其是否实施了持械抢劫的行为。进一步假设，精神病学医生是就麦尔顿所做精神病抗辩的有效性作证。此处，接受麦尔顿拳打其母亲这一传闻的真实性，却对他是否实施了持械抢劫这一实体性问题而不予考虑，这个明显的难题与出于限制性目的而采纳其他任何具体行为证据，并无什么真正不同。陪审团通常被指示去考虑一个先前恶行在"动机、目的、机会"等方面是相关的，但不要将该恶劣行为考虑为表明了一种实施犯罪的倾向。这里，问题似乎并无区别。

然而，当不可采的基础证据被直接披露给陪审团会引发其在专家证言中同样的推论时，这样一种限制性指示似乎更成问题。在基础证据是不可采的传闻时，几乎总会出现这种情况。假设在一起纵火案中，被告主张火灾是一场意外。一名火灾调查人员为检控方作证，按其专家意见，火灾是故意引起的。其结论的基础是，在事故地点找到了一罐助燃剂的残留物。尽管这种助燃剂是人们在地下室储存的一种常见物质，但他认为，这一罐助燃剂是在火灾发生前一天被带到该建筑物内的，从而支持他关于纵火的结论。他是如何知道那件事的？因为警察讯问的一名证人说，他看见被告在火灾发生前一天带了一罐助燃剂去了那栋建筑物。在这个假想案件中，该证人的陈述是不可采的传闻证言，但调查火灾起因的人员合理地依赖于该传闻，并因此形成了作为专家证人的意见。但是，因为调查人员使用该传闻得出（的结论）和陪审团会得出（的结论）是相同的，该限制性指示并未起到作用。陪审团不可能在考虑专家的推理时认为该传闻是真的，而在考虑其就同一点进行的独立推理时却不认为它是真的：由于被告在火灾发生前一天将一罐助燃剂带到发生火灾的建筑中，他更有可能犯纵火罪。

4.《联邦证据规则》703 的妥协解决方案

经修订的《联邦证据规则》703 试图通过某种妥协来处理不合逻辑的陪审团指示问题。通过限制将不可采的基础证据披露给陪审团的案件数量，限制性的逆 403 平衡检验实际上限制了需要作出令人烦恼的陪审团指示的案件数量。当不可采的基础证据通过了逆 403 检验并被披露给陪审团后，各联邦法院似乎认可了这种理念，即一项陪审团指示将解决陪审团以不可采的目的而使用基础

证据的问题。参见斯菲尔·德雷克保险公司诉特里斯科案［Sphere Drake In-
surance PLC v. Trisko, 226 F. 3d 951 (8th Cir. 2000)］［肯定了对陪审团作的
如下指示："在考虑本案问题时，无须考虑（线人的）陈述。仅在探寻（专家
证人）在案件调查过程中的所作所为时，你们才需要考虑该证言"］；合众国诉
马里德案［United States v. Madrid, 673 F. 2d 1114 (10th Cir. 1982)］（"就专
家意见我已指示过你们，专家可以陈述他们意见的理由。除非是为了评价专家
证言，你们不得出于其他任何目的而考虑这些证据"）。如果你认为上述对陪审
团的指示不尽如人意，请思考，如果没有这一限制性的逆规则 403 平衡检验，
该问题将会如何更频繁地出现。

5.《联邦证据规则》703 基础证据与对质条款

克劳福德案和梅伦德斯—迪亚斯案给《联邦证据规则》703 的含义添加了
新看法，对此，我们已在第八章第七节用很大篇幅作了探讨。现在的问题是，
被专家合理依赖的不可采事项是否属于证言性传闻。如果是，基于《联邦证据
规则》703 逆 403 平衡检验将其披露给陪审团，是否会违反对质条款？法院和
评论家们一直纠结于该问题。请比较一下合众国诉美嘉案［United States
v. Mejia, 545 F. 3d 179 (2d Cir. 2008)］（研究帮派文化的专家，未被允许就帮
派程序作细节描述，因为这些信息是通过对线人的拘留讯问收集的，因此属于
证言性传闻），与合众国诉阿亚拉案［United States v. Ayala, 601 F. 3d 256
(4th Cir. 2010)］（"将克劳福德案标准应用于专家证言时存在这样的问题：即
从本质上说，该专家是在做独立判断，还是仅仅在扮演证言性传闻传声筒的角
色"）；合众国诉亨利案［United States v. Henry, 472 F. 3d 910 (D. C. Cir.
2007)］（克劳福德案"并未改变专家证人依赖本身不可采——但无须向陪审团
重复——的证据形成其自身意见的能力"）；合众国诉弗斯泰尔案［United
States v. Forstell, 656 F. Supp. 2d 578 (E. D. Va. 2009)］（判定梅伦德斯—迪
亚斯案并不适用于每一个涉及证实保管链条或测试装置准确性的人）。另参见
朱莉·A. 希曼：《三角形证言性传闻：专家意见证言的宪法边界》［Julie
A. Seaman, Triangular Testimonial Hearsay: The Constitutional Boundaries
of Expert Opinion Testimony, 96 Geo. L. J. 827 (2008)］。

最高法院在威廉姆斯诉伊利诺伊州案［Williams v. Illinois, 132 S. Ct.
2221 (2012)］中，某种程度上是侧面而非明确谈及《联邦证据规则》703 问
题。在一起强奸案的法官审中，检控方传唤的一名法庭实验室专家桑德拉·兰
伯特斯（Sandra Lambatos）作证称，她将从被告处提取的血液样本 DNA 图谱
与从性侵被害人阴道拭子获取的精液 DNA 图谱进行了比对，发现二者匹配一

745

致。该案中，血液样本通过另一位州立鉴定实验室分析员的当庭证言得到鉴真，精液样本则由一个私人实验室——赛尔马克（Cellmark）实验室——进行分析。赛尔马克实验室所作分析的唯一证据是一份实验室报告。被告的异议是，赛尔马克实验室报告是对质条款所禁止的不可采的证言性证据。因此，基于《联邦证据规则》703，该证据不应披露给事实裁判者，或被用于实质性证明被害人与被告之间必要的法医学联系。

五位大法官同意该证据具有可采性，但未形成多数法官意见。最高法院对于对质条款的分析已在第八章进行过讨论。该案对于《联邦证据规则》703 的意义尚不明确。四位大法官的相对多数意见认为，既可根据《联邦证据规则》703 逆平衡检验采纳传闻陈述，因为陪审团可以被指示将其看作"因其真实性"构成了实质性证据而予以忽视，也可以仅在其与专家证言有关时考虑它。参见威廉姆斯诉伊利诺伊州案（Williams v. Illinois, 132 S. Ct. at 2234 n. 2）。相对多数意见的大部分论点似乎是，专家的基础证据具有非传闻目的，这表明，基础证据中的传闻陈述，实际上是与非传闻和传闻目的均具有相关性的任何传闻陈述一样，以相同的方式具有可采性。这可能是一个奇怪的综合命题：它将产生这样的效果，即会把所有用作基础证据的传闻陈述完全从《联邦证据规则》703 中拿走，因其会是可采的非传闻证据，而不必适用逆 403 检验。所幸，就《联邦证据规则》703 的未来而言，五名大法官都不同意这一结论：

> 当一位证人、专家或是其他人，将一项庭外陈述作为结论的基础而重复时，……该陈述的效用就取决于其真实性。如果该陈述是真的，那么，基于该陈述的结论也很可能为真；反之亦然。因此，想要判定证人结论的有效性，事实认定者必须评估该证言所依赖的庭外陈述之真实性。这就是为什么现代主流证据法著作以各种方式主张以下观点，即这种"基础证据"并非因其真实性而进入法庭，而只是有助于事实认定者评价专家意见——是"站不住脚""事实上不合情理""胡说八道"还是"完全是捏造"。参见 D. 凯耶、D. 伯恩斯坦、J. 姆努金：《新威格莫尔：专家证据》[D. Kaye, D. Bernstein, & J. Mnookin, The New Wigmore: Expert Evidence §4.10.1, pp. 196-197 (2d ed. 2011)]；同上 [§4.11.6, at 24 (Supp. 2012)]。该著作写道："人们可以理解，法庭有允许披露很可能是相当可靠的基础证据（如对毒品的常规分析）的意愿，但假装该证据不是因其内容的真实性而被提出的，这会折损其可信性。"同上书 [§4.10.1, at 198 (2d ed. 2011)]。

132 S. Ct. at 2268 - 2269［大法官卡根（Kagan）联同大法官斯卡利亚（Scalia）、金斯伯格（Ginsburg）和索托马约尔（Sotomayor），提出反对意见］；［132 S. Ct. at 2257］［大法官托马斯（Thomas）支持大多数法官的意见］（"提供用以解释专家意见之根据的陈述，不得为看似可能的非传闻目的而提出"）。然而，即使是相对多数法官意见，对于采纳这种类型的证据也存在某种程度的不安。相对多数法官意见在很大程度上依赖于该案涉及法官审这一事实，因此大法官们"必须假设"审判法官可以仔细区分使用基础证据去评估专家意见，与使用基础证据作为其传闻断言的实质证明。如果该案涉及陪审团审判，"提出反对意见的大法官论点将会是有力的"，而且，"在缺乏对陪审团成员产生混淆争议的风险评估，以及给陪审团仔细作出指示的情况下，该证言不可能呈现给陪审团"。（132 S. Ct. at 2236）（相对多数法官意见）。

四、《联邦证据规则》705

规则 705　专家意见所依据事实或数据的披露

除非法院另有要求，专家可以陈述意见——并给出该意见的理由——而无须首先就所依据的事实或者数据作证。但在交叉询问中，可以要求专家披露这些事实或数据。

五、《联邦证据规则》705 的解释

《联邦证据规则》705 赋予直接询问者这样的灵活性，即除非法官命令首先出示基础证据，其可在提供支持专家意见或结论的所有细节之前，就引出该意见或结论。接着，该规则暗示，直接询问者完全无须向陪审团出示基础证据和数据——否则，最后一句就毫无意义了。交叉询问者可以选择引出在直接询问中未披露的作为专家意见之基础的任何事实。

1. "并给出该意见的理由"

破折号之间的这句短语——"并给出该意见的理由"——有别于"基础事实或数据"。想必此处的"理由"是指方法论。这表明了《联邦证据规则》705 不允许专家在未解释其方法论的情况下，就给出一个赤裸裸的结论。不过，这种解释可以伴随意见之后做出。

2. 必须向法官出示事实和数据

显然，《联邦证据规则》705 是一条审判惯例规则，而非可采性规则。可采性是依据《联邦证据规则》702 决定的，根据该规则，只有在证据提供方已

747   说服法庭相信《联邦证据规则》702 的要求已得到满足的情况下，专家才被允许提供意见证言。因此，至少在没有确保法官相信可靠的方法论已被可靠地适用于基础事实或数据的情况下，《联邦证据规则》705 显然不允许当事人提供结论性的专家意见。参见《联邦证据规则》702（c）、（d）。那些事实或数据随后是否必须向陪审团出示，根据《联邦证据规则》703 和 705，属于法官的自由裁量权。

六、《联邦证据规则》705：实际适用

《联邦证据规则》705 与 703 一道，暗中取消了普通法的如下要求，即专家以回应假设问题的方式来作证。规则 705 方法的好处在于，允许证据提出者以自己认为最有效的方式来构建其主诉（主辩）。专家证言的提出者可能会担心，如果陪审团成员没有在一开始就听到对专家意见的总结，他们可能会迷失于细节之中，或是无法认真关注那些细节。《联邦证据规则》705 允许专家在一开始提出证言时就先对其意见进行介绍，以解决这种顾虑。另一方面，如果证言提出者愿意在一开始先铺垫基础，随后再亮出观点，这种做法也是被允许的。

由于不解释潜在的事实根据就提出一个赤裸裸的意见，通常会构成不具有说服力的证据出示，执业律师都不太会根据《联邦证据规则》705 放弃出示基础数据的权利而使自己收益。不过，与确保在每个案件的直接询问中披露专家意见的基础相比，《联邦证据规则》705 反倒将这些事项留给证据提出者选择或在交叉询问中解决。在一些案件中，通过交叉询问披露的信息对提供该专家证言的当事方可能造成严重损害，因为它削弱了专家的可信性，或是搅乱了陪审团听到的故事。通过明确交叉询问者公布未披露事实的权利，该规则倾向于阻止直接询问者的择优行为（仅出示对其有利的事实，并试图忽视对其不利的事实）。

如果有理由怀疑专家意见所依赖的信息是极不可靠的，因而完全排除该专家意见可能就是适当的，对方常常想要在陪审团听到该意见之前（而非之后）检验这种怀疑。通过明确赋予法官要求专家在出具意见之前给出该意见之根据的权力，《联邦证据规则》705 提供了解决这类问题的合理手段。例如，参见合众国诉布莱恩案 [United States v. Brien, 59 F. 3d 274 (1st Cir. 1995)]（判定辩方无权在不披露基础数据的情况下提供专家证言；而是要求必须将这些数据提供给法官并可将其用于作出关于可采性的预备性裁定）。这在刑事案件中可能更是个问题，因为民事案件中的证据开示常会使专家证言及其依据在审前

相对完整地披露。无论是该规则本身还是联邦证据规则起草咨询委员会注释，均未提及法官在决定是否要求先于意见提供其基础证据的适用标准。这不是一个能够通过规则而易于化解的问题，因此，最好是留给审判法官进行自由裁量。

联邦证据规则起草咨询委员会对交叉询问的作用解释如下：

748

> 如果所提出的异议是，把揭示支持性数据的机会留给交叉询问者，这从本质上说是不公正的；回答则是，除了那些对专家意见不利的事实或数据，交叉询问者并无义务披露任何事实或数据。该回答假定，交叉询问者掌握了有效交叉询问所必需的高超知识。这种高超知识是由传统的基础铺垫要求供给的，虽然并非完美。**修订后的《联邦民事诉讼规则》26（b）（4），对该领域实质性证据开示作了规定，在很大程度上排除了某些时候对检验结果、基础数据乃至专家身份进行开示的障碍。**（黑体字为本书作者所加）

联邦证据规则起草咨询委员会对推崇支持性数据的作答，对于民事案件也许是充分的。但对于传统上证据开示更受限制的刑事案件来说，如果基础事实和数据没有在直接询问中被披露，交叉询问者很可能会处于严重不利的地位。在这种情况下，对审判法官来说，要求在直接询问中就引出该专家意见的根据，这将会是合理的。

要　点

1. 根据《联邦证据规则》703，专家可基于证据提供方律师或查阅证据和诉讼文书而"知晓"的可采证据，给出意见证言。根据《联邦证据规则》703 和 705，不再要求其证言基于假设问题中提出的假定事实。

2.《联邦证据规则》703 允许专家证人基于理性上可信赖却不可采的事实或数据提出意见。如果这些事实不可采，则必须是该领域专家通常依赖的那类事实。潜在不可采的事实通常将不披露给陪审团。

3. 根据《联邦证据规则》703，由专家理性地依赖的不可采证据，只能在证明其有助于陪审团评价该意见的证明力实质上超过其偏见影响的情况下，才将被披露给陪审团。

4.《联邦证据规则》705 允许证据提供方让专家在对其意见作证后，再向陪审团解释——或没有解释——其意见所依赖的潜在事实根据。

思考题

9.7. 回到第 736 页思考题 9.4，合众国诉克罗斯案（United States v. Cross）。根据《联邦证据规则》703，要采纳或排除其他 100 个案件中的部分案件的证据，要做什么论证？

9.8. 沃利·丹尼尔（Wally Daniels）被指控谋杀和纵火。检控方的理论是，沃利杀死他的妻子，然后在晚上 7 点左右放火烧了住宅，以使死亡看起来像是一场意外事故。沃利辩称，他在相关时间内不在该住宅附近，是破损的电线导致了这起火灾。检控方的专家是一位消防官员，他出庭作证称，在他看来火灾是由纵火引起的。该消防官员准备就其意见的根据作证，尤其是如下内容：

（a）在对邻居约翰·史密斯（John Smith）和威尔玛·史密斯（Wilma Smith）进行的访谈中，他们说大约在晚上 7 点，他们刚发现起火之前，看见沃利从该住宅中跑了出来；

（b）琼·阿德金斯（June Adkins）警官准备的书面警察报告称，在火灾被发现前不久，她正在该区域巡逻，看见一个成年男子在晚上 7 点左右从被告的住宅跑出来；并且

（c）沃利以前曾两次被判纵火罪的事实。

沃利对上述证据均提出异议。为了支持其异议，他提供证据证明，约翰·史密斯是个酒鬼，每天几乎从下午 3 点到半夜都醉得不省人事。结果如何？

9.9. 在一起刑事审判中，被告以精神失常为由作无罪之辩。检控方传唤一位精神病学专家作为证人，对一项关于被告在从事犯罪行为时精神正常的意见作证。在直接询问中，该证人被问及他对自己的意见有多自信。他回答："非常自信。实际上，我打电话咨询了这一特定领域的世界权威专家史密斯博士（Dr. Smith）。我向他解释了本案和我的诊断，他同意我的结论。"辩方律师提出反对，要求剔除这一回答。该回答应当被剔除吗？

第四节　关于最终争点的意见

作为对普通法意见证言规则的最彻底摒弃，《联邦证据规则》明确允许在

所有情况下对最终争点的意见,有一种情况除外。

一、《联邦证据规则》704

规则 704 关于最终争点的意见

(a) 一般要求——不自动受到异议。一个意见并不仅因为其包含最终争点而受到异议。

(b) 例外。在刑事案件中,专家证人不得就被告是否具有构成被指控犯罪或辩护的要素之精神状态或者状况而表述意见。

二、《联邦证据规则》704(a)的解释

《联邦证据规则》704(a)明确了,证人关于案件"最终争点"的意见证言本身并非不可采。该规则的一项例外,规定在(b)款中,是专家不得就刑事被告是否具有构成犯罪或辩护之要素的精神状态发表意见。 *750*

《联邦证据规则》704(a)并未限制其仅适用于专家意见。该规则涵盖了外行和专家证言。《联邦证据规则》704(b)排除只适用于专家证人,而且只适用于刑事案件。参见合众国诉古德曼案[United States v. Goodman, 633 F. 3d 963 (10th Cir. 2011)]["没有(表达)禁止外行证人就他人的精神状态发表意见"];联邦证据规则起草咨询委员会《联邦证据规则》704注释。

本规则并未给"最终争点"下定义,但该术语最好理解为是具体案件术语所表达的要件的同义词。换句话说,就是具体案件的事实性结论或推论,其构成了实体法所要求的主张或辩护的要素之一,即我们在图表中所定义的要素性事实(要件)[FOC(EE)]。实际上,关于最终争点的意见所作的推论,是陪审团为了认定要素性事实(要件)[FOC(EE)]已被证实所必须作出的最终推论。

尽管《联邦证据规则》704(a)并不要求排除最终争点意见,其也未要求采纳它们。关于最终争点的意见常常将是相关的,但通过提供最后所需的推论而篡夺陪审团角色的风险仍是一个顾虑。并非自动排除这些意见,它们的采纳将取决于法官关于该意见将有助于陪审团的判定。请注意,作为采纳意见证言的条件,《联邦证据规则》701(外行意见)和702(专家意见)均有"有助于(辅助)陪审团"的要求。

三、《联邦证据规则》704：政策、问题和应用

1. 《联邦证据规则》704（a）

《联邦证据规则》704 废除了一条先前的普通法规则，即外行证人和专家证人不得就案件中的最终争点提出意见。这条规则的一般原理是，这样的意见将侵犯到陪审团的领域。正如威格莫尔所指出的，目前尚不清楚，关于最终争点的意见如何或为何会"侵犯到陪审团的领域"。约翰·亨利·威格莫尔：《证据法》［7 John Henry Wigmore, Evidence § 1920 at 18（James Chadbourn rev. 1978）］。《联邦证据规则》起草者的观点是，《联邦证据规则》701 和 702 的辅助要求，与《联邦证据规则》403 一起，被自由裁量地加以适用，可以更好地实施这个政策。"这些规则对待外行和专家意见的基本方法是，当其对事实裁判者有帮助时就采纳它们。为使这种方法充分有效，并消除对这个问题的任何疑问，所谓'最终争点'规则被现行规则专门废除了。"联邦证据规则起草咨询委员会对《联邦证据规则》704 的注释。此外，按照联邦证据规则起草咨询委员会的意见，反对关于最终争点意见的规则：

> 一般只会起到剥夺事实裁判者获得有用信息的作用。……为了不违反这条规则，往往会导致以古怪的语言来表达意见以适应特定情境需要的效果。……在涉及医疗因果关系的案件中，证人有时被要求以"可以或可能"（而非"确实"）这样谨慎的措辞来表达意见，结果是剥夺了他们表达许多肯定性意见的权利，伴随而来的危险是法院裁定（证据）不足以支持一项有罪裁决。在其他情况下，该规则又被完全无视了，而作为必要的让步，在诸如毒性、速度、笔迹和价值等事项中提出意见是被允许的，不过，与最终争点更精确的巧合几乎不可能。

2. 《联邦证据规则》704（b）

（b）款是以《联邦证据规则》704 原先版本修正案的形式添加的，其完全废除了对"最终争点"的明确排除。该立法变革的动力源于约翰·欣利（John Hinckley）企图行刺里根总统却以精神失常为由获得无罪判决，该案导致了对精神失常辩护的广泛争议。国会通过立法，第一次就精神失常概念规定了联邦法令上的定义，并规定精神失常积极抗辩必须由被告进行证明。作为那项立法的组成部分，国会以增加《联邦证据规则》704（b）的方式对《联邦证据规则》704 进行了修订。

根据《众议院司法委员会报告》（引自更早的《参议院司法委员会报告》）：

这次修订的目的，是消除竞争性专家证人就应由事实裁判者认定的最终法律争点之截然相反的结论作证，而造成的混淆景象。依照本草案，专家的精神病学证言将仅限于提出和解释他们的诊断，如被告是否患有严重精神疾病或缺陷，以及如果患有，这种疾病或缺陷可能具有哪些特征……

此外，对最终意见精神病学证言加以排除的理论根据，超出了精神失常辩护的范围，而涉及与寻求证明的法律结论相关的被告之任何最终精神状态。该委员会塑造的规则 704 规定，直抵所有这些"最终"争点，如凶杀案中的预谋，或警察圈套中的缺乏犯罪倾向。

3. 何为"最终争点"?

若不是《联邦证据规则》704（b），什么构成了关于一个最终争点的意见这一问题将是学术性的。根据《联邦证据规则》701（a），一个外行意见是否"包含最终争点"无须精确地加以确定，因为这里仅有的问题是该意见能否对陪审团有帮助作用。但由于专家对被告精神状态的最终意见在《联邦证据规则》704（b）的排除范围内，只有在那些专家证言涉及刑事被告精神状态的情况下，明确区分才变得重要。

决定什么构成一个最终争点的意见，能够引发具有挑战性的分析问题。请考虑如下案件，被告被指控以销售为意图而持有可卡因。为证明销售意图，检控方传唤了一名麻醉剂调查员，其准备提供如下专家证言：

（1）典型的使用者或上瘾者，在任何时间都持有为个人使用的可卡因剂量为 X。

（2）被告持有 Y 剂量的可卡因，远超过一名典型使用者或上瘾者在任何时间为个人使用而持有的 X 剂量。

（3）被告持有 Y 剂量的可卡因，该剂量通常表明此人打算销售它。

（4）在我看来，因为被告持有 Y 剂量的可卡因，他是打算销售它。

我们已将有关最终争点的意见定义为最后的事实性推论，所得出的是要件已被证明的结论。如果这个定义是对的（我们认为如此），那么陈述（1）根据《联邦证据规则》704（b）对最终精神状态意见的禁止，看起来显然是允许的；而陈述（4）是不允许的。但这些都是简单案件。

陈述（2）和（3）要难得多。陈述（3）比陈述（2）更为接近最终争点。两者都可以说要求一次以上的推论来达到被告打算销售可卡因这个最终争点。但可以说，根据《联邦证据规则》704（b）以"一次以上的推论"为排除它们

752

的论据是微不足道的，因此，陈述（3）甚至陈述（2）大概都不过是陈述（4）的委婉说法。如果这两个陈述中任何一个被采纳，都可以争辩说，对最终争点之意见的禁止，看起来更多是形式上而非实质性的。

也可以争辩说，陈述（2）和（3）应当不顾《联邦证据规则》704（b）异议而被采纳。该专家并未具体断言，陪审团应当得出被告故意销售的结论。陪审团对被告意图的认定，除持有数量外，可能受到其他有关意图的证据存在或缺失的影响。换句话说，陪审团可以接受陈述（2）和（3）的真相，同时又在逻辑上得出被告并不打算销售的结论。只要这样，就可以说，在专家意见和最终争点之间仍留有一次实质性推论。

我们用来定义最终争点所能表述的最佳检测显然是不完美的，但具有可用性：只要该意见可以被接受为真，不会从逻辑上强迫得出被告有或没有争议中的精神状态之结论，该意见便没有"包含最终争点"。陈述（2）和（3）大概会通过这项测试，我们的感觉是，大多数法院会允许陈述（2）和（3）。

4.《联邦证据规则》704（b）政策和问题

上述可卡因指控的例子，说明了与诉讼中的最终争点或密切相关事项之意见的益处和潜在问题之一。不熟悉毒品使用的陪审团成员也许不知道，为供个人使用大概会持有多大数量的特定毒品。因此，麻醉剂调查员的证言对于陪审团评价被告的意图可能有帮助作用——实际上，也许是至关重要的。如果陪审团确保掌握了该调查员意见的根据，例如，一个人在给定时间内预计会使用多大剂量的特定毒品，以及吸毒者有关毒品贮存方面的习惯，那么，麻醉剂调查员的证言将会是最有帮助的。然而，检察官因为担心违反"最终意见"（ultimate opinion）规则，在直接询问中可能不会提出所有的基础数据；而辩护律师因为担心会加强该调查员的证言，可能也不情愿在交叉询问中探究该事项。如果意见证言的主题对于诉讼的解决并非至关重要，那么，未能开发基础事实可能就不是一个主要担心的问题。然而，陪审团在诉讼最终争点问题上应掌握尽可能详细的事实信息，因为解决这些争点是他们的主要责任。

753　　在支持《联邦证据规则》704（b）方面有一些重要的抵消政策。首先，即使陪审团成员拥有所有基础事实和数据，且完全有能力解决这些最终争点问题，仅凭他们听到证人阐述关于这些争点的意见这样一个事实，就可误导他们相信自己应当对这些意见给予某种特殊尊从。为什么这些证据还要出示给他们？其次，如果有关最终争点的意见包含法律概念或结论，关于专家是否在以法律上使用该概念的同样方式使用它的问题上，可能存在不确定性。

为支持其于 1984 年增加（b）款的修正案，众议院司法委员会引用了美国精神病学协会关于精神失常之辩护的声明（1982 年）：

> 显然，精神病学家是医学而非法学专家。同样清楚的是，精神病学家在法庭上的首要义务和专长是"从事精神病学"，即介绍关于被告精神状态和动机的医疗信息和意见，并详细解释其精神病学医学结论的根据。然而，当"最终争点"问题是由法律所创制，并摆在专家证人面前要求其必须说出"是"或"否"的时候，就要求专家证人做逻辑跳跃。他不再表达自己的医学概念，而是必须就实际上无法形容的内容，即对医学概念和法律或诸如自由意志等道德结构之间可能的关系，作出推断或直觉性的判断。由专家证人所作的这些不被允许的逻辑跳跃，会使陪审团造成混淆。陪审团因此发现，自己是在听取被告"精神正常"或"精神反常"，或者他们是否通过了与精神失常相关的法律测试，诸如此类的结论性精神病学证言。这种状况对精神病学来说是相当不公正的，而且我们认为，对刑事被告可能同样是相当不公正的。事实上，在许多涉及精神失常的刑事审判中，控辩双方的精神病学家，对被告在其行为发生时所展现的精神错乱的性质甚至程度，都持有相同的意见。

> 当然，必须允许精神病学家就被指控行为发生时被告的诊断、精神状态和动机（以临床学和常识术语）充分作证，以便陪审团或法官能够对只有他们才是专家的问题得出自己的最终结论。作出刑事被告是否属于法律上精神失常的决定，是法律事实认定者而非专家的事情。

你是否认为，在没有专家协助的情况下，陪审团成员也许难以将精神病学家的诊断与精神失常的法律标准联系在一起？如果是这样，问题是出在《联邦证据规则》704 修正案，还是精神失常的法律定义，或者两者皆有？

即使证人无法就被告的"精神正常""预谋""癖好"或其他精神状态提供意见，陪审团是否就不会意识到该证人对这些问题的想法？如果不是，《联邦证据规则》704 的修订还有什么实际益处？请注意《联邦证据规则》403、701、702 和 705 都可用于规制关于最终争点的意见证言，你认为《联邦证据规则》704 的修订改善了《联邦证据规则》吗？值得注意的是，最高法院认为，与《联邦证据规则》704（b）相对应的州法律符合正当程序要求。参见克拉克诉亚利桑那州案［Clark v. Arizona, 548 U. S. 735 (2006)］［驳回了对亚利桑那州与规则 704（b）具有同等效力的规则之正当程序挑战，该规则排除了精神病学专家关于被告对于受审之罪是否有必要犯意的证言，同时允许专家就被告是否患有精神疾病发表意见，并就被告的行为特征给出观察性证言］。

754

要　点

1.《联邦证据规则》704（a）允许外行证人或专家证人就最终争点提供意见，只要该意见对陪审团有帮助作用。"最终争点"是建立主张或辩护之要素［要素性事实（要件）］的案件具体事实性结论或推论。

2.《联邦证据规则》704（b）禁止关于最终争点的专家证言，争点是刑事被告是否确实具有（或不具有）构成犯罪或辩护之要素的精神状态。

思考题

9.10. 回到第 736 页的思考题 9.4，合众国诉克罗斯案（United States v. Cross）。对于根据《联邦证据规则》704 采纳和排除该意见，可以作出哪些论证？

9.11. 科瑞·博伊德（Corey Boyd）因持有并故意销售强效可卡因而被美国哥伦比亚特区地方法院陪审团定罪。警方在大街上瞥见博伊德与另一个人一起拿着一个塑料袋，博伊德随即被捕。警官们观察这两人仅有数秒，所以没能认真看清博伊德和他的同伴当时在做什么，也无法说出两个人中是谁控制着那个塑料袋。警方当时没有听到博伊德和他的同伴发出任何声音，也没有看到他们做任何事（除了向那个袋里看了看），也没有看到或找到任何钱或毒具。当被警方发现时，两人撒腿就跑，博伊德手上依然拿着那个塑料袋。在被追捕时，他将塑料袋扔到一辆卡车底下，警方随后找到了这个塑料袋。在对他进行审判期间，检控方提供了斯特劳德警官（Officer Stroud）的专家证言，他作证说，基于一项准确反映了博伊德被捕事实的"假设情境"（hypothetical situation），在他看来，该假设事实证明了其持有并故意销售。这一证言是否存在问题？或者，对这个证言是否有一个适当的异议？

9.12. 爱德华·桑托斯（Edward Santos）因威胁要刺杀比尔·克林顿总统而受审。在试图证明其犯罪的精神要素时，检控方引用了一名精神病学专家的证言，即桑托斯企图"扫除他道路上的妨碍者"，这表明"知道他正在做的事情是错误的"。作为被告的辩护律师，请提出异议。你是否认为，自己能说服法官把该陈述从法庭记录中删除？

第五节　《联邦证据规则》702 - 705：实际适用

在本节，我们将展示《联邦证据规则》702 - 705 的各种实操问题和实际适用。

一、专门知识范围的界定

不存在无所不知的专家。《联邦证据规则》702 规定："因知识、技能、经验、培训或教育而拥有专家资格的"人，可以在某种程度上提供"该专家的科学、技术或其他专门知识将辅助事实裁判者"的意见证言。《联邦证据规则》702（a）。关于具备专家资格的专门知识以及该专门知识辅助事实认定者"裁断有争议的事实"所提出的共同要求，有两个要点：（1）专家的专业领域必须得到确认。以及（2）专家的意见证言必须是在该领域内。专家是一名"专业人士"，而非可以对常识之外的所有事项发表意见的无所不知之人。这就要求提供该证言的一方和反对该证言的一方，要对专家意见的范围格外小心。

实践中，证言提供方通常会陈述专家将作证的主题。这可以用非常具体或更为概括的术语来完成。对方律师必须警惕，专家资格是否合理地支持所提议证言主题之专家意见的主张，以及该证言是否保持在指定的具体议题范围之内。超出证人专家意见范围的，可能将作为"不适当的意见"或"超出证人专业知识的范围"而遭到合理的反对。

例如，考虑一位在一起人身伤害案中为原告作证的骨科医生。原告律师指出，该骨科医生将"就原告腿骨折的程度，对其康复的预断，以及原告腿骨折的身体后遗症发表意见"。假设该专家接着提出以下意见：

（1）骨头永远不会完全愈合，因此将永久性地弱于骨折之前。

（2）原告将不能奔跑，并将永久性跛行。

（3）原告将无法负重超过 40 磅，或者奔跑超过 20 码，除非冒腿部再次受伤的风险。

（4）原告将可能因为一次站立超过两小时而感到疼痛。

（5）原告将不能从事需要奔跑、一次站立超过两小时或举重超过 40 磅的工作。

（6）原告将无法恢复其之前在建筑工地的工作。

（7）原告不太可能找到能够与他之前作为建筑工人时收入相符的新工作。

756　　　作为常识事项，意见（1）和（2）相当符合指定的主题和专家意见。论证可能合理地从意见（3）和（4）开始：辩方律师可能争辩说，这些超出了该医生的专业领域，而落入了另一个专业领域（例如，相对较新的物理医学和康复领域）。然而，这种论点可能会被认为是对专家的领域采取了一种非常严格的观点。意见（5）虽然仍在指定的主题范围内，却可能是处于证人专业知识边缘的灰色地带——专家没有资格提出这种比反对意见（4）的论点更强。意见（6）对于主题和专业知识而言都是一种延伸。如果医生可以作证称，其对建筑工人后续护理方面拥有大量经验，或许该主题就可以被重新描述以包含这一意见。意见（7）明显超出了一名骨科医生被指定的专业知识主题。这个问题将需要职业诊疗师或某位其他专家。

二、专家意见的类型

1. 概括与案件具体断言

专家意见最常见的形式是作为案件具体事实提出。一名医生作证说："我的医学意见是，原告的儿子是长年从饮用水中摄入化合物三氯乙烯，而患上白血病的。"这个意见涉及特定毒物侵权案件中因果关系的具体事实。

但是，专家意见也可以采取概括的形式。考虑一下詹森案审判中的这个例子。詹森的狱友巴特勒作证说，在詹森最初拒绝交出餐盘后，返回牢门来收取詹森餐盘的那些狱警都戴着防护手套。其相关性论据是，通过戴上工作用手套，狱警外在表露出殴打詹森的意图。如图 9-1 所示：

证据→ （Evidence）	要素性事实→ （FOC）	要素性事实→ （FOC）	要素性事实（要件） ［FOC（EE）］
狱警佩戴着 防护手套	狱警打算 对詹森施暴	狱警确实 先动手施暴	詹森的行为 属于自卫

图 9-1

如果检控方想要以不相关为由对这个证据提出异议，其论点必然会集中在第一个推论步骤中有争议的概括。通常来说，一个理性的陪审团会认为，狱警在去狱犯的牢房之前戴上工作用的防护手套，是因为他们可能打算殴打该狱犯吗？同样，如果法官对此概括有怀疑，他可能会要求用本案的具体证据来替代它：或许有证言表明，其中一名狱警说："让我们戴上拳击手套！"但是，假设没有这种案件具体证据，并且詹森的相关性论点完全依赖于从该

757　概括得出的推论来补充缺失的事实（为什么狱警要戴上防护手套？）。此处，

法官可能会问：狱警佩戴防护手套的行为是常识问题吗，是陪审团成员的常识吗？

如果对这个问题的回答是"否"，法官可能会要求专家证人的意见。专家证人针对陪审团成员常识之外的事项作证。詹森需要这样的人，即通过经验、训练或学习，其获得了关于狱警行为的专家意见，以提供专家意见来帮助陪审团认定防护手套的重要性。确实，巴特勒作为一名狱犯，基于其足够长的监狱文化经验或者说鹈鹕湾监狱文化经验，或许会有资格作为专家。

以概括为形式的专家意见，一个越来越常见的例子，是发生在目击证人辨认案件中。专家意见通常会采用关于认知偏差和其他感知问题之概括的形式，这些认知偏差和感知问题可能会降低目击证人辨认的准确性。当决定给予辨认出被告的目击证人证言多大证明力时，陪审团被要求考虑那些"关于世界的事实"。确实，虽然法院越来越多地采纳这种证言，大多数仍明确禁止专家对当前案件中目击证人辨认的准确性提出本案具体意见。（对这个问题的进一步讨论，见本章结尾部分，第 793－794 页。）

对于当前目的而言，重点是要明白，专家证言可被用于提供一个缺失的概括，这个概括确立了一项重要证据的相关性。《联邦证据规则》702 要求专家证言必须"辅助事实裁判者理解证据或裁断有争议的事实。"在适当情况下，概括可以满足这个测试。对于可采的专家意见总是表达案件具体结论，并无要求。

2. 最终意见和附属意见

专家证言通常会包含一个或若干最终意见。但这些可能会取决于一些附属的、更为具体的意见。例如，在警察过度使用武力案件中，原告专家可能提供以下总体或最终意见："在我看来，本案中史密斯警官对致命武力的使用是过度的。"在解释这个意见时，该专家可能会说："史密斯警官本可以通过踢琼斯先生的腿，把他放倒在地，并给他戴上手铐，以这些方式使琼斯先生（原告方死者）得到控制。"此外，"琼斯先生并没有受到会造成严重身体伤害的威胁"。

请注意，为支持最终结论而提供的两个主张，即史密斯本可以不使用致命武力就令琼斯得到控制，以及琼斯没有受到会造成严重身体伤害的威胁，可以被定性为"事实"或"意见"。正如我们在《联邦证据规则》701 外行意见部分所讨论的，事实与意见的区分是不确定的，并且通常是基于语境或功能的考虑。在这里，法院更可能将这些主张视为意见，因为它们是有争议的，接近于起决定性作用的问题，并可被分解为更多的细节。但也请注意，这里事实与意见的区别是学术性的。《联邦证据规则》702 并未要求意见必须以最高级别的概括进行陈述，或者专家只能提供"最终意见"，《联邦证据规则》中也并无有任何语句表明附属的、更为具体的意见是不可采的。同时，意见可以基于"事实或数据"。因此，无论被定性为"事实"还是"意见"，这个例子中的潜在主张都是允许的。

3. 关于法律问题的意见

普通法规则禁止有关法律问题的意见证言，将它们视为由法官而非陪审团来决定的"纯法律"问题，或者视为"法律和事实的混合问题"——这些是由陪审团来决定的最终问题。正如我们上文讨论外行意见时（参见第 706 页）所指出的，在任何情况下，由法官来决定的问题，都不应是出示给事实裁判者的证据主题。但是，属于事实认定者将事实适用于一项主张的法律要素之职责所在的意见证言——之前所说的"最终争点"——不应因要求"法律结论"而遭受异议。这种意见证言被适当地视为属于《联邦证据规则》704 的范围，而且只有当其对陪审团无帮助作用时才应该不被允许。你们仍可能遇到法院维持对要求"法律结论"的问题所提出的异议的情况，而他们真想说的是，此乃一个对事实裁判者无帮助作用的最终争点意见。

事实上，在反托拉斯法或知识产权法诉讼等高度专业化之法律领域中，对于涉及复杂法规和法律学说之解释问题的最终争点问题，提出法律专家的意见证言并非未知之事（当然也不被禁止）。

三、专家的类型

在诉讼案件中，专家可以扮演各种不同的角色。诉讼规则和证据规则可能会有所不同，这取决于专家证人是出于为案件作证的明确目的而被雇用（"被聘用"），还是实际上涉及该诉讼事件。对于被雇用的专家而言，可以在那些被雇用来提供意见证言的专家，与那些在幕后为帮助律师准备案件提供咨询的专家之间做第二次区分。

（一）被聘用的专家与有感知力的专家

"被聘用"的专家，被雇用的目的是在诉讼中提供专家证言或咨询。但专家可能已经卷入了潜在的诉讼事件。治疗在犯罪或侵权行为中受伤者的医生，当该案件进入诉讼后对于相关事件就可以成为有感知力的证人。从事侦查活动的执法人员、会计师、工程师以及各种专家，都可能在诉讼事件中扮演了某种角色。在这里，我们将这些专家称为"有感知力的专家"（percipient experts），来反映这样的事实，即他们可能拥有相关信息，从而既可以作为外行证人根据《联邦证据规则》602 基于直接知觉作证，也可以作为就案件相关的所见所闻提供专家意见的证人。尽管《联邦证据规则》没有对这两种专家类型进行区分，但其间的区别对于某些与证据有关的目的而言是很重要的。

1. 民事案件中的证据披露

759

被聘用的专家与有感知力的专家之间的正式区别，可以在《联邦民事诉讼规则》中可以找到。该规则 26（a）（2）（B）提到专家证人，是"在案件中被聘用或被专门雇佣提供专家证言，或作为当事人的雇员其职责是常规介入提供专家证言"的人。无论是被聘用的专家还是有感知力的专家，所有专家都必须依据《联邦民事诉讼规则》26（a）（2）（A）进行证据披露，即"根据《联邦证据规则》702、703 或 705，一方当事人必须向对方当事人披露审判时其可能使用的任何会提交证据的证人身份"。通常，这项工作必须在审判开始前 90 天完成。[⑤] 但被聘用的专家需要遵守特殊的证据披露要求：他们的证据披露中必须包含有完整的详细信息。这个所谓专家报告必须包含"证人将表达的所有意见之完整陈述，及其根据和理由"，其中包括支持性的事实、数据和展示件。该报告还必须附有该证人的专家资格证明（通常是简历或履历表），过去四年里该证人作为专家作证的其他案件清单，以及一项关于该证人报酬的陈述。《联邦民事诉讼规则》26（a）（2）（B）。非雇佣专家的披露，必须符合提前 90 天的证据披露要求，但只需包含一项对主题的描述以及一项该证人将提供的专家证言的"事实和意见摘要"。

这些证据披露的目的，是允许对方开展与该专家证言有关的证据开示。首先，专家证言的开示是通过对专家的询证存录来进行的，该询证存录因提前通知，在相对较短的时间就可以完成。没有充足的时间来提供当事方关于该专家证人的书面开示（询问书、索要文件请求），因为专家证人披露通常发生在非常接近于"证据开示的截止期限"——法院根据规则 16（b）（2）设定"完成开示"日期。然而，由于专家报告必须详细并且必须包含支持性展示件，因此，索要文件请求的需要就消除了。

这里的实际区别是，在对专家采取询证存录之前，对方将收到大量的信息

---

⑤　该披露必须在法院指定的时间或规定的时间内进行，或者"至少在规定的审判日期或案件准备好进行审判的日期之前 90 天"。《联邦民事诉讼规则》26（a）（2）（D）（i）。若提出的证言仅仅是为了针对对方专家相同主题的证据进行驳斥或反驳，其证言可在"另一方披露后的 30 天之内"进行披露。《联邦民事诉讼规则》26（a）（2）（D）（ii）。这后一规定的理念在于，给当事人时间以获取进行反驳的专家。

以用于对被聘用（而非有感知力的）专家进行询证和交叉询问。

2. 刑事案件中的证据披露

根据《联邦刑事诉讼规则》16（a）（1）（G），检控方必须根据请求向被告提供一项书面概要，对其打算在审判主诉阶段所使用的任何专家证言进行说明。辩方的证据披露义务并不对称：其必须披露本方计划在审判中使用的任何专家证言之书面概要，如果（1）检控方已根据辩方的辩护请求提供了相应资料；或者（2）辩方已经通知有意出示关于被告精神状况的专家证言。参见《联邦刑事诉讼规则》16（b）（1）（c）。正如在民事案件中一样，没有关于审前询证存录或关于专家意见进一步开示的规定。

760

3. "即时"赋予专家资格

请考虑詹森案审判中的下述证言：

> **检察官卡明斯问**：当时有人命令把门打开吗？
>
> **管教官员休斯顿**：是的。是史密斯狱警。
>
> **问**：那是收回盘子的适当方式吗？
>
> **答**：是的。
>
> **迪莫先生**：请原谅。第一，缺乏资格；第二，缺乏基础；第三，是诱导性提问。
>
> **法官**：你正在寻求一项专家意见吗，卡明斯先生？
>
> **卡明斯先生问**：休斯顿狱警，你说你作为管教员已经在鹈鹕湾监狱工作了 6 年？
>
> **答**：是的。
>
> **问**：在这 6 年期间，你接受过与工作有关的特殊教育和职业训练吗？
>
> **答**：是的。
>
> **问**：是什么？
>
> **答**：我参加了全州管教员训练手册教育和实地训练课程。
>
> **问**：这种训练包括处理狱犯有时引发的具体问题吗？
>
> **答**：是的，包括。
>
> **问**：基于这种训练，你对处理像狱犯詹森这些情况的适当方法是否有自己的看法，即打开牢门是否适当？只需告诉我们，你是否有自己的看法。
>
> **答**：是的，我有。

卡明斯先生：基于休斯顿狱警在鹈鹕湾监狱的特殊经历和训练，我现在打算让他提出自己的看法。

法官：你可以回答。

卡明斯先生问：打开牢门是收回餐盘的一种适当方式吗？

答：是的，在普通监区这是一种适当的方式。（他继续进行阐述）

在上述例子中，检察官向一名有感知力的证人询问了可被适当地认为是专家意见的内容。其答案需要基于训练和经验的超出普通常识的专门知识。你们还可以看到，检察官并没计划使休斯顿狱警具备万事通的专家资格。但在对方提出异议和法院提出问题后，卡明斯检察官自发地提出了一些专家证人遴选审查的问题，来证实休斯顿狱警在监狱程序方面具有专门知识。法院允许了这种令休斯顿具备了专家资格的不太正式的做法。

鉴于刑事案件中对专家进行披露的规则相对宽松，这种做法在技术上也许是适当的。另一方面，在民事案件中，这种特别的试图"即时"使证人具备专家证人资格的做法，似乎违反《联邦民事诉讼规则》26（a）（2）（C）的证据披露规则。那个规则为针对这种专家证言的异议提供了依据。

然而，在实践中，即使是在民事案件中，法院对此也许并非总是那么严 761 格。问题在于，在太多案件中有太多的情况，普通人在特定工作场所或其他专门领域之外获得了不为人知的有限的专门知识。在雇主分配电子邮件地址的特定办公室内部程序中，一位办公室文员算是"专家"吗？达到何种程度的训练就足够专业化，从而可以根据《联邦证据规则》702 而获得专家资格？法院不太可能有机会频繁回应这种不确定性问题，因为其只出现在：（1）该事项被定性为"意见"而非直接观察到的事实；（2）该意见被合理地主张为涉及专门知识。在临界案件中，法院有可能通过将其定性为事实或外行意见，或者可能通过允许"即时"使证人具备专家资格（如上述詹森案摘录中那样），从而允许该证言。

尽管如此，仍然存在一个重大的潜在问题。有时候，律师会有强烈的动机，试图将本应是专家意见的证据装扮为外行意见。这样做可以避免《联邦证据规则》702 的约束，以及与其交互参照的程序性通知要求。作为法律从业者，你们应该对此保持警惕。

（二）咨询顾问与作证专家

并非所有被聘用的专家都提供证言。专家也可被雇在事实调查、审判策略和其他庭审准备方面为律师提供协助。请考虑一下涉及复杂会计问题的错综复杂的商业诉讼。若没有会计师的协助，处理该案件的律师可能无法理解基本的案件事实。与此类似，在非小说类文学作品《民事诉讼》中所描写的（并在 2000 年同名电影中有更宽泛的描绘）一起毒物侵权案，即安德森诉快尔卫案（Anderson v. Cryovac）中，原告律师简斯里克门（Jan Schlictmann）在案件前期调查过程中聘请了一位地质专家，来帮助他判断附近企业所倾倒的化学物质是否可能渗入地下，并进入了城市饮用水井。斯里克门雇用了不同的专家，为此要点提供庭审证言。

作证专家与非作证专家之间这种区别的关键证据含义，源自这些专家需要披露的内容差异。对于非作证、提供咨询的专家无须进行证据披露。非作证专家所开展的工作总是被视为"开庭审理准备材料"，受到有条件的的工作成果特免权（保护）。参见《联邦民事诉讼规则》26（b）（4）（D）。当事人甚至可以主张，这类咨询顾问的身份甚至他们受到雇佣的事实，亦受到工作成果特免权的保护。

作证专家的证据开示范围是非常广泛的。对方当事人有权查询专家考虑的所有事实，以及专家在得出结论过程中所采用方法的全部细节。但经过 2010 年修订，《联邦民事诉讼规则》26（b）（4）（B）和（C）对之前可从专家开示的内容做了限制。在 2010 年修正案以前，一般认为，律师对作证专家所说或所展示的任何内容都可开示——受制于民事开示程序向对方强制披露的要求。执业律师有时会说，当与你的专家交谈时，你的所为应该像房间里有个麦克风直接传达给对方律师那样。这条规则先前就是基于这样的设想，即专家证人是完全客观和独立的事实分析者。这个先前规则使得为专家准备其询证存录和庭审证言变得极为困难，并使得向他们咨询庭审战略和策略变得实际上几乎不可能。而根据目前的规则，专家和聘请他的律师之间的交流，以及专家报告的初稿，都是作为律师工作成果与其他"开庭审理准备材料"共同受到规则 26（b）（3）的同等保护。该"房间里的麦克风"旧规，依据某些州法也许仍可发挥作用。

随着该规则对作证专家前期工作开示之限制的变化，非作证专家的效用似乎有所减弱。尽管如此，规则 26（b）（4）（D）专门规定，除非能够证明有特殊需要，否则，不得对非作证专家的意见进行开示。非作证专家依然为案件策略的专家咨询提供了一条更为确信、更为安全的途径，无须担心证据披露。

四、与专家一起工作

1. 何时需要专家证人?

在某些案件中,专家是必需的,而在另一些案件中则是可选的。如果当事人不能基于常识性推论从有亲身知识的证人所感知的事实来证明案件要件,那就需要专家。例如,在多伯特案(Daubert)中,就没有感知证人可直接观察到药物盐酸双环胺对人类胎儿的影响。在上述安德森诉快尔卫案(Anderson v. Cryovac)中,没有感知证人可直接观察到被告化工厂的化学物质渗入地下水,并流入了城市的水井。毫无疑问,法院会认为,亲历证人的间接证据,未能充分满足关于因果关系的举证责任。证人可能说:"我看到化学物质被倒在地上。几个月后,饮用水喝起来味道不太对劲"。多伯特案的原告可作证说在怀孕期间服用了盐酸双环胺,并对其新生儿外观作证。但这些例子与法院将会接受的因果关系证明,还相差甚远:有太多其他事情碰巧会发生,而不允许在这些前后遥远的故事中得出因果关系推论。

总之,当一方当事人的案件理论所必需的事实无法被直接感知,或无法从有亲身知识的证人所感知的间接事实中合理推断时,就需要专家证言了。如上所述,如果连接两个直接感知的事实所需的概括不属于常识,也将需要专家证言。此外,在必须进行复杂的计算时,即使是基于本身并不复杂的证据,通常也需要专家。一个常见的例子是涉及金钱损失的计算,其中过去损失会包括复利,或者未来的损失必须降低到现值。[⑥] 法庭经济学家通常会被传唤来提供这样的证言。

当必要的推论或结论被认为是常识和普通知识,但也是专家研究、训练或经验的主题,可以促进陪审团对事实的理解时,专家证言便是可选项。这些本质上属于常识和专家知识边界上的灰色区域,而且为数不少。某人是否喝醉了,某人是否进行了合理的自卫行为,某位警察是否过度使用了武力,某种类型的伤害是否给被害人造成了精神创伤,这些只是其中的少数例子。该清单就像日常发生的事情和情况的似真性专业领域一样,都是无限的。在这种事情上,是否传唤专家证人就是一个策略决定,而不是一种法律要求。

正如以下实际案例所表明的,有感知力的证人有时候可比专家提供更有说

[⑥] "现值"是为了折抵未来所预期的一笔或多笔款项而现在必须一次性支付的金额。现值计算的关键变量是利率。如果你能够以11%的利率进行投资,今天所付的9美元款项就将等同于你在一年末拥有的10美元债权。关于损害赔偿的法律通常要求未来的收入来源(如损失的未来工资)被"减少"为现值,即一次性支付。

服力的证言。一位不能说话的先天残疾男子被一家全国比萨连锁店雇为临时看门人。他刚开始工作三周即遭解雇，于是乎提起残疾歧视之诉。一位到访的地区经理作了表示对原告残疾厌恶的陈述，并命令将其解雇。该餐厅一些因抗议解雇原告而辞职的前雇员，对该地区经理这些露骨的评论作证。关于损害赔偿问题，雇主方提供了一名精神病医生的专家证人证言，该专家认为，原告不太可能遭受了任何精神痛苦，主要是因为原告只是在短时间内任职，且因他无法使用语言，表明他对这种人为事故缺乏情绪敏感性。原告并没传唤专家来对该证言予以反驳，而是引入其家人和同事的证言，证明原告每天很早起床去上班，在工作中经常微笑；然而，自从被解雇后，他瘦了许多，变得沉默寡言，胡子也不刮了。陪审团认定雇主负有偿付责任，并判处 1 300 万美元损害赔偿——这显然就是对上述专家证言的否决。（根据《美国残疾人法案》的赔偿上限，该赔偿额被降为 30 万美元。）参见大卫·卡伦多：《陪审团判予残疾人 1 300 万美元赔偿金》[David Callendar, Jury awards disabled man ＄13 million, The Capital Times (Madison, Wis., Nov. 6, 1999)]。

　　2. 发现主题专家

　　要为你的案件找到一名专家证人可能颇具挑战性。作为律师，你的专业同事很可能是其他律师，所以，你的熟人网可能不包括那些有兴趣为法庭案件作证的医生、会计师或科学家。

　　要找专家证人，你首先需要做的是，考虑哪些问题需要专家证言，并运用你拥有的关于这个世界的知识，尝试确定适当的专业领域。由此，你的研究很可能不同于标准的法律研究。通过运用更为一般性的研究技术，你或许能够细化专业领域（如"老年肿瘤学"而非"普通肿瘤学"或"普通医学"）。咨询本律所或外所的同事，你可能会得到一些其他律师曾在诉讼中使用过（或反对过）的专家线索。一些法律研究数据库中有专家证人名录和专家证人证言的笔录。一旦你开始得到名字，你就可以开始一个筛选面试过程。在与潜在专家的简短交谈中，你会了解更多相关的子专业。在一般性描述过你的案件事实后，专家大概会说："这并不是我的确切领域；你所需要的是……"

　　当你缩小了候选人名单后，你就必须开始考虑更多的实际问题。专家的资质是否很响，令人印象深刻？专家能否真诚地提供满足你案件需要的可靠意见？该专家看起来会是一名在陪审团面前令人信服、有吸引力的证人吗？本案的经济效益，能否雇得起他，你委托人的支付能力如何？

五、对专家的直接询问和交叉询问

1. 直接询问

直接询问规则适用于专家证人需要作某些修改。传统上，要求从"遴选审查"（voir dire，别和第二章讨论的陪审团遴选审查混淆）开始专家询问，在这个过程中，直接询问者会引出该专家的资质。当直接询问者认为已经做足时，他将提供该证人作为阐述诉讼主题的专家。然后，法院将表示接受该专家。

联邦法院和许多州法院现在免除了这些形式化的手续。该"提议"（offer）被认为是尴尬的，因为它可能会给陪审团传达的信号是，法官认可了该专家意见的说服力，而非仅仅是其可靠性和可采性。至于资格，在当代审判中，专家可能在简易判决或审前会议期间由法官进行预先筛选；或者对方律师可能愿意"约定"（同意）该专家具有资格，以免除预先审查。作为提供专家的一方，放弃预先审查是错误的。陪审团需要聆听专家的资格，以便适当评估其证言的可靠性，这既是一个说服问题也是逻辑相关性问题。而且，你必须完全确定，证人资格要出现在为上诉目的而作的记录中。根据目前大多数法院的做法，通常有一系列问题来让专家以简短的口头形式介绍其简历，这就将完成你的预先审查。然后你就会直接进入到证言的实质内容，而无须再"提议"证人。

如上所述，《联邦证据规则》705 允许你紧接着直接进入证人的最终意见，如果你选择这么做的话。这很可能要求证人解释方法论问题，而且，你将想要专家尽可能多地解释其所考虑的基础事实，以显示专家分析的透彻性。这受到上文讨论的《联邦证据规则》703 的限制。

作为策略和《联邦证据规则》611 要求的事项，你将主要通过非诱导性问题来进行询问。《联邦证据规则》611 通常要求，直接询问中的提问是非诱导性的，而且你希望尽可能说服陪审团相信，该专家知道自己正在谈论的事情。如果主要通过诱导性提问来提供答案，你就会减弱这种印象。话虽如此，《联邦证据规则》611 允许法官有自由许可在直接询问中提出诱导性问题，以便促进清晰的证据出示。如果专家的证言冗长而复杂，充斥着技术术语或令人困惑（但愿不会如此），法院通常将允许在直接询问中留有余地提出一个诱导性的"总结"问题，如果可能的话，即用外行话说："所以，你说的是……"

尽管证据法通常允许贴近实际的交流方式而不用魔幻般的词语，但对专家证言来说，判例法有时候也要求使用一些神奇的词语以符合专家证言所适用的证明责任。例如，有些联邦或州法院要求医学专家意见的措辞，要达到"一种合理的医学确定性程度"。如果专家证言是你方对一项要件（如因果关系）的唯一证明，那么，专家的确定性需要达到甚至超越你方的说服责任。在联邦第九巡回法院对最高法院发回重审的多伯特案判决中（"多伯特案之二"），该上诉法院重申了其之前作出的排除原告医学专家意见的决定。其中一些专家意见被排除，是因为他们作证称，仅仅"有可能"是盐酸双环胺造成了先天缺陷。该法院观察到，即使该说法值得相信，这个证言也不能支持一项必要的陪审团认定，即该药品很可能（比不可能更可能）造成了原告的损伤。在多伯特案之二中，法院也许有理由得出结论，即这些专家对概率的规避，没能达到证明标准。在其他案例中，以特定语言去表达概率的要求（例如，合理的医学确定性程度）或许看似是形式重于内容。无论以哪种方式，你都必须仔细研究，你的专家证言必须如何设计，才能满足你自己的证明标准。

2. 交叉询问

对专家的交叉询问是富有挑战性的，因为作为询问律师，你可能要应对某位对诉讼主题了解程度比你更高的人。《联邦证据规则》702暗示了令专家意见失信的各种路径。你可以尝试攻击专家的资质，但除非你的对手糟糕地雇用了一名显然缺乏资质的专家，这种尝试可能不会奏效。稍好一些的选项，或许是揭露这名专家是带有成见的"雇佣枪手"（hired gun）——或许因为专家的简历表明，其对此类争议案件总是站在争议中的一方立场上作证，或者因为专家证言是他的主要收入来源，又或者因为他为了招揽生意在商业性展示活动中频繁出镜。但是，对证人的攻击常会招致陪审团厌恶，所以这一选项的效用也仅限于极端案例。

《联邦证据规则》702（b）-（d）表明，可靠的意见必须基于充分的事实和数据、可靠的方法论，以及这种方法被可靠地适用于该事实和数据。这进一步揭示了三个攻击路径。一般而言，攻击证人的方法论［（c）款］难度最大，因为对这部分内容，专家通常比律师更具有知识优越性。除非专家显然是个冒牌货（假专家不太可能通过资格审查），很可能需要来自贵方专家的支持，以帮助你了解任何方法论上的问题。这个道理同样适用于（d）款对方法论的适用，除了一种例外情况。你总是可以通过证明该专家在案件分析中没做什么来获得一些加分。除非你的对手有无限额的专家预算，且该专家可以投入大量时间精力，否则，专家证人很可能会在分析过程中节省某些环节。"你没有阅读（关键证人X）的询证存录"，或者"你对我的委托人的情绪状态有看法，但实际上你从来没有和他说过话，"（诸如此类的表述），将在陪审团考虑专家证言的分量时带给他们一些思考。

最有希望的交叉询问途径，常常是攻击基础事实和数据的有效性。即便是最可靠的方法，在被应用于错误的事实时，也会产生错误的结果。（会计和计算机领域的行话是："垃圾进，垃圾出"。）常见的是，专家证人基于传唤其作证的当事人一方所称关键事实之有争议的版本来发表意见。有时你可以令专家承认，假如你方所主张的事件版本为真，那么，最终意见就会不同。"你作证称，因为原告赤手空拳，所以史密斯警官使用武力过度了。但是，如果原告当时手持武器，你的结论就会不同吗？"

在对专家进行交叉询问时，特别重要的是，要严格询问诱导性问题，而非开放性问题。专家证人会卖弄其教育角色，发表长篇大论，所以如果询问其任何非诱导性问题——尤其是"为什么？"或者"你能解释一下？"——差不多保证会得到一个长篇而自负的回答。你必须尽可能用简短、诱导式的提问去控制专家证人，并尽可能避免去尝试让证人赞同你的主要论证。专家很可能进行反驳论证。与此同时，因为专家声称其（区别于普通证人）对于该研究主题拥有出众的理解，法官会减少对专家证人的保护，而赋予你更大的空间来与证人争辩，或允许你掐断一个冗长的回答来提下一个问题。

要　点

1. 专家证人必须把他们的意见限制在其资质和被传唤作证的主题范围内。这条界线并非总是完全清晰的。

2. 根据《联邦民事诉讼规则》，在民事案件中作证的专家，必须在审判前 90 日（或更早）予以披露。作为证据披露的一部分，那些明确为作证目的而被雇用的人，或者其工作职责包括经常性提供专家证言的人，必须提供关于其资质及其关于案件意见的详细背景信息。那些同样也作为感知证人的专家，则不需提供这些信息，但依然必须在审判前 90 日确认其身份。

3. 被雇用为开庭审理做准备和提供策略咨询而非提供证言的专家，不需被披露。他们的工作受到律师工作成果原则的保护。

4. 专家证言必须被用于证明案件的要件，该要件不能由拥有亲身知识的证人所感知事实的常识推论来证明。在必要的推论或结论被认为是常识性问题和普通知识，但也是专家研究、培训或经验的主题时，专家证言具有可选性。当常识和专家知识重合时，如果专家证言可以提高陪审团对该事实的理解，其将具有可采性，并可能是有益的。

767

思考题

9.13. 回到前面专家证人的思考题之一，尝试就对有争议的专家证人进行的简要直接询问和交叉询问写一个概述。我们推荐思考题 9.4、9.6 或 9.8 特别适合做这个练习。

9.14. 斯科特·迈克尔斯（Scott Michaels）是威斯康星州立大学法学院的法学教授。他专门研究的领域是社区警务，包括建立警察部门与当地社区之间的联系（包括高犯罪地区），以及基于社区的替代性方式，而非依托强大的警力对犯罪进行威慑。在成为教授之前，迈克尔斯曾在威斯康星州的绿湾（Green Bay，一个拥有约 15 万人口的城市）做过十年警察，从一名巡警升到了中尉。他后来进入法学院，毕业后被威斯康星州拉克罗斯市（La Cross，一个拥有约 5.2 万人口的城市）聘为警察局长。他从事此工作长达四年，而后被维斯康星州立大学法学院聘任担任教职。

迈克尔斯在一起联邦公民权利诉讼中被雇为专家证人，原告声称在堪萨斯州的堪萨斯城发生了一起涉嫌滥用武力的事件，在该案中，一名据称未抵抗的被害人被击中受伤。原告主张使用致命性武力是不合理的且超过了必要限度。他已经因为警官达雷尔·施佩尔（Darrell Spear）过度使用武力而起诉了其本人，并因堪萨斯州没有适当训练其警员如何使用武力而起诉了该州。迈克尔斯作为专家被传唤，就"逮捕情形下警员武力适当使用"作证。他的意见将包括以下主张：

（1）本案中不合理地使用了致命性武力；因此，武力超过限度。

（2）被告达雷尔·施佩尔未受过充分的训练。

（3）堪萨斯城未适当训练其警员如何使用致命性武力，因为施佩尔本应为之前的一起事故而被解雇，在该事故中，他用自己的手电筒打了戴着手铐的犯罪嫌疑人。

请准备对迈克尔斯教授的直接和交叉询问。考虑所有对其证言的可能异议，以及针对这些异议的回应。

第六节　专家证言反思

一、诉讼中专家使用情况数据

以下研究有一些年头了，但也没有更新的研究表明使用专家的程度已大大降低。因此，其为了解联邦法院运用专家的情况提供了一个有用的缩影。

塞缪儿·格罗斯：《专家证据》
（Samuel Gross，Expert Evidence）

768

1991 Wis. L. Rev. 1113，1118－1120

在美国诉讼中，从公开发表的有关使用专家的数据几乎学不到什么东西。零散的研究报告了专家在极少数重罪公诉中的使用，他们往往是被检控方所传唤。在民事案件中专家的使用尚缺少系统的研究。以下数据将开始弥补这一空白。它们来自加利福尼亚州高等法院在1985年和1986年报道的529起陪审团裁决的民事审判案件。……

1. 专家证言的频度。在86％的民事陪审团审判中有专家证人作证。总计，每项审判平均3.3个专家；在专家出庭的案件中，平均3.8个专家；大多数专家出庭的案件，有2－5位专家。原告传唤的专家证人多于被告，大约占总数的64％。

2. 专家证人的专业。在我们的数据中一半专家是医生，还有9％是其他医务专业人员——临床心理学家，康复专家，牙医等。第二大类是工程师、科学家和相关专业专家，约占总数的20％。其他大类包括各类商业和金融的专家（11％），以及事故重建和调查方面的专家（8％）。

3. 专家出庭的案件。超过70％的审判涉及不正当死亡或个人伤害案。作为一组，这些案件与其余案件相比涉及更多的专家。将近95％的个人伤害或死亡案件有专家出庭，平均每案3.8个证人。更小的分类考察，其中，专家使用率最高的案件：（1）医疗事故案（占审判的97％，平均每案5个证人），几乎所有证人都是医学专家；（2）产品责任案（100％使用专家，平均每案4.7个证人），不同寻常的高比率证人（平均每案1.8个证人）为工程师、科学家和类似专家。

4. 双方专家的冲突。几乎3/4专家作证的案件（或全部案件的63％），双方当事人都有自己的专家。在 2/3 有专家证言的案件（全部案件的 57%）中，存在相同专业领域意见相反的专家——意见相反的医学专家最为常见。与此相似，超过 2/3 的专家出庭证人是同一领域专家而意见不同。这类冲突在医学证人中又是特别普遍——在 78% 的情况下其证言会被对方医学证人反对。总之，大多数专家证人被对方相似的专家反驳，大多数陪审团不得不解决这种争端。

5. 专家证人的作证经历。大多数专家证言来自反复出庭的专家。在加州高等法院民事陪审团审判中，近 60% 的专家出庭证人在六年期间至少在相似案件中作证两次。对陪审团审判中的特别出庭，同一专家在六年期间平均作证 9.4 次；中位数是 2.2 次。值得一提的是，这些数字并不能完全呈现专家参与诉讼的总体经历。例如，它们未包括刑事审判，以及在加州高等法院之外其他法院的民事审判案件。更重要的是，这些数字没有统计那些同一专家提供咨询、书面报告，甚至在询证存录中作证，但因案件在开庭前得到解决或未被受理而未能出庭作证的情况。

了解专家证人审判经历的一种视角，是与诉讼律师的情况进行比较。在 1985—1986 年加州民事陪审团审判案件中，律师对专家证人询问的情况，专家在此之前六个月另一起相似案件中作证的可能性，是律师经历另一相似案件作证可能性的两倍（42%∶21%）。

卡罗尔·卡尔夫卡等：
《法官和律师在联邦民事审判中关于专家证言的经验、实践和关切》
Carol Krafka et al., Judge and Attorney Experiences, Practices and Concerns Regarding Expert Testimony in Federal Civil Trials

联邦司法中心（2002）
Federal Judicial Center

有关专家证据的疑问远远超出其研究已开始解决的问题。……例如，什么类型的案件最可能涉及专家证言？什么类型的专家出庭作证，他们出庭的频率如何，代表哪一方诉讼当事人作证？专家要解决的是什么问题？……我们这里报告的研究涉及对法官和律师的（三次）调查。数据来源包括 1998 年对（303 位美国地区法院）法官的调查，1991 年对（335 位美国地区法院）法官的调查和 1999 年对 302 位（参与上述法官审理的地区法院案件）律师的调查。（联邦）审判中，最多涉及专家的案件类型是侵权案件，尤其是那些涉及人身伤害或医疗过失的侵权案件，占 299 个报告案件的 45%。侵权案件涉及专家的频率随后是，公民权利侵权案件（23％）；合同案件（11％）；知识产权案件，主要是专利案件（10％）；劳工案件（2％）；狱犯案件（2％）；以及其他民事案件（8％）。

为了评估专家证言是否与特定类型的案件有不同程度的关联，我们比较了样本案件的分布情况与我们调查前一年及同年结案的联邦民事案件的分布情况（无论法官审还是陪审团审）。与所有民事审判相比，专家在侵权案（仅占所有民事审判的26％）和知识产权案（占所有民事审判的3％）中出现的频率过高。专家在合同案件（占所有民事审判的14％），劳工案件（占所有民事审判的4％），普通（非狱犯）公民权利案件（占所有民事审判的31％），以及几乎全是公民权利诉讼的狱犯案件（占所有民事审判的14％）中，出现的频率低于平均水平。在分类为"其他"的民事审判中，专家出现的频率等于一般案件类型（8％）。

所报告审判的92％涉及原告方专家证言，而79％的审判涉及被告方专家证言。73％的审判中原被告双方均有专家作证。这些数据与1991年的统计类似，当年的数据是：95％的审判涉及原告方专家证言，81％的审判涉及被告方专家证言，76％的审判中原被告双方均有专家作证。我们1998年所做调查的民事审判中，77％的案件是陪审团审判。……陪审团审中涉及专家证据的情况，在某种程度上高于整体案件的平均值。在1998年调查的所有民事审判中陪审团审判占64％，这意味着，专家在陪审团审中出现的频率不相称。

为原告作证的专家平均数为2.47人，相比之下，为被告作证的为1.85人。侵权案中作证专家平均数最高——为原告作证的3.11人，为被告作证的2.28人。在公民权利案件中，为原告作证的专家平均为1.81人，为被告作证的专家平均1.24人；在"其他"民事案件中，相对应的专家数平均为2.70和2.00人。……1998年，出庭作证的专家平均数为每案4.31人。这个数字略低于1991年的每案平均4.80人。

在对法官和律师的问卷调查中，要求受访者描述作证专家的类型以及证言所解决的专门问题……医学和心理健康专家是最常出现的专家类型，占所有出庭专家总数的40％以上。代表多种医疗职业类型的专家，总计约占所有作证专家的三分之一。考虑到所调查的审判案件中45％为侵权案件，这并不令人意外。来自商业、法律及金融领域的专家占作证专家总数的25％。这一类别包括最常被提及的职业，即经济学家，占全部作证专家的12％。工程师及其他安全或工艺流程专家人数，仅次于商业/法律/金融领域的专家人数。这些专业占所有专家的22％。来自化学、弹道学、毒理学和冶金学等科学领域的专

770

家仅占很小比例，不到所有作证专家的 8%。

二、科学证据和多伯特案

（一）介绍

在英美法传统中，审判最初是将对当地事务拥有知识的个人集合在一起，去裁决众所周知的纠纷。人们期待陪审团成员对案件拥有具体的知识并加以运用。随着时代变迁，陪审团的自知（self-informing）方面被社区中其他成员的证言所补充。最终，诉讼事务变得越来越复杂，事实认定者与证人之间的知识鸿沟也增大了。越来越常见的情况是，证人所说之事需要解释才能被理解。伴随此类案件日益普遍化，传统事实认定模式被大体沿袭下来。为了使陪审团成员能够理解证人在说什么，从而以理智方式裁决案件，当事人仅有稍加解释的义务。

是否存在任何无法以传统模式来解决的案件？有些案件提出的需要裁决的问题，是否挑战了事实认定者理解它们的能力？答案当然是否定的。与我们所有人一样，法官和陪审团成员对不同领域的人类探索都缺乏知识，然而，没有理由相信，他们经过指导仍无法充分掌握相关领域的知识。具有讽刺意味且再次反直觉的是，陪审团成员因其肩负职责，有可能比法官更好地掌握相关主题事项。问题不在于每一单个陪审团成员是否都能充分理解每一单个问题，而在于陪审团作为一个整体能否充分理解。即便是随意选择的 6～12 人群体，其作为一个整体，几乎总是不乏才华出众者，这使真正能挑战其集体认知能力的案件极少。对专家证人的需求，也不能否定这个论点。专家们所擅长的技能或许无法传递给陪审团。但是，通过这些技能所获得的知识，却肯定能够进行传递。如果一个案件的裁决实际上沦为要在专家们的直觉中作出选择，那么，该案大概就不属于法院审理的范围了。

对教育陪审团的论点真正构成挑战的，并非其有错误，而是其成本太高。在一些案件中，这确实如此。同时，有的案件需要数月时间将大量并不需要专家解释的案件事实灌输给陪审团。传统的白领刑事案件和复杂的共谋案件的审判也许不需要专家参与。在这些案件中，我们不允许陪审团成员尊从作为专家的司法门外汉；我们要求的是，当事方通过证据将案件与陪审团成员的经验联系起来。

那么，当某些被标记为"专家证言"的东西进入法庭时，我们为什么要暧昧，或采用一种更加尊从的模式？在这两种情况下，认知问题是高度相似的，尽管不完全相同。投入诉讼的社会资源成本，在很大程度上是一样的。复杂常规案件与需要专家证言的案件的区别，大概在于后者所要求的专家意见是前者所没有的。有些人拥有专门和不一般的知识，如数学、经济学、毒物学、肿瘤学等等。大概没人拥有诸如银行诈骗或刑事共谋等复杂常规案件的专家意见。也许是如此，但这并不支持我们在审判中提出竞争性专家意见版本的现行制度，而是在支持一种司法认知模式。（参见《联邦证据规则》201，将在下文第十一章中予以讨论。）

如果专家意见存在并能具有可识别的确定性，就如同芝加哥市与密西根湖接壤这一事实的存在具有同样确定性的话，审判就不应当对此踌躇。其经验教训应当被当为真理接受，事实认定者必须严格遵守。法官或立法者应当很容易确定某个特定案件中是否存在这种意义上的专家意见，及其隐含的价值。我们将尊从这种知识，就像我们尊从芝加哥与密西根湖接壤这一无可争议的知识一样。我们不会就密歇根湖是否毗邻芝加哥城而进行诉讼；那样做只会浪费资源。如果专家意见确实存在，我们对该问题的每一次诉讼（至少在第一次之后或除非情况发生变化的情况下）都是在浪费资源。

我们就专业知识之存在进行诉讼，不仅是浪费时间，而且是在从事无意义的活动。对专业知识之存在对簿公堂的理由之一，是要提供陪审团能够尊从的意见。这当然与教育模式相反。我们并不期待陪审团成员理解调查的相关领域；他们只需简单地决定相信哪位专家。但是，对相关领域毫不了解，如何能理智地完成这项工作？针对这个因专业知识在审判中使用不断增多而反复出现的问题，还没有令人满意的答案，原因恰恰在于这两点之间无法和解。尽管陪审团对于证人可信性及其陈述的诚实性一直在进行常规评价，但在对比两位专家资格或其所提供的理论之科学可能性时，陪审团成员所具有的在评判目击证人证言时有用的感觉和直觉便不起作用了。很显然，在对相关领域不够了解的情况下，陪审团（和法官）不可能理智地决定哪一位专家在该领域提供的竞争性版本值得相信。所以，即使我们关于陪审团认知能力的观点被否定了，现行制度依然是非理性的，核心问题仍然存在。相反，假如陪审团成员能够理智地决定相信哪位专家，他们多受一点教育也能对争议事项进行理智推理的话，对专家的尊从就没有必要了。

尊从和教育，从分析角度看并非完全不同；它们是一个光谱上的两极。陪审团成员在审判中几乎从未看到真正的"原始"数据。尊从在某种程度上发生于陪审团决定一个证人是否诚实作证之时。

然而，尊从或教育的程度却是可变的，程度可大可小，此消彼长。当人们

772

考虑一起不仅涉及报告感观体验（"灯是红色的"）而且得出推论（"根据这些研究，我的意见是，盐酸双环胺导致了先天缺陷"）的案件时，以上现象尤其明显。在典型案件中，陪审团被认为有能力去理解证人从观察到结论的推理过程。当然，理解可能会导致接受或拒绝两种结果，并且裁决会根据陪审团自己的理解来作出。在有专家的情况下，常常并不期望专家的推理过程能被理解。接受或拒绝都无法凭陪审团自己的理解而发生，因此我们看到更多尊从。一名证人的分析过程可在多大程度上得到理解，显然也是一个变量。某些（证人的分析过程）完全可被理解，某些只是部分被理解，还有些根本无法被理解。该法律问题是这个变量的意义所在。

（二）专家证言的三种模式

1. 常规（教育）途径

专家证言可以得到像任何其他证言一样的对待，这意味着，它必须是相关的，它必须被事实认定者所理解。为了使专家证言可理解，将要求陪审团接受相关内容的教育，"常规模式"因而就转变为采用教育模式。困难在于成本，特别是成本可能导致裁决偏向于拥有更多资源的当事人一方。当事人越穷，就越无能力提供必要的教育功能或回应对方当事人的案件主张。后者体现出了我们制度缺陷的另一方面，即未能让当事人承担其诉讼真实成本，包括对方当事人的应诉成本。由于没有成本转嫁，更富裕的当事人可令诉讼成本高到对方当事人难以承受。采用常规方法对待专家证言会加剧该问题，使涉及专家意见的案件更为旷日持久。对这一因素起部分抵消作用的是，过高诉讼成本对起诉来说是一种值得称道的抑制因素，而对当事人以其他成本较低的方式来协商解决争端，同样是值得称道的激励因素。

773　　2. 尊从模式

在要求专家以假设问题的形式作证的任何情况下，都可以要求事实认定者尊从公认的专门知识。其优势显而易见。那些有能力理性作出裁决之人所作的裁决，既降低了成本，又增强了裁决的一致性。如果关于专门知识之裁决是正确的，裁决的准确性也应得到增强。其缺陷在于，该模式导致官方正统学说的延伸，将裁决从陪审团和审判法官手中转移到更高层级的法院或立法机关。同时，若关于专门知识之裁决不正确，尽管裁决的一致性仍存，但这些裁决将是一概错误的。

3. 对抗模式

各当事方可以选择在专家证言的辅助下教育陪审团，或者，说服陪审团尊从专家意见。这将所有事项留给了当事人，法官只对可采性作出裁定。而该可采性裁定，也不得不在教育或请求尊从的不同期待下作出。其优点同样显而易见。当事人对其争端和资源的了解比其他任何人都更清楚，并处于能够做出优化己方利益之选择的最佳位置。困难在于，教育成本往往会使选择尊从更有吸引力，而任何过于频繁的尊从都会导致不理智的情况发生。合理性之可能性的降低，与普通法审判模式的本质——通过理性审议来追求事实的准确性——是不一致的。这里确实存在一种极大的讽刺：在当事人各方采用尊从模式的案件中，在未要求对竞争性专家意见进行全面解释，包括对所涉调查领域未作出指示的情况下，审判法官的采纳裁定，即使不是无理的，也是非理性的。只有在陪审团成员能够清楚地分辨一方正确而另一方错误的情况下，才可能避免非理性；但如果情况是这样，法官将只会采纳其中一个版本而排除另一个。如果理性人能够理性地不同意哪位专家是正确的，他们也就有能力理解潜在争论，因而也就无须尊从。值得注意的还有，相关性尊从的常规规则所要求的戏剧性条件。通常情况下，当事人必须通过将证据与事实认定者的理解充分联系起来，才能解释证据的相关性。而尊从模式中的专家，当事人一方可以通过提出不加解释的（专家）意见，而将该解释的成本转嫁给对方当事人。

正如这个简短介绍所表明的，专家证言的使用对普通法裁判制度提出了根本性挑战。专家之所以成为专家，是因为多年的专业训练，因此，在就审判中的相关问题对事实认定者进行教育时常常会有巨大的障碍。作为把审判保持在可控时间内的手段，尊从专家意见的压力因此形成，但这种尊从压力又对审判的核心概念构成挑战，并使我们对基于证据之理性认证而作出裁决的根本承诺产生了问题。这也部分解释了虽然专家证言在审判中越来越流行，但针对专家证言的争议却十分激烈。因为其中隐藏的是关于诉讼本质的根本问题：理性认证在多大程度上是裁判的标志？

多伯特案向最高法院提出了这些问题，但最高法院意见并未解决这些问题。该意见并未认识到，得失攸关的不仅是一个证据的技术性规则，而是审判的概念问题，因而并未谈及需经过理性认证而作出裁决的内涵。最高法院关注的是形成下级法院有利于被告的裁定之根据的两个其他事项：第一，弗赖伊案的"普遍接受"标准对联邦法院专家证言可采性的规制作用；第二，对事先未发表且未受到同行评议的数据进行重新分析而获得的证据，不可能符合该标准。最高法院在界定诉讼的特征时忽视了其深层概念问题，其关于普遍接受性标准的讨论没什么启发作用，但侥幸的是并无大碍。

更不幸的是，最高法院未能阐述多伯特案提出的核心问题，因为随着时间

774

推移，导致了大量尊从专家之诉讼过程的修正，其压力仍在发挥作用。首先是对事实认定者进行教育的成本不断增加，这导致了事实认定者能以其追随外行证人推理的同样方式，去追随专家的推理（因而本质上是将专家证人转化成了外行证人）。此外，还有博彩效应。如果专家意见的理由不需要详细提供，在审判法官赋予证人专家资格的情况下，人们就会有更高概率得到一个具有博彩效应的陪审团裁决。多伯特案的一个效果，便是它将审判法院对弗赖伊案测试的机械适用，转变为一个表面上微妙、实际上却同专家证人资质认可大致相同的程序。他们还能做什么呢？最高法院没有抓住机会告诉审判法官，只有在专家意见的根据具有可理解性的情况下才可以采纳所谓专家意见，而其能够且应该这样做。审判法官因而将继续寻求尊从专门知识的合理理由，并且，他们将继续在普遍接受的知识领域内发现专家意见的普遍接受性。

告诉下级法院不要机械地援用"普遍接受性"标准，也许证明有些帮助，但案件中的重要问题均未得到解决。尤其是，教育和尊从要求之间的冲突被忽略了。的确，最高法院意见再次强化了教育和尊从之间的分歧。其所提供的一系列标准，只与乐于尊从的体制相关；尽管确非故意，但通过提供这份清单，最高法院实际上支持了尊从模式。这也是为什么最高法院对"科学"证据讨论的局限性没有造成什么问题。规则 702 所列举的其他种类信息，不可能要求尊从；那些类型的信息可以得到解释。根据该规则，一位汽车技师就有资格成为专家，但很少有人主张这种专家意见会挑战事实认定者的认知能力。然而，正如你们在库霍轮胎案中所见，最高法院已证明更愿意延续允许尊从的趋向性，而不是接受一些批评者最初的想法。

多伯特案最令人遗憾的方面是，最高法院似乎完全没有意识到在没有理由相信数据可被理解的情况下而采纳该数据的影响。通过这么做，似乎是法院在为未经认证和非理性的法律裁决背书，这与法的精神背道而驰。陪审团成员或法官在无法理解证人推理的情况下，只能接受或拒绝该证人的结论，但无论接受还是拒绝都不理性。所作的选择将不是因为事实认定者理解该推理，并看到了该推理的说服力或缺点；该选择将因某些其他理由而作出。从法的精神来看，这一系列"某些其他理由"充满了丑陋性。

然而，专家证据领域还有另一有趣的方面，或许也未受到多伯特案干扰，即专家证言在充分性和可采性的区分上获得的特殊对待。审判法院似乎常常在做充分性裁定，却伪装成是在做可采性裁定。我们认为，对此的解释是，审判法官知道，他们正在采纳的证据是自己和陪审团成员无法被期待能理解的证据。这样的证据不应被采纳，除非审判法官愿意让一个裁决依据该证据，因此而将可采性裁定变成了充足性裁定。这一切都证实了裁定之尊从模式在审判法院层级根深蒂固。

或许不存在可行的替代方式。或许，对事实认定者的真正教育成本在某些案件中实在太高，或许，我们对该观点的怀疑并未解决对事实认定者认知能力的担忧。如果上述判断正确的话，答案又是明显的：普通法裁决方式不应当应用于这些案件，除非我们所信奉的通过理性的深思熟虑来作出裁决的诉讼核心精神也是错误的。

三、法院指定专家

对前一节讨论的问题，一个可能的回应是，增加法院指定专家的使用。《联邦证据规则》对此作了规定。

（一）《联邦证据规则》706

规则 706　法院指定的专家证人

（a）指定过程。法院可以根据当事人的动议或者自行决定，命令当事人说明为什么不应当指定专家证人的理由，并可以要求各方当事人提名。法院可以指定经各方当事人同意的任何专家证人，也可自行选择专家证人。但是，法院只可指定同意充当专家证人的人。

（b）专家的角色。法院必须告知专家其专家职责。法院可以书面形式并向法院书记员提交复制件，或者在所有当事人都有机会参加的会议上口头告知上述职责。专家：

（1）必须告知当事人其作出的任何调查结果；

（2）应接受任何当事人的询证；

（3）应接受法院或者任何当事人传唤作证；以及

（4）应接受任何当事人交叉询问，包括传唤该专家的当事人。

（c）报酬。专家有权取得法院确定的合理报酬。该报酬的支付方式如下：

（1）在刑事案件或根据宪法第五修正案涉及正当赔偿的民事案件中，由法律规定的资金支付；以及

（2）在任何其他民事案件中，由当事人依照法院指示的比例和时间支付，该报酬与其他费用的支付方式相同。

（d）就指定专家向陪审团披露。法院可以授权向陪审团披露其任命专家的情况。

776

（e）当事人自行选择的专家。本规则不限制当事人传唤自己的专家。

（二）《联邦证据规则》706 是否未尽其用？

《联邦证据规则》706 允许法院指定自己的专家。这样做的好处是，可确保涉及案件争点的无利害关系和客观的证言。这可以在对抗制无法呈现争议的两面时，为事实认定者提供重要信息。例如，参见格罗夫诉原则互惠人寿保险公司案［Grove v. Principle Mutual Life Insurance Co.，200 F. R. D. 434（S. D. Iowa 2001）］（在集团诉讼案中，双方当事人支持一项和解协议，但需要有人扮演"故意唱反调者"角色，因而指定了两位专家来协助法院）。正如联邦第七巡回法院所指出的，在公平讨债案件中，可以考虑将中立的专家作为"诉讼方任命的专家之间发生专家大战这种往往没有启发性的奇观"的一种可能替代方案；该法院还建议，至少在此类案件中，"地方法院法官可以考虑行使其一项被明确赋予却鲜有使用的选项，即任命他们自己的专家"。德科文诉广场联营公司案［DeKoven v. Plaza Associates，599 F. 3d 578（7th Cir. 2010）］。

运用《联邦证据规则》706 有一定的弊端。第一是成本。在刑事和民事"正当赔偿"案件中（如涉及征用或其他剥夺财产的案件），支付专家的资金必须有法定来源，也可能是法院自己的预算。在其他民事案件中，专家费用由双方当事人支付，其可能会拒绝这一任命。第二是该程序和对抗制规范的脱节。法院指定的专家可能会对事实认定产生重大影响，但却不受当事人的指导。许多法官可能就是对在程序中插入"中立"证据的出示感到不舒服，而律师们很可能会认为这是对他们案件出示的干扰因而感到不满。

第三个问题是许多学科都有内部纷争，因而任何为法院所选定的专家都不可能完全"客观"。相反，他或她可能在学科方面有自己的见解，并以一种在该领域并非普遍共享的观点来作证。精神病学就是一个很好的例子。弗洛伊德派精神分析专家已被传唤作为专家证人，然而在该领域内极少得到经验证实。结果是，精神病学作为一个领域正在背离弗洛伊德概念，但弗洛伊德概念仍有其追随者。因此，在精神病学方面选择"专家"时必须解决这些概念的有效性等争议问题。相比之下，专家的对抗性出示能够抵消在诉讼案件中创设官方正统的倾向。

777

无论是否出于这种还是其他的担忧，法院基本上拒绝利用该规则赋予他们的权力，使其功能停留在纸上，当案件裁判需要时，将他们之间基本的学术争论留给各方当事人自行解决。

关于规则 706 实际适用的例证来自一个硅酮胶隆胸术全国性侵权求偿诉讼。美国联邦地区法官罗伯特·E. 琼斯（Robert E. Jones）在审阅俄勒冈州所有关于硅酮胶隆胸联邦诉讼时，注意到"有关硅酮胶隆胸术导致妇女疾病的诉讼结果十分混乱"，因此指定了一个独立专家组来复审所有支持原告关于隆胸术引起妇女严重疾病主张的科学证据。参见霍尔诉巴克斯特医疗用品公司案 [Hall v. Baxter Healthcare Corp.，947 F. Supp. 1387 (1996)]。然而，在此裁定中，琼斯法官作出一个有趣的裁定，即根据《联邦证据规则》104（预备性问题）而非《联邦证据规则》706 来任命专家组。他指定了一个"技术咨询顾问"组，包括流行病学、风湿病学、免疫学、毒物学和聚酯化学等领域的代表，为了使"这些咨询顾问在任何接续程序中都保持独立性"，而避免标明他们是法院指定的专家。面对硅酮胶隆胸术案件要对大量科学证据进行评估的沉重任务，其他法院仿效了该案做法。美国联邦地区法官杰克·温斯坦（Jack Weinstein）和小哈罗德·贝尔（Harold Baer Jr.）分别负责联邦纽约东区法院和南区法院所有涉及隆胸术的案件，他们采用了类似计划，不同的是，他们任命了一个由三位特别专家组成的团队来帮助对规则 706 专家组所需专家意见的类型作出决定。参见马克·汉森：《隆胸术证据审查专家组：两位纽约联邦法官非凡举措可推广到其他法院》[Mark Hansen, Panel to Examine Implant Evidence：Unusual Move by Two New York Federal Judges Could be Copied Elsewhere, A. B. A. J.，June 1996，at 34]。

影响最深远的法院命令来自美国联邦亚拉巴马州北区地区法院的塞缪尔·波因特（Samuel Pointer）法官，当时他正协调着大约 21 000 个案件（基于审前的统计）。在一个两步走的计划中，波因特法官指定了一个"遴选组"，负责向法院推荐那些"中立、公正的人员"，适格成为"科学专家组"的一员，并"复审、批评和评估现有涉及隆胸术的科学文献、研究和出版物——分析这种研究的含义、效用、意义和局限性——其主题可能反复被法院认为与隆胸诉讼具有相关性，特别是有关'一般因果关系'问题。"法院命令 31（Order No. 31，May 31，1996）。正如波因特法官预想的那样，该指定应当面向全国范围，以便"所有联邦法院以及经允许的州法院都有可能使用该专家组的分析结果"。尽管原告和被告的双方律师都对该程序表示了某种惶恐，规则 706 保留了当事人传唤己方专家证人以及对法院指定专家进行交叉询问的权利。波因特法官最终指定了由四名科学家组成的工作组，经过两年调查于 1998 年 12 月公布了一项报告，得出的结论是：尚未有证据表明硅酮胶隆胸术致病，尽管这种联系可能未来会建立起来。就大家的观点而言，该报告对原告的危害极大，他们现在发现自己处于和解的被动地位，并且降低了通过审判获胜的前景。在这份报告公布后的几年时间里，许多司法辖区的法官引用了该案专家组的调查结果，作为支持排除那些试图证明隆胸和疾病之间因果联系的专家证言的理由。例如，参见波泽夫斯基诉巴克斯特医疗用品公司案［Pozefsky v. Baxter Healthcare Corp.，2001 U. S. Dist. LEXIS 11813（ND NY Aug. 16，2001）］；哈佛诉巴克斯特国际有限公司案［Harvard v. Baxter International Inc.，No. 92 - 0863，memorandum and order issued（N. D. Ohio，July 21，2000）］；托莱多诉医疗工程公司案［Toledo v. Medical Engineering Corp.，50 Pa. D. & C. 4th 129（Com. Pleas Ct. of Phila. County，Dec. 29，2000）］。尽管这些法院成功地适用了一套更有效的听审专家证言的措施，你们认为一家法院应当具有如此大的影响力以至涉及众多司法辖区中的案件胜诉吗？

四、综述证人

综述证人介于谁有资格成为"专家证人"和谁仍为"外行证人"之间的模糊地带。在一些审判中，尤其是那些涉及大量证据或极其复杂证据的审判中，一名外行证人将被允许就证据集合所展现的情况作证——换句话说，对证据进行综述。因为该证人的功能就是一台人体"磁带录音机"，所以其无须满足专家证人资格来提供上述综述。然而，一旦该证人从该证据综述中得出了对陪审团有辅助作用的结论，那就有了这样的可能，即该证人的身份应当被认证为一名专家。例如，参见合众国诉普瑞案［United States v. Pree，408 F. 3d 855，869（7th Cir. 2005）］（采纳了一起诈骗案中一系列复杂股票交易之税收后果的综述证人证言）。有关综述证人的更多论述，参见 D. 迈克尔·里辛格：《后轮胎案时代专家意见功能分类法初步思考》［D. Michael Risinger, Preliminary Thoughts on a Functional Taxonomy of Expertise for the Post-Kumho World, 31 Seton Hall L. Rev. 508（2000）］。

五、法庭科学中存在的问题：概述

基于这样或那样的原因，不同类型的科学证据和专家证言给法院造成了麻烦。有趣的是，直至最近，DNA 证据才常规性地遭到被告和法院的质疑。目前，在司法系统中接受大多数 DNA 证据看起来不容置疑的同时，更多传统的法庭科学方法却引起了争议，因为其缺少 DNA 所具有的理论科学根据。

对 DNA 之外领域缺乏细化分析的顾虑，促使美国国会批准对法庭科学进行一项研究。2009 年，在国家科学院（NAS）督导下，法庭科学界成员，包括犯罪实验室、法律专家和法医，发布了一份关于传统法庭科学领域存在的严重问题及其最佳解决方案建议的报告。该报告节选如下。[⑦]

国家科学院：美国法庭科学加强之路

The National Academies, Strengthening Forensic Science in the United States: A Path Forward

（2009）

法庭科学界面临的各种挑战

数十年来，法庭科学各学科生成了大量有价值的证据，为成功地检控犯罪和定罪以及无辜者洗冤作出了巨大贡献。过去二十年间，一些法庭科学学科的进展，尤其是 DNA 技术的使用，表明法庭科学某些领域在辅助执法识别罪犯方面有巨大的额外潜力。许多过去也许无法侦破的犯罪如今可以破案，就是因为法庭科学在助力识别犯罪者。

但是，法庭科学的这些进展在一些案件中也暴露出问题，即基于法庭科学错误分析的实质性信息和证言，可能造成对无辜者的错误定罪。这个事实表明，过分重视出自不完美检测和分析的证据及证言，带来了潜在危险。此外，不精确或夸大的专家证言，有时助长了对错误或误导性证据的采纳。

法庭科学学科的进一步发展将服务于三个重要目的。首先，进一步的改进，将辅助执法人员在调查过程中更加可靠地识别犯罪者。其次，法庭科学实践服务的进一步完善，将降低错误定罪的发生，从而降低真正罪犯继续犯罪而无辜者不当受罚的风险。最后，法庭科学学科的任何发展，无疑将提升国家解决国土安全需求的能力。

············

有关法庭科学证据解释的问题

在刑事检控和民事诉讼中，法庭科学证据经常被提出用以支持有关"个性化"（individualization）的结论（有时是指将一个样本与特定个体或其他来源进行"匹配"）或该样本来源归入几个种类之一的分类。然而，除细胞核 DNA 分析之外，没有任何一种法庭科学方法被严格地证明为，有能力持续、高度确定性地揭示证据与特定个人或来源之间的联系。就科学基础而言，总的来说，

---

⑦ 此后统称为《NAS 2009 年报告》。

建立在分析基础上的学科优于基于专家解释的学科。但是，依靠专家解释的学科也存在重大差异。例如，相比咬痕分析，指纹分析领域中存在更多成型的操作规程和研究成果。在每一学科内部也存在重大差异。例如，并非所有指纹证据都同样好，因为此类证据的真正价值取决于潜藏指纹图像的质量。法庭科学学科之间及内部的这些差异，彰显了法庭科学界的一个重大问题，即法庭科学证据的解释，并非总是基于确定其有效性的科学研究。这是一个严重的问题。虽然在一些学科中研究已经展开，但对许多法庭科学方法之有效性及证实其科学基础的同行评议、公开发表的研究，仍然十分缺乏。

780

············

法庭科学证据在诉讼中的采纳

在刑事司法制度中，法庭科学专家和证据常规性地被使用。DNA 检验可被用于判断强奸案被害人身上是否有被控方精液；枪支上发现的潜在指纹可被用于判断被告是否使用了该武器；药物分析可被用于判断某人所持药片是否为违禁品；尸检可被用于判断谋杀案被害人的死因和方式。适格的法庭科学专家为胜任法庭科学证据作证，他们必须先找到处于可用状态的证据，并妥善保管它。发现时已污迹斑斑的潜在指纹是无法被有效保存、分析或解释的。不充分的药物样本也许不足以允许进行适当分析。此外，对受到污染或以其他方式受损的样本进行 DNA 检验，不能被可靠地用于辨识或排除某人是否为某次犯罪的作案人。这些都是涉及有效适当处置法庭科学证据的重要问题。然而，在严重依赖法庭科学证据方面，最大的法律困境是关于如下问题，即在任何特定法庭科学学科中，是否——以及在多大程度上——存在着"科学"问题。

在刑事审判中，对法庭科学证据的依赖和法律采纳涉及两个非常重要的问题：（1）特定法庭科学学科建立在可靠科学方法论基础上的程度，赋予其准确分析证据和发现检验结果的能力；（2）特定法庭科学学科执业人员依赖人类解释的程度，可能受到错误、成见的威胁或缺乏合理的操作程序及稳健的操作标准。这些问题无疑都是重要的。因此，专家是否适格就法庭科学证据作证，以及证据是否充分可靠且值得事实认定者信赖，都是至关重要的问题。不幸的是，在事关刑事审判中所提供的法庭科学证据可采性的司法裁定中，这些重要问题并非总能产生令人满意的答案。

1993 年，在多伯特诉梅里尔·道制药公司案（Daubert v. Merrell Dow Pharmaceuticals, Inc.）[8] 中，联邦最高法院判定，根据《联邦证据规则》（其

---

[8]　509 U. S. 579 (1993).

在联邦法院民事审判和刑事指控中通用）702，"审判法官必须确保任何和全部科学证言或采纳的证据不但是相关的，而且是可靠的"⑨。最高法院指出，专家证言的主题应当是科学知识，所以"证据可靠性将基于科学有效性"⑩。最高法院在本案中还强调，在考察证据的可采性时，审判法官应当"仅仅"关注专家所使用的"原则和方法论"，"而非他们所生成的结论"⑪。总之，多伯特案关于专家证言从属于"科学知识"的要求，建立起"证据可靠性"（evidentiary reliability）标准。⑫

在解释这一证据标准时，多伯特案法院指出了审判法官可以考虑的几个因素：（1）一项理论或技术是否能被（且已被）检验；（2）该理论或技术是否已受到同行评议并发表；（3）有关具体科学技术已知或潜在的错误率；（4）控制该技术操作的标准之存在及维护；以及（5）一种科学技术在相关科学界内的接受程度。⑬ 然而，最后法院强调根据规则702的调查是"灵活的"⑭。该法院表达了对对抗制的信心，指出："有力的交叉询问，相反证据的提出，以及对证明责任的认真指示，均是攻击可疑却可采证据的传统且适当的手段。"⑮ 联邦最高法院已澄清，审判法官在根据规则702裁定证据可采性时拥有很大的自由裁量权，且根据多伯特案裁定提起的上诉受限于很窄的自由裁量权滥用复审标准。⑯ 最为重要的是，在库霍轮胎案（Kumho Tire Co., Ltd. v. Carmichael）中，法院指出："在多伯特案所列具体因素是否为个案可靠性审查之合理方法的问题上，法律赋予了审判法官宽泛的决定权。"⑰

多伯特案及其衍生案件已经造成了混淆和争议。尤其是，刑事案件中对于多伯特案类型问题的司法处理受到一些律师和学者的批评，他们认为，最高法

---

⑨ 同上，第589页。

⑩ 同上，第590-591页，n.9（重点省略）。

⑪ 同上，第595页。在通用电器诉乔伊纳案［General Electric Co. v. Joiner, 522 U. S. 136, 146 (1997)］中，法院补充道："结论和方法论两者并非完全不同。经过训练的专家通常可以对现存数据进行推导。但多伯特案和《联邦证据规则》均未要求地方法院仅凭专家的一家之言而采纳与现存数据有关的意见证据。"

⑫ 多伯特案（Daubert, 509 U. S. at 589, 590 n. 9, 595）。

⑬ 同上，第593-594页。

⑭ 同上，第594页。在库霍轮胎案［Kumho Tire Co., Ltd. v. Carmichael, 526 U. S. 137 (1999)］中，法院确认了多伯特案因素不构成一份明确的检查清单或测试。具有重要意义的是，库霍轮胎案表明，规则702同时适用于科学性和非科学性专家证言；法院还指出，基于"具体情况具体分析原则"，审判法院法官在评价非科学性专家证言的可靠性时，也许可以适用多伯特案因素。同上［at 150］。

⑮ 多伯特案（Daubert, 509 U. S. at 596）。

⑯ 参见通用电器公司诉乔伊纳案［Gen. Elec. Co. v. Joiner, 522 U. S. 136, 142-143 (1997)］。

⑰ 库霍轮胎案（Kumho Tire, 526 U. S. at 153）。

院裁定应被更为刚性地适用。[18] 如果人们只关注所报道的联邦上诉裁决，其现状并不让主张更刚性地适用多伯特案裁定的支持者们满意。在涉及多伯特案问题的刑事案件中，联邦各上诉法院的做法并不一致，也没有确立清晰的标准以确保适用科学有效的推理和可靠的方法论。这并不令人惊奇。联邦最高法院自身就将多伯特案标准描述为具有"灵活性"。这意味着，除相关性问题之外，多伯特案并未给上诉法院提供清晰的实质性标准以审查审判法院的裁定。由此，审判法官在裁定采纳或排除专家证言时具有极大自由裁量权，他们的判断仅受制于一个非常宽松的"滥用自由裁量权"复审标准。虽然很难弄清楚审判法院是如何处理多伯特案问题的，因为许多证据性裁定是在未公开且未提起上诉的情况下作出的，大多数报道的刑事案件意见表明，审判法官很少排除或限制检控方所提供的专家证言；大多数报道的意见还表明，上诉法院就审判法院采纳对被告不利的法庭科学证据而提起的争议性上诉，总是常规性地予以否决。[19] 但是，对于联邦审判法院在刑事案件中如何处理多伯特案式问题，报道的意见并未以任何方式提供完整的样本。

在民事案件中，情况看起来大不一样。原告与被告都同样有可能在民事案件中使用专家证人，而在刑事案件中，检察官通常在提供专家证言方面比大多数被告人有优势。而且，具有讽刺意味的是，在民事案件中，上诉法院似乎也比在刑事案件中更喜欢对审判法院关于科学证据可采性的裁定指手画脚。[20]

具有预见性的是，多伯特案裁定注意到，"在法庭上探求真相与在实验室里探求真理有诸多重大区别。科学结论要经受永久性修正，而法律必须终局性地快速解决争端"[21]。但是，因为刑事案件被控方当事人是根据法庭科学专家

---

⑱　例如，参见 P. J. 诺伊费尔德：《多伯特案与刑事司法（几乎）不相关：以及一些改革建议》[P. J. Neufeld. 2005. The (near) irrelevance of *Daubert* to criminal justice: And some suggestions for reform. *American Journal of Public Health* 95 (Supp. 1): S107]。

⑲　同上（p. S109）。

⑳　例如，参见麦克莱恩诉迈特博国际公司案 [McClain v. Metbolife Int'l, Inc., 401 F. 3d 1233 (11th Cir. 2005)]；查普曼诉美泰公司案 [Chapman v. Maytag Corp., 297 F. 3d 682 (7th Cir. 2002)]；戈贝尔诉丹佛及里约格兰德公司案 [Goebel v. Denver & Rio Grande W. R. R. Co., 215 F. 3d 1083 (10th Cir. 2000)]；史密斯诉福特汽车公司案 [Smith v. Ford Motor Co., 215 F. 3d 713 (7th Cir. 2000)]；沃克诉宋缆公司案 [Walker v. Soo Line R. R. Co., 208 F. 3d 581 (7th Cir. 2000)]；D. L. 凡格曼、萨克斯、桑德斯和 E. K. 程：《现代科学证据：专家证言之法律和科学》 [1 D. L. Faigman, M. J. Saks, J. Sanders, and E. K. Cheng. 2007 - 2008. *Modern Scientific Evidence: The Law and Science of Expert Testimony*]。伊根（Eagan, MN: Thomson/West, Section 1. 35, p. 105）（讨论了一些研究，这些研究表明，法院"相较于民事案件，尤其是原告方证据而言，在刑事审判中更缺乏动力去适用多伯特案规则——尤其是对检控方证据而言"）。

㉑　多伯特案（*Daubert*, 509 U. S. at 596 - 97）。

的证言而被定罪，在很大程度上取决于所提供的证据是否可靠。而且，除了保护无辜者免受定罪之冤，我们还寻求通过将真正的罪犯绳之以法来保护社会。执法人员及其所服务的社会成员需要确保，法庭科学技术具有可靠性。因此，我们必须在这些技术被适当研究、其准确性得到法庭科学界认可之前，限制特定法庭科学方法论的可靠性得到司法认证的风险。"没有明显的理由表明，为什么（严格、系统的）研究是不可行的。"[22] 但是，一些法院似乎并不情愿坚持将这种研究作为在刑事案件中采纳法庭科学证据的前提条件，也许因为这么做，很可能是"这些学科现在无法满足其有效性验证的要求"[23]。

与科学证据采纳和排除有关的对抗程序，并不适合于发现"科学真理"的任务。其中，法官和律师普遍缺乏以知情的方式来理解并评价法庭科学证据所必备的科学专业知识，这使我们的司法制度受阻。此外，（独任）审判法官必须在没有时间进行广泛研究和思考、没有司法同事的情况下裁定证据问题；而且，上诉法院复审的高度尊从性质，也给多伯特案裁定提供了条件。基于这些实际情况，法庭科学界亟待提高。司法审查本身无法治愈法庭科学界的痼疾。[24] 与 DNA 分析有关的科学研究、培训和技术的发展以及数据库建设，得到了联邦实质性和稳定的支持。类似的支持应该推广到所有可信的法庭科学学科，如果这些学科想要达到司法目标所需的可靠性程度。有了更多更好的教育项目、经认可的实验室、适格的法庭科学执业者、合理的操作原则和程序，以及在每一学科建立操作限制和测试的严谨研究，法庭科学专家将能更好地分析证据，并在法庭上融贯地报告他们的检验结果。然而，由于司法制度的限制，又由于法庭科学界所面临的诸多问题，当前的情况令人担忧。

该国家科学院（NAS）报告是贯穿如下研讨会的主要内容：《面向 21 世纪

[22] J. 格里芬和 D·J. 拉麦格纳：《多伯特案对法庭科学证据的挑战：临近火线的弹道学》（J. Griffin and D. J. LaMagna. 2002. *Daubert* challenges to forensic evidence: Ballistics next on the firing line. *The Champion*, September-October: 20, 21 [quoting P. Giannelli and E. Imwinkelried. 2000. Scientific evidence: The fallout from Supreme Court's decision in *Kumho Tire*. *Criminal Justice Magazine* 14（4）: 12, 40]）。

[23] 同上。例如，参见合众国诉克瑞斯普案 [United States v. Crisp, 324 F. 3d 261, 270（4th Cir. 2003）] [指出："尽管指纹分析的进一步研究将受到欢迎，但在当前审判中推迟这项基础性法医鉴定方法的使用，以等待其研究结果，将是一场灾难"（内部引号省略）]。

[24] 参见 J. L. 姆努金：《专家证据、党派性和认知能力》[J. L. Mnookin. Expert evidence, partisan-ship, and epistemic competence. 73 Brook. L. Rev. 1009, 1033（2008）] （只要我们保持现在的对抗制不变，我们就无法避免有瑕疵、概念上不令人满意和笨拙的专家证据形式。真正的教训应该是：那些相信我们能够完美解决——而非不完美地管控渗透在我们法律制度之中、萦绕着党派之争和认知能力的科学证据使用深层次结构性冲突的愿望，几乎注定会以失望告终）。

783

的法庭科学》[Forensic Science for the 21st Century, 50 Jurimetrics J. 1 - 146
(2009)]。关于本报告引出问题的更多研究，如参见杰西卡·D. 加贝尔《彻底
实现法庭科学的可靠性》[Jessica D. Gabel, Realizing Reliability in Forensic
Science from the Ground Up, 104 J. Crim. L. & Criminology 283 (2014)] 以
及杰西卡·D. 加贝尔：《多伯特案与法庭科学：科学研究的执法控制陷阱》
[Paul C. Giannelli, *Daubert* and Forensic Science: The Pitfalls of Law En-
forcement Control of Scientific Research, 2011 U. Ill. L. Rev. 53.] 等。

六、法庭科学存在的问题：一些具体争议

部分原因是多伯特案赋予了审判法官发挥其"守门人"作用的宽泛自由裁
量权，使得一项新"科学"证据类型在法院初次出现时，对其可采性的不一致
裁定并不少见。甚至同一领域专家之间常常存在重大分歧，这使得事实认定者
几乎不可能通过尊从方式来得出理性的结论。我们上文已提及围绕测谎仪检验
问题持续不断的争论（参见注释 5，上文第 721 页）。以下讨论凸显了更多这
样的话题。

（一）近期关于 DNA 检测的争论

784 法院和评论家们目前正在争论的问题是：在 DNA 数据库中找到与犯罪现
场发现样本的一个匹配，会在多大程度上导致错误匹配。错误匹配的可能性饱
受争议，基于这些匹配而被指控的被告人辩称，科学界对这种匹配缺乏共识，
这应当阻止法院采纳该证据。尽管如此，面对该问题的法院都已允许采纳
DNA 证据。而且，随着政府和各种机构相继建立起 DNA 数据库，执法人员
通过在数据库中找到 DNA 匹配，越来越能解决新老案件问题。有关当前争论
的更多信息，以及法院应当继续允许采纳 DNA 证据的论证，参见大卫·凯
伊：《对普通嫌疑人的围捕：对 DNA 排查案件的法律和逻辑分析》[David
H. Kaye, Rounding Up the Usual Suspects: A Legal and Logical Analysis of
DNA Trawling Cases, 87 N. C. L. Rev. 425 (2009)]。

（二）心理学和行为科学

随着一些广受关注的基于综合征证据和被压抑记忆的定罪出现，法院承
认，这种"科学证据"一旦误用，可能成为一种危险工具。"综合征"（Syn-
dromes）是同时出现且具有某种特定异常行为症状的集合。在审判中，专家
常被传唤就各种综合征提供信息和意见。在医学科学中，该术语一般是指，那

些在该综合征被鉴定时其病因不明的一系列综合症状，例如，唐氏综合征（Down Syndrome）。相关医学领域的专家知识，往往是基于谨慎的控制研究（唐氏综合征再次成为一个很好的例子），可能对诉讼具有价值。在有关羊水穿刺失误而导致严重残疾婴儿出生的医疗事故诉讼中，唐氏综合征及羊水穿刺检测能力的医学证言便很关键。

在过去几十年，出现了各种不同类型的综合征证据。受虐妇女综合征、创伤后抑郁症、越战后综合征、强奸创伤综合征以及儿童性虐待适应综合征，只是其中的一小部分。随着这些综合征的诊断开始产生治疗上的成效从而获得尊重，基于所称被害人的各种症状，专家被允许就被害人遭受的法律上可审理的伤害作证——如虐童或性虐待等。[25] 这些诉求常常与证言相结合，即被害人在相当长时期内（很多情况下甚至长达数十年）所受创伤被压抑记忆的证言。

当一位诊疗师对有心理综合征患者进行诊断时，该诊疗师是在决定使用特定的治疗方法，这些方法对患有类似症状的患者是有益的。该诊断过程可能不会揭示引发患者症状的任何原因，而且，诊疗师关于该病因的推测性意见可能带有很大偏见。尽管综合征证据一般不足以用来证明因果关系，但作为反驳证据可能是有效和适当的。一个例子是，被害人没有及时报告的强奸犯罪公诉案。辩方可以提出这个事实系虚假指控的指征。就这类案件中强奸被害人常延迟报案的现象进行教导，对事实认定者也许是有帮助的。例如，参见合众国诉西蒙斯案 [United States v. Simmons，470 F. 3d 1115 (5th Cir. 2006)]（尽管并非所有多伯特案因素都得到满足，但认为采纳此证据没有错误），人民诉汉普顿案 [People v. Hampton，746 P. 2d 947 (Colo. 1987)]（采纳了这样的证据）。关于围绕此类或其他心理和行为证据之争更加详细的考察，参见亨利·F. 弗拉德拉等：《多伯特案对行为科学证言可采性的影响》[Henry F. Fradella et al.，The Impact of Daubert on the Admissibility of Behavioral Science Testimony，30 Pepp. L. Rev. 403 (2003)]（研究了多伯特规则在心理学专家证言中的应用）；克里斯托弗·斯罗博根：《多伯特案质疑：精神病学趣闻案例研究》[Christopher Slobogin，Doubts About Daubert：Psychiatric Anecdata as a Case Study，57 Wash. & Lee L. Rev. 919 (2000)]（心理学家和精神病学家有关刑事被告所提供的过去精神状态的意见证言，尽管可能被认为是"不可靠

785

㉕ 根据受压抑的记忆以虐童罪起诉玛格丽特·凯利·迈克尔斯的描述，参见罗伯特·罗森塔尔：《新泽西州诉玛格丽特·凯利·迈克尔斯：概况》[Robert Rosenthal, State of New Jersey v. Margaret Kelly Michaels：An Overview, 1 Psychol. , Pub. Poly. & L. 246 (1995)]。

的"，但主张根据多伯特—库霍案应当具有可采性）；罗斯玛丽·L. 弗林特：《儿童性虐待适应综合征：可采性要求》[Rosemary L. Flint, Child Sexual Abuse Accommodation Syndrome：Admissibility Requirements，23 Am. J. Crim. L. 171（1995）]。

（三）毒物侵权因果关系

毒物侵权（toxic tort）……是在原告因长期接触一种物理性致病因子、化学或如电磁场（EMFs）等能量形式而患病的一个诉因。通常，被告的经济活动导致了原告接触这些致病因子。法院实质上必须判定，原告接触这些致病因子以及后续所患疾病之间是否具有因果联系，即是否可适用法律上规定的关系，或这种接触和疾病之间是否仅具有偶然联系。例如，原告是否因吸入石棉而患肺癌？交通管制员是否因使用雷达枪而患睾丸癌？原告是否因服用盐酸双环胺而导致婴儿生育缺陷？外部损伤是瞬间发生的，而疾病的发展则需要一段时间。因此，生病原因无法直接感知到，而只能靠推断。安德鲁·A. 马里诺和劳伦斯·E. 马里诺：《毒物侵权案中因果关系的科学根据》[Andrew A. Marino & Lawrence E. Marino, The Scientific Basis of Causality in Toxic Tort Cases，21 Dayton L. Rev. 1，2（Fall，1995）]。

大家回忆一下多伯特案对专家证言可采性的裁定，该案中一个家庭声称，他们的孩子生育畸形是由于母亲在怀孕期间服用药品盐酸双环胺而导致的。被告梅里尔·道制药有限公司辩称，原告无法证明是抗恶心的处方药品导致了该缺陷。[26] 这起对未来产生了重大影响的案件，产生于毒物侵权因果关系之争并不令人感到意外。作为所有毒物侵权诉讼的核心要素，大多数事实认定者对其知之甚少，证明因果关系非常困难，常常要求原告传唤多位专家证人。

毒物侵权案中的专家，必须使如下断言合理化，即原告的疾病与接受毒素的剂量之间具有因果关系而非偶然联系。例如，在交通管制员使用雷达枪致癌案中，原告与电磁场的接触和他生病之间涉及诸多其他因素，如原告食花生米；吸烟；穿蓝色袜子；开摩托车；举重；收集硬币；住在高速公路旁；患有关节炎等等。因此，问题产生于，为什么专家只认为电磁

786

---

[26] 有关始于 1977 年的药品盐酸双环胺案的全面阐述，参见约瑟夫·桑德斯：《盐酸双环胺审判：群体侵权诉讼研究》[Joseph Sanders, Bendectin on Trial：A study of Mass Tort Litigation（Ann Arbor：The University of Michigan Press，1998）]。

场是发病原因，而不是其他同时存在的因素。安德鲁·A. 马里诺和劳伦斯·E. 马里诺：《毒物侵权案件中因果关系的科学根据》（引文同上）。

由于毒物侵权案件中对某一媒介的致病机理不得而知，为了能够解释该媒介"造成"该疾病的意见，专家证人将必须阐明，为什么这种解释比其他可能的解释更具可能性。也许，毒物侵权案证据中这个固有的逻辑漏洞，增加了法院审判的难度，导致在断案时要一案一议，使得观察者难以预料案件结果。

在怀特诉威拉米特工业公司案［Wright v. Willamette Industries, Inc., 91 F. 3d 1105 (8th Cir. 1996)］中，上诉法院询问，在审判时原告是否提供了足够证据来支持其主张，即被告纤维板生产厂排出的甲醛造成了原告头疼、喉咙疼、泪多、流鼻涕、眩晕和呼吸困难。陪审团裁决原告胜诉，获得补偿性损害赔偿金 226 250 美元。上诉法院撤销了原判，解释称，尽管原告证明他们接触了被告工厂排出的废物，但他们未能证明，这种接触达到了有害的程度以及被告的排放物很可能是导致他们特定疾病的原因。上诉法院对其提供的专家证言特征做了如下分析：

> 原告专家关于这个主题的信息，根本上是不充分的。工业卫生学家弗里德·福勒（Fred Fowler）博士和药理学家吉米·瓦伦丁（Jimmie Valentine）博士所提供的证言，的确证明排放甲醛气体的浓度可能导致像原告诉称的那种症状。但是，原告怀特并未对因吸入甲醛气体而受到的损伤提出诉求，并且，他们也没有提供有关接触木制纤维中含有的甲醛很可能造成不利后果的任何研究资料。尽管弗兰克·佩雷蒂（Frank Peretti）博士在不断追问下作证指出，原告怀特的疾病更有可能与接触甲醛有关，但他的意见并非基于有关木制纤维中甲醛在什么程度上会对吸入该物质的人体造成危害的知识。审判法院因此应当根据威拉米特的请求，排除佩雷蒂博士的证言，因为它并非基于科学知识，参见多伯特诉梅里尔·道制药公司案［Daubert v. Merrell Dow Pharmaceuticals, Inc., 509 U. S. 579, 589 - 91 (1993)］；《联邦证据规则》702；联邦司法中心《科学证据参考手册》47 - 48［Federal Judicial Center, Reference Manual on Scientific Evidence 47 - 48 (1994)］。佩雷蒂博士有关原告声称遭受伤害可能原因的证言，仅仅是猜测。参见怀特诉威拉米特案［Wright v. Willamette Industries, Inc., 91 F. 3d 1105, 1107 - 1108 (8th Cir. 1996)］。

因此，法院接受了关于"甲醛气体"可能导致像原告所患那种类型疾病的科学证言，但不接受该专家关于特定物质所含甲醛能够造成同样后果的意见。

有关怀特案的讨论，参见埃里卡·比彻—莫纳斯：《知识正当程序的启迪：科学裁判者入门》［Erica Beecher-Monas, The Heuristics of Intellectual Due Process: A Prime for Triers of Science, 75 N. Y. U. L. Rev. 1563 (2000)］。

787　　在朱乔维奇诉合众国案［Zuchowicz v. United States, 140 F. 3d 381 (2d Cir. 1998)］中，检控方就地区法院关于原告妻子致命肺病是由于政府过失，即处方药达诺克林（Danocrine）过量造成的裁定提起上诉。对于政府在其处方中的错误以及原告妻子死于原发性肺动脉高压（PPH）的事实，双方没有争议。审判法院面对的唯一问题是，两者之间是否有因果关系。审判法院裁定，对药品达诺克林（Danocrine）的研究很广泛，且其作为处方药已有很多年，食品和药品管理局批准的每日剂量不超过 800mg，而原告妻子被意外指示服用 1 600mg/天。在审判之时，有关大剂量服用达诺克林（Danocrine）所造成的后果尚无正式的研究成果，并且一般认为很少有女性会服用如此大的剂量。尽管原告无法弥补此漏洞，其专家却被允许作证说，虽然不能排除导致原告妻子 PPH 的所有其他可能性，但该专家"以对医学合理确定性的信任而认为，达诺克林（Danocrine）导致了朱乔维奇夫人的 PPH"。在毒物侵权诉讼中，有许多关于法院或多或少要求原告提供专家的例子。鉴于审判法官在这一领域拥有广泛的自由裁量权，要求法院开始取得更加一致的结论，尚需要一定时日。但参比普劳德诉格兰斯顿案［Plourde v. Gladstone, 190 F. Supp. 2d 708, 721 (D. Vt. 2002)］（讨论了在毒物侵权案中采纳专家证言时所考量的一些因素）；另参见威廉姆斯诉尤蒂卡学院［Williams v. Utica College, 453 F. 3d 112 (2d Cir. 2006)］（基于在朱乔维奇案中有但在当前案件中没有的因素与朱乔维奇案作了区分，这些因素使得本案的因果推理变得可靠）。

（四）传统执法调查工具

近来，一些常年在美国法院使用的证据类型被提出了新的质疑。对笔迹鉴定、指纹鉴定和弹道综合分析（CBLA）的重新审查，可被归于一种迟来的承认，即多伯特案分析并不仅仅适用于"新"科学技术。因此，上述每一种技术（虽并不新奇）的使用，比十年前甚至是五年前更难解决。

1. 笔迹鉴定

根据 D. 麦克尔·赖辛格、迈克·P. 邓比科斯和麦克尔·J. 萨克斯所著《将无知作为理性知识的代理人驱除：笔迹鉴定"专家意见"的教训》［D. Michael Risinger, Mike P. Denbeaux & Michael J. Saks, Exorcism of Ignorance as a Proxy for Rational Knowledge: The Lessons of Handwriting

Identification "Expertise", 137 U. Pa. L. Rev. 731, 762 (1988)] 所提供的详尽历史，到 1925 年，除五个司法辖区外，全美国法院都已宣布允许笔迹专家的鉴定意见。尽管笔迹鉴定很早便得到认可并持续得到法院的认可[27]，但一些法院依然被劝说要排除笔迹鉴定证据。在合众国诉三立案 [United States v. Saelee, 162 F. Supp. 2d 1097 (D. Alaska 2001)] 中，被告方（被指控三次进口鸦片，违反了联邦药品管理条例）寻求排除美国邮政服务集团的法庭科学文件分析师约翰·考利（John W. Cawley，Ⅲ）的证言。本案法院认为，由于考利先生的证言是基于"技术或其他专门知识"，2000 年《联邦证据规则》702 修订案要求其证言的采纳要进行一次多伯特案听证。本案法院得出结论，有关笔迹鉴定的证言不可信，原因如下：

788

> （本案中的可靠性问题可通过询问以下问题来确定）：笔迹比对的理论和技术是否已经过检验，该理论和技术是否已受到同行评议，文检专家的已知或潜在的错误率，对已知笔迹和问题文件进行比对的标准是否存在，以及鉴定界对于（笔迹分析）的普遍接受度。合众国诉三立案 [United States v. Saelee, 162 F. Supp. 2d 1097, 1101 (D. Alaska 2001)]。

在得出该笔迹分析领域未能满足上诉要求的前四项之结论后，该法院又审查了第五项要求，最终排除了该证据，并指出：

> 最后，该证据的确表明，在法庭科学文检专家群体这个封闭环境中，有关笔迹分析领域的理论和技术是具有普遍接受性的。但是，这什么也证明不了。直到最近，这些专家的证言在法庭上还被毫无争议地认为是可靠的。以前，只要有过去曾在某地以文检专家证人身份作证的经历，通常就具有了足够的资质。"长期以来，法院视笔迹分析证言为具有可采性的证据。"合众国诉保罗案 [United States v. Paul, 175 F. 3d 906, 910 n. 2 (11th Cir. 1999)]。但是，此类证据过去通常被法院采纳的事实，并不意

---

[27]　许多法院继续许可笔迹鉴定证据，参见 D. 麦克尔·赖辛格：《领航专家的可靠性：确定性刑事标准被留在了码头上？》[D. Michael Risinger, Navigating Expert Reliability: Are Criminal Standards of Certainty Being Left on the Dock? 64 Alb. L. Rev. 99, 140 n. 161 (2000)]。更多案例包括：合众国诉巴特尔案 [United States v. Battle, No. 98 - 3246, 1999 WL 596966, at 3 - 4 (10th Cir. Aug. 6, 1999)]（驳回了被告对一位适格文件鉴定人作证被告伪造了另一个人签名的证言提出的异议）；合众国诉保罗案 [United States v. Paul, 175 F. 3d 906, 911 (11th Cir. 1999)]（维持了审判法院关于许可一名 FBI 文件鉴定人作证被告炮制了勒索字条的裁定）；合众国诉琼斯案 [United States v. Jones, 107 F. 3d 1147, 1161 (6th Cir. 1997)]（支持了审判法院采纳美国邮政总局法庭科学文件分析师关于被告签名在被盗信用卡的不同文件上出现的证言）。

味着在多伯特案和库霍轮胎案之后，它今天也应该被法院普遍接受。合众国诉三立案 [United States v. Saelee, 162 F. Supp. 2d 1097, 1104 - 1105 (D. Alaska 2001)]。

不过，一位评论家指出："即便法庭科学中最薄弱的一环——（包括）笔迹——受到攻击，法院通常仍会依据先前判例肯定其可采性，而不是考虑听证中确立的事实。辩方律师通常无法用适当的证人和新数据构成挑战。因此，即便倾向于对多伯特案提出挑战，他们仍缺乏获胜所需的必要知识和技能以及资金。"[28] 国家科学院委员会报告同意，"笔迹比对的科学基础有待加强"。然而，在顾虑有关笔迹分析之"可靠性和可复制性"的量化研究还很有限的同时，该委员会也认可"最近的研究已增强了（科学界）对笔迹的理解"，而且，"笔迹比对也许有科学根据"[29]。

2. 指纹鉴定

三立案法院关于笔迹分析证据"过去已被普遍接受……并不意味着它现在也应当被普遍接受"的事实陈述，可能完全适用于最近有关指纹分析的一个裁*789*定。过去，指纹分析证据也属于没有争议的证据，但合众国诉普拉扎案 [United States v. Plaza, 179 F. Supp. 2d 492 （E. D. Pa. 2002）, vacated, 188 F. Supp. 2d 549 (E. D. Pa. 2002)] 改变了这一局面。在普拉扎案中，被告请求排除有关联邦调查局指纹分析（ACE-V）证言，理由是其未达到多伯特案和库霍轮胎案所设立的标准。在充分考虑了美国法院使用指纹证据的历史以及这种证据背后的科学之后，该案法院判定："任何当事人的专家证人都将不被允许作证称，根据该证人意见，一个特定潜藏指纹是——或不是——一个特定人的指纹"。（*Plaza*, 179 F. Supp. 2d at 518.）上述裁定的推理部分如下：

> 本法院认定，联邦调查局的指纹分析（ACE-V）无法充分满足"科学"检验标准（多伯特案第一因素）或"科学"同行评议标准（多伯特案第二因素）。进而言之，本法院认定，记录的信息对于 ACE-V 的"科学"错误率（多伯特案第三因素的第一方面）在多个方面都没有说服力，以及关键评估环节中 ACE-V 没有根据统一接受的"科学"标准来操作（多伯

---

[28] 《NAS2009 年报告》引用了 P. J. 诺伊费尔德 2005 年所著《多伯特案与刑事司法（几乎）不相关：以及一些改革建议》。[NAS Report 2009, citing P. J. Neufeld. 2005. The (near) irrelevance of *Daubert* to criminal justice: And some suggestions for reform. American Journal of Public Health 95 (Supp. 1): S107, S110.]

[29] 《NAS2009 年报告》（内部引用省略）[NAS Report 2009 (internal citations omitted)]。

特案第三因素的第二个方面）。合众国诉普拉扎案［United States v. Plaza，179 F. Supp. 2d 492，517（E. D. Pa. 2002）］。

虽然该法院后来又根据有关 ACE-V 方法可靠性的新证据推翻了其裁定，但是，普拉扎案仍标志着指纹证据首次根据多伯特案分析被拒绝采纳。后续案件，一般都采纳了有关指纹鉴定的证言。例如，参见合众国诉米切尔案［United States v. Mitchell，365 F. 3d 215（3d Cir. 2004）］（在广泛的多伯特案听证后，法院采纳了指纹鉴定证言）；合众国诉克瑞斯普案［United States v. Crisp，324 F. 3d 261（4th Cir. 2003），*cert. denied*，540 U. S. 888（2003）］；合众国诉乔治案［United States v. George，363 F. 3d 666（7th Cir. 2004）］；合众国诉詹尼斯案［United States v. Janis，387 F. 3d 682（8th Cir. 2004）］；合众国诉阿布鲁案［United States v. Abreu，406 F. 3d 1304（11th Cir. 2005）］。尽管如此，普拉扎案后，至少有一个司法管辖区，将排除指纹证据纳入地区法院的自由裁量权。参见雅各布斯诉维尔京群岛案［Jacobs v. Virgin Islands，53 Fed. Appx. 651（3d Cir. 2002）］（确认了对指纹证据的排除属于地区法院自由裁量权范围）。

有关此问题的当前观点，国家科学院（NAS）委员会报告依然有研究价值：

> 多年来，法院均采纳指纹证据，即便这种证据"在进入法庭前缺乏基础理论和/或专门应用方面的实证有效性"[30]。法院有时似乎假定，指纹证据是无可辩驳的。举例说，在合众国诉克瑞斯普案［United States v. Crisp］中，法院指出："虽然指纹鉴定的潜在原理尚未达到科学规律的地位，但无论是在专家群体中还是在法院，其仍然具有强有力的普遍接受性。"[31] 该法院继续说：

>> 即使我们有更具体的理由担忧指纹鉴定的可靠性，最高法院在多伯特案中已经强调："有力的交叉询问、相反证据的出示，以及对证明责任的严谨指示，是回击不可靠却可采证据的传统和适当的手段。"多伯特案（*Daubert*，509 U. S. at 596）。最后，我们的结论是：在欢迎进一步研究指纹分析的同时，"因为需要这样的研究而推迟目前在

790

---

⑩　M. A. 伯格：《应用多伯特案检验的程序范本》［M. A. Berger. Procedural paradigms for applying the *Daubert* test. 78 Minn. L. Rev. 1345，1354（1994）］。

⑪　324 F. 3d 261，268（4th Cir. 2003）。

　　法庭上使用这种重要的法庭科学鉴定，将是损人不利己的做法"㉜。

　　上述意见遭到了尖锐批评：

　　　　近年来许多有关指纹证据的法院裁定……都显示了对特定科学方法的基本原理严重缺乏理解。例如，法院前赴后继地重复着这样的声明，即通过一百多年对抗制程序的考验，指纹证据符合多伯特案检验标准。这种愚蠢的声明，是法院当前对实际上限制或排除指纹证据的要求不理解的产物。这种状况压抑了法院的批判能力。该现状也使法院的可采性标准换转成多伯特案许可标准，至少对这个专家意见类别是如此。㉝

　　这是一种有效的批评，尤其是当人们将追求 DNA 分型严格审查的司法裁定，与涉及指纹证据案件适用相对宽松标准的司法裁定进行比较之时。

　　在判定指纹证据符合多伯特案关于可采性之可靠性和相关性标准问题上，联邦第四巡回法院在克里斯普案裁定中支持性地指出，"第七巡回法院在合众国诉哈弗德案〔United States v. Havvard, 260 F. 3d 597 (7th Cir. 2001)〕中认定，多伯特案的'已知错误率'因素已得到满足，因为哈弗德案专家已作证称，指纹比对的错误率'基本上为零'"㉞。这个论述显然夸大了哈弗德案专家证言，并助长了"指纹鉴定这一法庭科学学科一贯正确"之谬论。哈弗德案意见实际上对该专家证言作了如下描述：

　　　　该专家作证称，指纹比对的错误率基本为零。虽然承认由于鉴定人之间存在个体差异，因而存在少量错误率，但他认为，这种风险已被最小化，因为指纹鉴定通常要经过同行评议确认。该专家承认，在判断一项不完整的模糊指纹是否足以进行比对时，指纹鉴定人尚未采用统一标准。但他认为，指纹的独特性质不适合建立这种统一标准。而且，每一位鉴定人通过经验积累，都对决定残缺不全的指纹在多大程度上被允许进行比对，开发出一种所需的舒适水平。㉟

　　该专家模棱两可的证言描述，对任何宣称指纹证据一贯正确的说法提出了

㉜　同上，第 269 - 270 页。

㉝　菲戈曼等，见前引书 (1 Faigman et al., op. cit., supra note 1, Section 1：1, p. 4)；另参见 J. J. 科勒：《指纹错误率和水平测试：介绍及其重要性》〔J. J. Koehler. Fingerprint error rates and proficiency tests: What they are and why they matter. 59 Hastings L. J. 1077 (2008)〕。

㉞　324 F. 3d at 269 (quoting *Havvard*, 260 F. 3d at 599)。

㉟　哈弗德案 (*Havvard*, 260 F. 3d at 599)。哈弗德案裁定遭到菲戈曼等人在《现代科学证据：法律和专家证言之科学》(1 Faigman et al., op. cit., supra note 1, Section 1：30, pp. 86 - 89) 一文中强烈抨击。

怀疑。

克里斯普案裁定还指出："至少自 1911 年起，在刑事审判中，指纹鉴定被法院认定为可靠的证据予以采纳。"㊱ 即便如此，该法院指出，并没有研究支持指纹证据的可靠性。当法庭科学 DNA 初现时，有时被称作"DNA 指纹"，意指其如指纹一样可靠。在当时指纹被视为最高标准的鉴识科学，且生成的结果具有稳定的可靠性，无可非议。然而，在努力使 DNA 证据为法院接受的过程中，显而易见的是，有关指纹证据之种种假设，并没有得到像 DNA 那样的科学审查。当最高法院 1993 年裁定多伯特案时，由于其强调有效性，法律评论家们便将他们的视线转向指纹，开始质疑是否像联邦调查局专家在哈弗德案中所称的那样，专家能指纹的匹配达到零错误率；并质疑专家是否应被允许在缺乏验证研究的情况下出庭作证，以宣称这些主张。正如上文所指出的，这些挑战大多数不了了之，但问题依然存在。

2004 年布兰登·梅菲尔德案（Brandon Mayfield）为指纹证据之争添加了火药。梅菲尔德案的事件时序如下：

2004 年 3 月 11 日：恐怖分子在西班牙马德里多列火车上引爆炸弹，大约 191 人身亡，并伤及数千人，包括多位美国公民。

2004 年 5 月 6 日：布兰登·比尔瑞·梅菲尔德，一位在俄勒冈波特兰市执业的 37 岁民事与移民律师被逮捕，要求其在一起联邦大陪审团炸弹调查案中作为关键证人作证。一项由联邦调查局特别专员理查德·云达（Richard K. Werder）签署的宣誓陈述书（以支持关键证人批准逮捕之政府申请）中指出，在西班牙一个装有与爆炸案所用相似爆炸装置的包裹上发现了梅菲尔德的指纹，因此其必须被拘留，以防止其在大陪审团有机会获得其证言之前逃跑。

2004 年 5 月 24 日：检控方宣布，联邦调查局有关梅菲尔德的指纹鉴定是错误的，并着手撤销针对该关键证人的刑事程序。㊲

2006 年 3 月，美国司法部总监察长（the Inspector General）办公室对于

㊱　克里斯普案（*Crisp*, 324 F. 3d at 266）。该案裁定引用了一系列其他法律资料，其中包括：人民诉詹宁斯案 [People v. Jennings, 96 N. E. 1077(1911)]，J. L. 姆努金：《DNA 检验图谱时代的指纹证据》[J. L. Mnookin. Fingerprint evidence in an age of DNA profiling. 67 Brook. L. Rev. 13 (2001)]（讨论了指纹鉴定证据的历史）。

㊲　S. T. 瓦克斯和 C. J. 沙茨：《一连串错误：布兰登·梅菲尔德案》（S. T. Wax and C. J. Schatz. 2004. A multitude of errors: The Brandon Mayfield case. The Champion. September-October, p. 6）。有关该案的事实部分，以及梅菲尔德针对检控方的辩方主张，在梅菲尔德诉合众国案 [Mayfield v. United States, 504 F. Supp. 2d 1023 (D. Or. 20007)] 中有完整描述。

错误鉴定发生原因，发布了一个全面的分析。[38] 2006 年 11 月，联邦政府同意支付梅菲尔德 200 万美金，作为在 2004 年马德里恐怖分子袭击案中将其误抓关押的赔偿。[39] 梅菲尔德案以及总监察长发布的报告，实实在在地给过去关于指纹证据之可靠性的简单且未经证实的假设敲响了警钟。

在马里兰诉罗斯案（Maryland v. Rose）中，一位马里兰州审判法院法官认定：有关潜在指纹鉴定的分析、比对、评价和验证过程，并非依赖可靠的事实性基础。[40] 该意见论述了关于缺乏错误率、缺乏研究以及潜在成见等值得关注的细节。

该法官判定，检控方不得提出证言证明任何潜在指纹与被告的指纹匹配。792 该法官还指出，因为该案涉及可能判处死刑，对被告不利的证据之可靠性是一个非常重要的问题。[41]

3. 弹头成分分析

另一个原本已解决而如今却备受争议的专家证言领域是弹头成分分析（CABL 或 CBLA），一种将犯罪现场所使用的子弹与从嫌疑人处搜出的子弹进行比对的方法。在这种分析方法中，犯罪现场的弹片将被与嫌疑人所持有的子

　　⑧　美国司法部监督审查分部总监察长办公室：《对 FBI 处理布兰登·梅菲尔德案的复审》（Office of the Inspector General，Oversight and Review Division，U. S. Department of Justice. 2006. *A Review of the FBI's Handling of the Brandon Mayfield Case*. Available at www. usdoj. gov/oig/special/s0601/exec. pdf）。

　　⑨　E. 里希特布劳：《美国将支付被错判入狱的律师 200 万美元》（E. Lichtbau. 2006. "U. S. Will Pay ＄2 Million To Lawyer Wrongly Jailed." *New York Times*. November 30, at A18）。

　　⑩　马里兰诉罗斯案 [Maryland v. Rose, Case No. K06 - 0545, mem. op. at 31（Balt. Cnty. Cir. Ct. Oct. 19, 2007）]（认定潜在指纹鉴定之 ACE-V 方法虽被称作"万无一失"，却是"主观、未经验证和未经核实的鉴定程序"，因此判定指纹证据不可采）。第五章有针对 ACE-V 程序的描述。

　　⑪　珍妮弗·姆努金教授还强调了对指纹研究界在"法庭上所呈现的证言修辞维度"之顾虑：

　　当前，指纹鉴定人通常都以绝对确信的口吻作证。除非专家已获得正确配对，否则，潜藏指纹的概念性基础和职业规范均禁止专家对其同一性作证。因此，只有当专家找到与潜藏指纹匹配的那个人，且为全世界唯一能够产生该指纹之人时，才能宣称所谓的"阳性"或"绝对"同一性。事实上，当指纹鉴定人作证称，其主观上认为配对仅仅具有"可能性"、"合理性"或"可靠性"，而非确定性时，他可能会受到行业纪律惩戒。由于普遍缺乏指纹有效性测试、相对缺乏困难能力测试（difficult proficiency test）、缺乏指纹的统计学有效模式，以及缺乏宣布一项匹配的有效标准，这种对鉴定的绝对、确定的自信是缺乏正当性的，是傲慢而非知识体系的产物。因此，为了通过多伯特案审查，指纹鉴定专家应展示更高程度的认识论谦逊。所谓"绝对"和"阳性"同一性鉴定的主张，应该被更为谦逊的关于"匹配"含义和意义的主张所取代。

　　J. L. 姆努金：《潜藏指纹鉴定的有效性：指纹的自白》[J. L. Mnookin, The Validity of Latent Fingerprint Identification：Confessions of a Fingerprinting Moderate. Law, Probability and Risk 7（2）：127 (2008)]；另参见科勒（Koehler），上文脚注 38。

弹进行金属分子层面的分析；如果两种子弹在成分上充分类似，其便被认为是出自同一批次的子弹，且嫌疑人会相应地受到指控。自 1960 年代起，该分析方法便被执法人员所使用。[42] 法院具有采纳 CABL 的传统。然而，由于近期一系列质疑 CABL 方法论可靠性的报告涌现之后[43]，法院对该分析法进行了更为严格的审查，且在一些案件中以未达到多伯特案标准为由，排除了有关 CABL 的专家证言。在合众国诉米考斯案 [United States v. Mikos，2003 U. S. Dist. LEXIS 22069 (N. D. Ill. Dec. 5，2003)] 中，被告提出申请排除有关从谋杀被害人身上找到的弹片与从被告处搜出的子弹匹配的 CABL 专家证言。法院在该案中的推理，反映出对 CABL 作为一种科学技术的怀疑：

> 我们明白，联邦调查局实验室的弹头比对分析工作（CBLA）已开展多年。而且，我们明白，联邦调查局实验室人员，……多年来被允许在审判中基于 CBLA 就自己关于被检测弹片来源的意见作证。然而，在我们看来，仅当提出的意见证言证明从被害人身上发现的弹片元素成分与被告车辆中发现的子弹成分别无二致时，才达到了科学可靠性要求的标准。没有数据可以补强检控方专家进一步的意见，即从这个检验结果可以得出结论说，这些弹片必定或甚至很可能出自同一批次或炼制。因此，本法院批准……排除有关弹头比对分析专家证言的动议。合众国诉米考斯案 [United States v. Mikos，2003 U. S. Dist. LEXIS 22069，at * 18 (N. D. Ill. Dec. 5，2003)]。

尽管近期有一些相反的检验结果，但指纹证据一般仍是值得相信的。与指纹证据不同，弹头成分分析证据（CABL）正开始在许多司法辖区遭到冷

793

---

[42] 参见子弹铅元素组成比对科学评估委员会、国家研究理事会：《法庭科学分析：评价弹头证据》，2004 年 [Committee on Scientific Assessment of Bullet Lead Elemental Composition Comparison, National Research Council：Forensic Analysis：Weighing Bullet Lead Evidence (2004)]。

[43] 例如，参见迈克尔·芬科尔斯坦和布鲁斯·莱文：《法庭科学弹头成分分析》 [Michael O. Finkelstein and Bruce Levin, Compositional Analysis of Bullet Lead as Forensic Science, 13 J. L. & Po-ly. 119 (2005)]；威廉·托宾：《比较弹头分析：有缺陷的法庭科学案例研究》 [William A. Tobin，Comparative Bullet Tobin, Comparative Bullet Lead Analysis：A Case Study In Flawed Forensics, 28 Champ. 12 (July 2004)]；爱德华·伊姆温克尔德和威廉·托宾：《比较弹头分析证据：有效推论还是武断意见？》[Edward J. Imwinkelried and William A. Tobin, Comparative Bullet Lead Analysis (CBLA) Evidence：Valid Inference or Ipse Dixit?, 28 Okla. City U. L. Rev. 43 (2003)]；威廉·托宾和韦恩·德伊尔菲尔德特：《比较弹头分析有多大证明力？》 [William A. Tobin and Wayne Duerfeldt, How Probative Is Comparative Bullet Lead Analysis?, 17 Crim. Just. 26 (2002)]；罗伯特·昆斯和黛安娜·格兰特：《弹头制造中的成分变化》[Robert D. Koons and Diana M. Grant, Compositional Variation in Bullet Lead Man-ufacture, 47 J. Foren. Sci. 950 (2002)]；埃里克·阮迪赤等：《对弹头成分分析解释的冶金学审查》 [Erik Randich et al. , A Metallurgical Review of the Interpretation of Bullet Lead Compositional Analysis, 127 Foren. Sci. Intl. 174 (2000)]。

遇，甚至一些法院已撤销了先前基于 CABL 证据的定罪。例如，参见州诉贝恩案［State v. Behn, 375 N. J. Super. 409（N. J. Super. Ct. App. Div. 2005）］（由于对被告的定罪是基于不可靠的 CABL 证言，该案件被撤销定罪，发回重审）。另参见拉格兰诉邦联案［Ragland v. Commonwealth, 191 S. W. 3d 569（Ky. 2006）］（不允许提出 CABL 证据，并描述了批判 CABL 的学术研究）。

最为中肯的评价，大概要数 2004 年国家科学院受联邦调查局要求，所完成的关于 CABL 作为技术可靠性的研究，结论如下：

> 可获得的数据并不支持所谓犯罪现场的子弹来自某一箱特定弹药的说法。根据《联邦证据规则》403，应避免以任何形式提及弹药"箱"而产生误导性。

> 弹头成分分析数据本身，并不允许任何有关子弹生产日期的确切声明。

> 有关弹药配送的具体模式是未知的，所以，专家们不应就犯罪现场的弹片来自被告的可能性作证。在做出此种证言之前，应先获得有关子弹和弹药配送的地理区域数据。

> 该委员会的结论是，在许多情况下，CABL 的确是确定两枚子弹是否可能来自同一批弹药的合理准确的方法。因此，通过 CABL 分析方法，有可能在适当的案件中提供附加证据将嫌疑人绳之以法（ties a suspect to a crime），或在一些案件中得出为嫌疑人开脱的证据。然而，CABL 并不像 DNA 分型证据那样具有技术上独特的具体性，从而无法作为独立证据。重要的是，刑事司法中的专业人士和陪审团应理解其功能及这项法庭科学技术的重大局限性。

4. 目击证人辨认

法院历来不愿意采纳关于目击证人辨认局限性的专家证言。首先，法院倾向于将这类证据认定为高度可靠的，而不相信相反的专家证言。其次，法院倾向于假定，该专家意见是陪审团知晓的常识事项。如果陪审团成员已经合理地怀疑目击证人的辨认，让专家证人出庭来阻止陪审团相信证人证言，可能会增加陪审团成员已有的合理怀疑，进而导致一项错误的有罪裁决。例如，参见合众国诉史密斯案［United States v. Smith, 122 F. 3d 1355（11th Cir. 1997）］（认定关于目击证人辨认可靠性的专家证言不可采，因为其对陪审团没有帮助作用）；合众国诉哈尔案［United States v. Hall, 165 F. 3d 1095（7th

Cir. 1998)］（"……与目击证人辨认相关的专家证言遭到强烈排斥"）。为了相信这类证言"有帮助作用"，必须知道所出示信息的可靠性及其如何影响事实认定者，这包括了解事实认定者目前操作的基线。然而，这一司法态度正在转变，大多数法院认定这样的证据在特定环境下是不可采的。例如，参见合众国诉罗德里格斯—贝里奥斯案［United States v. Rodriguez-Berrios, 573 F. 3d 55（1st Cir. 2009)］（确认关于目击证人辨认固有缺陷的专家证言之采纳，"是个案判断、自由裁量的问题"）；合众国诉布朗利案［United States v. Brownlee, 454 F. 3d 131 (3d Cir. 2006)］（认定目击证人辨认的专家证言对事实裁判者可以有帮助作用，且排除专家是一个可撤销的错误）；合众国诉史密瑟斯案［United States v. Smithers, 212 F. 3d 306 (6th Cir. 2000)］（专家对于目击证人辨认之可撤销错误的排除）；合众国诉布莱恩［United States v. Brien, 59 F. 3d 274（1st Cir. 1995)］（认定对这类证据的排除是法官的自由裁量，而非其本身不可采）；合众国诉罗德里格斯—菲利斯案［United States v. Rodrigues-Felix, 450 F. 3d 1117 (10th Cir. 2006)］（催款案件）。

随着被统称为"社会结构"研究的发展，这种证言的可采性已获得信任。这表明，认知成见能够影响由种族和其他社会差异而引发的感知和信念。这个研究影响了那些偏爱采纳对目击证人辨认质疑之专家证言的学者。参见哈维·吉：《目击证人证言和跨种族辨认》［Harvey Gee, Eyewitness Testimony and Cross-Racial Identification, 35 New Eng. L. Rev. 835 (2001)］［审查了伊丽莎白·洛夫特斯：《证人证言》(1996)］；詹妮弗·L. 戴文波特，史蒂夫·D. 彭路德和布莱恩·L. 克特尔：《目击证人辨认证据：对常识评估之评估》［Jennifer L. Devenport, Steven D. Penrod, and Brian L. Cutler, Eyewitness Identification Evidence: Evaluating Commonsense Evaluations, 3 Psy. Pub. Poly. & L. 338 (1997)］；迈克尔·R. 雷佩：《目击证人记忆之专家证人证言案例》［Michael R. Leippe, The Case for Expert Testimony About Eyewitness Memory, 1 Psy. Pub. Poly. & L. 909 (1995)］。在任何情况下，提供专家证人的人，必须准备好证明该证人拥有陪审团缺乏的知识，并且这将有助于陪审团作出裁决。

思考题

以上讨论仅涉及一部分争议较多的科学证据类型。争论还涉及统计学、调查法研究、平行凝视眼球震颤（通过眼球震动检验醉酒程度）、损害赔偿案中的经济损失估值、咬痕辨认、作案手法及医学证言领域。尽管不同种类的科学证据生成独特的问题，你能否依据《联邦证据规则》和多伯特案/库霍轮胎案，阐明一套裁定专家证言是否将具有可采性的系统方法？你是否担忧，不论法官是否挑明，都将导致法院排除有证明力的证据？

七、从法律经济学视角看专家

理查德·A. 波斯纳：《经济学专家证人的法律经济学》

Richard A. Posner, The Law and Economics of
the Economic Expert Witness

---

13 J. Econ. Perspectives 91 (1999)

对专家证人的使用有几条经常性的批评。其所提及的是一般意义上的专家证人，但并不排除经济学家。所有这些批评都属于被称为"代理成本"的经济理论类型。法院对应的是普通委托代理关系中的委托人，专家证人对应着代理人。双方有不对称的信息，委托人明白代理人知道更多，以此采取措施尝试使代理人的动机与委托人的动机一致。

第一条批评是，由各自当事人支付的专家证人必然是有党派性的（"雇佣枪手"），而非利益无涉的推定为真诚或至少诚实的证人。仅凭这个因素并不能将专家证人与许多其他普通类型的证人明显区分开来，特别是当事人自己。但不同之处，第二条批评是，人们担心专家证人可能比普通证人更易误导法官和陪审团，因为他们在交叉询问时更难被揭穿——他们可以躲在一堵由深奥知识构成的无法穿透的墙后面。即使一位专家证人被另一位专家精心辅导的律师进行盘问所驳倒，陪审团也可能因无法充分理解交叉询问中所提的问题和回答，因而无法意识该到专家已被驳倒。

对偏向一方的顾虑和对事实裁判者"有限合理性"的顾虑相互作用。专家拥有使事实真相向有利于委托人倾斜的动机和方法。

第三，和前述两点有关的是，人们认为对立的专家们常常会相互抵消；陪审团无法在他们之间作出选择，因此会忽略他们而基于非专家证据来裁决案件。在这种情况下，专家证据被浪费了。

当经济学证人在有实质性专业共识（然而，正如我们所见，一种重要资质）的领域作证时，第一项顾虑（过度党派性）在我看来不是很严峻。我的结论有四点理由。

（1）因为大多数专家证人，包括大多数经济学专家证人，都是反复参与者（不同于大多数普通证人），像其他潜在不忠诚的代理人一样，他们在创造和保存真诚和能力之荣誉方面有一种经济利益。任何对证人公开的司法批评——在某份意见中，不管是否正式公布，或者甚至是在审判或其他听证的笔录中，都容易损害（有时甚至是致命地损害）该证人作为证人的职业生涯，因为该批评有可能在未来任何一起案件的交叉询问中被提到。而且，许多经济学专家证人被咨询公司雇用，而其公司声誉可能被其员工的错误所损害。有一种危险是，对专家的司法批评也许未被告知。但是，如果这样，由于下一次该专家作证时将有机会来反驳可能在交叉询问中面对的批评，对该专家声誉的负面影响将会减少。

上述并非是对该批评的一个完整回答，因为反复参与者也有动机来取悦委托人，以期将来再被雇佣。鉴于给予专家证人胜诉酬金是不允许的，一次性的专家证人，大概不会由于计较得失而以一种党派性方式作证。

（2）一位有学术发表记录的专家证人将"保持诚实"，因为在证人席上，任何否定自己学术作品的尝试都会招致毁灭性的交叉询问。这表明，不论何时，都应该给没有学术作品发表记录或从未就作证事项发表过作品的专家证人亮起警示牌。不仅是因这样的经济学家诚实作证的可能性较低，而且，律师选择这样的人作为专家，意味着该律师无法找到学识渊博的经济学家乐意为支持委托方的立场作证。

（3）因为美国诉讼体制的对抗特征，以及专家在审前证据开示阶段需披露证据的要求，因此在审判开始前（且以机读形式），专家证据受到严格的批判性审查，这套程序应阻止不负责任的专家证言。在经济学方面，复制先前学术研究的传统比之自然科学研究更加薄弱。一项为诉讼目的而做的研究，比一项学术研究受到更严格的审查，即使其在相应期刊上发表过。

（4）如果没有满足专家所在领域的方法论标准，该专家证人的证据就不可采——对于法官来说，这比判断该分析是否正确更容易。这个规则作为阻挡"垃圾科学"的过滤网发挥着作用。这道过滤网的网眼实际上可能太精细了，

796

特别是对于经济学家的证据而言，其中许多都是统计型的。有一些司法辖区不愿意采纳没有通过5%统计显著性检验的统计研究为证据。

关于使用专家证人的第二项顾虑——一旦该证据被采纳对可理解性的顾虑——无疑是有价值的，但很容易被夸大，因为其忽视了律师传唤有说服力之证人的动机。如果证人不能以法院理解的方式进行沟通，其证言就不太可能具有说服力。这在陪审团审中是一个特别重要的考量因素，因为陪审团成员对资质的重视程度要低于对清晰度的重视，这促使我预测，陪审团成员对于专家证言的理解可能会和法官一样好；也就是说，律师会调整专家证言的复杂度以便听众能够理解。

关于专家证言的第三项顾虑——对立的专家经常相互抵消——如果他们转而选择一位中立的专家来作证，情况将会有所缓和。即使在不中立的情况下，似乎只要对立的专家相互抵消，各方当事人就会同意不传唤他们作为证人，以减少诉讼费用。这种情况偶有发生，但并不常见，也许是因为提出各方当事人都不应传唤专家证人建议的律师会被理解为在传递一个信号，即一方当事人的可出庭专家实际上比对方专家弱。

797　　　请注意，如果市场或其他激励机制能保证专家完全诚实，那么，被告方律师往往根本不会引入专家证言，因为他们很难找到与原告专家持相反意见的知名专家。因此，我们应预料到，与案件有关的科学越"软"，双方在诉讼中就会越频繁地提供专家证人。关于使用经济学专家的最大问题是，在有些经济学领域没有专业共识。这在过去往往是（在某种程度上目前依然是）关于反垄断经济学的情况。一位非常值得尊敬的经济学家可能是反垄断的"鹰派"，另一位同样值得尊敬的经济学家可能是"鸽派"。每个人都可能有一串长长的知名学术刊物论文发表清单，完全符合系统支持原告或支持被告证言的要求，因此，法官或陪审团几乎没有在他们之间作出选择的根据。可能没有可用的中立专家，在这种情况下，由法院指定的专家势必会支持其中一方当事人。

自测题

A-9.1.《联邦证据规则》701。被告在十字路口撞了原告的汽车。原告主张被告驾驶超速，醉酒并闯红灯。为了证实这些事实，原告想要传唤华特·惠勒（Walter Wheeler），他当时在场并将证明，被告下车时摇摇晃晃，看起来像喝醉了，可以闻到酒精的味道，而且被告说话含混不清，对那些愿意帮他的路人进行挑衅。反对采纳惠勒部分证言即"他看起来像是喝醉了"的最佳论据是什么？

A. 该意见并非合理地基于该证人的知觉。

B. 该意见对陪审团没有帮助作用，因为证人可以更详细地描述潜在事实，并让陪审团得出关于该被告人*是否醉酒的结论，这是本案的一个关键问题。

C. 该意见需要适用"科学……或其他专门知识"，而这只能由专家证人提供。

D. 该意见缺乏基础。

A-9.2.《联邦证据规则》702-705。唐纳德·唐斯（Donald Downs）因持枪抢劫银行被检方起诉。他作错误辨认之辩：犯罪者是其他人，而非他自己。作为最后证人，检方传唤了调查此案的联邦调查局特工尤金·科伦坡（Eugene Columbo）作为专家证人。他将作证说，自己是调查银行抢劫的专家，有超过15年的实地调查经验，他在联邦调查局培训学院讲授银行抢劫案调查和犯罪分析技巧，并被邀请担任全国20多个警察部门银行抢劫案调查的客座教练。根据他的调查，其中包括审查本案检控方提供的所有证据，加上案件档案中某些未向陪审团披露的不可采证据，科伦坡准备作证称，他确信唐斯抢劫了本案所涉银行。对辩方而言，排除该证言的最佳论据是：

A. 该意见僭越了陪审团的角色，因此没有帮助，因为陪审团应该能够从可采性证据中自行得出这一结论。

B.《联邦证据规则》704禁止科伦坡的证言，因为它包含了刑事案件的最终争点。

C.《联邦证据规则》703禁止科伦坡的证言，因为专家证人不能将其意见建立在不可采的事项上。

D. 科伦坡没有资格就这个问题给出专家意见。

A-9.3.《联邦证据规则》702-705。布伦特·内梅罗夫（Brent Nemerov）被指控持有大麻故意销售罪。逮捕内梅罗夫的联邦调查局特工在证人席上，在没有任何异议的情况下将作证如下："2015年4月19日，我执行了对内梅罗夫家的搜查令，并在他的栽培室发现了30株植物。检控方展示件1是由法庭科学摄影师（我忘了他的名字）拍摄的照片，其准确描绘了内梅罗夫的

798

---

* 原文"whether the witness was drunk"有误，应为"whether the defendant was drunk"。译文已更正——译者注

栽培室。在我亲自监督下，这些植物被证据技术人员从内梅罗夫的房间移走，送到联邦调查局证据存储部门。"辩方律师对"栽培室"一词提起异议，认为这是"不适当的结论或意见"。该异议应予以：

A. 驳回，因为栽培室是证人凭其感官感知到的事实，而非意见。

B. 驳回，因为该辩护律师没有陈述有效的理由或证据规则。

C. 维持，因为栽培室的说法是一种意见。

D. 维持，因为栽培室的说法是一种专家意见，而该特工必须在有资格作为专家的前提下，才能提供这样的意见。

A-9.4.《联邦证据规则》702-705。陪审团认定美国广播公司的广播违反了其与儿童广播电台的合同且盗用了商业秘密。在审判中，法官准许经济学家史蒂夫·威尔斯（Stephen Willis）作证称，如果没有美国广播公司的损害行为，儿童广播电台的估值将是三千万美元。该专家称，被告的任何或全部不法行为已造成了相同金额的损害。根据被告的审后动议，法官裁定，威尔斯的证言不应被采纳，因为尽管他应用了一种"无争议的计算方法"，但其最终意见是可疑的。在上诉中，儿童广播公司辩称，根据多伯特案标准，法院仅可复审该专家的方法论，而非其结论。

正确或错误：审判法官根据审后动议排除该专家证言，是在审判法院的自由裁量权范围内，因为审判法院可以裁定该最终意见的可疑性，即使方法论是可靠的。

A-9.5.《联邦证据规则》702-705。詹姆斯·博伊德（James Boyd）在宣称自己因精神健康原因而旷工五周后，被终止了工作。该公司的心理学家们报告称，他的休假不是医疗上所必需的。博伊德根据《家庭医疗休假法》（FMLA）提起诉讼。在一项简易判决动议中，雇主提供了该公司心理学家们的询证存录，都不支持博伊德的主张，即他的旷工（据称是由于其工作压力和焦虑）构成了受《家庭医疗休假法》保护的离职。作为回应，博伊德提出本方专家证人埃默里博士（Dr. Emory）的宣誓陈述书。这份宣誓陈述书由详细说明埃默里博士专家资格的三段话组成。具体涉及博伊德案情的一段，完整内容如下：

基于我对病例的审查和对博伊德先生的检查，我的专业意见是，博伊德先生的健康状况使其无法履行其工作，并且，事实上使其丧失了劳动能力。继续工作将使他的健康问题恶化，并且，根据我的专业意见，解决博伊德先生医疗健康问题的唯一方法是休假。至少，博伊德先生需要通过休假，来获得对他病情的治疗。

被告提出简易判决动议，主张埃默里的宣誓陈述书应当被排除，并且，除此之外，博伊德没有根据《家庭医疗休假法》提出任何有关其是否遭受严重健康问题的真正争点。博伊德辩称，埃默里博士的宣誓陈述书不应当被排除，因为，规则705允许埃默里博士在没有先前披露基础事实和数据的情况下，给出其意见。

正确或错误：这份宣誓陈述书应被排除。

A-9.6.《联邦证据规则》702。一家公司被怀疑有受贿和收受回扣行为的首席执行官，涉嫌删除了公司电脑中的文档。检控方专家使用特殊软件，通过电子手段搜查了该电脑被删除的文件，并出庭就该检验结果作证。这份证言必须满足《联邦证据规则》702的要求才具有可采性。正确或错误？

A-9.7.《联邦证据规则》702. 正确或错误：当一名科学专家的证言与科学共识相矛盾时，审判法官必须将其排除。

答　案

A-9.1.《联邦证据规则》701。最佳答案是B，理由已述。参见《联邦证据规则》701（b）。A不是最佳答案，因为证人有看到被告之事实的亲身知识，这或许可以支持该意见。D是对A的重述，且基于同样的理由，不是最佳答案。C不是最佳答案，因为大多数法院似乎将观察到醉酒状态视为大多数人的普通经验事项。

A-9.2.《联邦证据规则》702-705。最佳答案是A。专家意见要具有可采性，就必须"辅助事实裁判者理解证据"。在此，因为该意见涉及案件最终争点，所以存在侵犯事实认定者职权的风险。科伦坡在他的调查中根据间接证据进行推论，并得出了道格拉斯有罪的结论。但是，根据非技术性的间接证据进行推论以确定有罪或无罪，正是我们依赖陪审团所做的事情。如果这被视为需要特殊的专家意见，让外行陪审团作为事实认定者就失去了意义。最后，该意见对陪审团没有帮助作用，因为它不用说政府认为道格拉斯有罪——否则，他们就不应当起诉他。陪审团制度理应是对政府决定的独立审查；而这种意见类型将使它变成一个橡皮图章。B是错误的，因为《联邦证据规则》704，仅在最终争点意见旨在陈述一位刑事被告是否构成被指控犯罪的要件或辩护要件之精神状态时，才对其禁止。此处任何关于最终争点意见证言的政策问题，都折回到答案A。D是错误的，因为科伦坡根据他源于丰富技能、经验和培训所带来的专门知识，无疑符合《联邦证据规则》702的专家资格。

如果你选择C的理由仅仅是基于不可采事项之可靠性这样一个事实，那么 C 不是一个好答案。《联邦证据规则》703 允许专家依赖不可采的证据，只要这种证据是被"特定领域专家……合理地依赖"的一种类型（《联邦证据规则》703）。然而，C 可以建立在一个很好的论据上——可能和 A 一样强——基于科伦坡正暗示他可获得但陪审团不能获得的有罪证据这样一种担忧。这引发了一个重要的不公正的偏见。此外，在刑事调查中，不可采的证据应当被专家考虑这一点表述得并不清晰，至少是在得出是否将一个案件移交审判的结论时。在一定程度上，就调查方法适当地依赖不可采的证据而言，该种方法论似乎与根据可采证据审判刑事被告的政策直接相冲突。

A-9.3.《联邦证据规则》702-705。最佳答案是 D，理由如述。将该房间刻画为"栽培室"，暗示了一个该房间基于各种具体事实之使用方式的结论，却仅有部分事实被提供。毫无疑问，该意见不是一个常识问题；然而，该特工可能无任何困难就能具备专家资格。基于这个理由，A 不是一个好答案。事实/意见的区分是相对的，但此处关于一个核心争议问题的一般性和紧密度之层级，使得"栽培室"极可能被认定为是一种意见。B 是错误的，因为该异议的提出不需要专门术语；律师用了足够的语言在澄清，他是在援引《联邦证据规则》701 和 702。C 不是最佳答案，因为它不完整——并非所有意见证言都具有可异议性。

A-9.4.《联邦证据规则》702-705。正确。

（威尔斯作出的）这个主张是可疑的，即任何或者全部涉嫌不法行为都会造成相同的结果。儿童广播电台主张，依据多伯特案标准，法院仅可审查专家的方法论，而不是其结论。"但在多伯特案中，……并没有要求地区法院采纳只凭该专家武断言词而与现存数据有关联的意见证据。法院可以得出结论说，在该数据和所提供的专家意见之间，存在一个不可逾越的分析鸿沟。"通用电气公司诉乔伊纳案 [General Elec. Co. v. Joiner, 522 U. S. 136, 146 (1997)]。

儿童广播电台公司诉华特·迪斯尼公司案 [Children's Broadcasting Corp. v. Walt Disney Co., 245 F. 3d 1008, (8th Cir. 2001)]。

A-9.5.《联邦证据规则》702-705。正确。《联邦证据规则》705 打算允许专家在解释方法论之前，先陈述他的意见。但是，《联邦证据规则》705 并未免去向事实裁判者解释方法论的需要。进一步说，《联邦证据规则》705 仅规定了证据在审判中如何出示，并未就《联邦证据规则》702（b）关于可采性取决于"充足的事实或数据"的证明要求标新立异。在此，专家仅给出了一个赤裸裸的结论。此外，正如乔伊纳案所阐明的，地区法院有排除此类意见的自由裁量权——并且在缺少《联邦证据规则》702 证明的情况下，很可能应该这么做。在此，一个重要的实践要点是，在简易判决宣誓陈述书中，专家结论应当根据《联邦证据规则》702（b）-（d）对可采专家证言的证明要求，得到肯定性支持才行。

A-9.6. 正确。在检控方软件如何运作以检测被删除的电脑文件问题上，这个证言依赖于技术性，或者，至少是依赖"其他专业"知识。因此，其属于《联邦证据规则》702 的范围。检控方专家作为一名专家，而非感知证人出庭作证。合众国诉加尼耶案［United States v. Ganier，468 F. 3d 920（6th Cir. 2006)］（将检控方的证人分类为相似事实方面的专家）。

A-9.7. 错误。《联邦证据规则》702 和多伯特案多因素检验已否决了弗赖伊案共识规则，并给予审判法官对此事项的宽泛自由裁量权。

803

第十章

民事和刑事案件的证明过程：
证明责任、司法综述和评论及推定

我们已经在个别因素和证据事项的层面，详细研究了证明过程。现在，我们转入影响审判结构之证明过程各个方面和作为整体之证据充分性的研究。法官和陪审团的角色及其相互关系，仍然是我们考察的主要焦点。

即使每一方当事人想要提供的全部证据均被采纳为证据，审判法官的作用也未终止。正像审判法官必须对所提供的任何证据之逻辑力量和法律可采性作出初步判定一样，其还必须对每一方当事人案件的整体强度作出初步判定。法官有权在诉讼程序的各个阶段裁定停止诉讼，这在很大程度上是基于其对理性人将如何分析审判中所提供证据之评估。在民事案件中，法官可在审判前作出简易判决（summary judgment）（《联邦民事诉讼规则》56），或者，在审判中或审判后作出据法判决（judgment as a matter of law）（《联邦民事诉讼规则》50），前提是理性的陪审团不会作出支持该判决所反对的当事人一方（通常是原告）的事实认定。同样，如果理性的陪审团不会确信无疑地认定被告有罪，法院便可撤销一个刑事案件（《联邦刑事诉讼规则》29）或者推翻一项刑事定罪，杰克逊诉弗吉尼亚案［Jackson v. Virginia, 443 U. S. 307 (1979)］。法官还必须指示陪审团，在评估全案证据的过程中应该适用什么证明标准。

除了评估证据的充分性并就证明标准向陪审团作出指示，审判法官还有各种各样的手段去影响陪审团评议。我们已经遭遇过这种权力的一个间接例子。通过对具体提议的可采性作出裁定，法官能够戏剧性地影响陪审团的观点。例如，如果法官发现一位被提议出庭作证的证人缺乏亲身知识，他便不能站上证人席，陪审团将无从接触该证人的证言。假定该证人将出庭反驳对方一位重要证人。通过排除该证言，法官就可以通过限制陪审团的视野而影响该证明过程。因此，通过对证据可采性问题作出裁定，法官对评议过程拥有举足轻重的影响力。正如我们将看到的，法官还可以通过对证据进行司法综述或评论来影响评议过程。

804

我们首先讨论民事案件证明过程，然后讨论刑事案件证明过程。我们将二者区别对待，因为在刑事案件中出现了不同的证明标准和宪法性问题。先理解民事案件中各种证据性机制的运作方式，将允许你更好地理解刑事案件中特有的一些额外复杂性。虽然我们主要聚焦陪审团审，但许多相同的原则、问题和机制也存在于法官审中。

第一节　民事案件证明过程

在本节，我们将讨论民事案件证明过程的三个相关方面：证明责任、关于证据的司法综述和评论，以及证据推定。

一、民事案件证明责任

评价各方当事人证据的一个关键部分，是适用规制证明责任的规则。证明责任有两个方面——说服责任和举证责任。对说服责任而言，陪审团在评价证据时有必须应用的裁决规则。对大多数民事案件来说，该裁决规则是"优势证据"（preponderance of the evidence）。例如，过失诉讼中的原告，必须以优势证据来说服陪审团相信被告的过失伤害了原告。在一些特殊民事诉讼中，是"清楚且令人信服的证据"（clear and convincing evidence）标准。证明责任的第二方面，是举证责任或提出证据的责任。就举证责任而言，法官适用这些规则，以确定当事人一方在陪审团面前是否提供了充足证据而创设了一个事实争点，并避免了关于该争点的不利判决。如果一方当事人在审判前未能履行其举证责任，法官将作出支持对方当事人的简易判决。（《联邦民事诉讼规则》56。）如果一方当事人在审判中未能履行其举证责任，法官将作出支持对方当事人的据法判决。（《联邦民事诉讼规则》50。）我们先讨论举证责任，再讨论说服责任。

（一）举证责任

1. 举证责任的角色和原理

我们的民事诉讼制度并未赋予各方当事人通过整个审判程序的当然权利，而是让陪审团基于双方当事人选择提供的证据来解决案件。当然，为了进行到这一阶段，当事人必须提供满足举证责任的证据。

被诉的每项争点，不论是一项要件还是一项积极抗辩，都有与其相连的举证责任，要求一方当事人或者另外一方提供与该特定争点相关的证据。如果负有举证责任的一方对于特定争点未能提供充分证据，法官将不允许把该争点提交给陪审团。因此，举证责任是告知各方当事人，如果证据未被提供，争点将如何被裁定。

可是，如何知道负有举证责任的当事人提供了充分证据，去避免一项支持对方当事人的争点裁定？举证责任在该要求之潜在目的实现时，方得到满足。在民事案件中，一项举证责任的主要目的，是确保案件中有需要由陪审团来解决的争议。在何方当事人应胜诉的问题上可能存在合理分歧时，该争议便需陪审团来解决。如果没有合理分歧，也就没必要诉诸昂贵和麻烦的审判，或去承受陪审团作出无事实根据裁决（unsubstantiated verdict）的可能性风险。在这种情况下，法官将作出支持适当的当事人一方的判决。因此，未能履行举证责任，将导致对方当事人在该特定争议上胜诉。正是基于这个原因，举证责任有时被称为"举证不能风险"。

2. 举证责任和说服责任的关系

为了确定在何方当事人应当胜诉问题上是否可能存在合理的分歧，法官必须考虑说服责任。例如，假定原告必须以优势证据证明一项特定事实，其标准通常被理解为意味着，该争议事实"比不可能更可能真实"（more likely true than not）。通过提出足够的证据以创设一项关于那个事实之由陪审团裁决的问题，原告便将满足举证责任。换言之，原告必须提供足够的证据，使陪审团能够认定该事实"比不可能更可能真实"。如果理性人不能得出结论说，该原告已满足了相关的说服责任，那么，就没有理由拖延有关该争议的诉讼程序。法官就应当终止该诉讼程序，作出支持被告的判决。同样，如果原告的证据具有压倒性优势，以至于任何理性的陪审团都将认定该事实"比不可能更可能真实"，而且，被告没有质疑或反驳原告的证据，法官就应当终止该事实审理程序，作出支持原告的判决。简而言之，举证责任是说服责任的一项功能。约翰·T. 麦克诺顿：《举证责任：说服责任的一个功能》[John T. McNaughton, Burden of Production of Evidence：A Function of a Burden of Persuasion，68 Harv. L. Rev. 1382 (1955)]。举证责任是否得到满足，取决于在根据证据哪一方应当胜诉的问题上是否可能存在合理的分歧。若存在这样的分歧，一项由陪审团裁决的问题就由此产生，案件就应该继续进行。

3. 两种责任之间关系图解

以概率方式体现举证责任和说服责任，可使它们之间的关系得到更详细的理解。陪审团成员们通过对事实为真之可能性的大致判断来评估证据。换言之，陪审团成员们虽然不会明确无误或者心照不宣地为自己结论之概率具体量化程度赋值，但他们所作的事实评估可以用概率来表达。我们还可以用概率来表达说服责任——例如，优势证据标准可被视为是指"超过50%的可能性"。仅为举例目的，可以假定陪审团成员确实是以大致的概率术语来进行思考的，并且，优势证据意味着，相关事实为真的可能性超过 50%。

　　基于这些假定，人们可以图解关于举证责任和说服责任之间关系的证明过程（evidentiary process）。假定负有举证责任的当事人提供了某个证据。该证据将表明，有关事实为真存有一定的概率。然而，该证据可能并未非常清楚地表明其所生成的概率。理性人在考察该证据时，可能对该证据证实某个必要事实的概率产生分歧。这是否意味着，每次提供证据时，由于对其含义总会有合理分歧，随之都将产生一个由陪审团裁决的问题？并非如此。只有当对于哪一方当事人应胜诉存在分歧并要求履行说服责任时，才会形成一项由陪审团裁决的问题。现在请考虑图 10-1 所图示的三种可能性。

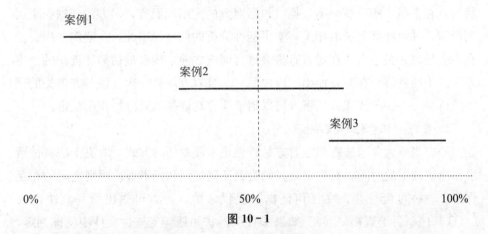

图 10-1

　　在当事人对一项争点提出证据之后，就证据的含义而言，该图示反映了三种相关的可能性。第一种情况，所提供的证据可能不是非常具有说服力。一个理性人看到这种情况可能得出结论说，它具有一定说服力，但不是很高。案例1 代表了这种可能性。它表明，就该证据而言，相关事实为真的概率大致在 10%～35%之间（我们可在 0%至 50%区间的任何位置划出那条线，只要不超过 50%）。在这种情况下，举证责任未得到满足。因为没有理性人能够得出结论说提供证据的当事人一方应当胜诉，那就没有理由将这个争点提交陪审团。在案例 2 中，证据产生了一个由陪审团裁决的问题。该证据表明了一个从 40%到 60%的合理说服力范围（在这里，只要其超过 50%，我们就能以任何方式划出这条线段）。在这种情况下，由于理性人会对证据的含义存有分歧，该争点将被移送陪审团。案例 3 与案例 1 有相似之处，对证据的含义也不存在合理分歧。该证据表明，相关事实为真的概率在 65%至 90%之间（在此，这条线段可在 50%右侧的任何位置划出）。

807

　　案例3在一个方面不同于案例1。我们一直在假定，负有举证责任的当事人一方已提供了证据。在案例1中，举证责任没能得到满足，审判程序因而没有理由进一步继续进行。在案例2中，举证责任得到了满足，该案件审判将继续。在案例3中，举证责任不但得到满足，而且超额完成了。理性人不会在哪一方应当胜诉的问题上存在争议，尽管该结论仅仅基于一方当事人所提供的证据。案例3与案例1的区别之处，与其说是法官对争点的处置，不如说是案例3要求给对方提供相反证据的机会，以证明在相关事实上有合理的争议。在案例1中，由于当事人的证据本身表明相关事实无法证实，就没有理由再让对方展开证明。让对方提供更多的信息来证实该结论，将是浪费时间和其他资源。然而，在案例3中，就全案证据（包括对方的证据）而言，对方的证据尚未得到听审，并可能拥有影响相关事实可能性分析的信息。因此，在案例3中，法官不会处理相关争点。在对方有机会进行回应之前，负有最初举证责任的当事人一方不能胜诉。在对方作出回应之后——且双方均有一次反驳对方提交的证据的机会——一方或双方当事人可以请求法官对证据的充分性作出裁定。

　　4. 履行举证责任的程序性机制

　　一方当事人要求法官裁定对方是否满足举证责任的方式，取决于法官被请求作出该裁定的时间。在这里，我们看到证据规则和民事诉讼规则之间的相互作用。一种可能性是，在任何证据被提供之前，一方可提出简易判决动议（《联邦民事诉讼规则》56）。如果法官从诉状和任何支持性文件中就能判定，在该案中不存在需要司法解决的任何争点，那么，法官将批准该动议。然而，这样一项裁定等于说，呈现在眼前的是图10-1中案例1或案例3的情形——负有举证责任的一方当事人所出示的证据要么明显不充分（案例1），要么具有压倒性优势（案例3）。如果是案例2的情形，法官将否决（任何一方提出的）简易判决动议，诉讼将继续进行。

　　另一种可能性是，如果案件进入审判阶段，在一方当事人陈述完案情后，通过据法判决（judgment as a matter of law）动议，法官可被要求对证据的强度进行检验（《联邦民事诉讼规则》50）。此处分析近似于简易判决的分析。无论是据法判决还是简易判决，法官的决定将取决于一方当事人满足说服责任的能力，以及对方当事人提供充分证据加以回应的能力，即证明将该争点交由陪审团具有正当理由。正如最高法院在安德森诉自由游说有限公司案〔Anderson v. Liberty Lobby, Inc., 477 U. S. 242, 252 (1986)〕中所评述的：

　　　　对简易判决动议裁定所涉及的质询……必然涉及将在法院审判中适用

的实体性证据证明标准。……因此，法官的调查总会问：理性的陪审团成员是否能以优势证据认定原告有权获得胜诉裁决。

另参见里夫斯诉桑德森水管产品公司案［Reeves v. Sanderson Plumbing Prods. , Inc. , 530 U. S. 133, 150 (2000)］（解释了法官据法判决标准"反映了"简易判决标准）。简而言之，举证责任和简易判决动议、法官据法判决动议都是说服责任的功能。有关这些程序性机制与证明过程之间关系的进一步探讨，参见迈克尔·S. 帕尔多：《诉状、证明和判决：民事诉讼统一论》［Michael S. Pardo, Pleadings, Proof, and Judgment: A Unified Theory of Civil Litigation, 51 B. C. L. Rev. 1451 (2010)］。

5. 举证责任分配

通常来说，提出诉状或动议的当事人一方，同时承担着提出诉状的责任和举证责任。一般而言，无论何方要求法院改变现状——无论是原告，还是提出某种救济动议的当事人一方——都必须提供相关事实主张的充分证据，以证明与这些主张一致之事实认定的正当性。因而，举证责任的承担者通常将发挥这种当事人地位上的功能。如果 X 诉 Y 违约，那么，X 将对大部分事实争点承担举证责任。相比之下，如果在宣告式判决（declaratory judgment）诉讼中 Y 诉 X，请求法院确认未发生过违约，那么，Y 将对大部分完全相同的事实争点承担举证责任。在大多数情况下，在举证责任分配问题上都会有业已确立的先例。如果没有这种先例，对于举证责任分配而言就"没有令人满意的检验"。小弗莱明·詹姆斯：《证明责任》［Fleming James Jr. , Burden of Proof, 47 Va. L. Rev. 58, 58 (1961)］。就此，我们应当注意到，最高法院对诉状提出了"似真性"（plausibility）要求（阿什克罗夫特诉伊克巴尔案［Ashcroft v. Iqbal, 556 U. S. 662 (2009)］；贝尔大西洋公司诉通布利案［Bell Atlantic Corp. v. Twombly, 550 U. S. 544 (2007)］），但这并未改变证明责任的分配。参见利特尔约翰诉纽约市案［Littlejohn v. City of New York, 795 F. 3d 297, 307 – 311 (2d Cir. 2015)］。

要　点

1. 一项控诉或抗辩中的每一事实要素，都有与之相伴的举证责任。

2. 举证责任之目的，是要求负有举证责任的当事方提出足够的证据，以生成一项由陪审团裁决的问题。

3. 未能满足举证责任，将导致一项不利于该举证责任承担方的判决。

4. 就某事项提出诉状的当事方，通常对有关该事项负有举证责任。

809

（二）说服责任

怀疑论者会说，我们对确定性（certainty）一无所知（尽管人们会问怀疑论者，何以知道这一点）。即便存在某些我们能够知道的确定性事项，审判中的争议通常也不属此类。确实，如果没有一些不确定性的案件，也走不到庭审这一步。陪审团成员（或者法官审中的法官）对于要求他们作出的决定，通常都无法达到确定性的程度。对于过去发生了什么，可能存在可信却相互冲突的说法；在应当给予科学证据何种分量的问题上，也会有不确定性；对于赋予间接推论何种分量，可能有相互冲突的观点。例如，在詹森案中，关于沃克狱警具有暴力品性的证据，能在多大程度上表明他也许是第一挑衅者？

1. 说服责任是对不确定性进行管理的裁决规则

说服责任是一项告知陪审团如何根据不确定性而裁决案件的裁决规则。不确定性总是与证据出示如影随形。例如，一种可能的裁决规则是，仅当证据将原告案件证实到 95％ 的确定性时，原告才应胜诉。那么，这个规则就要求，在对原告必须证实的事实真相之确定性的怀疑超过了轻微程度时，就应该作出支持被告的裁决。

这样一个规则最初似乎带有一种直观诉求——除非他们（被告）已从事了某些恶行，否则，就不应该被要求付出代价。尽管有这种直观诉求，但由于其在民事诉讼中将原告置于非常不利的境地，一般不被认为是民事诉讼规则。要求原告承担如此高的证明责任，被认为将导致过多支持被告的错误裁决，这会牺牲原告应有的利益。当然，相反的规则——要求被告证明到高达 95％ 的确定性时才不应被判承担责任——将导致相反的效果。民事诉讼中实际统一的实践，并未采用以上这两种极端的做法，而是将说服责任界定为优势证据标准。原告必须将其每一必要的事实主张证明达到优势证据程度，被告也必须以同样的标准证实其积极抗辩。因此，法官在民事案件中指示陪审团，要分析证据并对证据达到"优势"程度的一方当事人作出有利裁决。正如前面所提到的，优势证据通常被界定为意味着"比不可能更可能真实"（more likely true than not）。因此，陪审团的任务在于去裁决，证据是否使原告案由之事实要素的故事看起来更可能为真，以及证据是否使被告积极抗辩的故事看起来更可能为真。

2. 优势证据规则的潜在前提

优势证据规则蕴涵着一项有关诉讼参与人的潜在假设：原告群体和被告群体，一般来说应得到平等对待。该假设背后的理由是双重的：第一，法律制度必须是不带偏见和公平的：即使裁判性裁决中的错误难以避免，原告不当遭受的金钱或财产损失，也应当被视为与被告不当遭受的损失一样可惜。在双方损失因素相等的情况下，持有更好的证据——即优势证据——的当事人一方应当胜诉。第二，在一个案件被解决之前，人们不可能知道哪一方应当胜诉；因此，被告应当像原告一样有胜诉的可能。〔概率论学者将该假设称为"无差别原则"（principle of indifference）或"不充分理由原则"（insufficient reason）。〕假设原告起诉被告，诉称按合同被告欠他 200 美元。在双方当事人就该争议的解决提供相关证据之前，我们应当如何认知该案件——这是一个原告试图得到被告 200 美元的案件，还是被告错误地拒绝付款的案件，或是两个人争夺 200 美元归属的案件？从直觉来看，最后一种观点最具可能性。如果不知道事实，那么，被告拒绝支付所欠的债务，就与原告试图得到不当利益一样，看起来都像是可能的。

　　该对等观念的一个内在含义是，对原告和被告造成错误的数量应大致相等。在一定条件下，优势标准可以得出这个结果。首先，假定在所有提交审判的案件中，原告应胜诉的案件与被告应胜诉的案件大约一样多。根据著名的普利斯特—克莱恩（Priest-Klein）假说，当一起民事争议进入审判时，原告和被告胜诉的概率大致相当，这样假设基本上是安全的。若非如此，当事人就会在法院之外廉价地解决其争端，而不会花更多的钱进行诉讼。乔治·L. 普利斯特和本杰明·克莱恩〔George L. Priest & Benjamin Klein, The Selection of Disputes for Litigation, 13 J. Legal Stud. 1 (1984)〕。

　　其次，进一步假定，陪审团将对双方当事人出示的案情分量作出大致的概率评估。想必那些概率评估在 0.0 至 1.0 之间。现在，将一组原告应胜诉的案件与一组被告应胜诉的案件进行对比。对于任何一组案件，都可以合理地假设，证据将反映案件的是非曲直。即在大多数原告应该胜诉的案件中，事实将支持该结论，从而产生一个超过 0.5 的概率评估，带来一项支持原告的裁决。只有在那些概率评估是 0.5 或者小于 0.5 的少数案件中，才会有支持被告的错误裁决。同理，对于大多数被告应当胜诉的案件来说，证据将表明被告应该胜诉，从而产生了支持原告主张为 0.5 或者低于 0.5 的概率评估。只有在概率评估超过 0.5 的少数案件中，才将有支持原告的错误裁决。如果假定，对这两组案件概率评估是在 0.0 到 1.0 之间的正态分布，那么，支持原告的错误数量将大致等同于支持被告的错误数量，优势证据标准就完成了其任务。而且，实际上正确的陪审团裁决，在数量上将多于实际上不正确的裁决。

810

图 10-2 用几何学图形说明了这一主张 。[①] 图中，横轴是陪审团对案件的概率赋值，纵轴是被赋予特定概率的案件数量。曲线图Ⅰ是被告应胜诉的案件集合（其意味着如果我们知道所有趋近确定性的事实，被告将胜诉）；曲线图Ⅱ是原告应胜诉的案件集合。

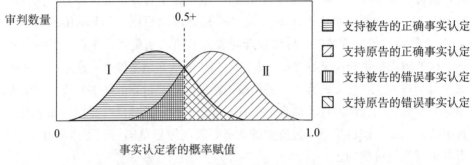

图 10-2

在曲线图Ⅰ中，0.5 右侧深色阴影内的所有案件都是错误的。在曲线图Ⅱ中，0.5 左侧深色阴影内的所有案件也都是错误的。深色阴影区域越大，错案越多；深色阴影区域越小，错案越少。只要这两个曲线图中深色阴影的面积大致相等，优势证据标准将完成其在原被告之间比例错误的既定任务。然而，请注意，只有以下三个条件满足时，这种比例才会发生：两个曲线图中相关区域的面积大致相等；案件中出示的证据一般能较好地表明哪一方应当胜诉；以及陪审团对证据进行评估时没犯系统性错误。若上述任何一个条件未得到满足，错误便无法均衡分布，陪审团成员的裁决可能无法在多数情况下保持正确。

3. 更高的说服责任

我们可用同样的曲线图来说明，为什么民事案件偶尔依赖更高的说服责任。当双方当事人在争议中面临的风险不均等时，法院会使用这种责任标准。例如，许多司法辖区要求，欺诈或涉及刑事行为的民事案件，要由清楚且令人信服的证据（clear and convincing evidence）加以证明。另参见阿丁顿诉得克萨斯州案［Addington v. Texas, 411 U. S. 418 (1979)］（民事责任的承担，要求把清楚且令人信服的证明作为宪法正当程序事项）。由于此类指控对一方当事人的严重性，错案分配方案的选择，应当对该方当事人有利（这也解释了刑

---

① 包括本图在内的接下来的部分，我们感谢理查德·S. 贝尔：《裁决理论和正当程序：对最高法院证明责任立法的批评》［Richard S. Bell, Decision Theory and Due Process ： A critique of the Supreme Court's Lawmaking for Burdens of Proof, 78 J. Crim. L. & Criminology 557 (1987)］。

事案件的更高说服责任）。如我们上文所做的同样假定，我们在图 10-3 中举例说明了说服责任从优势证据标准提升为"清楚且令人信服"的证据标准所产生的效力。图中阴影区域同样代表着错误，提升证明责任的效果是明显的。支持被告的错误增加了，而支持原告的错误减少了，这正是设定更高说服责任所要达到的效果。不过，要记住，实际的错误分配情况，将取决于我们所做假设的准确性。

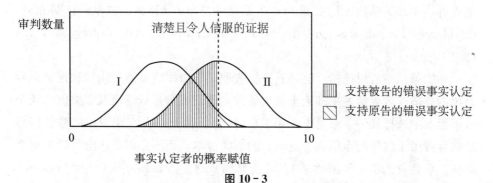

图 10-3

尽管我们这里主要关注的是民事案件，但要注意，图 10-3 也能阐释刑事案件所要求的确信无疑之证明：假设，横轴和竖轴保持同样的意思，而仅将代表说服责任标准的竖（虚）线向右移动一些。这将表明，为了避免对单个无辜被告人的错误定罪，刑事证明标准允许许多罪犯逃脱惩罚。这一社会偏爱是可以理解的，可能也是正当的，但它并不像许多人想得那么直白。参见拉瑞·劳丹：《真相、错误和刑法：试论法律认识论》[Larry Laudan, Truth, Error and Criminal Law: An Essay in Legal Epistemology 55-61 (2006)]。

812

4. "优势证据"在实践中的含义

说服责任，或至少是优势证据责任，或许并未按照人们所期待的那样发挥作用。在一项有趣的研究中，丽塔·詹姆士·西蒙（Rita James Simon）和琳达·马汉（Linda Mahan）教授获得的数据表明，陪审团成员可能将"优势证据"理解为 0.7-0.8 之间的某种可能性，而法官们却始终指示说"优势证据"意味着略高于 0.5。丽塔·詹姆士·西蒙和琳达·马汉：《证明责任量化》[Rita James Simon and Linda Mahan, Quantifying Burdens of Proof, 5 Law & Soc. Rev. 319 (1971)]。在这项研究中，陪审团成员被要求将优势证据（preponderance of the evidence）转述为一种概率评估，而不是说成该词意味着"大于50%"。尽管如此，当这样告知陪审团时，有数据显示，陪审团成员是能够遵循这种指示的。桃乐茜·K. 卡格海罗和 W. 克拉克·斯坦顿：《证明标准的法律界定与量化界定》[Dorothy K. Kagehiro and W. Clark Stanton，Legal v. Quantified Definitions of Standards of Proof，9 Law & Hum. Behav. 159 (1985)]。当事实认定者以"相对似真性"（relative plausibility）标准作为其裁决依据时，如第二章所述，他们必须选择对证据之最佳解释，采用更全面、更一致且比对手更佳的证据所支持的事实版本，而非其他与之竞争的版本。这样一种机制，允许原告方只有在其证据得分明显高于被告方证据的情况下，才能胜诉。参见罗纳德·J. 艾伦和亚历克斯·斯坦：《证据、概率和证明责任》[Evidence，Probability，and the Burden of Proof，55 Ariz. L. Rev. 557，574 (2013)]。

亦如第二章所讨论的，有经验证据表明，陪审团成员通过构建和评估包罗万象的故事或者事情发生理论来裁决案件。他们通常是从诉讼双方提供的两个故事版本中选择其一。参见上文第 89 - 91 页。因此，在实践中，优势证据标准常常被用于选择陪审团认为更似真的事实版本，而不是用来作出明晰的概率评估。参见迈克尔·S. 帕尔多：《二阶证明规则》[Michael S. Pardo：Second-Order Proof Rules，61 Fla. L. Rev. 1083 (2009)]。

813　　5. 说服责任的相对性

从当事人对一场诉讼的立场看，任何说服责任都是相对的。如果原告有超过 50% 的说服责任，除非陪审团能够以至少 50% 的可能性确信原告事实版本是不真实的，那么，被告将败诉。如果被告不承担该责任，那么逻辑上的必然结果就是，陪审团相信原告的事实版本超过 50% 可能是真实的。因此，称原告有超过 50% 的说服责任，就是称被告有 50% 的说服责任。同理，称原告有 70% 的说服责任，也就是在说，被告有超过 30% 的说服责任。

6. 说服责任的分配

正如举证责任那样，对诉因每一必要因素的说服责任，必须分配给当事人一方或另一方。至于哪一方当事人负有说服责任，法律规定通常是清楚的。一般来说，原告负有以优势证据证明其诉求中所有要素的责任，而被告就"积极抗辩"的要素负有说服责任。然而，如果法律在这个问题上规定得不清楚，那么，对于决定谁应承担说服责任就没有非常有用的公式或者检验方法。法院可能要考虑一系列因素，包括：（1）哪一方当事人更容易获取证据；（2）"一方当事人的论点背离普通人经验预期的程度"；（3）"一种对恶行的指控应当由控诉方予以证明的公平感"；以及（4）"实际或假想的政策理由，会使法律有时不喜爱依法允许控诉或抗辩。"参见小弗莱明·詹姆斯：《证明责任》[Fleming James Jr.，Burden of Proof，47 Va. L. Rev. 58 - 59 (1961)]。

　　从宪法角度看，各州是以各自喜好的方式自由分配民事案件证明责任的。拉文诉米尔恩案［Lavine v. Milne, 424 U. S. 577, 585 (1976)］（"在刑事领域外，在受到特别关注的领域，说服责任分配通常不是联邦宪法的关注点"）。克鲁赞诉密苏里州卫生部案［Cruzan v. Dir., Mo. Dep't of Health, 497 U. S. 261, 280 (1990)］（正当程序并不禁止各州要求清楚且令人信服的证据，以证明患者想要撤除生命维持治疗意愿）。举例来说，一个州可能要求一方当事人在某个问题上承担举证责任，而要求对方当事人承担该问题上的说服责任。各州有时会以有趣的方式行使分配证明责任的权力。请思考以下案件。

谢克特诉克兰费尔案
(Schechter v. Klanfer)

321 N. Y. S. 2d 99, 28 N. Y. 2d 228, 269 N. E. 2d 812 (1971)

　　布雷特尔（Breitel）法官。

　　在这起人身伤害过失诉讼中，争点在于，是否应该指示陪审团，对于因失忆症而对造成伤害的事件失去记忆的原告，降低其本可为这些事件作证的证明标准。

　　在该审判中，宣告了支持被告的裁决。审判法院最初指示陪审团，如果认定原告患失忆症是真实的，那就应降低原告证明标准。然而，在被告反对下，该指示被撤销了，原告就此提出了异议。 *814*

　　本案应当撤销原判并重新审判，以便陪审团考虑是否应该降低原告的证明标准。

　　1964 年 8 月 25 日夜晚，罗伯特·谢克特（Robert Schechter）和同伴艾丽丝·斯通（Alice Stone）遭遇了一场摩托艇碰撞事故。他们当时都 14 岁。他们离开湖岸家中的一场聚会，罗伯特驾驶着他父亲的快艇，开始穿越湖面。艾丽丝坐在罗伯特左前方的位置上。艾丽丝作证说，那天夜晚天气晴朗，月光明亮，艇灯开着，罗伯特正以每小时 4 英里的速度直线行驶。艾丽丝继续说，当她往右边看时，她看见大约 50 英尺外有一艘摩托艇的船头翘出水面，朝她们开来。她估计，大概一秒钟后，那艘由被告罗伯特·克兰费尔（Robert Klanfer）驾驶的快艇就撞上了谢克特快艇驾驶员的位置。艾丽丝估计，克兰费尔快艇当时正以每小时 30 英里的速度行驶。湖上夜晚限速是每小时 10 英里。被告对艾丽丝关于其艇速及谢克特快艇是否开着灯这两个证言存有争议。罗伯特也出庭作证，但与该事故无关，他只是声称，这次碰撞的后果是他失去了对该事件的记忆。他遭受了头骨骨折、胳膊骨折、下颚骨折和其他身体伤害，好几天都处于昏迷状态。原告的医生专家作证说，由于大脑损伤，罗伯特遭受了包括失忆症等在内的严重情绪打击和精神病学变化。

　　规定原告可以较低的证明标准胜诉的规则，在诺斯沃西诉纽约市案（Noseworthy v. City of New York，80 N. E. 2d 744）中得到最明确的阐述。在那个案件中，法院认为："一个致死案件中的原告，不应像受伤且能自己描述事件发生情况的原告那样，对诉因承担同样高的证明标准。"而且，尽管有一些相反的观点，该规则也被适用于原告方传唤目击证人的非法致死案件。……

　　最高法院大法官协会模范陪审团指示委员会建议，在一项模式化指示中，如果陪审团能够从医疗和其他证据中确信原告丧失了记忆，并且原告受到的伤害是导致原告失忆的一个实质性因素，就应判定失忆的原告承担较低证明标准（模范陪审团指示 1：62）。[2] 在有关陪审团指示的一个富有思想且具文献价值的评论中，该委员会解释道："事故必须是导致记忆丧失的一项实质因素，该限制条件是依据诺斯沃西案所断言的原理，这不仅仅是原告无能力提出证据，而且在于当原告的无能力是**由被告的行为造成**时，允许对案件事实拥有知识的被告以保持沉默而获益，这是不公正的。"（1 N. Y. PJI 36，黑体字为原文所加。）

815　　当然，一位失忆的原告与原告代表的死者（plaintiff's decedent）、初学走路的孩子和痴呆者一样，也不能更好地"描述造成其伤害的事件"。面对类似的选择，即将通常适用于原告代表的死者之"合理注意推定"延伸给失忆的原告，其他各州已作出了合乎逻辑的推论：无能力作证的失忆者有权获得该优待规则。

　　然而，即使是适用于失忆症的规则，也没有转移证明责任，或者消除原告在"证据初步证明"（prima facie case）中提供证据的需要。陪审团必须将其事实认定建立在某种证实过失以及没有共同过失之证据基础上。而在这个案件中，原告确实提出了一些证据初步证明，所以有机会适用较低的说服责任。因此，如果指示陪审团适用较低的说服责任，那么，应该能够或者可以认定原告没有证明共同过失的责任。艾丽丝·斯通作证的情况——罗伯特驾驶快艇按直线驾驶，每小时 4 英里的速度以及开着艇灯等，与共同过失争点是相关的。从艾丽丝关于克兰费尔的快艇速度和路线的证言，也能认定被告是有过失的。

　　② "然而，如果人们能从所出示的医疗和其他证据中得知原告遭受了记忆丧失，使其不可能回忆起，事故的时间或地点，那么，在该事故中原告受伤就成为导致他丧失记忆的实质性因素，该原告就不被要求承担与那些自己能够描述事故发生情况的原告一样高的证明标准。"

　　当然，危险在于，失忆症是很容易伪装的。这些危险也可以改进。对于失忆的争点，原告像对其他争点一样负有证明责任。由于有伪装的危险，必须在适用较低的说服责任之前，对陪审团作出以下指示：它们必须满足清楚且令人信服的标准，即以身体伤害的客观性和程度为支撑，并且，该失忆显然是此次事件造成的结果。

　　上述标准，无疑比模范陪审团指示所建议的更加严格。然而，将失忆的原告等同于死亡诉讼中的死者的代表，这似乎是为一个自由规则所付的较小代价。如此对待失忆者的原因，与那些在致命事故中保持沉默之人的代表性具有类似性，但伪装的风险和容易性是非常明显的。

　　因此，上诉法院的命令应当予以撤销，案件发回重审，费用按例承担。

　　撤销命令，及其他。

——注释和问题——

　　1. 按照谢克特案法院意见，原告为了从降低证明责任规则获益，必须提供过失之证据初步证明。什么是证据初步证明？谢克特案法院没有告诉我们，但法院通常用该术语来描述一方当事人必须满足的举证责任。如果法院此处讲的是这个意思，似乎很可能是要求原告必须提供被告有过失的足够证据，以形成一项由陪审团裁决的问题。换言之，在原告提供了证据初步证明的裁定中，法院实际上是在说，关于被告过失的证据，类似于上文第 806 页图 10-1 中案例 2 的情况。

　　2. 在谢克特案中，法院能够或者应当更精确清楚地说明失忆症会如何影 *816* 响原告的证明责任吗？该法院指出，在由被告导致失忆的情况下，原告"不应被认定为，承担着像能够自己描述事件发生情况的原告一样高的证明标准"；该法院还指出，"甚至适用于失忆症的该规则……并未转移证明责任"。如果原告的说服责任通常只是稍高于 50%，且如果该责任被减轻，该说服责任怎么不会转移给被告方呢？

　　3. 降低患失忆症的原告说服责任，有什么正当理由？

　　4. 如果说服责任的运行如其所设定的那样，根据将优势说服责任分配给一方而非另一方当事人的规则，精确地说，何种案件会出现不同的结果？正是那些陪审团左右为难，无法说出说服责任是否得到满足的案件会受到影响，不是吗？你认为这类案件可能有多大规模？相比之下，再次假设说服责任大致按其所设定的方式在运作，将说服责任从优势证据转变成清楚且令人信服的证据，更有可能影响到案件的结果。

请考虑一下这些观察结果在谢克特案背景下的内涵。如果法院裁定患有失忆症的原告相比其他原告仅需满足较低的说服标准，这就意味着，原告的说服责任略低于优势证据标准，其结果将是使原告的责任低于 50％ 以上的标准——比方说 49％。这等于说，说服责任转移给了被告，被告要以 51％ 以上的优势证据说服陪审团自己是无过失的。因此，与该法院的主张相反，失忆规则确实将证明责任转移给了被告（当然，除非事实认定者将优势证据的含义理解为大于 50％ 以上）。然而，这样一种转移，不可能影响到许多案件。失忆规则的实际影响不在于是否转移了优势证据责任，而在于失忆规则创造了多少转移。

5. 在桑托斯基诉克莱默案 [Santosky v. Kramer，455 U. S. 745，768 - 770 (1982)] 中，最高法院裁定，为终止某人的父母权利作为正当理由的不当行为，必须有清楚且令人信服的证据加以证明。最高法院还解释道：所适用的证明标准，将取决于争议案件的一般类型，而非基于个案而定的分配，因为"诉讼双方和事实认定者必须在审判程序一开始就知道错误风险将如何分配。"（同上，第 757 页）谢克特案判决是否与此原则一致？

6. 在许多案件中，有许多关于"证明责任从不转移；它总是保持在其最初被分配的当事人身上"的表述。这种说法说在很大程度上是正确的，但其误导性超过其益处。当对方未提出反证时，事实认定者通常会给一方证据更多的信任。至少作为一个实际问题，这意味着对方负担着反驳证据提出方的责任。此种非正式的责任常被视为"战术性的"。请再考虑一下图 10 - 1，上文第 806 页。在一方当事人对案情作了充分论证，以至于理性人不能反对该方当事人所 *817* 提供的证据证明其应当胜诉时，法院将作出其胜诉判决，除非对方当事人提供了更多的证据将这种概率降低至理性人可能产生分歧的程度。在这种情况下，对方当事人承担了功能性举证责任；对方能够举证，或者败诉。从这个意义上，"举证责任"能在一个审判过程中多次进行转移。

7. 关于说服责任，在不同的选择下可能有各种政策追求。我们已经提到了一些，诸如对当事人之间的错误同等化。其他政策还包括减少错误的责任确定、作为审判结果减少金钱总量的错误分配，以及使大失误最小化。不同的证明责任规则可以比其他规则更好地服务于这些各式各样的政策。亚历克斯·斯坦：《证据法的基础》 [Alex Stein, Foundations of Evidence Law 143 - 153 (2005)]。

要　点

1. 说服责任是一项裁决规则，它要求当事人就一项主张说服事实认定者，要达到特定的确定性程度。

2. 在民事案件中，说服责任通常是"优势证据"，这一般被理解为是指"比不可能更可能真实"；在某些特殊类型的民事案件中，说服责任是"清楚且令人信服的证据"。

3. 从诉讼当事人的角度看，说服责任是相对的：说原告为了胜诉必须把某种主张为真证明到超过 50%，就是说被告必须把那个主张为假证明到不少于 50% 的程度。

4. 每一方当事人必须申辩并证明自己的案件。实体法规定，原告必须提出诉状并随之证明其案由潜在的全部事实。相应地，实体法规定，被告必须就其积极抗辩中潜在的所有事实进行答辩并随之进行证明。因此，说服责任通常与提出诉状和举证如影随形：对争议事项负有提出诉状和举证责任的当事人，也承担着说服责任。

二、民事案件中的司法综述和评论

根据普通法，审判法官有权在审判结束时对证据进行总结，并对其含意发表评论。总结证据的权力，允许法官向陪审团回顾当事人双方出示的全部证据。综述的价值在于，其给陪审团一个对证据不偏不倚的审视。而评论证据的权力则是更进了一步。它允许法院对证据的含意表达自己的观点，因而给诉讼注入了法官的个人观点。因此，许多州通过制定法或基于宪法理由，宣告综述和评论的实践不合法。

818

（一）允许司法综述和评论的利弊

评论和综述的魅力在于，其可给审判程序注入一种无私的元素。它对陪审团评价证据是有价值的。在某种程度上，人们相信存在着"无私的观察员"一说。而且在某种程度上，人们会区分审判中提供的"证据"与从该证据中得出的"推论"，人们可能相信综述和评论是审判中值得称道的事情。然而，这两点都还有其另一面。

审判法官在一些方面当然是没有利害关系的，但和我们其他人一样，他们也有自己看待事物的方式，这毫无疑问会影响到他们的观察和记忆及其从证据中得出的推论。请重新思考一下第三章关于相关性的讨论。事实认定者在他们的信念系统——他们看待世界的方式——背景下评估证据。例如，假设某天晚上一个人回家，在进入房间之前，她想知道丈夫是否在家。她注意到，晚报不在门阶上了，前门没有上锁。此外，她根据自己以前的经验知道，她丈夫回家时总是会捡起报纸，进入房间后从不锁门。她还知道，她有一份可靠的报纸递送服务。通过对比她所观察到的——报纸不见了和门锁打开了——她就能够推断她的丈夫已经到家了。

当然，她所得出的推论可能是错误的。例如，报纸很可能是被风吹走的，或者那天根本就没有送报纸，而且，当天早上她或丈夫离开家时就忘记了锁门。根据当时所作的观察，这些因素也可能被考虑到，也可能被与先前的经验进行对比。那天风大吗？那天报纸是什么状况？不经意间忘记锁门的概率有多高？简而言之，推论过程要求将证据与先前经验相对比。这正是陪审团成员在考虑证据时要一起做的事情，实际上这也在很大程度上解释了为什么我们如此珍视陪审团制度。在决定案件事实的时候，我们希望一个有代表性的混合人群能够提出他们的不同观点，以回答这样的问题：从证据中可以推导出什么样的推论，这个世界的哪些综述能够或者不能作为事实认定的依据。

在事实认定中不可避免地会依赖于个人经验，这在很大程度上解释了对证据进行司法评论的抵触，也在一定程度上解释了对综述的抵触。在一个非常现实的意义上，法官对证据含意的评论是基于自己以往经验的评论，在事实认定过程中注入了自己以前的经验，而这一切可能有不良影响。审判法官和我们所有人一样，带有个人成见和偏见，可能影响到他们综述或评论证据的方式。此外，法官们的背景在很大程度上仍有相似性，缺乏多样化，可能带有一种群体性成见。法官作为一个群体一般都受过良好的教育，受教育的方式近似，经济状况良好，习惯于在社区中受到尊重。此外，法官群体中占据主导的还是白人和男性，且大多来自中产阶级或上流社会。任何小而有凝聚力的群体（如审判法官）很有可能有共同的信念和态度，这可能影响到他们对证据的感知以及从证据中得出的推论。允许法官综述和评论证据，就是在允许他们将自己的信念和态度悄悄带入事实认定程序，使其发生倾斜以支持这个特殊精英群体利益。参见丹·M. 卡汉等：《你将相信谁的眼睛？斯科特诉哈里斯案以及认知反自由主义的风险》[Dan M. Kahan et. al, Whose Eyes Are You Going to Believe? Scott v. Harris and the Perils of Cognitive Illiberalism, 122 Harv. L. Rev. 837 (2009)]。

（二）对司法综述和评论进行评价的标准

在联邦法院，"为了帮助（陪审团）得出恰当的结论"，综述和评论是合适的。参见维克斯伯格和 M. R. R. 诉帕特纳姆案［Vicksburg & M. R. R. v. Putnam，118 U. S. 545，553（1886）］。困难在于，判断什么是对陪审团有适当帮助——以及什么是过犹不及——的标准还不明确。

请思考农利诉佩特韦石油公司案［Nunley v. Pettway Oil Co.，346 F. 2d 95（6th Cir. 1965）］，该案中陪审团无法决断原告到底是被邀请者还是被许可者。为了鼓励陪审团打破这个僵局，在评议休息期间，法官给陪审团作了以下指示：

> 目前，在这起诉讼中，陪审团当然是事实问题的唯一和排他的裁判者。在尽力为陪审团提供一些可能帮助的意义上，法院对证据进行评论是适当的。从本案开始审判至此，我一直在克制自己去评论证据。然而，为了尽力给你们提供一些可能的帮助，我认为在这些情况下，我应当对被邀请者—获许可者之争所涉及的证据作一些评论。可是，我希望你们理解，在我作这些评论时，你们在任何方面和任何程度上都没有义务接受、承认或者同意我所说的话。接受我对本案法律问题所述是你们的义务，但是，对于我就证据所做的任何评论，或者，对于我所作的任何关于证据的评价或我可能得出的结论，你们都没有义务接受。那完全是你们自己的职责。但是，基于以上理解，法院在本案中的意见是，就有关是被邀请者还是获许可者之争的所有证据来看，证据将证实，在事故发生的那个时空点上，原告是获得许可的人，而非被邀请的人。现在，正如我说过的，我说的话仅仅是为了给你们提供一些可能的帮助，但我想让你们明白，由于解决该争议是你们的工作和责任，因而，就我所作的上述评论，你们没有任何义务接受为自己在本案中的评论或意见。我之所以这样做，想法和愿望仅仅是我的评论可能为你们提供一些可能的帮助。无论如何，我想请你们再次退庭并考虑你们的裁决，看看你们是否还是无法达成某种一致意见，某种反映所有陪审团成员观点的裁决。请尊重你的同伴陪审团成员的观点。如果你发现若有陪审团成员的观点和你的意见不同，如果你应当被理性、合乎逻辑地说服去接受一种不同的观点，那么，就请你毫不犹豫地改变自己的想法。请你们尝试以虔诚的良心去达成全体一致的裁决。在你考虑了所有他人的观点后，也不要为了达成一致裁决而放弃一项坚定的确信，而要

看你们是否无法解决这个争议。请再做一次努力。（上引案例，第 98 页。）

在推翻支持被告人的判决中，上诉法院指出："审判法官关于获许可人——被邀请者争点的意见，是一项本该专门留给陪审团考虑的关于最终事实问题的意见，并且实际上相当于一项判决被告人胜诉的（法官）指示（陪审团）裁决（instructed verdict）。……"（上引案例。）你同意吗？

820

（三）标准化评论

或许是对限制综述和评论的权力之回应，发展起一种提供"标准化推论"的实践。这些指示是告知陪审团，一个事实之证明产生另一个事实之推论。这种指示以多种形式出现。例如，参见朗格内克诉通用汽车案 [Longenecker v. General Motors，594 F. 2d 1283（9th Cir. 1979）]（从产品失效得出产品存在缺陷的推论）；艾娜航空公司诉合众国案 [Ina Aviation Corp. v. United States，468 F. Supp. 695，（E. D. N. Y.），aff'd，610 F. 2d 806（1st Cir. 1979）]（一方当事人控制着在审判中拒绝出示的证据，可以推论该证据对该方当事人不利）。对上述问题的讨论，参见《麦考密克论证据法》[2 McCormick's Handbook on the Law of Evidence § 342，at 496 - 497 n. 9，497498（Kenneth S. Broun，ed.，6th ed. 2006）]。

标准化推论之来源可以基于制定法，也可以基于普通法。当标准化推论的来源是普通法时，这种标准化推论本质上是关于特定事项之司法智慧的总结。由于审判法官的个人观点被降级为次要角色，所以相比关于证据的一般评论而言，这种标准化推论可能更受青睐。由制定法授权的标准化推论在一定程度上亦是如此，只不过其推论的来源是立法机关而非司法智慧。另一方面，由于标准化推论的指示一般不涉及案件的具体证据，并且有时包含过多的法律术语，其向陪审团传达的信息也许不及法官的个性化评论。参见查尔斯·T. 麦考密克：《对推定和证明责任的指责》[Charles T. McCormick，Charges on Presumptions and Burdens of Proof，5 N. C. L. Rev. 291，299301（1972）]。

（四）证据评论与说服责任之间的关系

通过评论证据，法官会影响审判结果。当其评论对陪审团达到预期效果时，便不可避免地会在案件当事人中产生转移说服责任的后果。例如，请考虑一项支持原告的评论，该原告负有以优势证据证明事实 X 存在的说服责任。如果没有评论的因素，原告为了胜诉，必须提供足够的证据说服陪审团，事实

X 有 50％以上的概率为真；而被告为了胜诉，必须说服陪审团至少有 50％：50％的概率该事实是不真实的。当存在支持原告的评论时，原告需要说服陪审团事实 X 为真的负担就减轻了，而被告不得不做更多的工作来说服陪审团事实 X 不真。例如，单凭原告提出的证据可能让陪审团确信 X 为真的概率只有 45％，但如果加上法官评论的话，那么该证据说服陪审团确信 X 为真的概率可能就超过了 50％。在这种情况下，尽管原告提供的证据只满足了 45％的说服责任，但该法官评论的效果就是允许原告胜诉。被告为了在该案中获胜，将不得不提出足够的证据去说服陪审团相信，有 55％以上的可能性是 X 不真。

821

要　点

1. 对证据的司法综述和评论在联邦法院是允许的，但许多州都禁止司法评论或综述，或二者都禁止。

2. 如果综述或评论被允许，对一项具体综述或评论的适当性进行评价的重要标准，应当是其准确性。

3. 除非一项综述或评论对陪审团而言仅仅说出了显而易见的事情，否则，该综述或评论将不可避免地有助于一方当事人而有害于另一方当事人，从而转移了当事人的相对说服责任。

────注释和问题────

1. 再次思考上文第 813 页的谢克特案。尝试起草一个能与法院允许的减轻失忆症证明责任的指示具有大致相等效力的证据评论。

2. 注释 1 所考虑的评论是否被允许？如果答案是肯定的，那么——评论或者明确减轻说服责任的指示——哪一种机制更好？如果答案是否定的，为何应当允许以一种方式来减轻原告的说服负责，而不允许另一种？

三、民事案件中的推定

推定是法院和司法评论者用来描述特定规则的术语。这种规则通过在产生推定的基础事实 A 与推定事实 B 之间建立的一种特定法律关系而实现对证明过程的规制。例如，许多司法辖区都有一条规则，即基于证据证明某人已经失踪 7 年（事实 A），便可推定此人已经死亡（事实 B）。通常来说，这条规则或者推定意味着，事实 A 的证明（例如，某人下落不明已满 7 年），要求对事实

B 也作出认定（例如，该人已死亡），除非该推定所不利的当事人一方对事实 B 作出了充分的反驳。

在一项推定事实和产生该推定的事实（基础事实）之间，几乎总是存在着某种推论性关系。例如，在推定死亡的情形中，对事实 A（7 年下落不明）的证明，为事实 B（死亡）提供了某种推论性支持。事实上，在一些案件中，即使没有推定，理性的事实认定者仅根据事实 A 的证明就可以认定事实 B。事实 A 的证明产生了事实 B 的推定，其意义在于为两个事实之间的具体法律关系做了附注。尽管如此，"推定"一词并非意味着存在独特的证据性方法或概念。相反，推定仅仅是附着在法院、立法机关和评论者操纵证明过程各种方法上的一个标签。详细而直接地描述那些操纵方法，并从法律话语中清除推定一词，都是可能的。莫雷洪诉雷斯建筑公司案［Morejon v. Rais Constr. Co.，851 N. E. 2d 1143（N. Y. 2006）］［"然而，令人眼花缭乱的公式（从强制性推论到许可性推定）表明，如果我们在看问题时不去片面地强调标签和分类，事情可能就不会那么复杂"］。的确，正如本节通篇所暗示的，这样一种改革是可取的。

推定有不同的形态和形式。有些是不可反驳或结论性的，有些则是可反驳的。一些可反驳的推定仅仅影响举证责任，还有一些影响说服责任。一些可反驳的推定是强制性的，因为其要求在缺乏充分反驳证据的情况下认定推定的事实。其他可反驳的推定是允许的推论。它们允许但不要求认定推定的事实，即使没有反驳证据。因此，"推定"一词的使用常常是模棱两可的，而且，当从语境中无法弄清所提及的是何种形式的推定时，这种模糊性便产生了混淆。

正如我们将解释的，推定分为四种主要类型或类别：（1）结论性推定，（2）举证责任推定，（3）说服责任推定，以及（4）许可性推定。在讨论这四种类型推定形式的实例后，我们将探讨推定分析中更复杂的内容。我们接着将考察和评判《联邦证据规则》中的推定方式。

在我们开始考察推定时，你们应当记住影响推定操作的两个问题。

第一，谁对基础事实负有说服责任？换言之，为了使前述死亡推定（事实 B）开始生效，对于证明该人下落不明已满 7 年（事实 A），谁负有什么说服责任？这个问题中的"谁"是没有争议的：想要利用该推定的人，负有证实产生该推定之基础事实的责任。对于该问题中"什么"的回答，虽然很少阐明，但通常对基础事实的证明标准而言，很可能是优势证据标准。然而，也有法院建立更高标准的例子。参比：上文第 813 页谢克特诉克兰费尔案（Schechter v. Klanfer）（为了减轻证明责任，原告必须以清楚且令人信服的证据，证明失忆症）。

第二，想利用一个推定的当事人是否满足了对基础事实的适当说服责任，由谁决定？例如，假定一位妇女想从丈夫的推定死亡（事实 B）中获益。如果对于他是否下落不明已满 7 年（事实 A）有相互冲突的证据，是由法官还是陪审团来决定该问题呢？我们将在不同类型的推定讨论语境下来详细阐述这个问题。

823

（一）不可反驳或结论性推定

一些推定是结论性或不可反驳的。换言之，一旦对产生该推定的事实即事实 A 得到证明，那么，推定事实即事实 B，就结论性地得到证实。该推定所反对的一方当事人，甚至不被允许提供证明不存在事实 B 的证据。《1969 年联邦煤矿卫生和安全法》（The Federal Coal Mine Health and Safety Act of 1969）赋予完全丧失劳动能力的煤矿工人获得赔偿的权利，就创设了这样一种不可反驳或结论性的推定。只要通过 X 光或其他临床证据证明该矿工已患有复杂的尘肺病（事实 A），那么，法律就结论性地推定该矿工完全丧失了劳动能力（事实 B），因而有权获得赔偿。[30 U.S.C. § 921（c）（1994）.] 换言之，当该矿工证实事实 A 时，其就有权获得赔偿；该矿所有者若试图证明该矿工也许事实上并未完全丧失劳动能力（事实 B），这是不允许的。

一项结论性推定无非是一项措辞有些笨拙的实体法规则：如果法律规定原告必须证明事实 B 才能胜诉，并且，如果能证明事实 A，就能结论性地推定事实 B 的存在，那么，这条法律规则实际上意味着，原告只要能证明事实 A 或者事实 B，就能胜诉。乌斯厄里诉特纳·埃尔霍雷矿业公司案 [Usery v. Turner Elkhorn Mining Co., 428 U.S. 1 (1976)]；维厄诉基西克建设有限公司 [Wiehe v. Kissick Constr. Co., 232 P. 3d 866 (Kan. App. 2010)]（如果雇员被检测出超过特定的酒精或毒品含量，就满足了工人赔偿法案的损伤之不可反驳的推定。）

只要结论性推定创设的分类不是那么任意或非理性，以至引发对正当程序或平等保护的忧虑，那就没有反对它的有效根据。例如，就像法院在乌斯厄里案中所主张的，如果国会能够通过制定法，明确规定两类矿工有权获得赔偿，那就没有理由仅仅因为国会利用推定术语来实现该目标而反对这项制定法。另一方面，如果法院的结论是立法上的分类很任意或非理性以至于违反宪法，那么，不管该立法是否使用了推定语言来创设这种分类，该种分类都应是违宪的。关于多伊收养案案由 [In re Adoption of Doe, 2008 WL 5070056 (Fla. Cir. Ct. Aug. 29, 2008)]（不可反驳的推定——"被一个同性恋收养，对于任何被收养人而言，永远不会是其最佳利益所在"——是违宪的）。简而言之，问题不在于立法机关选择形成其分类的方式，而在于这种分类自身是否表现出宪法性争议。

因为结论性推定不过是一项实体性法律规则，关于导致一个结论性推定的事实是否存在的问题，本应该由陪审团来决定。换个说法，结论性推定不过是以某种笨拙的方式表达了这样一种观点：从两种分类中得出同一法律后果（一种是在不考虑该推定的情况下，事实 B 可以被证明；另一种是借助该结论性推定，事实 A 在法律上与事实 B 没有区别）。如果陪审团是事实 B 的裁决者，那么，陪审团也应该是事实 A 的裁决者。

824

要 点

1. 一项结论性推定，在某种程度上，就是一项实体法规则的笨拙表达方式。

2. 只要宪法上允许将相同的法律后果归因于推定的事实，且该事实导致了该结论性推定，那就没有理由反对一项结论性推定。

思考题

10.1. 卡萨诺瓦（Casanova）（一项遗嘱信托的终身受益人）与该遗嘱信托的两名剩余遗产继承人莱纳斯（Linus）和露西（Lucy），寻求加速从而终止该信托。他们主张，由于卡萨诺瓦实施输精管切除术，导致其不能生育。因此，从效力上讲，关于剩余遗产继承人（卡萨诺瓦的直系继承人）的类别之争，已被终止了。受托人基于该司法辖区有一项不可反驳的推定——一个男人或女人，无论其年龄或身体状况如何，都被结论性地推定为具有生育孩子的能力——而进行辩护。此外，受托人主张，输精管切除术可能是可逆的。受托人提出一项指令裁决动议。它应当被批准吗？

10.2. 丈夫被妻子起诉，要求对婚姻关系存续期间出生的一个孩子提供抚养支持。该婚姻关系已因离婚而终结，且丈夫以他和妻子在这个孩子出生前两年就没有性关系为由进行辩护。妻子要求审判法官就一项不可反驳的推定对陪审团作出指示，即婚姻关系存续期间出生的孩子推定为属于丈夫。假定法律正如妻子所主张，应当给陪审团作出这项指示吗？如果丈夫基于诸如血型检验等方式能够确信无疑地证明他不是该孩子的父亲，会有任何区别吗？

（二）强制性可反驳推定

强制性可反驳推定为指定的几种情形创设了特殊证明责任。一项特定证明责任规则的特殊原理，像举证责任和说服责任的一般分配原理一样，经常是难以琢磨的。尽管如此，公平地说，创设特殊证明责任规则的目的总体上是要对证明过程进行微调，以促进理性、准确的事实认定或其他与证明责任分配有关的目标实现。参见上文第 816 - 817 页的注释 4 和注释 7。然而，由于推定分析的复杂性和混淆性，推定的使用常常减损而非促进这些目标。

1. 转移举证责任的强制性可反驳推定

一些推定创设了基础事实 A 与推定事实 B 之间的某种强制性联系，这只影响举证责任。

一旦当事人一方证实了事实 A，那就必须认定事实 B，除非该推定所反对 **825** 的当事人一方提出了非 B 的证据。换言之，如果推定所反对的当事人未能提出有关该推定事实的证据，在该项事实上就会输。而如果该当事人满足了举证责任，则上述推定对案件并没有进一步的影响。法院和评论者们遵循詹姆斯·布拉德利·塞耶教授的指引，普遍将这种类型的推定称作"泡沫破灭型"推定。一旦该推定所反对的当事人一方提供了充分的证据，那么，该推定——即"泡沫"——就会消失或者破灭。参见詹姆斯·B. 塞耶：《普通法证据初探》[James B. Thayer, A Preliminary Treatise on Evidence at Common Law 336 - 337 (1898)]。

请考虑一起案件，在没有任何推定的情况下，原告为了胜诉必须证明被告收到一封信。假设存在一项强制性举证责任推定，证明了邮寄（事实 A），便推定收到了信件（事实 B）。关于约德公司案由 [In re Yoder Co. , 758 F. 2d 1114 (6th Cir. 1985)]；丹佛市和县诉东杰弗逊县环境卫生区案 [City & County of Denver v. East Jefferson County Sanitation District, 771 P. 2d 16 (Colo. App. 1988)]；温克菲尔德诉美洲大陆保险公司案 [Winkfield v. American Continental Insurance Co. , 110 Ill. App. 2d 156，249 N. E. 2d 174 (1969)]（均涉及基于邮寄证明的收件推定）。为了从该推定中获益，从该推定获益的人必须证实基础事实的存在。因此，在我们的例子中，原告为了从该推定获益，就必须证明该信件已邮寄。如果原告未能做到这一点，而且没有其他收到之证据，原告将败诉。如果原告证实了该信件已寄出（事实 A），并且如果被告没能提供未收到该封信的证据（非 B），那么，在这个具体案件中收到信件之推论无论是强是弱，法院在收到信件这个争点上都将作出支持原告的指令裁决；该推定强制性地要求该结果。另一方面，如果被告提出了达到举证责任标准的相反证据，该推定便消失了，案件将在推论原本就不存在的情况下继续进行。这一般意味着，法官将把案件交给陪审团，并给陪审团指示说，原告要想胜诉，就必须以优势证据令陪审团相信被告收到了那封信（事实 B）。然而，在任何具体情况下，法官是否应当将该事项交给陪审团裁决，还是作出对一方当事人有利的据法判决，应当取决于上文第 806 页图 10 - 1 中哪种案例情况准确代表了全案证据。关于伍德遗产案案由［In re Estate of Wood，374 Mich. 278，132 N. W. 2d 35 (1965)］。

正如上述讨论所表明的，强制性举证责任推定，在效果上就是一项特殊的法院据法判决规则。正因为如此，它有两个后果：第一，基础事实的证实，将要求法院就不利于对方当事人的推定事实作出据法判决，因其未能履行该推定所强制性要求的举证责任。第二，至少在对方当事人提出反证之前，基础事实的证实使从该推定获益的当事人一方免遭法院据法裁判。由于事实 A 的证明要求在缺乏反驳的情况下认定事实 B，在不考虑从事实 A 到事实 B 之推论如何虚弱的情况下，若在其反驳之前便援引强制性推定作出对其不利的判决，那是不适当的。

———注释和问题

826

1. 法院很少关注一方当事人为打破一项强制性举证责任推定的泡沫，必须提供多少证据细节。法院使用诸如"一些证据"或"任何证据"或"可信的证据"，来描述该推定的要求，但一方当事人的证据是否满足明确表达的标准，很少会成为问题。作为一般事项，用以反驳举证责任推定的必要证据，应当与为满足其他举证责任所要求的证据别无二致。问题应当在于，负有举证责任的当事人是否提供了足够证据，对推定事实之不存在创设了一项由陪审团裁决的问题。参见图 10 - 1 以及上文第 806 - 808 页所伴随的讨论。

2. 重要的是注意，即使存在特殊举证责任规则似乎合适的实例，也无须求助于推定之修辞来实现该理想目标。人们能够简单而直接地分配举证责任。

要 点

1. 一项强制性举证责任推定等同于一项特殊的法官据法判决规则。

2. 一方当事人一旦证实产生强制性举证责任推定的事实，该推定便要求在缺少那个事实之任何反证的情况下，认定该推定事实。

3. 至少在对推定事实提出任何反证之前，对产生强制性举证责任推定的事实之证实，还保护该推定获益方规避对方请求法院据法裁判的风险。

2. 转移说服责任的强制性可反驳推定

一些强制性的可反驳推定将说服责任转移到其所反对的当事人一方。例如，请考虑一起案件，原告想要证实被告（她的前夫）是孩子的父亲。通常情况下，原告作为提出动议的一方当事人，既有提供关于父子关系充分证据的举证责任，也有说服事实认定者被告就是孩子父亲的责任。但是，假定在该司法辖区有一项强制性可反驳推定，即有效婚姻关系存续期间怀孕或出生的孩子，推定为丈夫所生。进一步假定，这项推定将说服责任转移到其所反对之人。《加利福尼亚家事法典》［Cal. Fam. Code §7611］。为了利用这项推定，原告将不得不证实她在怀孕或孩子出生时（事实 A3）与被告（事实 A2）有合法的婚姻关系（事实 A1）。如果原告能够证实这些基础事实，事实认定者就必须认定被告是孩子的父亲（事实 B），除非被告反驳该推定。

对于本案被告而言，一种可能的策略是攻击一个或多个基础事实：A1、A2 或 A3。如果原告不能以所要求的证明程度——很可能是优势证据——证实它们的存在，那么，该案就没有推定，原告仍然负有说服事实认定者认定被告是孩子父亲的责任。（即使对这个孩子是否是在该婚姻关系存续期间孕育或出生有疑问，原告仍能通过 DNA 检测或其他证据去证实被告很可能就是父亲。）另一项并不互相排斥的策略就是攻击推定事实，即父子关系。例如，被告或许可以提供多位证人作证称，在可能的怀孕时期他正在国外，因此不可能是孩子的父亲。如果原告能够证实事实 A1、A2 和 A3，对于事实认定者认定父子关系来说，人们可以从这些事实中充分强有力地得出父子关系之合理推论，并不用考虑上述推定。然而，如果不考虑这种推论的强度，强制性说服责任推定至少意味着，被告必须以优势证据去说服陪审团，他不是孩子的父亲。

说服责任推定在效力上与积极抗辩相同，该术语被用于描述被告承担说服责任的直接地位。《联邦民事诉讼规则》8（c）（列举了若干必须由被告来证明的积极抗辩）。例如，请考虑一下产生于有效婚姻关系存续期间怀孕之证明的亲子关系说服责任推定。说有一个"分配或者转移说服责任给被告的父子关系推定"，与说有一个要求被告证明"不存在父子关系的积极抗辩"，在功能上实际是完全相同的陈述。推定的概念中并不存在诸如促进分配说服责任的意思。毋宁说，转移说服责任的推定，只不过是以相同政策理由而创设的积极抗辩，其通常表明了法律制定者关于说服责任分配的决定。

——注释和问题——

1. 在父子关系诉讼中，将说服责任分配给（前）丈夫承担的正当理由是什么？

2. 正如我们最初在讨论说服责任时所指出的，将优势证据责任从一方当事人转移到另一方当事人，对于绝大多数案件而言可能没有影响。

要　点

1. 一项强制性说服责任推定，要求该推定所反对的当事人一方对该争议承担说服责任。

2. 一项强制性说服责任推定在功能上等同于一项积极抗辩。

828　　**3. 关于导致强制性推定之事实的裁决**

尽管强制性可反驳推定与直接分配证明责任在功能上相同，但法院倾向于以不同的方式来执行这两套规则。如果对某个争点存在谁负有"常规"证明责任的问题，一般的共识是由法院或立法机关来决定。这个问题被归类为"法律问题"。相比之下，当证明责任规则取决于一些具体事实的证明，而这些具体事实当然总是推定的情形时，该基础事实是否存在，通常是一个提交陪审团来决定的问题。

请再考虑一下"邮寄和收件"的例子。如果被告提供了未收到信件的充分证据，满足了该推定所创设的举证责任，那就没有对该推定的进一步需要；该泡沫就破碎了。实际上，一开始甚至没有必要考虑该推定有没有产生。然而，如果被告没有提供未收到信件的证据，那就有必要判定原告是否应当获得该推定的益处。在此情形下，通常由陪审团来决定原告是否证实了邮寄的基础事实（事实 A），由此产生收到信件的推定（事实 B）。结果是，如果缺少收到信件的证据而不是原告邮寄的证据，法院将指示陪审团，如果认定原告寄出了该信件，就应该作出支持原告的认定。

要　点

通常，陪审团决定导致强制性可反驳推定的事实是否存在。

829

思考题

10.3. 原告起诉被告，且原告诉求的要素之一是事实 B。在缺少任何推定的情况下，原告将不得不以优势证据证明事实 B。在该司法辖区有一项推定，即如果事实 A 得到证明，事实 B 就被推定为存在。这是一种强制性的举证责任推定。

假设原告没有提供事实 B 的直接证据，但提供了事实 A 的充分证据，从而创设一项事实 A 是否存在的陪审团争点。进一步假设，从事实 A 到事实 B 的推论是充分有力的，即只要事实 A 存在，理性的陪审团成员就能够认定事实 B 存在。最后，假设在证据或日常经验上都不允许在缺少事实 A 的情况下认定事实 B。

（a）在原告举证结束时，双方当事人都提出了据法判决动议。结果如何？

（b）假设在原告举证结束时没有提出据法判决动议，且被告静候处理而未提供任何证据。

现在双方当事人提出据法判决动议。每一方当事人的动议都应当批准吗？如果不，法官对于如何裁决案件应当告诉陪审团什么？在回答这个问题时，请交替假设（1）原告事实 A 的证据具有压倒性优势，任何理性人都无法怀疑它，以及（2）理性人对事实 A 的存在意见不一致。

（c）假设被告在举证结束前仅提供了非 A 的证据，理性人审查所有证据后仍无法就事实 A 和事实 B 的真相达成一致。法官应当就如何裁决该案告诉陪审团什么？

（d）假设被告在举证结束前仅提供了非 B 的证据，理性人不能就事实 A 和事实 B 的真相达成一致。法官应当就如何裁决该案告诉陪审团什么？

（e）假设被告在举证结束前提供了非 A 和非 B 的证据，理性人不能就事实 A 和事实 B 的真相达成一致。法官应当就如何裁决该案告诉陪审团什么？

> 10.4. 假设在思考题 10.3 中除目前的强制性可反驳推定之外，相同事实和替代可能性是，将说服责任施加于该推定所反对的当事人。

（三）许可或"虚弱的"推定

法律有时在两个事实——事实 A（基础事实）和事实 B（推定事实）——之间创设一种特殊关系，但这种关系由陪审团自由裁量而不具有强制性。换言之，基于事实 A 的证明，事实认定者可以（但不被要求）认定 B，即使对方当事人没有作出任何努力来反驳事实 B。法院和评论者们以不同方式谈到这些许可性关系，称其为"许可性推定""虚弱的推定"或者"许可性推论"。

最常见的许可性推定是事实不言自明（res ipsa loquitur）*。尽管该规则的内容和作用在不同司法辖区有所变化，但该原则的标准陈述是：如果原告证明，造成其受伤的事件在没有过失的情况下通常不会发生（事实 A1），被告排他性控制着造成原告受伤的器械（事实 A2），以及原告没有共同过失（事实 A3），那么，事实认定者可以（但不要求必须）认定，被告的过失造成了原告受伤（事实 B）。事实 A1、A2 和 A3 独自创设了一项强有力的事实 B 的推定，而未将事实不言自明视为原则。但该原则的重要性是双重的：第一是法官将告诉陪审团：如果陪审团认为原告以优势证据证明了这些事实，那么，他们可以（但非必需）从事实 A1、A2 和 A3 推断（deduce）被告的过失。这种事实不言自明，对于原告提出的关于（被告）过失之间接证据而言，创设了一种标准化的司法评论。第二，且也许更重要的是，事实不言自明之推定，有助于原告之诉在被告提出撤销指控动议时继续有效。当原告提出事实 A1、A2 和 A3 的初步证据时，法官必须将案件移交陪审团审判。参见阿里埃勒·波拉特和亚历克斯·斯坦：《不确定性条件下的侵权责任》[Ariel Porat & Alex Stein, Tort Liability Under Uncertainty 84 - 100（2001）]。

830

要　点

1. 许可性推定——有时被称作"虚弱的"推定或者许可性推论——等同于对证据的标准化评论。

2. 许可性推定还有助于原告提出反对被告的证据初步证明，因而使法官承担起将案件移交陪审团审判的义务，而非简易地撤销案件。

第十章　民事和刑事案件的证明过程：证明责任、司法综述和评论及推定

──注释和问题──

1. 最高法院承认，立法机关有很大自由度来根据自己的意愿来分配民事证明责任。参见拉文诉米尔恩案［Lavine v. Milne, 424 U. S. 577, 585 (1976)］。因此，人们会认为，使用推定来分配举证责任或者说服责任，应当不会特别困难。不过，在论述可反驳的推定时，最高法院还是强调了导致推定的基础事实与推定事实之间需要合理的关系。例如，请考虑一下，在乌斯厄里诉特纳·埃尔霍雷矿业公司案［Usery v. Turner Elkhorn Mining Co. , 428 U. S. 1 (1976)］中，美国联邦最高法院支持了《1969 年联邦煤矿卫生和安全法》规定的多项举证责任推定。其中一项推定规定，若证明了在矿井工作 10 年的矿工患有尘肺病，即推定该矿工在受雇期间患病。根据最高法院意见：

> 我们一直在检验民事法律中的推定，诸如这种涉及经济法规的事项，针对在 J. & K. C. R. 移动电话公司诉特尼普西德案［Mobile, J. & K. C. R. Co. v. Turnipseed, 219 U. S. 35, 43 (1910)］中表达的标准：

> 从一项事实的证据中得出另一项事实的立法性推定，不得构成对法律正当程序的否定，或者对法律平等保护的否定。只有在已证事实和最终推定事实之间存在某种合理联系时，它才是必需的，而且，从一项事实的证明中得出另一项事实的推论，不应该不合理到成为一种纯粹任意的命令。

> 而且，就像我们已经承认的：

> 作出理性决定的过程，从性质上说是高度经验性的，而且不属于专门司法能力范围内或完全常识性的事项，国会有能力收集实际经验，从中精选出结论。参见合众国诉盖尼案［United States v. Gainey, 380 U. S. 63, 67 (1965)］。

> 以这些标准判断……（推定）具有宪法上的有效性。……这里承认尘肺病是由呼吸煤尘所致，矿工患该病的可能性取决于其暴露于粉尘的浓度，及其暴露的持续时间。针对这个科学背景，国会在确立一项推定时提及暴露因素，从而将推进审判的责任甩给经营者，这并未超越国会权力。而且，在复审出示给国会的医疗证据时表明，在矿井工作 10 年的矿工其尘肺病发病率明显增加，我们不能说国会选择 10 年这个数字作为这些推定的参照点"纯属武断"。不需要更高的数学精度。（428 U. S. at 28 - 29.）

证明责任的分配──无论是通过推定还是其他方式──如果特别任意或不

合理，可能引起宪法性争议。例如，参见西部及 A. R. 公司诉亨德森案 [Western & A. R. Co. v. Henderson, 279 U. S. 639，642 - 644 (1929)]（该案裁定，《乔治亚州民法典》下述条款，即"铁路公司应该对其火车、汽车或其他机械设备在运行中对人员、家畜或其他财产造成的任何损害，或者对该公司所雇用和服务的任何人员造成的损害担责，除非该公司能证明其代理人尽了所有常规与合理的注意与勤勉义务，该推定在所有情况下均对公司不利"，这违反了宪法第十四修正案正当程序条款，是不合理且专断的）。

　　然而，如果拉文案的含意是正确的，国会似乎可以——不顾任何医疗证据——颁布一项并未提及以下推定的矿工赔偿方案，即煤矿经营者要对一个矿工的尘肺病并非在雇佣期间感染承担提出证据的责任。如果这一说法是正确的，当国会使用推定语言来分配举证责任时，就像在乌斯厄里案提及的，法院为什么还要关注已证事实与推定事实之间的经验关系？

　　2. 请将乌斯厄里案与上文拉文案以下段落进行对比。在拉文案中，最高法院审查了一项制定法的合宪性，"认为"那些自愿终止雇佣或减少收入额后在 75 天内申请福利的人，之所以这么做，"在缺少相反证据的情况下，是为了获得这种援助或更大福利所需的资格……《纽约社会服务法》 [N. Y. Soc. Serv. Law § 131 (11)]"：

　　　　虽然地区法院认定，这个（规定）是违宪的"可反驳推定"，但与其他适格性要求一样，该规定的唯一目的是要表明，申请人而非检控方必须证实，他的离职不是为了获得福利资格。该规定没有任何程序性后果；它并未将推进诉讼的责任和证明责任转移给申请人，因为他从一开始似乎就承担着这种责任。

　　　　这个违反常规的判决，可被解释为是对福利当局采用标准化推论的委婉说法，即如果家庭救济申请人对这个问题没有提供任何信息，其将被推定为旨在获得福利利益而放弃其工作。然而，这样一种指示是多余的，原因很明显，即申请人如果未能证明适格性要件，将总是导致申请被驳回。唯一"可反驳的推定"——如果它确实能被如此称呼的话——在此发挥作用的就是常规假设，即除非且直到申请人证明自己适格，他无权获益。

832　　　　尽管《纽约社会服务法》第 131 (11) 条的第二句散发着可反驳性推定的光环，它也仅仅澄清了这样的事实，即申请人对这个争点承担着证明责任，正如他在其他事项上那样。因为被上诉人并不反对这项实体要求，即家庭救济申请者必须没有不允许的利益寻求动机，他们潜在的申诉也许是，对这个问题的证明责任，被不公平地施加于福利申请人而非检控方了（一个被该法院否决的申诉）（424 U. S. at 583 – 585）。

请注意，该法院说不存在"程序性后果"，好似在任何证据被听取之前构建证明责任是一回事，而在任何证据被听取之后再提供证明责任的转移则是另一回事。你能理解该种区别吗？

3. 在圣玛丽荣誉中心诉希克案［St. Mary's Honor Center v. Hicks，509 U. S. 502 (1993)］中，依据 1964 年《联邦公民权利法案》第七章提起的一项种族歧视案，最高法院详细阐述了一项有助于解决歧视诉求而创设的可反驳推定的性质。在希克案中，最高法院首先对先前的法律作了描述：

> 带着"逐渐改进故意歧视中疑难事实调查"（得克萨斯州社区事务局诉伯丁案［Texas Dept. of Community Affairs v. Burdine，450 U. S. 248，255 n. 8 (1981)］）之目的，我们在麦克唐纳·道格拉斯公司诉格林案［McDonnell Douglas Corp. v. Green，411 U. S. 792 (1973)］意见，确立了第七章待遇歧视案举证责任的分配和证据出示的顺序。我们认为，在这类案件中，原告必须以优势证据首先对种族歧视进行"初步"证明。……
>
> ……"初步证明（标准）的确立，在效力上创设了雇主非法歧视了雇员的推定"。确立一项"推定"，意味着对断言事实（这里指初步证明）的认定，产生了"一个在缺少解释情况下所要求的结论"（这里指非法歧视的认定）。因此，麦克唐纳·道格拉斯案推定给被告人施加了为反驳初步证明而提供一种解释的责任——即"提供证据"的责任，以证明侵害雇佣行为存在着"合法、非歧视性的理由"。（509 U. S. at 506 – 507。）

在希克案中，没有争议的是，被告人通过证明"(1) 他是黑人，(2) 他具备该值班指挥官职位资格，(3) 他从该职位上被降职并最终被解雇，以及 (4) 该职位一直空缺并最终被一位白人男子填补"，构建起一个初步的证明。（上引案例，第 506 页。）原告通过充分的反驳保留了说服责任，这一点也没有争议。争点在于被告反驳的充分性：

> 地区法院作为该法官审案件中的事实裁判者，认定上诉人给出的理由（规则违反的严重性和累积）并不是被上诉人降职并解雇的真正理由。……尽管如此，仍认定被上诉人没能履行其最终证明责任，即证明他的种族是上诉人最初决定对其降职和解雇的决定性因素。简而言之，地区法院得出的结论是："尽管（被上诉人）已经证明了解雇他的行动的存在，但他没能证明该行动是种族性的而非个人的动机。"上诉法院取消了地区法院的

这项决定，理由是"一旦（被上诉人）证明了（上诉人）所提供的不良雇佣行为的理由都是借口，（被上诉人）便有权获得据法判决。"（上引案例，第508页。）

由斯卡利亚（Scalia）大法官主笔的最高法院多数意见，同意地区法院判决，撤销了上诉法院的判决。而苏特、怀特、布莱克门以及史蒂文斯大法官则持不同意见，而同意上诉法院意见。

4. 就抽象意义的推定而言，希克案两种意见无所谓对错。说到底，推定毕竟只是一个被用于描绘修改或微调一般证明责任规则之各种规定的术语。一旦原告建立了一个初步证明，正如大多数人认为的那样，其分析是连贯的，就有一个仅仅要求被告提供一些非歧视性证据且对该案没有其他影响的证明责任规则。同样，关于初步证明，将被告拒绝的理由视为未提供证据，这样的证明责任规则在分析上也是连贯的。就像希克案不同意见所指出的，后者的方式，具有将调查聚焦于被告理由之合法性的效力。一旦得到初步证明，原告的说服责任就会显示被告所提供的理由虚伪。最终问题应当是，哪一种证明责任规则能更好地服务于《公民权利法案》第七章的目的。

5. 为了给希克案中关于提供不可信的理由已足以反驳该推定的观点辩护，斯卡利亚大法官写道：

> 除非一名适当的事实认定者按照适当程序判定该雇主具有违法歧视行为，我们无权基于所称歧视性就业惯例而对该雇主施加法律责任。根据传统惯例，我们可以确立特定的证明方式和顺序，包括一项（我们认为适用于本案的）初始可反驳推定……但是，法律不允许我们替代所要求的关于该雇主行为是非法歧视产物的认定，雇主对其行为的解释不可信之差异很大（和很小）的认定。（上引案例，第514－515页。）

正如希克案多数意见所承认的，不论原告的初步证明在揭示歧视方面的效果也许多么微弱，如果法院认定由没有进行回应的雇主担责，为什么最高法院就不能要求该雇主的解释应当是可信的？的确，正如少数意见所保留的，多数大法官的方法实质上破坏了赋予雇主举证责任的初衷，难道不是这样吗？

6. 在里夫斯诉桑德森水管产品公司案 [Reeves v. Sanderson Plumbing Prods, Inc., 530 U.S. 133 (2000)] 中，最高法院再次聚焦《公民权利法案》第七章中举证责任与说服责任的关系。在原告证明了初步的案情并提供了充分的证据证明被告作为回应的解释只是"托词"（并非其对原告采取行动的真正理由）后，陪审团在有关原告年龄歧视的指控中作出了支持原告的裁决。被告辩称，这并不是将案件移交陪审团审判的充分证据，并称其应获得法官据法判决。换言之，被告主张原告——承担说服责任的一方当事人——需提供更多的证据以满足原告所背负的举证责任。最高法院不同意这种观点。虽然一方面指出原告的确掌握有额外的证据，但最高法院解释道：在《公民权利法案》第七章类型的案件中，原告所提供的初步证明，加上对被告提供解释的反证，足以让理性的陪审团能够作出支持原告的认定。

（四）《联邦证据规则》推定路径

国会试图在《联邦证据规则》301 处理推定难题，其规定推定的效力是让推定所反对的当事人一方承担举证责任：

> 在民事案件中，除非联邦制定法或本证据规则另有规定，推定所反对的当事人一方负有提出证据反驳该推定的责任。但本规则并未转移说服责任，原先承担说服责任的当事人一方仍然承担该责任。

《联邦证据规则》302 显然就是一条"本证据规则"另有规定之例外的参照项：

> 在民事案件中，对于适用州法作为裁决规则的控辩，由州法规制推定的效力。

类似向州法的递延，参见《联邦证据规则》501（特免权）和《联邦证据规则》601（作证资格）。这些递延源于伊利原则（*Erie* doctrine），该原则主张跨州案件的程序问题将由联邦法律规制，但对于实体性（特免权和作证资格）或结果决定性（推定和证明责任）问题则由可适用的州法来决定。伊利铁路公司诉汤普金斯案〔Erie Railroad Co. v. Tompkins，304 U. S. 64 (1938)〕。

尽管《联邦证据规则》301 的语言看上去很直白，但该规定充满难题。我们在此简略谈及两项。对于《联邦证据规则》301 缺陷更全面的分析。参见罗纳德·J. 艾伦：《推定、推论和联邦民事诉讼中的证明责任——不必要的模糊性之剖析和改革建议》〔Ronald J. Allen, Presumptions, Inferences and Burdens of Proof in Federal Civil Actions-An Anatomy of Unnecessary Ambiguity and a Proposal for Reform，76 Nw. U. L. Rev. 892 (1982)〕。

1. "联邦制定法"例外

决定一项联邦制定法是否"另有规定"的标准是什么？在联邦证据规则或其立法史中都没有特别说明这个问题。因此，例如，这种类型中是否包括未直接转移说服责任却被解释为具有如此功能的推定，这一点并不清楚。同样，以上措辞是否扩展到国会在制定法创设表示证据性责任时选择使用所有的语言变种，这一点也不明确。参见庞西诉强生公司案［Poncy v. Johnson & Johnson，460 F. Supp. 795，803（D. N. J. 1978）］（《联邦证据规则》301，适用于包含初步证明规定的联邦制定法）。

　　如果《联邦证据规则》301 不适用于种类繁多的制定法，而仅限于那些明确分配举证责任的制定法，那么，它就是多余的。相比之下，如果它有更广泛的适用范围，那么，国会就以一条简单的证据规则轻而易举地改变了联邦法律。想要使推定具有比仅仅转移举证责任更大效力的法院，并不认为《联邦证据规则》301 是个束缚。胡德诉纳普顿案［Hood v. Knappton Corp.，986 F. 2d 329（9th Cir. 1993）］；美国煤炭公司福利审查委员会案［American Coal Co. Benefits Review Board，738 F. 2d 387（10th Cir. 1984）］。

835　　2.《联邦证据规则》301 推定与证明责任分配其他方式的关系

　　《联邦证据规则》301 并未阐明推定与法官分配举证和说服责任的权力、对陪审团作出关于推论的指示或者对证据进行评论之间的关系。然而，就像我们已经看到的，推定一词仅仅是这些其他司法特权之各种操作方式的标签。任何界定推定范围而不涉及这些相关领域的尝试，注定会失败。对于《联邦证据规则》301 涉及的这些问题，主流的司法反应一直是直接忽视。最高法院已注意到此种语境下《联邦证据规则》301 的无力。在全国劳工关系委员会诉运输管理公司案［National Labor Relations Board v. Transportation Management Corp.，462 U. S. 393（1983）］中，最高法院审查了全国劳工关系委员会规则中的一项变化，即要求对解聘雇员是否具有合法理由这一问题由雇主方承担说服责任。而雇主方声称，此种说服责任的转移违背了《联邦证据规则》301。最高法院得出相反的结论，但以这种方式论证了该规则的微不足道："该规则仅仅定义了'推定'这个术语。它无法限制法院或代理机构以被许可的其他方式改变习惯性的说服责任。"（上引案例，第 403 页，脚注 7。）

要　点

　　1. 除非国会另有规定，《联邦证据规则》301 旨在使联邦推定成为举证责任推定。

　　2. 由于"另有规定"条款不确定的范围，以及由于《联邦证据规则》301 未提出分配证明责任法定推定之外的其他方法，所以《联邦证据规则》301 对支持或限制司法裁决的指导作用甚微。

第二节 刑事案件的证明过程

刑事案件的证明过程与民事案件的证明过程类似，但不完全相同。像在民事案件中一样，为了证实一项犯罪已经发生，法律决定着什么样的事实需要被证明。刑法也拥有像在民事案件中几乎完全一样的证明责任分配规则。国家作为"原告"，必须提出控诉并证明犯罪的各项要件，许多司法辖区存在关于被告承担举证或说服责任的积极抗辩。民事和刑事领域的主要区别在于，刑事案件中的说服责任是确信无疑的证明，以及作为温希普案案由〔In re Winship，397 U. S. 358 (1970)〕的结果，检控方对犯罪要件一直承担证明责任。

与探讨民事案件的证明过程一样，在本节，我们将首先讨论证明责任，接着讨论对证据和推定的评论。

836

一、刑事案件的证明责任

（一）说服责任：温希普案关于确信无疑证明的权威指令

由于确信无疑的证明规则作为刑事案件的证明标准已被普遍接受，直到1975 年温希普案，最高法院才有机会具体解决正当程序是否要求该证明标准的问题。对于最高法院来说，即使在当时，紧迫问题并不在于刑事被告人是否有权使有罪达到确信无疑的证明，而在于温希普案是对在青少年违法案件中使用优势证据标准之纽约州规则的挑战。最高法院重申了其以前的意见，即正当程序要求在成年人刑事指控中达到确信无疑证明标准，并进一步认为，对于未成年人的违法裁判，在若是成年人所为即为罪犯的情况下，正当程序要求同样的证明标准。如最高法院所言：

早在我们建国之初，就确立了刑事犯罪指控的确信无疑要求。"在刑事案件中要求较高的说服程度"，是自古以来始终坚持的。尽管如此，直到 1789 年它才被提炼为"确信无疑"准则。它作为一种控方必须说服裁判者相信所有犯罪要件的说服尺度，现在已为普通法司法辖区所接受。普通法司法辖区虽然几乎一致坚持合理怀疑标准，却可能并未结论性地将其确立为正当程序的一个要求，但这种坚持确实"反映了关于法律应如何实施和司法应如何行使的深刻判断"。……

确信无疑标准在美国刑事诉讼体制中发挥着至关重要的作用。它是减少依据事实错误而被定罪风险的主要工具。该标准提供了无罪推定——

"自明和基本"原则的基石——的具体内容，"其贯彻执行奠定了我们刑法实施的基础"。……

　　确信无疑的证明要求，以令人信服的理由在我们的刑事程序中发挥着极其重要的作用。在刑事指控过程中，被告人冒有极大的利益风险，因为刑事指控中的被告人可能因定罪失去自由，也因定罪必然蒙受污名。因此，一个珍视每个人名誉和自由的社会，在对某人是否有罪尚存合理怀疑时，就不应谴责其犯了罪。正如我们在斯派泽诉兰德尔案［Speiser v. Randall, 357 U. S. 513, 525 - 526 (1958)］中所说："诉讼中总是存在着错误空间，即事实认定的错误，是双方当事人都必须考虑的问题。一方当事人在诉讼中有超越——如刑事被告人个人自由——价值的利益风险时，通过给另一方当事人施加……说服责任即事实认定者在审判结束时确信无疑地认定其罪行的责任，这种错误的空间就被减少。正当程序要求，除非政府方承担了……说服了事实认定者确信其有罪的责任，任何人都不应该失去其自由。"因此，合理怀疑标准是不可或缺的，因为它"给事实裁判者留下了对争议事实必须达到主观确信状态的深刻印象"。参见多尔森和雷泽尼科：《关于高尔特案由和青少年法的未来》［Dorsen & Rezneck, In Re Gault and the Future of Juvenile Law, 1 Family Law Quarterly, No. 4, pp. 1, 26 (1976)］。

837

　　此外，运用确信无疑标准，对于刑法在适用过程中获得社会的尊重和信心也是必要的。至关重要的是，刑法的道德力量不应该被使人怀疑无辜之人是否正在被定罪的证明标准而冲淡。同样重要的是，在我们的自由社会中，每个从事日常事务的人都信任，他的政府在没有以最大确定性就其有罪说服正派的事实认定者之前，不可能宣判他有罪。

　　为了避免对确信无疑标准的宪法地位留下任何怀疑，我们明确主张，**除非对构成其被指控犯罪的每一必要事实都得到确信无疑的证明**，否则，正当程序条款保护刑事被告人免于被定罪。［397 U. S. at 362 - 364（黑体字强调为本书作者所加）。］

——注释和问题————————————————————————————————

1. 尽管确信无疑标准广为人知，并得到广泛认可，但它的准确含义仍难以捉摸。虽然正当程序条款要求法院适用确信无疑标准，但"宪法既没有禁止审判法院界定合理怀疑，自然也没有要求法院这样去做"。参见维克托诉内布拉斯加州案［Victor v. Nebraska, 511 U. S. 1, 8 (1994)］。请考虑定义确信无疑证明的以下三种尝试：

（a）合理怀疑是一种基于真实有形的实质性根据的怀疑，而不仅仅是幻想和推测。它必须是导致一种严重不确定性的怀疑，其产生于头脑中对证据不满意的特性或者缺乏证据等理由。合理怀疑不仅是一种可能的怀疑。它是一种实际的实质性怀疑。它是理性人能够严肃对待的一种怀疑。它要求的不是完全或者数学上的确定性，而是一种道德上的确定性。

（b）刑事诉讼中的被告人在被证明为有罪之前被推定为无罪，只要在其有罪是否得到圆满证明的问题上存在合理怀疑，他就有权获得无罪裁决。这个推定，将确信无疑证明有罪的责任施予国家。

合理怀疑被定义如下：它并不仅仅是一种可能的怀疑；因为与人类事务有关并取决于道德证据的一切事情，都对某种可能性或想象的怀疑开放着。它是指案件的这样一种状态，即在全面比较和考虑了所有的证据之后，在陪审团成员心中留下了这样的印象，即他们不能说自己对所指控的事实真相在道德确定性上感到了一种持久的确信。

（c）对指控犯罪的所有实质性要素的证明，都要达到确信无疑，这个责任总是由国家承担，并且，这种责任是不可转移的。

"合理怀疑"是这样一种怀疑，即在一项更为严肃和重要的生活事务中，使一名理性和谨慎的人，在相信所提交的事实为真实并以此为依据采取行动之前，有所踌躇和犹豫。

这种怀疑，将不允许你在全面、公正和公平地考虑了所有的证据之后，对被告人的罪行在道德确定性上有一种持久的确信。同时，这并不要求绝对或数学上的确定性。你可能排除合理怀疑地相信一个事实的真相，然而，却完全意识到自己也许有犯错误的可能。你可以基于案件的强大概率而认定被告人有罪，只要这种概率强大到足以排除其有罪之任何合理怀疑。合理怀疑是一种实际和实质的怀疑，它源于证据，源于证据所证明的事实或情况，或者源于检控方缺乏证据，以区别于那些仅仅源于可能性、源于想象或源于幻想推测而产生的怀疑。

在凯奇诉路易斯安那州案〔Cage v. Louisiana, 498 U. S. 39 (1990)（全体法院决定）〕中，最高法院指出，对陪审团的上述指示中，（a）侵犯了被告人的正当程序权利。最高法院得出结论说："理性的陪审团成员可能把该指示理解为，允许根据低于正当程序条款所要求的证明程度而作出有罪认定。"（上引案例，第41页。）陪审团指示（b）和（c），则在上文维克托诉内布拉斯加州

838

案法院出现。维克托案法院与凯奇案法院不同，判定该指示是合宪的。在陪审团指示（b）和（c）中，哪些话精确表明了比第一项指示更高的证明程度要求？该指示对陪审团可能有帮助作用吗？或者，在我们更清楚地对"确信无疑"的法律含义实际上是什么作出指导之前，该问题是无法回答的吗？

2. 是不是由于合理怀疑十分难以界定，我们最好就不要尝试为陪审团成员去界定它呢？根据金斯伯格大法官（Ginsburg）在维克托案中的独立意见来看，答案是否定的：

> 因为审判法官在我们复审的两项陪审团指控中实际上都界定了合理怀疑，所以，我们无须裁定宪法是否要求其这样做。然而，无论宪法是否如此要求，对这个概念定义的争论都非常激烈。由于法官和律师都熟悉合理怀疑的标准，而对于陪审团成员来说，"确信无疑"这个词并非不证自明。关于陪审团行为的几项研究得出的结论说，当对这个术语不作界定时，"陪审团成员常常对合理怀疑的含义产生困惑"。《注释，对合理怀疑的界定》[Note, Defining Reasonable Doubt, 90 Colum. L. Rev. 1716, 1723 (1990)]（对研究成果的引用）。因此，即使合理怀疑的定义必然不完美，但其替代方式——完全拒绝给该概念下定义——显然也不可取。参比纽曼：《超越"合理怀疑"》[Newman, Beyond "Reasonable Doubt", 68 N. Y. U. L. Rev. 979, 984 (1993)]（"令我感到不安的是，我们正在使用一个越解释其含义越不清楚的提法"）。(511 U. S. at 43。)

金斯伯格大法官接着认可了以下关于合理怀疑的指示：

> 政府负有确信无疑地证明被告人有罪的责任。你们之中一些人或许在民事案件中做过陪审团成员，你们在那里被告知，仅需要证明一个事实比不真实更可能真实。在刑事案件中，政府方的证明必须比那种情况更强有力。它必须排除合理怀疑。

> 确信无疑之证明，使你对被告人有罪达到了坚信的程度。在这个世界上，没有多少事情是我们完全知道的，在刑事案件中，法律并不要求证明必须克服每一种可能的怀疑。如果你们基于对证据的考虑，坚信被告人犯有所指控的罪行，那么，你们就必须认定他有罪。另一方面，如果你们认为存在着他无罪的真实可能性，那么，你们就必须假定他无罪并认定他无罪。（上引案例，第44页，引自联邦司法中心：《模范刑事陪审团指示》（指示21）[quoting Federal Judicial Center, Pattern Criminal Jury Instructions 17 - 18 (1987) (instruction 21)]。）

3. 评论家们也为"确信无疑"缺乏清晰性而哀叹。参见拉里·劳丹《真相、错误和刑法：法律认识论随笔》[Larry Laudan, Truth, Error, and Criminal Law: An Essay in Legal Epistemology 31 (2006)]（"由想要做正确的事情、渴望看到正义伸张的 12 个人所组成的最热心的陪审团，在有权肯定其认为被告有罪达到确信无疑之前，在案件需要多么有力的证明上依然是左摇右摆的。在这种情况下，简单的敷衍并非一种诱人的前景"）。

4. 刑事证明标准有时基于旨在错放和错判之间建立一定比率的理念，而被解释并被证明为具有正当性。这种观点通常引自威廉·布莱克斯通的格言：宁可错放十个，也不错判一个（it is better for ten guilty men to go free than for one innocent man to be convicted），尽管还可找到其他来源和比率。参见亚历山大·沃洛克《罪人》[Alexander Volokh, Guilty Men, 146 U. Pa. L. Rev. 173 (1997)]。这种观点可能具有更多的误导性而非启发性。例如，满足一项裁决规则的十比一比率，会在 100 个案件中产生（1）90 个错误的无罪裁决；（2）九个错误的有罪裁决和（3）一个准确的裁决。我们显然关心准确的裁决——无罪裁决和有罪裁决——就像我们关心错误一样多。更深入的讨论参见罗纳德·J. 艾伦和拉里·劳丹《致命困境》[Ronald J. Allen & Larry Laudan, Deadly Dilemmas, 146 U. Pa. L. Rev. 173 (1997)]。

要　点

在刑事指控中，正当程序要求，对构成指控之犯罪的每一必要事实，证明到确信无疑的程度。

（二）温希普案的范围：在说服责任和其他事项上的明确转移

1. 马拉尼案裁决

在马拉尼诉威尔伯案 [Mullaney v. Wilbur, 421 U. S. 684 (1975)] 中，一名凶杀被告人辩称，他是在一次被同性恋侵害激起的激情中杀死被害人的。此案争点在于温希普案先例对缅因州凶杀法的适用问题。该法将谋杀界定为在一个简单杀人意图上存在着"预谋"；为了将该罪行从谋杀降为一般凶杀，被告人需承担证明杀人是"在突发挑衅的激情状态下实施"的说服责任。最高法院批准了对被告人的人身保护令：

840

在朗读了（谋杀和一般凶杀）两项罪行的法定定义后，该法院命令道："预谋是谋杀罪的一个要件和必不可少的要素"，若没有该要素，凶杀将是一般凶杀罪。然而，陪审团进一步得到指示，如果检控方证实，凶杀是故意和非法的，那么，除非被告人能以充分的优势证据证明他是在突发挑衅的激情下行事，否则，预谋将成为结论性的暗示。该法院强调，"预谋和基于突发挑衅的激情是两件不一样的事情"；因此，被告人通过证明后者，则可以否定前者，将杀人从谋杀降为一般凶杀。……

……重罪凶杀是作为谋杀罪来惩罚的——终身监禁——除非被告通过充分的优势证据证明他是在突发挑衅的激情下实施的，在这种案件中将作为一般凶杀罪来惩罚——也就是处以不超过 10 000 美元的罚金或者处以不超过 20 年的监禁。……

这里的争议事实——基于突发挑衅的激情存在与否——几乎在普通法凶杀罪名形成之初，就是决定非法凶杀犯罪中罪责程度的唯一最重要因素。并且，……明显的趋势是，要求检控方对证明这个事实承担最终责任。……

上诉人……指出，作为一个正规事项，缺少突发挑衅的激情，在缅因州并不是一项构成重罪凶杀"犯罪的必要事实"。按照上诉人的观点，因为在温希普案中争议事实对于审判阶段证实犯罪行为是必不可少的，这个区别是相关的。在这里，……上诉人坚持认为，被告人在自由和名誉上的重要权益已不再是首要忧虑，基于突发挑衅的激情无论存在与否，他都很可能失去自己的自由并注定恶名昭著。……

缅因州已对那些激情杀人和缺少这个因素而杀人的人，做了区别对待。由于前者更缺少"可谴责性"，因而受到实质上不太严重的处罚。通过这种区别，拒绝了要求检控方要确信无疑地证实其所依据的事实，缅因州诋毁了温希普案认定的关键权益。

……若按照一项定罪对人身自由限制的潜在区别来看，缅因州在谋杀和一般凶杀之间所建立的区别，可能比许多轻微犯罪中有罪或无罪之间的区别更重要。

进一步说，如果温希普案被限于那些构成了由州法界定之犯罪的事实，那么，一个州能够削弱该裁决所寻求保护的许多利益，而不影响其法律中的任何实质改变。只需要对构成不同犯罪的各要件进行重新定义，将其具体化为仅与惩罚程度相关的因素。（上引案例，第 696 - 698 页。）

马拉尼案是法官一致的裁决，产生了大量挑战将说服责任施加于被告人之州规则诉讼。最高法院在两年后的帕特森诉纽约州案［Patterson v. New York，432 U. S. 197（1977）］中，重新考虑了这个问题。帕特森案法院虽然自称有别于马拉尼案，但除了在最形式化的意义上，帕特森案事实上推翻了马拉尼案。然而，正如你们将会看到的，这种形式上的意义仍然有着可观的重要性。

2. 帕特森案裁决

帕特森被定罪谋杀其分居妻子的伴侣。"通过窗户看到妻子半裸着"与被 *841* 害人在一起后，被告实施了杀人。纽约州凶杀法将谋杀的要件界定为"故意造成另一个人死亡"并"造成了这个人死亡"。制定法并没有要求"预谋"或者"预先计划"。纽约州也认可一种"在极端情绪波动的影响下，对其行为有一项合理解释或理由的"积极抗辩。极端的情绪困扰使谋杀罪降为一般凶杀罪，对于这项积极抗辩的说服责任由被告人承担。

为了反驳帕特森案关于将极端情绪困扰的证明责任施加于被告是违宪的论点，最高法院注意到：

1. "处置犯罪，更多属于州事务而非联邦政府事务"；

2. 纽约州"极端情绪困扰"之辩，是"普通法基于突发挑衅的激情之辩的明显扩展版"；

3. 继马拉尼案后，最高法院在里韦拉诉特拉华州案［Rivera v. Delaware，429 U. S. 877（1976）］中，重申其之前在利兰德诉俄勒冈州案［Leland v. Oregon，343 U. S. 790（1952）］的裁定，即精神失常的证明责任由被告人承担并没有违反正当程序；以及

4. 如果对积极抗辩的反驳必须达到确信无疑的程度，各州也许就不愿意创设或扩展积极辩护。

按照最高法院意见，马拉尼案因以下理由（对本案）没有支配作用：

（在纽约州）谋杀犯罪被制定法界定为……故意造成并造成了另一个人死亡。如果一个人被定为谋杀罪，该州对死亡、故意杀人和因果关系等事实的证明，均要求达到确信无疑的程度。该犯罪的构成不需要推定或推论等更多的事实。制定法的确规定了一项（极端情绪困扰的）积极抗辩……如果以优势证据证明，将使犯罪降低为一般凶杀，这是一项在该制定法不同章节中界定的犯罪。显而易见，如果故意杀人得到证明，除非被告证明有减轻情形，否则，该州将按谋杀犯处置。……

在马拉尼案中……缅因州的制定法将（谋杀）界定为，"以明示或暗示的预谋"将一个人非法杀死。审判法院指示陪审团，预谋这个词是最重要的，因为"预谋是谋杀罪的一个要件和必不可少的要素"。……该指示强调："预谋和'基于突发挑衅的激情是两件不一样的事情'。"……

缅因州最高法院判定，谋杀和一般凶杀是重罪凶杀中不同程度的犯罪，对非法杀人中形成的预谋之推定，仅仅是一种政策推定，被告如果想要被认定为一般凶杀罪而非谋杀罪，就要进行这种将证明挑衅的责任置于被告的操作。……

本最高法院……一致同意上诉法院（在马拉尼案中）的意见，要求以优势证据证明自己是在突发挑衅的激情下而行为，将这一证明责任施加于被告的推定，侵犯了被告的正当程序权利。

842

有人认为，马拉尼案的裁定是，在没有承担某个事实存在与否（视情况而定）的确信无疑证明责任时，该州不可仅凭一个特定事实的存在与否，而去决定那个行为之罪责或授权对其处罚的程度。在我们看来，马拉尼案的裁决不应被如此宽泛地解读。……

马拉尼案无疑在主张，检控方必须对犯罪的每一组成部分证明到确信无疑的程度，并且不得通过该犯罪其他要件的证明来推测该成分，而将证明责任转移给被告。……根据正当程序条款，对一项检控方认为非常重要且必须得到证明或推测的事实之说服责任的转移，这是不允许的。

在马拉尼案中没有必要更走得更远。……在缅因州，由一个人对另一个人，"在没有任何或没有重要挑衅行为的情况下，突然"造成了一项蓄意、残忍的行为时，（一项）凶杀就变成谋杀。……在缺少挑衅的情况下，预谋是该犯罪定义的组成部分。然而，预谋即缺乏挑衅是被推测的，并可能仅由被告人以优势证据证明，他是在突发挑衅的激情下实施的，才可能被反驳。……

就像我们已经解释的，没有什么被假定或暗示反对帕特森。（432 U. S. at 205-206，212-216.）

3. 马拉尼案和帕特森案的作用相等

纽约州的"极端情绪困扰"之辩，在一定程度上要比缅因州的"激情"之辩更加宽泛，但除此之外，马拉尼案和帕特森案在功能上是相同的。在这两起案件中，为了获得谋杀定罪，检控方都必须确信无疑地证明故意凶杀，而且在两起案件中，对于挑衅导致杀人的证明，将使谋杀区别为一般凶杀。这两起案件的唯一区别是在语言上，州立法机关在凶杀犯罪中习惯于达到这个等级。缅因州将谋杀罪的关键因素界定为"预谋"，这个概念包括了缺乏挑衅以及残忍冷血的杀戮。缅因州接着创设了一条规则，即除非被告人能够以优势证据证明存在挑衅，否则意图的证明将导致一项关于预谋的推定或强制性认定。纽约州最初将谋杀界定为仅要求证明被告人故意杀害了一个人，接着将挑衅界定为一项被告人需要以优势证据证明的积极抗辩。这意味着，在纽约州，一个人也只有在怀着预谋的恶意杀死另一个人时，才会犯谋杀罪。然而，从技术上讲，"预谋"并未被写进谋杀定义中作为其要件之一，而这一技术性细节是区分帕特森案和马拉尼案的唯一因素。

4. 对马拉尼案和帕特森案的评价：举重明轻的理论

我们之前的讨论并不必然导致这样的结论，即帕特森案，而非马拉尼案，才是正确的决定。只要被告人未能证实一项积极抗辩，便出现了这样的可能性，即若要求检控方对该辩护的反驳达到确信无疑，事实裁判者不是给被告人较轻的定罪，就是宣判无罪。

这种裁决将使被告人受到较轻的惩罚，或者根本不受惩罚。因此，积极抗辩不可否认地影响温希普案中描述的权益。然而，人们不能仅仅从这个事实就跳跃式地得出结论说，要求检察官确信无疑地反驳积极抗辩，符合正当程序权益。假设对更严重犯罪的惩罚在宪法上是可接受的，鉴于检控方必须将其要件证明到确信无疑的程度，那么，关于减轻情节之说服责任的分配，便与被告人是否遭受了违宪性惩罚无关。

一个例子也许有助于澄清这一点。请考虑某州的故意凶杀法规，对所有故意凶杀罪的惩罚都是 30 年监禁；如果检控方证明，被告人故意杀死了被害人，那么不论减轻情节是否存在，都会统一判刑 30 年。假定这样一个制定法是合宪的。现在请考虑，如果我们增加一项规定，即当被告人以优势证据证明，他是在极端情绪波动下实施该行为的，则可判不超过 20 年监禁，那么，该项制定法的合宪性会受到何种影响？如果合理怀疑标准中的宪法性利益以剥夺自由为中心，那么，增加一个减轻合宪性有效惩罚的机会，并不会使该制定法无效。换一种方式说，如果某州以确信无疑标准仅证明存在故意和因果关系，就可以合宪地将所有故意凶杀者监禁 30 年，那么，在凶杀罪指控中，被告所拥有的任何宪法性自由权益都能够通过这样一种制定法得到充分保障。以积极抗辩形式增加减轻情节——如一些人所说，减轻处罚是对人性弱点的让步——不可能侵犯已经得到充分保障的权益。

根据这种——有时被称作"重则含轻"理论（"the greater includes the

lesser" theory），必须进入更高层次分析积极抗辩的合宪性。人们必须探究，更严重的惩罚——在被告人未能证实积极抗辩时受到的合法惩罚——是否合宪。换言之，人们必须探究，如何能满足温希普案要求，即检控方必须"确信无疑地证明构成该犯罪的每一必要事实"。按照马拉尼案和帕特森案的争点来阐述这个问题：缅因州和纽约州要将实施残忍故意凶杀罪的刑罚，施加于那些由于受到极端挑衅或极端情绪困扰而杀人的个人，这是宪法所允许的吗？我们下面将讨论解决这个问题的几种可能的检验方法。

5. 体现温希普案实质内涵：对积极抗辩有效性评估之检验

（1）要素检验

依照帕特森案采用的技术性"要素"检验，州检控方必须确信无疑地证明任何其标注为犯罪要素的事实性问题。这种检验的一个组成部分是"实际标注"（physical location）规则（一条法定解释规则）规定，仅当一个特定的事实争点被包含在表述该犯罪的基本制定法文本中时，它才是一项犯罪的一个要素。

844　　在帕特森案意见中，最高法院通篇都间接提到检验，最明确的陈述是指出：该法院"将不打破这种根植于以前案件的平衡，即正当程序条款要求，检控方对其指控被告罪行所含全部要件的证明都要达到确信无疑"。（432 U. S. at 210.）此外，最高法院强调，帕特森提出的情绪波动之辩与该定义无关：它"并未否定，为了给谋杀定罪，国家要证明犯罪的任何事实"。（432 U. S. at 207.）最高法院提供的违宪责任转移的两个例子，也倾向于支持这个观点。最高法院指出，立法机关不能宣布一个人有罪或推定有罪，也不应该通过递交一份起诉书或被控方身份的证明，创设一项犯罪之所有要件事实存在的推定。这些情况中没有要素被包含在"犯罪"定义里，这可能意味着，只要立法机关没有从犯罪定义中排掉所有实质内容，那么，任何积极抗辩将被继续保留。

很难看到这种要素检验服务于什么宪法性权益。实际标注规则明显然是决定一项犯罪"定义"的专断方法。立法机关可能希望用一种方式"界定"犯罪，而用另一种方式来决定检控方主诉的要素，并且二者都能被考虑为犯罪的"定义"。将证明挑衅的责任施加于被告的州制定法之有效性，归结为取决于以下两种因素之一是没有理由的：1）该州在一项制定法中将谋杀"界定"为故意、因果关系和没有挑衅，而在另外立法中却让被告人承担证明挑衅的责任，或仅仅2）在一项制定法中将谋杀"界定"为故意和因果关系，同时另外一条立法承认挑衅为积极抗辩理由。

（2）联邦制和政治妥协检验

对于一项积极抗辩效力的判断，已经提出了第二种标准，尽管其在一定程度上比要素检验更加精密，却没有更强的说服力。这就是"政治妥协"（political compromise）检验，即允许州立法机关内竞争势力互相妥协而导致积极抗辩。这种检验是对一种恐惧的回应，即各州如果不能把所创设的事实争议之证明责任施加于被告，也许就不愿规定特定的积极抗辩。帕特森案裁决也提到这种恐惧。（上引案例，第 209 - 210 页。）评论者们常常指出，如果遵循像马拉尼案的裁决，可能抑制各州新的积极抗辩试验，并破坏其在刑法领域的自治。为了避免这种严酷的讽刺，政治妥协检验指望的是，如果没有将证明责任施加给被告的规定，立法机关是否会拒绝采用该（积极）抗辩。

该检验有一个内在悖论：如果支持转移积极抗辩证明责任合法化的唯一正当理由是，否则的话，立法机关将被迫在两种直接相反但合宪的方式中选择，那么，该论点就含蓄地假定这些抗辩是违宪的。换言之，真正的要点是，转移证明责任的积极抗辩是违宪的，但因这一宪法真相引发糟糕的立法选择，人们宁愿将这些抗辩视为合宪的。

（3）比例检验

845

上个世纪，宪法第八修正案反对残忍和非常的惩罚条款[3]被解释为，在犯罪的罪责和施加给犯罪人的惩罚之间要求保持大致比例。这个比例要求提供了检验积极抗辩合宪性的标准，它也提供了在合理怀疑标准中描绘联邦权益范围的方法。请重新考虑上文故意凶杀的假想案例。如果法院得出结论，不论任何减轻因素存在与否，在一项特定刑罚（在假想案例中是 30 年）与该州确信无疑的证明（故意凶杀）标准不成比例时，被告的自由权益显然会由一项要求仅证明这些要件并施加特定惩罚的制定法来满足。相应地，仅仅对该积极抗辩制定法的补充，毕竟是可能被合宪审查忽略的，这应当同样令人满意。那么，比例原则的重要性在于，应要求该州提供足够证据证明，根据该制定法，最大限度地使用最高刑罚是正当的。那一旦实现，被告将得到充分保护以免其自由被无端剥夺，并允许该州以适当方式阐释该制定法。

仅就犯罪的那些要件而言，正当程序要求确信无疑之证明的论点，是由宪法第八修正案以"必需"（essential）来具体表达合理怀疑标准的作用。正当程序和宪法第八修正案通过要求各州证实充分事实性要件以证明量刑之正当

---

③　美国宪法第八修正案 [U. S. Const. Ammend. VIII]（"不得要求过多保释金，不得处以过重罚金，不得施加残忍和非常的惩罚。"）

性，并要求各州在证实这些要件时使不利于被告人的错误风险最小化，以保护刑事被告人免受无端剥夺自由的风险。然而，一旦这项高于一切的宪法命令得以满足，所需要的保护性程序也同样得到满足，传统的州权力就应当自我重申，允许各州按自己的意愿去分配证明责任。

在我们看来，比例检验的理论魅力在于令人信服。然而，比例概念的内在模糊性可能导致法院冲击关于积极抗辩的立法判断。或者，该模糊性可能导致法院尊从立法判断，除非是在最极端的情况下。的确，尤其是在最近几年，最高法院在对轻微不当行为给予严厉处罚的案件中，拒绝了根据比例原则提出的挑战。参见赫托诉戴维斯案 [Hutto v. Davis, 454 U. S. 370 (1982)]（支持因持有和销售大约 9 盎司大麻而判 40 年监禁）；拉梅尔诉埃斯特尔案 [Rummell v. Estelle, 445 U. S. 263 (1980)]（支持一项惯犯制定法的合宪性，按其规定，被告人因三项总价值不超过 230 美元的诈骗犯罪就要受到终身监禁）。但参见索利姆诉赫尔姆案 [Solem v. Helm, 463 U. S. 277 (1983)]（使用不足 100 美元的"无账户"支票，将被判无期徒刑）。然而，在民事领域，最高法院则更愿意在涉及惩罚性损害赔偿案件中施加宪法性比例限制。参见州立农业保险公司诉坎贝尔案 [State Farm v. Campbell, 538 U. S. 408 (2003)]；宝马汽车诉戈尔案 [BMW v. Gore, 517 U. S. 559 (1996)]。

（4）鲍威尔大法官的两部分检验

在帕特森案异议中，鲍威尔大法官对于确定让被告承担说服责任是否合宪的问题，提出两部分检验法（two-part test）。首先，该事实必须"对罪犯的惩罚和与定罪有关的污名产生实质性差别"；其次，该事实必须具有英美法历史传统框架下的"那种重要程度"。当且仅当这两个事项均为真时——像鲍威尔大法官所主张的，其关涉极端情绪困扰，那么，将证明责任施加于被告人，就是违宪的。

6. 帕特森案之后的积极抗辩

对于决定检控方必须确信无疑地证明什么，帕特森案既未采用比例检验，也未采用鲍威尔大法官的两部分检验法。然而，正如马拉尼案早先指出的，帕特森案承认，仅依赖要素检验将产生一种可能性，即各州通过使大部分对施加惩罚或惩罚程度具有关键意义的因素定为"积极抗辩"的做法，会颠覆温希普案规则。此外，帕特森案法院指出："在这方面显然存在宪法限制，各州也许不会超越这些限制。"那些限制可能是什么？

7. 将辩解式辩护分离出来

可以说，要求依赖辩解式辩护的被告以优势证据来证明这些抗辩，具有宪法和道德上的正当性。辩解式辩护——精神错乱、减轻责任、胁迫以及其他一些辩解——与被告的个人特征和情况有关，而与其犯罪行为的一般和非个人品性无关。这些抗辩被视为对人性弱点的宽大和让步，而不是因为被告的行为不是犯罪或较轻的犯罪行为。因此，温希普案命令并未延展，也不应延展到这些辩护。参见艾历克斯·斯坦：《证据法的基础》［Alex Stein, Foundations of Evidence Law 180‐183（2005）］。你们同意这一论点及其潜在的行为—行为者区别吗？

马丁诉俄亥俄州案

（Martin v. Ohio）

---

480 U. S. 228（1987）

怀特（White）大法官发表法院意见。

《俄亥俄州法典》规定："每一个被指控犯罪的人，在被确信无疑地证明有罪之前被推定为无罪，对犯罪所有要件的证明责任由检控方承担。以积极抗辩证据进行诉讼的责任，以及对于积极抗辩承担优势证据证明的责任，由被控方承担。"《俄亥俄州法典修订年鉴》［Ohio Rev. Code Ann. § 2901.05（A）（1982）］。积极抗辩是包含"在被控方知识范围内特有的宽恕或正当理由，被控方据此能够被正当地要求提供支持性证据"。［§ 2901.05（C）（2）（1982）］。俄亥俄州法院"长期以来一直认为，正当防卫是一项积极抗辩"，正如§ 2901.05（A）所要求的，被告人承担这项证明责任。

就像审判法院在这个案件的陪审团指示中所界定的，被告人必须证明正当防卫的要件是：（1）被告人对于引起争议的情况没有过错；（2）被告人有一种诚实的信念，即其正处于死亡或身体巨大伤害之迫在眉睫的危险之中，其逃避这种危险的唯一手段是使用这种暴力；以及（3）被告人必须没有违反任何退却或避险的义务。我们面临的问题是，当被告人被俄亥俄州指控犯有加重的谋杀罪时，而其被《俄亥俄州修订法典》界定为"以事先筹划和设计的方式，故意造成另一个人的死亡"（《俄亥俄州法典修订年鉴》［Ohio Rev. Code Ann. § 2903.01（1982）]），对本案具有相关性，那么，宪法第十四修正案正当程序条款是否禁止将证明正当防卫的责任施加于被告人？

根据法院以下意见，本案事实可以简述如下。1983 年 7 月 21 日，上诉人俄林·马丁（Earline Martin）和她的丈夫沃尔特·马丁（Walter Martin）因食品杂货店金钱问题发生争执。上诉人诉称，她丈夫在争执时打了她的头。上诉人对接着发生的事实的叙述是，她接着上了楼，穿上一件礼服，稍后又回到楼下，手里拿了一支她打算卖掉的她丈夫的枪。她丈夫看见她手里拿了什么东西，就问她拿着什么。她丈夫扑向她，她不知所措，就向他开了枪。她一共射了五六发子弹，其中三发射中并打死了马丁先生。她被指控加重的谋杀罪并受到审判。她作了正当防卫答辩，并在自我辩护中作证。法官就该犯罪和正当防卫的要件向陪审团作了指示，并驳回了上诉人对将证明正当防卫的责任施加于她而提出的正当程序条款异议。陪审团认定她有罪。

　　俄亥俄州上诉法院和俄亥俄州最高法院都维持了该定罪。……我们批准调卷令，并维持俄亥俄州最高法院的裁定。

　　温希普案宣称，"除非构成其被指控犯罪的每一必要事实都得到确信无疑的证明，否则，正当程序条款保护刑事被告人免于被定罪。"几年后，纽约州对谋杀罪的每一要件都要求证明到确信无疑的程度，但让被告承担极端情绪干扰下积极抗辩的证明责任，如果得到证明，该案将从谋杀罪降为一般凶杀罪。我们认为，温希普案命令在这种情况下得到了充分满足。帕特森诉纽约州案[Patterson v. New York，432 U. S. 197（1977）]。……关于利兰诉俄勒冈州案（Leland v. Oregon，343 U. S. 790）和里韦拉诉特拉华州案（Rivera v. Delaware，429 U. S. 877）这两个案件，我们补充认为，纽约州允许其在不违反正当程序条款的情况下这么做，并拒绝重新考虑那些案件，确实没有比利兰案和里韦拉案更有过之。同时也可以看到"事实是，大多数州现在假定，反驳积极抗辩的责任——无论理由如何——（并不）意味着，那些寻求不同平衡的州违反了宪法"。就像在帕特森案中一样，这里陪审团接受的指示是，根据所有的证据定罪，必须认定加重谋杀犯罪的每一要件都必须被检控方确信无疑地加以证明，而且，对这些要件的证明责任不能转移。为了认定有罪，陪审团必须确信，无论是检控方提供的证据，还是马丁就其正当防卫答辩而提供的证据，都没有对如下要件事实提出合理怀疑：马丁杀死了她丈夫，她有具体的目的和意图造成了丈夫的死亡，或者，她基于事先的筹划和预谋而实施了凶杀。然而，该指示还包括，如果以优势证据认定：马丁没有促成这场对抗，她对自己处于死亡或身体巨大伤害的紧迫危险之中拥有真诚的信念，她满足了退却或者避险的任何义务，那就能够无罪释放。陪审团裁决马丁有罪。

　　我们同意该州及其最高法院的意见，即这项定罪没有违反正当程序条款。该州将谋杀犯罪界定为，以事先筹划或预谋方式故意造成另一个人死亡，这并没有超越其权力。该州并不试图将那些要件中任何一个的证明责任转移给马丁。同时陪审团裁决表明，她的自卫证据并未对该州检控方关于她以事先筹划和预谋方式故意杀人的证明产生合理怀疑。根据该州法律和关于证明杀人正当的陪审团指示，她仍有机会证明自己的行为是正当防卫，自己是无可指摘的。陪审团认为她没能做到这些，与纽约州对帕特森的惩罚一样，俄亥俄州有权按照谋杀罪惩罚马丁。

　　如果陪审团被指示，在确定该州案件是否有合理怀疑标准时，不能考虑正当防卫的证据，也就是说，除非它满足了优势标准，为所有目的而提出的正当防卫证据都必须被撇在一边。这种指示将减轻检控方的责任，并且明显与温希普案命令发生冲突。这个案件中的指示在这方面更加清楚，但整体上解读，我们认为，它们充分传达给陪审团的是，在裁决该州关于该犯罪之要件证明的充分性是否存在合理怀疑时，必须考虑包括正当防卫证据在内的所有证据。

　　因此，我们不为以下主张所动，即认为加重的谋杀罪和正当防卫的要件产生交叉，在此意义上，证明后者的证据，常常否定前者。大多数情况下的自卫遭遇也许都是突然发生的，没有预先计划或明确的杀人目的。在那些案件中，所提供的支持辩护的证据可以否定事先筹划和预谋的故意凶杀，但是，俄亥俄州并未将反驳该州案件任何要件的责任转移给被告人。在检控方作出初步证明并在宣告无罪动议下幸存的情况下，如果由被告人提供的证据对证明有罪认定之必要事实的存在产生了任何合理怀疑，陪审团可能就不会给其定罪。产生合理怀疑的证据，可能就无法以优势证据来证明正当防卫。当然，如果陪审团心目中没有产生这种怀疑，如果每一位陪审团成员都确信被告人夺人生命具有故意和事先预谋，但正当防卫的要件若被令人满意地证实，该凶杀仍将被原谅。我们在这里注意到，但不必依赖它，俄亥俄州最高法院的评论是："上诉人没有质疑（加重的谋杀罪构成要件）的存在，而是寻求基于正当防卫而证明她的行为是正当的"。上诉人主张，按照俄亥俄州的法律，除非被告人的行为是非法的，否则就不能被定罪；（上诉人）还指出，由于正当防卫致使本属犯罪的行为合法，那么，违法性是该州检控方必须通过反驳正当防卫而证明的犯罪要件之一。该论点以州法为根据，所以被俄亥俄州最高法院和第六巡回上诉法院所驳回。怀特诉阿恩案 [White v. Arn, 788 F. 2d 338, 346 - 347 (6th Cir. 1986)]；州诉莫里斯案 [State v. Morris, 8 Ohio App. 3d 12, 1819, 455 N. E. 2d 1352, 1359 - 1360 (1982)]。诚然，违法性对定罪而言是要件，但俄亥俄州法院认为，本案的违法性是满足加重的谋杀罪之要件的行为——这种对州法的解释，我们不持争议。同样真实的主张是：对于严重犯罪的定罪而言，证明"犯罪"的意图是必要的，但如果正当防卫得到证明，该犯罪就不可能发生：按照俄亥俄州法律，加重的谋杀罪所必要的精神状态，是依照事先筹划和预谋杀人的明确意图。

849

正如我们在帕特森案中所述，普通法规则是：包括正当防卫在内的积极抗辩是由被告人证明的事项。"这是宪法第五修正案通过时的规则，是宪法第十四修正案被批准时美国人确立的规则。"的确，直到本世纪，许多州都遵循了这个普通法规则，要求被告人承担证明其正当防卫行为的负担。我们知道，除俄亥俄州和南卡罗来纳州两个州之外，其他州都放弃了这个普通法规则，而是要求在被告人适当提出正当防卫之辩时，由控方证明不存在正当防卫。但是，那些州是否违反宪法的问题仍然存在；而且，如我们在帕特森案中所观察到的，对其他州的实践进行罗列，并未使该问题得到回答。与不确信宪法要求检控方证明以"精神失常"为由作无罪答辩的被告人心智健全一样，我们也不确信俄亥俄州要求被告人证明正当防卫的做法是违宪的。我们曾有机会推翻利兰诉俄勒冈州案（Leland v. Oregon），但我们却拒绝这么做。里韦拉诉特拉华州案〔Rivera v. Delaware，429 U. S. 877 (1976)〕。这些案例对于帕特森案裁决是重要的，它们连同帕特森案一起，成为我们今天裁决的权威依据。

综上，维持俄亥俄州最高法院原判。

关于马丁案的注释和问题

1. 请仔细考虑一下正当防卫和加重的谋杀罪中"事先筹划和预谋"要件之间的关系。鲍威尔大法官在其不同意见中争辩说，"事先筹划"和正当防卫之间是互相排斥的。因此，他将正当防卫看作是对谋杀罪要件之一的否定。然而，被告人采取了不同的思路。就像多数大法官意见所指出的，她并未就加重谋杀罪要件的存在提出争议。

鲍威尔大法官对"事先筹划"和正当防卫之间关系特性的描述是正确的，正如鲍威尔大法官指出的，马丁案的主要问题是可能使陪审团产生混淆的指示："说检控方负有将一个要件证明到确信无疑的责任，而辩护方负有以优势证据证明相反主张的责任，这是讲不通的。"另一方面，如果加重谋杀罪中的犯罪意图与正当防卫并非不一致，那么马丁案就更是一个麻烦的裁决。为了论证的需要，假定与正当防卫或极端情绪困扰下作出杀人决定相比，"事先的筹划和预谋"并不意味着更多的先见。现在，请比较一下声称在极度情绪困扰下实施的杀人，与声称在正当防卫下实施的杀人。对于极端情绪困扰是否足以减轻被告人的罪行、是否不应作为谋杀犯而受到惩罚，理性人可能意见不一致，除非检控方能够确信无疑地反驳极端情绪困扰之辩护主张。然而，在极度情绪困扰影响下杀人的被告人，仍将受到惩罚。杀人是一种应受到处罚的犯罪行为；极度情绪困扰减轻该犯罪，却未证明其正当或可宽恕。相比之下，在正当防卫情况下，杀人之人并未犯罪；该杀人行为是正当的。因此，当一起案件的核心争点是正当防卫时，是否存在应受惩罚的犯罪行为，这个问题就成为该争议解决之道。对一名在加重谋杀罪——在俄亥俄州是一项死刑犯罪——中主张正当防卫的人定罪，而不要求检控方以确信无疑的标准反驳正当防卫，就是在没有达到确信无疑证明标准的情况下就应受处罚的行为给某人定罪！

2. 不幸的是，马丁案宽泛和令人生厌的暗示看来是正确的。马丁案多数意见的表面分析，并未超越一个事实，即俄亥俄州检控方已对包含于俄亥俄州谋杀罪制定法中的各项要件达到确信无疑的证明。此外，怀特诉阿恩案 [White v. Arn, 788 F. 2d 338 (6th Cir. 1986)]（几个对俄亥俄州法律启动合宪性解释的案例之一）——马丁案多数意见尚无这种争论资格，涉及正当防卫和非加重谋杀罪。在那个案件中，在谋杀罪制定法所界定的心理状态（目的性）和正当防卫所要求的心理状态之间，没有看似可信的矛盾。换言之，在正当防卫中可能存在有目的之杀人。事实上，怀特案有赖于这种一致性认定：正当防卫的证明并不否定目的性，并且因此，将关于正当防卫的证明责任分配给被告人，并不违宪。（上引案例，第 346 页。）

3. 马丁案之后，如帕特森案多数意见所称，"存在着各州也许无法逾越的明显宪法限制"，这还是正确的吗？一个州可以把谋杀罪合宪地简单界定为"造成另一个人的死亡"吗？如何区分此制定法与最高法院在马丁案中认可的区别？

4. 现在请考虑一种似乎为马丁案裁决辩护的论证思路。就马丁女士依赖正当防卫作为一种积极抗辩而言，根据俄亥俄州法律，她必须通过提出优势证据予以证明。但是，她能够——而且可以说她的确——依据正当防卫的潜在事实以及支持其正当防卫主张的证据，来否定加重谋杀罪中的"事前筹划和预谋"要件。就她所遵循的抗辩思路，马丁女士受益于温希普案保护措施，因为控方必须确信无疑地反驳这些事实。这个论证是在为马丁案裁决辩护吗？参比勒兰德诉俄勒冈州案 [Leland v. Oregon, 343 U. S. 790 (1952)]（支持了要求被告人确信无疑地证明精神失常抗辩的俄勒冈州法律合宪，与此同时，允许被告人使用任何有关其精神失常的证据来否定其犯罪故意）；克拉克诉亚利桑那案 [Clark v. Arizona, 548 U. S. 735 (2006)]（认为各州可以合宪地要求被告人以清楚且令人信服的证据证明其精神失常抗辩；与此同时，强调被告人能够——而且的确——使用潜在于其精神疾病的事实，除亚利桑那州法律所禁止的结论性精神病学意见外，对其故意杀害被害人的意图提出合理怀疑）；迪克森诉合众国案 [Dixon v. United States, 548 U. S. 1, 10 - 11, 15 - 17 (2006)]

（认定被指控犯有联邦罪行的被告人必须以优势证据证明胁迫，但当所指控的罪行包括预谋时，被告人可以使用其遭到胁迫的证据对其行为是否恶意提出合理怀疑）。

要　点

1. 法院将温希普案命令解释为一种要求，即检控方应当确信无疑地证明该犯罪制定法定义中所列出的每一项事实。

2. 只要州将诸如极度情绪困扰或正当防卫分类作为积极抗辩而非犯罪的要素，就允许把对这些积极抗辩事由的说服责任施加于被告人。

3. 当被告人的积极抗辩与所称犯罪的要件重合时，被告人能够——而且会做得很好——使用该抗辩所依据的证据对必要要件的存在提出合理怀疑。通过这种辩护思路，被告人可以借此获得温希普案保护。

4. 有一些未明示的限制，各州在创设积极抗辩时不得超越，以免限制温希普案确信无疑之证明命令。

温希普案在其他情况下适用的注释和问题

1. 温希普案与量刑。在埃普伦迪诉新泽西案［Apprendi v. New Jersey, 530 U. S. 466（2000）］中，被告人以武器进攻（weapons offenses）而被定罪，他开枪射进了一个非裔美国人家庭的宅邸，该户最近刚迁入这片原来全为白人的街区。埃普伦迪罪行的最高量刑是 10 年有期徒刑，但新泽西有部单独的制定法——"仇恨犯罪"法——根据该法，如果法官认定有优势证据证明犯罪动机与种族有关，可在原量刑之上增加不超过 10 年的刑期。在对埃普伦迪量刑时，法官作出必要认定，并判处埃普伦迪 12 年有期徒刑。最高法院判定，该量刑侵犯了埃普伦迪的宪法权利。最高法院认为，除了先前定罪的事实，在制定法规定的最高刑期（本案为 10 年）之上增加量刑的任何事实，都必须提交给陪审团决定并证明到确信无疑的程度。

852　　像马拉尼诉威尔伯案（Mullaney v. Wilbur）（上文，第 839 页）一样，埃普伦迪案引发了大量诉讼。例如，埃普伦迪案适用于以下案例吗？（1）如果仇恨犯罪条款已成为埃普伦迪定罪根据之同样制定法的一部分，（2）该法官并未超越该制定法的最大刑期，但在量刑时以优势证据认定的事实为依据，判处了异常严厉的刑期，或者（3）法官依据量刑指南，增加了一位被告人的量刑。在最后一种情况下，量刑指南是强制性的还是任意性的，这重要吗？

上文帕特森诉纽约州案（Patterson v. New York）（上文，第 840 页）在确定检控方必须确信无疑地证明什么的问题上，适用了"要素"检验标准，从而解决了许多由马拉尼案所产生的不确定性。与之类似，合众国诉布克案〔United States v. Booker，543 U. S. 220（2005）〕，似乎已解决了很多由埃普伦迪案所引发的宪法上的不确定。

布克以贩卖目的而持有 50 多克可卡因而被定罪。制定法对该罪的处罚是 10 年刑期至终身监禁。然而，《联邦量刑指南》要求，在缺乏任何加重或减轻因素的情况下，判处17 - 22年监禁。量刑法官以优势证据标准认定，布克妨碍司法并持有额外 566 克可卡因。鉴于上述加重因素，《联邦量刑指南》规定的量刑是 30 年有期徒刑至终身监禁。法官判处 30 年徒刑，比陪审团确信无疑认定的事实根据上的刑期多了 12 年。

支持埃普伦迪主张的（史蒂文斯、苏特、斯卡利亚、托马斯和金斯伯格）五位大法官多数意见，同样认为埃普伦迪案适用于强制性量刑指南：不管最高刑是由制定法还是由量刑指南所创设，法官判处的刑罚都不得超越陪审团认定或有罪答辩授权的最高刑。九位大法官均赞同，在缺少制定法或量刑命令的情况下，并不存在宪法问题。换言之，如果不存在 10 年徒刑到终身监禁刑罚的制定法及强制性指南——即使审判法官以优势证据认定了布克妨碍司法并持有额外数量的可卡因，从而选择了一个相对较高的刑期，该法官也需在制定法范围内判处布克任何刑期。简言之，布克案解决埃普伦迪案问题的方式是形式主义的和矫揉造作的，就像帕特森案对马拉尼案问题的解决之道一样。在一种情况下，这是制定法的"要素"事项，而在另一种情况下，则是一个强制性量刑限制事项。

虽然在一个重要方面，布克案与帕特森案有很大差异。帕特森案的要素测试在如何定义犯罪的问题上，具有尊从立法判断的效果。相比之下，布克案在如何规制量刑的问题上，却有干扰立法判断的效果：许多司法辖区曾采用强制性量刑指南制度来规制量刑差异，如今却是违宪的。另一个方面，未受规制的法官自由裁量权却依然盛行。温希普案的合理怀疑要求所保护的是什么价值，而宪法第六修正案的陪审团审判权利证明布克案干预立法判断具有正当性吗？

2. 温希普案问题可能由此发生：当某州允许陪审团在无须就支持该定罪的事实达成一致时，便以单一罪名给被告人定罪；或者，当陪审团以更重罪名（对其存在合理怀疑）给被告人定罪，是因其未被给予更轻罪名的选项（对其存在确信无疑的证明）。参见谢德诉亚利桑那州案〔Schad v. Arizona，501

853

U. S. 624（1991）]（根据并不要求陪审团区分重罪谋杀和预谋谋杀的陪审团指示，支持一级谋杀定罪）；贝克诉阿拉巴马案[Beck v. Alabama, 447 U. S. 625（1980）]（裁定，在刑事案件中，对情节较轻的犯罪禁止作出指示的法令违宪）。

3. 在一项谋杀罪检控——蒙大拿州诉埃格尔霍夫案[Montana v. Egelhoff, 518 U. S. 37（1996）]中，最高法院"在确定作为犯罪构成要件之一的心理状态是否存在时"，支持了一项规定故意醉酒证据不可采的蒙大拿州制定法。根据斯卡利亚大法官发表的多数意见，这个对提供证据权利的限制，并未违反"公正的基本原则"。（上引案例，第 42 页。）

尤其是，被告人辩称，该项制定法具有减轻州法对犯罪意图要件之证明责任的作用，因而违反了温希普案。蒙大拿州最高法院依据马丁诉俄亥俄州案的下述段落，对该主张表示同意：

> 如果陪审团得到指示说，正当防卫的证据不能被用于考虑关于该州案件是否存在合理怀疑的决定，就是说，除非对正当防卫达到优势证据标准，否则无论出于什么目的都不得考虑，就会出现截然不同的情况。这种指示将减轻州的证明责任，而明显与温希普案命令相冲突。本案件中的指示……向陪审团充分传递了以下信息，即在决定该州对犯罪要件证明的充分性是否存在合理怀疑的问题上，必须考虑包括正当防卫证据在内的所有证据。（480 U. S. at 233 - 234.）

斯卡利亚大法官对温希普—马丁案的论点作了如下回应：

> 本段可以多种方式解释——例如，作为一项声称由陪审团考虑正当防卫证据是一项权利（不同于由陪审团考虑故意醉酒证据的权利）之断言，是一项基本权利，是历史记录可以支持的主张。但就当前目的而言，所需的唯一解释是科克南诉监护人人寿保险公司案[Kokkonen v. Guardian Life Ins. Co. , 511 U. S. 375（1994）]："我们所须关注的是我们案件的裁定，而非其中的附言部分。"（518 U. S. at 56.）

你们如何看待被告人的温希普案论点？如何看待斯卡利亚大法官的回应？

同意该判决的金斯伯格大法官，维持了蒙大拿州制定法应当被理解为是对犯罪意图的重新界定，而非对证据进行限制：

> 该标签（排除证据的规则或对该犯罪的重新界定）之下隐藏着一个根本问题：一个人在清醒状态下从事了一个行为，而另一个人在故意醉酒降

低了其自控能力的状态下从事了同样的行为，在不违背联邦宪法的前提下，一个州能否作出二人应受到同等罪责的判决？（上引案例，第 57 页。）

你认为金斯伯格大法官的说法阐述了什么观点？她的肯定性回答呢？参见罗纳德·J. 艾伦：《面向未来：蒙大拿州诉埃格尔霍夫——对立法想象和司法权力限制的反思》[Ronald J. Allen, Forward: Montana v. Egelhoff-Reflections on the Limits of Legislative Imagination and Judicial Authority, 87 J. Crim. L. & Criminology. 633 (1997)]。

4. 在克拉克诉亚利桑那州案 [Clark v. Arizona, 548 U. S. 735 (2006)] 中，联邦最高法院支持了亚利桑那州制定法及普通法均将被告人关于其精神疾病之精神病学专家证言限制于精神失常之积极抗辩——被告人需要以清楚且令人信服的证据证明的问题——事由，并排除了该专家超越对被告人以特定方式思考及其行为特征之趋向性进行事实性观察而提出的意见。被告人因故意杀害一名警官而被判一级谋杀罪，他辩称，关于其精神分裂的专家证言表明，他是出于其精神疾病所导致的妄想而行为，而非该罪所要求的故意。最高法院通过支持限制使用该证据的州法，实际上在说：当被告人希望就该问题提出专家证言时，让被告人去证明缺乏犯意是合宪的吗？请考虑该语境下的《联邦证据规则》704（b），根据该条规定："在刑事案件中，专家证人不得就被告是否具有构成被指控犯罪或辩护的要素之精神状态或者状况而表述意见。这些事项是事实裁判者独自决定的事项。"

如果各州可以转移犯罪意图问题（至少就有关患有精神疾病的被告人而言）的说服责任，我们就要再次质问：各州可以做什么的宪法限制是什么？关于克拉克案的进一步探讨，参见罗纳德·J. 艾伦：《克拉克诉亚利桑那州：杞人忧天》[Ronald J. Allen, Clark v. Arizona: Much (Confused) Ado About Nothing, 4 Ohio St. J. Crim. L. 135 (2006)]；皮特·韦斯滕：《最高法院与精神失常的交锋：克拉克诉亚利桑那州》[Peter Westen, The Supreme Court's Bout with Insanity: Clark v. Arizona, 4 Ohio St. J. Crim. L. 143 (2006)]；亚历克斯·斯坦：《宪法性证据法》[Alex Stein, Constitutional Evidence Law, 61 Vand. L. Rev. 65, 120 - 121 (2008)]。

5. 联邦刑法——无论是制定法还是法官判例法，通常都要求被告人以优势证据甚至清楚且令人信服的证据去证明积极抗辩事由。参见迪克森诉合众国案 [Dixon v. United States, 548 U. S. 1, 15 - 17 (2006)]（要求以被胁迫为积极抗辩事由的被告人，要以优势证据对此加以证明）。另参见《美国法典》[18

854

U.S.C. § 17（b）］（"被告人负有以清楚且令人信服的证据去证明精神失常之辩的责任"）。

　　（三）刑事案件中的举证责任

　　正如我们在上文第 804－807 页第一节所讨论的，举证责任的主要意义在于：未能履行举证责任，将使承担该责任的一方当事人无法将事项出示给陪审团。法院将以对负有举证责任的当事人一方不利的方式解决该问题。例如，如果检控方未能提出充分的证据以允许对每一犯罪要件作出确信无疑的认定，法院将作出一项支持被告的无罪指令裁决。

　　通常认为，由于刑事被告人享有获得陪审团审判的宪法权利，作出对刑事被告不利的指令裁决是不允许的。然而，实际上，法院常常从事相当于对被告人不利的指令裁决活动。例如，请考虑如下情形：法官以辩方所提供的证据不足为由，拒绝就某项特定抗辩事由或较轻的罪名向陪审团作出指示——这一惯例做法在合众国诉贝利案［United States v. Bailey，444 U. S. 394（1980）］中得到联邦最高法院认同。

855　　　　贝利案涉及被告人为逃脱联邦制度而对其定罪的挑战。在支持该定罪的同时，州最高法院驳回了关于审判法院错误地未就普通法的胁迫和必要之抗辩作出陪审团指示的诉求。众被告人作证称，其行为受死亡威胁所驱动，他们请求一项关于胁迫或必要的陪审团指示。州最高法院的结论是，即使国会原打算允许这种辩护——这一点直到迪克森诉合众国案［Dixon v. United States，548 U. S. 1（2006）］才使该辩护获得认可，本案被告人未能充分证明胁迫和必要，从而证明一项陪审团指示具有正当性。换言之，被告人未能满足举证责任，地区法院实际上以拒绝就其给出指示的方式，对他们的辩护作了一项指令裁决。

——注释和问题————————————————————————————————

　　1. 除非贝利案法院暗中进行调查，其没有宪法性必要去证实该争议事实——本案中，被告是否在胁迫或必要的情况下采取了行动。没有这项调查，该法院的分析就是不完整的。如果必须证实的争议事实是一个为证明潜在制裁之正当性的事实，那么，当一项要件事实没被确信无疑地证明到陪审团满意的程度时，就允许地区法院从本案导致定罪的争议事项中移除，这与温希普案是不一致的。但参见迪克森诉合众国案［Dixon v. United States，548 U. S. 1（2006）］（根据联邦法律判决，胁迫和必要可用作积极抗辩，但仅在被告人能以优势证据证明基础事实之时）。

2. 如果争议中的事实不需要被证实到确信无疑，那么，贝利案就提供了一种即使不理想却也可接受的非要件举证责任分析。该分析并不理想，由于大多数人的立场是，被告人的个人证言并不能证明给陪审团的指示是正当的。（444 U. S. at 415.）最高法院以这种检验扮演了事实认定者的角色，并得出了被告人证言不可信的结论。从政策角度看，即使这种非要件问题，也应当留给陪审团来处理。确实，依据迪克森案先例，被告人是否以优势证据证明了胁迫或必要，就是由陪审团来决定的。

856

要　点

1. 当法院发现被告提供的证据达不到作出为抗辩和较轻罪行的陪审团指示的程度时，它们通常拒绝作出这样的指示。这些裁定相当于对刑事被告不利的指令裁决。

2. 虽然最高法院没有解决这个问题，但拒绝作出这样的陪审团指示，对温希普案规则具有潜在破坏作用。

二、对刑事案件中证据的司法综述和评论

在刑事案件中，法院采用了一种与民事案件中相似的标准来对综述和评论进行评价。参见我们上文第一节二对民事案件中综述和评论的讨论。例如，在凯西亚诉合众国案 [Quercia v. United States，289 U. S. 466，468 - 469（1933）] 中，审判法官以下述方式指示陪审团：

现在我要告诉你们，我是如何考虑被告人证言的。陪审团主席和各位先生们，你们也许已注意到了，他在作证时擦自己的手。这是一件古怪的事情，但那几乎总是撒谎的一种迹象。为什么就是那样，我们不得而知，但那是事实。我认为，除了当他同意检控方证言的时候，那个人所说的每一个词都是谎言。

现在，以上意见是一项证据的意见，它对你们没有约束力。如果你们不同意我的意见，你们就有责任认定他无罪。

最高法院在推翻了随后的定罪时指出：

法官对事实进行评论的特权有其内在限制。他的自由裁量权并非任意且不受控制，而是具有司法性，行使时要与规制司法机关的标准保持一

致。在评论证言时，他不可假定证人的角色。他可以分析和解剖证据，但不可以歪曲证据或添枝加叶。为了给陪审团适当的协助，他的评论特权确实太重要了，因而不能没有防止其滥用的保障措施。……

我们并不认为，审判法官说他对该证据的意见对陪审团没有约束力，就能纠正错误；以及如果陪审团不同意这个意见，他们就应当认定被告人无罪。他对事实的明确而具体的断言，具有司法言论同样的说服力，是无法收回的。（上引案例，第 469 页，第 472 页。）

──注释和问题──

1. 在涉及质疑司法综述和评论的案件中，法院常规援引和引用凯西亚案。在大多数这类案件中，法官对陪审团的陈述不会像在凯西亚案中说的那么极端。参见合众国诉马圭雷案 [United States v. Maguire, 918 F. 2d 254, 268-269 (1st Cir. 1990) （对检控方案件理论进行综述的陪审团指示是适当的）]; 合众国诉佩瓦案 [United States v. Paiva, 892 F. 2d 148, 159 (1st Cir. 1989) （由于缺乏关于可卡因现场试验的证言，法官对于可卡因现场试验的解释超出了司法评论的适当界限，但错误是无害的）]。

2. 凯西亚案中隐含的标准是否内在不一致？若不"添枝加叶"，一个人何以能够"分析和解剖证据"？相关讨论参见罗纳德·J. 艾伦：《再论证明难题的宪法程序》[Ronald J. Allen, More on Constitutional Process of Proof Problems, 94 Harv. L. Rev. 1795 (1981)]；以及查尔斯·R. 内生：《合理性、推定与司法评论：对艾伦教授的回应》[Charles R. Nesson, Rationality, Presumptions, and Judicial Comment: A Response to Professor Allen, 94 Harv. L. Rev. 1574, 1589-1590 (1981)]。

857　　3. 一项司法评论对于陪审团来说要么是显而易见的，要么是不明显的。如果它是显而易见的，审判法官之明显的复述，就不应成为撤销原判的理由。如果该法官的评论不是显而易见的，一个重要问题应该是该评论是否准确：

请考虑一起谋杀罪审判中，被告人已做不在犯罪现场"辩护"。假定，根据所举出的证据，在没有司法评论的情况下，一个见多识广且理性的陪审团会得出结论说，不在犯罪现场的故事有 15% 的概率为真。由于一项 15% 的错误概率肯定是一项"合理怀疑"，所以裁决会是无罪。首先，假设在这个案件中，审判法官就倾向于证明或反驳不在犯罪现场的证据进行评论，并且假定，该评论实际上是不准确的。进一步假设，由于不准确的评论，同一陪审团将得出结论说，不在犯罪现场为真的可能性非常小。那么，在保持其他情况不变的情形下，裁决将是有罪。为了避免有罪的裁决和审判法官评论的影响，被告人就会不公平地被强迫提供更强有力、更有说服力的不在犯罪现场的证据。结果，其说服责任的增加便超过了仅仅提出合理怀疑的程度。

现在，请考虑法官对证据的评论是准确的。再次假设，该评论导致陪审团足以怀疑（被告人）不在犯罪现场，从而作出有罪裁决。被告人的说服责任再次被增加了——他不得不提供更强有力的证据以获得无罪判决——但这一次，被告人没有申诉的宪法根据。通过改变陪审团的事实矩阵而与现实更加一致，司法评论使陪审团察觉到，有罪确实已被证明到确信无疑的程度。

在宪法中必须包含州犯罪定义的问题上，这个例子表明，不准确的司法评论对被告人是有害的，它通过有效降低州检控方确信无疑证明有罪的责任，而违反了关于温希普案命令。……另一方面，当陪审团不能理解审判中得到证明的特定事实含意时，准确的评论能够防止错误的有罪裁决。罗纳德·J. 艾伦：《构建刑事案件中的陪审团裁决：对证据措施的统一宪法途径》[Ronald J. Allen, Structuring Jury Decisionmaking in Criminal Cases: A Unified Constitutional Approach to Evidentiary Devices, 94 Harv. L. Rev. 321, 348 - 349 (1980)]。

三、刑事案件中的推定：温希普案的影响力

请回顾上文第 839 - 840 页关于马拉尼案和帕特森案的讨论。如果推定事实是检控方必须确信无疑证明的，那么，明确地将说服责任转移给被告人的推定明显是违宪的。例如，在马拉尼案中，最高法院以检控方必须确信无疑地证实恶意的预谋为前提，认为从非法故意杀人的证据中得出预谋的"结论性推论"是违宪的。该"结论性推论"在帕特森案中被定性为一项推定，确实是一项传统的强制性说服责任推定。

当然，帕特森案对于州检控方必须确信无疑地证明恶意（缺乏挑衅）这一潜在前提提出了质疑。然而，正如我们在第二节所指出的，最高法院主要依据一个州选择定义犯罪的方式，来决定该州必须确信无疑地证明什么。因此，马拉尼案支持的主张，即一个州一旦将一项事实涵盖为一项犯罪定义的部分，该州就不能对那个事实创设一项转移说服责任的推定。同样，该州不能就一项犯

罪要件的存在创设一项结论性或不可反驳的推定。桑兹特朗诉蒙大拿州案
［Sandstrom v. Montana，442 U. S. 510（1979）］。除非我们另有声明，我们将
在随后的讨论中假定，我们正在处理的是该州已界定为犯罪要件的事实，因而
必须被证明到确信无疑的程度。

　　为了避免与温希普案发生马拉尼案式的冲突，刑事案件中的推定通常是许
可性而非强制性的：如果事实认定者相信导致该推定的事实，那么，事实认定
者可以而非被要求去认定推定的事实。事实认定者必须排除合理怀疑地确信该
推定事实。然而，仅将推定设定为许可性的，并不能完全消除与温希普案有关
的问题。

　　要确定一项关于推定的陪审团指示是否违反温希普案，重要的是要聚焦
该指示自身的用语。陪审团如果能理性地把该指示理解为允许以低于确信无
疑的程度来证明推定事实，该指示便是违宪的。参见桑兹特朗诉蒙大拿州案
［Sandstrom v. Montana，442 U. S. 510］。根据阿尔斯特县法院诉艾伦案
［County Court of Ulster County v. Allen，442 U. S. 140（1979）］，一项关于犯
罪构成要件之许可性推定的指示是合宪的，如果（1）该指示总体上明确了
陪审团必须排除合理怀疑地确信犯罪的每个要件；（2）在基础事实（需要被
证明至确信无疑的程度）与推定事实之间有一种理性的联系；并且（3）推
定的事实更有可能来自基础事实。在确定这种"比不可能更有可能"的关键
关系是否存在时，主要关注的是案件中的证据，而非是否存在这种抽象关
系。在阿尔斯特县案中，最高法院支持了以下许可性推定的合宪性，即允许
陪审团成员认定在机动车内发现的枪支为该机动车内之人所持有，除非该枪
支是在同一辆车内的另一名乘客身上发现的。最高法院判定那个被告人"比
不可能更有可能"持有从他们车内起获的手枪，这在基础事实和推定事实之
间建立起必要的联系，并授权陪审团成员根据证据整体去认定持有之事实。

　　一项举证责任推定——一项指示陪审团该推定事实之存在的推定，除非
被告提供了反驳它——具有合宪性疑问的证据。根据阿尔斯特县案声明，如
果陪审团成员能够理性地理解该（陪审团）指示是在要求他们认定一项推定
事实，除非被告提供一定数量的证据，该指示很可能就是违宪的。从本质上
说，这是由于被告没能提供证据，而建议陪审团成员给其定罪，而不顾陪审
团是否排除合理怀疑地确信被告人犯了罪。另一方面，如果该指示清楚地表
明，被告的责任是最小化的，同时强调温希普案的确信无疑命令，那么，该
指示也许相当于一项许可性推定。在推定对个案基础事实和推定事实之间的
联系满足了"比不可能更可能"的要求时，这样一种指示很可能就是合

859

宪的。

──注释和问题──

1. 在阿尔斯特县案之前的刑事案件中，最高法院主要根据推定事实与生成该推定的事实之间的经验关系，去评估推定的合宪性。反复出现的问题是，这种关系是必须确信无疑地存在，还是比不可能更可能的关系便可。巴恩斯诉合众国案［Barnes v. United States，412 U. S. 837（1973）］；特纳诉合众国案［Turner v. United States，396 U. S. 398（1970）］。阿尔斯特县案通过设定比不可能更可能的标准，解决了许可性推定中的这个问题。此外，阿尔斯特县案法官附带意见称，如果基础事实和推定事实之间的一般关系（而非具体关系）确信无疑地存在，那么，向被告转移说服责任的推定可能是合宪的。（442 U. S. at 157 - 159 & nn. 16，17.）然而，桑兹特朗诉蒙大拿州（Sandstrom v. Montana）案在判定一项可被理解为向被告转移说服责任的推定指示违宪时，并未提及这个附带意见。

2. 为什么说基础事实与推定事实之间的经验关系应该是重要事项？

关于刑事案件中应当用于评价推定的标准，有关讨论参见罗纳德·J. 艾伦：《构建刑事案件中的陪审团裁决：对证据措施的统一宪法途径》［Ronald J. Allen，Structuring Jury Decisionmaking in Criminal Cases：A Unified Constitutional Approach to Evidentiary Devices，94 Harv. L. Rev. 321（1980）］。

要　点

1. 在评价一项推定指示的合宪性时，重要的是密切关注法院对陪审团讲了什么。如果陪审团能够以违反温希普案的方式理解该指示，该推定就是违宪的。

2. 结论性地认为犯罪要件存在的推定，是违宪的。

3. 向被告人转移关于犯罪要件之说服责任的推定，也是违宪的（受制于上述阿尔斯特县案法官附带意见，在桑兹特朗诉蒙大拿州案中没有被遵循）。

4. 如果根据案件中的证据，（必须被确信无疑证明的）基础事实和推定事实之间的关系符合"比不可能更可能"的标准时，许可性推定是合宪的。

思考题

10.5. 被告人摩根（Morgan）酒后驾车被定罪。在摩根驾驶他的车辆驶离道路而穿过一个栅栏后大约 90 分钟，一位警官在他朋友家对其进行访谈。按照该警官的说法，摩根显得焦躁不安，身上充满酒气，但摩根声称事故前没有饮用任何酒类。访谈时的呼吸测试表明，摩根血液中的酒精浓度是 0.14%。摩根年龄 19 岁，5 英尺 10 英寸高，体重 190 磅。法官在对陪审团的指示中说，"当且仅当，你们从所有的证据确信无疑地相信：（a）被告人那时驾驶着一辆机动车，以及（b）他在驾驶机动车时，受到酒精的影响"，摩根才能被认定有罪。该法官还一字不差地向陪审团宣读了以下制定法语言，并告诉陪审团"把这考虑为本案的证据"：

　　（a）在任何刑事指控中，被告人被指控在酒精饮料的作用下驾驶车辆，在对其血液、尿液、呼吸或其他身体物质进行分析时，被告人血液中酒精的含量，将导致如下推定：（i）如果血液中酒精浓度是 0.05% 或少于此量，将推定，被告人未受到酒精饮料的影响；（ii）如果血液中酒精浓度处于 0.05% 到 0.10% 之间，这种事实不应当构成被告人是否受到酒精饮料影响的推定，但在决定被告人有罪或无罪时，这种事实可以结合其他适格的证据一并考虑；（iii）如果血液中有 0.10% 或更高的酒精浓度，将推定被告人处于酒精饮料的影响之下。

　　（b）这个部分（a）款规定，不应被解释为，限制提供任何其他关于被告人是否处在酒精饮料影响下与这个问题有关的适格证据。

该指示侵犯了被告人的宪法权利吗？

10.6. 戴维斯（Davis）是一位工会职员，因向大陪审团撒谎而被定罪。所称虚假陈述是，他否认自己曾接受过一位雇主的竞选捐献。审判法官对陪审团的指示包括以下内容：

　　按照联邦法律，作为一位工会职员从任何雇主那里接受竞选捐献都是不适当的。联邦法律明确规定："在任何选举中，雇主的钱不得被捐作或用于提高任何人的候选资格。"这个法律甚至适用于捐款也许非常小的情况。

　　我想要告诫你们，在这份起诉书中，被告人并没有被指控接受工会竞选费用中不适当的款项。我想要指示你们，在决定被告人在大陪审团面前回答问题时的意图和精神状态时，你们只可考虑这项指示。

　　按照检控方的说法，该指示的目的就是向陪审团表明，戴维斯（Davis）有向大陪审团撒谎的动机：因为收取这种资助是非法的，并且，因为戴维斯想必知道它是违法的，所以，他对是否收取该资助有撒谎的动机。另一方面，戴维斯则指出，对收取这种资助的唯一制裁，是将其从仅剩的一个月任期内免职。他暗示，要避免这样一个微不足道的制裁，不值得向大陪审团撒谎而冒可能的刑事定罪风险。他辩称，该指示是违宪的，因为它使陪审团陷入了一种困境：要么是无理的许可性推论，要么是一项强制性推定。结果如何？

　　10.7. 利比（Libby）因在斗殴时将被害人刺死而被定谋杀罪。对该刺杀行为没有目击证人，但证人确实作证说，看到利比在刺杀行为发生前手里拿着一把刀，还看到他在斗殴地点逃跑时衣服带着血，看到他在刺杀他人不久后手里还拿着刀。利比承认曾刺杀被害人，以及他威胁过任何可能"告发"他的人。还有证言说，因为他以为被害人将从后面扑向他，因为他认为被害人正在殴打第三人，所以，他才刺杀了被害人。审判法官就谋杀和故意杀人对陪审团作出指示。谋杀罪的指示包括如下内容：

　　　　谋杀是将一个人杀死，而没有法律上的正当理由，没有宽恕理由，或没有将该犯罪减为一般凶杀的减轻情节；但伴有法律上所称的恶意预谋。

　　　　任何故意杀人的行为，没有法律上的正当理由或宽恕理由，或没有将该犯罪减为一般凶杀的充分减轻情节，都是恶意的。

　　　　如果在伤害行为实施之前便有伤害别人的邪恶意图，它是恶意预谋。如果所从事的凶杀没有法律上的正当理由，就是说，没有法律上的正当授权且并非出于正当防卫，在此没有正当防卫的争议，也没有基于巨大挑衅的激情，却有将一个人杀死而夺命的具体意图，或者一项非法行为，其自然后果将是剥夺一个人的生命，它是谋杀。

　　　　恶意隐含在针对另一个人的每一项故意残忍的行为之中。

　　　　该法官接着对一般凶杀罪作出指示解释说，在极度情感痛苦影响下的杀人是一般凶杀，除非检控方能确信无疑地证明杀人不是在极度情感痛苦影响下实施的，那么，如果有极度情感痛苦的证据，陪审团就可以给被告人只定一般凶杀罪。该法官告诉陪审团，除非陪审团一致同意被告人犯有谋杀罪，否则，他们就应当首先考虑被告人是否犯有谋杀罪，然后再考虑一般凶杀罪指控。该法官还告诉陪审团，要认定被告人的任何犯罪，检控方都不得不确信无疑地证明每一个要件。

　　　　被告人能对这些指示提出什么宪法上的异议吗？

自测题

　　A-10.1. 确信无疑之证明。新州的法规要求，提出胁迫之辩的刑事被告人，要通过清楚且令人信服的证据来证明该辩护。这个要求违反了宪法正当程序。正确还是错误？

　　A-10.2. 确信无疑之证明。根据新州刑法典，如果一个人"恶意对他人造成了严重的身体伤害"，他将犯有加重攻击罪。该法典还规定，如果被告能以优势证据证明正当防卫，面对加重攻击罪指控，他将被宣告无罪。这个证明要求是违宪的。正确还是错误？

　　A-10.3. 刑事案件中的推定。许可性推定可能被检控方在刑事审判中使用，只要它们在联结基础事实与推定事实时能够满足优势证据标准，并向陪审团澄清，在其对所控犯罪的要件之一存有合理怀疑时，就应该作出无罪裁决。正确还是错误？

　　A-10.4. 刑事案件中的推定。新州的陪审团指示模板，授权法官对陪审团成员作出指示说，他们可以（但没有义务）推定一个人故意造成了他的行为之通常后果，并举出一个人向另一个人开枪的例子来说明这种推定。在谋杀案中使用这一推定，将是：

　　（A）违宪的，因为它会减低检控方对犯罪意图的证明责任。

　　（B）违宪的，因为该指示会毫无证据的暗示，一个人向另一个人射击，通常是故意杀害他。

　　（C）违宪的，因为当被告没有提供相反的证据时，陪审团可能认为，他们必须遵循该推定。

（D）完全合宪，前提是如果法官还告诉陪审团，检控方对被告故意杀人负有"确信无疑"的证明责任。

A-10.5. 民事案件中的推定。根据西弗吉尼亚州法律，起诉汽车制造商产品责任的原告需以优势证据证明，所称汽车缺陷"是造成原告损害某些方面的一个因素"。这个证明激活了一项因果关系许可性推定，该推定允许陪审团认定，被告对原告所遭受的全部损害负有责任，即使没有证据将该损害与汽车缺陷联系起来。这个推定是：

（A）合宪的。

（B）违宪的，因为其违反了正当程序。

（C）违宪的，因为它歧视了被告，从而违反了平等保护原则。

（D）在对其动机和意义进行全面司法调查后，在宪法上值得怀疑，基于宪法理由可能被宣布无效。

A-10.6. 民事案件中的推定。事实不言自明是：　　　　　　　*863*

（A）一种将关于过失问题的说服责任转移给被告的强制性推定。

（B）一种许可性推定，它允许原告在过失问题上将其案件移交给陪审团，并让法官指示陪审团，当基础事实被优势证据证明时，其被允许（但没有义务）认定被告存在过失。

（C）仅仅是对原告间接证据的司法评论，将被告确定为初步证明存在过失。

（D）以上都不是。

A-10.7. 积极抗辩。你正在为一家被诉合同违约的公司辩护。由于中东地区不可预见的军事活动阻碍了其获得石油供应，该公司无法履行其合同义务。这种情况构成两个同样合理的可用论点：（1）根据该合同的适当解释，该公司的不履行并不构成违约；（2）由于存在履行不可能和目的挫败之抗辩，该公司的不履行完全是可以谅解的。你的最佳审判策略是：

（A）主张并随后试图证明这两个论点。

（B）仅主张并随后试图证明论点（2）。

（C）仅主张并随后试图证明论点（1）。

（D）寻找更多的信息，以期在这两个论点之间改进该选择。

答　案

A-10.1. 错误。胁迫是一种积极抗辩，可以合宪地要求被告去证明。迪克森诉合众国案〔Dixon v. United States, 548 U. S. 1, 10-11 (2006)〕。

A-10.2. 正确。这里，作为犯罪要件的"恶意"（malice）与正当防卫的缺乏二者存在完全的重叠。换句话说，作为犯罪定义的一项，正当防卫是对恶意的否定。因此，要求被告以优势证据来证明正当防卫，类似于要求其以优势证据来证明自己没有恶意行事。正如在马拉尼案所解释的（参见上文第839-840页），这一要求违反了正当程序，因为"恶意"是犯罪的一个要件，检控方对其必须证明达到确信无疑。

A-10.3. 正确。根据是桑兹特朗诉蒙大拿州案 [Sandstrom v. Montana, 442 U. S. 510 (1979)]，以及阿尔斯特县法院诉艾伦案 [County Court of Ulster County v. Allen, 442 U. S. 140 (1979)]。

A-10.4. 最佳答案是 D。根据是桑兹特朗诉蒙大拿州案 [Sandstrom v. Montana, 442 U. S. 510 (1979)]。

A-10.5. 最佳答案是 A。在民事案件中，各州可以其认为合适的方式自由分配证明责任。拉文诉米尔恩案 [Lavine v. Milne, 424 U. S. 577, 585 (1976)]。

864　　A-10.6. 最佳答案是 B，如对不言自明推定的讨论中的解释。参见上文第829页。

A-10.7. 最佳答案是 C。论点（1）将否定原告的违约指控，对此原告需以优势证据予以证明。如果事实认定者依然对该指控无法作出裁决，被告将赢得此案。另一方面，论点（2）提出一项积极抗辩，对此被告需以优势证据予以证明。筹划并试图证明两个论点，不是一个好的策略，原因在于：在被告不能说服事实认定者确信论点（1）的可能性不大时，其也无法证明要求优势证据的论点（2）。因此，从被告的角度看，追求论点（2）要么有害，要么多此一举 [鉴于论点（1）具有同等似真性]。因为论点（2）从来不是一个好策略，答案 D（"需要更多信息"）也是错误的。

865

第十一章

司法认知

请考虑如下案例，一家大型家畜养殖场被起诉，因其允许农业废弃物从农场流入附近水道。假设，作为其主诉的一部分，原告需要证实过去一年该地区的降雨量。虽然对该降雨量问题似乎应该有一个明确、无争议的答案；然而，对原告来说，运用迄今你们学过的证据类型知识来证明降雨量，可能是困难或极其昂贵的。任何有感知力的证人，都无法给出有多少英寸降雨的精确目击证人证言。原告可能不得不仅为证实一个无可争辩的事实而不厌其烦地去麻烦专家。

所幸，《联邦证据规则》提供了一种可能简化这种情况下证明的程序，被称作"司法认知"（judicial notice）。司法认知包括法官对事实主张和法律主张作出正式认知的一系列情形。第一节讨论的《联邦证据规则》201，论述了正式司法决定中严格意义的司法认知，即一个特定"裁判性"（adjudicative）事实之"不存在合理争议"。然而，司法认知一词也常被更宽松地用来指代《联邦证据规则》未提出的其他司法事实认定形式。下文第二节和第三节将对此展开讨论。

第一节 裁判性事实的司法认知

一、《联邦证据规则》201

规则 201 裁判性事实的司法认知

（a）范围。本规则只规制裁判性事实的司法认知，而非立法性事实。

（b）可被司法认知的事实种类。法院可以对不存在合理争议的事实作出司法认知，因其：

（1）是审判法院司法辖区内众所周知的；或者

866

（2）可从其准确性不容合理置疑的来源准确且容易地确定。

（c）司法认知的作出。法院：

（1）可以自行作出司法认知；或者

（2）在一方当事人提出请求，并且向法院提供必要信息的情况下，必须作出司法认知。

（d）时机。在诉讼的任何阶段，法院都可以作出司法认知。

（e）申辩机会。经及时提出请求，一方当事人有权就作出司法认知的适当性和被认知事实的性质要求进行申辩。如果法院在没有事先通知一方当事人的情况下作出司法认知，经请求，该方当事人仍然有权要求进行申辩。

（f）给陪审团的指示。在民事诉讼中，法院必须指示陪审团，接受经司法认知的事实作为结论性事实。在刑事案件中，法院必须指示陪审团，其既可以接受也可以不接受经司法认知的事实作为结论性事实。

二、《联邦证据规则》201（a）和（b）的解释

《联邦证据规则》201 授权，并在某些情况下要求，法官指示陪审团接受特定事实为真，前提是这些事实"不存在合理争议"。无论是否提出请求，法官均可作出这样一种裁定，但若一方当事人适当证明了该事实无可争辩的特质，基于该方当事人请求，法院必须作出这样的裁定。在刑事案件中，法官通过建议陪审团"可以"但并不一定接受该事实为真的方式，必须给该陪审团指示作出限定。

（一）常被司法认知的裁判性事实类型

理论上，法院可对符合《联邦证据规则》201（b）确定性之高标准的证据性事实或背景知识主张作出司法认知。在实践中，根据这一规则容易罗列预见为司法认知的广泛种类包括：商业或政府惯例；日历日期和时间期限；版权，专利和商标诉讼中的产品特性；时事；经济学一般原则和经济信息；费用和工资；地理；历史性信息；司法档案和诉讼程序；医学信息；官方档案；科学事实和原则，科学设备的性能；以及天气。

互联网作为一种研究工具的兴起，使法官和律师能够快速便捷地接触大量具有司法认知可能的事实，否则对这些事实的调查可能旷日持久。法院经常依赖政府和企业网站，在线新闻来源以及诸如谷歌地图等工具，对符合《联邦证据规则》201 标准的事实作出司法认知。参见贝纳维兹诉欧文市案 ［Benavidez v. City of Irving，638 F. Supp. 2d 709，721（N. D. Tex 2009）］（人口普查数据来自政府网站）；斯普林特公司诉 AT&T 公司 ［Sprint Nextel Corp. v. AT&T Inc.，821 F. Supp. 2d 308，325 n. 29（D. D. C. 2011）］（新闻报道）；赖德弗莱彻诉金体维健康系统公司案 ［Rindfleisch v. Gentiva Health Sys.，Inc.，752 F. Supp. 2d 246，259 n. 13（E. D. N. Y. 2010）］（"法院常使用互联网地图工具对距离和地理作出司法认知"）。实际上，在某些情况下，不对此类事实作

出司法认知，反倒可能是法官自由裁量权的一种滥用。参见奥图尔诉诺斯罗普·格鲁门公司［O'Toole v. Northrop Grumman Corp.，499 F. 3d 1218，1225 (10th Cir. 2007)］（未对互联网上可获取的历史收益数据作出司法认知，是对法官裁量权的滥用）；但参见洛奇诉孔道尔资本公司案［Lodge v. Kondauer Capital Corp.，750 F. 3d 1263 (8th Cir. 2014)］（当原告未能提供必要信息时，拒绝作出司法认知不是对法官裁量权的滥用）。这些事实是否符合《联邦证据规则》201 的标准——特别是，是否符合来源之"准确性不容合理置疑"标准——将取决于具体网站或来源以及案件事实。参见杰弗里·贝林和安得鲁·格思里·弗格森：《谷歌审判：信息时代的司法认知》［Jeffrey Bellin & Andrew Guthrie Ferguson, Trial by Google：Judicial Notice in the Information Age，108 Nw. U. L. Rev. 1137 (2014)］。

（二）《联邦证据规则》201（a）的范围：什么是裁判性事实？

《联邦证据规则》201（a）规定，本规则只适用于法官对"裁判性事实"作出正式认知的情况，但本规则并未给这个词下定义。裁判性事实是陪审团通常在审判时决定的事实。裁判性事实既可指实体法下争议之要件的所谓要素性事实（fact of consequence），也可指与证明那些要素性事实相关的证据性事实。正如联邦证据规则起草咨询委员会对《联邦证据规则》201（a）注释所描述的：

> 简单地说，裁判性事实就是特定案件中的事实。……裁判性事实是那些在裁判过程中要适用法律的事实。在陪审团审案件中，它们通常是要提交给陪审团的事实。它们与当事人、他们的行为、他们的财产、他们的业务有关。肯尼斯·戴维斯：《行政法专论》［2 Kenneth Davis, Administrative Law Treatise, 353 (1958)］。

通过证据法的学习，你们现在已知道裁判性事实的概念实际上有多么宽泛——根据《联邦证据规则》401，与争议潜在有关的任何事实都将是裁判性事实，并可能受《联邦证据规则》201 规制。对这条规则之范围的真正限制来自《联邦证据规则》201（b）。

（三）《联邦证据规则》201（b）的范围：可被司法认知的裁判事实所需的知识状态

如果一方当事人请求法院依照《联邦证据规则》201 就一项裁判性事实作出司法认知，该当事人必须说服法院，该事实符合《联邦证据规则》201（b）

标准。该事实必须如本规则所界定的无可争辩；它必须不属于"合理争议"。该无可争辩性，可通过两种方式之一予以确定。其一，该事实可能是"审判法院司法辖区内众所周知的事实"。例如，在戈德布拉特诉联邦储蓄保险公司〔Goldblatt v. Fed. Deposit. Ins. Corp.，105 F. 3d 1325，1329 n. 3（9th Cir. 1999）〕中，法院对金融市场账户的生息性作出司法认知。相比之下，在卡利诉轮式车辆公司〔Carley v. Wheeled Coach，991 F. 2d 1117，1126（3rd Cir，1993）〕中，上诉法院得出结论说，审判法院关于"高重心车辆的倾覆性众所周知"的司法认知是错误的。根据该上诉法院意见："大多数人对汽车重心多高便会导致车祸，知之甚少。"当事人必须就此争议提供证据，由陪审团进行最终裁决。

确定无可争辩性的第二种方式，是参照"准确性不容合理质疑的来源"。例如，在合众国诉伯斯盖案〔United States v. Pozsgai，999 F. 2d 719，731（3rd Cir，1993）〕中，上诉法院判定，审判法院作出的关于宾夕法尼亚运河过去曾用于或可能被用于州际商务之事实的司法认知是适当的。两部历史学著作以及美国陆军工兵部队的报告，证实了该运河在州际商务中的地位。据此，当事人不必就该争点提供任何证据，陪审团便得到了关于其真实性的指示。无可争辩性若不能通过这些标准之一被证实，该事实性争议就要在审判中予以证明。

这两项标准显著地缩小了《联邦证据规则》201（a）"裁判性事实"宽泛司法认知的事实范围。"众所周知"或由"准确性不容合理置疑"的来源证实的事实，往往是被我们认为是"背景信息"的东西。这种事实对于当事人一方的主张或辩护而言，也许是高度相关且确实重要的，但它们对本案很可能不是唯一的。

三、《联邦证据规则》201（a）和（b）的应用

关于瑟蒂亚克案由

(In re Thirtyacre)

---

154 B. R. 497 (Bankr. C. D. Ill. 1993)

破产法官威廉·V. 豪特博格（William V. Altenberger）。

〔在法官审中，一位判决确定的债权人寻求破产法院作出认定，即因故意和恶意伤害，该债务是不可免除的，因为它是基于一项关于债务人瑟蒂亚克袭

击了该债权人的州法院判决。债务人瑟蒂亚克辩护说，殴打发生时，他服用了药物去甲替林（Pamelor）并饮酒，这使他形成故意和恶意行为的精神能力受到损害。瑟蒂亚克要求法院就去甲替林的药效作出司法认知。]……

第一个证据性问题是，法院是否应就去甲替林的药品说明书作出司法认知。该说明书包含如下款项：描述，药理作用，适应证，禁忌证，警告，注意事项，不良作用，用法和剂量以及贮藏方式。被告瑟蒂亚克先生请求法院对去甲替林的定义作出司法认知。实际上，他正在请求这个法院对说明书中的事项，包括服药期间过量饮酒产生的副作用，作出司法认知。

《联邦证据规则》201 规制着裁判性事实的司法认知。……

869

显然，该说明书不属于本规则的范围。……服用去甲替林期间过量饮酒会产生的副作用，不是本法院司法辖区内众所周知的事项。正如《麦考密克论证据法》一书所指出的：

> 更发人深省的意见，是依据"大多数人"或"博学之人众所周知"的知识，或"每一个智人拥有的知识"等来表达的。

该说明书中包含的信息不符合这些标准。

服药期间过量饮酒所导致的后果，无法根据说明书而准确或容易地确定。对科学命题作出司法认知是适当的，但被告这里的请求不属于这种类型。而且，被告请求法院根据说明书就服药期间饮酒对其所产生的特定影响作出司法认知。不能从说明书中得出被告服药期间饮酒可能对他造成什么特定影响。

正如法院在克拉克诉中南部贝尔电话公司（Clark v. South Central Bell Tel. Co.）案……中所指出的：

> 《联邦证据规则》201 规定，如果事实"可从其准确性不容合理置疑的来源准确且容易地确定"，这些事实就可以被认知。就法院对事实的司法认知而言，若它们不是众所周知的事项，那些事实的来源就必须提交到法院。在当事人向法院提交事实来源并请求司法认知的情况下，如果这些事实能够容许司法认知的话，法院就必须接受这种请求。

路易塞尔和米勒所著《联邦证据法》（Louisell & Mueller, Federal Evidence, §57, Rule 201, p. 437），讨论了"无可争辩性"（indisputability）标准：

> 在《联邦证据规则》201 含义下，事实也许是无可争辩的，因为（即使不是众所周知）它们可以通过那些其准确性不容合理置疑的来源而核实。曾经有一段时间，法院沉迷于通过咨询来源明显虚构的信息来刷新记

忆，但显而易见的是，在现实中，法院仅仅从审判法官认为毫无疑问的准确来源来使自己了解那些无人知晓的事实。年鉴、百科全书、年历、历史书籍以及从物理定律适用中推导出的图式列表信息，仅仅是法院为获得司法认知信息在适当情况下可求助来源的一部分，这样的来源种类之多不胜枚举。

如果被告提交的有关"去甲替林"（Pamelor）的信息，是从食品及药物管理局（FDA）或医学词典（如被告所述）获得的，那么，它大概具有可采性。但若要求本法院认定，制造商自己的药品说明属于《联邦证据规则》201（b）"其准确性不容合理置疑的来源"含义之内，则远远超越了该规则所报道的适用范围。这种适用显失客观性。在合众国诉休斯顿（United States v. Houston）案

870

中，……法院判定，若有关药品的背景、药理学信息、使用方法及药品的麻醉效力等信息，由一份两页出版物所载明，则认定该信息是事实性的，并可从国家药品滥用协会容易地获取，就可以采取司法认知。在这种情况下，法院可在法庭记录之外进行独立验证。在本上诉法院看来，向法院申请对其事实作出司法认知的当事人，负有向法院提交信息来源并证实其完全准确的责任。

──注释和问题──

1. 作为瑟蒂亚克（Thirtyacre）的律师，你会如何陈述请求法院司法认知的事实主张？为什么这是一项裁判性事实？

2. 如果你代理瑟蒂亚克申请对该事实的司法认知，你会尝试提供何种信息以符合《联邦证据规则》201（b）的规定？在陪审团审中，如果你能满足《联邦证据规则》201的要求，你会请求法院向陪审团成员作出何种指示？若法院拒绝对这个事实作出司法认知，你会怎么做？

3. 瑟蒂亚克案意见，列举了法官通常用以满足《联邦证据规则》201（b）"众所周知"和"准确且容易地确定"标准的信息来源种类。涉及个体诉讼当事人的事实越具体，就越难满足这些标准。斯托姆塑料有限公司诉合众国 [Storm Plastics, Inc. v. United States, 770 F. 2d 148, 155（10th Cir, 1985）]（审判法官对原告鱼饵的质量采取了不适当的司法认知，因为，这既不是该社区内众所周知的事实，也不是通过明显准确的来源而能够准确确定的事实）。如果信息来源是用来证实一般背景知识的主张，其本身也必须得到普遍认可。合众国诉西蒙案 [United States v. Simon, 842 F. 2d 552, 555（1st Cir, 1988）]（审判法官不必就拉斯特法里派成员吸食大麻是出自其宗教信仰这一事实采取司法认知，因为，该事实不是众所周知的，而且，当事人所提供的信息

来源——一篇 1967 年的论文和一份 1960 年的研究报告——"很难说其来源的准确性不容合理地置疑"）。而且，如果法官根据个人经验对裁判性事实作出司法认知，它们很可能会被撤销。合众国诉路易斯案 [United States v. Lewis，833 F. 2d 1380，1384（9th Cir，1987）]（法官根据自己的个人经验，就手术后全身麻醉的效果作出司法认知，错误地认定了坦白是非自愿的）。

四、《联邦证据规则》201（c）和（e）的解释

《联邦证据规则》201（c）规定，法院可以自行对一个事实采取司法认知；法院可以决定一个事实应当被司法认知，并可以通过自行调查来获得信息，以决定《联邦证据规则》201（b）的标准是否得到满足。瑟蒂亚克案法官拒绝就去甲替林说明书的无可争辩性自行去搜寻信息。他反而裁定："向法院申请对其事实作出司法认知的当事人，负有向法院提交信息来源并证实其完全准确的责任。"该裁定与《联邦证据规则》201（c）（1）和（2）的规定一致，其显然在暗示，不得要求法院自行启动司法认知。根据（c）（2），只有在申请司法认知的当事人提供了满足《联邦证据规则》201（b）的必要信息时，法院才必须对一项裁判性事实进行司法认知。 *871*

《联邦证据规则》201 对法院就一项裁判性事实采取司法认知前应遵循的程序，仅包含最低指引。由于这些事实与争议事项紧密关联，它们通常对诉讼当事人案件有直接影响。因此，《联邦证据规则》201（e）规定，在当事人一方及时请求的前提下，其有权"就作出司法认知的适当性和被认知事项的性质"向法院要求申辩。例如，如果被告瑟蒂亚克就饮酒对服用去甲替林的影响提供了科学文献，原告就可以向法院请求对被告信息来源的准确性进行攻击或提供其他相反信息的机会。无论该司法认知是根据规则 201（c）（1）由法官启动，还是根据规则 201（c）（2）由对方当事人启动，这个机会都必须根据当事人的请求而赋予。*"申辩的机会"并不必然意味着一场正式申辩的权利，而仅仅是反对司法认知的权利。美利坚仓储诉国税局委员会案 [American Stores v. Commission of Internal Revenue Service，170 F. 3d 1267（10th Cir. 1999）]。

＊ 英文版第 871 页原文笔误为："This opportunity must be given upon the party's request whether the judicial notice was initiated by the opposing party under subsection（c）（1）or the judge under（c）（2）"。——译者注

五、《联邦证据规则》201（d）和（f）的解释

（一）民事案件中裁判性事实的司法认知：微型指令裁决

裁判性事实的司法认知对于民事审判过程有两个主要影响：（1）简化陪审团事实认定的作用，因为它使一个事实消除了争议，以及（2）免除了当事人一方就被司法认知的事实向陪审团的举证责任，同时消除使陪审团听取相互矛盾证据的威胁。请记住，当事人必须向法官提供符合《联邦证据规则》201（b）标准的证据。根据《联邦证据规则》201（f）第一句话，一旦法官判定这些标准得到满足，陪审团将得到其必须接受经司法认知之事实的指示。当事人的证据无须向陪审团提供；对方不得提供相反的证据；无须在结审辩词中作支持该事实的论证；并且，不能对它作出反驳论证。事实上，法院是对经司法认知的事实作指令裁决。

（二）刑事案件中裁判性事实的司法认知：司法评论

与民事案件中的司法认知相比，刑事案件的司法认知表现出某些不同的问题。《联邦证据规则》201（f）第二句规定："在刑事案件中，法院必须指示陪审团，其既可以接受也可以不接受经司法认知的事实作为结论性事实。"告诉陪审团其"可以"接受一项经司法认知的事实，看似自相矛盾。但毕竟，司法认知的目的是解决争议问题。对于这种明显不协调的解释是，陪审团在刑事案件中比在民事案件中得到更多遵从。确实，人们常说，不存在对刑事被告不利的指令裁决。就像我们刚看到的，就一项事实作出有约束力的司法认知，就是对该事实的指令裁决。因而，在刑事案件中，承认司法认知的约束力，似乎与传统上陪审团的角色观点相冲突。合众国诉蒙兹案［United States v. Mentz，840 F. 2d 315，318（6th Cir，1988）］（在刑事案件中，就司法认知的事实对陪审团作出结论性指示，是一个宪法层面上的错误）。若法官在刑事案件中作出司法认知，就将以类似下列措辞来唤起陪审团对司法认知的事实予以注意：

> 你们可以把本法院的宣示接受为证据，并把经过司法认知的事实或事件视为已证明的事实或事件。然而，你们并不一定这么做，因为你们才是决定事实的唯一法官。

合众国诉查普案［United States v. Chapel，41 F. 3d 1338，1339（9th Cir，1994）］。这样的指示实际上允许了法官作出一项非约束性评论，即经司法认知

的事实是显而易见、众所周知或不容置疑的。

（三）司法认知的时间选择

依照《联邦证据规则》201（d），司法认知可以在审判过程的任何阶段采用。这意味着，裁判性事实有可能在审前程序阶段——如撤销指控动议、限缩证据开示范围动议或要求简易判决的动议中——就得到司法认知。例如，参见米洛和加比有限公司诉亚马逊网案［Milo & Gabby, LLC v. Amazon. com, Inc., 12 F. Supp. 3d 1341（W. D. Wash. 2014）］［解释了"当文件之真实性或可执行性没有事实争议时"，地区法院可以使用《联邦证据规则》201（b）对诉状中提及的文件进行司法认知］。在陪审团审中，对事实的司法认知通常是在法院给陪审团指示之前作出，以确保该指示的适当性。在法官审中，司法认知可以在法官审议期间的任何时候采用或拒绝，就像瑟蒂亚克案中所操作的那样。

1. 保留民事裁决的司法认知

至少在民事案件中，即使在审判期间无人申请，法院仍可以在案件已提交陪审团后，或在陪审团裁决已呈递后，或在案件已上诉的情况下，作出司法认知。在胜诉方当事人的证明有缺口时，为了保护陪审团裁决，审判法院或上诉法院可就缺失的事实作出司法认知。如果一方当事人提出据法判决动议后该证明缺口才被发现，审判法院可被未提出动议的当事人说服对该缺失的事实采用司法认知，以作为避免据法判决的一种方式。《联邦证据规则》201（d）甚至被解释为，允许上诉法院在满足司法认知其他标准的情况下采用司法认知。例如，参见古斯塔发逊诉科尼利尔斯公司案［Gustafson v. Cornelius Co., 724 F. 2d 75, 79（8th Cir, 1983）］（为了确定引起诉讼的行为发生的日期，上诉法院对一起不公平的劳工措施指控采用司法认知）；翰文斯钢铁公司诉伦道夫工程公司案［Havens Steel Co., v. Randolph Engin. Co., 813 F2d 186（8th Cir, 1987）］（上诉法院对年平均基准利率采用司法认知，以驳回被告关于审判中对损害赔偿的证明太不精确的主张）；但参见克鲁尼尔国际租赁集团诉国际后勤控制集团案［Colonial Leasing Co. v. Logistics Control Group Int'l, 762 F. 2d 454, 461, modified, 770 F. 2d 479（5th Cir, 1985）］（在审判后采用司法认知，会产生正当程序之忧）。

2. 维持刑事裁决的司法认知

在刑事案件中，若检察官未能证明联邦司法管辖权的必要事实，一些法院会采用相同的陪审团裁决维持方式。合众国诉拉维德案［United States v. Lavender, 602 F. 2d 639（4th Cir. 1979）］（法院对兰岭公园路坐落于联邦领土内作出司法认知），合众国诉毕奇案 ［United States v. Piggie，622 F. 2d 486，487488 (10th Cir，1980)］。这种方法的支持者声称，由于避免了对无可辩驳之事实的证据性证明，这种方式与司法认知提高司法效率的精神是一致的。

但这种做法似乎违反了规则 201（f）第二句的明确意图，该条禁止在刑事案件中具有约束力的司法认知，以便维护陪审团在刑事案件中决定所有事实问题的角色。参见合众国诉迪奥案 ［United States v. Dior，671 F. 2d 351，358 n. 11 (9th Cir，1982)］；合众国诉琼斯案 ［United States v. Jones，580 F. 2d 219 (6th Cir，1978)］。

要　点

1. 《联邦证据规则》201 规定，法院可以对裁判性事实采取司法认知。裁判性事实是那些通常由陪审团来决定的事实。

2. 依据《联邦证据规则》201（b），经司法认知的事实必须被证实具有排除合理争议的确定性，并且，这一确定性标准的满足，必须基于司法辖区内众所周知的知识，或准确性不容合理置疑的来源。

3. 在民事案件中，法官将指示陪审团，其必须接受经司法认知的事实之真实性。在刑事案件中，法官将指示陪审团，其可以但并非必须接受司法认知事实的真实性。

4. 事实可以在任何时间被司法认知，但是，无论在刑事案件还是民事案件中，如果胜诉方未能在审判中证明一个要件，采用司法认知以维持陪审团有利于胜诉方的裁决，也许侵犯对方的宪法性权利。

——注释和问题

1. 尽管《联邦证据规则》201（f）的第二句一般适用于刑事案件，但潜在的忧虑应该是，有约束力的司法认知与刑事被告人获得陪审团审判的权利之间的张力。与《联邦证据规则》201（f）相比，《马里兰州证据规则》5－201（g）规定，只有在司法认知的事实"不利于被告人"时，所作出的司法认知才不具有约束力。

2. 尤其是考虑到法院通常不会就辩护证据不足而指示陪审团，便作出对被告不利指令裁决，为什么法院在刑事案件中作出具有约束力的司法认知就涉嫌违宪？司法认知的事实是司法管辖事项（如犯罪地点），还是实质要素（如被盗物品的价值），这有那么重要吗？

3. 即使不利于刑事被告人的有约束力的司法认知没有违宪，人们也会为谨慎起见想要避免去限制陪审团事实认定角色的范围。如果是这样，禁止任何形式的对刑事被告人不利的"司法认知"，是否就是更好的选择？请思考一下，像上文第 872 页引述的关于无约束力司法认知的指示，是否就可能促进陪审团的理性裁决。

4. 由于《联邦证据规则》201（f）最后一句话实际上是司法评论，《联邦证据规则》201 是否意味着刑事检控中的所有司法评论必须都符合《联邦证据规则》201（b）的确定性要求？

思考题

11.1. 回顾本章开头的农业废弃物径流假设。原告可以依据哪些来源，要求法院对径流事件发生前一年该地区出现的降雨量作出司法认知？被告是否可以在对原告请求司法认知的降雨量断言之争没有合理根据的情况下，反对该司法认知？

11.2. 停泊在关岛的诺顿号（S. S. Norton）船体破裂，碎片四处漂流，20 万桶原油泄漏在附近海洋中。货主克拉姆登（Kramden）诉船长和运输方玩忽职守——11 月是关岛台风高发季节——将船停泊于此，给货物原油和环境造成巨大危险。在审判中，当事人请求法官就关岛极易受台风影响且 11 月是台风高发季节作出司法认知。能否提出异议？何种信息来源可能被判定符合《联邦证据规则》201（b）？

11.3. 在惩戒一名嗜讼在押犯（extremely litigious inmate）并发布法院禁令禁止其在付清全部立案费前再行起诉时，审判法官作出该犯人有足够财力的事实认定。这个事实认定部分是基于该法官对当地报纸一篇文章的司法认知，该文描述该犯极其富有，并引述了其自称在监狱里敲诈勒索了数千美元的事实。采取这样的司法认知适当吗？

11.4. 在起诉顶点（Acme）飞机制造公司年龄歧视案中，被告声称的理由是，原告因不称职而失去工作，而且公司正在裁员。为支持后一主张，被告向法院出示了一份描述顶点公司大规模裁员的报纸文章，请求法院就该文章的内容作出司法认知。结果如何？

875

11.5. 在一起与吸烟有关的伤害而对烟草公司的诉讼中，被告请求法院就 20 世纪 60 年代末（原告开始吸烟时）以来，吸烟危害健康以及吸烟使人上瘾的特性已成为公众常识作出司法认知。这些内容能被司法认知吗？

11.6. 合众国对琼斯医生提起民事诉讼，以收回他从国家公共医疗卫生服务公司（National Health Service Corps.）的联邦学生贷款。琼斯医生被诉称违反了他与社区医疗中心签订的强制性 4 年雇佣合同。审判中的争点在于，琼斯医生是因工资争端而离开医疗中心，还是因为出勤和其他问题而被终止合同，后者将触发其还贷义务。地区法院就琼斯因出勤和其他问题而被解雇这些事实性认定采用司法认知，作出有利于政府方的简易判决。所做的这些事实认定来自琼斯诉医疗中心的另一地区法院裁定。琼斯医生在上诉中对此结果提出异议。结果如何？

11.7. 被告人被指控在联邦境内攻击他人。在审判中证明了瑞布鲁克联邦监狱（Raybrook Federal Prison）由联邦政府所有后，地区法院就被告人暴力攻击指控的联邦管辖要素免于证明，对陪审团作出下述指示：

> 检控方必须证明，所指控的暴力攻击发生在美国的特定海域和领土辖区。这不过是意味着，所指控的暴力攻击必须发生在美国拥有或专用并具有独立或共有管辖权的任何土地上。我现在明告你们，瑞布鲁克属于美国领土司法辖区。因此，如果你们确信无疑地认定，所指控的行为发生在瑞布鲁克，犯罪的第六个要件即于成立。

被告人上诉时抗辩称，该指示违反了《联邦证据规则》201（f），并侵犯了他由陪审团确信无疑地证明而被定罪的宪法权利。结果如何？

11.8. 原告诉被告称，他们参与了一项以尼日利亚原油虚构销售来诈骗他的阴谋。原告请求审判法院对下列事实进行司法认知：（1）在与本诉讼案件有关的所有时间内，尼日利亚欺诈骗局在美国和世界其他国家均有发生，并且（2）这些欺诈骗局包括根本不存在的石油交易。为支持其司法认知请求，原告向审判法官提交了一份 1995 年 12 月的国会报告，一份参议院司法委员会报告，至少两篇报纸文章，一盘电视新闻杂志"20/20"录像带和一盘"60 分钟"电视新闻杂志录像带，以及一盘英国广播公司录像带。结果如何？

第二节 作为司法裁决组成部分的司法认知

法官在行使其司法职责时，必须对法律主张、常识性知识和许多不同语境下的具体事实采取官方解释。尽管不同主张的类型、主张成立的依据及其在司法裁决中的用途千差万别，但所有这些司法行为有时候都被称为"采取司法认知"，即使在《联邦证据规则》201 不适用，实际上也常常无法适用的情况下，也是如此。例如，如果作出可采性决定所必需的初始事实都必须符合《联邦证据规则》201（b）的确定性标准，那么，目前大量可采证据都会成为不可采的。同样，如果法院法律解释所依据的事实前提都需要满足规则 201（b）标准，法院实际上将无法进行法律解释。本节简要讨论一些语境，法官在这样的语境中有时但并非总是借着"司法认知"的名义对事实和法律采取官方解释，而不必遵守《联邦证据规则》201。正如你们可以想象的，这种对司法认知宽松且不一致的用法，时常造成混淆。

关于接下来的材料有一点注意。除裁判性事实外，司法认知一词最常与"立法性事实"（legislative facts）有关联，我们将在下文第二节对此进行阐述。不过，请记住：（1）对我们这里所讨论的任何事实认定而言，司法认知一词的使用没有任何分析上的意义，以及（2）我们这里所描述的司法事实认定的不同种类，在分析上也没有任何意义。具有支配性和唯一在分析上具有重要意义的问题应当在于，法官所作出的事实认定，是否通常将由陪审团来作出，还是说法官是为其他目的而作出事实认定。前者适用《联邦证据规则》201；后者则并不适用。如果无法判断所认定的是否为裁判性事实——即"由陪审团裁决的问题"，该不确定性就与司法认知无关。相反，这种不确定性，是在法官和陪审团之间分配事实认定标准的一般适用问题。

参照这些广泛的"司法认知"观念，对《联邦证据规则》201 有限范围的主流学术批评，参见肯尼斯·C. 戴维斯：《司法认知》[Kenneth C. Davis, Judicial Notice, 1969 Law and the Soc. Order 513（1969）] 和丹尼斯·特纳：《司法认知和〈联邦证据规则〉201——一条准备好改变的规则》 [Dennis J. Turner, Judicial Notice and Federal Rule of Evidence 201—A Rule Ready for Change, 45 U. Pitt. L. Rev. 181（1983）]。

一、无正式司法认知情况下的常识司法认知

(一) 陪审团的一般背景知识

我们知道，陪审团在决定事实问题时，必须依赖他们自己的常识和经验，来作出陪审团推理所必要的推论。陪审团的背景知识和经验，在很大程度上是不受司法制度审查的。但在某些情况下，法官的确会考虑陪审团被假定拥有常识性的知识。这有时被称为对这种常识采取的司法认知，尽管《联邦证据规则》201 在此不适用，而且所依赖的主张不可能满足该规则的确定性标准。

877　　　例如，当法官对采纳证据的相关性问题作出裁定时，有时会阐述其假定陪审团成员能够运用该一般性背景知识作出必要的推论。在维持陪审团裁决的证明出现缺口时，法院可以认定，根据所有证据，陪审团的背景知识可以填补该漏洞。在合众国诉拉肯比尔案 [United States v. Luckenbill, 421 F. 2d 849 (9th Cir, 1970)] 中，被告人被指控强迫一名同谋在华盛顿州斯波肯市 (Spokane) 对一张政府支票伪造背书。没有关于犯罪发生在斯波肯市的证据被出示，而这对犯罪地的确定是必要的。但法院判定，证言中的区域被称为"九里路"和"七里路"（已知邻近斯波肯市），足以证明陪审团关于该犯罪发生在斯波肯的认定具有正当性。

另请考虑一下，陪审团成员依赖独特个人知识或自身独立调查信息的问题。如果这种独立获得的信息不具有足够的普遍性或常识性，无法使法官假定理性的陪审团成员都已享有它，那么，允许该信息进入陪审团评议室，就可能违反公开、对抗性的证明原则。例如，在托马斯诉堪萨斯电力公司案 [Thomas v. Kansas Power & Light Co. , 340 P. 2d 379 (Kan. 1959)] 中，在发现一名陪审团成员借阅了一本有关电力的图书并与其他陪审团成员分享了电弧光特性的信息后，法院批准了重新审理。

(二) 法官自身的背景知识

法官在裁定事实问题时，必须根据自己的常识和经验进行推论。评论家们有时把运用这种背景知识和经验的过程称为司法认知：

> 当法官或陪审团运用他们已有的知识时，被称为是对其运用的知识在采取"司法认知"。大约 99% 的司法认知，可被称作"不言而喻"或"无意识的"司法认知；就是说，在该过程进行中，没有任何人意识到该信赖

取决于被额外记录的事实。查尔斯·A. 赖特和小肯尼斯·W. 格雷厄姆：
《联邦实务与程序》 [21 Charles A. Wright & Kenneth W. Graham Jr.,
Federal Practice and Procedure § 5102, at 460 (1990)]。

　　正如联邦证据规则起草咨询委员会对《联邦证据规则》201 (a) 的注释
所表明的，刚性的《联邦证据规则》201 并不适用：“很明显，在评估案件
裁判性事实时，这种对非证据性事实的使用，对于正式的司法认知处理并不
是合适的主题。”然而，与陪审团的情况不同，法官需要为他们的决定进行
解释。法官经常会在其司法意见中阐释他们在事实认定中所使用的背景概
括。由于《联邦证据规则》201 在此不适用，上诉法院审查的是这些概括的
合理性。如果认为是合理的，上诉法院会按照“滥用自由裁量权”的尊从标
准，尊重审判法院对这些背景概括的运用。但法官的背景或经验若是极不寻
常的，对案件有独特的事实性视角，情况又会如何呢？法官的事实认定只要
具有合理性就足够了吗，还是说，任何独特的事实性假设都不得不满足《联
邦证据规则》201 (b) 的确定性标准？以下案例就提出了这些问题。

关于特雷斯纳克婚姻案案由

878

(In re Marriage of Tresnak)

---

297 N. W. 2d 109 (Iowa 1980)

麦考密克（McCormick）大法官。

　　本上诉案是关于父母对两个儿子——11 岁的瑞克（Rick）和 9 岁的莱
恩（Ryan）——监护权的争端。父亲埃米尔·詹姆士·特雷斯纳克 [Emil
James Tresnak，吉米（Jim）] 和母亲琳达·卢·特雷斯纳克 [Linda Lou
Tresnak (Linda)] 1965 年结婚，1979 年 8 月判决解除婚姻。审判法院将孩
子的监护权判给吉米。琳达提起上诉。我们撤销原裁判并发回重审。……

　　在将孩子监护权判给吉米的判决中，审判法院说：

　　　　上诉人现在想要到爱荷华（Iowa）大学法学院继续深造。在本院看
　　来，从其事业心的角度，这当然值得赞赏，但对于其 10 岁和 8 岁孩子
　　的最佳利益和幸福而言却并非必要。任何一个进过法学院的人都知道学
　　习所需投入的时间。尽管该上诉人在东北密苏里大学科克斯维尔
　　（Kirksville）分校本科学习期间能够照料孩子，利用孩子睡觉后的时间
　　学习，但法律学习完全不同，它要求将大量时间花在图书馆学习，因为

参考资料只有图书馆才有。而且，除白天课堂时间外，白天和晚上在图书馆学习也是必要的。这样，孩子在每日放学后的许多时间便需要由保姆照料。周末同样会被学习时间所占用。即使该上诉人的学业能力很强，但许多课外活动，如担任法律评论刊物编委等，均消耗她的精力。尽管该上诉人也许认为她没有必要参加这类活动，但不参与这些活动就会影响她自己今后在利益和福利方面的成功。

在反驳审判法院的推理时，琳达争辩说，该法院关于法学院以及孩子活动的假设缺乏证据支持。她还争辩说，这些假定的事实不属于司法认知的合适主题。……

关于法学院需求的唯一证据体现在琳达的证言中。她在交叉盘问中承认，法学院的学习会占用她许多时间。但她还说，她并不打算经常把孩子留给保姆照料，必要时，她会把孩子带到图书馆；她不认为学习会影响她照料孩子。因此，尽管法庭记录支持审判法院关于法学院学习会占用琳达大量时间的推论，但并未对法院关于图书馆学习一定要离开孩子的说法提供多少支持，对于她参与课外活动的可能性，或者这些因素会妨碍她照料孩子的说法，也没有提供多少支持。

这些事项都不适合司法认知。"能够被司法认知的，必须是常识或能够确定核实的事项。"艾奥瓦汽车俱乐部诉州运输局案［Motor Club of Iowa v. Department of Transportation，251 N. W. 2d 510，517（Iowa 1977）］。法院对人人皆知的事实无须正式证明。本案中，在驳回琳达的重新审理动议时，审判法院通过对"法学院学习之个人认识"的断言而为其认定进行辩护。然而，司法认知"限于法官在其司法能力范围内可以适当了解的知识，法官无权把他自己掌握的非普遍的或职业上熟悉的（个人）事实知识作为其行为根据"。参见伯卫德诉艾奥瓦州税务委员会案［Bervid v. Iowa State Tax Commission，78 N. W. 2d 812，816（1956）］。法学院的学习既费时又费力，这是法律职业的常识，但每个特定法学院的课程要求，并非是普遍知晓或职业上的常识。

审判法院关于图书馆扩充学习的必要性的陈述，以及琳达参与爱荷华法学院法律评论工作之可能性的陈述，不是司法认知原则所指的常识或能够确定核实的事项。因为支持这些陈述的证据微乎其微，在评价监护权争议上的是非曲直时它们也无足轻重。然而，这样讲，并不是说该法院不能考虑证据所显示的法学院的要求。……

因为父母双方都是子女很好的监护人，该裁决的是非曲直很难判定。琳达和吉米都是爱自己孩子的稳重负责的人，并有能力给予他们充分的照料。……

众所周知，当今在许多家庭中，父母都有家庭之外的活动，不论是职业、学校还是社区事务。任何一方都不应因为从事这些活动而必然在子女监护案中处于不利地位。本案中，琳达追求学业的目的是自我完善和经济独立，这些目的并不妨害孩子的最佳利益。因为有记录表明，她有能力继续给予孩子像过去一样高质量的照料，就读于法学院并不使其丧失对孩子的监护资格。我们认为，没有理由相信，她在法学院期间以及毕业后不会给予孩子们最好的照料。

……我们相信，让琳达拥有其监护权，有助于孩子们的长远最佳利益。因此，我们撤销审判法院原判，发回审判法院就与孩子抚养和探望有关的事项作出适当的命令。

撤销原判并发回重审。

——注释和问题——

在特雷斯纳克案中，就其对审判法院裁定的讨论而言，上诉法院对"常识"的依赖似乎有些讽刺意味。审判法院是对什么类型的事实进行司法认知？根据上诉法院意见，你们能否判断，若该案诉讼是在联邦法院，《联邦证据规则》201是否应被适用？或者说，该法院是否是对非裁判性的事实主张采用了认知？你们是否同意，像特雷斯纳克案这样的案件，真正的教训在于，如果审判法官希望避免撤销原判的话，就不应该解释他们推理的根据？这是对法律制度的一种令人不安的评论吗？

二、立法性事实的司法认知

880

法院必须以事实性假设来确认法律。因此，法官在解释制定法（有关立法史或政策的事实，或制定法如何影响公众的事实）时，以及他们在发展普通法原则（关于变化的社会或经济情况的事实，以证明新的法律规则具有正当性）时，便对事实主张采取认知。例如，联邦证据规则起草咨询委员会《联邦证据规则》201（a）注释，就援引了最高法院哈廷斯诉合众国案［Hawkins v. United States, 358 U. S. 74 (1958)］。该案中，最高法院依据以下主张来支持配偶证言特免权：配偶作证互相反对，这"很可能毁灭几乎所有的婚姻"。（上引案例，第78页。）另一个常被引用的例子，是社会科学研究表明种族隔离产生自卑感，最高法院据此在布朗诉教育委员会案［Brown v. Board of

Education，347 U. S. 483，494 n. 11（1954）] 中裁定，种族隔离的学校，存在着固有的不平等。这些主张很少会无可争辩，但对法官弄清许多法律政策问题是必要的。《联邦证据规则》201 的文本以及联邦证据规则起草咨询委员会的注释清楚地表明，规则 201 并不适用于法官对这种事实的使用；即使该证据规则并未限制法院能够用于解决立法性事实争议问题的材料。

法官是从自己的研究中，以及从当事人在审判中或提交给法院的法律理由书中，获得这些经验性主张的信息。因此，当事人常有机会就法院依赖于特定立法性事实的妥当性进行争论。然而，并非所有创设立法或政策的必要事实都能进入"当事人准备的证据记录，法官……不能将自己的思想仅局限于当事人在正式记录中所准备的事实。……"肯尼斯·C. 戴维斯和小理查德·J. 皮尔斯：《行政法专论》[2 Kenneth C. Davis and Richard J. Pierce Jr.，Administrative Law Treatise § 10.5，at 142（3d ed. 1994）]。当争议性立法性事实的司法运用是基于法官自己的独立研究时，当事人就可能被排除出裁决过程。一些评论家们已经发现这种做法存在的问题：

> 我们并非主张，法官不能依据广泛的事实去迫使法律向前发展。我们仅仅是说，应当允许当事人参与这一进程。……如果一个或一组事实对适用于当事人的法律之裁决很可能起到关键作用，就有各种理由就该事实性问题听到当事人的意见。证据并非总是需要。当事人提交的法律理由书在很多情况下也许更好用。但有机会让当事人就决定性的立法事实有申辩的机会，是最可取的方法。斯蒂芬·A. 萨尔茨伯格、麦克尔·M. 马丁和丹尼尔·J. 卡普拉：《联邦证据规则手册》[1 Stephen A. Saltzberg, Michael M. Martin, and Daniel J. Capra, Federal Rules of Evidence Manual 125（7th ed. 1998）]。

虽然《联邦证据规则》没有明确授权对立法性事实作出司法认知，但法院必须——在"立法性事实"的标题下——作出事实性假设来决定法律问题的现实，已在许多司法裁定中得到承认。因此，"裁判性"和"立法性"事实之间的区别，可以对当事人是否和如何满足其证明责任产生重大实际影响。请考虑一下合众国诉古尔德案 [United States v. Gould, 536 F. 2d 216（8th Cir, 1976）]。在本案中，检控方专家未能提供证言证明，在被告人持有的盐酸可卡因中发现的是古柯叶的衍生品，这是证实违反当时有效的毒品法所必要的。上诉法院维持了该定罪，理由是允许审判法官对立法性事实采用司法认知。这不仅消除了在连接盐酸可卡因与可卡因的问题上对专家证言

881

的需要，而且法院可以直接指示陪审团，允许陪审团在绕过《联邦证据规则》201的情况下，就可以如此认定其仅适用于裁判性事实：

> 裁判性事实和立法性事实之间划分的确切界线，并非总是容易确定。"立法性事实……与诉讼当事人的活动或特征无关。……"立法性事实是已被证实的真相、事实或宣示，不会因情况而变化，却会普遍适用，而裁判性事实是在某个特定案件中发展出来的事实。

> …… 当法院为了指示陪审团而试图断言案件中的管辖法律时，其必须依赖于与相关当事人活动无关的事实。这些外部却必要的事实，符合立法性事实的定义，是法官在通过解释而辨别适用的法律时所使用的一种不可或缺的工具。因此，当地区法院承认盐酸可卡因来源于古柯叶时，是在对这一立法性事实采用司法认知。……（536 F. 2d at 219 - 220.）

────注释与问题────

1. 古尔德案的结果正确吗？还是说法院正在奋力解决无争议事实属于刑事案件要件时所产生的紧张关系？如何确定一个事实是立法性还是裁判性的？古尔德案的结果，应当取决于盐酸可卡因是古柯叶衍生品这个普遍性或普遍接受的事实，还是给出非约束性司法认知指示的不协调，还是国会的意图，或别的什么因素？

2. 再考虑一下上文第875页思考题11.7中给陪审团的指示。这个指示违反了《联邦证据规则》201（f）吗？瑞布鲁克监狱的联邦身份是裁判性事实还是立法性事实？

3. 在合众国诉迪奥案［United States v. Dior，671 F. 2d 351（9th Cir，1982）］中，法院考虑了美国—加拿大汇率是否可以被归类为立法性事实。根据古尔德案，它应属立法性事实吗？如果不是，陪审团成员能被允许基于他们自己的一般性知识去认定，非法进口货物（价值13 690加元）价值5 000美元或更多吗？迪奥案少数法官意见认为陪审团成员可以：

> 唯一的问题在于，陪审团成员能否确信无疑地认定，在盗窃发生时13 690加元等于5 000美元。

> 审判地点西雅图，距离加拿大边境约100英里。长久以来，两国拥有友好的文化、民间和贸易关系，保持并鼓励多层次的便利、温馨的互惠旅游。有多条多车道高速公路将两国联系在一起。在如此紧密的邻里关系下，与两国各地的民众一样，陪审团成员能够轻而易举地拥有加元价值这

一基本和实用的知识。［671 F. 2d at 359.］

882　　　4. 假如裁决迪奥案的一位令人失望的陪审团成员，查看了所控犯罪发生当日美加货币的汇率，并将这一事实在评议环节告诉给其余陪审团成员，情况会如何？如果迪奥被定罪，该陪审团成员的行为是重新审理的理由吗？如果是在法官审中，审判法官查看了汇率，你们的回答会相同吗？

三、实体法的司法认知

法院可以"司法认知"或"推定知晓"其自己司法辖区内规制该案件的法律。显然，法官通过传统的法律研究对这样的法律进行调研。然而，姊妹州或外国法律的问题，被证明更加麻烦。普通法规则要求当事人提交和证明这些法律的内容，但《联邦民事诉讼规则》44.1 和《联邦刑事诉讼规则》26.1 均取消了此项要求，将外国法律的问题交由法官，法官的"决定应当被视为对法律问题的裁定"，但许多州仍在沿用普通法上的规则。

> **要　点**
>
> 　　法院在其自己的事实认定中使用一般性知识。在解释法律标准、适用和发展法律规则时，法院也会采用具体或一般的事实主张。《联邦证据规则》201 不适用于这些情况下事实的司法使用。

> **思考题**
>
> 　　11.9. 根据传闻证据规则"对己不利的陈述例外"，为了证实陈述人无法出庭而提供证言，被告人提供了几个人的宣誓陈述书称，该陈述人现住在米兰（Milan）的某个地方。在裁定该传闻证言具有可采性时，法官指出："基于无人对这些宣誓陈述书持有异议，我认定该陈述人住在米兰，并对米兰是一个意大利城市采取司法认知，它远超出本法院管辖范围。"在对被告有利的裁决作出后，原告以审判法官采用司法认知不适当为由提出上诉。按照原告的观点，该陈述人不能出庭应提交合理的辩论，因为"米兰"可能是指几英里外一个小的米兰（Milan，读音为 MY-lan）农业社区。假定该传闻证言对被告辩护是关键证据，结果如何？

11.10. 当地 M&P 杂货店起诉哈罗德·海斯（Harold Hays），因其分居妻子斯特拉（Stella）购买食品欠款。M&P 依据的是州法规定的丈夫应对妻子必需品的购买负责。根据该立法，食品显然属于必需品。审判时，M&P 证实，斯特拉确实购买了食品，且当时她与哈罗德有婚姻关系。哈罗德证实，他并未授权购买任何东西，也未消费那些食品。法官经过考虑，最后对该事项发表了以下意见：

> 该法规是在丈夫为家庭主要经济支柱的时代制定的；其目的是确保商家不能拒绝妻子们基本的生活保障。如今，时代完全不同了。我对该法规实际上维护了妇女为二等公民的传统观念而作出司法认知。因此，根据州宪法的正当程序和平等保护条款，我宣布该法规违宪。

上诉时，原告诉称，该司法认知不适当，因为所认知的事项不符合《联邦证据规则》201（b）的确定性标准。原告进一步诉称，因为在审判中未曾提及该制定法可能违宪性，也未提及该司法认知的事实，因而剥夺了原告的《联邦证据规则》201（e）的申辩机会。结果如何？

11.11. 再次考虑上文第 875 页思考题 11.8。原告请求法院对尼日利亚人在世界各地的欺诈行为采用司法认知。该问题源于奎利诉克罗特克国际公司案 [Qualley v. Clo-Tex Int'l, Inc., 212 F. 3d 1123 (8th Cir, 2000)]。审判法官许可了原告司法认知的请求，陪审团作出对原告有利的裁决。上诉法院依据古尔德案并引用上文节选的部分内容，判定该事实属于立法事实：

> 审判法院采用司法认知的事实，与本案当事人没有特定关系。审判法院承认，该司法认知的事实潜在的证据"必须与关于尼日利亚人活动的相当广泛的宣传有关……"录像带的内容不涉及任何与原告有交流的人。其他展示件也没有"与本案其他（涉嫌……）人有特定关系"。……因而……（该事实）是"立法性的"而非"裁判性的"，超出了（《联邦证据规则》201）范围。(212 F. 3d at 1128.)

上诉法院接着判定，审判法官的裁定具有偏见性错误：

> 在审判和最后的指示中，审判法院指示陪审团，依照《联邦证据规则》201（f），陪审团必须把该司法认知的事实接受为已证明的事实。因此，审判法院通过告知陪审团他们必须把这些事实接受为已证明的结论性事实，便把不属于陪审团事实认定范围内的立法性事实，强加到陪审团评议之中。

884

你对该法院的推理有何看法？结果应当怎样？

11.12. 非法居留者潘瑞斯（Perez）就政治避难申请遭拒绝而寻求复审。其避难请求的理由是，如果他被遣返回祖国，他将因宗教信仰而遭到迫害。他声称是耶和华见证人（Jehovah's Witness）教派信徒。移民法官拒绝了潘瑞斯的避难申请，理由是：他没能证实自己对宗教真诚信仰以及是耶和华见证人信徒的真实性。该法官的裁定部分是基于以下陈述："在本诉讼中，潘瑞斯曾经就如实作证进行宣誓。我作出司法认知：耶和华见证人教派禁止宣誓。"该法官进一步解释道："许多在本法院出庭作证的耶和华见证人信徒都拒绝宣誓，并表示，他们的宗教禁止其以上帝名义宣誓或立誓。"该法官的裁定适当吗？

11.13. 在合众国诉雅各比兹案〔United States v. Jakobetz，955 F. 2d 786，799－800（2th Cir，1992）〕中，地区法院对不利于被告的 DNA 证据的可采性举行扩大听证。法院听取了 9 位专家，其中，检控方 5 位专家和被告方 4 位专家的意见。上诉法院认为：

> 考虑到地区法院所作出的事实认定，本法院在认真考虑和审查后认为，对于今后具有相同证据问题的案件，一个法院可以对一般理论的普遍可接受性以及特定实验室技术的使用适当采用司法认知。……除这类司法认知外，可采性门槛应当只要求初步证明所提供的特定数据之可靠性。……

这是对《联邦证据规则》201 适当的适用吗？DNA 检验的基本科学理论和技术的"普遍接受性"（根据弗赖伊案）或"有效性"（根据多伯特案），是裁判性事实吗？

11.14*. 路易斯（Lewis）因在维京群岛（Virgin Islands）抢劫汽车而被定罪。制定法仅适用于"州际或国际贸易中运输、船运或接收的"机动车辆。为了证实这个要件，检控方依据了埃德加·艾姆斯（Edgar Ames）的证言。艾姆斯将自己描述为一名警察，长期居住在维京群岛。他作证说，维京群岛不产汽车，岛上所有汽车都是船运进来的。路易斯上诉称，州际或国际贸易的证据不足。他辩称，不能仅仅因为艾姆斯长年生活在维京群岛，他就有资格为此要件作证，并且，他的证言没有进行基础铺垫。上诉法院在支持该定罪时指出：

＊　英文版教材此处编号笔误为 11.13。——译者注

我们对这样的事实采用司法认知：美国维京群岛由三个相邻很近的主岛组成，面积只有136平方英里。我们进一步对如下事实采取司法认知，即终生居住在这样面积地方的一位警察，有足够根据对是否有汽车生产厂商位于该岛作证。

该上诉法院的裁定适当吗？

自测题

A-11.1.《联邦证据规则》201。在裁定一个民事案件中转移审判地的动议时，一个地区法院使用谷歌地图来估计潜在证人们的距离和驾驶时间。以下陈述最准确的是？

A. 在及时请求的情况下，仅当双方当事人就该争点获得申辩机会时，这才是对司法认知的适当采用。

B. 即便双方当事人就该争点从未获得任何申辩机会，因为该信息的准确性不容合理怀疑，这是对司法认知的适当采用。

C. 这是对司法认知的不当采用，因为其发生在审判之前。

D. 这是对司法认知的不当采用，因为任何一方当事人都没有提出请求。

A-11.2.《联邦证据规则》201。被告因非法制造甲基苯丙胺（冰毒）而受审。在审判中，被告否认有过任何参与，并作证称，他没有制造这种毒品方法的知识，也不知道如何获取必要的设备。检控方请求法院对以下事实采用司法认知，即互联网上可以随时找到制造毒品的配方和说明，还有提供销售必要设备的网站。该法院对这些事实作了司法认知，并指示陪审团，必须接受这些事实为已得到证明。以下哪项陈述最为准确？

A. 审判法院对这些事实采用司法认知，滥用了其自由裁量权。

B. 审判法院在对陪审团指示时，滥用了其自由裁量权。

C. 司法认知和该指示都是适当的。

D. 司法认知是不适当的，因为这是一起刑事案件。

A-11.3.《联邦证据规则》201。正确或错误：在民事案件中，如果一方当事人提出请求，并向法院提供决定争议事实准确性所需的信息，司法认知就是强制性的。

答　案

A-11.1. 最佳答案为 A。根据《联邦证据规则》201，法院可以在诉讼程序的任何阶段采用司法认知，并可以自行启动。因此，C 和 D 不正确。然而，如果当事人及时提出请求，法院必须允许双方当事人就此争点进行听证。因此，B 不正确。

A-11.2. 最佳答案为 B。如果《联邦证据规则》201 的其他标准得以满足，则在刑事案件中允许司法认知。但是，法院必须指示陪审团，其可以接受也可以不接受经司法认知的事实为结论性的。A 不正确，因为法官可以准确和容易地确定这些网站是否存在。C 不正确，因为该指示是错误的。D 不正确，因为法院可以在刑事案件中采用司法认知。

A-11.3. 正确。在提出请求且提供了必要信息的情况下，法院必须作出司法认知。《联邦证据规则》201（c）（2）。

第十二章

特免权

第一节 特免权法

一、概述

大多数证据规则旨在促进事实认定程序，但创设了证据特免权的规则与此不同。在大多数情况下，它们排除具有相关性的证据，是为了促进与准确事实认定无关的外部政策。它们的主要目的是保护法庭之外世界里的特定关系和利益，这些关系和利益被认为具有充分的重要性，以至于司法程序以损失有用的证据为代价被证明具有正当性。立法者们还创设了一些特免权，以鼓励那些原本不会发生的社会有益行为。

特免权法的范围相当广泛。一些特免权有直接的宪法根据：例如，宪法第五修正案反对自证其罪的特免权（宪法第四修正案对非法搜查和扣押所获证据的排除规则也具有特免权的特征），以及美国总统在各种场合偶尔宣称的行政特免权。一般情况下，这些规则是刑事诉讼和宪法课程学习的内容，仅当其与非宪法谱系的特免权交织在一起时，我们才在本章中加以讨论。我们的主要关注点，在于源自普通法或制定法的证据特免权。这些特免权中有许多旨在保护秘密交流，以鼓励特定关系中的信息自由流通。这组特免权中包括了最广为人知的特免权：律师—委托人、医生—患者、精神诊疗师—患者、牧师—忏悔者，以及夫妻交流特免权。其他的特免权则旨在防止对特定有利的关系进行干涉，如夫妻证言特免权。最后，还存在保护特定类型的信息免遭披露的特免权，诸如新闻记者消息来源的身份、外交秘密，以及其他敏感政府信息（警方"线人"的身份是一个例子）特免权。

特免权规则之传统正当理由，是约翰·亨利·威格莫尔所信奉的功利主义观点。这个论点最常用于支持秘密交流特免权。它基于一个潜在的、未经验证的经验假设：承认某项特免权——如律师与委托人或配偶之间的交流——所带来的利益，超过禁止使用相关证据的成本。这种论点是建立在有关特免权的存在如何影响个人行为之经验假设基础上的。威格莫尔主张，没有特免权的保护，交流将受阻，并且，诸如律师—委托人和医患之间的特定关系将受到损害。这个正当理由已经被法院广泛接受，并极大地影响了特免权法的发展。威格莫尔关于特免权确立条件的观点直接源于其支持特免权的正当理由：（1）这种交流必须基于其不会被披露之秘密；（2）对于全面且令人满意地维持当事人之间的关系而言，保密性（confidentiality）要素必须是至关重要的；（3）从社群的角度看，这种关系必须是应当精心养护的关系；（4）披露该交流给这种关系所带来的损害，必须大于获得有关信息，从而正确处理诉讼所带来的利益。约翰·亨利·威格莫尔：《证据法》[8 John Henry Wigmore，Evidence § 2285，at 527（约翰·T. 麦克诺顿编，1961 年修订）]。

特免权的另一个正当理由源自理性选择的经济学。这种正当理由是理论性而非经验性的。它假定，理性行为者总是试图生成能够有助于其未来诉讼的证据，并避免披露对己不利的证据。参见吉迪恩·帕克莫夫斯基和亚历克斯·斯坦：《证据对主要行为的扭曲效应》[Gideon Parchomovsky & Alex Stein，The Distortionary Effect of Evidence on Primary Behavior，124 Harv. L. Rev. 518 (2010)]。只有当其从信息披露中获得的利益大于损失时，理性自私的行为者才会在与其律师、配偶、精神诊疗师或其他专业人士互动时披露对己不利的信息。当损失大于收益时，行为人将守口如瓶，而此时，特免权正好派上用场。通过赋予行为人保密性保护，这些特免权激励行为人从事有益的信息交换，否则，这种信息交换便不会发生。因此，这些特免权得以对事实认定零成本运行，因为它们同样抑制了本方提供同样的信息。

基于独特的隐私权理论，也出现了特定的特免权。与聚焦特定关系中行为的诱因不同，这种隐私权观点强调的是特免权对个人隐私提供的保护。根据这一理论，交流的保密性是一种隐私权益，其本身就对审判中的真相发现功能具有合理约束作用。例如，隐私权理论的倡导者会主张，夫妻交流特免权的存在，对于配偶进行的秘密交流即使有什么影响，也是微乎其微的；尽管如此，这种特免权之所以为社会所向往，是因为它为婚姻关系亲密方面的隐私性提供了认可和保护。关于一种对传统的功利正当理由和隐私权理论进行调和的观点，参见《法律的发展——受特免权保护的交流》[Developments in the Law—Privileged Communications，98 Harv. L. Rev. 1450，1481 - 1486 (1985)]。① 特免权的存在和范围在各司法辖区中各不相同。根据《联邦证据规则》501（转载于下文第三节），联邦普

889

---

① 在第六章我们指出，类似的功利主义和非功利主义的正当理由，为一些相关性规则提供了部分支持。参见上文第 360、364 和 367 页。

通法规制着适用于联邦问题和刑事案件的特免权，州法决定着联邦跨州诉讼和由州法决定的其他诉讼所适用的特免权，例如，根据 1946 年《联邦侵权索赔法》提起的诉讼。在州法院和适用州法的联邦案件中，特免权法是大多数由州立法机关创设的各式规则的集合。

二、特免权规则的独特操作

除其特定的正当理由外，特免权规则的操作至少在两个方面与其他证据规则不同，有的时候是三个方面不同。首先，由于特免权的目标在任何时候都会因受特免权保护的信息遭强迫披露而落空，所以特免权规则适用于司法诉讼程序的所有阶段。特别是在陪审团审中，其他证据规则旨在促进事实认定的准确性，它们因而并不适用于各种预备性或相对非正式的裁判程序。例如，《联邦证据规则》1101 规定，证据规则，除了那些与特免权有关的规则，并不适用于《联邦证据规则》104（a）初始事实认定、大陪审团程序和其他特定的相对非正式的程序。

其次，能够主张或援引特免权规则来排除证据的人，并不必然是诉讼当事人。因为特免权规则之外的证据规则旨在增强事实认定程序，它们的存在是为了服务于当事人的利益，并且只可以被这些当事人在遇到争议时所援引。相比之下，特免权规则的存在是为了服务于交流或行为受到特免权保护之人的利益。只要是这些预期的特免权受益人（或代表他们行事的人），而无须是诉讼当事人，就能够主张或放弃一项特免权。

特免权规则与其他证据规则有时候不同（且大概应当总是不同）的第三个方面，是与对审判法院关于所称受特免权保护的信息之可采性错误裁定的上诉的影响有关。如果审判法官错误地排除了证据，则本来能从该证据中获益的当事人一方，就能以不适当地排除了有关证据为由提起上诉。不管什么时候，只要法官错误排除相关证据的情况属实，这种排除都将令事实认定者丧失提高事实准确认定可能性的信息；这种类型的错误如果很严重，就会在上诉时通过撤销原判和发回重审来加以救济。如果审判法官错误地采纳了证据，例如，具有煽动性的品性证据，其结果常常就是为审理注入了具有偏见或误导性的信息。

与之相比，审判法官对受特免权保护的信息的错误采纳，使陪审团成员了解到更多相关的有用信息，而他们本来是得不到这些信息的。这种错误的唯一影响是提升了准确事实认定的可能性。因此，即使有权援引特免权的人碰巧是一方诉讼当事人，这种错误采纳证据所带来的损害，也不会反过来影响其潜在

890

的实质性权利或义务。此外，错误地否定特免权所造成的损害，在受特免权保护的信息被出示给事实认定者时已完成。就算上诉审撤销原判也是覆水难收。除非有理由相信存在这样的可能性，即上诉撤销原判是令诉讼当事人和审判法官对特免权主张更为敏感、更易于接受它的一种理想方式，否则，这种错误不应成为撤销原判的理由。如果对特免权主张的错误否定被认为是上诉撤销原判的一个可能的理由，则有权主张特免权之人是否为诉讼当事人之一就无关紧要了。不过，上诉法院有时的确会考虑这种撤销原判的理由，在上诉人也是特免权主要受益者的情况下尤其如此，但上诉法院通常不会仔细分析所维护的是什么权益。

一个类似的问题涉及上诉的时间。在莫豪客工业公司诉卡彭特案（Mohawk Industry Inc. v. Carpenter）中，地区法院判定，莫豪客工业公司放弃了律师—委托人特免权。在后续庭审开始之前，莫豪客公司通过附带命令（a collateral order）对该裁定寻求上诉。在上诉驳回后，联邦最高法院回应了这样的问题，即所谓错误的证据采纳，尤其在不利于律师—委托人特免权的情况下，是否"有资格根据附带命令原则立即上诉"。[558 U. S. 100（2009）。] 索托马约尔（Sotomayor）大法官写道："回答是否定的。判决后上诉，与其他审查机制一起，足以保护诉讼当事人的权利，并维持律师—委托人特免权的生命力。"最高法院没有回应其裁定将对诉讼当事人和审判法官造成的影响，而是侧重于解决滞后复审对特免权的影响和允许立即上诉的成本这两者之间的权衡。最高法院拒绝复审的理由是，推迟复审至最后判决不会削弱对于当事人与律师进行公开谈话的事前激励，但允许立即上诉的制度成本很高。不过，值得注意的是，当掌握所谓受特免权保护之信息的证人违反法庭规定且被判藐视法庭时，则依然可以立即上诉：该证人之后可以对其藐视法院命令进行上诉。关于大陪审团案由 [In re Grand Jury, 705 F. 3d 133，137（3d Cir. 2012）]。

三、特免权规则的历史背景和现状

最早得到认可的特免权——律师—委托人特免权、牧师—忏悔者特免权和夫妻特免权——是由法官创设的。[②] 律师—委托人特免权根植于罗马法，其在普通法中的表述最早可以追溯到 16 世纪。牧师—忏悔者特免权于宗教改革之

891

---

② 关于更为综合性的历史分析，参见查里斯·A. 怀特、小肯尼思·W. 格莱姆：《联邦实务和程序：证据法》[21 Charles A. Wright and Kenneth W. Graham Jr., Federal Practice and Procedure: Evidence § 50015005（1977 &. Supp. 2001）] 以及劳伦斯·梅尔·弗里德曼：《美国法律史》[Lawrence Meir Friedman, A History of American Law 134137（1973）]。

前获得了英国法庭的承认（并在宗教改革之后可能继续得到认可）。罗伯特·约翰·阿劳约．S.J.：《国际法庭与证据规则：根据国际法而尊重和保留"牧师—忏悔者"特免权的情况》[Robert John Araujo, S. J. , International Tribunals and Rules of Evidence：The Case for Respecting and Preserving the "Priest-Penitent" Privilege Under International Law，15 Am. U. Int'l L. Rev. 639，648－649 (2000)]。配偶证人不作证反对另一方配偶的特免权，我们称之为夫妻证言特免权，也可以追溯到 16 世纪。该特免权的起源很模糊，虽然其常常与阻止有利害关系的人作为证人作证的一般普通法证人资格规则联系在一起。相比之下，配偶之间秘密交流特免权在 19 世纪后半叶得到了广泛认可，并常被称作具有普通法上的起源。然而，该特免权在美国和英国的立法活动中均得到了实质性的支持和认可。我们将在第四节探讨这两项特免权。

在 19 世纪下半叶期间，法院变得越来越不愿意扩展已有的特免权，或创设新的特免权。从那时起，创设特免权主要成为（但非绝对是）一种立法事项。例如，医生—患者特免权就是立法的产物，而不是普通法。正是由于这种证据法的法定修订，特免权法在州与州之间有很大的差别。

重要的是，详细的特免权法并未被编入《联邦证据规则》。正如联邦证据规则起草咨询委员会起草和最高法院提议的那样，《联邦证据规则（建议稿）》提出了 9 种具体的特免权，分别规制：（1）所需的报告；（2）律师与委托人的秘密交流；（3）精神诊疗师与患者的秘密交流；（4）配偶证言的防止；（5）教士与教友的秘密交流；（6）政治投票；（7）商业秘密；（8）国家机密与其他官方信息；以及（9）"线人"的身份。③ 引人注目的是，这里缺少了医生—患者、夫妻秘密交流和新闻记者的特免权。此外，《联邦证据规则（建议稿）》501 明确写道，在缺少宪法授权的情况下，法院不得随意修改这份清单。

这些规则建议稿一经提交国会，就引起了相当大的争议和批评，最终导致国会决定删除有关特免权的规则建议条款。取而代之的是，国会制定了一条一般性特免权规则——《联邦证据规则》501，于 2009 年完成修订：

> 由美国联邦法院根据理性和经验所解释的普通法，对特免权主张进行规制，除非以下任何一项另有规定：
>
> ● 美国宪法；
>
> ● 联邦制定法；或

③　参见《联邦证据规则（建议稿）》502～510 和联邦证据规则起草咨询委员会的注释，51 F. R. D. 360－380 (1971)。

● 最高法院规定的规则。

但在民事案件中，在由州法提供裁决规则的情况下，州法规制有关一项主张或辩护的特免权。

892　　与此同时，国会撤销了最高法院关于特免权规则的规则制定权。新的《授权法》规定："除非得到国会的批准，任何……关于特免权创设、废除或修改的修正案均无法律效力"。《美国法典》［28 U. S. C. §2076 (1976)］。请注意，正如麦克纳比诉合众国案［McNabb v. United States, 318 U. S. 332, 340-347 (1943)］与詹森诉合众国案［Johnson v. United States, 318 U. S. 189, 198-199 (1943)］中所解释的，这个规定，仅适用于特免权的制定法修正案，根据《宪法》第3条第1款（Article III §1 of the Constitution）的规定，最高法院仍有权为联邦法院设计普通法证据规则。根据《联邦证据规则》501，最高法院在联邦普通法上创设和发展证据特免权的权力，已变得至关重要。

与那些规则建议稿相比，《联邦证据规则》501为联邦特免权法提供了流动性。《联邦证据规则》501提到的"根据理性和经验……所解释的普通法（原则）"，在修改普通法特免权和创设新的特免权两个方面赋予了法院自由裁量权：

在否决规则草案并制定《联邦证据规则》501的过程中，国会表明了不要固化特免权法的确定意图。其目的不过是"为法院根据个案发展特免权规则提供灵活性"，并为变革敞开大门。特莱默诉合众国案（Trammel v. United States, 445 U. S. 40, 47 (1980)，引自众议员亨盖特陈述 ［Hungate, 120 Cong. Rec. 40, 891 (1974)］)。

正如我们马上将看到的那样，按照这个授权，最高法院实质上缩小了一项普通法特免权的范围④，最高法院和各下级法院则认可了新的特免权。⑤虽然法院在裁定特免权的问题时曾提到过这些规则草案，但这些规则并未控制联邦特免权法的发展。虽然大部分州（截至目前为42个）已经采用了效

④　参见下文第962页特莱默诉合众国案（Trammel v. United States）。

⑤　例如，参见杰斐诉雷德蒙案［Jaffee v. Redmond, 518, U. S. 1 (1996)］（认可了精神诊疗师—患者特免权——杰斐案转载，下文第972页）；关于大陪审团调查案由案由［In re Grand Jury Investigation, 918 F. 2d 374 (3d Cir. 1990)］（认可了教士—教友特免权）；库斯玛诺诉微软公司案［Cusumano v. Microsoft Corp., 162 F. 2d 708 (1st Cir. 1998)］（承认了学术研究和记者工作成果的相似性，因此承认了有限的学者特免权）；关于朱尼格案由［In re Zuniga, 714 F. 2d 632 (6th Cir.)］（承认但未适用精神诊疗师—患者特免权）；关于奥格斯托案由［In re Agosto, 553 F. Supp. 1298 (D. Nev. 1983)］（认可了父母—子女特免权）。

仿《联邦证据规则》的证据规则，但由于国会没有颁布具体的特免权规则，各州在证据法这一领域的统一性（较之其他领域而言）更差。自从《联邦证据规则》实施以来，在颁布了证据规则的州中大约有三分之一沿袭了联邦规则的思路，未制定具体的特免权条款。在这些州中，起支配作用的是早先的现成制定法和普通法特免权规则。剩下的大多数州则倾向于以《联邦证据规则建议稿》关于特免权的规定或《统一证据规则修订》（1974 年）（《联邦证据规则建议稿》的一个变体⑥）为范本。采用这两种模式中任一种的州，并非不情愿这样做。⑦在特免权规则这种动态、两分法制度下，新的特免权能够在司法辖区之间传播，随着时间的流逝逐渐获得或失去认可。关于特免权没有在普通法上得到认可却慢慢获得接受的一个有趣的例子，是父母—子女特免权。按照上文讨论过的威格莫尔功利主义检验和基于隐私权原理的学说，这种特免权有明显的吸引力。目前还没有联邦层面的父母—子女特免权，但一些州认可了某种形式的这种特免权，并且似乎正在获得越来越多的联邦立法者支持。关于父母—子女特免权演进的讨论，参见下文第七节，第999 页。

893

正如我们已经提到的，《联邦证据规则》501 创造了一个特免权规则的二分式体系。在州法律提供了裁决规则的情况下，例如，联邦跨州案件，即使案件是在联邦地区法院进行审理，也适用州特免权规则。在联邦法律管辖的情况下，普通法决定着所适用的特免权规则。这一制度旨在保护各州在特免权方面的政策，但其只在一定程度上实现了这一目标。如果一个案件并非依据州法，则州特免权法并不适用，根据州特免权免于披露的信息将被披露，除非存在着相对应的联邦特免权（其常常没有）。举个例子，参见合众国诉施恩汉兹案 [United States v. Schenheinz, 548 F. 2d 1389 (9th Cir. 1977)]（法院裁定，根据俄勒冈州法律可用的雇主—速记员特免权并不适用于强制执行美国国税局送达传票的程序）。涉及补充管辖权（未决和附属管辖权）的案件能够造成特别的问题，因为同一案件将同时包含联邦和州控诉。典型的解决办法是对所有诉求都适用联邦特免权法。参见汉考克诉豪布斯案 [Hancock v. Hobbs, 967 F. 2d 462 (11th Cir. 1992)]。

---

⑥ 参见杰克·B. 温斯坦和玛格丽特·A. 伯杰：《温斯坦证据法》[3 Jack B. Weinstein and Margaret Berger, Weinstein's Evidence § § 501. 02501. 04 (Joseph M. McLaughlin ed. , 2d ed. 1997)]。

⑦ 参见格雷戈里·约瑟夫和斯蒂芬·A. 萨尔茨伯格：《证据法在美国：联邦证据规则在各州》[1 Gregory P. Joseph & Stephen A. Saltzburg, Evidence in America：The Federal Rules in the States ch. 2324 (1987)]。

第二节　特免权一般结构

一、特免权拥有者

在论述特免权规则时，一个至关重要的概念是特免权的"拥有者"，从一定意义上说，即特免权"所归属"（belongs）的人。例如，由于律师—委托人关系是为了委托人的利益而存在，委托人是该特免权的拥有者。拥有者有权主张该特免权，并且，只有拥有者可以放弃特免权。一旦拥有者放弃了特免权，其他人就不能援引它。

拥有特免权的人不必是诉讼当事人中的一方。非当事方证人也许拥有允许其隐瞒证据的特免权。关于谁拥有特定的特免权，各司法辖区有时候有所不同。例如，就夫妻特免权而言，其拥有者可能是配偶双方、进行交流的配偶、配偶证人或是配偶当事人。下文第四节第956页讨论了将夫妻特免权定位于配偶一方或双方背后的一些理由及其含义。

894

二、援引

特免权拥有者之外的人，也许能够代表特免权拥有者去援引该特免权。例如，作为诉讼主题之事件的非当事方目击证人，可能为获得关于该事件的法律意见而同其律师作了秘密交流。当然，有关一些过去事实的庭外交流是传闻证据，但该交流可能属于某项传闻例外。例如，假定该陈述是激奋话语，或陈述人现在无法出庭并且该交流是一项对己不利的陈述。非当事方陈述人可以援引该特免权；在该陈述人缺席的情况下，该陈述人的律师可以代表其援引该特免权。然而，如果该陈述人已经表达了不主张特免权的意愿，则无人可以援引该特免权。

一般情况下，若特免权的拥有者无法主张该特免权，代表该拥有者而行为的个人或该拥有者的遗产权人（estate），诸如该拥有者的保护人或监护人，可以主张该特免权。在该特免权涵盖患者或委托人与职业人员谈话的情况下，该职业人员可以代表该患者或委托人主张该特免权。例如，在医患关系中，如果作为权利拥有者的患者没有明确放弃该特免权，医生也许可以代表该患者主张该特免权。在一些情况下，例如，在律师—委托人关系中，在委托人没有表示打算放弃其特免权的情况下，律师根据职业行为规则有义务为其保守秘密。此外，存在这样的先例，即允许审判法官代表缺席的特免权拥有者主张其特免权。⑧ 在特免权拥有者是一个实体机构——如法人或政府机构——而非个人的情况下，有时候会产生一些有趣的问题。在尼克松诉行政事务管理局长案[Nixon v. Administrator of General Services［433 U. S. 425（1977）］中，这位前总统试图援引行政特免权"反对以其名义援引该特免权的行政部门"。《总统档案资料保管法》（the Presidential Recordings and Materials Preservation Act）要求该前总统将总统文件和录音磁带移交给一位行政部门档案管理员进行筛选和分类。尼克松拒绝移交这些资料，并援引了总统特免权。美国最高法院判定："该特免权在总统个人任期内一直有效"，但对行政性交流保密性的期待，"在行政官员任期结束后随着时间流逝将受到侵蚀"。虽然最高法院允许尼克松代表政府来援引该特免权，但其支持该法案在形式上合宪，因为由档案管理员所作的筛选，不过是"由行政部门中对行政利益保持怵惕之心的行政人员进行的有限侵扰"。不清楚的是，若总统办公室已试图放弃该特免权，前总统是否还被允许援引该特免权。

在公司背景下，一些法院致力于解决这样的问题，即当股东试图披露公司 *895* 管理人员和公司律师的交流时，律师是否可以代表该公司委托人援引律师—委托人特免权。在福塞克诉怀特案［Fausek v. White，965 F. 2d 126（6th Cir. 1992）］中，地区法院否定了被告和该公司大股东罗伯特·E. 怀特（Robert E. White）在一起被指控违反证券法的诉讼中提出的律师—委托人特免权主张，被告对此提起上诉。原告即前股东，对怀特提起控告称，他滥用职权，给他们造成了经济损失。原告传唤该公司律师就他和怀特之间的交流作证，但律师拒绝了，宣称代表该公司主张律师—委托人特免权。上诉法院维持了下级法院原判，判定该公司不能主张律师—委托人特免权，因为其对原告负有信托责任，并且后者（下级法院）已经表明了不允许被告依赖该特免权的"正当理由"。

为了确定是否有"正当理由"承认律师—委托人特免权的一项例外，该法院列举了一长串因素，包括：

⑧　例如，参见科尔斯诉哈什案［Coles v. Harsch, 129 Or. 11, 3031, 276 P. 2d 248, 255 (1929)］。法官温斯坦和伯杰教授说，这是一种固有的司法权力，即使某项规则没有明确提及法官为拥有者而行事的权力，该权力也没有被取消。杰克·B. 温斯坦和玛格丽特·A. 伯杰：《温斯坦的联邦证据法》［3 Jack B. Weinstein and Margaret A. Berger, Weinstein's Evidence § 503. 20 [3] (Joseph M. McLaughlin ed. , 2d ed. 1997)］。

股东的数量和他们所持的股份百分比；……股东诉求的性质及其是否有明显的说服力；股东拥有这种信息的明显必要性或合意性，以及能否从其他渠道得到该信息；……该交流可被识别的程度，或仅仅是股东们的瞎蒙；泄露商业秘密的风险，或该公司由于独立原因而拥有保密性利益的其他信息被披露的风险。

联邦第五巡回法院在加纳诉沃尔芬巴格案［Garner v. Wolfinbarger，430 F. 2d 1093（5th Cir. 1970）］和沃德诉弗里曼继承权案［Ward v. Succession of Freeman，854 F. 2d 780（5th Cir. 1988）］中，采用了类似方法，但联邦第九巡回法院在韦尔诉投资指导研究和管理公司案［Weil v. Investment/Indicators，Research & Management，647 F. 2d 18（9th Cir. 1981）］中，对现任股东提起的衍生诉讼和前任股东提起的集体诉讼作了区分，并拒绝承认这一例外。进一步的讨论，参见基思·W. 詹森：《福塞克诉怀特：第六巡回法院加纳案支持律师—委托人特免权的正当理由例外》［Keith W. Johnson, Fausek v. White：The Sixth Circuit Garners Support for a Good Cause Exception to Attorney-Client Privilege, 18 Dayton L. Rev. 313（1993）］。有关衍生诉讼区别的更多讨论，参见保罗·R. 赖斯：《美国的律师—委托人特免权，克服特免权的原因——加纳案适用性的限制——加纳案规则只适用于衍生诉讼？》［Paul R. Rice, Attorney-Client Privilege in the U. S.，Cause to Overcome Privilege—Limitations on Applicability of Garner—Must the Action Be Derivative for Garner Rule to Apply? ACPRIV-FED § 8：20（2010）］。

有关特免权的另一个微妙之处是特免权拥有者去世后第三方援引它们的能力问题。虽然秘密交流特免权被普遍认为在特免权拥有者去世后依然存在，但这些特免权并不总会被援引。例如，死者的私人代表可能选择不援引该特免权；又或是律师可能被剥夺援引一项特免权的机会，因为在"与通过同一已故委托人主张的当事人之间的争点是相关的"交流方面，存在着一项被普遍认可的律师—委托人特免权例外。《联邦证据规则（建议稿）》503（d）（3）。

在斯威德勒和伯林诉合众国案［Swidler & Berlin v. United States, 524 U. S. 399（1998）］中，美国联邦最高法院承认了在委托人去世后维持律师—委托人特免权的重要性。法院允许白宫副总法律顾问文斯·福斯特（Vince Foster）的律师在福斯特自杀后代表福斯特援引律师—委托人特免权。检控方试图从福斯特的律师那里获得一些笔记，这些笔记是福斯特去世9天前二人会见时所作。法院判定，律师就其与委托人会谈所作笔记受特免权保护，免受联邦

896

大陪审团传票约束。该法院少数法官意见，赞成律师—委托人特免权通常在委托人去世后继续存在，但强调称，普通法也要求对该特免权进行狭义解释。在这起对白宫违法行为的刑事调查中，少数法官意见指出，我们刑事司法制度的"首要价值"——保护无辜的被告人——应当"超过已故委托人在保密方面的权益"。

三、范围和限制

每项特免权都有特定的范围；它涵盖一些事项，但不包括其他事项。例如，秘密交流特免权仅适用于保密性交流。如果在律师和委托人或丈夫和妻子谈话时，有不必要的第三方在场，则该谈话将不受特免权保护。另一个例子是，律师—委托人特免权仅适用于为获得法律意见而进行的交流。如果一个碰巧成为或变成委托人的人，为了某种其他目的和律师进行交流，则该交流不受特免权保护。同样，神职人员与其教徒的谈话，只有在进行忏悔或咨询的情况下，才受特免权保护。

特免权还会受到对诉讼当事人潜在利益和损害的限制。在大多数秘密交流特免权不受对方当事人需求主张影响的情况下，保护特定类型信息披露的特免权便常常缺乏保障。例如，当考虑是否保护"线人"身份时，法院可能在该"线人"证言对被告方的重要性与检控方反对这种披露的利益之间进行权衡。参见合众国诉费西尔案［United States v. Fischer, 531 F. 2d 783 (5th Cir. 1976)］。同样，学术研究人员享有特免权，也受限于当事人绝非儿戏的需求主张，以及从其他渠道获得该信息的能力。参见库苏马罗诉微软公司案［Cusumano v. Microsoft Corp., 162 F. 3d 708 (1st Cir. 1998)］。⑨

四、弃权

特免权拥有者可以通过至少四种不同方式来放弃特免权。第一，拥有者可以通过语言或行为表达其放弃该特免权的意愿。第二，如果拥有者避免援引该特免权，这种特免权主张不能的情况，通常将被视为弃权。然而，下文第905－912页所讨论的刚生效的《联邦证据规则》502，解答了无意中披露受律师—委托人特免权和律师工作成果原则保护的交流或信息所导致的弃权效果；该规则通

897

⑨　另参见尼克松诉合众国案［Nixon v. United States, 418 U. S. 683 (1974)］（总统交流具有绝对行政特免权的主张，将不能超越获得特定证据的证明需要）；德尔伍德·法默诉卡尔吉有限公司案［Dellwood Farms v. Cargill, Inc., 128 F. 3d 1122 (7th Cir. 1997)］（执法调查特免权并不是绝对的，只要表现出强烈的需要就可以克服）。

常限制这种披露的效力。第三，自愿披露受那些特免权保护的信息，诸如委托人与第三方讨论其从律师处接受的法律意见，将构成弃权。然而，在另一种特免权交流语境中对秘密交流的自愿披露，将不构成弃权。例如，如果某人在其配偶在场的情况下，向自己的律师做了受律师—委托人特免权保护的秘密陈述，则夫妻交流特免权会阻止对律师—委托人特免权的放弃。《联邦证据规则（建议稿）》511 对普通法的这个方面把握得很好：

> 这些规则赋予其防止披露保密事项或交流特免权的人，在他或其前任（predecessor）作为该特免权拥有者自愿披露或同意披露该事项或交流的任何重要部分的情况下，该特免权被放弃。但如果该披露本身是受到特免权保护的交流，本规则并不适用。

关于以披露方式所导致的弃权，重要的是注意，自愿披露必须是对秘密交流本身的披露。对交流主题之事实的自愿陈述，无论是作为证人还是在偶然交谈中所作的陈述，都不是对该特免权的放弃。特免权保护的只是秘密交流，而不是任何有知识的证人都可以被传唤出庭的事实。

第四，通过对受特免权保护的信息而提出主张，弃权也可以发生。当一方当事人"主张公平地要求对受保护的交流进行审查"时，依据受特免权保护的材料而"主张的弃权"，一般被认可为要求披露。合众国诉比瑟瑞恩案［United-ed States v. Bilzerian, 926 F. 2d 1285, 1292 (2d Cir. 1991)］。例如，在关于大陪审团审理案由［in In re Grand Jury Proceedings, 350 F. 3d 299, 305 (2d Cir. 2003)］中，联邦第二巡回法院判定，如果公司向联邦检察官发出信函，说明联邦特工已告知其行为是合法的，这里面不存在对政府方不公平的事项，因此，该公司将其主张置于争点中并没有导致特免权的放弃。相比之下，若一方当事人主张其是根据律师建议而采取的行动，便放弃了对这些交流的律师—委托人特免权。例如，在合众国诉科恩案［United States v. Cohn, 303 F. Supp. 2d 672, 681 (D. Md. 2003)］中，法院判定一家被控犯有邮件和汇款欺诈罪的投资公司，在其总法律顾问于开审陈述中爆出了辩护律师的建议后，便放弃了律师—委托人特免权。同样的原则也适用于因律师渎职而造成损害的诉讼。通过提起此类诉讼，委托人便放弃了她与被告方律师所有相关交流的特免权。例如，参见克里森伯里诉洛克律师事务所案［Christenbury v. Locke Lord Bissell & Lidell, LLP, 285 F. R. D. 675, 681–684 (N. D. Ga. 2012)］（适用此原则并讨论了对判例法的支持）。同样，在一项主张律师无效协助的人身保护令诉讼中，寻求撤销其定罪的被告人必须具体说明他对前律师的控诉，这默示了放弃关于所需信息的特免权。合众国诉平森案［United States v. Pinson, 584 F. 3d 972 (10th Cir. 2009)］。

五、例外

每项特免权都有一套来自创设该特定特免权所要服务之潜在政策的例外。例如，律师—委托人特免权并未扩展至促成犯罪或欺诈的交流。该特免权的目的，是要促进对现有的法律问题提供法律意见，并帮助委托人遵守法律的规定；其目的不是促进违法活动。同样，夫妻特免权并不适用于所指控的配偶虐待案件，神职人员—忏悔者特免权也不能援引以掩盖正在持续发生的虐童。再强调一下，这些特免权旨在维护某种关系，而不是为了鼓励侵犯行为。

六、从援引特免权得出的不利推论

在格里芬诉加利福尼亚州案［Griffin v. California, 380 U. S. 609 (1965)］中，最高法院判定，允许对被告人不作证的决定进行评论，侵犯了其宪法第五修正案反对自证其罪的特免权，"使其主张代价高昂"。《联邦证据规则（建议稿）》513对特免权法一般性地适用了格里芬案原理：

（a）不允许的评论或推论。无论是当前程序还是先前场合，特免权的主张都不是法官或律师进行评论的适当主题。任何推论都不可以由此得出。

（b）在陪审团不知情的情况下主张特免权。在陪审团审中，诉讼程序应当在可行的范围内运行，以便在陪审团不知情的情况下，促进特免权主张的提出。

（c）陪审团指示。如果陪审团可能从一项特免权主张得出对任何当事人一方不利的推论，经该方请求，其有权得到一项不得由此得出任何推论的陪审团指示。

目前，似乎还没有禁止对当事人援引秘密交流特免权进行评论的一般性宪法规则，而在格里芬案语境之外⑩，关于援引特免权作出评论的适当性，判例

---

⑩　格里芬案本身仅适用于刑事起诉中就刑事被告人援引特免权进行的评论：即便刑事被告人或嫌疑人援引反对自证其罪的特免权，在非刑事审判中对沉默的不利推论亦不违宪。参见巴克斯特诉帕米戈诺案［Baxter v. Palmigiano, 425 U. S. 308 (1976)］；布林克有限公司诉纽约市案［Brink's, Inc. v. City of New York, 717 F. 2d 700 (2d Cir. 1983)］。

法对此存在分歧。⑪ 允许进行评论的判例，常常与允许评论的长期公认的惯例相类比，也类似于从毁灭证据或未能提供可获得的证人或文件的行为作出不利的推论。相比之下，禁止评论的判例回应了格里芬案担忧，即评论或不利的推论对特免权具有破坏作用。

899

七、特免权的宪法限制

宪法第十四修正案的正当程序条款和宪法第六修正案的强制程序条款对刑事检控的特免权设置了宪法性限制。当刑事被告人试图从证人那里引出相关证言或文件而证人却主张特免权时，该特免权就与被告人根据上述宪法条款（并在一些适用情况中与对质条款）所享有的权利直接发生冲突。宪法以有利于被告人的方式解决了这些冲突，这一原则被勒恩德·汉德法官（Judge Learned Hand）简明扼要地解释为："政府方必须作出选择，要么必须把这些原本在审判中才能露出马脚的勾当隐藏起来，要么必须把它们完全披露出来。"合众国诉安东赫科案［United States v. Andolschek, 142 F. 2d 503, 506（2nd Cir. 1944）］。另参见詹克斯诉合众国案［Jencks v. United States, 353 U. S. 657, 671 - 672（1957）］（判定政府方不能以国家机密之名来隐藏无罪信息）；戴维斯诉阿拉斯加州案［Davis v. Alaska, 415 U. S. 308（1974）］（被告人有对质权和对检控方关键证人交叉询问的权利，包括出示证人未成年档案的权利，尽管州法律对这些档案设置了特免权）；宾夕法尼亚州诉里奇案［Pennsylvania v. Ritchie, 480 U. S. 39, 58 - 59（1987）］（被指控性侵未成年被害人的被告人，有权让审判法院审查宾夕法尼亚州儿童和青少年服务档案，以决定其是否包含可能脱罪的信息，但他无权自己查看该档案）；法伯案［Matter of Farber, 394 A. 2d 330（N. J. 1978）］（判定保护媒体"线人"身份保密性的法定特免权违宪，因其在一定程度上限制了刑事被告人获取潜在免罪信息的机会）；亚历克斯·斯坦：《宪法性证据法》［Alex Stein, Constitutional Evidence Law, 61 Vand. L. Rev. 65, 77（2008）］（解释道，只要政府方提出指控，刑事被告人就有权从政府方获得所有为自己脱罪的潜在信息，政府方不能通过与其律师交流并主张律师—委托人特免权的方式来隐藏这些信息，并引用了相关案例）。

还有另一个系列的裁定对阻止政府方调查的特免权施以限制。这些特免权

---

⑪ 参见杰克·B. 温斯坦和玛格丽特·A. 伯杰：《温斯坦的联邦证据法》［2 Jack B. Weinstein & Margaret Berger, Weinstein's Federal Evidence § 513. 04（Joseph M. McLaughlin ed. , 2d ed. 1997）］。

可能也被判定为违宪。法院还可能拒绝承认其属于特免权的普通法发展问题。例如，参见尼克松诉合众国案［Nixon v. United States，418 U. S. 683 (1974)］（对总统一般交流的绝对行政特免权之事无巨细的主张，不得凌驾于证明对具体证据之需要）。

第三节 律师—委托人特免权

一、该特免权的要素

对当代律师—委托人特免权的一个出色表述，包含在《联邦证据规则（建议稿）》503 中：

(a) 定义。如本规则中所使用的：

(1) "委托人"，是由律师向其提供专业法律服务，或其向律师咨询以获得专业法律服务意见的个人、公职人员、法人、协会或其他组织或实体，公私在所不论。

(2) "律师"，是经委托人授权，或被其合理地认为被授权在任何州或全国从事法律实务的个人。

(3) "律师的代表"，是指受雇协助律师提供专业法律服务的人。

(4) 一项交流在下列情况下是"秘密的"，即除非是为了促进向委托人提供专业法律服务，或为传达该交流所合理需要的人披露，无意向第三人披露。

(b) 特免权的一般规则。为了促进向委托人提供专业法律服务，委托人有拒绝披露和防止任何他人披露如下秘密交流的特免权：

(1) 其本人或其代表与其律师或其律师的代表之间的交流；或

(2) 其律师与律师的代表之间的交流；或

(3) 由其或其律师与代理他人的律师在共同关心问题上的交流；或

(4) 委托人的代表之间或委托人与该委托人的代表之间的交流；或

(5) 代理该委托人的律师之间的交流。

(c) 谁可以主张特免权。特免权可以由委托人，其保护人或监护人，或已故委托人的个人代表，或继承人、信托人，或法人、协会或其他组织（无论该法人、协会或其他组织存续与否）的类似代表来主张。在交流时担任律师的人，可以但仅能代表委托人主张特免权。在无相反证据的情况下，应假定其有如此行事的权利。

　　(d) 例外。下列情况下，不存在本规则所规定的特免权：

　　(1) 促进犯罪或欺诈。在所寻求或获得的律师服务能使或帮助任何人实施或策划实施委托人知道或应当合理知道的犯罪或欺诈的情况下；或

　　(2) 通过同一已故委托人提出主张者。关于通过同一已故委托人提出主张的当事人之间就某一争点相关的交流，无论该主张是以遗嘱继承、非遗嘱继承还是生前交易的方式提出；或

　　(3) 律师或委托人违反职责。关于某个与律师违反其对委托人的职责或委托人违反其对律师的职责相关的交流；或

　　(4) 律师验证的文件。关于某个与律师作为验证证人所涉验证文件争点相关的交流；或

　　(5) 共同委托人。在任何委托人之间的诉讼中，就两个或两个以上委托人之间与共同利益事项相关的交流，该交流由其中任何一个委托人向共同聘请或共同咨询的律师加以进行。

901

　　正如《联邦证据规则（建议稿）》503 所表明的，规制律师—委托人特免权的法律，在很大程度上是直截了当的。律师—委托人特免权的创设最初是基于这样的理论，即律师披露委托人的秘密交流将是违反职业准则的，因此，律师那时是该特免权的拥有者。今天，各司法辖区一致承认，律师—委托人特免权的存在是为了委托人的利益，因此，委托人现在是该特免权的拥有者。该特免权可以被各种代表委托人的个人，以委托人的名义而主张。如果委托人放弃了该特免权，律师便不得拒绝披露秘密交流。虽然《联邦证据规则（建议稿）》503 并没有对这一问题进行规定，但委托人可以通过披露有关信息的方式独自放弃该特免权，并且《联邦证据规则（建议稿）》503 (d) 列举了律师—委托人特免权的标准例外。

　　这里，主要困难是确定该特免权的范围。以下部分讨论了由律师—委托人特免权覆盖的交流，以及不覆盖哪些交流。

（一）与律师或律师代表的交流

　　律师—委托人特免权适用于委托人和律师之间为确保获得法律意见目的而进行的任何交流。如果一个人为了获得法律意见而找到某人，合理地相信该人是可从其处获得法律意见的律师，则二者之间的秘密交流就受到特免权保护，即便前者的信念是错误的，个别例外规定除外。该特免权还适用于同律师进行的预备性磋商，即便委托人最终没有聘请该律师。此外，为实现提供法律意见

目的而必须在场或对此有所帮助的第三人（如翻译人员）在场，并不会破坏保密性。律师—委托人特免权不仅适用于律师和委托人之间的交流，还适用于委托人和律师的代表之间的交流。律师的代表被定义为"受雇协助律师提供专业法律服务的人"。《联邦证据规则（建议稿）》503（a）（3）。但是，该特免权对于不是律师的律所员工会扩展多远呢？在合众国诉科沃案［United States v. Kovel，296 F. 2d 918（2d Cir. 1961）］中，弗兰德利（Friendly）法官针对这个问题写了一份有影响力的意见。在科沃案中，一位会计师受雇于一家专门从事税法业务的律师事务所。上引案例，第 919 页。虽然科沃不是一位律师，但他与委托人会见讨论了复杂的税务问题。同上引。该案涉及当科沃被大陪审团传唤时，他引用律师—委托人特免权拒绝披露他与一位委托人之间的交流。法院判定，只要交流与法律意见有关，律师—委托人特免权就可以扩展到律师事务所的非律师员工。上引案例，第 922 页。法院为该特免权扩展提供的正当理由如下：

> 现代生活的复杂性，使得律师在没有他人帮助的情况下无法有效处理委托人事务。……"这些代理人的援助对于其工作是不可缺少的，律师或委托人自己常常有必要把交流工作交给他们，该特免权必须涵盖所有这些充当律师代理人的人。"威格莫尔：《证据法》（8 Wigmore，Evidence，§ 2301）。（上引案例，第 921 页。）

科沃案法院进一步指出，如果该律师指示委托人将其案情告知一位会计师，以便提供更好的咨询意见，则该特免权便存在。上引案例，第 922 页。 *902*

针对玛莎·斯图尔特（Martha Stewart）因妨碍司法而提起的众人皆知的指控，对科沃案情境产生了一个有趣的转折。2003 年 3 月 24 日的大陪审团传唤［In re Grand Jury Subpoenas Dated March 24，2003，265 F. Supp. 2d 321（S. D. N. Y. 2003）］，处理的是"这样一个棘手的问题，即律师—委托人特免权以及为律师工作成果提供的保护，是否以及在多大程度上，能扩展到刑事案件中潜在被告、其律师以及律师聘请来帮助避免刑事控告的公关公司之间的交流"。玛莎·斯图尔特和她的律师聘请了一家公关公司，而大陪审团对斯图尔特、律师和公关公司之间的交流提出了证人出庭传唤。证据开示基于如下理由遭到拒绝，即该公关公司是作为斯图尔特法律辩护的一部分而被聘请的。尤其是，斯图尔特辩称："关于本案调查对象的不平衡且往往不准确的新闻报道，造成了一种明显的风险，即展开各种调查的检察官和监管机关都会感到要求对她提起某种指控的公众压力"，而聘请该公关公司有助于矫正所谓媒体报道中的不平衡。在一份严重依赖科沃案意见的有趣意见中，该法院得出结论称：

> 本法院认同，如果律师无法与其公关顾问就事实与策略进行坦诚的讨论，律师履行其一些最基本的委托人职能的能力——诸如（a）为委托人提供公开发言的法律风险以及可能替代性表达会产生的法律影响的建议，（b）寻求避免或缩小针对委托人提起的刑事指控，以及（c）热心寻求无罪释放或证明无罪——将受到严重损害。例如，律师可能需要技术性建议，以确定对媒体所做的声明（包括从"无可奉告"到详细事实性陈述）是否以及可能被如何报道，以便就作出某项具体声明是否符合委托人的法律利益而为委托人提供建议。如果律师无法告知该公关顾问至少一些非公开的事实，以及律师的辩护策略和战术，而无须担心该顾问可能被强迫披露这些讨论，则与公关顾问进行的此类讨论将没有切实可行的方式。因此，本法院判定：（1）该律师与其聘请辅助其在处理诸如本案与媒体打交道的案件中（2）以提供或接受建议为目的所作的（3）用于处理委托人法律问题的（4）律师与公关顾问之间的秘密交流，（5）受到律师—委托人特免权保护。

该法院确实注明了，尽管符合上述所有形式，但如果是斯图尔特自己聘请了公关公司，则该特免权将不适用，并且，除了为法律建议的目的，为其他目的的任何交流将不被涵盖在该特免权内。

一个棘手的问题是，在刑事被告主张精神异常之辩的情况下，该特免权是否涵盖刑事被告与辩方律师所聘精神病专家之间的交流。以上规则表明，适用于委托人与辩方律师的代理人之间交流的律师—委托人特免权，通常被扩展到包括精神病医生。参见巴柳诉得克萨斯州案 [Ballew v. State, 640 S. W. 2d 237 (Tex. Crim. App. 1982)]，合众国诉塔利案 [United States v. Talley, 790 F. 2d 1468, 1470 - 1471 (9th Cir. 1986)]（认可了普通法上的"律师—精神诊疗师—委托人特免权"）；但参见科罗拉多州修订版法规 [Colo. Rev. Stat. § 13 - 90 - 107 (3)]（律师—委托人特免权的范围不包括精神病医生与主张精神异常之辩的刑事被告之间的交流）。然而，一些司法辖区认为，精神异常之辩由于主张基于受特免权保护的信息，而放弃了该特免权。当一方当事人"要求公平地审查受保护的交流时"，这种"基于要求而放弃的"特免权材料才被认为是需要披露的。合众国诉彼泽瑞安案 [United States v. Bilzerian, 926 F. 2d 1285, 1292 (2d Cir. 1991)]。请比较格雷诉地区法院案 [Gray v. District Court, 884 P. 2d 286, 292 (Colo. 1994)]（判定，若精神状况是一个争点，则被告放弃主张律师—委托人特免权和精神病医生—患者特免权的权利）与人民诉纳克尔兹案［People v. Knuckles, 165 Ill. 2d 125, 140, 650 N. E. 2d 974, 981（1995）］（判定，关于提出精神异常之辩的被告与辩方律师聘任协助准备辩护的精神病医生之间的交流，不存在律师—委托人特免权的放弃）。此外，来自各州对有关辩方精神病医生的律师—委托人特免权范围的限制，可能对美国宪法第六修正案形成挑战。然而，多数规则是，否决特免权并不违反宪法第六修正案。例如，参见兰格诉杨案［Lange v. Young, 869 F. 2d 1008, 1013（7th Cir. 1989）］，维持原判的州诉兰格案［State v. Lange, 126 Wis. 2d 513, 376 N. W. 2d 868（1985）］。

（二）以法律服务为目的的交流

援引该特免权的人，就律师是出于法律专业目的而进行交往的事项，承担证明责任。如果律师是出于其他目的进行交往，则该特免权不适用。例如，如果委托人征求商务或财务建议，或与律师会见是为了有关会计问题而非法律事务，则他们之间的任何交流都不受律师—委托人特免权保护。例如，参见关于X律师大陪审团证言［In re Grand Jury Testimony of Attorney X, 621 F. Supp. 590, 592（E. D. N. Y. 1985）］［"当律师仅仅是'导管'（conduit）时，委托人不得援引该特免权"］；合众国诉伍德拉夫案［United States v. Woodruff, 383 F. Supp. 696, 698（E. D. Pa. 1974）］（律师—委托人关于审判时间的交流不受特免权保护）。对"法律"目的与其他目（例如商务或财务建议）进行区分，可能是一项挑战。在乔治亚—太平洋公司诉GAF屋顶建造公司案［Georgia-Pacific Corp. v. GAF Roofing Manufacturing Corp., 1996 U. S. Dist. LEXIS 671（S. D. N. Y. Jan. 24, 1996）］中，GAF内部法律顾问斯科特被要求审查拟议资产购置协议的一些环境条款。接着，他就该协议的环境条款进行了谈判活动，并在该协议生效后就相关事宜进行了谈判。在该协议终止后，他的证言需要被用来确定GAF是否同意承担一些环境风险。斯科特主张律师—委托人特免权，以避免披露，声称他只是在向管理层提供法律建议。法院判定，作为GAF谈判代表，斯科特是在以商务能力行事，并且在没有预计诉讼的情况下，他并非是在提供法律建议。因此，此处不存在律师—委托人特免权的适用问题。

《联邦证据规则（建议稿）》503（d）（5）暗示，在共同委托人的情况下，律师与其共同委托人之一的交流相对于外人来说都受特免权保护，这是标准规则。若两位不同的当事人有着不同的律师代表，法院通常会扩展该特免权以涵盖所谓的"共同利益"或"共同防御"情形，正如《联邦证据规则（建议稿）》503（b）（3）所规定的。合众国诉施威默案［United States v. Schwimmer，892 F. 2d 237（2d Cir. 1989）］。问题出现在当共同防御破裂，以前的合作当事人现在成了对手。一些法院的立场是，在这种情况下，律师不得使用过去当事人合作时披露的任何秘密来反对现在的对方当事人，至少在当事人之间就此达成明确协议的情况下应当如此。例如，参见合众国诉安德森案［United States v. Anderson，790 F. Supp. 231（W. D. Wash. 1992）］。

（三）该特免权所含秘密交流的范围

律师与委托人之间的秘密交谈被包含在内，只要该谈话有关法律建议。但非口头交流，或律师与委托人交换的文件又当如何？关于内瓦罗案由［In re Navarro, 93 Cal. App. 3d 325, 155 Cal. Rptr. 522（1979）］，法院审议了律师将警察报告交给其委托人的行为是否属于律师—委托人特免权范围内的"交流"。在内瓦罗案中，一位律师受到传唤，援引特免权拒绝回答她是否曾向其委托人出示了一份警察报告。法院表示，该特免权包含"委托人与其律师之间传递的信息"，因此，即便是向委托人移交一份公共文件，例如，该议题中的警察报告，若是作为其法律建议或策略的一部分，就包含在该特免权的范围内。上引案例，第 327 页。

一些法院已将该特免权扩展到超出单纯的交流。在合众国诉米克斯案［State v. Meeks, 666 N. W. 2d 859（Wis. 2003）］中，威斯康星州最高法院判定，律师对其前委托人能力的意见和印象受律师—委托人特免权保护。虽然律师的意见并不是一种交流，但法院指出，"律师对委托人的能力或精神状态的意见与该委托人的私人交流是密不可分的。"上引案例，第 870 页。但多数法院认为，律师—委托人特免权并不保护律师对前委托人精神状态的看法，除非有关看法会揭露某次秘密交流的实质。参见达罗诉冈恩案［Darrow v. Gunn，594 F. 2d 767（9th Cir. 1979）］。

为了得到特免权保护，不仅交流必须是保密的，而且委托人必须采取"合理的预防措施"以确保秘密性。例如，参见萨伯曼公司诉瑞士—伯尔尼纳案［Suburban Sew' N Sweep v. Swiss-Bernina, 91 F. R. D. 254（N. D. Ill. 1981）］（将机密文件扔进垃圾箱中的委托人未能采取足够的预防措施，因而丧失了该特免权的保护）。窃听者对这种特免权提出了特殊的问题。现代趋势是，允许通过主张特免权来制止窃听者的证言，只要谈话环境表明谈话者们有进行秘密交谈的意图。例如，在公共场合进行交流，会倾向于否定参与者们旨在进行秘密谈话的主张。不过，地点问题不是决定性的。如果当事人压低声音说话，因而不太可能被窃听到，那么，他们在公共场合进行的会谈就不会自动否定保密性主张。例如，参见关于密封案件案由 [In re Sealed Case, 737 F. 2d 94, 101 - 102 (D. C. Cir. 1984)]。

905

（四）对放弃该特免权的限制

如果无意披露的保密材料，或许是办事员在证据开示程序中的工作失误所致，又当如何？因为无意披露了符合该特免权的律师—委托人交流和律师工作成果，是否应该作为对受保护材料的弃权，这是一个困扰了法院数十年的问题。由于电子证据开示在大多数民事诉讼中已经普及，加剧了这个问题的严重性。随着大量电子文档的交换，无意中披露受保护的材料也越来越容易发生。

过时的法律先例增加了此类披露结果的不确定性。在文件浩繁的现代诉讼中出现了无意弃权的情况下，如果拥有该特免权的当事人能够证明其对于受特免权保护的材料没有疏忽大意的行为，则大多数法院仍会提供某种保护。例如，参见格雷诉比克奈尔案 [Gray v. Bicknell, 86 F. 3d 1472, 1484 (8th Cir. 1996)]。但是，有一些法院在无意披露的案件中依然严格地判定弃权。例如，参见威奇塔土地和牲畜公司诉美国联邦银行案 [Wichita Land & Cattle Co. v. American Federal Bank, F. S. B., 148 F. R. D. 456 (D. D. C. 1992)]（"对受到特免权保护的材料的披露，即使披露是无意的行为，也被视为对特免权的放弃"）。当无意的弃权与有时被称为主题弃权（subject matter waiver）同时发生时，情况可能特别棘手。一些法院判定，受特免权保护的材料之任何方面的披露，都导致对与该主题有关之所有受特免权保护材料的弃权。关于对弃权一般领域的出色探讨，参见理查德·L. 马库斯：《特免权的风险：弃权和诉讼当事人》[Richard L. Marcus, The Perils of Privilege: Waiver and the Litigator, 84 Mich. L. Rev. 1605 (1986)]。因此，大量资源被用于文件审查，而成本往往与诉讼的风险严重不成比例。此外，深入审查过程本身，阻碍了通过该制度对案件的有效处理。⑫

《联邦证据规则》502 是 1975 年以来有关特免权的第一条新规则，被采用来处理这个问题及其他问题。

---

⑫ 参见得克萨斯州国会女议员杰克逊—李向众议院所作的评论（H7818 Congressional Record—House September 8, 2008）。

规则 502　律师—委托人特免权与工作成果；对弃权的限制

以下规定适用于所列情况下以律师—委托人特免权或者工作成果保护所涵盖的交流或者信息的披露。

（a）在联邦司法程序中或者向联邦机构或机关作出的披露；弃权的范围

当披露是在联邦司法程序中或者向联邦机构或机关作出，并且放弃律师—委托人特免权或工作成果保护时，只有在下列情况下，该弃权才扩展至在联邦或州司法程序中未披露的交流或信息：

（1）该弃权是有意的；

（2）披露和未披露的交流或信息关涉同样主题；并且

（3）从公平角度它们应当被一并加以考虑。

906　　（b）无意披露

在下列情况下，如果披露是在联邦司法程序中或者向联邦机构或机关作出时，该披露并不用作联邦或者州司法程序中的弃权：

（1）该披露是无意的；

（2）特免权或保护的拥有者采取了合理措施来防止披露；并且

（3）拥有者迅速采取了合理措施来纠正该错误，包括在可适用的情况下遵循《联邦民事诉讼规则》26（b）（5）（B）。

（c）在州司法程序中作出的披露

在下列情况下，当披露是在州司法程序中作出且不是关于弃权的州法院命令的主题时，该披露并不用作联邦司法程序中的弃权：

（1）根据本规则，若该披露是在联邦司法程序中作出的，则不构成弃权；或者

（2）根据该披露发生地州法律，该披露不构成弃权。

（d）法院命令的控制效力

联邦法院可以命令该特免权或保护不因与在该法院进行的未决诉讼有关的披露而弃权；在这种情况下，该披露也不构成在任何其他联邦或州司法程序中的弃权。

（e）当事人协议的控制效力

关于在联邦司法程序中披露效力的协议，仅仅对该协议的当事人有约束力，除非它被整合进法院命令。

（f）本规则的控制效力

在本规则所列情况下，尽管有规则101和1101，本规则适用于州司法程序与联邦法院附属和联邦法院授权的仲裁程序。尽管有规则501，即

使州法律规定了裁决规则，本规则仍适用。

（g）定义

在本条规则中：

（1）"律师—委托人特免权"指，适用的法律为秘密的律师—委托人交流所提供的保护；以及

（2）"工作成果保护"指，适用的法律为预期诉讼所准备或者为审判所准备的有形物质（或者其无形相等物）提供的保护。

（五）《联邦证据规则》502 的解释

正如联邦证据规则起草咨询委员会注释所解释的，这个新规则服务于两个主要目的：

（1）它解决了法院长期以来关于由律师—委托人特免权或作为工作成果而受到保护的交流或信息之特定披露效果的争议——特别是，涉及披露受特免权保护的信息以及它是否会构成对综合主题（或交易）弃权的争议，而非仅限于对实际披露信息弃权的争议。

（2）它对如下普遍的抱怨作了回应，即由于担心任何（无论多么无意或微不足道的）披露，都将被运作为对所有受保护的交流或信息之主题的弃权，用于防止律师—委托人特免权或工作成果弃权所必需的诉讼成本，已高到令人望而却步的程度。

《联邦证据规则》502 寻求提供一套可预测的统一规则，用于确定由律师—委托人特免权或工作成果保护所涵盖的交流或信息之披露的后果。诉讼各方当事人需要知道，当他们故意或错误地披露了受特免权保护的信息时，会发生什么事情。各方当事人也需要得到保证，如果他们依据保密令交换受特免权保护的信息，该法院命令将是可执行的。此外，如果联邦法院的保密令在州法院不能执行，那么，特免权审查和保留的沉重成本就不可能降低。⑬

新规则并未对规制信息是否受律师—委托人特免权或工作成果原则保护的联邦法和州法作出改变。这个规则只是确定了披露受律师—委托人特免权保护的信息的后果。披露受其他证据性特免权保护信息的后果，依然是联邦普通法

⑬　参见证据规则司法会议顾问委员会准备的《联邦证据规则》502 解释注释（2007 年 11 月 28 日修订）。

上的问题。⑭ 这条规则也没有取代可适用的弃权原则。相反，它以统一方式限制了这些原则的后果。

（六）《联邦证据规则》502 的应用：实际问题

1.《联邦证据规则》502（a）弃权的范围和主题弃权

疏忽披露受特免权保护的信息，从不会导致主题弃权。相反，弃权只会扩展至实际披露的信息。同样，当故意披露受特免权保护的信息被发现是为了用来放弃保护时，此项弃权不会扩展至超出已披露的信息。这条规则的一项重要例外，是以选择性或误导性方式故意披露受保护的信息以使对方处于不利境地。在这种情况下，法官可能判定，从公平角度要求进一步披露有关受保护的信息，即一项主题弃权。注意该语言与规则 106 的相似性。"应当公平"这一措辞背后的原则，在这两项规则下是相同的。联邦证据规则起草咨询委员会指出："根据这两项规则，使对方作出不公平的选择性、误导性出示的一方当事人，便使自身要作出更为完整和准确的出示。"⑮

阿普尔顿纸业公司诉国家环境保护局案［Appleton Papers, Inc. v. E. P. A., 702 F. 3d 1018 (7th Cir. 2012)］提供了《联邦证据规则》502（a）实践的一个极好例证。政府方指控阿普尔顿纸业公司（"API"）和其他七家公司对威斯康星州格林湾附近的福克斯河构成污染，并造成 10 亿美元的损失。接着政府方聘请了一位顾问，他准备了有关这些公司对污染所负责任的报告。政府方披露了其中一些报告，以便获取证实另一家公司责任的同意法令。在此次披露之后，阿普尔顿纸业公司主张，政府方必须现在向其出示所有这些原本受到"工作成果"原则保护的报告。联邦第七巡回法院未予同意。其解释道，《联邦证据规则》502 规制的是这种情况：一方当事人仅不公平地披露了一部分受特免权保护的材料。这条规则"废除了可怕的主题弃权，即任何受特免权保护的事项的披露都会导致隶属同一主题的其他任何受特免权保护的信息的丧失"。（引用电力工人地方第 26 号养老信托基金受托人诉信托基金顾问公司案［Trustees of Elec. Workers Local No. 26 Pension Trust Fund v. Trust Fund Advisors, Inc., 266 F. R. D. 1, 11 (D. D. C. 2010)］）。然后，该巡回法院继续判定，对政府方来说没有不公平的迹象，并且"就阿普尔顿纸业公司所担心的政府方在未来诉讼中将使用更新数字来反对它而言，规则 26 要求在审判前披露"。上引案例，第 1026 页。

---

⑭ 参见联邦证据规则起草咨询委员会注释。
⑮ 参见联邦证据规则起草咨询委员会注释。

（a）款还规定，根据《联邦证据规则》502 所作的弃权，"扩展至联邦或州司法程序中未予披露的交流或信息"。因此，在一方当事人律师—委托人特免权弃权的效力由联邦法律——《联邦证据规则》502——所决定时，它在随后的州法院诉讼程序中也不会改变。州法无论如何规定，都不能改变发生在联邦司法程序中弃权的性质和后果。

2. 根据《联邦证据规则》502（b），什么情况下无意披露导致放弃特免权保护？

《联邦证据规则》502（b）是关于无意披露的规定。根据这个规则，只有当该特免权拥有者未采取合理措施以防止披露，且未采取合理措施以纠正其错误（例如，在可适用的情况下，根据《联邦民事诉讼规则》26（b）（5）（B）要求归还错误披露的文件）时，才构成弃权。此前，一些法院裁定，对信息的无意披露会自动导致放弃该特免权，而另一些法院则作出相反的裁定。《联邦证据规则》502（b）"选择了中间立场"。特免权拥有者采取措施的合理性，将根据每个案件的具体事实来裁定。联邦证据规则起草咨询委员会注释阐明，各法院先前用来确定披露合理性的因素仍然具有说服力。具体地说，该注释写道：

> （各种各样的情况）为确定无意披露是否构成弃权设置了一种多因素检验法。这里所说的因素（没有哪个是决定性的）是指，所采取预防措施的合理性、纠正错误所需的时间、开示的范围、披露的程度以及最重要的公平问题。本规则没有明确将这项检验法典化，是因为它实际上是一套非决定性的指南，因案而异。该规则足够灵活，可包容所列出的任何因素。对证据提出方努力之合理性的其他考量因素，包括待审查的文件数量以及对提供证据的时间限制。根据具体情况，在对特免权和工作成果进行筛选时使用了高级分析软件应用程序和语言工具的当事人，可以被判定为已采取"合理措施"来避免无意披露。在诉讼之前启用了有效的档案管理系统，也可能是相关的。

《联邦证据规则》502（b）并不要求提出方当事人进行举证后审查，以决定是否有任何受保护的交流或信息被错误地提出。但是，该规则的确要求，若有任何明显迹象表明一项受保护的交流或信息已被无意地提出，提出方当事人需要及时跟进。

3. 如果披露是在州司法程序中作出，根据《联邦证据规则》502（c）将适用更具保护性的法律

《联邦证据规则》502（c）针对的是在州司法程序中进行披露所引发的问

题，以及相同信息或交流在后续联邦司法程序中被作为证据提供时所引发的问题。当州和联邦法律不一致时，联邦法院将适用对该特免权最有保护力的法律。联邦证据规则起草咨询委员会注释阐述了这个规则设置的理由：

> 如果州法更具有保护力（如州法规定，无意披露从不能构成弃权），则在州司法程序中发生披露时，该特免权拥有者或受保护者可以充分倚赖该法的规定。而且，对于州司法程序中所做的披露适用更具限制性的弃权联邦法，可能损害该州维护该特免权或工作成果保护的目标。另一方面，若联邦法更具保护性，在联邦法院适用有关弃权的州法以决定可采性，则很可能破坏联邦限制举证成本的目标。

请注意，这个规则并非旨在改变有关弃权的州法院命令的效果。联邦证据规则起草咨询委员会注释指出，根据现行法（28 U.S.C § 1738）和联邦制原则与礼让原则，州法院命令在后续的联邦司法程序中继续具有一般执行力。然而，这种执行力"并非绝对"。参见塔克诉大津轮胎橡胶公司案［Tucker v. Ohtsu Tire & Rubber Co.，191 F. R. D. 495，499 (D. Md. 2000)］。在特定情况下，联邦法院将修改或规避州法院命令。因此，在《联邦证据规则》502 颁布后，有可能出现的情况是，联邦法院命令在州法院中的影响比州法院命令在联邦法院中的影响更大。

4.《联邦证据规则》502 (d) 法院命令的控制效力

这个条款授权联邦法院"可以命令该特免权或保护不因与在该法院进行的未决诉讼有关的披露而弃权；在这种情况下，该披露也不构成在任何其他联邦或州司法程序中的弃权"。该授权允许一方当事人以选择跳出《联邦证据规则》502 (a) 和 (b) 规定的默认条款为条件，来限制对其所称受特免权保护的文档或其他信息披露。就是说，一方当事人可以辩称争议信息受特免权保护，但如果能通过法院命令得到充分保护以免于披露更多的信息，其将愿意披露它。然后，如果法院签发保护令，则在任何后续的州或联邦审判程序中都将是有效的。而且，该法院命令将对所有诉讼中的所有当事人有效，而并非仅对该命令作出时的具体司法程序中的双方当事人生效。这些法院命令可经或不经当事人同意而作出。

《联邦证据规则》502 (d) 承认，对于降低以证据开示目的之文件审查成本而言，保密令是需要的。只有当这种保密令的保密作用能够在后续诉讼中发挥效力且能够针对任何第三方时，其才能有效降低那些成本。若没有这种保护，当事人将履行大量且成本高昂的文件审查，并将在任何可能的时刻主张律师—委托人特免权。

5.《联邦证据规则》502（e）当事人协议的控制效力

这个条款把利用当事人协议来限制披露弃权（waiver by disclosure）的效力这一行之有效的做法法典化了。因为其与《联邦证据规则》502（d）的关系，本款很重要。依据该款规定的协议，仅仅适用于双方或多方当事人之间的文件交换，且仅对协议签订各方有效。与法院命令不同，这种协议并没有物权效力。联邦证据规则起草咨询委员会注释明确指出，针对非当事人寻求保护的当事人，必须根据《联邦证据规则》502（d）的法院命令订立协议。作为一个实践问题，当事人可以要求法院签发一项基于合意的保护令，以便当事人在不主张特免权的情况下能够披露特定文件。

6.《联邦证据规则》502 的控制效力

根据联邦证据规则起草咨询委员会注释，（f）款澄清了以下两点：（1）《联邦证据规则》502 防止弃权的保护措施必须可适用于后续的州司法程序，而且（2）《联邦证据规则》502"适用于在联邦法院中提起诉讼的州法案由"。第一部分重申了（d）款规定，并意味着，在联邦司法程序中披露且因适用《联邦证据规则》502 而未弃权之受特免权保护的交流或信息，不能在后续的州司法程序中使用。第二部分要求，即使州法规定了裁决规则，也要遵守《联邦证据规则》502。因此，联邦法总能决定出现于联邦司法程序中的弃权后果。此外，（f）款还明确规定，《联邦证据规则》502 不应受制于《联邦证据规则》101 和 1101，后两者反而可被看作与该规则存在紧张关系。

(七)《联邦证据规则》502 潜在的问题

该规则并未消除披露前的文件审查需求。正如前文所述，该规则仅适用于受律师—委托人特免权或工作—成果原则保护的信息和交流。然而，证据开示过程中审查文件的理由，比起放弃这些保护之担忧还有更多的理由。例如，职业行为规则、私法或保密协议也许禁止律师违反保密性或放弃律师—委托人特免权。在证据开示程序中对文件失于审查，也将导致披露受其他特免权原则保护的文件（例如，协商谈判和自评文件）。《联邦证据规则》502 并未消除依据律师行为准则与其他法律标准项的律师责任，也不保护受其他特免权保护的信息和交流。

此外，受保护信息的披露有可能对案件产生严重的偏见，即使该信息不能被信息接收方所直接使用。一旦接收方阅读了受特免权保护的信息，法院就只能禁止该信息在审判中使用；法院不能迫使律师忘却该信息。文件本身可能暴露关于案件的策略或想法。它可能包含商业敏感文件，诸如不应泄露给竞争方的交易秘密或进程。该文件可能令委托人招致其他无关的索赔，或允许接收方

911

律师针对关键信息提出进一步的证据开示请求。出于上述所有理由，律师及其委托人会发现，尽管有《联邦证据规则》502，大量的文件审查工作仍然是必要的。

1. 该规则适用于州法院诉讼程序的合宪性

宪法上的顾虑是，因为《联邦证据规则》502 是联邦层面创设的规则，却在指令州法院如何处理潜在证据问题。正如亨利·诺耶斯所指出的，《联邦证据规则》502 可能面临一项合宪性挑战，因为这项联邦举措会导致"州对州法院运作的直接失控"。亨利·S. 诺耶斯：《〈联邦证据规则〉502：联邦大棒搅动州特免权法和职业责任》[Henry S. Noyes, Federal Rule of Evidence 502: Stirring the State Law of Privilege and Professional Responsibility with a Federal Stick, 66 Wash. & Lee L. Rev. 673, 727 (2009)]。对这种评论的一种可能回应是：就联邦司法程序中的律师—委托人特免权范围以及联邦诉讼行为的效果（在联邦司法程序中放弃律师—委托人特免权）而言，国会均有决定权。而且，《联邦证据规则》502 的通过，也是基于国会对可能实质影响州际贸易之日常行为的规制权。参比皮尔斯郡诉吉伦案 [Pierce County v. Guillen, 537 U. S. 129 (2003)]（判定根据国会的贸易条款权力，一部保护与高速公路安全有关的信息免受州法院证据开示的联邦制定法是合宪的，因为该制定法在就跨州贸易的渠道和工具进行规制）。此外，虽然国会通过了《联邦证据规则》502，使证据开示程序更加有效且节省成本，但关于跨州贸易特免权审查负担和成本的裁定并不存在。

2. 该规则也许不会显著降低证据开示的成本

《联邦证据规则》502 公认的目的之一，就是降低证据开示成本。该理论是，对披露前审查之必要性的限制，将显著降低成本。然而，根据《联邦证据规则》502（b），披露前审查必须"合理"，以防弃权；在没有针对该项要求的进一步阐释之前，律师可以继续开展宽泛审查，以保障该程序被视为"合理"。该论点还有另外两个问题。其一，正如上文所讨论的，当事人双方继续开展密集的披露前审查有许多原因。其二，若当事人不关心披露文件之消极影响，该新规则可能使当事人提供更多的信息。这些"数据倾泻"将证据开示的成本从披露方转移到接收方。重要的是，总成本很可能也会增加，因为接收方在文件整理上很可能效率更低。

3. 该规则可能危害律师—委托人特免权

如上文提到的，法官未经双方当事人同意便可发起一项《联邦证据规则》502 命令。在很短的时间内，证据开示请求另加上一项强制性的规则 502 命

令，可以有效迫使律师提供保密性信息。但是，律师—委托人特免权是为委托 *912*
人利益而存在的，并且，其益处是因为它为委托人向其律师披露信息创设了激
励。如果《联邦证据规则》502 损害了这种关系的保密性，它也许会带来严重
的、适得其反的长期性后果。

要　点

1. 律师—委托人特免权，涉及以获得法律意见为目的而进行的律师与
委托人之间的秘密交流。该特免权并不涵盖为获得诸如商务或税务咨询等其
他种类的建议，而与律师进行的交流。要区别彼此并非易事。

2. 委托人是该特免权的拥有者，但律师及其他对委托人权益负责的人，
可以代表委托人主张该特免权。

3. 该特免权扩展至共同委托人及其律师之间的交流，而且涵盖涉及多
方当事人和多位律师的"共同利益"或"共同抗辩"案件。

4. 交流并不必须是言语性的。然而，为了落实该特免权，当事人必须
采取合理的预防措施来保证保密性。

5. 在联邦司法程序中，如果采取了合理措施来防止披露，则该特免权
并不会因无意披露而弃权。

──注释和问题──

1.《联邦证据规则》502 被限定于律师—委托人和受保护的工作成果信息
这一事实，可能对该规则的效力有重大影响。根据《联邦证据规则》502 发布
的保护令，你是否能理解为何不会激励律师放弃对预披露文件进行审查？

2. 根据《联邦证据规则》502（a），故意出示受特免权保护文件的当事
人，可能面临一项主题弃权。然而，非故意提供受特免权保护文件的当事人并
不会面临主题弃权，而且，如果为保护文档、修正错误而采取的措施是不合理
的，将只能被判定为放弃已披露文件的特免权。因此，《联邦证据规则》502
（b）要求法院决定，该披露是否为"无意"以及是否采取了"合理措施"。该
规定给法院裁定"无意"的定义留下了多少空间？参见希尔福斯坦诉联邦监狱
局案［Silverstein v. Federal Bureau of Prisons, 2009 U. S. Dist. LEXIS 121753
(D. Colo. Dec. 14, 2009)］［判定，502（b）包括"非故意而非错误的披露"，
而且，文件被标错时的披露并不属于无意］。相似地，读完联邦证据规则起草
咨询委员会对（b）款的注释后，你对自己能够采取"合理措施"来防止因非 *913*

故意披露而丧失该特免权有信心吗？什么是"合理措施"？该规定给法官留下多大程度的自由裁量权？参见阿莫比诉华盛顿特区矫正机构案［Amobi v. D. C. Dept. of Corr. ，262 F. R. D. 45 (D. D. C. 2009)］（判定，当未向法院陈明程序时，属于未采取合理措施，且"无任何迹象显示已采取了哪些具体措施以防止披露"）；罗兹工业公司诉建筑材料公司案［Rhoads Industries, Inc. v. Building Materials Corp. ，254 F. R. D. 216 (E. D. Pa. 2008)］（在审查了多个因素后，法院判定，防止披露的措施并不是合理的，并特别关切主张特免权的当事人一方并未充分提前准备证据开示）。你认为法官对"合理"或"无意"的界定，是否会受到巡回法院内陈旧弃权规则的影响？

3. 《联邦证据规则》502 频繁提及"后续的州和联邦司法程序"（subsequent state and federal proceedings）*，特别指出联邦裁定规制着对弃权范围的后续决定。联邦证据规则起草咨询委员会注释表示，对于"确保保护与可预见性"而言，这是必要的。为什么这样规定？如果你知道原告方经常分享诉讼中提供的文件，这有帮助作用吗？如果保护令在审判结束时终止了，该规则还有效吗？如果在后续的司法程序及针对第三方而言没有执行力，《联邦证据规则》502 命令能给被告带来多少信心？

4. 作为辩方律师，你想要法官单方面施加一项《联邦证据规则》502 命令吗？

思考题

12.1. 布伦特·卡森（Brent Carson）和格洛里亚·格林（Gloria Green）被指控进口可卡因，并分别聘请了律师。在一次有布伦特、格洛里亚和格洛里亚律师参加的会谈中，据说格洛里亚说过，布伦特一点儿也不知道进口可卡因的计划。格洛里亚随后逃离了该司法辖区。现在布伦特受到审判。他传唤了格洛里亚的律师就她的陈述作证，说明他并未卷入该进口可卡因图谋。检察官对这一证言表示反对，代表格洛里亚主张了律师—委托人特免权。法院应当如何裁定？

* 本句注释不准确。《联邦证据规则》502 并未出现"后续（的）"（subsequent）这个形容词，且提及顺序不是"州和联邦司法程序"，而是"联邦和州司法程序"（a federal or state proceeding）。——译者注

12.2. 地铁展示广告有限公司［Metro Display Advertising，Inc.（MDA）］在因证券交易委员会的调查而被迫宣布破产前，所从事的业务是销售公交车站遮雨棚广告位。检控方指控 MDA 独立销售代理人穆尼奥斯（Munoz）有邮件欺诈行为，并传唤谢伦（Sherron）作证反对他。在二人受雇于 MDA 之前，谢伦曾在与此无关的事务中担任穆尼奥斯的律师。此后 MDA 聘请了谢伦。穆尼奥斯就当前针对他的指控同谢伦进行了交流，他误认为，谢伦既代理他也代理 MDA。穆尼奥斯现在试图通过援引其律师一委托人特免权，阻止谢伦就对他有害的陈述作证。法院应当允许谢伦的证言吗？

12.3. 邓拉普（Dunlap）是林肯挑战项目（the Lincoln Challenge Project）主任，该项目是一个为十多岁的辍学高中生提供的提高项目。1994年他聘请了彼得斯（Peters）在该项目中任教，他要求彼得斯同意就其刑事和教育背景进行审查，这是聘请他的一个条件。1996 年，当彼得斯要求续聘合同时，邓拉普告诉他，他需要签署一个更为宽泛的弃权同意书，同意在彼得斯拥有权益的案件中就律师案卷进行充分和全面披露，无论该律师是代理他还是代理他人。彼得斯拒绝签署这样的弃权同意书，他的聘任合同没有被续期。彼得斯起诉了邓拉普。雇主能把要求员工放弃律师一委托人特免权作为一个聘任条件吗？彼得斯为保护其受特免权保护的信息，可以提出任何宪法论据吗？

12.4. 萨伯曼缝纫时尚公司（Suburban Sew'N Sweep）是一个零售店，销售弗里茨有限公司（Fritz，Inc.）制造和销售的缝纫机。几年前萨伯曼公司开始怀疑弗里茨公司从事非法价格歧视和图谋限制交易，这违反了《克莱顿法》和《谢尔曼法》。为证实这一怀疑，萨伯曼公司开始定期搜索弗里茨公司办公场所后面的垃圾桶。在两年内，萨伯曼公司找到了几百份相关文件，其中许多是弗里茨公司高级职员和弗里茨公司法律顾问之间的秘密通信。毫无争议的是，这些文件都具有保密性，如果这些文件没有被萨伯曼公司发现，它们都是受律师一委托人特免权保护的。这些文件受特免权保护吗？

12.5. 哈布斯酿造公司（Habs Brewing Company）控告蓝鸦进口公司（Blue Jay Importers），诉称蓝鸦进口公司推销"干"啤而导致专利和商标侵权。蓝鸦进口公司向法院提出强迫出示特定文件动议，哈布斯酿造公司辩称受到律师一委托人特免权保护。原告主张特免权的 15 份文件均由比尔兹利（Beardsley）发出或接收。比尔兹利是哈布斯酿造公司法律部成员，曾担任其知识产权经理（Intellectual Property Officer）。虽非律师，但比尔兹利在美国专利和商标局登记为专利代理人。专利局允许非律师专利代理人从事特定法律事务，例如，提供专利咨询和准备专利申请。专利代理人并无相应权利从事商标法律业务。哈布斯酿造公司能对由比尔兹利从事和与其进行的交流成功主张律师—委托人特免权吗？这种交流涉及专利法还是商标法，是否会产生什么区别？

关于律师—委托人特免权、律师工作成果原则和保密道德义务的注释

在律师—委托人关系中保护秘密的三个来源：律师—委托人特免权、律师工作成果原则和保密道德义务。律师—委托人特免权和工作成果原则来源于证据法，而保密职责来源于律师职业道德守则。

915　　律师工作成果原则常和律师—委托人特免权交叠，或作为其补充。对律师或当事人"工作成果"的保护，已被写入《联邦民事诉讼规则》26（b）（3）。根据规则 26（b）（3），要求进行证据开示的当事人只有在证明了"实质性需要"，并证明若无不必要的困难便无法通过其他方法获得实质相同材料的情况下，才可能向对方当事人的律师或代表为"预期诉讼"所准备的文件和物证进行证据开示。此外，即使做了所要求的证明，法院也必须使"律师或当事人的其他代表关于诉讼的心理印象、结论、意见或法律理论"免受披露。尽管律师—委托人特免权和工作成果原则对证据开示都有阻碍作用，但二者间还是存在一些关键性区别。首先，律师工作成果原则承认的是一种受限的特免权，而律师—委托人特免权通常情况下被认为是绝对的，虽然这种观念已逐渐发生改变。例如，参见大纽伯里港挖掘机联盟诉新罕布什尔州公共服务公司案[Greater Newburyport Clamshell Alliance v. Public Service Co. of N. H. , 838 F. 2d 13，19（1st. Cir. 1988）]（在民事损害赔偿诉讼中，"当特免权将在相当程度上损害被告辩护能力时，公平原则要求特免权拥有者放弃该特免权"）；关于大陪审团审理案由[In re Grand Jury Proc. , Des Moines, Iowa, 568 F. 2d 555，557（8th Cir. 1977）]（在确定特免权的问题上，对方的需要具有相关性）。至少对除"律师的心理印象、结论、意见或法律理论"外的"文件和物证"证据开示而言，工作成果保护原则遵守的是实质性需要标准。相反，如果适用的是律师—委托人特免权，则一项对需要的证明，通常不能超越该特免权。

其次，尽管律师工作成果原则仅适用于"在预期诉讼中"所准备的信息，但无论该诉讼是否被预期，律师—委托人特免权都保护秘密交流。虽然工作成果保护的范围看起来也许受到诉讼要求的过度限制，但与律师—委托人特免权相比，律师工作成果原则在现实中所涵盖的材料种类更多。律师工作成果原则适用于由律师或委托人的代理人收集的所有信息，只要这些信息是在预期诉讼中收集的。大多数联邦巡回法院判定，如果文件是"由于"即将来临的诉讼而准备的，则该文件就是"在预期诉讼中"所准备的。参见合众国诉阿德曼案 [United States v. Adlman, 134 F. 3d 1194 (2d Cir. 1998)]。但联邦第五巡回法院适用了一项范围更窄的"主要目的"标准——仅当文件主要目的是为诉讼而准备时，才受到保护。合众国诉艾尔帕索公司案 [United States v. El Paso Co., 682 F. 2d 530 (5th Cir. 1982)]。根据这两项标准，保护措施不仅适用于委托人传给律师的信息，还适用于从外部来源所获得的信息，例如，非当事人的证人向律师的陈述以及（没有律师参与下）由调查者编制的成果。相反，律师—委托人特免权只适用于律师和委托人之间的秘密交流，或任何一方当事人代表之间的交流。

对律师—委托人关系中的秘密加以保护的第三个来源，是律师对委托人事务的秘密事项保密的道德义务。《美国律师协会职业行为示范规则》规则 1.6 规定了这项义务，2005 年修订版表述为：

（a）除非委托人给予知情基础上的同意，律师不得透露与委托人代理有关的信息。但为了执行代理而经委托人默示授权的披露，或者被（b）款所允许的披露除外。

（b）在律师合理认为必要的范围内，可透露与委托人代理有关的信息：

（1）为防止合理确定会发生的死亡或严重身体伤害；

（2）为防止委托人已经或正在利用律师的服务实施犯罪或欺诈行为，有理由认为这种犯罪或欺诈行为会对他人的经济利益或财产造成严重损害；

（3）为防止、减轻或纠正因委托人利用律师服务进行对他人经济利益或财产造成的实质性损害的犯罪或诈骗；

（4）为获得律师遵守这些规则的法律服务；

（5）在律师和委托人之间的争议中代表律师提出主张或抗辩，基于所涉委托人行为，对针对律师的犯罪指控或民事索赔提出抗辩，或者，在涉

及律师代理委托人的任何诉讼程序中，对指控作出回应；或者

（6）为遵守其他法律或法院命令的目的。

示范规则 1.6 注释 2 提供了该道德义务背后的理论根据。

> 委托人—律师关系中的一项基本原则是，在没有得到委托人知情基础上的同意的情况下，律师不得披露与其代理有关的信息。……这有助于建立信任，这是委托人—律师关系的标志性特点。委托人因此受到鼓舞以寻求法律帮助，并与律师进行充分、坦率的交流，哪怕是关于令人尴尬或法律上有害的主题。为了对委托人进行有效代理，律师需要这样的信息，如果必要，可以给委托人提出避免违法行为的建议。……

保密义务是一项重要机制，伦理规则通过该机制来保护这些利益。2005 年修法时，该规则的要求得以适当放宽，如今允许律师为了防止任何合理确定的肢体伤害而违反保密义务，该肢体伤害并不仅限于由委托人犯罪行为所导致的伤害。此外，在诸如安然公司（Enron）金融丑闻之后，为防止委托人犯罪或欺诈行为对经济利益或财产造成损害，修改后的规则允许律师打破保密义务。尽管有这些少量例外情况的存在，保密的道德义务对于保障委托人—律师关系而言仍然是至关重要的。违反示范规则 1.6 可能导致职业谴责，且可能被暂停执业或吊销执照。

示范规则 1.6 注释 3 澄清了证据性特免权与保密道德义务之间的区别：

917

> 委托人—律师保密原则在有关的法律中产生效力：律师—委托人特免权、工作成果原则以及职业道德中确立的保密规则。律师—委托人特免权与工作成果原则适用于司法或其他程序，在这些程序中，律师可能被传唤作为证人或以其他方式被要求提供与委托人有关的证据。而委托人—律师保密规则，适用于通过法律强制从律师处获得证据之外的情形。例如，保密规则不仅适用于委托人与律师之间秘密交流事项，而且适用于所有与该代理有关的信息，不论其来源。律师不得披露这些信息，除非得到授权，或者是《职业行为规则》或其他法律的要求……

与特免权相比，保密职责的覆盖范围更广——它涵盖了委托人和律师之间的所有交流，包括那些与寻求法律意见没有明确关联的交流以及那些并非旨在保密的交流。保密职责涵盖的还不仅仅是言语交流，这与律师—委托人特免权不同。然而，律师仍然可被传唤就这些交流作证，因此，保密职责所提供的保护并没有特免权提供的保护那么强大。

第十二章　特免权

一个有趣的实证问题是，律师保守秘密的道德义务是否足以与鼓励委托人和律师之间交流的特免权相类比。如果委托人能被律师不得披露信息的道德义务所鼓舞，那么，律师—委托人特免权也许就不需要了。关于这个问题，参见《美国律师协会职业责任守则》道德自律规范 4-1：

> 为了让委托人获得我们法律制度的充分优势，律师应当充分了解其正在处理事务的所有事实。律师要行使其独立的职业判断，来区分相关、重要的事实与不相关、不重要的事实。律师遵循为委托人保密的道德义务，不仅有助于促进对委托人适当代理所必不可少之事实的开发，也有助于鼓励普通人尽早寻求法律帮助。

——注释和问题——

1. 对委托人的秘密交流、律师思考过程及其他创造性成果的保护，应当具备何种绝对性？即使保密规则的存在能产生益处，我们是否也可以想到在特定情况下其成本会超过其收益？在这种情况下，应该如何处理？在思考这个问题时，不要忽视当保密成本超过收益时基于个案决定的成本。如果在作证前，证人使用受律师—委托人特免权或律师工作成果原则保护的文件来刷新该证人的记忆，法官能根据《联邦证据规则》612 命令出示该文件吗？

2. 《美国律师协会职业责任示范守则》作为《职业行为示范规则》的前身，包含一条类似的保密规定。《美国律师协会职业责任示范守则》惩戒规则 4-101。然而，委托人预谋的犯罪行为例外，扩展至所有犯罪，并且，"在法律或法院命令所要求的情况下"，还有一项允许律师披露秘密的例外。关于《职业行为示范规则》对这后一项例外的遗漏，示范规则 1.6 注释指出："其他法律规定是否取代示范规则 1.6，是一个超出这些规则范围的解释问题，但应当存在一项反对这种取代的推定。"示范规则 1.6 注释对保密的强制性有多强？该规则及其注释是否足以处理保密的道德义务与律师—委托人特免权之间的关系？示范规则 1.6 允许律师披露委托人预谋的犯罪（这一例外）是否过窄？为什么要有这样一项"推定"，即强制性披露的法律规定，并不取代示范规则 1.6 的保密义务？

3. 《职业行为示范规则》明确规定，有一种情况下，保密规则被取代。参见示范规则 3.3：

（a）律师不得故意：

（1）就关键事实或法律向法庭作虚假陈述；

918

（2）在为避免帮助委托人从事犯罪或欺诈行为而有必要披露关键事实时，未向法庭披露；

（3）未向法庭披露律师所知道的对委托人地位直接不利且对方律师未披露的控制司法辖区的法律权威；或

（4）提供律师明知虚假的证据。如果律师在提供重要证据后发现其虚假，该律师应当采取合理的补救措施。

（b）（a）款所述责任持续至司法程序终结，即使符合披露示范规则1.6另有保护信息的要求，上述责任依然适用；

（c）律师可以拒绝提供该律师合理认为是虚假的证据。

919

思考题

12.6. 阿尔·德里弗（Al Driver）涉嫌抢劫银行，他告诉其律师乔治·希普斯（George Shippers）在哪里可以找到抢劫时所使用的面罩和枪支。希普斯找回了该面罩和枪支，并把它们放在了办公室保险箱中。希普斯的行为是否符合道德要求？是否允许或应当要求他披露该枪支和面罩？

如果希普斯的秘书未经希普斯同意，找回了该面罩和枪支，又会怎么样？在这两种情况下，（a）警察或某个第三人将有可能找到该面罩和枪支，（b）关于该面罩和枪支的最初信息来自委托人之外的其他人，这两点是不是很重要？

在希普斯首次获悉该面罩和枪支的情况后，他应当采取的适当做法是什么？

12.7. 萨拉·詹森（Sarah Johnson）律师代理被指控谋杀的奥斯卡·里弗斯（Oscar Rivers）。里弗斯和其女友埃尔西·刘易斯（Elsie Lewis）都准备作证说，在杀人发生时，他们一起在埃尔西的住所。奥斯卡给萨拉讲的始终是这个他当时不在犯罪现场的故事；然而，埃尔西向萨拉吐露的秘密是：在杀人发生时，她和奥斯卡并不在一起，并且，奥斯卡向她承认，他就是谋杀者。该杀人事件的唯一目击证人埃尔韦拉·杜根（Elvira Dugan）是一位老眼昏花的老妇人。

> 如果奥斯卡和埃尔西都坚持作证说，在谋杀发生时，他们一起在埃尔西的公寓，萨拉应当做什么？
>
> 你的回答取决于萨拉是否相信奥斯卡或埃尔西吗？
>
> 萨拉确信，她在交叉询问过程中能够消除埃尔韦拉·杜根目击证人证言的消极影响。如果她确信奥斯卡有罪，且埃尔韦拉的辨认实际上是准确的，她这么做会有什么问题？

二、公司委托人

律师—委托人特免权不仅适用于个人委托人，也适用于公司和其他组织性委托人。在这种情况下，该特免权的适用已被证明是存在问题的，因为一个组织只有通过其个人成员才能进行秘密交流。这就必然产生如下问题：谁能以律师—委托人特免权目的而为该组织讲话？或者用《联邦证据规则（建议稿）》503 的语言来表述这个问题：谁是"该委托人的代表"？

各法院在公司语境特免权的程度问题上存在分歧。随着关于该主题相关法律的发展，可以隐约看到三种方法。根据早先的决定，一个组织的任何职员、雇员或成员都是该组织的代表。例如，参见合众国诉联合鞋业机器公司案 [United States v. United Shoe Mach. Corp., 89 F. Supp. 357 (D. Mass. 1950)]。虽然这个定义的好处是易于适用，但因其过于宽泛而受到广泛的批评。

界定委托人代表的第二种方法是"控制群体"检验。参见费城诉西屋电气公司案 [City of Philadelphia v. Westinghouse Elec. Corp., 210 F. Supp. 483 (E. D. Pa. 1962)]。按照这一标准，仅当某位员工"在该公司根据律师意见采取行动的决策问题上处于控制地位或发挥着重要决策作用"的情况下，其交流才受特免权保护。虽然控制群体检验得到广泛采用，但这一标准也因两个原因而受到批评。首先，该特免权适用于谁，并不非常确切，这种确定性的缺乏将抑制坦率交流。其次，由于控制群体检验将律师—委托人特免权局限于上层管理人员的交流，该标准在保护可能掌握信息的员工交流方面做得不够，而这些信息对于律师为该组织提供优质法律意见来说是至关重要的。

界定委托人代表的第三种方法是"主题"检验标准。参见哈珀—罗出版公司诉德克尔案 [Harper & Row Publishers, Inc. v. Decker, 423 F. 2d 487 (7th Cir. 1970), aff'd mem., 400 U. S. 955 (1971)]。按照这一标准，如果某位员工"所作交流是奉上级之命"，且该交流的主题是"该员工在履行其聘任职责"，则该员工的交流便受特免权保护。这一标准同时避免了将所有员工的交流都包括在特免权范围内，以及将特免权限于控制群体内成员的交流问题。但主题检验标准本身是否过宽了？如果每位员工都被例行公事地指示要通过公司法律顾问来提供所有业务报告，该标准第一部分要求是否就得到了满足？参见诺特：《证据——受特免权保护的交流——公司架构中的律师—委托人特免权：一种推荐方法》［Note, Evidence—Privileged Communication—The Attorney-Client Privilege in the Corporate Setting: A Suggested Approach, 69 Mich. L. Rev. 360 (1970)］。如果任何上级出于任何理由指示该员工与律师进行交流，上述第一部分要求是否就得到了满足？

《联邦证据规则》的起草者们选择了不界定"委托人的代表"。在未详尽阐述的情况下，联邦证据规则起草咨询委员会得出结论：该问题是"烫手山芋"，"最好根据具体情况加以解决"⑯。最高法院在厄普约翰案中解答了这个问题。

厄普约翰公司诉合众国案

(Upjohn Co. v. United States)

449 U. S. 383 (1981)

大法官伦奎斯特（Rehnquist）发表了法院意见。

我们就本案发出调卷令，以解决关于公司背景下律师—委托人特免权的范围和税务传票执行程序中律师工作成果原则的适用等重要问题。……我们……的结论是，律师—委托人特免权保护本案中的交流不受强迫披露，律师工作成果原则完全适用于税务传票执行程序。

第一部分

请求人厄普约翰公司在本国和国外制造和销售药品。1976 年 1 月，独立会计师对厄普约翰的一个外国分公司进行审计，发现该分公司为获得政府

---

⑯　参见众议院司法委员会联邦刑法改革特别委员会关于《证据规则（建议稿）》的听证［93d Cong., 1st Sess. 524 (1973)］［克里利（Cleary）教授的证言］。在早期的建议稿中，联邦证据规则起草咨询委员会在《联邦证据规则》503 草案的定义部分，包括了一个控制群体检验标准的版本。然而，在最后定稿前，最高法院以同等分歧的投票，裁决肯定了主题检验标准。哈珀-罗出版公司诉德克尔案［Harper & Row Publishers v. Decker, 400 U. S. 348 (1970)］。就像温斯坦和伯杰所指出的那样：联邦证据规则起草咨询委员会认识到，最高法院缺乏一致意见，这就排除了起草一个令大多数大法官满意的规则的可能性。因此，该委员会取消了规则（a）中"委托人的代表"这一定义。杰克·B. 温斯坦和玛格丽特·伯杰：《温斯坦联邦证据法》［3 Jack B. Weinstein and Margaret A. Berger, Weinstein's Federal Evidence 503 App. 01 [2] (Joseph M. McLaughlin ed., 2d ed. 1997)］。

业务，向外国政府职员或为其利益支付了有关款项。会计师就此通知了请求
人杰勒德·托马斯（Gerard Thomas）先生，他是厄普约翰公司副总裁、总
裁秘书和总法律顾问。托马斯是密歇根州和纽约州的律师，并担任厄普约翰
公司的总法律顾问已 20 年。他会见了外聘律师和厄普约翰公司董事会主席
小帕非特（R. T. Parfet, Jr.）。该公司决定就所谓"有问题的款项"进行一
项内部调查。作为该调查的一部分，调查律师准备了一封装有调查问卷的
信，经董事会主席签字后寄给了"所有国外总经理和地区经理"。该信函开
宗明义：最近发现几个美国公司向外国政府官员支付"可能非法"的款项，
并强调管理层需要就厄普约翰公司所支付的这种款项获得全面信息。该信函
表明，主席要求托马斯——其身份是"公司总法律顾问"——进行调查，
"以确定厄普约翰公司或其分支机构向外国政府员工或官员支付款项的性质
和数额"。该调查问卷要求就这种款项提供详细信息。经理们被指示，将该
调查视为"高度机密"，除了可能有助于提供所要求信息的厄普约翰公司员
工，不要就此与任何人进行讨论。反馈直接寄给了托马斯。在调查活动中，
托马斯和外界律师也访谈了问卷接受者和其他 33 个厄普约翰公司职员或
雇员。

　　1976 年 3 月 26 日，该公司通过 8—K 表，自愿向证券交易委员会提交了
一份初步报告，披露了一些存在问题的付款。该报告的一份副本同时被提交给
国内税务局，该局立即开始调查，以确定这些付款的税务后果。厄普约翰公司
向进行调查的特别探员提交了所有接受访谈和问卷的人员名单。1976 年 11 月
23 日，国内税务局根据《美国法典》第 26 编第 7602 节（26 U. S. C. sec.
7602）发了传票，要求提交以下文件：

　　　　为确定 1971 年 1 月 1 日以来厄普约翰公司或其任何附属公司支付给
　　外国政府雇员的费用和政治献金，并确定在同一期间厄普约翰公司是否将
　　任何资金不适当地记入公司账簿，在杰勒德·托马斯监督下，调查了有关
　　所有档案。

　　　　这些记录应当包括但不限于发给厄普约翰公司的国外分支机构经理的
　　书面问卷，以及在美国国内或国外同厄普约翰公司及其分支机构职员或雇
　　员进行访谈所作的备忘录或笔记……

　　该公司拒绝提交第二段所列举的文件，理由是根据律师—委托人特免权它
们属于受保护的披露，并构成律师在预期诉讼中所准备的工作成果。……检控
方在密歇根西区联邦地区法院提交了要求执行传票申请。该法院采纳了治安法

922　官认为该传票应当执行的意见。上诉人在第六巡回法院提起上诉，该法院撤销了治安法院关于律师—委托人特免权已被放弃的裁定，但同意该特免权并不适用于"在某种程度上，这些交流是由不负责指导厄普约翰公司回应法律咨询行动的官员和探员作出的……原因很简单，该交流并非委托人的交流"。……该法院判定，如果接受上诉人的主张，该特免权适用范围就会过于宽泛，将鼓励上层管理人员无视那些令人不快的事实，制造过于宽泛的"沉默地带"（zone of silence）。请注意，厄普约翰公司律师会见了主席和总裁等职员，上诉法院将案件发回地区法院重审，以确定谁属于"控制群体"（control group）。该法院在一个结论性脚注中说，律师工作成果原则"并不适用于根据《美国法典》第26编第7602节（26 U. S. C. sec. 7602）签发的行政传票"。……

第二部分

　　……律师—委托人特免权是所知普通法上最古老的秘密交流特免权。……其目的是鼓励律师与他们的委托人进行充分坦率的交流，因而在守法和执法中促进更广泛的公共利益。该特免权承认，合理的法律意见或辩护服务于公共目标，而这样的法律意见或辩护取决于委托人能否对律师进行充分告知。在费希尔诉合众国案［Fisher v. United States, 425 U. S. 391, 403 (1976)］中，我们承认，该特免权的目的是"鼓励委托人对其律师进行全面的披露"。该特免权的这一正当理由长期以来已被法院所认可。……应当承认，在委托人是一个公司的情况下，该特免权的适用将呈现出复杂化。公司在理论上是法律的拟制，而不是一位个人。但本院假定，在委托人是一位法人的情况下，该特免权适用……检控方对该一般主张并未提出异议。

　　然而，上诉法院判定，在公司背景下适用该特免权提出一个"不同的问题"，由于委托人是无生命实体，"只有高级管理层、指导和协调若干运营的人……可以说拥有类似作为整个公司的身份"。……阐明了为下级法院所采纳的所谓"控制群体标准"的第一个案件，是费城诉西屋电气公司案［Philadelphia v. Westinghouse Electric Corp. , 210 F. Supp. 483, 485 (ED Pa.)］，关于执行和禁止的请求被驳回。通用电气公司诉柯克帕特里克［General Electric Co. v. Kirkpatrick, 312 F. 2d 742 (CA3 1962), cert. denied, 372 U. S. 943 (1963)］反映了一种类似的概念方法：

　　　　要记住，问题是当所断言的受特免权保护的交流进行时，它是否在寻求该律师的意见？我认为，最令人满意的解决办法是，如果进行该交流的员工，不论他是什么级别，只要在该公司根据该律师意见而采取行动时他处于控制甚至是重要的决策地位……那么，事实上当他向其律师进行披露时，**他就是该公司（或其化身）**（黑体为法院所加）。

我们认为，这样的观点忽视了这样一个事实，即该特免权不仅要保护向那些有能力采取行动的人提供专业意见，还要保护向律师提供信息，使他们能够提供合理和明智的意见。解决任何法律问题的第一步都是确定事实背景，并以法律相关性的眼光筛选事实。参见《美国律师协会职业责任守则》道德自律规范 4-1：

> 为了让委托人获得我们法律制度的充分优势，律师应当充分了解其正在处理事务的所有事实。律师要行使其独立的职业判断，来区分相关、重要的事实与不相关、不重要的事实。律师遵循为委托人保密的道德义务，不仅有助于促进对委托人适当代理所必不可少之事实的开发，也有助于鼓励普通人尽早寻求法律帮助。

……在委托人是个人的情况下，信息的提供者和根据律师意见采取行动的人是同一个人。然而，在公司背景下，常常是控制群体之外的员工掌握着公司律师所需要的信息，被下级法院界定为"负责指导（该公司）根据法律意见而行动的职员和代表"。中层——实际上是低层——员工，以其雇用范围内的行为，便能使公司陷于严重法律困境。对于公司律师来说，如果其准备就这种实际或潜在困境为委托人提供充分的意见，自然只有那些员工拥有其所需要的相关信息。……

这样，下级法院所采用的控制群体标准将阻碍该特免权目标的实现，因为它阻碍委托人的员工与寻求为委托人公司提供法律意见的律师的相关信息交流。律师的意见对于非控制群体常常比对那些正式批准该意见的人更为重要，并且控制群体检验标准使得向执行委托人公司政策的员工传达全面坦率的法律意见更加困难。例如，参见达普兰公司诉迪林·米利肯公司案［Duplan Corp. v. Deering Milliken, Inc., 397 F. Supp. 1146, 1164（SC 1974）］（"在律师形成其意见后，它对董事会主席或总裁并没有直接的好处。它必须提供给那些将要贯彻它的公司职员"）。

下级法院对律师—委托人特免权狭窄范围的界定，不仅使公司律师在其委托人面临具体法律问题时难以形成合理的意见，而且可能对公司律师确保其委托人遵守法律之有价值的工作构成威胁和限制。公司与大多数个人不同，面对适用于现代公司之复杂的法律规范，"常常要找律师了解如何遵守法律"。伯纳姆：《企业领域的律师—委托人特免权》［Burnham, The Attorney-Client Privilege in the Corporate Arena, 24 Bus. Law. 901, 913 (1969)], 特别是因为在这个领域，对法律的遵守不能靠直觉行事，例如，参见合众国诉合众国石膏公司案 [United States v. United States Gypsum Co., 438 U.S. 422, 440 - 441 (1978)]（"《谢尔曼法》所禁止的行为，常常难与社会上接受和在经济上正当的商务行为灰色领域区分开来"）。⑰ 虽然没有一个抽象的、万古不变的标准必然能使法院在确定像本案这样的问题时达到数学上的那种准确性，但下级法院所采用的标准很难在实践中运用。然而，如果要使律师—委托人特免权的目的得以实现，律师和委托人就必须能根据某种程度的确定性，即特定讨论是否会受到保护而进行预测。一种不确定的特免权，或者一种声称是确定的特免权，却在法院适用中大相径庭，这比根本没有特免权好不了多少。下级法院所采用的标准恰恰说明了这种适用上的不可预测性。这一检验标准限制了那些在决定和指导公司作出法律回应中发挥"实质作用"的职员享有该特免权。不同案件中适用该检验标准导致不同的结果，说明了这种不可预测性。例如，请比较一下霍根诉兹莱兹案 [Hogan v. Zletz, 43 F. R. D. 308, 315 - 316 (ND Okla. 1967)，部分维持原判]、纳塔诉霍根案 [Natta v. Hogan, 392 F. 2d 686 (CA10 1968)]（控制群体包括专利部、研究和发展部的经理和助理经理）与刚果嫩姆工业公司诉 GAF 公司案 [Congoleum Industries, Inc. v. GAF Corp., 49 F. R. D. 82, 83 - 85 (ED Pa. 1969)，维持原判，478 F. 2d 1398 (CA3 1973)]（控制群体仅仅包括部门和公司的副总裁，不包括产品与研究部的两个研究主任和副总裁）。

争议中的交流，都是由厄普约翰公司员工根据公司上级的指示向公司律师所做的⑱，目的是获得律师的法律意见。就像治安法官所判定的那样："托马斯先生与董事会主席和外聘律师进行了协商，此后做了事实调查，以确定存在问题的付款性质和范围，**其处于就这些付款向公司提供法律意见的地位**"（黑体为法院所加）。……这些不能从高层管理者那里得到的信息，这些关于遵守

---

⑰ 检控方争辩说，民事或者刑事责任的风险足以保证那个公司在缺乏特免权保护的情况下去寻求法律意见。这种回答忽视了这样的事实，即即使采取了保证守法的调查，这也存在着守法的深度和质量问题。这一回答也证明过宽，因为它适用于所有受特免权保护的交流：一个人如果要遵守法律或者面对着法律问题，也就有强烈的动机来向其律师披露信息，然而，普通法已承认了特免权在促进、推动交流方面的价值。

⑱ 律师访谈的 86 名员工中，有 7 位在进行访谈时已经终止了他们与厄普约翰公司的雇佣关系。……上诉人辩称，尽管如此，该特免权应当适用于这些前员工就其雇佣关系存续期间的行为所进行的交流。地区法院和上诉法院都没有机会来探讨这一问题，由于没有以下处理益处，我们拒绝对此作出决定。

证券和税法、外国法律、货币条例、对股东的责任以及在这些领域的潜在诉讼的交流，对于提供法律咨询的根据而言是需要的。该交流涉及事项处于这些员工的公司职责范围内，这些员工也充分意识到自己正在被询问，目的是使公司能获得法律意见。调查问卷将托马斯的身份说成是"公司总法律顾问"，并在开首语中提到就此寻求有关信息的支付款项可能的违法性。……调查问卷上的政策声明，清楚说明了该调查的法律含义。该政策声明的作出，"是为了在未来政策和实践上没有不确定性，这也是本次调查的目的"。它一开始说"厄普约翰公司将遵守所有的法律和法规"，并指出佣金或所付款项"并不能用作行贿或非法支付款项的遁词"，所有付款都必须是"适当和合法的"。未来与外国经销商或代理商达成的任何协议都要由"公司律师"批准，任何有关政策的问题都要提交"公司总法律顾问"。……这个声明发给了厄普约翰公司全世界范围的员工，因此即使那些被访谈者没有收到调查问卷，也能意识到该访谈的法律含义。根据董事会主席的明确指示，这些交流被视为该公司保守的高度机密。与律师—委托人特免权的基本目的相一致，这些交流必须得到保护，不得强迫披露。

該上诉法院拒绝将律师—委托人特免权扩展至超越控制群体标准的限制，是担心这么做将给证据开示程序带来沉重负担，从而为公司事务创造一个广阔的"沉默地带"。然而，诸如本案所涉交流中律师—委托人特免权的适用，并不会比该交流从未发生过而让对方处于更糟糕的境地。该交流保护的仅仅是交流的披露；它并不保护那些与律师交流的人所披露的潜在事实。……这样，检控方就可以自由地对那些与托马斯和外聘律师交流过的员工进行询问。厄普约翰公司为国内税务局提供了这些员工的名单，国内税务局已经访谈了其中 25人。虽然对于检控方来说，仅仅通过对上诉人律师所获问卷和所做笔记发出传票来获得上诉人的内部调查情况可能更为方便，但这种便利考虑并不能压倒律师—委托人特免权所服务的政策。……

毋庸赘述，我们裁定的仅是当前案件，而并非要起草一套对调查传票的异议进行规制的规则。任何这种途径都将违反《联邦证据规则》501精神。参见《参议院司法委员会报告》[S. Rep. No. 931277, p. 13 (1974)]（"对基于秘密关系的特免权的认可……应当根据具体情况而定"）。……虽然这样一个"根据具体情况"，会在一定程度上破坏关于律师—委托人特免权界限的理想确定性，但它遵从了该规则的精神。与此同时，我们认为，上诉法院所采用的狭隘的"控制群体"标准，与规制这一领域法律发展的《联邦证据规则》501"根据理性和经验所解释的普通法"原则并不一致。

925

第三部分

我们对该案处理的裁定是，就调查问卷的回答和反映访谈问题的任何笔记而言，厄普约翰公司员工与律师的交流受律师—委托人特免权保护。然而，这些传票走得更远，托马斯作证说，他的笔记和访谈备忘录不仅限于对其问题的

926 回答。……就传票所要求的那些不作为员工和律师之间的披露交流而受到律师—委托人特免权保护的材料而言，我们必须达成上诉法院的裁定，即律师工作成果原则并不适用于根据《美国法典》第 26 编第 7602 节（26 U. S. C. sec. 7602）签发的传票。[19] 检控方明智地承认，上诉法院错了，律师工作成果原则同样适用于国内税务局传票。……这一原则是本院 30 年前在希克曼诉泰勒案 [Hickman v. Taylor, 329 U. S. 495（1947）] 中宣布的。在该案中，法院在"没有所谓必要性或正当理由的情况下"，拒绝了"获取对方当事人的律师在其履行法律职责过程中准备或形成的书面陈述、私人备忘录和个人回忆"。（上引案例，第 510 页。）本院指出，"律师工作具有一定的隐私性是至关重要的"，并且，如果所要求材料的证据开示得到允许，同样合理的是：

> 现在以书面形式写下来的许多东西将会保留下来。律师迄今为止不受侵扰的思想，将不再是他自己的。在提供法律意见和为审判准备案件的活动中，低效率、不公平和狡诈行径将不可避免地出现。这对法律职业的影响将是令人泄气的。委托人的利益和正义的事业将得不到良好的服务。（上引案例，第 511 页。）

最近，在合众国诉诺贝尔斯案 [United States v. Nobles，422 U. S. 225，236 - 240（1975）] 中，律师工作成果原则所体现的"强烈的公共政策"再次得到确认，并实质上规定于《联邦民事诉讼规则》26（b）（3）中。[20]

……虽然检控方承认律师工作成果原则可以适用，但又断言它对越过其保护的必要性作了充分证明。治安法官显然也是如此判定的。……检控方依据的

---

[19] 以下讨论也与 7 名前员工的访谈形成的律师笔记和备忘录有关，是否应当确定，律师—委托人特免权不适用于它们。参见上文脚注 23。

[20] 其在有关的部分规定：

对于根据本规则（b）（1）的规定本来可以证据开示的文件和物证，如果是对方当事人或者其代表（包括其律师、顾问、保证人、赔偿人、承保人或者代理人）为预期的诉讼或者为审判而准备的，或者是因此为另一方所准备的，则要求寻求证据开示的当事人只有证明了在案件准备上对该材料的实质需要，并且证明了未经历以其他方法获得实质同等材料过度困难的情况下，才能对这些文件和物证进行证据开示。在进行了所要求的证明后，在命令对这种材料进行证据开示时，法院应当保护律师或者当事人的其他代表，使关于该诉讼的精神印象、结论、意见或者法律理论免受披露。

是希克曼案如下语言：

> 我们并不是说，对方律师在预期诉讼中所获得或准备的任何书面材料在任何案件中都必然免于证据开示程序。如果在律师案卷中仍然包含具有相关性且不受特免权保护的事实，并且这些事实的提交对于一方的案件准备至关重要，适用证据开示程序可能就是适当的。……在证人不再可得或只有历经困难才能找到的情况下，证人的提供可能是正当的。**希克曼案**（Hickman，329 U.S.，at 511）。

检控方强调被访谈者遍布全球，而且，厄普约翰公司已禁止其员工回答其认为不相关的提问。然而，以上从希克曼案所引述的话，并不适用于"由证人所作的口头陈述……无论现在是以（该律师的）精神印象，还是以备忘录的形式呈现"。上引案例，第 512 页。就这种材料而言，法院"并不认为在本案情况下能证明提出这些材料的必要性。……如果有某个罕见情况证明提供这些事项具有正当性，则上诉人的案件不属于这种类型"。上引案例，第 512－513 页。……强迫律师披露关于证人口头陈述的笔记和备忘录，尤其不好，因为这将公开律师的思维过程（329 U.S.，at 513）（"他认为应该写下来的东西，关系到证人的证词"）；上引案例，第 516－517 页［"该陈述将是他（律师）的语言，充斥着他的推理"］［杰克逊大法官（Jackson，J.）的意见一致］。㉑规则 26 对披露律师思维过程的工作成果给予了特别保护。在证明了实质需要和未经过度努力便无法获得相同材料的情况下，该规则允许对构成律师工作成果的文件和有形物进行证据开示。这是治安法官所适用的标准。……然而，规则 26 接着说，"法院应当保护律师或当事人的其他代表关于诉讼的精神印象、结论、意见或法律理论免受证据开示"。虽然这句话并没有明确提到根据证人口头陈述制作的备忘录，在希克曼案中，法院强调了这样的危险，即强迫披露这样的备忘录将透露律师的思维过程。显然，这恰恰是规则起草者认为值得特别保护的材料。参见联邦证据规则起草咨询委员会关于 1970 年规则修正案（1970 Amendment to Rules，28，U.S.C.App.，p. 442）的说明（"该条款……旨在保护律师或当事人其他代理人的精神印象、结论、意见或法律理论不被披露。希克曼案意见要求人们特别注意，需要保护律师为

㉑ 托马斯将其访谈记录描述为包含下列内容："那些我认为是重要的问题，对这些问题回答的内容，关于这些事项的重要性，我关于它们与该调查如何有关的信念，我关于它们与其他问题有关的思考。在某些情况下，它们甚至能够暗示其他我本应问的问题，或者我需要在别处寻找的事情。"……

回忆口头访谈所准备的备忘录不被证据开示。法院坚决捍卫律师的精神印象和法律理论不被披露。……"）。

根据前述，一些法院得出了这样的结论，即对必要性的任何证明，都不能妨碍对基于证人口头陈述的工作成果的保护。……这些法院拒绝采用一个绝对的规则，但承认这些材料有权得到特别的保护。……

此时我们并不对这个问题作出裁定。显而易见，当该治安法官得出结论说，检控方对放弃律师工作成果保护原则的必要性做了充分证明时，他适用了错误的标准。该治安法官适用了规则 26（b）（3）第一部分规定的"实质性需要"和"若无不必要的困难"标准。然而，本案中检控方所寻求的笔记和备忘录，都是建立在口头陈述基础上的工作成果。它们在该案中受到律师—委托人特免权的保护，即使其揭示了交流。在某种程度上，它们并未揭示交流，只是揭示了律师评价这些交流的心理过程。就像规则 26 和希克曼案所澄清的，不能仅仅因为证明了对这些材料有实质性需要和若不克服难以克服的困难就不能获得同样的材料，便要求披露这些工作成果。

虽然我们并不准备在这个时候说这种材料总是要受到律师工作成果原则的保护，但我们认为，与检控方或治安法院所采取或适用的方法相比，如果有其他方法进一步证明有必要性并且证人不能出庭作证，则会有强迫披露的必要性。……我们……撤销第六巡回上诉法院的判决，将案件发回，就有关工作成果的主张按照与本意见具有一致性的程序重审……

首席大法官伯格（Burger）对判决意见部分赞成，并对判决结果表示赞成。

我同意本法院意见的第一和第三部分及判决结果。就第二部分意见而言，我完全同意法院对所谓"控制群体"检验的拒绝，其这么做的理由，及其该争议中的交流受特免权保护的最终裁定。然而，就像法院所指出的那样，"如果要使律师—委托人特免权的目的得以实现，律师和委托人就必须能根据某种程度的确定性，即特定讨论是否会受到保护而进行预测。"……出于同样的原因，我认为，我们应当清楚地规定一个适用于类似案件的标准，为公司以及向其提供意见的律师和联邦法院提供指导。

法院在得出本案交流受特免权保护的结论时，适当考虑了各种因素。……由于这个问题非常重要，在我看来，法院现在应当明确，作为一项一般规则，一位员工或前员工像本案所说的情况按照管理层的指示，就受聘范围内的行为或被提议的行为同律师进行的交流，至少是受特免权保护的。律师必须得到管理层的授权来调查有关事项，必须是要寻求有助于律师履行下列职能之一的信息：（a）评估该员工的行为是否使公司承担了责任或会使公司承担责任；（b）评估该行为的法律后果，如果有的话；以及（c）对他人就该行为已经或可能采取的行动，作出适当的法律反应。……员工和公司法律顾问之间的其他交流也可能受特免权保护……但对确定性的需要，并不迫使我们描述目前在本案中特免权的全部细节。

不过，说我们不应顾及特免权全部因素，并不意味着我们应当懈怠我们为直接展现了传统对抗制下存在问题的案件提供指南之职责。确实，由于《联邦证据规则》501 规定，特免权法"由美国联邦法院根据理性和经验所解释的普通法原则来进行规制"，本法院有特殊职责来适当澄清我们面前特免权法的一些方面。仅仅断言没有这么做"可能在某种轻微程度上破坏理想的确定性"……既不能将持续不确定性和混淆所带来的结果最小化，也不能调和在承认这种不确定性的同时却拒绝在问题产生的框架内澄清它的内在矛盾。

929

要 点

1. 律师—委托人特免权扩展至公司，但并不存在一个判定某项交流是否受特免权保护的简单检验标准。如果某员工与律师的交流是根据上级指示进行的，目的是就该员工职责范围内的有关事项为公司获得法律意见，该交流就很可能受到特免权保护。

2. 同律师的交流受特免权保护，并非潜在事实受特免权保护。员工可被询证存录，且必须对相关事项如实和全面作答，但不能被询问："你向公司法律顾问说了什么？"

──注释和问题──────────────────────────

1. 厄普约翰案除了涉及律师—委托人特免权，还涉及律师工作成果原则的适用。最高法院最早在希克曼诉泰勒案 [Hickman v. Taylor, 329 U. S. 495, 511 (1947)] 中宣布了该原则 [现在该原则以《联邦民事诉讼规则》26 (b) (3) 法典化了]：

> 对委托人案件的适当准备，要求（律师）在不受不当和不必要干扰的情况下整理信息，将其认为相关的事实从不相关的事实中筛分出来，就其法律理论进行准备，就其策略进行谋划。……
>
> ……当然，这项工作反映在访谈、陈述、备忘录、通信、法律理由书、

精神印象、个人信念和无数其他有形或无形的方式中——联邦上诉巡回法院在本案中虽然粗略却恰如其分地将其称为"律师工作成果"。如果这些材料仅根据要求便向对方律师开放，许多现在被书写的内容将不会被书写出来。一位律师以前不受侵犯的思想，将不再归其所有。在提供法律意见和为审判准备案件的活动中，低效率、不公平和狡诈行径将不可避免地出现。其效果将是贬抑法律职业的士气，委托人利益和正义事业也将难以实现。

虽然该法院的措辞也许有点极端，但这些话为律师工作成果原则提供的原理，与常说的律师—委托人特免权原理类似。

2. 公司是否应当拥有律师—委托人特免权？它们与个人在相关方面有哪些不同？在思考该问题时，公司不能主张宪法第五修正案反对自证其罪的特权，这有关系吗？谈论公司"隐私期待"（expectation of privacy）是否明智？

3. 在厄普约翰案中允许主张特免权的后果是什么？禁止它将会有产生什么后果？证据开示的成本有多大？你认为试图避免证据开示的诉讼会有多高的成本？这些成本与特免权政策有什么关系？

930 4. 厄普约翰案之后的法律标准是什么？该法院否决了控制群体检验标准，却拒绝用一个新的检验标准取而代之，而是选择通过个案判断来确定是否存在特免权。该法院的意见是否清楚？该意见能否写得更清楚一些？是不是应当更清楚一些？厄普约翰案之后，主题检验标准又将何去何从？

5. 当新管理层接管了一家公司时，他们而非前管理层是该公司特免权的拥有者，可以决定主张还是放弃该特免权，即使是对前管理层做过的陈述。商品期货交易管理委员会诉温特劳布案〔Commodity Futures Trading Commn. v. Weintraub, 470 U. S. 1026 (1985)〕。

6. 经常发生的一个问题是，当一家公司对公司不当行为展开内部调查时，它是否放弃了其律师—委托人特权。在关于伍尔沃思公司证券集体诉讼案案由〔In re Woolworth Corp. Securities Class Action Litig., 1996 U. S. Dist. LEXIS 7773 (S. D. N. Y. June 6, 1996)〕中，法院判定，由律师和会计师共同准备的内部调查报告受律师—委托人特免权保护。依据厄普约翰案，法院指出，在高管层聘请律师进行内部调查的情况下，反映公司雇员与律师之间沟通的笔记和备忘录受律师—当事人特权保护。法院还指出，当调查报告被提交给证券交易委员会并要公之于众时，强烈的公共政策考虑反对就调查人的笔记和备忘录作出宽泛的弃权认定："如果认定公布内部调查报告构成弃权，很可能促使企业在怀疑存在违法行为时不愿采取负责任的步骤，来聘请外部律师进行调查。"相反，在关于基德·皮博迪证券诉讼案由［In re Kidder Peabody Securities Litigation，168 F. R. D. 459 (S. D. N. Y. 1996)］中，法院判定，某证券公司已放弃律师—委托人特免权，因为其公开披露了一份内部调查报告，并试图在诉讼中使用该有利的报告作为"利器"。该证券公司对与公司员工进行面谈所形成的笔记主张了特免权。根据关于冯·布洛案由［In re von Bulow，828 F. 2d 94，100103 (2d Cir. 1987)］，法院称，因披露而导致的弃权范围，将根据所谓"公平原则"来界定，这取决于作出披露的情境。法院称，"司法"背景下的披露会导致有关且受特免权保护的材料默示弃权。法院判定，根据本案的具体事实，基德公司已经放弃了其特免权，因为其将该调查报告的实质内容反复引入"本案或其他诉讼中"以及相关诉讼背景中。向证券交易委员会提交基德报告的行为，被认为是基德公司对待决或预期诉讼和有关机构调查结果的持续性影响行为。根据新的《联邦证据规则》502，本案将如何处理是个未知数；然而，如果该披露是有意进行的，那么《联邦证据规则》502 (a) 中"应当公平"的表述可能令法院得出相似的结论。在关于雷米奥姆集团证券诉讼案由［In re Omnicom Group Securities Litigation，233 F. R. D. 400，406 - 409 (S. D. N. Y. 2006)］中，有对该问题当前相对流行观点的长篇讨论。

7. 一些批评者表达了这样的担心，即特免权异议和犯罪—欺诈司法程序正在破坏公司被告人保护特免权合法请求的能力，特别是在产品责任诉讼非常重要的高度监管行业。举个例子，在汉弗莱诉菲利浦·莫里斯公司案［Humphrey v. Philip Morris, Inc.，1998 Minn. App. LEXIS 431 (Minn. Ct. App. Mar. 17，1998)，stay denied 523 U. S. 1056 (1998)］中，明尼苏达州及明尼苏达蓝十字和蓝盾组织控告了 11 家烟草制造商，要求赔付该州治疗与吸烟有关疾病的医护成本。原告指控该公司在其生产要求中存在宽泛的欺诈和共谋行为，这最终导致被告出示了超过 3 300 万页材料，以及辨别 20 多万份受特免权保护文件的特免权日志。在原告就犯罪—欺诈进行初步证明后，明尼苏达地区法院判定，需要对受特免权保护的文件进行不公开审查。

为了完成审查这些文件的繁重任务，该法院制定了一套随机审查或抽查制度。被告被指令将受特免权保护的文件分为 16 种类型。为了确定是否存在特免权，特别主管 (the special master) 在每类文件中审查一些文件。他最终审查了 20 万份文件中的大约 800 份文件，并根据这些"例证性"抽样提出其意见。法院判定，其中四类文件不受特免权保护，就此向原告释放了大约 3.9 万份文件。有人认为，特免权异议正越来越成为不畏繁重举证要求的原告常用的

审判策略，这会耗干被告公司的资源。关于对该问题的深入探讨，参见约翰·
J. 马尔德里格、莱斯利·沃顿、辛西娅·S. 塞西尔：《烟草案可能只是攻击特
免权的冰山一角》[John J. Mulderig, Leslie Wharton & Cynthia S. Cecil, To-
bacco Cases May be Only the Tip of the Iceberg for Assaults on Privilege, 67
Def. Counsel J. 16 (2000)]；大卫·弗里德：《太高的真相代价：预谋犯罪和欺
诈案的律师—委托人特免权例外》 [David J. Fried, Too High a Price for
Truth: The Exception to the Attorney-Client Privilege for Contemplated
Crimes and Frauds, 64 N. C. L. Rev. 443 (1986)]。与犯罪—欺诈诉讼程序有关
的特免权，将在下文第 934 页开始的"特免权的例外"一节更全面地进行讨
论。在此提及只是为了提醒你们注意在公司背景下发生的律师—委托人特免权
的诸多问题之一。

思考题

12.8. 被告阿德麦若（Admiral）保险公司向上诉法院提交一份寻求
给下级法院下达训令的请求书，令地方法院撤销其强制出示阿德麦若公
司律师在预期的证券欺诈诉讼中所获交流材料的命令。1987 年 6 月，阿
德麦若公司律师访谈了阿德麦若公司两位主管，他们最熟悉阿德麦若公
司在亚利桑那州地产涉嫌欺诈的交易。这两位主管在访谈后不久辞职。
当因这些交易而受到损害的原告们计划对这些前主管询证存录时，这两
位主管的律师回答说他们将援引宪法第五修正案。原告要求出示这些陈
述，理由是这种信息无法从其他任何渠道取得。阿德麦若公司争辩说，
这些陈述受到律师—公司委托人特免权保护，不能披露。法院应当如何
裁定？

12.9. 原告提出一项强迫珍尼特·柯里（Jeanette Curry）出示她作为
被告戴克（Dayco）公司员工时所记日记的动议。珍尼特在其雇主外聘律
师的指示下编辑了其日记。该日记按时间顺序记录了有关事件，其构成当
前证券诉讼的部分根据。原告声称，可能对该日记内容构成保护的任何特
免权均已被放弃，因为一位新闻记者从一个没有说明的渠道获得了该日记
复印件。被告（戴克公司和珍尼特）争辩说，该日记内容受到律师—公司
委托人特免权和律师工作成果原则保护。他们争辩说，因为珍尼特并未授
权披露，所以不存在弃权问题。结果如何？

.12.10. 德莫若（Demauro）监管下的几位汉华银行（Chemical Bank）分支机构员工，因违反银行保密法而受到调查。《银行保密法》规定"洗钱"行为（将大面值钞票兑换为小面值钞票）是非法的。德莫若就其是否知晓这种违规行为，对大陪审团提供了虚假证言，因而被指控犯有伪证罪。为证实他故意对大陪审团作虚假陈述，检控方试图提供汉华银行律师马丁（Martin）的证言。当汉华银行开始意识到这是刑事调查时，它要求马丁就员工不正当行为进行了一项内部调查。在调查过程中，马丁以其掌管 23 个分支机构的副总裁身份会见了德莫若。德莫若坚持说，他与马丁的交流受到律师—委托人特免权保护。法官是否应当允许马丁作证？

12.11. 芝加哥警察雷灵（Rehling）几年前被汽车撞倒受伤，一条腿被部分截肢。雷灵在长期治疗后，要求重新分派一项在其先前工作的第 16 街区承担有限职责的工作。他在第 16 街区处理了几个月传讯工作后，被调到机动反应部（the Alternative Response Unit），这里的警察处理接入的派遣巡逻车请求。雷灵对此调任不满，根据《美国残疾人法》起诉该市，诉称他因残疾受到歧视且未得到合理安置。该市根据其律师—委托人特免权提出一项审前动议，要求禁止警察局长的总法律顾问佐法尔（Zoufal）的证言。据称，佐法尔曾说，芝加哥警察局不能让一个"瘸子"占据与公众沟通的岗位，因为这很可能产生负面反应。雷灵认为，佐法尔是以其"作为决策者的职业身份"来决定将他调出第 16 街区的。该市断言佐法尔在促成警察局高级成员作出调动命令时是在提供法律意见，以此进行了反驳。佐法尔的证言是否受特免权保护？

三、政府委托人

律师—委托人特免权还适用于公司之外的实体委托人。联邦法院通常认可，政府作为委托人也应得到律师—委托人特免权保护。就公司委托人存在的 *933* 一些困难问题，在委托人是政府方的情况下也同样会出现：谁是确切的委托人？谁可以援引和放弃该特免权？为保持该特免权所要求的保密性，需要做些什么？什么情况构成弃权？由于没有像厄普约翰案这样的判例来界定政府的律师—委托人特免权的特性，法院倾向于遵循关于公司特免权的法律。例如，参见盖拉泽诉合众国案［Galarza v. United States, 179 F. R. D. 291 (S. D. Cal. 1998)］。

在关于大陪审团出庭受审传票案由 [In re Grand Jury Subpeona Duces Tecum，112 F. 3d. 910 (8th Cir. 1997)]，总统办公室诉独立检察官办公室案 [Office of the President v. Office of the Independent Counsel] 中，法院判定，白宫不得使用一项政府的律师—委托人特免权，向联邦大陪审团隐瞒潜在相关的信息。法院指出，诚实政府和披露公职人员不当行为所具有的强烈公共利益，将因在刑事诉讼中适用政府的律师—委托人特免权而无法实现。

按照这个裁定，法院强调了公司委托人和政府委托人的两个重要区别。白宫与任何私人公司不同，不承担任何刑事责任，并且，所有政府机构都有举报违法行为的公共职责。法院称，允许政府向法院隐瞒证据，特别是在刑事案件中，这似乎在直观上就有问题。

仅在一年后，关于林德赛（大陪审团证言）案由 [In re Lindsey (Grand Jury Testimoney)，158 F. 3d 1263 (D. C. Cir. 1998)]，在白宫副法律顾问布鲁斯·林德赛 (Bruce Lindsey) 根据政府的律师—委托人特免权拒绝回答一些问题后，独立检察官申请大陪审团强迫其作证。像联邦第八巡回法院一样，该法院在刑事大陪审团程序中废除了政府的律师—委托人特免权。这两个案件仅在刑事诉讼中否决了该特免权，并未触及民事案件中政府的律师—委托人特免权。联邦第七巡回法院也驳回了该特免权。关于特别大陪审团前的证人案由 [In re Witness Before the Special Grand Jury 2000 - 2，288 F. 3d 289 (7th Cir. 2002)]（认为在联邦刑事侦查语境下，国家官员和政府律师之间不存在律师—委托人特免权）。

然而，在关于大陪审团调查案由 [In re Grand Jury Investigation，399 F. 3d 527 (2d Cir. 2005)] 中，联邦第二巡回法院拒绝遵循林德赛案，认为该特免权是存在的，且在刑事诉讼程序中也具有强制性。该法院裁定，康涅狄格州州长办公室可以援引律师—委托人特免权来对抗联邦大陪审团对与前法律顾问谈话的调查，该调查试图关联一桩联邦贿赂调查。（上引案例，第 536 页。）法院推理说："支持该特免权促进了一种文化，在这种文化中，向政府律师进行咨询被接受为从事公共事务之正常、可取、甚至不可或缺的组成部分。"（上引案例，第 535 页。）尽管本案适用联邦法律，但法院也重视康涅狄格州已制定一部赋予该特免权法规之事实，指出"康涅狄格州人民通过其代表得出的结论是，通过支持一种政府特免权，公共利益得到了促进（即使是面对刑事调查）"。（上引案例。）

联邦第二巡回法院对民事案件特免权的范围也持类似扩张观点。在关于伊利郡案由 [In re County of Erie，473 F. 3d 413 (2d Cir. 2007)] 中，法院解决了律师—委托人特免权是否保护政府律师与政府官员之间评估"政策合法性以及在此情况下提出可替代政策"之往来电子邮件问题。虽然审判法官因这些电子邮件"超越了法律咨询的界限"而拒绝对其保护，但上诉法院依据关于大陪审团调查案由［In re Grand Jury Investigation，399 F. 3d 527（2d Cir. 2005）］，适用了律师—委托人特免权。该法院还特意强调了法律考量在政府决策中应该发挥的作用，并且，当律师在评估是否符合法律要求时，"律师对符合（或更符合）法定义务而提出的政策建议……就是法律咨询"。（上引案例，第 422 页。）

四、特免权的例外

对于律师—委托人特免权，主要有四个例外：

（一）律师或委托人违反职责

第一个例外，适用于律师和委托人之间发生的争议。正如我们已经提到的，如果委托人因为律师的过错而诉求损害赔偿，或是律师因为委托人拖欠律师费而提起诉讼，则委托人就不能援引该特免权来阻止相关证据的采纳。虽然律师与委托人的交流仍然受到保护，不能向局外人进行披露，但该特免权在律师和委托人之间不再适用。麦考密克认为，该例外建立在这样的实践需要前提下，即"如果要鼓励有效的法律服务，则该特免权不得阻碍律师为获得律师费和维护其声誉而采取正当强制措施的权利"。肯尼斯·S. 布龙等：《麦考密克论证据法》［Kenneth S. Broun et al.，McCormick on Evidence § 91，at 143（5th ed. 1999）］。这种观点对你有说服力吗？为什么"促进有效的法律服务"如此重要，以至于可以撕开保密性面纱，而在决定谁实施了谋杀时却不能这么做？

（二）律师验证的文件

第二个例外，涉及律师担任由委托人签署的文件之验证证人。这一例外最常见于多位继承人或已故委托人个人代表之间的遗嘱争议。虽然该特免权一般情况下在委托人去世后继续存在，但律师若作为其委托人的遗嘱验证证人，将被允许就该遗嘱的效力或解释作证。

（三）委托人身份、律师费信息及有关事项

第三个例外，否认关于律师—委托人关系中的特定基本信息（如委托人的身份、委托人的住址、职业，以及律师费协议）享有特免权，这个问题在法院争论日增。该例外得到一些法院的支持，理由是这些信息并不涉及秘密交流。

参见 1980 年 3 月联邦上诉法院特别大陪审团关于证人问题案由 [In the Matter of Witnesses Before the Special March 1980 Grand Jury Appeal of United States，729 F. 2d 489 (7th Cir. 1984)]。其他法院认为，这些事项不受特免权保护，是因为它们"从性质上看，只是初步确立了委托人和律师关系的存在而已"。关于大陪审团传票案由 [In re Grand Jury Subpoenas (United States v. Hirsch)，803 F. 2d 493，496 (9th Cir. 1986)]。

尽管存在这样的争论，法院还是对律师费和委托人身份不受特免权保护的传统规则创设了三项例外。第一项例外称为"法律意见"例外，认为如果存在这样强烈的可能性即披露该交流将使委托人卷入寻求法律意见的事项中，则这种信息就受到特免权保护。参见关于大陪审团审理（特维斯特）案由 [In re Grand Jury Proceedings (Twist)，689 F. 2d 1351，1352 (11th Cir. 1982)]。第二项例外，被称为"交流原理"例外，认为如果披露将令委托人同先前披露的受特免权独立保护的交流联系在一起，则其身份和律师费信息便受特免权保护。参见关于沙格尔案由 [In re Shargel，742 F. 2d 61，64 (2d Cir. 1984)]。第三项例外为这样的身份和律师费信息提供了特免权保护，即这些信息为归罪证据链条提供了"最终环节"，可能导致对委托人的刑事指控。参见关于大陪审团审理（帕夫利克）案由 [In re Grand Jury Proceedings (Pavlick)，680 F. 2d 1026，1027 (5th Cir. 1982) (en banc)，rev'g 663 F. 2d 1057 (5th Cir. 1981)]；贝尔德诉科讷案 [Baird v. Koerner，279 F. 2d 623，633 (9th Cir. 1960)]（律师代表委托人将退税支付给了国内税务局，但拒绝披露委托人姓名）。这些例外并未得到法院一致认可。事实上，伴随贝尔德诉科讷案富有创造性的裁决在对此事的热情产生短暂迸发之后，各法院便不再着迷于此。例如，曾经裁定贝尔德案的联邦第九巡回法院如今采取了这样的立场，即只有"交流原理"例外才是良法。托内诉合众国案 [Tornay v. (United States)，840 F. 2d 1424 (9th Cir. 1988)]。如今法院对这些事项的更典型态度是关于大陪审团调查 83235（杜兰特）案由 [In re Grand Jury Investigation 83235 (Durant)，723 F. 2d 447 (6th Cir. 1983)] 中的表态。在杜兰特案中，IBM 的支票被盗窃并被存入多个银行账户，杜兰特作为律师，其法律服务费由这些账户之一所支付。因此，辨别谁是向他付账的委托人，可能就是指认谁涉嫌偷窃。杜兰特被要求披露该信息。关于该特免权例外应当只关注委托人意图问题的讨论，参见《法律中的发展：受特免权保护的交流》[Developments in the Law—Privileged Communications，98 Harv. L. Rev. 1501 (1985)]。

（四）助长犯罪或欺诈的交流

虽然关于过去犯罪或欺诈的交流受特免权保护，但助长正在进行或未来的违法行为而开展的交流，不受该特免权保护。该例外背后的原理是，如果委托人寻求咨询是为了帮助未来或正在进行的犯罪或欺诈，则委托人在聘请律师时并非是基于其作为律师的职业身份。为了击破该特免权，寻求披露的当事人一方要承担证明该交流属于犯罪—欺诈例外的证明责任。

在适用犯罪—欺诈例外时，许多法院遵循克拉克诉合众国案［Clark v. United States，289 U. S. 1 (1933)］宣布的意图检验标准。按照这一标准，援引该例外的当事人必须进行初步证明，证明律师与委托人的交流是为了促进未来或当前犯罪或欺诈的实施。该标准严格锁定在委托人意图上。因此，即使律师是在善意行事，并未意识到有关违法行为，该特免权也可能丧失。例如，参见关于大陪审团审理案由［In re Grand Jury Proceedings No. 9655344，87 F. 3d 377 (9th Cir. 1996)］。联邦第二巡回法院曾将该证明负担称为，证明委托人咨询律师是为了促进不当行为的可信理由（probable cause）。参见关于大陪审团出庭受审传票案由［In re Grand Jury Subpoena Duces Tecum Dated Sept. 15，1983，731 F. 2d 1032，1039 (2d. Cir. 1984)］。其他法院对该证据性标准作了不同界定。例如，在关于大陪审团调查案由［In re Grand Jury Investigation，842 F. 2d 1223 (11th Cir. 1987)］中，法院采用"两步"检验法来决定是否对律师—委托人特免权适用犯罪欺诈例外，不仅要求对犯罪欺诈目的进行初步证明，还要求"证明律师的帮助是为了促进犯罪或欺诈活动，或者与之有密切联系"。（上引案例，第 1226 页。）正确的答案应该是，该认定受《联邦证据规则》104 (a) 规制，因此其必要条件必须以优势证据标准认定。

需要注意，犯罪—欺诈例外仅适用于促进犯罪或欺诈之律师—委托人交流，而非其他不当行为。例如，参见关于斯伯丁国际体育公司案由［In re Spalding Sports Worldwide，Inc. ，203 F. 3d 800，806 - 807 (Fed. Cir. 2000)］（未达到犯罪或欺诈的不公平行为并不削弱律师—委托人特免权）。例如，委托人可能违反合同的讨论，仍将受该特免权保护，因为违约既非犯罪也非欺诈，甚至从经济角度来看也不被认为是不当行为。例如，参见《透过镜子看有效违约理论》［Barry E. Adler, Efficient Breach Theory Through the Looking Glass, 83 N. Y. U. L. Rev. 1679，1688 - 1689 (2008)］。

请记住，特免权也适用于初始事实认定，《联邦证据规则》104 (a)。在什么情况下所谓受特免权保护的材料可被咨询以确定其是否受特免权保护？这是合众

国诉佐林案 ［United States v. Zolin，491 U. S. 554 （1989）］法院所面对的问题。该法院判定，在对所谓受特免权保护的材料进行不公开审查以确定该特免权问题之前，审判法院"应当要求有事实根据来充分支持理性人的善意信念"，即该不公开审查能证实该犯罪—欺诈例外适用且该交流应被采纳为证据。（上引案例，第 572 页。）该法院得出结论，任何相关证据的提出便可满足该证据门槛要求，无论其是否独立于所谓受特免权保护的交流。（上引案例，第 574 页。）

犯罪—欺诈例外既适用于律师—委托人特免权，也适用于律师保密道德义务。参见《美国律师协会职业行为示范规则（2005）》中规则 1.2 （d） 和规则 1.6 （b） 关于如何处理委托人违法行为的规定。律师是否在道德上有义务举报委托人未来的犯罪行为？对过去的犯罪呢？请将《美国律师协会职业行为示范规则》规则 1.6 （b） 与《美国律师协会职业责任示范守则》DR 4101 （C） 进行比较。

犯罪—欺诈例外还适用于工作成果特免权。在关于墨菲案由 ［In In Re Murphy，560 F. 2d 326，328 （8th Cir. 1977）］ 中，法院适用了包含两个部分的检验来确定哪些工作成果文件应该被采纳为证据。根据该检验标准，当事人必须 （1） 就有关犯罪或欺诈进行初步证明；并且 （2） 要证明该违法行为和律师工作成果之间的联系。这一标准受到了理由是其忽略了委托人意图的批评。例如，参见关于国际系统与控制公司证券诉讼案由 ［In re International Sys. & Controls Corp Sec. Litig. ，693 F. 2d 1235，1243 （5th Cir. 1982）］。

937

思考题

12.12. 联邦大陪审团指控埃德温·刘易斯 （Edwin Lewis） 和其他 3 个人共谋违反联邦移民法。起诉书称，刘易斯在他人面前不实地表明他是律师，并代表 100 多个委托人在移民和归化局 ［Immigration and Naturalization Service （INS）］ 提出欺诈性特赦申请。搜查令允许检控方从刘易斯事务所扣押了有关案卷。这些案卷包含四种类型的文件：（1） 填写完毕的 INS 表；（2） 律师事务所内部制作的表格（这些表格旨在获得申请所需的信息）；（3） 旨在补强包含在 INS 表中信息的材料；以及 （4） 显然是由律师事务所职员制作的笔记。从律师事务所扣押的其他物品还包括空白登机牌、航空公司空白信笺以及各种总领事馆空白信笺，这些物品推测是用来制作国外旅行虚假证据的；此外扣押的还有各种商务空白收据，这推测是用来制作虚假雇佣证据的。

刘易斯的一些委托人已经在 INS 申请了特赦，其他一些人就特赦向他寻求了法律意见，但在他被逮捕时还未提出申请。检控方弄清后面这些委托人身份的唯一途径就是查阅刘易斯的案卷。检控方应当提出什么论据使其能获得从刘易斯事务所扣押的所有证据？至于这些姓名不详的委托人，他们可能遇到什么特殊问题吗？

12.13. 检控方获得搜查令，到一个律师事务所查获有关案卷和材料。这些案卷和材料是一个刑事诉讼的主题。根据法院命令，这些案卷被当场密封，以待一项关于这些案卷是否应当受到律师—委托人特免权保护的决定。检控方承认，该律师事务所有权代表其委托人援引该特免权，但声称犯罪—欺诈例外使得这些材料不再属于该特免权保护范围。在被调查的涉嫌犯罪仅仅是律师事务所犯罪行为的情况下，犯罪—欺诈例外是否应当适用？如果是这样的话，检控方将能获悉无辜委托人的机密案卷；否则，律师事务所将能通过主张该旨在保护委托人的特免权，来阻碍对自己涉嫌犯罪行为的调查。法院是否应当允许拆封这些案卷？

12.14. 罗尔斯（Ralls）收到委托人（律师费支付者）付费为邦尼特（Bonnette）进行刑事辩护。邦尼特被指控试图从亚利桑那州向加利福尼亚州贩运 300 磅可卡因。检控方试图弄清聘请罗尔斯的人姓名和支付款项的数额及支付方式。罗尔斯根据律师—委托人特免权申请撤销检控方大陪审团传票。地区法院命令罗尔斯就委托人的身份和收费协议作证，但判定罗尔斯和委托人之间的谈话受特免权保护。上诉法院是否应当维持这一裁定？

12.15. 艾尔莎（Elsa）和阿伦（Arlen）正在打离婚。在争夺他们两个儿子拉尔斯（Lars）和赫比（Herbie）抚养权的过程中，艾尔莎会见了她的律师弗里德曼（Friedman）。艾尔莎确信阿伦一直对孩子性虐待。为了让艾尔莎"头脑冷静"，弗里德曼邀请她的朋友玛吉（Margie）到场。然而，就在弗里德曼面前，艾尔莎和玛吉开始讨论杀死阿伦及伤害孩子并嫁祸于阿伦的方法，弗里德曼担心艾尔莎和玛吉并非在开玩笑，于是告知了法官。法官在监护权听证会上宣布了弗里德曼披露的实质内容，将监护权判给了阿伦，然而弗里德曼作为艾尔莎辩护律师在听证会上的出现令人大吃一惊。之后玛吉持枪闯进阿伦的房子，发现他正在床上睡觉，于是开了两枪，其中一枪打中了他的腿。玛吉因一系列与袭击有关的罪行而被捕并被判有罪。现在艾尔莎因共谋实施谋杀和共谋实施袭击而受到审判。检控方已要求弗里德曼对与艾尔莎和玛吉之间交流有关的共谋作证，他当时在办公室目睹了这一切。但艾尔莎主张了禁止其作证的律师—委托人特免权。结果如何？

五、律师—委托人特免权反思

律师—委托人特免权是历史最悠久的秘密交流特免权。然而，对于为什么应该存在这样的特免权仍然存在争论。这种争论经常关注的是该特免权蒙受的成本。一种运用微观经济学方法的观点认为，律师—委托人特免权所带来的利益证明了其成本是值得的。以下摘录讨论了这些问题和其他有关事项：

罗纳德·J. 艾伦、马克·F. 格雷迪、丹尼尔·D. 波尔斯比、迈克尔·S. 亚斯科：

《律师—委托人特免权和律师工作成果原则的一种肯定性理论》

(Ronald J. Allen, Mzrk F. Grady, Daniel D. Polsby, & Michael S. Yashko,

A Positive Theory of the Attorney-client

Privilege and the Work Product Doctrine)

---

19 J. Legal Stud. 359 (1990)

I. 导言

在一个珍视公开价值的司法制度中，对法律信息的保密性进行保护，是一个古怪的目标。在一些诉讼环境中，我们都执着于对所有信息的自由获取。现*939* 代证据开示规则可以要求当事人彼此交换整车厢的案卷，律师有义务披露与其论点相左的案情。原则上，关于公开的理由是很充分的。在审判中没有意外的情况下，当事人更有可能将争点集中在真正的事实和法律问题上——这些问题将适当地决定案件的结果。

那么，为什么要保留保密原则呢？传统的回答很快就会遭遇一个无法解决的困境。它接受了现代证据开示制度的理念，包括禁止律师参与伪证行为；它断定无成本的保密规则对于对方获取信息的能力没有影响；但接着它又主张这些所谓无成本的规则将为委托人向律师披露有关信息创造动机。[22] 这怎么可能

---

[22] 例如，参见斯蒂芬·A. 萨尔茨伯格：《公司和有关的律师—委托人特免权主张：一个建议的方法》[Stephen A. Saltzburg, Corporate and Related Attorney-Client Privilege Claims: A Suggested Approach, 12 Hofstra L. Rev. 279, 283 – 284 (1984)]。

呢？如果保密规则不会增加律师获取信息的成本，并且，如果律师必须严格监管委托人给对方的答复以确保没有搪塞或花招，那样，委托人就将没有向律师披露对己不利信息的动机。

　　由于关于保密规则的传统观点与其声称的后果之间存在紧张关系，一些学者已认识到这些规则的正当理由是脆弱的[23]，但他们并没有审查过关于保密规则无成本之假设。[24] 这种缺失可能是对在法律程序中恪守公开的有力明证。要承认保密规则是有成本的，需要人们认识到其确实对公开性有限制作用。如果保密规则带来成本——我们认为其带来了成本，其效果就是增加了对方获取相关信息的成本，不管这些信息是什么。例如，由于保密规则的存在，而不是直接要求律师把整个案件档案交出来，对方就必须通过其他途径来获取那些信息，例如，对委托人进行询证存录。这本身就会增加成本，此外，委托人在进行询证存录之前和之时都有律师助阵，这也会让对方提取信息的任务更加困难，因此成本更高。毕竟，仅仅需要提出两个问题而不是一个问题就能获得所需的信息，就是在增加成本。然而，按照我们的理论，保密成本并不令人遗憾；相反，它们是创造了委托人向律师披露有关信息之动机的条件：对方为获得委托人向律师披露的信息付出的代价越高，对方就越不可能获得那种信息，相应地委托人向律师披露信息的动机就越大。一旦律师掌握了这种信息，律师就可以委托人难以预判的方向来引导诉讼，这就是保密规则的好处，从而证明了其成本的正当性。

　　我们在这里提出这些观点，并提出了一种解释保密规则的肯定性理论。两个原则授权或命令律师保守其委托人法律事务的秘密。如果委托人与律师的交流旨在获取法律意见，律师—委托人特免权则豁免了委托人与律师秘密交流的证据开示和审判中的证据出示，并豁免了律师向委托人提供的可能暴露委托人秘密信息的保密交流。[25] 律师工作成果原则豁免了律师出示在预期诉讼中制作

940

---

　　[23]　正是这种认识，使得对特免权的放弃这种事项的解释非常困难。例如，参见理查德·L. 马库斯：《特免权的风险：弃权和诉讼当事人》[Richard Marcus, The Perils of Privilege: Waiver and the Litigator, 84 Mich. L. Rev. 1605, 1619－1622 (1986)]。

　　[24]　然而，其他学者认为与获得的益处相比，保密性规则将会带来更大的成本，因而主张取消某些或者全部这些规则。例如，参见马文·弗兰克尔：《党派的公正》[Marvin Frankel, Partisan Justice (1980)]。关于这个问题的讨论，参见艾伯特·阿尔舒勒：《保守委托人的秘密：众多价值之一，还是绝对命令？》[Albert Alschuler, The Preservation of a Client's Confidences: One Value Among Many or a Categorical Imperative?, 52 Colo. L. Rev. 349 (1981)]。

　　[25]　约翰·亨利·威格莫尔：《证据法》[John Henry Wigmore, 4 Evidence §§ 22852292 (1905)]。我们所依据的是威格莫尔1905年版，因为我们对他的观点而不是他之后编纂者的观点更感兴趣。另参见《法律的发展：受特免权保护的交流》[Developments in the Law: Privileged Communications, 98 Harv. L. Rev. 1450, 1501 (1985)]。

的材料。㉖ 这些原则在两个方面影响着决策。对于保密的期待可能对委托人决策产生影响，即应当向律师披露多少不利信息，至少是要不要去找律师。如果没有法律上的保护，委托人可能会预料到，向律师披露的信息将降低对方获得这些信息的成本。因此，与传统特免权理论相反，特免权的影响之一必定是提高——至少不是降低——从律师手中获取有用信息的成本。保密还可能影响到律师提供的信息量。在律师们不能提供有利信息时也没有提供不利信息，缺少保密规则将减少律师提出有利信息的数量。㉗ 简而言之，我们的观点是，律师——委托人特免权和律师工作成果原则为一个更大的目标提供了两个视角，即增加法院可获得的有关争端的信息量，并消除可能存在的抑制提供这些信息的障碍。在我们的法律制度中，律师既是把信息从他们委托人那里传递给法院的渠道，也是同一批听众独立的信息制造者。律师——委托人特免权是站在委托人角度，确立了让委托人向律师咨询并披露最佳信息量所需要的保密程度。律师工作成果原则是站在律师角度，规定了促使律师履行最佳法律调查量所需要的保密程度。……

941

II. 律师——委托人特免权与附条件请求权理论……

A. 关于律师——委托人理论的理论

1. 附条件请求权理论

与一些当代特免权理论相反，我们假设，特免权必定会给对方施加一些成本。如果一个人认为，其向律师披露不利事实的行为将减少对方发现这些事实的成本，这个信念可能阻碍该当事人向律师披露该事实。若无特免权，当事人很可能认为，向律师的披露会减少其对手发现这些事实的成本。律师是法律制度的反复参与者（repeat player），所以很可能与其他反复参与者进行合作。而

㉖　希克曼诉泰勒案［Hickman v. Taylor, 329 U. S. 495 (1947)］；《联邦民事诉讼规则》Fed. Rule Civil Proc. 26（b）(3)。

㉗　道德规则也包含某种法律形式的强制保密性要求。律师的道德义务提出了这样的问题，即如何防止代理人对委托人进行剥夺——律师可能威胁检举其委托人，从而向委托人要求报偿。其他两个规则——律师——委托人特免权和律师工作成果原则——探讨的是不同的问题：委托人和律师将提出多少关于法律争议的信息。因此，律师的道德义务超出了本文的范围……

我们还撇开了特免权对于非诉讼取向活动的含义问题。因此，这里的问题并不是集中在法律信息的产出问题上。相反，它关注的是为保证遵守法律提供最大的动机。关于对这一问题的初步探讨，参见罗纳德·J. 艾伦、辛西娅·M. 黑兹尔：《保守公司内部调查的秘密》［Ronald J. Allen & Cynthia M. Hazelwood, Preserving the Confidentiality Internal Corporate Investigations, 12 J. Corp. L. 355 (1987)］。

且，律师受到尊重制度性规则的道德约束。因此，委托人可能合理地认为，在没有特免权的情况下，律师将如实回答这样的问题："你的委托人对你说了什么？"相反，一个完全由自己掌控的委托人，可能觉得有更多的回旋余地。这样，人们可能期望委托人得出这样的结论，即在没有特免权的情况下，向律师披露信息将减少其对手发现信息的成本。

特免权的存在使事情发生了改变。特免权至少没有减少对方获取有关信息的成本，实际上它可能还增加了这些成本。成本之所以不会减少，是因为对方仍然必须从委托人那里获得信息，就像委托人在没有同律师磋商的情况下也要这么做一样。成本之所以可能增加，是因为律师可能指导委托人如何诚实却巧妙地回答询问，从而使对方获得全部信息的工作变得更加困难。无论如何，没有任何可以想象的理由说这种特免权不增加另一方的发现成本，就像凯普罗和沙威在我们之前所指出的那样。㉘ 此外，有证据表明，特免权确实增加了证据调查成本。最能说服人的数据，可能就是律师—委托人特免权案件持续存在。如果对方能通过其他方式廉价地获得有关信息，他们就没有什么理由对这些相同信息是否受特免权保护而诉争了。此外，研究表明，律师们常常在审判结束后宣称，对方并未获得所有相关的不利事实。根据当前的规则，一些这种不利事实，肯定是受到了特免权保护，这就是它们从不会见天日的一个原因。

此外，尽管法律制度显然钟情于公开的证据开示活动，但人们事实上并不期望律师充当警察，事无巨细地约束委托人向对方作出坦率的回应。伪证是一个界限问题，但在绝对坦诚与伪证之间还有巨大的鸿沟。随着委托人的行为向作伪证一极靠近，法院宣布不存在特免权的机会就增加了，但在特免权覆盖的范围内委托人和律师仍然有很大的回旋余地。㉙ 在这里，由特免权所创造的实际动机变得清晰了，它们带来了这样的可能性，即特免权将减损法律制度的公开性目标，而并非中性的东西。

考虑到特免权必然带来成本——除非该特免权确实妨碍了完整的事实发现，否则有关该特免权的大量诉讼是难以解释的——我们有必要去理解其所带

942

㉘　路易斯·凯普罗、史蒂文·沙威：《关于诉讼中出示信息的法律意见：其效果与社会期许》[Louis Kaplow & Steven Shavell, Legal Advice About Information to Present in Litigation: Its Effects and Social Desirability, 102 Harv. L. Rev. 565, 570 (1989)]。

㉙　关于保密性的正式规则，实际上为律师的某些规避活动提供了保护。例如，《职业行为示范规则》在"对法庭的坦诚"这一规则的评论中指出："通常并不要求出庭律师对（诉状和其他诉讼文书）宣称的事项拥有亲身认知，因为诉讼文书通常代表的是委托人或者某些代表委托人的人的主张，而不是律师的主张。"规则 3.3，评论，律师的代理［2］(1984)。在委托人和律师的认知之间创建了一种区别，鼓励律师在不完全"了解"委托人信息的情况下，知悉委托人的信息，以达到道德准则的目的。

来的好处。现存的特免权理论并未回答这个问题。事实上，它有两个益处。首先，该特免权促进了附条件请求权的审查，并以此促进这些请求权所服务的价值。其次，它在整体上减少了法律制度中作伪证的情况。我们依次讨论一下这两个观点。

许多法律请求权所依赖的事实，可能在外行人看来对主张该法律请求权的一方当事人不利。例如，一方当事人的共同过失辩护，常常需要承认自己有过失。同样，当事人主张他没有达成合同的行为能力时，常常包含着承认已经达成了一项协议。

这种法律的附条件结构可能是古老的特别诉答（special pleading）制度最明显的遗迹。[30] 根据普通法诉答要求，当事人要互相争辩，直至他们就某个法律或事实问题形成共同的争点。一方当事人的每一次诉答，另一方都有机会要么提出异议，要么否认对方主张的真实性，要么引入新的事项，因而承认和规避它。[31]在普通法的最初时期，与我们现代不同，二者只能严格择其一。普通法孕育的特别诉答，使附条件请求权普遍化了。当事人可以并且常常承认和规避对对方的诉答。这样，如果一方当事人答辩说合同已经订立，其对方便可以提出特别诉答，称其由于年龄或其他原因没有达成合同的行为能力。如果当事人主张被告刺伤了他，其对手可以作出特别诉答，称他是在进行自卫。由被告所做的特别诉答（承认和规避），将为原告进一步的特别诉答敞开大门，例如，被告在进行自我防卫时过度使用了暴力。最终，特别诉答将使诉讼取决于范围狭窄的事实或法律问题，这种结果与我们的民事诉讼程序似乎是不相容的。但是，层次烙印和教义结构都保留下来了。

943　　我们的理论是建立在这样的假设基础上的，即现代诉讼当事人与普通法祖先一样，在抗击不利的诉求时，仍然有两种主要策略。他可以否认该诉求本身的说法，或通过一项积极抗辩或某种类似的附条件请求权进行回击。在司机一

㉚ 参见理查德·A. 爱泼斯坦：《严格责任理论》[Richard A. Epstein, A Theory of Strict Liability, 2 J. Legal Stud. 151 (1973)]；理查德·A. 爱泼斯坦：《严格责任制度中的辩护及其随后的答辩》[Richard A. Epstein, Defenses and Subsequent Pleas in a System of Strict Liability, 3 J. Legal Stud. 165 (1974)]。

㉛ 参见托马斯·奇蒂：《论以先例和形式进行的答辩》[Thomas Chitty, Treatise on Pleading with Precedents and Forms (13th ed. 1859)；詹姆士·菲茨詹姆士·史蒂芬：《论民事诉讼中的诉答原则》[James Fitzjames Stephen, A Treatise on the Principle of Pleading in Civil Actions, Tyler ed. (1882)]；约瑟夫·H. 考夫勒、艾利森·瑞皮：《普通法诉答》[Joseph H. Koffler and Alison Reppy, Common Law Pleading 433-531 (1969)]；理查德·A. 爱泼斯坦：《诉答和假设》[Richard A. Epstein, Pleadings and Presumptions, 40 U. Chi. L. Rev. 556 (1973)]。

行人的例子中，司机可以否认自己的过失，或者证明行人有共同过失。然而，对法律一无所知的潜在委托人将只有一个选择而不是两个选择，这就是问题的核心。他必定会否认针对他的索赔。当然，如果潜在委托人总是很诚实，则他们不会欺骗性地否认这些索赔。我们假定一个人在追求其私利时，有时候是不诚实的。然而——这是我们主张的第二个关键因素——一个减少了附条件请求权之信息成本的法律制度，应当有助于对这些信息的审查，并因此减少伪证的数量。诉讼中附条件请求权成本的减少，将给潜在委托人一个避免不诚实地予以否认的动机。即使委托人就他在十字路口是否闯红灯的问题上有作伪证的倾向，如果他可以轻易地从其律师那里了解到自己可以诚实地击败原告的索赔——通过证明原告有共同过失，他在信号灯刚一改变就闯入了十字路口，而没有看清对面的交通情况——则他就没有什么理由去作伪证了。

总之，通过增加对方获取律师和委托人之间交流信息的成本，该特免权促进了对超出外行所知范围法律要求的探究。通过这样做，附条件请求权背后的价值得到促进，并且，附条件请求权并不低人一等，其将产生真正的益处。例如，如果共同过失作为辩护理由的情况较少，就会减少潜在被害人使用适当数量预防措施的动机。[32] 这一值得称赞的结果还具有减少法律制度中欺诈的效果，这是因为本来会在诉讼中从事欺诈行为的人，被引导到通过提出真实的附条件请求权来进行诉讼了。因此，根据我们的理论，特免权的最终正当理由在于改善人们的行为，这正是通过增加附条件请求权所获得的结果。

以上讨论强调了"不是，我没有"和"是的，但是"如何可以成为被告的替代策略。可是，原告的诉求情况又如何呢？原告最初的诉求可能看起来是不附条件的，仅仅立足于对其有利的事实，但在被告反击时，即使原告的诉求也会变成附条件的。例如，原告诉称，他把钱借给了被告，被告却从未还钱，这开始于完全不附条件的模式，就像每个初步证明所表明的那样。但如果被告坚称，他在借钱时不足法定年龄，则原告诉求的性质就发生了变化，因为这可能取决于他放贷是否是为了被告能够购买"必需品"。同样，最初主张被告有过失的原告，可能发现，其最终诉求取决于是他还是被告有最后澄清机会。

附条件请求权并非严格意义上的积极抗辩。假设某人曾承诺，他将支付 X　　944

㉜　例如，参见理查德·波斯纳：《过失论》[Richard Posner, A Theory of Negligence, 1 J. Legal Stud. 29 (1973)]；约翰·普拉瑟·布朗：《迈向责任的经济理论》[John Prather Brown, Toward An Economic Theory of Liability, 2 J. Legal Stud. 323 (1973)]；马克·格雷迪：《普通法策略行为的控制：铁路飞溅火花和农民》[Mark Grady, Common Law Control of Strategic Behavior: Railroad Sparks and the Farmer, 17 J. Legal Stud. 15 (1988)]。

的大女儿上大学的费用。对他与其律师的交流予以保密，将提高他诚实地主张就此不存在对价的概率，而降低他不诚实地辩称自己没有说过这种话的概率。只要存在一组对当事人有利的事实，而不是一个典型外行人认为确保索赔或辩护获胜所必需的事实，附条件请求权理论就会预言一项特免权。再举一个不同的例子，在一起合同案中，原告可能认为所有合同都必须是书面的才具有可执行性，因而他为了赢得案件想要不实地宣称书面合同被毁了，而在该案中，有一位可作证存在口头承诺的证人。鼓励原告同律师进行诚实交流，将使律师朝着可执行口头合同的方向去引导诉讼。同样，如果原告没意识到可执行合同的性质，他就可能虚假地表达信赖；但他若对律师作了全面披露，该诉讼就可以按照适当的方向进行。

由于原告和被告的请求权在诉讼过程中都是或都可能变成附条件的，我们期望特免权对这两种类型都将适用。如果与此相反，被告仅仅以原告最初使用的完全相同的形式否定针对他们的诉求，或者，如果原告诉求不是或不能变成附条件的，我们便无法预言一种特免权，尽管我们会预测到委托人仍会聘请律师。……

法律制度可能——但并未——使保密性取决于委托人的交流是否实际上靠否认还是依靠附条件请求权。即使在诉讼之后，也很难这么严格地对交流进行分类；若诉讼还在进行中，则困难会更大。此外，一项严格的特免权将忽视这样的事实，即在不愿意交流的委托人仍对法律知之甚少时，关键的激励必须存在。因此，如果一位假想中的委托人能评估某种并非微不足道的可能性，即设计一种附条件请求权将有所助益，我们便期待该交流将受到特免权保护（除非对方通过其他方式自行举证的成本非常高）。如果特免权更为狭窄，一些附条件请求权便会丧失。因此，我们的理论预言的是一种广泛的特免权，但不是一种不受限制的特免权。当律师不可能运用信息形成一项附条件请求权时，即使一位相对无知的委托人也会知道它，我们的理论预测该委托人的交流将不受特免权保护。许多判例证实了这一假设。

我们的理论还预测，该特免权并不减少主张不诚实附条件请求权的成本。[33] 在我们考察具体判例的时候，我们将回到这个问题上来，因为它对我们的理论至关重要。但尽管特免权确实在一定程度上减少了不实附条件请求权的成本，却仍然存在这样的问题，即哪个效果处于主导地位：特免权阻止了更多

---

[33] 这一预言在诸如尼克斯诉怀特赛德案［Nix v. Whiteside, 475 U. S. 157 (1986)］中得到证实。在该案中，最高法院判定律师拒绝允许委托人就正当防卫的主张提供虚假证言的做法是适当的。

不诚实的否认，还是诱发了更多不诚实的附条件请求权？

　　总之，律师—委托人特免权引发的真正问题，实际上与许多批评该特免权的学者提出的问题相反。该问题并非特免权是否增加了伪证罪，而是由该特免权所造成的成本上升能否通过该特免权所减少的伪证罪，以及它允许诉讼中更多数量的附条件请求权来证明其正当性，还有它们在现实世界中的效益。

945

　　这个观点也为特免权提供了一个强有力的定序原则（ordering principle）。由于没有适当察觉该特免权背后的动机结构，诸如威格莫尔等传统理论家发布了一个总体性"绝对"规则，又伴随一堆明显杂乱无章的特别判例法例外。根据我们的理论，适当的问题总是保持不变：运用特免权是否在审判中促进对附条件请求权的挖掘？认定不存在特免权的案例，最好被理解为是表达了否定的结论。[34]

　　很多批评者都指责律师—委托人特免权鼓励了作伪证，且减少了法律的威慑力。我们认为这些理论是错误的，并在此对那些最为著名的理论进行检讨。

　　2. 摩根的理论

　　埃德蒙·摩根（Edmund Morgan）反对特免权的论点是，它只会在实际上产生保护作伪证者的后果。摩根认为，现代法律案件的复杂性迫使外行人要寻求法律咨询。[35] 这些人可以选择将他们的所有事实披露给自己的律师，还是隐匿一部分。如果在随后的审判中被传唤为证人，委托人将处于这样的境地：

　　　　如果他告诉了其律师真相，他现在必须在证人席上说同样的事情。如果他告诉律师的是谎言并坚持此说，他将在审判或听审时讲同样的故事。如果他告诉了其律师真相，而现在说谎，为什么应该受保护而不披露？保留特免权，就是为了保护作伪证者吗？这怎么能直接或间接促进司法活动？[36]

　　[34]　关于附条件请求权理论的预言，即特免权最好被理解为是对证据开示的合理限制而非绝对障碍，在判例中正开始得到明确表达。例如，参见大纽伯里港挖掘机联盟诉新罕布什尔州公共服务公司案 [Greater Newburyport Clamshell Alliance et al. v. Public Service Co. of N. H., 838 F. 2d 13, 19（1st Cir. 1988）]；关于艾奥瓦州得梅因大陪审团程序案由 [In re Grand Jury Proc., Des Moines, Iowa, 568 F. 2d 555, 557（8th Cir. 1977）]（对方的需要对确定特免权具有相关性）。

　　[35]　埃德蒙·M. 摩根：《美国法律学会证据示范法典前言》[Edmund M. Morgan, Forward to the American Law Institute's Model Code of Evidence 25（1942）]。

　　[36]　同上，第 26－27 页。摩根的理论在怀廷诉巴尼案 [Whiting v. Barney, 30 N. Y. 330, 332（1864）] 中已经有所预示。在该案中，法官塞尔登（Selden）指出，创设特免权的最初目的，来自古老的程序规则，即不能强迫当事人作证。随着诉讼规则的日益复杂化，律师成为必要，但是，"就像当时不能强迫当事人在其自己的案件中作证，即不能强迫他们披露仅仅为自己所知晓的事实那样，如果他们与律师交流的事实将为其对手所获得，则他们就不愿意雇请职业人员并对他们进行必要的披露"。同上，第 333 页。法官塞尔登接着怀疑说，将当事人置于作证义务地位的立法，是否已经撤掉了特免权存在的理由。同上，第 342 页。

摩根的主要错误是用平均情况来否定边际情况。当我们考虑边际案件时，律师—委托人特免权显然减少而非增加伪证罪。一般情况下，当某人向委托人提出反对其请求权时，委托人有作伪证的动机。尽管摩根说得对，遇到法律问题的人通常会向律师咨询，但并不能由此得出结论说，因此委托人必然向其律师披露所有对己不利的事实。在边缘上，伴随披露成本的增加，他不太可能这么做。没有意识到作共同过失之辩的被告，更不可能承认自己的过失。

摩根错误地认为，法律只有用"大棒"才能减少伪证；他并没有考虑到"胡萝卜"。但将保密性想象成胡萝卜来诱使人们克制撒谎，是完全说得通的；当律师—委托人特免权减少附条件请求权的成本时，它应当也减少伪证的数量。

3. 边沁－开普罗－沙威的理论

杰里米·边沁反对律师—委托人特免权的论点，被路易斯·开普罗（Louis Kaplow）和斯蒂文·沙威（Steven Shavell）教授重提并拓展。按照边沁的观点，律师—委托人特免权降低法律的威慑效果，因为它给违法者这样的希望，即他们向律师披露的不利信息绝不会在法庭上出示来反对他们。边沁以其独特的洞察力写道：

> （有人声称）"一位顾问、诉讼律师或代理人"，"如果他没有得到关于案情的充分告知，就不能为其委托人辩护；但对委托人而言"，（该人继续声称）"其秘密告知律师的事实若被披露，便不能放心地作出告知"。不放心便不能告知？那太好了。就整个刑法制度的指导目标而言，如果有人在他从事法律规定的行为时还要因其被认为是恶作剧而庆幸自己平安无事，那谁还会认为它适合禁止吗？用来反对强迫进行这种披露的观点，恰恰是支持强迫披露的论据。……
>
> 对于没有罪行要披露的人来说，什么也没有披露给律师，再没有比这更有利的事了；如果律师要接受审查，自然就会是这样。㊲

开普罗和沙威提出了同样的观点，尽管是以更详细的方式。㊳ 开普罗和沙威假定，律师是事实裁判者最终接收信息的过滤器。当律师发挥作用时，事实裁判者将接收到更少对委托人不利的信息和更多对其有利的信息，因而更可能

㊲ 杰里米·边沁：《证据法原理》[Jeremy Bentham, 7 The Rationale of Evidence, b. 9, 4, ch. 5 at 474 et. Seq. (Bowring ed. 1827)]。

㊳ 开普罗和沙威文（Kaplow & Shavell, supra [note 33]）。开普罗和沙威所使用的基本模式，在很大程度上是 B. 彼得·帕世杰安首次提出之模式的精细化。参见 B. 彼得·帕世杰安：《规制、预防法和律师的职责》[B. Peter Pashigian, Regulation, Preventive Law, and the Duties of Attorneys, 2125, in William J. Carney, ed., The Changing Role of the Corporate Attorney (1982)]。

作出对他有利的决定。根据这一理论，特免权的主要作用就是减少当事人因可能的违法行为所面临的预期惩罚。因此，每当委托人事实上要承担责任时，特免权都应当被视为具有反作用，仅仅在对个人行为制裁过度的情况下才除外。威慑性将因此增加，而且，只有在法律一开始就规定了过度制裁的情况下才是令人不快的。在这样的情况下，适当的改革将是调整制裁而非扩张特免权来压制证据。

　　虽然表面上看来具有吸引力，但边沁—开普罗—沙威的理论是难以令人接受的。例如，按照同样的推理，人们就不应当被允许有律师。开普罗和沙威除了认可特免权使无辜者更容易摆脱罪责，并没有说明特免权可能带来的益处。根据对他们理论的常规解读，特免权只应当提供给那些被错误（或恶意）指控有不当行为的人；或换种说法，那些被指控有不当行为的人不应当能与律师进行协商，除非他们实际上是无辜的。但是，如果我们知道案件应当如何决定，当然就没有理由让法律程序存在，或者让律师存在了。㉟ 开普罗和沙威的观点之所以有缺陷，是因为其忽视了律师在帮助委托人提出附条件请求权方面所具有的有益作用。……当委托人在提出附条件请求权受到阻碍时，由于他们不愿意披露这种请求权所基于的不利事实，社会就会失去附条件请求权所要服务的利益。开普罗和沙威忽视了这个效果，就像边沁在他们之前所做的那样。

　　4. 威格莫尔的理论

　　针对边沁的攻击，约翰·亨利·威格莫尔为特免权理论作了辩护，他主张："为了促进委托人同法律顾问的磋商自由，必须消除法律顾问被迫披露有关信息之忧，因此，法律必须禁止法律顾问进行这种披露，委托人同意的除外。"㊵ 边沁的观点是，该特免权仅仅发挥着过滤器的作用，因而将鼓励非法行为。正如威格莫尔所指出的，这个观点错误地假定："当事人一方的所有行为和事实都是完全正确和合法的，而另一方的所有行为和事实都是完全错误和非法的。"㊶但在大部分案件中，每一方当事人都会有所畏惧。如果没有该特免权，"拥有部分有利理由的人常常会由于部分不利或可能不利（在他看来是这样）的原因而不敢进行法律咨询"㊷威格莫尔的观点是，该特免权是确保完全披露所需要的，这一观点仍然是学术界占主流的观点，它勾勒出了附条件请

㉟　开普罗、沙威的律师—委托人特免权理论包括些什么，这一点并不十分清楚。理论通常由其预测力加以检验。开普罗/沙威的理论唯一的预测似乎是，如果惩罚设定在适当的水平，就只应当为无辜的个人提供律师。这一预测被该事实证明是错误的。

㊵　威格莫尔，上引脚注（Wigmore, supra note [25], § 2991, at 3196）。

㊶　同上，第 3202 页。

㊷　同上。

求权理论的轮廓，即承认事实和法律并非完全一致地有利于某一方当事人。但是，这一观点过于简单，没能解释这些情况。这在著名的威格莫尔关于该特免权的注解中尤为明显。在威格莫尔看来，该特免权成立的条件是：

（1）任何形式的法律意见都是在寻求，（2）由专业法律顾问提供的，（3）与该目的有关的交流；（4）该交流是由委托人，（5）根据该交流在其请求下将永久受到保护，（6）而秘密进行的，（7）其本人或法律顾问不得披露，（8）除非委托人放弃该保护的权利。⑬

在他的注释中，缺失的关键因素是对行为动机相关性的承认，这一点使其在当代受到攻击。即使威格莫尔所说的每个条件都得到满足，如果该特免权不会促进附条件请求权的探查，则提供保密性也将是毫无意义的。法院已由直觉意识到这一点，在认可特免权不会促进附条件请求权探查的情况下，即使威格莫尔所说的条件显然都已经满足，也常常拒绝承认一种特免权。当然，法院并未以这种方式清楚表达这个问题，而仅仅是为威格莫尔的条件嫁接了一长串特别例外。与威格莫尔的观点相比，附条件请求权理论更为简洁地解释了案件，因为它明确聚焦于相关动机，对特免权所要促进的有益目的进行了更为令人满意的说明。

948

5. 基于权利的理论

几位评论者提出，在一些情况下，强迫披露律师—委托人交流的法律制度将是错误、不道德的。例如，大卫·鲁伊赛尔（David Louisell）强调，对隐私的尊重就足以解释该特免权。⑭ 另一方面，查尔斯·弗里德（Charles Fried）为该特免权辩护称，该特免权是允许处于法律困境中的人们发现其权利是什么所必需的。⑮ 这些理论都不足以解释该特免权。

（a）隐私权

鲁伊赛尔关于该特免权是建立在隐私权基础上的观点引起了人们的反思：隐私权建立在什么基础上？法律制度经常牺牲诉讼当事人的隐私来达成司法利益。诉讼当事人可能被迫披露其婚姻中最为暗淡和私密的细节，甚至在陪审团

⑬　威格莫尔，上引脚注（Wigmore, supra note [25], §2292, at 3204）。

⑭　鲁伊赛尔写道：

与准确的裁判相比，某些事情对于人的自由更重要。其中之一就是在特定人际关系中不受政府干扰的权利。……普通法的历史性判断是……不管对特免权的承认对司法程序造成什么样的阻碍，对于特定交流关系的保密性而言，都不是过高的代价。……

大卫·鲁伊赛尔：《保密性、遵守和混淆：特免权在今天的联邦法院》[David Louisell, Confidentiality, Conformity and Confusion: Privileges in Federal Court Today, 31 Tul. L. Rev. 101, 110 (1956)]。

⑮　查尔斯·弗里德：《符合论》[Charles Fried, Correspondence, 86 Yale L. J. 573, 586 (1977)]。

面前当众脱下裤子。当然，有人可以说制度对隐私的尊重并不是绝对的，仅在其尊重隐私权的范围内尊重隐私。当然，一个有用的理论需要更深入的分析。

（b）从属权利

按照弗里德的观点，律师—委托人特免权根植于法律制度必须尊重的个人自治。[46]“除了遵循法治原则，社会限制（一个人）的自由是不道德的”，因此，“社会限制任何人发现社会控制他的权力边界是不道德的”。同样，“社会限制任何人告知他人（关于）这些边界也是不道德的。……”[47] 假设没有这种特免权，特定的律师—委托人交流就不太可能发生，弗里德必须解释，为什么拒绝承认该特免权应当被视为道德上不可接受的“限制”。并非世界上的每个变化都会使某个后果更可能或更不可能成为一种“限制”。当政府资助某种行为（或拒绝资助某种行为）时，它将使这种行为更可能或更不可能发生，而对该后果并没有形成“限制”。但即使对该特免权的否认构成一种限制，对待合理性问题也不能仅仅是提出主张。同样，我们需要对特定后果及其合意性进行调查。[48]……

III. 工作成果原则和共同成果理论

A. 简介

工作成果原则已被证明如同律师—委托人特免权一样令人困惑。该原则在1947年希克曼诉泰勒案（Hickman v. Taylor）[49] 中第一次得到明确表述。该案中，最高法院判定，对于为预期诉讼准备的律师工作成果，应当在证据开示中提供有限的豁免。原告提起诉讼，就被告拖船沉没事故中一位海员的去世索赔。被告律师曾访谈了该沉船事故的所有幸存者，并对他们的陈述作了记录。原告在证据开示程序中要求获得这些陈述的复制件，地区法院判定，不提交这些材料的律

---

[46] 查尔斯·弗里德：《符合论》[Charles Fried, Correspondence, 86 Yale L. J. 573, 586 (1977)]。

[47] 同上。

[48] 一些论者以这样的理由来证明该特免权的正当性，即处于法律困境中的个人需要朋友。见艾伯特·阿尔舒勒：《保守委托人的秘密：众多价值之一，还是绝对命令？》[Albert Alschuler, The Preservation of a Client's Confidences: One Value Among Many or a Categorical Imperative?, 52 Colo. L. Rev. 349 (1981)]。判例并不支持这样一种理论。例如，参见合众国诉特德案 [U. S. v. Tedder, 801 F. 2d 1437 (4th Cir. 1986)]。确实，在莫里斯诉斯莱皮案 [Morris v. Slappy, 461 U. S. 1 (1983)] 中，最高法院判定，宪法第六修正案并不担保律师和委托人之间“有意义的关系”。处于法律困境中的人，也不是唯一需要朋友的人。总之，这一观点没有什么解释力。

[49] 329 U. S. 495 (1947)。

师构成藐视法庭罪。最高法院撤销原判，判定原告寻求的陈述为受保护的律师工作成果，免于证据开示。在如此判决时，最高法院并未依据《联邦民事诉讼规则》——虽然在希克曼案后，该规则增加了一条明确的工作成果规则[50]——而是类推适用了免于证据开示的英国实践，即"律师为诉讼准备或律师以诉讼为目的而准备的所有文件"都受到保护。在该案中提出了两份法院意见，一份是大法官墨菲（Murphy）提出的，另一份认同意见由大法官杰克逊（Jackson）提出［大法官法兰克福特（Frankfurter）加入］。墨菲的意见强调，原告律师可从证人那里直接获得类似陈述，因为他们都还活着，并宣称该原则的目的是保护律师思考的隐秘。他担心，如果本案原告胜诉，律师将不再愿意把他们的想法写下来了。他还预测说，"低效率、不公平和欺骗性的做法，将不可避免地出现在法律意见咨询和诉讼案件准备活动中"，这可能是因为在没有律师工作成果原则（保护）的情况下，律师会寻求其他办法使对方得不到相关材料。[51]杰克逊的进路侧重点有所不同，他强调工作成果证据开示与对抗制精神不一致，这将导致允许律师"从对方那里借东风"[52]。现代学者对该原则的实质内容和理论根据又提出了不同看法。[53] 目前最有力的解释是法官伊斯特布鲁克（Easterbrook）提出的。他认为，律师工作成果原则的运作在很大程度上与限制知识产权使用的其他权利运作是一样的。[54]就像若无著作权（保护）就没有什么人愿意创作歌曲一样，在没有律师工作成果原则的情况下，将不会产生什么法律信息。[55]虽然我们依赖伊斯特布鲁克的观点，即律师工作成果原则在本

950

---

[50] 参见《联邦民事诉讼规则》26。

[51] 希克曼案（Hickman, 329 U. S. at 511）。墨菲写道："反对侵犯律师准备活动隐私性的政策得到了广泛认可，对于我们法律程序制度的有序运作又是如此的重要，由那些将要侵犯该隐私的人承担责任证实，其有足够理由证明通过传票或者法院命令来举证具有正当性。"希克曼案（Hickman, 329 U. S. at 512）。

[52] 同上，第516页。杰克逊还担心，相反的裁决将使证人们受到对方律师审前陈述总结的弹劾，在许多情况下，对方律师本人将不得不被传唤为证人。

[53] 即使那些提供了正当理由的人也承认。例如，参见凯文·科勒蒙特：《对工作成果的考察》［Kevin Clermont, Surveying Work Product, 68 Corn. L. Rev. 755 (1983)］："作为（律师工作成果原则）之困难性的证明，我注意到——无须引用——这些解释几乎都有严重的不足。"

[54] 弗兰克·伊斯特布鲁克：《内幕交易、秘密代理人、证据特免权和信息的提供》（Frank Easterbrook, Insider Trading, Secret Agents, Evidentiary Privileges, and the Production of Information, 1981 Sup. Ct. Rev. 309）。另参见理查德·波斯纳：《司法经济学》［Richard Posner, The Economics of Justice 244 (1983)］［"我认为，律师的工作成果原则最好被理解为，运用秘密去保护律师（且因而是委托人的）在案件研究和分析方面的投入"］。

[55] 参见埃蒙德·基奇：《有价值的信息权利的法律和经济学》［Edmund Kitch, The Law and Economics of Rights in Valuable Information, 9 J. Legal Stud. 683 (1980)］；埃蒙德·基奇：《专利制度的性质和功能》［Edmund Kitch, The Nature and Function of the Patent System, 20 J. L. and Econ. 265 (1977)］。

质上是一种财产权利制度，这有点类似于著作权[56]，但我们认为，他忽视了本质理念，正是这一点使通过法律实现这些财产权利具有重要意义。伊斯特布鲁克认为，该原则保护并培育了律师的创造性；而我们认为，它主要保护和鼓励的是与此不同但同样重要的——律师坚持不懈的精神（perseverance）。

B. 关于工作成果原则的理论

1. 共同成果理论

大多数诉讼活动都涉及一种"共同成果"形式，就是说，如果律师不提供有助于另一方的信息，他将不能得到对他有用的信息。为了获得有用的信息（越多越好），他不得不接受有害信息（越少越好）。诉讼律师的事实调查和因此形成的法律理论都取决于共同成果。我们很难在产出有利法律理论和有用"事实"的同时，不产出于对方而言更有利的理论和事实。在许多事实调查活动中，适用同样的条件。会见证人以发现有利于己方的事实，而不需要揭示对于对方有利的事实，这在通常情况下是不可能的。[57] 律师通常情况下会想要仔细考虑对方所能主张的最强有力的主张，而这可能迫使律师从对方的角度考虑案件。

951

正如戈登·塔洛克（Gordon Tullock）所指出的，致力于投入律师活动所产生的私人和社会价值，彼此之间可能是极不协调的。[58] 塔洛克假设，考虑到私人当事人有过度投资（律师）的动机，因而从诉讼所获得的净收益对私人诉讼当事人而言往往比对社会来说要高。然而，在许多律师活动中，事实可能相反。如果法律调查将受制于共同成果，即使预期的社会价值很高，产生信息的预期私人价值为零也是相当容易的。在这种情况下，将没有足够私人动机来进行这种调查，即使它们具有社会价值。如果是这样的话，我们的担心将与塔洛克的担心相反。在"私人"争议的解决上，投入不是过多而是太少。工作成果原则是解决这一问题的方法。根据这一原则，允许律

---

[56] 第一次提出这一理念的文献是理查德·波斯纳：《隐私、秘密和声望》[Richard Posner, Privacy, Secrecy, and Reputation, 28 Buff. L. Rev. 1, 11 (1979)]，尽管该理念未得到进一步论述。

[57] 威格莫尔写道："人不是从荆棘上摘无花果，也不是从蒺藜里摘葡萄；然而他们可能进入同一领域，找到不同的果实。"威格莫尔上引文脚注 25（Wigmore, supra note [25]，§ 2295, at 3212）。然而，他对这一观点没有作出解释。

需要指出的是，证据有用与否至少是两个变量的作用结果：其绝对价值，即它倾向于肯定还是否定当事人的主张；其相对价值，即考虑到已知证据而赋予它的价值。确实，问题更加复杂，因为律师必须至少作两个评估：（1）陪审团将给该证据多大概率范围的赋值；（2）进一步调查发现的信息将影响陪审团关于概率范围赋值的可能性有多大。这些事项超出了本文的范围。

[58] 戈登·塔洛克：《审判之审判：法律程序的纯粹理论》[Gordon Tullock, Trial on Trial: The Pure Theory of Legal Procedure 154 - 158 (1980)]。

师就共同成果调查的有害结果对另一方保密，降低了律师工作的私人成本。⑤⑨ 然而，这一策略有社会成本，我们预测这将反映在规则本身中。主要问题之一是成果复制问题。最佳保密规则将试图通过最大化私人动机，使其在受到复制限制的前提下进行具有社会价值的共同成果调查活动。严格地说，就是在增加信息的价值等于复制活动增加的成本时，当事人应当能够抑制披露活动。此外，根据我们的理论，要求当事人披露对其案件有利的信息并不会造成有价值的动机缺损，因此我们将期待这种信息会被披露出来，即使这是在共同成果条件下产生的。恰恰是不利信息和模棱两可的有利信息（如法律理由书的初稿）的强制披露，将减少制造共同成果的私人动机，因此在这里，如果法院按照我们理论解释的方法判案，法院将得到特别的保护。

952　　　我们并非宣称法院在它们的意见中已采纳了共同成果原则，而仅仅是说，与它们在工作成果案件中所陈述的理论相比，这个理论对其实际效果能作出更好的解释。墨菲在希克曼案中所强调的隐私理论在适用于随后界定该原则的案件结果（包括最高法院自己判决的案件）时，一方面过于宽泛，另一方面又过于狭窄。但法院发现希克曼案的事实，对于该原则是一个特别有吸引力的基础，这并非偶然。就我们的理论而言，原告在寻找的文件是共同成果最典型的结果。在被告律师访谈事故幸存者时，没有人知道造成拖船沉船事故的原因。事先，律师将预测到，这个访谈活动将披露关于拖船沉船事故的有利和不利信息。在这种情况下，如果被告律师知道他将不得不向对方披露他所获得的所有这些信息时，他在一开始就会缺乏进行访谈的动机，结果将减少审判时可以得到的信息数量和质量。

确实，墨菲的意见可以被解读为暗示了工作成果原则，尽管人们几乎需要借助显微镜来发现这一点。回想一下，墨菲曾预测，如果没有该原则，律师将不会写下他们的思想，并因此而导致"低效率、不公平和欺骗做法"。也许他的意思是说，在没有工作成果原则的情况下，律师们仍然不愿意披露那些其共同成果活动所产生的不利信息。因此，律师将不愿意记录这种不利的信息，因为这将使对方更容易得到这些信息。引申开来，如果律师们不得不不断剔除他

---

⑤⑨　对工作成果原则的典型批评是，即使没有该原则，律师也会就其案件进行调查和准备。例如，参见凯思琳·韦特斯：《对证人陈述的工作成果保护：废除时间已到》（Kathleen Waits, Work Product Protection for Witness Statements: Time for Abolition, 1985 Wisc. L. Rev. 305, 331）（"由于准备活动增加了获得有利结果的机会，这是它本身的回报。即使准备好的某些文件必须与他方共享，依然如此。因此，我们不应当有这样的担心，即放弃工作成果原则将导致当事人放弃所有的调查活动"）。这又是一个囫囵吞枣的观点。我们担心的并不是所有调查活动是否都将被放弃，而是所从事的调查活动的规模。对这种努力动机的抑制因素，将减小其规模。

们的记录，以保证其中不包含对他们来说不利的信息，这当然会造成效率低下。对律师来说，扣压不利信息的行为（如果没有该原则的保护）可能就是墨菲预想的欺骗做法。因此，法院在希克曼案中的意见与共同成果原则是一致的。

2. 伊斯特布鲁克的理论

弗兰克·伊斯特布鲁克（Frank Easterbrook）强调，我们的法律制度有赖于律师的自身利益来激励法律产品或"律师活动"的生产。如果这样的产品得到生产，将有必要允许生产者从该产品的生产中获利，或从这些产品的生产中得到补偿。如果生产者不能因为他们的创造活动得到任何好处，如果我们欢迎非生产者来使用这些产品而不需要为生产者的创造活动付费或促成他们的创造，则存在这样的重大风险，即不会有足够的产品被生产出来。按照伊斯特布鲁克的理论，律师工作成果原则类似于对著作权的保护。就像艺术家的创造活动必须得到保护，以促使他们发挥最大潜力那样，律师的创造活动也必须得到保护。

关于工作成果原则的著作权理论错误地强调了法律生产过程。工作成果原则并非要保护那么多的法律灵感，而是要保护法律劳动的汗水。托马斯·爱迪生（Thomas Edison）坚持说，这二者是联系在一起的，我们也会这么说。尽管如此，工作成果原则保护的不仅仅是律师的创作灵感，而是更为广泛的一类 *953* 信息：可能产生有利和不利信息的调查成果。当然，即使是法律灵感，在共同成果条件下也可能生产出来。只要简单思考一下案件理论，律师就可能形成更有利于对方而不是本方的见解来。在这种情况下，我们的理论和伊斯特布鲁克的理论都预测，不利于己方的见解将受到律师工作成果原则的保护。

共同成果理论将法律创造力作为一个子集。当律师生产的信息不涉及法律创造力时，我们预测，如果这种信息是在共同条件下生产出来的，工作成果原则还是保护它的。这样，在事故案件中会见证人几乎不涉及什么法律创造力——确实，律师可能常常因此而将这个任务交给调查人员来完成——但会见的结果应当受到保护，至少在法院接受共同成果原则的情况下应当受到保护。原因很简单：会见证人能像产生有利信息那样轻而易举地产生出不利信息。

我们与伊斯特布鲁克法官的分析还有进一步的分歧。伊斯特布鲁克将最早由塔洛克提出的模式精细化了，说诉讼常常是一种"为打翻的牛奶而发生的争斗"，案件结果对于当事人未来如何行为可能没有什么影响。如果诉讼仅具有风险划分功能，则从社会角度看，最好是尽可能限制耗费在争端解决上的资源。这样，任何在这样的努力上花费资源的动机——例如，由工作成果原则创造的动机——就像塔洛克所指出的那样，是反社会的。这种观点的错误在于，其忽视了准确风险划分和规则执行之间的密切关系。如果案件没有得到准确裁判，基本规则将无法贯彻，这些规则的阻却功能就有相应损失。这样，通过抵消产出法律信息的抑制动机，工作成果原则将促进而不是阻碍社会利益，这一点解释了它在案件中的持久性。

无论如何，不管是伊斯特布鲁克的理论还是我们自己的理论对该原则进行了更好的描述，最终都必须通过对案件的考察来决定。

──注释和问题──────────────────────────

1. 律师──委托人特免权许多有趣的方面之一是，即使其朋友也对它存有严重怀疑。作为该特免权最坚定的支持者之一，威格莫尔院长说道：

> 该特免权仍然是基本披露义务的例外。它的好处都是间接和推测性的；它的妨害作用却是显而易见和具体的。……它值得为了总的政策而保留，但却是事实调查的一个障碍。应当将它限制在与其原则之逻辑具有一致性的最为狭窄的可能界限内。约翰·亨利·威格莫尔：《证据法》［8 John Henry Wigmore, Evidence § 2291, at 554 (1905)］。

同样，在合众国诉尼克松案［United States v. Nixon, 418 U.S. 683 (1974)］中，最高法院总括性地谈到特免权的范围问题，并特别提到了律师──委托人特免权：

954

> 公众……有权得到每个人的证据，除非这些人受到宪法、普通法或制定法特免权的保护（引用先例）。……一般而言，不能要求律师……披露在职业信任中被透露的事项。……特免权反对被迫的披露……作为对每个人证据要求的例外，不能轻易创设或进行扩张解释，因为它们减损了对事实真相的追求。（上引案例，第709-710页。）

因此，最高法院似乎赞成这样的观点，即对该特免权应作狭义解释。这么做的原因是该特免权的代价很明显，而其好处却是模糊的。附条件请求权和共同成果原则是否能修缮这种不平衡？它们是否具有说服力？貌似合理性？

2. 回忆一下最高法院在厄普约翰案中就特免权问题采取的一种与在尼克松案中表达的有所不同的观点。最高法院在该案中称："然而，将律师──委托人特免权适用于诸如这里所涉及的交流，就把对方置于比没有交流更糟糕的位置。特免权仅仅防止对交流情况的披露，它并不阻止那些同律师进行交流的人对基本事实的披露。"这种说法对不对？这在很大程度上取决于基准是什么，对不对？如果基准是从对方委托人那里获得信息的成本，法院可能是对的，但为什么这是正确的基准？为什么不是获得信息的最廉价成本（这种信息显然来自律师，如果一旦律师持有相关信息的话）？与对委托人进行询证存录活动相反，对方需要的仅仅是向律师索要律师文档的复制件。这样，我们就回到同样的问题：增加获得相关信息成本的理由是什么？此外，你认为将这种信息置于律师手中，将增加对方从委托人那里获取信息的成本吗？律师所要做的部分工作就是建议如何以一种合法但尽可能不予帮助的方式回答证据开示请求，这难道不是显而易见的吗？

最后，像最高法院在厄普约翰案中的观点，难道不是在暗示律师不会从事增加对方成本的行为吗？但其确切含义到底是什么？假设委托人对他的律师这么说，但在询证存录中却那么说，律师是不是必须纠正这种不实陈述？如果是这样，就像关于特免权的传统观点所暗示的，是不是该特免权显然没有提供披露动机？这样的话，是不是我们显然不要指望律师以这种方式来监督他们的委托人？如此一来，显然需要解释的一件事便是，为什么要容忍这样的策略？诸如法院在厄普约翰案中的天真陈述，是不是完全迷失了目标？附条件请求权和共同成果原则在这里该如何衡量？

3. 在思考附条件请求权理论时，请记住，其预测与威格莫尔的预测在很大程度上是一致的。区别在于威格莫尔的观点需要创设许多特别例外。附条件请求权理论的核心论点是，在无须设置例外的情况下，它抓住了案件审理的本质。

4. 在前引艾伦等人的文章节选中，作者们探讨了许多案件，以证明他们的理论能比其他方法更好地解释这些案件。我们不能在此详尽重复这些观点，但我们敦促你们去查阅这些探讨。为了引起你们的兴趣，请考虑两个问题：

(a) 附条件请求权理论预言，该特免权将变得具有限定性而不是绝对的。*955*
这个预言有点突兀，但实际案例正开始采纳这个观点。例如：大纽伯里港挖掘机联盟诉新罕布什尔州公共服务公司案 [Greater Newburyport Clamshell Alliance et al. v. Public Service Co. of N. H., 838 F. 2d 13, 20 (1st. Cir. 1988)]（在民事损害赔偿诉讼中，"公平性要求该特免权拥有者放弃特免权，以便它能以有意义的方式削弱被告进行防御的能力"）；关于艾奥瓦州得梅因大陪审团审理案由 [In re Grand Jury Proceedings, Des Moines, Iowa, 568 F. 2d 555, 557 (8th Cir. 1977)]（对方的需要对特免权的决定具有相关性）。

(b) 同样，思考一下同一篇文章中下面这段话：

　　该理论还有许多其他预言，都被这些案件证实了。首先，当委托人同律师磋商，让其履行某个不可能导致附条件请求权的职责时，该委托人的交流不应当受特免权保护。在这种类型的案件中，委托人的期待——他将向律师传达不利信息——并不能阻止其就附条件请求权获得律师意见，因为这并非他的目的。因此，我们发现，在律师被聘请作为代理人来获得贷款、律师被要求作为询证存录证人以及在其他类似情况下，该特免权并不适用。

　　我们的核心主张是，该特免权的目的是鼓励委托人向其律师透露不利信息，这些信息可能是附条件请求权据以确立的信息。这样得出的结论就是，当规制机构或其他有约束力的当局命令委托人雇请律师并向其披露不利信息时，并不需要特免权。有关案件证实了这个预言。

　　第八巡回法院的一个案件——西蒙诉 G. D. 瑟尔公司案［Simon v. G. D. Searle & Co.，816 F. 2d 397（8th Cir. 1987）］，为附条件请求权理论的解释力提供了另外一个例证。该案涉及瑟尔官内避孕器诉讼。在证据开示中，瑟尔拒绝交出其风险管理部准备的一些文件。该部门负责监督该公司的产品责任诉讼，并分析其诉讼储备。在从事该工作时，该部门使用了经公司法务人员分析确定的个案。法院依据威格莫尔的各种观点判定，律师—委托人特免权并不保护由风险管理部门制作的文件。法院主张，这些文件并未体现与获得法律意见有关的交流，这些文件与公司业务有关而不是与法律事务有关。

　　法官吉布森（Gibson）在不同意见中礼貌地指出，该法院意见前后不太一致："只有得出结论说瑟尔是在从事诉讼业务，法院才能把这些以诉讼为取向的文件转化为商务策划文件。"法官吉布森的哀叹是正确的，但多数法官意见的结果也是如此。附条件请求权并不能令人信服地立足于这种由风险管理部门和公司律师所收集和利用的信息。因此，所达成的结果与附条件请求权理论的预测完全一致。就像吉布森法官所正确指出的那样，即使如此，如果从该特免权的传统解释视角来分析，该法院意见实际上毫无意义。艾伦等上引文（Allen et al. supra, 19 J. Legal Stud. at 382 - 383）。

5. 如果艾伦等人是正确的，且工作成果原则保护并鼓励律师坚持不懈，那么，该原则应该在多大程度上得到扩张解释呢？尽管该原则只保护"在预

期诉讼中"准备的材料，但法院之间对该术语的合理内涵也有不同意见。在 *956*
第一巡回法院满席审理的一起案件中，法院判定，由内部税务律师起草的笔记和备忘录不受工作成果原则保护。多数法官认为，相关文件由国内税务局独立获取且不会被用于诉讼，因此拒绝对其予以保护。持反对意见的法官则指出，若无预期的诉讼，这些文件根本就不会被准备，他们坚称这些文件应该受约保护，参见合众国诉德事龙案〔United States v. Textron, 577 F. 3d 21 (1st Cir. 2009), petition for cert. filed, 2009 WL 5115221（U. S. Dec. 24, 2009）（No. 09 - 750）〕。哪一方的意见正确？结合工作成果保护原则设定缘由来看，具备双重用途的文件——既用于分析未来诉讼的可能性，但又主要用于商务或税务决策的文件——应当受保护吗？"在预期诉讼中"是否应当被解释为，"由于"诉讼而准备或"主要为诉讼目的"而准备？另参见 G. D. 瑟尔公司案，上注 4，法院判定，风险管理文件并非是为诉讼目的而准备，因此其不受工作成果原则保护，但法院同时注明："在他们披露瑟尔律师所计算的个案储备问题上，这些文件可以得到保护免予开示，（因为这种）数据展现了律师在评估一项法律诉求时的精神印象、思想以及结论。"（同上，第 401 页。）

第四节　夫妻特免权

有两种不同的夫妻特免权，即夫妻交流特免权和夫妻证言特免权：夫妻交流特免权保护配偶之间的秘密交流；夫妻证言特免权主要适用于刑事审判，避免被控方配偶作证反对被控方。一个特定司法辖区可能只规定了其中一种特免权，或两种兼有。在起草《联邦证据规则（建议稿）》特免权部分时，联邦证据规则起草咨询委员会仅仅规定了夫妻证言特免权。此后，最高法院在特莱默诉合众国案〔Trammel v. United States，445 U. S. 40，51 (1980)〕附带意见中指出，其将继续适用夫妻秘密交流特免权。下文第二节附有特莱默案。无论在《联邦证据规则》通过之前还是之后，联邦法院都承认这两种特免权。

一、夫妻交流特免权

（一）该特免权的要素及其正当理由

夫妻交流特免权有三项要求：（1）该特免权仅适用于配偶间交流的言行；

（2）该交流必须发生在合法婚姻关系中；以及（3）该交流必须具有保密意图。参见合众国诉马拉希案［United States v. Marashi, 913 F. 2d 724, 729 (9th Cir. 1990)］。主张该特免权的当事人要承担证明责任，证明该披露将透露"旨在交流"的言语或行为。当事人还要证明，该交流是在合法婚姻关系存续期间进行的。如果这两个要素被证实了，保密性的最后要素就被推定存在。参见合众国诉汉密尔顿案［United States v. Hamilton, 19 F. 3d 350, 354 (7th Cir. 1994)］。反对该特免权的当事人可以通过证明该被质疑的交流并无保密意图，来推翻这个推定。

与律师—委托人特免权的正当理由类似，夫妻交流特免权经常被提出的两个理论根据是：（1）鼓励配偶之间开诚布公的讨论；以及（2）无论该特免权激励效果如何，保护亲密夫妻交流的隐私。与这些原理一致的是，夫妻交流特免权适用于婚姻关系存续期间的交流，该特免权并不因婚姻关系的终止而终止。

（二）拥有者

不同司法辖区对于谁拥有这种特免权的规定不同。该特免权可以为夫妻共同拥有、为进行交流的配偶拥有，为听到该交流的配偶证人拥有，或为也是当事人的配偶拥有。大多数联邦法院认为，该特免权为夫妻双方拥有，任一方都可以援引该特免权来防止另一方对配偶之间的交流作证。参见合众国诉西塞特·伍德伯里路 281 号案［United States v. 281 Syosset Woodbury Rd. , 71 F. 3d 1067 (2d Cir. 1995)］。在刑事案件中，一些法院判定被告人是该特免权的唯一拥有者。例如，参见合众国诉阿克案［United States v. Acker, 52 F. 3d 509 (4th Cir. 1995)］。这允许被告强迫配偶对夫妻之间的交流作证，如果这种证据可以为被告开脱罪责的话。在夫妻双方均为该特免权拥有者的情况下，一方而不是另一方可能已放弃了这种特免权。没有放弃特免权的证人或当事人，随后能主张自己的特免权吗？判例法在这个问题上存在分歧。

（三）该特免权的范围

像所有特免权一样，夫妻交流特免权也受到法院对其要求的司法解释的限制。

1. 合法婚姻

主张该特免权的当事人必须证明，在有关交流进行时存在合法婚姻关系。

如果当事人已经分居，从技术角度看，该特免权仍能适用，但许多法院在这种情况下拒绝支持该特免权。此种情况下，一些法院采用一项拒绝适用该特免权的分类规则。合众国诉富尔克案［United States v. Fulk，816 F. 2d 1202（7th Cir. 1987）］。更常见的情况是，法院运用平衡检验来决定维持该特免权是否将服务于促进夫妻间全面交流的目的。在合众国诉罗伯逊案［United States v. Roberson，859 F. 2d 1376（9th Cir. 1988）］中，法院维持了地区法院的裁定，即该特免权不适用，因为这对夫妻在交流时已"不可调和地"分居了。法院指出，在以后的案件中，法官应当考虑在交流时离婚诉讼是否已经提起，以及其他相关证据。例如，双方是否有不可调和的声明，在过去几年是否有严重的不当行为或不满的抱怨。这样的证据"可能把失败的婚姻与这种关系中偶尔出现的不和谐区别开来"。（上引案例，第 1380 页。）你认为法院在多大程度上适合作出诸如此类的决定？在罗伯逊案中法院还说，这种调查应在总体上顾及社会对维护婚姻秘密的利益，而不是在法庭上的夫妻秘密。一项分类规则能更好地实现这一目的吗？

在大多数情况下，法院对婚姻要求的解释是非常狭义的。例如，联邦法院和州法院都未将该特免权保护扩大到同居但未婚的异性夫妇。合众国诉阿克案［United States v. Acker，52 F. 3d 509（4th Cir. 1995）］（判定该异性配偶无合法婚姻关系，虽然他们已在两个未认可普通法婚姻的州共同生活了 25 年）。但参见关于大陪审团程序证人 X 女士案由［In re Grand Jury Proceedings Witness Ms. X，562 F. Supp. 486（N. D. Cal. 1983）］（法院在附带意见中指出，允许未婚异性伴侣援引夫妻交流特免权可能是适当的）。拒绝认可未婚伴侣关系特免权有两个原因。首先，法院指出，界限明确的规则的好处是不需要对这种关系的细节进行调查。合众国诉阿克案［United States v. Acker，52 F. 3d at 515］（探讨了确定什么样的关系符合"事实"婚姻之行政管理难度）。其次，一些法院还指出，该特免权之所以不适用于非婚同居者，是因为他们并未承担婚姻责任。（上引案例。）

就同性配偶而言，配偶故意逃避婚姻责任的说法并不成立，因为直到最近，在许多州这些个人婚姻的合法性在法律上都仍未获得承认。同性配偶作为非婚同居者，因此对于该特免权有了更强的主张。最高法院最近在奥伯杰弗诉霍奇案［Obergefell v. Hodges，135 S. Ct. 2584（2015）］中的裁定，要求每个州承认并且允许可同性婚姻，这已极大地改变了过往情况。因此，从现在起，夫妻特免权将很可能适用于那些通过婚姻正式确定关系的同性配偶了。

958

2. 保密性

所有夫妻交流都将被视为秘密的，除非当事人寻求提供证明该交流并不想要保密或不应当被视为秘密的证据，这是一项近乎普适的规则。第三人在场几乎肯定能说明所要求的保密意图并不存在。沃尔弗利诉合众国案 [Wolfle v. United States，291 U. S. 7，16（1934）]（因为使用了速记员，该特免权遭到破坏）。如果子女年龄够大已足以理解配偶所说的话，则在子女在场时配偶所作的陈述——例如，餐桌上的陈述，或一家人开车时所作陈述——一般将不受特免权保护。张伯伦诉州案 [Chamberlain v. State，348 P. 2d 280，286（Wyo. 1960）]。有时候，法院会判定第三方在场是建设性的，如果配偶在另一个场合向第三方进行同样的交流。人民诉伯顿案 [People v. Burton，286 N. E. 2d 792，798（Ill Ct. App. 1972）]。该交流的地点也能对夫妻是否旨在进行秘密交流起证明作用。缅因州诉史密斯案 [State of Maine v. Smith，384 A. 2d 687，691（1978）]（判定在公共场所进行的交流并不必然意味着该交流不具有秘密性；相反，该调查应当集中在配偶对于保密性是否有合理的期待上）。

959　　3. 什么是"交流"？

在涉及夫妻交流的案件中经常出现的一个问题是，行为——行动或手势——是否受特免权保护？法院需要区分非交流性的行为和具有交流性内容的行为。例如，妻子辨认某条裤子是其丈夫所穿样式和尺码的证言，被认为未涉及任何交流而予以采纳。合众国诉波尔泽案 [United States v. Bolzer，556 F. 2d 948（9th Cir. 1977）]；同样，在合众国诉莱弗科维茨案 [United States v. Lefkowitz，618 F. 2d 1313（9th Cir. 1980）] 中，有关证言涉及交给国内税务局文件的欺骗性以及其他记录的地点，该证言被判定是建立在妻子个人观察的基础上，并非基于丈夫的交流行为。然而，为配偶所观察到的一些其他行为，被一些法院判定是交流，因此受到特免权保护：

> 当被告人将偷来的物品（一把枪和一架照相机）展示给他妻子的时候，他就像是在告诉他妻子"我偷了一把枪和一架照相机"那样清晰地向她告知秘密……如果像这样的配偶行为可以被合理地解释为旨在向另一方配偶传达某种信息，则夫妻交流就发生了。州诉史密斯案 [State v. Smith，384 A. 2d 687，690（Me. 1978）]。

关于夫妻行为是否受特免权保护之"交流意图"检验，复制了《联邦证据规则》801（a）（2）规定的确定某行为是否为传闻的检验标准。然而，一些法院采用了一项更为宽泛的标准。在人民诉达戈塔案 [People v. Daghita，299

N. Y. 194，86 N. E. 2d 172 (N. Y. 1949)] 中，法院判定，采纳妻子关于其丈夫将盗窃收益藏于床下的证言，是对秘密交流特免权的侵犯：

> 交流一词……包括从一方配偶在场或观察情况下披露行为所获得的知识……由于他们之间因婚姻关系存在秘密。……换言之，（丈夫）是在信任她的情况下通过其行为披露这种信息的。（上引案例，第 198～199 页。）

与达戈塔案形成对比的是合众国诉埃斯蒂斯案 [United States v. Estes, 793 F. 2d 465，467 (2d Cir. 1986)] 法院的裁定，称"点钱、藏钱和洗钱的行为没有传达秘密信息。……不能仅仅因为有关行为是在行为者配偶在场情况下进行的，就可以令其成为受特免权保护的交流"。你认为哪一个裁定结果更好？

思考一下强奸案被告人的前妻的证言："我开车载着被告。当时他坐在副驾驶座位上看报纸。我听着像是水，像是眼泪滴落在报纸上的声音，我看过去，被告正在哭。他哭的时候，正看着强奸案被害人对作案人所作的合成素描。"北卡罗来纳州上诉法院裁定，该信息不受特免权保护。参见州诉马索克案 [State v. Matsoake, 777 S. E. 2d 810 (N. C. App. 2015)]。你同意吗？

（四）例外

像律师—委托人特免权一样，夫妻交流特免权也存在一项例外。该例外允许采纳愿意作证的配偶证人在与配偶一起从事正在进行的犯罪活动时所作的陈述或其关于该犯罪的陈述。在埃斯蒂斯案中，丈夫第一次向妻子透露他犯罪的首次交流是受特免权保护的；只有那些她成为从犯后所作的交流才被排除在该特免权保护之外。（上引案例，第 466 页。）

960

在普通法上，在特定类型的诉讼中，该特免权并不适用于配偶的交流。虽然各州的规定有所不同，但该特免权经常不适用于对这样的犯罪的起诉：一方配偶对另一方配偶的犯罪，或对二者任何一方子女的犯罪；该特免权也不适用于一方对另一方配偶的起诉，通常就是离婚诉讼。《麦考密克论证据法》[McCormick on Evidence, vol. 1, § 84, 131 (5th ed. 1999)]。

宾夕法尼亚州最高法院判定，在被告对其配偶所作的陈述并非意在制造或加剧婚姻不和的情况下，被告的这种交流并不受夫妻交流特免权的保护。联邦诉斯皮泽案 [Commonwealth v. Spetzer, 572 Pa. 17, 813 A. 2d 707 (Pa. 2002)]。在斯皮泽案中，被告向其妻子承认他强奸了自己的继女，具体描述了其未来施虐计划并试图恐吓他的妻子。（572 Pa. at 39.）法院注意到，这些交流并非普通法或宾夕法尼亚州议会所构想的那种"鼓励婚姻和谐"的类型：

此处引发争议的有关持续和性虐待的陈述，涉及一位丈夫对其妻子和她的孩子的实际和预期的犯罪，当然不能基于"家庭安宁和婚姻关系和谐的考量而免于披露"的借口，而理性地予以排除。塞茨案（Seitz）。的确，纵容以婚姻和谐的假象去遮掩那些表明陈述人配偶对婚姻的极度蔑视和滥用，是违背常理的。因此，我们认为，正如塞茨案中所言，此处引发争议的交流"并非源自双方之间的信任，反而是因为缺乏信任才会有此交流"，上引案例，正因为如此，该交流具有可采性。（572 Pa. at 40.）

961

思考题

12.16. 兰迪·德韦恩·赫尔利（Randy Dwayne Hurley）被指控并被判决犯有武装抢劫、重罪谋杀和一级谋杀罪。在上诉审中，被告反对审判法院采纳一些信件。这些信件是他写给妻子的，包含有负罪的信息。他的理由是，这些信件应当受到夫妻秘密交流特免权保护。赫尔利与其妻子结婚的时间是在被捕后、被审判前。他是在看守所给妻子写这些信件的。然而，在对其进行审判时，这两个人分居了。其妻子愿意作证。结果如何？

12.17. 吉姆·蒙塔古（Jim Montague）和他妹妹玛丽·奥肯奈尔（Mary O'Connell）被指控合谋从事邮件欺诈，以及通过他们的财产管理公司不当处置预留租金、未报告预留情况就从业主处转移资金等多起邮件欺诈犯罪。吉姆的妻子露易丝（Louise）也是一位所有权人，但其同意和检控方合作并作证指控吉姆和玛丽。检控方正寻求将一封信呈交法庭作为证据，该信是露易丝写给吉姆的，放在了他们家厨柜台面上。该信叙述了玛丽所从事的欺诈活动，并写明露易丝希望吉姆能与玛丽对质。露易丝作证说，她并无意图让信中所述信息保密，因为她希望吉姆就此与玛丽进行交流。该信留在厨柜台面上时，吉姆和露易丝的孩子们居住在这个房子里。吉姆主张夫妻交流特免权以阻止该信或关于信件内容的证言作为证据在审判时使用。该交流是否受特免权保护？如果是，露易丝是否可以放弃该特免权？

12.18. 克雷格·克莱斯顿（Craig Klaxon）被指控邮件欺诈和电信欺诈，因为他提出了一个价值 4 000 美元的银托盘被盗的欺骗性保险索赔。克莱斯顿的妻子康妮（Connie）准备作证说，她和丈夫从未拥有过一只银托盘，并且，在丈夫要求其在保险索赔单上签字时（当时克莱斯顿和保险代理商正在打电话），她拒绝了。是否应当根据夫妻交流特免权排除该证言？

12.19. 切斯特·纽曼（Chester Newman）因纵火、入室盗窃和偷窃被起诉。调查表明，在美好时光俱乐部发生的火灾是人为纵火，该俱乐部音响设备也失窃了。被告人的妻子凯瑟琳·纽曼（Catherine Newman）准备就火灾当夜其丈夫的一些事情作证。凯瑟琳将作证，那天晚上，她丈夫从美好时光俱乐部回家带回一套昂贵的音响设备。此后她陪丈夫把该音响设备卖给潜在购买者约翰·帕默（John Palmer）。关于该设备——从俱乐部"抢走"的——来源的交流，是在该设备谈判和买卖过程中发生的。被告人提出排除他妻子证言动议，理由是这样的交谈构成特免权保护的秘密交流。可否不顾切斯特的反对而采纳该证言？

二、夫妻证言特免权

（一）该特免权的要素及其正当理由

夫妻证言特免权的现代正当理由是，它的存在将促进现行婚姻关系的和谐；如果没有该特免权，一方配偶就可能被要求在刑事诉讼中作证来反对另一方，从而给婚姻带来不和谐。与这个理论一致的是，该特免权并不限于秘密交流的证言，该特免权所适用的证人和当事人在援引该特免权时必须已婚。参见合众国诉波尔泽案［United States v. Bolzer, 556 F. 2d 948 (9th Cir. 1977)］。

与夫妻交流特免权不同的是，夫妻证言特免权主要适用于区别于民事诉讼的刑事诉讼。在联邦法院，还确立了作证的配偶拥有该特免权，并可为作证而放弃该特免权。最高法院在以下案件中解决了这个问题以及该特免权的范围：

特莱默诉合众国

（Trammel v. United States）

962

---

445 U. S. 40 (1980)

首席大法官伯格（Burger）先生发表了法院意见。……

第一部分

1976 年 5 月 10 日，上诉人奥蒂斯·特莱默（Otis Trammel）被指控和其他两人——爱德温·李·罗伯茨（Edwin Lee Roberts）和约瑟夫·弗里曼（Joseph Freeman）——违反《美国法典》第 21 编第 952（a）、962（a）和 963 节［21 U. S. C. sec. 952（a）, 962（a）& 963］的规定，从泰国和菲律宾将海洛因输入美国，共谋进口海洛因。起诉书还列举了 6 个没有被起诉的共谋犯罪人，包括上诉人的妻子伊丽莎白·安·特莱默（Elizabeth Ann Trammel）。

根据起诉书，上诉人和他妻子 1975 年 8 月携带一些海洛因从菲律宾飞到加利福尼亚州。弗里曼和罗伯茨帮助他们进行销售。伊丽莎白·特莱默接着到泰国旅行，在那里她又购买了毒品。1975 年 11 月 3 日，她随身携带 4 盎司海洛因登上飞往美国的飞机。在夏威夷的例行海关搜查中，她受到搜查，海洛因被发现，她被捕。在与毒品强制管理局的探员进行讨论后，她同意与检控方合作。

在根据该起诉书进行审判之前，上诉人提出动议，要求将其案件与罗伯茨和弗里曼的案件分开处理。他告知法院，检控方准备传唤他的妻子作为对方证人，并主张了他的特免权，以阻止她来作证反对他。在关于该动议的听审中，特莱默太太作为使用豁免授权的检控方证人被传唤作证。她作证说，她和上诉人 1975 年 5 月结婚，他们仍然存在婚姻关系。⑩她解释说，她与检控方的合作是建立在这样的保证基础上的，即她会得到宽大处理。⑪接着，她相当详细地描述了在销售海洛因的共同犯罪活动中她和丈夫的角色。

在听审了这个证言后，地区法院判决，特莱默太太可对其在婚姻关系期间观察到的任何行为和"第三人在场情况下"所进行的任何交流作证，以支持检控方。然而，上诉人和他妻子之间的秘密交流被判定受特免权保护，不具有可采性。要求分案处理的动议被驳回。

审判时，伊丽莎白·特莱默在法院审前裁定的界限内作证。就像检控方承认的那样，她的证言实际上构成反对上诉人的整个案件。他被认定在实体和共谋指控方面都构成犯罪，并根据《联邦青年管教法令》[the Federal Youth Corrections Act, 18 U. S. C. sec. 5010 (b)] 被判处了几年不定期刑。……（上诉法院维持了该定罪。）

963

第二部分

上诉人所主张的特免权历史悠久。在 1628 年的著作中，科克勋爵就评论说："法官已作出裁定，妻子既不能反对丈夫，也不能支持丈夫"。科克：《利特尔顿评论》[1 E. Coke, A Commentarie upon Littleton 6b (1628)]。参见威格莫尔：《证据法》 [8 J. Wigmore, Evidence sec. 2227 (McNaughton rev. 1961)]。这种配偶无作证资格说，起源于中世纪法学的两个准则：第一，由于被告人在诉讼中的利益，不允许他为自己作证的规则；第二，丈夫和妻子为一

---

⑩ 在被问及是否考虑离婚时，特莱默太太作证说，她丈夫说过："我走我的路，她走她的路。"

⑪ 检控方向法院提出，伊丽莎白·特莱默还没有因为她在该共同犯罪中的角色而受到指控。

体的概念，由于妇女未被承认为独立的法律存在，丈夫就是那个一体。从这两个现在废弃已久的原则出发，可以得出这样的结论，即被告人—丈夫所说的如果不具有可采性，则其妻子所说的也不具有可采性。

尽管起源于中世纪，这个配偶无作证资格规则直到 19 世纪在许多普通法辖区仍完好无损。……确实，直到 1933 年，在芬克诉合众国案（Funk v. United States，290 U. S. 371）中，本法院才在联邦法院废除了这个配偶无作证资格规则，以便允许被告人配偶为被告人作证。然而，芬克案并未触及这样的规则，即配偶中的任何一方都可以阻止对方提供不利的证言。（上引案例，第 373 页。）这样，这个规则才演化成一个特免权规则，而不是一种绝对无作证资格规则。……

这一反对敌意配偶证言特免权的现代正当理由是，人们认识到该特免权具有促进婚姻关系的和谐和神圣的作用。尽管存在这样的善良愿望，该规则还是受到了严厉抨击。威格莫尔教授称其为"法律理论中最不合时宜，实践中对真相探求具有站不住脚的妨害作用"。威格莫尔（8 Wigmore sec. 2228，at 221）。美国律师协会证据法改良委员会要求废除它。《美国律师协会报告》[63 American Bar Association Reports 594 - 595 (1938)]。为了取代它，威格莫尔和其他人提议建立一种仅仅保护私人夫妻交流的特免权，这种特免权模仿的是牧师和忏悔者、律师和委托人以及医生和患者的特免权。参见威格莫尔（8 Wigmore sec. 2332 et seq.）[62] ……

在霍金斯诉合众国案［Hawkins v. United States，358 U. S. 74（1958）]中，最高法院考虑了在联邦法院一直有效的反对敌意配偶证言特免权。在该案件中，地区法院不顾上诉人反对，允许上诉人的妻子作证来反对他。除了一个大法官提出质疑性认同意见，最高法院判定，该妻子的证言不可采；它注意到该普通法规则所引起的强烈批评意见……但选择了不去放弃它。被驳回的还有检控方建议，即法院应修改该特免权，将其赋予配偶证人，给其以独立于被告人控制而决定是否作证的自由。最高法院将这个修改建议视为对当时体现在大多数州和英格兰有效证据规则普遍信念的一种反动，即："法律不应当强迫或鼓励可能使夫妻反目的证言，或在现行家庭不和中进一步火上浇油的证言。"*964*（上引案例，第 79 页。）

---

[62]　这个法院在沃夫利诉合众国案［Wolfle v. United States，291 U. S. 7 (1934)]和布劳诉合众国案［Blau v. United States，340 U. S. 332 (1951)]中，仅承认了这种夫妻交流特免权。然而，该法院在这两起案件中都没有采纳威格莫尔的观点，即用交流特免权来替代反对敌意配偶证言特免权。在本案中，就秘密的夫妻交流特免权并无争议。因此，我们今天的判决无涉沃夫利案和布劳案。

这样，霍金斯案让关于敌意配偶证言的联邦特免权留在原地，沿袭了"一个禁止一方配偶反对另一方配偶的证言规则，除非双方都表示同意"。（上引案例，第 78 页。）……然而，在这么做时，法院澄清说，它的决定并不意味着"阻止最终可能由'理性和经验'决定的规则变更"。（上引案例，第 79 页。）

第三部分

……《联邦证据规则》承认联邦法院有权"根据理性和经验所解释的普通法，对特免权主张进行规制"，在联邦刑事审判中继续推进证言特免权的演化发展。《联邦证据规则》501。……

虽然规则 501 确认了联邦法院重新审议一直有效的霍金斯案规则的权威，但关于该特免权的长期历史表明，它不应被随随便便地被废除。这样的特免权是一个影响婚姻、家庭和家庭关系的特免权——在我们今天已经遭受了太多的侵蚀——也提醒我们要小心行事。与此同时，我们不能逃避这样的现实，即在经验告诉我们需要进行变革很长时间以后，法律有时候还会执着于教义学概念。……

自 1958 年霍金斯案裁定以来，对反对敌意配偶证言特免权的支持又被进一步侵蚀了。当时 31 个司法辖区，包括阿拉斯加和夏威夷，允许被告人有反对敌意配偶证言的特免权。……这个数字现在减少为 24 个。1974 年，统一州法全国会议修改了其《统一证据规则》，但再次拒绝霍金斯案规则，支持了一个关于秘密交流的有限特免权。参见《统一证据规则》，规则 504。该规则建议稿在阿肯色州、北达科他州和俄克拉何马州被制定为法律，上述每个州在 1958 年时都允许被告人排除敌意配偶证言。⑬ 州法中这种剥夺被告人阻止敌意配偶证言的特免权的趋势具有特别的相关性，因为婚姻和家庭关系法在传统上是保留给各州来处理的。……

证言排除规则和特免权是与这样的基本原则相悖的，即"'公众……有权

⑬ 1965 年，加利福尼亚州剥夺了被告人—配偶的特免权，并将其赋予了证人配偶，这是接受了研究委员会的建议，即"后者比前者更可能确定是否根据对婚姻关系的可能影响来主张该特免权"。参见《加利福尼亚州证据法典手册》[Cal. Evid. Code Ann. §970 - 973（West 1966 和 Supp. 1979）]和加利福尼亚州法律修订委员会：《关于夫妻"支持和反对"证言特免权的建议和研究》[California Law Revision Commission, Recommendation and Study relating to The Marital "For and Against" Testimonial Privilege, at F5（1956）]。另参见加利福尼亚州法律修订委员会：《尝试性特免权建议——规则 27.5》[6 California Law Revision Commission, Tentative Privileges Recommendation Rule 27.5, pp. 243 - 244（1964）]。

在英格兰，对普通法规则的支持也日渐减少。1972 年，那里的一个研究小组建议将该特免权赋予证人—配偶，理由是"在（妻子）愿意给出证据的情况下……如果规定她不能作证，则表明法律对维护婚姻和谐的过度关注"。刑法修改委员会第十一次报告：《证据法（总论）》[Crim. L. Rev. Comm., 11. R., Evid (General) 93]。

得到每个人的证据'"。合众国诉布莱恩案［United States v. Bryan，339 U. S. 323，331（1950）］。按照这样的原则，它们必须被严格解释，"即允许拒绝作证或排除相关证据，具有超越用一切理性手段查明真相这一通常占支配性地位原则的公共利益"，只有在此非常有限的范围内，才能被接受。埃尔金斯诉合 *965* 众国案（Elkins v. United States，364 U. S. 206，234（1960）［小法兰克福特（Frankfurter，J.）表示异议）。……这里我们必须决定，在刑事司法中，反对敌意配偶证言特免权所促进的利益是否足够重要，超过了获得具有证明力的证据的需要。

记住这样一点很重要，即无须用霍金斯案特免权来保护夫妻在婚姻关系秘密中私下披露的信息。……根据独立的保护秘密夫妻交流的规则，这些秘密是受特免权保护的。……对霍金斯案特免权的援引，不是去排除私密的夫妻交流，而是排除有关第三人在场情况下作出的犯罪行为和交流的证据。

没有其他的证言特免权涉及面如此广泛。牧师和忏悔者特免权、律师和委托人的特免权以及医生和患者的特免权，都将保护限定在私密的交流。这些特免权根植于对信任和信赖的迫切需要。神职人员—忏悔者特免权承认，人们需要在完全和绝对保密的情况下，向心灵顾问披露那些被认为是有缺陷的行为或想法，并因此获得神职人员的抚慰和指导。律师—委托人特免权建立在这样的需要基础上，即诉讼律师和顾问要想履行职业上的使命，需要知晓与委托人寻求代理的原因有关的所有事项。同样，为了诊断和治疗疾病，医生必须知晓患者所能说明的一切；对这种完全披露行为的阻碍将破坏诊断和治疗。

霍金斯案规则与这三个特免权形成了鲜明对比。它的保护并不局限于秘密交流，相反，它允许被指控者排除所有的敌意配偶证言。就像杰里米·边沁在一个半多世纪前所评论的那样，这样的特免权远远不只是让"每个人的家就是他的城堡"，而是允许一个人把他的家变成"贼窝"。《司法证据原理》［5 Rationale of Judicial Evidence 340（1827）］。它"确保了每一个人都有一个安全的、不用怀疑的、永远现成的帮凶，来应对每一个可以想象的罪行。"（上引案例，第 338 页。）

这样一个牵涉面如此之广的特免权古老根据很久以前就消失了。在普通法世界的任何地方——任何一个现代社会——妇女都不再被视为一个动产，或因拒绝接受其独立法律身份和被承认为一个完整人的尊严而被贬低。一点一滴，经年累月，这些陈旧的观念被废弃了，这样，"女性不再注定只能待在家里，照管家庭，不再只有男性才能进入市场和思想的世界"。斯坦顿诉斯坦顿案［Stanton v. Stanton，421 U. S. 7，14 - 15（1975）］。

　　为被指控者提供这样一种特免权的现代正当理由也不具有说服力。当配偶一方愿意在刑事诉讼中作证反对另一方时，无论动机如何，他们之间的关系几乎肯定处于破损状态。该特免权也许没办法来维护婚姻的和谐。在这些情况下，允许被告人阻止敌意配偶证言的证据规则，似乎更可能妨害正义而不是促进家庭安宁。[64] 确实，我们有理由认为，赋予被告人这样的特免权实际上会破坏婚姻关系。例如，在本案这样的案件中，如果检控方知道她丈夫能阻止其作出对他不利的证言，他们就不可能给予妻子豁免和宽大处理。如果检控方不能作出这样的要约，则该特免权将具有这样的不幸效果，即允许一方配偶以另一方配偶为代价来逃避正义。仅仅通过让丈夫控制妻子的证言而置妻子于危险之中，很难说就有助于维护婚姻关系。

第四部分

　　我们对该特免权的基础和历史的考察告诉我们，"理性和经验"不再能证明霍金斯案中法院所接受的如此宽泛的规则之正当性。因此，我们的结论是，应当修改现行规则，以便配偶证人自己就有拒绝敌意作证的特免权；既不能强迫证人作证，也不能阻止其作证。这一修改——将特免权赋予配偶证人——将促进和谐婚姻所具有的重要公共利益，而不给合法的执法需要带来过度的负担。

　　这里，上诉人的配偶选择作证来反对他。她是在被赋予豁免权和保证宽大处理后这么做的，这一点不会使她的证言不具有自愿性。……因此，地区法院和上诉法院驳回上诉人关于特免权主张的做法是正确的，维持上诉法院原判。

　　［大法官斯图尔特（Stewart）的认同意见省略。］

———注释和问题———

　　1. 仔细斟酌一下特莱默案的最后一个脚注。就像法院在其意见开头所承认的那样，特莱默太太深深卷入了毒品交易，因此面临严厉刑事处罚。因此，检控方为她提供的豁免权，是其作证反对她丈夫的一个实质动因。即使没有这种免责，特莱默夫妇的婚姻也可能要终结了。也许在任何情况下她都愿意作证来反对其丈夫。然而，如果她在没有授予豁免权的情况下将作证这一点是明确的，检察官似乎就不太可能给予她豁免权。无论如何，如果我们严肃对待维持婚姻和谐的问题——对证言特免权的认可表明我们是有这种严肃态度的——为

---

[64]　有争辩说，废除该特免权将允许检控方横亘在丈夫和妻子之间，使他们彼此争斗。这也未触及实质问题。霍金斯案以及任何其他特免权，都没有阻止检控方争取一方配偶给出有关另一方的信息，以帮助拘捕另一方。被禁止的，仅仅是配偶在法庭上的证言。

什么我们对该特免权的设计要鼓励检控方对一方配偶施压，使其作证来反对另一方呢？如果被告的配偶能主张特免权，就像法院所认识到的那样，检控方就没有动机来在丈夫和妻子之间打进楔子，即在配偶双方都参与了犯罪的情况下给予一方宽大处理或免责，或试图让无辜的配偶对抗被指控的配偶。另一方面，在那些被告人配偶拥有特免权的州，在家庭暴力案件中，检控方可能不能从作为被害人的配偶那里强迫取得证言。马林达·L. 西摩：《这不是犯罪吗：　967 女权主义者关于配偶豁免和配偶暴力的观点》[Malinda L. Seymore, Isn't It a Crime: Feminist Perspective on Spousal Immunity and Spousal Violence, 90 NW L. Rev. 1032, 1036 (1996)]。

2. 如果在寻求证言时婚姻关系不能再维持，该特免权也许就不适用了。法院是否应当重点关注，在主张该证言特免权时，该婚姻是否已处于"破损"状态？在合众国诉布朗案 [United States v. Brown, 605 F. 2d 389 (8th Cir. 1979)] 中，第八巡回法院推翻了其先前的做法，而将拒绝该特免权的前提设定为关于婚姻健康状况的意见。由于注意到丈夫和妻子已有 8 个月没有见面了，法院指出，"很难想象"对婚姻关系的保护，"需要将克林西（Clincy）太太完全排除在证人席之外"。法院是否应当拥有作出这种判断的自由裁量权？一些人并不这么认为。参见合众国诉利利案 [United States v. Lilley, 581 F. 2d 182 (8th Cir. 1978)]。

3. 与夫妻交流特免权一样，证言特免权也为防止欺诈而被作了狭义解释。在结婚似乎仅仅是为了阻止证言的情况下，法院不愿意适用该特免权。就像最高法院在勒特韦克诉合众国案 [Lutwak v. United States, 344 U. S. 604, 614 - 615 (1953)] 中所指出的那样：

> 当婚姻关系的善意是有关的，而且双方订立婚姻关系显然……并非有意以夫妻身份生活在一起，而只是为了利用结婚仪式进行诈骗，则这种虚假的配偶可以作为证人来反对另一方。

然而，"虚假婚姻"原则并不容易适用。例如，参见关于大陪审团传票案由 [In re Grand Jury Subpoena, 884 F. Supp. 188 (D. Md. 1995)]（判定虽然该婚姻起初可能是为了防止一方配偶对另一方配偶作出不利的证言，但有证据表明该婚姻实际上是真实的）；格鲁夫诉案 [Glover v. State, 816 N. E. 2d 1197 (Ind. App. 2004)]（拒绝承认虚假婚姻例外，因为该州法律机制不允许这样的例外）。

大多数联邦法院判定，该特免权仅适用于配偶所作的证言，而并不阻止对庭外陈述的采纳，如果这种陈述根据传闻规则本来具有可采性的话。在合众国诉查普曼案［United States v. Chapman，866 F. 2d 1326（11th Cir. 1986）］中，这个银行抢劫案中被告的配偶所作的庭外陈述被判定是可采的传闻。因为庭外陈述人不能出庭——她根据其夫妻特免权拒绝提供实质性的证言——所以满足不能出庭作证的要求。法院还判定，具有足够可信性的庭外陈述具有可采性。在判定该婚姻证言特免权不适用时，法院依据的是最高法院在特莱默案中的陈述，即特免权法不"阻止检控方从一方配偶得到有关另一方的信息，以帮助拘捕该另一方。被禁止的，仅仅是配偶在法庭上作证。"（上引案例，第 1333页。）在合众国诉詹姆斯案［United States v. James，128 F. Supp. 2d 291（D. Md. 2001）］中，地方法院判定被告人的妻子打给 911 接线员的电话可采，在电话里她激动地说她丈夫殴打了她，属于激奋话语。

然而，州法院在该特免权是否阻止庭外陈述采纳这个问题上有不同的观点。俄亥俄州最高法院判定，尽管有证言特免权，刑事被告人和他或她的配偶之间的记录是可采的。这是因为法律设置特免权仅仅是阻止"配偶出庭作证"，而不是"通过其他方式的交流"。俄亥俄州诉佩雷斯案［Ohio v. Perez，920 N. E. 2d 104（Ohio 2009）］。密歇根州、明尼苏达州、内华达州、北达科他州和堪萨斯州遵循了同样的基本路径，而伊利诺伊州和北卡罗来纳州将特免权的范围扩展到庭外记录。

4. 夫妻特免权可能适用于普通法婚姻，前提是住所地的州法律承认这类婚姻，并且根据州法该婚姻本身是合法的。参见合众国诉勒斯蒂格案［United States v. Lustig，555 F. 2d 737，747 - 748（9th Cir. 1978）］（夫妻双方的特免权都失去了，因为阿肯色州并不承认普通法婚姻）。然而，联邦法院和州法院都没有把该特免权的保护扩展到未婚同居者。例如，参见合众国诉阿克案［United States v. Acker，52 F. 3d 509（4th Cir. 1995）］（判定在不承认普通法婚姻的州生活了 25 年的同性夫妇之间不存在合法婚姻关系）。

968

（二）例外

一项久已确立的例外是，当配偶一方因对另一方的人身或财产实施了犯罪行为而受到起诉时，夫妻证言特免权便不适用。一些州把这个例外扩展到对家庭成员或同居者实施犯罪者提起的指控。例如，《加利福尼亚州证据法典》第972（e）（1）节（West 1995）规定：

已婚人士在下列条款中不享有本条所规定的特免权：

（e）在刑事程序中，配偶一方被指控：（1）无论是在结婚之前还是在婚姻关系存续期间，对另一方配偶或任何一方的子女、父母、亲属或同居者的人身或财产实施的犯罪。

在人民诉伯格尔案［People v. Bogle，41 Cal. App. 4th 770，782（1995）］中，法院说，对"同居者"应当进行广义解释，因为"个体在其家庭环境中是相当脆弱的"。在伯格尔案中，法院适用了这个特免权例外，判定妻子在针对其丈夫的谋杀案审判中有作证反对其丈夫的能力。她丈夫谋杀了和他住在一起的一对富有的夫妇，他是一位寄宿者，与其并没有亲属关系。当然，更常见的情况是，该例外适用于被告人被指控实施了针对他配偶或子女的犯罪。如果该犯罪是一种家庭暴力，即使她主张了特免权，也可以强迫配偶证人作证。但尽管存在这一例外，"法律制度对已婚妇女并没有提供什么保护，这是因为对于什么构成了夫妻间的暴力，存在着非常狭义和不一致的观点"。马林达·L. 西摩：《这不是犯罪吗：女权主义者关于配偶豁免和配偶暴力的观点》［Malinda L. Seymore，Isn't It a Crime：Feminist Perspective on Spousal Immunity and Spousal Violence，90 Nw. U. L. Rev. 1032，1036（1996）］。

在联邦巡回法院，就证言特免权是否存在一项"共同参与犯罪"的例外还有分歧。受制于第五修正案不得强迫自证其罪特权，一些法院要求配偶证人作证说明配偶是什么时候开始从事共同违法行为的。合众国诉克拉克案［United States v. Clark，712 F. 2d 299（7th Cir. 1983）］。其他法院仍在适用该特免权，理由是特莱默案保护婚姻的政策并没有被超越，强迫取得证言之"破坏婚姻的方式恰恰是该特免权旨在防止的"。马非泰诺上诉案［Appeal of Malfitano，633 F. 2d 276，279（3d Cir. 1980）］。另参见关于大陪审团作证传票案由［755 F. 2d 1022（2d Cir. 1985）］，基于其他原因宣布审判法院的判决无效。合众国诉科切尔案［475 U. S. 133（1986）］［"鉴于（证言特权）自普通法早期就存在，以及婚姻特免权所服务的利益的重要性，我们将把例外的创设留给最高法院或国会"］；合众国诉拉莫斯·奥斯格拉案［United States v. Ramos-Oseguera，120 F. 3d 1028（9th Cir. 1997）］（尽管承认当交流涉及夫妻双方都参与的现在或将来的犯罪时婚姻交流特权存在例外，但引用特莱默案的措辞来认定不存在例外）。

夫妻证言特免权也不适用根据《曼恩法》（the Mann Act）提起的公诉，即丈夫以卖淫为目的将妻子跨州贩运的案件。怀亚特诉合众国案［Wyatt

969

v. United States，362 U. S. 525，530（1960）]。

要　点

1. 两项特免权与婚姻关系有关。其中一项使得婚姻存续期间的秘密交流免于被披露，这一特免权同时适用于民事和刑事案件。另一项特免权，允许配偶在刑事案件中不去作证来反对被指控的另一方配偶（或允许被控告的配偶一方阻止另一方配偶的作证活动）。

2. 秘密交流特免权在婚姻关系终止后继续存在，证言特免权则并非如此。

3. 两项特免权都不适用于配偶之间的诉讼，或涉及一方配偶对另一方配偶的犯罪行为指控。

970

思考题

12.20. 艾伦·格雷夫斯（Ellen Graves）受到传唤，要求其向大陪审团提供笔迹样本和指印，该大陪审团正在调查格雷夫斯女士和她丈夫提交虚假的共同收入所得税表问题。格雷夫斯女士申请撤销该传票，理由是服从这个命令将侵犯其不作证反对其丈夫的特免权。结果如何？

12.21. 威特尼斯（Witness）女士的丈夫因非法从事毒品交易，成为大陪审团调查对象。威特尼斯女士受到传唤，要在大陪审团前出庭就她自己婚前和他们婚后的银行账户和财务历史作证。检控方的目的是确定她的账户是否被用来为非法毒品销售活动洗钱。威特尼斯女士拒绝作证，并寻求援引夫妻证言特免权。应当强迫她作证吗？如果检控方认为，因为这些问题都是关于她个人财务历史的，所以应该在一个问题一个问题的基础上提问、回答和审查，以确定所要导出的信息是否对丈夫有"敌意"，该怎么办？

第五节　医生—患者特免权和精神诊疗师—患者特免权

在普通法上，医生—患者特免权（physician-patient）和精神诊疗师—患者特免权（psychotherapist-patient）都不存在。在美国，医生—患者特免权在

1828 年纽约州的一部制定法中首次被认可，该法为医生—患者交流确立了一项证言特免权。相比之下，精神诊疗特免权直到 1950 年代才获得承认，正是在这个时期心理学和精神诊疗领域第一次获得了专业认可。这两项特免权的传统理论根据是标准的功利主义论点，即该特免权对于鼓励患者披露为疾病诊断和治疗所需要的信息而言是必要的。通过避免在法庭上披露可能是归罪性或担责的信息来保护患者，该特免权有助于保证有效诊疗的提供。

医生—患者特免权的功利主义理论根据受到了严厉的批评，理由是无论该特免权是否存在，患者都将全面披露有助于适当诊疗的信息。相反，精神诊疗师—患者特免权则得到了法院和评论者的认可。支持者认为，在精神诊疗师—患者语境中，某种形式的保护是必要的，因为这种交流通常涉及被患者认为是极其私密的事项。

我们将在以下两部分考察这两项特免权。

一、医生—患者特免权

《联邦证据规则（建议稿）》并未认可医生—患者特免权。联邦证据规则起草咨询委员会对《联邦证据规则（建议稿）》504 的注释观察到：

> 虽然许多州通过立法创设了（医生—患者）特免权，但为获得公共利益所要求的信息或为了避免欺诈而需要确立的例外则数不胜数，几乎没有给该特免权留下任何基础。……例如，在加利福尼亚州，例外包括患者所说出的争议中的病情，所有的刑事诉讼，遗嘱和类似抗辩、渎职案件，以及惩戒程序。……［《加利福尼亚州证据法典》第 990－1007 节］。

就这一点而言，还应当增加上文中提及的一点，即在这种情况下通常并不需要什么行为动机。出于这两个原因，大多数联邦法院拒绝了医生—患者特免权。参见合众国诉伯希尔案［United States v. Bercier，848 F. 2d 917，920 (8th Cir. 1998)］（"由于在普通法上不存在医生特免权……根据联邦普通法，联邦法院并不认可医生—患者特免权"）；帕特森诉凯特皮勒案［Patterson v. Caterpillar，70 F. 3d 503，506 (7th Cir. 1995)］（明确指出联邦普通法不承认该特免权）。

超过 3/4 的州制定了承认医生—患者特免权的法律。大多数州立法通常使用"医生"（physicians）或"内科医生或外科医生"（physicians or surgeons）这样的术语来说明该法所涵盖的医疗提供者的类型。亚利桑那州的医生—患者特免权立法就很典型：

在民事诉讼中，未经患者同意，内科医生或外科医生不得……就与其患者进行的有关身体或精神疾患的情况……或通过对患者个人检查获得的任何此类知识接受询问。《亚利桑那州修正立法手册》[Ariz. Rev. Stat. Ann. sec. § 12 - 2235（West 2003）]。

然而，一些州的立法更为宽泛，例如，明尼苏达州特免权立法将"牙科医生、理疗师和注册护士"也包括在该特免权的保护范围内。《明尼苏达州立法手册》[Minn. Stat. Ann. sec. § § 595. 02（1）（d）& （g）（West 2000）]。

通常，患者是特免权的拥有者，该特免权适用于为获得医疗帮助或建议目的所作或与此有关的秘密交流。这种信息可以通过同患者的对话或医生进行体检来获得。有的时候，该特免权还扩展到"医生制作或保存的关于患者身份、诊断、评估或医生所为的治疗记录"。《得克萨斯州法典手册·职业法典》[Tex. Occ. Code § 159. 002（b）（Vernon 2004）]。与律师—委托人特免权类似，患者向医生咨询，得到医生治疗，造访医生的次数和日期等事实，并不受特免权保护。在一些州，医生—患者特免权仅仅适用于司法程序，并且不禁止辩方律师与原告的医生进行单方交流。斯蒂文伯格诉延森案[Steinberg v. Jensen，534 N. W. 2d 361，370（Wis. 1995）]。

弃权通常是通过披露或将身体状况置于诉讼争议之中而发生的。卡森诉法恩案[Carson v. Fine，867 P. 2d 610（Wash. 1994）]（在原告提起医疗事故诉讼的情况下，关于所有医生知晓的事实和意见的信息的特免权被放弃了）。患者可以通过授权发布医疗信息，来明确放弃其特免权。患者也可以通过向外界自愿披露这种医疗信息或在司法程序中部分披露这种信息，来默示性地放弃该特免权。在齐格勒诉消防局案[Ziegler v. Department of Fire，426 So. 2d 311，313（La. Ct. App. 1983）]中，患者没有对医生在审判中的证言提出反对以主张特免权，导致在此后的审理中放弃了所有的特免权。

第三人在场可能破坏医生—患者交流所要求的保密性。然而，如果第三人是这种就诊的必要参与者，例如，在医生指示下行事的护士，则该特免权仍然会完好无损。例如，参见希姆斯诉夏洛特自由互助公司案[Sims v. Charlotte Liberty Mut. Ins. Co.，125 S. E. 2d 326，331（N. C. 1962）]（如果护士、技师和其他人是在内科医生或外科医生的指示下行事的，则"由护士、技师和其他人"所制作的记录可被纳入特免权法的范围）。

此外，州立法通常要求医生要就与公共健康和安全有关的一些信息进行报告。例如，关于儿童虐待、性病和枪伤的信息。如果缺少这方面的立法，则这种信息通常受特免权保护。在大多数情况下，报告制度明确禁止公开发布所获得的这种信息。

《健康保险流通与责任法案》（HIPAA）创设了一种统一但可废止的适用于全国的医生—患者特免权。按照卫生与公共服务部秘书处根据 HIPAA 发布的规定，与患者有关的医疗信息拥有者被禁止予以披露。(45 C. F. R. § 160. 103.) 该禁止受制于一类例外，其允许"在任何司法或行政程序中"披露被保护的信息。[45 C. F. R. § 164. 512（e）（1）.] 这类披露仅可根据法院命令及其情势发生。[45 C. F. R. § 164. 512（e）（1）（i）-（ii）.] 该法院命令，应当防止信息出现不必要的披露。当运用到其守门人职责时，法院应当将信息的价值和对患者隐私利益的侵犯一并考虑。最近一项判决解释了这个强制性的框架，参见考尔德威尔诉绍文案 [Caldwell v. Chauvin, 464 S. W. 3d 139,（Ky. 2015）]。这个框架建立了对患者医疗信息的最低保护。州法和普通法规则可以扩大该种保护但不能减损之。[45 C. F. R. § 160. 203（b）.]

二、精神诊疗师—患者特免权

（一）杰斐诉雷德蒙案

1996 年，最高法院根据《联邦证据规则》501 在杰斐诉雷德蒙案 [Jaffee v. Redmond, 518 U. S. 1（1996）] 中，确立了精神诊疗师—患者特免权。在《联邦证据规则（建议稿）》中，这一特免权被收入规则 504，而每个州都有一个关于该特免权的版本。因此，这一特免权的存在是得到确认的。但对此绝非不存在争议，其范围也不完全清晰。我们对这个特免权的学习要从杰斐案开始，该案全面探究了当时存在的法律和相关的政策考量。

杰斐诉雷德蒙案
(Jaffee v. Redmond)

---

518 U. S. 1 (1996)

史蒂文斯（Stevens）大法官发表了法院意见。

一位女警在经历了射杀一个男人的精神创伤事故后，在一位临床社会工作者那里接受了大量的咨询服务。我们所要解决的问题是，该警官在咨询期间向她的诊疗者所作的陈述是否受到保护，在死者家属提起的联邦民事诉讼中是否不得强迫披露。换言之，问题是联邦法院根据《联邦证据规则》501 认可一项

972

"精神诊疗师特免权"是否适当。

第一部分

上诉人是里基·艾伦（Ricky Allen）的遗产管理人。被上诉人是原警察玛莉·路·雷德蒙（Mary Lu Redmond）和伊利诺伊州霍夫曼地产村（the Village of Hoffman Estates，Illinois）——后者是她就职于警察队伍时的雇主。雷德蒙在巡逻当值时射杀了艾伦，之后上诉人提起该反对被上诉人的诉讼。1991年6月27日，接到电话称在一座公寓楼中"有人斗殴"后，雷德蒙是第一个出警的警察。她到达现场时，艾伦的两个妹妹向她的巡逻车跑来，挥舞着手臂，喊着说在公寓的某个房间中有人被刺伤。雷德蒙在审判时作证说，她把*973*这个信息转达给派她出警的人，并要求派救护车。接着她下了汽车，走向公寓楼。在雷德蒙到达大楼前，有几个人跑了出来，一个人挥舞着一根铁管。当这个人不听从她发出的趴在地上的命令时，雷德蒙抽出她的警用左轮手枪。接着又有两个人冲出了公寓楼，其中一个人是里基·艾伦，他在追逐另一个人。按照雷德蒙的说法，艾伦当时挥舞着一把菜刀，并且不听她反复发出的放下武器的命令。在雷德蒙认为艾伦将要刺到他所追逐的人时，她对他开了枪。艾伦当场死亡。雷德蒙作证说，在其他警察赶到增援之前，"人们涌出了建筑物"，她和这群人继而发生了危险的对峙。

上诉人在联邦地区法院提起诉讼，诉称雷德蒙在公寓楼遭遇艾伦时过度使用武力，因而侵犯了艾伦的宪法权利。在审判中，上诉人提出艾伦家人的证言，这些证言与雷德蒙关于事件的说法在几个关键方面存在冲突。例如，他们作证说，雷德蒙在下巡逻车前就拔出了枪，艾伦从公寓楼出来时是赤手空拳。在审前证据开示程序中，上诉人得知在枪击事件后，雷德蒙同克伦·拜尔（Karen Beyer）进行了大约50次咨询。克伦·拜尔是持有伊利诺伊州执照的临床社会工作者，在当时受雇于霍夫曼地产村。上诉人试图获得拜尔关于该咨询的笔记，以便在对雷德蒙进行交叉盘问时使用。被上诉人坚决反对这种证据开示。他们认为，拜尔和雷德蒙之间谈话的内容受到精神诊疗师—患者特免权的保护，不得进行非自愿披露。地方法官驳回了这一主张。然而，拜尔和雷德蒙都没有遵守他的命令来披露拜尔笔记的内容。在询证存录以及在证人席上，这两个人要么拒绝回答一些问题，要么声称难以回忆他们之间的谈话细节。在审判结束时的指示中，法官对陪审团建议说，拒绝提交拜尔的笔记是没有"法律上的理由"的，因此陪审团可以假定这些笔记里的内容是不利于被上诉人的。陪审团裁决，就联邦赔偿判赔给上诉人45 000美元，就州法赔偿判赔给上诉人500 000美元。第七巡回上诉法院撤销了该裁决，并将案件发回重审。

作为对这个问题的第一次讨论，该法院得出结论说，《联邦证据规则》的规则501 规定的"理性和经验"这一接受特免权的试金石，要求认可精神诊疗师—患者特免权。……

上诉法院对其所承认的该特免权进行了限定，说如果"从正义的利益出发，披露患者的咨询内容的证据需要高于患者隐私利益时"，该特免权便不适用。……该法院得出结论说，审判法院的错误在于拒绝为雷德蒙和拜尔之间的秘密交流提供保护。

美国联邦上诉法院就联邦法院是否应当根据规则501 来认可一项精神诊疗师特免权的问题，并没有达成一致意见。

第二部分

……对证言特免权认可背后的普通法原则可以简而言之。"三个多世纪以来，有一个被认可的基本公理，即公众……有权获得每个人的证据。当我们审视各种豁免主张时，我们要从这样的基本假设开始，即存在着每个人都应当给出其所能给出的证言之一般义务，任何可能存在的豁免，作为对肯定性一般原则的诸多减损，都是明显例外。"合众国诉布莱恩案［United States v. Bryan，339 U. S. 323，331 (1950)］援引了威格莫尔：《证据法》［8 J. Wigmore，Evidence § 2192，p. 64 (3d ed. 1940)］。⑥⑤另参见合众国诉尼克松案［United States v. Nixon，418 U. S. 683，709 (1974)］。然而，根据"公共利益超越利用一切合理手段查明真相的常规支配性原则"，不利于证言特免权一般规则的例外可能是正当的。特莱默案 (445 U. S.，at 50)。

根据这些原则，我们今天所要解决的问题是，保护该精神诊疗师与她的患者之间的秘密交流特免权，是否"促进足够重要的利益，以超越对具有证明力的证据之需要。……""理性"和"经验"都说服我们，它确实具有促进作用。

第三部分

像夫妻特免权和律师—委托人特免权一样，精神诊疗师—患者特免权也是"根植于信任和信赖的迫切需要"。特莱默案 (445 U. S.，at 51)。医生对身体疾病的治疗，通常可以在体检、患者提供的客观信息和诊断检验结果的基础上成功进行。相反，有效的精神诊疗取决于信任和信赖的气氛，患者在其中愿意

⑥⑤ "每个人的证据"这一熟悉的表达，早在18 世纪中叶就成为一句名言。1742 年5 月25 日，阿盖尔公爵 (the Duke of Argyll) 和大法官哈德威克 (Lord Chancellor Hardwicke) 都援引该格言，在上院就赋予反对奥夫德第一伯爵罗伯特·沃波尔爵士 (Sir Robert Walpole, first Earl of Orford) 的证人以豁免的法案进行辩论。T. 汉萨德：《英格兰议会史》［12 T. Hansard, Parliamentary History of England 643，675，693，697 (1812)］。该法案被有力地挫败了。(上引案例，第711 页。)

就事实、情感、记忆和恐惧进行坦率而全面的披露。由于个人向精神诊疗师咨询的问题之敏感性，在咨询期间进行的秘密交流的披露可能导致尴尬或有失体面。因此，仅仅是存在被披露的可能性，就可能妨害形成对成功诊疗所必需的信赖关系。⑥⑥就像司法会议顾问委员会1972年建议国会在《联邦证据规则（建议稿）》中认可精神诊疗师特免权时所指出的那样，精神病医生帮助其患者的能力：

> "完全取决于（患者的）意愿和进行自由交谈的能力。如果精神病医生不能向患者确保受特免权保护的交流的秘密性，则其功能很难发挥，即使不是不可能的话。如果对这个一般规则存在例外的话……人们广泛认同的是，保密是成功精神诊疗的必要条件。"联邦证据规则起草咨询委员会对《联邦证据规则（建议稿）》的注释 [56 F. R. D. 183, 242 (1972)] 援引精神病学促进团体第45号报告：《精神病学实践中的保密性与受特免权保护的交流》 [Group for Advancement of Psychiatry, Report No. 45, Confidentiality and Privileged Communication in the Practice of Psychiatry 92 (June 1960)]。

975　　　通过保护精神诊疗师与其患者的秘密交流免于不自愿的披露，所建议的特免权因而服务于重要的私人利益。

我们的案件表明，对特免权的主张也必须"服务于公共目的"。……精神诊疗师特免权是通过促进为遭受精神或情感问题影响的人提供适当的诊疗来服务于公共利益的。我们公民的精神健康，与身体健康一样，是具有突出重要性的公共利益。⑥⑦与支持认可该特免权的重要公共和私人利益相反，否定该特免权所可能得到的证据上的好处是微不足道的。如果该特免权被否决，精神诊疗师及其患者的秘密谈话将肯定会受到抑制，特别是在引起诊疗需要的境况可能导致诉讼的情况很明显时。如果没有这种特免权，诸如上诉人这样的当事人所要获得的许多证据——例如当事人作出的对己不利的供认——就不可能形成。因此，这种没有说出来的"证据"，并不会比它被说出来并得到特免权保护而更有利于查明真相的功能。

---

⑥⑥　参见美国精神病协会等《法庭之友简报》第14-17页所引用的研究和权威资料，以及《美国精神病协会法庭之友简报》第12-17页所列举的研究和权威资料。

⑥⑦　这个案件充分说明了允许个人获得秘密咨询的重要性。警察在保护我们社会的安全时，从事着危险和艰苦的工作，他们不仅面临身体受伤害的风险，也面对着可能引起焦虑、消沉、恐惧或者愤怒的压力环境。在创伤性事故发生后，如果警察得不到有效的咨询和治疗，整个社会都会遭殃，结果要么是训练有素的警察永远离开了这个职业，要么是那些需要治疗的人依然在岗。

第十二章 特免权

由联邦法院根据规则 501 认可一项精神诊疗师特免权是适当的，这一点得到了如下事实的确认，即全部 50 个州和哥伦比亚特区都把某种形式的精神诊疗师特免权制定为法律。我们以前曾说过，各州的政策决断与这样的问题有关，即联邦法院是否应当认可一个新的特免权或修正一个已经存在的特免权范围。参见特莱默案（445 U. S.，at 48 - 50）。……由于各州立法机关充分意识到需要对其法院事实认定功能的完整性加以保护，各州之间这种特免权存在的一致性表明，"理性和经验"支持对该特免权的承认。此外，考虑到这样的重要性，即患者知道其同其诊疗师的交流不会被公开披露，如果患者意识到该特免权不会在联邦法院得到尊重，则各州对保密的承诺将没有什么价值。[68]因此，否定联邦特免权将使得各州立法促进这种秘密交流的目的受到挫败。

大多数州对该特免权的认可，是立法活动的结果而不是司法判决的结果，这一点并不重要。虽然普通法判决可能曾经是联邦特免权法新发展的主要渊源，但目前已不再是这样。在芬克诉合众国案［Funk v. United States，290 U. S. 371（1933）］中，我们认识到，将州立法机关所作的一致的政策决定视为既反映了"理性"也反映了"经验"是适当的。这个规则对各州给予了适当的尊重，并且与此同时反映了这样的事实，即一旦州立法机关规定了某个特免权，则普通法就不再有创设这种保护的机会。……[69]各州一致的判断得到了这样的事实的支持和巩固，即精神诊疗师特免权是联邦证据规则起草咨询委员会

976

---

[68] 在他们的关系之初，有道德的诊疗师必须向患者披露"关于保密性的相关限制"。参见美国心理协会：《心理学家道德原则和行为规范》标准 5.01 ［Ethical Principles of Psychologists and Code of Conduct，Standard 5.01（1992 年 12 月）］。另参见临床社会工作协会全国联合会：《道德规范》V（a）（1988 年 5 月）；美国咨询协会：《道德规范和执业标准》a.3.a（1995 年 7 月生效）。

[69] 上诉人承认，所有 50 个州的立法机关都支持精神诊疗师特免权。但是，她通过指出各州受保护的诊疗关系类型和所认可的例外都存在差别，而对州特免权立法的相关性作了打折扣的评价。例如，一小部分州的立法仅仅将特免权赋予了精神病医生和心理学家，而大多数州适用的保护则更为广泛。请将《夏威夷州证据规则》504 和 504.1（Haw. Rules Evid. 504，504.1）和《内华达州证据规则》503（N. Rule Evid. 503）（特免权扩展至内科医生和精神诊疗师），与下列立法进行比较：《亚利桑那州修正立法释义》［Ariz. Rev. Stat. Ann. § 32 - 3283（1992）］（特免权涵盖了"行为健康职业人员"）；《得克萨斯州民事证据规则》［Tex. Rule Civ. Evid. 510（a）（1）］（特免权扩展及"由得克萨斯州颁发执照或认证的进行任何精神或情感病症诊断、评估或者治疗"的人，或者"参与了毒品滥用者治疗或检查"的人）；《犹他州证据规则》（Utah Rule Evid. 506）（特免权保护向婚姻和家庭诊疗师、职业咨询师和精神健康护理专家所进行的秘密交流）。各州所认可的例外，在范围上也存在类似的差别。请将《阿肯色州法典手册》［Ark. Code Ann. § 17 - 46 - 107（1987）］（狭窄的例外），夏威夷州证据规则（Haw. Rules Evid. 504，504.1）（同上），与下列立法进行比较：《加利福尼亚州证据法典手册》［Cal. Evid. Code Ann. 1016 - 1027（West 1995）］（宽泛的例外），《罗得岛州法律总揽》［R. I. Gen. Laws § 5 - 37.3 - 4（1956）］（同上）。这些保护范围上的差别，在采用某种适当形式的精神诊疗师特免权方面造成了局限性，抵消了各州一致判决的力量。

在其特免权规则建议稿中推荐的 9 个明确的特免权之一。……参议院司法委员会在拒绝具体规定每个特免权规则的建议稿而代之以现在的更为开放的规则501 时明确指出，其行动"不应当被理解为不支持对包含在（建议稿）规则中的精神诊疗师—患者……特免权的认可"。由于我们同意各州立法机关和联邦证据规则起草咨询委员会的判断，即精神诊疗师—患者特免权将服务于"公共利益超越利用一切合理手段查明真相的常规支配性原则"［特莱默案（445 U. S. , at 50)]，我们判定，该执业精神诊疗师与她的患者在诊断或治疗期间所进行的秘密交流受到保护，根据《联邦证据规则》规则 501 不得强迫对此进行披露。[70]

第四部分

我们都同意，精神诊疗师特免权涵盖了向持有执照的精神病医生和心理医生所作的秘密交流。我们毫不犹豫地得出这样的结论，即在本案中，联邦特免权也应当扩展适用于心理诊疗过程中向领有执照的社会工作者所进行的秘密交流。承认精神病医生和心理医生诊疗特免权的理由，同样适用于克伦·拜尔这样的临床社会工作者所进行的诊疗。[71] 今天，社会工作者提供了相当多的精神诊疗。他们的委托人常常包括穷人和那些付不起精神诊疗师或心理医生帮助费用的中等收入者，但其咨询活动也服务于同样的公共目标。也许是认识到这些情况，大多数州明确将证言特免权扩展适用于领取执照的社会工作者。因此，我们同意上诉法院的观点，即："在昂贵的精神诊疗师提供的咨询与更容易获得的社会工作者提供的咨询之间作出区别，并不能服务于明显的公共目的。"我们在另一个问题上与上诉法院存在分歧。我们否决该法院和一小部分州在该特免权问题上所采取的权衡做法。让保密性承诺随后由审判法官视患者隐私利益的重要性与进行披露的证据需要进行评估而定，将损害该特免权的效果。就像我们在厄普约翰案中所解释的那样，如果要服务于该特免权的目的，秘密谈话的参与者"必须能对特定讨论是否将得到保护的确定性作出某种程度的预测。一个不确定的特免权，或一个本来确定但在法院适用时千差万别的特免权，一点也不比没有该特免权更好"。这些因素对于判定本案都是必要的。一

---

[70] 像其他证言特免权一样，患者当然可以放弃该保护。

[71] 如果上诉人是在伊利诺伊州法院起诉的，被上诉人关于特免权的主张肯定会被维持，至少就该州的非正常死亡诉讼是这样。伊利诺伊州的一项立法规定，诊疗师（therapist）和患者之间的交谈受特免权保护，在任何民事或者刑事程序中都不受迫披露。伊利诺伊州立法汇编［Ill. Comp. Stat. , ch. 740，§ 110/10 (1994)]。"诊疗师"一词的界定很广，包括许多领取执照的职业人员，包括社会工作者。(Ch. 740，§ 110/2.）克伦·拜尔已满足取得执照的严格标准，在伊利诺伊州有临床社会工作者的资格。……

个根据个案来认可新的特免权的规则，使得以类似风格来界定新的特免权细节的做法是适当的。由于这是第一个我们承认的精神诊疗师特免权案件，以一种"规制这个领域所有可想象出的未来问题"的方法来界定其全部范围，既不必要，也不可行。⑫

第五部分

根据《联邦证据规则》501，警察雷德蒙和克伦·拜尔之间的谈话，以及在他们的咨询活动中制作的笔记受到保护，不得强迫就此进行披露。维持上诉法院的判决。

此判。

斯卡利亚（Scalia）大法官与首席大法官对第三部分持有不同意见。

法院详细探讨了本案中创设证据特免权所能得到的好处：鼓励心理咨询。这并没有提到代价：偶尔的不公正。这是每个排除可靠且具有证明力的证据的规则——或至少每个为实现其所宣称政策目标而足够武断的规则——所要付出的代价。一些这样的规则，例如，排除没有被适当"米兰达化"（Mirandized）的自白规则，参见米兰达诉亚利桑那州案〔Miranda v. Arizona，384 U. S. 436 (1966)〕，不公正的受害人总是没有人情味的国家或没有面孔的"广大公众"。就这里所建议的规则而言，被害人更可能是因此不能证明其合法主张的某些个人——或（更糟糕的是）因此不能证实其有效辩护的某些个人。对于那些热爱正义的人来说，后者尤其令人不快，因为它使法院不仅忍受错误，而且使自己成为错误的工具。

在过去，本院充分理解到，法院特有的维护正义的特殊价值，由于违背公众……有权获得每个人的证据这个"基本原则"，而受到严重损害。……今天，法院忽视追求真相这一传统司法偏好，最终创设了一个新的、宽泛的、界定不当的特免权。我谨表示不同意见。

一

我们面前这个案件涉及一位警察和领取了州执照的临床社会工作者在心理诊疗咨询过程中的秘密交流。在对该案进行法律分析之前，我必须说，法院因其行事方式，使得其任务变得不像看上去那么简单。一开始，它把这个问题定性为联邦法院认可一项"精神诊疗师特免权"是否适当，并将其几乎所有的意

978

---

⑫　现在来推测联邦精神诊疗师特免权未来的发展方向，虽然为时过早，但我们并不怀疑存在着一些特免权必须让位的情形，举例来说，如果对病人有严重的伤害威胁，或是其他仅可通过诊疗师披露才能够避免的严重威胁。

见倾注到这个问题上。在肯定性（令其满意）地回答了该问题后，它接着花了不到一页纸的篇幅来肯定性地回答了剩下的小问题，即是否"联邦特免权也应当扩展适用于在精神诊疗过程中向领有执照的社会工作者所作的秘密交流"。当然，与这里主张的特免权类似的典型证据特免权——律师—委托人特免权——并不是根据受特免权保护的交流所针对的人进行的大量的咨询来确定的，而是根据该人的职业身份来确定。因此，从律师—委托人特免权到税务顾问—委托人特免权或会计师—委托人特免权，还有很长的路要走。但如果我们把它重新界定为"法律顾问"特免权，这种扩展似乎是世界上最自然的事情。这就是法院在这里所使用的手法：它首先提出一个极其一般性的问题（"是否应当有一个精神诊疗师特免权？"），只有在同业心理诊疗师（也就是医生）和临床心理医生的办公室咨询不受保护的情况下，才能对该问题作出否定的回答。接着，在对此作出肯定性回答后，就本案事实所提出的唯一的问题（"就精神诊疗咨询活动，是否应当有一个社会工作者—委托人特免权？"）作出回答，似乎是一个不可避免的结果。在这个时候，要想得出反对该特免权的结论，你就必须同意这样一个很困难的命题："是的，存在精神诊疗师特免权，但如果精神诊疗师是社会工作者则不存在这样的特免权"。将实际上是本案提出的问题付诸事后的想法，将通过许多奇妙途径使不可能成为可能。例如，它使法院能把司法会议顾问委员会 1972 年制定的《联邦证据规则（建议稿）》视为对其裁定的强有力支持，而实际上他们的劝告是很清楚的，并与此直接对立。该委员会当时确实建议制定一个此类的"精神诊疗师特免权"；但更准确地说，更贴切地说，它建议为"被授权从医"或"取得心理医生执照或获得心理医生认证"的人规定一个精神诊疗师特免权，《联邦证据规则（建议稿）》504 [56 F. R. D. 183，240（1972）]，也就是说它建议反对这里这种有争议的特免权。这种非难是模糊的，甚至通过将"精神诊疗师特免权"放入中心议题而将这种非难转化成一种赞许。在法院关于为什么该特免权值得承认的解释中，规则建议稿非常突出醒目，而在那一页致力于枝节问题（而这碰巧是需要作出决定的争议问题）的纸中却被忽视了。

979

　　这是最令人震惊和易于解释的例子，说明法院对其分析的误导性是如何使困难变为容易的；当我充分考虑社会工作者的问题时，其他问题就会变得明显起来。当我就社会工作者问题作出需要作出的更为充分的解释时，其他的例子会更为显而易见。然而，我的出发点是，法院的方法论——仅仅就更为一般化、更为容易的问题进行考虑——违反了我们在我们和真相之间树立屏障时要小心翼翼从事的职责。

二

　　说该法院将其意见的大量篇幅倾注到更为容易的精神诊疗师—患者特免权问题上，并不是说它对那个问题的回答具有说服力。实际上，法院认可这样的特免权的裁定是建立在这样的观点基础上，即"成功的（精神诊疗）诊疗"服务于"重要的私人利益"（换句话说那些接受精神诊疗的患者的利益），以及"我们公民的精神健康"这种"公共利益"。我并不反对这些命题。有效的心理诊疗无疑对存在精神问题的个人是有益的，当然其也通过维持一个精神稳定的社会而服务于一些更大的社会利益。但仅仅提及这些价值并未回答关键问题：它们是不是如此重要？精神诊疗对它们的贡献是不是如此突出？通常的证据规则适用是不是非常不利于精神诊疗？这些是不是足以让我们的联邦法院偶尔成为不正义的工具？就这些中心问题而言，我发现法院的分析说服力不够，不足以满足我们为那些阻碍查明真相活动的规则所确立的高标准要求。

　　人们肯定会感到惊讶，在维持公民精神健康问题上，精神诊疗师是什么时候开始发挥这种不可缺少的作用的？就历史的大多数时期而言，男人和女人是通过和其他人、父母、兄弟姐妹、挚友以及酒吧招待的交谈来解决他们的难题的。这些人中没有一个人被赋予了不在法庭作证的特免权。问一问普通公民：如果不让你去找精神诊疗师，或不让你从你妈妈那里获得建议，你的精神健康是不是会遭受更大的损害？我毫不怀疑答案将是什么。然而，并不存在母亲—子女特免权。一个人又怎么可能因为担心在随后诉讼中会披露有关情况，而不去寻求心理咨询，或在这种咨询过程中不实话实说呢？与现今的裁定更贴近些，该证据特免权在多大程度上会减少这种阻却效果？法院并没有试图回答第一个问题；它也不可能对如何回答第二个问题有什么想法，因为该问题完全取决于特免权的范围，而法院对此令人惊讶地判定，"详细描述既不必要也不可行"。例如，如果精神诊疗师仅仅可以给患者这样的保证："法院将不能让我披露你所告诉我的事情，除非你告诉我的是有害的行为"，我怀疑这种特免权究竟能带来多少好处。这并非一个想象中的例子，至少就将精神诊疗师特免权扩展到社会工作者这个问题而言是这样。

　　即使可以确信精神诊疗师特免权的缺乏将抑制这种信息的披露，但我不清楚这是否是一种不能接受的事态。让我们在目前情况下假设最坏的情况：对困扰她的事情说真话，寻求咨询的警官将不得不承认她无故开枪，并且打伤了一个无辜的人。如果（我们还假定最糟糕的情况）根据伊利诺伊州法律这样的行为构成了过失犯罪，该警察当然会有绝对权利在刑事法庭上不承认她是无缘无故开枪的。但我并没有看见这样的理由，为什么她既可以在刑事法庭上不承认这件事（作为一个好公民应该如此），又可以通过向一个不能告诉其他人的诊疗师承认这件事而获得心理治疗的好处。我更看不到这样的理由，即为什么她可以在刑事审判或民事审判中否认自己的罪行，同时还能通过向不能作证的社会工作者坦白自己的罪行而获得心理诊疗的好处。对我来说，如果她希望得到说实话的好处，她也必须接受不利的后果，这是相当公平的。当然，在大多数情况下，向精神诊疗师所作的陈述将仅仅具有些微的相关性，该特免权的目的之一（虽然法院并没有以此为依据）可能仅仅是使患者隐私不受不必要的侵扰，使精神诊疗师不必在询证存录和审判中浪费不必要的时间。但可以肯定的是，只要不排除那些具有最直接和决定性影响的证据，就可以做到这一点。……

该法院提出最后一个政策上的理由：由于精神诊疗师特免权立法在所有州都存在，在联邦法院没有承认一个特免权，**"将使得各州制定的促进这种秘密交流的立法的目的遭受挫折"**。……就像我将要讨论的那样，由于关于精神诊疗师特免权的政策在各州之间存在很大不同，没有一个统一的联邦政策能照顾到这些立法的大多数。如果推进州政策是游戏名称，则按照伊利案 * ，联邦法院的特免权规则应当在各州都有所不同。

该法院自己没有提出一个令人信服的理由，如果当时它依据的是各州法院在普通法理性发展中的一致决定，这一点可能还是能被谅解的。它做不到这一点，因为没有一个州能有立法规定之外的这种特免权。……该法院承认，"在各州受保护的诊疗关系和所认可的例外都存在差别"。"各州一致认为，某种形式的精神诊疗师特免权是适当的"，据此而宣布一个新的联邦普通法上的精神诊疗师特免权，并宣称从今天开始适用于所有联邦法院，就像根据各州"一致认为"——某种形式的侵权法是适当的——而宣布一个新的、立即适用的联邦普通法上的侵权法一样。在这两种情况下，各州法律的差异是如此之大，以至于当事人和面对新"普通法"的下级联邦法官几乎不知道它的内容可能是什么。

三

让我们从本案没有涉及的一般问题转到具体问题：该法院得出结论说，社会工作者的精神诊疗特免权值得承认，这一点甚至更缺乏说服力。在解决这个

---

* 伊利案，指伊利铁路公司诉汤普金斯案（Erie Railroad Co. v. Tompkins）。此案是美国联邦最高法院 1938 年审理的一起具有里程碑意义的案件。最高法院在该案中裁定：凡在联邦法院进行的诉讼，除涉及由美国宪法和美国法律所调整的事项外，任何案件所适用的法律都应当是联邦法院所在地的州法。元照英美法词典．北京：法律出版社，2003：486（Erie v. Tompkins）．——译者注

问题时，五个州的立法确实规定了"某种形式"的精神诊疗师特免权，但却选择了并不把任何形式的特免权扩展到社会工作者，这应当使我们思考一下。司　*981*法会议顾问委员会在其授予起草的规则 504 特免权中也有类似的区别对待。然而，该法院"毫不犹豫地得出这样的结论……联邦特免权也应当扩展适用于"社会工作者，进而通过一句主题句和两句话的探讨，草草完成了理由分析，就像下面所说的这样（引文和无关紧要的脚注已省略）：

> 　　承认精神病医生和心理医生诊疗特免权的理由，同样适用于克伦·拜尔这样的临床社会工作者所进行的诊疗。今天，社会工作者提供了相当多的精神诊疗。他们的委托人常常包括穷人和那些付不起精神诊疗师或心理医生帮助费用的中等收入者，但其咨询活动也服务于同样的公共目标。

就对该特免权规则被狭义解释而言，有许多话要说。

当然，这个简短的分析——像前面关于一般性的精神诊疗师特免权一样，更为宽泛——并没有解释为什么社会工作者提供的精神诊疗作为公共利益具有如此的重要性，以至于要以偶尔的不正义为代价。此外，它仅仅考虑了提供诊疗服务的社会工作者与领取执照的精神病医生和心理医生类似的一面，而只字未提它们不同的方面。领有执照的精神病医生或心理医生是精神诊疗专家，这也许足以（虽然我认为法院在是否应当作出该判决的问题上还不是那么清楚）证明，使用非常方式来鼓励人们向他咨询而不是向拉比*、牧师、家人或朋友进行咨询的正当性。人们必须假定，一个社会工作者并不具备这种非常高的履职技能，仅仅这个原因就不鼓励那种慷慨咨询。例如，与诸如牧师或拉比相比，社会工作者至少具有一种比之更加高超的技能吗？我不知道，法院也不知道。在本案中，社会工作者克伦·拜尔曾是伊利诺伊州一个"领有执照的临床社会工作者"，这一工作头衔的训练要求包括："从批准项目中取得研究生学位"和"3 000 小时符合要求、受到监督的临床执业经验"。但法院今天所宣布的规则——像该规则所要尊重的伊利诺伊州证据特免权一样——并不局限于"领有执照的临床社会工作者"，而是包括所有"领有执照的社会工作者"。"领有执照的社会工作者"也可以提供 §20/3（5）规定的"精神健康服务"，只要其处于领取执照的临床社会工作者监督之下。而且，对"领有执照的社会工作者"的训练要求包括：（a）州批准的"社会工作研究生学位"；或（b）州批准的"本科的社会工作学位"，再加上"3 年受到监督的执业经验"。尽管对此有

---

*　拉比，犹太教教士。——译者注

应有的尊重，但对我来说，任何这种训练都不能与对其他本院赋予特免权的专家（律师们）训练的严格性（或其科目的精确性）相比，甚至不能与联邦证据规则起草咨询委员会和本院 1972 年赋予特免权的专家（精神病医生和心理医生）所受训练的严格性相比。当然这些仅仅是伊利诺伊州对"社会工作者"的要求。就我们所知，其他州的要求甚至可能更低。确实，我甚至不能确定，对于"社会工作者"，是否能像精神病医生和心理医生那样存在一个全国都能接受的定义。对我来说，在不探讨这些问题的情况下，把所谓"精神诊疗师特免权"在全国范围内扩展至所有领执照的社会工作者，似乎是相当不负责任的。

另一方面，精神病医生和心理医生与社会工作者的另一个重要不同之处是，前者是职业人员，他们在与患者的咨询活动中，仅仅从事精神诊疗工作。而社会工作者，出于多种原因而同人们访谈。例如，伊利诺伊州对"领有执照的社会工作者"的界定是这样的：

> "领有执照的社会工作者"，是指持有执照有权从事社会工作的人。社会工作包括向个人、群体或社区提供的社会调查、社会群体工作、社区社会福利组织工作、社会工作研究、社会福利管理或社会工作教育等一项或多个领域的社会服务。

因此，在适用"精神诊疗师"特免权中的"社会工作者"这一变量时，有必要确定，提供给社会工作者的这种信息，是因其精神诊疗师的身份而向其提供，还是因其社会福利管理者、社区组织者等身份而向其提供的。更糟糕的是，如果该特免权要实现其预期效果（且不误导委托人），则社区调查者在与其福利救助对象委托人进行交谈时，可能有必要告诉他哪些部分受特免权保护，哪些不受特免权保护。

在总结了三句话的理由分析后，就像其考虑精神诊疗师特免权时一样，该法院接着援引了各州的"经验"——我还是认为这些经验不相关（即使不是具有相反的说明作用），因为它包含的完全是立法而不是普通法裁定。它说"大多数州明确将证言特免权扩展适用于领取执照的社会工作者"。然而，法院并没有揭示这一令人印象深刻的数据中的两个因素。

首先——且与我们面前的问题所假定的一致性完全不相关的结论是——将特免权赋予社会工作者的大多数州，并没有将该特免权作为"精神诊疗师"特免权的一个分支。该特免权适用于告知社会工作者的所有秘密，不仅仅是那些在精神诊疗过程中提供的秘密信息。……

其次，法院并未说明在特免权的范围问题上，各州存在的巨大差异。……

在伊利诺伊州和威斯康星州，社会工作者特免权在秘密信息与凶杀有关时并不适用；在哥伦比亚特区，当它涉及任何给人"造成伤害"的犯罪时并不适用。在密苏里州，当有关信息涉及犯罪行为时，该特免权并不适用。在得克萨斯州，当这种信息需要用于刑事公诉活动时，该特免权并不适用。在堪萨斯州和俄克拉何马州，当这种信息与"对任何法律的违反"有关时，该特免权并不适用；在印第安纳州，当有关信息揭示了"严重伤害行为"时，该特免权并不适用。在特拉华州和爱达荷州，当这种信息与任何"伤害行为"有关时，该特免权并不适用。在俄勒冈州，像克伦·拜尔（Karen Beyer）这样的州聘社会工作者，如果其上级确定她的证言"为执行社会工作者作为公职人员的职责所必需"，则她就会失去该特免权。在南卡罗来纳州，在"制定法要求或法院根据证明患者诊疗或其精神疾病、情感状况的性质和程度是诉讼合理争议点的良好理由而命令要求"时，社会工作者需要被迫披露秘密信息。大多数承认社会工作者特免权的州都宣布，该特免权并不适用于与儿童虐待有关的信息。不属于上述类型的州为监禁程序（commitment proceedings）、患者以其精神或情感状况作为起诉或辩护因素的诉讼、依照法院命令对患者精神或情感状况进行检查过程中所进行的交流规定了例外。

　　因此，虽然法院说"大多数州明确将证言特免权扩展至领取执照的社会工作者"，这在技术上是正确的，但这种一致性仅仅存在于最浅层面上。没有一个州在采纳该特免权时没有限制；这种限制的性质在各司法辖区之间存在非常大的差别；我再次指出，有 10 个州完全拒绝了该特免权。确实可以说，即使是就社会工作者的精神诊疗师特免权的性质问题而言，也缺少全国一致性。就其适当范围而言，无论如何也不存在这样的一致性。换言之，法院诉诸以为支持的州法最具有说服力地表明，对社会工作者的精神诊疗师特免权的采用，是国会的任务。……

　　今天摆在我们面前的问题，并非是否应当为提供诊疗服务的社会工作者提供证据特免权。也许应当有这种特免权。但摆在我们面前的问题是：（1）对该特免权的需要是否特别清晰，（2）该特免权的理想轮廓是否如此明显，由法院根据规则 501 的规定以普通法风格来创造这样一个特免权是适当的。即使我们重新开始，我想这个问题的答案也会很清楚。但考虑到我们诸多关于"妨碍查明真相"的特免权不能轻易创设的先例，合众国诉尼克松案（United States v. Nixon，418 U. S.，at 710），该法院今天的回答是令人费解的。

　　在考虑本案的过程中，该法院是不少于 14 个支持被上诉人的法庭之友法律理由书的受益人。这些法律理由书的大多数来自这样的组织：美国精神病学会、美国心理分析学会、美国州社会工作委员会协会、员工协助专业协会有限公司、美国咨询服务协会以及全国社会工作者协会。没有一个法庭之友的法律理由书是支持上诉人的。这一点并不令人惊讶。在这里，没有在联邦法院致力于追求真相的利己主义的组织。然而，它们的期待是本院将把这个利益置于心目中的突出——确实，首要的地位。今天，我们辜负了这种期待和这种职责。在一些案件中，我们联邦法院将成为不正义的工具，而不是去揭示可以发现的真相，这样的说法可不是小事一桩。普通法确认了它可以容忍的少数情况。也许国会可能得出结论说，为了鼓励社会工作者进行的精神诊疗，它也会持容忍态度。但是，这个结论肯定不会如此清晰地出现在脑海中，以至于本可敬的法庭应该宣布一个有利于隐瞒真相的判决。我谨此表示异议。

984

──注释和问题──

1. 谁的辩论更为有力，多数法官意见还是不同意见？你能写出一份更具说服力的多数意见吗？你能对不同意见作出更有效的回应吗？

2. 人们的一个担心是，在精神诊疗过程中经常会披露令人尴尬的信息，这些信息被曝光的可能性将对这些信息的产生形成抑制作用，在这一点上法院当然是正确的。然而，患者对存在这样特免权的知晓，对于有效的精神健康咨询是否必要？为了支持有关必要性的观点，多数意见在很大程度上依据的是各种促进精神诊疗组织作为"法庭之友"所提交的法律理由书。然而，对基于这些法律理由书的研究仔细分析后表明，它们"并未证实这样的经验主张，即一般情况下患者如此担心未来诉讼问题，以至于……该特免权将大大影响其寻求诊疗或对诊疗师进行必要披露的意愿"。爱德华·伊姆温克尔里德：《真相和特免权之间的较量：最高法院在杰斐诉雷德蒙案中的不足》[Edward Imwinkelried, The Rivalry Between Truth and Privilege: The Weakness of Supreme Court in Jaffee v. Redmond, 518 U.S.1 (1996), 49 Hastings L.J.969, 980 (1998)]。法院应要求特免权之功利主义正当理由具有实际有效性吗？与立法机构对照，法院如何能获得实证数据？

3. 多数意见的政策分析令人满意吗？我们回想一下关于律师—委托人特免权的附条件请求权理论。像那里一样，这里的问题是否也是在两种不同体制下的边际收益和损失问题：一种体制有特免权，一种体制没有特免权？如果得不到某种形式的数据（包括司法经验），法院是否应当创设一项特免权？在这方面，立法程序是否与司法程序根本不同？

4. 多数意见旨在证实杰斐案中一项绝对的特免权；也就是说，它驳回了联邦第七巡回法院的权衡做法。联邦第七巡回法院认为,有必要就患者在自治、隐私上的权利与进行披露的证据性需要进行评价。然而,在最后的脚注中,多数意见承认"在一些情况下,特免权必须让位",并引用了披露是保护患者或其他人免受患者严重伤害的唯一手段的例子。参见上文第977页,脚注72。我们后面讨论联邦法院判定该特免权必须"让位"的环境。参见克里斯托弗·B. 穆勒:《杰斐案后联邦精神诊疗师—患者特免权:诊疗时代的真相和其他价值》[Christopher B. Mueller, The FederalPsychotherapist-Patient Privilege After Jaffee: Truth and Other Values in a Therapeutic Age, 49 Hastings L. J. 945 (1998)]。

(二)杰斐案后该特免权的范围

在杰斐案被裁定后的岁月中,精神诊疗师特免权的范围在联邦诉讼中经受了检验。该特免权是以个案方式发展起来的,因为法院并未充分说明其全部轮廓。

1. 谁是精神诊疗师?

在《联邦证据规则(建议稿)》504 中,精神诊疗师—患者特免权把"被授权从医的人"——换言之,所有内科医生 ——和"取得心理医生执照或获得心理医生认证的人"包括在心理诊疗师的范围内。自杰斐案起,法院还把领有执照的社会工作者和其他精神健康工作者包括在该特免权范围内。例如,强奸危机顾问(rape crisis counselors)并无执照,但他们受过特殊训练,在社工或精神诊疗师的直接控制和管理下工作。在合众国诉劳氏案[United States v. Lowe, 948 F. Supp. 97, 99 (D. Mass. 1996)]中,法院引证了这样的事实,即大多数州为强奸危机咨询交流设置了特免权,因此他们也被包括在上述范围内。但参见简学生 1 诉威廉姆斯案[Jane Student 1 v. Williams, 206 F. R. D. 306 (S. D. Ala. 2002)](裁定精神诊疗师—患者特免权不包括未获得执照的专业顾问)。

在奥里斯库诉州职工赔偿保险基金案[Oleszko v. State Compensation Insurance Fund, 243 F. 3d 1154, 1158, (9th Cir. 2001)]中,联邦第九巡回法院把该特免权扩展到为员工帮助计划所聘请的无执照顾问,该计划旨在提供工作场所辅助,包括精神健康咨询。法院引用杰斐案指出:

在过去四分之一世纪里,精神健康服务条款已发生重大变化。员工帮助计划所体现的，是可以被视为一种提供精神健康服务的团队路径。因此，虽然员工帮助计划的工作人员本身未从事心理诊疗活动，但他们的服务是身陷麻烦的员工和心理诊疗活动之间的主要联系环节。上引文。

一些法院还愿意考虑将取得执照的关于婚姻、家庭和子女问题咨询师包括在该特免权范围内。参见斯皮克诉圣伯纳迪罗郡案 [Speaker v. County of San Bernadino，82 F. Supp. 2d 1105，1109（C. D. Cal. 2000）]。然而，在卡曼诉麦克唐纳·道格拉斯公司案 [Carman v. McDonnell Douglas Corp.，114 F. 3d 790，793（8th Cir. 1997）] 中，联邦第八巡回法院判定，与被聘请来解决非诉讼工作场所纠纷的巡视官进行的交流，不受精神诊疗师特免权保护，因为这种帮助仅仅限于处理工作场合的争端，而非精神健康问题。

2. 交流

该特免权所包含的交流，必须是在获取精神诊疗服务过程中或为该服务目的所作出的交流。例如，《联邦证据规则（建议稿）》504 将精神诊疗师—患者特免权限定于这样的秘密交流，即"（患者）为其精神或情感状况——包括毒瘾——之诊断或治疗目的"所作的秘密交流。参见道诉恩斯案 [Doe v. Ensey，220 F. R. D. 422，425（M. D. Pa. 2004）]。加利福尼亚州精神诊疗师—患者特免权在这方面颇不寻常，因为其将特免权扩大到"为精神或情感问题进行科学研究"所进行的交流。（《加利福尼亚州证据法典》第 1011 节。）未透露委托人秘密交流的信息——如诊疗师和委托人的身份、精神诊疗的发生和诊疗时间——不受特免权保护。例如，参见文森诉休曼公司案 [Vinson v. Humana, Inc.，190 F. R. D. 624，626 - 627（M. . D. Fla. 1999）] 和梅里尔诉华夫格屋公司案 [Merrill v. Waffle House, Inc.，2005 WL 928602（N. D. Tex. Feb. 5，2005）]。

在诸如警察等雇员被要求就履行职责的适当性进行心理评估且该结果要披露给雇主的情况下，法院已判定并不存在精神诊疗特免权，因为这不涉及诊疗问题，也不存在对保密的期待。肯珀诉格雷案 [Kemper v. Gray，182 F. R. D. 597，599（E. D. Mo. 1998）]。但如果披露给雇主的仅仅是一般性结论，并向该员工保证要保密，则该特免权适用且阻止披露。例如，参见卡佛诉特伦顿市案 [Caver v. City of Trenton，192 F. R. D. 154，162（D. N. J. 2000）]。

3. 弃权

像医生—患者特免权一样，在精神诊疗师—患者特免权中，患者是该特免权的拥有者。因此，只有患者或患者授权的代表才可以放弃该特免权。父母可以代表其未成年子女来主张或放弃该特免权。但法院可以判定援引该特免权可

986

能不利于子女"最大利益"。例如，因儿童虐待指控而引起的监护权争议。埃利森诉埃利森案〔Ellison v. Ellison, 919 P. 2d 1, 8 (Okla. 1996)〕。

　　一些法院对该弃权采取了视野开阔的判定，即在患者将其精神状况作为起诉或辩护之一个因素的情况下（一般而言，就精神和情绪痛苦而提起的任何诉讼主张），就是在默认放弃精神诊疗师特免权。例如，参见马蒂诉萨吉诺公共图书馆案〔Maday v. Public Libraries of Saginaw, 480 F. 3d 815 (6th Cir. 2007)〕（原告提出其情感状态问题而放弃了精神诊疗师—患者特免权，根据地区法院法官的观点，相关记录已通过403平衡检验，可被采纳）；道诉奥博维斯乳制品案〔Doe v. Oberweis Dairy, 456 F. 3d 704 (7th Cir. 2006)〕（为情感痛苦寻求损害赔偿，将使心理状态问题处于争议之中，并因此而放弃该特免权）；斯高福斯特诉汉德逊案〔Schoffstall v. Henderson, 223 F. 3d 818 (8th Cir. 2000)〕（同理）；犹他州诉沃森案〔Utah v. Worthen, 222 P. 3d 1144 (Utah 2009)〕（对被告的憎恨是一种情感状态，这种憎恨是被告辩护理论的一部分，因此启动了精神诊疗师—患者特免权例外）。然而，其他法院就该弃权采用了更为严格的观点。这一狭义观点要求该特免权拥有者正面使用受特免权保护的材料，即把诊疗师传唤为证人，或将特定交流置于争点之中。例如，参见菲茨杰拉德诉卡希尔案〔Fitzgerald v. Cassil, 216 F. R. D. 632 (N. D. Cal. 2003)〕（该案认为，狭义例外更符合杰斐案，而广泛适用对于实现被告的公平并不是必要的）；范德比尔特诉奇尔马克郡案〔Vanderbilt v. Town of Chilmark, 174 F. R. D. 225, 230 (D. Mass. 1997)〕（在受该特免权保护的秘密交流之要旨被援引该特免权的当事人运用时，该特免权就被放弃了）；合众国诉斯特曼案〔United States v. Sturman, 1998 U. S. Dist. LEXIS 3488 (S. D. N. Y. 1998)〕（刑事被告意图使用精神诊疗师的证言来否定检控方关于特定意图的证明，这并不是审前对该特免权的放弃；就意图问题，被告并不承担证明责任，在审判中使用该证言之前，他并没有将其精神状况置于"争议中"）。

　　就联邦法院意见中的这种分歧，弗里奇诉朱拉维斯塔市案〔Fritsch v. City of Chula Vista, 187 F. R. D. 614 (S. D. Cal. 1999)〕作了有益总结。最高法院在杰斐案中对此并未给出任何指引。确实，最高法院驳回了联邦第七巡回法院的平衡检验，但承认在一些情况下该特免权必须让步。参见上文第977页，脚注72。因此，这种分歧意见双方都能根据杰斐案所探讨的政策来支持自己的立场。狭义观点所要求的，相当于实际弃权，保护患者对保密的迫切需要，因此避免了在隐私的重要性和披露的证据需要之间的事后平衡检验。（上引案例，第630页。）视野更开阔的观点从公正证据开示程序的需要得到了正

987 当性证明，即在患者"希望陪审团就其情感状况作出损害赔偿的情况下……被告有权探究造成该伤害的情况"。（上引案例，第 569 页。）

许多关于放弃特免权的裁定都是在诉讼的证据开示阶段作出的，此时一方当事人寻求强制性医疗记录开示，或对一位精神诊疗师询证。一些法院要求寻求证据开示的当事方说明为何"侵入诊疗关系是获得相关信息的唯一可能途径"，并根据与诉讼直接相关的信息，严格调整证据开示要求。瓦斯康斯勒斯诉赛百斯国际公司案〔Vasconcellos v. Cybex International, Inc. , 962 F. Supp. 701，709 (D. Md. 1997)〕。

由于群体咨询活动盛行，多家法院曾判定，若患者陈述是在群体中其他人在场时作出的，精神诊疗师—患者特免权并未被放弃，理由是共同诊疗构成了诊疗活动的一部分。例如，参见州诉安德林案〔State v. Andring, 342 N. W. 2d 128，133 - 134 (Minn. 1984)〕。然而，在患者之间的共同诉讼中，这些陈述不受特免权保护。瑞丁诉弗吉尼亚梅森医疗中心案〔Redding v. Virginia Mason Medical Ctr. , 878 P. 2d 483 (Wash. Ct. App. 1994)〕。

（三）该特免权的例外

虽然法院在杰斐案中摈弃了直率的平衡检验，但在迫切需要具有证明力的证据或不存在受该特免权保护的利益的情况下，该特免权有几个例外。

1. 宪法性限制

多伊诉戴蒙德案〔Doe v. Diamond, 964 F. 2d 1325 (2d Cir. 1992)〕裁定先于杰斐案，它涉及一位刑事被告人要求得到被害人多伊的精神诊疗记录。发起刑事指控的是多伊，其将作为证人来反对被告人。请考虑法院意见的以下节录，并特别注意对质条款对于该分析的重要意义。对质条款可能常常要求进行强制性证据开示，无论是否存在特免权因素：

> 虽然上诉人（多伊）的精神诊疗记录确实包含直接涉及其隐私利益的材料，本案中的平衡检验则完全倾向于允许对其精神疾病史进行调查。上诉人不仅是发动了对戴蒙德（刑事被告人）刑事调查的人，而且是一位其可信性在审判中处于核心争议的证人。他有长期的精神疾病史，案卷中的精神诊疗专家意见说明这一历史与其可信性有关。该意见包括这样的评论，即上诉人"对事实的理解"在其接受精神诊疗期间可能受到了影响，而当时发生的事件就是其将要作证的事件。我们同意主审法官普拉特（Platt）的意见，即如果禁止对上诉人的精神诊疗史进行调查，将违反对

质条款，导致对戴蒙德的任何定罪无效。

上诉人就 30 年前向精神诊疗师所披露的信息、对第三方隐私利益的伤害、对有关精神诊疗师职业义务的违反，为我们提出了各种假设。然而，这些事项并非我们目前要解决的问题。上诉人拒绝回答的问题涉及其接受精神诊疗的时间和精神诊疗师的名字。其也关系到他拒绝同意让这些精神诊疗师接受律师按保护令进行访谈的问题。主审法官普拉特所举行的听证是秘密进行的，上诉人对问题的回答以及律师与上诉人精神诊疗师的访谈将受保护令限制，以防止对保密事项的公开披露。因此，他对问题的回答以及对访谈中作为需要权衡的重要因素之利益的同意，将不会导致对保密事项的公开披露。（上引案例，第 1329 页。）

988

在杰斐案之后的判例中，法院都坚持了在多伊案中的理由，判定刑事被告人享有宪法第六修正案确立的作为抗辩要素之信息知情权，或者能证明被害人和/或证人精神健康记录的证据开示具有正当性的弹劾证人之信息知情权。合众国诉阿尔珀林案 [United States v. Alperin，128 F. Supp. 2d 1251，1254 (N. D. Cal. 2001)]。但参见合众国诉道尔案 [United States v. Doyle，1 F. Supp. 2d 1187 (D. Oregon 1999) (被害人精神健康记录仅与加刑有关，无须披露给已被定罪的被告人)]。

精神诊疗师—患者特免权可能在涉及儿童性虐待指控的刑事案件中被提起。如果儿童原告将其被虐待记忆秘密告诉了精神病医生，那么，在被告试图了解该交流时，该儿童可以主张特免权。例如，参见戈德史密斯诉州案 [Goldsmith v. State，651 A. 2d 866 (Md. 1995)]；州诉斯皮斯案 [State v. Speese，545 N. W. 2d 510 (Wis. 1996)]。大多数法院判定，如果精神病医生在审判中作证，则被告可使用其控告者的精神病病历。由这些案件引发的其他担心是，法院是否应当指定律师或指定监护人来帮助未成年人决定是否主张或放弃该特免权，该特免权是否适用于证据开示程序，一个人拒绝放弃该特免权是否将导致禁止该人在审判中作证。州诉斯皮斯案 (State v. Speese，545 N. W. 2d at 517)。

2. 强制性披露

在精神诊疗师确定患者需要住院诊疗的情况下，制定法通常在决定让患者住院就精神疾病进行诊疗的程序中废止精神诊疗师—患者特免权。如果法官命令对患者的精神或情感状况进行检查，则就进行该指令检查的目的而言，在检查过程中所进行的交流不受特免权保护，除非法官作出其他命令。

在许多州，还要求精神健康职业人员就其诊疗的儿童受到虐待的合理怀疑进行报告，并且一些州在知道或怀疑儿童被虐待的情况下，创设了该特免权例外。

3. 危险患者

杰斐案多数法官意见在结论性脚注中指出："在一些情况下，特免权必须退居其次，例如，对患者或他人严重伤害的威胁只有通过诊疗师披露才能避免的情况。"参见上文，第 977 页，脚注 72。该脚注就以下问题产生了一些判例法：在精神诊疗过程中发出的威胁，能否作为违反将此类威胁定义为犯罪行为之联邦法律的起诉依据。在这种情况下，诊疗师关于该威胁的证言——违反了精神诊疗师特免权——是检控方所拥有的唯一证据。因此，检控方要求法院认可一种所谓"危险患者"例外。到目前为止，众联邦法院就这个例外是否存在的问题有不同意见。联邦第六和第九巡回法院拒绝采纳该危险患者例外。参见合众国诉海斯案［United States v. Hayes, 227 F. 3d 578 (6th Cir. 2000)］和合众国诉奇思案［United States v. Chase, 340 F. 3d 978 (9th Cir. 2003)］。在精神诊疗过程中产生威胁的情况下，精神诊疗师具有职业责任和道德职责来保护潜在被害人，法院在海斯案中指出，这些职责"除了其他方面，可能要求……向第三方进行披露，或在非自愿医疗程序中作证"。海斯案（United States v. Hayes, 227 F. 3d at 585）。然而，本案法院判定："遵守进行保护的职业责任，并不意味着有义务在刑事诉讼或民事诉讼中作证来反对患者，除非与患者的非自愿医疗直接相关。并且，如果患者适当地主张了精神诊疗师—患者特免权，则这种证言便受特免权保护且不可采。"（上引案例。）法院的推理说，一旦作出适当的警告或程序已经开始，精神诊疗师在刑事指控中的证言，不太可能成为避免伤害他人的唯一手段，这是杰斐案谈及的标准。因此，法院在海斯案中判定，杰斐案脚注不过是一个旁白：

> 说明联邦精神诊疗师—患者特免权将不会妨碍精神诊疗师遵守保护可确认的第三方免受严重伤害威胁的职业责任。我们认为，杰斐案脚注是指这样的事实，即精神诊疗师有时需要在法庭程序——如对患者的强制拘禁程序——中作证，以遵守其对患者或可确认的第三方"保护职责"。（上引案例，第 584 页。）

然而，联邦第五巡回法院判定，在合众国诉奥斯特案［United States v. Auster, 517 F. 3d 312, 319 (5th Cir. 2008)］中，如果精神诊疗师已警告患者，其职业责任将要求他报告任何具有威胁性的交流内容，"该患者对信息保

989

密的预期就没有任何合理的理由"。一方面，法院指出，一位精神诊疗师将透露威胁信息的预期，通常会导致"成本—收益的结果倾向于支持公开（信息）"，但该法院判定，任何在实际上知道不会被保密的情况下进行的威胁性交流，都不受该特免权保护。（上引案例。）在合众国诉格拉斯案［United States v. Glass，133 F. 3d 1356，1360 (10th Cir. 1998)］中，联邦第十巡回法院判定，如果造成伤害的威胁非常严重且只能通过披露来避免，那么，强制性披露就可能是必要的。

4. 犯罪—欺诈例外

关于大陪审团审理案由［In re Grand Jury Proceeddings（Gregory P. Violette），183 F. 3d 71 (1st Cir. 1999)］判定，"犯罪—欺诈例外"适用于精神诊疗师—患者特免权。本案被告是联邦大陪审团的调查对象，该调查涉及其虚假索赔涉及残疾的可能银行欺诈犯罪。在与律师—委托人特免权进行类比后，法院判定，在交流是为了促进犯罪的情况下，该特免权存在的理由就消失了。然而，该例外仅适用于，患者交流的目的不是诊疗而是旨在促进特定犯罪或欺诈的情况。例如，它并不适用于职业罪犯对其诊疗师的坦白，即使该诊疗可能提升该患者的职业效率。当证据表明被告人对精神诊疗师的交流是对出借方或残疾保险商之欺诈阴谋的一部分时，犯罪—欺诈例外的关键因素就成立了。

990

要　点

1. 联邦法律承认精神诊疗师—患者特免权，并且，在一个更加有限的范围内，医生—患者特免权也是如此。这两项特免权在大多数州得到了承认。

2. 联邦的精神诊疗师—患者特免权已被扩展到所有内科医生（physicians）、心理医生、持有执照的社工和许多其他精神健康工作者，只要就精神或情感状况出于诊断或治疗目的进行的交流是在对保密有合理期待的情况下进行的。

3. 该特免权在以下情形中可能被撤销：交流的披露为保护刑事被告人强制性程序和对质权所必需；患者在诉讼中将其情感或精神状况置于争议中；以及当该交流旨在促进犯罪或欺诈时。

4. 各法院就是否存在一项危险患者例外没能达成一致意见。

思考题

12.22. 在对艾丽斯·德雷珀（Alice Draper）谋杀联邦官员的指控中，检控方提出要引入下列证据：在被害人去世后不久，一个人致电由志愿者接听的酗酒者匿名热线电话，要求和一位医生谈话。在接听电话的志愿者问遇到什么问题时，打电话的人说，"谋杀。我刚刚杀了一个男人。我需要帮助"。另一个志愿者叫来警察，警察追踪到该电话来自某个电话亭，在那里他们发现并逮捕了德雷珀。德雷珀以她的陈述属于精神诊疗师—患者特免权保护范围为由，对她与酗酒者匿名热线电话志愿者交谈的证据提出异议。结果如何？哪些其他事实可能影响该结果？

12.23. 原告彼得斯（Peters）就雇主因其精神疾病而终止雇用的非法歧视和违反《家庭医疗休假法》（the Family Medical Leave Act），在联邦法院提起诉讼。被告雇主要求对彼得斯在失去工作后开始记载的日记进行证据开示，但他还没有把它交给提供心理咨询的医生看。该日记涉及与彼得斯被解雇有关的事件。彼得斯诉称，根据精神诊疗师—患者特免权，该日记应当得到保护，因为他是在听了医生意见后开始记日记的。医生建议说："把发生的事情写下来，有助于你理解一些情况。"该日记是否应当受特免权保护？

12.24. 原告萨尔特（Salter）根据《美国残疾人法》［the American with Disabilities Act（ADA）］对雇主提起诉讼，指控其因她的临床抑郁症而非法解雇她，且没有对她进行合理安置。她诉称，所需要的治疗使她难以保持清醒，并造成其在工作中长期行动迟缓。ADA 要求原告就歧视案件进行初步证明，这包括：她是受保护群体的一员，这意味着她是一位身体或精神有缺陷的人；她是一位有这种缺陷记录的人；或者，她是一位被视为有这种缺陷的人。原告是否可以根据精神诊疗师—患者特免权，保护她的精神诊疗医生的医疗记录？

12.25. 沃尔特（Walter）和莎拉·王（Sarah Wong ）起诉沃尔特的纳税申报员 H&R 布洛克有限公司，因其违反合同未经授权披露沃尔特1998 年个人所得税信息，该披露导致美国国内税务局的刑事调查和民事审计。原告诉称，他们遭受了实际损害，包括律师费和"严重的情感痛苦，包括身心痛苦、羞愧和耻辱"。1998 年，在结婚前但本案所控告的行为发生后，沃尔特和莎拉一起参加了向持照社会工作者的咨询，以求有助于他们关系的健康发展。1999 年，莎拉开始找一位持照心理医生进行咨询。被告 H&R 布洛克公司发出通知，要对上述社会工作者和心理医生进行询证存录。被告断言，任何精神诊疗师—患者特免权均已被放弃：（1）因为原告就情感痛苦提出了巨额索赔；（2）通过在他们自己的询证存录中披露其精神健康提供者的身份、咨询日期和费用，以及造访社会工作者的目的。原告声称，他们并未放弃该特免权，因为他们并未提出精神伤害或病症，也没有提出精神病伤害、疾病或不适，因此，任何关于上述心理咨询的证言都不得在法庭上提出。结果如何？

第六节　教士—教友特免权

牧师—忏悔者特免权（the priest-penitent privilege）——现在更常被称为教士—教友特免权（the clergy-communicant privilege）——因其合理性，至少在一定程度上，被学者和法院所承认和接受。确实，每个州都在制定法上规定了某种形式的此种特免权，《联邦证据规则（建议稿）》506 明确认可了保护"（某人）与以心灵顾问职业身份出现的神职人员之间的秘密交流"的特免权。根据《联邦证据规则》501，联邦法院已将教士—教友特免权作为一项联邦普通法事项认可了。参见关于大陪审团调查案由 [In re Grand Jury Investigation, 918 F. 2d 374 (3d Cir. 1990)]；合众国诉杜布案 [United States v. Dube, 820 F. 2d 886 (7th Cir. 1987)]；合众国诉戈登案 [United States v. Gordon, 655 F. 2d 478 (2d Cir. 1981)]。参见伦纳德·K. 惠特克：《牧师—忏悔者特免权：其合宪性及学说》[Lennard K. Whittaker, The Priest-Penitent Privilege: Its Constitutionality and Doctrine, 13 Regent U. L. Rev. 145 (2000—2001)]。50 个州都以某种形式接受了这项特免权，但近些年来随着许多备受瞩目的案件，包括神职人员儿童性虐待案，40 个州现在都要求神职人员报告儿童虐待的情况，这些情况属于这些州强制性报告章程的一部分（一些特免权范围内的交流除外）。例如，参见《佐治亚州法典手册》（Ga. Code Ann., § 19 - 7 - 5）（法典规定："……一些神职人员不应被要求仅在忏悔或其他类似按照教会教义或惯例应当保密的交流范围内报告的儿童虐待情况。当神职人员从任何其他途径获得关于儿童虐待的信息时，神职人员都应当遵守法典这一章节的报告要求，即使是从罪犯忏悔中获得儿童虐待的消息

992

也是一样"。）大卫·M. 格林沃尔德等：《作证特免权》§6：14（审判实务系列，3d ed. 2005）。

一、该特免权及其正当理由

通常情况下，教士—教友特免权适用于"保护（1）向神职人员所作的交流，（2）该交流是在其心灵或职业能力范围内进行的，（3）对保密性有合理期待"。关于大陪审团调查案由 [In re Grand Jury Investigation, 918 F. 2d 374, 384 (3d Cir. 1990)]。

该特免权在四个方面具有正当性：（1）传统的功利主义正当理由，即该特免权对于维护神职人员和信徒之间的秘密关系是必要的，这一观点经常被提出来。在这个方面，该特免权类似于律师—委托人特免权、医生—患者特免权、精神诊疗者—患者特免权和夫妻交流特免权。

（2）另一正当理由来源于宪法，基于宪法第一修正案自由行使条款（Free Exercise Clause of the First Amendment）。按照这个论点，该条款禁止法院强迫神职人员披露秘密交流的内容，若这样的披露有悖于其宗教习惯的话。虽然该特免权并未被宪法所明确规定，但历来的宗教信仰自由原则为该特免权提供了有力的支持。参见肯特·格林纳沃尔特：《宗教信仰和宪法：自由行使和公正》[1 Kent Greenawalt, Religion and the Constitution: Free Exercise and Fairness 246 - 260 (2006)]。另参见杰里米·边沁：《杰里米·边沁的作品》[7 Jeremy Bentham, Works of Jeremy Bentham 366 - 367 (1843)]（以宗教容忍原则论证了该特免权的正当性）。

（3）隐私权理论有时候也会被人提及，它强调宗教礼拜活动的隐私性质。通过创造一个隐私地带，保护心灵咨询不被披露，该特免权对秘密交流者与神职人员的密切关系表示了尊重。按照这个原理，保密是一项隐私权益，其本身对审判事实认定机能具有正当约束作用。

（4）最后，人们认为该特免权要通过防止法院和神职人员之间产生争议与冲突，来保护我们司法制度的可信性。这个理由的拥护者主张："法院以神职人员拒绝辜负对他们的信任而泄露秘密为由而监禁他们的场面，可能会破坏公众对司法程序的信任。"《法律的发展：受特免权保护的交流》[Developments in the Law—Privileged Communications, 98 Harv. L. Rev. 1450, 1562 (1985)]。在这个意义上，这种特免权是对政教分离的尊重。

二、该特免权的范围

在解释教士—教友特免权时，最重要的问题是谁被视为教士，什么样的交流要受到保护，以及什么时候第三人的在场将导致该特免权放弃。在大多数司法辖区，该特免权拥有者是教友，但也有一小部分州将该特免权和披露交流的决定赋予了神职人员。然而，大多数州的制定法明确禁止神职人员未经交流者同意而披露秘密交流的内容。在纽约的一起广为人知的案件中，一位牧师披露了一位已故教区居民在 11 或 12 年前的忏悔声明，这有助于为两位被误判谋杀罪的男子开脱罪名。据这位牧师和纽约教区的说法，这种失信是适当的，因为忏悔声明在天主教实践中并非正式忏悔。若忏悔是正式的，即使是在该教区居民已故的情形下，牧师也将永远不能披露其内容。莫拉莱斯诉波特昂多案［Morales v. Portuondo, 154 F. Supp. 2d 706, 714（S. D. N. Y. 2001）］。

即使教士不拥有该特免权，其在保护宗教咨询隐私权方面也有其自身利益。在莫凯蒂斯诉哈克尔罗德案［Mockaitis v. Harcleroad, 104 F. 3d 1522（9th Cir. 1997）］中，法院判定，牧师和在押狱犯的谈话录音——狱犯知道检控方正在录音——不受特免权保护，但对其披露将侵犯牧师的宪法第四修正案对隐私权的期待以及联邦《宗教自由恢复法》（Religious Freedom Restoration Act）。

1. 教士的定义

《联邦证据规则（建议稿）》506（a）（1）将教士（clergy）界定为"教长（minister）、牧师（priest）、拉比（rabbi）或其他宗教组织中的类似职能人员，或被与之进行咨询的人合理认为是这种人员的人"。这个定义为联邦第三巡回法院在关于大陪审团调查案由［In re Grand Jury Investigation, 918 F. 2d 374, 384 - 385（3d Cir. 1990）］中所采用。"被合理认为是"教士的条款，旨在保护人们的合理期待。一些州立法除了"教士或牧师"，没有别的界定。其他州则在界定有关人员时使用了很宽泛的语言。例如，参见《伊利诺伊州立法汇编》［735 Ill. Comp. Stat. 5/8 - 803（2002）］（提到"教士或被其所属的宗教团体认可的任何宗派派别的从业者"）。佐治亚州明确界定了哪些神职人员被包括在内，将特免权限定于"任何新教福音牧师，任何罗马天主教牧师，任何希腊东正教牧师，任何犹太教拉比，或任何基督教或犹太教牧师，无论名称如何"。《佐治亚州法典手册》［Ga. Code Ann. § 24 - 9 - 22（West 2003）］。

一个经常出现的问题是，在交流者所得到的心灵咨询来自未被正式任命的教士的情况下，该特免权是否适用。联邦第三巡回法院预见到这个问题，在附带意见中指出，规则 506（建议稿）对教士采用的宽泛定义，并不意味着"该特免权应当被解释为包括与那些把每一名成员都称为神职人员的教派成员进行的交流以及教派成员之间的交流"。关于大陪审团调查案由［In re Grand Jury Investigation，918 F. 2d at 384，n. 13］。要由主张特免权的一方承担证明责任，说明接受交流的人通常从事的行为与天主教牧师、犹太教教士或新教教长所从事的行为通常是一致的。合众国诉纳波林案［United States v. Napolean，46 M. J. 279，284 - 285（Ct. App. A. F. 1997）］（引用萨尔茨伯格和马丁：《联邦证据规则手册》[2 S. Saltzburg and M. Martin, Federal Rules of Evidence Manual 601 - 602（5th ed. 1990)]）。在关于沃珀兰科案由［In re Verplank，329 F. Supp 433，435 - 436（C. D. Cal 1971）］中，法院保护了向未得到任命的顾问进行的秘密交流，因为这些顾问的服务非常类似于对他们进行指导的得到任命的教长所从事的行为。这个问题的复杂性从考克斯诉米勒案［Cox v. Miller，154 F. Supp. 2d 787（S. D. N. Y. 2001）］可见一斑，地方法院戏剧性地扩大了这种特免权，将匿名戒酒社（AA）会议上发表的声明也包括在内。在考克斯案中，被告人向匿名戒酒社成员所作的两起谋杀案供述受到特免权保护，法院对此解释道，联邦第二巡回法院基于"十二步康复法"的宗教性本质，认定匿名戒酒社是一种宗教。尽管联邦第二巡回法院在之后的考克斯诉米勒案［Cox v. Miller，296 F. 3d 89（2d Cir. 2002）］中推翻了这个裁定，但本案表明教士—教友特免权可能得到相当宽泛的解释。

2. 交流的性质

教士—教友特免权仅适用于以心灵或专业能力出现的神职人员所进行的交流。法院曾解释说，这意味着该交流"与宗教职能有关……该交流必须在本质上出于神职和宗教目的"。埃里斯诉合众国案［Ellis v. United States，922 F. Supp. 539，542（D. Utah 1996）］。这样的交流有别于仅仅将某事件告知教士的交流——像埃里斯案那样（某惨烈事故的证人在教堂赞助的出游活动中，出于世俗目的将相关事件告诉了教会职员），或为了获得情感支持和安慰而非为了获得正式宗教活动的指导和宽恕而进行的交流。合众国诉纳波林案（United States v. Napolean，46 M. J. at 285）。关于该特免权的狭义见解——仅仅适用于"忏悔"行为——将产生宪法第一修正案平等保护之忧，因为其将该特免权限定在一些特定宗教内。

3. 保密期待

像律师—委托人特免权一样，如果第三人在场对于交流是必要且促进沟通的，则不应该取消该特免权。例如，在教会等级制度内进行的信息传递可能仍受特免权保护。在斯科特诉哈默克案［Scott v. Hammock，133 F. R. D. 610 (D. Utah 1990)］中，法院适用了犹他州法律，判定交流者同教士进行的之后在教会等级制度内垂直传递给另一位宗教人员的交流是受特免权保护的，因为这样的交流对于贯彻教会教规是必要的，如果教会职员之间的交流可以被披露的话，则该特免权将遭到破坏，交流者的信任会遭到贬抑。

在关于大陪审团调查案由（In re Grand Jury Investigation）中，检控方试图强迫披露几名家庭成员和他们牧师之间的交流，理由是某位非家庭成员也在场。联邦第三巡回法院的分析如下：

> 实质上，检控方主张，根据联邦法律，没有血缘或婚姻关系的人，不能与以心灵或专业能力从业的教士一起进行受保护的交流。……
>
> 检控方关于传统的教士—教友特免权保护一种忏悔关系，在这种关系中人们私下向牧师坦白自己的罪恶，以获得某种形式的教会惩罚或宽恕，这个观点是正确的。家庭或其他类型的群体咨询活动，都不能与这种"一对一"的特免权模式完全吻合。然而，我们已经解释道，现代关于特免权的观点比传统观点更为开阔。就像规则506（建议稿）或认可该特免权的判例所表述的那样，我们并未看到现代教士—教友特免权原则中有任何因素将该特免权的适用范围仅限定在有血缘或婚姻关系的家庭成员所进行的群体讨论上。相反，现代教士—教友特免权原则关注的是第三方在场对于与教士的交流是否必要或者促进沟通。我们认为，根据证据性特免权应作狭义解释这个一般性构建原则，在这种情况下，是否认可教士—教友特免权取决于第三方在场对于与教士的交流是否必要或者促进沟通。像律师和委托人之间的磋商一样，在与教士探讨期间，没有血缘或婚姻关系的多个当事人在场，可能但并非必然否定这样的条件，即为了获得该特免权保护，在进行交流时要有保密的合理期待。(918 F. 2d at 386.)

然而，上诉法院还判定，地区法院并没有掌握形成这个必要判定所基于的足够事实：即家庭成员们合理期待他们与其牧师进行的交流是保密性的。其将案件发回地区法院，以"确定（家庭成员）在与诺奇（Knoche）牧师进行交流时，该牧师是在以其心灵或专业能力从业，并且（家庭成员）对保密有合理的期待。……"（上引案例，第387页。）这可能需要进行以下调查，即："这

995

种交流者关系的性质，以及路德教堂相关聚会中牧师咨询活动惯例……在交流时当事人是否享有共同利益，如果是这样，在哪些方面……就（第三人）在咨询现场的角色需要有更完整的记录。为了确定她的在场是否会损害该特免权或导致该特免权放弃，法院必须调查其他群体成员——他们显然是大陪审团调查的对象——是否合理地要求她在咨询时在场，无论是为了促进他们与牧师的交流还是保护他们的利益。"（上引案例，第 387～388 页。）上诉法院充分注意

996 到，这样的调查可能要求牧师就上述群体访谈中探讨了哪些问题进行某种程度的披露。至于如何确定这些信息，是否开展保密听证，当事人和/或律师是否应当在场，以及如何与"微妙的第一修正案问题"相适应，本案上诉法院交由地区法院自行裁量。（上引案例，第 388 页。）

4. 例外

在州制定法中，教士—教友特免权的主要例外，涉及该特免权与州强制性报告儿童虐待方面的法令之间的冲突。由于神职人员儿童性虐待的丑闻，公众的愤怒促使州立法机构采取了行动。"每个州都通过了一项法规，要求强制性报告儿童虐待的情况。"格林沃尔德等：《证言特免权》［1 Greenwald et al.，Testimonial Privileges §6：14］。一些州修订了这些强制性报告法规，将教士列入需要报告儿童虐待事件群体的名单。例如，参见《马萨诸塞州基本法释义》［Mass. Gen. Laws Ann. ch. 119，§51A（West 2002）］；《亚拉巴马州法典》［Ala. Code §26 - 14 - 3（1992 & Supp. 2004）］。目前，大约有 40 个州的强制性报告法规，要求教士披露已知或可疑的儿童虐待事件，即要么明确将教士列在适用群体名单中，要么用一个诸如"任何人"的包罗万象短语。格林沃尔德等（Greenwald, et al. §6：4）。然而，大多数要求教士报告儿童虐待情况的州，仍然保留着教士—教友特免权例外，以保护这种交流不受强制性报告要求的影响。（上引案例）例如，尽管马萨诸塞州修订了其强制性报告法规，将教士列入其中，但该法规依然规定了以下例外情况：

> 一位……神职人员……应该报告本节所列举的所有虐待情况，但并不需要报告仅在忏悔中或其他基于宗教信仰的交流中所获得的信息。本基本法不得修改或限制……一位神职人员……在该神职人员以其他身份将需要进行报告的情况下，去报告本节所规定的儿童遭虐待之合理原因的责任。《马萨诸塞州基本法释义》（Mass. Ann. Laws ch. 119 §51A）。

本质上，这意味着，在许多州，教士被要求报告可疑或已知的儿童虐待事

件，只要这样做不会暴露忏悔的实质内容或与忏悔者的秘密交流。例如，参见《佐治亚州法典》（Ga. Code Ann.，§19-7-5）。一些州则恰恰相反，其明确否认在强制性报告法规中存在特免权，例如，参见《得克萨斯州家庭法典》[Tex. Fam. Code Ann. §261. 101 (Vernon 2002)]；《新罕布什尔州修订法释义》[N. H. Rev. Stat. Ann. §169-C：29 (2001)]，还有一些要求强制性报告的州并未提及其对特免权的影响。例如，参见《印第安纳州法典》[Ind. Code Ann. §31-33-5-1 (West 1999)]。关于进一步讨论，参见诺曼·艾布拉姆斯：《关于教士—教友特免权和儿童虐待报告职责的张力在州制定法中的解决方式》[Norman Abrams, Addressing the Tension Between the Clergy-Communicant Privilege and the Duty to Report Child Abuse in State Statutes, 44 B. C. L. Rev. 1127 (2003)]；克里斯托弗·R. 普戴尔斯基：《后史密斯时代强制性报告法规的宪法命运和教士—忏悔者特免权》[Christopher R. Pudelski, The Constitutional Fate of Mandatory Reporting Statutes and the Clergy-Penitent Privilege in a Post-*Smith* World, 98 Nw. U. L. Rev. 703, 706-707 (2004)]。

997

要　点

1. 教士—教友特免权已被联邦法律和所有州司法辖区认可，尽管在一些州存在着强制性报告已知或可疑儿童虐待情况的例外。

2. 法院将该特免权扩展至与委任的教士或从事同样活动的人进行的交流。该交流必须与宗教职能有关。

3. 在第三人在场情况下进行的交流，如果第三人在场对于与教士的交流必要且促进沟通，也受特免权保护。

思考题

12.26. 达琳（Darlene）通过邮件进行威胁的犯罪而正在受到审判。达琳提出精神异常之辩。达琳所在教区的教士作证说，在达琳的行为发生期间，达琳确实"能辨别是非"。该教士进一步陈述说，该意见建立在对达琳了解、对达琳观察和在这一期间与达琳谈话的基础上。该证言是否侵犯了教士—教友特免权？

12.27. 吉姆·琼斯（Jim Jones）交付 100 美元后，加入了一个邮购教堂（mail order church），他因此取得一个世俗牧师（lay minister）身份。该教会教义包括誓守清贫，并认为联邦政府不能对牧师个人收入课税。琼斯不再缴纳收入所得税，现在琼斯因为 1996—2000 年没有申报个人所得税而受到起诉。1999 年，琼斯还加入了一个圣公会（established church），并就其关于税收的信仰与牧师进行了几次谈话。检控方计划传唤该牧师，该牧师准备作证说他曾劝告琼斯他的收入不能免税。琼斯能否主张教士—教友特免权？

12.28. 萨姆·埃文斯（Sam Evans）因性侵其 12 岁继女而被指控。在受到指控的事件发生后不久，萨姆和他的妻子就分居了。萨姆开始去见他的牧师，寻求精神指导。在一次涉及婚姻咨询的会见中，萨姆的妻子也在场。在这次会见中，萨姆承认了他对其继女的性侵，他说自己在前一天晚上就把这事告诉了他的妻子。检控方计划传唤萨姆的妻子，她也愿意就萨姆的两次供认作证。检控方还计划传唤牧师，就萨姆在咨询时所说的话对其进行询问。然而，该牧师明确表示不愿意就这些事项作证，并且该牧师对萨姆的妻子将要作证感到不快。该牧师是否有不作证的个人权利，或阻止萨姆的妻子作证的个人权利？萨姆可以就其妻子和牧师的证言提出什么异议？为了回答这些问题，还需要知道哪些事实？如何确定这些问题？

第七节　其他特免权

一、其他专业人员和委托人的关系

有时候，其他专业人员的秘密交流特免权也会被认可，如为委托人提供咨询、意见或代表其委托人行事的会计、教师、家庭和婚姻顾问、社会工作者、公民代理及私人侦探。创设这种特免权的制定法已经在少数州获得通过。例如，大约 1/3 的州存在会计—委托人特免权。与会计—委托人特免权有关的一个有趣问题是，诸如证券交易委员会（SEC）要求上市公司由独立审计师编制的年度报告（信息），该特免权对用于开发公开披露财务报告的基础信息是否已被放弃。如果某州法律没有在这种情况下为该特免权创设一项例外，那么，该特免权很可能仍然适用于该基础信息。例如，参见希尔斯伯勒控股公司案 [In re Hillsborough Holdings Corp., 176 B. R. 223, 237 (M. D. Fla. 1994)]。

然而，根据判例法，在联邦法院，对于会计人员而言仍然没有特免权和工作成果原则的保护。参见合众国诉亚瑟·杨公司案 [United States v. Arthur Young & Co., 465 U.S. 805 (1984)]；库奇诉合众国案 [Couch v. United States，409 U.S. 322 (1973)]。1998 年，《美国法典》第 26 编第 7525 节（26 U.S.C. §7525）将律师—委托人特免权扩展到"联邦授权的税务执业人员"，他们是有权在国内税务局执业的非律师人员。虽然其工作成果仍不受保护，但该新特免权规定："适用于纳税人和律师之间交流秘密性的普通法保护，也同样适用于纳税人和联邦授权的税务执业人员之间的交流，如果其交流像纳税人和律师之间受到特免权保护的交流一样。"[§7525 (a) (1)]。

另一个例子，是根据州精神诊疗师—患者特免权，各种咨询执业人员的特免权也可能被承认。精神诊疗师可被界定为包括精神病医生、心理医生和精神诊疗师之外的其他人员，如在职能上类似于精神诊疗师的社会工作者，精神病护士，以及强奸被害人、被殴打妇女、毒品和酒精滥用者的顾问，学校、家庭和婚姻等顾问。参见凯瑟琳娜·J. H. 达宝迪：《评论：精神诊疗师—委托人证言特免权：对相关专业人员的界定》[Catharina J. H. Dubbleday, Comment, The Psychotherapist - Client Testimonial Privilege: Defining the Professional Involved，34 Emory L. J. 777 (1985)]。一些州认可的另一项"咨询特免权"，是性侵犯被害人—顾问特免权。例如，参见《加利福尼亚州证据法典》[Cal. Evid. Code §1035 - 1036. 2 (West 1995 & Supp. 2005)]；《伊利诺伊州立法汇编》[735 Ill. Comp. Stat. 5/8802. 1 (2002)]；《宾夕法尼亚州宪法与法律释义》 [42. Pa. Cons. Stat. Ann. §5945. 1 （b）（West 2000 & Supp. 2005)]（"未经被害人同意，任何性侵犯被害人的顾问都不得披露被害人与该顾问口头或书面的秘密交流，也不得同意在任何法院或刑事诉讼中接受询问"）。一些州如马萨诸塞州，规定了一项绝对的特免权，而其他州如加利福尼亚州，规定了一项受限的特免权，允许在一些情况下进行披露。关于进一步的探讨，参见尤菲米娅·B. 沃伦：《她现在得到了：一项有限的强奸危机顾问—被害人特免权》[Euphemia B. Warren, She's Gotta Have It Now: A Qualified Rape Crisis Counselor-Victim Privilege，17 Cardozo L. Rev. 141 (1995)]。

二、父母—子女特免权

父母—子女交流特免权并未被普通法所承认。目前，五个州——科罗拉多州、爱达荷州、马萨诸塞州、明尼苏达州和华盛顿州——已经通过了规定有父母—子女秘密交流特免权的立法，尽管在科罗拉多州和华盛顿州这种特免权仅限于当父母在场时儿童与律师的交流。相反，大多数州拒绝通过这种特免权。例如，参见人民诉狄克逊案［People v. Dixon，161 Mich. App. 388，393，411 N. W. 2d 760，763（1987）］；关于盖尔·D. 案由［In re Gail D.，217 N. J. Super. 226，232，525 A. 2d 337，340（1987）］。纽约州一个法院根据关于隐私权的宪法权利，认可了父母—子女特免权。人民诉菲茨杰拉德案［People v. Fitzgerald，101 Misc. 2d 712，422 N. Y. S. 2d 309（Westchester County Ct. 1979）］。然而，菲茨杰拉德案裁定并未被纽约州的任何法院裁定所遵循，并且在人民诉哈勒尔案［People v. Harrell，87 A. D. 2d 21，450 N. Y. S. 2d 501，504（1982）］中受到了限制，在人民诉西利格斯案［People v. Hilligas，175 Misc. 2d 842，670 N. Y. S. 2d 744（Erie County Ct. 1998）］中因其将该特免权不适当地扩展到成年子女而受到批评。

　　在华盛顿州父母—子女特免权法通过之前，华盛顿州最高法院拒绝采用一种普遍的特免权。州诉马克森案［State v. Maxon，110 Wash. 2d 564，574，756 P. 2d 1297，1302（1988）］。如上所述，《华盛顿州法典》只创设了有限的特免权，因此，在马克森案中拒绝普遍的父母—子女特免权的裁定仍然有效，限缩了该特免权在华盛顿州的范围。

　　针对该特免权的宪法性主张，华盛顿州最高法院指出：

　　　　宪法并未授权认可父母—子女特免权。关于隐私权的判例并没有表明，从实体性正当权益分析目的出发，父母和子女之间进行秘密交流的利益可以作为一项基本权利。因未认可父母—子女特免权而导致的对该利益的侵犯，都是间接和偶然的。

　　马克森案（Maxon，supra，756 P. 2d at 1301）（引用了唐纳德·科弗：《评论：父母—子女特免权：宪法权利还是华而不实的类比？》［Donald Cofer，Comment，Parent-Child Privilege；Constitutional Right or Specious Analogy?，3 U. Puget Sound L. Rev. 177，210 - 211（1979）］）。

　　在国会未采取行动的情况下，联邦法院一直以来通常都拒绝认可父母—子女特免权。例如，参见安德·思尔诉合众国案［Under Seal v. United States，755 F. 3d 213，217 - 222（4th Cir. 2014）］（因为反对建立新的特免权政策以及在调查了法院裁定后——大多数裁定都基于州和联邦法律拒绝了确立该特免权的邀请，本案法院拒绝承认父母—子女特免权）；关于大陪审团调查案由［In re Grand Jury Proceedings，103 F. 3d 1140，1146 - 47（3d Cir. 1997）］（注意到大多数联邦和州法院都不认可父母—子女特免权，并拒绝承认这种特免权）。

面对这种特免权主张，许多法院提出的一个有趣问题是，该特免权是否仅适用于子女对父母的交流，或亦适用于父母对子女的交流。评论者们辩称，该特免权应当仅适用于子女对父母的谈话，因为该特免权背后的政策是鼓励子女信赖父母。

虽然父母—子女特免权尚未得到广泛接受，其支持者常常提及证人面对的所谓"残忍的三难选择"（cruel trilemma）。第一个可选项是作证的父母或子女选择犯伪证罪来保护家庭成员。在合众国诉伊斯梅尔案［United States v. Ismail，756 F. 2d 1253 (6th Cir. 1985)］中，一位儿子为了不陷其父于罪，在大陪审团听审程序中自己作了伪证。这位儿子此后在证人席上说了实话，他承认自己在大陪审团程序中撒了谎，并考虑通过自杀来避免作证来反对其父亲。在这种情况下，证人的第二个可选项是说出真相，并面对因此给这种关系造成的破坏和因为伤害所爱的人而带来的内疚感。特里·尼考斯（Terry Nichols）在其 13 岁的儿子乔希（Josh）被迫在大陪审团前作证后，因为卷入1995 年俄克拉何马城爆炸案而被判决有罪。乔希的母亲告诉记者说，她的儿子因为作证而饱受噩梦折磨。[73] 第三个可选项是拒绝作证，并被判藐视法庭。在州诉德朗案［State v. DeLong，456 A. 2d 877 (Me. 1983)］中，一位 15 岁女孩受到继父的性虐待，该女孩因为拒绝作证反对继父而被判刑。

考虑到选择诚实作证来反对家庭成员的困难性，许多法官和检察官都担心父母或子女证言的真实性。此外，对家庭隐私权的呼吁可能使得对父母—子女特免权的支持在政治上具有吸引力。1998 年 2 月，该问题引起全国性关注，独立检察官肯尼斯·斯塔尔（Kenneth Starr）传唤莫妮卡·莱温斯基（Monica Lewinsky）的母亲玛西娅·刘易斯（Marcia Lewis）就其女儿与克林顿总统的关系在大陪审团前作证。在 1998 年和 1999 年国会开会期间，这一场面促使美国众议院通过三项法案，参议院通过一项法案。[74] 每项法案都建议创设一项联邦父母—子女特免权。《家庭秘密法案》［Confidence in the Family Act，105 H. R. 3577 (1998)］由于许多原因被众议院司法委员会否决了，其中就包括这

1000

---

[73] 参见兰斯·盖伊：《莱温斯基的母亲在法律和忠诚之间挣扎》（Lance Gay, Lewinsky's Mother Torn Between Law and Loyalty, *Times Union*, Feb. 14, 1998, at A1）。

[74] 参见《家庭秘密法》［Confidence in the Family Act, 105 H. R. 3577 (1998)］（对《联邦证据规则》进行的修订，包括联邦民事和刑事程序中的父母—子女敌意证言特免权和秘密交流特免权）；《1998 年和 1999 年父母—子女特免权法案》［Parent-Child Privilege Acts of 1998 and 1999, 105 H. R. 4286 (1998)，106 H. R. 522 (1999)］（对联邦证据规则进行修订，确立了父母—子女特免权）；《家庭隐私检察长指南》［Attorney General Guidelines for Familial Privacy, 105 S. 1721］（要求美国司法部长制定联邦检察官保护家庭隐私和父母与子女交流指南）。

样的担心，即这个法案的宽泛范围，既可能包括生身父母，也可能包括继父母和祖父母；既可能包括成年子女，也可能包括未成年子女；既可能包括刑事案件，也可能包括民事案件。[75] 剩下的三项法案在参众两院司法委员会尚无结果。来自新泽西州的民主党众议员安德鲁斯（Andrews）曾多次尝试促使立法批准父母—子女特免权（例如，参见《2005 年父母—子女特免权法案》[the Parent-Child Privilege Act of 2005，109 H. R. 3443（2005）]），但他的每次尝试均未成功。

1001

三、在和解谈判中所作的交流

特免权法的一个新兴领域是和解谈判。如第六章所述，《联邦证据规则》408 排除和解谈判中所作的交流作为审判中判定责任的证据。然而，"法院可能因为其他的目的而采纳（这种）证据，比如用以证明证人的成见或偏见、否认不正当拖延的主张或者用来证明妨碍调查和起诉的行为"。《联邦证据规则》408。仍然存在一个问题，即《联邦证据规则》408 究竟是仅适用于审判中证据的可采性，还是意味着应该存在一种特免权来保护和解谈判中的交流不被公开。这种特免权的主要正当理由，是希望促进和解以及在和解谈判中坦诚交流的需要，包括采取可能并非完全利己的假设立场，以便有效寻求妥协。如果在和解谈判中所作的陈述不受特免权保护，又没有《联邦证据规则》408 阻止将其交流内容作为审判中的证据，则这些陈述可能成为证据开示的主题，这会成为和解谈判中坦诚讨论的抑制因素。

联邦第六巡回法院判定，在促进和解谈判方面所作的协商确实有一项特免权，以阻止向第三方披露。固特异轮胎橡胶有限公司诉奇力电力供应有限公司案 [Goodyear Tire & Rubber Co. v. Chiles Power Supply, Inc.，332 F. 3d 976（6th Cir. 2003）]。在固特异案结束后，奇力公司接受了采访并对和解谈判的内容作了不适当的披露。（前引案例，第 978 页。）在了解到谈判内容后，单独起诉固特异公司和奇力公司的原告加入了诉讼，并请求地区法院允许披露和解谈判中的内容。（上引案例，第 979 页。）

联邦第六巡回法院在讨论该特免权的界限时，很大程度上依赖于最高法院在杰斐诉雷蒙德案 [Jaffee v. Redmond，518 U. S. 1（1996）] 的裁定。（上引案例，第 979 - 980 页。）联邦第六巡回法院判定，承认这种特免权并注意和解谈

---

[75] 该法案最终以 162∶256 的投票结果被否决。参见《国议记录》[144 Cong. Rec. H2278（daily ed. Apr. 23，1998）]。

判信息保密性的传统，具有强烈的公共政策利益。（上引案例，第980页。）法院进一步得出的结论是，从和解谈判中开示的信息不太可能具有相关性：

> 在和解谈判中，各方所讨论的事项都应保密，这符合公众利益。无论和解谈判是在法院主持下进行，还是在当事人之间进行非正式谈判，都是如此。不经审判就进行谈判并化解案件的能力有助于建立一个更有效率、更节约成本、负担更轻的司法制度。为了使和解谈判对话有效，各方必须在其谈判中感到无拘无束。各方当事人不太可能提出最有效导致和解的妥协方案，除非他们确信，其提出的解决方案未来不会被第三方用作"弹劾证据"计策在交叉询问时使用。各方必须能够在某种程度上放弃其敌对倾向。他们必须能够作出假设的让步，提供有创意的补偿，并且一般来说，会作出与他们的诉讼努力不符的陈述。如果没有特免权，当事人往往会为了相对正式的审判而放弃谈判。那么，整个谈判过程就失去了意义，其促进司法效率的价值也就丧失殆尽了。（上引案例，第980页。）

尽管联邦第六巡回法院已经采用了该特免权，其他联邦巡回法院尚未决定 *1002* 该事项，但是，至少已经有一个联邦地区法院拒绝了遵循联邦第六巡回法院的裁定。在向商品期货委员会发出的传票案由 [In re Subpoena Issued to Commodity Futures Trading Commission, 370 F. Supp. 2d 201 (D. D. C. 2005)] 中，联邦哥伦比亚特区地方法院判定，其不会承认一项新的防止向第三方开示文件的和解谈判特免权。该法院在得出其结论的过程中，讨论了最高法院在评估潜在特免权时会考虑的几个因素。（上引案例，第208页。）该法院指出，各联邦法院没有达成广泛的共识，因为很少有联邦法院承认这种特免权，州法院也没有达成支持这种特免权的共识。（上引案例，第208-209页。）该法院还认为，通过颁布《联邦证据规则》408，国会选择了限制和解事项的可采性，而非可开示性（discoverability）。（上引案例。）最后，该法院认为，这种特免权的支持者们并没能充分证明其能够有效促进公共利益。（上引案例，第212页。）

另一项类似的特免权是调解交流特免权。调解特免权保护当事人之间与调解谈判有关的交流和文件免于证据开示。调解特免权在普通法中并未得到承认，但每个州都颁布了调解特免权的某种法定形式。《1998年替代性纠纷解决法案》（ADR Act in 1998，28 U. S. C. §651）通过之后，国会要求联邦地区法院通过地方性规则授权所有针对民事诉讼的替代性纠纷解决项目。替代性纠纷解决法案要求替代性纠纷解决程序必须保密，并要求地区法院制定保障措施，以保护替代性纠纷解决程序中交流的保密性。（上引法案，§651.）虽然《替代性纠纷解决法案》实际上并没有创造一项特免权，一些联邦法院已经采用这种特免权以保护这种调解交流的保密性。例如，参见福尔布诉电影产业养老基金与健康计划案 [Folb v. Motion Picture Industry Pension & Health Plans, 16 F. Supp. 2d 1164 (C. D. Cal. 1998)]；谢尔登诉宾夕法尼亚州收费公路委员会案 [Sheldone v. Pennsylvania Turnpike Commission 104 F. Supp. 2d 511 (W. D. Pa. 2000)]。然而，在国会没有作出更明确的强制要求情况下，其他联邦法院拒绝采用这种特免权。参见联邦存款保险公司诉怀特案 [FDIC. v. White, 76 F. Supp. 2d 736, 738 (N. D. Tex. 1999)] ["该法院没有将 ADR （法案）或其稀疏的立法史解读为创造了一项证据特免权"]。关于调解特免权的进一步讨论，参见埃伦·E. 迪森：《美国联邦制度中可预见的调解保密性》 [Ellen E. Deason, Predictable Mediation Confidentiality in the U. S. Federal System, 17 Ohio St. J. on Disp. Resol. 239 (2002)]。

四、保护信息外部来源的特免权

有一个保护信息保密来源的特免权独特类型。这类特免权有三种：政府 "线人"特免权、记者特免权和学者特免权。这些特免权与秘密交流特免权不同，因为其关注的不是交流内容，而主要是如何保护信息来源者的身份。最常见的正当理由是，如果没有这种保护，仅仅因为存在被披露的可能性，就足以破坏未来的信息流，因而"通过妨碍执法工作、新闻传播或知识进步，损害公众利益"。《法律中的发展——受特免权保护的交流》[Developments in the Law— Privileged Communications, 98 Harv. L. Rev. 1592, 1594 (1985)]。

1003

（一）政府"线人"特免权

政府"线人"特免权保护对于犯罪或其他可疑行为向政府提供信息的个人身份。虽然该特免权曾被认为是绝对的，但由于考虑到刑事被告人的宪法权利，它已经受到了限制。在罗维洛诉合众国案 [Roviaro v. United States, 353 U. S. 53, 62 (1957)] 中，最高法院公布了一项检验标准，"在保护信息流的公共利益和准备辩护的个人权利之间进行平衡"。"线人"特免权最经常出现在这样的情况下，即刑事被告人宣称"线人"证言对于其辩护至关重要。在这种情况下，法院可以自由和"线人"举行秘密听证，以确定该如何取得罗维洛案式平衡。例如，参见合众国诉安德逊案 [United States v. Anderson, 509 F. 2d 724, 730 (9th Cir. 1974)]；合众国诉费希尔案 [United States v. Fischer,

531 F. 2d 783 (5th Cir. 1976)]。一般而言，被告人辩护的宪法性权利将推翻该特免权。参见詹克斯诉合众国案［See Jencks v. United States，353 U. S. 657，671 - 672 (1957)］。

"线人"特免权也经常在以下情况下被援引，即被告人对检控方的搜查提出质疑，而政府宣称是"线人"提供了搜查之合理根据。该特免权也适用于民事案件。在应用罗维洛案平衡检验标准时，一些民事法院坚持认为，"在民事案件中该特免权的力度要大于在刑事案件中的力度"（关于合众国案由［In re United States，565 F. 2d 19，22 (2d Cir. 1978)]），而其他法院则坚持适用与刑事案件同样的标准，例如，参见霍奇森诉案石油公司查尔斯·马丁检查员案［Hodgson v. Charles Martin Inspector of Petroleum, Inc. ，459 F. 2d 303，305 (5th Cir. 1972)］。

（二）记者特免权

媒体组织的成员一致主张设立一种保护记者的特免权，以防止其新闻来源身份的披露。支持者为该特免权提出双重正当理由：(1) 对于鼓励来自外部来源的秘密信息流而言，该特免权是必要的；(2) 该特免权保护宪法第一修正案的言论自由。在布兰茨堡诉海耶斯案［Branzburg v. Hayes，408 U. S. 665 (1972)］中，最高法院以 5∶4 的裁定结果否决了上述宪法性论点。该案分析了该特免权在大陪审团机制下的主张。在指出"本法院裁定的有限性"后，鲍威尔大法官在附议中提出了一项平衡检验标准，来决定记者特免权主张问题。与鲍威尔大法官的附议意见一脉相承的，是许多下级联邦法院根据宪法第一修正案认可了一种有限的记者特免权。例如，参见大陆有线电视公司诉斯托斯广播公司案［Continental Cablevision, Inc. v. Stores Broadcasting Co. ，583 F. Supp. 427 (E. D. Mo. 1984)］；合众国诉伯克案［United States v. Burke，700 F. 2d 70 (2d Cir. 1983)］。但参见赫伯特诉兰多案［Herbert v. Lando，441 U. S. 153 (1979)］（拒绝承认一项编辑程序特免权）。华盛顿特区联邦巡回法院否决了反对某联邦大陪审团传票的宪法第一修正案挑战，重申了布兰茨堡案。关于大陪审团作证传票案由（朱迪思·米勒）［In re Grand Jury Subpoena, Judith Miller，397 F. 3d 964 (D. C. Cir. 2005)］。在米勒案中，两位记者和《时代周刊》杂志的母公司时代公司被传唤，向联邦大陪审团就其文章的消息来源作证，本案大陪审团正在调查一些政府官员泄露一位中央情报局特工身份的指控。（上引案例，第966 - 968页。）法院判定，宪法第一修正案并未赋予记者在大陪审团传唤的情况下拒绝披露消息来源的权利，并进一步判定，即便普通法上存在记者特免权，也是不确定的。这种特免权是有资格的，而政府胜任任何资格。（上引案例，第 972－973 页。）

　　至少有一个联邦法院已经明确判定，在大陪审团程序中，记者特免权并不适用。关于大陪审团审理（斯卡斯）案由［In re Grand Jury Proceedings（Scarce），5 F. 3d 397，403（9th Cir. 1993）］。

　　试图制定一项联邦特免权制定法的努力没有成功。然而，大多数州已经制定了新闻保护法，提供了不同程度的保护。当记者消息来源是秘密的，通常情况下，为了推翻该特免权，原告必须作出更为实质性的必要性证明。马克诉休恩案［Mark v. Shoen，48 F. 3d 412（9th Cir. 1995）］。纽约州法律规定，为了推翻该特免权，寻求披露有关信息来源的当事人必须"清楚且明确地证明，该新闻：（1）具有高度的重要性和相关性；（2）对于维持当事人的诉讼主张、辩护或证明某个重要争点至关重要或具有必要性；以及（3）不能通过其他来源获得"。《纽约州民权法》［N. Y. Civ. Rights Law §79h（c）（McKinney 1992）］。另参见关于申请取消全国广播公司传票案由［In re Application to Quash Sub-poena to National Broadcasting Co.，Inc.，79 F. 3d 346，351（2d Cir. 1996）］，该案中，法院判定，为了证明没有发表的新闻至关重要或具有必要性，必须判定使用这种信息的诉讼主张会"实际抑制或增强所提出证据的采纳或排除"。相反，在有关材料并非保密的情况下，这个标准的严格性将大大降低：

　　　　如果所寻求的信息不具有保密性，民事诉讼当事人就有权请求进行披露，尽管非当事人对记者特免权之合法主张仅需证明所要求的材料：（1）尽管存在合理的替代性来源但仍然无法取得；（2）是非累积性的；以及（3）显然与案件的某个重要争点具有相关性。马克诉休恩案（Mark v. Shoen，48 F. 3d at 416）。

　　在侮辱、诽谤案件中，该特免权的适用受到了限制。在德塞诉赫什案［Desai v. Hersh，954 F. 2d 1408（7th Cir. 1992）］中，法院判定，诽谤案件被告不能援引该特免权，因为原告承担这样的证明责任，即证明记者有实际恶意。根据《纽约时报》诉沙利文案［New York Times v. Sullivan，376 U. S. 254（1964）］，能否对这种实际恶意加以证明，取决于对记者消息来源身份的了解，因为诽谤案件的原告需要证明该消息来源是不可靠的，或记者没有采取足够措施来核实其所述内容事实上的准确性。因此，在原告必须证明实际恶意的诽谤名誉诉讼中，一般规则是，记者特免权必须让位于有关信息的披露。米勒诉跨美出版公司案［Miller v. Transamerican Press, Inc., 621 F. 2d 721, 725726 (5th Cir. 1980)］。但参见康迪特诉国家调查公司案［Condit v. National Enquirer, Inc., 289 F. Supp. 2d 1175 (E. D. Cal. 2003)］（前国会议员加里·康迪特的妻子起诉小报诽谤；法院判定，保密消息来源受特免权保护，结论是原告未能调查所有合理的替代性消息来源）。

刑事案件中，被告进行辩护的宪法性权利会推翻记者特免权，即便法规上确立了绝对的特免权。参见法布尔事项［Matter of Farber, 394 A. 2d 330 (N. J. 1978)］。

（三）学者（学术研究者）特免权

学术研究者们主张，要有一项特免权来保护其研究的保密性及其研究对象的身份。支持者们提出了两个论点来支持其特免权主张。首先，学者特免权可以说属于被承认的更宽泛的记者特免权，特别是在学术研究成果要出版的情况下。其次，支持者认为，学术自由是宪法第一修正案的一个特别关注，该特免权对于保护研究过程和鼓励来自研究对象的信息交流是必要的。在库苏马罗诉微软公司案［In Cusumano v. Microsoft Corporation, 162 F. 3d 708 (1st Cir. 1998)］中，法院考虑了这样的问题，即为了给一本书做准备，学术研究者访谈了网景公司 40 位现在和过去的员工，他们能否就访谈笔记、录音带、记录稿等事项保密。在这些研究者拒绝了传票后，微软公司申请强迫他们交出这些研究材料。法院判定，学术研究者类似于记者，其宪法第一修正案的权利禁止"压制言论"（chilling effect on speech），要求像保护记者的信息来源那样保护学者的信息来源。法院写道，如果没有这样的特免权，"学者们将被剥夺信息来源，将只能提供更少、更不具说服力的分析"，因而将更不可能向公众传播信息。法院判定，与宪法第一修正案的保护相比，微软公司的需要并不迫切。

为该特免权提出的其他根据包括，如果数据被强迫披露，对正在进行研究的干预，特别是对科学研究的干预就会发生，这样经同行评议或在其他学术刊物上发表研究成果的潜力就会受到损害。这最后所断言的理论根据在法院没有获得什么成功。参见勒卡诉美国健康和人力服务部案［Burka v. United States, Department of Health and Human Services, 87 F. 3d 508 (D. C. Cir. 1996)］（指出对于以披露将损害研究者发表成果前景为由的研究数据保护而言，并没有确立或充分确立什么惯例）。

几项联邦和州制定法保护学术研究者的研究和信息来源，尽管仅限于有限

1005

的领域，如毒品研究。例如，参见《美国法典》[21 U.S.C. §872 (c) (2000)]（毒品研究）；《加利福尼亚州健康和安全法典》[Cal. Health & Safety Code §11603 (West 2002, Supp. 2005)]（毒品研究）；《纽约州公共卫生法》[N.Y. Pub. Health Law §3371 (McKinney 1977)]（毒品研究）。法院通常不愿意承认学者特免权。参见关于大陪审团传票案由 [In re Grand Jury Subpoena，750 F.2d 223 (2d Cir. 1984)]（拒绝承认学者特免权）；大陪审团审理（斯卡斯）案由 [In re Grand Jury Proceedings (Scarce), 5 F.3d 397 (9th Cir. 1993)]；合众国诉多伊案 [United States v. Doe, 460 F.2d 328 (1st Cir. 1972)]。但参见罗科福德——理查德斯公司诉太平洋煤气和电力公司案 [Richards of Rockford, Inc. v. Pacific Gas and Elec. Co., 71 F.R.D. 388 (N.D. Cal. 1976)]。

五、同行评议特免权

1006

学术机构和医院都主张同行评议特免权，以保护同行评议程序的保密性，这个程序将最终确定哪位候选人将得到终身学术职位和医院特免权。该特免权的理论根据是一种标准的主张，即强制披露同行评议结果将阻碍信息的自由流动，而这对同行评议程序的完整性是至关重要的。如果没有保护来防止这种披露，学术批评的质量就会降低，不够格的候选人将被提拔，其结果将影响到我们大学和医院的质量。

尽管有这些理由，在宾夕法尼亚大学诉平等聘任机会委员会案 [University of Pennsylvania v. E.E.O.C., 493 U.S. 182 (1990)] 中，最高法院拒绝承认存在保护同行评议材料不被披露之保密性的联邦特免权。该问题源自一起由宾夕法尼亚大学一位副教授提起的人种和性别歧视案件。最高法院判定，该特免权无论是根据普通法还是根据宪法第一修正案的理由，都不会得到认可。最高法院"特别不愿意"在这样一个领域"认可一种（普通法）特免权"：国会根据第七编 (Title VII)，已经就教育机构中"令人厌恶的"歧视与学术自治问题进行了权衡，"但这本身还没有规定为特免权"。最高法院拒绝将宪法第一修正案对学术自由的保护扩大到包括对同行评议材料保密。在该裁定之前，大多数联邦上诉法院已经认可了学术背景下有限的同行评议特免权。

就医院而言，联邦法院和州法院已经否决了在司法上确立同行评议特免权的主张。参见纪念医院诉沙德案 [Memorial Hosp. v. Shadur, 664 F.2d 1058 (7th Cir. 1981)]；罗宾森诉麦尕芬案 [Robinson v. Magovern, 83 F.R.D. 79 (W.D. Pa. 1979)]。一些州颁布了制定法，为医院同行评议程序提供了保护。

例如，参见《密歇根州法律汇编释义》[Mich. Comp. Laws Ann. § 333. 21515 (West 2001)]。一些州规定了一项例外，以便在歧视诉讼中可以进行披露。例如，参见《加利福尼亚州证据法典》[Cal. Evid. Code § 1157 (c) (West 1995)]。即使一些法院承认该特免权，其也已被狭义解释为允许原告揭露关于不当行为的证据。在莫雷蒂诉洛案 [Moretti v. Lowe，592 A. 2d 855，857 (R. I. 1991)] 中，法院判定，虽然评议委员会内部交流和评议程序受特免权保护，这些程序的影响并不受特免权保护。因此，医疗事故诉讼中的原告，可以了解某位特定护士是否受到其所在医院评议委员会的惩戒。在莫雷蒂案中，法院也表示，该特免权并不保护供职于评议委员会成员的身份或为该委员会提供信息之人的身份。

该特免权也不保护那些交给同行评议委员会的预先存在的文件。罗奇诉春田诊所案 [Roach v. Springfield Clinic，157 Ill. 2d 29，4042，623 N. E. 2d 246，251 (1993)]。在罗奇案中，法院指出：

> 如果仅仅将先前获得的信息提供给委员会的行为就足以用法定特免权来掩盖该信息，那么，医院实际上就能有效地令为医护人员所知的所有不利事实免于披露，除了那些实际上包含在患者病历中的事项。

另一方面，医疗同行评议特免权涵盖了同行评议期间发生的每次信息交流，其中包括对客观事实的交流。参见克鲁萨科诉契约医学公司有限公司案 [Krusac v. Covenant Medical Center, Inc.，865 N. W. 2d 908 (Mich. 2015)]。为了证明其中任何事实，一方当事人需要传唤直接证人，且不得强制披露受特免权保护的交流。作为同行评议程序一部分的交流受到全面保护，通常不得对外披露。参见奥里德诉桑德斯案 [Allred v. Saunders，342 P. 3d 204 (Utah 2014)]。

1007

关于在困难境况下支持该特免权的裁定，参见杰克逊诉斯科特案 [Jackson v. Scott，667 A. 2d 1365 (D. C. Ct. App. 1995)]。该案中，被告医院在审查心脏手术过程中去世的事故时发现了重大过失的证据。一位秘密线人——其在原告妻子手术过程中"曾在手术室中"——披露称该手术"管理非常糟"，这导致患者的死亡。法院支持了医院就死亡事故内部调查所主张的特免权。根据哥伦比亚特区《1992 年卫生保健同行评议法》(Health Care Peer Review Act of 1992, D. C. Code § § 32501 et seq.)，法院指出，该特免权是不受限定的。辩方证人作证称，医院在患者死亡问题上没有过错（并没有提及内部报告）。但法院判定，根据对该制定法的平意解读，这份报告不得用于弹劾目的。

六、自我评估特免权

与同行评议特免权类似的一种特免权是"自我批评分析特免权"（selfcritical analysis Privilege）。有人已经在公司语境下主张过该特免权。拥有平权行动政策（affirmative action policies）的公司经常主张这种特免权，以保证员工审查过程中的公司内部交流不被披露，并保证公司所做的合规调查不被披露。该特免权的正当理由是，**强迫**披露这些交流情况，将对遵守平等就业机会法产生抑制作用。在阿拉姆布洛诉波音公司案 ［Aramburu v. Boeing Co.，885 F. Supp. 1434 (D. Kan. 1995)］ 中，法院拒绝在一起第七编（Title VII）案件中承认该特免权。依据宾夕法尼亚大学诉平等就业机会委员会案 ［University of Pennsylvania v. E. E. O. C.］，法院指出，在国会已经考虑了这个问题并且没有规定该特免权的情况下，它不愿意承认这样一种特免权。（885 F. Supp. at 1440.）同样，罗伯茨诉亨特案 ［Roberts v. Hunt，187 F. R. D. 71 (W. D. N. Y. 1999)］ 法院判定，由于最高法院在宾夕法尼亚大学案中否决了"同行评议"特免权，这等于也含蓄否定了自我评估特免权的正当理由，因此令该特免权无法根据联邦法而主张。

然而，一些下级联邦法院已经承认了该特免权。例如，参见特鲁宾诉大都会人寿保险公司案 ［Troupin v. Metropolitan Life Insurance Company，169 F. R. D. 546 (S. D. N. Y. 1996)］（当"侵入一个机构的自我评估分析将对该评估过程产生不利影响，对可认知的公共利益造成净损害"时，承认该特免权）；赖克霍德滑雪公司诉特科斯顿公司案 ［Reichhold Chemicals, Inc. v. Textron, Inc.，157 F. R. D. 522 (N. D. Fla. 1994)］（收集了承认自我批评分析特免权的判例）；班克斯诉洛克希德—乔治亚公司案 ［Banks v. Lockheed-Georgia Co.，53 F. R. D. 283 (N. D. Ga. 1971)］（认可该特免权在就业歧视案件的应用）。就 *1008* 这个问题的探讨，参见罗纳德·J. 艾伦，辛西娅·M. 黑兹尔：《对公司内部调查的保密》［Ronald J. Allen & Cynthia M. Hazelwood, Preserving the Confidentiality of Internal Corporate Investigation，12 J. Corp. L. 355 (1987)］。

国会为各州和地方政府创设了一项有关高速公路安全的特免权，类似于自我评估特免权。为了增强高速公路安全，国会 1973 年提出一项旨在消除公共道路危险的计划，为各州识别、研究以及消除国道上的危险状况提供联邦基金支持。（23 U. S. C. §152.）为辨别潜在危险地点，该项目要求各州开展调查并收集关于交通事故的数据。（同上。）尽管该计划提供了一套增强交通安全的机制，由于在以州政府为被告的诉讼中存在证据开示威胁，各州收集这些信息也成为潜在的法定义务。为应对这些威胁，并助益尽可能从各州获取最佳信息，以增强道路安全，国会创设了一项类似于自我评估特免权的法定特免权，以保护各州为增强道路安全、提升危险道路状况而收集的信息。[23 U.S.C. § 409 (1995).] 该制定法规定如下：

> 根据本章第 130、144 和 152 条款 [23 U.S.C.S. § 130, 144, and 152] 规定，为了辨别评估或对潜在交通事故地点、危险道路状况或铁路—公路交叉口增强安全性进行规划，或为制定任何道路安全建设提升项目（此类项目可能通过使用联邦资助公路基金加以执行）而编制的报告、调查、计划表、清单或者收集的数据，在联邦法院或州法院诉讼程序中应免于证据开示和被采纳为证据，或被考虑用于上述报告、调查、计划表、清单或数据所提及或针对的地点发生的任何损害赔偿诉讼之他目的。23 U.S.C. § 409.

尽管该制定法创设了一项联邦特免权，但在皮尔斯郡诉吉兰案 [Pierce County v. Guillen, 537 U.S. 129 (2003)] 中，该制定法遭到了挑战。在吉兰案中，一位鳏夫对郡政府提起过失诉讼，要求郡政府开示所获取的关于其妻在车祸中身亡的交叉路口信息。（同上。）最高法院裁定，根据商务条款（the Commerce Clause），该制定法属于国会权力范围，并且"409 条款保护所有……实际上为 152 条款目的而编制或收集的数据，但不保护最初与 152 条款无关目的而编制或收集，且目前由编制或收集机构所掌握的信息，即便该信息在一些点上是由其他机构为 152 条款目的而收集"。（同上，第 144 页。）基于这种解释，根据 409 条款，一份仅为执法目的而收集且由郡治安官掌握的交通事故报告，并不受到郡治安官的保护，即便一份相同报告会受到公共工程部门的保护，只要该部门起初是基于 152 条款目的而获得该报告的。（同上。）这种解释限制了由联邦政府资助的公共道路提升项目特免权，并最大限度减少了国会对各州证据规则的入侵。参见亚历克斯·斯坦：《宪法性证据法》 [Alex Stein, Constitutional Evidence Law, 61 Vand. L. Rev. 65, 102 - 103 (2008)]。

虽然一般自我评估特免权的发展情况在不同案件中参差不齐，但许多保护不同利益的制定法已被通过，尤其是在各州。一个很好的例子是俄勒冈州为自愿性环境审计所准备的报告而规定的环境审计特免权，以确保该州环境法得以遵守。该特免权是彻底的，保护为该审计和审计过程中所形成的几乎所有材料。即便提交报告是强制性的，该特免权也保护来自私人和政府方当事人的信息，并且法院不得一案一议来确定披露是否能最佳服务于公共利益。类似（但

1009

有时没那么宽泛）的成文法也在其他 10 个州获得通过。关于这个问题的探讨，参见彼得·吉什：《自我批评分析特免权和环境审计报告》[Peter Gish, The Selfcritical Analysis Privilege and Environmental Audit Reports, 25 Envtl. L. 73 (1995)]。

七、政府特免权——行政特免权

在许多关于是否应当为政府内部秘密交流创设证据特免权的讨论中，行政部门一直是焦点所在。但参见合众国诉基洛克案 [United States v. Gillock, 445 U. S. 360 (1980)]（判定在联邦公诉案件中，州立法者不享有特免权）。行政特免权（executive privilege）包括几种不同的政府秘密特免权类型。首先，国家秘密特免权保护军事、外交或敏感的国家安全秘密。其次，适格的总统交流特免权保护总统与其顾问（如内阁成员）之间的秘密交谈。最后，还有保护宽泛的官方信息特免权，如保护执法案卷和政府机关决议的特免权。

（一）国家秘密特免权

国家秘密特免权旨在防止披露具有高度机密的军事和外交信息，其所担心的是这种信息的披露会给公众带来危险或损害国家利益。该特免权保护诸如联邦调查局活动之类的信息，参见关于合众国案由 [In re United States, 872 F. 2d 472 (D. C. Cir.), cert. dismissed sub nom.]，合众国诉艾伯森案 [United States v. Albertson, 493 U. S. 960 (1989)]；导弹技术，参见本茨林诉休斯飞机公司案 [Bentzlin v. Hughes Aircraft Co., 833 F. Supp. 1486 (C. D. Cal. 1993)]；雷达系统性能，参见朱克布劳恩诉通用动力公司案 [Zuckerbraun v. General Dynamics Corp., 935 F. 2d 544 (2d Cir. 1991)]；以及外交对话，参见司法部长诉爱尔兰人公司案 [Attorney Gen. v. Irish People, Inc., 502 F. Supp. 63, 6465 (D. D. C. 1980)]。

在合众国诉雷诺兹案 [United States v. Reynolds，345 U. S. 1 (1953)] 中，最高法院对国家秘密特免权做了一次彻底审查。根据该法院裁定，政府是该特免权唯一拥有者。该特免权必须在相关政府部门首脑进行"实际个人考量"之后，再由其本人正式援引。在对该特免权主张进行裁定时，适用的标准是该披露是否会有损害国家安全的合理危险。如果合理危险标准得到满足，则该特免权就是绝对的。法院指出，"如果法院最终判定军事机密处于风险之中，则即使是最迫切的需要，也不能推翻这种特免权主张"。在布莱克诉合众国案 [Black v. United States, 62 F. 3d 1115 (8th Cir. 1995)] 中，法院驳回了针对联邦情报机构的一起骚扰控告，因为该诉讼必然会违反国家秘密特免权。布莱克是一位电子工程师，他获得了政府的安全许可，与各种承揽人一起为多个国防项目工作。在苏黎世的一次讲座中，一位苏联数学家向他询问了可疑的问题。布莱克向美国领馆汇报了此次接触，此后不久他的安全许可便被"取消"了。他宣称他是该骚扰和心理攻击的被害人，并因中央情报局、联邦调查局和美国国务院对他本人采取的行动起诉了美国政府。中央情报局局长詹姆斯·伍尔西（R. James Woolsey）正式援引了国家秘密特免权，并称关于该请求的诉讼将导致美国反谍报工作中具有高度敏感性的姓名、日期和地点信息的泄露。地方法院不公开审查了这些文件，驳回了所有诉讼请求。上诉法院维持了原判，对行政官员对此披露影响的判断给予了"最大限度的尊重"。

无论该特免权是在刑事还是民事诉讼中被主张，拒绝证据开示都将戏剧化地影响对方当事人对案件的准备。在刑事和民事诉讼中，法院都可能像在布莱克案中所做的或其他不那么剧烈的救济措施那样，驳回特定证人证言，或在特定问题上作出对政府方不利的事实认定。

最高法院在通用动力公司诉合众国案〔General Dynamics Corp. v. United States, 563 U. S. 478（2011）〕中，对国家秘密特免权如何运作作了翔实生动的说明。通用动力公司在一项约定为海军开发隐形飞机的计划中逾期，政府解除了承诺支付该公司 48 亿美元的合同，并要求该公司就未兑现的工作返还政府已支付的约 13.5 亿美元款项。该公司辩称，政府未能与其共享关于如何设计该飞机的"尖端知识"。政府方则以顶级军事机密为由，拒绝披露相关信息。因此，审判法院无法裁定该公司看似合理的关于"尖端知识"积极答辩。最高法院并未给予任何一方司法救济——该公司将无法继续得到其与政府签订合同中约定的 48 亿美元款项，而政府方也无法取回已支付给该公司的 13.5 亿美元款项。斯卡利亚大法官（Justice Scalia）解释道："因国家秘密特免权的有效主张，（该公司）是否违约的问题，或者完整履行合同是否会导致其损失的问题，均无法作出司法裁决。"基于这个原因，"我们让诉讼双方留在了原地"。

《机密信息程序法》〔the Classified Information Procedures Act, CIPA, 18 U. S. C. A. App. 3, §§1 et seq.（West 2001）〕在立法上认可了刑事诉讼中的国家秘密特免权。该法规定了详细的程序，以规制刑事被告人揭露机密信息或要求对机密信息进行证据开示的活动。国会 1980 年通过该法案，以解决被称为"灰函"（graymail）的辩护策略问题。威胁将要披露机密信息的被告人，给政府制造了一个两难：政府要么取消对被告人的指控，要么允许敏感信息被披露。《机密信息程序法》（CIPA）的立法目的，就是要为证据开示和可采性问题的解决提供审前程序。

1011　　《机密信息程序法》主要通过两种方式运作。该法第5条要求被告人需在辩护过程中就其披露机密信息的意图告知政府。关于证据开示程序和证据可采性的审前程序，是由第4条和第6条规定的。其中，第4条扩展了《联邦刑事诉讼规则》第16条的规定，允许法院授权美国政府从文件中删除特定机密信息，用概要来替代这种信息，或用承认相关事实的陈述来替代机密信息所要证明的事实。第6条规定了一项确定相关性的审前听证程序［§ 6（a）］，以及一项确定替代机密文件的替代文件能否"像被披露的特定机密信息那样"，为被告人"提供实质相同的辩护能力"的审前听证程序。［§ 6（c）。］

　　"灰函"可能不仅仅是一项卑鄙的辩护策略，还可能是刑事辩护准备之合法活动的结果。近年来，多名引起高度关注的被告人提出《机密信息程序法》是否合宪的问题，因为它限制了被告人进行有效辩护的能力。在合众国诉诺斯案［United States v. North，708 F. Supp. 399 (D. C. Dist 1988)］中，被告人奥利佛·诺斯（Oliver North）就其期望在审判过程中披露相关和重要证言提交了一份书面陈述，请法院在审前听证中予以考虑。诺斯随后反对根据《机密信息程序法》条文的要求向独立检察官披露该陈述，理由是这侵犯了宪法第五修正案和第六修正案赋予他的权利。法院判定关于宪法第五修正案的正当程序主张是毫无根据的，因为现代诉讼涉及广泛的审前证据开示。此外，已经给予诺斯获取许多政府信息和证人的渠道。同样，有关获得律师有效帮助的宪法第六修正案权利的论据也被法院判定不具有说服力，因为诺斯仍能传唤或者不传唤证人，并且最小化意外的策略劣势是"微弱的"。法院判定《机密信息程序法》表面上是合宪的。

　　诺斯案之后，各法院一直坚持《机密信息程序法》的合宪性，而反对下列观点：断言其违反正当程序；侵犯了宪法第五修正案反对强迫自证其罪的特免权，以及除非且直到某人决定作证，其有权保持沉默的权利；侵犯了宪法第五修正案和第六修正案确立的在己方辩护中作证的权利；侵犯了宪法第六修正案确立的对证人进行交叉询问的权利。参见合众国诉麦克维案［United States v. McVeigh，923 F. Supp. 1310 (D. Colo. 1996)］（该案判定，探究《机密信息程序法》的合宪性问题是不必要的）；合众国诉李文和案［United States v. Wen Ho Lee，90 F. Supp. 2d 1324 (D. N. M. 2000)］（该案驳回了被告要求裁定《机密信息程序法》第5条和第6条违宪的动议）；合众国诉本·拉登案［United States v. Bin Laden，2001 U. S. Dist. Lexis 719 (S. D. N. Y. 2001)］（该案驳回了被告人认为将《机密信息程序法》适用于他时而违宪的动议）。目前有关国家秘密特免权的讨论和适用该特免权的实证数据，参见丹尼尔·R. 卡斯曼：《注意、保密与安全：国家秘密原则实证分析》［Daniel R. Cassman, Note, Keep it Secret, Keep it Safe: An Empirical Analysis of the State Secrets Doctrine, 67 Stan. L. Rev. 1173 (2015)］（该文指出，相比此前，在后"9·11"时代，国家秘密特免权被更多援引，然而法院支持和否定这一特免权的频率大致没变）；劳拉·K. 多诺霍：《国家秘密的影子》［Laura K. Donohue, The Shadow of State Secrets, 159 U. Pa. L. Rev. 77 (2010)］（辨别并分析了控告政府的公司诉讼所采取的新"灰函"策略）。

1012

（二）总统交流特免权

杰弗逊是第一位试图保护总统交流秘密性的总统。在合众国诉波尔案［United States v. Burr, 25 F. Cas. 187 (C. C. Dist. Va. 1807)］中，首席大法官马歇尔就威尔金森（Wilkinson）将军写给总统的信函发出两次传票。杰弗逊主张对这些文件拥有专有权并拒绝传唤。此后也曾有数位总统援引该特免权，但合众国诉尼克松案（United States v. Nixon）第一次清楚地描述了其要件。

在合众国诉尼克松案［United States v. Nixon, 418 U. S. 683 (1974)］中，最高法院探讨了是否存在保护总统与其亲密顾问之间的秘密交流特免权问题。尼克松总统提出三项主张：分权原则禁止法院对总统特免权主张进行审查；宪法为总统任何交流的秘密性规定了绝对的特免权；或者说，此"推定性"总统交流特免权应当高于本案传票的效力。法院引述了马布里诉麦迪逊案（Marbury v. Madison），重申"就本案中提及的特免权主张而言，'法律是什么的表述'是本院的天然权力"，因而主张该司法审查具有适当性。法院接着认可了基于分权原则产生的宪法性特免权，但指出总统交流特免权是一种受限的特免权。法院指出，该特免权"必须顺应待决刑事审判中明显、具体的证据需要"⑦⑥。在认可这一受限特免权时，法院指出，总统对于保密性的需要为一项推定性总统交流特免权提供了正当理由。而反驳这种特免权推定的证明责任，落在了寻求披露这种信息的人身上。此外，在进行不公开审查时，审判法院必须使用"审慎的保护措施"，以保证不具有相关性或可采性的总统交流不

---

⑦⑥　三年后，该法院再次拒绝允许用行政特免权来防止信息的披露，在该案中，前总统试图寻求援引"以其名义援引特免权来反对行政部门"。尼克松诉行政事务管理局长案［Nixon v. Administrator of General Services, 433 U. S. 425 (1977)］（根据《总统录制品和其他材料保管法》(the Presidential Recordings and Materials Preservation Act)，前总统指示，将总统的文件和录音带递交行政部门一位官员，以便公众阅览，这被判定为表面上合宪，并未违反总统特免权原则）。

被披露。在民事诉讼中，总统交流特免权可能更强。切尼诉合众国案
[Cheney v. U. S. Dist. Court for Dist. of Columbia, 542 U. S. 367 (2004)] 是一
个对阻止披露国家能源政策发展集团几名实际控制人的行政特免权予以断定的
案件。法院在该案中表示："尽管民事案件中对于信息的需要也不可忽视，但
这与尼克松案对刑事传票的需求不具有同等的紧急程度和重要性。"（同上，第
2589 页。）参见马克·J. 罗泽尔：《论坛：行政特免权与克林顿总统职位》
[Mark J. Rozell, Symposium: Executive Privilege and the Clinton Presidency,
8 Wm. & Mary Bill of Rts. J. 541 (2000)]（主张总统只有以最迫切的原因才能
使用该权力，而非为了保护那些仅仅令人尴尬或政治上不利的信息，并建议每
届政府要为其成员制定指导原则，作为处理和解决行政特免权问题的正式程
序）。

1013   关于密封案案由 [In re Sealed Case, 121 F. 3d 729 (D. C. Cir. 1997)]，为
哥伦比亚特区联邦上诉法院提供了确定除与总统本人的直接交流之外，总统交
流特免权的范围有多宽的机会。作为对前农业部长麦克·埃斯皮（Mike Espy）
进行大陪审团调查的一部分，独立检察官办公室试图强制执行大陪审团签发送
达给总统律师的出庭传票。白宫提供了许多被要求提供的文件，但以受特免权
保护为由保留了 84 份文件不予披露。法院判定，总统特免权从总统"向下扩
展"至他的助手和顾问，只要他们处于为总统"准备咨询期间"，即使他们并
未直接与总统进行交流。法院判定，所有这 84 份文件——执笔者是白宫律师、
白宫副律师和助理律师、白宫律师办公室法律实习生、人事主任、新闻秘书，
甚至还有 3 份"没有署名"的文件——都受特免权保护。然而，在案件发回重
审时，独立检察官办公室被给予了说明推翻总统交流特免权"充分需要"的机
会。法院试图在"公开性和知情总统考量之间取得适当的平衡"[⑰]。在关于密
封案案由 [In re Sealed Case, 148 F. 3d 1073 (D. C. Cir. 1998), cert. denied
sub. nom. Rubin v. United States, 119 S. Ct. 461 (1998)] 中，政府试图扩大
行政特免权，以创造一项"保护功能特免权"（protective function privilege），
使得情报部门的特工们免于作证。情报部门拒绝了独立检察官传唤 33 名情报
官员对于他们是否知晓克林顿总统与白宫实习生莫妮卡·莱温斯基的风流韵事
作证的命令。情报部门建议要有一种"绝对的特免权，以禁止独立检察官办公

---

⑰ 参见《最近案件》[Recent Case, 111 Harv. L. Rev. 861 (1998)]（争辩说，该法院未认可总统
特免权及其顾问特免权的区别，并忽视了其他保护手段，如评议程序特免权和《信息自由法》的法定
例外，这些将保证行政部门的有效运转）。

室强迫取得任何情报特工和官员在执行总统近身保护职能时所获得的信息，因为这种信息可能披露总统同期行踪"⑱。法院考虑了最高法院在杰斐案（上文，972 页）中详细探讨的三个因素。其判定该特免权并非建立在联邦法律基础上⑲，并且情报部门职员先前已经作过证⑳；该特免权也没有得到各州判例法的支持，虽然对各州州长而言可能也存在同样的需要。由于确保总统安全有着强烈的公共政策利益，总统不能拒绝安保人员的贴身护卫，这是因为在安全问题上他有切身利益，也因为法律要求他接受保护。㉑法院判定，由于联邦和各州都缺乏先例，且情报部门未能确立保护功能特免权的需要，法院不能在本案中创设该特免权。

1014

（三）官方信息（协商程序）特免权

官方信息特免权的存在是为了保护政府的协商程序，为总统之外的行政官员们提供的一项有限的行政特免权。毫不意外，其原理是，强迫披露这些交流会抑制行政官员之间的意见和建议交换，从而削弱决策过程。与该特免权相关的一个理由是，法院无权窥探行政官员的思维过程。关于富兰克林国家银行证券诉讼案由［In re Franklin National Bank Securities Litig.，478 F. Supp. 577，580581（E. D. N. Y. 1979）］。该特免权为政府所拥有。例证包括了政府机关的政策评议和执法机关的侦查案卷。《联邦证据规则（建议稿）》509 和《信息自由法》的豁免规定［5 U. S. C. §552（1994）］都强调了保护这种官方信息的需要。

保护官方信息有限的特免权已经广为联邦法院所接受。例如，参见凯利诉圣何塞市案［Kelly v. City of San Jose，114 F. R. D. 653（N. D. Cal. 1987）］；合众国诉芝加哥市教育局案［United States v. Board of Educ. of City of Chicago，610 F. Supp. 695（N. D. Ill 1985）］；金诺诉米切尔案［Kinoy v. Mitchell，

---

⑱　关于大陪审团程序案由［In re Grand Jury Proceedings，1998 WL 272884（D. D. C. May 22，1998)]。

⑲　美国众议院和参议院的司法委员会都对潜在保护功能特免权的可能性进行了讨论。参议员莱西（Leahy）介绍了 1999 年《情报部门保护特免权法》（the Secret Service Protective Privilege Act of 1999，106 S. 1360)，其禁止情报部门工作人员或者前工作人员，就对保护对象执行贴身保卫职能期间所获得的信息提供证言。它已被提交参议院司法委员会，但尚未发布报告。

⑳　参见关于大陪审团程序案由［In re Grand Jury Proceedings，1998 WL 272884 at ＊3（D. D. C. May 22，1998)］（讨论了尼克松总统录音制度问题，以及约翰·欣克利（John Hinckley）试图谋杀里根总统的行为，在这些事件中，情报部门并未主张保护功能特免权）。

㉑　《美国法典》［18 U. S. C. 3056 (a)］规定了对总统的保护。

67 F. R. D. 1 (S. D. N. Y. 1975)]。在关于"橙剂"产品责任诉讼案由 [In re "Agent Orange" Product Liability Litig. , 97 F. R. D. 427, 434 (E. D. N. Y. 1983)] 中，法院描述了该特免权的有限范围：

> 本特免权适用于反映了协商程序的材料——评估、意见表达和政策事项建议。……原始数据和事实性结论不属于特免权的范围，因为与意见的披露不同，事实的披露将不会妨害政府官员之间的坦率交流。

哥伦比亚特区上诉法院在关于密封案案由 [In re Sealed Case, 121 F. 3d 729 (1997)] 中，重申了这个材料应是"协商性"而不仅仅是事实性的要求，并强调它必须是"决策前的"（predecisional）。此外，法院还指出该特免权并不是绝对的，可以通过证明在具体案件中对证据的需要超过了对之披露所带来的损害，而推翻这种特免权。法院引述了关于货币监理官员传票案由 [In re Subpoena Served Upon the Comptroller of the Currency, 967 F. 2d 630 (D. C. Cir. 1992)]，描述了适当的检验标准：

> "每次（协商程序特免权）被主张，地区法院必须就相互冲突的利益重新进行权衡"，考虑诸如"证据的相关性""其他证据的可获得性""诉讼的严重性""政府的角色"和"政府职员未来胆怯的可能性"。

在德尔伍德·法默诉卡尔吉有限公司案 [Dellwood Farms v. Cargill, Inc. , 128 F. 3d 1122 (7th Cir. 1997)] 中，私人民事原告要求获得司法部为刑*1015*事侦查所收集的材料。联邦调查局就针对阿切·丹尼尔斯·米德兰（Archer Daniels Midland，ADM）和其他农产品制造商的价格垄断指控进行了调查。联邦调查局记录了 150 多个小时的 ADM 内部谈话和 ADM 与其竞争对手的谈话。检控方在没有寻求达成任何保密协议的情况下，就向代理 ADM 外聘董事的律师事务所播放了部分录音，以便引导 ADM 就刑事反垄断犯罪作有罪答辩。这起民事诉讼中的原告要求传证这些录音带，以期其包含有非法共谋的证据。司法部试图以主张执法调查特免权来阻止该传票。法院裁定该传票应当被撤销，因为尽管该特免权不是绝对的，可以通过证明有关需要予以推翻，但应当有"相当有力的推定"来反动取消该特免权。法院的理由是，犯罪侦查是行政部门的职责，法院对其程序"介入过多"是不适当的。法院指出，根据《信息自由法》，这些信息在刑事审判结束后是可获得的，民事诉讼可以推迟以等待这些信息的释放。

此外，原告还提出了弃权问题，因为司法部主动为 ADM 的律师们播放了这些录音带。法院判定这仅是一次"选择性弃权"，即以下情形："当事人向某人自愿披露了受特免权保护的信息情况下，作了披露的当事人对另一位想得到同样信息的人主张了特免权"。法院认同，政府应当更为谨慎并获取阻止信息进一步披露的保护令，这是选择性披露案件的通常要求。然而，法院表示，由于不存在对特免权的有意放弃，对本案中这个错误不应进行过于严厉的惩罚；而保留这些录音带不让原告知晓并干预刑事侦查将是一种"过度惩罚"。

在合众国诉韦伯飞机公司案［United States v. Weber Aircraft Corp.，465 U.S. 792（1984）］中，最高法院最终解决了官方政府信息特免权与《信息自由法》之间的关系。一架空军飞机的发动机失灵，飞行员在弹射出舱时受了重伤。他对几名负责设计和制造该飞机弹射装置的机构提起诉讼。在坠机事故后，空军一方面作了旨在为可能引起的诉讼而保存证据的"附属调查"，另一方面开展了"安全调查"，只是为了采取矫正措施，以减少类似事故的风险。在安全调查中，证人没有宣誓，调查人员对其承诺该调查是完全保密的。下级法院以前曾判定，这种调查的结果受特免权保护，免于证据开示，最高法院也接受了该判定。原告因此试图根据《信息自由法》的要求获得类似信息，最高法院就此作出以下回应：

> 被上诉人关于他们可以通过《信息自由法》获得通常受特免权保护材料的争辩，将导致《信息自由法》可被用于补充民事证据开示程序的反常现象。我们一直拒绝对《信息自由法》作这样的解释。我们并不认为国会有这样的意图，即基于证据开示特免权的严肃政策可以如此轻易地被规避。（上引案例，第801～802页。）

自1967年通过《信息自由法》后，许多私人诉讼当事人试图在司法程序中使用这部新法而不是通常的证据开示规则以便从政府那里获得信息。然而，在NLRB诉西尔斯·罗巴克公司案［NLRB v. Sears，Roebuck & Co.，421 U.S. 132（1975）］中，法院审查了《信息自由法》例外5的规定和政府特免权的关系。法院明确判定，例外5包含协商程序特免权和工作成果特免权，并暗示也应当认可政府律师—委托人特免权。

《信息自由法》列举了政府机关必须让公众能得到的信息，并规定了如何得到这些信息。就此存在几项例外，允许政府机关就一些材料保密，包括含有下列内容的材料：国防和外交政策事项，内部人事规则，受特免权保护或保密的商业秘密或财务信息，关于矿井地质和地球物理信息和数据；以及为执法目的编纂的记录和信息，如披露后会妨害执法，剥夺一个人获得公平审判的权利，构成对个人隐私的不当侵犯，披露秘密信息来源者的身份，使任何人的生

1016

命或身体安全受到威胁，或者披露执法调查或起诉的技术和程序记录或信息。

《信息自由法》例外5排除了机关内部和机关外部的交流，允许有关机关通过主张协商程序特免权来反对信息披露。最高法院对协商程序的界定涵盖了"反映构成政府决策和政策制定之部分过程的咨询意见、建议和协商"的文件。NLRB诉西尔斯·罗巴克公司案［NLRB v. Sears, Roebuck & Co., 421 U. S. 132, 150 (1975)］（转引自卡尔·蔡斯·史蒂夫探戈诉 V. E. B. 卡尔·蔡斯、耶拿案［Carl Zeiss Stiftung v. V. E. B. Carl Zeiss, Jena, 40 F. R. D. 318, 324 (DC 1966)］）。

在内政部和印第安人事务局诉克拉玛斯河水使用者保护协会案［Department of the Interior and Bureau of Indian Affairs v. Klamath Water Users Protective Association, 121 S. Ct. 1060 (2001)］中，最高法院第一次提出这样的问题，即协商程序特免权是否可以扩展到政府机构与"外聘人员"之间的交流。克拉玛斯河水使用者（The Klamath Water Users）作为克拉玛斯河盆地水源使用者的一个协会，根据《信息自由法》提出请求，要了解印第安人事务局和当地印第安人部落就水源分配问题所进行的交流。该事务局过去曾就克拉玛斯项目运作计划建议稿同该部落进行过磋商，以评估该计划可能产生的影响。该事务局试图援引例外5的协商程序特免权来拒绝原告的信息申请。法院承认，各法院已将该特免权扩展到政府机构与外聘顾问进行的交流[32]，但驳回了该局关于该部落符合这种角色的说法。法院判定，该部落同该局交流时仅考虑了己方利益，因此是"以他人成本为代价寻求不足以满足所有人利益的自我主张"。因此，法院否决了上述交流属于机构内部交流的性质，判定其不能根据例外5而免于证据开示。

在各州，该特免权提供的保护程度取决于争议中官方信息的类型。例如，就政府机关的协商而言，大多数州承认基于联邦规则的受限特免权。就执法记录而言，一些州颁布了成文法特免权来保护这种信息，而其他州则通过更为一般性的"机密"官方信息成文法赋予其某种程度的保护。如果存在现行有效的诸如州《信息自由法》这样的信息披露制定法，在确定保护范围时应优先

1017

---

　　[32]　例如，参见胡佛诉内政部案［Hoover v. Dept. of Interior, 611 F. 2d 1132, 1138 (5th Cir. 1980)］（"政府可能认为有必要获得外聘专家的客观意见，而非仅仅依赖政府评估人员的意见"）；铅工业协会诉 OSHA 案［Lead Industries Assn. v. OSHA, 610 F. 2d 70, 83 (2d Cir. 1979)］（适用例外5，以涵盖"曾代行政机关作证的外聘顾问，而非行政机关职员"所准备的报告草案）；政府土地银行诉 GSA 案［Government Land Bank v. GSA, 671 F. 2d 663, 665 (5th Cir. 1982)］（"双方当事人都认为，就豁免目的而言，根据合同由一名独立职业人员所执行的财产估价报告，是一份'机构内'文件"）。

适用。

　　为了成功主张一项官方信息特免权，主张该特免权的政府机关职员通常必须明确指出这种信息公开会威胁到政府哪些权益或隐私权益，并要说明这种披露（即便依据保护令而进行）如何会产生实质损害风险。奇兹姆诉圣伯纳迪罗郡案［Chism v. County of San Bernadino, 159 F. R. D. 531, 534 (C. D. Cal. 1994)］。在奇兹姆案中，法院判定，一位副警长的声明未能表明，在所称不当枪击事件内部审查中产生的文件受到官方信息特免权的保护。法院指出，关于警察局内部调查制度会因其文件披露而受到损害的一般性主张，并不充分。该信息被推定是可获悉的，因为警察卷宗中的信息常常是在更接近于有关事件发生时制作的，因而从其他渠道无法得到实质类似的证据。

　　官方信息特免权常常在根据《美国法典》（42 U. S. C. §1983）提起的涉及警察侵犯民权案中被提出来。在此类案件中，原告想要对被告警察的人事档案进行证据开示。尽管许多州都有保护此类档案记录的制定法，例如，参见《堪萨斯州公开档案法》［Kansas Open Records Act, Kan. Stat. Ann. §45221 (4)］；《加利福尼亚州刑法典》［Cal. Penal Code §§832.7, 832.8 (1994)］，并且，尽管对联邦官员也有相对应的保密规定（《美国法典》［5 U. S. C. §552 (b) (6) 和 (b) (7) (c)］)，但联邦法院在有关§1983案中不愿承认警察人事档案特免权。例如，参见梅森诉斯托克案［Mason v. Stock, 869 F. Supp. 828 (D. Kan. 1994)］；另参见威尔士诉旧金山市郡案［Welsh v. City and County of San Francisco, 887 F. Supp. 1293 (N. D. Cal. 1995)］。

八、其他特免权

　　上文已论述了主要的特免权，事实上，在判例法和各州制定法中仍有很多其他特免权。这意味着律师们需要开展研究，而且要仔细研究，以了解适用于其司法辖区或对其案件可能带来特殊影响的特免权。部分州制定法从一些方面影响了上文讨论的一般特免权的适用范围。例如，部分州通过了制定法，以解决家暴被害人有效缩小原本可适用婚姻交流特免权和医生—患者特免权的范围。例如，参见《科罗拉多州修订法》［C. R. S. 18‐6‐401.1 (2009)］（"被害人—患者与其医生，丈夫和妻子间的制定法特免权不应被用于任何关于儿童虐待行为刑事检控中排除或拒绝证言之目的"）。另一些制定法被颁布出台，以便触及特免权通常无法涵盖的具体领域。例如，伊利诺伊州保护向持有执照的遗传学顾问披露的信息［225 Ill. Comp. Stat. 135/90 (2010)］；特拉华州承认一种特定类型的医院自我评估特免权［16 Del. C. §1010A (2010)］；康涅狄格州

1018

在劳动争议中赋予调解员对所获信息披露的特免权［Conn. Gen. Stat. §3196 (2010)］；佐治亚州不要求披露爆破作业在许可证办理阶段所获的信息［Ga. Code Ann. §25‐8‐11 (2010)］。判例法同样影响着不同司法辖区可适用的特免权。被一些司法辖区所接受的两个例子应引起律师的注意，它们分别是共同利益或共同辩护特免权（用以保护与其处境相似的他人共同设定辩护策略的交流），以及保护司法诉讼程序中披露信息的绝对特免权。在任何诉讼中都可能涉及更多的特免权；在公开任何文件之前，律师们最好先查阅当地的制定法和判例法。

1019

思考题

12.29. 迈克尔·麦金利（Michael McKinley）因在爱尔兰指挥恐怖主义而被起诉。他要求地区法院下达一项提供录音带的命令。他认为，该录音带将有助于他对检控方一位关键证人——大卫·罗格斯（David Rogers）——进行交叉询问。该录音带由与罗格斯签订自传写作合同并就此对他进行采访的记者所持有。罗格斯对该证据开示并未提出异议，但记者提出异议并主张记者特免权。结果如何？

12.30. 除几个月以外，瑞安（Ryan）一直和他的祖母生活了 15 年。她一直在经济和其他方面支持他。瑞安被指控犯罪，检控方寻求引入其祖母的证言，即在被控犯罪发生后他对其祖母的陈述。瑞安的辩护律师以这种陈述具有保密性而提出异议，认为根据该州认可的父母—子女特免权，该陈述应当受到保护而不得披露。法院是否应当允许与瑞安对其祖母所作陈述有关的证言？

12.31. 1996 年 7 月 17 日，美国环球航空公司（TWA）800 航班在大西洋上空爆炸，机上 230 人全部遇难。美国打捞了大量残骸并将其保存在纽约州卡尔弗顿（Calverton）一个建筑物中，以便对事故进行调查。桑德斯（Sanders）是一位调查记者，在追寻该爆炸为导弹造成的假设时，他与 TWA 一位卷入该调查的波音 747 资深驾驶员特雷尔（Terrell）机长进行了谈话。特雷尔告诉桑德斯，在一些座椅上发现了微红色物质，这可能是爆炸残留物。此后他将从残骸中取下的一小部分这种物质交给桑德斯。桑德斯写了一本《TWA800 航班的坠落》，在该书中他报告说，经过检测，这种"微红色"物质与固体火箭燃料具有一致性。联邦调查局以桑德斯违

1020

反《美国法典》第 49 编第 1155（b）节［49 U. S. C. §1155（b）］为由对其进行调查。该规定禁止私自拆除"发生事故的民航客机组成部分"。检控方提供了一份不起诉协议，以换取其秘密信息来源者姓名，但遭到桑德斯拒绝。在检控方通过其他来源发现特雷尔机长身份后，特雷尔机长作证反对桑德斯，以换取将其罪行降为轻罪。桑德斯辩称，记者特免权禁止检控方强迫披露新闻来源的行为，因此敦促法院运用平衡检验，就"这种起诉所服务的政府利益"和"允许将起诉作为强迫记者披露信息来源之手段所带来的不利影响"进行权衡。法院应当支持该记者特免权，以阻止用这种手段起诉吗？

12.32. 坦邦（Tambone）医生起诉纪念医院，理由是其违反联邦和州反托拉斯法搞行业限制。他诉称，该纪念医院医生运用同行评议和惩戒程序，将其从医务人员中开除，严重损害了其执业。坦邦医生诉称，他是虚假惩戒程序的被害人，该程序是实施行业限制的一个手段。为了证明这个主张，他要求对该医院在相关惩戒程序中对其他医生的处理情况进行证据开示。该医院能否根据同行评议特免权来抵制该信息披露？

12.33. 1994 年《联邦死刑法》为 40 多种犯罪规定了死刑，并规定了联邦案件适用死刑的程序。司法部长下设死刑委员会（Death Penalty Committee，DPC）审查每个案件并召开被告人律师可试图说服检控方不要判处死刑的会议。随后，DPC 为司法部长最终决定是否判处死刑提供意见。被告人雅各比（Jacobo）被检控方认为是"墨西哥黑手党"成员，被指控在敲诈勒索过程中实施谋杀，这是《联邦死刑法》规定的犯罪。雅各比希望开示可能减轻其刑罚的信息，包括 DPC 会议及其形成的"死刑评估表"信息。检控方以评议程序特免权为由反对该证据开示要求。法院是否应当允许向雅各比隐瞒这个信息？

12.34. 美国国际开发署（USAID）是一个监管政府外国援助计划开发项目的联邦机构。美国国际开发署参与埃及一个水处理设施建设，投资援助埃及一个政府机构实施该项目。美国国际开发署聘请一家名为 CDM 的美国工程公司设计该项目，而建设合同授予了两家公司之间的一家合资公司（JV）。根据该合同，建设方直接与东道国打交道，但美国国际开发署保留重大变更和额外补偿的批准权。

该合资公司（JV）请求额外资金，但在 CDM 工程公司评估认为增资数额应该大幅度降低之后，美国国际开发署拒绝了这个请求，而且当事人各方未能达成一致。美国国际开发署敦请 CDM 聘请一名顾问来评估该增资面临的挑战。CDM 聘请了理查德·J. 罗伊（Richard J. Roy），要求他的调查报告只能提交给美国国际开发署和埃及政府机构，不向其他各方披露。

该合资公司（JV）成员代表向美国国际开发署提交了《信息自由法》（Freedom of Information Act, FOIA）请求，即要求提供与争端有关的文件，包括美国国际开发署拒绝提供的《罗伊报告》（Roy Report），拒绝提供的理由是该报告是律师工作成果，受到律师—委托人特免权保护。向联邦法院提起的《信息自由法》诉讼，指控美国国际开发署非法扣留该报告。结果如何？

自测题

A-12.1. 律师—委托人特免权，《联邦证据规则》502。SM 制药公司在新州法院一起产品责任诉讼中作为辩方。在证据开示阶段，SM 同意给原告提供一份公司总法律顾问信件的复印件。这封信件力劝该公司停止生产一种特定药物。在联邦法院与之平行审理的一起案件中，其他原告要求对该法律顾问转给 SM 有关该药品生产的所有信件和备忘录进行证据开示。众原告基于 SM 根据新州法律放弃律师—委托人特免权而提出该请求。联邦法院应该驳回这个请求。正确或错误？

A-12.2. 律师—委托人特免权。在一个税收欺诈案中，律师 A 代表委托人 C。A 要求一位注册会计师——CPA 准备一份关于 C 财务活动及其对该审判之影响的报告。随后，检控方传唤 CPA 出庭并要求出示该报告。检控方还要求 CPA 对她与 A 谈话的内容作证。所有这些信息都受特免权保护。正确或错误？

A-12.3. 律师—委托人特免权。在律师执业过失诉讼中，该律师的委托人放弃了其与该律师之间所有相关交流的律师—委托人特免权。正确或错误？

A-12.4. 律师—委托人特免权。一位被定罪被告人在申请人身保护令时，宣称律师无效援助。他可以对其与庭辩律师之间的交谈完全保密。正确或错误？

A-12.5. 医生—患者特免权。联邦法律承认受限的医生患者特免权。医生和其患者之间的交流原则上受特免权保护，但如果出于公正利益要求，法院可以解除该特免权并命令披露。正确或错误？

第十二章 特免权

A-12.6. 律师—委托人特免权。在与其律师就公司事务会见后不久，吉姆（Jim）因醉驾被捕。审判中，检察官传唤吉姆的律师出庭作证并问她，吉姆在会见期间是否表现出醉酒状态。吉姆对该提问提出异议。该异议应该被：

A. 以没有相关性为由，予以支持。

B. 支持，基于律师—委托人特免权。

C. 基于其他理由支持。

D. 驳回。

A-12.7. 夫妻特免权。史蒂夫（Steve）因毒品交易受审。检控方传唤其妻子玛丽（Mary），就以下事项作证：（1）她看见史蒂夫在配偶家里藏匿了大量可卡因；以及（2）史蒂夫要求她将可卡因交给弗莱德（Fred），而她确实这样做了。史蒂夫对玛丽的证言提出异议。该异议应该：

A. （1）成功，（2）失败。

B. （2）成功，（1）失败。

C. 二者均成功。

D. 二者均失败。

A-12.8. 夫妻特免权。大卫·道（David Dow）因持械抢劫综合互惠基金银行（Consolidated Mutual Funds Bank，CMFB）受审。他不认罪。他的前妻，旺达（Wanda）为检控方作证，称案发时她和大卫仍是夫妻，大卫告诉她抢劫 CMFB 的意图。旺达的证言：

A. 可采，但受特免权保护。

B. 不受特免权保护，可采。

C. 受特免权保护且不可采。

D. 不受特免权保护，但不可采。

A-12.9. 律师—委托人特免权。本题与 A-12.8* 的事实相同。大卫先前的律师阿克赛尔（Axel）作证称，彼时他还在本案中担任大卫的代理律师。大卫提前支付了部分费用，共计 9 000 美元，含 100 美元票据。阿克赛尔还作证说，他保存着那些票据，并在法官和陪审团面前进行了辨认。尽管大卫提出异议，但在检察官告诉法官他们将提出证据证明这些票据属于综合互惠基金银行后，这些票据被采纳为证据。阿克赛尔的证言：

A. 可采，但受特免权保护。

B. 不受特免权保护，可采。

* 原文有误为：Same facts as in A-12.9.——译者注

C. 受特免权保护，且不可采。

D. 不受特免权保护，但不可采。

A-12.10. 精神诊疗师—患者特免权。旁观者 B 遭遇联邦调查局和毒贩交火，警官道（Doe）朝 B 开火将其杀死。B 的遗孀 W 根据《联邦政府侵权赔偿法》（Federal Tort Claim Act）对联邦政府提起过失致死诉讼。她发现，警官道和联邦调查局精神诊疗师 C 有过数次会见。后来，警官道在联邦调查局另一起行动中被杀。W 要求传唤 C，对其与警官道的那些会见作证。C 和联邦政府声称，那些会见受特免权保护。

A. 这些会见受特免权保护，且法院无权废除该特免权。

B. 原则上，这些会见受特免权保护，但法院能够出于公正利益废除该特免权。

C. 道死后，这些会见不再受特免权保护。

D. 这些会见不受特免权保护，从未受过特免权保护。

A-12.11. 国家秘密特免权。奥（Orr）对联邦政府提起一项 1 200 万美元的诉讼。该诉讼基于一份书面协议，承诺支付奥 1 500 万美元以换取其在一个与美国敌对国家从事特定间谍活动。联邦政府辩称，由于奥并未能向政府递交承诺的信息，根据该协议他无权获取该笔支付。联邦政府还对奥提起反诉，要求其返还先前已支付给他的 300 万美元。随后，政府方对奥应该提供的信息援引了国家秘密特免权。

A. 在提起反诉后，政府方无权援引该特免权。

B. 政府方有权援引该特免权，但法院可根据自由裁量权对其置之不理。

C. 政府方有权援引该特免权，但法院在决定奥是否违反协议时，可能得出对政府不利的推论。

D. 法院必须驳回奥的起诉和政府方的反诉。

答　案

A-12.1. 正确。《联邦证据规则》503（c）对类似这些情况作了规定，最具保护性的律师—委托人特免权规则将被适用，单独披露一份受特免权保护的文件不会被解释为是对该特免权的全面交易性放弃。因为该弃权是针对特定文件，并且它是在不同诉讼程序中作出的对不同当事人有利的弃权。根据《联邦证据规则》502（a）（1）（2）（3），众原告将无法成功主张，他们有权查看 SM 公司与其律师之间的全部通信。

A-12.2. 正确。CPA 的信息受到工作成果原则保护。

第十二章　特免权

A-12.3. 正确。这是律师为委托人提供关于其工作质量全部信息之默示放弃律师委托人特免权的一个例子。

A-12.4. 错误。这是默示放弃律师—委托人特免权的一个例子。通过提出律师无效援助主张，被告放弃了关于其律师在审判期间的代理有效性之所有信息的特免权。被告不能躲藏在该特免权背后，又主张法律援助无效。

A-12.5. 正确。这种受限特免权规定于《健康保险便携与责任法》，参见第971页。

A-12.6. 最佳答案是D。被告的律师被要求在不透露二者交流内容的情况下，对其委托人的表现作证。委托人的表现不受律师—委托人特免权保护。因此答案B是错误的。因为律师的证言与该指控相关，答案A也是错误的。答案C暗指了被告律师被要求提供不可采意见证据的可能性。但对你所看到的某个人是否醉酒作证，仅需要常识，所以根据《联邦证据规则》701，该律师的证言具有可采性。她是一位常规感知证人，因为这个理由，答案C也是错误的。

A-12.7. 最佳答案是D。刑事被告的配偶有权不作证反对被告人，但根据联邦法律，这种特免权不属于被告。相反，它属于正在作证的配偶，其拥有单方面的权力来决定是否作证。在这个案件中，史蒂夫的妻子玛丽选择作证来反对他，而史蒂夫对此没有发言权。他仍然可以援引保护已婚配偶所有秘密交流的夫妻交流特免权。这个特免权属于配偶双方，他们当中任何一方都可以否决另一方的证言。然而，此处，玛丽证言的第一部分是关于她的观察，而非与史蒂夫的交流。作为玛丽证言的第二部分，史蒂夫和玛丽的秘密交流促成了一个共同犯罪目的，触发了该特免权"共同犯罪"例外。还有，玛丽有权基于不得自证其罪的特权而不作证，该特权为她所有，而非史蒂夫所有，所以她可以放弃这种权利。基于这些理由，史蒂夫对两部分证言的异议均无效。

A-12.8. 最佳答案是A。根据《联邦证据规则》801（d）（2）（A）传闻证据规则当事人供认例外，旺达关于大卫有罪的陈述证言具有可采性。然而，这个证言属于夫妻秘密交流特免权，可被配偶任何一方援引。因为旺达并未加入大卫的犯罪活动，该特免权的"共同犯罪"例外在这里并不适用。因此，她的证言可采，但受特免权保护。

A-12.9. 最佳答案是B。阿克赛尔的费用和他从大卫处收到的票据不受律师—委托人特免权保护。因为它们既非律师与其委托人之间的交流，也非律师的工作成果。票据还构成不受该特免权保护的证据。因为那些票据与该指控相关，阿克赛尔根据《联邦证据规则》901（A）对它们适当进行了辨认，它们具有可采性。

A-12.10. 最佳答案是 A。最高法院将精神诊疗师—患者特免权绝对化了：参见杰斐诉雷德蒙案［Jaffee v. Redmond, 518 U.S. 1 (1996)］，第 972 页。因此，与律师—委托人特免权一样，"一旦享有特免权，始终受到保护"原则在这里同样适用。

A-12.11. 最佳答案是 D。该题原型是上文第 1010 页讨论的最高法院关于通用动力公司诉合众国案［General Dynamics Corp. v. United States, 563 U.S. 478 (2011)］裁决，驳回了政府方与立约人的相互控诉。政府方正确援引国家秘密特免权而隐藏关键证据，致使当事方的争议不予审理。

判例索引 *

Principal cases are indicated by italics.

---

* 所注序码为英文原版书页码，即本书页边码。——译者注

文献索引 *

附录

美国《联邦证据规则》选译 *

Federal Rules of Evidence	美国《联邦证据规则》
Table of Contents	目　录
Article Ⅰ.　　General Provisions	第一条　一般规定（规则 101－106）
Article Ⅱ.　　Judicial Notice	第二条　司法认知（规则 201）
Article Ⅲ.　　Presumptions in Civil Cases	第三条　民事诉讼中的推定（规则 301－302）
Article Ⅳ.　　Relevance and Its Limits	第四条　相关性及其限度（规则 401－415）
Article Ⅴ.　　Privileges	第五条　作证特免权（规则 501－502）
Article Ⅵ.　　Witnesses	第六条　证人（规则 601－615）
Article Ⅶ.　　Opinions and Expert Testimony	第七条　意见和专家证言（规则 701－706）
Article Ⅷ.　　Hearsay	第八条　传闻证据（规则 801－807）
Article Ⅸ. Authentication and Identification	第九条　鉴真和辨认（规则 901－903）
Article Ⅹ.　　Contents of Writing, Recordings, and Photographs	第十条　书写文件、录制品和照片的内容（规则 1001－1008）
Article Ⅺ.　　Miscellaneous Rules	第十一条　其他规则

规则 102

对这些规则的解释应确保公正执法，消除不合理的费用和拖延，促进证据法的成长和发展，以实现查明事实真相，使诉讼程序得到公正判决。

规则 103　证据的裁定

（a）对错误裁定之请求权的保全。只有在该错误影响到当事人实质权利并符合下列情形时，该当事人才可以主张一项采纳或者排除证据的裁定为错误：

（1）如系采纳证据之裁定，当事人以载入审判记录的方式：

---

* 仅按本书第六版正文援引的《联邦证据规则》条款选译。——译者注

（A）及时提出异议或者申请删除证据；并且

（B）陈述具体理由，除非该理由在该语境中显而易见；或者

（2）如系排除证据之裁定，当事人通过提供证明的方式告知法院该证据之要旨，除非该要旨在该语境中显而易见。

（b）无须重新提出异议或提供证明。无论审判前还是审判中，一旦法院以载入审判记录的方式明确裁定，当事人无须为保全基于错误裁定提出上诉的请求权而重新提出异议，或者提供证明。

（c）法院关于裁定的陈述；对提供证明的指示。法院可以就证据的特性或形式、有关异议及其裁定，作出任何陈述。法院可指示以问-答的方式来提供证明。

（d）防止陪审团听取不可采的证据。在可行的范围内，法院必须掌控陪审团审判，以使不可采的证据不会以任何方式暗示给陪审团。

（e）对显见错误进行司法认知。法院可以对影响实质权利的显见错误进行司法认知，即使该错误裁定之请求权未经适当保全。

规则 104　预备性问题

（a）通则

法院必须就证人是否适格、特免权是否存在或证据是否可采的任何预备性问题作出决定。在作出这种决定时，法院不受证据规则束缚，但有关特免权的规则除外。

（b）取决于某个事实的相关性

当证据的相关性取决于某个事实是否存在时，必须提供足以支持认定该事实确实存在的证明。法院可以在后续提供该证明的条件下，采纳所提出的证据。

（c）安排让陪审团无法听到听审

在下列情况下，法院对预备性问题的任何听审不得让陪审团听见：

（1）涉及供认可采性的听审；

（2）刑事案件被告本人是证人，并提出了上述请求；或者

（3）为正义所要求。

（d）刑事案件中对被告的交叉询问

刑事案件被告并不因其就预备性问题作证，而在本案其他问题上受到交叉询问。

（e）与分量和可信性相关的证据

本规则不限制当事人在陪审团面前提出与其他证据的分量或可信性相关的

证据的权利。

规则 201　裁判性事实的司法认知

（a）范围。本规则只规制裁判性事实的司法认知，而非立法性事实。

（b）可被司法认知的事实种类。法院可以对不存在合理争议的事实作出司法认知，因其：

（1）是审判法院司法辖区内众所周知的；或者

（2）可从其准确性不容合理置疑的来源准确且容易地确定。

（c）司法认知的作出。法院：

（1）可以自行作出司法认知；或者

（2）在一方当事人提出请求，并且向法院提供必要信息的情况下，必须作出司法认知。

（d）时机。在诉讼的任何阶段，法院都可以作出司法认知。

（e）申辩机会。经及时提出请求，一方当事人有权就作出司法认知的适当性和被认知事实的性质要求进行申辩。如果法院在没有事先通知一方当事人的情况下作出司法认知，经请求，该方当事人仍然有权要求进行申辩。

（f）给陪审团的指示。在民事诉讼中，法院必须指示陪审团，接受经司法认知的事实作为结论性事实。在刑事案件中，法院必须指示陪审团，其既可以接受也可以不接受经司法认知的事实作为结论性事实。

规则 301

在民事案件中，除非联邦制定法或本证据规则另有规定，推定所反对的当事人一方负有提出证据反驳该推定的责任。但本规则并未转移说服责任，原先承担说服责任的当事人一方仍然承担该责任。

规则 302

在民事案件中，对于适用州法作为裁决规则的控辩，由州法规制推定的效力。

规则 401　相关证据的检验

下列情况下，证据具有相关性：（a）与没有该证据相比，它具有使一个事实更可能或更不可能的任何趋向性；并且（b）该事实对于决定该诉讼是要素性的。

规则 402　相关证据的一般可采性

相关证据具有可采性，除非下列任何一项另有规定：

● 《美国宪法》；

● 联邦法令；

● 本证据规则；或

● 最高法院制定的其他规则。

不相关的证据不可采。

规则 403　以偏见、混淆、费时或其他原因排除相关证据

如果下列一个或多个危险在实质上超过相关证据的证明力，法院可以排除相关证据：不公正的偏见，混淆争点，误导陪审团，不当拖延，浪费时间，或者不必要地提出累积证据。

规则 404　品性证据；犯罪或其他行为

（a）品性证据

（1）禁止使用。一个人的品性或品格特性的证据，不得采纳用来证明该人在特定场合的行为与该品性或品格特性具有一致性。

（2）对刑事案件被告或被害人的例外。以下例外适用于刑事案件：

（A）被告可以提供该被告有关品性特征的证据，如果该证据被采纳，检察官可以提供证据予以反驳；

（B）在受到规则 412 限制的情况下，被告可以提供所称被害人有关品性特征的证据，如果该证据被采纳，检察官可以：

（i）提供证据予以反驳；以及

（ii）提供被告具有相同品性特征的证据；并且

（C）在凶杀案件中，检察官可以提供所称被害人具有平和品性特征的证据，以反驳该被害人是第一挑衅者的证据。

（3）对证人的例外。证人品性的证据可以根据规则 607、608 和 609 采纳。

（b）犯罪、恶行或其他行为

（1）禁止使用。犯罪、恶行或其他行为的证据，不可采纳用来证明一个人的品性，以表明该人在特定场合的行为与该品性具有一致性。

（2）允许使用；刑事案件中的通知。这种证据可为其他目的而采纳，诸如证明动机、机会、意图、准备、计划、明知、身份、没有错误或者非意外事

件。根据刑事案件被告人的请求，检察官必须：

（A）就其拟将在审判中提供任何此类证据的一般性质，提供合理通知；并且

（B）在审判之前通知；或者，在法院基于正当理由对未能审前通知予以谅解的情况下，在审判期间进行通知。

规则 405　证明品性的方法

（a）以名声或意见证明品性。

在一个人的品性或品格特性的证据具有可采性的情况下，可以用关于该人名声的证言或者意见形式的证言予以证明。在对品性证人进行交叉询问时，法院可以允许调查该人的相关具体行为实例。

（b）以具体行为实例证明品性。

当一个人的品性或品格特性为一项指控、诉求或辩护之要件时，该品性或者品格特性亦可由该人行为的相关具体实例予以证明。

规则 406　习惯；操作规程

一个人的习惯或一个组织操作规程的证据，可以采纳来证明该人或者该组织在特定场合下的行为与该习惯或操作规程具有一致性。不论该证据是否得到补强，或者是否有目击证人，法院均可采纳该证据。

规则 407　事后补救措施

如果采取了会使之前的伤害或者损害更不可能发生的措施，则关于这些事后措施的证据不得采纳用来证明：

- 过失；
- 罪错行为；
- 产品缺陷或其设计缺陷；或者
- 警示或指示的必要性。

但是法院可以为其他目的采纳该证据，例如，弹劾或在争议情况下证明所有权、控制权或者预防措施的可行性。

规则 408　和解提议与谈判

（a）禁止使用。任何一方当事人用下列证据证明或证伪一个有争议的索赔的有效性或数额，或者以先前不一致的陈述或矛盾为由进行弹劾，该证据不可

采纳；

（1）在就该索赔进行和解或者试图和解时，给予、承诺或提议——或者接受、承诺接受或提议接受——有价值的对价；以及

（2）在就该索赔进行和解谈判期间所作出的行为或者陈述——在刑事案件中提出该证据，以及在与一个行使其规制、调查或者执法权威的公共机关提出的索赔有关的谈判时除外。

（b）例外。法院可以为其他目的采纳该证据，例如，证明证人的成见或偏见，否定有关不当拖延的争论，或者证明一种妨碍刑事调查或者追诉的努力。

规则 409　提议支付医疗及类似费用

关于给予、承诺支付或者提议支付因伤害而引起的医疗、住院或者类似费用的证据，不得采纳来证明对该伤害负有责任。

规则 410　答辩、答辩讨论以及有关陈述

（a）禁止使用。

在民事或者刑事案件中，下列证据不可采纳用来反对作出过答辩或者参与了答辩讨论的被告人：

（1）之后撤回的有罪答辩；

（2）不抗争之答辩；

（3）根据《联邦刑事诉讼规则》11 或可比州程序进行的诉讼程序中所作任一答辩的陈述；或

（4）在与检控机关的律师举行答辩讨论期间所作的陈述，该陈述没有导致有罪答辩或导致的有罪答辩后来又被撤回。

（b）例外。

在下列情况下，法院可以采纳规则 410（a）（3）或者（4）所描述的陈述：

（1）在任何诉讼程序中，在同一答辩或者答辩讨论中作出的另一个陈述已被提出，这些陈述应当一起考虑方显公正；或者；

（2）在关于伪证或者虚假陈述的刑事程序中，如果被告人在宣誓后作出该陈述，记录在案且律师在场。

规则 411　责任保险

一个人是否有责任保险的证据，不得采纳来证明该人的行为是否存在过失

或者其他错误。但法院可以为其他目的采纳该证据，诸如证明证人的成见或偏见，或者证明代理关系、所有权或控制权。

规则 412　性违法案件；被害人的性行为或性癖好

（a）禁止使用。在涉及指称不当性行为的民事或者刑事程序中，下列证据不可采：

（1）用以证明被害人从事过其他性行为的证据；或者

（2）用以证明被害人性癖好的证据。

（b）例外。

（1）刑事案件。在刑事案件中，法院可以采纳下列证据：

（A）为证明被告之外的他人是精液、伤害或其他物证的来源，而提供的被害人性行为的具体实例证据；

（B）检察官提供的或者被告为证明同意提供的，关于被害人与被控有不当性行为之被告人的性行为的具体实例证据；以及

（C）如被排除将侵犯被告宪法权利的证据。

（2）民事案件。在民事案件中，如果其证明力实质上超过对任何被害人造成伤害和对任何当事人造成不公正偏见的危险时，法院可以采纳用以证明被害人的性行为或者性癖好的证据。有关被害人名声的证据，只有在该被害人将其置于争议时，法院方可采纳。

（c）决定可采性的程序。

（1）动议。如果当事人打算根据规则 412（b）提供证据，该当事人必须：

（A）提出具体描述该证据并陈述提供该证据之目的的动议；

（B）至少于审判 14 日前提出上述动议，除非法院出于正当理由设定不同的时间；

（C）向所有当事人送达该动议；并且

（D）通知被害人，或者在适当时，通知被害人的监护人或代表。

（2）听证。在根据本规则采纳证据之前，法院必须举行秘密听证，给被害人和各当事方出席听证和申述的权利。除非法院另有命令、动议、有关材料及听证记录，必须密封并密封保存。

（d）"被害人"的定义。在本规则中，"被害人"包括指称的被害人。

规则 413　性侵犯案件中的类似犯罪

（a）允许使用。在被告人被指控性侵犯罪的刑事案件中，法院可以采纳关

于被告人实施了任何其他性侵犯的证据。该证据可以在任何与之相关的事项上加以考量。

（b）向被告人披露。如果检察官打算提供这一证据，该检察官必须向被告人披露它，包括证人陈述或者预期的证言概要。检察官必须于审判 15 日前或者法院以正当理由允许的较迟时间内进行披露。

（c）对其他规则的影响。本条规则不限制根据任何其他规则对证据的采纳或考量。

（d）"性侵犯"的定义。在本条规则和规则 415 中，"性侵犯"（sexual assault）是指根据联邦法律或州法律（"州"的定义见《美国法典》第 18 编第 513 节）规定的涉及下列情形的犯罪：

（1）《美国法典》第 18 编 109A 章所禁止的任何行为；

（2）未经同意，以被告人身体的任何部分——或一个物体——接触另一个人的生殖器或肛门；

（3）未经同意，以被告人的生殖器或肛门接触另一个人身体的任何部分；

（4）从致使另一个人死亡、身体伤害或身体痛苦中获得性快感或性满足的行为；或者

（5）从事（1）—（4）项所描述的行为的企图或合谋。

规则 414　儿童性侵害案件中的类似犯罪

（本规则的结构和内容与《联邦证据规则》413 相似，但只适用于儿童性侵害犯罪而非性侵犯罪。（d）款定义"儿童"为"14 岁以下的人"，并删掉了出现在《联邦证据规则》413（2）和（3）项的"未经同意"一语。）

规则 415　民事案件中涉及性侵犯或儿童性侵害的类似行为

（本规则使得《联邦证据规则》413 和《联邦证据规则》414，包括通知要求，适用于民事案件中基于当事人所称性侵犯或儿童性侵害的诉求。）

规则 501

由美国联邦法院根据理性和经验所解释的普通法，对特免权主张进行规制，除非以下任何一项另有规定：

● 美国宪法；

● 联邦制定法；或

● 最高法院规定的规则。

但在民事案件中，在由州法提供裁决规则的情况下，州法规制有关一项主张或辩护的特免权。

规则 502　律师-委托人特免权与工作成果；对弃权的限制

以下规定适用于所列情况下以律师-委托人特免权或者工作成果保护所涵盖的交流或者信息的披露。

（a）在联邦司法程序中或者向联邦机构或机关作出的披露；弃权的范围

当披露是在联邦司法程序中或者向联邦机构或机关作出，并且放弃律师-委托人特免权或工作成果保护时，只有在下列情况下，该弃权才扩展至在联邦或州司法程序中未披露的交流或信息：

（1）该弃权是有意的；

（2）披露和未披露的交流或信息关涉同样主题；并且

（3）从公平角度它们应当被一并加以考虑。

（b）无意披露

在下列情况下，如果披露是在联邦司法程序中或者向联邦机构或机关作出时，该披露并不用作联邦或者州司法程序中的弃权：

（1）该披露是无意的；

（2）特免权或保护的拥有者采取了合理措施来防止披露；并且

（3）拥有者迅速采取了合理措施来纠正该错误，包括在可适用的情况下遵循《联邦民事诉讼规则》26（b）（5）（B）。

（c）在州司法程序中作出的披露

在下列情况下，当披露是在州司法程序中作出且不是关于弃权的州法院命令的主题时，该披露并不用作联邦司法程序中的弃权：

（1）根据本规则，若该披露是在联邦司法程序中作出的，则不构成弃权；或者

（2）根据该披露发生地州法律，该披露不构成弃权。

（d）法院命令的控制效力

联邦法院可以命令该特免权或保护不因与在该法院进行的未决诉讼有关的披露而弃权；在这种情况下，该披露也不构成在任何其他联邦或州司法程序中的弃权。

（e）当事人协议的控制效力

关于在联邦司法程序中披露效力的协议，仅仅对该协议的当事人有约束力，除非它被整合进法院命令。

（f）本规则的控制效力

在本规则所列情况下，尽管有规则 101 和 1101，本规则适用于州司法程序与联邦法院附属和联邦法院授权的仲裁程序。尽管有规则 501，即使州法律规定了裁决规则，本规则仍适用。

（g）定义

在本条规则中：

（1）"律师-委托人特免权"指，适用的法律为秘密的律师-委托人交流所提供的保护；以及

（2）"工作成果保护"指，适用的法律为预期诉讼所准备或者为审判所准备的有形物质（或者其无形相等物）提供的保护。

规则 601 作证资格之一般规定

除本证据规则另有规定外，人人都有作为证人的资格。但在民事案件中，如果州法就起诉或者辩护规定了适用的裁决规则，则证人资格应按照州法规定。

规则 602 需要亲身知识

只有举出足以支持一项认定的证据，即该证人对该事项拥有亲身知识，该证人方可就该事项作证。证明亲身知识的证据，可以由该证人自己的证言构成。本规则不适用于规则 703 规定的专家证人证言。

规则 608 证人诚实与不诚实的品性

（a）名声或者意见证据。

可以用关于证人诚实或不诚实的品性的名声证言，或者关于该品性的意见形式的证言，来攻击或支持该证人的可信性。但是，只有在证人诚实品性受到攻击后，方可采纳关于诚实品性的证据。

（b）具体行为实例。

除规则 609 规定的刑事定罪外，不可采纳外源证据用以证明证人的具体行为实例，以攻击或者支持该证人的诚实品性。但是，在交叉询问中，如果具体行为实例对于下述人员诚实或不诚实的品性具有证明作用，法院可以允许对其进行调查：

（1）证人；或者

（2）另一证人——接受交叉询问的证人正在就该另一证人的品性作证。

当就另一事项作证时，对于仅与证人诚实性品性有关的证言，证人不放弃任何反对自证其罪的特免权。

规则 609　以刑事定罪证据进行弹劾

（a）一般规则。

以下规则适用于以刑事定罪证据对证人的诚实品性进行攻击：

（1）在定罪的司法辖区，对于被判处死刑或者一年以上监禁的犯罪：

（A）在民事案件或者证人不是被告人的刑事案件中，经过规则403检验，该证据须予以采纳；以及

（B）在证人是被告人的刑事案件中，如果该证据的证明力超过其对被告人的偏见影响，该证据须予以采纳；以及

（2）对于任何犯罪，无论其刑罚如何，如果法院可以明确确定，证实该犯罪要件需要证明——或者证人承认——不诚实行为或者虚假陈述，该证据须予以采纳。

（b）10年后使用证据的限制。

如果自该证人被定罪或者从该定罪的监禁中被释放（两个日期中以时间较迟者为准）已逾10年，则适用（b）款。只有在下列情况中，方可采纳定罪证据：

（1）由具体事实和情况支持的定罪证据之证明力，实质上超过其偏见影响；并且

（2）证据提出者就使用该证据的意图发给对方当事人合理的书面通知，以便该当事人对该证据的使用有公正的反驳机会。

［（c）款限制使用已经成为特赦或废止的定罪；（d）款限制对青少年裁判的使用；以及（e）款规定有待上诉并不会使一项定罪的证据不可采。］

规则 611　询问证人和出示证据的方式与顺序

（a）法院控制；目的。法院应对询问证人和出示证据的方式与顺序予以合理控制，以做到：

（1）使其成为确定事实真相的有效程序；

（2）避免浪费时间；及

（3）保护证人免受骚扰或不当困窘。

（b）交叉询问的范围。交叉询问应限于直接询问的主题及影响证人可信性的事项。法院可允许像直接询问那样对附加事项进行询问。

（c）诱导性问题。在直接询问中，非为展开证人证言所必需，不得使用诱导性问题。通常，法院应该允许提出诱导性问题：

（1）在交叉询问过程中；以及

（2）在当事人一方传唤敌意证人、对抗方当事人或对抗方认同的证人时。

规则 612　用于刷新证人记忆的书写文件

（a）范围。当证人使用书写文件来刷新记忆时，本规则为对方当事人提供了特定可选项：

（1）在作证时；或者

（2）在作证前，如果法院确定正义要求当事人有这些可选项时。

（b）对方当事人的选项；删除无关事项。除非《美国法典》第 18 编第 3500 节就刑事案件另有规定，对方当事人有权要求在听证时出示该书写文件，对其进行检查，就其对证人进行交叉询问，并将其中与证人证言有关的任何部分提出作为证据。如果举证方当事人宣称该书写文件包含无关事项，则法院必须对该书写文件进行秘密审查，删除任何无关部分，并命令将剩余部分递交对方当事人。驳回异议后而删除的任何部分必须归档保存。

（c）未能提供或者递交书写文件。如果一份书写文件没有提供或者按照命令递交，法院可以签发任何适当的命令。但如果在刑事案件中检控方不遵守上述命令，法院必须撤销该证人证言，或者在为正义所要求的情况下，宣布审判无效。

规则 613　证人先前陈述

（a）在询问过程中出示或披露该陈述。

在就证人先前陈述对该证人进行询问时，当事人无须出示该陈述，或者向该证人披露其内容。但遇有出示或披露请求之时，该当事人必须向对方当事人律师出示该陈述或披露其内容。

（b）先前不一致陈述的外源证据。

只有在向证人提供了解释或否定先前不一致陈述的机会，并且为对方当事人提供了就此陈述询问该证人的机会，或者为正义所要求的情况下，该证人先前不一致陈述的外源证据方可被采纳。此（b）款不适用于规则 801（d）（2）所规定的对方当事人陈述。

规则 701　外行证人的意见证言

如果证人不是作为专家而作证，其以意见形式作出的证言限于：

（a）合理地基于该证人的感知；

（b）有助于对证人证言的清晰理解或裁断争议事实；并且

（c）不是基于规则 702 范围内的科学、技术或其他专门知识。

规则 702　专家证人证言

因知识、技能、经验、培训或教育而拥有专家资格的证人，可以意见或其他形式作证。但须符合下述条件：

（a）该专家的科学、技术或其他专门知识将辅助事实裁判者理解证据或裁断争议事实；

（b）证言基于充足的事实或数据；

（c）证言是可靠的原理和方法的产物；并且

（d）证人将这些原理和方法可靠地适用于案件的事实。

规则 703　专家意见证言的根据

专家意见可以基于该专家在本案中所知晓或亲身观察到的事实或数据。如果特定领域专家就该主题形成意见时合理地依赖于那些事实或数据，该意见之采纳，无须依据该事实或数据是否具有可采性。但如果那些事实或者数据本身不可采，则只有在其有助于陪审团评价该意见的证明力实质上超过其偏见影响的情况下，该意见的提出者方可将它们披露给陪审团。

规则 704　关于最终争点的意见

（a）一般要求——不自动受到异议。一个意见并不仅因为其包含最终争点而受到异议。

（b）例外。在刑事案件中，专家证人不得就被告是否具有构成被指控犯罪或辩护的要素之精神状态或者状况而表述意见。

规则 705　专家意见所依据事实或数据的披露

除非法院另有要求，专家可以陈述意见——并给出该意见的理由——而无须首先就所依据的事实或者数据作证。但在交叉询问中，可以要求专家披露这些事实或数据。

规则 706　法院指定的专家证人

（a）指定过程。法院可以根据当事人的动议或者自行决定，命令当事人说明为什么不应当指定专家证人的理由，并可以要求各方当事人提名。法院可以指定经各方当事人同意的任何专家证人，也可自行选择专家证人。但是，法院只可指定同意充当专家证人的人。

（b）专家的角色。法院必须告知专家其专家职责。法院可以书面形式并向法院书记员提交复制件，或者在所有当事人都有机会参加的会议上口头告知上述职责。专家：

（1）必须告知当事人其作出的任何调查结果；

（2）应接受任何当事人的询证；

（3）应接受法院或者任何当事人传唤作证；以及

（4）应接受任何当事人交叉询问，包括传唤该专家的当事人。

（c）报酬。专家有权取得法院确定的合理报酬。该报酬的支付方式如下：

（1）在刑事案件或根据宪法第五修正案涉及正当赔偿的民事案件中，由法律规定的资金支付；以及

（2）在任何其他民事案件中，由当事人依照法院指示的比例和时间支付，该报酬与其他费用的支付方式相同。

（d）就指定专家向陪审团披露。法院可以授权向陪审团披露其任命专家的情况。

（e）当事人自行选择的专家。本规则不限制当事人传唤自己的专家。

规则 801　适用于本条的定义；传闻排除

（a）陈述。"陈述"（statement）指一个人的口头断言、书面断言，或者若该人意图将其作为断言的非言语行为。

（b）陈述人。"陈述人"（declarant）指作出陈述的人。

（c）传闻。"传闻"（hearsay）指下述陈述：

（1）由陈述人在当前审判或听证作证场合之外作出；并且

（2）由一方当事人作为证据提出，以证明该陈述所断言事项之真实性。

（d）不构成传闻的陈述。符合下列条件的陈述不是传闻：

（1）陈述人-证人的先前陈述。

陈述人当庭作证，并对先前陈述接受交叉询问，且该陈述：

（A）与陈述人的证言不一致，且是过去在审判、听证或其他程序，或者在询证存录过程中，面临伪证罪惩罚情况下作出的；或者

（B）与陈述人的证言一致，并且提供该陈述：

（i）反驳关于陈述人最近对该陈述的捏造或因最近不当影响或动机而作证

的明示或者暗示的指控；或者

（ii）对该陈述人作为证人因其他原因受到攻击时的可信性正誉；或者

（C）用以辨认陈述人先前所感知的人。

（2）对方当事人的陈述。

该陈述被提供用以反驳对方当事人，并且：

（A）由对方当事人以个人或者代表资格所作出的陈述；

（B）是该当事人表示采认或相信为真实的陈述；

（C）得到该当事人授权对该事项作出陈述的人所作出的陈述；

（D）该当事人的代理人或雇员在代理或雇佣关系存续期间就该关系范围内事项所作的陈述；或者

（E）该当事人的合谋者在合谋过程中为促进该合谋所作的陈述。

上述陈述必须予以考虑，但仅凭该陈述本身并不证实（C）款中的陈述人授权；（D）款中关系的存在或范围；或者（E）款中合谋的存在或参与该合谋。

规则 802　反对传闻规则

传闻不具有可采性，除非下列法律或规则中另有规定：

● 联邦法律；

● 本证据规则；或者

● 最高法院制定的其他规则。

规则 803　传闻排除规则的例外——无论陈述人能否出庭作证

无论陈述人能否出庭作证，下列证据不适用传闻排除规则而予以排除：

（1）即时感觉印象。陈述人感知一个事件或情况的同时或之后立即作出的，对该事件或情况进行描述或解释的陈述。

（2）激奋话语。陈述人处于令人震惊的事件或情况引起的激奋压力状态时，所作的与该事件或情况有关的陈述。

（3）当时存在的精神、情感或身体状况。陈述人对当时存在的精神状态（如动机、意图或计划）、情感、感觉或身体状况（如精神感受、疼痛或身体健康）的陈述，但不包括证明所记得或相信的事实的记忆或信念的陈述，除非该陈述与陈述人遗嘱的有效性或条款有关。

（4）为医学诊断或治疗而作出的陈述。该陈述：

（A）为医学诊断或者治疗目的而作出，因而与此目的合理关联；并且

（B）描述了医疗史、过去或现在的症状或者感觉；病因；或者它们的一般病源。

（5）记录的回忆。该记录：

（A）关涉证人曾经知晓但现在不能充分回忆而全面、准确作证的事项；

（B）是由该证人对该事项记忆清新时制作或者采用的；并且

（C）准确地反映了证人的知识。

如果被采纳，该记录可以作为证据宣读，且除非对方当事人提供，方可作为展示件而采纳。

（6）常规活动记录。符合下列条件的行为、事件、状况、意见或者诊断的记录：

（A）该记录是由某个拥有亲身知识的人（或根据该拥有亲身知识的人所传递的信息）在当时或之后不久制作的；

（B）该记录是商业、组织、职业或者行业（无论是否以营利为目的）在常规活动中保存的；

（C）制作该记录是该常规活动的日常惯例；

（D）所有这些条件都得到保管人或者其他适格证人的证言的支持，或者以遵循规则 902（11）或规则 902（12）的证书或者以制定法许可的证书所支持；并且

（E）对方当事人未表明，信息来源或方法，或准备环境显示缺乏可靠性。

（7）常规活动记录的缺失。某个事项未被包括在（6）所描绘的记录中的证据，但须符合下列条件：

（A）该证据被采纳用以证明该事项未发生或不存在；

（B）该类事项按常规会保存记录；并且

（C）对方当事人未表明，可能的信息源或其他情况显示缺乏可靠性。

（8）公共记录。公共机构的记录或陈述，但须符合下列条件：

（A）它列明了：

（i）该机构的活动；

（ii）观察到的依法有报告职责的事项，但不包括刑事案件中执法人员观察到的事项；或者

（iii）在民事案件或者辩方在刑事案件中，根据法律授权进行的调查活动所获得的事实性认定；并且

（B）对方当事人未表明，信息源或者其他情况显示缺乏可靠性。

（9）人口统计公共记录。根据法律职责而向公共机构报告的关于出生、死

亡或婚姻的记录。

（10）公共记录的缺失。关于竭尽搜索仍未发现有关公共记录或者陈述的证言或根据规则 902 出具的证明文件，但须符合下列条件：

（A）该记录或者陈述并不存在；或者

（B）一个事项并未发生或者存在，如果公共机构对那类事项常规保留记录或陈述的话。

（11）关于个人或者家族史的宗教组织记录。宗教组织的常规保存的记录中所包含的关于出生、婚生、祖先、结婚、离婚、死亡、血亲或者姻亲关系，或者有关个人或家族史的类似事实的陈述。

（12）结婚、洗礼或类似仪式的证书。证书包含一项事实陈述：

（a）该陈述由宗教组织或者法律授权履行证书所及行为的人作出；

（b）证明该人主持了婚礼或者类似仪式、或者主持了圣礼；并且

（c）该证书旨在该行为发生时或者其后的合理时间内签署。

（13）家庭记录。诸如圣经、宗谱、图册、戒指铭刻、肖像题字、骨灰盒上的雕刻、

安葬标识等家庭记录中包含的关于个人或家庭史的事实陈述。

（14）影响财产利益的文件记录。声称证实或影响财产利益的文件的记录，但须符合下列条件：

（A）该记录被采纳用以证明原始记录文件的内容，以及声称签署了该文件的每个人签署和递交该文件的情况；

（b）该记录保存在公共机构；并且

（c）成文法授权该机构对这种文件加以记录。

（15）影响财产利益文件中的陈述。包含在旨在证实或影响财产利益的文件中的陈述，其所陈述事项与该文件的目的具有相关性——除非之后关于这些财产的处置与该陈述的真实性或该文件的主旨不一致。

（16）陈年文件中的陈述。已存在至少 20 年且其真实性得到证实的文件中的陈述。

（17）市场报告及类似商业出版物。为公众或者特定行业的人所通常依据的市场行情、表册、目录或者其他汇编。

（18）学术论著、期刊或手册中的陈述。包含在论著、期刊或手册中的陈述，但须符合下列条件：

（A）该陈述在交叉询问中为唤起专家证人的注意而提出，或者在直接询问中为专家所依据；并且

（B）根据该专家的自认或证言、其他专家证言或者司法认知，该出版物已经被证实具有可靠的权威性。

如果被采纳，该陈述内容可以作为证据选读，但不得被作为展示件接纳。

（19）关于个人或家族史的名声。在一个人因血缘、收养或婚姻而形成的家庭中，或在该人的同事或社区中，关于该人的出生、收养、婚生、祖先、结婚、离婚、死亡、血缘关系、收养关系、姻亲关系，或者个人或家族史的类似事实方面的名声。

（20）关于边界或一般历史的名声。在发生争议之前，关于社区土地的边界或影响该土地的习俗在社区内的名声，或者对于该社区、州或国家至关重要的一般历史事件的名声。

（21）品性方面的名声。一个人在同事或社区中的品性方面的名声。

（22）先前定罪判决。最终定罪判决证据，但须符合下列条件：

（A）该判决是在审判或有罪答辩（但不包括不抗争之答辩）后作出的；

（B）该定罪是可判处死刑或者1年以上监禁的罪行；

（C）该证据被采纳用以证明对该判决所必需的事实；并且

（D）当检察官在刑事案件中为弹劾之外的目的而提供时，该判决是对被告不利的。

可以表明上诉未决，但这并不影响可采性。

（23）涉及个人、家族或一般历史、边界的判决。被采纳用以证明个人、家族、一般历史或边界事项的判决，该事项符合下列条件：

（A）对于该判决是必需的；并且

（B）可能被名声证据所证明。

规则 804　传闻排除规则的例外——陈述人无法作为证人出庭

（a）不能出庭的标准。在下列情况下，陈述人被视为无法作为证人出庭：

（1）因法院裁定适用特免权规则，陈述人被免除就其陈述主题作证；

（2）尽管法院命令陈述人就其陈述的主题作证，但其拒绝就此作证；

（3）陈述人作证说不记得陈述主题了；

（4）陈述人因死亡或当时存在体弱、身体疾病或精神疾病，不能在审判或者听证过程中出庭或作证；或者

（5）陈述人缺席审判或者听证，且陈述的提出者不能通过程序或其他合理手段促成：

（A）在规则804（b）（1）或（6）的传闻例外情况下，使陈述人出庭；

或者

（B）在规则 804（b）（2）、（3）或（4）的传闻例外情况下，使陈述人出庭或提供证言。

但是，如果该陈述的提出者为防止陈述人出庭或者作证，促成或者以不法手段致使陈述人不能作为证人出庭，则（a）款不适用。

（b）例外。如果陈述人不能作为证人出庭，下列陈述不适用传闻排除规则而予以排除：

（1）先前证言。证言是：

（A）在审判、听证或者依法进行的询证存录中作为证人作出的，无论是在当前程序中作出，还是在不同程序中作出；并且

（B）现在提供该证言所要反对的当事人，或者在民事案件中该当事人的前任利害关系人，已有机会或者类似动机通过直接、交叉或再直接询问来展开该证言。

（2）濒死信念下的陈述。在凶杀公诉或者民事案件中，陈述人在相信自己濒临死亡情况下，就死亡原因或情况所作的陈述。

（3）对己不利的陈述。关于下列事项的陈述：

（A）常人处于陈述人的位置时，只有在该人相信该陈述为真的情况下才会作出的陈述，因为该陈述在作出时与陈述人的财产或者金钱利益相悖，或者具有导致陈述人反对他人的请求无效的明显趋向性，或者使得陈述人面临民事或者刑事责任；并且

（B）如果在刑事案件中提出会导致陈述人承担刑事责任的陈述，得到补强情况的支持，而能清楚地表明其可靠性。

（4）个人或家族史的陈述。关于下列事项的陈述：

（A）陈述人自己的出生、收养、婚生、祖先、结婚、离婚、血缘关系或类似的个人或家族史的事实，即使陈述人无法对所述事实获得亲身知识；或者

（B）如果陈述人与他人有血缘、收养或婚姻关系，或与该人的家庭有亲密联系，使得该陈述人的信息很可能是准确的情况下，作出的关于另一个人的这些事实以及死亡的陈述。

（5）（其他例外）（已移至规则 807）

（6）为反对一方当事人用不法手段致使陈述人不能出庭而提出的陈述。为反对一方当事人采用（或默许的）不法手段致使陈述人不能作为证人出庭，并有意达到陈述人不能作为证人出庭的目的，而提出的陈述。

规则 805 传闻中的传闻

包含在传闻中的传闻，如果该组合陈述中的每个部分均符合本规则的一项例外，不使用传闻排除规则。

规则 806 对陈述人可信性的攻击和支持

当一项传闻陈述或规则 801（d）（2）（C）、（D）或（E）所描绘的陈述已被采纳为证据时，可以用假如陈述人作为证人作证而具有可采性的任何证据，对该陈述人的可信性进行攻击，然后再予以支持。法院可以采纳陈述人不一致的陈述或行为的证据，无论它在何时发生，或者陈述人是否有机会进行解释或否认它。如果为被采纳的陈述所反对的当事人传唤该陈述人作为证人，当事人可以像交叉询问中那样就该陈述询问该陈述人。

规则 807 剩余例外

（a）一般规定。一项传闻陈述，即使没有被规则 803 或 804 的传闻例外所明确涵盖，在下列情况下，也不使用排除传闻规则而予以排除：

（1）该陈述在可靠性上具有同等的间接保证；

（2）它被提供作为关键事实的证据；

（3）与证据提出者通过合理努力所能获得的任何其他证据相比，它对被提供用以证明的问题更具有证明力；并且

（4）对它的采纳，将更好地服务于本证据规则的目的和正义利益。

（b）通知。只有在审判或听审之前，证据提出者就提供该陈述的意图及其细节，包括陈述人的姓名和住址，以合理方式通知向对方当事人，使该当事人有公平的机会去接触它的情况下，方可采纳该陈述。

规则 901 对证据的鉴真或辨认

（a）一般规定。为满足对一项证据进行鉴真或辨认的要求，证据提出者必须提出足以支持一项认定的证据，即该物件系证据提出者所主张之物。

（b）例证。以下例证（不是完整的清单）为满足本规则要求的证据：

（1）知情证人的证言。关于某物件系其所主张之物件的证言。

（2）关于笔迹的非专家意见。认为笔迹为真的非专家意见，该意见基于并非为当前诉讼目的而获得的对笔迹的熟悉度。

（3）由专家证人或事实裁判者所做的对比。由专家证人或事实裁判者对经

过鉴真的样本所做的对比。

（4）与众不同的特征及类似因素。结合所有情况，考察该物件的外观、内容、实质、内在式样或其他与众不同的特征。

（5）关于声音的意见。辨认某人声音的意见，无论是直接听到，还是通过机械、电子传输或录音听到的，均应基于在任何时间将其与所称说话者联系在一起的环境中听过该声音。

（6）关于电话交谈的证据。对电话交谈而言，显示特定时间对该号码通话的下列证据：

（A）就特定个人，情况（包括自我辨认）表明，受话人是通话对象，或

（B）就特定单位，通话是对一个单位，且该通话与合理的业务交易有关。

（7）关于公共档案的证据。下列情况的证据：

（A）法律授权的公共机构记录或归档的文件，或者

（B）据称来自专门保存此类物证的机构的公共档案或陈述。

（8）关于陈年文件或数据汇编的证据。对文件或数据汇编而言，符合下列情况的证据：

（A）其真实性处于不容置疑的状况；

（B）就其真实性来说，处于其理所当然的存放地点；并且

（C）在提出时已保存了至少 20 年。

（9）关于过程或系统的证据。描述一个过程或系统，并表明其产生了准确结果的证据。

（10）法条或规则规定的方法。联邦法律或最高法院制定的规则所允许的任何鉴真或辨认方法。

规则 902　自我鉴真的证据

下列证据可自我鉴真；其采纳无须提供有关真实性的外部证据：

（1）签名并盖章的国内公文。文件载有：

（A）声称是美利坚合众国；合众国所属任何州、地区、自治地、领地或其所属岛屿；前巴拿马运河区；太平洋群岛托管领地；上述任何实体的政治分区；或者上述所列任何实体的一个部门、机关或官员的印章；以及

（B）声称是签署或见证的签名。

（2）载有签名和批复但未加盖印章的国内公文。没有印章的文件，但如果：

（A）载有规则 902（1）（A）所列机构一位官员或雇员的签名；以及

（B）在同一机构内持有印章并负有官方职责的另一位官员，以加盖印章或同等效力方式，对签名者具有官方身份且该签名为真的认证。

（3）外国公文。

声称由外国法律授权的人签署或见证的文件。该文件必须附有最终认证文件，认证签署人或见证人的签名和官方身份之真实性，或者认证该签名或见证书的真实性认证有关的任何外国官员的签名和官方身份之真实性，或者认证该外国官员处于该签名或见证书有关的真实性之认证链条之中。该最终认证可由美国大使馆或公使馆的秘书官，美国总领事、副领事或领事代理人作出，或者由外国委派或授权的驻美国外交或领事官员作出。在所有当事人均被给予调查该文件之真实性和准确性的合理机会的情况下，法院基于正当理由，可以：

（A）在没有最终认证文件的情况下，命令将其推定为真实；或者

（B）无论是否有最终认证文件，允许以一份经见证的概要证明其真实性。

（4）经认证的公共档案复印件。

经下列人员或程序认证为准确无误的官方档案复印件，或公共机关依法律授权记录或存档的文件复印件：

（A）保管者或经授权进行认证的其他人员；或者

（B）符合《联邦证据规则》902（1）、（2）或（3），联邦制定法或最高法院规则规定的认证文件。

（5）官方出版物。声称为公共机关发行的图书、手册或其他出版物。

（6）报纸和期刊。声称为报纸或期刊的印刷品。

（7）贸易标志和类似物。在商务过程中加盖的旨在标明原产地、所有权、控制权的标志、符号、标签或标记。

（8）确认文件。附有公证员或法律授权从事确认业务的其他官员合法签署的确认书文件。

（9）商业票据及有关文件。符合一般商法规定的商业票据、商业票据上的签名及有关文件。

（10）联邦制定法规定的推定。由联邦制定法宣布为推定真实，或者表见真实或真品的签名、文件或任何其他物品。

（11）经认证的国内常规活动档案。

符合规则803（6）（A）-（C）要求的国内档案原件或复印件，通过保管者或者符合联邦制定法或最高法院有关规则的其他适格人员的认证文件，而予以证明。在审判或者听证之前，证据提出者必须就提供该档案的意图，向对方当事人给予合理的书面通知，必须将该档案和认证文件准备就绪以备查阅，从

而使对方当事人有对其提出异议的公平机会。

（12）经认证的国外常规活动档案。

在民事案件中，符合以下述方式修订的规则 902（11）要求的外国档案原件或复印件：有关认证文件，不必符合联邦制定法或最高法院规则的要求，但其签署必须在下述条件之下：即认证如有不实，该认证文件出具者将在其签署所在国受到刑事处罚。证据提出者还必须遵守规则 902（11）的通知要求。

规则 1001　下列定义适用于本章

在本章中：

（a）"书写文件"包括以任何形式记下的字母、文字、数字或者其等效物。

（b）"录制品"包括以任何方式录制的字母、文字、数字或者其等效物。

（c）"照片"是指以任何形式存储的摄影图像或者其等效物。

（d）书写文件或者录制品的"原件"是指，该书写文件或者录制品本身，或者其签发者或发行者旨在使其具有同等效力的任何复制件。对于电子存储信息而言，"原件"是指准确反映该信息的任何打印输出，或者其他凭视觉可读的输出。照片的"原件"包括底片或者底片的打印件。

（e）"副本"是指通过机械、影像、化学、电子或者其他等效过程或技术，制成的准确再造该原件的复制件（counterpart）。

规则 1002　原件要求

为了证明其内容，书写文件、录制品或照片要求提供原件，本证据规则或者联邦制定法另有规定的除外。

规则 1003　副本的可采性

副本与原件具有同等程度的可采性，除非对原件真实性产生了真正的怀疑，或者出现采纳该副本而造成不公正的情况。

规则 1004　其他内容证据的可采性

下列情况下，书写文件、录制品或照片内容的其他证据具有可采性，并不要求出示原件：

（a）所有原件已经丢失或者被损毁，且并非因证据提出者恶意为之；

（b）通过任何可用的司法程序都无法获得原件；

（c）原件内容与之不利的当事人对原件拥有控制；该当事人届时已通过

诉状或者其他方式得到通知，知悉该原件在审判或听审中将是证明
对象；但未能在审判或听审中提供该原件；或者

（d）书写文件、录制品或照片与支配性问题没有密切关系。

规则 1005　用于证明内容的公共档案复印件

在符合下列条件的情况下，证据提出者可以使用复印件证明官方档案的内
容，或者公共机构依法律授权记录或者存档文件的内容；该档案或者文件自身
具有可采性；根据规则 902（4），该复印件已被认证为正确，或者由将其与原
件做过比对的证人作证其为正确。如经合理努力，不能得到这种复印件，则证
据提出者可以使用其他证据来证明该内容。

规则 1006　用于证明内容的概要

证据提出者可以使用概要、图表或者算式，证明不便在法庭上进行审查的
卷帙浩繁的书写文件、录制品或照片的内容。证据提出者必须将原件或者副本
准备就绪，以供其他当事人在合理的时间和地点进行审查和/或复制。法院可
以命令证据提出者将它们在法院出示。

规则 1007　当事人用于证明内容的证言或陈述

证据提出者可以使用所提供证据与之不利的当事人的证言、询证存录或者
书面陈述，来证明书写文件、录制品或者照片的内容。证据提出者无须提供
原件。

规则 1008　法院和陪审团的职能

通常情况下，法院根据规则 1004 或 1005，裁定证据提出者是否已满足采
纳书写文件、录制品或照片内容之其他证据的事实条件。但是，在陪审团审判
中，陪审团根据规则 104（b）决定下列问题：

（a）所称书写文件、录制品或者照片是否曾经存在；

（b）在审判或听审中提供的另一份书写文件、录制品或照片是否为原件；
或者

（c）关于内容的其他证据是否准确地反映了该内容。

中英文对照词表

A

ABA 美国律师协会；ABA Code of Professional Responsibility《美国律师协会职业责任守则》ABA Model Code of Professional Responsibility《美国律师协会职业责任示范守则》；ABA's Model Rules of Professional Conduct《美国律师协会职业行为示范规则》

abduction＝abductive reasoning 溯因推理

abuse 滥用，虐待（罪）；sexual abuse crime 性虐待罪；spousal abuse 配偶虐待（罪）

abuser（性）施虐者

accord 合意；accord and satisfaction 和解与清偿

access to justice 诉诸司法

account 账户

accuracy 准确性

accusation 控告；make accusation of 控告犯有…罪行；false accusation 诬告

accused 被控方（与民事被告 defendant 不同）；rights of the accused 被控方的权利；accused spouse 被控方的配偶

acquiesce 默示，默许；acquiescing in 默示；acquiesce in wrongdoing（Acquiescence in Wrongdoing）默许恶行；acquiescence to a criminal conviction 对一项刑事定罪的默认

acquit 裁决无罪

acquittal 无罪裁决，宣告无罪

act 法（案）；Act of Congress 国会立法；federal civil rights act《联邦民权法案》

action 行为，诉讼；affirmative action policies 平权行动政策；civil action 民事诉讼；civil rights action 民权诉讼；criminal action 刑事诉讼；class action 集团诉讼

actor 行为人

actus reus 犯罪行为

addicted to drugs 吸毒上瘾

ad hoc 特别的，临时的，为此（拉）

adjudge 判决，判处

adjudication 裁判，裁理；process of adjudication 裁判过程；juvenile adjudication 对青少年的裁理；adjudication of delinquency（delinquency adjudication）关于不良行为的裁理；rationalist model of adjudication 理性主义裁判模式

adjudicative 裁判的，裁理的；adjudicative fact 裁判性事实，法院宣告的事实；judicial notice of adjudicative fact 裁判性事实的司法认知；adjudicative decision 裁判性决定

adjudicator 裁判者

administrative 行政管理的；administrative decision 行政决定；Administrative Law 行政法；administrative hearing 行政听审；administrative burden 行政负担；administrative duty 行政职责；administrative findings 行政裁定；administrative summons 行政传票

admissible 可采的；admissible testimony 可采性证言

admissibility 可采性；admissibility of evidence 证据的可采性；conditional admissibility 附条件的可采性；limited admissibility 有限的可采性；theory of admissibility 可采性理论

admission 自认，供认（适用于刑事诉讼），采纳；admission of fact 自认事实；admission of a party 当事人供认；adoptive admission 采认性自认；personal knowledge admissions 亲身知识供认；categorical approach to admission 供认的分类方法；admission of relevant evidence generally 一般性相关证据的采纳；admission of evidence 证据的采纳；conditional admission 附条件的采纳

admit 采纳，承认

admonition 警告，告诫

adoption by reference 援引

adversarial 对抗的；adversarial fairness 对抗性公平；adversarial investigation 对抗性调查；adversarial system 对抗制

adversary system 对抗制

adverse 不利的，敌意的；adverse party 对方当事人

Advisory Committee 联邦证据规则起草咨询委员会

advocate 出庭律师，诉讼代理；trial advocates 诉讼律师；have advocated 主

张；Judge Advocate General（JAG）军法总署（美国军队的司法审理部门）；lay advocates 公民代理

affidavit 宣誓陈述书；attorney's affidavit 律师的宣誓陈述书；declarant's affidavit 陈述人的宣誓陈述书

affiliation 从属关系；gang affiliations 团伙从属关系

affirm 维持原判（上诉法院的），确认；affirm or deny 确认或否认；

affirmation 郑重声明 郑重陈述

aforethought 预谋 malice aforethought（谋杀罪中的）恶意预谋

after-the-fact（after the fact）犯罪之后，事后

aftermath 结果，后果

against interest 对己不利的；admissions against interest 对己不利的供认；declarations against interest（statement against interest）对己不利的陈述

agency 代理，行政机关；agency relationship 代理关系；agency hearing 行政机关听审；agency or employment relationship 代理或受雇关系

agent 代理人；agents and employees 代理人和雇员；governmental agent 政府代理人

alibi（被告）不在犯罪现场

allegation 指控，主张；plaintiff's allegations 原告的指控；allegation of fraud 欺诈指控；criminal allegation 刑事指控

allege 主张

alleged 被指称的，所称，被控；alleged conspiracy 被控合谋犯罪；alleged crime 被控犯罪；alleged victim 被指称的受害人

allegedly 涉嫌，依其申述

allocating 分配；allocating burdens of proof 证明责任的分配；allocating burdens of production 举证责任的分配；allocating burdens of persuasion 说服责任的分配；allocation of judge-jury decision-making 法官－陪审团的裁决权分配

alter judgment 变更判决

ambiguity 含糊，模棱两可；reduce（increase）the ambiguity risk（danger）减少（增加）模棱两可的风险（危险）

ambiguous 含糊的

amendment 修正；First Amendment 宪法第一修正案；Fourth Amendment 宪法第四修正案；Fifth Amendment Privilege 宪法第五修正案特免权；Fifth

Amendment Right 宪法第五修正案权利；Sixth and Fourteenth Amendments 宪法第六和第十四修正案；Seventh Amendment 宪法第七修正案；Eighth Amendment 宪法第八修正案

amicus curiae 法庭之友

analysis 分析；analysis of fact 事实分析；analysis of law 法律分析；atomistic analysis 原子论分析；disciplined analysis 规范化分析

analytic 分析的；analytic device 分析手段；analytic tool 分析工具

ancillary evidence 附属证据

Anglo-American Law 英美法；Anglo-American law of evidence 英美证据法

analogize 类推

analogy 类推

answer 答辩

anti-nomian thesis 反律法论

antitrust 反托拉斯；antitrust law 反托拉斯法；Sherman Antitrust Act 谢尔曼反托拉斯法；criminal antitrust offenses 刑事反托拉斯犯罪；antitrust action 反托拉斯诉讼

appear（appearance）出庭；expert appearances 专家出庭；defendant's appearance 被告的出庭

application 适用；application of the rules 规则的适用

appraisal 评估，评价；appraisal of the risk 风险评估；appraisal of the evidence 对证据的评价

appeal 上诉；appeal of evidentiary rulings 有关证据裁定的上诉

appellate 上诉的；appellate review 上诉复审；appellate review of Evidentiary Rulings 证据裁定的上诉复审

appellant 上诉人；appellant's rights 上诉人的权利；Appellant's App.《上诉人的上诉请求书》；Appellant's Adden.《上诉人的补充文件》

appellee 被上诉人

arbitrary 任意的，武断的；arbitrary or irrational 专断的或非理性的；arbitrary mandate 武断的命令；purely arbitrary 纯粹武断的

argue 辩论

argument 辩论，辩词，论据，论证；opening argument（opening summation）开审辩词；closing argument（closing summation）结审辩词；final argument 最后辩论；arguments of counsel 律师论点；arguments for and against 赞成与反对的论点；preserve for appeal one's argument 为上诉保全异议；argument for exclusion 为排除而辩；defensible and persuasive argument about hypotheses 关于假设之可辩解和具有说服力的论证

argumentation 论证

arraignment 堂讯

arrest 逮捕，扣留；arrest of judgment 中止执行判决

arson 纵火，纵火罪

assailant 攻击者，加害者

assassinate 暗杀

assault 人身侵犯

assertion 断言，主张；disguised assertion 变相断言；implied assertion 默示断言；testimonial assertions 证言性断言

assertive 断言的；nonassertive 非断言的

assessment 评估；assessment of weight 分量评估

association 团体

assult 侵犯；the assult 故意伤害（罪）

assumption 假设；assumption of risk 承担风险

astrologer 占星家

attentiveness 注意

attest 验证；attested document 验证的文件；attesting witness 验证证人

attorney 律师；plaintiff's attorney 控方律师；defense attorney 辩方律师；District Attorney 地区检察官；United States attorney 美国联邦检察官；attorney-client 律师－委托人；professional responsibility of attorneys 律师的职业责任；attorney general 检察长，司法部长；trial attorney 诉讼律师

authenticate 鉴真

authentication 鉴真；authentication and identification 鉴真和辨认；self-authentication 自我鉴真；methods of authentication 鉴真方法；lack of authentication 缺乏鉴真

authenticity 真实性；authenticity of the evidence 证据的真实性

authority 权限，权力；statutory authority 法定权限；authority of the judge (judge's authority) 法官的权限（权力）；authority of the court (court's authority) 法院的权限（权力）；authority of the jury 陪审团的权限；

have the authority 有权；judicial authority 司法机关；public authority 公共机关；legal authority（authority of law）法律权威；delegation of authority 权力委托；allocation（division）of authority between judge and jury 法官和陪审团之间的权力分配；authority granted by law 法律授予的权力；authorized by law 法律授权的

autoptic proference 实感为真的证据

autopsy 尸检；autopsy report 尸检报告；autopsy photos 尸检照片

availability（available）可用的、可出庭

unavailability（unavailable）不能出庭；unavailable to testify 不能出庭作证；unavailable as a witness 不能作为证人出庭；unavailable witnesses 不能出庭的证人

averment 主张

avoid（avoidance）回避，使无效

award 判给，判赔；damage award 损害赔偿金

B

bad acts 恶行；bad faith 不良动机，恶意

bail 保释，保释金

bailiff 法警

balance 平衡；balance test（balancing test）平衡检验；balance of probabilities 盖然性平衡

ballistic 弹道的，弹道学的；ballistics tests 弹道学鉴定

bankruptcy 破产；bankruptcy court 破产法院；bankruptcy judge 破产法官；declare bankruptcy 宣告破产

barrister 出庭律师

behavior 行为；courtroom behavior 法庭行为；judicial behavior 司法行为；sexual behavior 性行为；fraudulent behavior 欺诈行为；violent behavior 暴力行为

belief 信念，所相信的东西；unstated beliefs 未表述的信念

believability 可信度

bench conference 法官席会议

beneficiary 受益人

beyond a reasonable doubt 确信无疑；proof beyond a reasonable doubt standard 确信无疑的证明标准

bias 成见，偏见；bias for against one of the parties 支持或反对一方当事人的成见（法官的）；bias or prejudice of a witness 证人的成见或偏见；class biases 阶级偏见（陪审团成员的）；racial biases 种族偏见（陪审团成员的）；individual biases 个人成见（陪审团成员的）；group biases 群体偏见（陪审团成员的）；bias against cross-examiner 逆反交叉盘问者的成见（证人的）；discriminatory bias 歧视性成见；evidence of bias 成见证据；show bias 陈述成见；prove bias 证明成见；sensory bias 感官成见；objectivity bias 客观成见；testimonial bias 证言成见

bill 提单，票据，诉状；Bill of Rights《权利法案》

bond 保证金，关系，保释金；bonded by blood 血缘联系

bootstrap 自助法

bolster 支持，支撑

bribe 贿赂，行贿；give or take bribe 行贿或受贿；be bribed by 被贿赂

bribery 贿赂，行贿罪；bribery defendant 贿赂罪被告；bribery scheme 贿赂图谋；bribery accident 贿赂事件

brief 法律理由书，辩论要点；amicus briefs "法庭之友"的法律理由书；appellate brief 上诉法律理由书

burden 责任；burden of proof 证明责任；production burden（burden of production）举证责任；persuasion burden（burden of persuasion）说服责任；burden of producing evidence 提出证据的责任；

bureaucratic 官僚政治的

business 商务，业务；business records 业务档案，商业记录；business duty 职务责任

bystander 旁观者；unidentified bystander 身份不明的旁观者；bystander's statement 旁观者陈述

C

case 案件，诉讼；criminal case 刑事案件；civil cases 民事案件；estate cases 遗产案件；State's case 州诉，公诉方主诉；case-in-chief（case in chief）主诉，负有证明责任一方呈示证据；defendant's case 被告方主辩；collecting cases 催款案件

capacity 责任能力，资格；capacity to sue 诉讼能力；mental capacity 意识能

力；in the official capacity 以官方身份；a representative capacity 代表人资格；lack of capacity（diminished capacity）缺乏能力；cognitive capacity＝cognitive competence 认知能力；business capacity（professional capacity）职业身份；testamentary capacity 遗嘱能力

cast doubt on 质疑，对……产生怀疑

category 范畴，范型；certain categories of persons 特定人物范型；exception categories 例外范畴

cause 原因；cause of death 死亡原因；cause of action 案由，诉因；probable cause 可信理由，（支持对被指控的人实行逮捕或签发拘捕令的）合理根据；cause of justice 正义的理由；for cause 有因，因（法律）理由；good cause 正当原因

causation 因果关系

certainty 确定性；degree of certainty 确定性程度；standard of certainty＝certainty criteria 确定性标准；absolute certainty 绝对确定性；mathematical certainty 数理确定性；moral certainty 道德确定性；objective certainty 客观确定性

capital punishment 死刑

categorical 分类的，绝对的，无条件的；categorical approach 分类对待；Categorical Imperative 绝对命令（康德伦理学原则）；categorical exception 无条件例外；categorical exemption 无条件豁免

certificate（certification）证明（书）（下级法院向上级法院提出的）；认证

certiorari 调卷令（上级法院向下级法院提出的）；petition for certiorari 调卷令请求书

challenge 反对，异议，回避；challenge for cause 有因回避；peremptory challenge 强制回避，无因回避

character 品性；character trait 品格特性；character evidence 品性证据；violent character 暴虐品性；character witnesses 品性证人；character for (un) truthfulness（不）诚实的品性；action in conformity with character 与品性一致的行为；methods of proving character 证明品性的方法 character of victim 被害人的品性；good character 良好品性；bad character 不良品性

charge 刑事控告，指控，命令；charge against 控告；charge of the court 法院命令

chart 图示，chart method 图示法；sector chart 局部图

check 支票；cancelled cheque 付讫支票；undated cheque 未写日期支票

child molestation 儿童性侵扰

chronology 时序（法）；a master chronology 总时序法

CIA 中央情报局；Executive Director of CIA 中央情报局执行官

Circuit（Circuit Court）巡回法院；Circuit Court of Appeals 巡回上诉法院

Circumspection 慎重

circumstances 情况，环境；other circumstances 其他情况

citation 引用，引用码

citator 引证、援引

citizen 公民；citizenship 公民身份；law-abiding citizen 守法公民

civil 民事的；civil litigation（civil suit）民事诉讼；civil procedure 民事诉讼程
　　序；civil rights 公民权利，民事权利，民权

claim 诉称，主张（动词）；请求权（一种程序上的特定权利）；legitimate
　　claims of privilege 特免权合法请求；claiming party 请求方

claimant 请求人，请求方，索赔者

clause 条款；Confrontation Clause rights 对质条款权利

"clear and convincing" standard of proof "清楚且令人信服的"证明标准

clergy（clergyman，clergyperson）教士；clergy person and communicant
　　（clergy-communicant）教士和教友；confidential relationship between
　　clergy person and communicant 教士和教友之间的保密性关系

client 委托人；identity of client 委托人的身份；joint clients 共同委托人；indi-
　　vidual clients 个人委托人；corporate clients 公司委托人；governmental
　　clients 政府委托人；interests of the clients 委托人的利益；handling
　　clients' affairs 处理委托人的事务

code 法典；Cal. Evid. Code《加利福尼亚州证据法典》

cogency 中肯性

cognizable 在管辖权内的，可被审理的

cohabit（cohabitate，cohabitation）同居；unmarried cohabitants 非婚同居

coherently（coherent）一致，一贯

collateral 间接的，附带的，从属的；collateral evidence 旁证，附带证据；col-
　　lateral matters 附带事项；collateral order doctrine 附带命令原则

colletaralness 附带性，从属性；collateralness doctrine 附带原则

collision 碰撞事故

combine＝combination 合并，组合；combining evidentiary propositions 证据性主张的合并

comment（commentary）评论；comments of judge on the evidence 法官对证据的评论；judicial comment 司法评论

commerce 商务，贸易；interstate commerce 州际商务；foreign commerce 对外商务

commercial paper 商业票据

commission（committee）委员会；Senate Judiciary Committee（Senate Committee on the Judiciary）参议院司法委员会；House Committee on the Judiciary 众议院司法委员会；Judicial Conference Advisory Committee 司法会议顾问委员会；Supreme Court Justices Committee 最高法院法官委员会；Criminal Law Revision Committee 刑法修改委员会；Attorney General's Death Penalty Committee（DPC）司法部长下属的死刑委员会；review committee 复审委员会

commitment 监禁，关押

Common law 普通法；common-law rule 普通法规则；common law courts 普通法法院；principles of common law 普通法原则

common experience 日常经验

communicate 传达，交流

communication 交流；verbal communication 言语交流；attorney-client communication 律师—委托人交流

community 社区，团体；reputation in community 在社区的名声

compellability 强制到庭

competency 作证能力，作证资格；competency of witness 证人的作证能力；competency of testimony 证言的适格性

compensation 赔偿，补偿；Worker's Compensation Commission 工人赔偿委员会

complaint 指控，诉状，申诉

complexity 复杂性；complexity of everyday life 日常生活的复杂性；complexity of presumptions 推定的复杂性；complexity of the evidence 证据的复杂性

compliance 服从，遵守

compromise 和解，妥协；offers of compromise 提议和解，要求和解；compromise negotiations 和解谈判

compulsory process clause 强制程序条款

compurgation 免罚宣誓（一种非理性的审判方式）

concealment 隐匿

concede 承认

conception 概念；conception of the law 法律概念

conclusion 结论；proposed conclusion 预设结论

concurring opinion 认同意见；questioning concurring opinion 质疑认同意见

condition of mind 精神状态；condition precedent 先决条件

conditional 附条件的；conditional imperative 附条件的强制性责任

conclusory 结论性的，令人信服的；conclusory testimony 结论性证言

conduct 行为；criminal conduct 犯罪行为；culpable conduct 罪错行为；assertive Conduct 武断行为；Nonassertive Conduct 非武断行为；instances of conduct 行为实例；specific instances of conduct 行为特例

conference 会议；pretrial conference 审前会议；discovery conference 证据开示会议；final pretrial conference 最后审理前会议；bench conference 法官席会议（由法官主持的双方律师参加的避开陪审团的会议）

confess 承认，坦白，供认

confession 供认，招供

confident 自信的，相信，确信

confidence 秘密

confidential 秘密的；confidential communication 秘密交流；parent-child confidential communications 父母子女的秘密交流；spousal confidential communications 配偶的秘密交流；confidential information 秘密信息；remain confidential 保密

confidentiality 保密性，机密性；ethical duty of confidentiality 保密的道德义务；principle of confidentiality 保密原则；confidentiality rules（rule of confidentiality）保密规则；confidentiality of communications 交流的机密性；confidentiality of executive communications 行政交流的机密性；duty of confidentiality 保密义务；expectation of confidentiality 对保密的期望；privilege of confidentiality 保密特免权

conflict 冲突；conflicting evidence 相互冲突的证据；conflict between opposing

experts 双方专家之间的冲突；conflict between defendant and victim 被告
　　与被害人之间的冲突；conflict between rule and constitutional rights 规则
　　与宪法权利之间的冲突

conformity 一致；action in conformity with that character 行为与其品性相一致

confrontation 对质；confrontation clause（宪法第六修正案的）对质条款；
　　confrontation right（right of confrontation）对质权；confrontation be-
　　tween witness and defendant 证人与被告之间的对质；confrontation be-
　　tween police and defendant 警察与被告之间的对质；confrontation be-
　　tween two adversaries 对抗双方的对质

confuse 混淆；confusing to the jury 使陪审团造成混淆

cogent 令人信服的

cognitive consensus 认知共识

Congress 国会；provided（for）by　Congress Act 由国会法案规定

conjectural 推测的

conjunction 合取；conjunction paradoxes 合取悖论

connection 联系；actual connection 实际联系；logical connection 逻辑联系

cooperate 合作；cooperate with the government 与政府合作

consciousness 意识，自觉性；level of consciousness 意识水平；a loss of con-
　　sciousness 意识丧失

consent 同意；informed consent 知情同意

consequence 后果，结果；of consequence 结论性的，结果性的；adverse con-
　　sequence 不利后果；legal consequence 法律后果；

consistent 一致的；consistent statements 一致性陈述；inconsistent statements
　　不一致性陈述；

consistency 一贯性，一致性

conspiracy 合谋，合谋犯罪；

conspirator（co-conspirator）合谋犯罪人

conspire 合谋；

constitution 宪法；Constitution of the United States《美国宪法》

constitutional 宪法的；Constitutional Amendment 宪法修正案；constitutional
　　issues 宪法问题；constitutional rights 宪法权利；constitutional process
　　宪法程序

construe 解释；be construed narrowly（be narrowly construed）狭义解释；

liberally construed 广义解释；expansively construed 扩张解释；be strict-
　　ly construed 严格解释

construction 解释，结构；statutory construction 制定法的解释；social con-
　　struction 社会结构

consult 协商，请求... 的指示；consult judge's instruction 请求法官指示；
　　consult lawyer 和律师协商，会见律师；consult for diagnosis 会诊

consultant 顾问

contempt of court 蔑视法庭

contend 竞争，主张；a plea of nolo contendere（nolo contendere pleas，pled
　　nolo contendere）不抗争之答辩

contention 论点

contest 争辩，纠纷，提出质疑；contest of will 遗嘱纠纷

contingent claim theory 附条件请求权理论

contingent fee 胜诉酬金（如胜诉后付给律师的酬金），风险代理费

continuance 延期审理

contract 合同

contractor 订约人，承包人；subcontractor 分包人；independent contractor 独
　　立契约人；private contractor 私人承包人

contradict 反驳，否认

contradiction 反驳，矛盾；proof of contradictions 矛盾的证明；impeachment
　　by showing contradiction 通过揭示矛盾而弹劾

controversy 争议；controversy over expert's testimony 对专家证言的争议；
　　controversy between the lawyer and the client 律师和委托人之间的争议

controvert 争执；if controverted 如果遭到异议；uncontroverted facts 无可争
　　辩的事实

convergence 聚合

convergent 聚合；convergent testimony 聚合证言

conversion 更换，转换

convincing force of the evidence 证据的说服力

conviction 有罪裁决，定罪；conviction of crime 定罪；previous conviction 前
　　科定罪

copyright 版权，著作权；copyright laws 著作权法；owner of the copyright 著
　　作权拥有者；copyrighted computer software 拥有著作权的计算机软件；

copyright protection 著作权保护

corporation 公司，法人；client corporation 委托人公司；shareholder of the corporation 公司股东；corporation's privilege 公司特免权；professional corporation 专业公司；private corporation 私人公司

correction 管教；Department of Corrections 管教局；correctional officers 管教官员

corruption 腐败；level of corruption 腐败程度

corroborate 补强

corroborative 补强

corroboration 补强；corroboration requirement 补强要求；proponent's corroboration 证据提出者的补强

costs 费用，成本；litigation costs（costs of litigation）诉讼费用；social costs 社会成本；costs of privilege 特权成本；costs of confidentiality 保密成本；capital cost 资本费用；increase discovery costs 增加开示成本；increase the adversary's costs of obtaining information 增加对方获取信息的成本

counsel 律师；plaintiff's counsel 控方律师；defense counsel 辩方律师；respondent's counsel 被上诉方律师；appellant's counsel 上诉方律师；opposing counsel 对方律师；corporate counsel 公司法律顾问

count 罪项，罪状

counterclaim（counter claim）反诉；permissive counterclaim 任意反诉；compulsory counterclaim 强制反诉

counterwitness 反诉证人

court 法院；trial court（court of first instance）审判法院；district court 地区法院；United States District Court 美国地区法院；Supreme Court 最高法院；United States Supreme Court 美国联邦最高法院；Court of Claims 联邦申诉法院；appellate court（court of appeal）上诉法院；reviewing court 复审法院；probate court 遗嘱检验法院（仅限于检验遗嘱并管理死者遗产的司法程序的法院）；Tax Court 税务法庭；lower courts 下级法院；courtroom 法庭；out of court 庭外；court reporter 法院记录员；court clerk 法院书记官；court held that 法院裁定；full court（最高法院）全体法官庭，满席听审

countervail 补偿，抵消；countervailing factors 抵消因素；countervailing concerns 抵消关系

credential 资格；credentials of evidence 证据资格

credibility 可信性；credibility of witness（witness's credibility）证人可信性；credibility-testimony 证言可信性；expert's credibility 专家的可信性；credibility of plaintiff（prosecution）'s evidence 原告（检控方）证据的可信性问题；attack on credibility of declarant 攻击陈述人的可信性

credit 信任，信用；credit card 信用卡；discredit or credit 信任或不信任；discredit the witness 攻击证人的可信性

creditor 债权人；judgment creditor 判决确定的债权人，胜诉债权人

crime 犯罪，罪行；crime scene 犯罪现场；found at the crime scene 发现于犯罪现场；crime or fraud 犯罪或欺诈；crime charged 指控的犯罪；elements of the crime 犯罪要件；commit the crime 从事犯罪；war crimes 战争罪

crimen falsi 伪证罪

criminal 刑事的；criminal procedure 刑事诉讼程序；Federal Rules of Criminal Procedure《联邦刑事诉讼规则》；criminal penalty（criminal penalties）刑罚，刑事处罚；criminal proceeding 刑事程序；burden of production in criminal cases 刑事案件中的举证责任

criminal charge 刑事检控

curry favor 庇护（别人）；curry favor with 包庇

custody 保管，羁押；complete chain of custody 完整的保管链条

custodian 保管人；evidence　custodian 证据保管人

custom 习惯；business custom 商业习惯

D

DA（district attorney）地方检察官

damage 损害

damages 损害赔偿，赔偿；monetary damages 金钱损害赔偿；punitive damages 惩罚性损害赔偿；recover damages 补偿损失；civil damages action 民事损害赔偿诉讼

danger 危险（性）；Rule 403 dangers 规则 403 危险性；generate the danger of unfair prejudice 产生不公正偏见的危险性；dangers associated with hearsay 与传闻证据相连的危险性

data dumps 数据转储

DEA（Drug Enforcement Administration）毒品执法管理局

death 死亡；result in death（cause the death）造成死亡；death penalty 死刑；
Federal Death Penalty Act《联邦死刑法》；at the time of death 死亡之时；
wrongful death 不正当死亡；causing the death of a human being 致人死
亡；fetal deaths 胎儿死亡；impending death 濒死；a sentence of death 死
刑判决

debt 债务

debtor 债务人

debate 辩论，争论；legal debates 法律争论；academic debate 学术争论

decedent 死者，亡人，被继承人；plaintiff's decedent 原告代表的死者

deceit 欺骗，欺诈；crime of deceit 欺诈罪

deceive 欺骗

deception 欺骗，欺诈；deception test 测谎

deceptively 欺骗地；is deceptively simple 并不像看起来那么简单

decision 裁定（法官），裁决（陪审团），决定；decision-making（司法）裁决；
rational decision-making 理性的司法裁决；irrational decision-making 非理
性的司法裁决；decision-making methedology 决策方法论；jury decision-
making 陪审团裁决；rectitude of decision 裁决公正；trial judge's decision
审判法官的裁定；day-to-day decisions 日常决策

decision-maker 决策者，裁决者

declaration 陈述，声明；dying declaration 临终陈述；declaration against in-
terest 对己不利的陈述；declaration against interest exception 对己不利的
陈述例外；the court's declaration 法院（关于司法认知）的声明

declarant 陈述人；declarant-witness 陈述证人；witness-declarant 作证陈述人；
declarant-defendant 陈述被告人；multiple declarants 多个陈述人；ob-
server-declarants 观察陈述人；hearsay declarant 传闻陈述人；dying de-
clarants 临终陈述人；unavailability of the declarant 陈述人不能出庭作证；
declarant's testimony 陈述人的证言；credibility of the declarant 陈述人的
可信性；declarant's statement 陈述人的陈述；truth of the declarant's
statement 陈述人陈述的真实性；declarant's state of mind 陈述人的精神
状态；declarant's assertion 陈述人的断言 cc；declarant's belief 陈述人所
相信的事情，陈述人的信念；declarant's unstated belief 陈述人未道出的

信念；declarant's intent 陈述人的意图；declarant's actual intent 陈述人的实际意图；declarant's memory 陈述人的记忆；declarant's narration 陈述人的叙事能力；declarant's authority 陈述人的权威性；declarant's testimonial qualities 陈述人的证言品质；declarant's sincerity 陈述人的诚挚度；declarant's attendance 陈述人的出庭；declarant's will 陈述人的愿望；declarant's out-of-court statement 陈述人的庭外陈述

declaratory judgment 宣告式判决，宣告性判决

deduce 演绎，推演

deduction 演绎推理

deductive process 演绎过程；deductive approach 演绎法

deed 作为，行为

de facto 事实上的

defamation 诽谤，毁坏名誉；defamation action 诽谤名誉之诉

default judgment 缺席判决

defeasibility 可废除性

defect 瑕疵，缺陷

defendant 被告；codefendant 共同被告；criminal defendant 刑事被告；prior sexual behavior of defendant 被告先前的性行为；defendant's constitutional rights 被告的宪法权利

defense 抗辩，辩护；affirmative defense 积极抗辩；excusatory defense 辩解式辩护；insanity defense 精神异常之辩；defense case 被告方主辩；defense witness 辩方证人；defense evidence 辩方证据；defense testimony 辩方证言；defense expert 辩方专家；defense verdict 辩方获胜的裁决；own defense 自我辩护；defense of accident 意外事故之辩护，defense of truth 真相之辩

defer 尊从

delay 延误，拖延

deliberation 审议，评议，认证；ultimate deliberations 最后审议；jury deliberation 陪审团评议；rational deliberation 理性认证

delinquency 未成年犯罪；adjudication of delinquency（delinquency adjudication）关于未成年犯罪的裁理

demand 要求，请求；plaintiff's demand 被告的请求

demeanor 行为、举止

demur 抗辩，抗议

denial 否认，驳回；general denial 一般否认

deny 否认，驳回

de novo 重新；trial de novo 重新审判；de novo review 重新复审

depose 询证

deposit in court 向法庭提存

deposition 询证，询证存录；deposition testimony 询证证言；transcript of deposition 询证笔录

deponent（被）询证证人

deprivation 剥夺；legal deprivation 法律剥夺

description 描述，记述；detailed description 详细描述

designate 指定，委任

desirability 合意性

determine 决定，裁判，确定

determination 决定，判定；determination of the action 诉讼决定；factual determination = fact-detemination 事实判定；rational determination 理性决定

detrimental 有害的

diagnosis 诊断；expert's diagnosis 专家的诊断

dictum（法官的）附带意见

direct 指示，直接

disadvantage 不利条件

disbelief 怀疑，不信

discharge 履行，解除，免责

disclosure 证据披露；disclosure of appointment 针对性证据披露；full disclosure 完全披露；disclosure of specific types of information 特殊类型的信息披露；disclosure of privileged information 受特免权保护信息的披露；disclosure of the confidential communication 秘密交流的披露；disclosure of the confidential matter 保密性事项的披露；disclosure of the records of attorney 律师案卷的披露；disclosure of lawyers' mental impressions and legal theories 律师的心理印象和法律理论的披露；disclosure of（sensitive）information（敏感）信息的披露；inadvertent disclosure 无意披露，疏忽披露；intentional disclosure 有意披露，故意披露

discovery 证据开示；discovery system 证据开示制度；pretrial discovery 审前
　　证据开示；discovery of truth 揭示真相；rule of discovery 证据开示规则；
　　discovery privileges 证据开示特免权；cost of discovery 证据开示费用

discredit 不信任，攻击……可信性

discretion（discretionary authority/power）自由裁量权；abuse of discretion
　　滥用自由裁量权；broad discretion 广泛的自由裁量权；exercise of discre-
　　tion（exercise its discretion）行使自由裁量权（法官）、自行决定权（律
　　师和委托人）；complete discretion 完全的自由裁量权；discretion of the
　　judge 法官自由裁量权；discretion of the court 法院自由裁量权 judicial
　　discretion 司法自由裁量权；Trial Court Discretion 审判法院的自由裁量
　　权；a discretionary approach 自由裁量方法；discretionary rule of exclu-
　　sion 排除证据的自由裁量规则

discrimination 歧视；racial（race）discrimination 种族歧视；employment dis-
　　crimination 雇佣歧视；housing discrimination 居住歧视；sex（sexual）
　　discrimination 性别歧视；age discrimination 年龄歧视；claim of discrimi-
　　nation 声称（遭到）歧视；price discrimination 价格歧视

discriminatory statement 歧视性陈述；discriminatory conduct 歧视行为

disinterested 没有利害关系的；disinterested third parties 没有利害关系的第三
　　方；disinterested fact finders 没有利害关系的事实认定者；disinterested
　　observer 没有利害关系的观察者；disinterested individuals 没有利害关系
　　的个人

dismiss 驳回，撤销；motion to dismiss 撤销指控动议

dismissal 驳回，驳回诉讼；dismissal for cause 有因回避，驳回诉讼（撤销指
　　控）

disposition 倾向；sexual disposition 性倾向

disprove 证伪，反驳

disproof 反驳，反证

dispute 争端，争议；legal dispute 法律争端；resolution of disputes 争端的解
　　决；disputed facts 有争议的事实

disqualification 取消资格，无资格；testimonial disqualification 证言无资格；
　　spousal disqualification 配偶无资格

district 地方，地区；district court 地区法院；district judge 地方法官；district
　　attorney 地方检察官

diversity 异州籍；diversity action 异州籍公民诉讼；diversity cases 异州籍案件、跨州诉讼案件

DNA 脱氧核糖核酸（DNA）：DNA evidence/testing，DNA 证据/检验；DNA typing，DNA 分型；DNA profiling，DNA 检验图谱

doctrine 学说，原则；long-abandoned doctrines 废弃已久的原则；evidence doctrine 证据原则；work-product doctrine（work product doctrine）工作成果原则；doctrine of chances 机会原则；doctrine of curative admissibility 矫枉可采性原则（原不可采的证据因对方提出了相似证据而变成可采证据）；separation of powers doctrine 分权原则

document 文件，文档；public document 公共文件；written documents 书写文件；Electronic Documents 电子文档

domestic 国内的，家庭的，本州的；domestic environment 家庭环境；domestic relations 家庭关系；domestic violence cases 家庭暴力案件；domestic abuse cases 家庭虐待案件；domestic sexual abuse 家庭性虐待；domestic dispute 家庭争端；a domestic altercation 家庭口角；domestic record 国内档案

domicile 住所；domicile state 住所地所在州

dots 信息点；connecting the dots 连接信息点；evidential dots 证据信息点

drug 毒品；Federal Drug Enforcement Administration 联邦毒品执法管理局；drug addict 吸毒上瘾者；drug use 使用毒品；drug user 毒品使用者；sell the drugs（drug sales，drug distribution）毒品销售；drug transaction（drug dealing）毒品交易；drug ring 贩毒团伙；drug runner 毒品走私者；drug treatment 戒毒治疗；drug trafficking 贩毒；State Drug Rehabilitation Center 州戒毒康复中心；drug conspiracy 合谋贩毒；Food and Drug Administration 食品和药品管理局；National Institute of Drug Abuse 国家药品滥用问题研究所；drug-seller 毒品销售者

drunkenness（intoxication）酗酒

druggist 药剂师

due care and attention 合理的小心和注意

due process 正当程序；substantive due process 实体性正当程序；due process rights 正当程序权利；due process doctrine 正当程序原则；due process clause 正当程序条款；due process of law 正当法律程序

duplicate（duplication）复制品，副本

duress 胁迫

duty 义务，职责；constitutional duty 宪法义务；duty imposed by law（statutory duty）法定义务；public duty 公共义务；professional duty 职业责任；duty to protect 保护义务；ethical duty 道德义务；import duty 进口税

E

EEOC（Equal Employment Opportunity Commission）均等就业机会委员会

effective deterrence 有效威慑力

effectiveness 效果，有效性

element 构成因素，因素；essential element＝necessary element 要件；essential elements of crime 犯罪的要件；essential element of claim or defense 控辩的要件；legal elements 法律因素；factual elements 事实因素；element test 因素检测

embezzlement 贪污，侵占

emotion 情绪；excessive emotion 偏激情绪

eliminate 消除

elucidate 解释，阐明

emotion 情绪；emotional response 情绪反应；extreme emotional disturbance 极端的感情冲动；extreme emotional distress 极度的情感苦恼；mental or emotional problem（condition）精神或情感问题（状况）

empanel 编入陪审团成员名册

empirical laws 经验法则；empirical evidence 实验性证据

employ 雇佣；employer-employee 雇主与雇员；public employee 公职人员；co-employees 伙伴雇员；white employee 白人雇员

enabling act 授权法

en banc 满席听审

enforce 执行，实施；enforced notice 执行令

enforcement 执行，实施；law enforcement personnel 执法人员；law enforcement officials 执法官员；law enforcement 法律的执行；enforcement action 申请强制执行判决的诉讼；Violent Crime Control and Enforcement Act《暴力犯罪控制与实施法案》（国会 1994 年制定）

entity 实体；governmental entity 政府实体；business entity 商务实体

entrapment 警察圈套，官诱民犯

environment 环境；environmental laws 环境法；environmental management 环
　　境管理；environmental issues 环境问题；environmental provisions 环境条
　　款（合同中的）；environmental audit 环境审查；environmental agreement
　　环境协议；environmental risk 环境风险

equal protection 平等保护

equity 衡平法

error 错误；error of fact 事实上的错误；error of law 法律上的错误；risk of
　　error 错误风险；erroneous ruling 错误裁定；evidentiary error 证据性错
　　误；instructional error 指示性错误（法官对陪审团的）；a claim of error
　　for appeal 因错误裁定而提出的上诉请求；harmless error standard 无害错
　　误标准；plain error＝clearly erroneous 显见错误；constitutional error 宪
　　法性错误；reversible error 可撤销原判的错误，可逆性错误；prejudicial
　　error 偏见性错误；rate of error 错误率；Type Ⅰ or false positive error Ⅰ
　　型或假阳性错误；Type Ⅱ or false negative error Ⅱ型或假阴性错误

erroneous admission or exclusion on evidence 证据的不当采纳或不当排除

establish 确定、证实

estate 不动产，不动产所有权

ethical 道德的，伦理的；Ethical Consideration 道德自律规范

estimate 评估

estoppel 禁止翻供（反悔）

evaluate 评价，评定；evaluating evidence 证据评价

evaluation 评价；evaluation of evidence 证据评价；free evaluation of evidence
　　自由心证，证据自由评价

event 事件；startling event 令人震惊的事件；exciting event 令人激奋的事件；
　　out-of-court event 发生于法庭之外的事件；litigated events 提起诉讼的事
　　件；record of the events 事件的记录

evidence 证据；basis evidence 基础证据；extrinsic evidence 外源证据；extrin-
　　sic evidence ban 旁证禁令；real evidence 实物证据；documentary evi-
　　dence 文档证据；testimonial evidence 言词证据；direct evidence 直接证
　　据；circumstantial evidence 间接证据；cumulative evidence 累积证据，复
　　证；corroborating evidence 补强证据；contradictory evidence 自相矛盾的
　　证据；essential evidence 关键证据；evocative evidence 唤起情感的证据；

presumptive evidence 推定性证据；scientific evidence（science evidence）科学证据；specialized evidence 专门证据；State-of-mind evidence 精神状态证据；opinion evidence 意见证据；comment on the evidence 对证据的评论；demonstrative evidence 示意证据；habit evidence 习惯证据；opinion and reputation evidence 意见和名声证据；propensity evidence 倾向证据；conclusive evidence 结论性证据，确证；give evidence 作证，提出证据；present evidence（produce evidence）提供证据；clinical evidence 临床证据；classification of evidence 证据分类；evidence of payment 付款凭证；positive evidence 肯定性证据；nature of evidence 证据属性；presentation of evidence 证据出示/举证；Illustrative evidence 演示性证据，说明性证据；secondary evidence 二手证据；substantive evidence 实体性证据；type of evidence 证据类型；additional evidence 补充证据；tangible evidence 有形证据；special acts evidence 特定行为证据；syndrome evidence 综合征证据

evidential 证据性的，证据的；evidential datum= evidential data 证据数据，证据资料；evidential force 证据力量

evidentiary 证据的；evidentiary complexity 证据复杂性；evidentiary tension 证据张力；evidentiary gap 证据漏洞；evidentiary rulings 证据的裁定；erroneous evidentiary rulings 错误的证据裁定；evidentiary burden on government 政府的作证责任

ex parte 单方，单独

ex post facto 事后的，追溯的

examination 询问；examination of witnesses 询问证人；cross-examination 交叉询问；direct examination（direct-examination）直接询问；redirect examination 再直接询问；redirect and recross-examination 再直接和再交叉询问；physical and mental examination of person 身体和精神状态检查；cross-examination of character witnesses 对品性证人的交叉询问；subject to cross-examination（submit to cross-examination）接受交叉询问

examiner 询问者；cross-examiner 交叉询问者；direct-examiner 直接询问者；medical examiner 法医（验尸官）

exception 例外；residual exception 剩余例外；catchall exceptions 包罗万象的例外；exceptions to hearsay rule 传闻证据规则的例外；absence of entry exceptions 缺乏记载例外；narrow exception 狭窄的例外；broad exception

宽泛的例外；plain error exception 显见错误例外

exceptional circumstances 例外情况

excited utterances 激奋话语

exclude 排除

excluding 排除的；admitting or excluding evidence 采纳或排除证据

exclusion 排除；rule of exclusion 排除规则；exclusion of evidence 证据排除

exclusionary 排除的；exclusionary rule 排除规则；testimonial exclusionary rules 证言排除规则；exclusionary clause 排除条款

exculpate 开脱，开脱罪责；exculpate the accused 为被控方开脱

exculpatory 开脱罪责的；exculpatory statement 开脱罪责的陈述；exculpatory evidence 辩白无罪的证据

excuse 原谅，免除；excusable neglect 可原谅的疏忽

execution 实施，生效

executor 遗嘱执行人

exemption 豁免；hearsay exemption 传闻证据豁免；explicit exemption 明示豁免；specific（particular）exemption）特别豁免

exhibit 展示性证据，展示件，证物；original exhibit 原始展示件

exoneration 免责，免罪

expense 费用；payment of expenses 费用支付；payment of medical expenses 医药费支付

expenditure 花费；expenditure of time 时间的花费

experience 经验；prior experience 先前经验；combined experience 组合经验；personal experience 亲身经验

experienced lawyer 老练的律师；inexperienced lawyer 缺乏经验的律师

expert（specialist）专家；testimony by expert 专家证言；expert opinion 专家意见；expert evidence 专家证据；court appointed experts 法院指定的专家；basis of expert opinion 专家意见的根据；medical experts 医学专家；use of experts 专家的使用 own experts 己方专家；defense expert 辩方专家；independent experts 独立专家；nonexpert opinion 非专家意见

expertise 专家意见，专业知识

expiration 期满

explanation 解释，说明；alternative explanations 适选性解释；competing explanations 竞争性解释；self-serving explanation 自圆其说的解释；rational explanation 合理的解释

explication 说明

exploration 调查；voluntary exploration 自发调查；burden of exploration 调查
责任

extension 延伸；improper extension 不适当的延伸

extensive argument 泛论证

extortionate 敲诈的，勒索的；extortionate threats 敲诈威胁

extraction team（cell extraction team）监狱执法队

F

fabrication 捏造，虚构

fabricated charge 捏造罪名，诬告

fact 事实；accepted fact 公认的事实；fact-finding（fact finding）事实认定；
find facts 认定事实，事实认定；preliminary fact questions＝preliminary
questions of fact 初始事实问题/事实的预备性问题；preliminary fact-find-
ing 初始事实认定；asserted fact 指称的事实；presumed fact 推测的事实；
proven fact 被证实的事实；intermediate fact 中间性事实；intermediate
conclusion of fact 关于事实的中间性结论；fact of consequence＝conse-
quential fact 要件事实，要素性事实；ultimate fact 最终事实；proposition
（assertion）of fact 关于事实的主张（断言）；evidentiary fact＝probans 证
据性事实；inferred fact 推断性事实；historical fact 历史事实；past fact
过去的事实；statement of fact 事实的陈述；fact finder 事实认定者；
legislative facts 立法事实；judicially noticed fact＝noticed fact 司法认知的
事实；jurisdictional fact 司法事实；distinction between fact and opinion
事实和意见的区别；underlying fact 潜在事实；basis fact 基本事实；con-
ditional fact 有条件的事实；condition of fact 事实存在的条件；relevant
fact 相关事实；every fact necessary to constitute the crime 构成犯罪的每
一个必要事实；issues of fact 事实争点；material fact 关键事实；physical
fact 外部事实；stipulated fact 约定的事实

factual 事实的；factual findings 事实性认定（调查活动中对事实问题作出的认
定）；factual basis 事实根据；factual inquiry 事实调查；factual theory 事
实理论；factual pleading 事实主张

factum probans 有证明力的证据性事实

fairness 公正，公平；notion of fairness 公平理念；norms of fairness 公平规范；principles of fairness 公平原则

facet 方面；all facets of the privilege 特免权的所有方面

false 虚假；false statement 虚假陈述；false information 虚假信息；a false income tax return 虚假的所得税申报表；false testimony 虚假证言；false representation 虚假的事实陈述；false pretenses 欺诈；false impression 虚假印象；false tax return 虚假的纳税申报表；false arrest 非法逮捕；false evidence 虚假证据；false communication 虚假信息交流

falsity 虚假，谎言；truth or falsity 真假

family 家庭，家事；family history 家族史；Cal. Fam. Code《加利福尼亚家事法典》；Family Medical Leave Act《家庭医疗离职法案》（FMLA）

far-fetched 牵强的

fault 过错

FBI 联邦调查局；FBI agent 联邦调查局探员

federal court 联邦法院；

Fed. R. Civ.（Federal Rules of Civil Procedure；Rules of Civil Procedure）《联邦民事诉讼规则》

Fed. R. Crim.（Federal Rules of Criminal Procedure）《联邦刑事诉讼规则》

Federal Youth Corrections Act《联邦青年管教法》

felony 重罪；felony conviction 重罪定罪

feminist 女权主义者；feminist perspective 女权主义者视角

fiduciary duty 信托责任

fight fire with fire 以毒攻毒

file 呈递，立案，备案；file a motion 提出一项动议；file clerk 档案职员；case file 案件档案；filing fee 立案费

find 认定，判决；find against 判决……有罪；find for plaintiff（defendant）判原告（被告）胜诉；unanimously find（陪审团）全体一致地认定

findings（对事实的）认定，调查结果（结论），检验结果

fine 罚金

firearm（gun）火器，枪械；illegal possession of a firearm 非法持有火器

forbid 禁止；forbidden 被禁止的；forbidden inference 被禁止的推论

force 效力；enter into force 生效

foreman＝foreperson 陪审团主席

forensic 法庭的，与法庭有关的；forensic analysis 法庭分析；forensic DNA a-
　　nalysis 法庭 DNA 分析；forensic scientist 法庭科学家

forfeiture 没收，丧失，剥夺；forfeiture by wrongdoing 因恶行（而）失权

formulation 简述

forum 法院，法庭；forum state 法院所在州；forum shopping 法庭选购

foundation 基础，基础铺垫；foundation for introduction of evidence 证据提出
　　的基础；foundation facts 基础事实；lack of foundation 缺乏基础；foun-
　　dation requirement 基础铺垫要求；laying the foundation for proof 为证明
　　铺垫基础；laying the foundation for witnesses 为证人铺垫基础

fraud 欺诈；prevent fraud 预防欺诈；securities fraud 证券欺诈；consumer
　　fraud 欺诈消费者；mail fraud 邮件欺诈（利用邮政服务进行牟取非法利
　　益的欺诈活动）；wire fraud 电信欺诈；bank fraud 银行欺诈罪；crime of
　　fraud 欺诈罪；insurance fraud 保险欺诈

fraudulent 欺骗性的；fraudulent representations 欺骗性陈述；fraudulent evi-
　　dence 欺骗性证据

FRE（Federal Rules of Evidence）＝Fed Rule Evid.　＝Federal Rules《联邦证
　　据规则》

fruit of the poisonous tree 毒树之果

function 职能，功能；function of the jury 陪审团的职能；gatekeeping func-
　　tion 守门人职能

fundamental proposition 基本主张

furnish 提供

G

gatekeeping 守门人

general acceptance 普遍接受性

generalization 概括；background generalization 背景概括

generalized knowledge 常识

genuineness 真实性

good faith 善意，真诚；good sense 良好的判断力

government 政府（方），检控方；government employees 政府雇员；govern-
　　ment lawyer 政府律师；against the government 针对政府；government
　　witnesses 政府方（检控方）证人

grant 准许，授予；a grant of immunity 一项豁免权授予

graphology 笔迹学

guarantee 保证；direct guarantee 直接保证；circumstantial guarantee 间接保证

guardian 监护人

guesswork 臆测

guilt 有罪，罪行

H

habeas corpus 人身保护令；habeas corpus proceeding 人身保护令程序

handwriting 笔迹；handwriting analysis 笔迹分析；handwriting analyst 笔迹分析专家；handwriting characteristics 笔迹特征；handwriting identification 笔迹鉴定

harassment 骚扰，迫害；sexual harassment 性骚扰（民事诉讼）

harmless 无害；harmless error doctrine 无害错误原则

hearsay 传闻证据，传闻；hearsay evidence 传闻证据；hearsay rule 传闻证据规则；hearsay policy 传闻政策；hearsay sources 传闻来源；hearsay statement 传闻证据陈述；nonhearsay 非传闻证据；hearsay exemption 传闻证据豁免；hearsay exception 传闻证据例外；non-hearsay uses 非传闻用途；hearsay dangers 传闻证据危险；inadmissible hearsay 不可采的传闻证据；hearsay problem 传闻证据难题

hear 申辩，倾听；to be heard 申辩

hearing 听审，听证；preliminary hearing 预审；prior hearing 先前听审；hearing of the jury 陪审团听审；evidentiary hearing 证据听审（听证）；formal hearing 正式听审；suppression hearing 排除证据之听证程序

heir 继承人

heroin 海洛因；heroin addict 海洛因成瘾者；sale of heroin＝sell heroin 销售海洛因；possess heroin 持有海洛因

heuristics 直观推断法

homicide 凶杀；homicide crime 凶杀罪；homicide case 凶杀案；homicide prosecution 凶杀指控；homicide defendant 凶杀罪被告；felonious homicide 重罪凶杀

hostile 敌对，敌意；adverse and hostile witnesses 对方和敌对的证人；hostile work environment 不利的工作环境

House of Representatives 美国众议院

House and Senate Judiciary Committees 众参两院司法委员会；Report of the House Judiciary Committee《众议院司法委员会报告》；Senate Judiciary Committee Report《参议院司法委员会报告》

Hung jury 无决（僵局）陪审团（未能达到规定多数而无法作出决定的陪审团）

hypnosis 催眠状态

hypnotic 催眠的，催眠术的

hypothetical 假设，假想的；hypothetical questions 假设问题；hypothetical case 假想案件

I

identical 一致，相同；identical twins 同卵双胞胎

identify 辨认，证成

identity 身份；essential element of identity 身份要件；inference of identity 身份推论；identity of parties 当事人的身份；identity card 身份证；legal identity 法律身份；privileges identity 特免权身份；identity of informant (informer) 密告者的身份；identity of the client 委托人的身份；identity-protected 身份保护

identification 辨认，鉴别，同一性认定，鉴定；identification of a person 人物辨认；identification of the object 物体鉴别；identification of document 文件鉴定；voice identification 声音鉴别；DNA identification DNA 鉴定

idiosyncratic 特殊的

illegality 违法性

immaterial 无意义，无关紧要

immunity 豁免（权）；immunity from 免除，豁免；immunity from prosecution 免于起诉；government's offer of immunity 政府方（检控方）的豁免许诺；spousal immunity 配偶豁免（权）

impartial 公平的，不偏不倚的

impeach 弹劾，抨击；impeaching party 弹劾方；impeach witness 弹劾证人；impeached witness 被弹劾的证人；impeach witness' character 弹劾证人的品性；impeach witness's credibility 弹劾证人的可信性；impeach defendant

弹劾被告；impeaching evidence（用作）弹劾的证据

impeachment 弹劾，质疑；impeachment and rehabilitation 弹劾与正誉；impeachment evidence 弹劾性证据；impeachment technique 弹劾技术；impeachment device 弹劾策略；pre-impeachment 受到弹劾前；pre-impeachment bolstering 弹劾前的支持；nonimpeachment purpose 非弹劾目的；impeachment with treatises 以论著弹劾

imprison 监禁

imprisonment 监禁，徒刑；false imprisonment 非法监禁；release from imprisonment解除监禁；life imprisonment 无期徒刑；wrongful imprisonment 错判监禁；punishable by imprisonment for more than one year 处以一年以上徒刑

inability 无能力；inability of a judge to proceed 法官不能继续执行职务

inadmissible 不可采的；inadmissible evidence 不可采的证据；inadmissible matter 不可采的事项；

inadmissibility 不可采性

inadvertence 疏忽

incapacity 无能力，无资格；emotional incapacity 情感缺陷；mental or sensory incapacity 精神或感官缺陷；moral incapacity 道德缺陷；mental incapacity 精神缺陷

incarcerated 被监禁的

incidents 意外事件，事故

inclusionary principle 包容原则

incompetency 无行为能力

incompetent 无行为能力的，无法律效力的；incompetent person 无行为能力的人

inconsistency 不一致性，前后矛盾；inconsistent with the witness's testimony 与证人的证言不一致

inconsistent 不一致，前后矛盾；inconsistent statement 不一致陈述，前后矛盾的陈述

inculpate（inculpating）归罪，指责；self-inculpating（self-inculpatory）自我归罪；non-self-inculpatory 非自我归罪

indecision 犹豫不决

independent source 独立来源

indemnitor 赔偿人

indictment 起诉书，公诉

indirect 非直接的；indirect evidence 非直接证据；indirectly relevant evidence 非直接相关证据

indisputability 无可争辩性

individual 个人，个体；private individuals 私人；individual witness 个人证人；individual declarant 个人陈述人；individual defendant 个人被告

induction 归纳推理

inductive process 归纳过程

infant 未成年人

infer 推断

inference 推论；catenate inference 耦合推论；improper inference 不适当的推论；chain of inferences 推论链条；catenate chain of inferences 耦合推论链条；draw inferences 作出推论；propensity inference 倾向推论；necessary inference 必然推论

inferential 推论性的；inferential chain 推论链条；inferential process 推论过程

informant "线人"；a confidential informant 联邦调查局"线人"；a government informant 政府"线人"；police informant 警方"线人"

information 检察官控状，信息；detailed information 详细信息；accurate information 精确的信息；specific information 详细而精确的信息；background information 背景信息；present（provide, offer）information 提供信息；additional information 补充信息；（the）relevant information 相关信息；source of information 信息源；source of reliable information 可靠的信息来源；medical information 医疗信息；internal information 内部信息；genetic information 遗传信息；favorable information 有利的信息；unfavorable information 不利的信息；classified information 机密情报；privileged information 受特免权保护的信息；Freedom of Information Act《信息自由法》；legal information 法律信息；presentation of information 信息的介绍；information transmitted 信息传递；crime of trading on inside information 内幕交易罪

infringement 侵权；patent infringement 专利侵权；trademark infringement 商标侵权

inherent 内在的；inherent prejudice 内在偏见 inherent trustworthiness 内在可

信性

injunction（法院）禁令

injunctive relief 禁止令救济

injury 损害，伤害；accidental injury 意外伤害；intent to inflict injury 故意造成伤害；bodily injury（physical injury）身体伤害；injury or harm 伤害或损害；personal injury case 个人伤害案件；personal injury action 个人伤害诉讼；malicious injury 恶意伤害；prove liability for the injury 证明对伤害负有责任；psychic injury 精神伤害

inmate（同）狱犯；jail inmate 在押狱犯

innocent 无辜的，无罪的

inquiry 调查，讯问；fact inquiry 事实调查；limited scope of permissible inquiry 允许讯问的有限范围；inquiry into 对……进行调查

in re 关于……案由；In re Grand Jury Investigation 关于大陪审团调查案由；In re Grand Jury Proceedings 关于大陪审团审理案由

insanity 精神失常

insider trading 内部知情人股票交易

instruction 指示；instruction to jury（jury instruction）对陪审团的指示；instruct the jury 指示陪审团；limiting instruction 限制性指示；preliminary instructions 初步指示；generic instructions 一般指示；verdict instructions 对陪审团裁决的指示；judge's instructions 法官的指示；court's closing instructions 法院的结审指示；cautionary instructions 警戒性指示；offense instructions 关于所犯罪行的指示；final instructions 最后指示

insufficiency 不足

insufficient 不充分，证据不足

insult 侮辱

insurance 保险；fire insurance 火灾保险；insurance company 保险公司；liability insurance 责任保险；an insurance investigator 保险调查员；insurance policy 保单；proof of insurance 保险证据；insurance proceeds 保险赔款；Life Insurance 人寿保险；National Insurance Crime Bureau 国家保险犯罪局；insurance claim 保险索赔；Federal Deposit Insurance Corporation（FDIC）联邦储蓄保险公司；Insurance PLC 保险股票上市公司；Compensation Insurance 职工赔偿保险

intent 意图，故意；intent test 意图测试；specific intent 特定意图；actual intent 实际意图；evidence of intent 意图证据；intent to 故意；subjective intent 主观故意；lack of intent 缺乏故意；intent of the legislature（legislative intent）立法意图；with intent 蓄意

intention 动机，意图

intentionally 故意地；intentionally lie 故意说谎

interest（benefit）利益；against interest 对己不利；pecuniary interest 金钱利益；penal interest 刑事责任利益；against penal interest 对己不利的刑事责任利益；interests of justice 公正利益；legitimate interests 合法利益；public interests 公共利益；private interests 私人利益；family interests 家庭利益；an interest in property 财产利益；at stake interests 得失攸关的利益；competing interests 竞争性利益；privacy interests 隐私利益；self-interest 自私自利；predecessor in interest 前任利益关系人；academic interest 学术兴趣；proprietary interest 专有利益；constitutional interest 宪法权益；defendant's liberty interest 被告的自由权益；common interest 共同利益

interlocutory 中间；interlocutory appeal 中间上诉/诉讼期间上诉；interlocutory decree 中间判令；interlocutory injunction 中间禁止令

intermediate 中间，中间性的；intermediate inferred fact 中间推断性事实；intermediate conclusion of fact 事实的中间性结论；intermediate premises 中间性前提；intermediate inference 中间性推论；intermediate proposition 中间性主张

interrogate（interrogation）讯问（刑事），询问（民事）；interrogate the witness 询（讯）问证人；interrogatories 询问书；jury interrogatories 陪审团询问书

interpretation 解释；process of law interpretation 法律解释过程；judicial interpretation 司法解释；constitutional interpretations 宪法解释；narrow interpretation 狭义解释；literal interpretation 字面解释；broad interpretation 广义解释

intervening 中介，干涉，干预

intervention 干涉；judicial intervention 司法干涉

interview 访谈；audiotaped interview 录音访谈；interviews of witnesses 证人访谈

intimidation 恐吓，胁迫

investigation 调查，审查；factual investigation 事实调查；grand jury investigation 大陪审团调查；internal investigation 内部调查；internal investigation of corporate wrongdoing 公司恶行的内部调查；compliance investigations done by the corporation 公司所做的合规调查；criminal investigation 刑事调查；safety investigation 安全调查

investigative 调查的；internal investigative 内部调查；internal investigative report 内部调查报告

investigator 调查人

invocation 援引

involuntary 非故意

irrelevance 不相关性

irrelevant 不相关；irrelevant evidence 不相关证据

issue 争点，问题；genuine issue 真正争点；issue preclusion 争点排除；issue of law（legal issue）法律问题；factual issue 事实问题；confusion of the issues 争点混淆；confuse（confusing）the issues 混淆争点；disputed issue 争议问题；controlling issue 决定性问题；jury issues 由陪审团裁决的问题；ultimate issues 最终争点；fact in issue 有争议的事实；preserve the issue for appeal 为上诉保全争点；Evidentiary Issues for Appeal 供上诉用的证据争点；cause at issue 引起争议；at issue 有争议

J

Justice 正义，司法；injustice 不正义；expletive justice 填补正义；substantial justice 实质正义；Justice Department（Department of Justice）司法部；Chief Justice 首席大法官；miscarriage of justice 审判不公，错判；Criminal Justice Act 刑事司法法；Criminal Justice System 刑事司法制度；obstruction of justice 妨碍司法罪；administration of justice 司法裁判；Justice Cardozo 卡多佐大法官；Justice Thomas 托马斯大法官；Justice Scalia 斯卡利亚大法官；Justice Brown 布朗大法官；Justice Holmes 霍姆斯大法官；Justice Stevens 史蒂文斯大法官；Justice Ginsburg 金斯伯格大法官；Justice Powell 鲍威尔大法官；Justice White 怀特大法官；Justice Brennan 布伦南大法官，Justice Souter 苏特大法官

juvenile 青少年；juvenile offender 少年犯

judge 法官；trial judge 审判法官；discretion of trial judge 审判法官的自由裁

量权；grant the judge the discretionary authority 赋予法官自由裁量权；appellate judge 上诉法官；circuit judge 巡回法官；judge's chambers 法官议事室；judge's ruling 法官的裁定

judgment 判决，司法判决；summary judgment 简易判决；declaratory judgment 宣告式判决；Judgment affirmed 维持原判；judgment as a matter of law（法官）据法判决

judicial 司法的；judicial summary 司法综述；judicial proceeding（judicial process）司法程序；judicial decision-making 司法裁决；judicial system 司法制度；judicial review 司法审查；judicial determination 司法决定；judicial opinion 司法意见，法庭意见，法官意见

jurisdiction 司法管辖权，司法裁判权，司法辖区；concurrent jurisdiction 竞合管辖权；federal jurisdiction 联邦司法管辖权；state jurisdictions 州司法管辖权；territorial jurisdiction 属地管辖权；ancillary jurisdiction 附属管辖权；pendent jurisdiction 未决管辖权

juror 陪审团成员；prospective juror 候选的陪审团成员；juror decision-making 陪审团成员裁决

jury 陪审团；grand jury 大陪审团；federal grand jury 联邦大陪审团；jury system 陪审团制度；runaway jury 失控的陪审团；jury room 陪审团评议室

justification= Good Cause 正当理由

K

key-list 关键事项表；partial key-list 局部关键事项表

knowledge 知识；empirical knowledge 经验知识；common knowledge 常识；personal knowledge 亲身知识；firsthand knowledge 直接知识；specialized knowledge 专门知识

L

Lanham Act《拉纳姆法》（美国联邦商标法）

larceny by trick 玩弄诡计而非法侵占他人财产

law 法律；law of evidence 证据法；existing law 现行法律；case law 判例法；public law 公法；commercial law 商法；matter of law 法律事项

lawsuit 诉讼

lawyer 律师

lay opinion 外行意见

lay witness 普通证人、外行证人

leading questions 诱导性问题（提问）

legal 法律的，合法的；legal resolution 法律解决；legal terminology 法律术语；legal theory 法律理论；legal existence 合法存在；legal advice 法律意见；legal status 法律地位；legal effect 法律效力；legal arguments 法律论据

legislative judgment 立法意见

legitimacy 合法性

leniency 宽大

lenient treatment 宽大处理

lessen 减少

liability 责任；negligence liability 过失责任；strict liability 严格责任；product liability 产品责任；criminal liability 刑事责任

license 执照，许可

liar 说谎者

liberal 自由的，不严格的

liberalization 自由化，放宽限制

lie detector 测谎仪；lie detector tests 测谎仪测试；lie detector evidence 测谎仪证据

likelihood 似然度；likelihood ratio（LR）似然比

likely 很可能；very likely 非常可能

limits 限制；time limits 期限；constitutional limits 宪法限制

lineup 列队指认

litigant 诉讼当事人

litigation 诉讼；tort litigation 侵权诉讼

logically 逻辑上；logically probative 逻辑上具有证明力的；logically relevant 逻辑上具有相关性的

M

magistrate 治安法官；magistrates court 治安法官法院

malice 恶意，蓄意；malicious 怀有恶意的

malpractice 失职，不当执业；medical malpractice 医疗过失

management 管理；risk management 风险管理

mandate 授权（令）

mandatory 强制性的

manslaughter 杀人，非预谋杀人罪；voluntary manslaughter 故意杀人

marginal 边际的；marginal relevance 边际相关性；marginally probative 具有边际证明力的

marriage 婚姻；valid marriage 合法婚姻；marriage relationship 婚姻关系；termination of the marriage 婚姻终止；de facto marriages 事实婚姻；sham marriages 虚假婚姻

marshal 整理，编排，联邦法警；marshal arguments 整理论椐

materiality 实质性，重要性

marital 婚姻的；marital harmony 婚姻和谐；

medical diagnosis 医学诊断；medical diagnosis and treatment 医学诊断和治疗；medical malpractice suit 医疗事故诉讼

measure 措施；remedial measures 补救措施；subsequent remedial measures 事后补救措施

meeting of mind 合意

memorandum（memoranda）备忘录

memory 记忆；memory problem 记忆问题；loss of memory 丧失记忆；refresh one's memory 刷新某人的回忆；repressed memory 被压抑记忆

mens rea 犯罪意思

mental 精神；mental condition（mental states）精神状况；mental illness 精神疾病；mental deficiency（mental defect）精神缺陷；mental disorders 精神疾病，精神紊乱

merits 是非曲直，于法有据

methodology 方法论

minitrials 小型审判

Miranda rights 米兰达权利；Miranda warnings 米兰达警告

misappropriate 盗用，私吞，挪用

mistrial 失审，无效审判

misconduct 劣迹，不当行为，不端行为；sexual misconduct 不当性行为；prosecutorial misconduct 公诉错误

misdemeanor 轻罪，轻微违法犯罪行为

mislead 误导；misleading 误导性的；misleading the jury 误导陪审团；

misquote 误引；misquote witness's testimony 误引证人的证言

misstate 误述；misstate the evidence 误述证据

mistake 错误；mutual mistake 共同错误

mitigation 减少，减轻；mitigation of damage 减少损害；plea in mitigation 请
求减轻处罚

modification 修改，变更

moral 道德的；moral quality 道德品质；moral concern 道德忧虑；moral con-
notation 道德内涵；moral overtone 道德暗示；moral issue 道德问题

more likely than not 可能（概率）高于不可能（概率），比不可能更可能

motion 动议；motion for sanction 制裁动议；motion for summary judgment 简
易判决动议；motion in limine 审前证据动议；motions for judgment as a
matter of law（法官）据法判决动议；motion for judgment notwithstand-
ing the verdict 弃用陪审团裁决之判决动议；motion for new trial（new
trial motion）重新审理动议；post-verdict motion 审后裁决动议；motion
to strike 证据删除（清除）动议

motivation 动机

motive 动机；ulterior motive 别有用心的动机；mixed motive 混杂动机

move 动议；move to dismiss the complaint 撤销指控动议；move for judgment
on the pleadings 按诉辩状判决动议

moving party 提出动议方；non-moving party 未提动议方

mover 动议方

murder 谋杀；first degree murder 一级谋杀罪；second-degree murder 二级谋
杀罪；attempted murder 谋杀未遂

N

narration 叙述（性）

narrative 叙事，叙事法；narrative account 叙事解释；competing narratives 竞
争性叙事

natural child 亲子

near miss 近距脱靶，不十分理想的结果

negative 否定的，消极的；negative evidence 否定性证据

negligence 过失；contributory negligence 共同过失、混合过失（被害人本身的
　　过失——由被告提出）

neutral 中立的；neutral stance 中立性

nolo contendere（nolo plea）不抗争之答辩（不认罪但又放弃进一步辩解的答
　　辩）

non obstante veredicto 尽管陪审团已作裁决

non sequiturs 不合逻辑的推论

nonsuit 非诉，诉讼不立

nonverbal conduct 非言语行为

notary public 公证员，公证人

notice 通知，认知；cancellation notice 保险单注销通知；judicial notice＝judi-
　　cial cognizance 司法认知

nullity 无效，无效的行为

O

oath 宣誓

object 对象；object to 反对，提出异议

objection 反对，异议；objection overruled（法官宣告）驳回异议；objection
　　sustained（法官宣告）支持异议；objection—Specific objection 特定性异
　　议；general objection 一般性异议；contemporaneous-objection rule 同期
　　异议规则

obligation 义务，责任，债务；legal obligation 法定义务

observe 见证，观察；observer-declarants 见证陈述人

occurrence 事故

offense 犯法行为，犯罪；sex offense 性犯罪；traffic offense 交通违法

offer of proof 提供证明

official 官方的；official document 公文；official publication 官方出版物

omission 遗漏，疏漏

operation 操作，运作

opinion 意见；majority opinion 多数意见（上诉法院的）；dissenting opinion
　　反对意见（法官的）

opponent 对方，对手；opponent's denial 对方的否认；opponent's rival 对方的
　　抗辩；opponent's explanation 对方的解释

opposing 对方的；opposing claim 对方请求；opposing party 对方当事人；opposing attorneys 对方律师

optimal 最佳的，最理想的

option 选择权，选择

oral 口头的；oral statement 口头陈述；oral testimony 口头证言

ordeal 神判法

order 命令；order compelling disclosure 强制出示令；order compelling discovery 强制证据开示令；order for examination 盘查令；order of court 法院命令；show cause order 说明理由令；confidentiality order 保密令

original 原件

outline 概要，概述；outline method 概要法

out-of-court 庭外

outside the presence of jury 避开陪审团

outweigh 超重，（意义，利益）超过……；substantially outweigh 实质上超过……

overrule 驳回，宣布无效，推翻先例（上诉法院的）；overruling of a motion 驳回动议；overruled 异议无效（由法官宣布）

P

panel 合议庭

Penal Code《刑法典》

papers 文书；original paper 原始文书

parlance 说法，用法

parol evidence rule 口头证据规则

parole 假释

participation 参与，参加；participation in verdict 参与裁决

participant 参加者

partner 合伙人

partnership 合伙关系，合伙，合伙企业

party 当事人；civil party 民事当事人；criminal party 刑事当事人；party-opponent 对抗方；opposing party 对方当事人；co-party 共同当事人；non-party 非当事方

patent 专利；patent agent 专利代理人

partiality 偏袒，偏见，偏颇

pathologist 病理学家

payment 偿还，赔偿

pedestrian 行人

pedigree 血缘关系

peer review 同行评议

penalize 处罚，处以刑罚

pendency of appeal 有待上诉

pending 待决的；pending appeal 未决上诉；pending motion 待决动议；pending
    action 未决诉讼

perception 感知，知觉

percuriam 依法庭

perjury 伪证（罪）；penalty of perjury 伪证处罚 X

peremptory challenges 无因回避请求

permissive 允许

permissible 允许的；permissible uses 允许使用

perpetuate（perpetuation）保全，使永存；perpetuation of testimony 证言保
    全；perpetuation of evidence 证据保全

perpetrator 犯罪人，实施者

perspective 观点，看法

persuade 说服

persuasive force（persuasive effect）说服力

pertinent 有关的

pertinence 有关性

petition 请求，请愿，上诉状

petitioner 上诉人，请求人；petitioner's claim of privilege 上诉人的特免权请
    求；petitioner's claim 上诉人的请求

photograph 照片

photorecord 照片档案

physical evidence 物证

plea bargaining 辩诉交易；plea negotiation＝negotiating pleas 辩诉交易谈判

plaintiff 原告

plausible 似真的；plausible story 似真案情；plausible narrative 似真叙事；

plausible accounts 似真解释

plausibility 似真性

plea 答辩；plea discussion 答辩讨论

plead guilty 服罪，认罪，有罪答辩；plead not guilty 无罪答辩

pleader 诉辩人（包括原、被告双方）

pleading 提出诉（辩）状；notice-pleading rule 诉答通知规则

pleadings 文状，诉辩状（指原、被告双方提出的文状）

plurality 相对多数（法官）意见

police 警察；department of police（police station）警察局；police detectives 警探；police officer 警察；police chief 警察局长；police report 警察报告

policy 政策，保单；public policy 公共政策

poll 投票

polygraph 测谎仪；polygraph examination（polygraph tests）测谎仪测试；polygraph evidence 测谎仪证据；unreliability of polygraphs 测谎仪的不可靠性

possibility 可能性

possession of 持有，占有

post-trial motions 审后动议；post-trial critique 审后评判

power 权力；delegated power 委托权

practice 惯例，规程，实践；habit and routine practice 习惯和日常工作；routine practice of an organization 组织的日常工作；common practice 通行惯例；habit and routine practice 工作惯例和操作规程；routine practice of an organization 组织的操作规程；regular practice 操作规程

practitioner 执业律师；trial practitioner 出庭律师

precedent 判例，先例

predecessor in interest 前身利益人

preclude 排除

prediction 预测

prediscovery meeting 证据开示前会议

prejudice 损害，偏见；prejudicial evidence 导致偏见的证据；prejudicial impact 产生偏见影响

preliminary question 预备性问题

premeditation 预先计划，预谋

preponderance of the evidence 优势证据

prerequisite 先决条件

presentation 举证，出示；presentation of proof 证明，证据出示

presentment 大陪审团指控书

Preservation of Error 错误保全；Preservation of Error for appellate review 为上诉复审所作的错误保全

presumptions 推定；presumptions conditional relevance 有条件的相关性推定；presumption of innocence 无罪推定；presumption of due care 合理注意推定；conclusive presumption 结论性推定；rebuttable presumption 可反驳推定

presupposition 先决条件；necessary presupposition 必要的先决条件

pretrial 审判前的，预审；pretrial detention 审前拘留；pretrial hearing 审前听证；pretrial motion 审前动议；pretrial release 审前释放；pretrial order 预审令；pretrial rulings 审前裁定

prevail 胜诉；prevailing party 胜诉当事人

prima facie 初步证明；prima facie case 证据初步证明的案件

prima facie evidence 初步证据

principle 原则；basic principles 基本原则；principle of completeness 完备性原则；principle of estoppel 禁止反言原则（民事诉讼）；principle of religious freedom 信仰自由原则；fundamental principle of justice 正义的基本原则；predominant principle of utilizing all rational means for ascertaining truth 运用一切理性手段查明真相的支配性原则；principles of conspiratorial liability 同谋共担责任原则；waiver principle 弃权原则；principles of common law 普通法原则；principles of human nature 人性原则；principle of constitutional law 宪法原则；principles of substantive law 实体法原则

principal 主要的；principal 被代理人，委托人，主犯，（具结保释中的）被保释人；principal-agent relationship 委托人—代理人关系；principal-lawyer 委托人—律师

prior 先前的；prior arrests or convictions 先前的逮捕或定罪；prior identifications 先前辨认；prior sexual conduct 先前性行为；impeachment with prior convictions 用先前定罪弹劾；

prisoner 囚犯

privacy 隐私（权）；privacy rationale 隐私原则；privacy of intimate spousal communications 配偶间亲密交流的隐私权；privacy of litigants 诉讼当事人的隐私权；privacy of a home 家庭隐私权；privacy of lawyer's thoughts 律师思考隐私权

privilege 特免权，特权；privilege law＝law of privilege 特免权法；mediation communications privilege 调解交流特免权；scholar's privilege 学者特免权；holder of the privilege 特免权拥有者；claim the privilege 主张特免权；evidential privilege 证据特免权；Executive privilege 行政特免权；marital privilege（spousal privileges）夫妻特免权；marital communications privileges 夫妻交流特免权；marital confidential communications privileges 夫妻秘密交流特免权；parent-child privilege 父母子女特免权；marital testimonial privilege 夫妻证言特免权；privilege against adverse spousal testimony 反对敌意配偶特免权；clergy-penitent privilege（priest-penitent privilege）牧师—忏悔者特免权；clergy-communicant privilege 教士—教友特免权；attorney-client privilege 律师—委托人特免权；physician-patient privilege 内科医生—患者特免权；psychotherapist-patient privilege 精神诊疗师—患者特免权；government privileges 政府特免权；informant's privilege 线人特免权；journalist's privilege 新闻记者特免权；law enforcement investigatory privilege 执法调查特免权；official information privilege 官方信息特免权；deliberative process privilege 协商程序特免权；peer review privilege 同行评议特免权；Hawkins privilege 霍金斯特免权；Fifth Amendment privilege 宪法第五修正案特权；qualified privilege 有条件的特权

probable 可能

probability 概率，可能性；probability theory 概率论；conditional probability 条件概率；degree of probability 概率度；probability scale 概率分布；probability judgment 盖然性判断；posterior probability 验后概率；prior probability 先前概率

probation 缓刑，probation officer 缓刑监督官

probanda＝probandum 待证事实；interim probanda＝interim probandum 中间待证事实；penultimate probanda 次终待证事实；ultimate probandum 最终待证事实；factum probandum 待证事实

probative 有证明力的；probative force 证明力；logical probative（logically probative）逻辑证明力；probative value 证明力，证明价值；low probative value 低证明力

proceeding 程序；summary proceeding 简易程序

procedure 程序；correctional procedure 矫治程序；investigatory procedures 侦查程序

process 过程，程序；process of laying foundation 基础铺垫过程

procure 导致，促成

produce 提供

production 举证；production of documents and thing 文档和物件的举证；self-production 自行举证

proffer 提供，提议；proffer the evidence 提供证据；proffered evidence（已）提出的证据

prohibit 禁止

prohibition 禁令

proof 证明；standard of proof＝degree of proof 证明标准，证明程度；proof of service 送达证明；process of proof 证明过程；burden of proof 证明责任；half-proof 半个证明；fraudulent proof 欺骗性证明；system of free proof 自由证明制度；freedom of proof 自由证明

promulgate 颁布，公布

probate 遗嘱认证，遗嘱检验

propensity 倾向；propensity evidence 倾向证据；general propensity 一般倾向；particular propensity 特殊倾向

property 财产；personal property 个人财产，动产；intellectual property 知识产权

proponent 证据提出者，提议人；proponent of evidence 证据提出者；

proposition 主张，命题；evidential proposition 证据性主张；compound（and complex）proposition 复合（和复杂）命题；subordinate proposition 从属命题

prosecute（prosecution）检控，起诉；prosecution 检控方，公诉人，诉方

prosecuting attorney 检察官

prosecutor 检察官，公诉人；local prosecutor 地方检察官；prosecutor's expert 公诉方专家

prosecutorial function 检察职能；prosecutorial misconduct 检控不当行为

protective order 保护令

protocol 规程

prove 证明

psychiatric 精神病学的；psychiatric experts 精神病专家

psychiatrist 精神病医生

psychological profiles 心理特征测验图

psychologist 心理医生

public office or agency 公共机关或机构

purpose 目的，意图

pursuant to 依照

Q

qualification 限制条件，资格；lack of qualification 缺乏资格

question 询问，问题；question of law 法律问题；question of fact 事实问题；
　　question on 询问；preliminary questions of fact 关于事实的预备性问题；
　　specific act question 特定行为问题

question begging 循环论证

quo warranto writ 确认权力令状

quo warranto proceedings 确认权力程序

R

rape 强奸；acquaintance rape cases 熟人强奸案；stranger rape cases 陌生人强
　　奸案；rape shield Rules 强奸盾护规则；statutory rape 法定强奸（罪）；
　　post traumatic stress disorder as indicating rape 指征强奸的外伤后失常

ratio decidendi 判决理由

rational 理性的；rational decision 理性决定

reason 理由，理性，原因

reasonable 合理的，理性的；reasonable basis 合理根据；reasonable doubt 合
　　理怀疑；reasonable means 合理手段；reasonable retaliation 合理报复；
　　reasonable belief 合理相信；reasonable notice 合理认知；reasonable per-
　　son 常人，理性人；reasonable jury 理性陪审团；reasonable juror 理性陪
　　审团成员；morally reasonable 道德上合理

reasonableness 合理性

rationale （基本）原理

rationality 合理性

reasoning 推理；abductive reasoning 溯因推理；analogical reasoning 类比推理；chain of reasoning 推理链条；jury reasoning 陪审团推理；imaginative reasoning 想象推理；inferential reasoning 推论性推理；natural reasoning 自然推理；practical reasoning 实践推理，实践理性；principles of reasoning 推理的原则；reasoning capacity 推理能力；reasoning process 推理过程；syllogistic reasoning 三段论推理

rebut 反驳

rebuttal 反驳，反驳性证据；rebuttal evidence 反驳性证据；rebuttal examination（公诉方或起诉方的）反驳盘问；rebuttal witness 反驳证人；rebuttal argument 反驳辩词；rebuttal case 反驳之诉

recidivist 累犯

recidivism 累犯

recitation 叙述；accurate recitation 准确的叙述

recognition 承认，认可

reconstruct（在头脑中）重构

reconstruction 在头脑中重构；reconstruction of events 事件重构

record 档案，记录；on the record 以载入审判记录方式；off the record 以不载入审判记录方式；computerized record 计算机数据文档；record of the proceedings 诉讼程序档案；record on appeal 上诉用审判档案；public records 公共档案；trial record 审判档案

recording 录制品；recording process 录制过程；recording device 录制设备；tape recording 录音（录像）带

recollection 回忆，记忆；refreshing recollection（refreshing memory）恢复记忆；present recollection refreshed 即时记忆的恢复

recover（recovery）赔偿

redundancy 冗余，重复

redundant evidence 多余的证据

referee 裁判

refusal to admit 拒绝承认

regularity 规则性

rehabilitate 正誉，平反

rehabilitation 正誉，康复

reject 拒绝

relation 关系；domestic relation 家庭关系，亲属关系；relation back 溯及力；relation back of amendment 修正的溯及力

relationship 关系；lawyer-client relationship 律师—委托人关系；professional-client relationship 专业人员—委托人关系

relativity theory 相对论

release 释放，免除义务，放弃权利；release on recognizance 具结释放

relevance（relevancy）相关性，关联性；conditional relevancy = conditional relevance 有条件的相关性；degree of relevancy 相关性程度；relevance of evidence 证据的相关性 logical relevancy 逻辑相关性

relevant 相关的；relevant evidence 相关证据

reliable 可靠的；reliable principle 可靠性原则

reliability 可靠性；reliability theory 可靠性理论

relief 救济；furnish a relief 提供司法救济

remand 发回重审

remedy 补救；remedy over 求偿权

removal 移送；removal of action 移送诉讼；removal jurisdiction 移送管辖权；removed action 被移送的案件

reply 答辩；reply counterclaim 反诉答辩

report 报告；official report 官方报告；public report 公务报告；report of examiner 检查人报告

representation 陈述，事实性陈述

representative 代表（人）；representative action 代表诉讼；representative capacity 代表资格，代理人资格；representative party 代表当事人；class representative 集团诉讼代表；representative of attorney 律师的代表；representative of client 委托人的代表

repudiate 否认，拒绝接受

reputation 声誉，名声；reputation for untruthfulness 不诚实的名声

request 要求；request for admissions 自认请求（书）；request for documents 要求提供文件；request for sanction 要求制裁；request for waive 要求放弃送达传唤状

requirement 要求；foundational requirements 基本要求，基础铺垫要求；requirement of writing 书面要求

res gestae 自发性、自然的、无目的性的

res ipsa loquitur 事实不言自明

res judicata 既判力（一事不二理）

resolution 解决；legal resolution 法律解决

respondent 被上诉人

responsibility 责任；criminal responsibility 刑事责任

rest 息辩（静候处理）；defense has rested（defense rests）息辩（静候处理）

restitution 赔偿

retaliation 报复，报仇

retrial 复审

retrieval system 检索系统

reveal 披露

revenue 税收，Internal Revenue Code《国内税收法》；Internal Revenue Service（IRS）国内税收局

reversal（reverse）撤销原判，撤销原裁定

revoke 吊销，撤销

rhetoric 修辞学

right 权利；human rights 人权；termination of rights 权利终止；right preserved 保留的权利；right person 恰当人选；not the right person 不恰当人选

risk 风险

rob 抢劫；robbery 抢劫（案）；bank robbery（bank robbery case）银行抢劫案

rule 规则；legal rules 法律规则；rule of evidence（evidence rule）证据规则；rules of exclusion 排除规则；character rule 品性规则；relevance rules 相关性规则；hearsay rule 传闻规则；best evidence rule 最佳证据规则；rules of privilege 特免权规则；scope of rules 规则的适用范围；substantive rule of law 实体法规则；rule on 对……作出裁定；rule of law 法治；Uniform Rule of Evidence《统一证据规则》；Proposed Rule of Evidence《联邦证据规则（建议稿）》

ruling 裁定；conditional ruling 附条件的裁定

rumor 传言，流言

S

safeguard 保障

sanction 制裁；monetary sanction 金钱制裁

sane 心智健全的

sanity 心智健全

scenarios 场景

screen 审查

similar crimes 相似犯罪；evidence of similar crimes 相似犯罪的证据

state crimes 触犯州法罪

special acts 特定行为；special acts testimony 特定行为证言

special acts inquiries 特定行为调查

scandalous matter 恶语中伤

search and seizure 搜查和扣押

security 担保，保险

scene 现场；accident scene 事故现场；accident scene measurements 事故现场勘查；at the scene 在现场；scene of the crime 犯罪现场

seizure of property 扣押财产

self-defense 正当防卫

self-evident 不证自明

self-incrimination 自证其罪

self-interest 私利

self-policing 自我管制

self-serving 自私的，利己的

sense 感觉；sense of obligation 责任感，义务感；present sense impression 即时感觉印象；common sense 常识；sense of rightness or wrongness 是非感

sensitivity 灵敏度；observational sensitivity 观察灵敏度

sensory 官的；sensory impression 感官印象；sensory defects 感官缺陷；sensory evidence 感官证据；sensory capabilities 感官能力

sentence 判刑，判处

service 送达

set aside 宣告无效，驳回；set aside a verdict 取消一项裁决

settlement 和解

sex 性；opposite-sex 异性；opposite-sex couples（heterosexual couple, opposite-sex partners）异性情侣；unmarried opposite-sex couples 非婚异性情侣；same-sex couples 同性情侣；same-sex relationships 同性关系

sexual 性行为的；sexual assault 性侵犯；sexual assault and child molestation 性侵犯和儿童性侵害；prior sexual behavior of sexual assault victim 性侵犯被害人以往的性行为；sexual preference 性偏好；sexual predisposition 性癖好；sexual abuse 性虐待；sexual harassment 性骚扰

sidebar conference （法官与律师之间的）法官席会议（在陪审团听证范围之外举行）

silence 沉默；adoption by silence 默认

similar happenings 相似事件

sincerity 真诚；insincerity 不真诚

situation 情境

Sixth Amendment Right 宪法第六修正案权利；Sixth Amendment Right to Confront Opposing Witnesses 宪法第六修正案与对方证人对质的权利；Sixth Amendment Right to Trial by Jury 宪法第六修正案由陪审团审理的权利

slander 诬蔑，言辞诽谤

soliciting sex 性挑逗

solicitation 教唆，教唆罪

spectrogram 光谱图；voice spectrogram 声谱图

spectroscopy 光谱学，分光学

speculate 推测，猜测

speculative 推测性；speculative opinion 推测性意见

speedy Trial Act 快速审判法

spoliation （evidence of spoliation）毁灭证据

spoliator 毁灭证据者

solicitor 初级诉状律师，法务官，沙律师

spontaneous 自发的，自然产生的

spontaneity 自发性

spouse 配偶；spouse of a defendant 被告配偶；one spouse 配偶中的一方；charged spouse 配偶中被指控的一方；accused spouse 配偶中指控的一方；party spouse 配偶当事人；victim spouse 配偶中的受害人一方；one spouse against the other 配偶中的一方反对另一方

spousal 配偶的；spousal immunity 配偶豁免权；adverse spousal testimony 配偶不利证言

stand mute 保持沉默

standard 标准；discretion standard 自由裁量标准；deferential standard 恭敬标准；ultimate standard 最终标准；"I know it when I see it" standard "我见故我知"标准；standard of review 复审标准

statement 陈述；prior statement 先前陈述；opening statement 开审陈述；closing statement 结审陈述；prior statements of witnesses 证人的先前陈述；party's own statement 当事人自我陈述；prior consistent statements 一致的先前陈述；prior inconsistent statements 不一致的先前陈述

statute 成文法，法令，法规，制定法；criminal statutes 刑事制定法；Dead Man's Statute 逝者条款

statutory 法定的；federal statutory definition 联邦法律定义

stereotype 范型，刻板印象

stimulate 刺激

stipulate 约定（约认），规定

stipulation 约定（约认），（双方辩护律师的）协议

story 报道，案情

subdivision 子目，条款

subjective 主观的；in subjective way 以主观的方式

submit 提交（裁决）

subornation （subornation of perjury）贿赂他人作伪证，教唆他人作伪证罪

suborn 贿赂，唆使

subpoena 作证传票；subpoena duces tecum 出庭受审令传票

subsection 子项，条款

subsidiary 子公司

substantial 实质的；substantial evidence 实质证据

substantive 实体的；substantive issue 实体性问题；substantive law 实体法

substantial right 实体权利

substitute 替代；substitute evidence 替代证据

sufficiency 充要性，充分性，充足性

suit 诉讼案件；prior suit 先前诉讼案件；derivative suit 派生诉讼；bring suit

against 控告

summation 判决前法庭辩论的总结

summons 传票；tax summonses 税收传票；service of a summons（service of process）传票送达；effect service of a summons 执行传票送达

supervisor 主管；direct supervisor 直接主管

supplemental 补充的；supplemental pleadings 补充诉答文书；supplemental jurisdiction 补充管辖

supplementary proceedings 补充程序；supplementary service 补充送达

support 支持；evidentiary support 证据支持；support assignment 支持赋值；support scale 支持量表

suppress 压制

surety 保证，保证人；surety bond 保证书

surviving defendant 继存被告；surviving party 继存当事人；surviving plaintiff 继存原告

sustain 认可，维持；be sustained to 得到认可，得到支持

syllogistic 三段论的，演绎的

syllogism 三段论推理，演绎推理

syndrome evidence 综合征证据；battered woman syndrome 受虐妇女综合征；post-Vietnam syndrome 越战后综合征；rape trauma syndrome 强奸创伤综合征；child sexual abuse accommodation syndrome 儿童性虐待适应综合征

system 制度；system of trial 审判制度；system of evidence 证据制度；continental legal systems＝civil law systems 大陆法系；inquisitorial system 纠问制

T

take the stand 出庭作证

tamper 篡改

temporary restraining order 临时禁止令

terminate 停止，终止

tendency 倾向，趋向性

tenet 信条

term of subsection 细则

territorial limits 区域界限

test 检验，测试；test case 检验案件；test of relevancy 相关性检验；minimal test of relevancy 最小相关性检验；clear and present danger test 显存危险检验；blood testing 血液检验；control group test 控制群体检验；Frye test 弗赖伊检验；rational connection test 理性关联检验；intent test 意图检验；subject matter test 主题检验

testify 作证；testify to basic facts 证明基础事实；testify against 作不利于…的证明；testify against her husband 作不利于其丈夫的证明

testimony 证言；former testimony（prior testimony）先前证言；develop testimony 展开证言；expert's testimony 专家证言；further testimony 新的证言；eyewitness testimony 目击证人证言；adverse spousal testimony 敌意配偶证言；plaintiff's own testimony 原告自己的证言；conflicting and inconsistent testimony 自相矛盾和不一致的证言；character testimony 品性证言；reputation testimony 名声证言；opinion testimony 意见证言；mischaracterizes the testimony 误导证言；concurrent testimony 协同证言；successive testimony 连续证言

testimonial 证言的，证明书；testimonial triangle 证言三角形；testimonial qualities 证言品质

text 文本

theory 理论；theory of the case 案件理论；prosecution's theory 诉方理论；provisional theories of the case 案件的暂时性理论；rationalist theories of evidence 理性主义证据理论

third party 第三方；third party answer 第三方答辩；third party claim 第三方请求；third party proceedings 第三方诉讼程序；third party complaint 第三方起诉书；third party defendant 第三方被告；third party intervention 第三方参与诉讼；third party plaintiff 第三方原告

third persons 第三人；third persons present at discussion（律师和委托人）商议时第三人在场

title 所有权，名称；title of the action 诉讼名称

trade secret 商业秘密

trademark 商标

tolerance 容忍，容许

tort 侵权；tort-feasor 侵权人

torture 酷刑，刑讯；use of torture in order to extract a confession 刑讯逼供

trade 贸易；trade practice 贸易惯例；restraint of trade 贸易管制

transaction 交易；same transaction or occurrence 同一交易或事件

transcript 笔录；trial transcript 审判笔录；transcript of testimony 证言笔录

transcription 抄本，副本

transfer 转让，移送；transfer of an action 移送案件；transfer of interest 转让利益；transfer of writ 移送令状

treatises 论著

trial 审判，审理；fair trial 公正审判；trial process 审判过程；civil trial 民事审判；jury trial（trial by jury）陪审团审判；nonjury trial 非陪审团审判；right to jury trial 要求陪审团审判的权利；move for new trial 提议重新审理；remand for a new trial 发回重审；trial by court 法院审判；trial preparation 开庭审理准备；bench trial 法官审判；trial participants 审判活动参与者；stand trial 受审

tribunal 法庭，仲裁，调解庭

trier 裁判者；trier of fact 事实裁判者；assist the trier of fact 辅助事实裁判者；trier of science 科学裁判者

trump up 捏造，伪造

trust 信托

trustee 受托人；trustee of an express trust 明示信托的受托人

trustworthiness（真实）可靠性；particularized guarantees of trustworthiness 可靠性的特别保证；lack of trustworthiness（lack trustworthiness）缺乏（真实）可靠性

trustworthy 可靠（性）

truth 事实真相，真实性，真理；truth ascertainment 查明真相；truth-of-the-matter-asserted test 断言性事项的真实性检验；conclusive（ly）truth 结论性事实；correspondence theory of truth 真理符合论；coherence theory of truth 真理融贯论；truth-finding 真相发现

truthful 诚实的

truthfulness 诚实性，真实性

U

unacceptable 不能接受的

unavailability 不能出庭；requiring unavailability 要求不能出庭

uncertain 不确定的，不能确定

uncertainty 非确定性；factual uncertainty 事实的非确定性

unconstitutional 违宪的

under 依据，根据

unduly inflammatory evidence 过激证据

unfair 不公正；unfair prejudice（unfairly prejudicial）不公正的偏见

unidentified 未经辨认的

unincorporated association 非法人团体；action relating to unincorporated association 有关非法人团体的诉讼

United States Code（U. S. C.）《美国法典》

U. S. C. S.《美国法典续编》

unlawful（unlawfulness）违法，不合法；unlawful conduct（unlawful act）违法行为

unprovoked attack 无故攻击；unprovoked attack on other people 无故攻击他人

unscrupulousness 狂妄

unstated 未申明的，未阐明的；unstated beliefs 未申明的信念；unstated proposition 未申明的主张

untrustworthiness 不诚实

utterance 话语；utterances relevant for unstated beliefs 与未阐明的信念有关的话语；out-of-court utterances 法庭外话语；non-declarative utterances 非陈述性话语；excited utterances 激愤话语；state-of-mind utterances 心理状态话语；performative utterances 表述行为的话语；illocutionary utterances 语内表现行为的话语

V

vacate 宣布审判法院的判决无效

value 价值；moral value 道德价值；social values 社会价值；value of property 财产价值；value of freedom of choice 选择自由的价值

venue 审判地

veracity 诚实（性）

verdict 陪审团裁决，裁决；unanimous verdict 陪审团的一致裁决；non-unani-mous verdict 陪审团的非一致裁决；direct verdict（directed verdict）指令裁决；general verdict 概括性裁决；special verdict 特殊裁决；civil ver-dicts 民事裁决；bring（deliver，give，return）in a verdict of "Guilty"（Not Guilty）陪审团裁决 "有罪"（无罪）；judgment notwithstanding the verdict 弃用审团裁决之判决；verdict-saving approach 陪审团裁决维持方式

verify 证实

veritistic 求真

veritisim 求真主义

victim 被害人；evidence of victim's character 关于被害人品性的证据

vindicate 维护

validity 效力，有效性；validity of affirmative defense 积极抗辩的效力

venire（陪审团）遴选群

violate 违反，侵犯；violate the rule 违反规则；violate the right 侵犯权利

violence 暴力；use of force or violence 使用武力或暴力

void 无效，取消；null and void 无效的

voir dire（陪审团）遴选审查；voir dire of the witness 证人遴选审查

voucher 票据；voucher rule 票据规则，担保规则

vouching-in 引入诉讼

W

waive 放弃；waive the privilege 放弃特免权；privilege waived 放弃的特免权

waiver 弃权，放弃；waiver of confrontation rights 放弃对质权；waiver-by-misconduct rule（因）不当行为弃权规则；waiver by claim assertion 通过声明主张弃权；subject matter waiver 主题弃权

warrant 令状（搜查令，逮捕令）；凭据

weigh 掂量，权衡；weigh the evidence 权衡证据

weight 分量，权重，证明力；weight of the evidence 证据的分量，证据的证明力

weighting 权衡；weighting of evidence 证据分量的权衡

will 遗嘱；holographic will 自书遗嘱，亲笔遗嘱

withdraw 撤回；withdraw a guilt plea（withdrawn guilty pleas）撤回有罪答辩

withdrawal 撤回，收回；withdrawal of plea 撤回答辩

withhold evidence 隐瞒证据

without prejudice 无偏见，无偏袒的裁决

witness 证人，eyewitness 目击证人；foundation witness 基础（铺垫）证人；expert witnesses 专家证人；testifying witness 作证证人；recalling a witness 重新听取证人证言；personal knowledge of witnesses 证人的亲身知识；impeachment and rehabilitation of witnesses 证人的弹劾与正誉；prosecution witnesses 检控方证人；own witness 己方证人；adverse witness 对方证人，敌意证人；witness spouse（witness-spouse）配偶证人；witness stand 证人席；percipient witness 有感知力的证人；silent witness 沉默的证人；opinion witness 意见证人；reputation witness 名声证人；witness opinion 证人意见；Summary Witnesses 综述证人

writ 令状；writ of attachment（writ of garnishment）扣押令状；writ of error coram nobis 本法院误审令状；writ of error coram vobis 他法院误审令状；writ of execution 执行令状；writ of habeas corpus 人身保护令

writing 书写文件，文字

written 书面的；written instrument 书写文件，书面文件；written statement 书面陈述

wrongdoer 侵害人

wrongdoing 坏事，恶行

第三版

译后记

　　证据法在美国法律和法学教育中占有重要地位，美国证据法也是当今世界上最发达的证据法，这无疑与英美法对抗制和陪审团审判的诉讼制度有关，但艾伦教授还强调了证据法跨法系、跨国家的普适性一面。因为，证据所要解决的是事实认定问题，而事实认定在民族、地域或法系上的差异性与其共性和规律性相比，显得微不足道。近年来，科学证据的大量涌现进一步印证了这个观点。

　　本书的特点在于其理论性。与传统的证据法著作不同，作者在证据法的理念、原则、惯例和价值上花了大量笔墨。这体现在本书大量有关正当理由和价值反思的论述之中，包括争端解决的适当方式、知识的性质、小群体决策的动因、对理智判决的信任、道德和伦理关怀、正义理想和效率价值的关系等等。在作者看来，证据规则以这些各式各样且常常相互冲突的观念为基础，是这些观念的具体化。因此，要理解证据规则，就不能仅仅停留在其表面词句上，而需要理解它们在相互竞争的信念与利益之间所作出的妥协，领会其中潜在的信念基础以及它们的含义、渊源和目的，要把这些规则看作是对基本社会信仰、哲学和道德信念的概括。这种研究取向，反映了近年来美国证据法研究注重理论基础和方法论探索的趋势。我到美国后曾问过艾伦教授，为什么他愿意邀请我这个搞法理学的人来做访问学者，他回答得很明确，"我希望证据法研究向法理学提升"。2005年艾伦教授在中国政法大学作了"证据法的法理学和政治学基础"的主题演讲，提出了"证据是诉讼制度的基础和法治原则的根基"的观点，这反映了他在证据法理论研究方面的最新成果。

　　在证据规则中，如何体现真实、准确、可信、可靠与正义、利益、人权和人文关怀的价值统一，是证据制度构造的核心问题。这不仅涉及证据规则的体系内容安排，而且要解决与其他法律规则的冲突问题。因此，需要把证据法的普适性和诉讼制度的特殊性结合起来，根据中国司法实践吸取判例法国家证据制度的合理因素，构造中国证据法理论体系。在研究方法上，则需要将法理学与证据法、诉讼法的研究结合起来，使诉讼法、证据法的具体规则向法理学的一般原则、正当理由提升，从更高的理论境界来鸟瞰、审视具体的审判制度和证据制度。

本书的出版是译者和校者共同努力的结果。首先要感谢美国贝克·麦坚石律师事务所律师满运龙博士，在芝加哥 2002 年春天的一个夜晚，我们两人酒后发狂，要把艾伦教授的《证据法》译成中文，虽然此后每一天的推移都在不断加深这是自不量力的感慨。从那时起，运龙和我相处的时间大部分都是在共同讨论译文的过程中度过的。为了译文准确和全书统一，我随着在西北大学法学院选修证据法课程的进度，编了《中英文对照词表》，这个词表一天天加长，运龙则无数次地对新增词汇审阅修改，并给我分析误译词汇在美国证据法中的确切含义。这个词表是本书翻译的依据，现在我们把它附在书后一起出版，希望能对读者学习英文证据法论著有所帮助。运龙以其深厚的学术功底创新了如下术语的中文译法：reha-bilitation（正誉），consequential fact（要素性事实），judgment as a matter of law（据法判决），motion in limine（证据免提动议），beyond a reasonable doubt（确信无疑），defendant's case（被告方主辩）等等。我回国之后，与运龙对译稿的讨论主要靠电子邮件，除译稿之外，我们还就翻译中出现的问题互通了 8 封长信，平时因小问题互通的电子邮件更是不计其数。运龙 2005 年 7 月到上海代表处工作后，手机短信则成为我们讨论译文的快捷手段。运龙在美国法和美国史等领域的广博学识、长期从事律师实践的宝贵经验，为本书忠实原意的翻译提供了可靠保证。除翻译上的合作之外，我还要衷心感谢运龙对我在美期间生活上无微不至的关怀，除我在《世界贸易宪法》译后记中提到的之外，有一件事令人终生难忘，细心的运龙不知从哪儿查到我的生日，居然在我生日那天和他夫人给我摆了丰盛的生日龙虾宴。

我与王进喜教授结识于美国西北大学法学院，当时我们都作为访问学者和艾伦教授一起做证据法研究，他比我晚 9 个月到美国，但很快就加入了我们的翻译工作。进喜是一位严肃认真的学者，我们经常争论某些词的译法，如果不能互相说服就交由运龙裁决。后来我到中国政法大学工作，我们成了同事，基于对证据法的共同兴趣，一起筹建了证据科学教育部重点实验室和证据科学研究院，这也是一种缘分。本书的另一位译者赵滢现在仍居美国，她在翻译本书期间结婚生子，译事之甘苦，可想而知。中国政法大学房保国博士参与了本书第十一章的翻译工作。中国政法大学证据科学研究院副院长常林教授审阅了本书部分书稿，DNA 专家鲁涤副教授对第十章第五节做了认真细致的校对修改。我的研究生向青松、郑林涛承担起为本书加"边码"和最后通读的工作。他们几乎逐字逐句地核对了原文，及时发现并弥补了一些错误和遗漏，为保证本书翻译质量把了最后一道关。在此一并向他们表示衷心感谢。

说到本书的翻译特色，我和运龙一开始就确定了"直译，译文准确、流畅，反映作者用词风格，力戒晦涩"的翻译原则。现在译著很多，但我们发现许多译著存在望文生义（所谓意译）、漏译（把难句跳过）、误译（曲解原意）的流弊，这不仅是对原著的不尊重，而且也是误人子弟，是对读者的欺诈，这是一个急需纠正的学风问题。

为了贯彻我们的翻译原则，本书在翻译过程中采取了以下措施：（1）先讨论确定统一的证据法《中英文对照词表》，如前所述，这个《词表》的大部分是我和运龙在美国讨论确定的，2003年以后则每个月在译者和校对者之间用电子邮件相互传送一次，并互相提出意见，若有争议，由校者裁决，以保证全书一致。（2）采用替换方法，即按照统一的《词表》，用Word软件的"替换"功能对英文电子版中的主要词汇进行自动替换，以保证各章内容和证据法术语的前后译法一致。（3）本书大部分章节采取了初校和终校相结合的办法。我们把贯彻上述翻译原则看作是对读者"保证产品质量"的一种诚信承诺。

为了履行这个承诺，我们吃尽了苦头。我们试图把书中每一个词的意思都准确翻译出来，绝不漏译一句话；我们揣摩作者的用词风格，为什么在不同的地方用不同的词，力求把原汁原味的译文奉献给读者。为此，某段难翻译的话，可能要耗费几个小时的时间。好在我们除请教运龙之外，还可以及时发电子邮件给艾伦教授寻求解释，因为这些邮件常常是深夜发出的，大洋彼岸的芝加哥恰好是白天，他们的电子邮件往往几分钟就回复了，这样来来往往的电子邮件已不下几十封。早就听高人说过"译事不易"，译完此书方体会到这是个颠扑不破的真理！这部洋洋百万言的译著，从2002年5月高等教育出版社与美国阿斯朋出版社签约，到今天终于付梓，历时四载，1500个长夜的煎熬，使人常想这便是"地狱的入口处"。运龙曾在他的芝加哥寓所向我讲过他好友殷雄律师的一段译事，那时殷雄在一家美国律师事务所工作，曾为翻译一页古英文耗时两天，待到译事完成，早已等候的一副担架把他抬进医院。每当遇到难译的段落时，这一幕都会在我的脑海里浮现出来，成为苦熬下去的鞭策力量。

本书的翻译出版是许许多多朋友支持鼓励的结果。值此译著出版之际，我要特别感谢运龙夫人——印第安纳大学公共管理学院教授张燕云博士在我留美期间所给予的关心和照顾，感谢她对本书出版所给予的巨大支持（运龙为翻译和校对此书经常滞留在芝加哥的寓所，不能像往常那样在周末如期开车返回印第安纳的家与她和家人团聚）。同时，衷心感谢北京大学法学院院长朱苏力教授和上海社会科学院副院长童世骏教授为我赴美写了热情洋溢的推荐信，衷心感谢中国驻芝加哥总领馆江波参赞作为老朋友对我在美期间生活、学习等各方面给予的悉心照顾。衷心感谢中国政法大学杨玉圣教授为我赴美所作的精心安排，以及在长年翻译工作中给予我的巨大精神鼓励。衷心感谢对我的翻译工作直接或间接给予了巨大支持的以下友人，他们是：司法部郜文辉先生，中国人民大学出版社社长贺耀敏教授，对外经贸大学张汉林教授，北京师范大学范立双，华东师范大学许红珍，山东大学李红，复旦大学葛洪波，中国政法大学王日春，高等教育出版社经济学分社社长刘青田副主任。感谢阿斯朋出版社郝灵女士为本书签约等所做的联络工作。

在这里，我还要与运龙、进喜一起，共同感谢慧眼支持本书翻译出版的高等教育出版社前副总编郑惠坚先生，2002 年 5 月郑副总编在接到我从芝加哥打回的电话时，毫不犹豫地同意出版此书，并当即批准支付阿斯朋出版社 6 000 美元版税。我们共同感谢高等教育出版社王卫权编辑为本书所做的前期编辑工作。我们特别感谢高等教育出版社法学分社李文彬社长亲自担纲本书责编，她不仅资助译者和校者于 2006 年 1 月召开了对本书翻译具有重要意义的三亚统稿会，而且以其特有的干练和责任心为本书高质量按时出版扫清了所有障碍，在本书付梓前一个月，她和译者们一样通宵熬夜，甘苦与共。

最后，我要特别感谢吾妻李玉兰女士多年来对我的无私支持和照顾。家骥则不时在"爸爸加油哇"的短信中，给我以莫大鼓舞。

在本书翻译过程中，我们重点参考了以下译著：何家弘等译《刑事证据大全》；何家弘、张卫平主编《外国证据法选译》；卞建林译《美国联邦刑事诉讼规则·证据规则》；樊翠华等译《美国法律辞典》。在此特向这些译者表示衷心的感谢！

本书各章翻译的具体分工如下：

张保生译：目录、前言、证据法学习引论、关于引文的特别说明、第一章、第二章、第三章、第四章、第五章，并编译中英文对照词表；以上内容由王进喜初校，满运龙终校。

王进喜译：第六章、第七章、第八章、第九章、第十三章和索引；以上内容由张保生校对。其中，第十三章主要由王进喜自校。

赵滢译：第十章和第十二章；张保生、鲁涤校对第十章，王进喜校对第十二章。

房保国译：第十一章；张保生校对。

全书最后由张保生统稿。

将一部百万字的法学著作从一种语言翻译为另一种语言，要说不出任何错误，那简直是不可能的。读者可以看到，我们在译著中纠正了原著多处文字错误，英文原版尚且如此，中译本的错误可能就更加难免，衷心希望识者予以批评指正。

张保生

2006 年 6 月 27 日

第六版

译后记

　　本书第六版翻译工作历时 6 年，按照以下四道工序进行：第一步，由中国政法大学汪诸豪副教授在中文第三版基础上用修订方式进行初译，即对照英文第六版逐字逐句进行翻译，历时 2 年 8 个月。第二步，对译稿进行一校。第一、二、三章由阳平博士一校，第四章由贠丹、熊晓彪、张硕、申蕾博士一校，第五章由中国政法大学林静副教授一校。第六、七、八章由北京大学国际法学院满运龙教授一校，第九章由郑凯心博士一校，第十章由李建锋博士一校，第十一章由陈富军博士一校。第三步，由张保生教授对一校稿进行精译，即对照英文第六版逐字逐句进行二校。第四步，由满运龙教授对张保生教授完成的校对稿进行最后审校。王进喜教授对译稿提出了修改意见。

　　我们仍将翻译校对中的工作成果积淀在《中英文对照词表》中，这个词表的中文词汇最终由满运龙教授敲定，以保证全书翻译一致。这个词表对于保障本书翻译质量起着关键作用，它就像机械加工的"游标卡尺"一样而成为证据法专业词汇翻译基准。若没有这个词表，这么厚的教科书，译到后面，别说读者，恐怕连译者自己都读不懂了。

　　本书各章译稿在提交中国人民大学出版社前，由我指导的在读研究生进行审读，审读人分工情况详见下表：

章节	审读人
第一章　人民诉詹森案	陈富军
第二章　证明过程：审判构成方式	刘奕君、康景文
第三章　相关性、证明力和规则 403 危险性	张嘉源
第四章　证据铺垫	陈苏豪、卫凯博、卢菲
第五章　品性、倾向与具体行为规则	陈新旺
第六章　其他相关性规则	李天君、李宇涵、胡梦
第七章　证人的弹劾与正誉	马国洋
第八章　传闻规则	岳军要

续表

章节	审读人
第九章　外行意见和专家证人	张颖、陈邦达、董帅
第十章　民事和刑事案件的证明过程：证明责任、司法综述和评论及推定	王锐园、周鸿焕
第十一章　司法认知	李颖
第十二章　特免权	卢菲、张嘉源、李颖、康景文、李欣璐、李宇涵、李天君

在本书第六版即将付梓之际，特向以上各位同事、朋友和学生表示衷心感谢！特别感谢中国人民大学出版社编辑为本书出版所付出的辛勤劳动！

本书翻译的错误在所难免，衷心希望识者批评指正。

张保生

2023 年 5 月 1 日

图书在版编目（CIP）数据

证据法的分析进路：文本、问题和案例：第六版 /
（美）罗纳德·J. 艾伦等著；张保生，王进喜，汪诸豪译
. -- 北京：中国人民大学出版社，2023.9
（法学译丛 / 张保生，王进喜主编 . 证据科学译丛）
书名原文：An Analytical Approach to Evidence,
Six Edition
ISBN 978-7-300-32078-6

Ⅰ.①证… Ⅱ.①罗… ②张… ③王… ④汪… Ⅲ.
①证据－法学－研究 Ⅳ.①D915.130.1

中国国家版本馆 CIP 数据核字（2023）第 157226 号

"十三五"国家重点出版物出版规划项目
法学译丛·证据科学译丛
丛书主编　张保生　王进喜
证据法的分析进路：文本、问题和案例（第六版）
［美］罗纳德·J. 艾伦（Ronald J. Allen）
［美］埃莉诺·斯威夫特（Eleanor Swift）
［美］大卫·S. 施瓦茨（David S. Schwartz）　　著
［美］迈克尔·S. 帕尔多（Michael S. Pardo）
［美］亚历克斯·斯坦（Alex Stein）
张保生　王进喜　汪诸豪　译
满运龙　校
Zhengjufa de Fenxi Jinlu：Wenben、Wenti he Anli

出版发行	中国人民大学出版社	
社　　址	北京中关村大街 31 号	**邮政编码**　100080
电　　话	010 - 62511242（总编室）	010 - 62511770（质管部）
	010 - 82501766（邮购部）	010 - 62514148（门市部）
	010 - 62515195（发行公司）	010 - 62515275（盗版举报）
网　　址	http://www.crup.com.cn	
经　　销	新华书店	
印　　刷	涿州市星河印刷有限公司	
开　　本	787 mm×1092 mm　1/16	**版　　次**　2023 年 9 月第 1 版
印　　张	80 插页 2	**印　　次**　2023 年 9 月第 1 次印刷
字　　数	1 432 000	**定　　价**　298.00 元